한국ATC센터와 함께하는

AutoCAD 오토캐드 2019_ 기계, 건축, 인테리어, 제품 실무 도면으로 배우는 실무형 입문서

초판 발행 • 2018년 10월 05일
지은이 • 김혜숙
펴낸이 • 채승범
펴낸곳 • (주)엠듀
출판등록 • 제25100-2015-000012호
기획 · 편집 • 앤써북
제작 · 유통 • 앤써북
주소 • 경기도 과천시 뒷골로 22-12
전화 • 1588-0163
FAX • 02-554-5852
정가 • 26,500원
ISBN • 979-11-87640-06-6 13550

이 책의 일부 혹은 전체 내용을 무단 복사, 복제, 전재하는 것은 저작권법에 저촉됩니다.
본문 중에서 일부 인용한 모든 프로그램은 각 개발사(개발자)와 공급사에 의해 그 권리를
보호합니다.

도서 기술문의 • 한국ATC센터 http://www.eatc.co.kr
도서 구매문의 • 앤써북 070-8877-4177

(주)엠듀는 독자 여러분의 의견에 항상 귀기울이고 있습니다.

Preface
머리말

AutoCAD는 기계 및 제품 설계 분야와 건축 및 인테리어 설계 분야에서 1990년 전후를 기점으로 기존의 수작업을 대신해서 도면 작성용으로 사용하기 시작하여 현재 대부분의 설계 및 디자인 분야에서 다른 CAD 소프트웨어보다 높은 활용성으로 가장 대중적 소프트웨어의 하나로 손꼽히며 사용되고 있다.

AutoCAD는 매년마다 버전을 업그레이드하면서 늘 생산성을 높이는 신기능들이 나온다. 하지만, 기본적으로 제공되는 그리기 명령이나 편집 명령들의 사용 방법은 큰 변화가 없기 때문에 새로운 버전으로 업그레이드되었다고 해서 크게 당황할 필요는 없다.

필자는 다년간의 강의 경험 속에서 AutoCAD를 처음 시작하는 학생들이 체계적으로 기능을 이해하고 명령어들을 익히는 데 많은 어려움을 겪는다는 것을 알게 되었다. 그래서 초보자들도 AutoCAD를 쉽게 익힐 수 있도록 모든 기능들을 "따라하기" 방식으로 설명하게 되었다.

또한 여러 기능을 함께 사용하여 실무 도면 작도 기능을 익힐 수 있도록 "실무 도면 그리기"를 통해서 단원별로 배운 지식을 이해할 수 있도록 설명하여 이론과 실무의 매개 역할을 할 수 있는 CAD 책이 될 수 있도록 집필하였다. 그리고 "실무 도면 그리기" 등 따라하기 단계가 길어 혼자서 만들기 쉽지 않은 예제들은 무료 동영상을 제공하였다.

이 책은 기존에 출간된 어떤 AutoCAD 책에서도 자세히 설명되지 않았던 명령에 따른 세부 옵션 부분도 강화하여 단순히 단축 명령어만 익히는 단계가 아니라 명령어에 포함된 옵션까지 응용할 수 있어 AutoCAD 사용법을 더욱 폭넓게 배울 수가 있다.

PART 01에서는 프로그램 설치부터 도면 작성에 꼭 필요한 그리기 명령, 도면 작업 능률을 높이는 편집 명령 중심으로 설명하였고, PART 02에서는 AutoCAD의 효율성을 높이는 명령을 설명하였다. PART 03에서는 3차원 객체를 만들 수 있는 3D 모델링 및 편집 명령을 설명하였다. 이처럼 본 책의 구성은 필요한 부분을 바로 찾아서 볼 수 있도록 단계별로 분류하여 작성하였으며 또한, 부록에는 Q&A를 수록해 AutoCAD를 사용 중에 발생할 수 있는 현상들을 모아 빠르게 대처할 수 있도록 방법들을 나열하였다. 마지막으로 독자 스스로 도면 그리기 연습을 해 볼 수 있도록 연습문제을 수록하였다.

이 한 권에 수록된 내용을 모두 섭렵한다면 누구나 AutoCAD 전문가가 될 수 있게 만드는 것이 이 책을 집필하게 된 동기이자 진정한 목표이다.

이 책이 출간될 수 있도록 아낌없는 지원을 해주신 한국ATC센터(주) 임직원 여러분과 책 출간에 도움을 주신 모든 분께 감사인사를 드린다.

한국ATC센터 김혜숙 씀

책 예제 파일 & 무료 동영상 강좌 다운로드

이 책에서 사용하는 예제 파일과 동영상 파일은 한국ATC센터 카페의 아래 게시판을 통해서 다운로드 받을 수 있다.

■ 한국ATC센터 카페 : http://cafe.naver.com/atccenter

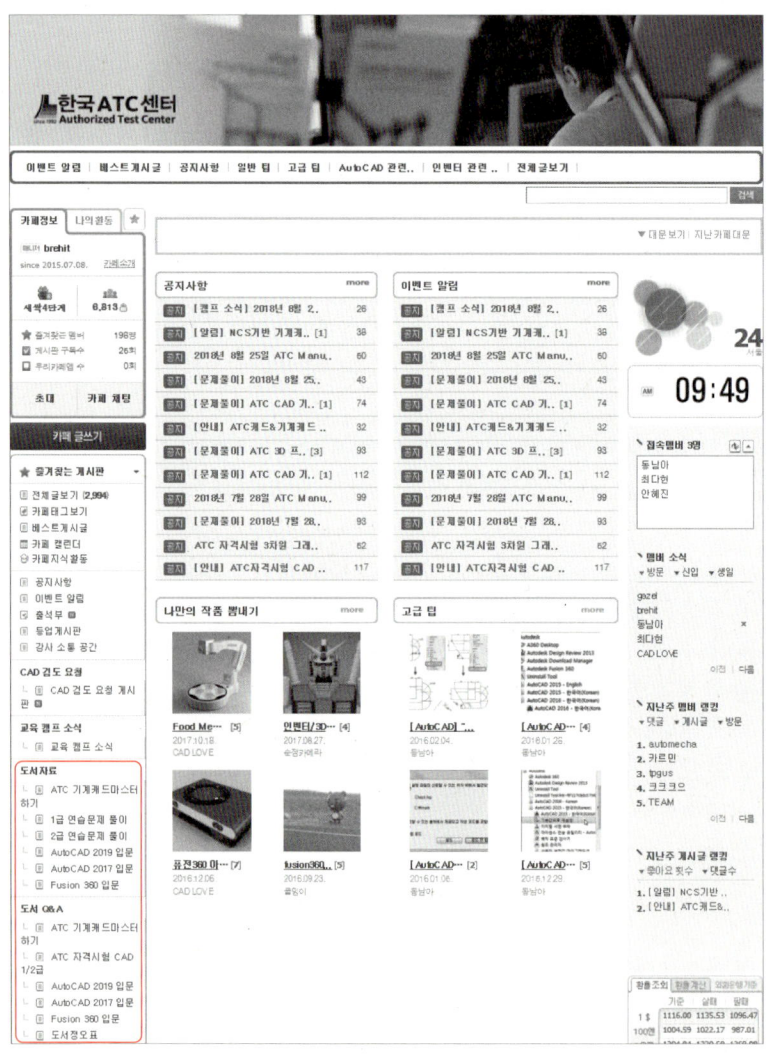

▶ [도서자료] ➡ [AutoCAD 2019] 게시판
"한국ATC센터와 함께하는 AutoCAD 2019" 도서의 예제 파일과 동영상을 다운로드 받을 수 있습니다.

▶ [도서 Q&A] ➡ [AutoCAD 2019] 게시판
"한국ATC센터와 함께하는 AutoCAD 2019" 도서를 보시면서 궁금하신 내용에 대한 질의응답을 받을 수 있습니다.

Contents

Part 01 AutoCAD 너의 정체가 뭐니?_기초편

Chapter 01 제도의 기초 이해하기   16
  01. 제도의 기초   16
    1-1. 제도의 개념과 규격   16
    1-2. 도면의 크기와 양식   17
    1-3. 도면의 척도   18
  02. 선의 종류 및 문자와 치수   19
    2-1. 선의 종류   19
    2-2. 문자와 치수   20

Chapter 02 AutoCAD 설치의 모든 것   21
  01. AutoCAD란?   21
    1-1. 수작업과 CAD 비교   21
    1-2. AutoCAD 2019 권장 하드웨어 사양   22
  02. AutoCAD 프로그램 설치하기   22
    2-1. AutoCAD 프로그램 다운로드 및 설치하기   23
    2-2. AutoCAD 2019 영문판 설치하기   27
  03. AutoCAD 2019 시작과 종료하기   28
    3-1. AutoCAD 2019 시작하기   28
    3-2. AutoCAD 2019 종료하기   31

Chapter 03 AutoCAD 2019 화면 구성   32
  01. 사용자 인터페이스   32

Chapter 04 AutoCAD 사용상의 기본 동작 익히기   42
  01. 도면 열기   42
  02. 새 도면 만들기   43
  03. 도면 저장하기   44
  04. AutoCAD 웹 모바일 클라우드 파일에서 열고 저장하기   45
  05. 명령 취소, 명령 복구   47
  06. 화면 이동   48
  07. 화면 확대와 축소   48
    7-1. ZOOM 명령 옵션   49
  08. DWG 하위 버전으로 변환   50
  08. 도면 재생성   51

Contents
목 차

Chapter 05 좌표계와 값 입력 방법 익히기   52
- 01. 좌표계 이해하기   52
  - 1-1. 절대좌표   52
  - 1-2. 상대좌표   53
  - 1-3. 극좌표   54
  - 1-4. 표준 좌표계와 사용자 좌표계   55
- 02. 명령 윈도우   55
  - 2-1. 명령 옵션   55
- 03. 동적 입력   56
  - 3-1. 동적 입력 설정   56
  - 3-2. 동적 입력 방법   57
- 04. 직접 거리 입력   58
  - ■ 실무 도면 그리기   59

Chapter 06 제도보조설정과 객체 선택 방법 익히기   61
- 01. 제도보조설정   61
  - 1-1. 객체 스냅   61
  - 1-2. 객체 스냅 사용 방법   62
  - 1-3. 객체 스냅 설정과 종류   62
  - 1-4. 객체 스냅 추적   57
  - 1-5. 극좌표 추적과 극좌표 스냅   67
  - 1-6. 그리드와 스냅   69
  - 1-7. 단위   69
- 02. 객체 선택하기   70
  - 2-1. 윈도우 선택과 걸침 선택   70
  - 2-2. 그 외 선택 옵션   70
  - 2-3. 유사 객체 선택   72
  - 2-4. 신속 선택   72
  - 2-5. 선택 순환   73
  - 2-6. 객체 숨기기와 객체 분리하기   73
  - 2-7. 그립을 이용한 객체 편집   75
  - ■ 실무 도면 그리기   77

Chapter 07 도면 작성에 꼭 필요한 명령   80
- 01. 그리기 명령   80

1-1. LINE(선)	80
1-2. POLYLINE(폴리선)	81
1-3. CIRCLE(원)	87
1-4. ARC(호)	90
1-5. RECTANG(직사각형)	94
1-6. POLYGON(다각형)	96
1-7. ELLIPSE(타원)	102
1-8. XLINE(구성선)	104
■ 실무 도면 그리기	106

02. 편집명령   112

2-1. MOVE(이동)	112
2-2. ROTATE(회전)	115
2-3. TRIM(자르기)	120
2-4. EXTEND(연장)	121
2-5. ERASE(지우기)	124
2-6. COPY(복사)	125
2-7. MIRROR(대칭)	127
2-8. FILLET(모깎기)	129
2-9. CHAMFER(모따기)	133
2-10. STRETCH(신축)	137
2-11. SCALE(축척)	141
2-12. OFFSET(간격띄우기)	144
■ 실무 도면 그리기	151

Chapter 08 도면 작업 능률을 높이는 명령   164

01. 그리기 명령   164

1-1. SPLINE(스플라인)	164
1-2. DIVIDE(등분할)	166
1-3. MEASURE(길이 분할)	169
1-4. REGION(영역)	171
1-5. REVCLOUD(구름형 리비전)	174

02. 편집 명령   176

2-1. EXPLODE(분해)	176

Contents
목 차

2-2. ARRAY(배열) ... 177
2-3. CHSPACE(공간 변경) ... 185
2-4. LENGTHEN(길이 조정) ... 186
2-5. ALIGN(정렬) ... 190
2-6. BREAK(끊기)와 점에서 끊기 ... 191
2-7. JOIN(결합) ... 194
2-8. OVERKILL(중복 객체 삭제) ... 198
2-9. DRAWORDER(객체 표시 순서) ... 200
■ 실무 도면 그리기 ... 201

Chapter 09 도면층과 객체 특성 ... 212

01. 도면층 ... 212
   1-1. 도면층 정의 ... 212
   1-2. 도면층 특성 관리자 ... 213
   1-3. 도면층 필터 ... 226
   1-4. 도면층 상태 저장 및 복원 ... 228

02. 객체 특성 ... 234
   2-1. 객체 특성 사용 ... 235
   2-2. 특성 팔레트 ... 235
   2-3. 빠른 특성 ... 240
   2-4. 특성 일치 ... 242

03. 객체 조회 ... 247
   3-1. MEASUREGEOM(측정) ... 247
   3-2. AREA(면적) ... 249
   3-3. DIST(거리 측정) ... 250
   3-4. ID(좌표 표시) ... 250
   3-5. LIST(객체 정보 표시) ... 250

Chapter 10 도면 주석 작성 ... 256

01. 문자 작성 ... 256
   1-1. 여러 줄 문자 ... 256
   1-2. 단일 행 문자 ... 267
   1-3. 문자 편집하기 ... 270
   1-4. 문자 스타일 ... 271

02. 치수 작성 275
2-1. 치수 작성 276
2-2. 치수 스타일 298
2-3. 치수 편집 304
03. 해치 작성 307
3-1. 해치 작성 307
3-2. 해치 편집 316
04. 다중 지시선 작성 320
4-1. 다중 지시선 작성 320
05. 주석 객체 개요 327
5-1. 주석 축척 327

Chapter 11 도면 출력과 게시 333
01. LAYOUT(배치) 사용 333
1-1. LAYOUT 333
1-2. 뷰포트 작성 336
1-3. 뷰포트 컨트롤과 배치 도면 내보내기 341
02. 페이지 설정 사용 343
2-1. 페이지 설정 343
03. 도면 플롯 348
3-1. 모형공간에서 플롯 350
3-2. 도면공간에서 플롯 352
3-3. 플롯 스타일 관리자 353
3-4. 플로터 관리자 361
04. 내보내기와 게시 363
4-1. PDF로 내보내기와 가져오기 364
4-2. 전자 전송 365
4-3. 3D 데이터 가져오기/내보내기 367
05. 공유뷰와 DWG 비교 367
5-1. 공유 뷰 367
5-2. DWG 비교 370

Chapter 12 도면 템플릿 작성 372
01. 도면 템플릿 작성 372

Contents
목 차

Part 02 AutoCAD 효율성을 높여볼까?_중급편

Chapter 13 파라메트릭 도면 작성 — 380
- 01. 파라메트릭 디자인 기본 — 380
- 02. 기하학적 구속 — 382
  - 2-1. 기하학적 구속조건 정의 — 382
  - 2-2. 구속조건 추론으로 기하학적 구속조건 적용 — 384
  - 2-3. 자동 구속으로 기하학적 구속조건 적용 — 384
  - 2-4. 기하학적 구속조건을 수동으로 추가하기 — 386
  - 2-5. 기하학적 구속조건 표시/숨기기 — 389
- 03. 치수 구속 — 394
  - 3-1. 치수 구속조건 작성 — 394
  - 3-2. 치수 구속조건 폼 — 396
  - 3-3. 매개변수 관리자 — 399

Chapter 14 컨텐츠 재사용 — 404
- 01. 블록(Block) — 404
  - 1-1. 블록이란? — 404
  - 1-2. BLOCK(블록 정의)과 WBLOCK(블록 쓰기) — 405
  - 1-3. INSERT(삽입) — 408
  - 1-4. DesignCenter — 411
  - 1-5. 도구 팔레트 활용 — 414
- 02. 동적 블록 작성 — 417
  - 2-1. 동적 블록 — 417
  - 2-2. BEDIT(블록 편집기) — 418
  - 2-3. 매개변수 — 419
  - 2-4. 동작 — 421
- 03. 블록 속성 — 438

Chapter 15 동작 레코더 — 442
- 01. 동작 레코더 — 442
  - 1-1. 동작 레코더 — 442
  - 1-2. 동작 매크로 작성과 사용 — 443
  - 1-3. 동작 매크로 편집 — 444

Chapter 16 외부 참조   450

    01. DWG 파일 참조   450

       1-1. 외부 참조   450

       1-2. 참조 파일 편집   458

    02. 이미지와 그 외 파일 참조   463

       2-1. 이미지 파일 참조   463

       2-2. DWF, DGN, PDF 파일 참조   464

Chapter 17 도면 데이터 참조   468

    01. TABLE(표) 사용   468

       1-1. 테이블   468

       1-2. 테이블 스타일 작성   469

       1-3. 데이터 링크 작성   474

       1-4. 데이터 링크 업데이트   477

Part 03   AutoCAD로 3D 모델링을 해볼까?

Chapter 18 AutoCAD 3D 개요 및 화면 다루기   480

    01. 3D 객체의 종류   480

    02. 비주얼 스타일   481

    03. VIEW   486

    04. SHOWMOTION   488

    05. VPORTS(뷰포트 관리)   490

    06. 3DORBIT   492

    07. VIEWCUBE   495

    08. NAVSWHEEL   497

    09. 3DWALK/3DFLY   501

Chapter 19 3D 제도 보조 기능   508

    01. 3D 객체 선택, 3D 객체 스냅   508

       1-1. 3D 객체 선택   508

       1-2. 3D 객체 스냅   509

Contents
목 차

02. UCS	510
2-1. UCSICON	511
2-2. UCS 관련 명령	513
2-3. 동적 UCS	516

Chapter 20 메쉬 모델링 — 519

01. 메쉬 기본체 작성	519
1-1. SURFTAB1, SURFTAB2	523
02. EDGESURF	524
03. REVSURF	525
04. RULESURF	526
05. TABSURF	529

Chapter 21 솔리드 모델링 — 539

01. 솔리드 기본체 작성	539
1-1. BOX(상자)	539
1-2. SPHERE(구)	540
1-3. CYLINDER(원통)	541
1-4. POLYSOLID(폴리솔리드)	543
02. 도구를 이용한 솔리드 작성과 편집	544
2-1. PRESSPULL(눌러 당기기)	544
2-2. EXTRUDE(돌출)	546
2-3. REVOLVE(회전)	552
2-4. LOFT(로프트)	554
2-5. SWEEP(스윕)	555
2-6. 부울 연산	558
2-7. 3D 이동, 3D 회전, 3D 축척	562
2-8. SOLIDEDIT(면 편집)	565
2-9. FILLETEDGE(모서리 모깎기), CHAMFEREDGE(모서리 모따기)	570
2-10. THICKEN(굵게하기)	571
■ 실무 도면 그리기	574
03. 솔리드 결과물 산출	587
3-1. INTERFERE(간섭)	587
3-2. SLICE(슬라이스)	588

	3-3. SECTIONPLANE(단면 평면)	590
	3-4. FLATSHOT(플랫샷)	596

Chapter 22 카메라 뷰, 애니메이션 작성 · 601
- 01. 카메라 뷰 설정 · 601
  - 1-1. 카메라 작성과 수정 · 601
- 02. 애니메이션 작성 · 605
  - 2-1. 애니메이션 설정 · 605
  - 2-2. 동작 경로 애니메이션 · 606

Chapter 23 도면 뷰 · 610
- 01. 도면 뷰 작성 · 610
  - 1-1. VIEWSTD(제도 표준 설정) · 610
  - 1-2. VIEWBASE(기준 뷰) · 612
  - 1-3. VIEWPROJ(투영 뷰) · 612
  - 1-4. VIEWSECTION(단면 뷰) · 619
  - 1-5. VIEWDETAIL(상세 뷰) · 632
- 02. 도면 뷰 편집 · 538
  - 2-1. 도면 뷰 구성 요소 · 638
  - 2-2. VIEWEDIT(뷰 편집) · 639
  - 2-3. 뷰 업데이트 · 639

Appendix 01 AutoCAD 사용상 문제점 해결하기

Appendix 02 실습 도면

PART 01

AutoCAD 2019

AutoCAD 너의 정체가 뭐니?
기초편

AutoCAD는 Autodesk사에서 제작하였으며 전세계에서 가장 많이 사용하는 대표적인 CAD 프로그램이다. 2D 제도 및 3D 모델링 도구를 활용하여 가장 정확하고 신속하게 도면을 작성하고 편집할 수 있다. PART 01은 기초편으로 제도의 기초, 프로그램 설치 방법, 화면 구성, 기본적인 그리기와 편집 명령, 도면층 사용과 주석 작성, 출력 등 꼭 알아야 할 기능들을 총망라한 것으로 기초부터 튼튼하게 하나씩 파헤쳐본다.

Chapter 01   제도의 기초 이해하기
Chapter 02   AutoCAD 설치의 모든것
Chapter 03   AutoCAD 2019 화면 구성
Chapter 04   AutoCAD 사용상의 기본 동작 익히기
Chapter 05   좌표계와 값 입력 방법 익히기
Chapter 06   제도보조설정과 객체 선택 방법 익히기
Chapter 07   도면 작성에 꼭 필요한 명령
Chapter 08   도면 작업 능률을 높이는 명령
Chapter 09   도면층과 객체 특성
Chapter 10   도면 주석 작성
Chapter 11   도면 출력과 게시
Chapter 12   도면 템플릿 작성

Chapter 01 제도의 기초 이해하기

제도란 설계자의 요구사항을 제작자에게 정확하고 간단명료하게 전달하기 위해 일정한 규칙에 따라 선, 문자, 기호 등 주석을 사용하여 도면을 작성하는 과정을 말한다. CAD란 Computer Aided Design의 약자로 컴퓨터를 이용하여 제도(Draft) 및 설계(Design) 하는 행위, 또는 그러한 컴퓨터용 응용프로그램을 말한다. 설계 시간을 줄이고 설계 후 실물 제작단계를 거치지 않아도 프로그램상에서 설계 검증 및 수정을 거칠 수 있어서 현재는 거의 대부분의 설계를 컴퓨터에 의존하여 진행하고 있다.

01 제도의 기초

1-1. 제도의 개념과 규격

도면을 작성하는데 정해진 약속과 규칙을 제도의 표준 규격이라 한다. 세계 각국에서는 각 나라의 실정에 맞게 표준 규격을 제정하고 사용하고 있으며 국가 규격은 다시 국제단위로 단일화되고 있다. 이와 같이 규격은 크게 국제 규격과 국가 규격으로 구분하며 우리나라의 한국산업표준(KS:Korean Industrial Standards)은 국가표준으로 약칭하여 KS로 표시한다.

기계 분야에 적용되는 기계제도는 KS B 0001로 1979년에 제정되었다. 아래 표는 국제 및 국가별 표준 규격과 기호이며, 다음 페이지 표는 KS의 부문별 분류체계이다. 다음에 나열할 도면의 크기와 양식, 척도, 선의 종류, 문자와 치수 작성은 "KS B 0001 기계 제도"에 준한다.

국제 및 국가별 표준 규격	기호
국제 표준화 기구	ISO(International Organization for Standardization)
한국 산업 규격	KS(Korean Industrial Standards)
유럽 규격	EN(European Norm)
독일 연방 규격	DIN(Deutsche Industrie Normen)
영국 규격	BS(British Standards)
프랑스 규격	NF(Norme Francaise)
미국 규격	ANSI(American National Standards Institute)
일본 공업 규격	JIS(Japanese Industrial Standards)

◆ 국제 및 국가별 표준 규격과 기호

분류	KS A	KS B	KS C	KS D	KS E	KS F	KS G
부문	기본	기계	전기전자	금속	광산	건설	일용품
분류	KS H	KS I	KS J	KS K	KS L	KS M	KS P
부문	식료	환경	생물	섬유	요업	화학	의료
분류	KS Q	KS R	KS S	KS T	KS V	KS W	KS X
부문	품질경영	수송기계	서비스	물류	조선	항공우주	정보

◆ 한국산업표준(KS)의 분류체계 ※ KS 표준 열람 서비스로 인해 국가기술표준원이 보유한 KS표준을 무료로 볼 수 있다.

TIP 설계와 제도의 차이점

설계(Design)란 건축물, 선박, 제품, 각종 기계, 구조물 등을 합리적이고 경제적으로 만들기 위해 계획을 종합하여 설계도를 작성한 후 구체적인 작업 내용을 명시하는 종합적인 기술이다. 반면 제도(Drafting)란 설계한 후 실제 제작을 위해 기계, 건축물, 공작물 등을 점, 선, 문자, 기호 등으로 도면이나 도안을 그려내는 것이다. 즉 설계자의 의도를 정확하게 제작자에게 전달하는 것을 목적으로 한다.

1-2. 도면의 크기와 양식

도면의 크기가 서로 다르면 보관과 관리가 불편하므로 도면은 반드시 일정한 크기로 만들어야 한다. 제도 용지의 세로와 가로의 비는 $1:\sqrt{2}$이고, 큰 도면을 접을 때에는 A4 크기로 접는 것을 원칙으로 한다.

❶ 도면의 크기

도면의 크기는 A열 사이즈를 사용하며 폭이 넓은 쪽을 길이 방향으로 사용하는 것을 표준으로 하지만 A4는 세워서 사용할 수도 있다. 도면 크기는 A1과 A3가 가장 많이 사용되고 있다.

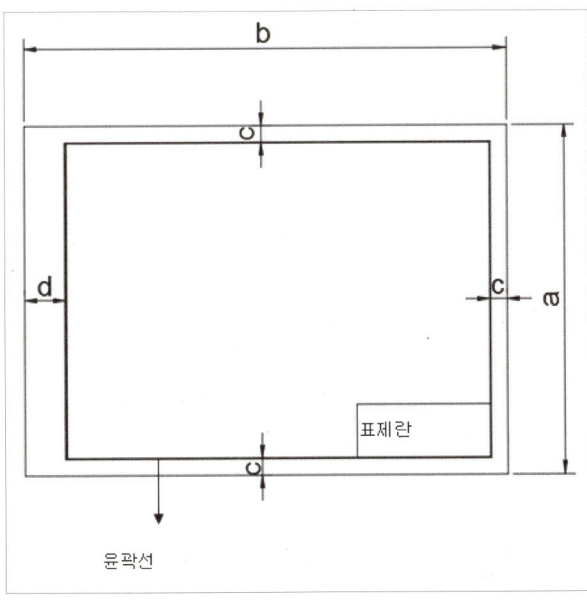

A열 사이즈(단위 : mm)				
호칭방법	치수 a×b	c최소	d(최소)	
			칠하지 않을때	칠할 때
A0	841×1189	20	20	25
A1	594×841			
A2	420×594	10	10	
A3	297×420			
A4	210×297			

◆ 도면 크기의 종류 및 윤곽의 치수
※ d 부분은 도면을 접었을 때 표제란의 좌측이 되는 쪽에 설치한다.

TIP

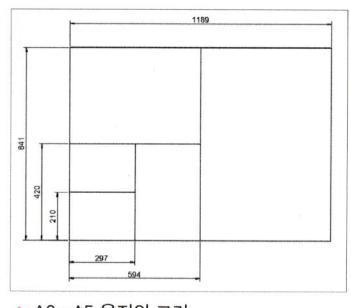

◆ A0~A5 용지의 크기

A1을 반으로 접으면 A2, A2를 반으로 접으면 A3, A3를 반으로 접으면 A4이다. 배율로 본다면 A3×2=A1, A4×2=A2이다. 따라서, 도면을 1:1로 A1 용지에 그렸다면 A3 용지로 출력할 때는 1:2로 출력 축척을 설정하면 된다.

❷ 도면의 양식

도면에는 설계자, 설계일, 도면명, 축척, 도면 번호, 검토자 등을 표시하고 도면 관리에 필요한 것들을 표시하기 위해 양식을 마련한다.

도면에는 윤곽선, 표제란, 중심 마크를 반드시 표기해야 하는데 양식은 다음 그림과 같다.

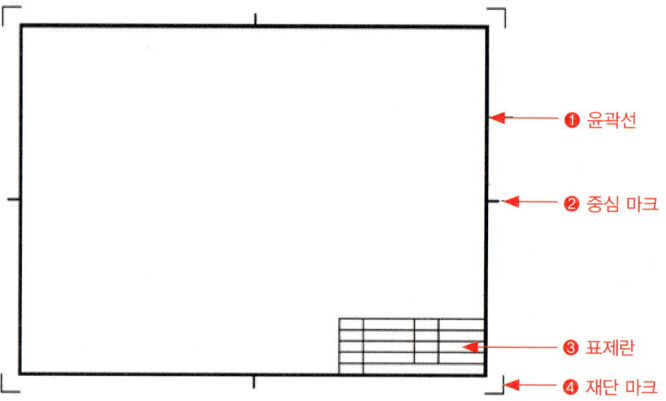

- ❶ 윤곽선
- ❷ 중심 마크
- ❸ 표제란
- ❹ 재단 마크

❶ **윤곽선(Borderline)** : 윤곽선은 도면 용지 안쪽에 그려진 내용이 확실히 구분되도록 굵기 0.5mm 이상의 윤곽선을 그린다.
❷ **중심 마크(Center Mark)** : 영구 보관을 위한 마이크로 필름 촬영이나 복사 용도로 도면의 위치를 쉽게 알도록 표시한 선이다. 도면을 정리하여 철하기에 편리하도록 표시한 것으로 없어도 큰 무리는 없다.
❸ **표제란(Title Block)** : 도면 관리에 필요한 사항이나 도면 내용의 중요 사항을 정리하여 기입하며 도면 번호, 도면명, 단체명, 책임자, 도면 작성 연월일, 척도 등을 기입한다.
❹ **재단마크** : 인쇄, 복사, 플롯으로 출력된 도면을 규격에 정한 크기(A1, A3 등)로 자르기에 편리하도록 보조선을 그린 것으로 가로, 세로 1cm정도로 직각 모양이 되도록 그린다.

1-3. 도면의 척도

도면에 그려진 도형의 크기는 실물 크기에 대해 축소 또는 확대하여 그릴 경우가 있다. 척도(Scale)란 실물 크기와 도면에 작도된 도형과의 크기 비율로 길이 비를 의미한다. 즉, A가 도면에서의 길이, B가 대상물의 실제 크기로 척도가 1:2이면 1/2로 축소, 2:1이면 2배로 확대해서 도면 작성을 했음을 말한다. 척도에는 현척, 축척, 배척이 있으며 척도를 표제란에 표시하며 같은 도면에 서로 다른 척도를 사용한 경우에는 해당 그림 부근에 적용한 척도를 표시한다.

특별한 경우로 도면을 정해진 척도값으로 그리지 못하거나 비례하지 않을 때는 '비례척이 아님' 또는 'NS(None Scale)]'로 표시한다.

척도의 종류	값
축척	1:2, 1:5, 1:10, 1:20, 1:50, 1:100, 1:200
현척	1:1
배척	2:1, 5:1, 10:1, 20:1, 50:1

◆ 축척, 현척 및 배척의 값(KS B 0001)

02 선의 종류 및 문자와 치수

2-1. 선의 종류

선은 형상을 표현하므로 명확하고 선명하게 그려야 한다.

- 선 굵기의 기준은 0.18mm, 0.25mm, 0.35mm, 0.5mm, 0.7mm 및 1mm로 한다.
- 선은 선의 용도에 따라 아래 표와 같이 사용한다.
- 도면에서 2종류 이상의 선이 같은 장소에 겹치게 될 경우에는 외형선, 숨은선, 절단선, 중심선, 치수 보조선 순으로 그린다.

용도에 의한 명칭	선형태	선의 종류	용도
외형선	————————	굵은 실선	대상물이 보이는 부분의 모양을 표시하는데 쓰인다.
치수선	————————	가는 실선	치수를 기입하기 위하여 쓰인다.
치수보조선	————————	가는 실선	치수를 기입하기 위하여 도형으로부터 끌어내는 데 쓰인다.
숨은선	------------------------	가는파선 또는 굵은 파선	대상물이 보이지 않는 부분의 모양을 표시하는데 쓰인다.
중심선	—·—·—·—·—	가는 1점 쇄선	도형의 중심선을 간략히 표시하는데 쓰인다.
가상선	—··—··—··—	가는 2점 쇄선	인접부분을 참고로 표시하는데 사용한다.
해칭	/////////	가는 실선	도형의 한정된 특정 부분을 다른 부분과 구별하는데 사용한다. 예를 들면, 단면도의 절단된 부분을 나타낸다.
특수한 용도의 선	————————	가는 실선	외형선 및 숨은선의 연장을 표시하는데 사용한다.

◆ 선의 종류에 의한 용도 ※ 가는 선, 굵은 선 및 극히 굵은 선의 굵기 비율은 1:2:4로 한다.

2-2. 문자와 치수

도면에 사용하는 글자는 알기 쉽고 분명해야 하며 글자체는 고딕체를 사용하여 수직 또는 15° 경사로 씀을 원칙으로 한다. 국문 글자의 크기는 2.24mm, 3.15mm, 4.5mm, 6.3mm, 9mm의 5종류이다. 다만, 특별한 경우에는 다른 치수를 사용하여도 좋다.

※ [KS F 1501 건축 제도 통칙]에 의하면, "글자의 크기는 각 도면의 상황에 맞추어 알아보기 쉬운 크기로 하고, CAD 도면 작성에 따른 문자의 크기는 KS F 1541에 따른다."고 되어 있다. 즉, 상황에 따라 글자체나 문자 크기는 변동될 수 있다.

치수 기입은 대상물의 크기, 자세 및 위치를 가장 명확하게 표시하는 데 필요하다고 생각되는 곳에 충분히 기입하고, 중복 기입은 피한다.

또한, 되도록 계산해서 구할 필요가 없도록 치수를 기입하고 관련되는 치수는 되도록 한 곳에 모아서 기입한다.

치수 수치의 표시 방법은 길이의 치수 수치는 원칙은 mm 단위로 기입하고 단위 기호는 붙이지 않는다. 각도의 치수 수치는 일반적으로 도(°, degree)로 표시하고 필요한 경우 분(′), 초(″)를 병용한다.

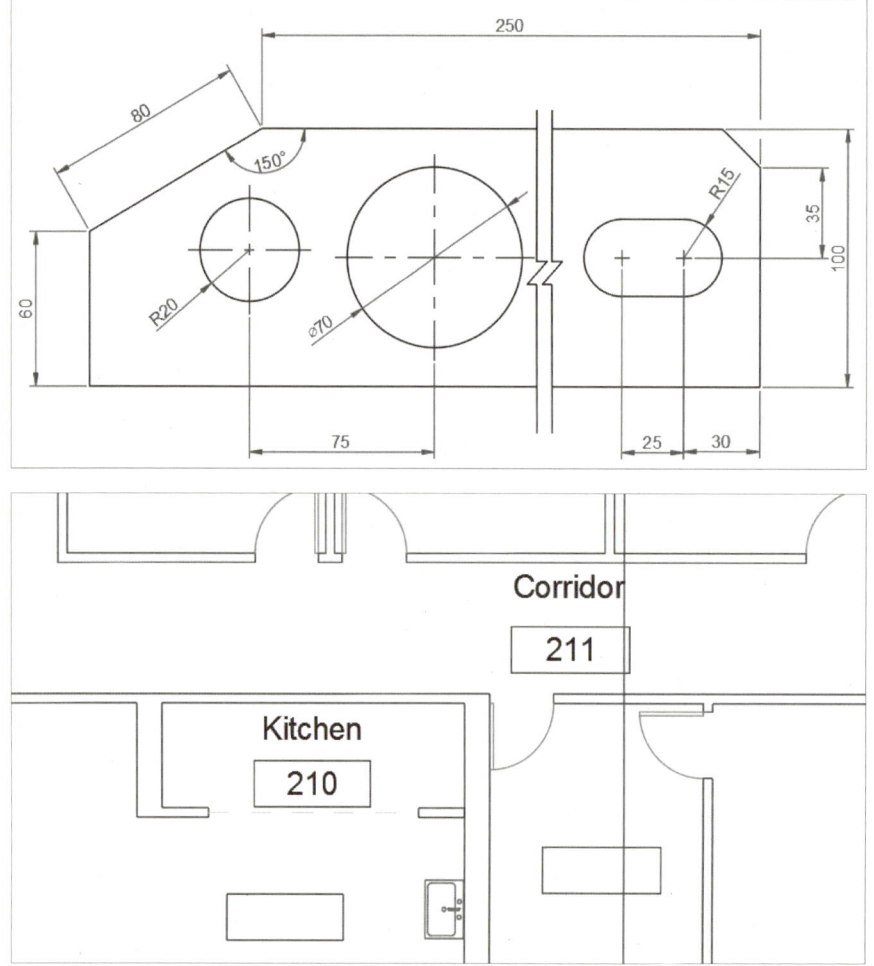

◆ 문자와 치수 표시 사례

Chapter 02 AutoCAD 설치의 모든것

AutoCAD 2019 프로그램 다운로드부터 설치까지 과정을 살펴본다. 또한 원활한 캐드 작업을 위한 최적의 하드웨어 시스템 사양을 살펴보고 한글판을 설치 후 어떻게 하면 영문판도 설치가 되는지 간단히 파악해본다.

01 AutoCAD란?

Computer Aided Design 또는 Computer Aided Drafting의 첫 글자를 따서 CAD라고 한다. CAD는 '실제 또는 가상의 물체를 설계하는 데 필요한 모든 창작 활동을 수행하는 도구'라고 말할 수 있다.

1-1. 수작업과 CAD 비교

CAD가 도입되기 전에는 제도판에 종이를 위치시키고 펜과 자 등 다음과 같은 제도 용구들을 이용하여 일일이 손으로 도면을 그렸다.

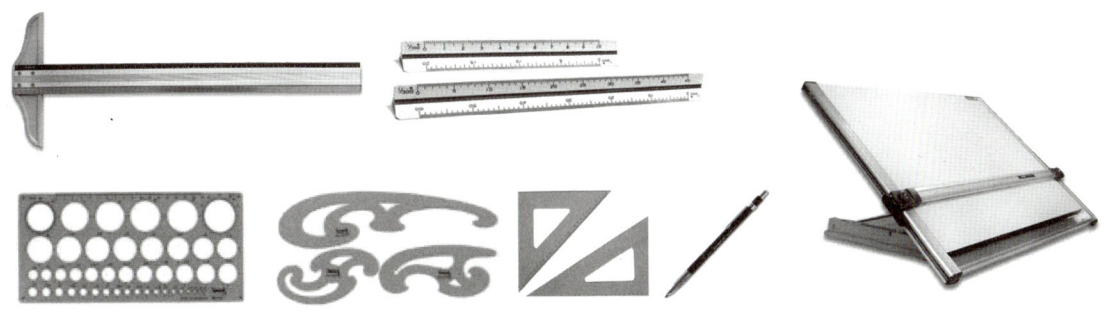

◆ 수작업에 사용되는 제도 용구들

반면 CAD를 이용하면 수작업으로 그리던 도면을 모니터에 마우스와 키보드를 이용해서 컴퓨터에 입력하여 도면을 그릴 수 있다.

CAD 작업을 할 수 있는 시스템 구성 요소에는 컴퓨터(작업 장치), CAD 소프트웨어(설계 작업용 프로그램), 프린터/플로터(출력 장치), 키보드/마우스/스캐너/태블릿(입력 장치) 등이 있다.

◆ 키보드 및 마우스(입력장치)　　　　　◆ 시스템 및 AutoCAD(작업 장치 및 소프트웨어)

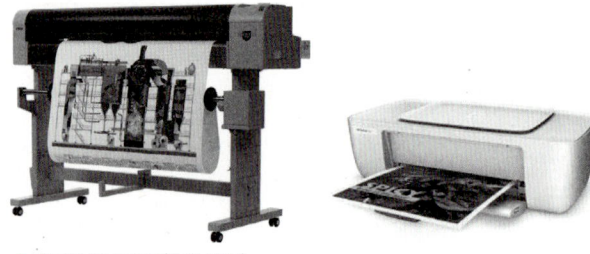

◆ 플로터 및 프린터(출력 장치)

1-2. AutoCAD 2019 시스템 요구사항

아래 표는 AutoCAD 2019를 원활한 속도로 작업하기에 필요한 하드웨어 사양이다. AutoCAD 2019가 전문화된 툴셋을 포함하고 있어 기본적인 시스템 요구사항이 다소 높은 편이다.

운영체제	– Microsoft · Windows · 7 SP – Microsoft Windows 8.1 – Microsoft Windows 10
프로세서	기본: 2.5~2.9GHz 프로세서, 권장: 3GHz 이상의 프로세서
메모리	기본: 8GB, 권장: 16GB
해상도	일반 디스플레이 : 1920 x 1080 트루컬러 고해상도 4K 디스플레이 : Windows 10, 64비트 시스템에서 최대 해상도 3840 x 2160 지원 (지원 디스플레이 카드 탑재)
디스플레이 카드	기본 : 1GB GPU, 29GB/s 대역폭 및 DirectX 11 호환, 권장 : 4GB GPU, 106GB/s 대역폭 및 DirectX 11 호환
디스크 공간	설치 시 6.0GB
브라우저	Google Chrome™
포인팅 장치	MS 마우스 규격
.NET Framework	.NET Framework 버전 4.7

02 AutoCAD 프로그램 설치하기

AutoCAD 2019 프로그램은 무료로 사용해 볼 수 있는데, 체험판과 학생용(교수용)이 제공된다.

❶ AutoCAD 2019 체험판 : AutoCAD 2019 프로그램을 30일 동안 사용할 수 있다.
❷ AutoCAD 2019 학생용 : AutoCAD 2019 프로그램 라이센스를 무상으로 3년간 사용할 수 있다.

위 2가지 방법을 이용하여 각각 다운로드 및 설치방법을 알아본다.

2-1. AutoCAD 프로그램 다운로드 및 설치하기

❶ AutoCAD 체험판 다운로드 및 설치하기

01 프로그램 다운로드를 위해 https://www.autodesk.co.kr/products/autocad/free-trial을 접속하여 [무료 체험판 다운로드]를 클릭한다.

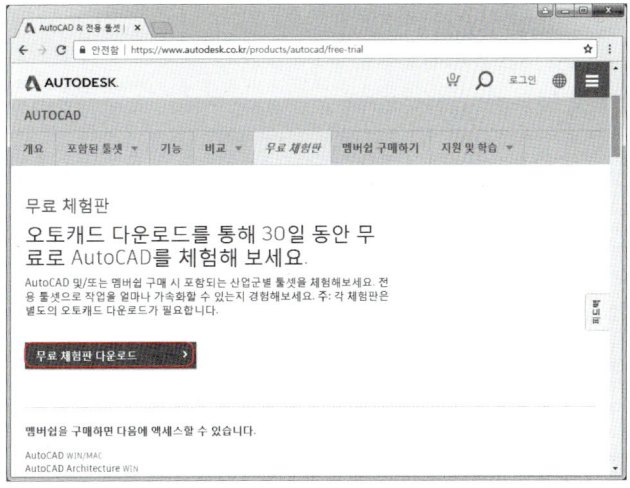

02 사용할 제품이 AutoCAD인지 확인 후 [다음]을 클릭한다. 설치 전에 알아야 할 사용 가능한 플랫폼, 체험판 파일 크기 등을 확인한 후 [다음]을 클릭한다.

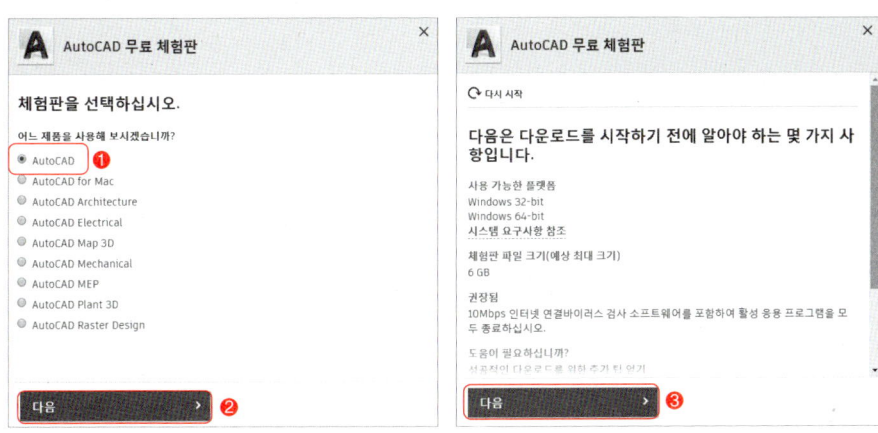

03 자격과 운영 체제, 언어를 선택하고 [다음]을 클릭한다. 가입한 오토데스크 계정 메일 주소를 입력하고 [다음]을 클릭한다. 오토데스크 계정이 없다면 [계정 작성]을 클릭하여 새로 생성한다.

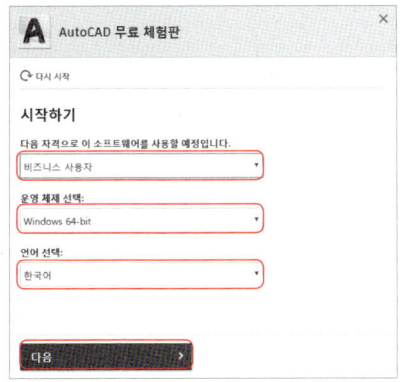
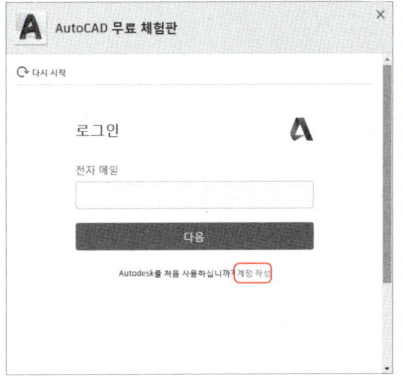

04 암호를 입력하고 [다음]을 클릭한다. 회사명, 우편번호, 전화번호, 국가를 선택 후 [다운로드 시작]을 클릭한다.

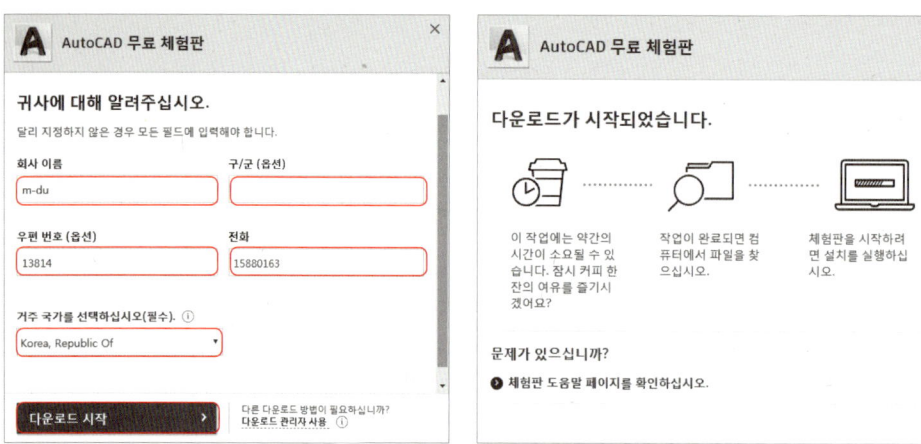

05 다운로드 받은 파일을 더블클릭하여 파일 열기창에서 [실행]을 클릭, 설치를 시작한다.

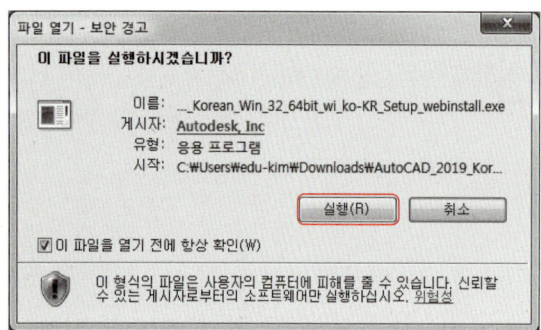

06 오른쪽 하단의 [설치]를 클릭한다. [설치>설치 구성]에서 체크된 사항을 그대로 유지하거나 필요없는 프로그램은 체크해제 한다. [찾아보기]를 클릭하여 설치할 경로를 저장하고 [설치]를 클릭한다.

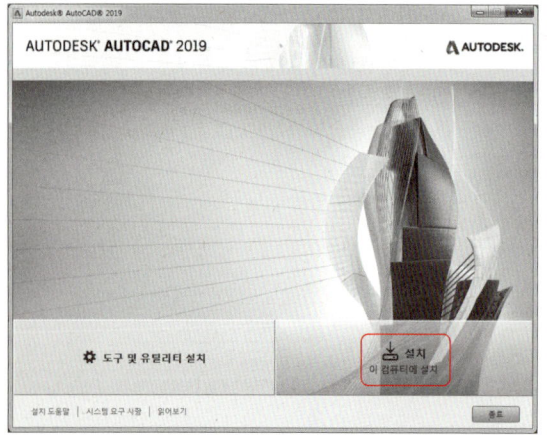 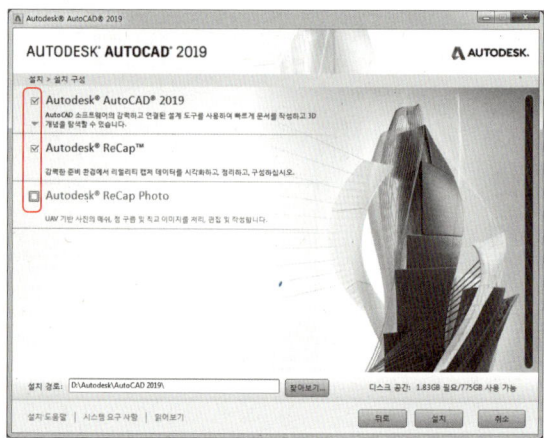

07 설치 진행 화면이 보이고 "선택한 제품을 성공적으로 설치했습니다."라는 완료 메시지가 보이면 [마침]을 클릭한다.

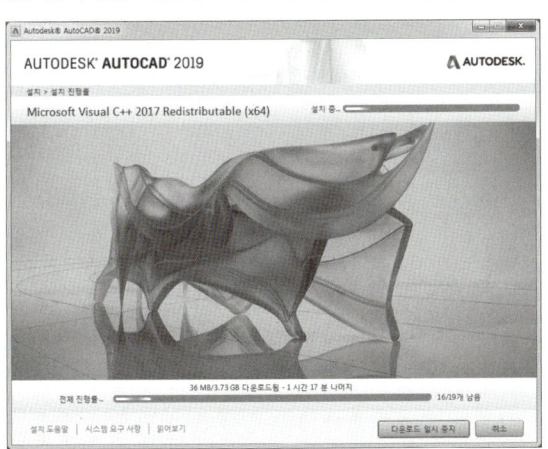 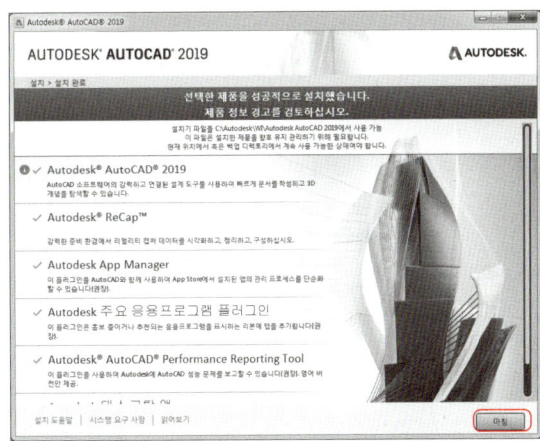

08 Autodesk 라이센스창에서 [동의함]을 체크하면 프로그램이 실행되고 바탕화면을 확인하면 단축 아이콘이 생성되어 있다.

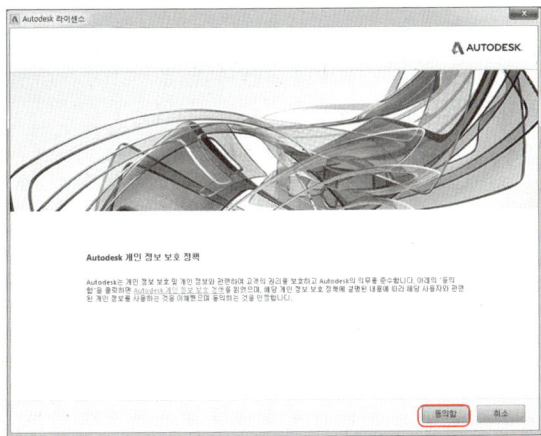

❷ AutoCAD 학생용 다운로드 및 설치하기

01 프로그램 다운로드를 위해 오토데스크 코리아 홈페이지(http://www.autodesk.co.kr/)에접속하고 화면 아래쪽에 있는 [학생용 무료 소프트웨어(영문)]를 클릭한다.

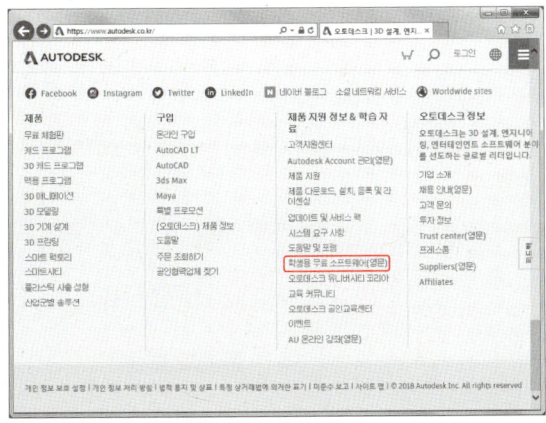

Chapter 02_AutoCAD 설치의 모든것 25

02 프로그램 중에서 [AutoCAD]를 클릭한다. 계정이 있다면 로그인, 계정이 없다면 [CREATE ACCOUNT]를 클릭하고 계정을 생성한다.

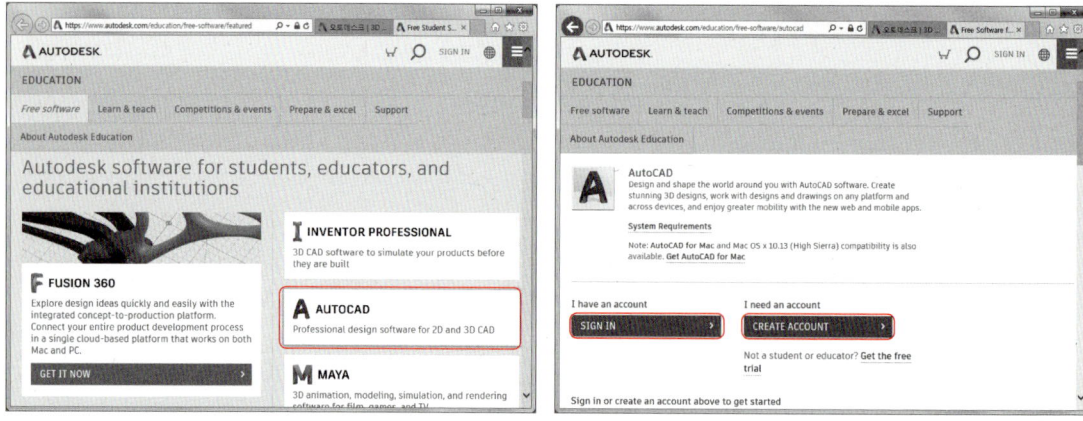

03 계정을 새로 생성한다면 처음에 [Get Education Benefits(교육 혜택 받기)]창이 보인다. 국가와 학생을 선택하고 생일을 입력 후 [NEXT(다음)]를 클릭한다. 이름, 성, 메일 주소, 암호를 입력하고 동의에 체크 후 [CREATE ACCOUNT]를 클릭하여 계속 진행한다.

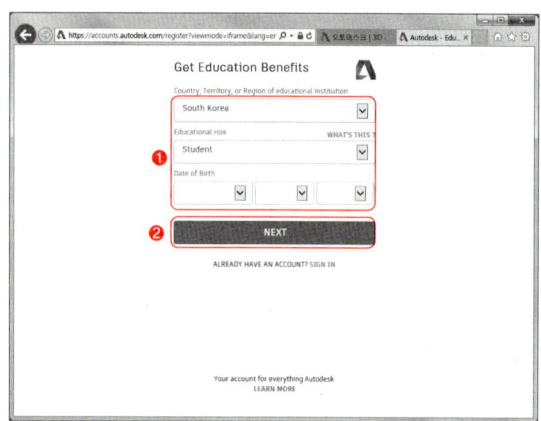
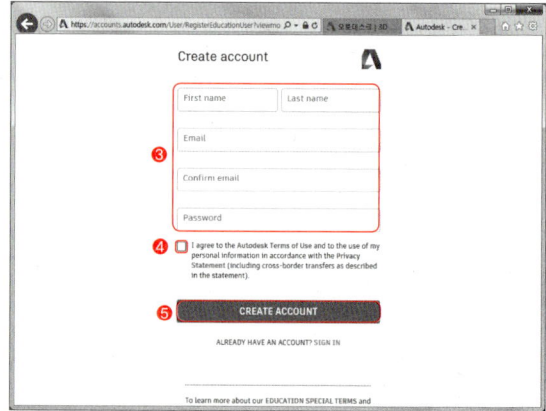

04 학생용 계정이 생성되었다면 로그인 후 상태에서 [DOWNLOAD NOW]를 클릭하여 버전, 운영 시스템, 언어를 선택하고 [INSTALL NOW]를 클릭해 설치를 진행한다.

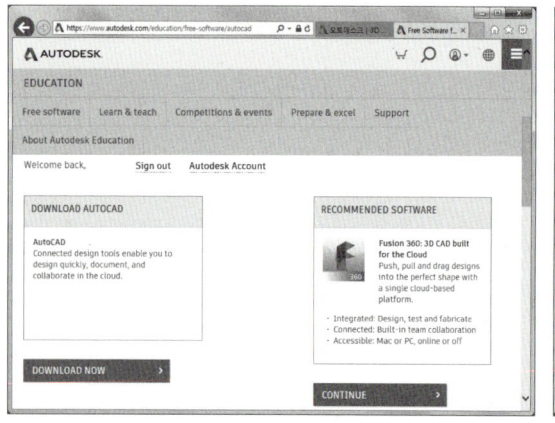
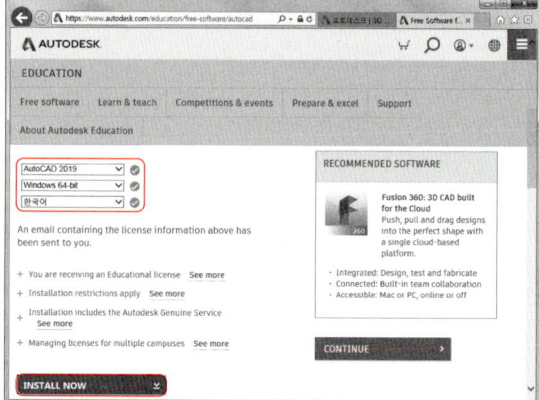

05 Autodesk 라이선스 및 서비스 계약내용에서 [I Accept(동의함)]에 체크 후 [Install]을 클릭한다. 다운로드가 끝나면 [실행]을 클릭하여 설치를 진행한다. 이후 과정은 ❶ AutoCAD 체험판 다운로드 및 설치하기를 참조한다.

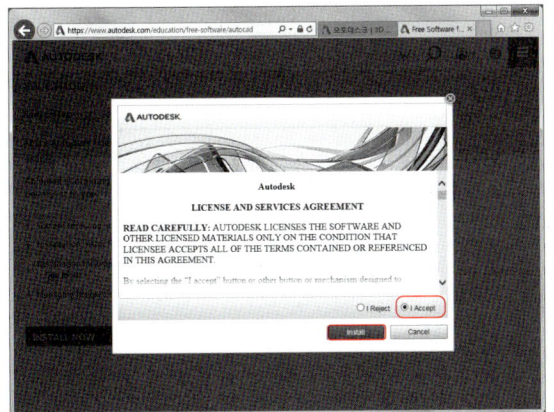 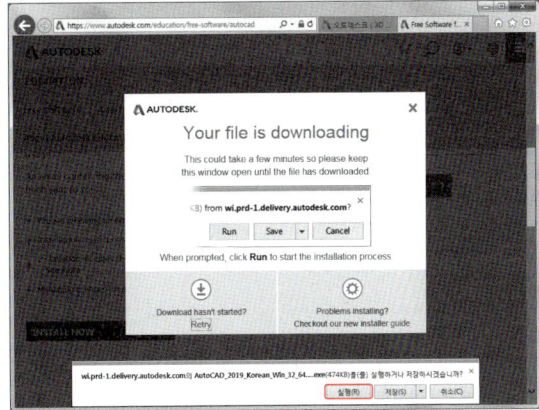

2-2. AutoCAD 2019 영문판 설치하기

AutoCAD 2019 한국어(Korean)판이 설치되었다면 손쉽게 영문판도 설치할 수 있다. 별도로 영문판을 설치하지 않고 해당 언어팩만 다운로드 받아서 설치하면 된다.

01 도움말 확장 버튼을 클릭한 후 [언어 팩 다운로드] 메뉴를 클릭한다.

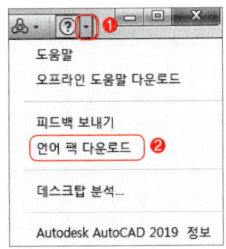

02 AutoCAD 언어팩 다운로드 페이지가 열리고 여기서 AutoCAD 2019 Language Packs를 클릭한다. 영문판이 필요하다면 English 부분에서 32비트인지 64비트인지 확인 후 프로그램을 클릭하여 실행한다.

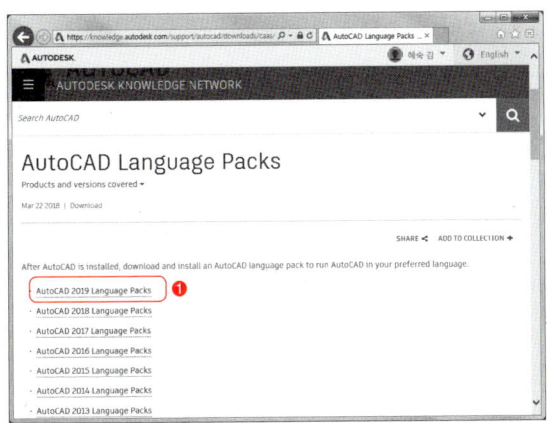 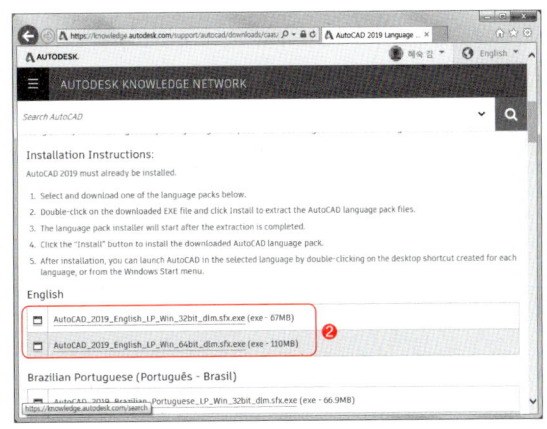

03 압축 해제할 폴더를 지정 후 [Install]을 클릭, 다음 페이지에서도 [Install]을 클릭하여 설치를 시작한다.

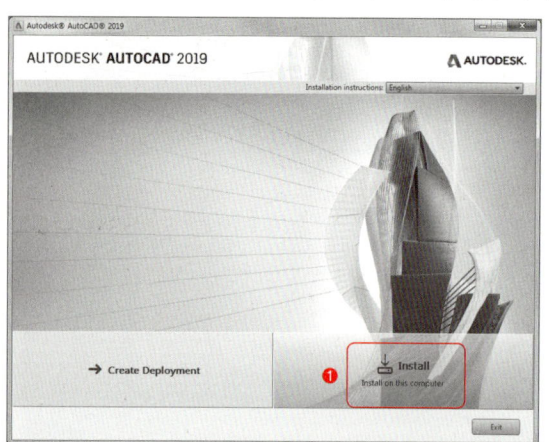 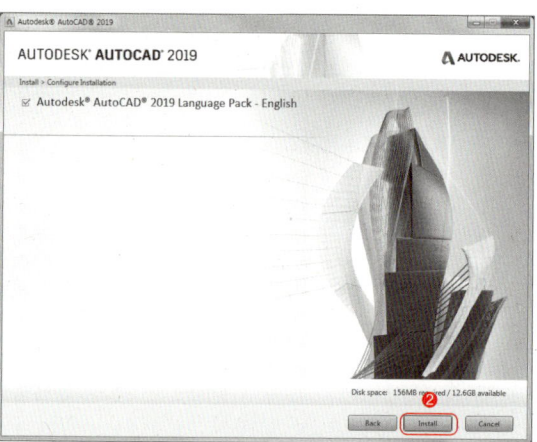

04 언어팩 설치가 종료되면 [Finish]를 클릭한다. 바탕화면에 생성된 바로가기 아이콘을 확인한다.

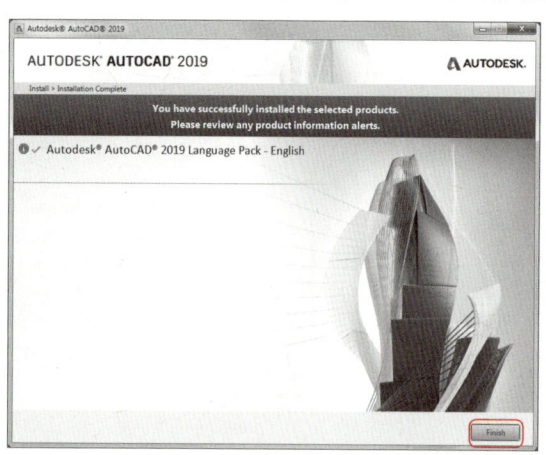 

03 AutoCAD 2019 시작과 종료하기

AutoCAD 프로그램을 이용하려면 우선 설치 이후에 시작과 종료 방법을 알아야 한다. 아이콘을 클릭하거나 명령어를 직접 입력하여 프로그램을 시작하고 종료해보자.

3-1. AutoCAD 2019 시작하기

AutoCAD 2019 프로그램의 실행 방법은 여러 가지가 있으나, 대표적으로 AutoCAD 2019 단축 아이콘을 이용하는 방법, [시작] 메뉴를 이용하는 방법이 있다.

❶ 단축 아이콘을 이용한 실행 방법

프로그램 설치가 완료되면 바탕화면에 AutoCAD 2019 단축 아이콘이 생긴다. 이 단축 아이콘을 더블클릭하거나 마우스 오른쪽 버튼을 클릭한 후 나타나는 팝업 메뉴에서 [열기]를 선택하면 AutoCAD 2019 프로그램이 시작된다.

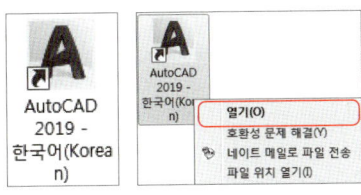

❷ [시작] 메뉴를 이용한 실행 방법

01 [시작]–[모든 프로그램]–[Autodesk]–[AutoCAD 2019–한국어(Korean)] 폴더 확장–AutoCAD 2019–한국어(Korean) acad.exe]를 클릭하여 실행한다.

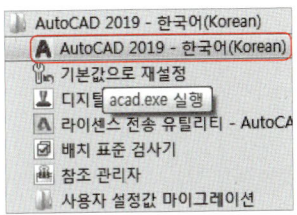

02 AutoCAD 2019 설치 후 처음 실행했을 때는 "사용자 설정 마이그레이션" 대화상자가 보인다. 이것은 컴퓨터에 이미 설치된 구버전의 AutoCAD에서 CUI, 명령 별칭, 플롯 파일, 템플릿 등 설정된 내용을 그대로 이어받아 2019 버전에서도 사용할 수 있도록 만들기 위한 것으로 필요한 항목이 있다면 체크 후에 [확인] 버튼을 클릭하고 그렇지 않다면 [취소] 버튼을 클릭한다.

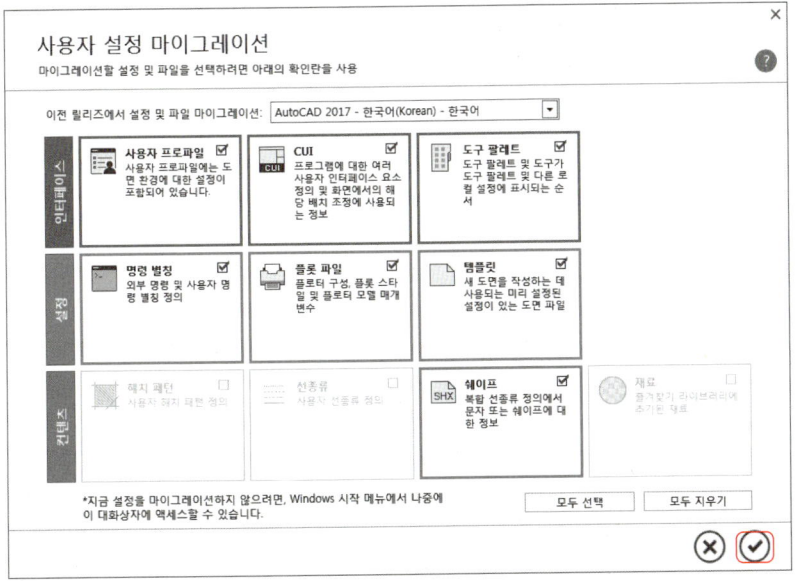

Chapter 02_AutoCAD 설치의 모든것 29

03 [확인] 버튼을 눌렀다면 "프로파일이 성공적으로 마이그레이션 되었습니다. 지금 로그 파일을 보시겠습니까?" 대화상자가 보이고 [예] 또는 [아니오] 버튼을 클릭해 프로그램을 실행한다. 로그 파일을 보지 않을 경우는 [아니오]를 선택한다. 또한, Autodesk 계정에 로그인이 안된 경우는 로그인 대화상자가 보이게 된다.

계정 로그인을 하면 AutoCAD 2019가 실행된다. AutoCAD 2019 체험판은 Autodesk 계정에 로그인해야만 프로그램을 계속 실행하여 사용할 수 있다.

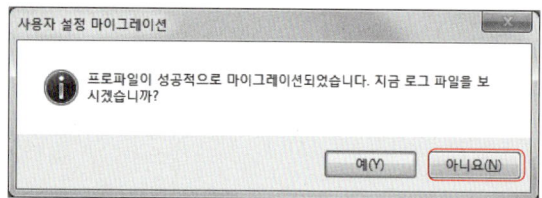
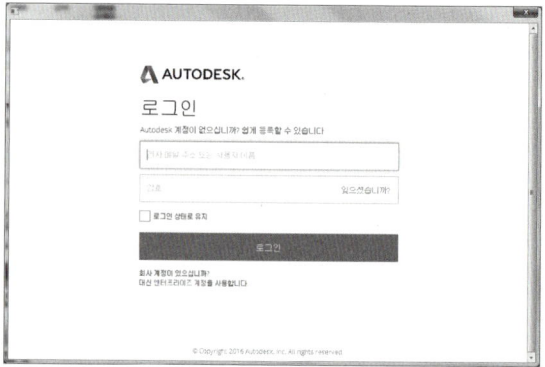

04 설치 후 AutoCAD 프로그램이 처음 실행되면 [시작] 탭이 보이고 하단에 [알아보기]와 [작성] 2가지 부분으로 나뉘어져 있다. [알아보기]는 새로워진 사항, 시작하기 비디오, 학습팁, 온라인 자원으로 구성되어 있으며, [작성]은 그리기 시작, 파일 열기, 최근 문서 등을 볼 수 있다.

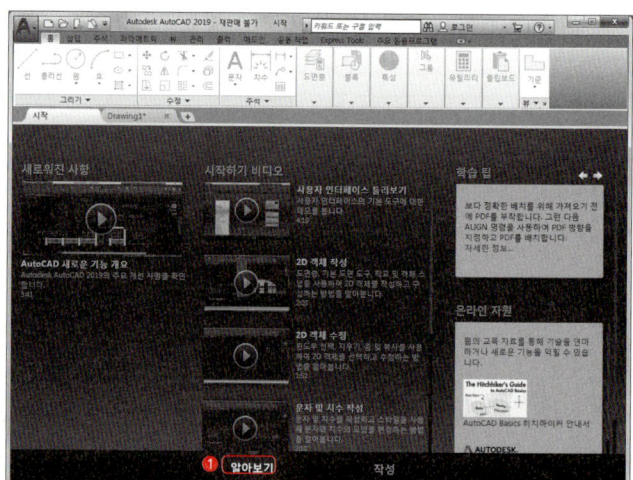
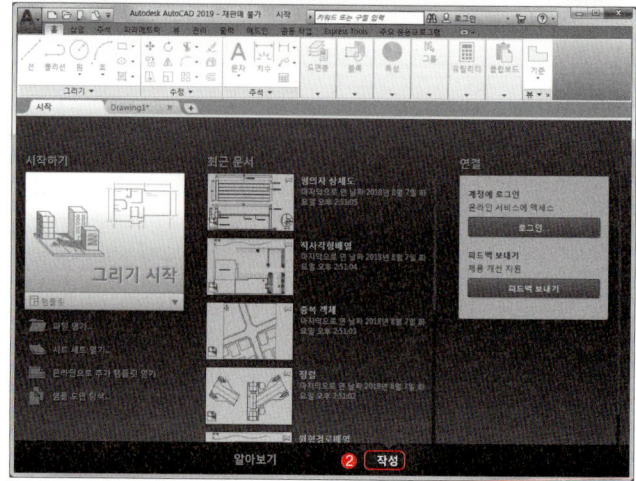

3-2. AutoCAD 2019 종료하기

AutoCAD 2019 프로그램을 종료하려면 메인화면 오른쪽 상단의 빨간색 닫기 버튼(❌)을 클릭한다.

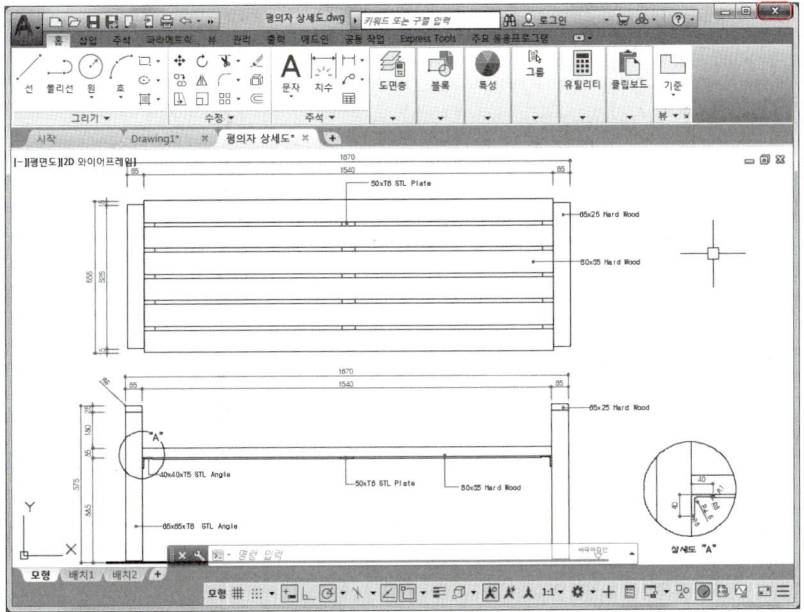

도면 작업 중일 경우는 명령행에 EXIT 명령어를 직접 입력하고 Space Bar 를 누르면 된다.

명령 : EXIT Space Bar EXIT 입력 후 Enter 또는 Space Bar 누르면 명령어가 실행된다.
QUIT 명령 상태를 빠져나간다.

만약, 현재 도면을 저장하지 않았다면 도면을 저장할 것인지를 묻는 대화상자가 보인다. 도면을 저장하려면 [예] 버튼을 클릭하고, 저장하지 않으려면 [아니오], 명령 취소를 하려면 [취소] 버튼을 클릭하면 된다.

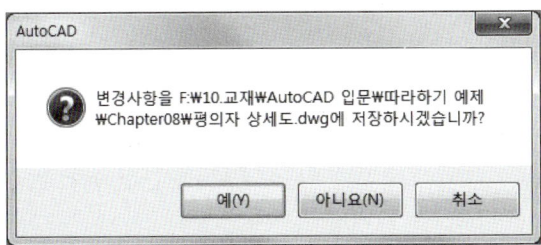

Chapter 02_AutoCAD 설치의 모든것   31

Chapter 03 AutoCAD 2019 화면 구성

AutoCAD 2019를 쉽게 다루기 위해서는 화면 구성을 확실히 파악해야 한다. AutoCAD 2019에는 리본 패널, 도구막대, 메뉴 막대 등 여러 인터페이스 요소가 있으며, 작업의 효율성을 높이기 위해 동적 입력, 마우스 오른쪽 버튼을 클릭한 후 보이는 바로 가기 메뉴 등 다양한 실행 방법이 있다.

01 사용자 인터페이스

AutoCAD 2019 프로그램을 실행했을 때 나타나는 윈도우로, 화면 영역을 크게 나눠 세분하여 살펴보기로 한다.

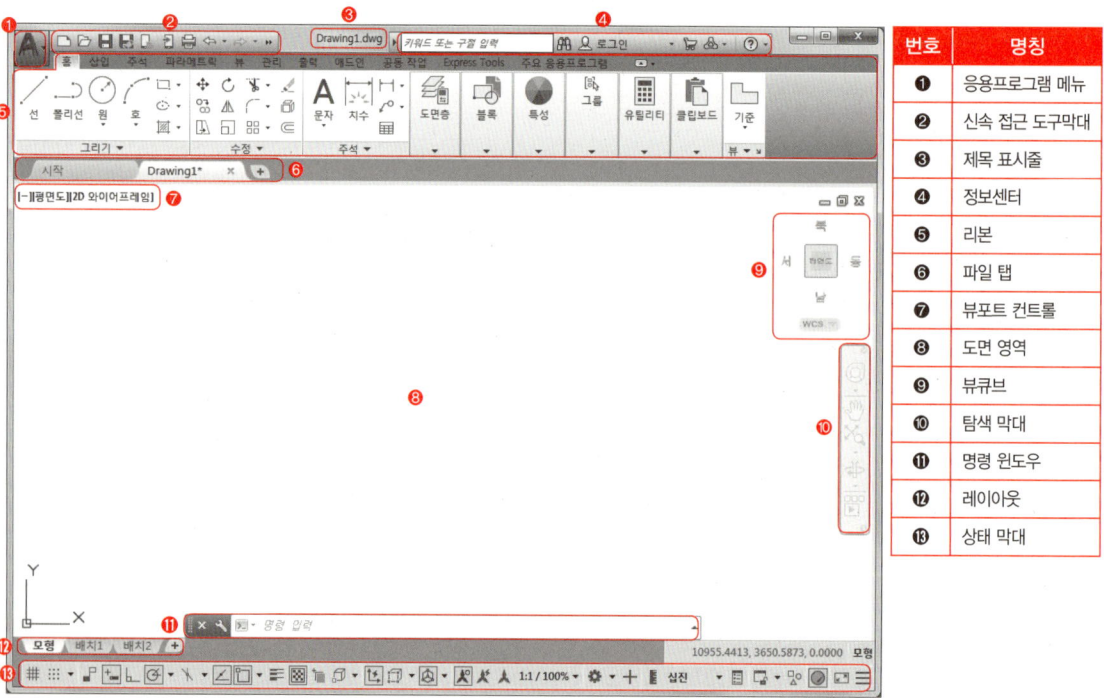

번호	명칭
❶	응용프로그램 메뉴
❷	신속 접근 도구막대
❸	제목 표시줄
❹	정보센터
❺	리본
❻	파일 탭
❼	뷰포트 컨트롤
❽	도면 영역
❾	뷰큐브
❿	탐색 막대
⓫	명령 윈도우
⓬	레이아웃
⓭	상태 막대

❶ 응용프로그램 메뉴

응용프로그램 메뉴는 [새로 만들기], [열기], [저장], [인쇄], [닫기]등 주요한 명령을 실행할 수 있는 메뉴이다. 해당 항목을 클릭하면 하위 메뉴가 표시되고 보다 상세한 옵션을 선택하여 명령을 실행할 수 있다.

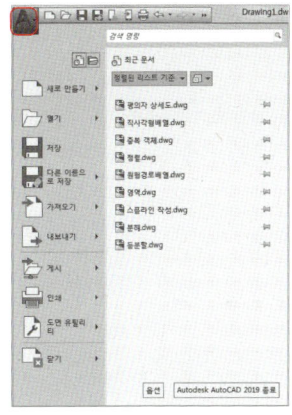

❷ 신속 접근 도구막대

신속 접근 도구막대는 자주 사용하는 도구인 [새로 만들기], [열기], [저장], [다른 이름으로 저장], [인쇄], [명령 취소], [명령 복구] 등이 포함되어 있다. 오른쪽 끝에 있는 역삼각형 화살표를 클릭하면 메뉴가 표시되고 이 메뉴에서 추가하고 싶은 도구를 선택하거나 메뉴 막대를 표시하도록 설정할 수 있다.

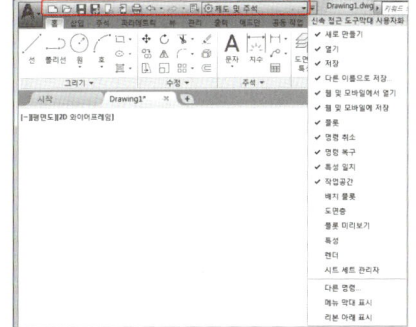

❸ 제목 표시줄

화면 가장 위에 있는 줄로 파일 경로, 파일 이름을 표시한다.

❹ 정보센터

AutoCAD 제목 표시줄의 가장 오른쪽에 표시되는 정보센터는 검색 상자와 Autodesk Exchange 도구로 구성되어 있다.

❶ 검색란 : 도움말 검색하기 위한 키워드를 입력한다.
❷ 검색 아이콘 : 검색 키워드를 입력 후 [검색] 아이콘을 클릭하면 검색 결과가 도움말로 표시된다.
❸ 로그인 : A360에 로그인하여 내 설정을 클라우드와 동기화 할 수 있다.
❹ Autodesk Exchange 응용프로그램 : Autodesk App Store 웹사이트를 시작한다.

❺ 연결 상태 유지 : Autodesk 온라인 커뮤니티에 연결한다.

❻ 도움말 : 클릭하면 도움말 페이지가 열리고 확장 아이콘을 클릭하여 언어팩 다운로드 및 프로그램 정보를 확인할 수 있다.

❺ 리본

리본 패널은 Windows 어플리케이션의 표준적인 인터페이스로 AutoCAD에서는 리본 탭, 리본 패널이 있다. 작업 목적에 따른 명령들이 리본 패널에 등록이 되어 있고, 패널은 탭에 소속되어 각 작업 공간별로 표시할 탭을 선택할 수 있다. 설정은 [사용자 인터페이스 사용자화] 대화상자에서 진행한다.

리본은 3단계의 리본 탭 표시 옵션이 있어 작업 영역을 크게 사용할 수도 있다. 버튼을 클릭할 때마다 리본 표시상태가 바뀐다.

◆ 초기 리본 활성화 상태

◆ 패널 버튼으로 최소화

◆ 패널 제목으로 최소화

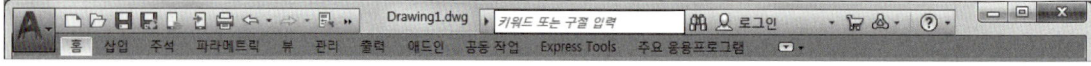

◆ 탭으로 최소화

리본 탭 위에 마우스 오른쪽 버튼을 클릭하면 해당 메뉴가 보이고 여기서
리본 탭 및 패널 표시, 고정해제 등을 할 수 있다.

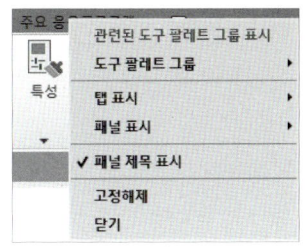

❻ 파일 탭

도면 작업 영역의 가장 위에 보이는 탭을 파일 탭이라고 한다. 파일의 전체 이름이 표시되어 쉽게 도면
을 선택할 수 있으며, 파일 탭의 오른쪽 끝에 있는
더하기 버튼( )은 새 도면을 작성한다. 또한 마
우스 오른쪽 버튼을 클릭한 후 바로 가기 메뉴에서
파일을 새로 만들기, 열기, 저장, 전체 닫기 등 명
령을 수행할 수 있다.

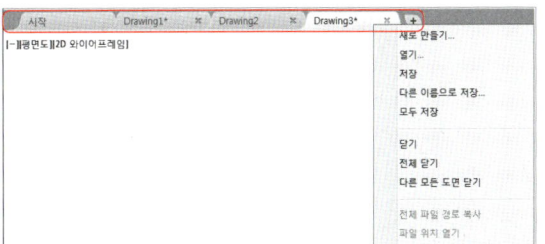

❼ 뷰포트 컨트롤

뷰포트 컨트롤은 각 뷰포트의 왼쪽 위 구석에 표시되며, 이 컨트롤을 사용하면 뷰, 비주얼 스타일 및 기
타 설정을 간편하게 변경할 수 있다.

레이블에 현재 뷰포트 설정이 보이고 처음 도면을 시작할 때는 [−][평면
도][2D 와이어프레임]이라는 문자가 표시된다. [괄호]로 묶인 세 영역 안
을 각각 클릭하여 설정을 변경할 수 있다. 또한, [+] 또는 [−]를 클릭하
면 뷰포트를 최대화하거나 뷰포트 구성을 변경하고, 탐색 도구 표시를
조정하는 옵션을 사용하여 작업 환경에 맞게 조정할 수가 있다.

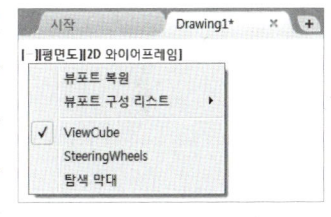

뷰포트 컨트롤의 [평면도]를 클릭하면 다양한 표준
뷰와 사용자 뷰 중에서 선택할 수 있다.

[2D 와이어프레임]을 클릭하면 다양한 비주얼 스타
일 중 하나를 선택할 수 있다. 대부분의 다른 비주
얼 스타일은 3D 시각화에 사용된다.

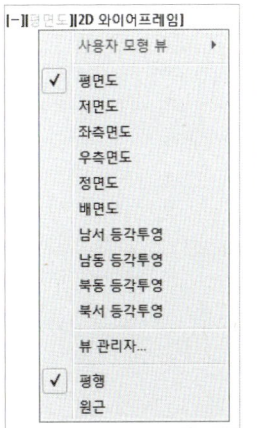
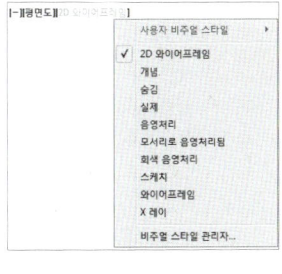

❽ 도면 영역

실제로 작업을 하는 영역으로 '도면 영역'이라고도 한다. 도면 영역에서 커서는 현재 작업을 반영하여 변경되며 다양한 방식으로 작업 영역 및 작업 공간 도구의 모양을 수정할 수 있다.

옵션 대화상자에서 색상 구성표, 배경 색상, 십자선, 그립, 기본 파일 경로, 툴팁 표시, 명령행 글꼴 및 기타 여러 응용프로그램 요소를 조정하는 설정을 변경하거나 화면 정리(Ctrl + 0 또는, 상태 막대의 버튼)로 도면 영역의 크기를 확장하여 작업을 할 수 있다.

❾ 뷰큐브

기본 환경에서는 화면 오른쪽 위에 육면체 인터페이스가 표시되는데, 이것이 뷰큐브(ViewCube)이다. 커서를 갖다대면 면과 모서리 코너가 하이라이트 되는데, 이 부분을 핫스팟(Hotspot)이라 부른다. 이 핫스팟을 클릭하면 지정된 방향으로 화면이 전환된다. 특히, 3D 작업 시 뷰 방향을 자유롭게 회전하여 볼 수 있고, 일반적인 2D작업에서는 평면도(XY)로 뷰큐브가 보인다.

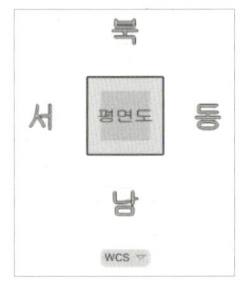
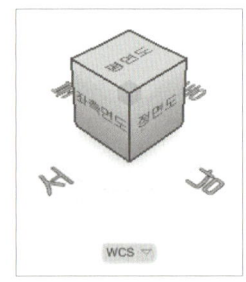

> **TIP** 뷰큐브를 2D 도면 작업환경에서 보이지 않게 하려면 옵션의 [3D 모델링]탭-[ViewCube 표시]-[2D 와이어프레임 비주얼 스타일(D)]를 체크해제하면 된다.

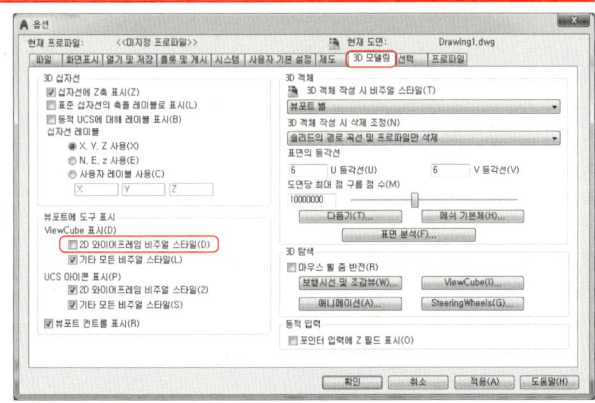

❿ 탐색 막대

전체 탐색이나 화면 이동, 줌 명령들이 모여있는 도구막대로 보면 된다. 도면 영역을 넓게 사용하기 위해 탐색 막대를 보이지 않게 하는 것도 방법이 될 수 있다.

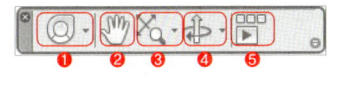

❶ SteeringWheels : 특수 탐색 도구 사이를 빠르게 전환하는 데 사용하는 휠 집합이다. 전체 탐색 휠, 객체 보기 휠 등이 있다.

❷ 초점 이동 : 화면에 평행하게 뷰를 이동한다.

❸ 줌 : 모형의 현재 뷰 배율을 높이거나 낮추는 탐색 도구 세트이다.

❹ 궤도 : 모형의 현재 뷰를 회전하는 데 사용하는 탐색 도구 세트이다.

❺ ShowMotion : 설계 검토, 프리젠테이션을 위한 작성과 재생에 사용하도록 화면상 표시 기능을 제공하는 사용자 인터페이스 요소이다.

⓫ 명령 윈도우

명령 윈도우는 AutoCAD 윈도우의 도면 영역과 상태 막대 사이에 막대모양으로 되어있다. 명령 윈도우는 명령어 실행 단계에서 사용자에게 관련 옵션을 선택하도록 보여주거나 값을 입력하도록 요구하기도 한다. 배경이 회색으로 되어 있는 부분은 명령 이력이 표시된 것으로 실행한 명령에서 사용한 값 또는 옵션을 나타내준다. 배경이 흰색인 마지막 행이 명령 실행줄이다.

명령어 실행에서 알아두어야 할 부분은 명령어를 입력한 후에는 반드시 Enter 또는 Space Bar 를 눌러야 실행된다는 점이다.

명령 윈도우의 왼쪽 끝에 있는 수직 막대를 끌면 임의 위치로 부동 상태로 배치하거나 상태 막대 위로 고정시킬 수 있게 된다.

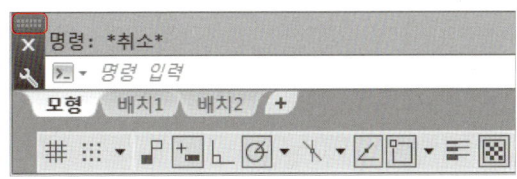

가장 자주 사용하는 키보드 입력 키는 아래와 같다.

❶ Esc : 현재 실행하는 명령을 취소하고 [명령:] 프롬프트로 돌아간다.

❷ Enter : 명령행에 명령어를 입력한 후 Enter 를 누르면 입력이 끝나고 대부분 명령이 종료된다.

❸ Space Bar : Enter 를 누른 것과 같은 기능이다. 또한, [명령:] 프롬프트에서 Space Bar 또는 Enter 를 누르면 이전에 사용한 명령이 반복 실행된다.

❹ ↑/↓ 화살표 : 이전에 사용한 명령이 순환되며 명령 프롬프트에 보여진다.

❺ Tab : 대화상자 안에서 이동하거나 동적 입력에서 값을 입력할 때 매우 편리하다.

AutoCAD 2019는 사용자에게 다양한 요구를 한다. 이때 명령행에 해당 요구 내용을 간략히 보여주는 메시지가 표시되는데, 이 메시지를 '명령 메시지' 또는 '프롬프트'라고 한다. 사용자는 프롬프트에 따라 명령을 실행하며 명령 옵션을 선택하려면 회색 매핑이 되어있는 옵션을 클릭하거나 괄호( )안에 있는 대문자 키워드를 입력하면 된다.

예를 들어, Circle(원) 명령의 실행 경우를 살펴본다.

명령 : C Space Bar Circle 명령의 단축키 C 입력 후 Space Bar
원에 대한 중심점 지정 또는 [3점(3P)/2점(2P)/Ttr - 접선 접선 반지름(T)]:
원의 반지름 지정 또는 [지름(D)] ⟨5.0000⟩:

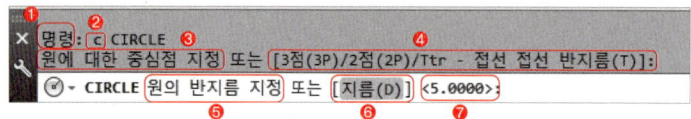

❶ 명령 : 새로운 명령 입력을 요하는 프롬프트로 명령 프롬프트라고도 부른다. 명령 윈도우에서는 [명령 입력]이라고 표시된다.

❷ C : 키보드에서 입력된 문자(이 경우는 명령 이름)

❸ 원에 대한 중심점 지정 : 기본 옵션

❹ [3점(3P)/2점(2P)/Ttr - 접선 접선 반지름(T)] : 옵션

❺ [원의 반지름 지정] : 기본 옵션

❻ [지름(D)] : 옵션

❼ [⟨5.0000⟩] : 기본 옵션에 대한 해당 값

동적 입력인 경우는 ↓를 누르면 명령 옵션이 표시되고, 다른 메뉴와 마찬가지로 마우스를 클릭하여 선택하고 키워드를 입력할 수도 있다.

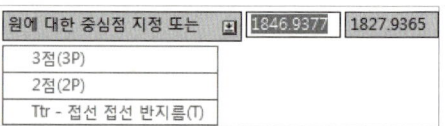

명령 프롬프트의 사용된 이력은 F2 를 눌러 나타나는 [AutoCAD 문자 윈도우] 창에서 확인할 수 있다.

> **TIP** 자동 완성
>
> AutoCAD 명령이나 시스템변수는 모두 고유의 이름을 지니고 있다. 변수명이 짧은 것도 있지만 대부분은 길어서 기억하기조차 어렵기 마련이다. 이처럼 명령 입력을 지원하는 것이 자동 완성이다.
> 명령행이 흰색 즉, [명령:]으로 표시된 상태에서 명령과 시스템 변수 이름을 입력하기 시작하면 지금까지 입력된 문자를 포함하는 리스트가 표시되어 모든 입력을 마치지 않아도 표시된 리스트에서 마우스 커서 또는 ↓, ↑로 선택하여 명령을 실행시킬 수 있다.

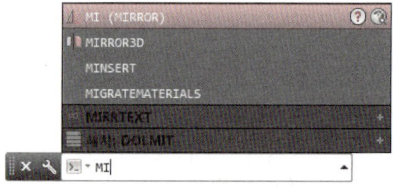

⑫ 레이아웃(LAYOUT)

모형 공간은 설계를 하는 영역으로 무한 공간이며 실제 치수로 제도한다. 이에 반해 배치(LAYOUT)는 도면 틀을 작성하고 표제란을 기입하여 실제 용지 크기로 인쇄하는 공간을 말한다. 상태 막대의 버튼이나 도면 영역의 파일 탭에 커서를 두면 모형과 배치(도면 공간)를 전환하여 사용할 수 있게 된다.

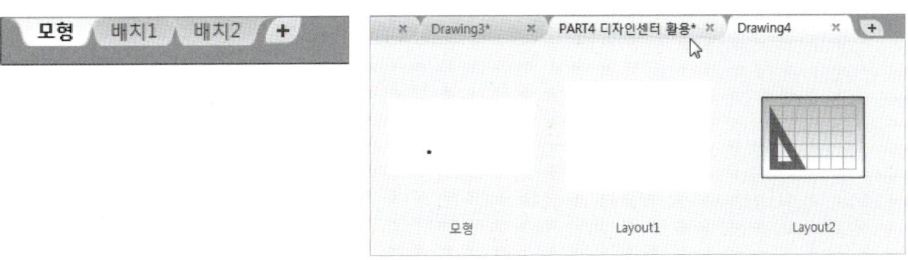

⑬ 상태 막대

AutoCAD 윈도우에서 가장 아래에 있는 것으로 도면 작성에 도움을 주는 기능 버튼들이 모여 있다. 회색으로 표시된 버튼은 현재 기능이 해제됨을 나타내고 파란색 버튼(아래 그림에서 구분되지 않지만 실제 화면에서는 파란색으로 표시됨)이 현재 사용된 기능이다. 가장 오른쪽의 사용자화 버튼(≡)을 클릭하여 상태 막대에 사용하는 기능은 표시하고 사용하지 않는 기능은 비표시로 제어할 수 있다.

상태 막대의 주요 기능은 모눈 격자를 표시하는 모눈, 마우스 포인터를 설정한 간격대로 띄어주는 스냅, 정수직과 정수평 방향을 지정하는 직교, 객체의 정확한 지점을 지정하는 객체 스냅과 객체 스냅 추적, 문자와 치수 등 주석 객체에 주석 축척을 적용하는 옵션이 있다.

⑭ 작업 공간

작업 공간이란 작업 내용에 따른 제도 환경으로 그 환경과 관련된 필요한 도구나 인터페이스만 표시되도록 화면이 구성되어 있다. [신속 접근 도구막대]에서 톱니바퀴 모양이 앞에 있는 [제도 및 주석] 오른쪽 옆의 역삼각형을 클릭하면 확장되어 기본값인 3개 작업 공간과 마이그레이션을 했다면 해당 작업 공간도 포함해 볼 수 있다.

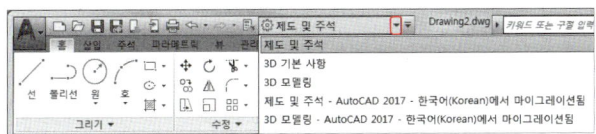

AutoCAD를 시작하면 마지막에 사용된 작업 공간이 적용되고 [신속 접근 도구막대] 또는 [상태 막대]에서 작업 공간을 전환한다.

참고로, AutoCAD 클래식 작업 공간은 2014 버전부터는 작업 공간 리스트에는 포함이 안된다.

⑮ 바로 가기 메뉴

도면 영역에서 마우스 오른쪽을 클릭하면 바로 가기 메뉴가 표시된다. 메뉴에서 도구나 옵션을 사용할 수 있는데 바로 가기 메뉴는 3가지로 분류된다.

명령 윈도우에 [명령:]으로 아무런 명령을 실행하지 않았을 때, 명령 실행 중일 때, 객체를 선택하고 있을 때로 바로 가기 메뉴는 각각 다른 도구와 옵션을 포함한다.

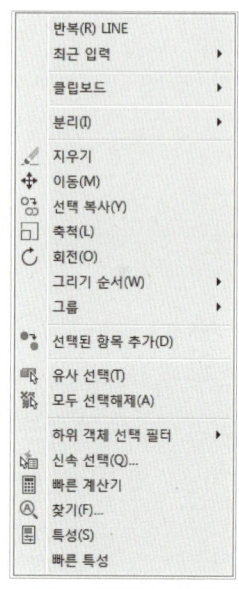

◆ 명령 실행 전 바로 가기 메뉴   ◆ 명령 실행 중 바로 가기 메뉴   ◆ 객체를 선택하고 있을 때 바로 가기 메뉴

⑯ 팔레트

팔레트는 열려있는 상태에서 [확인]이나 [적용] 등 버튼을 클릭하지 않아도 바로 도면에 적용가능한 대화상자를 말한다. [도면층 특성 관리자], [특성], [도구 팔레트], [외부 참조 관리자], [DesignCenter] 등 다양한 팔레트가 있다.

팔레트에는 공통으로 표시를 제어하는 옵션이 있는데 왼쪽 수직막대에서 마우스 오른쪽 버튼을 클릭한 후 바로 가기 메뉴를 표시하여 왼쪽 오른쪽 앵커 고정 및 자동 숨기기, 투명도를 설정할 수 있다.

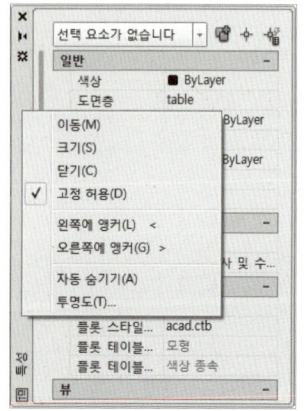
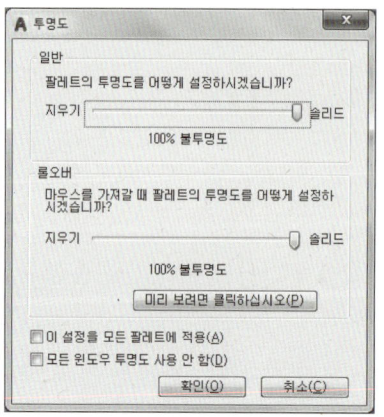

◆ 명령 옵션 ◆

이동 : 팔레트 이동에 사용할 수 있는 4방향 화살표 커서를 표시한다. 간단히 제목 부분을 선택하여 도면 작업 영역으로 드래그하면 이동할 수 있다.
크기 : 4방향 화살표 커서를 표시하며 모서리 부분을 드래그하면 쉽게 크기 조절이 가능하다.
닫기 : 팔레트를 닫는다.
고정 허용 : 팔레트 윈도우를 고정 또는 앵커할 수 있도록 전환한다.
왼쪽/오른쪽 앵커 : 도면 영역의 왼쪽이나 오른쪽으로 부착되게 한다.
자동 숨기기 : 커서가 가로질러 이동함에 따라 유동 팔레트가 열리고 닫힌다.
투명도 : 투명도 대화상자를 표시한다. 팔레트를 투명하게 조정할 수 있다.

⓱ 툴팁

AutoCAD에서는 다양한 툴팁이 표시되어 기능들을 안내한다. 예를 들면, 리본 패널 도구 버튼에 커서를 갖다대면 2단계로 나눠 툴팁이 표시된다. 처음에는 명령 이름과 설명이 표시되고 몇 초 후에는 온라인 도움말을 검색하여 상세 기능을 설명해준다.

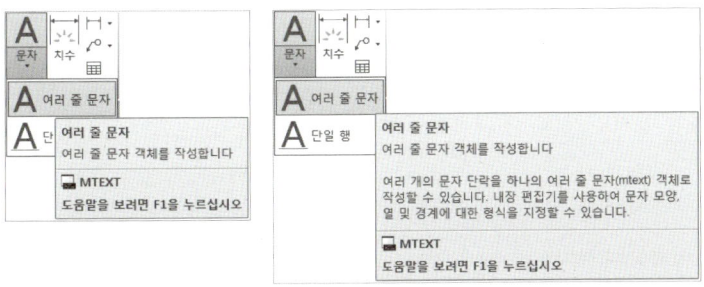

Chapter 04 AutoCAD 사용상의 기본 동작 익히기

기존 도면을 여는 방법, 도면 작업을 처음 시작하고 저장하는 기본적인 사용법과 휠마우스를 이용한 도면 확대와 축소, 화면 이동 등 AutoCAD 사용상에 있어서 기본적인 동작에 대해 알아본다.

01 도면 열기

기존 파일을 열 때는 아래의 실행 방법이 있지만 신속 접근 도구막대의 [열기] 아이콘( )을 사용하는 것을 추천한다.

▶ 실행 방법

- 응용 프로그램 메뉴 : [열기]
- [파일] 탭 : 마우스 오른쪽 클릭-[열기]
- 신속 접근 도구막대 : [열기] 아이콘( )
- 메뉴 : [파일(F)]-[열기(O)]
- 명령 입력 : OPEN
- 단축키 : Ctrl + O

TIP Windows 탐색기에서 도면 파일 열기

Windows 탐색기에서 도면 파일을 더블 클릭하거나 Windows 탐색기에서 파일을 선택하고 AutoCAD 도면 영역으로 마우스 오른쪽 버튼을 누른 채 드래그한 후 바로 가기 메뉴에서 [열기(O)] 메뉴 선택하면 도면 파일이 열립니다.

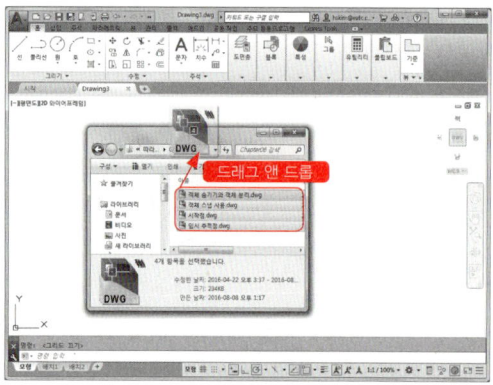
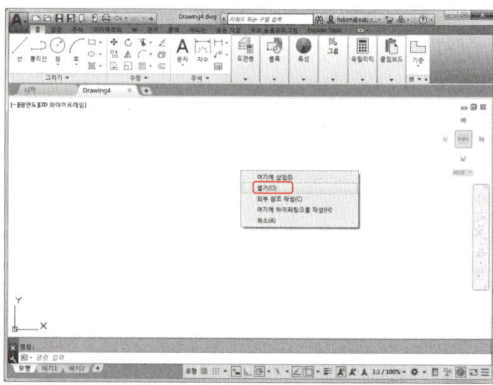

01 OPEN(열기) 명령을 실행하면 [파일 선택] 대화상자가 표시된다. 파일이 저장되어 있는 폴더를 지정하고 파일명을 선택하면 오른쪽 미리보기 영역에 이미지가 표시된다. 미리보기 도면에서 문제가 없다면 [열기] 버튼을 클릭한다. 한 번에 여러 파일을 선택할 때는 Ctrl 또는 Shift 를 누른 상태에서 파일을 선택한다.

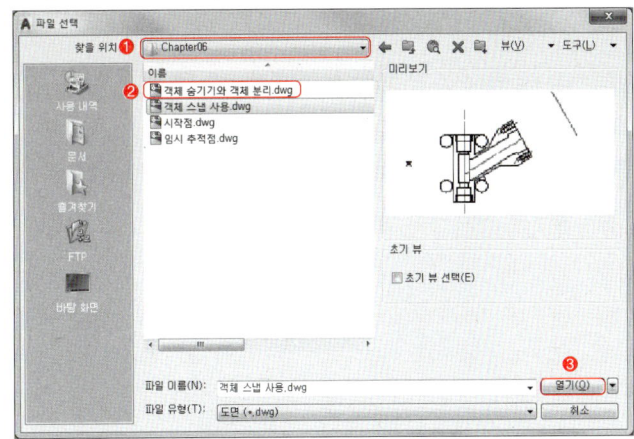

02 선택한 도면이 작업 영역에 나타난다.

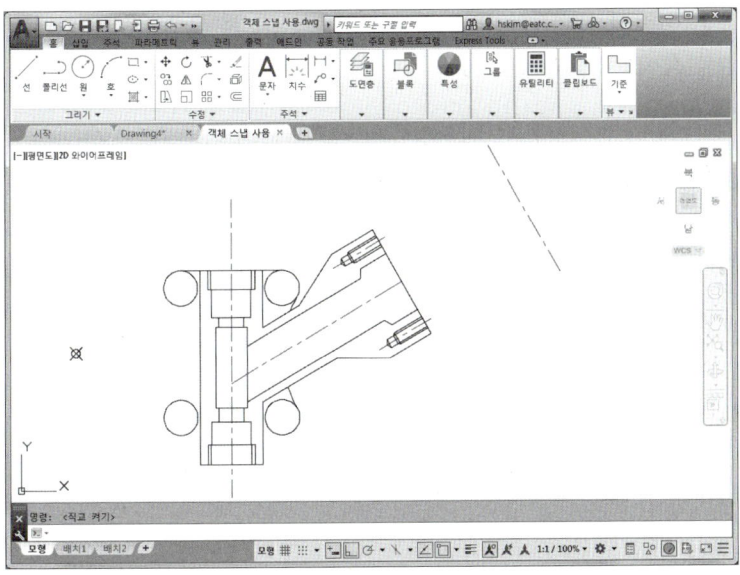

02 새 도면 만들기

AutoCAD를 실행하고 [시작] 탭의 [그리기 시작]을 클릭하면 Drawing1.dwg 라는 새로운 도면 파일이 열린다. 이것은 템플릿 양식에 따라 ISO 미터법 형식에 기준할 수도 있고 인치법에 기인해 시작할 수도 있다.

▶ **실행 방법**

- [시작] 탭 : [템플릿]확장-해당 템플릿 선택
- [응용프로그램 메뉴] : [새로 만들기]
- 메뉴 : [파일(F)]-[새로 만들기(N)]
- [신속 접근 도구막대] : [새로 만들기] 아이콘( )
- [파일] 탭 : 마우스 오른쪽 클릭-[새로 만들기]
- 명령 입력 : NEW
- 단축키 : Ctrl +N

01 화면 좌측 상단의 [신속 접근 도구막대]-[새로 만들기] 아이콘(📄)을 클릭한다.

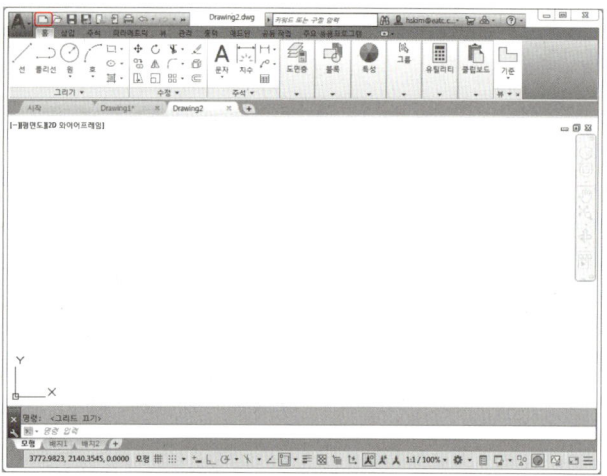

02 [템플릿 선택] 대화상자가 나타나면 새로운 도면으로 시작할 템플릿 파일인 'acadiso.dwt'를 선택하고 [열기] 버튼을 클릭한다. 새로운 작업 화면이 나타난다.

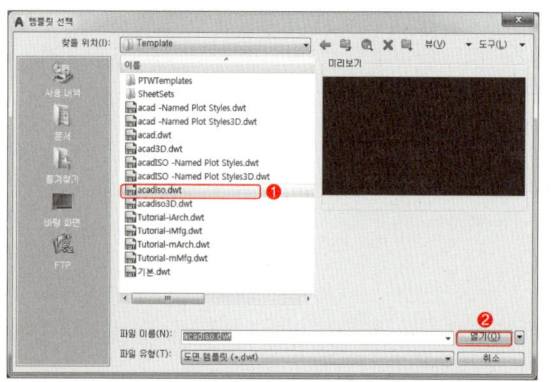 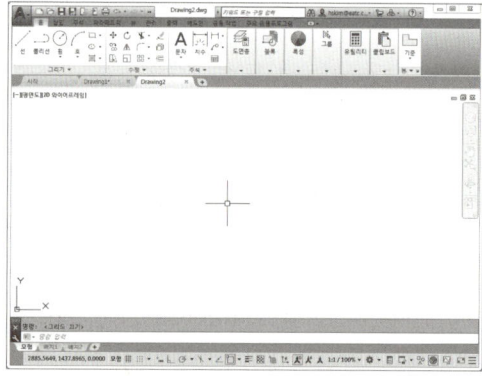

> **TIP** 도면 템플릿은 *.dwt로 저장되는 도면으로 제목 블록, 문자 스타일, 치수 스타일, 그 외 도면의 특정 기능과 관련된 설정 등이 부여된 파일이다. 설정되지 않은 경우는 일반적으로 미터(mm)법으로 2D 작업 시작은 acadiso.dwt를 선택하고, 인치(inch)법인 경우는 acad.dwt를 선택하여 새 도면을 작성한다. acadiso.dwt은 국제 규격 형식에 맞춘 템플릿 파일로 X, Y축 작업 영역은 각각 420mm, 297mm가 기본값으로 설정되어 있다.

03 도면 저장하기

도면을 저장할 때는 [저장(Save)] 또는 [다른 이름으로 저장(Save as)]을 사용한다. 처음 도면을 저장할 때는 항상 [다른 이름으로 저장] 대화상자가 표시되고, 도면을 저장할 폴더와 파일명을 입력 후 [저장] 버튼을 클릭하면 된다. 작업 중인 도면을 다른 이름으로 저장할 때는 [다른 이름으로 저장] 명령을 사용한다.

> **실행 방법**
> - [응용프로그램 메뉴] : [저장] 또는 [다른 이름으로 저장]
> - [신속 접근 도구막대] : [저장] 아이콘(💾) 또는 [다른 이름으로 저장] 아이콘(💾)
> - [파일] 탭 : 마우스 오른쪽 클릭-[저장] 또는 [다른 이름으로 저장]
> - 메뉴 : [파일(F)]-[저장(S)] 또는 [다른 이름으로 저장(A)]
> - 명령 입력 : SAVE 또는 SAVE AS   • 단축키 : Ctrl +S 또는 Ctrl + Shift +S

01 [신속 접근 도구막대]-[저장] 아이콘(💾)을 클릭한다.

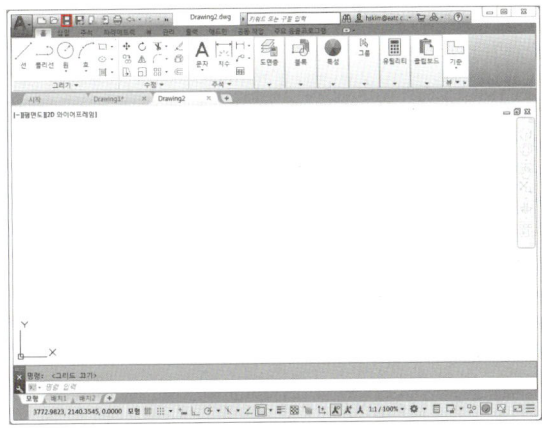

02 [다른 이름으로 저장] 대화상자가 나타나면 저장할 폴더와 파일 이름을 지정하고 [저장] 버튼을 클릭하면 도면이 저장된다.

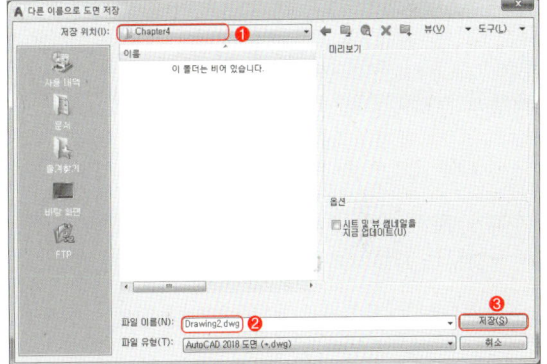

> **TIP** 작업 중인 도면을 자주 저장하는 습관이 매우 중요하다. 이것은 예기치 못한 시스템 장애가 발생했을 때 매우 중요하게 작용하기 때문이다.
> 물론, 바로 가기 메뉴의 가장 하단에 있는 [옵션]을 클릭하여 [옵션] 대화상자에서 [열기 및 저장] 탭에서 [파일 안전 예방 조치]로 [자동 저장]을 원하는 시간으로 맞춰 저장해도 된다.

04 AutoCAD 웹 모바일 클라우드 파일에서 열고 저장하기

온라인 Autodesk 웹 및 모바일 계정에서 도면 파일을 열고 저장한다. 이 명령은 기본 위치가 Autodesk 웹 및 모바일 계정으로 설정된다는 점을 제외하고는 열기 및 저장 명령과 비슷하다.

클라우드에 저장하면 인터넷이 지원되는 전 세계의 모든 데스크톱, 웹 또는 모바일 장치를 통해 Autodesk 웹 및 모바일 계정에서 도면을 열고 저장할 수가 있다.

기본적인 저장은 AutoCAD 2018 파일 형식으로 저장되며 옵션 대화상자의 [열기 및 저장]탭에서 다른 기본 파일 형식을 지정할 수도 있다. 다만, 이 명령은 64비트 시스템에서만 사용할 수 있다.

> ❒ **실행 방법**
>
> - [신속 접근 도구막대] : [웹 및 모바일 에서 열기] 아이콘( ), [웹 및 모바일에 저장] 아이콘( )
> - 응용 프로그램 메뉴 : [열기]-[AutoCAD 웹 및 모바일에서 도면]/[다른 이름으로 저장]-[AutoCAD 웹 및 모바일에서 도면]
> - 명령 입력 : OPENFROMWEBMOBILE / SAVETOWEBMOBILE

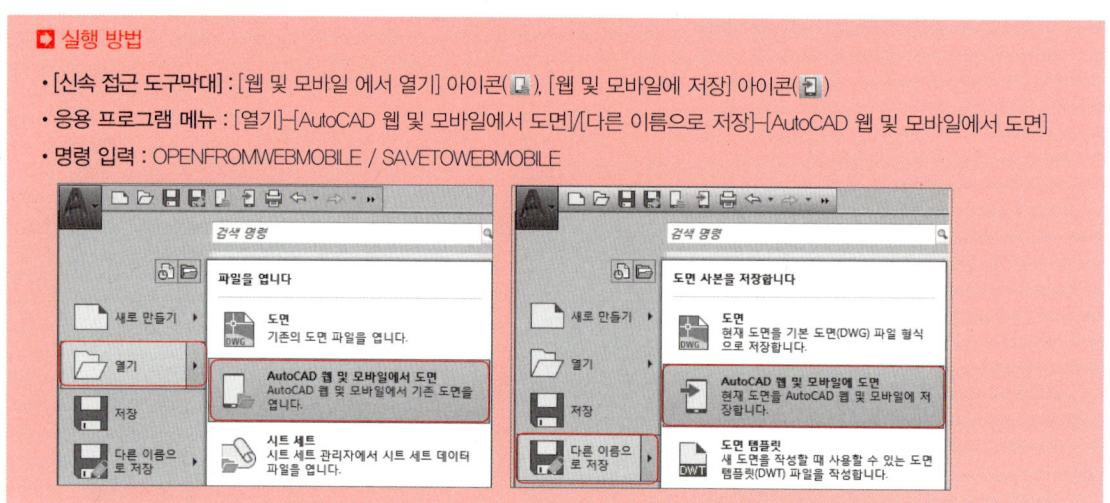

처음에 신속 접근 도구막대의 [웹 및 모바일에 저장]아이콘( )을 클릭하면 플러그인 설치 안내 메시지가 보인다. 동의합니다에 체크한 후 설치를 계속 진행하면 된다.

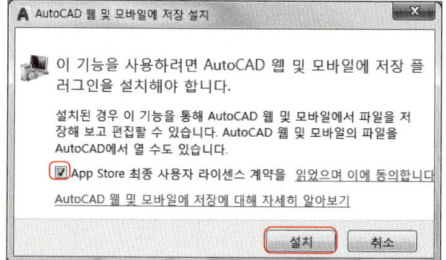

설치가 완료되면 AutoCAD 웹 및 모바일 클라우드 파일에 저장 대화상자가 보이며 파일을 저장하면 저장 위치는 AutoCAD 웹 및 모바일 클라우드가 된다.

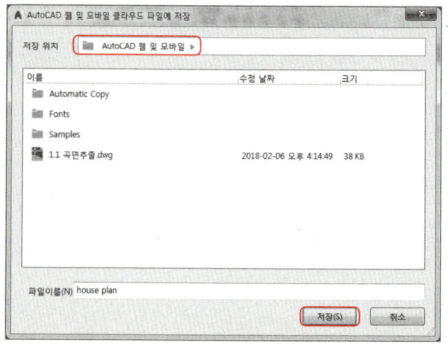

저장된 파일은 [웹 및 모바일에서 열기]아이콘( )을 클릭하여 파일을 열면 된다.

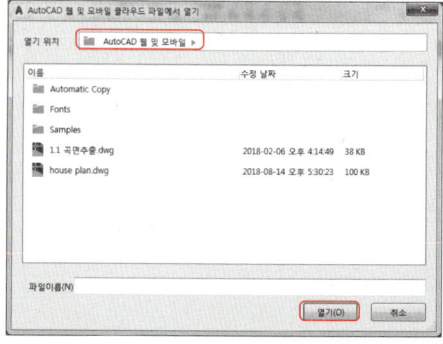

05 명령 취소, 명령 복구

도면 작업을 진행할 때 잘못한 작업이 생길 수 있다. 이런 경우 실수한 작업 이전 상태로 되돌리면 되고 명령 취소(UNDO) 명령은 명령 복구(REDO) 명령으로 원래 상태로 되돌릴 수 있다.

> ▶ **실행 방법**
> - [신속 접근 도구막대] : [명령 취소] 아이콘(⇦), [명령 복구] 아이콘(⇨)
> - 메뉴 : [편집(E)]-[명령 취소(U)], [명령 복구(R)]
> - 명령 입력 : UNDO, REDO
> - 단축키 : Ctrl +Z(UNDO), Ctrl +Y(REDO)

01 새 도면의 명령행에 'L'을 입력하고 Space Bar 를 누른다. P1 지점을 클릭하고 F8 을 눌러 직교모드 상태에서 P2~P4까지 클릭한다. 마지막으로 닫기 옵션을 클릭하고 명령을 종료한다.

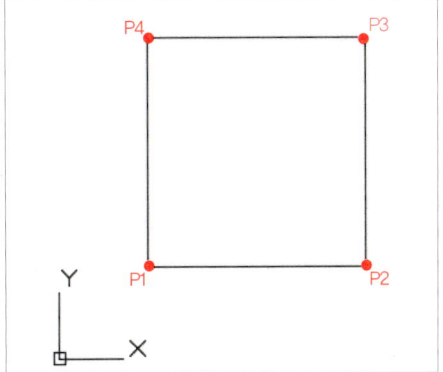

> 명령: L Space Bar [LINE 명령 단축키 입력]
> LINE 첫 번째 점 지정 : [P1 클릭]
> 다음 점 지정 또는 [명령 취소(U)] : 〈직교 켜기〉 Space Bar 를 눌러 직교모드 상태에서 P2클릭]
> 다음 점 지정 또는 [명령 취소(U)] : [P3 클릭]
> 다음 점 지정 또는 [닫기(C)/명령 취소(U)] : [P4 클릭]
> 다음 점 지정 또는 [닫기(C)/명령 취소(U)] : C [닫기 옵션 입력 후 명령 종료]

02 명령행에서 'UNDO'를 입력하고 Space Bar 를 2회 누른다. Line 명령으로 그린 사각형이 지워진다. 즉 바로 이전에 사용한 명령이 한 번 취소된다. 취소할 작업의 수를 입력하면 원하는 만큼 명령을 취소할 수 있다.

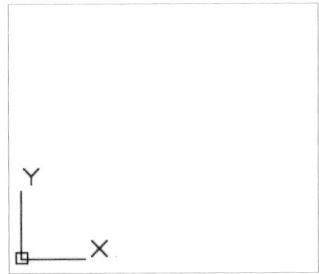

> 명령 : UNDO [UNDO 명령 실행]
> 현재 설정: 자동=켜기, 초점=전체, 결합=예, 도면층=예
> 취소할 작업의 수 또는 [자동(A)/조정(C)/시작(BE)/끝(E)/표식(M)/뒤(B)] 입력 〈1〉 : 1 Space Bar
> [취소 작업 수. 즉 한 단계(1)를 입력한다]

03 명령행에 'REDO'을 입력하고 Space Bar 를 누른다. 바로 전에 지워진 명령이 복구되면서 사각형이 나타난다.

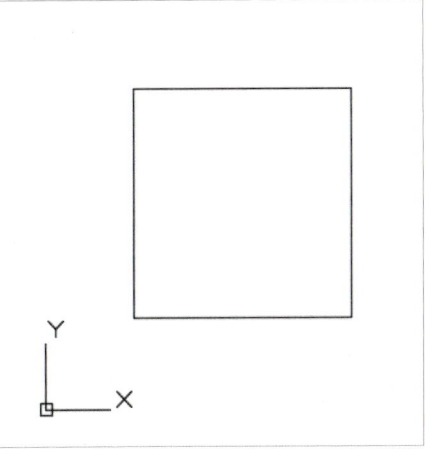

> 명령: REDO Space Bar [REDO 명령 실행]
> LINE [복구된 명령]
> 모든 것이 명령 복구됨

> **TIP** 한 번의 명령 복구는 REDO 명령을 실행하고 여러 번의 명령 복구는 MREDO 명령을 실행하여 작업한 수를 입력하거나 전체 작업을 명령 복구한다.

> **TIP** AutoCAD를 종료한 후 다시 종료한 파일을 불러와 UNDO나 REDO 명령을 실행하면 명령이 실행되지 않는다. AutoCAD를 종료하면 파일의 기록이 남지 않기 때문이다.

06 화면 이동

도면 작업 영역에서 마우스 휠을 누른 채로 드래그하면 표시할 범위를 확인하면서 화면 이동을 할 수 있다.

> ➡ **실행 방법**
> - 휠 마우스 : 휠을 누르면서 이동
> - 마우스 오른쪽 바로 가기 메뉴 : 초점이동(A)
> - 리본 : [뷰] 탭–[탐색] 패널–초점이동 아이콘(🖐)
> - 메뉴 : [뷰(V)]–[초점 이동(P)]
> - 단축키 : P
> - 명령 입력 : PAN

명령을 실행하면 커서가 손바닥 모양으로 바뀌고 상, 하, 좌, 우 원하는 방향으로 화면을 드래그하여 사용한다. 아래 그림은 오른쪽으로 화면을 이동한 경우이다.

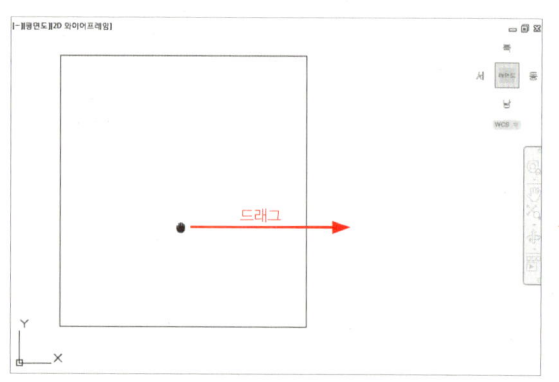 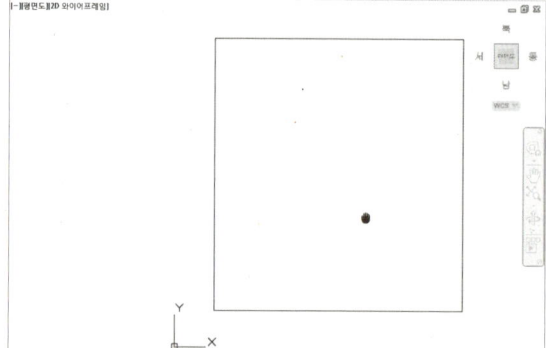

07 화면 확대와 축소

ZOOM 명령으로 도면 영역에 표시된 객체의 배율이 늘거나 줄어든다. 카메라 줌 확대, 줌 축소와 마찬가지로 ZOOM 명령을 실행해도 객체의 실제 크기는 변하지 않는다. 다만, 도면 영역에서 표시된 객체의 상대적인 비율로 작업 화면에서 크기의 변화만 줄 뿐이다.

> ➡ **실행 방법**
> - 휠 마우스 : 줌 확대와 축소는 휠을 위/아래로 회전
> - 리본 : [뷰] 탭–[탐색] 패널–[범위] 오른쪽 옆 삼각 화살표(▼)를 클릭하여 옵션 선택
> - 마우스 오른쪽 바로 가기 메뉴 : 줌(Z)
> - 메뉴 : [뷰(V)]–[줌(Z)]
> - 명령 입력 : ZOOM
> - 단축키 : Z

7-1. ZOOM 명령 옵션

❶ 범위 : 줌하여 모든 객체의 최대 범위를 표시한다.
❷ 윈도우 : 줌 확대할 영역의 한쪽 구석을 지정하고 반대 구석을 지정한다.
❸ 이전 : 이전 뷰를 줌하여 표시한다. 이전 뷰를 10개까지 복원가능하다.
❹ 실시간 : 대화식으로 줌하면서 뷰 배율을 변경한다. 커서는 더하기(+) 및 빼기(–) 기호가 있는 돋보기로 변경된다. 화면의 중간점에 마우스 왼쪽 버튼을 누르면서 맨 위로 수직 이동하면 100% 줌 확대, 반대로 맨 아래로 수직 이동하면 100% 줌 축소가 된다.

❺ 🔍 전체 : 줌하여 보이는 모든 객체와 화면 도구를 표시한다.
❻ 🔍 동적 : 직사각형 뷰 상자를 사용하여 초점이동 및 줌한다.
❼ 🔍 축척 : 축척 비율에 따라 줌하여 뷰 배율을 변경한다. 현재 뷰를 기준으로 축척을 지정하려면 값 뒤에 x를 붙여 입력하고 도면 공간 단위를 기준으로 축척을 지정하려면 값 뒤에 xp를 붙여 입력한다. 예를 들어, .5x를 입력하면 각 객체가 현재 크기의 절반 크기로 화면에 표시된다.
❽ 🔍 중심 : 중심점과 배율값 또는 높이에 의해 정의된 뷰를 줌하여 표시한다.
❾ 🔍 객체 : 선택한 하나 이상의 객체가 뷰의 중심에 최대한 크게 표시되도록 줌한다.

🔴 탐색막대를 이용한 줌 명령

01 예제 파일을 불러온다. 명령행에 'Z'를 입력하고 Space Bar 를 누른다. 옵션에서 윈도우(W)를 클릭한다. 크게 확대하여 볼 범위를 지정한다. 지정한 범위로 객체가 확대된다.

- 예제 파일 : Chapter04\zoom.dwg

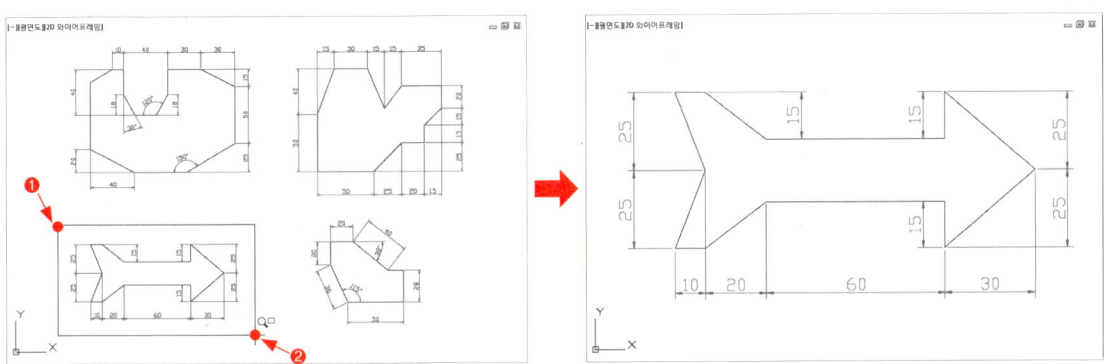

명령 : Z Space Bar
윈도우 구석 지정, 축척 비율(nX 또는 nXP) 입력 또는 [전체(A)/중심(C)/동적(D)/범위(E)/이전(P)/축척(S)/윈도우(W)/객체(O)] ⟨실시간⟩ : W
[윈도우 옵션 선택]
첫 번째 구석을 지정 : [❶번 지점 클릭]
반대 구석 지정 : [❷번 지점 클릭]

02 Space Bar 를 눌러 줌 명령을 반복실행한다. 옵션에서 이전(P)을 입력한다. 화면이 이전 화면으로 돌아간다.

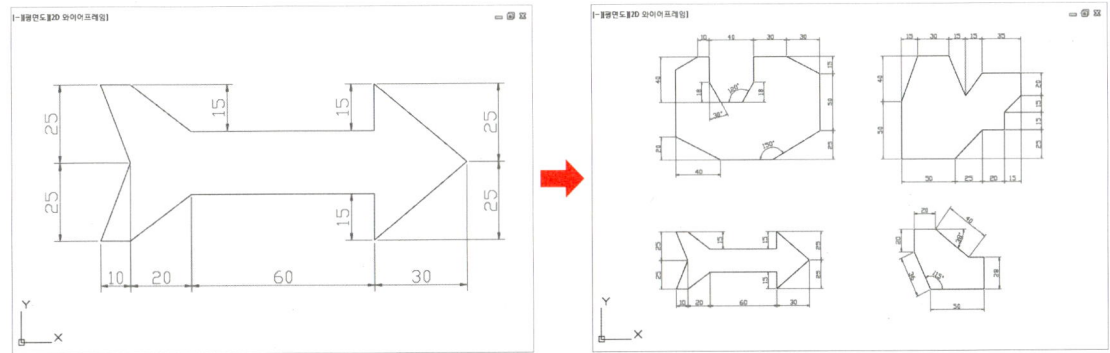

08 DWG 하위 버전으로 변환

현재 AutoCAD 도면 유형(상위 버전)을 다른 AutoCAD 도면 유형(하위 버전)으로 수정할 수 있다. 상위 버전에서 작성한 도면은 하위 버전에서는 열 수 없으므로 DWG 변환으로 버전을 조정해야하며 DWGCONVERT 명령어를 사용하여도 동일하다. 다른 이름으로 저장 명령을 실행해도 DWG 변환처럼 파일 형식을 바꿔 다른 버전으로 도면을 저장해도 된다.

◘ 상위 버전 도면 파일을 하위 버전으로 변환하기

01 [응용 프로그램 메뉴]-[다른 이름으로 저장]-[DWG 변환]을 클릭한다.

▶ 도면 파일을 하위버전으로 변환하기

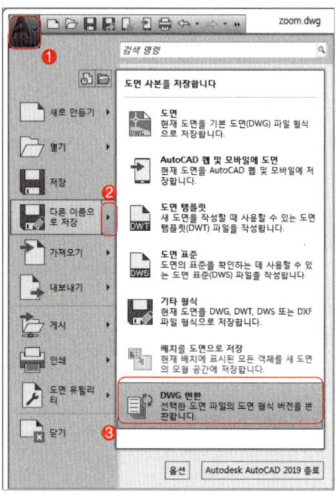

02 파일 추가 버튼(🗐)을 클릭하여 변환할 파일을 선택한다. [변환 설정 선택] 항목에서 변환할 AutoCAD 버전을 선택하거나, [변환 설정]을 클릭한다. [변환 설정] 대화상자에서 [수정] 버튼을 클릭하여 해당 버전의 변환 패키지 유형이나 파일 형식을 선택한다.

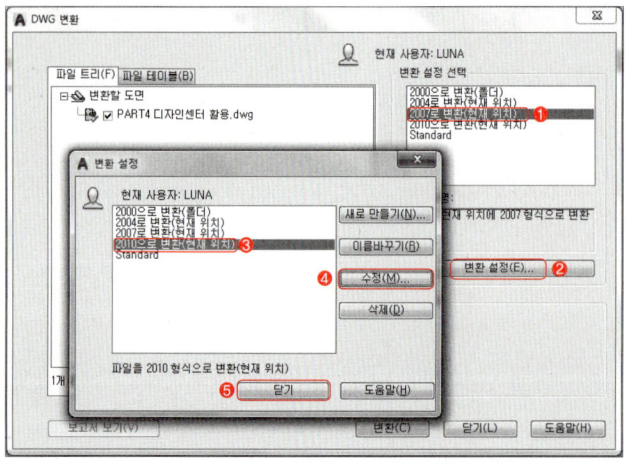

03 [DWG 변환] 대화상자에서 해당 버전의 파일 형식이 정해졌다면 [변환] 버튼을 클릭한다. '변환 패키지 작성이 진행 중' 메시지로 변환된 작업 과정을 볼 수 있으며 변환 완료 후 [닫기] 버튼을 클릭한다. [DWG 변환] 대화상자에서 "현재 파일 리스트를 저장하시겠습니까?"라는 질문에는 [예(Y)] 또는 [아니요(N)] 버튼을 클릭하여 대화상자를 닫는다.

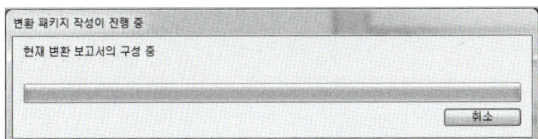 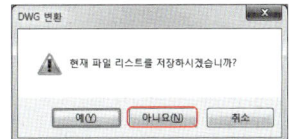

04 [다른 이름으로 도면 저장] 대화상자에서에서도 버전을 다르게 저장할 수 있다. 파일 유형에서 해당 버전을 선택한 후 [저장] 버튼을 누른다.

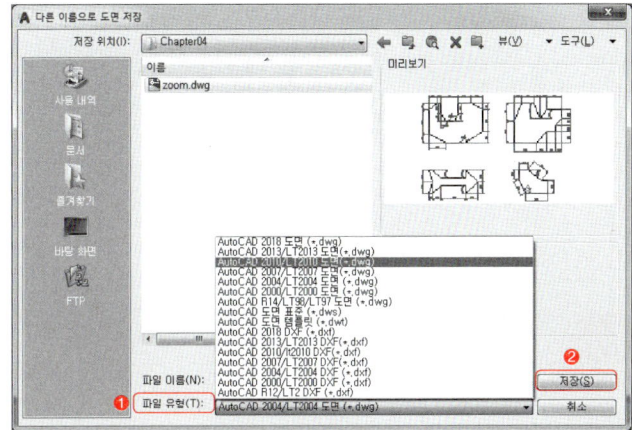

09 도면 재생성

REGEN(재생성) 명령은 전체 도면을 재생성하고 현재 뷰포트에서 모든 객체의 위치 및 가시성을 다시 계산한다. 또한 최적의 화면표시 및 객체 선택 성능을 위해 도면 데이터베이스를 다시 색인화한다.

여러 개의 뷰포트가 있는 경우는 REGENALL(전체 재생성) 명령을 사용하면 모든 도형 요소들을 재작성 할 수 있으며, 명령행에 RE, REGEN, REGENALL 중 선택하여 명령을 실행한다. REGENMODE 값은 1로 기본값이 설정되어 재생성이 필요한 명령을 실행하면 자동적으로 도면은 재생성된다.

Chapter 05 좌표계와 값 입력 방법 익히기

도면을 작성하려면 값 즉, 데이터 입력이 필요하다. AutoCAD에는 여러 종류의 데이터 입력 방식이 있는데 나열해보면 좌표계를 사용한 데이터 입력, 동적 입력, 거리 직접 입력, 바로 가기 메뉴를 사용해 데이터를 입력한다. AutoCAD를 이용하여 도면을 그리려면 좌표 개념의 이해가 조금은 필요하다.

01 좌표계 이해하기

1-1. 절대좌표

절대좌표는 도면의 원점(0,0,0)을 기준으로 X축, Y축, Z축 방향으로 이동한 거리를 나타내는 좌표를 말한다. 또한, 절대좌표는 표준 좌표계를 기준으로 하는 좌표계로 X-Y좌표계로 이루어진다. X축은 수평방향, Y축은 수직방향이며, Z축은 2D에서는 값이 없으므로 0이다.

X축은 수평방향으로 오른쪽 진행 방향이 +, 왼쪽 진행 방향은 -, Y축은 수직방향으로 위로 진행이 +, 아래로 진행은 -로 값을 나타낸다.

다음 그림은 (6,4), (-6,6), (-4,-3), (4,-5)에 위치한 네 점으로 원점(0,0)을 기준으로 표시한 절대좌표이다.

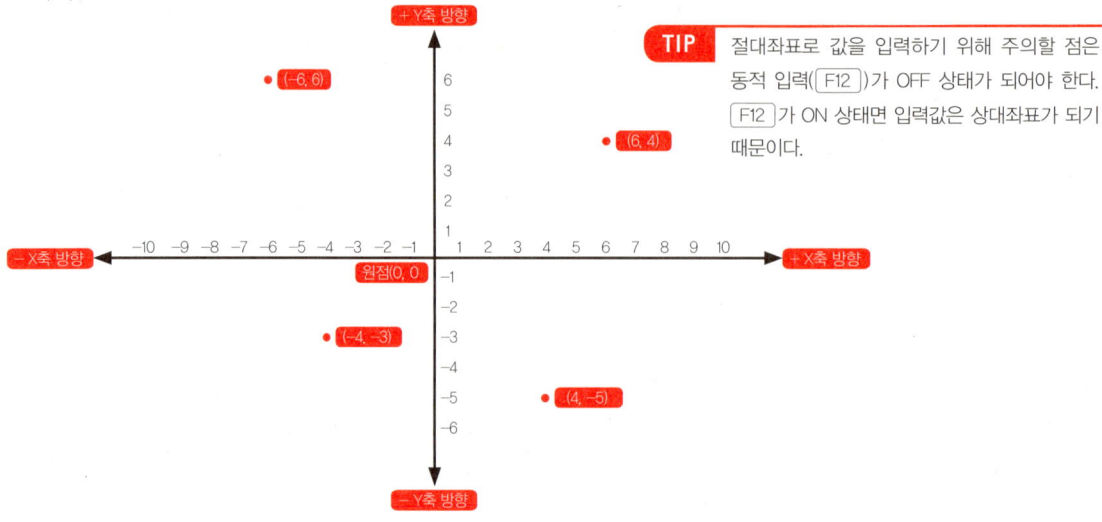

TIP 절대좌표로 값을 입력하기 위해 주의할 점은 동적 입력(F12)가 OFF 상태가 되어야 한다. F12가 ON 상태면 입력값은 상대좌표가 되기 때문이다.

◘ 절대좌표를 이용해 사각형 그리기

01 새 도면에서 명령행에 'L'을 입력하고 Space Bar 를 누른다. 첫 번째 점과 다음 점을 절대좌표로 아래와 같이 입력한다.

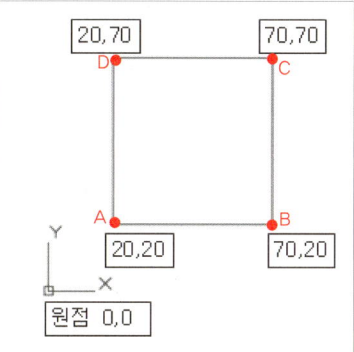

명령 : L Space Bar [LINE 명령 단축키 입력]
첫 번째 점 지정: 20,20 Space Bar [A 지점]
다음 점 지정 또는 [명령 취소(U)] : 70,20 Space Bar [B 지점]
다음 점 지정 또는 [명령 취소(U)] : 70,70 Space Bar [C 지점]
다음 점 지정 또는 [닫기(C)/명령 취소(U)] : 20,70 Space Bar [D 지점]
다음 점 지정 또는 [닫기(C)/명령 취소(U)] : C Space Bar [C를 입력하면 좌표값을 입력하지 않아도 시작점이 자동인식되어 닫힌 사각형이 된다.]

1-2. 상대좌표

상대좌표는 미리 선택한 지점을 기준으로 하는 좌표값을 말한다. 상대좌표를 입력하려면 첫 번째 지점을 선택한 다음 두 번째 좌표 지점 값의 첫 글자에 @기호를 붙여 지정한다. 그렇지만, 동적 입력인 F12 가 켜져 있다면 명령 실행은 첫 번째 지점은 절대좌표, 두 번째 이후는 상대좌표로 자동 인식이 된다. 따라서 @기호는 붙이지 않아도 된다. 동적 입력에서 절대좌표로 지정하려면 첫 글자에 #을 붙이고 좌표 값을 입력하면 된다.

다음 그림의 세 점을 절대좌표로 표시한다면 A지점(2,2), B지점(5,5), C지점(9,5)로 입력해야 한다. 하지만 실무상에서 모든 지점을 원점 기준으로 계산해서 입력해야 한다면 계산이 복잡해질 수 있다. 이때 사용하는 것이 상대좌표이다. 즉 A지점을 임의의 지점(미리 선택한 지점)이라 한다면 다음점을 입력할 때 @를 입력하게 되면 그 때부터 A지점이 원점(0,0)이 된다. 즉 B지점은 A지점에서 X축 방향으로 3만큼, Y축 방향으로 3만큼 증가했기 때문에 @3,3을 입력하면 된다. C지점도 마찬가지로 B지점이 원점이 되어 X축으로 4만큼 증가했고, Y축으로는 증가하지 않았기 때문에 @4,0을 입력하면 된다.

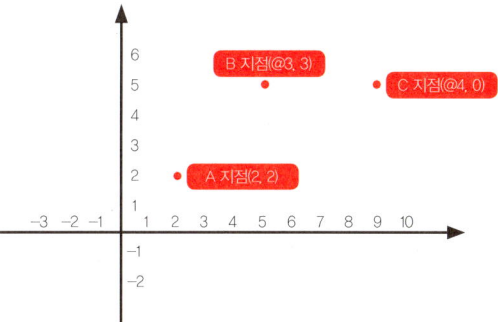

◘ 상대좌표를 이용해 사각형 그리기

01 새 도면의 명령행에 'L'을 입력하고 Space Bar 를 누른다. 첫 번째 점을 절대좌표로 입력한 후 다음 점을 상대좌표로 아래와 같이 입력한다.

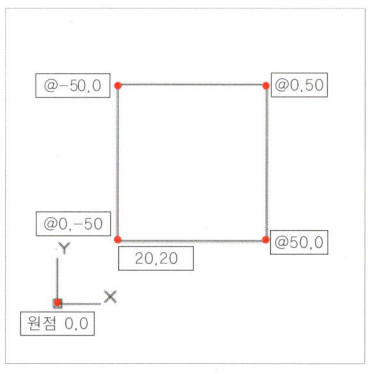

명령 : L Space Bar [LINE 명령 단축키 입력]
첫 번째 점 지정 : 20,20 Space Bar [절대좌표 입력]
다음 점 지정 또는 [명령 취소(U)] : @50,0 Space Bar [상대좌표 입력]
다음 점 지정 또는 [명령 취소(U)] : @0,50 Space Bar [상대좌표 입력]
다음 점 지정 또는 [닫기(C)/명령 취소(U)] : @-50,0 Space Bar [상대좌표 입력]
다음 점 지정 또는 [닫기(C)/명령 취소(U)] : @0,-50 Space Bar [닫기(C) 옵션 대신에 좌표값을 입력한다.]
다음 점 지정 또는 [닫기(C)/명령 취소(U)] : Space Bar [명령 종료]

1-3. 극좌표

극좌표는 거리와 각도로 좌표계 점을 지정하는 방식으로 절대 극좌표와 상대 극좌표로 나눌 수 있다. 절대 극좌표를 지정하려면 '거리〈각도'를 입력하고, 상대 극좌표를 지정하려면 '@거리〈각도'로 입력한다. 거리는 지정된 원점에서 이동 거리를 말하고 각도는 X축을 기준으로 계산된다. 예를 들어, 5〈45를 입력하면 거리는 5만큼, 각도는 45도임을 나타낸다.

다음 그림은 A지점(3,3)을 원점으로 45도 방향으로 4만큼 이동한 지점(B지점)을 극좌표로 입력한 사례이다.

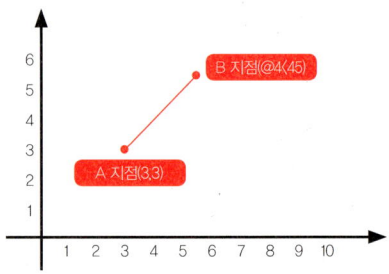

AutoCAD에서 좌표계는 각도의 기준인 3시 방향을 0도로 사용하고 그 각도를 기준으로 사용한다. 0도 방향을 기준으로 반시계방향으로 '+' 각도, 시계방향으로 '-' 각도를 의미한다. 예를 들어 3시 방향을 기준으로 12시 방향이면 +90도이거나 -270도가 된다.

다음 그림은 극좌표로 각도를 정의하는 방법으로 각도 측정 방법은 좌표 입력, 호 작성, 객체 회전할 때 사용된다.

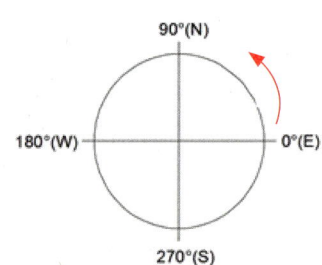

◘ 상대 극좌표를 이용해 삼각형 그리기

01 새 도면의 명령행에 'L'을 입력하고 [Space Bar]를 누른다.

02 첫 번째 점을 절대좌표로 입력한 후 다음 점을 상대좌표로 아래와 같이 입력한다.

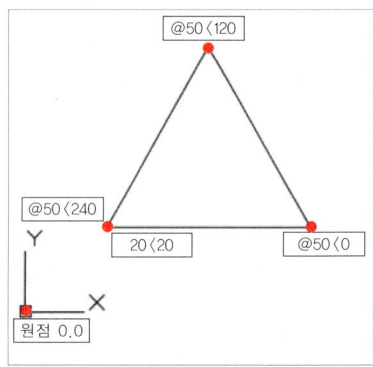

명령 : L [Space Bar] [LINE 명령 단축키 입력]
첫 번째 점 지정 : 20,20 [Space Bar] [절대좌표 입력]
다음 점 지정 또는 [명령 취소(U)] : @50〈0 [Space Bar] [극좌표 입력]
다음 점 지정 또는 [명령 취소(U)] : @50〈120 [Space Bar] [극좌표 입력]
다음 점 지정 또는 [닫기(C)/명령 취소(U)] : @50〈240 [Space Bar] [극좌표 입력]
다음 점 지정 또는 [닫기(C)/명령 취소(U)] : [Space Bar] [명령 종료]

1-4. 표준 좌표계와 사용자 좌표계

UCS 아이콘은 현재 좌표계를 도면 영역 안에서 보여준다. 도면 영역 안에 원점이 있는 경우는 원점에 표시되고 도면 영역을 벗어나 원점이 있는 경우는 화면 왼쪽 아래에 UCS 아이콘이 표시된다.

표준 좌표계(WCS-World Coordinate System)에 해당한다면 UCS 아이콘은 원점 부분이 사각형 모양이며, 사용자 좌표계(User Coordinate System)라면 사각형 모양은 나타나지 않는다.

표준 좌표계(WCS)는 도면의 모든 객체 및 기타 좌표계의 위치를 정의하는 고정 좌표계로 새 도면에서 처음에는 UCS가 WCS와 일치한다.

사용자 좌표계(UCS)는 그리기 및 모델링을 위한 XY 평면(작업 평면) 및 Z축 방향을 설정하는 이동할 수 있는 좌표계로 필요에 맞게 UCS 원점 및 해당 X, Y, Z 축을 설정할 수 있다.

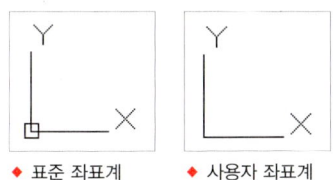

◆ 표준 좌표계   ◆ 사용자 좌표계

02 명령 윈도우

AutoCAD에서 제도는 대화로 진행된다. 여러분이 AutoCAD에 대해 "이러한 작업을 하고 싶다"고 지령하면, AutoCAD는 작업을 시작하고 여기에 필요한 정보 입력을 요구한다. 이때 지령에 해당하는 것이 명령이며, 대화는 명령 윈도우 또는 동적 입력 시 십자선 커서 부근의 팁 표시를 통해서 행해진다.

명령은 다음 방법으로 실행할 수 있다.
❶ 리본 패널의 해당 명령 아이콘을 클릭하는 방법
❷ 직접 명령어 또는 명령어의 단축키를 입력하는 방법
❸ 작업 공간에 메뉴를 표시하여 해당 명령을 클릭하는 방법

2-1. 명령 옵션

명령 옵션은 [ ]안에 표시되며 명령에 기본값이 설정된 경우는 〈 〉안에 표시된다. 기본값 그대로 실행한다거나 지정된 값 그대로 실행한다면 Space Bar 를 누른다. 빨간색 밑줄로 표시된 숫자/알파벳 대문자

(A)는 그 옵션을 사용하기 위해 입력해야 할 내용을 나타낸다. 그렇지만, 옵션 입력 시 대문자로 입력할 필요는 없으며 입력 대신 Gray 회색 매핑된 옵션 부분을 클릭하여 실행해도 된다.

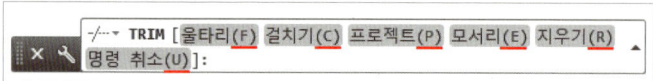

F2를 누르면 AutoCAD 문자 윈도우가 표시되어 사용된 명령 이력들을 볼 수 있다. 명령 실행 내용 확인 후 한 번 더 F2를 누르면 문자 윈도우 창이 닫힌다.

03 동적 입력

동적 입력은 데이터 입력 방법의 하나로 화면 아래에 있는 명령행에 데이터를 입력하는 것이 아니라 화면의 커서 위치에서 명령 정보를 입력하는 것이다. 동적 입력 이용의 가장 큰 장점은 도면 영역에 시선을 고정하고 작업을 할 수 있기 때문에 작업의 효율성을 높일 수 있다는 점이다.

동적 입력을 사용하려면 F12를 눌러 상태 막대의 동적 입력 아이콘( )을 클릭하여 ON 상태(실제 화면에서는 파란색으로 표시)로 만들어야 한다.

3-1. 동적 입력 설정

상태 막대의 동적 입력 버튼( )에 마우스 오른쪽 버튼을 클릭한 후 바로 가기 메뉴에서 [동적 입력 설정…]을 선택하면 [제도설정] 대화상자의 [동적 입력] 탭이 표시되고 동적 입력과 관련된 설정을 할 수 있다.

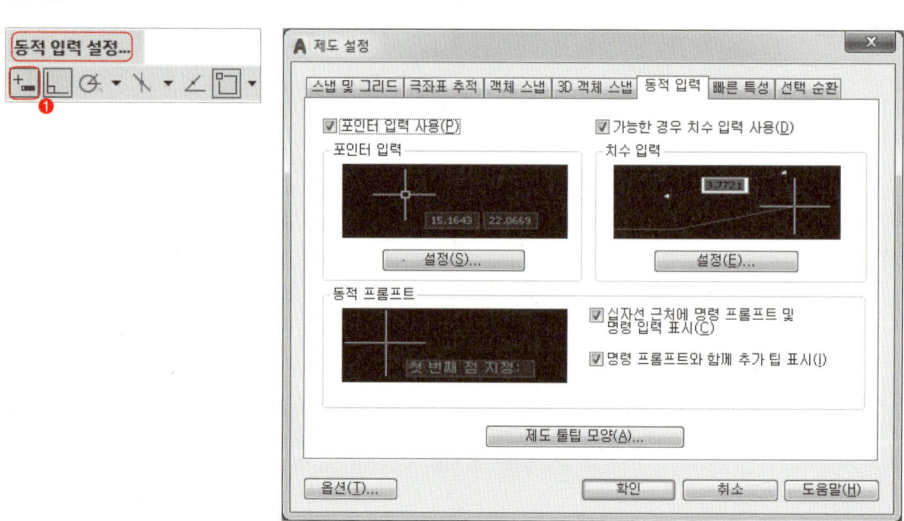

3-2. 동적 입력 방법

동적 입력은 선, 원, 호 등 일반적인 객체 작성 명령에 적용된다. 참조 그림은 폴리선을 그릴 때 거리와 각도를 입력하고 옵션을 실행하기까지의 과정을 보여준다.

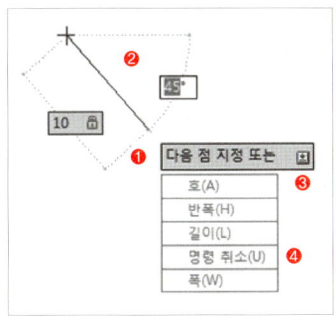

❶ 동적 입력 프롬프트 : 명령 실행의 현재 단계 설명을 표시한다. 명령행에도 동일한 메시지가 반영된다.

❷ [좌표], [길이] 또는 [각도] 입력 필드 : 모드에 따라 필드 값과 위치가 바뀐다. 위 예에서는 폴리선의 현재 길이와 각도를 나타낸 것으로 입력 필드란을 순환하려면 Tab 키를 누른다. 첫 번째 지점을 지정한 후 두 번째 지점에서 거리값 길이를 입력하고 Tab 키를 눌러 입력란을 각도 부분으로 이동 후 각도값을 입력한다. 필드란의 자물쇠 아이콘은 수동으로 입력된 값으로 변경되지 않도록 잠금이 된 것이다. 잠금을 해제하려면 Tab 키를 눌러 해당 입력 필드로 간 후 Delete 를 눌러 값을 지우고 새로운 값을 입력한다. 마지막으로 Space Bar 를 눌러 입력을 종료한다.

❸ 아래 화살표 : [동적 입력] 메뉴를 나타내는 것으로 표시하려면 키보드의 ↓ 화살표를 누른다.

❹ [동적 입력] 메뉴 : 명령 옵션을 마우스로 클릭하거나 방향 화살표를 이용해 선택한다. 사용 가능한 옵션은 상황에 따라 달라지며 명령행에서도 똑같이 옵션들을 확인할 수 있다.

명령을 실행하지 않고 객체를 선택하면 파란색 점(빨간색 박스 표시된 부분)이 보이는데 이것을 '그립(Grip)'이라고 한다. 마우스 십자선으로 객체를 선택하면 객체에 그립이 활성화한 상태가 된다. 그립의 끝점 또는 사분점의 하나에 커서를 이동하면 선택한 객체의 정보가 보인다.

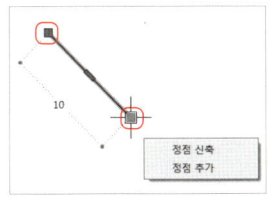 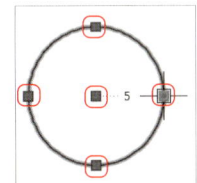

04 직접 거리 입력

직접 거리 입력은 방향을 포인터로 지정한 후 거리값을 직접 입력하는 방식으로 가장 빠르고 쉽게 객체를 작성할 수 있다. 이 데이터 입력 방식은 동적 입력 모드의 ON/OFF와 상관없이 사용할 수 있다.

상태 막대의 [극좌표 추적]을 ON시켜 커서의 각도를 표시하게 하여 각도를 확인하고 거리값을 입력 후 [Space Bar]를 눌러 명령을 종료한다.

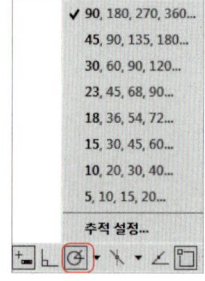 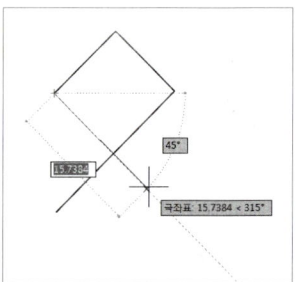

◘ 직접 거리 입력으로 사각형 그리기

01 새 도면의 명령행에 'L'을 입력하고 [Space Bar]를 누른다. 수직선과 수평선만을 그릴 수 있도록 [F8] (직교 모드)을 눌러 ON 상태로 만든다. 상태 막대에서 직교 모드(ㄴ)가 켜져 있는지 확인하고 [F12] 동적 입력(+_)도 켜진 상태로 진행한다.

02 첫 번째 점 P1을 절대좌표로 입력한 후 다음 점을 마우스 이동과 값 입력으로 아래와 같이 실행한다.

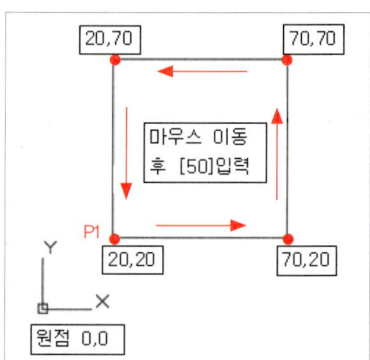

명령 : L [Space Bar] [LINE 명령 단축키를 입력하여 LINE 명령 실행]
첫 번째 점 지정 : 20,20 [Space Bar] , 마우스를 오른쪽으로 이동 후,
다음 점 지정 또는 [명령 취소(U)] : 50 [Space Bar] , 마우스를 위쪽으로 이동 후,
다음 점 지정 또는 [명령 취소(U)] : 50 [Space Bar] , 마우스를 왼쪽으로 이동 후,
다음 점 지정 또는 [닫기(C)/명령 취소(U)] : 50 [Space Bar] , 마우스를 아래쪽으로 이동 후,
다음 점 지정 또는 [닫기(C)/명령 취소(U)] : 50 [Space Bar] [닫기(C) 옵션 대신에 값을 입력한다.]
다음 점 지정 또는 [닫기(C)/명령 취소(U)] : [Space Bar] [명령 종료]

실무 도면 그리기

4가지 좌표계로 화살표 모양 그리기

좌표계로 화살표 모양 그리기

절대좌표, 상대좌표, 상대극좌표, 직접 거리 입력 방법으로 다음과 같은 화살표 모양을 그려보자.

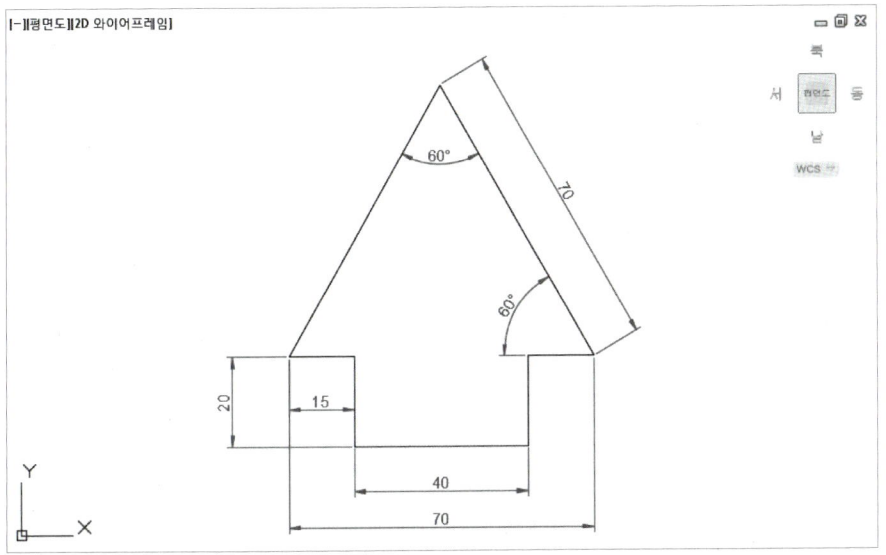

01 명령행에서 'L'을 입력하고 Space Bar 를 누른다. 첫 번째 점 지정에 30, 60을 입력하고 Space Bar 를 누른 후 수직선과 수평선만을 그릴 수 있도록 직교모드(F8)와 동적 입력(F12)를 ON 상태로 한다.

> 명령 : L Space Bar [LINE 명령 입력]
> 첫 번째 점 지정 : 30,60 Space Bar 〈직교 켜기〉 [시작점을 지정하고 F8, F12 를 켠 상태로 만든다.]

02 마우스 포인터를 오른쪽으로 이동하고 값 15를 입력한 후 Space Bar 를 누른다. 마우스 포인터를 아래로 이동하고 값 20을 입력한 후 Space Bar 를 누른다.

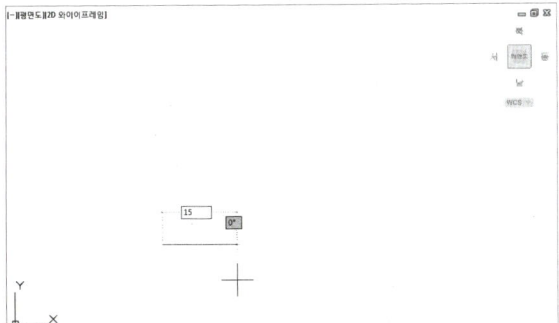 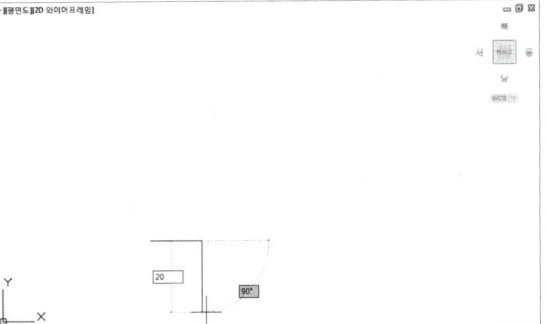

> 다음 점 지정 또는 [명령 취소(U)] : 15 Space Bar [마우스를 오른쪽으로 이동 후 15를 입력]
> 다음 점 지정 또는 [명령 취소(U)] : 20 Space Bar [마우스를 아래로 이동 후 20을 입력]

03 마우스 포인터를 오른쪽으로 이동하고 값 40을 입력한 후 Space Bar 를 누른다. 마우스 포인터를 위로 이동하고 값 20을 입력한 후 Space Bar 를 누른다.

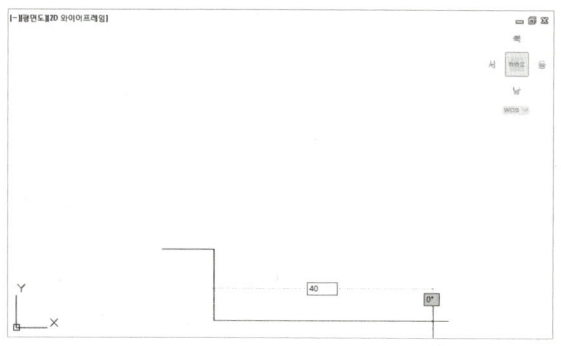 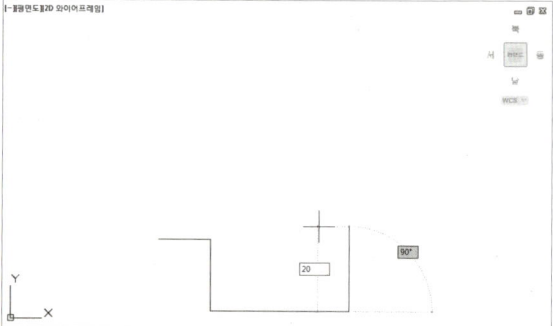

다음 점 지정 또는 [명령 취소(U)] : 40 Space Bar [마우스를 오른쪽으로 이동 후 40 입력]
다음 점 지정 또는 [명령 취소(U)] : 20 Space Bar [마우스를 위로 이동 후 20 입력]

04 마우스 포인터를 오른쪽으로 이동하고 값 15를 입력하고 Space Bar 를 누른다. 직교 모드(F8)를 눌러 OFF 상태에서 상대 극좌표로 값을 입력해본다. 거리값은 70을 입력하고 Tab 키를 눌러 각도 120도를 입력하고 Space Bar 를 누른다.

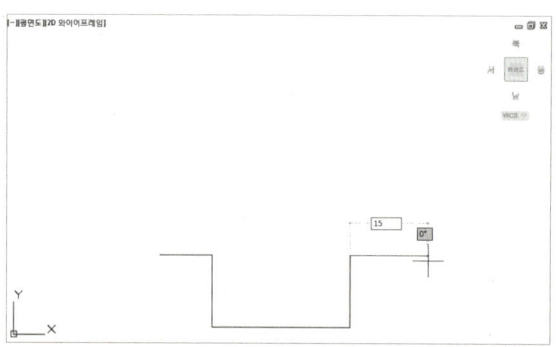 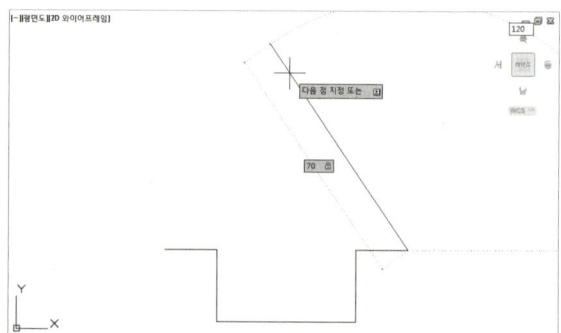

다음 점 지정 또는 [명령 취소(U)] : 15 Space Bar [마우스를 오른쪽으로 이동 후 15 입력]
다음 점 지정 또는 [닫기(C)/명령 취소(U)] : 〈직교 끄기〉 @70〈120 Space Bar [거리값과 각도값 입력]

TIP 각도 값 확정시에는 Space Bar 는 안 되고 Enter 만 허용된다.

05 닫기 옵션 'C'를 입력하고 Space Bar 를 눌러 명령을 종료한다. 다음과 같은 화살표 그리기가 완성된다.

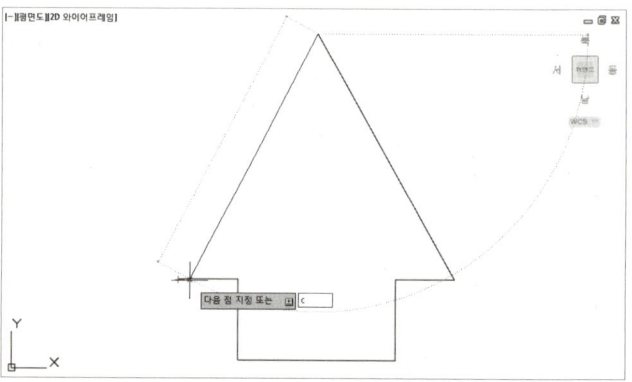

다음 점 지정 또는 [닫기(C)/명령 취소(U)] : C Space Bar [닫힌 객체가 되면서 명령 종료]

Chapter 06 제도보조설정과 객체 선택 방법 익히기

정확하고 신속하게 객체를 작성할 때 도와주는 보조 역할이 '제도보조설정'이다. 선을 그리지 않고 객체의 정확한 위치를 찾아내는 객체 스냅과 객체 스냅 추적, 객체를 정렬하고 객체 사이 거리를 시각화하는 그리드, 그리드에 맞춰 커서 위치가 제한되는 스냅이 제도보조 도구들이다. 또한, 여러가지 객체 선택 방법으로 작업에 맞춰 객체 선택을 달리 할 수 있다.

01 제도보조설정

1-1. 객체 스냅

객체 스냅(F3)은 거의 모든 도면에서 작성과 편집에 사용된다. 객체에서 정확한 위치를 지정할 때 가장 최선의 방법이 객체 스냅 이용이다.

점에 대한 프롬프트가 나타날 때마다 객체 스냅을 지정할 수 있으며, 기본적으로 객체의 객체 스냅 위치로 커서를 이동하면 표식기 및 툴팁이 표시된다. AutoSnap이라는 이 기능을 사용하면 현재 적용되어 있는 객체 스냅을 시각적으로 확인할 수 있다. 예를 들어, 중간점 객체 스냅의 표식기는 삼각형, 끝점은 사각형, 교차점은 X형, 원이나 호의 중심점은 원형, 사분점은 마름모형이다. 이 때 사분점은 원의 0도, 90도, 270도, 360도 지점을 나타낸다.

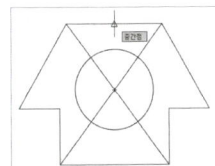 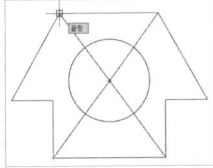 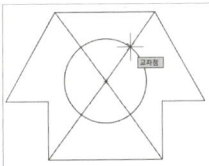 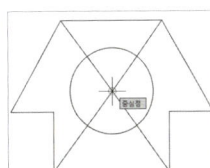 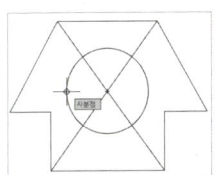

1-2. 객체 스냅 사용 방법

다음과 같은 방법으로 객체 스냅을 지정할 수 있다.

【방법1】

상태 막대의 객체 스냅 아이콘(⬚)을 클릭하면 객체 스냅 메뉴가 나타나는데 체크 표시된 항목은 현재 적용된 것을 의미하고, 체크 해제된 것은 미적용 상태를 의미한다. 필요한 객체 스냅 항목이 있다면 클릭하여 선택하면 체크된다.

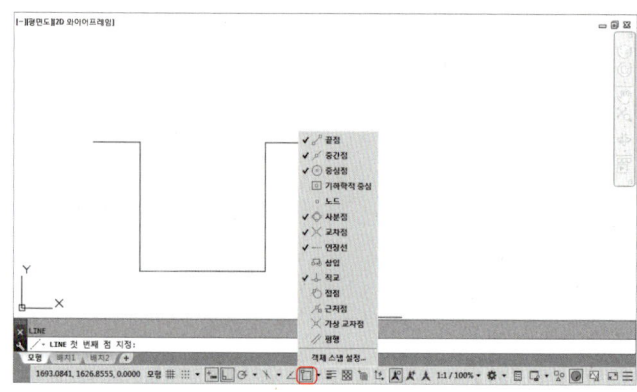

【방법2】

명령 사용 중 지정할 점을 요구하는 프롬프트에서 마우스 오른쪽 버튼을 클릭한 후 바로 가기 메뉴에서 [스냅 재지정] 메뉴를 클릭하여 해당 객체 스냅을 선택한다.

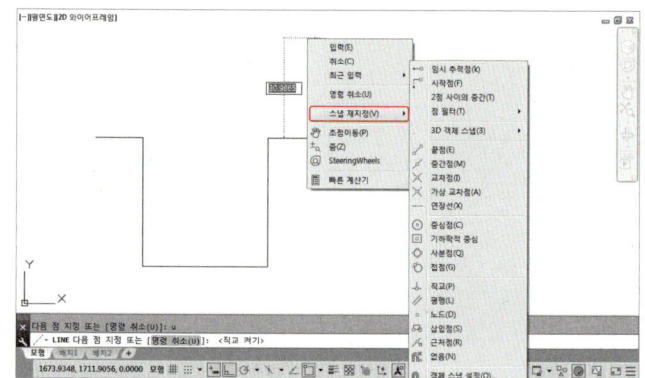

1-3. 객체 스냅 설정과 종류

동일한 객체 스냅 모드를 여러 번 반복하여 사용할 경우는 미리 객체 스냅 모드를 설정한다. 상태 막대의 마우스 오른쪽 버튼을 클릭한 후 바로 가기 메뉴에서 [객체 스냅 설정]을 클릭하여 [제도 설정] 대화상자의 [객체 스냅] 탭에서 객체 스냅 모드를 변경한다.

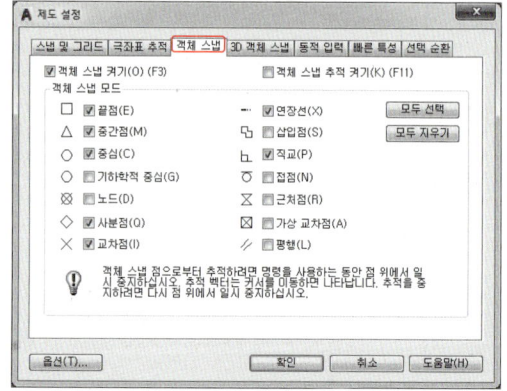

- 객체 스냅 종류

❶ 임시 추적점

위치 정렬 경로를 참조하면서 특정 각도와 다른 객체와의 특정 위치 관계를 유지하여 점을 스냅한다.

◯ 임시 추적점 객체 스냅 사용하기

01 예제 파일을 불러온 후 명령행에 'L'을 입력하고 Space Bar 를 누른다. 첫 번째 점 지정에서 Shift +마우스 오른쪽 버튼을 클릭한다. 바로 가기 메뉴에서 '임시 추적점' 메뉴를 클릭하고 수평선의 중간점을 클릭한다.

- 예제 파일 : Chapter06₩임시 추적점.dwg

 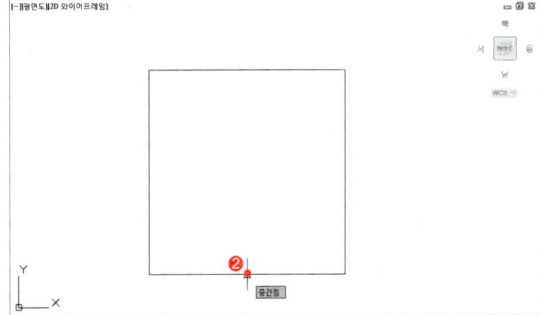

명령 : L Space Bar
첫 번째 점 지정 : _tt 임시 OTRACK 점 지정 : [임시 추적점 선택한 후 수평선의 중간점 클릭]

02 Shift +마우스 오른쪽 버튼을 클릭한 후 바로 가기 메뉴에서 '임시 추적점' 메뉴를 클릭하고 왼쪽 수직선의 중간점을 클릭한다.

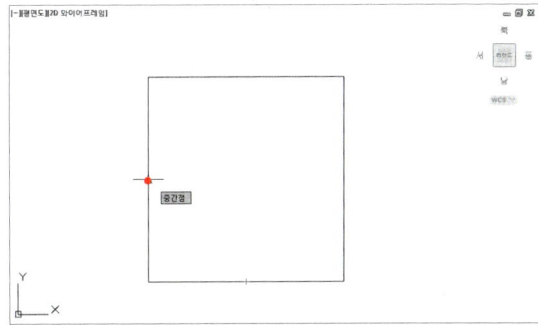

첫 번째 점 지정 : _tt 임시 OTRACK 점 지정 :
　　　　　　　　[임시 추적점 선택한 후 수직선의 중간점 클릭]

03 마우스를 사각형 중앙으로 드래그하면 중간점과 중간점이 만나는 교차점이 생긴다. 그 때 마우스를 클릭하여 선의 시작점으로 지정하고, 다음 점은 수직선의 끝점을 클릭하여 선을 그린 후 Space Bar 를 눌러 명령을 종료한다.

첫 번째 점 지정 : [임시 추적점으로 생긴 교차점을 클릭]
다음 점 지정 또는 [명령 취소(U)] : [객체 끝점 클릭]
다음 점 지정 또는 [명령 취소(U)] : Space Bar [명령 종료]

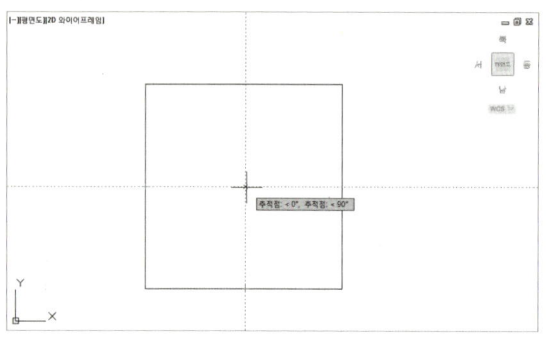
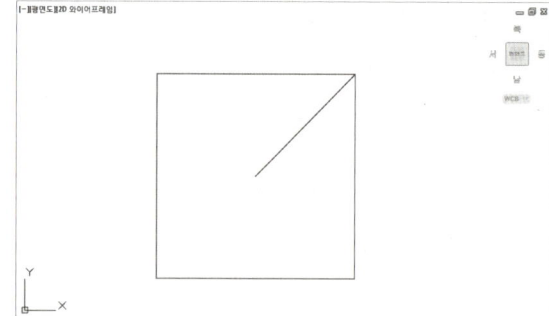

❷ 시작점

추적 방법과 마찬가지로 기준점에서 간격띄우기하여 지정한 임시 참조점을 설정할 수 있다.

◘ 시작점 객체 스냅 사용하기

01 예제 파일을 불러온 후 명령행에 'L'을 입력하고 Space Bar 를 누른다. 첫 번째 점 지정에서 Shift +마우스 오른쪽 버튼을 클릭한 후 바로 가기 메뉴에서 시작점을 클릭하고, 시작점 기준을 왼쪽 아래 끝점을 지정한다.

- 예제 파일 : Chapter06₩시작점.dwg

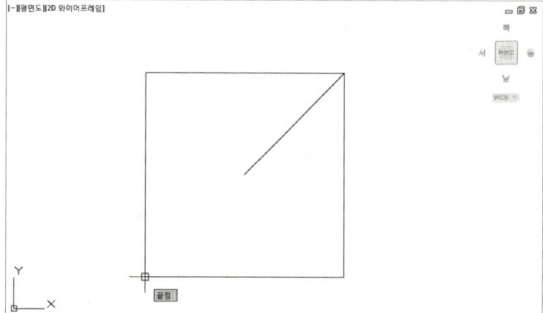

명령 : L Space Bar
첫 번째 점 지정 : [시작점 객체 스냅 선택]

02 얼마만큼 간격띄우기를 하여 시작할지 값을 입력한다. 여기서는 @20<30으로 2번에서 지정한 기준점에서 거리는 20만큼, 각도는 30도만큼 이동한 거리에서 시작하도록 한다. 시작점이 정해졌으면 다음 지점은 직교 객체 스냅을 이용해 수평선을 그리고 Space Bar 를 눌러 명령을 종료한다.

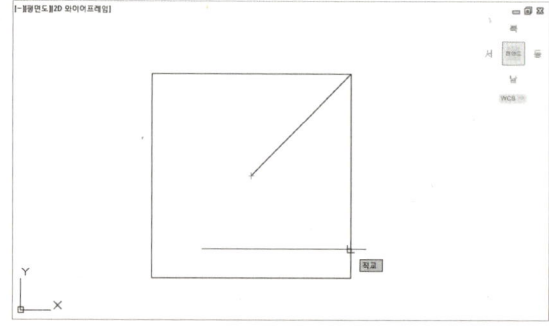

첫 번째 점 지정 : _from 기준점: 〈간격띄우기〉 : @20<30 Space Bar [시작점에서 떨어질 간격 입력]
다음 점 지정 또는 [명령 취소(U)] : [[직교] 객체 스냅을 이용하여 오른쪽 수직선과 직교인 점을 클릭]
다음 점 지정 또는 [명령 취소(U)] : Space Bar [명령 종료]

❸ 2점 사이의 중간

2점의 중간 위치를 스냅한다. Shift +마우스 오른쪽 버튼을 클릭하고 바로 가기 메뉴에서 2점 사이의 중간을 클릭한 후 P1(끝점)과 P2(끝점)를 클릭하면 중간점을 찾을 수 있다.

> **TIP** ❶~❸까지 객체 스냅 모드는 Shift +마우스 오른쪽 버튼을 클릭한 후 바로 가기 메뉴 에서만 사용할 수 있다.

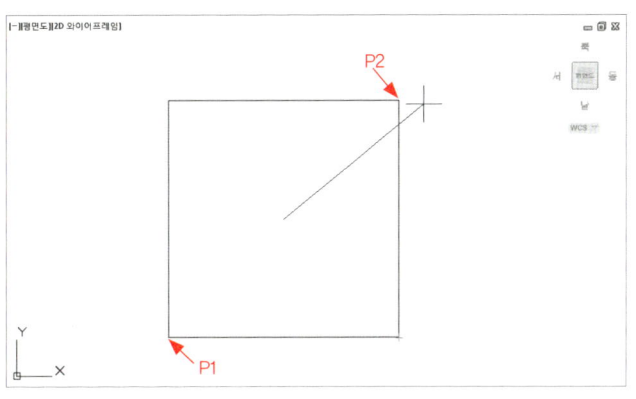

❹ 끝점 : 객체의 끝점 또는 구석으로 스냅한다.

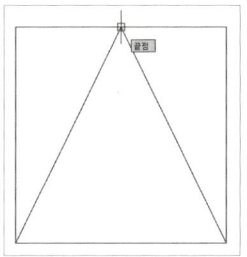

❺ 중간점 : 객체의 중간점에 스냅한다.

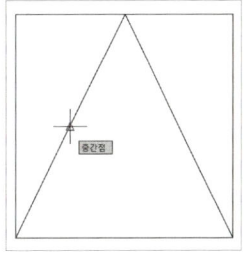

❻ 교차점 : 객체의 교차점으로 스냅한다.

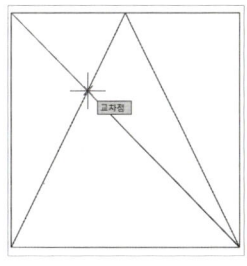

❼ 연장선 : 객체 끝점의 연장선상으로 스냅한다.

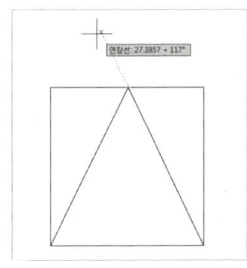

❽ 가상 교차점 : Z값을 갖는 객체(높이가 있는 대각선)와 Z값이 없는 객체가 가상으로 교차해 보이는 지점으로 스냅한다.

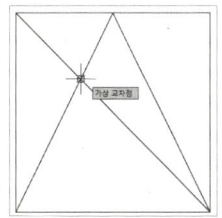 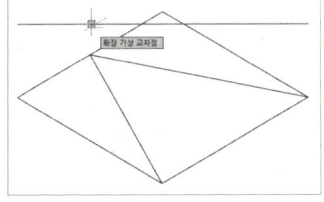

❾ 중심점 : 호, 원, 타원 또는 타원형 호의 중심점으로 스냅한다. 커서를 원, 호의 원주에 갖다대면 중심점 스냅이 보인다.

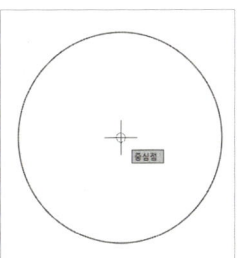

❿ 기하학적 중심 : 닫힌 폴리선 및 스플라인 무게 중심으로 스냅한다.

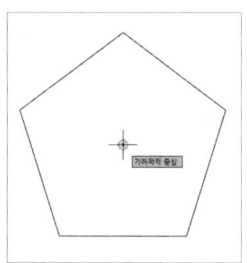

⓫ 사분점 : 호, 원, 타원 또는 타원형 호의 사분점으로 스냅한다.

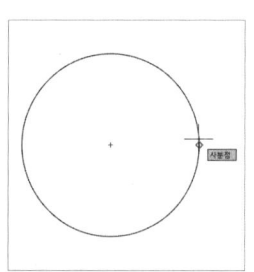

⓬ 접점 : 호, 원, 타원, 타원형 호, 폴리선 호 또는 스플라인의 접점으로 스냅한다.

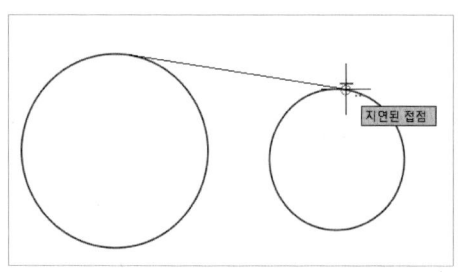

⓭ 직교 : 선택한 객체에 수직인 점으로 스냅한다.

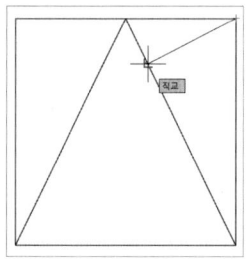

⓮ 평행 : 지정한 점을 통과한 객체에 대해 평행선을 작성하는 점에 스냅한다. 두 번째 점을 지정할 때에 평행선이 하이라이트 표시된다.

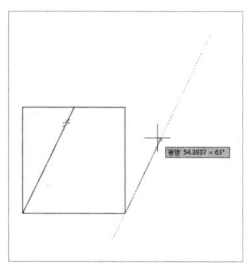

⓯ 노드 : 점 객체, 치수 정의점 또는 치수 문자 원점으로 스냅한다.

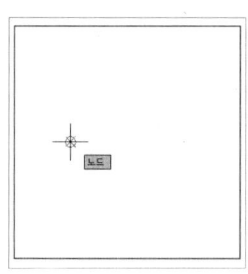

⓰ 삽입점 : 속성, 블록 또는 문자와 같은 객체의 삽입점으로 스냅한다.

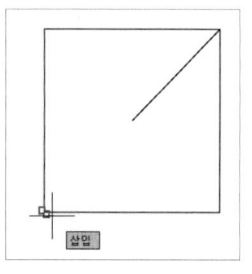

⓱ 근처점 : 커서 위치에 가장 가까운 객체에 스냅한다.

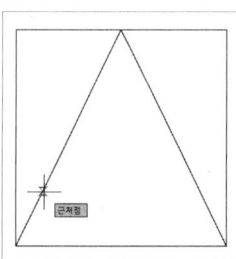

1-4. 객체 스냅 추적

객체 스냅 추적(F11)을 사용하여 객체 스냅점을 기준으로 정렬 경로를 따라 추적할 수 있다. 획득한 점에는 작은 더하기 기호(+)가 표시되며 한 번에 최대 7개의 추적점을 획득할 수 있다. 점을 획득한 다음 커서를 도면 경로 위로 이동하면 해당 점에 상대적인 수평, 수직 또는 극좌표 정렬 경로가 표시된다. 예를 들어, 객체 끝점, 중간점 또는 객체 사이의 교차점을 기준으로 하는 경로를 따라 점을 선택할 수 있다.

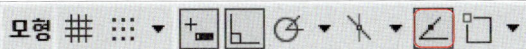

객체 스냅 추적은 상태 막대 또는 [제도보조설정] 대화상자의 [객체 스냅] 탭에서 제어한다.

◘ 사각형 안에 원 그리기

01 임시 추적점.dwg 파일을 열어 객체 스냅 추적을 해본다. 객체 스냅 중간점, 교차점이 체크된 상태에서 객체 스냅 추적(F11)을 켠다. 명령행에 'C'를 입력하고 Space Bar 를 누른다.

> 명령 : C Space Bar

02 원에 대한 중심점 지정을 위해서 수직선의 중간점(P1)에 커서를 갖다 댄 후, 아래 수평선의 중간점(P2)에도 마우스 커서를 갖다댄다. 교차점이 잡히도록 마우스를 그대로 추적을 따라 중앙으로 드래그하면서 P3 지점으로 이동 후 두 점이 만나는 지점을 클릭한다.

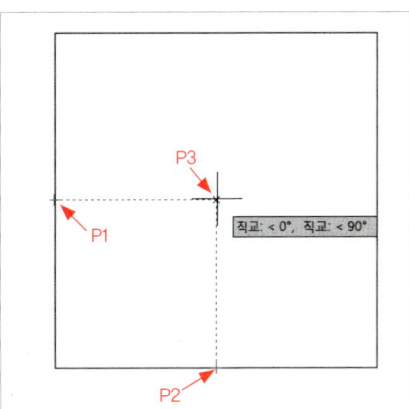

> 원에 대한 중심점 지정 또는 [3점(3P)/2점(2P)/Ttr – 접선 접선 반지름(T)] :
> [객체 스냅 추적으로 중앙을 클릭]

03 객체 스냅 추적으로 생긴 교차점을 클릭하여 반지름 값 35를 입력하고 Space Bar 를 누른다.

> 원의 반지름 지정 또는 [지름(D)] : 35 Space Bar 반지름 값을 입력하고 Space Bar 눌러 명령 종료

1-5. 극좌표 추적과 극좌표 스냅

극좌표 추적(F10)은 커서 이동을 특정 각도로 제한할 때 사용한다. PolarSnap은 커서 이동을 극좌표 각도를 따라 지정된 거리만큼 증분할 때 사용한다.

극좌표 각도 지정은 극좌표 추적을 사용하여 90, 60, 45, 30, 22.5, 18, 15, 10 및 5도의 극좌표 각도 증분을 따라 추적하거나 다른 각도를 지정할 수 있다. 다음 그림은 극좌표 각도 증분을 30도로 설정하고 커서를 90도로 이동할 때 표시되는 정렬 경로를 나타낸다.

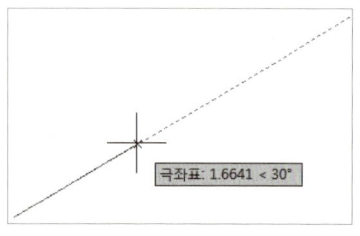 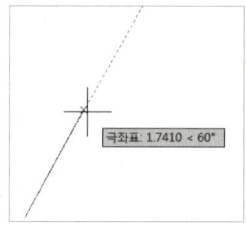 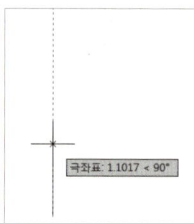

◘ PolarSnap을 사용하기

01 · 상태 막대의 [극좌표 추적] 아이콘 옆의 역삼각형 화살표를 클릭하여 [추적 설정]을 선택한다. [제도 설정] 대화상자에서 극좌표 추적 켜기가 체크된 것을 확인하고 각도 증분을 45로 설정한다.

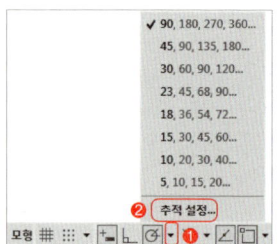 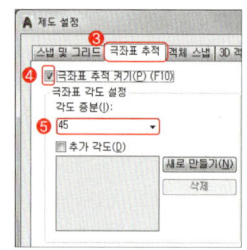

02 [스냅 및 그리드] 탭에서 스냅 켜기에 체크하고, 스냅 유형을 PolarSnap으로 설정하고 극좌표 방향 간격은 20으로 한 후 [확인] 버튼을 클릭한다.

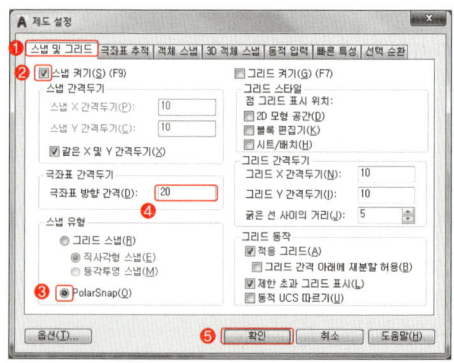

03 첫 번째 지점을 지정한 후 마우스를 움직여보면 각도는 45도만큼, 거리는 20만큼 증분함을 알 수 있다.

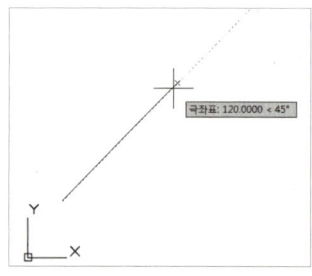 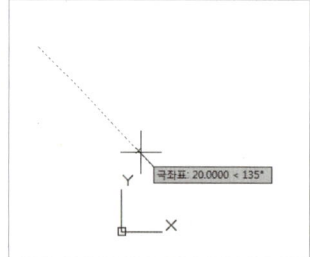

1-6. 그리드와 스냅

도면 속도 및 효율을 향상시키기 위해 직사각형 그리드를 표시하고 스냅할 수 있다.

그리드(F7)를 ON하면 그리드 선이 배경에 표시되고 그리드 선이 나타나는 영역은 도면 범위를 가리킨다. 그리드를 사용하면 객체를 정렬하고 객체 사이의 거리를 시각화할 수 있다.

그리드는 플롯(출력)이 안되며, 스냅(F9)을 ON하면 지정된 그리드 간격으로 커서 이동이 제한된다.

다음 그림은 그리드와 스냅을 켠 상태로 직사각형을 그린 것이다. 직사각형이 그리드 패턴에 맞게 작성된다. 작업할 때는 스냅모드(F9)는 OFF 상태로 하는게 좋다.

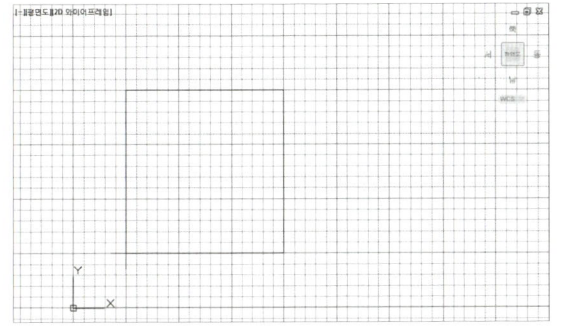

TIP 상태 막대에서 그리드 아이콘이 보이지 않은 경우는 상태 막대 가장 오른쪽에 있는 [사용자화] 버튼을 클릭하여 그리드를 체크하면 된다.

1-7. 단위

도면 객체는 도면 단위로 측정된다. 도면 작업을 시작하기 전에 그리려는 내용에 따라 하나의 도면 단위가 무엇을 나타내는지 결정해야 한다. 그런 다음 이 규칙을 사용하여 실제 크기로 도면을 작성한다.

처음 도면 작업을 할 때 기본 단위는 십진 표기를 기준으로 한다. UNITS 명령을 실행하면 [도면 단위] 대화상자가 표시되고 길이, 각도, 삽입 축척에서 단위 종류를 설정한다.

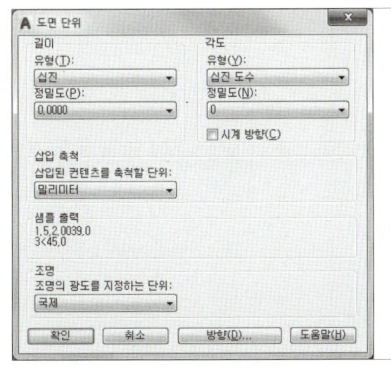

- 길이 : 길이와 관련된 단위를 조정한다. 정밀도(Precision)항목은 소수점 자리를 조정한다.
- 각도 : 각도와 관련된 단위를 조정한다. 정밀도(Precision)항목은 소수점 자리를 조정한다.
- 시계방향 : 시계방향으로 각도를 재도록 한다. 체크 해제되면 반시계 방향으로 각도가 계산된다.
- 삽입된 컨텐츠를 축척할 단위 : 디자인 센터에 포함되어 있는 외부 블록이 들어오는 경우의 단위 조정을 지정한다.

지정한 측정 단위 시스템(영국식 또는 미터법)에서 도면을 시작한 다음 다른 시스템으로 전환하려면 SCALE 명령을 사용하여 모형 형상을 적절한 변환 비율로 축척함으로써 올바른 거리와 치수를 구한다. 예를 들어, 인치로 작성한 도면을 센티미터로 변환하려면 모형 형상을 2.54의 비율로 축척을 주고, 센티미터를 인치로 변환하려는 경우 축척 비율은 1/2.54, 즉 대략 0.3937이 된다.

02 객체 선택하기

객체를 수정하고 편집하려면 도면안의 객체를 반드시 선택해야만 한다. 개별 객체를 선택하려면 객체를 클릭하면 되는데 이것을 'PICK 선택'이라고 말한다. 필요에 따라 PICK 선택하기도 하고, 사각형 선택 상자를 사용해 여러 객체를 한 번에 선택할 수도 있다.

객체를 선택 해제하려면 Shift 를 누른 상태로 개별 객체를 클릭하거나 Esc 를 누르면 된다.

2-1. 윈도우 선택과 걸침 선택

윈도우 선택은 객체 주위에 선택 상자를 작성하여 선택 상자 안에 완전히 포함된 객체만 선택하는 방법이다. 윈도우 선택을 사용하여 객체를 선택하려면 도면 영역을 클릭한 후 커서를 왼쪽(P1)에서 오른쪽(P2)으로 드래그하여 사각 상자를 작성한다. 선택된 객체는 희미하게 보인다.

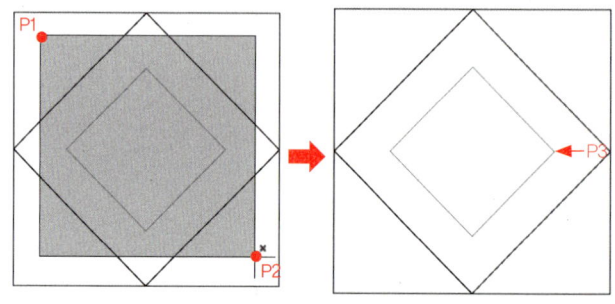

걸침 선택은 윈도우 선택과 반대로 도면 영역에 커서를 오른쪽(P1)에서 왼쪽(P2)으로 드래그하여 사각 상자를 작성한다. 사각 상자에 포함된 객체와 선에 접촉하는 모든 객체(P3)가 선택 세트에 포함되며 선택 범위가 녹색으로 표시된다.

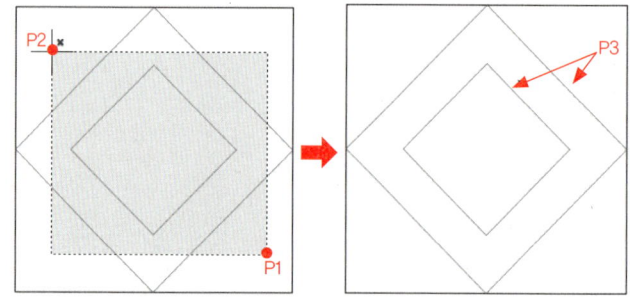

2-2. 그 외 선택 옵션

[객체 선택:] 명령 프롬프트에 다양한 선택 옵션을 이용해 객체 선택을 할 수 있다.

?를 입력 후 Enter 를 누르면 여러 선택 옵션이 보이며 괄호( )안의 문자를 입력하면 선택 옵션이 실행된다.

- **모두(ALL)** : 도면 안의 모든 객체를 선택한다. Ctrl + A 를 사용하여 도면 내 모든 객체를 선택할 수도 있다.
- **울타리(F)** : 작업창에 점선으로 표시된 울타리 선과 교차되는 객체를 선택한다.

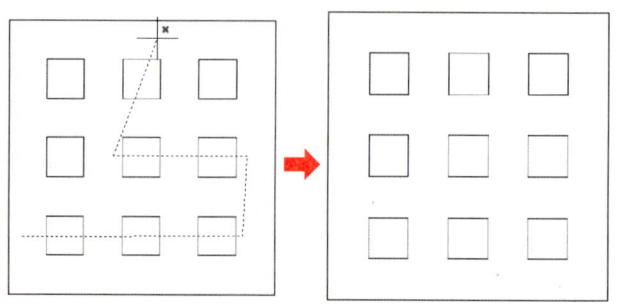

- 윈도우 폴리곤(WP) : 다각형 영역에 완전히 포함된 객체만을 선택한다. 다각형을 그린 후 Enter 를 누르면 객체가 선택된다.

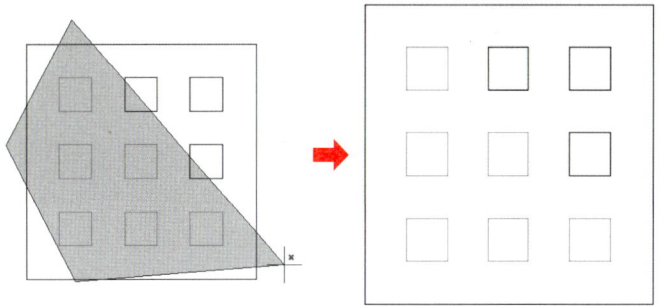

- 걸침 폴리곤(CP) : 다각형 영역에 완전히 포함된 객체 또는 교차 객체를 선택한다.
- 추가(A) : 선택된 객체를 다시 한 번 추가한다.
- 제거(R) : 이미 선택한 객체에서 일부 객체를 제외한다. R 또는 Shift 를 눌러서 선택된 객체를 제거한다.
- 이전(P) : 바로 전에 선택한 객체를 다시 한 번 선택한다.

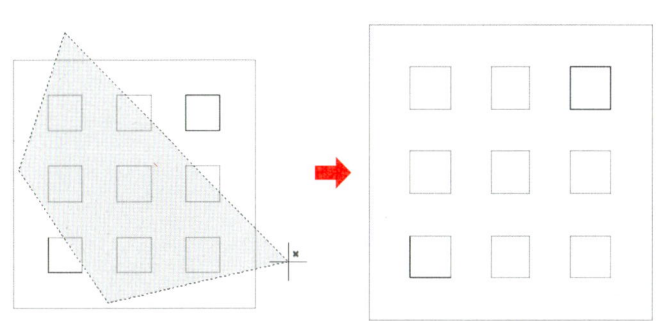

TIP   Lasso(올가미) 선택

도면 안의 빈 공간에 커서를 클릭한 채 주변을 드래그하면 올가미 선택을 할 수 있다.

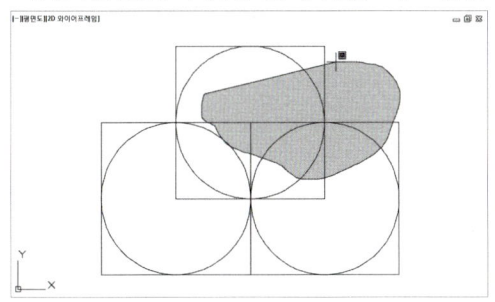 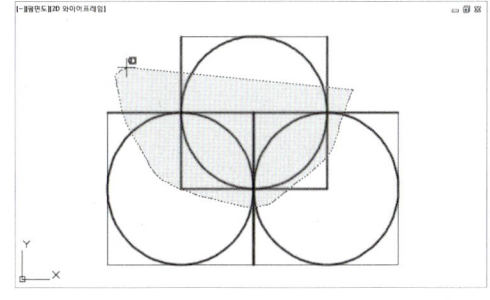

올가미 선택은 AutoCAD 2015 버전부터 생성된 선택 방법으로 [옵션] 대화상자의 [선택] 탭에서 Lasso(올가미) 선택을 제어할 수 있다.

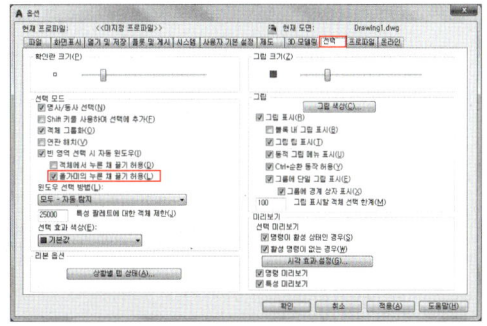

2-3. 유사 객체 선택

현재 도면 안에서 선택한 객체의 특성과 일치하는 모든 객체를 찾아서 선택하고자 하는 세트에 추가한다. SELECTSIMILAR를 사용하여 먼저 하나 이상의 객체를 선택한다. 동일한 특성을 갖는 현재 도면의 모든 객체는 자동으로 선택 세트에 추가가 되고 설정 옵션을 사용하여 일치시킬 특성(예: 색상 또는 블록 이름)을 지정한다.

```
명령 : SELECTSIMILAR  Enter
객체 선택 또는 [설정(SE)] : 1개를 찾음   [우선 1개의 객체 선택한 후  Enter ]
객체 선택 또는 [설정(SE)] :   [유사한 특성을 지닌 객체가 모두 선택]
```

다음 [유사 설정 선택] 대화상자는 한 객체를 선택한 후 오른쪽 바로 가기 메뉴에서 [유사 선택]을 클릭한 것으로, 유사 설정에서 도면층과 이름에 체크되어 있으므로 같은 도면층에서 작성한 원 객체가 모두 선택된 경우이다.

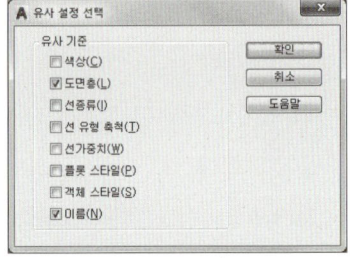

같은 도면층에서 같은 종류의 도형만 선택되게 하려면 [도면층]과 [이름]을 체크하고 나머지는 모두 OFF로 한다.

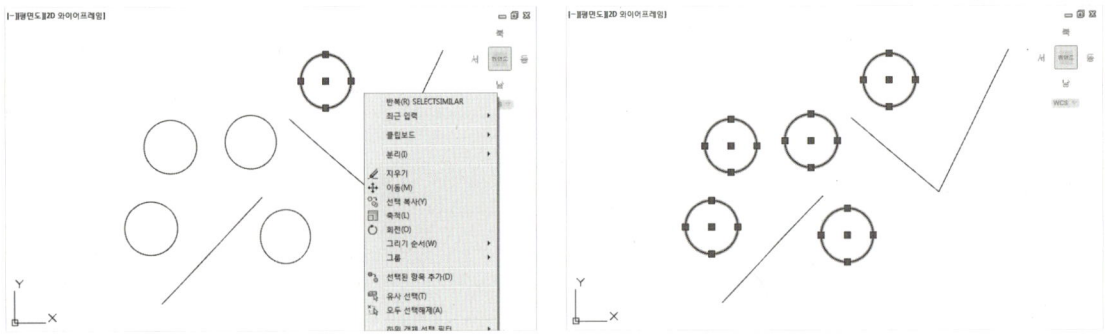

2-4. 신속 선택

특정 조건에 맞는 객체를 빨리 선택하려면 QSELECT(신속 선택)을 사용한다. 예를 들어 색상이 빨간색인 객체, 반지름이 10 이하인 원, 도면층 0에 존재하는 길이가 15미만인 선 등 여러 조건을 설정하고, 이 조건에 해당하는 객체들을 빨리 선택하는 방법이다.

> ▶ **실행 방법**
> - 리본 : [홈] 탭–[유틸리티] 패널–신속 선택( )
> - 오른쪽 바로 가기 메뉴 : [신속 선택]   • [특성] 팔레트 : [신속 선택]

 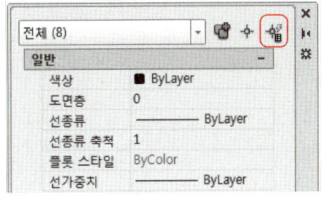 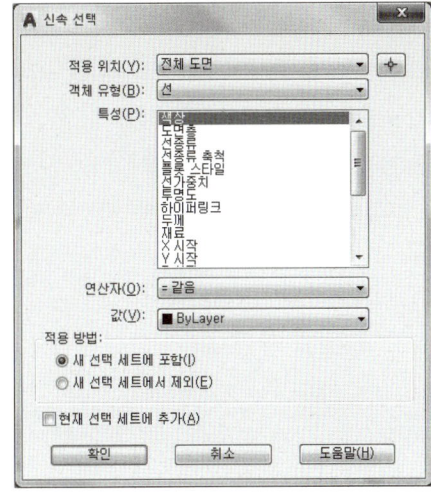

2-5. 선택 순환

상태 막대의 선택 순환( )을 켜기 상태로 하고 명령행의 [객체 선택:]에서 해당 객체를 선택할 때 겹치는 부분이 있다면 [선택] 대화상자가 보이고 여러 개 선택한 후보가 존재함을 알려 준다.

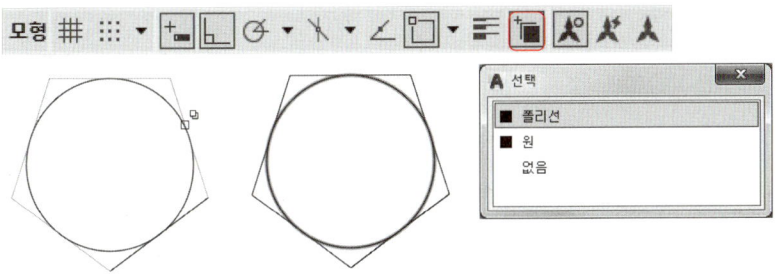

[선택] 대화상자에서 객체 이름을 클릭하면 해당 객체가 하이라이트로 표시되고 미리보기를 하면서 원하는 객체를 선택할 수 있게 된다.

2-6. 객체 숨기기와 객체 분리하기

몇 가지 방법으로 객체의 가시성을 일시적으로 억제할 수 있다. 객체 숨기기 기능(HIDEOBJECTS)으로 선택한 객체의 표시를 일시적으로 보이지 않게 하거나, 객체 분리 기능(ISOLATEOBJECTS)으로 선택한 객체를 제외하고 모든 객체의 표시를 일시적으로 보이지 않게 할 수 있다.

◘ 불필요한 객체를 보이지 않게 숨기기

01 예제 파일을 불러온 후 도면 영역 내에서 마우스 오른쪽 버튼을 클릭한다. 바로 가기 메뉴에서 [분리]-[객체 숨기기]를 선택한다.

- 예제 파일 : Chapter06₩객체 숨기기와 객체 분리.dwg

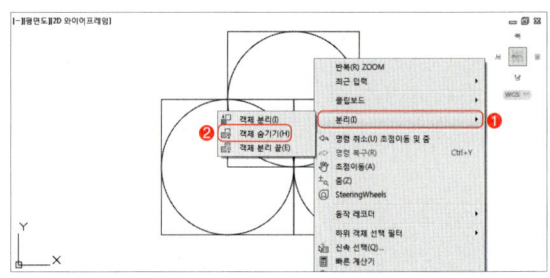

02 숨기기 할 객체(L1, L2)를 선택하고 Enter 를 누르면 선택한 부분이 보이지 않게 된다.

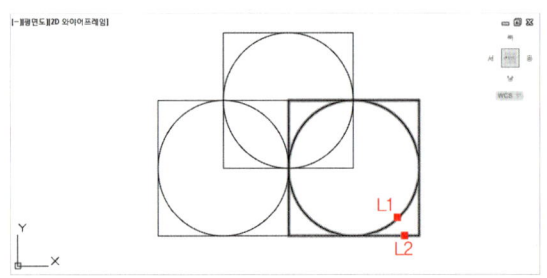 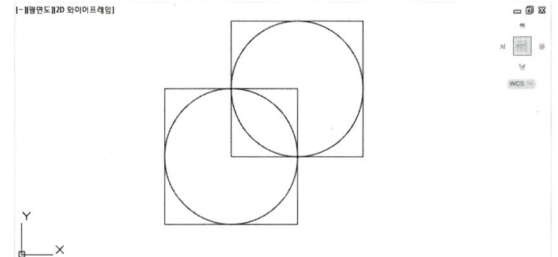

03 상태 막대 사용자화에서 [객체 분리]를 체크하면 객체가 분리되었음을 상태 막대에서 알려 준다. 상태 막대의 [객체 분리 해제]를 클릭하면 해당 메뉴가 보이고 [객체 분리 끝]을 클릭한다.

 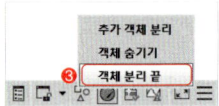

04 숨겨진 객체가 모두 보이게 된다.

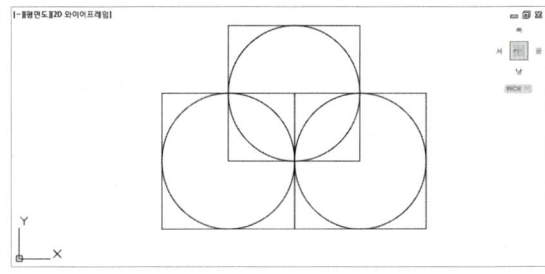

◘ 필요한 객체만 보이게 하기

01 예제 파일을 불러온 후 도면 영역 내에서 마우스 오른쪽 버튼을 클릭한다. 바로 가기 메뉴에서 [분리]-[객체 분리]를 선택한다.

- 예제 파일 : Chapter06₩객체 숨기기와 객체 분리.dwg

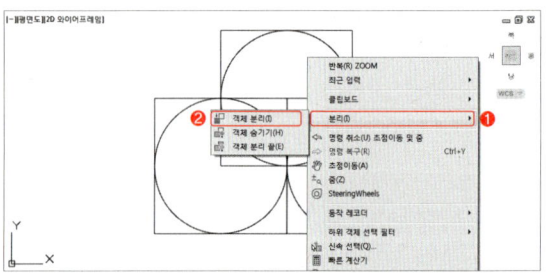

02 객체를 분리할 부분(L1, L2, L3)을 선택하고 Enter 를 누르면 선택한 부분만 보이게 된다.

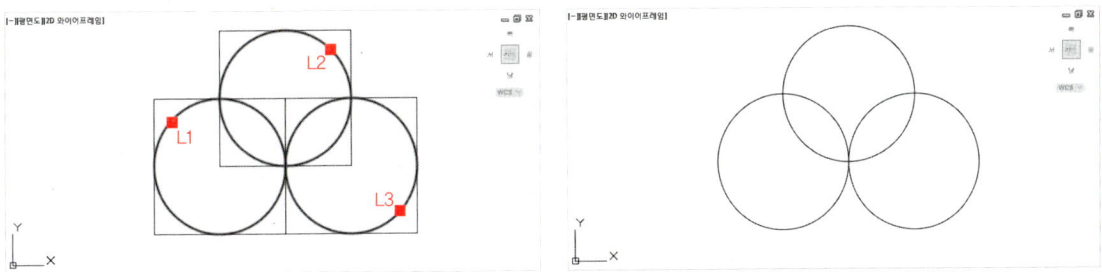

03 상태 막대의 [객체 분리 해제]를 클릭하면 해당 메뉴가 보이고 [객체 분리 끝]을 클릭한다. 분리된 객체가 모두 보이게 된다.

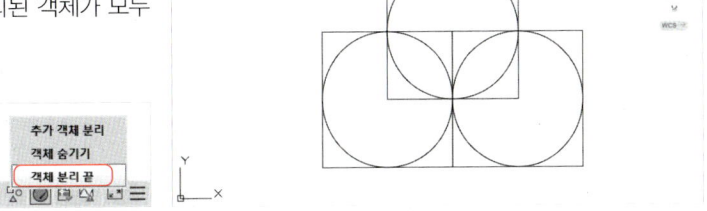

2-7. 그립을 이용한 객체 편집

다양한 유형의 그립 및 그립 모드를 사용하여 여러 방법으로 객체를 이동하거나 조작하고 형태를 조정할 수 있다. 객체를 선택하고 그립 위에 커서를 두면 그립은 객체별 관련 옵션들을 보여준다. 다음 그림은 직사각형의 다기능 그립을 나타낸 것이고, 오른쪽 그림은 원 객체의 그립을 나타낸다.

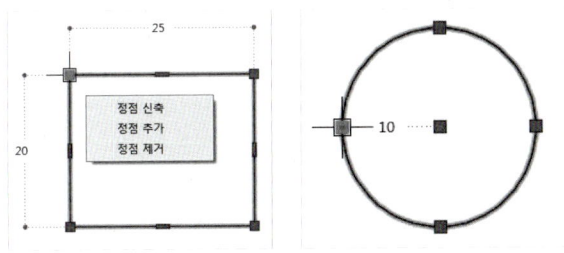

동적 입력을 켠 상태에서 그립을 선택하면 표시되는 필드에 길이나 반지름 등 새로운 값을 입력할 수 있다. 옵션을 제공하는 다기능 그립은 2D 객체에는 선, 폴리선, 호, 스플라인, 해치가 해당되며 주석 객체는 치수나 다중 지시선이 해당된다.

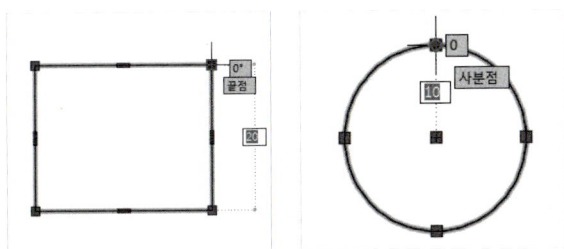

◆ 그립을 사용하여 객체 이동하기

01 명령행에 'L'을 입력하고 Space Bar 를 누른다. 임의 길이로 두 선을 그린 후 객체 스냅은 끝점과 중간점을 적용한다. 아래 사선(L1)을 클릭하여 선택하면 그립이 선 양쪽 끝점, 중간점에 생성된 걸 볼 수 있다.

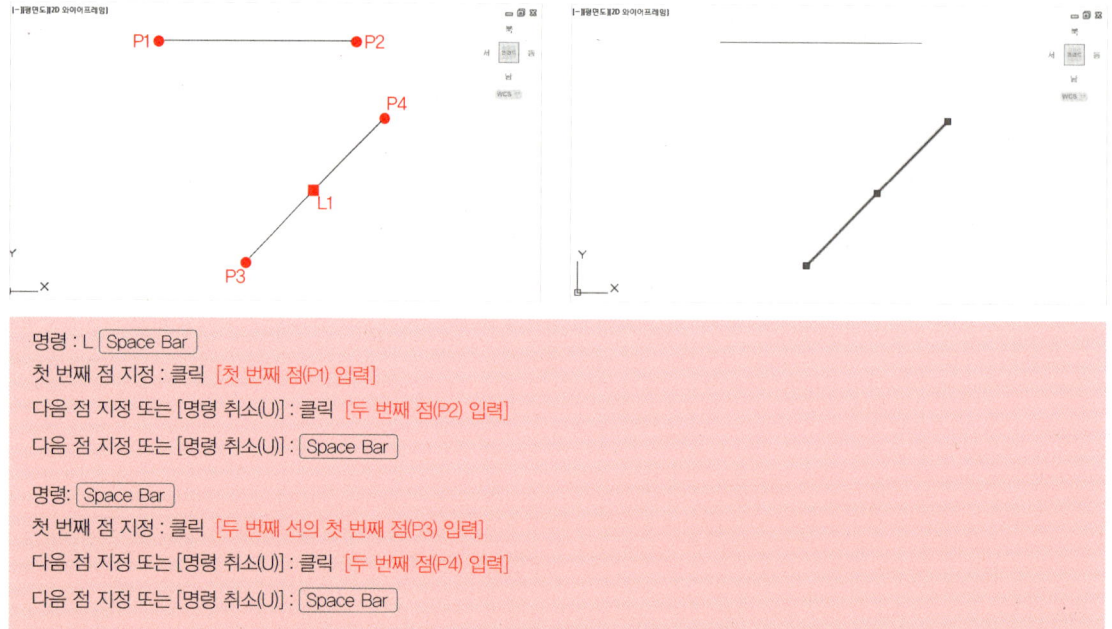

```
명령 : L Space Bar
첫 번째 점 지정 : 클릭 [첫 번째 점(P1) 입력]
다음 점 지정 또는 [명령 취소(U)] : 클릭 [두 번째 점(P2) 입력]
다음 점 지정 또는 [명령 취소(U)] : Space Bar

명령: Space Bar
첫 번째 점 지정 : 클릭 [두 번째 선의 첫 번째 점(P3) 입력]
다음 점 지정 또는 [명령 취소(U)] : 클릭 [두 번째 점(P4) 입력]
다음 점 지정 또는 [명령 취소(U)] : Space Bar

명령: [객체 스냅 지정 후 아래 사선(L1) 선택]
```

02 끝점(P1) 그립을 다시 클릭하면 그립이 빨간색으로 보이고 그대로 수평선의 끝점(P2)으로 클릭한다. 명령어를 사용하지 않고 그립만으로 객체 이동이 가능하고 Esc 를 눌러 객체 선택을 해제한다.

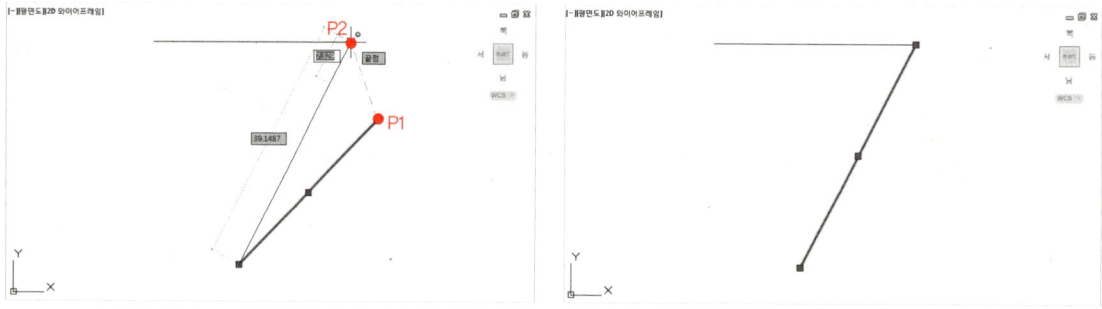

실무 도면 그리기

객체 스냅을 사용하여 도면 완성

01 예제 파일을 불러온다.
- 예제 파일 : Chapter06₩객체 스냅 사용.dwg
- 객체 스냅을 사용하여 도면 완성

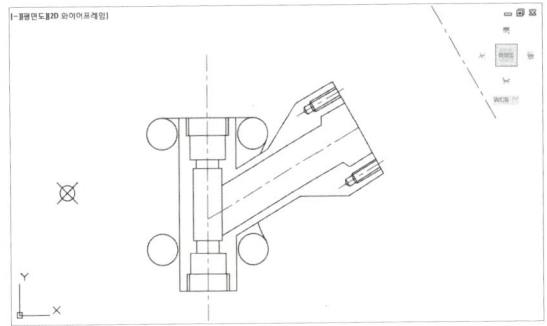

02 상태 막대에서 객체 스냅과 동적 입력을 ON시킨다. 상태 막대에서 [객체 스냅]을 마우스 오른쪽 버튼으로 클릭해서 해당 객체 스냅을 바로 체크해도 되지만, [객체 스냅 설정]을 클릭하여 [제도설정] 대화상자를 연다.

03 [제도 설정] 대화상자에서 객체 스냅 모드를 끝점, 중심, 교차점 항목을 체크하고 나머지 항목들은 체크 해제 후 [확인] 버튼을 클릭한다.

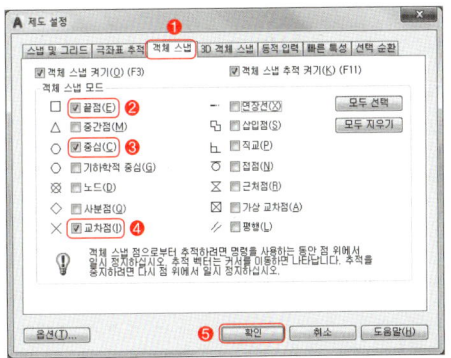

04 선을 그리기 위해 명령행에 'L'을 입력하고 Space Bar 를 누른다. 객체 스냅 끝점을 이용하여 P1, P2를 클릭한다.

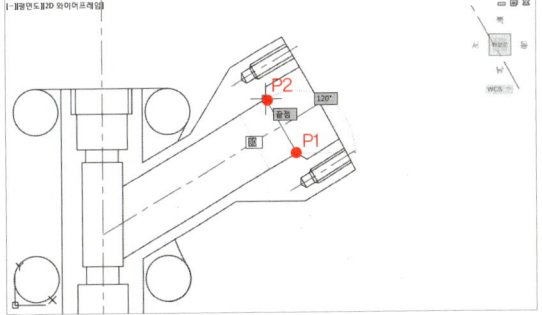

명령 : L Space Bar
첫 번째 점 지정 : 클릭 [첫 번째 점(P1) 클릭]
다음 점 지정 또는 [명령 취소(U)] : 클릭
　　　　　　　　　　　　　　　　[두 번째 점(P2) 클릭]
다음 점 지정 또는 [명령 취소(U)] : Space Bar

05 마우스 오른쪽 버튼을 클릭한 후 바로 가기 메뉴에서 [입력]을 클릭하고 선 그리기 명령을 종료한다. 다시 선을 그리기 위해 마우스 오른쪽 버튼을 클릭한 후 바로 가기 메뉴에서 [반복(R) LINE]을 클릭하거나, [Space Bar]를 눌러 반복 실행한다.

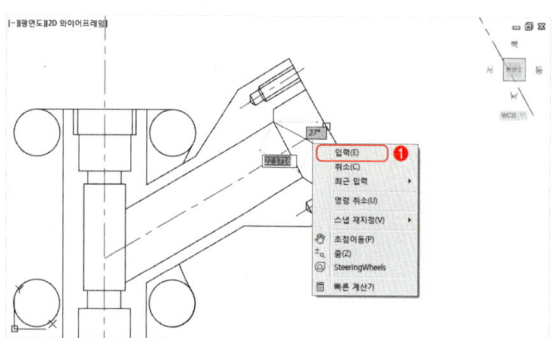
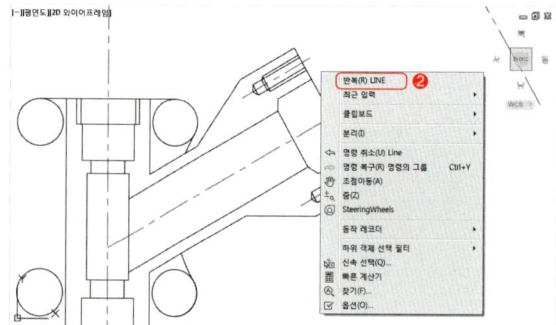

06 객체 스냅을 사용해서 5번에서 작성한 선과 평행하도록 선을 작성하고 [Space Bar]를 눌러 선 그리기 명령을 종료한다.

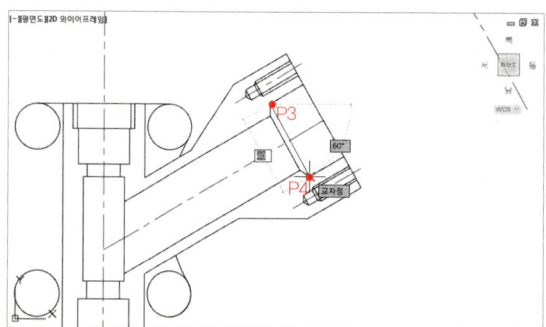

명령 : L [Space Bar]
첫 번째 점 지정 : 클릭 [첫 번째 점(P3) 클릭]
다음 점 지정 또는 [명령 취소(U)] : 클릭 [두 번째 점(P4) 클릭]
다음 점 지정 또는 [명령 취소(U)] : [Space Bar]

07 필요에 따라 마우스 휠을 눌러 화면 이동을 한다. 원을 그리기 위해 명령행에 'C'를 입력하고 [Space Bar]를 누른다. 원에 커서를 대면 중심에 객체 스냅이 표시가 나타나며 중심점(P1)을 클릭한다. 반지름 값은 6으로 입력하고 [Space Bar]를 눌러 원 그리기 명령을 종료한다.

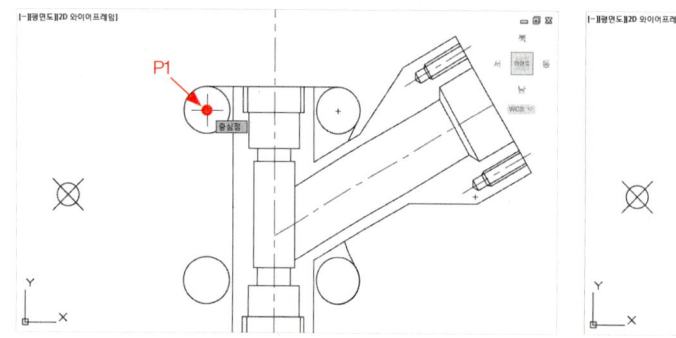
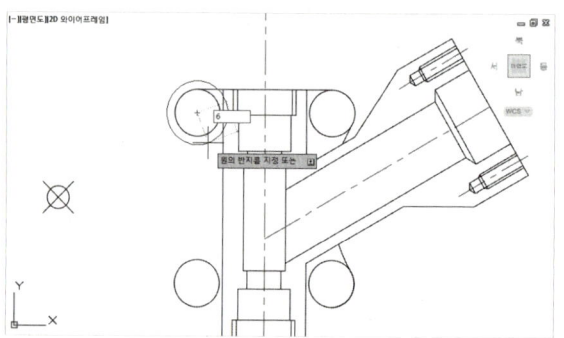

명령 : C [Space Bar]
원에 대한 중심점 지정 또는 [3점(3P)/2점(2P)/Ttr – 접선 접선 반지름(T)] : 클릭 [Space Bar] [중심점(P1) 지정]
원의 반지름 지정 또는 [지름(D)] : 6 [Space Bar] [반지름 값 입력]

08 같은 방법으로 3개소에 원을 작성한다.

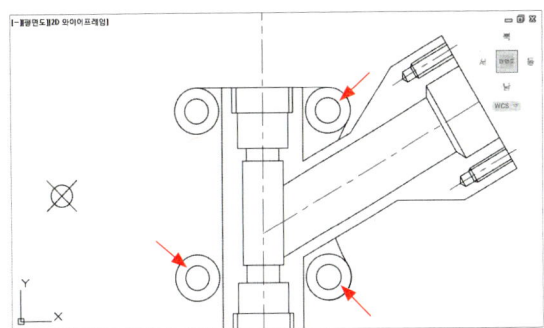

TIP 반지름 값을 가장 마지막에 입력한 반지름 값 그대로 사용하려면 명령 프롬프트의 기본값이 〈6.0000〉으로 표시될 때 Enter 를 누른다.

09 명령행에 'L'을 입력하고 Space Bar 를 누른다. Shift + 마우스 오른쪽 버튼을 클릭한 후 바로 가기 메뉴에서 [사분점]을 클릭한다. 원의 사분점(P1)을 클릭한 후 Shift 를 누르지 않고 마우스 오른쪽 클릭하여 바로 가기 메뉴에서 [스냅 재지정]-[직교]를 클릭한다.

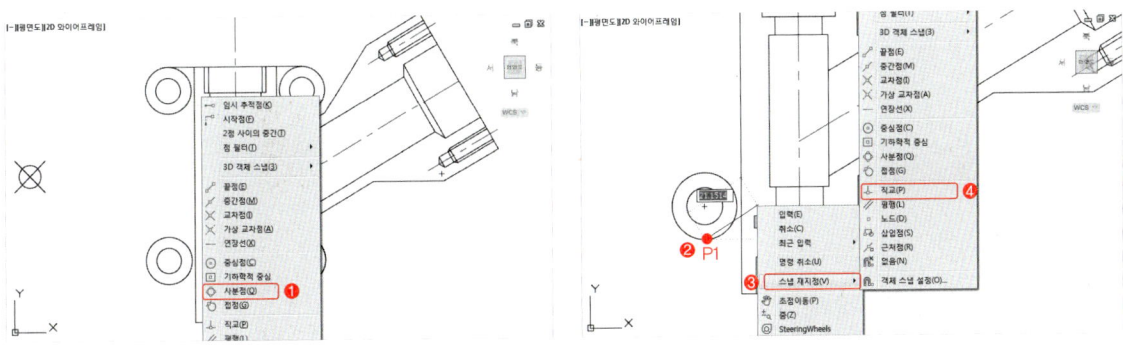

10 다음 그림처럼 수직선(P2)을 클릭하고 Space Bar 를 눌러 명령을 종료한다. 오른쪽에도 똑같이 수평선(P4)을 작성한다.

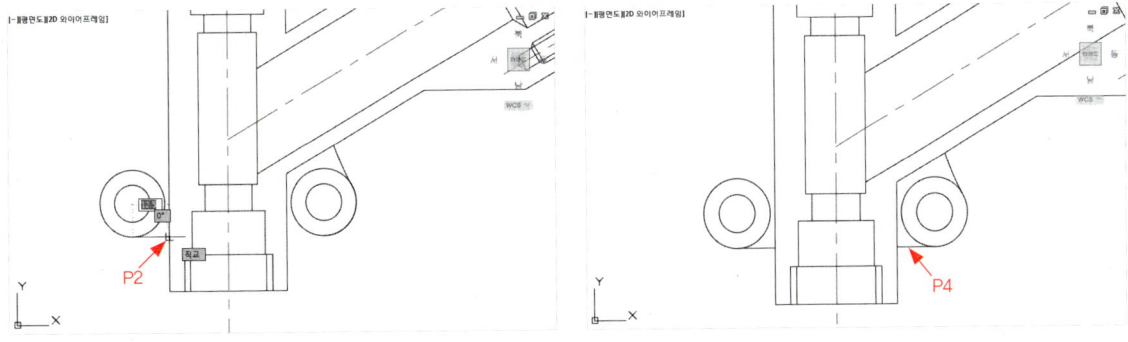

Chapter 07 도면 작성에 꼭 필요한 명령

AutoCAD 그리기와 편집 명령 중에서 사용 빈도가 높은 명령들을 소개한다. 그리기 명령으로는 선, 폴리선, 원, 호, 직사각형, 다각형, 타원, 구성선을, 편집 명령으로는 이동, 회전, 자르기, 연장, 지우기, 복사, 대칭, 모깎기, 모따기, 신축, 축척, 간격띄우기 명령을 다룬다.

01 그리기 명령

1-1. LINE(선)

Line(선)은 모든 제도의 AutoCAD 도면에서 가장 기본적이고 자주 사용되는 객체이다. 선을 그리는 가장 간단한 방법은 도면 영역의 두 위치를 클릭하는 것이지만, 도면을 훨씬 더 정밀하게 작성할 수도 있다.

다음 그림은 동적 입력을 사용하여 길이와 각도를 지정하여 그린 선이다.

다음은 시작점을 지정하고 다음점에 거리 값 [50]을 입력 후 Tab 키를 눌러 값을 고정한다. 각도를 입력하고 Enter 를 눌러 명령을 종료한 사례이다.

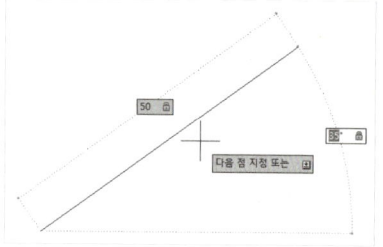

> ➡ **실행 방법**
> - 리본 : [홈] 탭-[그리기] 패널-선 아이콘(✏)
> - 메뉴 : [그리기(D)]-[선(Line)]
> - 단축키 : L
> - 명령 입력 : LINE

> ◆ **명령 옵션** ◆
> **명령 취소(U)** : LINE 명령을 종료하지 않고 바로 전에 작성한 직선 세그먼트를 삭제한다. 선을 잘못 그렸을 때 일시 취소할 수 있다.
> **닫기(C)** : 2개의 선을 그린 후에만 표시되며 시작점과 현재 선 부분의 다음 점을 사용하여 닫힌 경계를 작성한다.

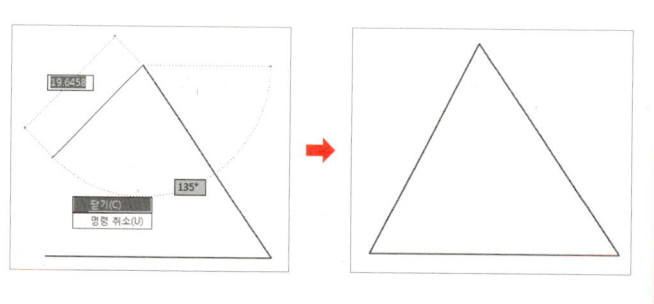

01 명령행에서 LINE 명령 단축키 'L'을 입력하고 Space Bar 를 누른다. 선의 시작점 P1을 클릭한다.

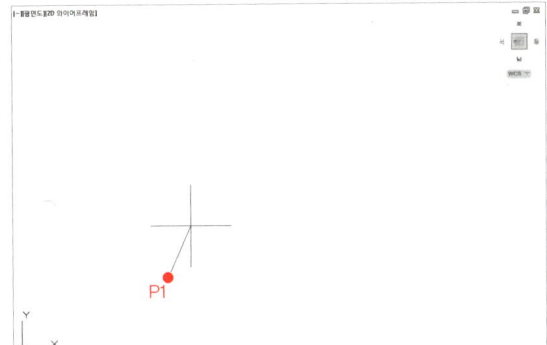

명령 : L Space Bar [LINE 명령 입력]
첫 번째 점 지정 : P1 [시작점 지정]

02 선의 다음점으로 P2, P3, P4, P5 지점을 클릭하고 Space Bar 를 눌러 LINE 명령어를 종료한다.

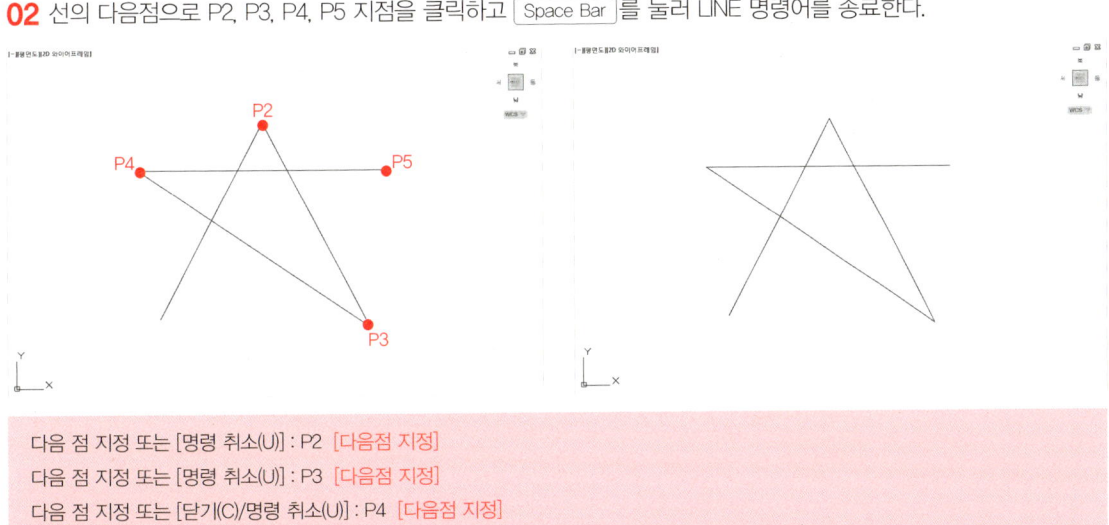

다음 점 지정 또는 [명령 취소(U)] : P2 [다음점 지정]
다음 점 지정 또는 [명령 취소(U)] : P3 [다음점 지정]
다음 점 지정 또는 [닫기(C)/명령 취소(U)] : P4 [다음점 지정]
다음 점 지정 또는 [닫기(C)/명령 취소(U)] : P5 [다음점 지정]
다음 점 지정 또는 [닫기(C)/명령 취소(U : Space Bar [명령어 종료]

1-2. POLYLINE(폴리선)

폴리선 명령은 연속한 선과 호가 하나로 구성된 객체이다. Line 명령으로 작성한 연속된 선은 각각 별개의 객체이다. 반면 Polyline으로 그려진 선은 전체가 하나의 객체로 취급된다. 다음 그림처럼 1개소를 클릭하면 폴리선 전체가 선택되고 파란색 그립이 표시된다.

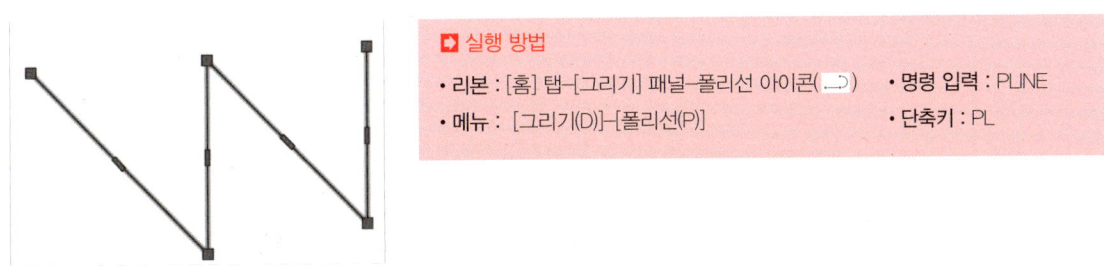

- 리본 : [홈] 탭–[그리기] 패널–폴리선 아이콘( )
- 메뉴 : [그리기(D)]–[폴리선(P)]
- 명령 입력 : PLINE
- 단축키 : PL

◆ 명령 옵션 ◆

호(A) : 폴리선에 호 세그먼트(부분)를 추가한다.
반폭(H) : 폭을 가진 폴리선의 선 세그먼트의 중심에서 모서리까지의 폭을 지정한다.
길이(L) : 지정한 길이의 선 세그먼트를 이전 세그먼트와 같은 각도로 그린다.
명령 취소(U) : 가장 최근에 폴리선에 추가한 선 세그먼트를 제거한다.
폭(W) : 다음 선 세그먼트의 폭을 지정한다. 시작 폭이 기본 끝 폭이 된다. 폭을 다시 변경할 때까지 끝 폭이 모든 후속 세그먼트의 동일한 폭이 된다.

폭을 지닌 폴리선 작성과 편집하기

폭이 있는 폴리선, 선과 호를 한 번에 작성하는 법, 폴리선의 폭을 새로운 값으로 편집하고 결합하여 면적까지 확인하는 연습을 해본다.

01 예제 파일을 불러온 후 직선 세그먼트를 작성하기 위해 명령행에 'PL'을 입력하고 [Space Bar]를 누른다. 또는, [홈] 탭-[그리기] 패널-[폴리선]을 선택한다.

■ 예제 파일 : Chapter07₩폴리선 작성과 편집.dwg   ▶ 폭을 지닌 폴리선 작성과 편집하기

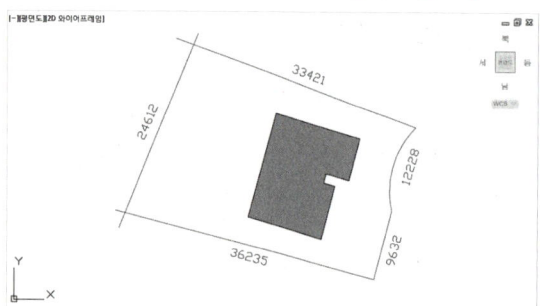
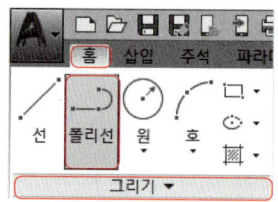

명령 : PL [Space Bar]

02 시작점은 기존 작성된 도면의 오른쪽 빈 여백의 임의 점(P1)을 클릭하고 직교 모드를 켠다. 커서를 수직으로 이동하고 길이 값 6000을 입력하고 [Space Bar]를 누른다.

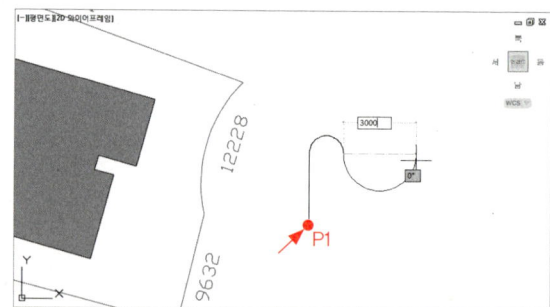

시작점 지정 : [빈 여백(P1) 클릭]
현재의 선 폭은 0.0000임
다음 점 지정 또는 [호(A)/반폭(H)/길이(L)/명령 취소(U)/폭(W)] : 〈직교 켜기〉 6000 [Space Bar]
[직교 모드를 켠 후 마우스를 위로 이동하고 길이값 입력]

03 호 세그먼트를 작성하기 위해 마우스 오른쪽 버튼을 클릭한 후 바로 가기 메뉴에서 [호]를 선택한다. 커서를 오른쪽 수평방향으로 이동하고 길이값 3000을 입력한 후 Space Bar 를 누른다.

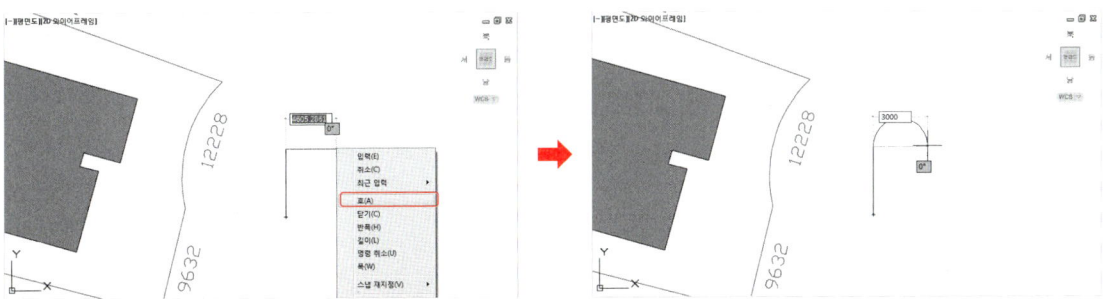

다음 점 지정 또는 [호(A)/닫기(C)/반폭(H)/길이(L)/명령 취소(U)/폭(W)] : A [호 옵션 선택]

호의 끝점 지정(Ctrl 를 누른 상태에서 방향 전환) 또는 [각도(A)/중심(CE)/닫기(CL)/방향(D)/반폭(H)/선(L)/반지름(R)/두 번째 점(S)/명령 취소(U)/폭(W)] : 3000 Space Bar [수평 방향으로 이동 후 호 길이값 입력]

04 커서를 다시 오른쪽 수평방향으로 이동한다. 값을 3000으로 입력하고 Space Bar 를 누른다.

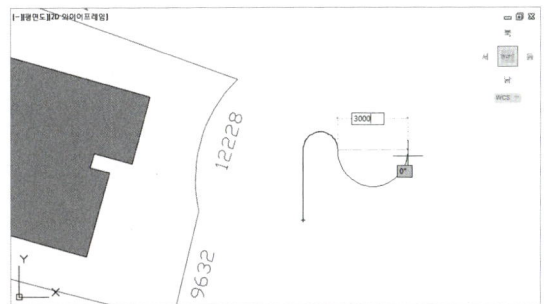

호의 끝점 지정(Ctrl 키를 누른 상태에서 방향 전환) 또는 [각도(A)/중심(CE)/닫기(CL)/방향(D)/반폭(H)/선(L)/반지름(R)/두 번째 점(S)/명령 취소(U)/폭(W)]: 3000 Space Bar [수평 방향으로 이동 후 호 길이값 입력]

05 직선 세그먼트를 작성하기 위해 이번에는 명령행의 옵션에서 회색으로 매핑된 선(L)을 클릭한다.

호의 끝점 지정(Ctrl 키를 누른 상태에서 방향 전환) 또는 [각도(A)/중심(CE)/닫기(CL)/방향(D)/반폭(H)/선(L)/반지름(R)/두 번째 점(S)/명령 취소(U)/폭(W)] : L [선 옵션 선택]

06 커서를 위 수직 방향으로 이동하고 값을 9000으로 입력 후 Space Bar 를 누른다.

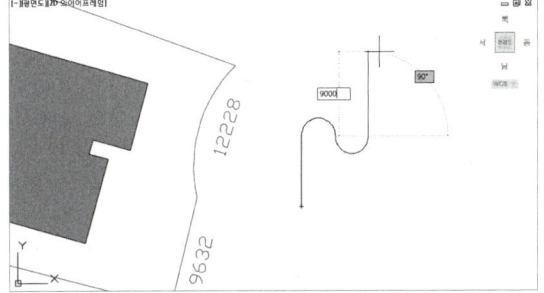

다음 점 지정 또는 [호(A)/닫기(C)/반폭(H)/길이(L)/명령 취소(U)/폭(W)] : 9000 Space Bar [수직 방향으로 이동 후 길이값 입력]

07 마우스 오른쪽 버튼을 클릭한 후 바로 가기 메뉴에서 [폭] 옵션을 선택하고, 시작 폭은 2000, 끝 폭은 0으로 입력하고 Space Bar 를 누른다.

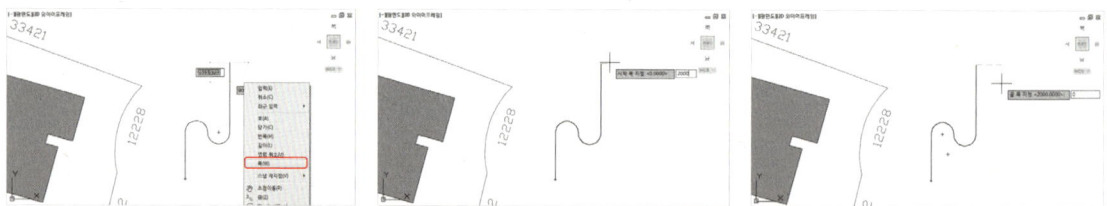

다음 점 지정 또는 [호(A)/닫기(C)/반폭(H)/길이(L)/명령 취소(U)/폭(W)] : W [폭 옵션 선택]
시작 폭 지정 〈0.0000〉 : 2000 Space Bar [시작 폭 지정]
끝 폭 지정 〈2000.0000〉 : 0 Space Bar [끝 폭 지정]

08 커서를 위 수직 방향으로 이동하고 3500을 입력한 후 Space Bar 를 누른다. 다시 한 번 Space Bar 를 눌러 명령을 종료한다.

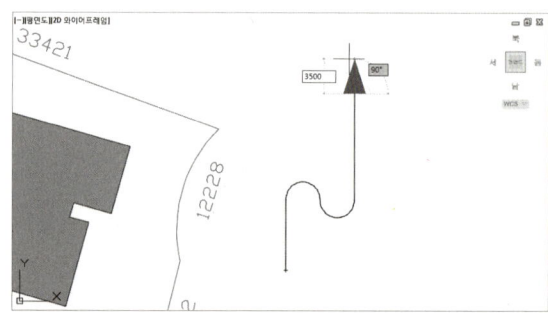

다음 점 지정 또는 [호(A)/닫기(C)/반폭(H)/길이(L)/명령 취소(U)/폭(W)] : 3500 Space Bar [화살표 길이 값 입력]
다음 점 지정 또는 [호(A)/닫기(C)/반폭(H)/길이(L)/명령 취소(U)/폭(W)] : Space Bar [명령 종료]

09 폴리선의 특성을 편집하기 위해 파란색 건물의 외곽선을 선택한다. 마우스 오른쪽 버튼을 클릭한 후 바로 가기 메뉴에서 [폴리선]-[폭] 메뉴를 선택한다.

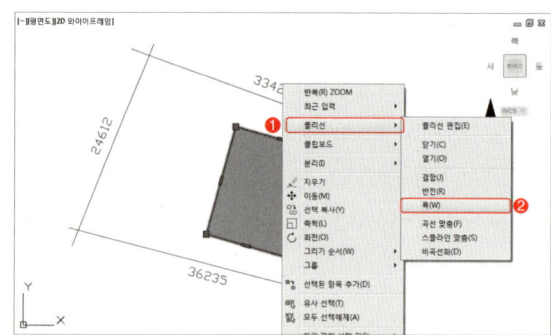

명령: PEDIT Space Bar [폴리선 편집 명령 실행]
옵션 입력 [닫기(C)/결합(J)/폭(W)/정점 편집(E)/맞춤(F)/스플라인(S)/비곡선화(D)/선종류생성(L)/반전(R)/명령 취소(U)] : _width
[폭 옵션 선택]

10 새로운 폭을 200으로 입력한 후 Space Bar 를 누른다. 선 폭이 200으로 바뀐 걸 확인한다.

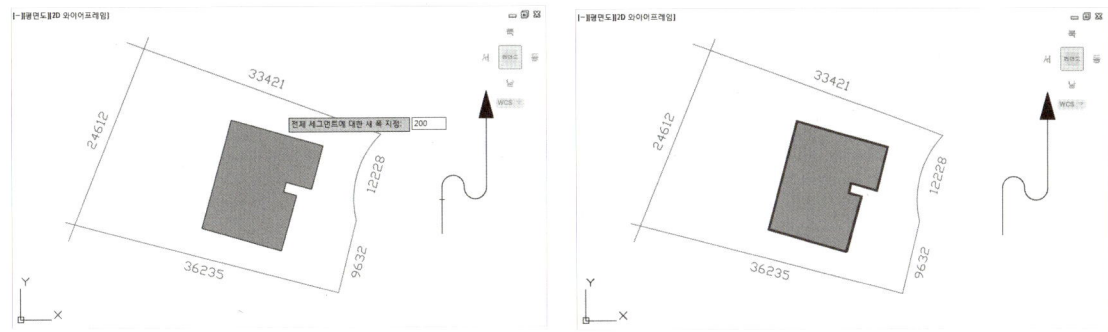

전체 세그먼트에 대한 새 폭 지정 : 200 Space Bar [선의 폭 값 입력]
옵션 입력 [닫기(C)/결합(J)/폭(W)/정점 편집(E)/맞춤(F)/스플라인(S)/비곡선화(D)/선종류생성(L)/반전(R)/명령 취소(U)] : _exit

11 보라색 테두리 경계인 호(L1)를 클릭해보면 하나로 연결된 경계선이 아님을 알 수 있다. Esc 를 눌러 객체 선택을 해제한다. 명령행에 'F'를 입력하고 Space Bar 를 누른다. 화살표를 참조하여 2개 선(P1, P2)을 클릭한다. 'F' 명령은 모깎기 명령으로 반지름이 0으로 설정되어 있어 끝부분을 마감처리를 해준다.

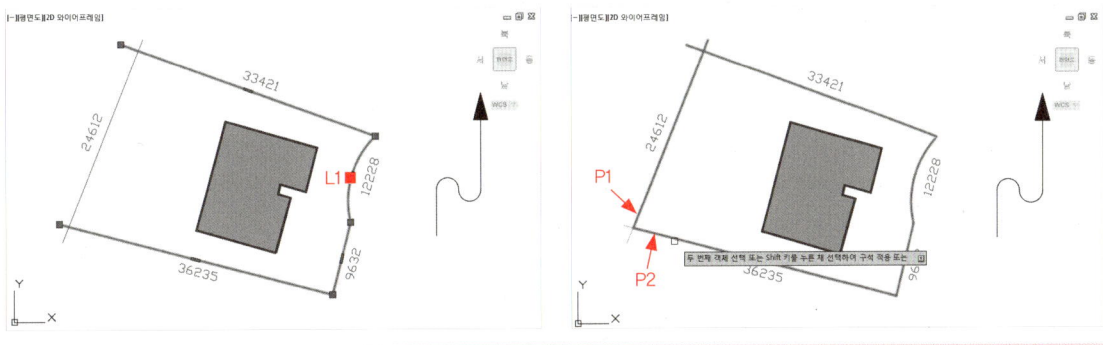

명령 : F Space Bar [FILLET 편집 명령 실행]
현재 설정 : 모드 = 자르기, 반지름 = 0.0000
첫 번째 객체 선택 또는 [명령 취소(U)/폴리선(P)/반지름(R)/자르기(T)/다중(M)] : P1 클릭 [첫 번째 선 선택]
두 번째 객체 선택 또는 Shift 키를 누른 채 선택하여 구석 적용 또는 [반지름(R)] : P2 클릭 [두 번째 선택]

12 보라색 선(P1)을 다시 클릭하면 폴리선이 하나로 결합된 것을 알 수 있다.

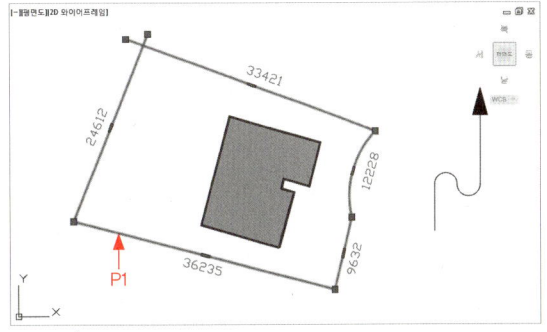

13 왼쪽 위 두 선의 끝점 파란색 그립(P1, P2)을 클릭하여 커서를 두 선의 교차점(P3, P4)으로 이동하여 불필요한 부분을 정리한다. 2번에 걸쳐 각각 실행한다.

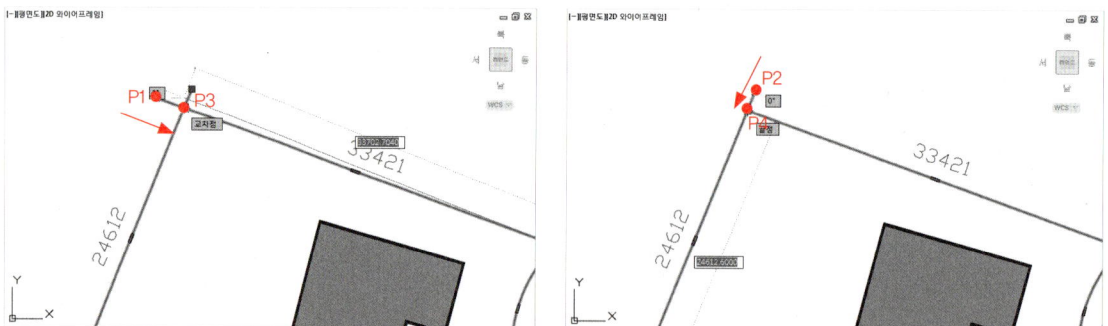

명령 : P1 클릭 [선택된 객체의 파란색 그립을 클릭]
** 신축 **
신축점 지정 또는 [기준점(B)/복사(C)/명령 취소(U)/종료(X)] : P3 클릭 [두 선의 교차점을 클릭하여 이동]

14 Esc 를 눌러 객체 선택을 해제한다.

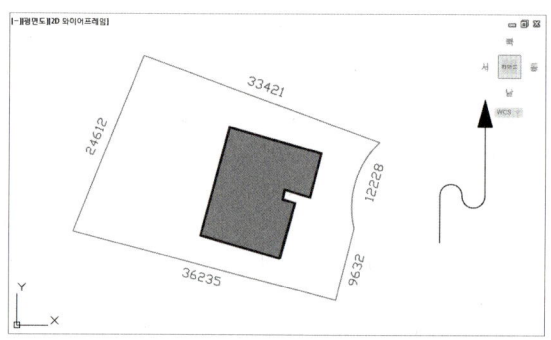

15 새로운 폴리선의 면적과 둘레를 확인하기 위해 명령행에 'LI'를 입력하고 Space Bar 를 누른다. 바깥 경계인 폴리선을 선택하고 Space Bar 를 누른다. AutoCAD 문자 윈도우가 보이고 면적과 둘레를 확인할 수 있다.

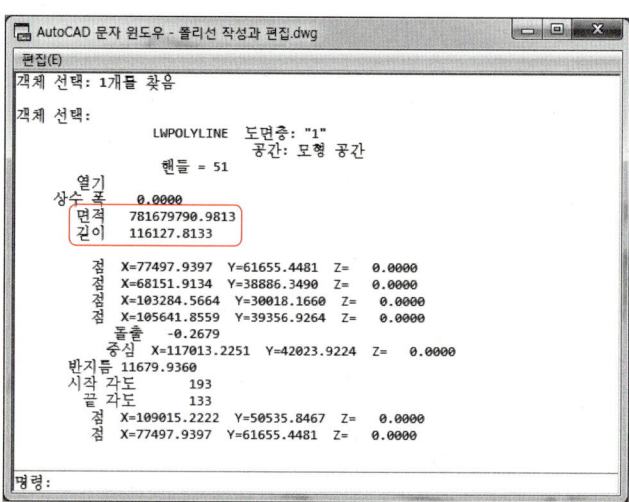

TIP 폴리선의 면적과 둘레는 [특성] 팔레트에서도 확인 가능하다.

1-3. CIRCLE(원)

도면에 원을 작성하기 위해 사용한다. CIRCLE(원) 명령을 실행하면 중심점 지정과 반지름 값을 요구한다. 다음 그림은 원의 중심점 지정한 후 반지름 값 지정을 묻는 것이다.

바로 이전에 작성한 원과 같은 크기로 작성하려면 원의 중심점을 지정한 후 Space Bar 를 누르면 같은 값으로 작성이 된다.

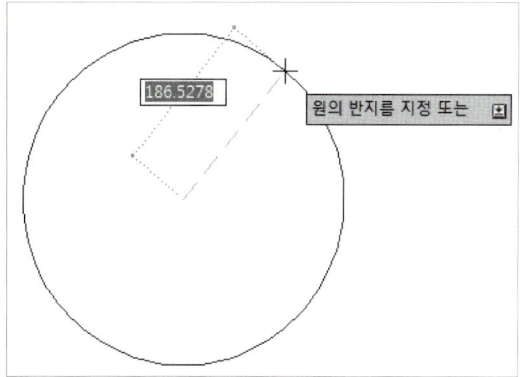

▶ 실행 방법

- 리본 : [홈] 탭-[그리기] 패널-원 아이콘(⊙)
- 메뉴 : [그리기(D)]-[원(C)]
- 명령 입력 : CIRCLE
- 단축키 : C

◆ 명령 옵션 ◆

해당 옵션은 [원] 버튼 아래에 있는 드롭다운 리스트에서 실행하거나 바로 가기 메뉴, 명령행에서 옵션을 선택하여 실행한다.

중심점 지정 : 점을 클릭하거나 좌표 입력하여 중심점을 지정한다.
반지름 : 중심점 지정한 후 원의 반지름을 지정한다.
지름(D) : 중심점 지정한 후 원의 지름을 지정한다.
3점(3P) : 원주의 세 점을 기준으로 원을 작성한다.
2점(2P) : 지름의 두 끝점을 기준으로 원을 작성한다.
접선,접선,반지름(TTR) : 두 객체에 접하며 지정된 반지름을 갖는 원을 작성한다.

❶ 중심점과 반지름을 입력하여 원 그리기

01 명령행에서 단축키 'C'를 입력하고 Space Bar 를 누른다.

명령 : C Space Bar [CIRCLE 명령어 입력]

02 원의 중심점으로 임의의 한 점 P1을 지정한다. 원의 반지름 20을 입력하고 Space Bar 를 누른다.

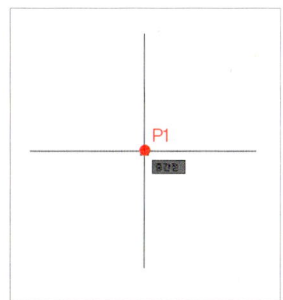
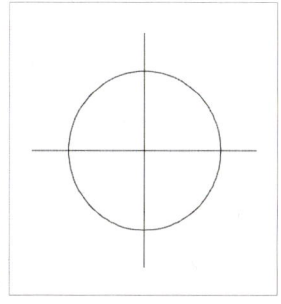

원에 대한 중심점 지정 또는 [3점(3P)/2점(2P)/Ttr - 접선 접선 반지름(T)] : P1 [중심점 지정]
원의 반지름 지정 또는 [지름(D)] : 20 [반지름 입력]

❷ 중심점과 지름값을 입력하여 원 그리기

기본적인 생성 방법은 반지름을 이용해 원을 생성하는 방법과 동일하다.

01 명령행에서 단축키 'C'를 입력하고 Space Bar 를 누른다. 원의 중심점으로 임의의 한 점 P1을 지정한다.

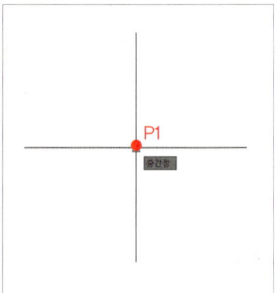

명령 : C Space Bar [CIRCLE 명령어 입력]
원에 대한 중심점 지정 또는 [3점(3P)/2점(2P)/Ttr – 접선 접선 반지름(T)] : P1 [중심점 지정]

02 옵션 [지름(D)]을 입력하고 Space Bar 를 누른다. 원의 지름 40을 입력하고 Space Bar 를 누른다.

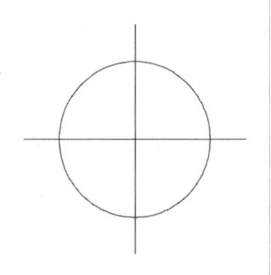

원의 반지름 지정 또는 [지름(D)] : D [옵션 입력]
원의 지름을 지정함 〈72.0000〉 : 40 [지름 입력]

❸ 3P 옵션으로 세 점을 지나는 원 그리기

세 점을 지정하면, 지정한 점을 지나는 원이 생성된다. 객체의 모서리 점을 이용해 외접하는 원을 생성하기에 효과적이다.

01 명령행에서 단축키 'C'를 입력하고 Space Bar 를 누른다. 옵션 [3점(3P)]을 입력하고 Space Bar 를 누른다.

명령 : C Space Bar [CIRCLE 명령어 입력]
원에 대한 중심점 지정 또는 [3점(3P)/2점(2P)/Ttr – 접선 접선 반지름(T)] : 3P [옵션 입력]

02 세 점 P1, P2, P3의 [끝점]을 클릭한다.

원 위의 첫 번째 점 지정 : P1 [첫 번째 점 지점]
원 위의 두 번째 점 지정 : P2 [두 번째 점 지점]
원 위의 세 번째 점 지정 : P3 [세 번째 점 지점]

❹ 2P 옵션으로 두 점을 지름으로 하는 원 그리기

두 점 사이의 거리값을 지름으로 하는 원을 생성한다.

01 명령행에서 단축키 'C'를 입력하고 Space Bar 를 누른다. 옵션 [2점(2P)]을 입력하고 Space Bar 를 누른다.

> 명령 : C Space Bar [CIRCLE 명령어 입력]
> 원에 대한 중심점 지정 또는 [3점(3P)/2점(2P)/Ttr – 접선 접선 반지름(T)] : 2P [옵션 입력]

02 두 점 P1, P2의 [끝점]과 [중간점]을 클릭한다.

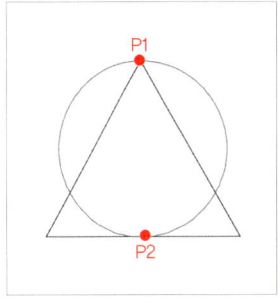

❺ TTR 옵션으로 두 접선과 반지름을 이용하여 원 그리기

두 개의 선분에 접하면서 반지름을 이용한 원을 생성한다. 세 점을 지정하면, 지정한 점을 경유하는 원을 생성한다. 객체의 모서리 점을 이용해 외접하는 원을 생성하기에 효과적이다.

01 명령행에서 단축키 'C'를 입력하고 Space Bar 를 누른다. 옵션 [접선 접선 반지름(T)]을 입력하고 Space Bar 를 누른다.

> 명령 : C Space Bar [CIRCLE 명령어 입력]
> 원에 대한 중심점 지정 또는 [3점(3P)/2점(2P)/Ttr – 접선 접선 반지름(T)] : T [옵션 입력]

02 접선 L1과 L2를 클릭한 후 반지름 10을 입력하고 Space Bar 를 누른다.

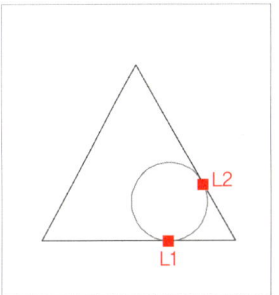

> 원의 첫 번째 접점에 대한 객체위의 점 지정 : L1 [첫 번째 접선 선택]
> 원의 두 번째 접점에 대한 객체위의 점 지정 : L2 [두 번째 접선 선택]
> 원의 반지름 지정 〈0〉 : 10 [반지름 입력]

❻ 접선, 접선, 접선 옵션으로 세 접선에 내접하는 원 그리기

세 개의 선분에 접하는 원을 생성해 주며, 어느 도형에 내접하는 원을 생성할 때 효과적이다.

01 리본 메뉴에서 [홈] 탭–[그리기] 패널–원–접선, 접선, 접선 아이콘(◯)을 클릭한다. 접선으로 L1, L2, L3을 선택한다.

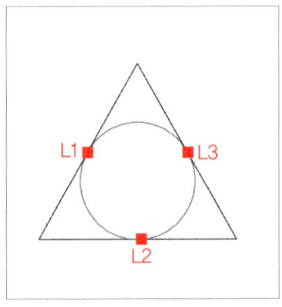

1-4. ARC(호)

호(ARC)는 기본적으로 세 가지의 정보를 조합하여 생성하게 되는데, 위치점, 각도, 길이, 방향, 반지름 등이 있다. 이 정보를 조합하는 방법에 따라 다양한 호 생성법이 있지만, 주로 3점(3-Point)호 와 시작점(Start), 끝점(End), 반지름(Radius)을 이용한다.

> ▶ **실행 방법**
> - 리본 : [홈] 탭–[그리기] 패널–호 아이콘(⌒)
> - 메뉴 : [그리기(D)]–[호(A)]
> - 명령 입력 : ARC
> - 단축키 : A

> ◇ **명령 옵션** ◇
> 바로 가기 메뉴나 명령행에서 옵션을 선택하여 실행한다.
> 중심(C) : 중심점을 지정하여 호를 그린다.
> 끝(E) : 끝점을 지정하여 호를 그린다.
>
> ❶ 시작점, 중심점, 끝점(S, C, E) : 세 점을 지정했을 때 시작점과 중심점의 길이값이 호의 반지름이 되며, 끝점은 호의 생성 범위가 된다.

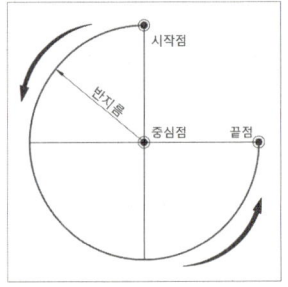

> ❷ 시작점, 중심점, 각도(S, C, A) : 호의 범위를 지정할 때 내부 각도를 입력하는 방법으로 생성한다.

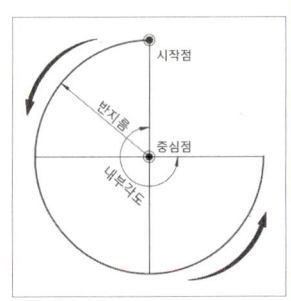

❸ 시작점, 중심점, 길이(S, C, L) : 호의 범위를 지정할 때 시작점과 끝점의 길이값을 입력하는 방법으로 생성한다.

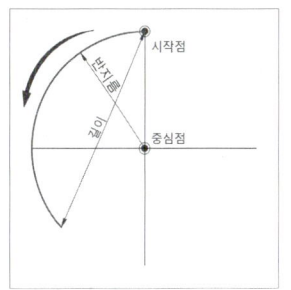

❹ 시작점, 끝점, 각도(S, E, A) : 호의 중심점을 지정할 때 내부 각도를 이용하여 지정한다.

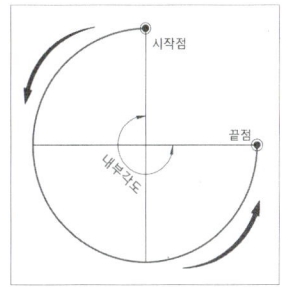

❺ 시작점, 끝점, 방향(S, E, D) : 시작점에서 시작하는 호의 방향을 지정하여 한 점에서 만나는 접점(Tangent)으로 호를 생성한다.

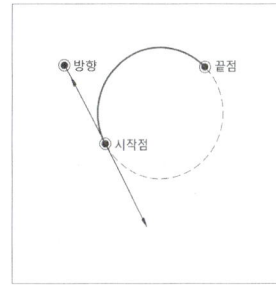

❻ 시작점, 끝점, 반지름(S, E, R) : 가장 많이 사용하는 방법중 하나로 시작점과 끝점, 반지름을 입력하는 방법이다.

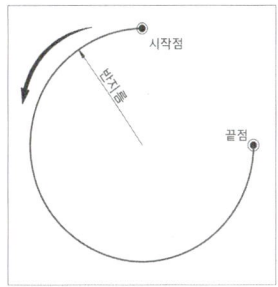

❼ 중심점, 시작점, 끝점(C, S, E) : ❶ 항목과 동일하며 순서만 변경된다.
❽ 중심점, 시작점, 각도(C, S, A) : ❷ 항목과 동일하며 순서만 변경된다.
❾ 중심점, 시작점, 길이(C, S, L) : ❸ 항목과 동일하며 순서만 변경된다.

❶ **3점(3-point) 옵션을 이용하여 호 그리기**

세 점을 통과하는 호를 작성하는 방법으로, 각 점의 위치가 명확할 때 사용할 수 있다.

01 다음과 같이 가로와 세로 길이가 100×100인 사각형을 그려준다. 그리고 객체의 [중간점]을 잇는 선을 그려준다.

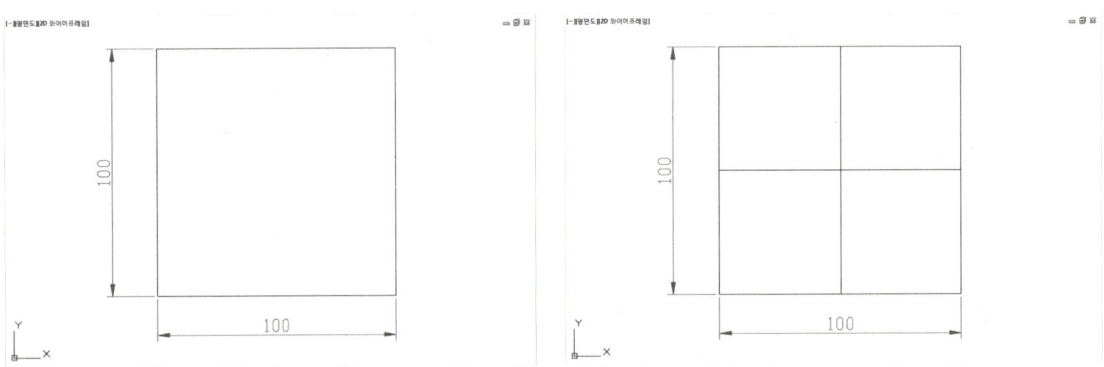

02 명령행에서 단축키 'A'를 입력한 후 Space Bar 를 누른다. 호의 시작점 P1을 지정하고 호의 통과점 P2, P3을 지정하여 호를 그린 후 명령을 종료한다.

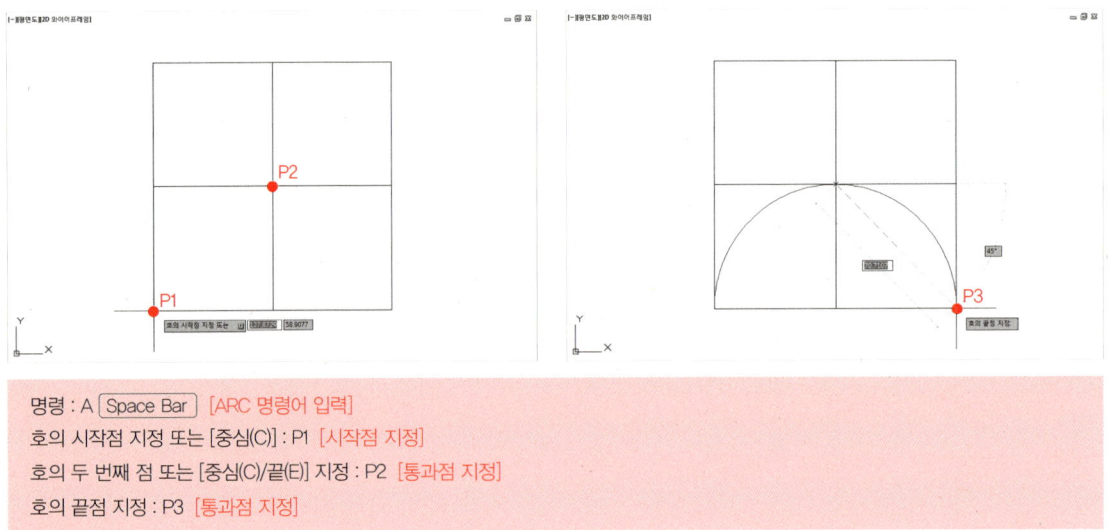

> 명령 : A Space Bar [ARC 명령어 입력]
> 호의 시작점 지정 또는 [중심(C)] : P1 [시작점 지정]
> 호의 두 번째 점 또는 [중심(C)/끝(E)] 지정 : P2 [통과점 지정]
> 호의 끝점 지정 : P3 [통과점 지정]

03 명령행에서 단축키 'A'를 입력한 후 Space Bar 를 누른다. 호의 시작점 P4를 지정한 후 호의 통과점 P5, P6을 지정한다.

> 명령 : A Space Bar [ARC 명령어 입력]
> 호의 시작점 지정 또는 [중심(C)] : P4 [시작점 지정]
> 호의 두 번째 점 또는 [중심(C)/끝(E)] 지정 : P5 [통과점 지정]
> 호의 끝점 지정 : P6 [통과점 지정]

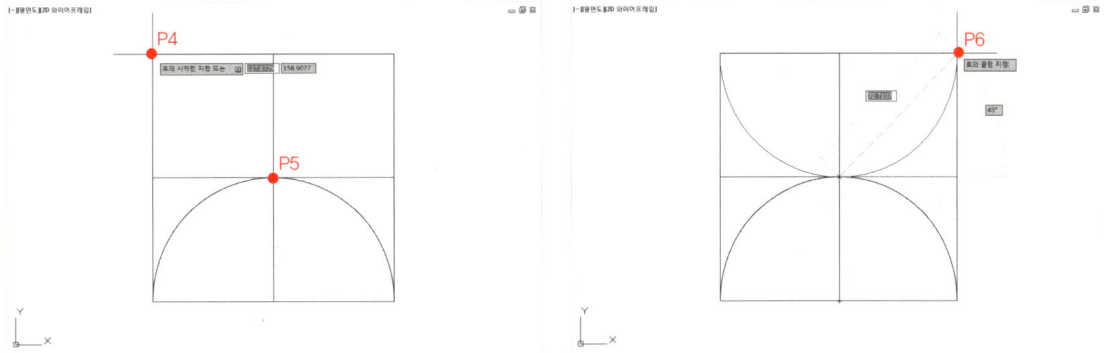

❷ 시작점, 끝점, 반지름(Start, End, Radius) 옵션을 이용하여 호 그리기

01 다음과 같이 가로와 세로 길이가 100×100인 사각형을 그려준다. 객체의 중간점을 잇는 선을 그려준다.

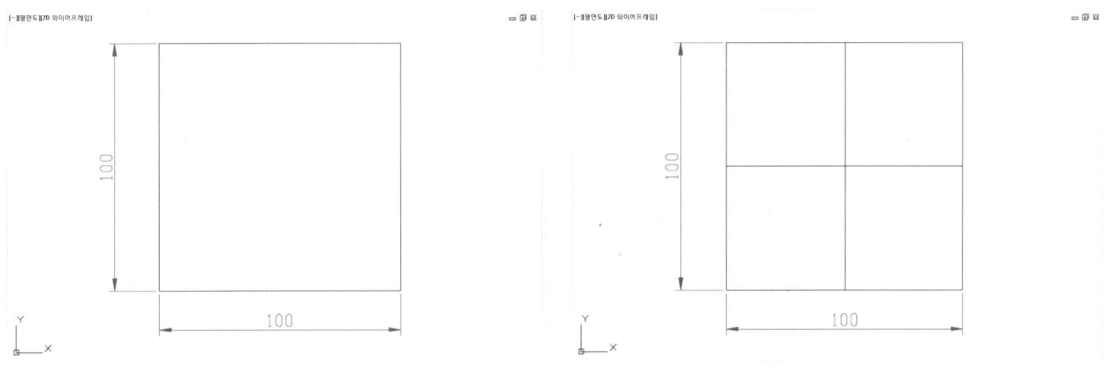

02 [홈] 탭–[그리기] 패널–호 아이콘(⌒)을 클릭한 후 시작점 끝점, 반지름 옵션(⌒)을 선택한다. 호의 시작점 P1을 지정한다.

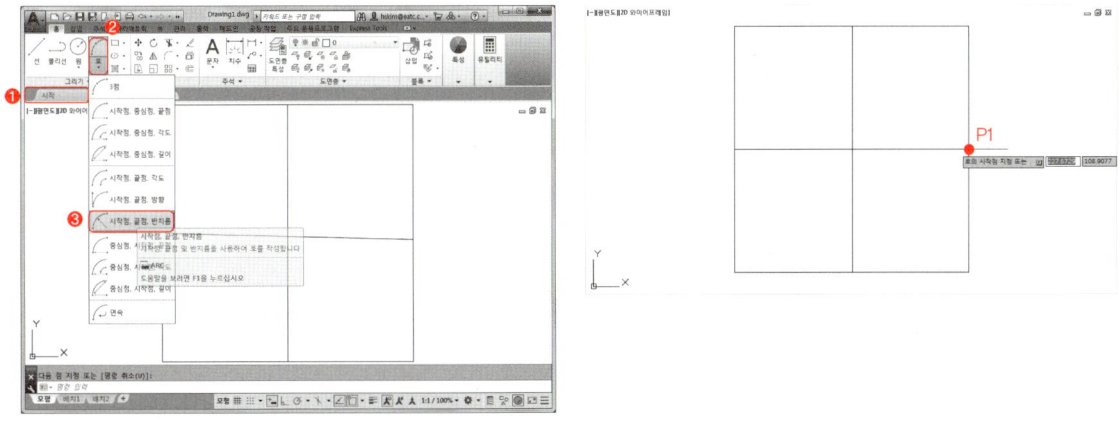

> **TIP** AutoCAD는 반시계 방향을 양수(+)로 인식하기 때문에 호 역시 시작점을 기준으로 반시계 방향으로 객체가 만들어진다.

03 호의 끝점 P2를 지정한 후 호의 반지름 50을 입력하고 명령어를 종료한다.

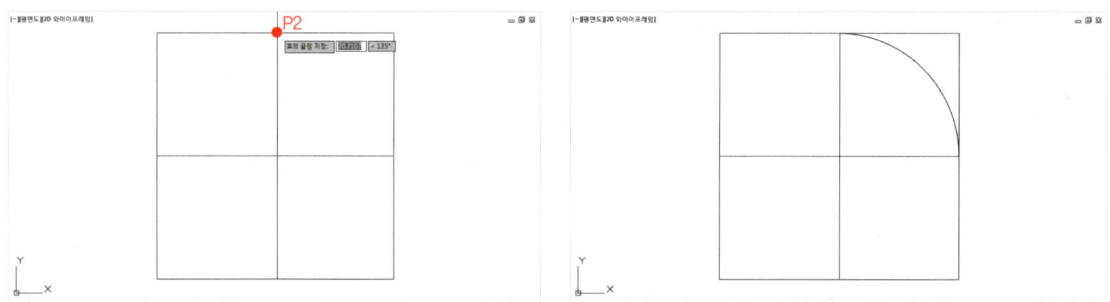

1-5. RECTANG(직사각형)

하나의 폴리선 객체로 하려면 이 명령으로 작성한다. 직사각형을 작성할 때 가장 간단한 방법은 첫 번째 구석점을 지정하고 대각하는 구석점을 지정하는 것이다.

> **✥ 실행 방법**
> - 리본 : [홈] 탭-[그리기] 패널-직사각형 아이콘(□)
> - 메뉴 : [그리기(D)]-[직사각형(G)]
> - 명령 입력 : RECTANG
> - 단축키 : REC

> **◆ 명령 옵션 ◆**
>
> 직사각형 명령 옵션은 첫 번째 구석점을 지정한 후에 바로 가기 메뉴나 명령행에서 옵션을 선택하여 실행한다.
>
> **영역** : 면적을 먼저 입력 후 길이나 폭을 사용하여 직사각형을 작성한다.
> **치수** : 길이 및 폭 값을 사용하여 직사각형을 작성한다.
> **회전** : 지정된 회전 각도로 직사각형을 작성한다.
>
> 다음 명령 옵션은 직사각형 아이콘을 클릭했을 때 보이는 옵션이다.
>
> **모따기(C)** : 직사각형의 모따기 거리를 지정한다.
> **고도(E)** : 직사각형의 고도를 지정한다.
> **모깎기(F)** : 직사각형의 모깎기 반지름을 지정한다.
> **두께(T)** : 직사각형의 두께를 지정한다.
> **폭(W)** : 그릴 직사각형의 폴리선 폭을 지정한다.

❶ 두 점을 지정하여 사각형 그리기

01 명령행에서 단축키 'REC'를 입력하고 [Space Bar]를 누른다. 작업 화면에서 임의의 한 점을 클릭해 첫 번째 구석점(P1)을 지정한다.

> 명령 : REC [Space Bar] [RECTANG 명령어 입력]
> 첫 번째 구석점 지정 또는 [모따기(C)/고도(E)/모깎기(F)/두께(T)/폭(W)] : P1 [첫 번째 점 지정]

02 같은 방법으로 두 번째 구석점을 지정한다.

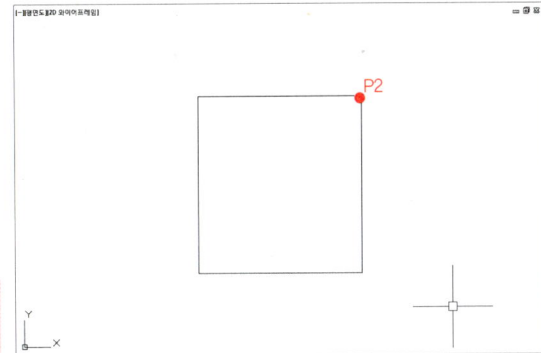

다른 구석점 지정 또는 [영역(A)/치수(D)/회전(R)] : P2
[두 번째 점 지정]

❷ 상대좌표를 이용하는 방법

가장 많이 사용하는 방법으로, 첫 번째 구석점을 지정하거나 좌표값을 입력한 후 두 번째 구석점은 상대좌표(@x,y)를 이용하는 방법이다. 이때, x값은 사각형의 가로, y 값은 사각형의 세로 길이가 된다. 위 방법으로 가로 200, 세로 150인 사각형을 작성해 보도록 하겠다.

01 명령행에서 단축키 'REC'를 입력하고 Space Bar 를 누른다. 작업 화면에서 임의의 한 점(P1)을 클릭해 첫 번째 구석점을 지정한다.

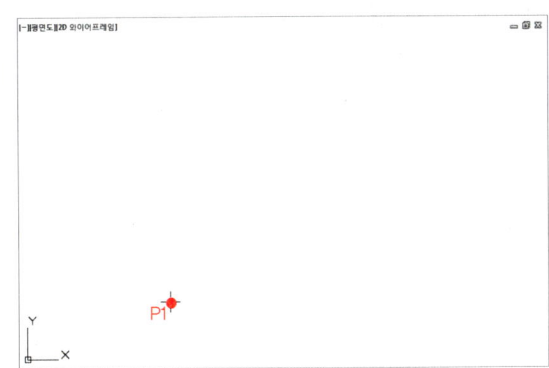

명령 : REC Space Bar [RECTANG 명령어 입력]
첫 번째 구석점 지정 또는 [모따기(C)/고도(E)/모깎기(F)/두께(T)/폭(W)] : P1 [첫 번째 구석점 지정]

02 명령행에서 상대좌표를 이용해 두 번째 구석점의 위치(@200,150)를 입력한다.

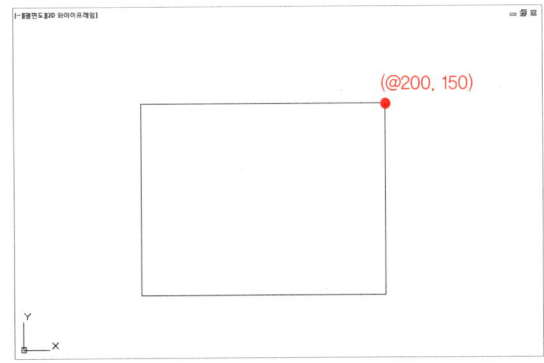

다른 구석점 지정 또는 [영역(A)/치수(D)/회전(R)] : @200,150 [상대좌표 입력]

TIP
❶ 상대좌표의 @는 마지막 점을 기준으로 한다는 의미이다. 그렇기에 반드시 첫 번째 구석점을 지정한 후 상대좌표를 입력할 수 있도록 한다.
❷ RECTANG 기능은 사각형을 간편하게 만들어 주지만, 선의 유형이 묶음 형태인 폴리선이기 때문에 다음 과정에 나오는 객체 분해(EXPLODE) 기능과 병행하여 사용할 수 있도록 한다.

1-6. POLYGON(다각형)

POLYGON(다각형)은 정다각형을 만드는 명령어이다. 원의 중심과 반지름 또는, 1개의 폴리곤 모서리 시작점과 끝점을 지정하여 작성한다.

기본으로 설정된 작성법은 면의 수를 입력 후 중심점과 반지름을 지정하는 방법으로 이 방법을 사용할 경우는 [내접] 또는 [외접] 옵션을 선택해야 한다.

선택한 옵션에 따라 다각형 크기가 계산된다. 다음 그림은 [내접], [외접], [모서리] 옵션으로 5각형을 그린 경우이다.

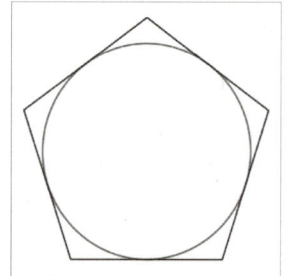
◆ 원에 외접하는 5각형

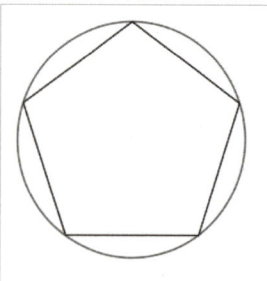
◆ 원에 내접하는 5각형

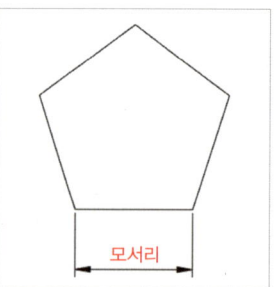
◆ 한 변의 길이로 만든 5각형

🡆 실행 방법
- 리본 : [홈] 탭-[그리기] 패널-폴리곤 아이콘(⬠)
- 메뉴 : [그리기(D)]-[폴리곤(Y)]
- 명령 입력 : POLYGON
- 단축키 : POL

◇ 명령 옵션 ◇
바로 가기 메뉴나 명령행에서 옵션을 선택하여 실행한다.

내접(I) : 지정한 반지름의 원 안에 다각형이 작성된다.
외접(C) : 지정한 반지름의 원 바깥으로 다각형이 작성된다.
모서리(E) : 지정한 모서리 길이를 바탕으로 다각형이 작성된다.

🡆 기본적인 객체 작성하기

선, 원, 호, 직사각형, 폴리곤 명령을 사용하여 간단한 기계설계용 브라켓을 작성해본다.

01 상태 막대에서 [극좌표 추적], [객체 스냅], [객체 스냅 추적], [동적 입력]을 켜기 실제 화면에서는(파란색으로 표시됨)로 설정한다.

▶ 기본적인 객체 작성하기

02 새 도면의 명령행에 'L'을 입력하고 Space Bar 를 누른다. 첫 번째 지점을 100,50으로 입력하고 Space Bar 를 누른다. 두 번째 길이를 지정하기 위해 100을 입력하고 Tab 키를 눌러 각도를 0으로 입력 후 Enter 를 누른다.(각도 값 확정시에는 Space Bar 는 안되고 Enter 만 된다.)

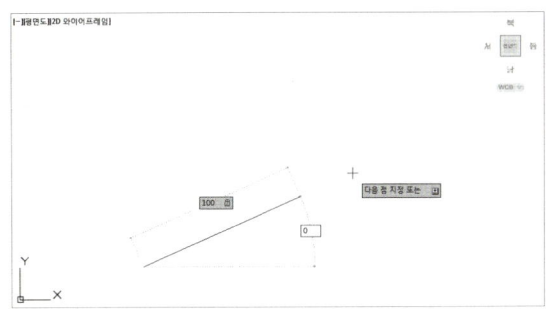

명령 : L Space Bar
첫 번째 점 지정 : 100,50 Space Bar [첫 번째 점 입력]
다음 점 지정 또는 [명령 취소(U)] : 100 Enter [거리값 100 입력 후 Tab 키를 눌러 각도를 0으로 지정]

03 직교 모드(F8)를 켜고, 첫 번째 선과 직교하는 두 번째 선을 직접 거리 입력으로 작성한다. 커서를 위 방향으로 이동하고 각도 필드에 90도임을 확인 후 100을 입력하고 Space Bar 를 누른다. 세 번째 선은 커서를 왼쪽으로 이동하고 각도 필드에 180도임을 확인 후 25를 입력하고 Space Bar 를 누른다. 네 번째 선은 커서를 아래 방향으로 이동하고 각도 필드에 90도임을 확인 후 50을 입력하고 Space Bar 를 누른다. 다시 한 번 Space Bar 를 눌러 [선] 명령을 종료한다.

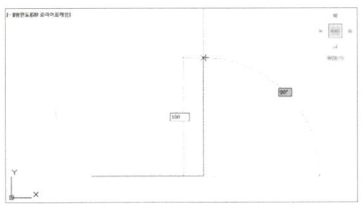 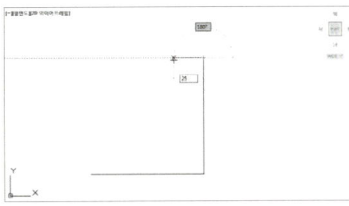 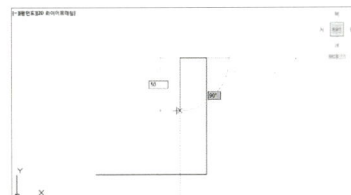

다음 점 지정 또는 [명령 취소(U)] : 〈직교 켜기〉 100 Space Bar [마우스를 위로 이동 후 값 입력]
다음 점 지정 또는 [닫기(C)/명령 취소(U)] : 25 Space Bar [마우스를 왼쪽으로 이동 후 값 입력]
다음 점 지정 또는 [닫기(C)/명령 취소(U)] : 50 Space Bar [마우스를 아래로 이동 후 값 입력]
다음 점 지정 또는 [닫기(C)/명령 취소(U)] : Space Bar [명령 종료]

04 작성한 선을 취소하려면 신속 도구 접근막대의 [명령 취소]를 클릭한다. 앞 순서에서 작성한 모든 선이 삭제된다. 지워진 선을 다시 되돌리려면 신속 도구 접근막대의 [명령 복구]를 클릭한다. 삭제된 모든 선이 다시 표시된다.

05 객체 스냅을 사용하여 선을 그려본다. 명령행에 'L'을 입력하고 Space Bar 를 누른다. 아래 수평선의 왼쪽 끝부분에 커서를 갖다대면 끝점 객체 스냅 표식이 보이고 선의 끝점을 클릭한다. 커서를 위로 이동하고 100을 입력한 후 Space Bar 를 누른다.

명령 : L Space Bar
첫 번째 점 지정 : [왼쪽 끝점 클릭]
다음 점 지정 또는 [명령 취소(U)] : 100 Space Bar [마우스를 위로 이동 후 값 입력]

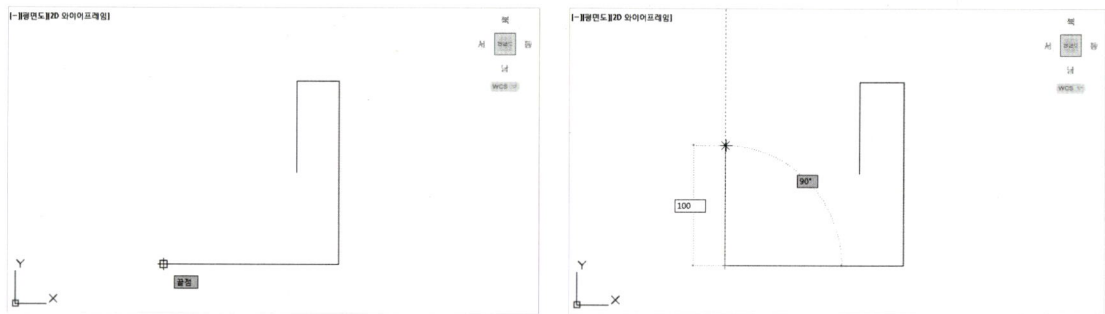

06 커서를 오른쪽으로 드래그하고 35를 입력한 후 Space Bar 를 누른다. 마우스 오른쪽 버튼을 클릭한 후 바로 가기 메뉴에서 [명령 취소]를 선택한다. 직전에 지시한 점이 취소가 된다.

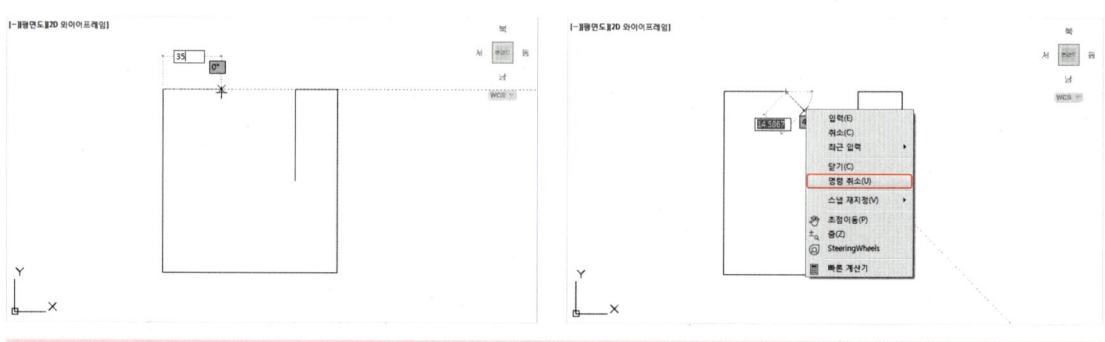

다음 점 지정 또는 [명령 취소(U)] : 35 Space Bar [마우스를 오른쪽으로 이동 후 값 입력]
다음 점 지정 또는 [닫기(C)/명령 취소(U)] : U [값이 35인 선이 삭제됨]

07 다시 한 번 커서를 오른쪽으로 드래그하고 25를 입력하고 Space Bar 를 누른다. 커서를 아래로 드래그한 후 50을 입력하고 Space Bar 를 누른다. 다시 Space Bar 를 눌러 명령을 종료한다.

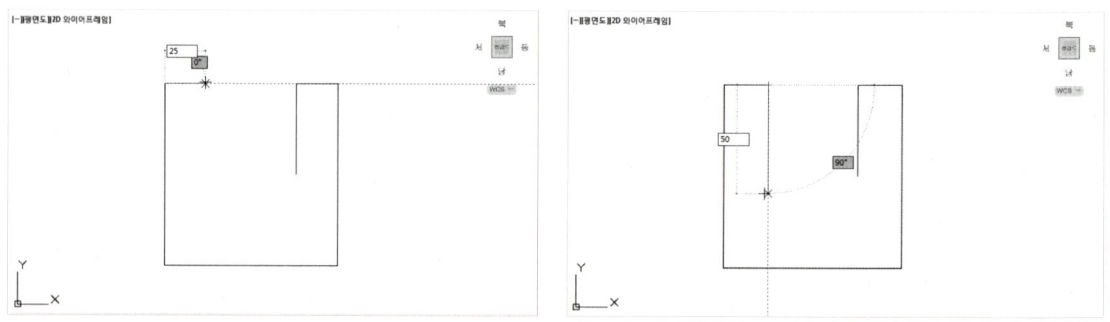

다음 점 지정 또는 [명령 취소(U)] : 25 Space Bar [마우스를 오른쪽으로 이동 후 값 입력]
다음 점 지정 또는 [닫기(C)/명령 취소(U)] : 50 Space Bar [마우스를 아래로 이동 후 값 입력]
다음 점 지정 또는 [닫기(C)/명령 취소(U)] : Space Bar [명령 종료]

08 호를 작성하기 위해 [홈] 탭–[그리기] 패널–[호] 드롭다운–[시작점,끝점,각도]를 클릭한다. 시작점은 가장 마지막에 작성한 선의 끝점(P1)을, 호의 끝점은 오른쪽에 있는 수직선의 끝점(P2)을 클릭한다.

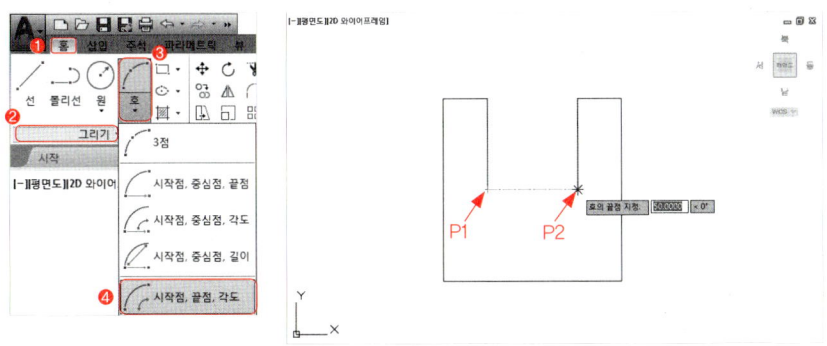

명령 : _arc
호의 시작점 지정 또는 [중심(C)] : P1 클릭 [왼쪽 선의 끝점]
호의 두 번째 점 또는 [중심(C)/끝(E)] 지정 : _e
호의 끝점 지정 : P2 클릭 [오른쪽 선의 끝점]

09 사이각으로 180을 입력하고 Space Bar 를 누른다. 신속 접근 도구막대의 [다른 이름으로 저장(💾)]을 클릭하고 '브라켓.dwg' 파일명으로 저장한다.

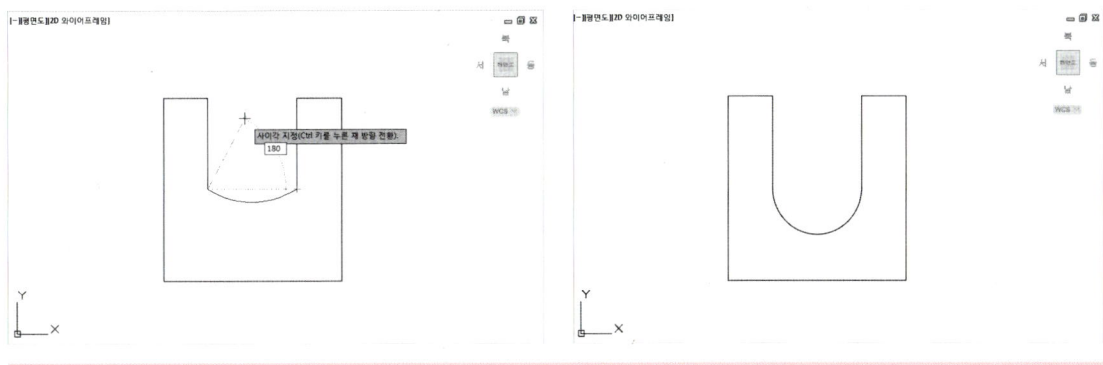

사이각 지정(Ctrl 키를 누른 채 방향 전환) : 180 [사이각 지정]

10 직사각형 작성을 위해 명령행에 'REC'를 입력하고 Space Bar 를 누른다. 다음 그림처럼 오른쪽 아래 정점(P1)에 커서를 대고 오른쪽으로 이동하면 점선이 표시되고 그대로 점선상의 임의 점을 클릭한다.

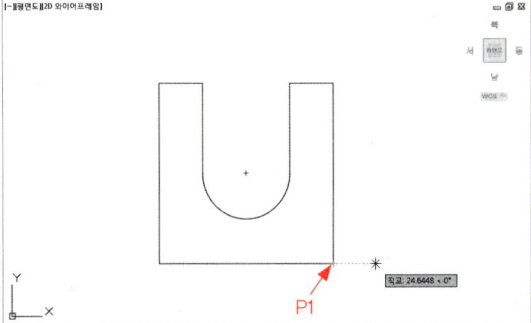

명령 : REC Space Bar
첫 번째 구석점 지정 또는 [모따기(C)/고도(E)/모깎기(F)/두께(T)/폭(W)] : [객체 스냅 추적 사용하여 나란한 위치를 클릭]

11 마우스 오른쪽 버튼을 클릭한 후 바로 가기 메뉴에서 [치수]를 선택한다. 길이는 25를 입력하고 Space Bar 를 누르고 폭은 100을 입력하고 Space Bar 를 누른다. 도면의 오른쪽 위(P1)를 클릭하고 직사각형 방향을 지정한다.

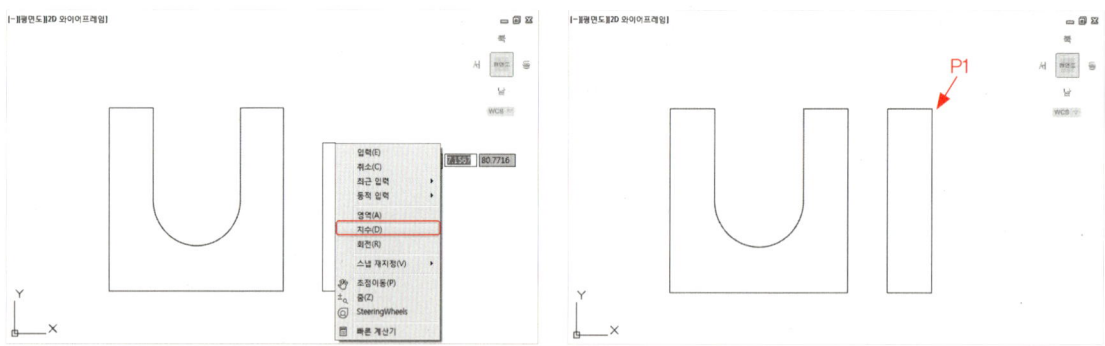

다른 구석점 지정 또는 [영역(A)/치수(D)/회전(R)] : D [치수 옵션 선택]
직사각형의 길이 지정 〈10.0000〉 : 25 [길이값 지정]
직사각형의 폭 지정 〈10.0000〉 : 100 [폭 값 지정]
다른 구석점 지정 또는 [영역(A)/치수(D)/회전(R)] : P1 [오른쪽 상단 지점 클릭하여 방향 지정]

12 원을 작성하기 위해 [홈] 탭-[그리기] 패널-[원] 드롭다운-[중심점,반지름]을 클릭 또는, 명령행에 'C'를 입력하고 Space Bar 를 누른다. 중심점을 112.5, 65로 입력하고 Space Bar 를 누른다. 반지름 값은 7.5를 입력하고 Space Bar 를 누른다.

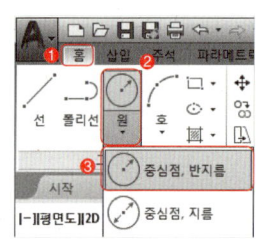
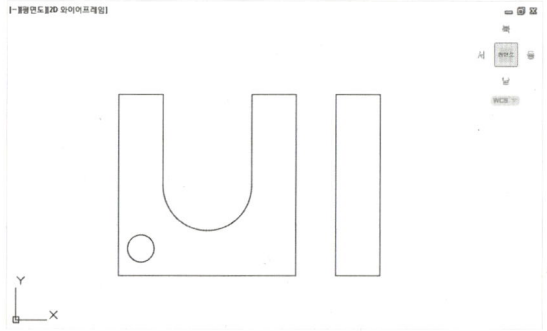

명령 : C Space Bar
원에 대한 중심점 지정 또는 [3점(3P)/2점(2P)/Ttr – 접선 접선 반지름(T)] : 112.5,65 Space Bar [중심점 지정]
원의 반지름 지정 또는 [지름(D)] : 7.5 Space Bar [반지름 값 입력]

13 명령행에 'REC'를 입력하고 Space Bar 를 누른다. 객체 스냅을 사용하여 첫 번째 구석점으로 원의 중심점(P1)을 클릭한다. 커서를 오른쪽 위로 이동하고 75,70(상대좌표)을 입력 후 Space Bar 를 누른다. 명령행에 'C'를 입력하고 Space Bar 를 누른다. 직사각형의 코너를 중심점으로 반지름 7.5인 원을 3개 작성한다.

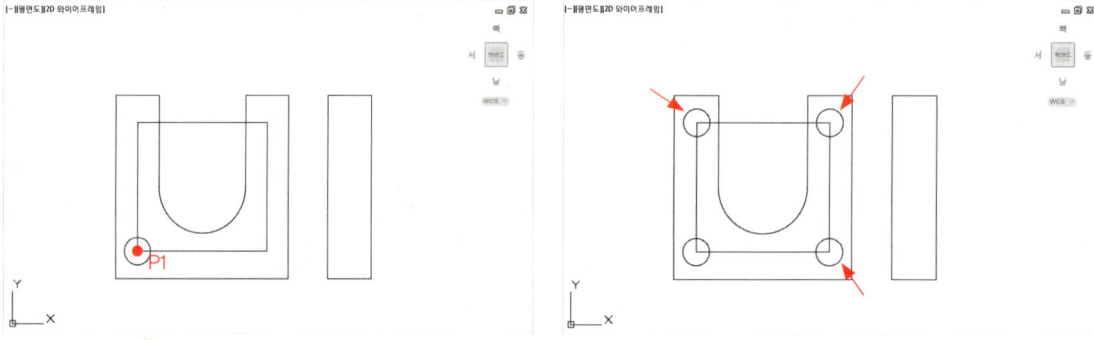

명령 : REC Space Bar
첫 번째 구석점 지정 또는 [모따기(C)/고도(E)/모깎기(F)/두께(T)/폭(W)] : [원의 중심점 클릭]
다른 구석점 지정 또는 [영역(A)/치수(D)/회전(R)] : @75,70 Space Bar [좌표값 입력]

명령 : C Space Bar
원에 대한 중심점 지정 또는 [3점(3P)/2점(2P)/Ttr – 접선 접선 반지름(T)] : [직사각형 끝점 클릭]
원의 반지름 지정 또는 [지름(D)] ⟨7.5000⟩ : 7.5 [반지름 값 입력]

TIP 원을 작성할 때 마지막에 입력된 반지름 값을 똑같이 적용하려면 명령 프롬프트 기본값이 ⟨7.5000⟩라고 표시될 때 그대로 Space Bar 를 누르면 된다.

14 명령행에 'E'를 입력하고 Space Bar 를 누른다. 원 작성에 사용된 직사각형을 클릭하고 Space Bar 를 눌러 지운다.

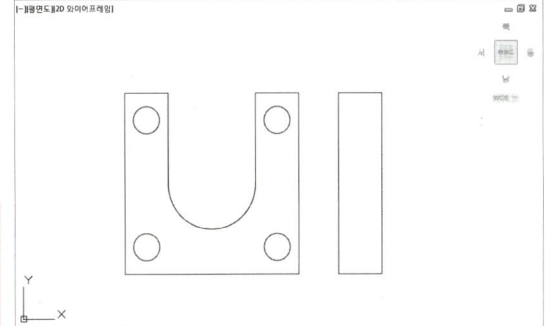

명령 : E Space Bar [ERASE 명령 실행]
객체 선택 : 1개를 찾음 [직사각형 클릭]
객체 선택 : Space Bar [객체가 삭제됨]

15 외접 폴리곤을 작성하기 위해 [홈] 탭–[그리기] 패널–[직사각형] 드롭다운–[폴리곤]을 클릭 또는, 명령행에 'POL'을 입력하고 Space Bar 를 누른다. 모서리 수(면의 수)는 6을 입력하고 Space Bar 를 누른다.

명령 : POL Space Bar
POLYGON 면의 수 입력 ⟨4⟩ : 6 Space Bar [육각형이므로 6을 입력]

16 폴리곤의 중심점을 왼쪽 위 원의 중심점을 클릭한다. 옵션에서 [원에 외접]을 선택하고 반지름은 7.5로 입력하고 Space Bar 를 누른다. 다음 그림과 같은 3곳도 동일한 폴리곤을 작성한다.

폴리곤의 중심을 지정 또는 [모서리(E)] : [원의 중심점 지정]
옵션을 입력 [원에 내접(I)/원에 외접(C)] ⟨I⟩ : C [원에 외접 옵션 선택]
원의 반지름 지정: 7.5 Space Bar [반지름 값 입력]

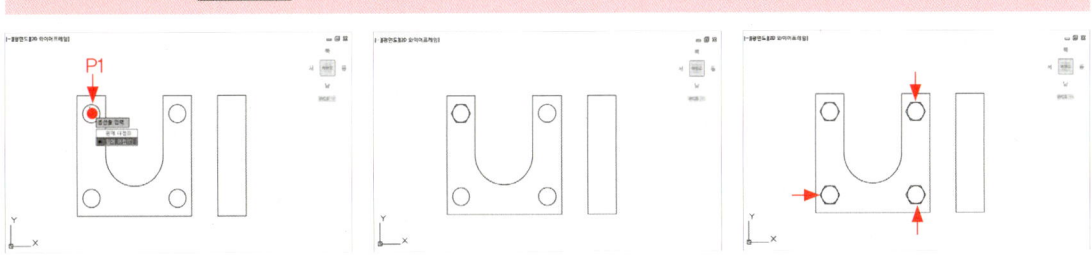

1-7. ELLIPSE(타원)

두 축을 지정하여 일반적인 타원을 작성한다. 중심점을 지정한 후 두 축을 지정한 경우와 축의 끝점과 다른 축의 끝점을 지정하는 방법이 있다.

▶ 실행 방법
- 리본 : [홈] 탭–[그리기] 패널–타원 아이콘(⊙)
- 메뉴 : [그리기(D)]–[타원(E)]
- 명령 입력 : ELLIPSE
- 단축키 : EL

◆ 명령 옵션 ◆
드롭다운 리스트에서 해당 명령 옵션을 선택하여 실행한다.

중심 : 첫 번째 축의 중심점과 끝점 및 두 번째 축의 길이를 사용하여 타원을 작성한다.
축,끝점 : 두 끝점을 사용하여 첫 번째 축을 정의한다. 첫 번째 축이 타원의 장축 또는 단축으로 될 수 있다.
타원형 : 첫 번째 축의 각도가 타원형 호의 각도를 결정한다. 첫 번째 축은 해당 크기에 따라 장축 또는 단축을 정의할 수 있다. 타원형 호의 처음 두 점은 첫 번째 축의 위치와 길이를 정의하고, 세 번째 점은 타원형 호의 중심과 두 번째 축의 끝점 간의 거리를 정의한다. 네 번째 및 다섯 번째 점은 시작 각도와 끝 각도이다.

▶ 2가지 옵션을 이용한 타원 작성하기

타원의 중심점과 축의 끝점을 지정하여 타원을 작성하는 법과 장축, 단축을 이용해 타원을 작성해본다.

01 예제 파일을 불러온 후 [홈] 탭–[그리기] 패널–타원[중심점]을 클릭한다. 직교 모드(F8)는 ON 상태이다.
- 예제 파일 : Chapter07₩타원.dwg

📽 2가지 옵션을 이용한 타원 작성하기

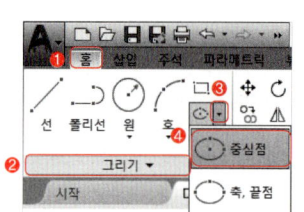
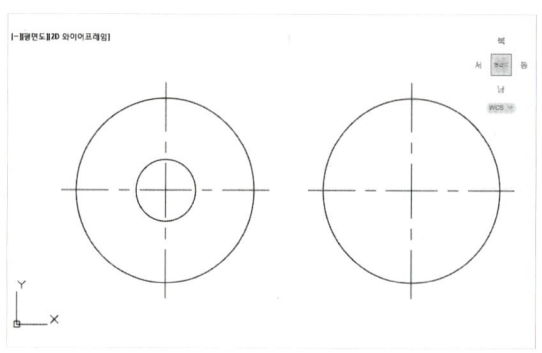

02 타원의 중심으로 왼쪽 원의 중심점(P1)을 클릭한다. 커서를 위로 이동하고 작은 원의 사분점(P2)을 클릭하여 타원의 단축을 지정한다.

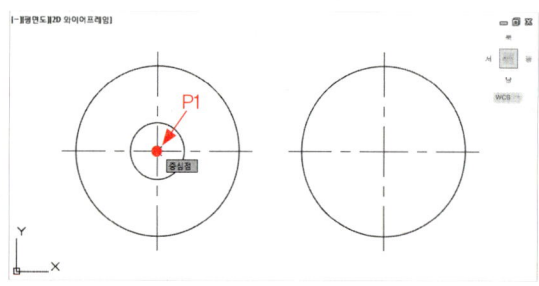
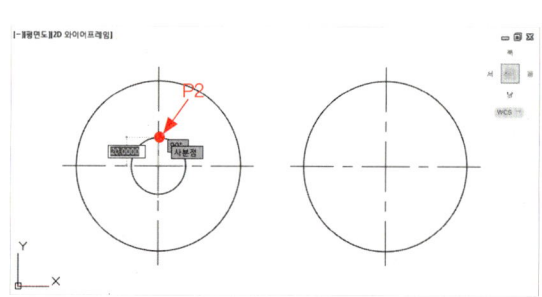

03 커서를 수평 방향으로 드래그한 후 40을 입력하고 Space Bar 를 누른다. [홈] 탭–[그리기] 패널–타원 [중심점]을 클릭하고 타원의 중심으로 왼쪽 원의 중심점(P3)을 클릭한다.

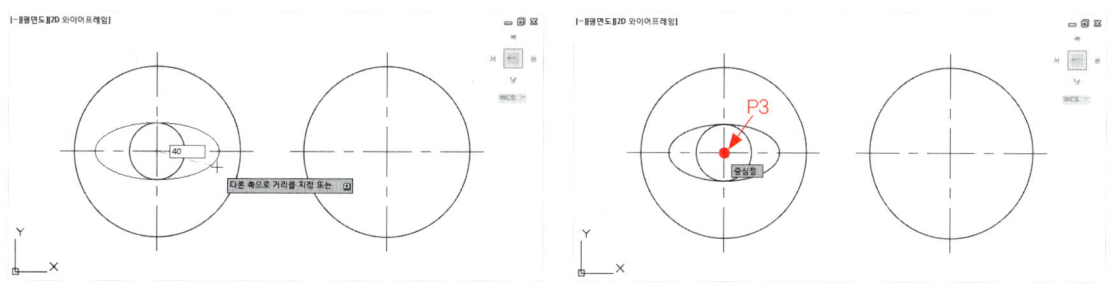

04 단축을 작은 원의 수평 방향 사분점(P4)을 클릭한다. 커서를 수직 방향으로 드래그하고 40을 입력하고 Space Bar 를 누른다.

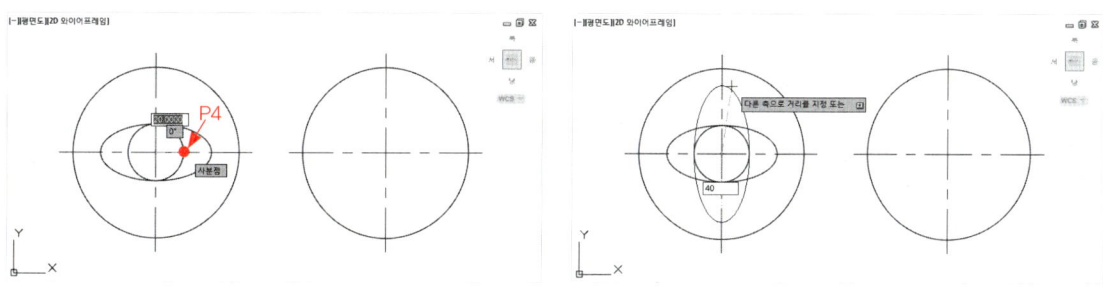

05 다른 옵션의 타원을 작성하기 위해 [축, 끝점]을 클릭한다. 축의 끝점을 오른쪽 원의 사분점(수평 방향 P5, P6)을 2개소를 클릭한다.

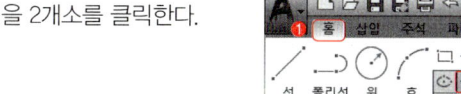
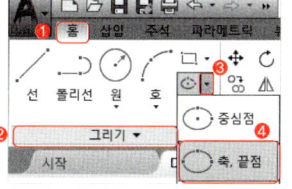
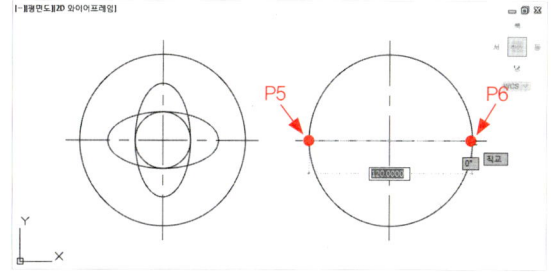

06 커서를 수직 방향으로 드래그한 후 40을 입력하고 Space Bar 를 누른다. 반복 실행을 위해 Space Bar 를 누른다. 축의 끝점을 오른쪽 원의 사분점(수평 방향 P7, P8) 2개소를 클릭한다.

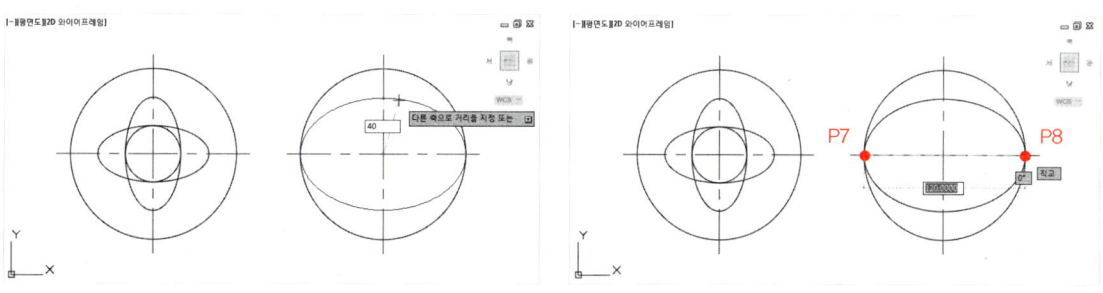

07 커서를 수직 방향으로 드래그한 후 20을 입력하고 Space Bar 를 누른다.

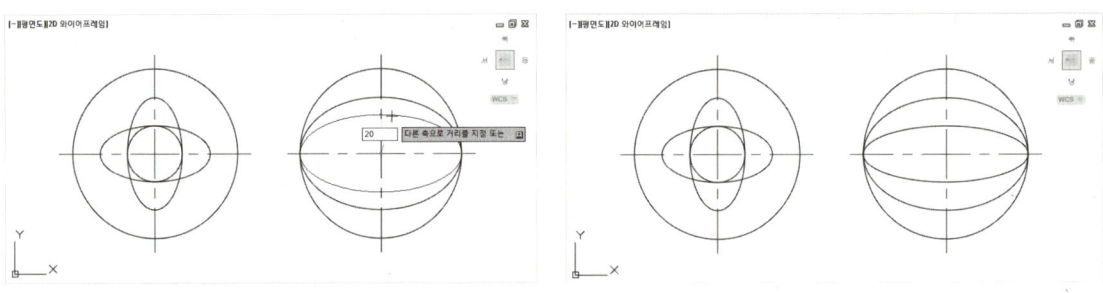

1-8. XLINE(구성선)

선의 끝을 알 수 없는 직선을 생성하며, 도면에서의 구성선(보조선)을 작성하는데 효율적이다. 크게는 무한대의 수평, 수직선을 그리는 방법과 무한대의 각도선을 그리는 방법이 있다.

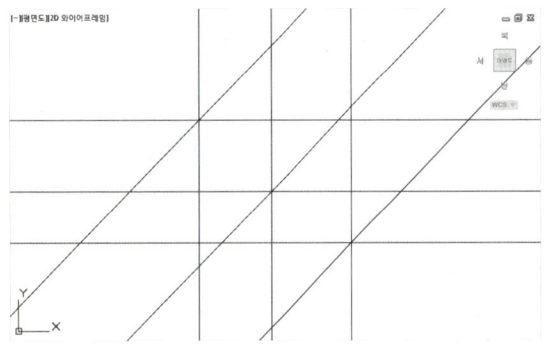

> ▶ **실행 방법**
> - 리본 : [홈] 탭–[그리기] 패널–구성선 아이콘( )
> - 메뉴 : [그리기(D)]–[구성선(T)]
> - 명령 입력 : XLINE
> - 단축키 : XL

> ◆ **명령 옵션** ◆
>
> 바로 가기 메뉴나 명령행에서 옵션을 선택하여 실행한다.
>
> 수평(H) : 지정한 점을 통과하는 수평 구성선을 작성한다. X축에 평행한 구성선이 작성된다.
> 수직(V) : 지정한 점을 통과하는 수직 구성선을 작성한다. Y축에 평행한 구성선이 작성된다.
> 각도(A) : 지정한 각도로 구성선을 작성한다.
> 이등분(A) : 선택한 각도 정점을 통과하면서 첫 번째 선과 두 번째 선 사이를 이등분하는 구성선을 작성한다.
> 간격띄우기(O) : 다른 객체에 평행하게 구성선을 작성한다.

01 직교모드(F8)를 활성화한다. 명령행에서 단축키 'XL'을 입력하고 Space Bar 를 누른다. 작업평면에서 XLINE의 고정점 P1(임의의 한 점)을 클릭한다. 고정점을 기준으로 마우스를 오른쪽, 또는 왼쪽 방향으로 이동 후 통과점을 클릭한다.

> 명령 : XL [XLINE 명령어 입력]
> 점 지정 또는 [수평(H)/수직(V)/각도(A)/이등분(B)/간격띄우기(O)] : P1 [고정점 지정]
> 통과점을 지정 : P2 [통과점 지정]

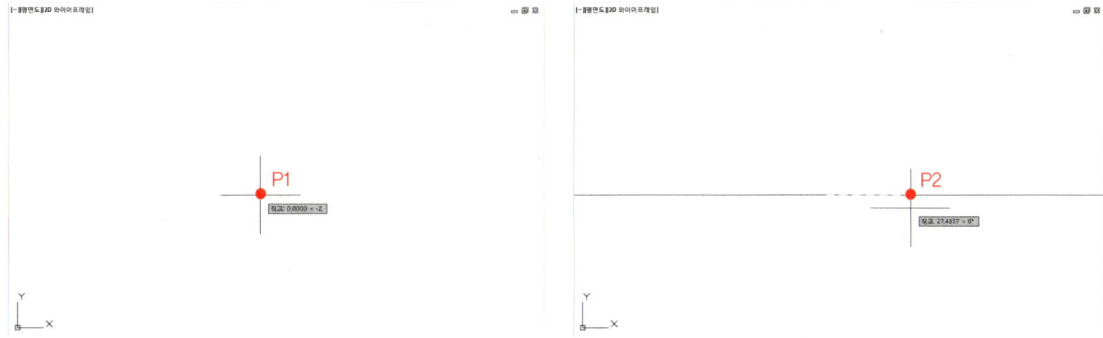

02 계속해서 마우스를 P1 지점을 기준으로 위쪽, 또는 아래쪽 방향으로 이동 후 통과점 P3을 클릭하여 명령어를 종료한다.

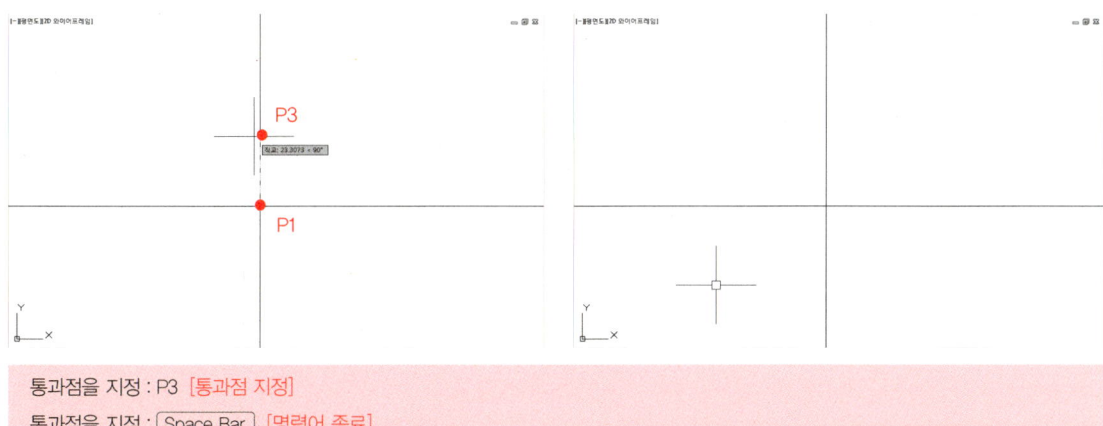

통과점을 지정 : P3 [통과점 지정]
통과점을 지정 : [Space Bar] [명령어 종료]

TIP 고정점 P1과 통과점 P2, P3를 통과하는 무한대 선을 생성할 때 중요한 것은 방향이다. 고정점과 통과점의 거리는 신경 쓰지 않아도 된다.

실무 도면 그리기

침대 심볼 그리기

▶ 침대 심볼 그리기

아래 치수를 참조하여 직사각형, 선 명령으로 침대 형상을 작성한다.

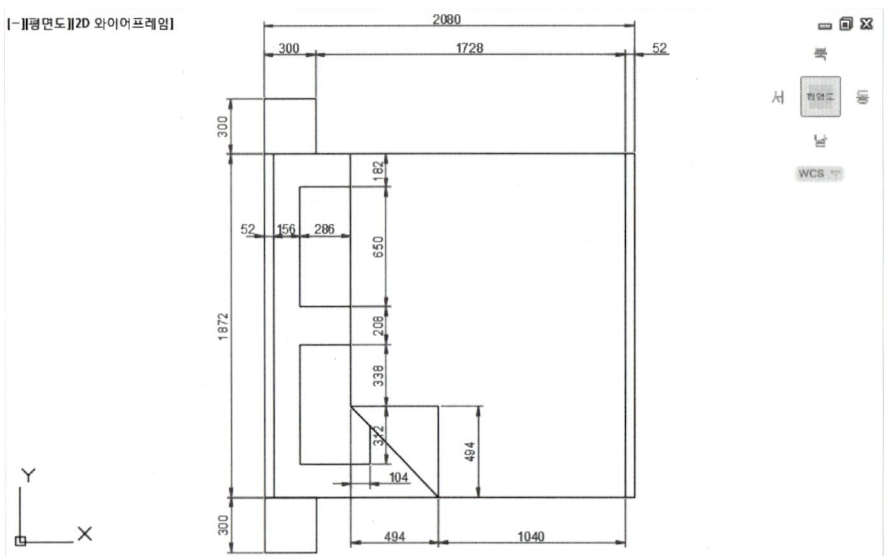

01 상태 막대에서 [객체 스냅], [직교 모드], [동적 입력]을 켜기로 설정한다. 새 도면에 직사각형을 그리기 위해 명령행에 'REC'를 입력하고 Space Bar 를 누른다. 첫 번째 구석점 지정은 0,0을 입력하고 Space Bar 를 누른다. 다른 구석점 지정은 300,300을 입력하고 Space Bar 를 누른다.

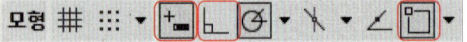

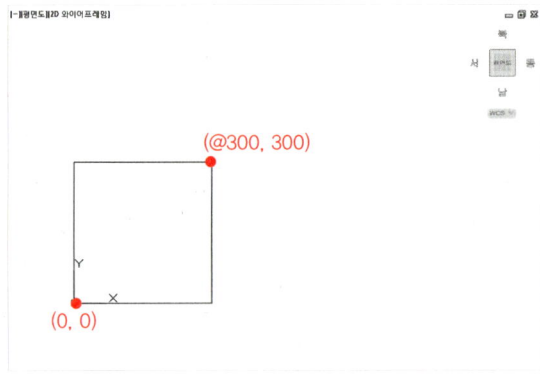

명령 : REC Space Bar
첫 번째 구석점 지정 또는 [모따기(C)/고도(E)/모깎기(F)/두께(T)/폭(W)] : 0,0 Space Bar
다른 구석점 지정 또는 [영역(A)/치수(D)/회전(R)] : @300,300 Space Bar [길이 300, 폭 300 입력]

02 베드 추가 작성을 위해 다시 한 번 명령행에 'REC'를 입력하고 Space Bar 를 누른다. 첫 번째 구석점 지정은 300× 300 직사각형 왼쪽 위 정점(P1)을 클릭하고 두 번째 구석점 지정에서는 2080,1872를 입력하고 Space Bar 를 누른다.

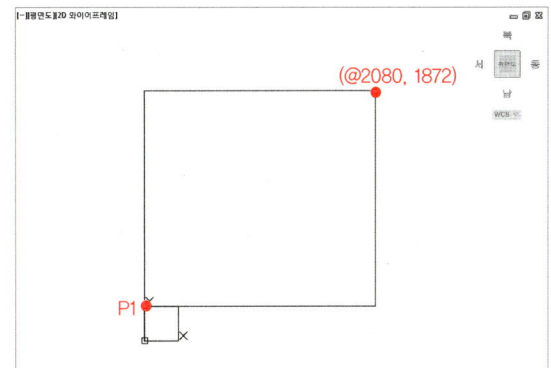

명령 : REC Space Bar
첫 번째 구석점 지정 또는 [모따기(C)/고도(E)/모깎기(F)/두께(T)/폭(W)] : [300×300 직사각형 왼쪽 위 정점 클릭]
다른 구석점 지정 또는 [영역(A)/치수(D)/회전(R)] : @2080,1872 Space Bar [길이 2080, 폭 1872 입력]

03 상단에 300×300 직사각형을 그리기 위해 명령행에 'REC'를 입력하고 Space Bar 를 누른다. 첫 번째 구석점 지정은 베드의 왼쪽 위 정점(P2)을 클릭하고 두 번째 구석점 지정에서는 300, 300을 입력하고 Space Bar 를 누른다.

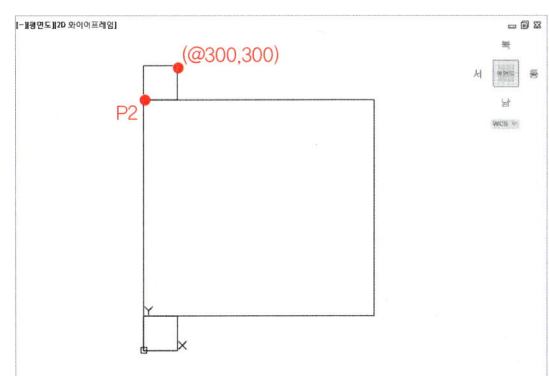

명령 : REC Space Bar
첫 번째 구석점 지정 또는 [모따기(C)/고도(E)/모깎기(F)/두께(T)/폭(W)] : [베드의 왼쪽 위 정점을 클릭]
다른 구석점 지정 또는 [영역(A)/치수(D)/회전(R)] : @300,300 Space Bar [길이 300, 폭 300 입력]

04 베드 안쪽에 있는 직사각형 작성을 위해 명령행에 'REC'를 입력하고 Space Bar 를 누른다. 첫 번째 구석점 지정은 52,300을 입력하고 Space Bar 를 누른다. 두 번째 구석점 지정은 상대좌표 개념으로 1976,1872를 입력하고 Space Bar 를 누른다.

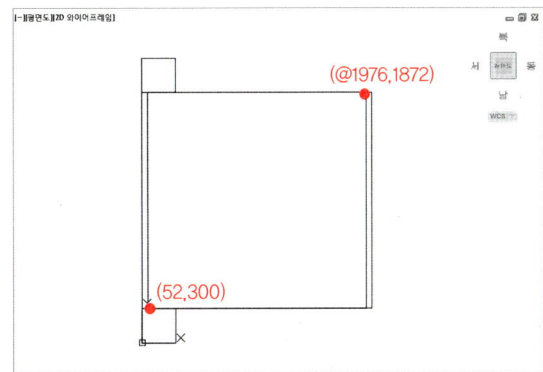

명령 : REC Space Bar
첫 번째 구석점 지정 또는 [모따기(C)/고도(E)/모깎기(F)/두께(T)/폭(W)] : 52,300 Space Bar [첫 번재 점 지정]
다른 구석점 지정 또는 [영역(A)/치수(D)/회전(R)] : @1976,1872 Space Bar [길이 1976, 폭 1872 입력]

05 베개 부분 작성을 위해 명령행에 'REC'를 입력하고 [Space Bar]를 누른다. 첫 번째 구석점 지정은 208,482를 입력하고 [Space Bar]를 누른다. 두 번째 구석점 지정은 상대좌표 개념으로 390,650을 입력하고 [Space Bar]를 누른다.

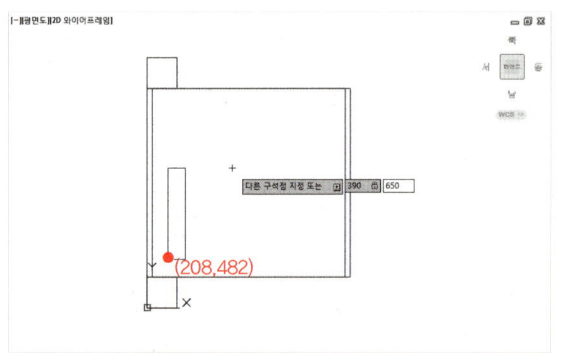 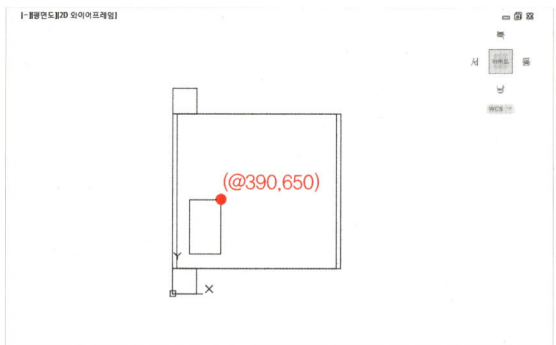

명령 : REC [Space Bar]
첫 번째 구석점 지정 또는 [모따기(C)/고도(E)/모깎기(F)/두께(T)/폭(W)] : 208,482 [Space Bar]   [첫 번재 점 지정]
다른 구석점 지정 또는 [영역(A)/치수(D)/회전(R)] : @390,650 [Space Bar]   [길이 390, 폭 650 입력]

06 옆의 베개 작성을 위해 [Space Bar]를 눌러 REC(직사각형) 명령 반복 실행한다. 첫 번째 구석점 지정은 208,1340을 입력하고 [Space Bar]를 누른다. 두 번째 구석점 지정은 상대좌표 개념으로 390,650을 입력하고 [Space Bar]를 누른다.

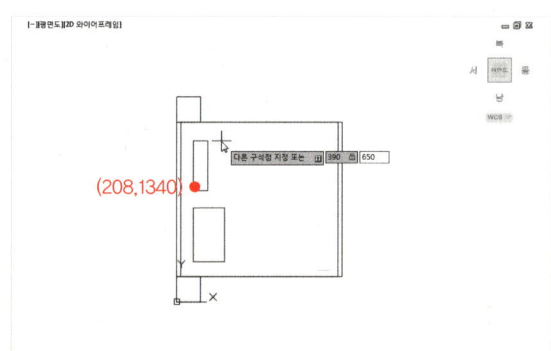 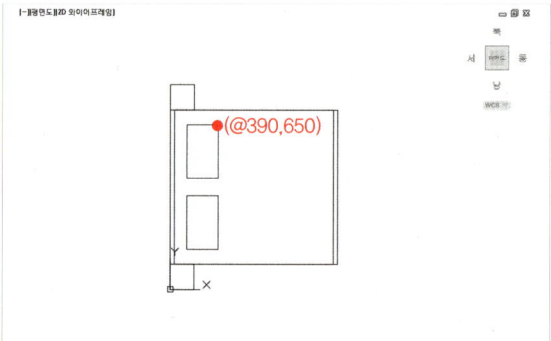

명령 : RECTANG [Space Bar]
첫 번째 구석점 지정 또는 [모따기(C)/고도(E)/모깎기(F)/두께(T)/폭(W)] : 208, 1340 [Space Bar]   [첫 번재 점 지정]
다른 구석점 지정 또는 [영역(A)/치수(D)/회전(R)] : @390, 650 [Space Bar]   [길이 390, 폭 650 입력]

07 이불 부분 작성을 위해 다시 한 번 [Space Bar]를 누른다. 첫 번째 구석점 지정은 오른쪽 아래 52 수직선 정점(P1)을 클릭하고 두 번째 구석점 지정은 상대좌표 개념으로 −1534,1872를 입력하고 [Space Bar]를 누른다.

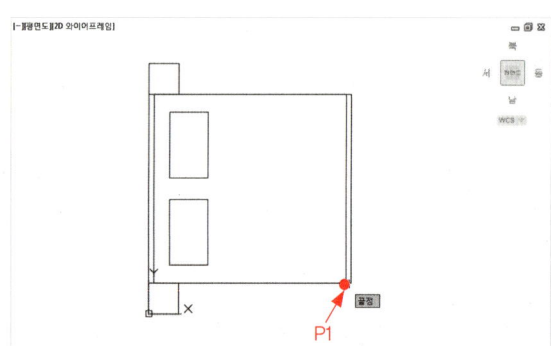 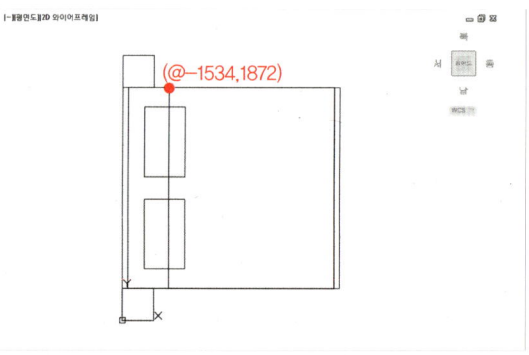

```
명령 : RECTANG [Space Bar]
첫 번째 구석점 지정 또는 [모따기(C)/고도(E)/모깎기(F)/두께(T)/폭(W)] : [첫 번재 점 지정]
다른 구석점 지정 또는 [영역(A)/치수(D)/회전(R)] : @-1534,1872 [길이 1534, 폭 1872 입력]
```

08 이불 접힌 부분 작성을 위해 다시 한 번 [Space Bar]를 누른다. 첫 번째 구석점 지정은 이불 왼쪽 아래 정점을 클릭하고 두 번째 구석점 지정은 상대좌표 개념으로 494,494를 입력하고 [Space Bar]를 누른다.

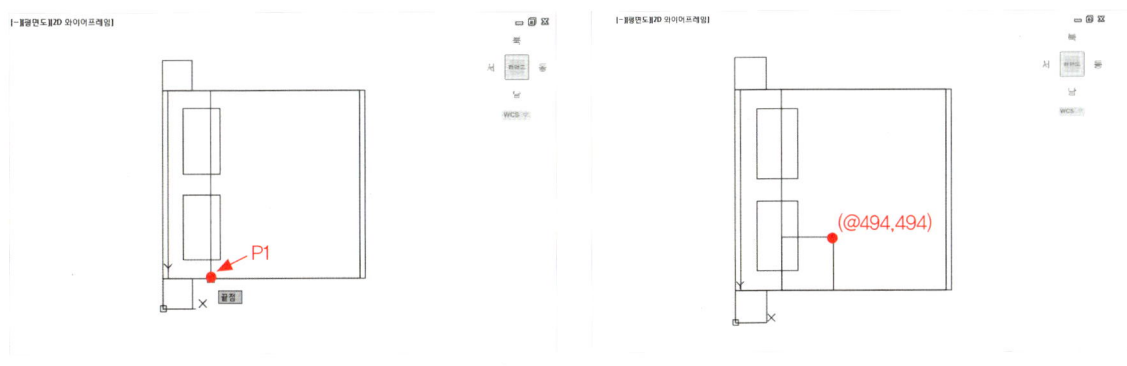

```
명령 : RECTANG [Space Bar]
첫 번째 구석점 지정 또는 [모따기(C)/고도(E)/모깎기(F)/두께(T)/폭(W)] : [첫 번재 점 지정]
다른 구석점 지정 또는 [영역(A)/치수(D)/회전(R)] : @494,494  [길이 494, 폭 494 입력]
```

09 접힌 사선을 표현하기 위해 명령행에 'L'을 입력하고 [Space Bar]를 누른다. 끝점(P2)과 끝점(P3)을 연결하는 사선을 그린다.

```
명령 : L [Space Bar]
첫 번째 점 지정 : [P2 클릭]
다음 점 지정 또는 [명령 취소(U)] : [P3 클릭]
다음 점 지정 또는 [명령 취소(U)] : [Space Bar] [명령 종료]
```

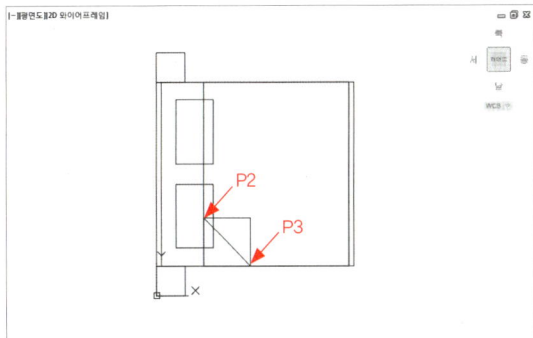

10 필요없는 선들을 지우기 위해 명령행에 'TR'을 입력하고 [Space Bar]를 누른다. 자를 경계를 걸침 선택을 이용해 5개 객체를 선택한 후 [Space Bar]를 누른다.

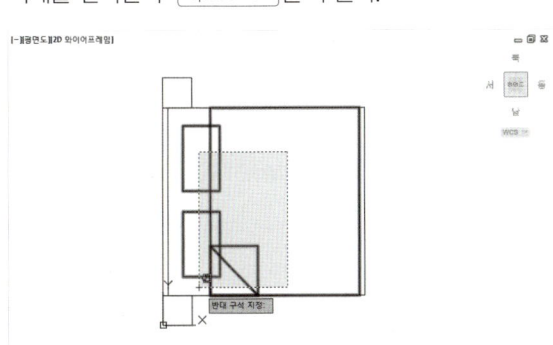
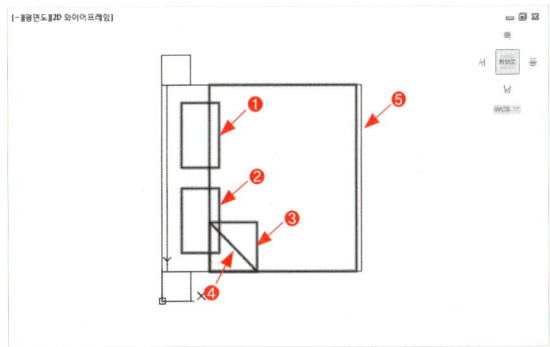

```
명령 : TR Space Bar
현재 설정: 투영=UCS 모서리=없음
절단 모서리 선택 ...
객체 선택 또는 〈모두 선택〉: [자를 경계를 선택]
반대 구석 지정: 5개를 찾음 [자를 경계를 선택]
객체 선택 : Space Bar
```

11 완성된 도면을 보면서 자를 객체를 차례로 클릭하여 지운다.

자를 객체 선택 또는 Shift 키를 누른 채 선택하여 연장 또는 [울타리(F)/걸치기(C)/프로젝트(P)/모서리(E)/지우기(R)/명령 취소(U)] :
[자를 객체를 클릭하여 삭제]

12 중복된 객체들을 지워본다. 직사각형으로 객체를 그렸기 때문에 서로 선들이 겹친 구간들이 많다. 하나로 작성된 폴리선 직사각형 객체를 각각 개별 객체를 만들기 위해 명령행에 'X'를 입력하고 Space Bar 를 누른다. 객체 선택은 모두가 해당되므로 'all'을 입력하고 Space Bar 를 누른다. Space Bar 를 한 번 더 눌러 명령을 종료한다.

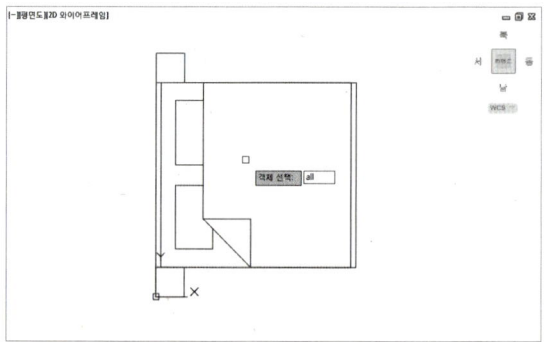

```
명령 : X Space Bar
객체 선택: ALL Space Bar [전체 선택을 위해 객체 선택 옵션 'ALL'을 입력]
9개를 찾음
1개를 분해할 수 없습니다.
객체 선택 : Space Bar [명령 종료]
```

13 중복된 객체를 삭제하기 위해서 [홈] 탭-[수정] 패널-[중복 객체 삭제]를 클릭한다. 객체 선택은 전체가 해당되므로 12번처럼 'all'을 입력하고 Space Bar 를 누른다. 객체 선택이 완료되면 한 번 더 Space Bar 를 누른다.

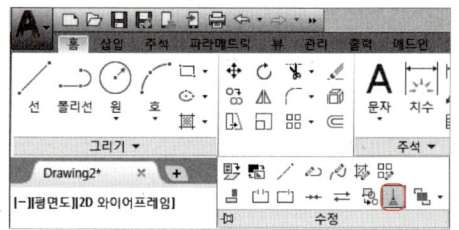

```
명령 : _overkill
객체 선택 : ALL [전체 선택을 위해 객체 선택 옵션 'ALL'을 입력]
객체 선택 : Space Bar [객체 선택 종료]
```

14 [중복 객체 삭제] 대화상자가 보이고 기본 설정 상태에서 [확인] 버튼을 클릭한다.

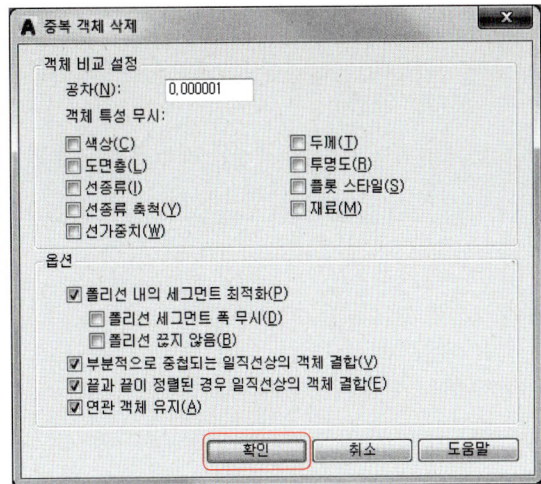

15 중첩된 객체가 사라졌다는 메시지가 보인다. 이로써 침대 형상 작성 연습을 마친다.

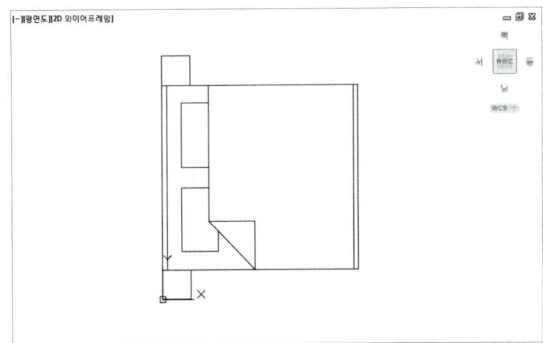

1개 중복 항목이 삭제되었습니다.
8개 중첩 객체 또는 세그먼트가 삭제되었습니다. [중첩된 객체가 삭제되었음]

※ 실무에서는 절대 좌표를 이용한 도면 작성은 거의 없다. 이 연습에서는 지금까지 배운 명령어를 참조하여 작성한 것이며, 다른 편집 명령을 익힌다면 훨씬 더 간단히 도면을 완성할 수 있게 된다.

02 편집 명령

2-1. MOVE(이동)

객체를 지정된 방향으로 지정된 거리만큼 이동한다. 객체 이동의 기준점을 먼저 선택하고 이동할 곳을 지정하면 객체가 재배치된다. 그립을 사용해도 객체를 이동할 수 있다.

> **▶ 실행 방법**
> - 리본 : [홈] 탭-[수정] 패널-이동 아이콘(✥)
> - 메뉴 : [수정(M)]-[이동(V)]
> - 객체 선택한 후 마우스 오른쪽 버튼을 클릭한 후 바로 가기 메뉴에서 [이동] ✥ 이동(M)
> - 명령 입력 : MOVE
> - 단축키 : M

◎ 객체 이동하기

객체 스냅, 극좌표, 그립 편집, MOVE(이동) 명령을 사용하여 실내 설비들을 지정한 방으로 이동하는 도면 편집 연습을 해본다.

01 예제 파일을 불러온 후 상태 막대에서 [극좌표 추적], [객체 스냅], [객체 스냅 추적]을 켜기로 설정한다.

■ 예제 파일 : Chapter07₩객체 이동.dwg

▶ 객체 이동하기

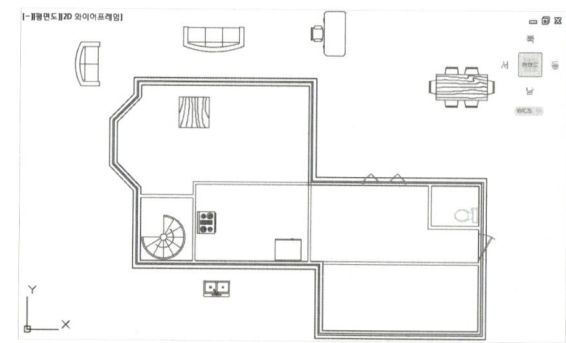

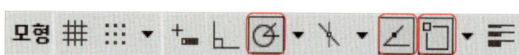

02 마우스 휠을 이용하여 왼쪽 아래 부분을 확대한다. 마우스 휠을 위로 돌리면 확대가 되고, 마우스 휠을 누른 채로 드래그하면 화면 이동이 된다. 그립을 사용하여 세면대를 부엌으로 이동하기 위해 세면대를 클릭한다.

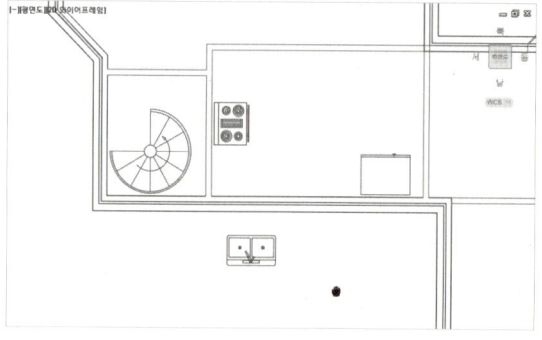

03 세면대의 파란색 그립(P1)을 클릭하고 부엌 경계선의 중간점(P2)을 클릭하여 세면대를 배치한다. 이때, 객체 스냅에 중간점 설정이 없다면 중간점을 클릭해 객체 스냅을 설정한다. 이동이 끝났으면 Esc 를 눌러 객체 선택을 해제한다.

04 다시 마우스 휠을 사용하여 거실 부분이 보이도록 화면을 조정한다. 그립을 사용해서 2인용 소파를 이동해 본다. 2인용 소파를 클릭하고 파란색 그립(P1)을 다시 클릭해 벽의 중간점으로 커서를 갖다댄다.

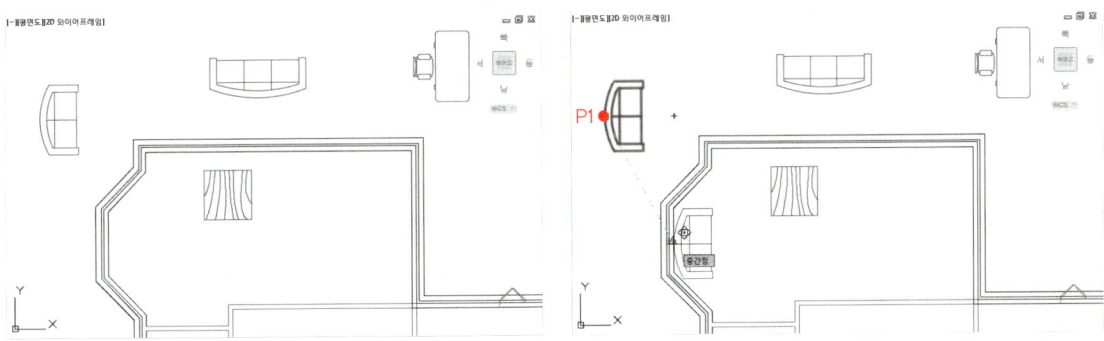

05 추적선을 따라 커서를 이동하고 그림처럼 임의 지점을 클릭하여 소파를 배치한다. 이동이 끝났으면 Esc 를 눌러 객체 선택을 해제한다.

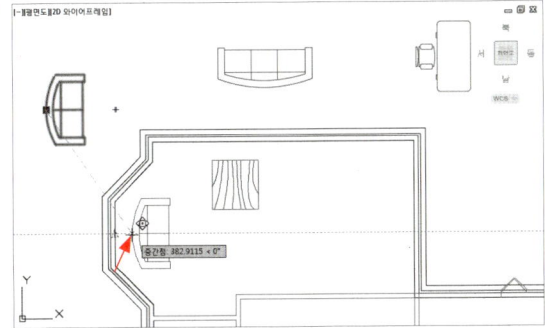

06 3인용 소파를 이동하기 위해 명령행에 'M'을 입력하고 Space Bar 를 누른다. 3인용 소파를 선택(L1)하고 Space Bar 를 누른다. 객체 스냅을 사용하여 기준점을 소파의 호 중간점(P1)을 클릭하고 두 번째 점은 벽체의 중간점 (P2)을 클릭하여 소파를 배치한다.

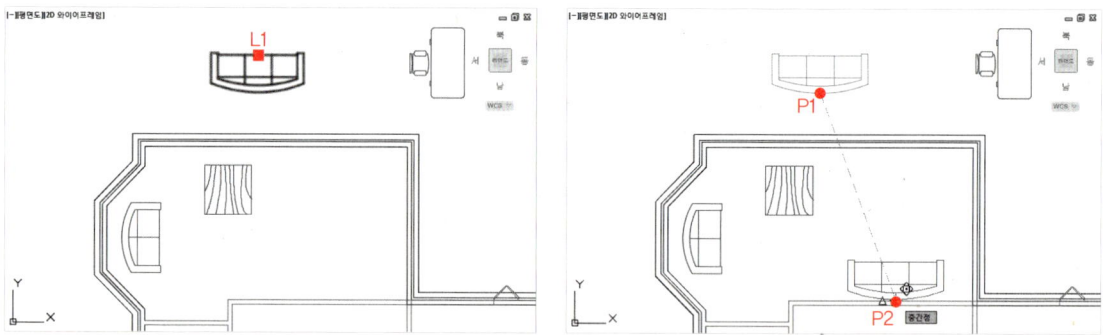

명령 : M Space Bar
객체 선택: 반대 구석 지정 : 1개를 찾음(L1) [객체 선택]
객체 선택 : Space Bar [객체 선택 종료]
기준점 지정 또는 [변위(D)] 〈변위〉: P1 [소파의 호 중간점 클릭]
두 번째 점 지정 또는 〈첫 번째 점을 변위로 사용〉: P2 [벽체 중간점 클릭]

07 MOVE(이동) 명령 반복 실행을 위해 Space Bar 를 누른다. 오른쪽의 책상과 의자(L1)를 클릭하여 선택하고 Space Bar 를 누른다. MOVE 기준점은 책상의 오른쪽 수직선의 중간점(P3)을 클릭하고 벽체에 스냅이 되지 않도록 F3 을 눌러 객체 스냅을 해제 후 이동한다. 다음 그림처럼 책상과 의자를 임의 위치에 배치한다.

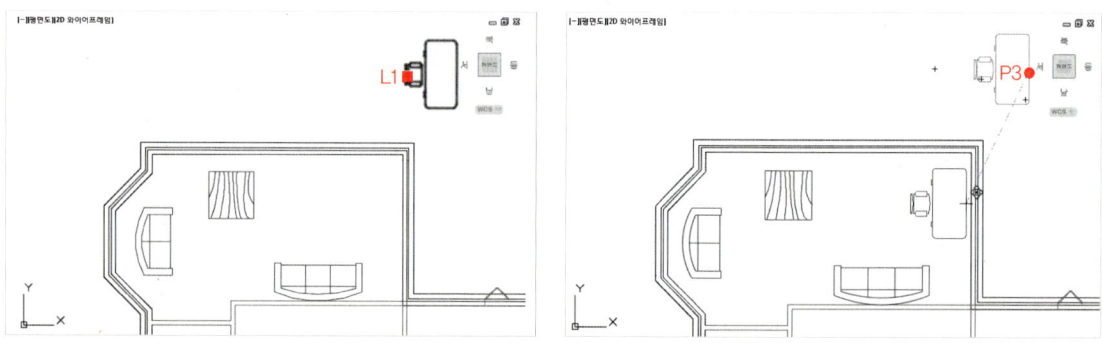

명령 : M Space Bar
객체 선택: 반대 구석 지정 : 2개를 찾음(L1) [객체 선택]
객체 선택 : Space Bar [객체 선택 종료]
기준점 지정 또는 [변위(D)] 〈변위〉: [책상 오른쪽 수직선 중간점 클릭]
두 번째 점 지정 또는 〈첫 번째 점을 변위로 사용〉: P3 〈객체 스냅 끄기〉 [임의 점 지정]

08 다시 뷰를 화면 이동하고 F3 을 눌러 객체 스냅을 활성화한다. 테이블세트를 클릭하고 중앙 그립(P1)을 클릭한다. 커서를 이동하여 다음 그림처럼 왼쪽 벽체의 중간점에 커서를 대고, 다시 위쪽 벽체의 중간점에 커서를 댄 후 그대로 아래로 커서를 이동한다. 중간점 추적 선이 서로 교차점을 이루면 여기 교차점을 클릭한다. 이동이 끝났으면 Esc 를 눌러 객체 선택을 해제한다.

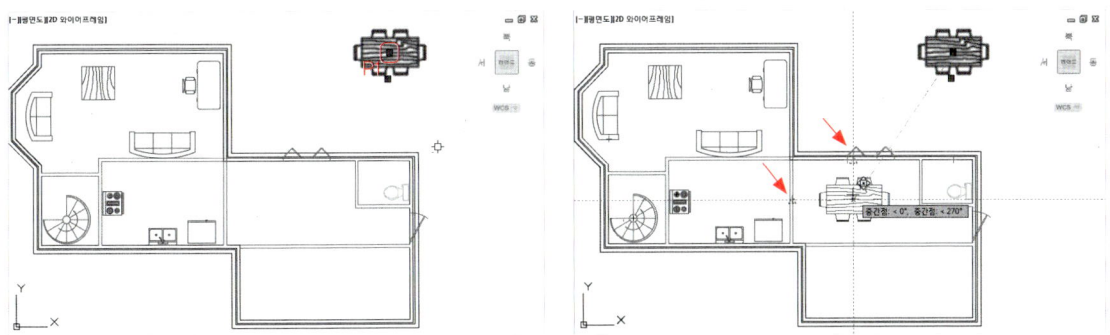

09 그립을 사용해서 양변기를 이동해본다. 양변기를 선택하고 그립을 클릭한 후 커서를 위방향으로 이동 후 650을 입력하고 Space Bar 를 누른다. 이동이 끝났으면 Esc 를 눌러 객체 선택을 해제한다. 이로써 그립을 이용한 이동, MOVE(이동) 명령을 이용한 이동 연습을 마친다.

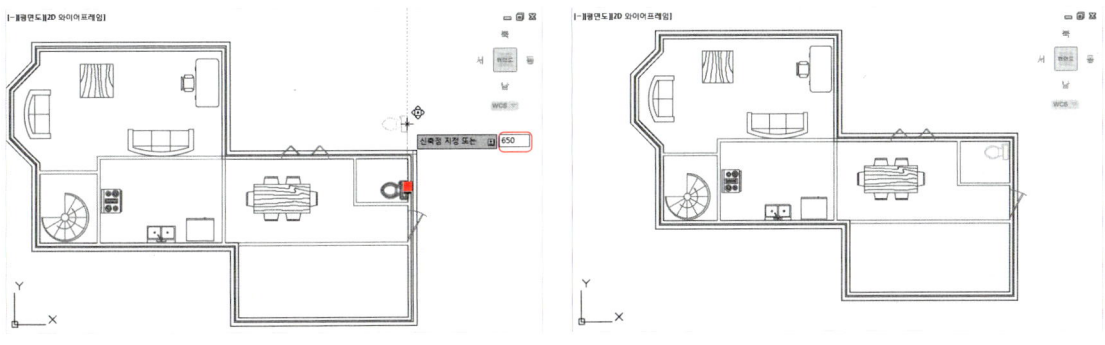

** 신축 ** [파란색 그립 클릭]
신축점 지정 또는 [기준점(B)/복사(C)/명령 취소(U)/종료(X)] : 650 [커서를 위로 드래그 후 값 입력]

2-2. ROTATE(회전)

기준점을 중심으로 객체를 회전한다.

실행 방법
- 리본 : [홈] 탭-[수정] 패널-회전 아이콘(↻)
- 메뉴 : [수정(M)]-[회전(R)]
- 명령 입력 : ROTATE
- 단축키 : RO
- 객체 선택한 후 마우스 오른쪽 버튼을 클릭한 후 바로 가기 메뉴에서 [회전] ↻ 회전(O)

> ◆ 명령 옵션 ◆
>
> 바로 가기 메뉴나 명령행에서 옵션을 선택하여 실행한다.
>
> 기준점 : 회전할 기준점을 지정한다.
> 회전 각도 : 회전 각도를 입력하거나 점을 지정한다. 회전 방향은 시계 방향이 (-)각도, 반시계 방향이 (+)각도이다.
> 복사(C) : 회전하기 위해 선택된 객체의 사본을 작성한다.
> 참조(R) : 지정된 각도부터 새 절대 각도까지 객체를 회전한다.

◆ 객체 회전시키기

ROTATE(회전) 명령의 [참조] 옵션과 [복사] 옵션을 사용하여 객체를 회전시켜 본다.

01 예제 파일을 불러온 후 왼쪽 아래 부분을 마우스 휠을 사용해 확대한다. 명령행에 'RO'를 입력하고 Space Bar 를 누른다. 회전시킬 객체로 컴퓨터를 선택한 후 Space Bar 를 누른다.

- 예제 파일 : Chapter07₩객체 회전.dwg   ▶ 객체 회전시키기

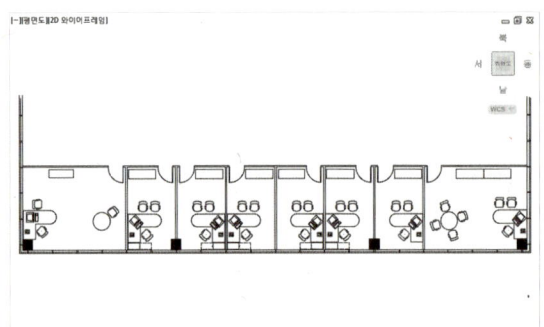
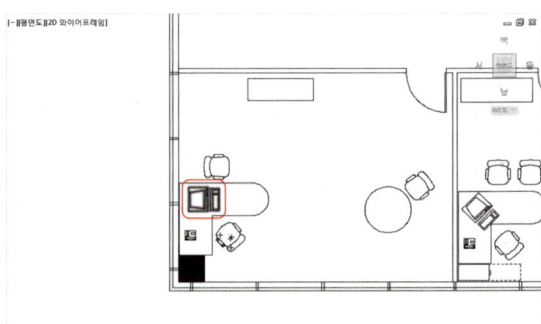

```
명령 : RO Space Bar  [ROTATE 명령어 입력]
현재 UCS에서 양의 각도 : 측정 방향=시계 반대 방향 기준 방향=0
객체 선택 : 1개를 찾음 [회전시킬 객체 선택]
객체 선택 : Space Bar  [객체 선택 종료]
```

02 기준점은 Shift +마우스 오른쪽 버튼을 클릭한 후 바로 가기 메뉴에서 [삽입점]을 선택한다. 컴퓨터에 커서를 갖다대고 삽입점 표식과 툴팁이 표시되면 삽입점(P1)을 클릭한다.

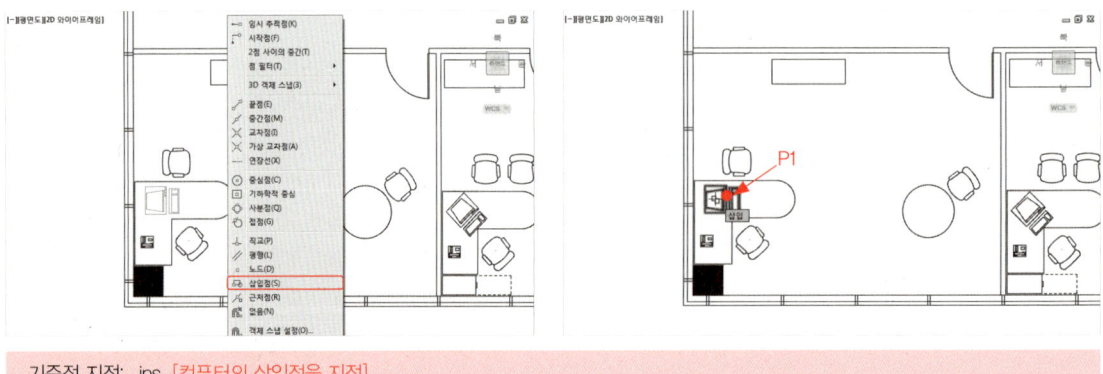

```
기준점 지정: _ins [컴퓨터의 삽입점을 지정]
```

03 극좌표를 사용하여 컴퓨터가 의자 쪽을 향하도록 회전할 것이다. 상태 막대의 [극좌표]를 오른쪽 클릭하여 바로 가기 메뉴에서 [45]를 선택한다. 커서 위치를 이동하면서 315도가 되면 현재 지점을 클릭하여 객체를 회전시킨다.

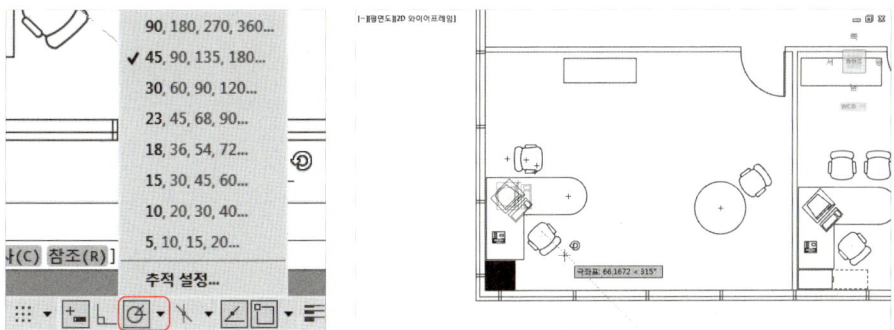

04 다음은 회전 각도를 이용해 회전을 해본다. 마우스 오른쪽 버튼을 클릭한 후 바로 가기 메뉴에서 [반복(R) ROTATE]를 선택한다. 책상 위에 있는 의자를 선택하고 Space Bar 를 누른다. 기준점은 Shift +마우스 오른쪽 버튼을 클릭한 후 바로 가기 메뉴에서 [삽입점]을 선택하고 의자에 커서를 갖다대면 삽입점 표식과 툴팁이 표시된다. 그 후 삽입점을 클릭한다.

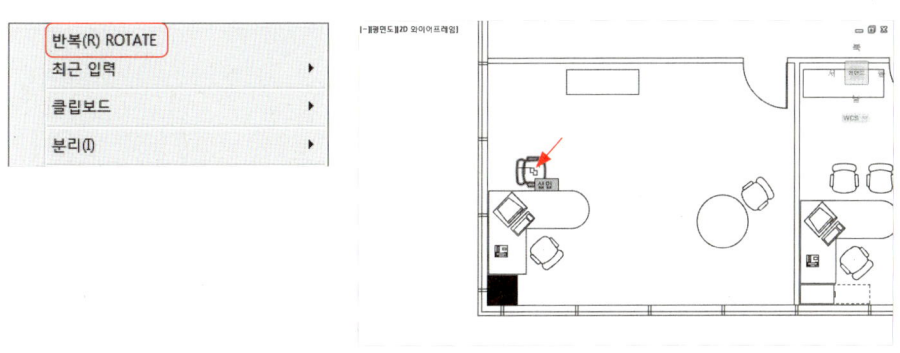

기준점 지정: _ins ← [의자의 삽입점을 지정]

05 회전 각도는 -90을 입력하고 Space Bar 를 누른다. 음수(-) 값이므로 시계 방향으로 회전한다.

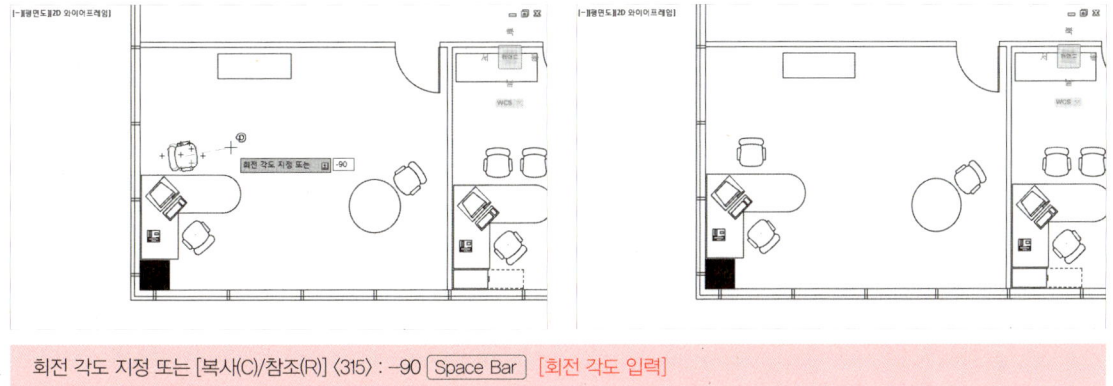

회전 각도 지정 또는 [복사(C)/참조(R)] 〈315〉 : -90 Space Bar [회전 각도 입력]

Chapter 07_도면 작성에 꼭 필요한 명령　117

06 ROTATE(회전) 명령 반복 실행을 위해 Space Bar 를 누른다. 원형 테이블 옆의 의자를 선택하고 Space Bar 를 누른다. 기준점은 원형 테이블의 중심점을 클릭한다.

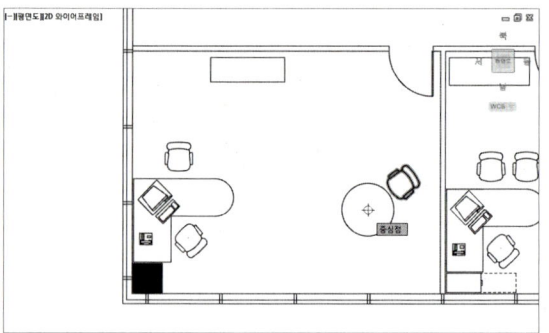

명령 : RO Space Bar
현재 UCS에서 양의 각도 : 측정 방향=시계 반대 방향 기준 방향=0
객체 선택 : 1개를 찾음 [객체 선택]
객체 선택 : Space Bar [객체 선택 종료]
기준점 지정 : [테이블의 중심점을 지정]

07 마우스 오른쪽 버튼을 클릭한 후 바로 가기 메뉴에서 참조를 선택한다.

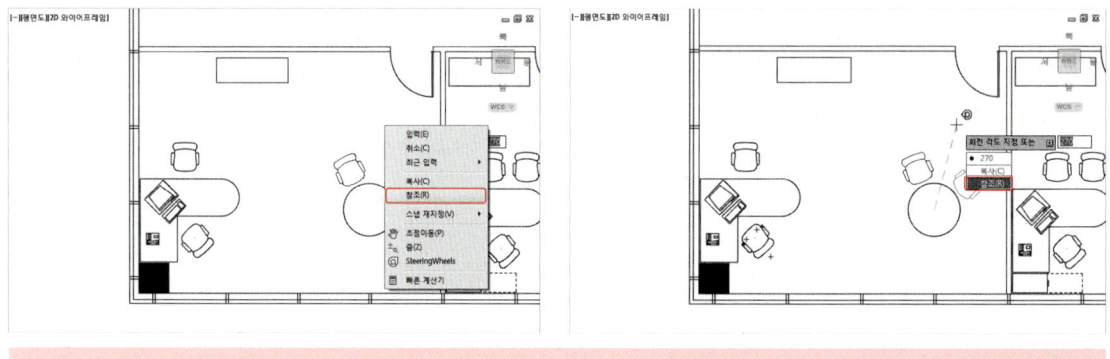

회전 각도 지정 또는 [복사(C)/참조(R)] <270> : R [참조 옵션 선택]

> **TIP** 옵션 선택의 다른 방법은 동적 입력이 켜졌을 때는 ↓ 를 클릭하여 옵션을 확장하여 [참조]를 선택하고, 동적 입력이 꺼졌을 때는 명령 프롬프트에서 참조(R)을 클릭하여 선택한다.

08 참조 각도는 첫 번째는 회의용 원형테이블의 중심(P1)을 클릭, 다음은 의자 뒤편의 중간점(P2)을 클릭하고, 새 각도는 90을 입력하고 Space Bar 를 누른다.

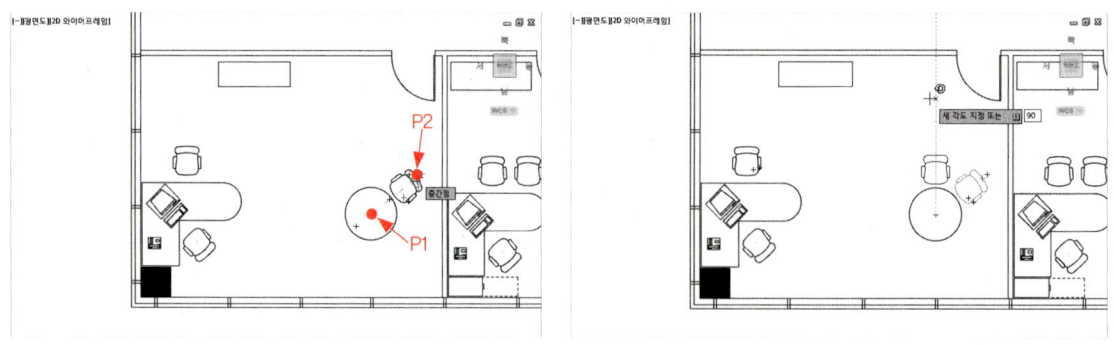

참조 각도를 지정 <0> : 두 번째 점을 지정 : [첫 번째는 원형테이블의 중심점을 클릭, 두 번째 점은 의자 뒤편의 중간점을 클릭]
새 각도 지정 또는 [점(P)] <0> : 90 Space Bar [각도 입력]

09 Space Bar 를 눌러 회전 명령을 다시 실행하고 의자를 선택한 후 Space Bar 를 누른다. 기준점으로 원형 테이블의 중심점을 클릭한다.

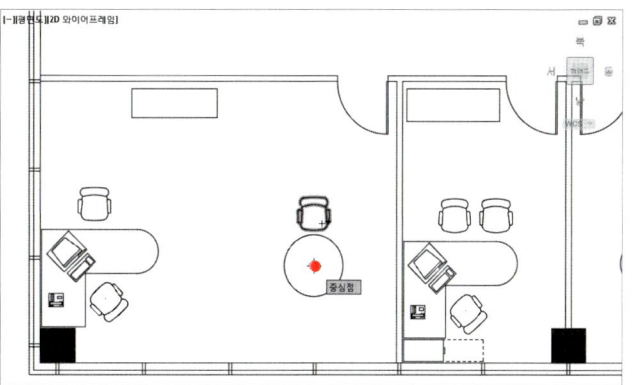

명령 : RO Space Bar
현재 UCS에서 양의 각도: 측정 방향=시계 반대 방향
기준 방향=0
객체 선택 : 반대 구석 지정 : 1개를 찾음 [객체 선택]
객체 선택 : Space Bar [객체 선택 종료]
기준점 지정 : [테이블의 중심점을 지정]

10 마우스 오른쪽 버튼을 클릭한 후 바로 가기 메뉴에서 [복사]를 선택한다. 회전 각도를 90으로 입력하고 Space Bar 를 누른다. 복사 객체는 90도 회전되며 의자는 2개가 된다.

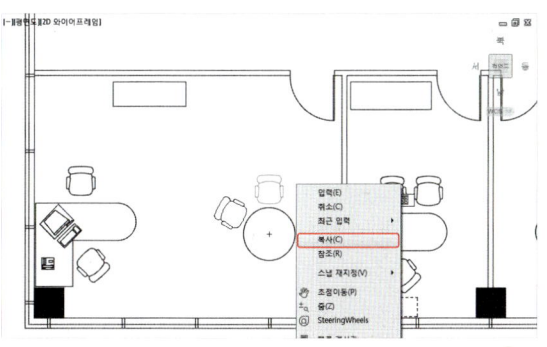 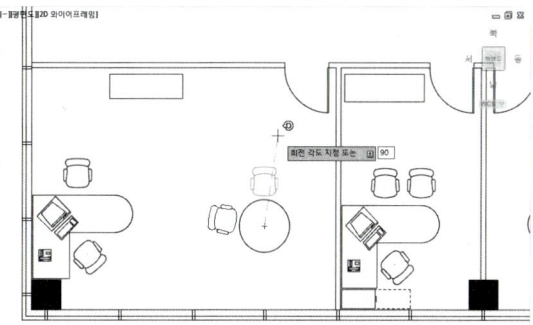

회전 각도 지정 또는 [복사(C)/참조(R)] <53> : C [복사 옵션 선택]
선택한 객체의 사본을 회전한다.
회전 각도 지정 또는 [복사(C)/참조(R)] <53> : 90 Space Bar [각도 입력]

11 회전 복사를 한 번 더 실행한다. Space Bar 를 눌러 회전 명령을 다시 실행하고 의자 2개를 선택한 후 Space Bar 를 누른다. 기준점으로 원형 테이블의 중심점을 클릭한다.

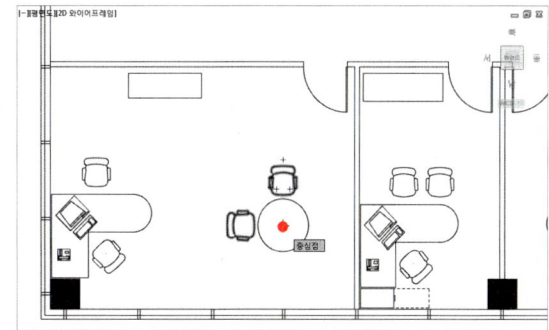

명령 : RO Space Bar
현재 UCS에서 양의 각도 : 측정 방향=시계 반대 방향 기준 방향=0
객체 선택 : 1개를 찾음
객체 선택 : 1개를 찾음, 총 2개 [객체 선택]
객체 선택 : Space Bar [객체 선택 종료]
기준점 지정 : [테이블의 중심점을 지정]

12 마우스 오른쪽 버튼을 클릭한 후 바로 가기 메뉴에서 [복사]를 선택한다. 회전 각도를 180으로 입력하고 Space Bar 를 누른다. 복사 객체가 회전되어 의자는 4개가 된다.

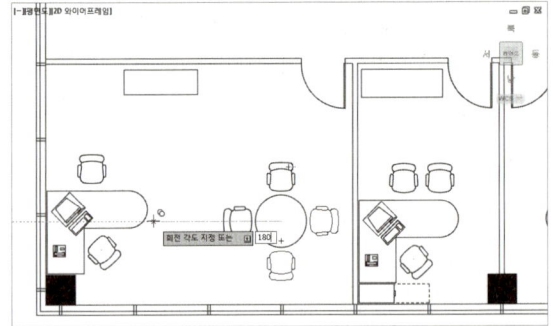

> 회전 각도 지정 또는 [복사(C)/참조(R)] ⟨90⟩ : C [복사 옵션 선택]
> 선택한 객체의 사본을 회전한다.
> 회전 각도 지정 또는 [복사(C)/참조(R)] ⟨90⟩ : 180 Space Bar
> [각도 입력]

2-3. TRIM(자르기)

불필요한 선 일부를 잘라내는 명령어이다.

> ▶ 실행 방법
> • 리본 : [홈] 탭–[수정] 패널–자르기 아이콘( )
> • 메뉴 : [수정(M)]–[자르기(T)]
> • 명령 입력 : TRIM
> • 단축키 : TR

> ◆ 옵션 설명 ◆
> 울타리(F) : 선택 울타리(F)를 교차하는 모든 객체를 기준선에서 잘라내며, 방향을 전환할 수 있다는 것이 장점이다.
> 걸치기(C) : 임의의 두 점을 이용해 만든 직사각형에 교차하는 객체를 기준선에서 잘라 낸다.
> 모서리(E) : 기준선에 대한 인식 범위의 연장 유. 무를 제어하며 모서리 옵션이 '연장(e)'일 경우 기준선에 교차하지 않은 객체도 기준선을 인식, 잘라내기 할 수 있다. AutoCAD 환경 설정으로 저장된다.

객체를 자르려면 먼저 자를 경계(L1)를 선택한다. 그런 다음 Space Bar 를 누르고 자르려는 객체(L2)를 선택한다. 모든 객체를 경계로 사용하려면 첫 번째 객체 선택 프롬프트에서 Space Bar 를 누른다.

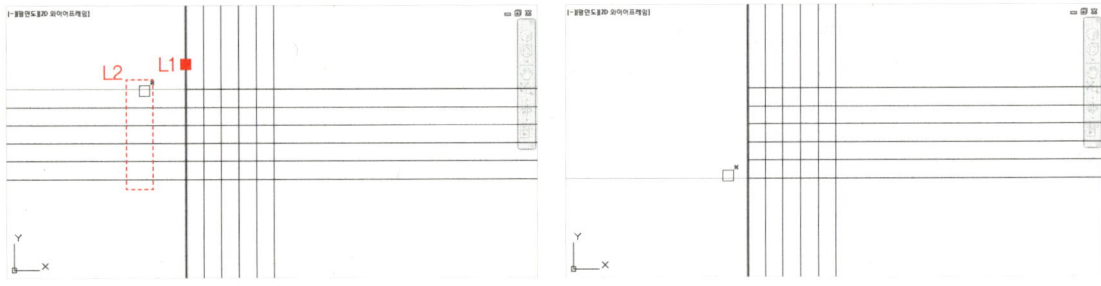

◆ 자를 경계 선택 후 자를 객체 선택

> **TIP** 기준선은 한개 이상 반드시 선택하여야 하며, 기준선을 선택하지 않고 Space Bar 또는 Enter 를 누를 경우 ⟨모두 선택⟩이 적용되며, 이는 화면 내 모든 객체가 기준이 된다.

2-4. EXTEND(연장)

선택한 기준선을 토대로 객체의 일부를 연장하는 명령어이다.

> **▶ 실행 방법**
> - 리본 : [홈] 탭–[수정] 패널–연장 아이콘(→)
> - 메뉴 : [수정(M)]–[연장(D)]
> - 명령 입력 : EXTEND
> - 단축키 : EX

> **◆ 옵션 설명 ◆**
> 울타리(F) : 선택 울타리를 교차하는 모든 객체를 기준으로 연장한다.
> 걸치기(C) : 임의의 두 점을 이용해 만든 사각형(Crossing Box)에 교차하는 객체를 기준선으로 연장한다.
> 모서리(E) : 기준선에 대한 인식 범위의 연장, 유·무를 제어하며 AutoCAD 환경 설정으로 저장한다.

객체를 연장하려면 먼저 연장할 객체의 기준선(L1)을 선택한다. 그런 다음 Space Bar 를 누르고 연장할 객체(L2)를 선택한다.

TIP Shift 를 누른 채 선택하면 Trim과 Extend 명령어는 서로 전환된다.

◘ 객체 자르기와 연장시키기

TRIM(자르기)과 EXTEND(연장) 명령을 사용하여 모서리를 자르거나 연장하고, [모서리] 옵션이나 명령 실행 중 Shift 를 눌러 TRIM과 EXTEND 명령을 바꿔가며 실행하는 연습을 한다.

01 예제 파일을 불러온 후 명령행에 'TR'을 입력하고 Space Bar 를 누른다. 자르기 경계로 빨간색 3개, 파란색 1개 총 4개 선을 선택하고 Space Bar 를 누른다.

■ 예제 파일 : Chapter07₩객체 자르기와 연장.dwg

 객체 자르기와 연장시키기

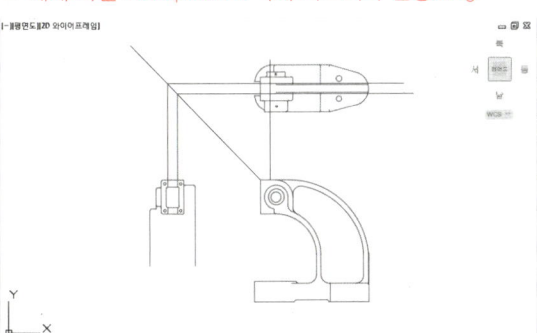
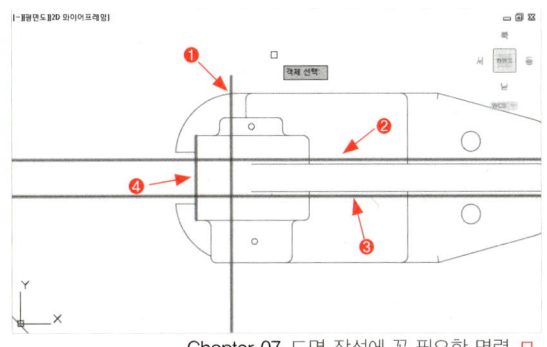

```
명령 : TR Space Bar
현재 설정: 투영=UCS 모서리=없음
절단 모서리 선택 ...
객체 선택 또는 <모두 선택>: 반대 구석 지정: 3개를 찾음 [자르기 경계 선택]
객체 선택 : 1개를 찾음. 총 4개 [자르기 경계 선택]
객체 선택 : Space Bar [선택 종료]
```

02 자르기할 객체 선을 다음 그림처럼 7개소를 차례로 클릭하여 정리한다. 자르기 후 Space Bar 를 눌러 TRIM 명령을 종료한다.

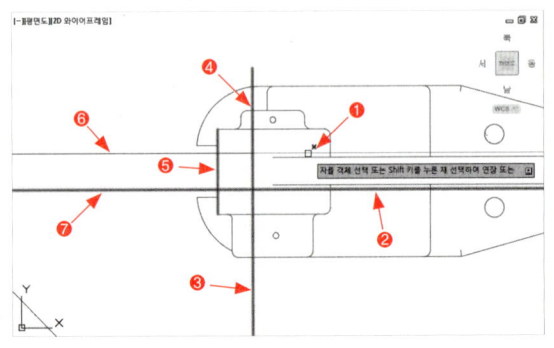

```
자를 객체 선택 또는 Shift 키를 누른 채 선택하여 연장 또는 [울타리(F)/걸치기(C)/프로젝트(P)/모서리(E)/지우기(R)/명령 취소(U)] : [7개소 클릭]
```

03 명령행에 'EX'를 입력하고 Space Bar 를 누른다. 경계 모서리로 아래처럼 4개 선을 선택하고 Space Bar 를 누른다.

```
명령 : EX Space Bar
현재 설정 : 투영= UCS 모서리=없음
경계 모서리 선택 ...
객체 선택 또는 <모두 선택> : 반대 구석 지정 : 2개를 찾음
객체 선택 : 반대 구석 지정 : 2개를 찾음. 총 4개 [연장될 경계 선택]
객체 선택 : [선택 종료]
```

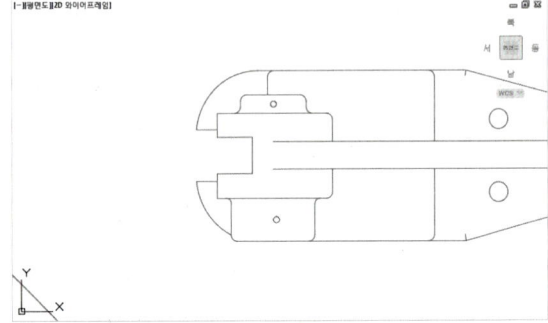

04 오른쪽 클릭 바로가기 메뉴에서 모서리를 선택하고 옵션 메뉴의 [연장]을 클릭한다.

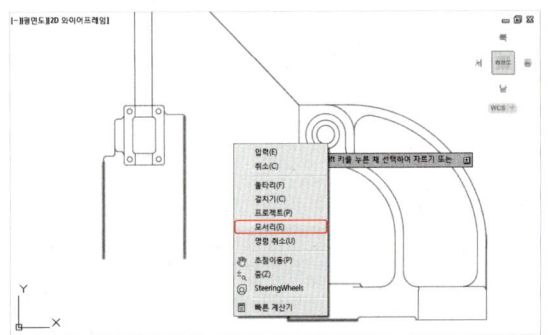
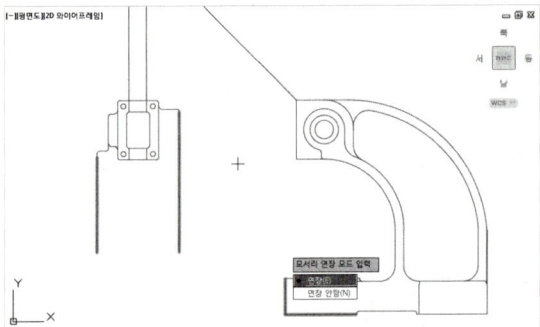

연장할 객체 선택 또는 [Shift]를 누른 채 선택하여 자르기 또는 [울타리(F)/걸치기(C)/프로젝트(P)/모서리(E)/명령 취소(U)] : E

[모서리 옵션 선택]

모서리 연장 모드 입력 [연장(E)/연장 안함(N)] 〈연장 안함〉 : E [연장 선택]

05 가장 아래 수평선의 ❶번을 먼저 클릭한 후 늘어난 부분(❷번)을 다시 클릭하면 가장 왼쪽 수직(❸번) 선까지 연장된다.

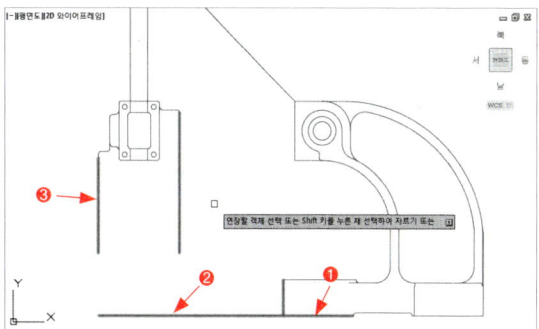

연장할 객체 선택 또는 [Shift]를 누른 채 선택하여 자르기 또는 [울타리(F)/걸치기(C)/프로젝트(P)/모서리(E)/명령 취소(U)] : [연장할 객체 클릭]

06 남은 3개의 선(❹~❻번)들도 같은 방법으로 클릭하여 연장한다.

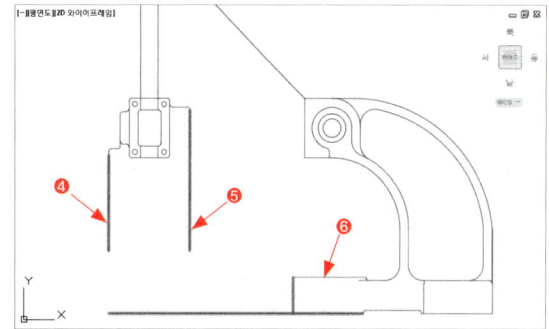

07 불필요한 선을 제거하기 위해 TRIM(자르기)한다. EXTEND(연장) 명령 중 [Shift]를 누르고 아래 화살표 부분(❼, ❽번)을 참조하여 클릭하면 자르기가 된다. [Space Bar]를 눌러 자르기 명령을 종료한다.

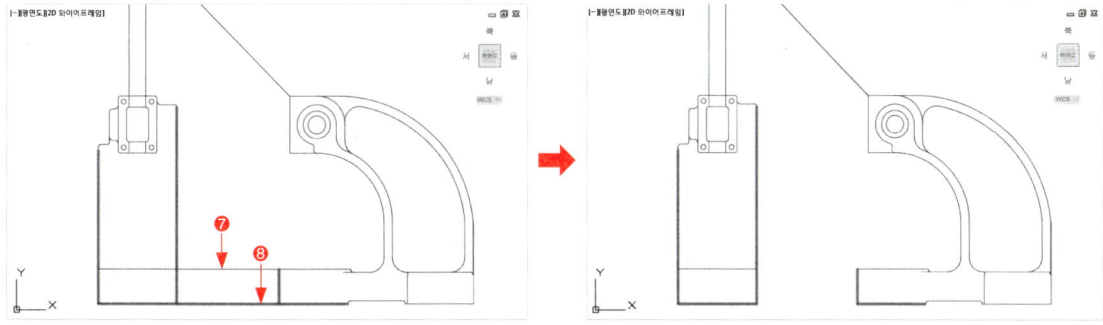

연장할 객체 선택 또는 Shift 키를 누른 채 선택하여 자르기 또는 [울타리(F)/걸치기(C)/프로젝트(P)/모서리(E)/명령 취소(U)] : 자를 객체 선택 [[Shift]를 눌러 자를 객체 선택]

08 구성 참조선을 삭제하기 위해 3개 선을 클릭한 후 Delete 를 눌러 지운다.

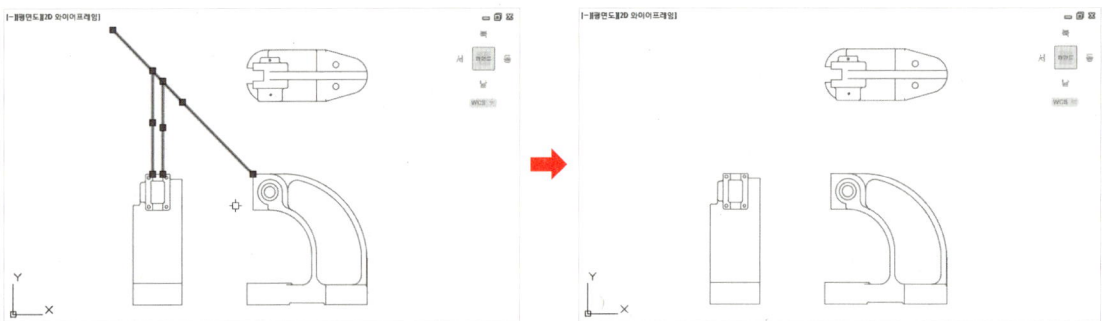

2-5. ERASE(지우기)

불필요한 도면 요소를 삭제하는 명령어이다. 직접 클릭하여 객체를 선택하거나 윈도우 선택이나 걸침 선택 등 선택 옵션을 사용하여 선택한 후 객체를 지운다.

> ▶ 실행 방법
> - 리본 : [홈] 탭-[수정] 패널-지우기 아이콘(✎)
> - 메뉴 : [수정(M)]-[지우기(E)]
> - 객체 선택한 후 마우스 오른쪽 버튼을 클릭하여 바로 가기 메뉴에서 [지우기] ✎ 지우기
> - 명령 입력 : ERASE
> - 단축키 : E

명령행에서 단축키 'E'를 입력하고 Space Bar 를 누른 후 지우고자 하는 객체를 선택하고, Space Bar 를 눌러 삭제한 후 명령을 종료한다.

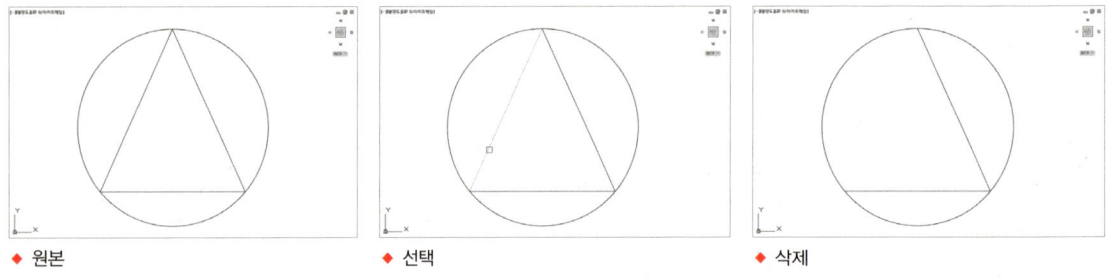

◆ 원본   ◆ 선택   ◆ 삭제

> **TIP** 명령어 없이 지우고자 하는 객체를 선택한 후 Delete 를 누르면 객체를 삭제할 수 있다.
>
>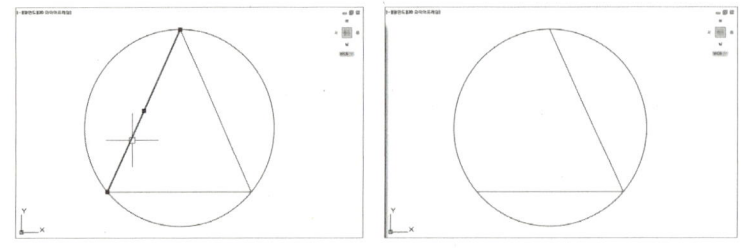

2-6. COPY(복사)

지정된 방향으로 지정된 거리만큼 떨어진 곳에 객체를 복사한다.

> ➡ **실행 방법**
> - 리본 : [홈] 탭-[수정] 패널-복사 아이콘(⊙⊙)
> - 메뉴 : [수정(M)]-[복사(Y)]
> - 객체 선택한 후 마우스 오른쪽 버튼을 클릭하여 바로 가기 메뉴에서 [선택 복사] ⊙⊙ 선택 복사(Y)
> - 명령 입력 : COPY
> - 단축키 : CO, CP

◘ 객체 복사하기

객체 스냅을 이용하여 같은 위치로 복사하거나 거리 값을 입력하여 지정된 거리만큼 복사하는 연습을 해본다.

01 예제 파일을 불러온 후 상태 막대에서 [객체 스냅]을 오른쪽 클릭하여 [중심점]과 [교차점] 옵션이 선택되어 있는 지 확인한다.

■ 예제 파일 : Chapter07₩객체 복사.dwg   ▶ 객체 복사하기

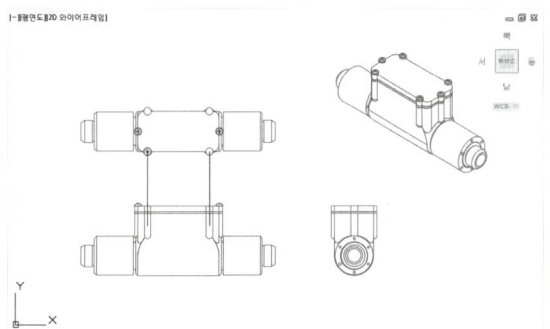 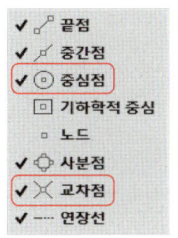

02 명령행에 'CP'를 입력하고 [Space Bar]를 누른다. 평면 도에서 나사 객체를 PICK 선택한 후 [Space Bar]를 누른다. 기본점으로 나사 원의 중심점을 클릭한다.

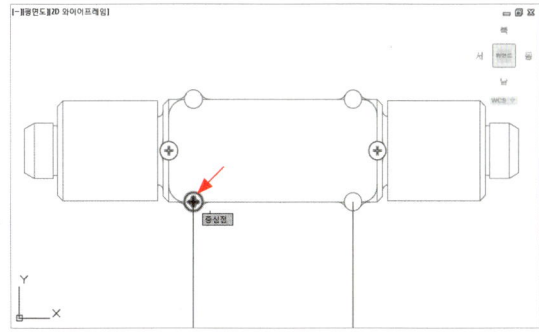

명령 : CP [Space Bar]
객체 선택 : 1개를 찾음 [객체 선택]
객체 선택 : [Space Bar] [객체 선택 종료]
현재 설정 : 복사 모드 = 다중(M)
기본점 지정 또는 [변위(D)/모드(O)] 〈변위〉 : [나사의 중심점 클릭]

03 두 번째 점 지정은 위에 있는 원의 중심점(P1)을 클릭한다. 나머지 원에도 똑같이 중심점(P2, P3)을 클릭하여 복사하고 Space Bar 를 눌러 명령을 종료한다.

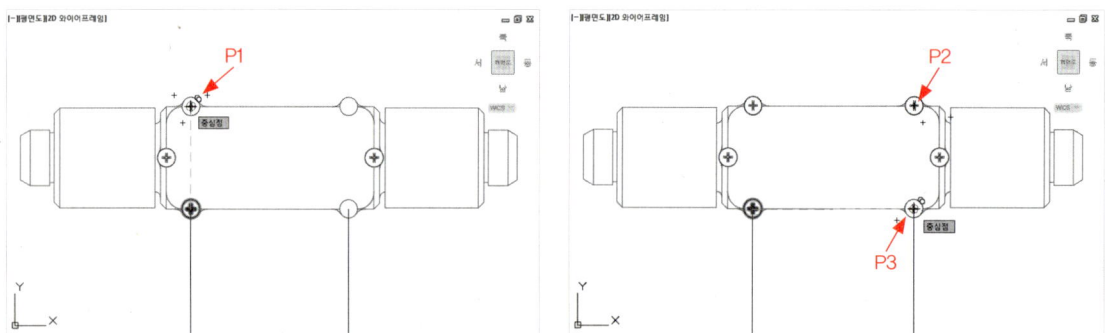

두 번째 점 지정 또는 [배열(A)] 〈첫 번째 점을 변위로 사용〉: [원의 중심점 클릭]
두 번째 점 지정 또는 [배열(A)/종료(E)/명령 취소(U)] 〈종료〉: [원의 중심점 클릭]
두 번째 점 지정 또는 [배열(A)/종료(E)/명령 취소(U)] 〈종료〉: [원의 중심점 클릭]
두 번째 점 지정 또는 [배열(A)/종료(E)/명령 취소(U)] 〈종료〉: Space Bar [명령 종료]

04 정면도에도 나사를 복사한다. 이번에는 명령행에 'CO'를 입력하고 Space Bar 를 누른다. 왼쪽의 나사를 클릭하고 Space Bar 를 누른다. 기본점은 나사의 타원 중심점을 클릭한다.

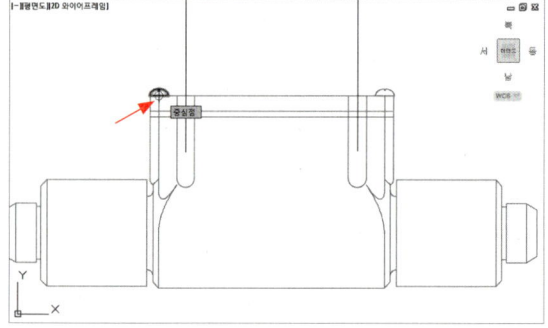

명령: CO Space Bar
객체 선택: 1개를 찾음 [객체 선택]
객체 선택: [객체 선택 종료]
현재 설정: 복사 모드 = 다중(M)
기본점 지정 또는 [변위(D)/모드(O)] 〈변위〉: [타원의 중심점 클릭]

05 두 번째 점 지정은 교차점을 클릭하고 나사를 2개소 복사한 후 Space Bar 를 눌러 명령을 종료한다.

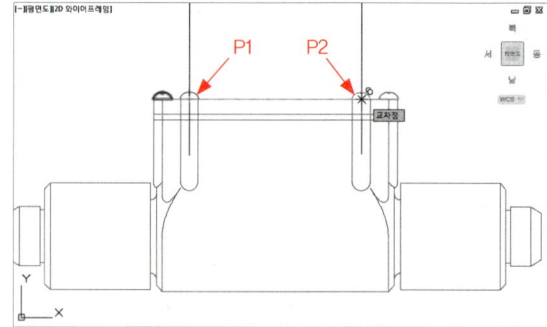

두 번째 점 지정 또는 [배열(A)] 〈첫 번째 점을 변위로 사용〉: P1 [교차점 클릭]
두 번째 점 지정 또는 [배열(A)/종료(E)/명령 취소(U)] 〈종료〉: P2 [교차점 클릭]
두 번째 점 지정 또는 [배열(A)/종료(E)/명령 취소(U)] 〈종료〉: Space Bar [명령 종료]

06 다음은 거리를 지정해서 복사를 해본다. Space Bar 를 눌러 COPY(복사) 명령을 재실행하고 측면도 객체가 모두 포함되도록 윈도우 선택으로 객체를 선택한 후 Space Bar 를 누른다.

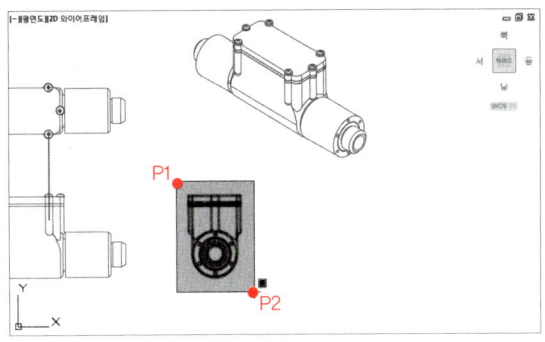

```
명령 : COPY
객체 선택: 반대 구석 지정 : 63개를 찾음 [객체 선택]
객체 선택: Space Bar   [객체 선택 종료]
```

07 기본점으로 객체 아래 빈 여백에 임의 점(❶번)을 클릭하고 직교 모드(F8)를 켠 후 커서를 수평 방향으로 이동한다. 값을 50으로 입력하고 Space Bar 를 누른다. 한 번 더 Space Bar 를 눌러 명령을 종료한다.

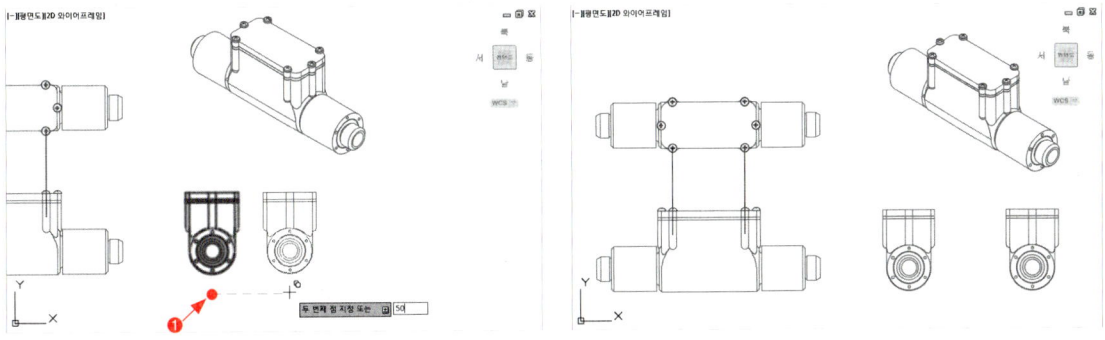

```
기본점 지정 또는 [변위(D)/모드(O)] 〈변위〉 : [임의 지점 클릭]
두 번째 점 지정 또는 [배열(A)] 〈첫 번째 점을 변위로 사용〉 : 50  [마우스 이동 후 값 입력]
두 번째 점 지정 또는 [배열(A)/종료(E)/명령 취소(U)] 〈종료〉 : Space Bar   [명령 종료]
```

2-7. MIRROR(대칭)

선택한 객체의 대칭 사본을 작성한다. 도면의 절반을 표현하는 객체를 작성하고 선택한 후 특정 기준선에 대해 대칭 이미지를 만들어 다른 절반을 작성한다.

기본적으로 문자 객체를 대칭할 때 문자 방향은 변경되지 않는다. 문자가 반전되도록 하려면 MIRRTEXT 시스템 변수를 '1'로 설정해야 한다.

> ▶ **실행 방법**
> • 리본 : [홈] 탭-[수정] 패널-대칭 아이콘(⚠)
> • 메뉴 : [수정(M)]-[대칭(I)]
> • 명령 입력 : MIRROR
> • 단축키 : MI

◘ 대칭 객체 만들기

대칭축을 기준으로 같은 형상이 똑같이 작성되는 대칭 연습을 해본다.

01 예제 파일을 불러온 후 명령행에 'MI'를 입력하고 Space Bar 를 누른다. 객체 선택 프롬프트에 [윈도우 폴리곤] 옵션인 'WP'를 입력하고 Space Bar 를 누른다.

- 예제 파일 : Chapter07₩객체 대칭.dwg

▶ 대칭 객체 만들기

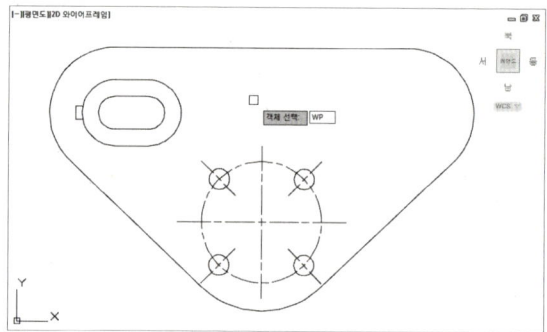

명령 : MI Space Bar
객체 선택: WP Space Bar [윈도우 폴리곤 객체 선택 옵션 입력]

02 다음 그림처럼 ❶~❺까지 순서대로 클릭해 범위를 지정한 후 Space Bar 를 누른다. 다시 한 번 Space Bar 를 눌러 객체 선택을 종료한다.

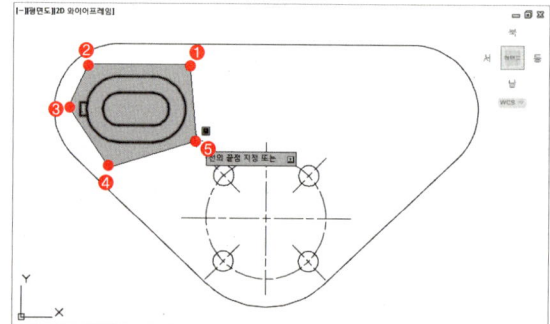

첫 번째 폴리곤 점 또는 선택/끌기 커서 : [❶번 클릭]
선의 끝점 지정 또는 [명령 취소(U)] : [❷~❺번을 차례대로 클릭]
선의 끝점 지정 또는 [명령 취소(U)] : Space Bar
선의 끝점 지정 또는 [명령 취소(U)] : 3개를 찾음 Space Bar [선택 종료]

03 대칭선 지정을 위해 첫 번째 점은 원의 중심축의 끝점(❶)을 선택하고 직교 모드로 설정하기 위해 F8 을 누른다. 수직 방향으로 커서를 이동한 후 임의 점(❷)을 클릭한다.

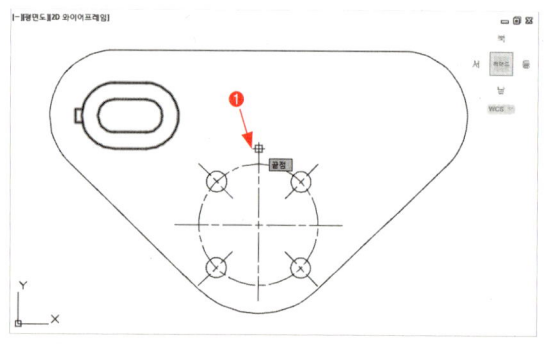 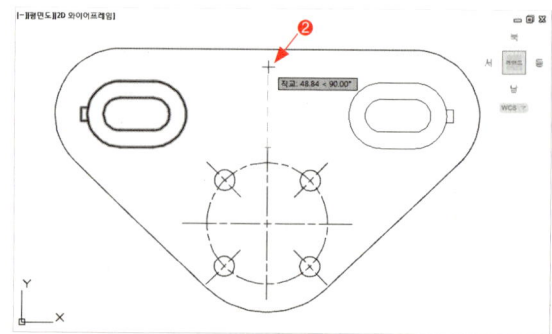

대칭선의 첫 번째 점 지정 : [끝점 클릭]
대칭선의 두 번째 점 지정 : [수직인 임의 점 클릭]

04 "원본 객체를 지우시겠습니까?"라고 메시지가 나오면 [아니오]를 선택하고 원본 객체를 그대로 유지한다.

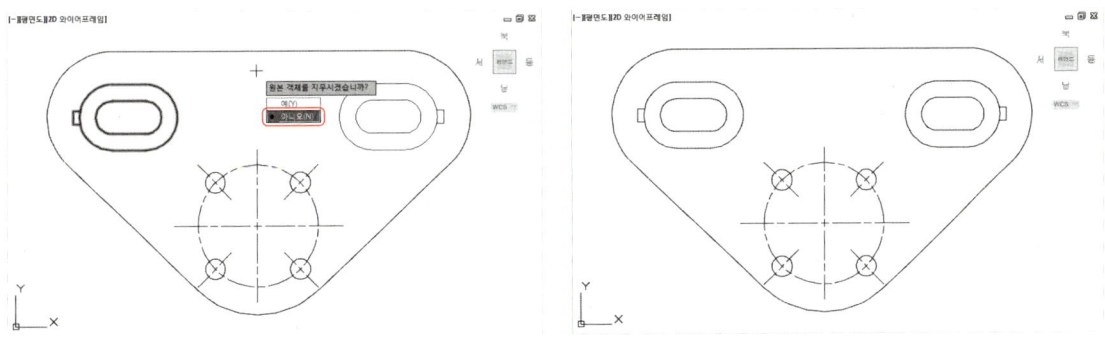

원본 객체를 지우시겠습니까? [예(Y)/아니오(N)] 〈아니오〉 : N [원본 객체를 그대로 유지]

2-8. FILLET(모깎기)

객체의 모서리를 둥글게 하거나 모깎기한다. 호, 원, 타원, 타원 호, 선, 폴리선, 광선, 스플라인 및 X선을 모깎기할 수 있다. 또한, 각진 모서리를 작성하려면 반지름을 0으로 입력하거나 Shift 를 누른 채로 객체를 선택하면 된다.

▶ 실행 방법
- 리본 : [홈] 탭-[수정] 패널-모깎기 아이콘(⌒)
- 메뉴 : [수정(M)]-[모깎기(F)]
- 명령 입력 : FILLET
- 단축키 : F

◆ 명령 옵션 ◆
바로 가기 메뉴나 명령행에서 옵션을 선택하여 실행한다.

명령 취소(U) : 명령의 이전 동작을 취소한다.
폴리선(P) : 설정한 반지름 값을 사용하여 폴리선의 모든 정점들이 한꺼번에 모깎기가 된다.
반지름(R) : 모깎기 호의 반지름을 설정한다.
자르기(T) : 모깎기 호 끝점에 선택된 모서리를 자를지 아닐지 여부를 조정한다. 자르지 않기를 선택하면 설정된 반지름으로 모깎기는 되지만 기존 선택했던 선은 자르기가 되지 않는다.
다중(M) : 두 세트 이상의 객체 모서리를 둥글게 한다.

TIP 모깎기 할 때 주의할 점
객체 선택에서 어느 지점을 지정하냐에 따라서 작성되는 모깎기 위치가 다르므로 미리보기를 보면서 남겨야 할 객체 부분을 클릭하여 선택하도록 한다.

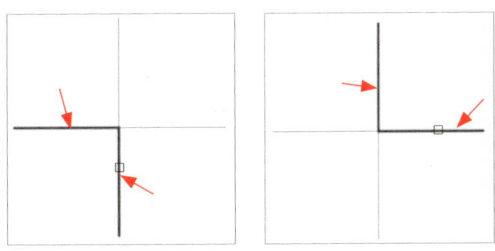

◘ 객체 모깎기하기

여러 개소를 한 번에 모깎기를 하도록 다중 옵션을 사용하고, 모깎기 후 모서리가 남도록 자르지 않기 옵션을 사용해 모깎기 연습을 해본다.

01 예제 파일을 불러온 후 정면도를 줌 확대하고 명령행에 'F'를 입력하고 Space Bar 를 누른다. 마우스 오른쪽 버튼을 클릭한 후 바로 가기 메뉴에서 [다중]을 선택한다.

- 예제 파일 : Chapter07₩모깎기.dwg   ▶ 객체 모깎기하기

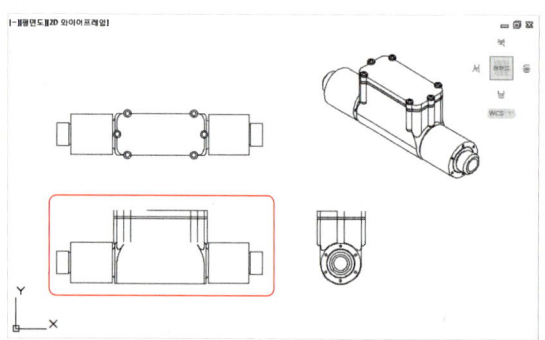
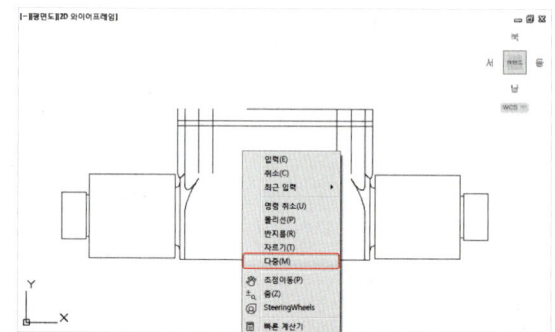

```
명령 : F Space Bar
현재 설정 : 모드 = 자르기, 반지름 = 0.0000
첫 번째 객체 선택 또는 [명령 취소(U)/폴리선(P)/반지름(R)/자르기(T)/다중(M)] : M [다중 옵션 선택]
```

02 첫 번째 선을 클릭하고 두 번째 선 위에 커서를 대면 미리보기로 모깎기 상태가 확인이 된다. 모깎기가 맞는지를 확인하면서 두 번째 선을 클릭한다. 오른쪽 2개소도 모깎기를 연속으로 실행하고 Space Bar 를 눌러 명령을 종료한다.
클릭 시 주의할 점은 선을 절반으로 나눴을 때 위가 아니라, 아래를 클릭해야만 한다. 위를 클릭하면 모깎기가 윗부분에 실행된다.

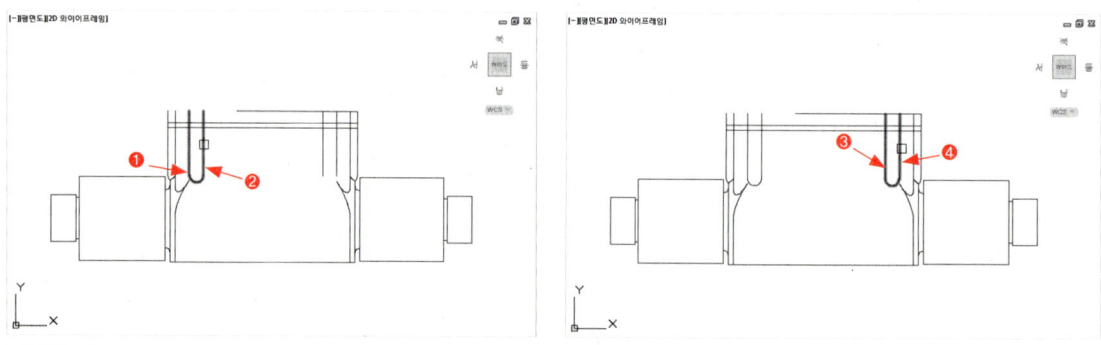

```
첫 번째 객체 선택 또는 [명령 취소(U)/폴리선(P)/반지름(R)/자르기(T)/다중(M)] : [❶번 객체 클릭]
두 번째 객체 선택 또는 Shift 키를 누른 채 선택하여 구석 적용 또는 [반지름(R)] : [❷번 객체 클릭]
첫 번째 객체 선택 또는 [명령 취소(U)/폴리선(P)/반지름(R)/자르기(T)/다중(M)] : [❸번 객체 클릭]
두 번째 객체 선택 또는 Shift 키를 누른 채 선택하여 구석 적용 또는 [반지름(R)] : [❹번 객체 클릭]
첫 번째 객체 선택 또는 [명령 취소(U)/폴리선(P)/반지름(R)/자르기(T)/다중(M)] : Space Bar [명령 종료]
```

03 평면도를 줌 확대한다. Space Bar 를 눌러 FILLET(모깎기) 명령을 반복 실행하고 마우스 오른쪽 버튼을 클릭한 후 바로 가기 메뉴에서 [다중]을 선택한다. 다시 마우스 오른쪽 버튼을 클릭한 후 바로 가기 메뉴에서 [자르기]를 선택하고 자르기 옵션을 [자르지 않기]로 선택한다.

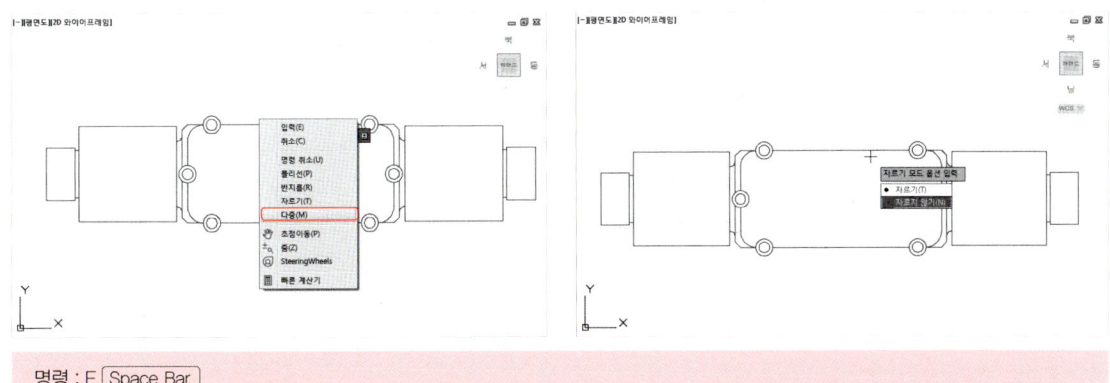

명령 : F Space Bar
현재 설정 : 모드 = 자르기, 반지름 = 0.0000
첫 번째 객체 선택 또는 [명령 취소(U)/폴리선(P)/반지름(R)/자르기(T)/다중(M)] : M [다중 옵션 선택]
첫 번째 객체 선택 또는 [명령 취소(U)/폴리선(P)/반지름(R)/자르기(T)/다중(M)] : T [자르기 옵션 선택]
자르기 모드 옵션 입력 [자르기(T)/자르지 않기(N)] 〈자르지 않기〉 : N [자르지 않기 옵션 선택]

04 마우스 오른쪽 버튼을 클릭한 후 바로 가기 메뉴에서 [반지름]을 선택하고 값을 2로 입력하고 Space Bar 를 누른다. 다음 그림처럼 수평선과 왼쪽의 원을 클릭한다.

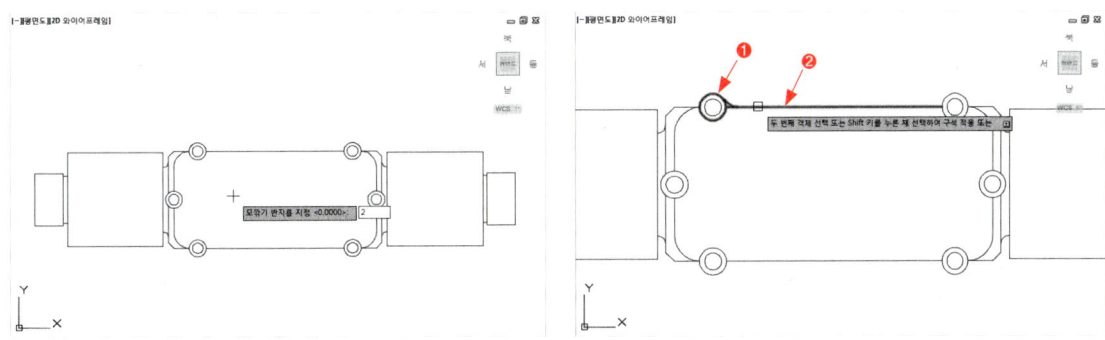

첫 번째 객체 선택 또는 [명령 취소(U)/폴리선(P)/반지름(R)/자르기(T)/다중(M)] : R [반지름 옵션 선택]
모깎기 반지름 지정 〈0.0000〉 : 2 Space Bar [반지름 값 입력]
첫 번째 객체 선택 또는 [명령 취소(U)/폴리선(P)/반지름(R)/자르기(T)/다중(M)] : [❶번 객체 클릭]
두 번째 객체 선택 또는 Shift 키를 누른 채 선택하여 구석 적용 또는 [반지름(R)] : [❷번 객체 클릭]

05 반대쪽도 마찬가지로 모깎기를 한다. Space Bar 를 눌러 모깎기 명령을 종료한다.

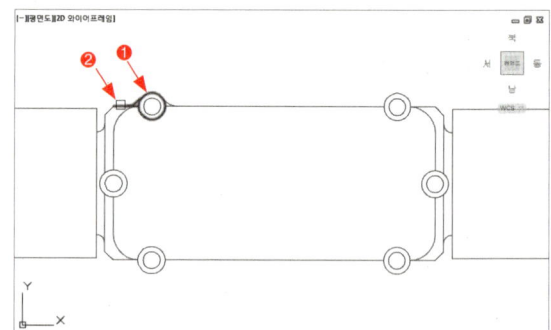

명령 : Space Bar
현재 설정 : 모드 = 자르기, 반지름 = 0.0000
첫 번째 객체 선택 또는 [명령 취소(U)/폴리선(P)/반지름(R)/자르기(T)/다중(M)] : [❶번 객체 클릭]
두 번째 객체 선택 또는 Shift 키를 누른 채 선택하여 구석 적용 또는 [반지름(R)] : [❷번 객체 클릭]
첫 번째 객체 선택 또는 [명령 취소(U)/폴리선(P)/반지름(R)/자르기(T)/다중(M)] : Space Bar [명령 종료]

06 나머지 5개소도 모깎기를 반지름 2로 [다중]과 [자르지 않기] 옵션을 적용해본다.

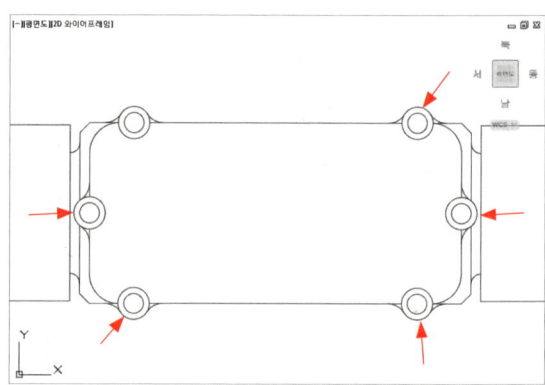

07 정면도를 줌 확대하고 Space Bar 를 눌러 FILLET(모깎기) 명령을 반복 실행한다. 수평선을 선택하고 Shift 를 누른 채로 왼쪽 수직선을 선택한다. 반지름이 2로 설정되어 있어도 직각으로 모깎기가 된다.

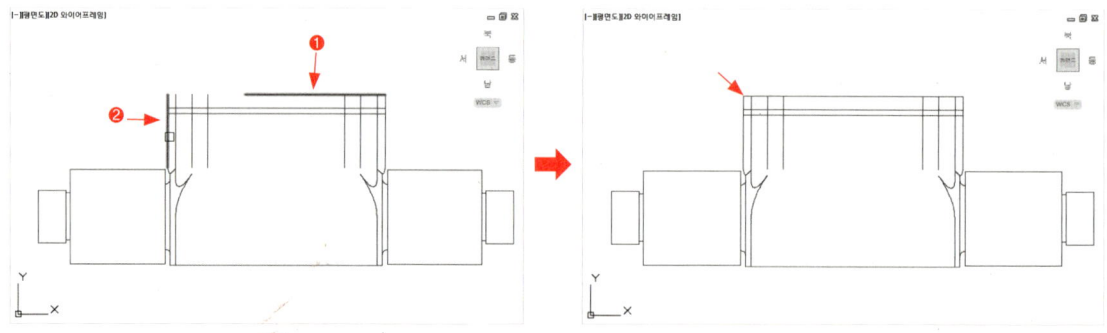

명령 : F Space Bar
현재 설정 : 모드 = 자르기 않기, 반지름 = 2.0000
첫 번째 객체 선택 또는 [명령 취소(U)/폴리선(P)/반지름(R)/자르기(T)/다중(M)] : [①번 객체 클릭]
두 번째 객체 선택 또는 Shift 키를 누른 채 선택하여 구석 적용 또는 [반지름(R)] : [Shift 를 누른 채로 ❷번 객체 클릭]

08 위와 동일한 방법으로 측면도의 코너도 작성한다. Space Bar 를 눌러 FILLET(모깎기) 명령을 반복 실행한다. 수직선을 선택하고 Shift 를 누른 채로 수평선을 선택하여 마감한다.

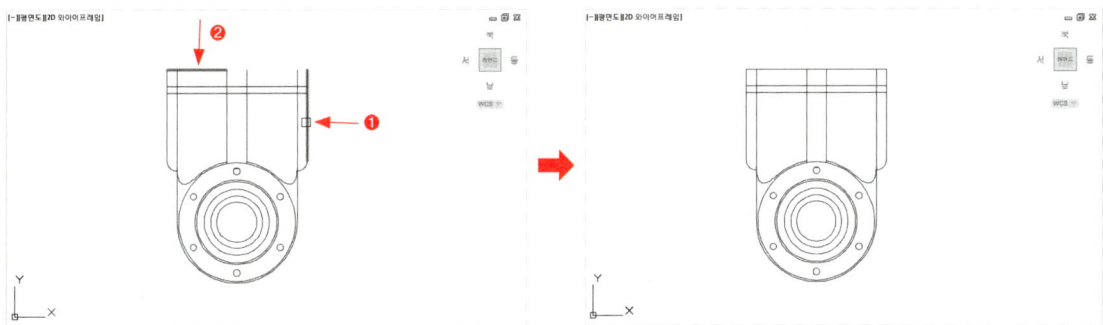

2-9. CHAMFER(모따기)

객체의 모서리를 비스듬히 깎는다. 지정한 거리와 각도는 객체를 선택한 순서대로 적용된다. 모따기 거리 1,2 값이 같은 경우는 각도를 45도로 설정하여 모따기한 경우와 같은 결과가 된다.

또한, 모따기 거리를 설정할 때 처음에 지정한 거리는 처음에 선택한 객체에 적용되고, 두 번째 지정한 거리는 두 번째 선택한 객체에 적용된다. 폴리선를 모따기하면 자동적으로 결합이 된다. 모깎기와 마찬가지로 Shift 를 누른 채로 객체를 선택하면 거리 값을 0으로 한 것처럼 각진 모서리가 된다.

> ▶ **실행 방법**
> - 리본 : [홈] 탭-[수정] 패널-모따기 아이콘( )
> - 메뉴 : [수정(M)]-[모따기(C)]
> - 명령 입력 : CHAMFER
> - 단축키 : CHA

> ◆ **명령 옵션** ◆
> 바로 가기 메뉴나 명령행에서 옵션을 선택하여 실행한다.
>
> 명령 취소(U) : 명령의 이전 동작을 취소한다.
> 폴리선(P) : 완전한 2D 폴리선을 모따기한다. 교차하는 폴리선 세그먼트는 폴리선의 각 정점에서 모따기가 되고 모따기는 폴리선의 새 세그먼트가 된다.
> 거리(D) : 선택한 모서리의 끝점으로부터의 모따기 거리를 설정한다.
> 각도(A) : 첫 번째 선에 대한 모따기 거리와 두 번째 선에 대한 각도를 사용하여 모따기 거리를 설정한다.
> 자르기(T) : CHAMFER가 선택한 모서리를 모따기 선 끝점까지 자르기할지 여부를 조정한다.
> 메서드(M) : 모따기 방식을 지정한다.
> 다중(M) : 두 세트 이상의 객체 모서리를 모따기한다.

◘ 객체 모따기하기

거리값을 지정하여 다중 옵션으로 여러 개소를 한 번에 모따기 하는 연습을 해본다.

01 예제 파일을 불러온 후 정면도를 줌 확대한다. 명령행에 'CHA'를 입력하고 [Space Bar]를 누른다. 마우스 오른쪽 버튼을 클릭한 후 바로 가기 메뉴에서 [거리]를 선택한다.

- 예제 파일 : Chapter07₩모따기.dwg

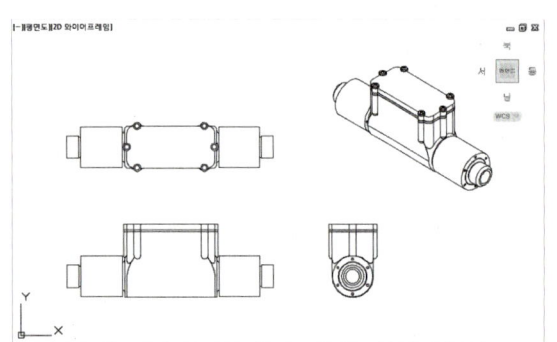 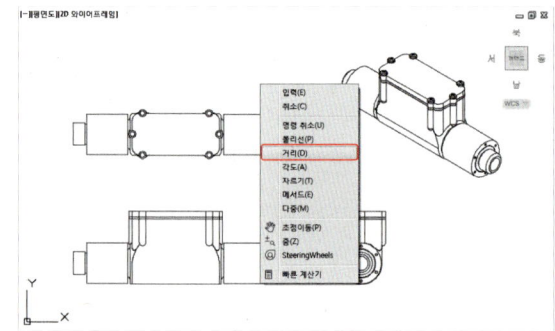

명령 : CHA [Space Bar]
(자르지 않기 모드) 현재 모따기 거리1 = 0.0000, 거리2 = 0.0000
첫 번째 선 선택 또는 [명령 취소(U)/폴리선(P)/거리(D)/각도(A)/자르기(T)/메서드(E)/다중(M)] : D [거리 옵션 선택]

02 첫 번째 모따기 거리는 1로 입력하고 [Space Bar]를 누른다. 두 번째 모따기 거리는 첫 번째 모따기 거리와 같게 [Space Bar]를 눌러 값을 확정한다.

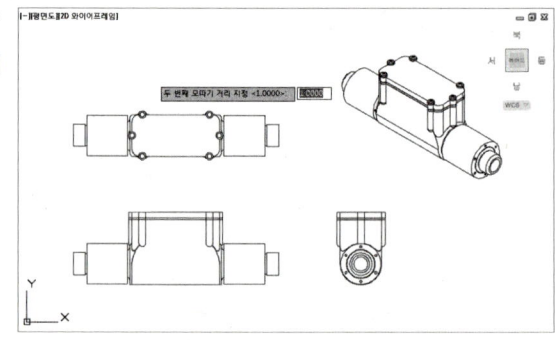

첫 번째 모따기 거리 지정 〈0.0000〉 : 1 [Space Bar] [거리를 1로 입력]
두 번째 모따기 거리 지정 〈1.0000〉 : [Space Bar] [똑같이 1로 설정]

03 마우스 오른쪽 버튼을 클릭한 후 바로 가기 메뉴에서 [다중]을 선택하고, 다시 마우스 오른쪽 버튼을 클릭한 후 바로 가기 메뉴에서 [자르기]를 선택하고 [자르기] 옵션을 선택한다.

첫 번째 선 선택 또는 [명령 취소(U)/폴리선(P)/거리(D)/각도(A)/자르기(T)/메서드(E)/다중(M)] : M [다중 옵션 선택]
첫 번째 선 선택 또는 [명령 취소(U)/폴리선(P)/거리(D)/각도(A)/자르기(T)/메서드(E)/다중(M)] : T [자르기 옵션 선택]
자르기 모드 옵션 입력 [자르기(T)/자르지 않기(N)] 〈자르지 않기〉 : T [자르기로 선택]

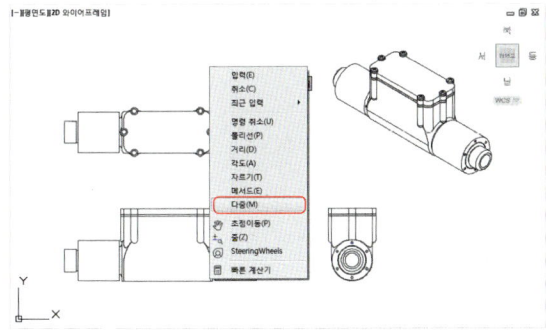 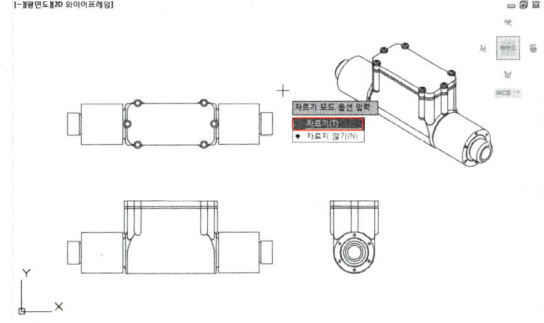

04 정면도의 다음 그림을 참조로 먼저 1개소 모따기를 한다.

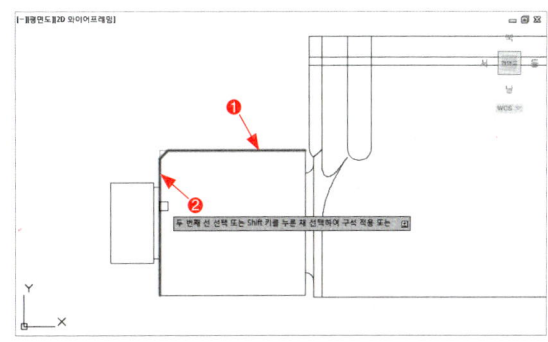

첫 번째 선 선택 또는 [명령 취소(U)/폴리선(P)/거리(D)/각도(A)/자르기(T)/메서드(E)/다중(M)] : [❶번 객체 클릭]
두 번째 선 선택 또는 Shift 키를 누른 채 선택하여 구석 적용 또는 [거리(D)/각도(A)/메서드(E)] : [❷번 객체 클릭]

05 나머지 3개소도 모따기를 실행하고 Space Bar 를 눌러 명령을 종료한다.

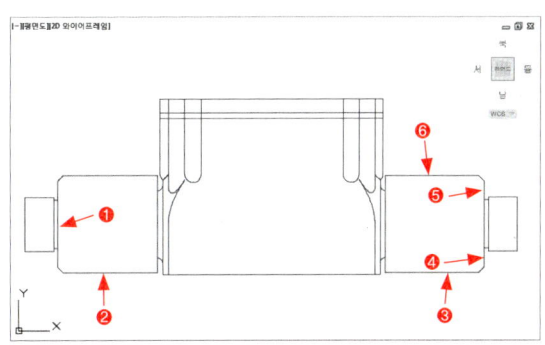

첫 번째 선 선택 또는 [명령 취소(U)/폴리선(P)/거리(D)/각도(A)/자르기(T)/메서드(E)/다중(M)] : [❶번 객체 클릭]
두 번째 선 선택 또는 Shift 키를 누른 채 선택하여 구석 적용 또는 [거리(D)/각도(A)/메서드(M)] : [❷번 객체 클릭]
첫 번째 선 선택 또는 [명령 취소(U)/폴리선(P)/거리(D)/각도(A)/자르기(T)/메서드(E)/다중(M)] : [❸번 객체 클릭]
두 번째 선 선택 또는 Shift 키를 누른 채 선택하여 구석 적용 또는 [거리(D)/각도(A)/메서드(M)] : [❹번 객체 클릭]
첫 번째 선 선택 또는 [명령 취소(U)/폴리선(P)/거리(D)/각도(A)/자르기(T)/메서드(E)/다중(M)] : [❺번 객체 클릭]
두 번째 선 선택 또는 Shift 키를 누른 채 선택하여 구석 적용 또는 [거리(D)/각도(A)/메서드(M)] : [❻번 객체 클릭]
첫 번째 선 선택 또는 [명령 취소(U)/폴리선(P)/거리(D)/각도(A)/자르기(T)/메서드(E)/다중(M)] : Space Bar [명령 종료]

06 평면도를 줌 확대한다. 오른쪽 클릭 후 바로 가기 메뉴에서 [최근 입력]-[CHAMFER]를 클릭하여 모따기 명령을 실행하고, 다시 마우스 오른쪽 버튼을 클릭한 후 바로 가기 메뉴에서 [각도]를 선택한다.

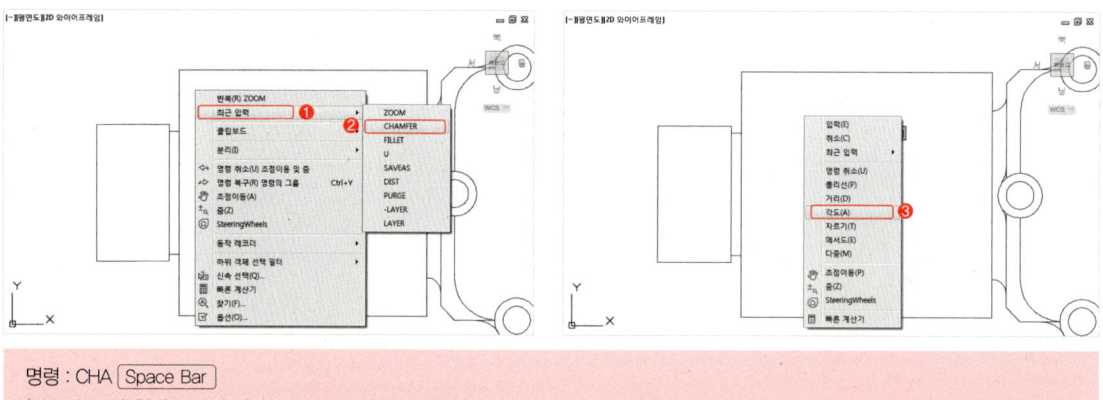

명령 : CHA Space Bar
(자르기 모드) 현재 모따기 거리1 = 1.0000, 거리2 = 1.0000
첫 번째 선 선택 또는 [명령 취소(U)/폴리선(P)/거리(D)/각도(A)/자르기(T)/메서드(E)/다중(M)] : A [각도 옵션 선택]

07 첫 번째 선의 모따기 길이는 1로 입력 후 Space Bar 를 누른다. 첫 번째 선으로부터 모따기 각도는 60을 입력하고 Space Bar 를 누른다.

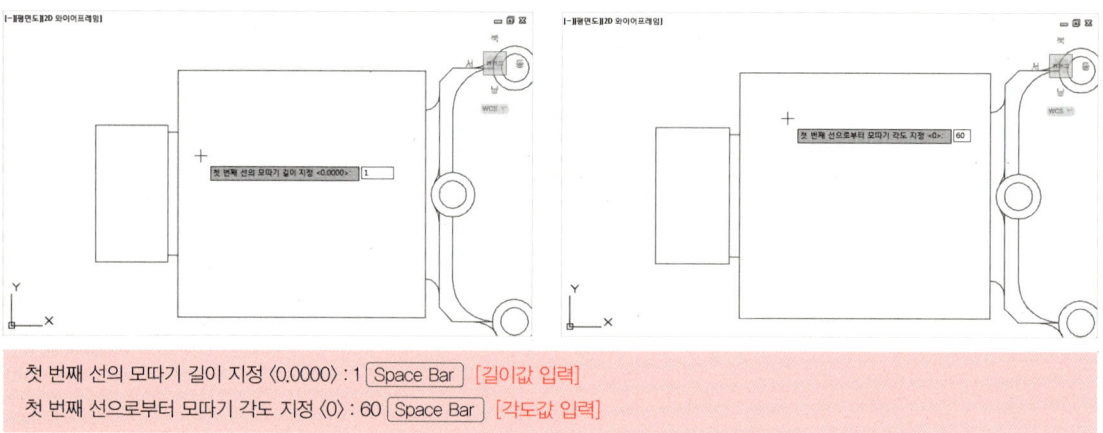

첫 번째 선의 모따기 길이 지정 〈0.0000〉 : 1 Space Bar [길이값 입력]
첫 번째 선으로부터 모따기 각도 지정 〈0〉 : 60 Space Bar [각도값 입력]

08 마우스 오른쪽 버튼을 클릭한 후 바로 가기 메뉴에서 [다중]을 선택한다. 다음 그림의 순서대로 선을 클릭하고 모따기를 한다.

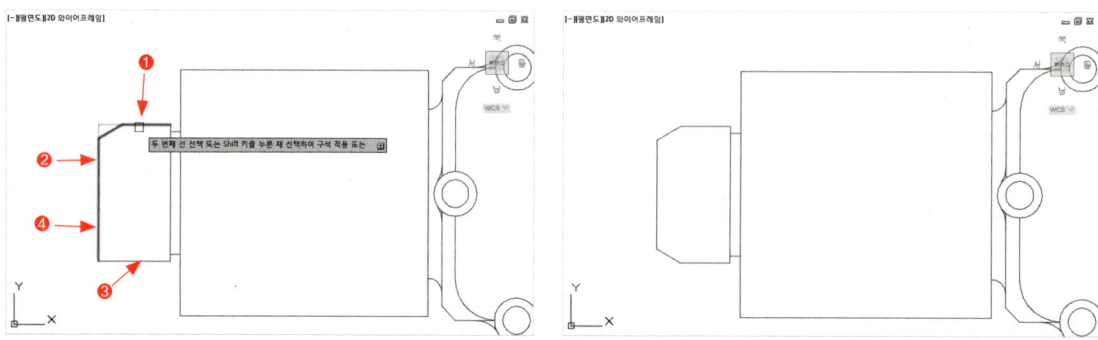

첫 번째 선 선택 또는 [명령 취소(U)/폴리선(P)/거리(D)/각도(A)/자르기(T)/메서드(E)/다중(M)] : M [다중 옵션 선택]
첫 번째 선 선택 또는 [명령 취소(U)/폴리선(P)/거리(D)/각도(A)/자르기(T)/메서드(E)/다중(M)] : [❶번 객체 클릭]
두 번째 선 선택 또는 Shift 키를 누른 채 선택하여 구석 적용 또는 [거리(D)/각도(A)/메서드(M)] : [❷번 객체 클릭]
첫 번째 선 선택 또는 [명령 취소(U)/폴리선(P)/거리(D)/각도(A)/자르기(T)/메서드(E)/다중(M)] : [❸번 객체 클릭]
두 번째 선 선택 또는 Shift 키를 누른 채 선택하여 구석 적용 또는 [거리(D)/각도(A)/메서드(M)] : [❹번 객체 클릭]

09 반대편 2개소도 같은 방법으로 모따기를 실행한다. 모따기 위치가 같도록 평면도와 정면도에 모두 모따기를 하고 Space Bar 를 눌러 명령을 종료한다.

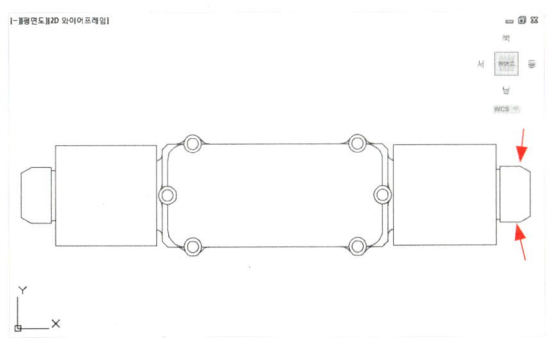
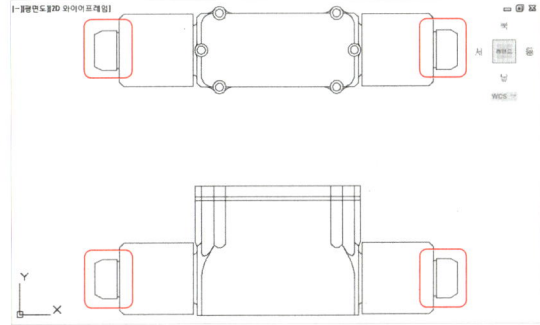

10 평면과 정면 모따기 부분에 수직선을 그리기 위해 명령행에 'L'을 입력하고 Space Bar 를 누른다. 아래 화살표 부분을 참조하여 모따기한 부분의 끝점을 잇는 선을 그린다.

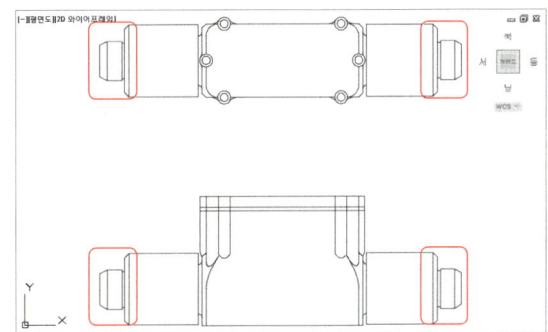

2-10. STRETCH(신축)

객체를 이동(Move)하거나 모서리, 또는 정점을 변형(Trim/Extend)할 수 있는 명령어로 숙달되면 그 쓰임새가 아주 다양하다. 객체 선택 방법과 선택상자의 범위에 따른 결과 변화에 대해 이해하고 객체 선택 제외 기능과 병행하여 연습을 할 수 있도록 한다. 걸침 선택으로 둘러싸인 객체는 신축된다. 걸침 윈도우 안에 완전히 포함이 안된 객체는 신축되지 않고 이동을 한다. 원, 타원, 블록 등 일부 유형의 객체는 신축할 수 없다.

> ▶ 실행 방법
> • 리본 : [홈] 탭-[수정] 패널-신축 아이콘( )
> • 메뉴 : [수정(M)]-[신축(H)]
> • 명령 입력 : STRETCH
> • 단축키 : S

🔶 객체 신축시키기

STRETCH(신축) 명령으로 벽체 일부를 늘리거나 문 위치를 지정 거리만큼 이동을 해본다.

01 예제 파일을 불러온 후 건물의 왼쪽을 신축하기 위해 명령행에 'S'를 입력하고 Space Bar 를 누른다. 다음 그림처럼 ❶번 지점, ❷번 지점 순서로 클릭하고 신축할 부분을 걸침 선택으로 정의한 후 Space Bar 를 누른다.

- 예제 파일 : Chapter07₩객체 신축.dwg
- 객체 신축시키기

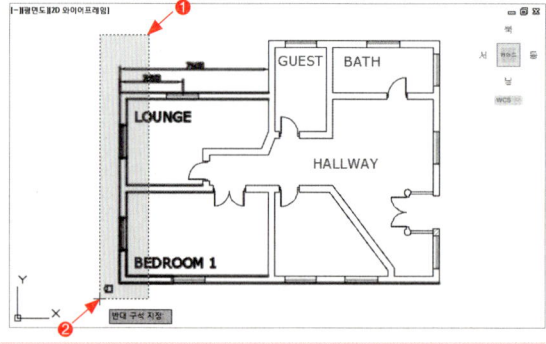

```
명령 : S Space Bar
걸침 원도우 또는 걸침 폴리곤만큼 신축할 객체 선택...
객체 선택 : 반대 구석 지정: 40개를 찾음  [걸침 선택 옵션으로 선택]
객체 선택 : Space Bar   [선택 종료]
```

02 기준점을 임의 지점에 클릭한다. F8 을 눌러 직교 모드를 활성화 한 후 커서를 왼쪽 수평방향으로 이동한다.

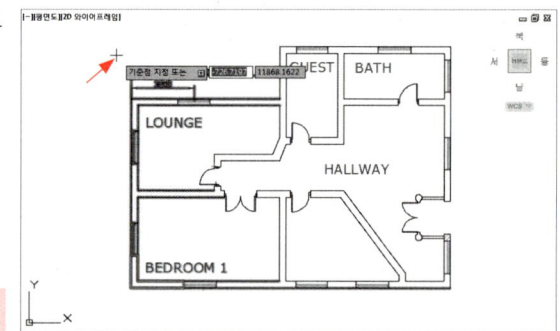

```
기준점 지정 또는 [변위(D)] <변위> : [임의 지점 클릭]
```

03 값을 2000으로 입력하고 Space Bar 를 누른다. 치수값도 신축한 만큼 값이 늘어난다.

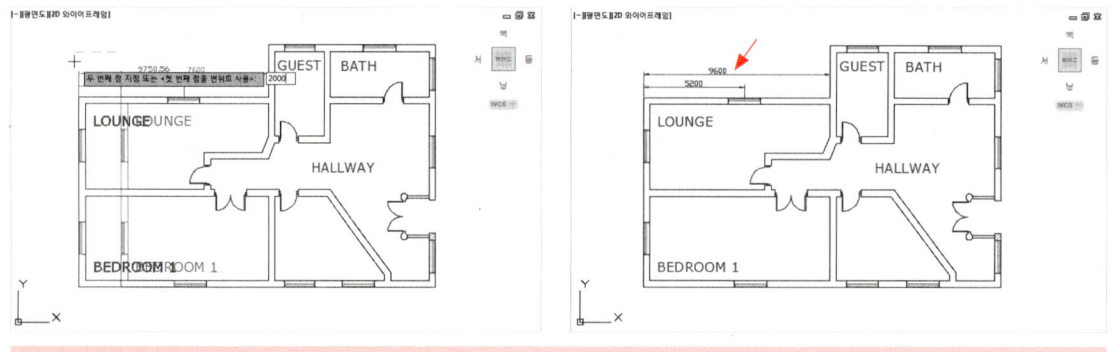

```
두 번째 점 지정 또는 <첫 번째 점을 변위로 사용> : <직교 켜기> 2000 Space Bar   [마우스를 왼쪽 수평 방향으로 이동 후 거리값 입력]
```

04 걸침 폴리곤 선택을 사용하여 건물의 오른쪽을 신축 해본다. Space Bar 를 눌러 STRETCH(신축) 명령을 반복 실행한다. 객체 선택에서 'CP'를 입력하고 Space Bar 를 누른다. 다음 그림의 순서대로 ❶~❻번 지점까지 클릭하여 걸침 폴리곤 선택 옵션을 마치고 다시 Space Bar 를 눌러 객체 선택을 종료한다.

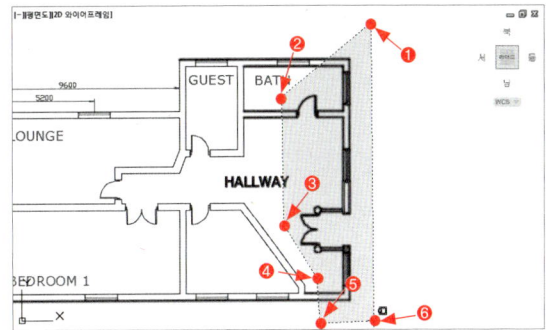

명령 : STRETCH Space Bar
걸침 윈도우 또는 걸침 폴리곤만큼 신축할 객체 선택...
객체 선택: CP Space Bar [걸침 폴리곤 옵션 입력]
첫 번째 폴리곤 점 또는 선택/끌기 커서 : [❶번 지점 클릭]
선의 끝점 지정 또는 [명령 취소(U)] : [❷번~❻번 지점까지 차례로 클릭]
선의 끝점 지정 또는 [명령 취소(U)] : Space Bar 80개를 찾음 [걸침 폴리곤 옵션 종료]
객체 선택 : Space Bar [선택 종료]

05 임의 점을 클릭하고 커서를 오른쪽 수평 방향으로 이동 후 값을 2000으로 입력하고 Space Bar 를 누른다.

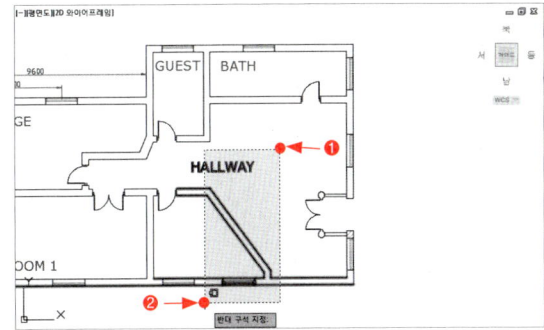

기준점 지정 또는 [변위(D)] ⟨변위⟩ : [임의 지점 클릭]
두 번째 점 지정 또는 ⟨첫 번째 점을 변위로 사용⟩ : 2000 Space Bar
[마우스를 오른쪽 수평 방향으로 이동 후 거리값 입력]

06 벽체를 신축하기 위해서 Space Bar 를 눌러 STRETCH(신축) 명령을 반복 실행한다. 다음 그림처럼 ❶번 지점, ❷번 지점 순서로 클릭하고 신축할 부분을 걸침 선택으로 정의한 후 Space Bar 를 누른다.

명령 : STRETCH Space Bar
걸침 윈도우 또는 걸침 폴리곤만큼 신축할 객체 선택...
객체 선택: 반대 구석 지정: 21개를 찾음 [❶번, ❷번 지점 차례로 클릭]
객체 선택 : Space Bar [선택 종료]

07 아래 여백의 임의 점을 클릭하고 커서를 오른쪽 수평 방향으로 이동 후 값을 1500으로 입력하고 Space Bar 를 누른다.

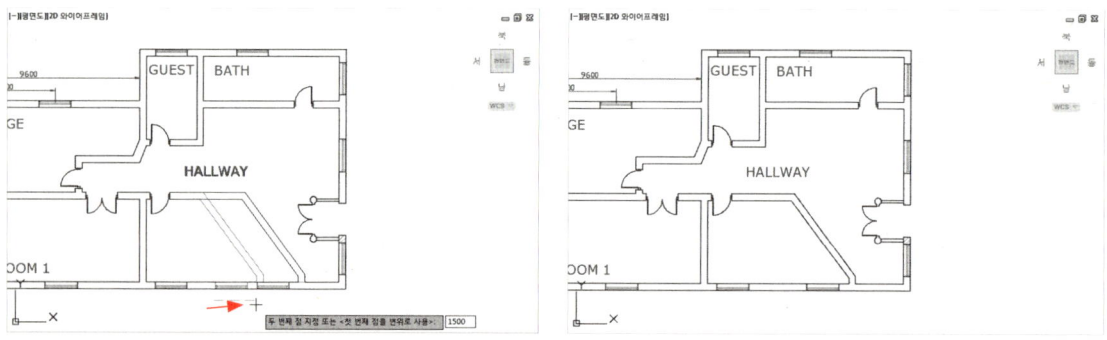

기준점 지정 또는 [변위(D)] 〈변위〉 : [임의 지점 클릭]
두 번째 점 지정 또는 〈첫 번째 점을 변위로 사용〉 : 1500 Space Bar [마우스를 오른쪽 수평 방향으로 이동 후 거리값 입력]

08 창을 신축하기 위해서 다시 Space Bar 를 누른다. 다음 그림처럼 ❶번 지점, ❷번 지점 순서로 클릭하고 신축할 부분을 걸침 선택으로 정의한 후 Space Bar 를 누른다.

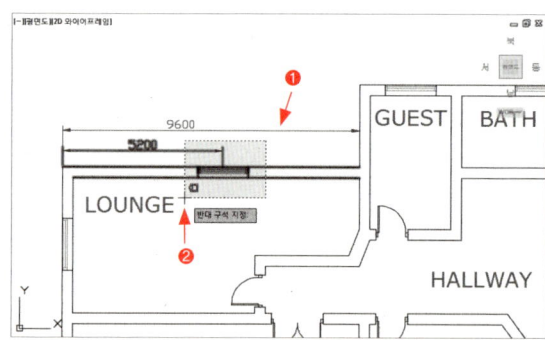

명령 : STRETCH Space Bar
걸침 윈도우 또는 걸침 폴리곤만큼 신축할 객체 선택...
객체 선택 : 반대 구석 지정: 16개를 찾음 [❶번, ❷번 지점 차례로 클릭]
객체 선택 : [선택 종료]

09 임의 점을 클릭하고 커서를 오른쪽 수평 방향으로 이동 후 값을 1000으로 입력하고 Space Bar 를 누른다.

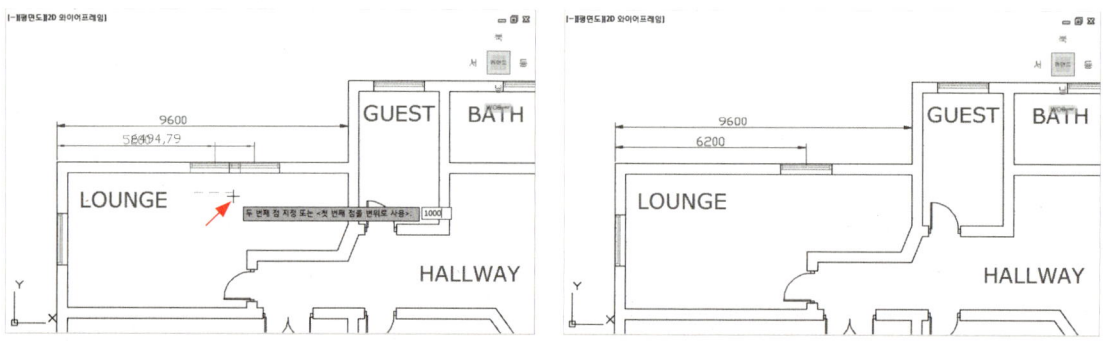

기준점 지정 또는 [변위(D)] 〈변위〉 : [임의 지점 클릭]
두 번째 점 지정 또는 〈첫 번째 점을 변위로 사용〉 : 1000 Space Bar [마우스를 오른쪽 수평 방향으로 이동 후 거리값 입력]

10 문을 신축하기 위해서 다시 [Space Bar]를 누른다. 다음 그림처럼 ①번 지점, ②번 지점 순서로 클릭하고 신축할 부분을 걸침 선택으로 정의한 후 [Space Bar]를 누른다.

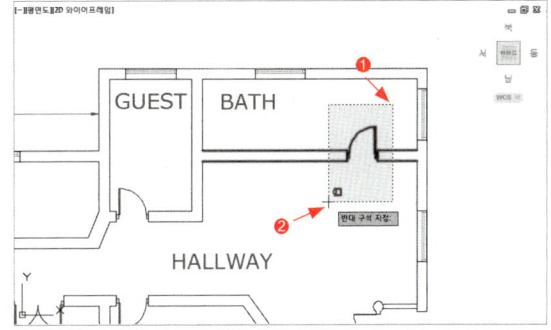

```
명령 : STRETCH [Space Bar]
걸침 원도우 또는 걸침 폴리곤만큼 신축할 객체 선택...
객체 선택 : 반대 구석 지정: 11개를 찾음  [❶번, ❷번 지점 차례로 클릭]
객체 선택 : [선택 종료]
```

11 임의 점을 클릭하고 커서를 오른쪽 수평 방향으로 이동 후 값을 1200으로 입력하고 [Space Bar]를 누른다.

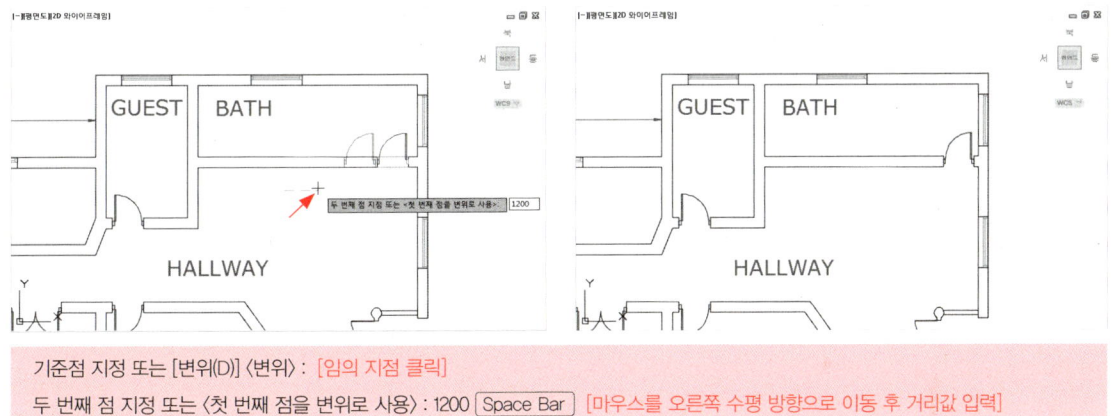

```
기준점 지정 또는 [변위(D)] <변위> : [임의 지점 클릭]
두 번째 점 지정 또는 <첫 번째 점을 변위로 사용> : 1200 [Space Bar]  [마우스를 오른쪽 수평 방향으로 이동 후 거리값 입력]
```

2-11. SCALE(축척)

선택한 객체의 실제 크기를 확대 또는 축소한다. 객체를 축척하려면 기준점 및 축척 비율을 지정한다. 기준점은 축척 작업의 중심점 역할을 하며 축척 비율이 1보다 크면 객체의 크기가 커지고 축척 비율이 0과 1 사이이면 객체의 크기가 줄어든다. 객체 크기 조절은 비율을 이용하는 방법과 길이를 이용한 방법이 있다.

> ▶ **실행 방법**
> - 리본 : [홈] 탭-[수정] 패널-축척 아이콘(🔲)
> - 메뉴 : [수정(M)]-[축척(L)]
> - 객체 선택한 후 마우스 오른쪽 버튼을 클릭한 후 바로 가기 메뉴에서 [축척] 🔲 축척(L)
> - 명령 입력 : SCALE
> - 단축키 : SC

◈ 명령 옵션 ◈

바로 가기 메뉴나 명령행에서 옵션을 선택하여 실행한다.

기준점 : 축척 작업의 기준점을 지정한다. 지정하는 기준점은 선택한 객체의 크기가 변할 때(정지된 기준점에서 멀어질 때) 같은 위치에서 고정되는 점을 말한다.

축척 비율(숫자) : 지정된 축척으로 선택한 객체의 치수를 확대, 축소한다. 축척 비율이 1보다 크면 객체가 확대되고 축척 비율이 0과 1 사이이면 객체가 축소된다.

복사(C) : 축척하려고 선택한 객체를 복사한다.

참조(R) : 선택한 객체의 첫 번째 끝점과 두 번째 끝점을 클릭하여 참조 길이로 지정하고 새 길이를 입력하면 축척된다.

◘ 객체 축척하기

SCAE(축척) 명령을 이용하여 기존 객체의 크기를 확대하는 연습을 해본다.

01 예제 파일을 불러온 후 명령행에 'SC'를 입력하고 [Space Bar]를 누른다. 도면에 있는 객체를 [윈도우 선택] 옵션으로 선택하고 [Space Bar]를 누른다.

■ 예제 파일 : Chapter07₩객체 축척.dwg   ▶ 객체 축척하기

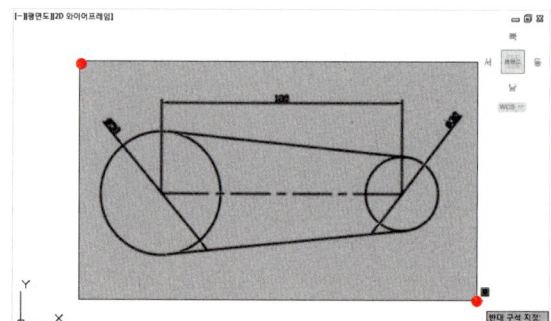

명령 : SC [Space Bar]
객체 선택 : 반대 구석 지정 : 8개를 찾음 [윈도우 선택]
객체 선택 : [Space Bar] [선택 종료]

02 기준점은 왼쪽 큰 원의 중심점을 클릭하고 마우스 오른쪽 버튼을 클릭한 후 바로 가기 메뉴에서 [복사] 옵션을 선택한다.

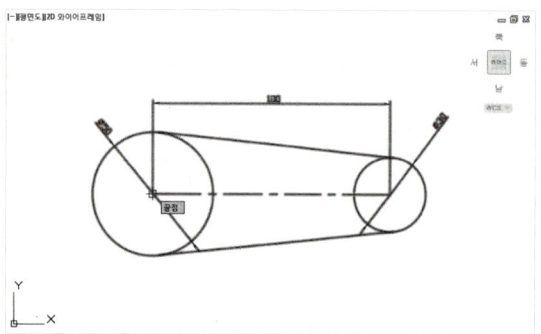
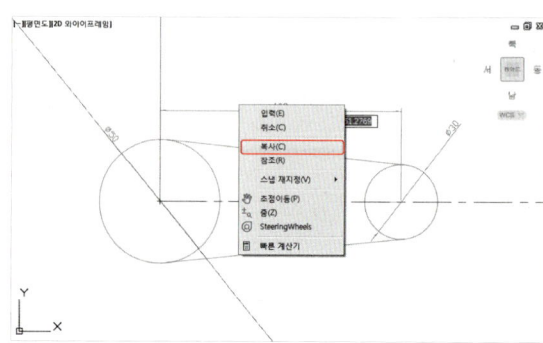

기준점 지정 : [원의 중심점 클릭]
축척 비율 지정 또는 [복사(C)/참조(R)] : C [복사 옵션 선택]
선택한 객체의 사본을 축척한다.

03 축척 비율을 1.25로 입력하고 Space Bar 를 누른다.

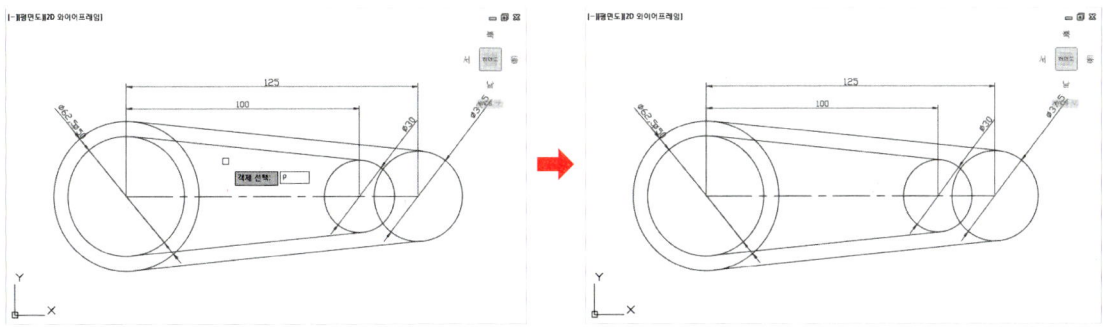

축척 비율 지정 또는 [복사(C)/참조(R)] : 1.25 Space Bar [축척 비율 입력]

04 원래 객체를 회전시키기 위해 명령행에 'RO'를 입력하고 Space Bar 를 누른다. 객체 선택 프롬프트에서 객체 선택 옵션 P를 입력하고 Space Bar 를 누른다. 다시 한 번 Space Bar 를 눌러 객체 선택을 종료한다.

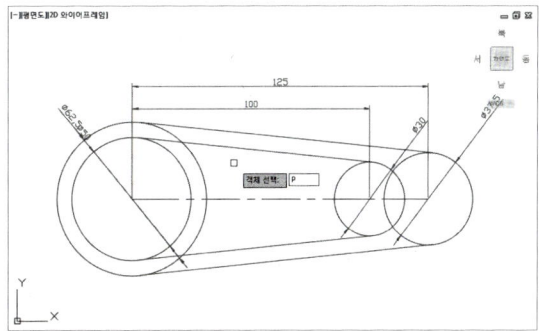

명령 : RO Space Bar
현재 UCS에서 양의 각도: 측정 방향=시계 반대 방향 기준 방향=0
객체 선택 : P 8개를 찾음 [이전에 선택한 객체가 선택되도록 옵션 입력]
객체 선택 : Space Bar [선택 종료]

05 기준점으로 큰 원의 중심점을 클릭하고 회전 각도로 90을 입력 후 Space Bar 를 누른다.

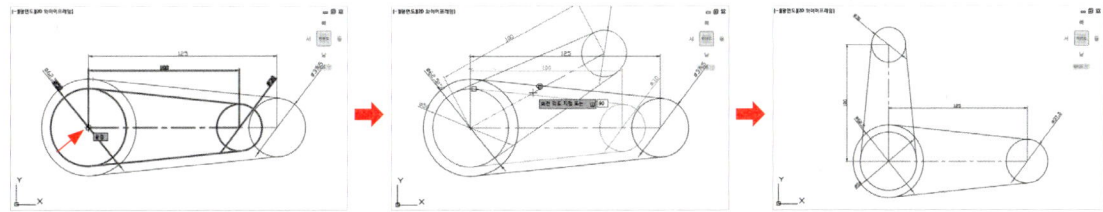

기준점 지정 : [원의 중심점 클릭]
회전 각도 지정 또는 [복사(C)/참조(R)] ⟨0⟩ : 90 Space Bar [회전 각도 입력]

2-12. OFFSET(간격띄우기)

선택한 객체를 일정 간격으로 평행하게 복사하는 명령이다. 즉 객체의 동심원, 평행선 및 평행 곡선을 작성한다. 객체를 지정한 거리만큼 또는 점을 통해 간격을 지정하고 객체의 간격을 띄운 후 이를 자르거나 연장하여 많은 평행선들을 효과적으로 작성할 수 있다. OFFSET 명령은 편의상 반복이므로 명령을 종료하려면 Space Bar 를 누른다.

▶ 실행 방법

- 리본 : [홈] 탭–[수정] 패널–간격띄우기 아이콘(⊆)
- 메뉴 : [수정(M)]–[간격띄우기(S)]
- 명령 입력 : OFFSET
- 단축키 : O

◆ 명령 옵션 ◆

바로 가기 메뉴나 명령행에서 옵션을 선택하여 실행한다.

통과점(T) : 간격띄우기할 객체를 선택하고 [통과점]을 지정하여 그린다. 옵션 [통과점(T)] 옵션을 클릭하면 된다. 즉, 선택한 객체를 도면 영역에서 지정한 점의 거리만큼 간격띄우기를 한다.

지우기(E) : 간격띄우기 후에 원래의 객체를 지울 것인지, 남길 것인지 선택할 수 있다. 옵션 [지우기(E)]를 클릭하여 선택하면 된다.

도면층(L) : 간격띄우기 원본 객체가 현재 도면층 이외의 도면층으로 작성된 경우 간격띄우기 후에 객체를 원래의 도면층으로 배치할 것인지, 현재 도면층에 배치할 것인지 선택할 수 있다. 옵션 [도면층(L)]을 클릭하여 선택한다.

◘ 객체 간격띄우기

OFFSET(간격 띄우기) 명령으로 지정한 거리 또는 통과점을 사용하여 평행한 객체를 만들어보고 도면층 옵션을 사용하여 현재 도면층과 원본 도면층 설정에 따른 객체 특성 변화를 살펴본다.

01 예제 파일을 불러온 후 평면도를 줌 확대한다. 명령행에 'O'를 입력하고 Space Bar 를 누른다. 명령행에서 간격띄우기의 현재 설정이 "원본 지우기=아니오 도면층=원본"와 같은지 확인한다.

- 예제 파일 : Chapter07₩간격띄우기.dwg
- 객체 간격띄우기

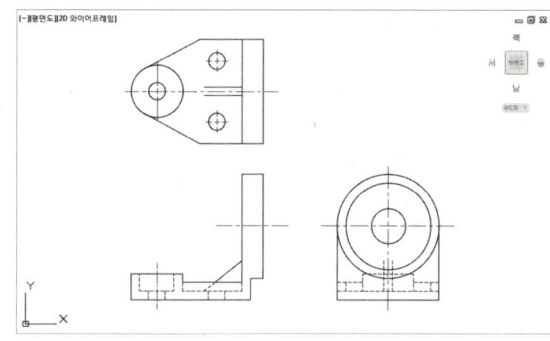

명령 : O Space Bar [OFFSET 명령의 단축키 입력]
현재 설정 : 원본 지우기=아니오 도면층=원본 OFFSETGAPTYPE=0

TIP 설정이 다른 경우는 아래와 같은 순서로 실행한다.

❶ "원본 지우기=예"로 설정된 경우는 오른쪽 클릭 바로 가기 메뉴 또는 옵션에서 [지우기]를 클릭하고 [아니오]를 선택한다. "원본 지우기=아니오"로 설정하면 선택한 원본 객체는 간격 띄우기 명령 후에도 지워지지 않고 그 상태로 유지된다.

❷ "도면층=현재"로 설정된 경우는 오른쪽 클릭 바로 가기 메뉴 또는 옵션에서 [도면층]을 클릭하고 [원본]을 선택한다. "도면층=원본"으로 설정하면 간격띄우기 한 객체는 선택한 객체에 설정된 도면층 특성을 그대로 이어받아 작성된다.

02 간격띄우기 거리는 7.5로 입력하고 [Space Bar]를 누른다. 왼쪽의 작은 원(❶)을 클릭하고 간격띄우기할 방향을 원 바깥쪽의 임의 지점(❷)을 클릭한다.

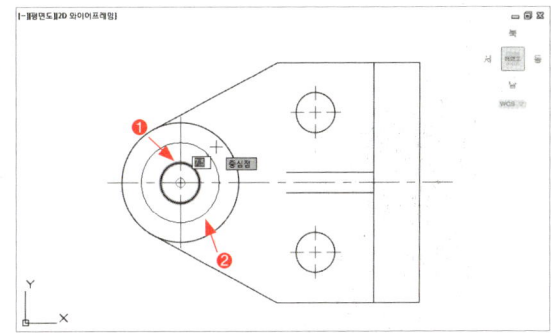

간격띄우기 거리 지정 또는 [통과점(T)/지우기(E)/도면층(L)] <통과점> : 7.5 [Space Bar] [거리값 입력]
간격띄우기할 객체 선택 또는 [종료(E)/명령 취소(U)] <종료> : [❶번 객체 클릭]
간격띄우기할 면의 점 지정 또는 [종료(E)/다중(M)/명령 취소(U)] <종료> : [❷번 지점 클릭]

03 계속해서 위/아래 모서리 객체(❶, ❸)를 클릭하고 간격띄우기할 방향은 외형선 안쪽의 임의 지점(❷, ❹)을 클릭한다. [Space Bar]를 다시 눌러 간격띄우기 명령을 종료한다.

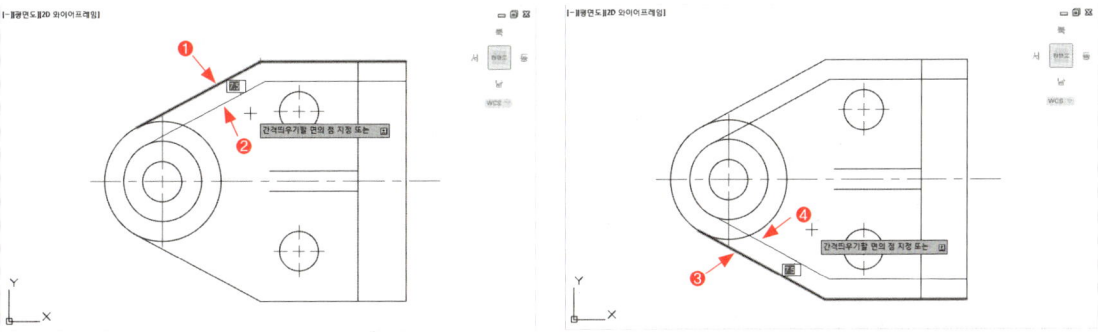

간격띄우기할 객체 선택 또는 [종료(E)/명령 취소(U)] <종료> : [❶번 객체 클릭]
간격띄우기할 면의 점 지정 또는 [종료(E)/다중(M)/명령 취소(U)] <종료> : [❷번 지점 클릭]
간격띄우기할 객체 선택 또는 [종료(E)/명령 취소(U)] <종료> : [❸번 객체 클릭]
간격띄우기할 면의 점 지정 또는 [종료(E)/다중(M)/명령 취소(U)] <종료> : [❹번 지점 클릭]
간격띄우기할 객체 선택 또는 [종료(E)/명령 취소(U)] <종료> : [Space Bar] [명령 종료]

04 앞 순서에서 작성한 객체의 불필요한 부분을 자르기 하기 위해 명령행에 'TR'을 입력하고 [Space Bar]를 누른다. 자르기 경계 모서리로 그림을 참조하여 원(❶)과 수직선(❷)을 선택하고 [Space Bar]를 누른다.

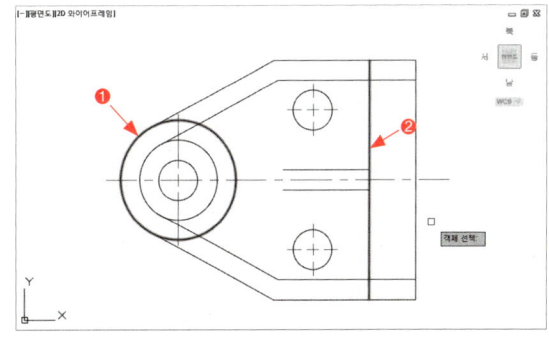

```
명령 : TR Space Bar
현재 설정: 투영=UCS 모서리=연장
절단 모서리 선택 ...
객체 선택 또는 <모두 선택> : 1개를 찾음 [❶번 객체 클릭]
객체 선택 : 1개를 찾음, 총 2개 [❷번 객체 클릭]
객체 선택 : Space Bar  [선택 종료]
```

05 간격띄우기로 작성한 외형선에서 화살표 부분을 클릭하여 자르기를 하고 Space Bar 를 눌러 명령을 종료한다.

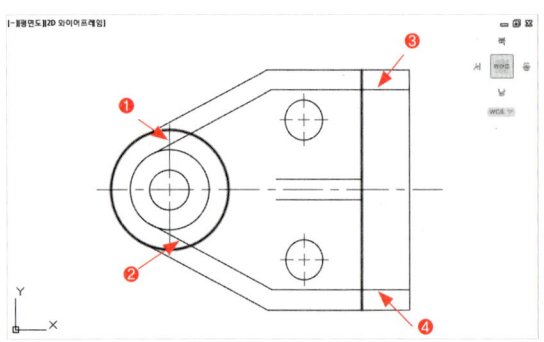 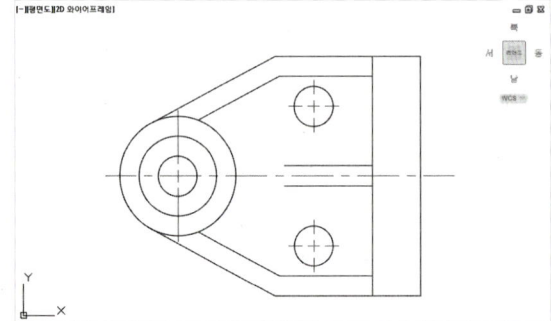

```
자를 객체 선택 또는 [Shift] 키를 누른 채 선택하여 연장 또는 [울타리(F)/걸치기(C)/프로젝트(P)/모서리(E)/지우기(R)/명령 취소(U)] :
[❶번~❹번까지 차례대로 클릭]
자를 객체 선택 또는 [Shift] 키를 누른 채 선택하여 연장 또는 [울타리(F)/걸치기(C)/프로젝트(P)/모서리(E)/지우기(R)/명령 취소(U)] :
Space Bar  [명령 종료]
```

06 명령행에 'O'를 입력하고 Space Bar 를 누른다. 이번에는 도면층 옵션을 배워보기 위해 옵션에서 [도면층]을 선택하고 옵션 메뉴를 [현재]로 선택한다.

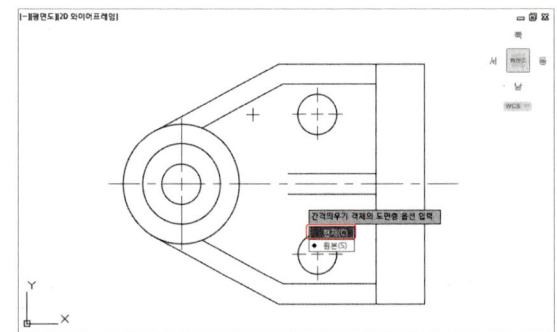

```
명령 : O Space Bar  [OFFSET 명령의 단축키 입력]
현재 설정: 원본 지우기=아니오  도면층=원본  OFFSETGAPTYPE=0
간격띄우기 거리 지정 또는 [통과점(T)/지우기(E)/도면층(L)] <7.5000> : L [도면층 옵션 선택]
간격띄우기 객체의 도면층 옵션 입력 [현재(C)/원본(S)] <원본> : C [현재 옵션 선택]
```

07 간격띄우기 거리는 5.25를 입력하고 [Space Bar]를 누른다. 간격띄우기할 객체로 오른쪽 수직선(❶)을 클릭하고 간격띄우기할 방향은 수직선 왼쪽의 임의 지점(❷)을 클릭한다. [Space Bar]를 다시 눌러 간격띄우기 명령을 종료한다.

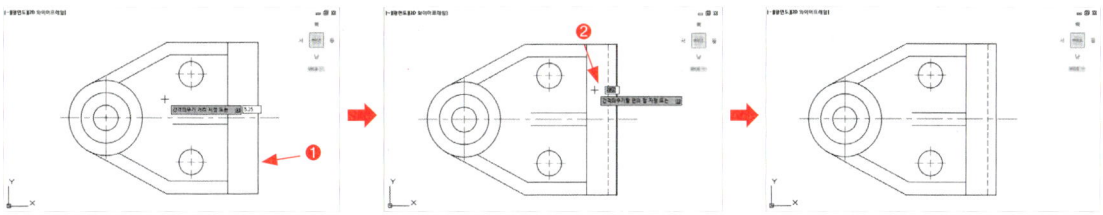

간격띄우기 거리 지정 또는 [통과점(T)/지우기(E)/도면층(L)] <7.5000> : 5.25 [Space Bar] [거리값 입력]
간격띄우기할 객체 선택 또는 [종료(E)/명령 취소(U)] <종료> : [❶번 객체 선택]
간격띄우기할 면의 점 지정 또는 [종료(E)/다중(M)/명령 취소(U)] <종료> : [❷번 지점 클릭]
간격띄우기할 객체 선택 또는 [종료(E)/명령 취소(U)] <종료> : [Space Bar] [명령 종료]

08 [Space Bar]를 눌러 OFFSET(간격띄우기) 명령을 반복 실행한다. 지정한 2점 사이의 거리를 사용하여 간격띄우기를 하기 위해 간격띄우기 값으로 측면도의 2개 점(중간 원의 사분점(❶)과 중심점(❷))을 클릭한다.

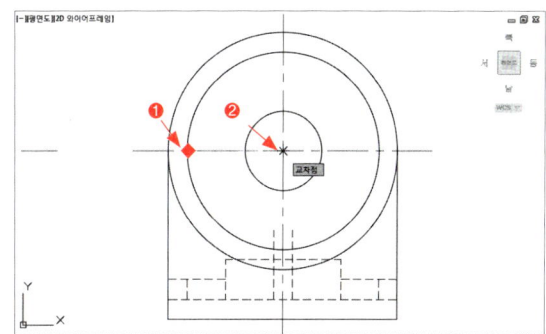

명령 : O [Space Bar] [OFFSET 명령의 단축키 입력]
현재 설정: 원본 지우기=아니오 도면층=원본 OFFSETGAPTYPE=0
간격띄우기 거리 지정 또는 [통과점(T)/지우기(E)/도면층(L)] <5.2500> : L [❶번 지점 클릭]
두 번째 점을 지정 : [❷번 지점 클릭]

09 간격띄우기할 객체로 평면도의 중심선을 선택하고 중심선의 위 방향으로 임의 점을 클릭한다. 한 번 더 중심선을 선택하고 중심선의 아래 방향으로 임의 점을 클릭한다. [Space Bar]를 다시 눌러 간격띄우기 명령을 종료한다.

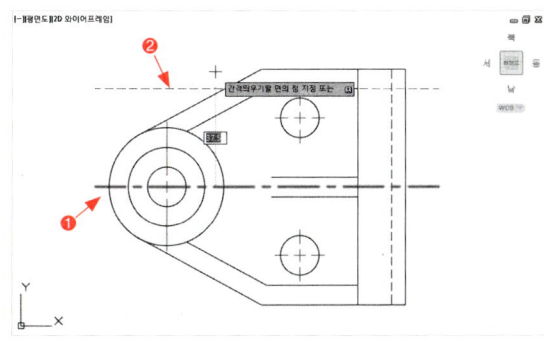
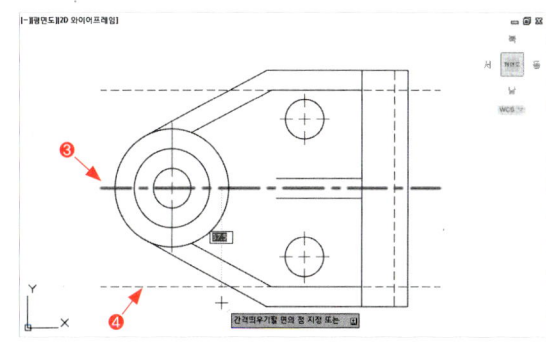

객체 선택 또는 [종료(E)/명령 취소(U)] <종료> : [❶번 객체 선택]
간격띄우기할 면의 점 지정 또는 [종료(E)/다중(M)/명령 취소(U)] <종료> : [❷번 지점 클릭]
간격띄우기할 객체 선택 또는 [종료(E)/명령 취소(U)] <종료> : [❸번 객체 선택]
간격띄우기할 면의 점 지정 또는 [종료(E)/다중(M)/명령 취소(U)] <종료> : [❹번 지점 클릭]
간격띄우기할 객체 선택 또는 [종료(E)/명령 취소(U)] <종료> : [Space Bar] [명령 종료]

10 불필요한 부분을 자르기하기 위해 명령행에 'TR'을 입력하고 [Space Bar]를 누른다. 자르기 경계 모서리로 4개 선을 클릭한 후 [Space Bar]를 누른다. 자를 객체로 오른쪽 그림을 참조하여 불필요 부분을 클릭하여 삭제한다.

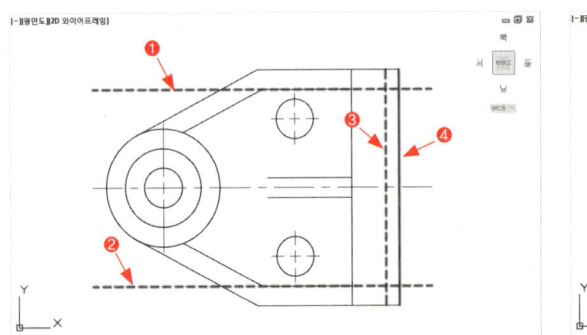 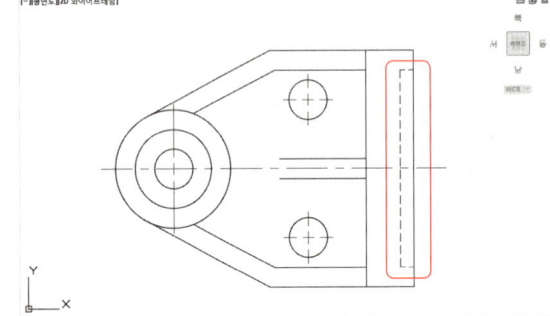

명령 : TRIM
현재 설정 : 투영=UCS 모서리=연장
절단 모서리 선택 ...
객체 선택 또는 <모두 선택> : 1개를 찾음 [❶번 객체 선택]
객체 선택 : 1개를 찾음, 총 2개 [❷번 객체 선택]
객체 선택 : 1개를 찾음, 총 3개 [❸번 객체 선택]
객체 선택 : 1개를 찾음, 총 4개 [❹번 객체 선택]
객체 선택 : [Space Bar] [선택 종료]
자를 객체 선택 또는 [Shift] 키를 누른 채 선택하여 연장 또는 [울타리(F)/걸치기(C)/프로젝트(P)/모서리(E)/지우기(R)/명령 취소(U)] :
[선택한 선들의 끝부분 클릭하여 불필요 객체 삭제]
자를 객체 선택 또는 [Shift] 키를 누른 채 선택하여 연장 또는 [울타리(F)/걸치기(C)/프로젝트(P)/모서리(E)/지우기(R)/명령 취소(U)] :
[Space Bar] [명령 종료]

11 명령행에 'O'를 입력하고 [Space Bar]를 누른다. 옵션에서 [통과점]을 선택하고 간격띄우기할 객체로 정면도의 수직선(❶)을 선택하고 통과점으로 평면도의 끝점(❷)을 클릭한 후 [Space Bar]를 누른다. 정면도에 평면도의 숨은선과 나란한 숨은선이 생성된다.

명령 : O [Space Bar] [OFFSET 명령의 단축키 입력]
현재 설정: 원본 지우기=아니오 도면층=현재 OFFSETGAPTYPE=0
간격띄우기 거리 지정 또는 [통과점(T)/지우기(E)/도면층(L)] <37.3227> : T [통과점 옵션 선택]
간격띄우기할 객체 선택 또는 [종료(E)/명령 취소(U)] <종료> : [❶번 객체 선택]
통과점 지정 또는 [종료(E)/다중(M)/명령 취소(U)] <종료> : [❷번 끝점 클릭]
간격띄우기할 객체 선택 또는 [종료(E)/명령 취소(U)] <종료> : [Space Bar] [명령 종료]

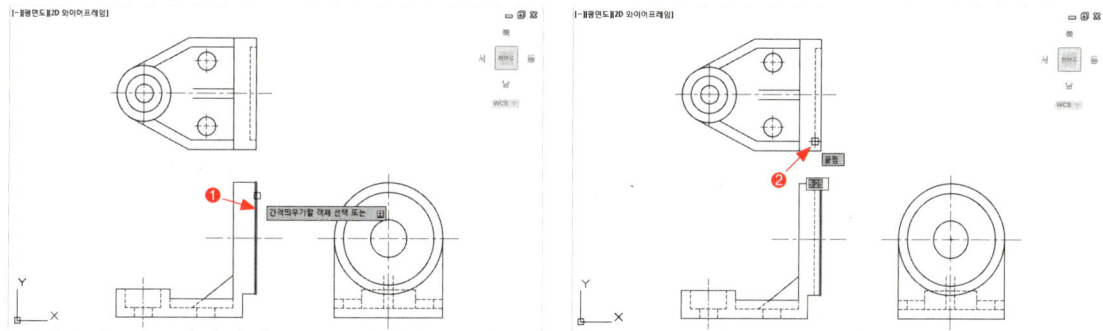

12 Space Bar 를 눌러 간격띄우기를 연속 실행한다. 마우스 오른쪽 버튼을 클릭한 후 바로 가기 메뉴에서 [통과점]을 선택하고 간격띄우기할 객체로 정면도의 수평 중심선을 선택한다.

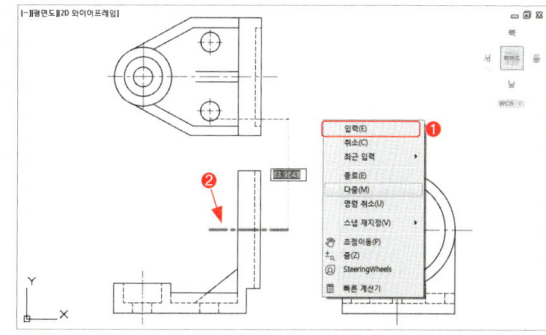

```
명령 : O Space Bar  [OFFSET 명령의 단축키 입력]
현재 설정 : 원본 지우기=아니오  도면층=원본  OFFSETGAPTYPE=0
간격띄우기 거리 지정 또는 [통과점(T)/지우기(E)/도면층(L)] 〈통과점〉 : T [통과점 옵션 선택]
간격띄우기할 객체 선택 또는 [종료(E)/명령 취소(U)] 〈종료〉 : [❷번 객체 선택]
```

13 마우스 오른쪽 버튼을 클릭한 후 바로 가기 메뉴에서 [다중]을 선택하고 통과점으로 측면도의 원의 사분점 2개소를 클릭한다.

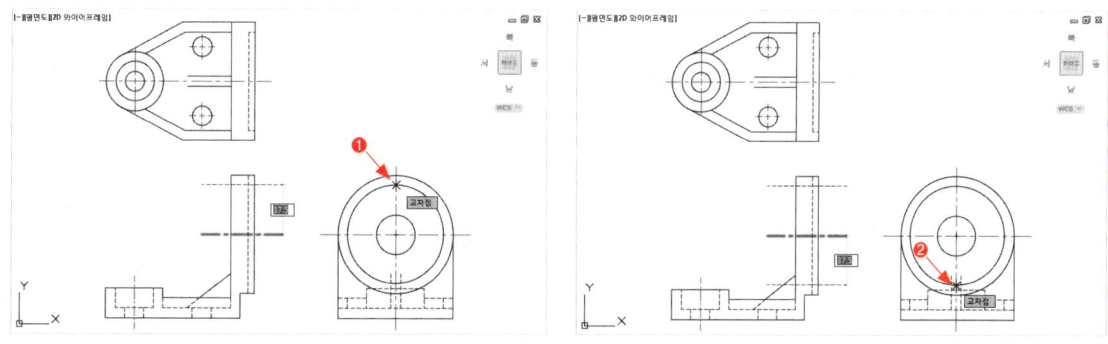

```
통과점 지정 또는 [종료(E)/다중(M)/명령 취소(U)] 〈종료〉 : M [다중 옵션 선택]
통과점 지정 또는 [종료(E)/명령 취소(U)] 〈다음 객체〉 : [❶번 사분점 클릭]
통과점 지정 또는 [종료(E)/명령 취소(U)] 〈다음 객체〉 : [❷번 사분점 클릭 ]
```

14 계속해서 작은 원의 사분점(❶, ❷)을 차례로 클릭하고 Space Bar 를 눌러 통과점 지정을 종료한다. 한 번 더 Space Bar 를 눌러 간격띄우기 명령을 종료한다.

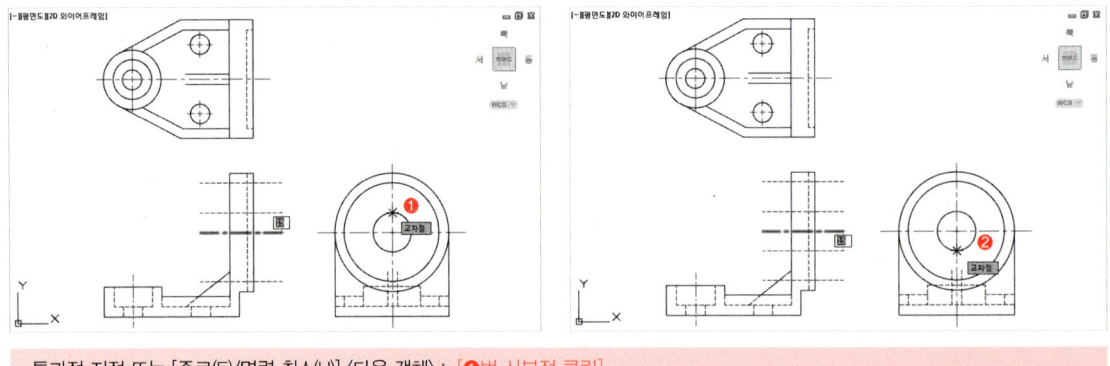

통과점 지정 또는 [종료(E)/명령 취소(U)] <다음 객체> : [❶번 사분점 클릭]
통과점 지정 또는 [종료(E)/명령 취소(U)] <다음 객체> : [❷번 사분점 클릭]
통과점 지정 또는 [종료(E)/명령 취소(U)] <다음 객체>: Space Bar [통과점 지정 종료]
간격띄우기할 객체 선택 또는 [종료(E)/명령 취소(U)] <종료> : Space Bar [명령 종료]

15 불필요한 부분을 자르기하기 위해 명령행에 'TR'을 입력하고 Space Bar 를 누른다. 아래 그림처럼 숨은선을 수정하기 위해 자르기 경계로 7개 선을 선택하고 불필요한 부분을 클릭하여 삭제한다.

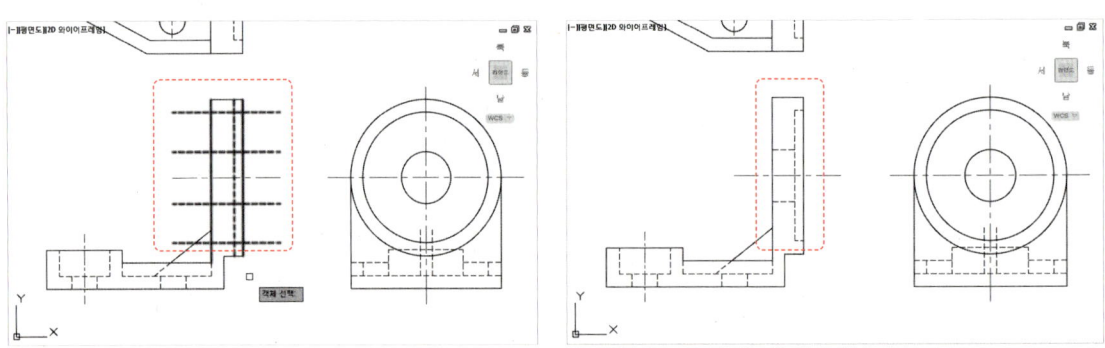

명령 : TR Space Bar
현재 설정: 투영=UCS 모서리=연장
절단 모서리 선택 ...
객체 선택 또는 <모두 선택> : 반대 구석 지정: 2개를 찾음 [자르기 경계로 객체 선택]
객체 선택 : 반대 구석 지정 : 2개를 찾음, 총 4개 [자르기 경계로 객체 선택]
객체 선택 : 반대 구석 지정 : 3개를 찾음, 총 7개 [자르기 경계로 7개 객체 선택]
객체 선택 : Space Bar [선택 종료]
자를 객체 선택 또는 Shift 키를 누른 채 선택하여 연장 또는 [울타리(F)/걸치기(C)/프로젝트(P)/모서리(E)/지우기(R)/명령 취소(U)] :
[선택한 선들의 끝부분 클릭하여 불필요 객체 삭제]
자를 객체 선택 또는 Shift 키를 누른 채 선택하여 연장 또는 [울타리(F)/걸치기(C)/프로젝트(P)/모서리(E)/지우기(R)/명령 취소(U)] :
Space Bar [명령 종료]

실무 도면 그리기

편집 명령으로 단지 안내판 그리기

단지안내판 그려보기

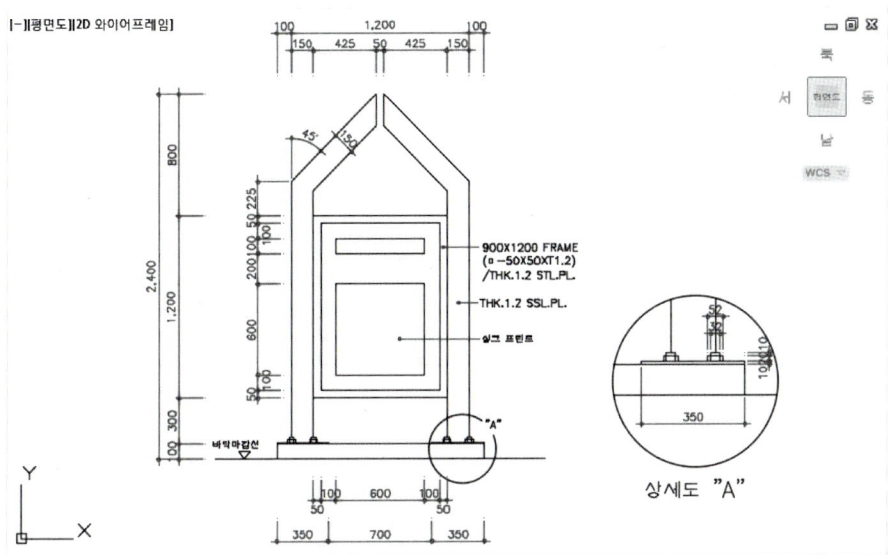

01 동적 입력 F12, 직교 모드 F8, 객체 스냅 F3 을 클릭하여 제도 보조 환경을 설정한다. 가장 아래 선부터 그리기 위해 명령행에 'L'을 입력하고 Space Bar 를 누른다. 임의 지점에 시작점을 클릭하고 마우스를 오른쪽 수평 방향으로 이동 후 전체 길이 1400을 입력하고 다시 한 번 Space Bar 를 누른다.

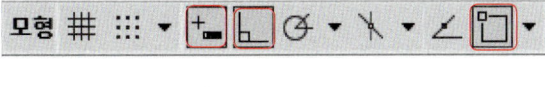

명령 : L Space Bar
첫 번째 점 지정 : [임의 점 클릭]
다음 점 지정 또는 [명령 취소(U)] : 1400 Space Bar
   [마우스를 오른쪽으로 이동 후 거리값 입력]
다음 점 지정 또는 [명령 취소(U)] : Space Bar [명령 종료]

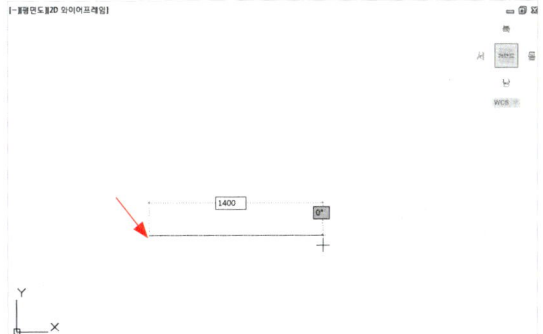

02 간격띄우기로 바닥 부분을 작성하기 위해 명령행에 'O'를 입력하고 Space Bar 를 누른다. 간격띄우기 거리로 100을 입력하고 간격띄우기를 할 객체로 1번 과정에서 그린 선(❶)을 클릭한다. 간격띄우기할 면 지점은 위쪽(❷)을 클릭하고 Space Bar 를 눌러 명령을 종료한다.

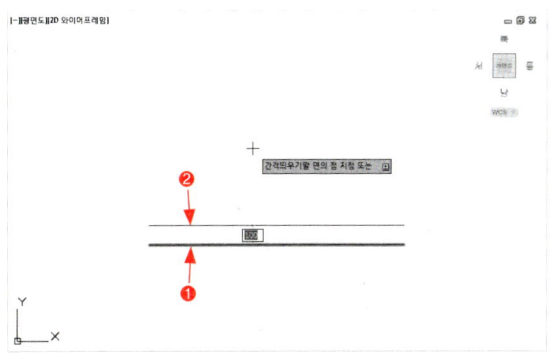

명령 : O [Space Bar] [OFFSET 명령의 단축키 입력]
현재 설정 : 원본 지우기=아니오 도면층=원본 OFFSETGAPTYPE=0
간격띄우기 거리 지정 또는 [통과점(T)/지우기(E)/도면층(L)] <통과점> : 100 [Space Bar] [거리값 입력]
간격띄우기할 객체 선택 또는 [종료(E)/명령 취소(U)] <종료> : [❶번 객체 클릭]
간격띄우기할 면의 점 지정 또는 [종료(E)/다중(M)/명령 취소(U)] <종료> : [❷번 지점 클릭]
간격띄우기할 객체 선택 또는 [종료(E)/명령 취소(U)] <종료 〉: ☐ [명령 종료]

03 명령행에 'L'을 입력하고 [Space Bar]를 누른다. 왼쪽, 오른쪽 수직선을 그려 사각형을 만든다.

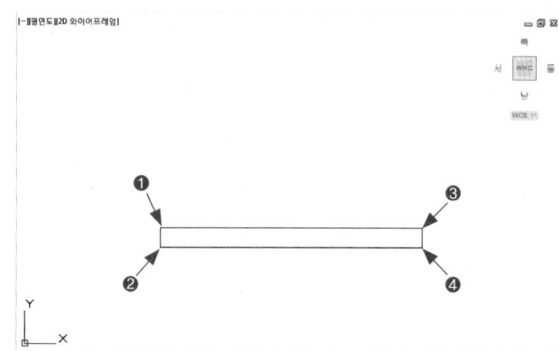

명령 : L [Space Bar]
첫 번째 점 지정 : [❶번 지점 클릭]
다음 점 지정 또는 [명령 취소(U)] : [❷번 지점 클릭]
다음 점 지정 또는 [명령 취소(U)] : [Space Bar] [명령 종료]

명령 : LINE [Space Bar] [LINE(선) 명령 반복 실행]
첫 번째 점 지정 : [❸번 지점 클릭]
다음 점 지정 또는 [명령 취소(U)] : [❹번 지점 클릭]
다음 점 지정 또는 [명령 취소(U)] : [Space Bar] [명령 종료]

04 참조할 선을 작성하기 위해 명령행에 'O'를 입력하고 [Space Bar]를 누른다. 왼쪽/오른쪽(❶, ❸) 수직선을 100만큼 안쪽(❷, ❹)으로 간격띄우기를 한다.

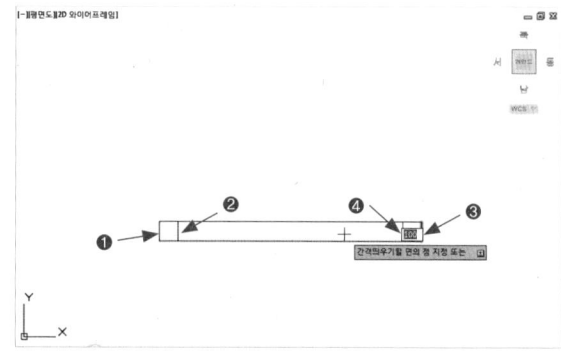

명령 : O [Space Bar] [OFFSET 명령의 단축키 입력]
현재 설정: 원본 지우기=아니오 도면층=원본 OFFS ETGAPTYPE=0
간격띄우기 거리 지정 또는 [통과점(T)/지우기(E)/도면층(L)] <100.0000> : 100 [Space Bar] [거리값 입력]
간격띄우기할 객체 선택 또는 [종료(E)/명령 취소(U)] <종료> : [❶번 객체 클릭]
간격띄우기할 면의 점 지정 또는 [종료(E)/다중(M)/명령 취소(U)] <종료> : [❷번 지점 클릭]
간격띄우기할 객체 선택 또는 [종료(E)/명령 취소(U)] <종료> : [❸번 객체 클릭]
간격띄우기할 면의 점 지정 또는 [종료(E)/다중(M)/명령 취소(U)] <종료> : [❹번 지점 클릭]
간격띄우기할 객체 선택 또는 [종료(E)/명령 취소(U)] <종료> : [Space Bar] [명령 종료]

05 명령행에 'L'을 입력하고 Space Bar 를 누른다. 4번 과정에서 간격띄우기한 선의 끝점(❶)을 시작으로 1725(300+1200+225) 길이로 그린다.

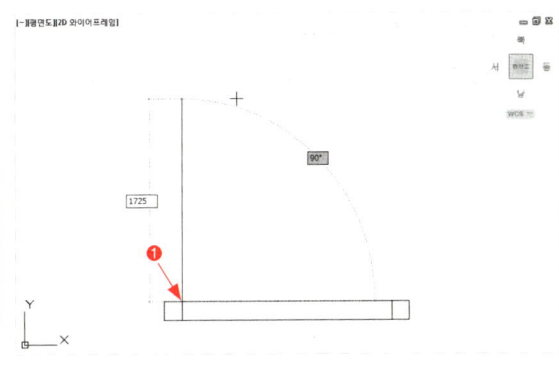

명령: L Space Bar
첫 번째 점 지정 : [❶번 끝점 클릭한 후 마우스를 위로 이동]
다음 점 지정 또는 [명령 취소(U)] : 1725 Space Bar [길이값 입력]
다음 점 지정 또는 [명령 취소(U)] : Space Bar [명령 종료]

06 명령행에 'O'를 입력하고 Space Bar 를 누른다. 왼쪽 수직선(❶)을 150만큼(❷) 간격띄우기를 한다.

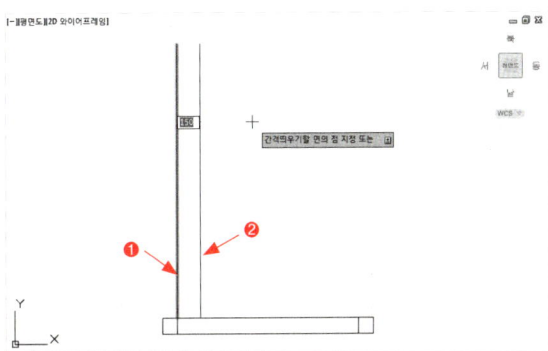

명령 : O Space Bar [OFFSET 명령의 단축키 입력]
현재 설정: 원본 지우기=아니오 도면층=원본 OFFSETGAPTYPE=0
간격띄우기 거리 지정 또는 [통과점(T)/지우기(E)/도면층(L)] <100.0000> : 150 Space Bar [거리값 입력]
간격띄우기할 객체 선택 또는 [종료(E)/명령 취소(U)] <종료> : [❶번 객체 클릭]
간격띄우기할 면의 점 지정 또는 [종료(E)/다중(M)/명령 취소(U)] <종료> : [❷번 지점 클릭]
간격띄우기할 객체 선택 또는 [종료(E)/명령 취소(U)] <종료> : Space Bar [명령 종료]

07 45도 사선을 그리기 위해 명령행에 'XL'을 입력하고 Space Bar 를 누른다. 각도 옵션을 클릭하고 X선의 각도를 45로 입력 후 Space Bar 를 누른다. 오른쪽 수직선의 끝점을 통과점으로 지정하고 구성선을 그린다.

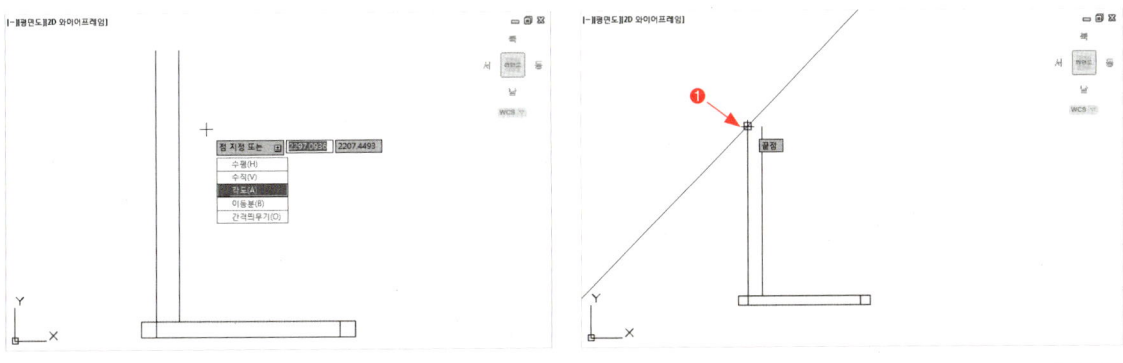

명령 : XL Space Bar
점 지정 또는 [수평(H)/수직(V)/각도(A)/이등분(B)/간격띄우기(O)] : A [각도 옵션 선택]
X선의 각도 입력 (0) 또는 [참조(R)] : 45 [각도 입력]
통과점을 지정 : [❶번 지점 클릭]
통과점을 지정 : Space Bar [명령 종료]

08 명령행에 'O'를 입력하고 Space Bar 를 누른다. 왼쪽 수직선을 선택하여 575(150+425)만큼 간격띄우기를 한다.

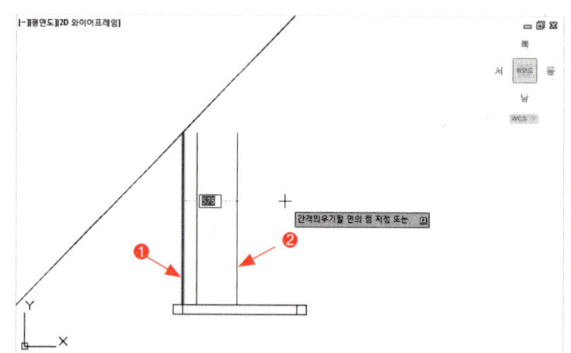

명령 : O Space Bar [OFFSET 명령의 단축키 입력]
현재 설정: 원본 지우기=아니오 도면층=원본 OFFSETGAPTYPE=0
간격띄우기 거리 지정 또는 [통과점(T)/지우기(E)/도면층(L)] <575.0000> : 575 Space Bar [거리값 입력]
간격띄우기할 객체 선택 또는 [종료(E)/명령 취소(U)] <종료> : [❶번 객체 클릭]
간격띄우기할 면의 점 지정 또는 [종료(E)/다중(M)/명령 취소(U)] <종료> : [❷번 지점 클릭]
간격띄우기할 객체 선택 또는 [종료(E)/명령 취소(U)] <종료> : Space Bar [명령 종료]

09 연속해서 45도 사선을 150만큼 오른쪽 방향으로 간격띄우기를 한다.

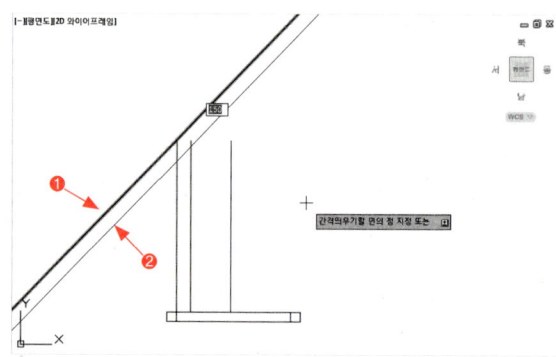

명령 : O Space Bar [OFFSET 명령의 단축키 입력]
현재 설정: 원본 지우기=아니오 도면층=원본 OFFSETGAPTYPE=0
간격띄우기 거리 지정 또는 [통과점(T)/지우기(E)/도면층(L)] <575.0000> : 150 Space Bar [거리값 입력]
간격띄우기할 객체 선택 또는 [종료(E)/명령 취소(U)] <종료> : [❶번 객체 클릭]
간격띄우기할 면의 점 지정 또는 [종료(E)/다중(M)/명령 취소(U)] <종료> : [❷번 지점 클릭]
간격띄우기할 객체 선택 또는 [종료(E)/명령 취소(U)] <종료> : Space Bar [명령 종료]

10 불필요한 객체를 없애기 위해 모깎기 명령만을 이용해 정리한다. 명령행에 'F'를 입력하고 Space Bar 를 누른다. 마우스 오른쪽 버튼을 클릭한 후 바로 가기 메뉴에서 [다중]을 선택하고 남을 객체를 클릭하여 불필요한 객체를 없앤다. 이 때 주의할 점은 반지름 값이 0(❹)으로 설정되어 있는지 확인하고 객체를 클릭한다. 객체가 정리되면 Space Bar 를 눌러 명령을 종료한다.

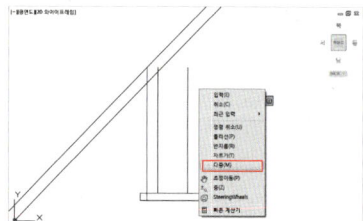 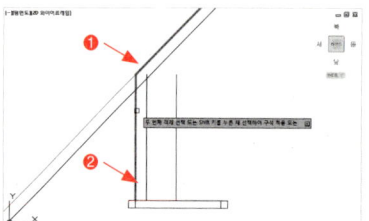 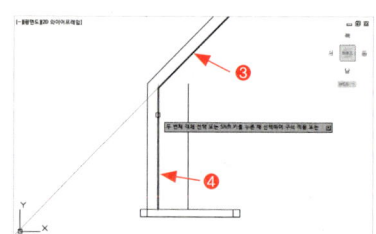

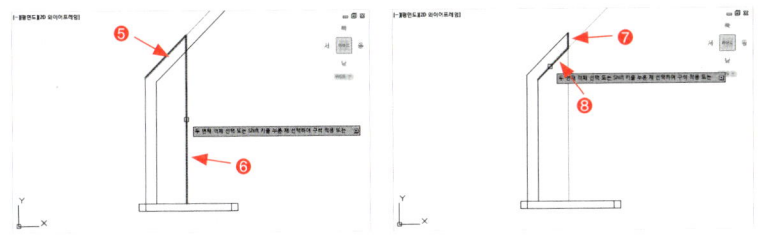

```
명령 : F Space Bar
현재 설정: 모드 = 자르기, 반지름 = 0.0000 Ⓐ
첫 번째 객체 선택 또는 [명령 취소(U)/폴리선(P)/반지름(R)/자르기(T)/다중(M)] : M [다중옵션 선택]
첫 번째 객체 선택 또는 [명령 취소(U)/폴리선(P)/반지름(R)/자르기(T)/다중(M)] : [❶번 객체 클릭]
두 번째 객체 선택 또는 Shift 키를 누른 채 선택하여 구석 적용 또는 [반지름(R)] : [❷번 객체 클릭]
첫 번째 객체 선택 또는 [명령 취소(U)/폴리선(P)/반지름(R)/자르기(T)/다중(M)] : [❸번 객체 클릭]
두 번째 객체 선택 또는 Shift 키를 누른 채 선택하여 구석 적용 또는 [반지름(R)] : [❹번 객체 클릭]
첫 번째 객체 선택 또는 [명령 취소(U)/폴리선(P)/반지름(R)/자르기(T)/다중(M)] : [❺번 객체 클릭]
두 번째 객체 선택 또는 Shift 키를 누른 채 선택하여 구석 적용 또는 [반지름(R)] : [❻번 객체 클릭]
첫 번째 객체 선택 또는 [명령 취소(U)/폴리선(P)/반지름(R)/자르기(T)/다중(M)] : [❼번 객체 클릭]
두 번째 객체 선택 또는 Shift 키를 누른 채 선택하여 구석 적용 또는 [반지름(R)] : [❽번 객체 클릭]
첫 번째 객체 선택 또는 [명령 취소(U)/폴리선(P)/반지름(R)/자르기(T)/다중(M)] : Space Bar [명령 종료]
```

11 반대쪽도 똑같이 작성되도록 대칭 명령을 사용한다. 명령행에 'MI'를 입력하고 Space Bar 를 누른다. 대칭할 객체로 10번 과정에서 마감한 선들을 선택하고 Space Bar 를 눌러 객체 선택을 완료한다.

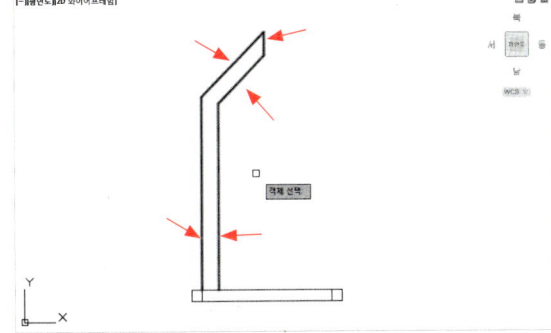

```
명령 : MI Space Bar
객체 선택: 반대 구석 지정 : 5개를 찾음 [대칭할 객체 5개 선택]
객체 선택 : Space Bar [선택 종료]
```

12 대칭선의 첫 번째 점은 아래 수평선의 중간점을 클릭하고, 대칭선의 두 번째 점은 수직의 임의 점을 클릭한다. "원본 객체를 지우시겠습니까?" 물음에 "N(아니오)"를 눌러 대칭 명령을 종료한다.

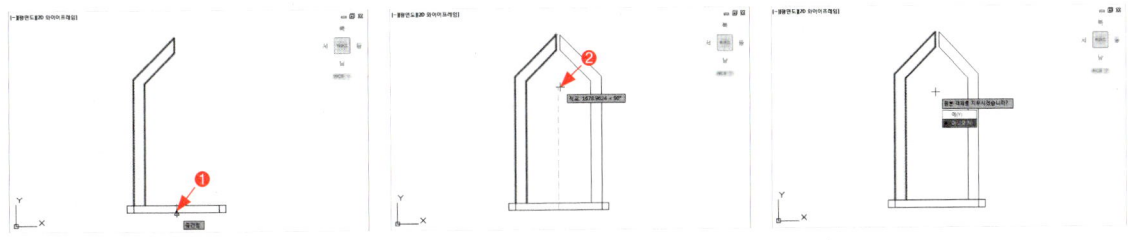

```
대칭선의 첫 번째 점 지정 : [❶번 지점 클릭]
대칭선의 두 번째 점 지정 : [❷번 지점 클릭]
원본 객체를 지우시겠습니까? [예(Y)/아니오(N)] <아니오> : N
```

13 바닥 지지대 부분의 나사를 그려본다. 상세도 "A"를 참조하여 직사각형 명령으로 플레이트를 그린다. 명령행에 'REC'를 입력하고 Space Bar 를 누른다. 첫 번째 구석점은 왼쪽 수평선의 끝점(❶)을 클릭하고 다른 구석점 지정에는 350,10으로 상대 거리를 입력한다. Space Bar 를 눌러 직사각형 명령을 종료한다.

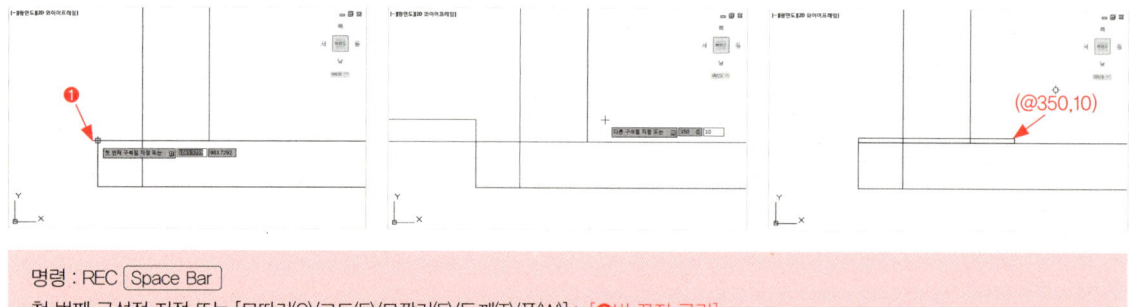

명령 : REC Space Bar
첫 번째 구석점 지정 또는 [모따기(C)/고도(E)/모깎기(F)/두께(T)/폭(W)] : [❶번 끝점 클릭]
다른 구석점 지정 또는 [영역(A)/치수(D)/회전(R)]: @350,10 Space Bar [상대거리값 입력]

14 나사 부분을 만들기 위해 직사각형을 52×20, 32×30 2개를 작성한다. 명령행에 'REC'를 입력하고 Space Bar 를 누른다. 첫 번째 구석점은 임의 점(❶)을 클릭하고 다른 구석점 지정에는 52,20으로 상대 거리를 입력한다. 다시 Space Bar 를 눌러 직사각형 명령을 반복 실행한 후 첫 번째 구석점은 임의 점(❷)을 클릭하고, 다른 구석점 지정에는 32,30으로 상대 거리를 입력한다.

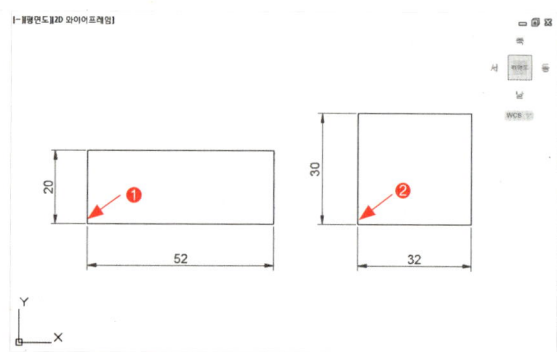

명령 : REC Space Bar
첫 번째 구석점 지정 또는 [모따기(C)/고도(E)/모깎기(F)/두께(T)/폭(W)] : [❶번 지점 클릭]
다른 구석점 지정 또는 [영역(A)/치수(D)/회전(R)]: @52,20 Space Bar [상대거리값 입력]
명령 : REC Space Bar
첫 번째 구석점 지정 또는 [모따기(C)/고도(E)/모깎기(F)/두께(T)/폭(W)] : [❷번 지점 클릭]
다른 구석점 지정 또는 [영역(A)/치수(D)/회전(R)]: @32,30 Space Bar [상대 거리값 입력]

15 중간점 그립을 이용해 직사각형을 이동해본다. 직사각형 하나를 먼저 클릭한 후 오른쪽 버튼을 클릭하여 바로 가기 메뉴에서 [이동]을 클릭한다. 커서를 아래 수평선의 중간점 부분에 갖다대고 중간점 객체 스냅이 보이면 클릭한다.

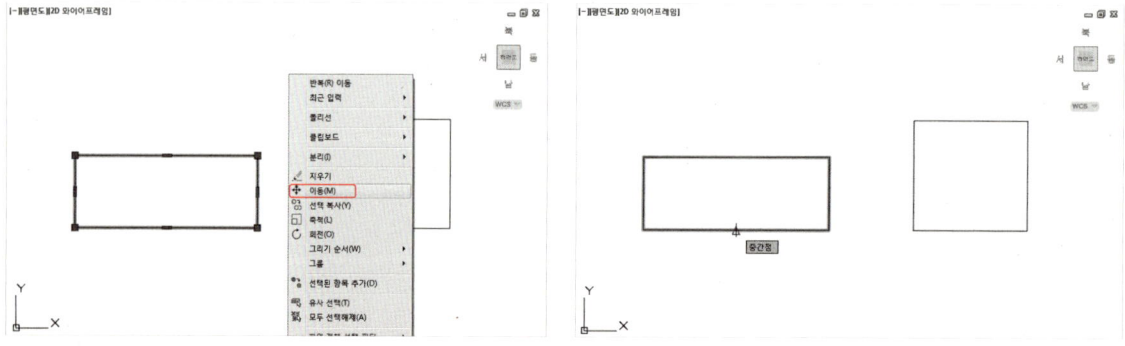

명령 : _move 1개를 찾음 [객체 선택한 후 오른쪽 바로 가기 메뉴에서 이동 선택]
기준점 지정 또는 [변위(D)] 〈변위〉 : [이동할 객체의 기준점(중간점) 클릭]

16 두 번째 지정은 오른쪽 사각형의 아래 수평선 중간점을 클릭한다.

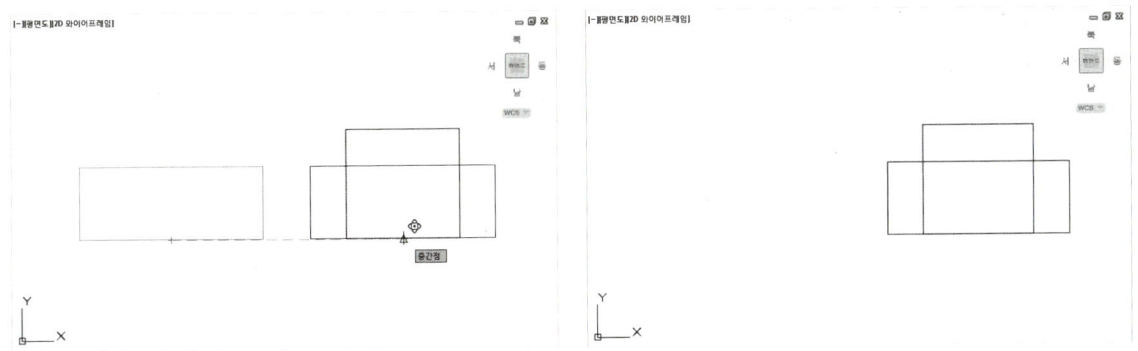

두 번째 점 지정 또는 〈첫 번째 점을 변위로 사용〉: [이동할 위치(중간점)를 클릭]

17 16번 과정에서 만든 2개 사각형을 플레이트로 이동해본다. 2개 객체를 선택하고 오른쪽 버튼을 클릭하여 바로 가기 메뉴에서 [이동]을 클릭한다. 기준점은 나사의 중간점(❶)을 클릭하고, 두 번째 점은 플레이트와 만나는 교차점(❷)을 클릭한다. Space Bar 를 클릭해 직교 모드를 끈 상태에서 이동 지점을 확인한다.

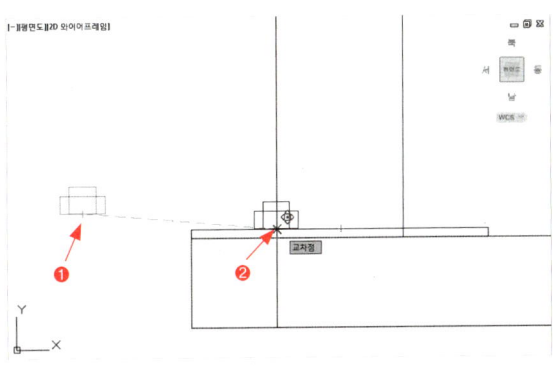

명령: _move 2개를 찾음 [이동할 객체 선택한 후 오른쪽 버튼을 클릭하여 바로 가기 메뉴에서 이동 선택]
기준점 지정 또는 [변위(D)] 〈변위〉: [❶번 중간점 클릭]
두 번째 점 지정 또는 〈첫 번째 점을 변위로 사용〉: 〈직교 끄기〉 [❷번 교차점 클릭]

18 나사를 복사하기 위해 명령행에 'CP'를 입력하고 Space Bar 를 누른다. 나사를 선택한 후 기본점은 중간점(❶)을 클릭하고, 두 번째 점은 나사가 복사될 곳의 교차점(❷)을 클릭한다. 다시 Space Bar 를 눌러 복사 명령을 종료한다.

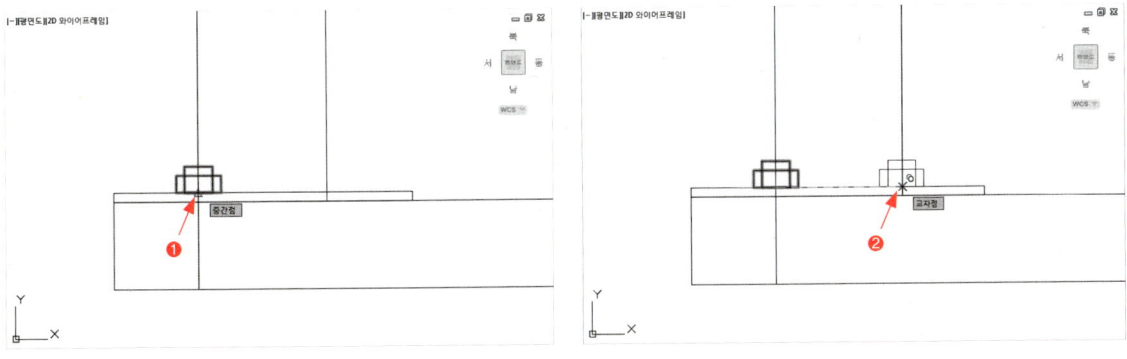

명령: CP Space Bar
객체 선택: 1개를 찾음
객체 선택: 1개를 찾음, 총 2개 [객체 선택]
객체 선택: Space Bar [선택 종료]

현재 설정: 복사 모드 = 다중(M)
기본점 지정 또는 [변위(D)/모드(O)] 〈변위〉: [❶번 중간점 클릭]
두 번째 점 지정 또는 [배열(A)] 〈첫 번째 점을 변위로 사용〉: [❷번 교차점 클릭]
두 번째 점 지정 또는 [배열(A)/종료(E)/명령 취소(U)] 〈종료〉: Space Bar [명령 종료]

19 오른쪽도 나사와 플레이트 생성을 위해 명령행에 'MI'를 입력하고 Space Bar 를 누른다. 대칭할 객체로 플레이트와 나사를 윈도우 옵션을 이용해 선택하고 Space Bar 를 눌러 객체 선택을 완료한다. 대칭선의 첫 번째 점은 수평선의 중간점❶을 클릭하고, 두 번째 점은 F8 를 클릭해 직교 모드 전환한 후 그대로 커서를 위방향으로 하고 수직선 상 임의 지점(❷)을 클릭한다. "원본 객체를 지우시겠습니까?" 물음에 "N(아니오)"를 입력하여 대칭 명령을 종료한다.

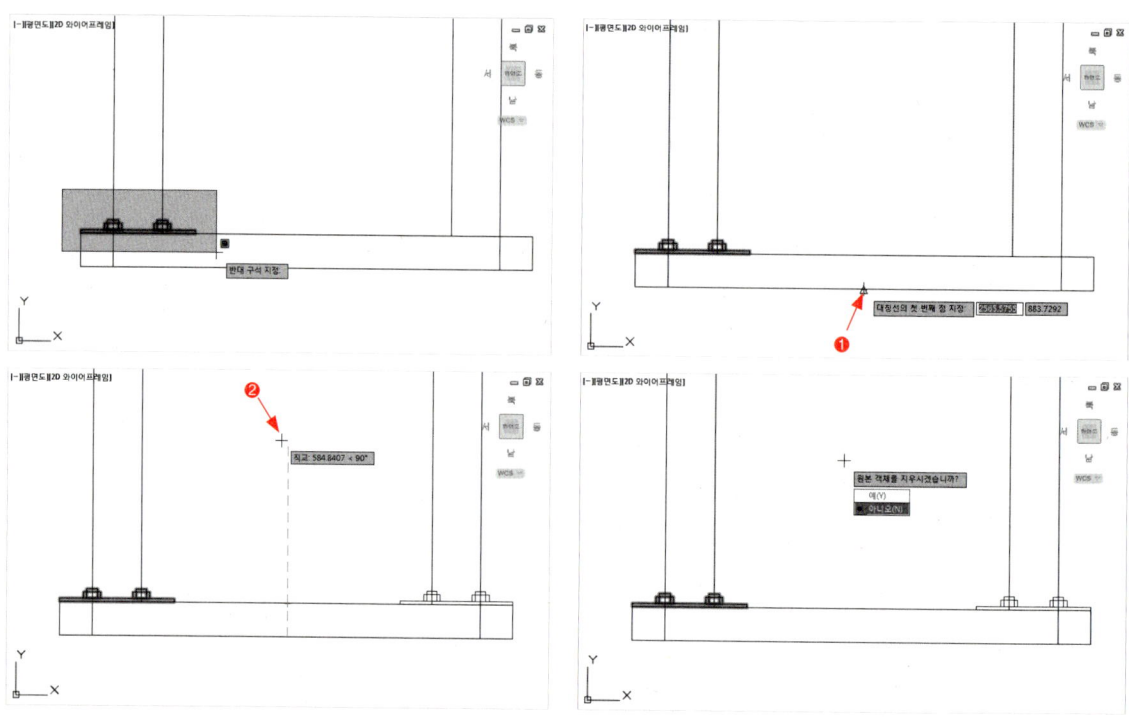

명령 : MI Space Bar
객체 선택 : 반대 구석 지정 : 5개를 찾음 [객체 선택]
객체 선택 : Space Bar [선택 종료]
대칭선의 첫 번째 점 지정 : [❶번 중간점 클릭]
대칭선의 두 번째 점 지정 : [직교 모드로 ❷번 임의 지점 클릭]
원본 객체를 지우시겠습니까? [예(Y)/아니오(N)] 〈아니오〉 : N [원본 객체 유지]

20 나사는 직사각형 명령의 폴리선이므로 분해하여 개별 객체로 만든다. 명령행에 'X'를 입력하고 Space Bar 를 누른다. 객체 선택으로 32×30 나사 4개를 선택한 후

명령 : X Space Bar [EXPLODE 명령 단축키 입력]
객체 선택 : 1개를 찾음
객체 선택 : 1개를 찾음, 총 2개
객체 선택 : 1개를 찾음, 총 3개
객체 선택 : 1개를 찾음, 총 4개 [차례로 4개 객체 선택]
객체 선택 : Space Bar [선택 종료]

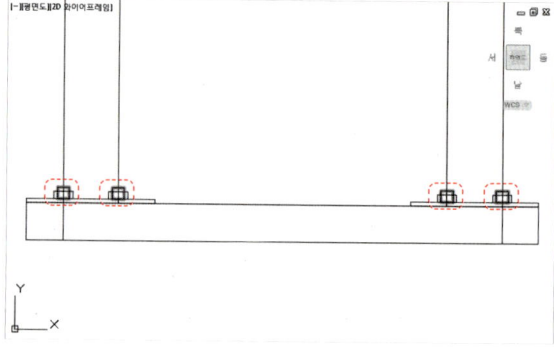

21 나사 부분의 불필요한 객체는 자르기 명령으로 없앤다. 명령행에 'TR'를 입력하고 [Space Bar]를 누른다. 자르기 경계로 나사의 가장 위 부분(❶, ❷)을 선택하고 [Space Bar]를 누른다. 자를 객체(수직선(❸, ❹))를 클릭하여 불필요한 선들을 정리한다. 왼쪽 부분 실행 후 오른쪽 부분도 반복 자르기 명령으로 불필요 선들을 삭제한다.

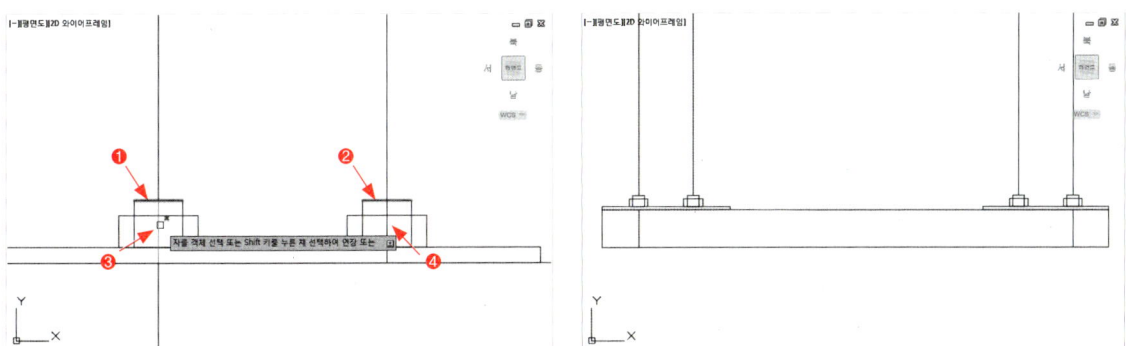

명령 : TR [Space Bar]
현재 설정: 투영=UCS 모서리=연장
절단 모서리 선택 …
객체 선택 또는 <모두 선택>: 반대 구석 지정: 2개를 찾음 [자르기 경계로 ❶번, ❷번 객체 클릭]
객체 선택: [Space Bar] [선택 종료]
자를 객체 선택 또는 [Shift]를 누른 채 선택하여 연장 또는 [울타리(F)/걸치기(C)/프로젝트(P)/모서리(E)/지우기(R)/명령 취소(U)] :
[❸번, ❹번 객체 클릭]
자를 객체 선택 또는 [Shift]를 누른 채 선택하여 연장 또는 [울타리(F)/걸치기(C)/프로젝트(P)/모서리(E)/지우기(R)/명령 취소(U)] :
[Space Bar] [명령 종료]

22 안내판 프레임 부분을 그려본다. 단축키 'O'를 입력하고 [Space Bar]를 누른다. 위에 있는 수평선(❶)을 기준으로 거리값을 300, 50, 1100, 50만큼 간격띄우기를 한다.

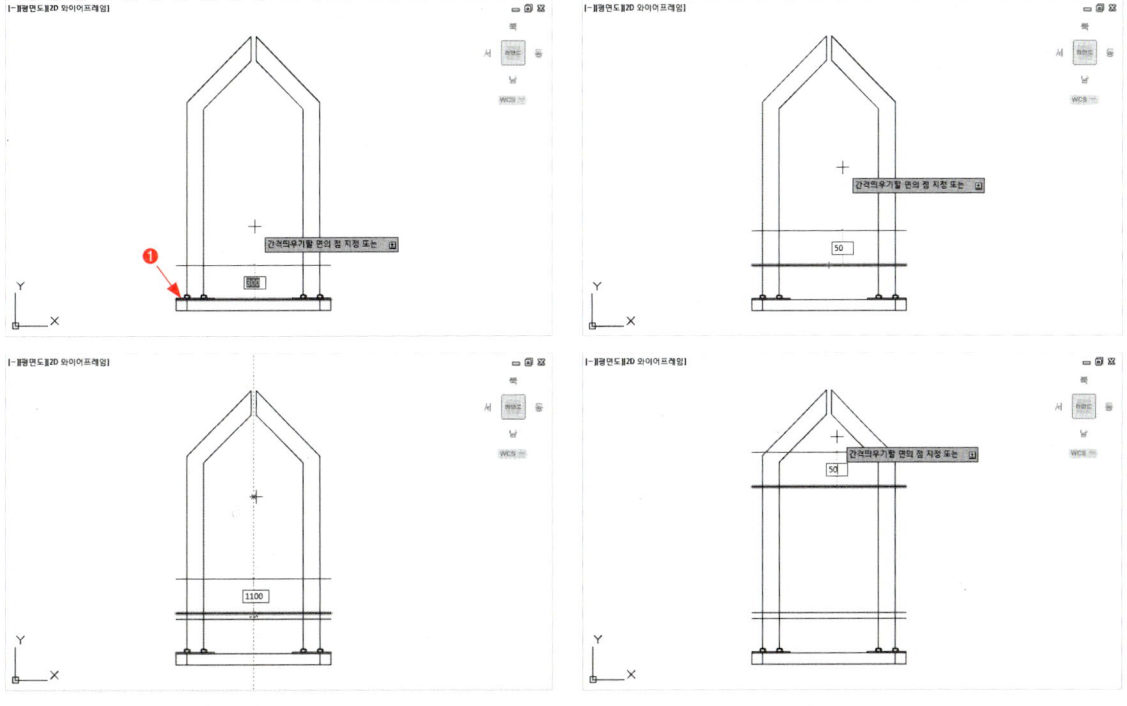

```
명령 : O Space Bar
현재 설정 : 원본 지우기=아니오  도면층=원본  OFFSETGAPTYPE=0
간격띄우기 거리 지정 또는 [통과점(T)/지우기(E)/도면층(L)] <50.0000> : 300 Space Bar   [거리값 입력]
간격띄우기할 객체 선택 또는 [종료(E)/명령 취소(U)] <종료> : [❶번 객체 클릭]
간격띄우기할 면의 점 지정 또는 [종료(E)/다중(M)/명령 취소(U)] <종료> : [커서를 위방향으로 하고 임의 지점 클릭]
간격띄우기할 객체 선택 또는 [종료(E)/명령 취소(U)] <종료> : [300을 간격띄우기한 객체 선택]
간격띄우기할 면의 점 지정 또는 [종료(E)/다중(M)/명령 취소(U)] <종료> : 50 Space Bar   [커서를 위로 이동 후 거리값 입력]
간격띄우기할 객체 선택 또는 [종료(E)/명령 취소(U)] <종료> : [50을 간격띄우기한 객체 선택]
간격띄우기할 면의 점 지정 또는 [종료(E)/다중(M)/명령 취소(U)] <종료> : 1100 Space Bar   [커서를 위로 이동 후 거리값 입력]
간격띄우기할 객체 선택 또는 [종료(E)/명령 취소(U)] <종료> : [1100을 간격띄우기한 객체 선택]
간격띄우기할 면의 점 지정 또는 [종료(E)/다중(M)/명령 취소(U)] <종료> : 50 Space Bar   [커서를 위로 이동 후 거리값 입력]
간격띄우기할 객체 선택 또는 [종료(E)/명령 취소(U)] <종료> : Space Bar   [명령 종료]
```

23 왼쪽/오른쪽 수직선을 50만큼 간격띄우기를 한다. 명령행에 'O'를 입력하고 Space Bar 를 누른다. 간격띄우기 거리로 50을 입력하고 Space Bar 를 누른다. 간격띄우기할 객체로 왼쪽/오른쪽(❶, ❷)의 수직선을 클릭하고 각각 안쪽 지점을 지정한 후 Space Bar 를 눌러 간격띄우기 명령을 종료한다.

```
명령 : O Space Bar
현재 설정: 원본 지우기=아니오  도면층=원본  OFFSETGAPTYPE=0
간격띄우기 거리 지정 또는 [통과점(T)/지우기(E)/도면층(L)] <50.0000> : 50 Space Bar   [거리값 입력]
간격띄우기할 객체 선택 또는 [종료(E)/명령 취소(U)] <종료> : [❶번 왼쪽 수직선 선택]
간격띄우기할 면의 점 지정 또는 [종료(E)/다중(M)/명령 취소(U)] <종료> : [커서를 오른쪽 방향으로 하고 임의 지점 클릭]
간격띄우기할 객체 선택 또는 [종료(E)/명령 취소(U)] <종료> : [❷번 오른쪽 수직선 선택]
간격띄우기할 면의 점 지정 또는 [종료(E)/다중(M)/명령 취소(U)] <종료> : [커서를 왼쪽 방향으로 하고 임의 지점 클릭]
간격띄우기할 객체 선택 또는 [종료(E)/명령 취소(U)] <종료 > : Space Bar   [명령 종료]
```

24 프레임 안쪽 부분의 불필요한 선을 정리하기 위해 명령행에 'F'를 입력하고 Space Bar 를 누른다. 마우스 오른쪽 버튼을 클릭한 후 바로 가기 메뉴에서 [다중]을 선택하고 남을 객체를 클릭하여 불필요한 객체를 없앤다. 이 때 주의할 점은 반지름 값이 0으로 설정되어 있는지 확인하고 객체를 클릭한다. 객체가 정리되면 Space Bar 를 눌러 명령을 종료한다.

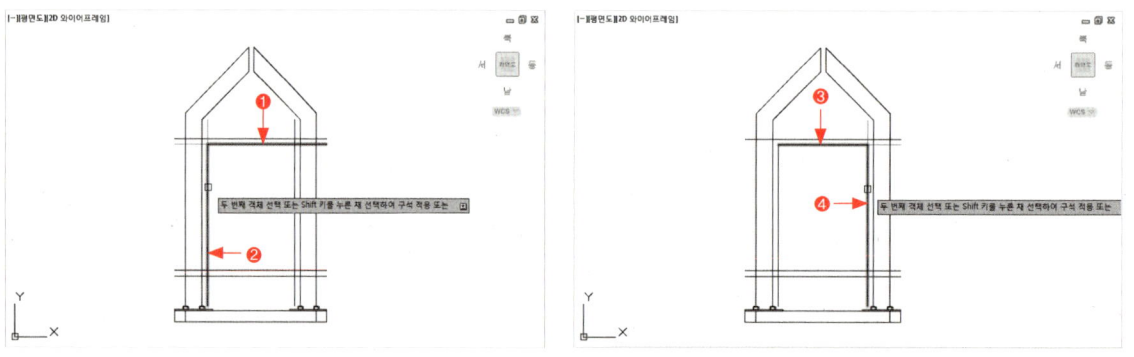

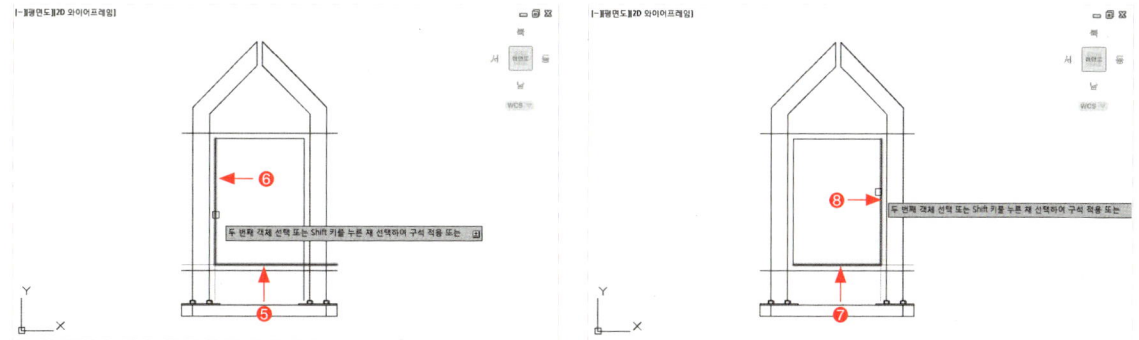

```
명령 : F Space Bar
현재 설정: 모드 = 자르기, 반지름 = 0.0000
첫 번째 객체 선택 또는 [명령 취소(U)/폴리선(P)/반지름(R)/자르기(T)/다중(M)] : M [다중 옵션 선택]
첫 번째 객체 선택 또는 [명령 취소(U)/폴리선(P)/반지름(R)/자르기(T)/다중(M)] : [❶번 객체 클릭]
두 번째 객체 선택 또는 [ Shift ] 키를 누른 채 선택하여 구석 적용 또는 [반지름(R)] : [❷번 객체 클릭]
첫 번째 객체 선택 또는 [명령 취소(U)/폴리선(P)/반지름(R)/자르기(T)/다중(M)] : [❸번 객체 클릭]
두 번째 객체 선택 또는 [ Shift ] 키를 누른 채 선택하여 구석 적용 또는 [반지름(R)] : [❹번 객체 클릭]
첫 번째 객체 선택 또는 [명령 취소(U)/폴리선(P)/반지름(R)/자르기(T)/다중(M)] : [❺번 객체 클릭]
두 번째 객체 선택 또는 [ Shift ] 키를 누른 채 선택하여 구석 적용 또는 [반지름(R)] : [❻번 객체 클릭]
첫 번째 객체 선택 또는 [명령 취소(U)/폴리선(P)/반지름(R)/자르기(T)/다중(M)] : [❼번 객체 클릭]
두 번째 객체 선택 또는 [ Shift ] 키를 누른 채 선택하여 구석 적용 또는 [반지름(R)] : [❽번 객체 클릭]
첫 번째 객체 선택 또는 [명령 취소(U)/폴리선(P)/반지름(R)/자르기(T)/다중(M)] : Space Bar [명령 종료]
```

25 불필요한 선들을 정리하기 위해 자르기 명령을 실행한다. 명령행에 'TR'를 입력하고 Space Bar 를 누른다. 자르기 경계로 왼쪽/오른쪽 수직선(❶, ❷)을 선택하고 Space Bar 를 누른다. 자를 객체를 4개소(❸~❻)를 클릭하여 불필요한 선들을 정리하고 Space Bar 를 눌러 명령을 종료한다.

```
명령 : TR Space Bar
현재 설정: 투영=UCS 모서리=연장
절단 모서리 선택 ...
객체 선택 또는 <모두 선택> : 반대 구석 지정: 2개를 찾음 [자르기 경계로 ❶번, ❷번 객체 클릭]
객체 선택 : Space Bar [선택 종료]
자를 객체 선택 또는 [ Shift ] 키를 누른 채 선택하여 연장 또는 [울타리(F)/걸치기(C)/프로젝트(P)/모서리(E)/지우기(R)/명령 취소(U)] : [❸번
~❻번 객체 클릭]
자를 객체 선택 또는 [ Shift ] 키를 누른 채 선택하여 연장 또는 [울타리(F)/걸치기(C)/프로젝트(P)/모서리(E)/지우기(R)/명령 취소(U)] :
Space Bar [명령 종료]
```

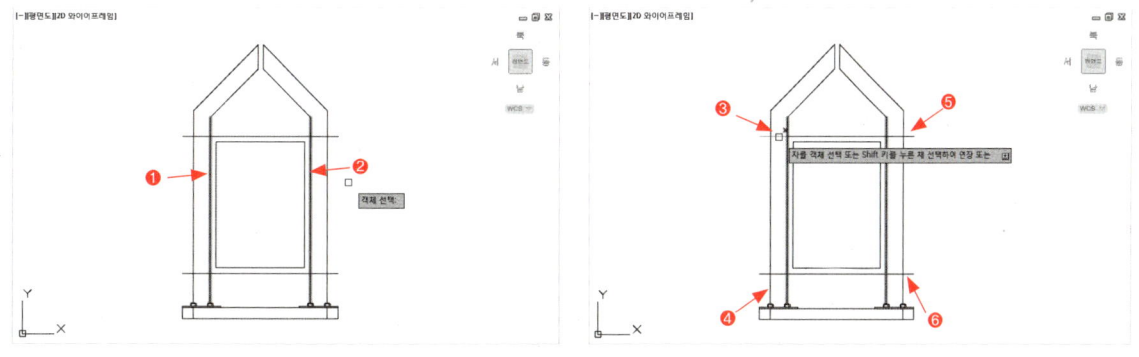

26 프레임 안쪽의 사각형들을 그려본다. 먼저 사각형이 자리할 기준선부터 그려본다. 명령행에 'O'를 입력하고 Space Bar 를 누른다. 간격띄우기 거리로 100을 입력하고 Space Bar 를 누른다. 프레임 안쪽의 상하좌우 선 ❶~❹들을 클릭해 안쪽으로 간격띄우기를 한다.

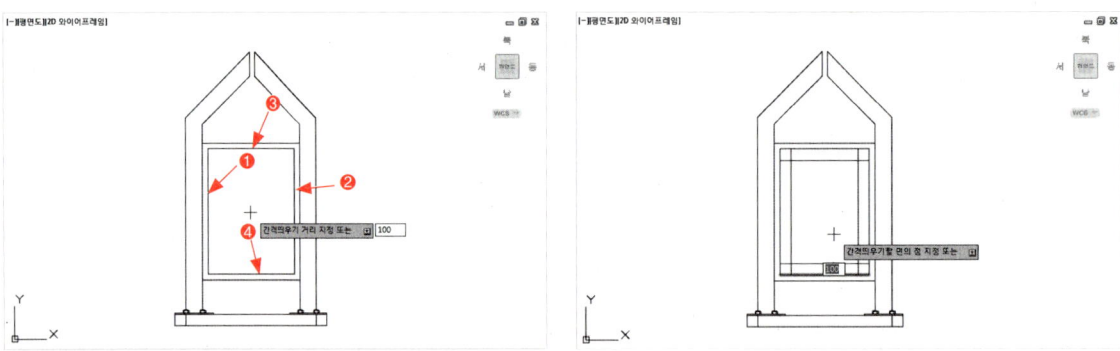

명령 : O Space Bar
현재 설정: 원본 지우기=아니오 도면층=원본 OFFSETGAPTYPE=0
간격띄우기 거리 지정 또는 [통과점(T)/지우기(E)/도면층(L)] <50.0000> : 100 Space Bar [거리값 입력]
간격띄우기할 객체 선택 또는 [종료(E)/명령 취소(U)] <종료> : [왼쪽 수직선 선택]
간격띄우기할 면의 점 지정 또는 [종료(E)/다중(M)/명령 취소(U)] <종료> : [커서를 오른쪽 방향으로 하고 임의 지점 클릭]
간격띄우기할 객체 선택 또는 [종료(E)/명령 취소(U)] <종료> : [오른쪽 수직선 선택]
간격띄우기할 면의 점 지정 또는 [종료(E)/다중(M)/명령 취소(U)] <종료> : [커서를 왼쪽 방향으로 하고 임의 지점 클릭]
간격띄우기할 객체 선택 또는 [종료(E)/명령 취소(U)] <종료> : [위 수평선 선택]
간격띄우기할 면의 점 지정 또는 [종료(E)/다중(M)/명령 취소(U)] <종료> : [커서를 아래 방향으로 하고 임의 지점 클릭]
간격띄우기할 객체 선택 또는 [종료(E)/명령 취소(U)] <종료> : [아래 수평선 선택]
간격띄우기할 면의 점 지정 또는 [종료(E)/다중(M)/명령 취소(U)] <종료> : [커서를 위 방향으로 하고 임의 지점 클릭]
간격띄우기할 객체 선택 또는 [종료(E)/명령 취소(U)] <종료> : Space Bar [명령 종료]

27 600×600, 600×100 크기의 직사각형 2개를 작성하기 위해 명령행에 'REC'를 입력하고 Space Bar 를 누른다. 첫 번째 구석점(❶)은 임의 점을 클릭하고 다른 구석점 지정에는 600,600으로 상대 거리를 입력한다. 다시 Space Bar 를 눌러 직사각형 명령을 실행 후 첫 번째 구석점(❷)은 임의 점을 클릭하고 다른 구석점 지정에는 600,100으로 상대 거리를 입력한다.

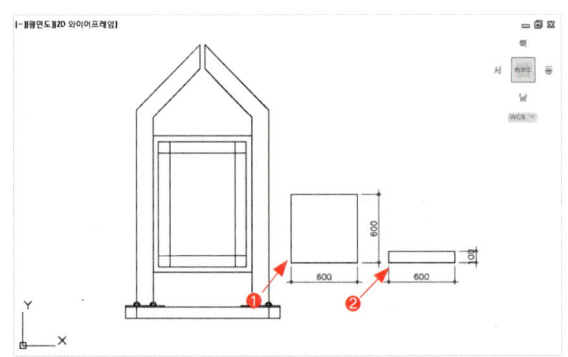

명령 : REC Space Bar
첫 번째 구석점 지정 또는 [모따기(C)/고도(E)/모깎기(F)/두께(T)/폭(W)] : [❶번 지점 클릭]
다른 구석점 지정 또는 [영역(A)/치수(D)/회전(R)]: @600,600 Space Bar [상대거리값 입력]
명령 : REC Space Bar
첫 번째 구석점 지정 또는 [모따기(C)/고도(E)/모깎기(F)/두께(T)/폭(W)] : [❷번 지점 클릭]
다른 구석점 지정 또는 [영역(A)/치수(D)/회전(R)]: @600,100 Space Bar [상대거리값 입력]

28 직사각형을 해당 위치로 이동한다. 명령행에 'M'을 입력하고 Space Bar 를 누른다. 왼쪽 사각형을 선택하고 기준점은 왼쪽 아래 지점(❶)을 클릭한 후 두 번째 지점은 참조선의 교차점(❷)을 지정한다.

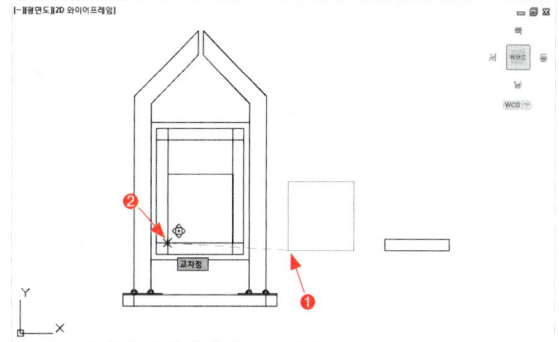

명령 : M Space Bar [MOVE 명령 단축키 입력]
객체 선택: 반대 구석 지정 : 1개를 찾음 [객체 선택]
객체 선택 : Space Bar [객체 선택 종료]
기준점 지정 또는 [변위(D)] 〈변위〉 : [❶번 끝점 클릭]
두 번째 점 지정 또는 〈첫 번째 점을 변위로 사용〉 : [❷번 교차점 클릭]

29 작은 사각형 역시 MOVE(이동) 명령으로 기준점은 왼쪽 위 지점(❶)을 클릭하고 두 번째 지점은 참조선의 교차점(❷)을 지정하여 이동한다.

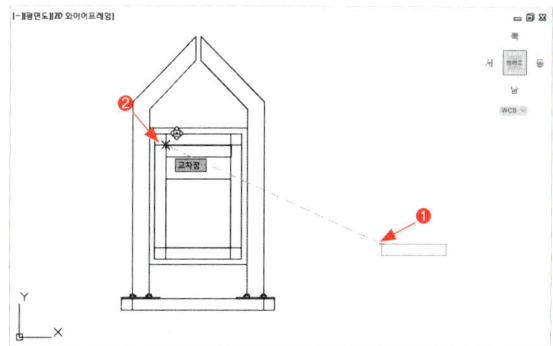

명령 : M Space Bar [MOVE 명령 단축키 입력]
객체 선택: 반대 구석 지정 : 1개를 찾음 [객체 선택]
객체 선택 : Space Bar [객체 선택 종료]
기준점 지정 또는 [변위(D)] 〈변위〉 : [❶번 끝점 클릭]
두 번째 점 지정 또는 〈첫 번째 점을 변위로 사용〉 : [❷번 교차점 클릭]

30 마지막으로 불필요한 참조선 4개와 바닥 부분의 수직선 2개소를 클릭하여 Delete 를 지운다.

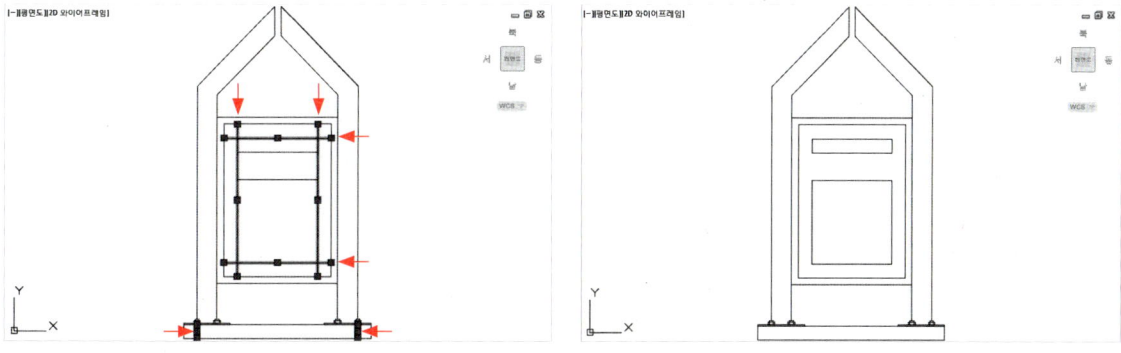

Chapter 08 : 도면 작업 능률을 높이는 명령

사용 빈도는 높지 않지만 알아두면 편리한 효율적인 명령들을 소개한다.

그리기 명령으로는 스플라인, 등분할, 길이분할, 영역, 구름형 리비전을, 편집 명령으로는 분해, 배열, 공간 변경, 길이 조정, 정렬, 끊기와 점에서 끊기, 결합, 중복 객체 삭제, 객체 그리기 순서 명령을 다룬다.

01 그리기 명령

1-1. SPLINE(스플라인)

스플라인은 자유 곡선이 많은 지도의 등고선 등 부드러운 곡선을 그릴 때 주로 사용한다.

스플라인은 맞춤점 또는 조정 정점으로 정의된다. 기본적으로 맞춤점은 스플라인과 일치하는 반면 조정 정점은 조정 프레임을 정의한다. 조정 프레임을 사용하면 스플라인의 형태를 편리하게 지정할 수 있다.

> ▶ 실행 방법
> • 리본 : [홈] 탭-[그리기] 패널-스플라인 아이콘(N)
> • 메뉴 : [그리기(D)]-[스플라인(S)]
> • 명령 입력 : SPLINE
> • 단축키 : SPL

▶ 스플라인 작성하기

정점을 먼저 지정하고 정점을 따라 스플라인을 작성해 등고선의 일부를 작성해본다.

01 예제 파일을 불러온다. 상태 막대의 [객체 스냅]에 마우스 오른쪽 버튼을 클릭한 후 바로 가기 메뉴에서 [객체 스냅 설정..]을 선택한다. [제도 설정] 대화상자에서 [모두 지우기]를 클릭하고 [객체 스냅 모드]의 [노드]를 체크한 후 [확인] 버튼을 클릭하고 대화상자를 닫는다.

■ 예제 파일 : Chapter08₩스플라인 작성.dwg   ▶ 스플라인 작성하기

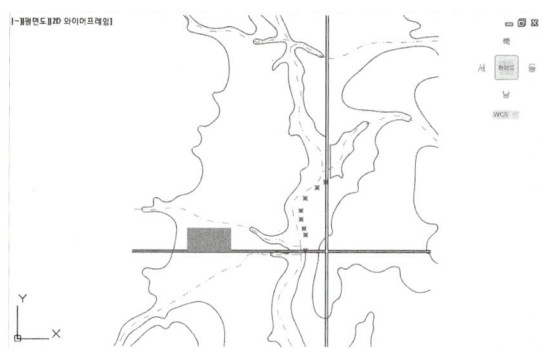 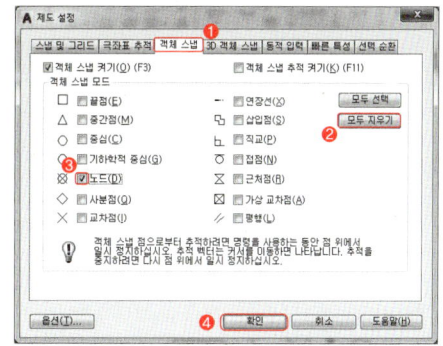

02 [홈] 탭-[그리기] 패널을 확장해서 [스플라인 맞춤]을 클릭하거나 명령행에 'SPL'을 입력하고 Space Bar 를 누른다.

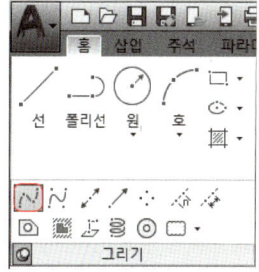

명령 : SPL Space Bar
현재 설정: 메서드=맞춤 매듭=현

03 아래 범위를 줌 확대하고 가장 아래 보라색 점을 클릭한다. 남은 7개점을 아래에서 위로 차례로 클릭한 후 Space Bar 를 누른다.

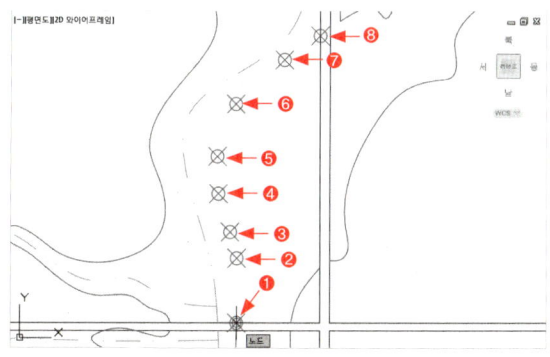 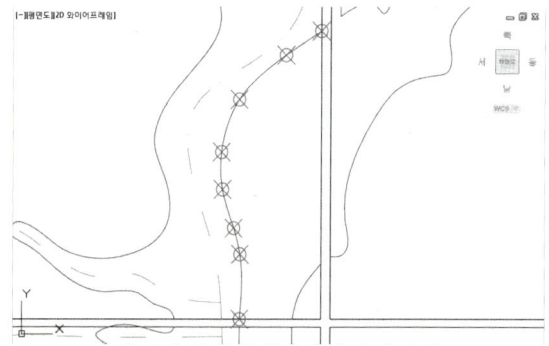

첫 번째 점 지정 또는 [메서드(M)/매듭(K)/객체(O)] : [가장 아래 보라색 노드 ❶번 클릭]
다음 점 입력 또는 [시작 접촉부(T)/공차(L)] : [두 번째 노드 ❷번 클릭]
다음 점 입력 또는 [끝 접촉부(T)/공차(L)/명령 취소(U)] : [세 번째 노드 ❸번 클릭]
다음 점 입력 또는 [끝 접촉부(T)/공차(L)/명령 취소(U)/닫기(C)] : [네 번째 노드 ❹번 클릭]
다음 점 입력 또는 [끝 접촉부(T)/공차(L)/명령 취소(U)/닫기(C)] : [다섯 번째 노드 ❺번 클릭]
다음 점 입력 또는 [끝 접촉부(T)/공차(L)/명령 취소(U)/닫기(C)] : [여섯 번째 노드 ❻번 클릭]
다음 점 입력 또는 [끝 접촉부(T)/공차(L)/명령 취소(U)/닫기(C)] : [일곱 번째 노드 ❼번 클릭]
다음 점 입력 또는 [끝 접촉부(T)/공차(L)/명령 취소(U)/닫기(C)] : [여덟 번째 노드 ❽번 클릭]
다음 점 입력 또는 [끝 접촉부(T)/공차(L)/명령 취소(U)/닫기(C)] : Space Bar [명령 종료]

04 다기능 그립 옵션을 사용하여 접선 방향을 변경하기 위해 스플라인을 선택하여 그립을 표시한다. 가장 마지막 클릭한 점에 커서를 갖다대고 옵션 메뉴에서 [접선 방향]을 클릭한다.

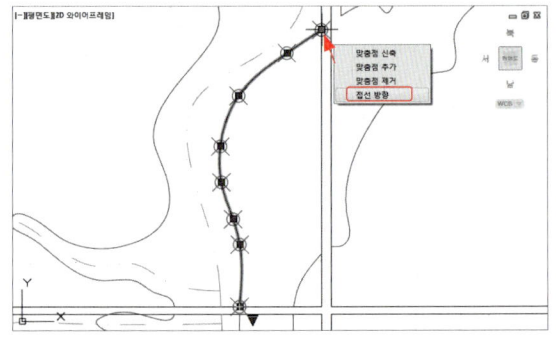

05 스플라인 형상을 확인하면서 임의 점을 클릭하고 접선 방향을 지정한다. 취소할 경우는 Esc 를 누른다.

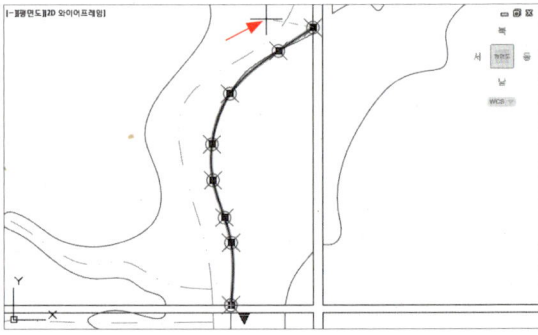

> **TIP** 접선 방향을 지정하면 스플라인의 시작, 종료 세그먼트 방향을 지정할 수가 있게 된다. 그립 메뉴에 [접선 방향] 옵션 표시는 시작점과 끝점 그립에만 보인다

06 맞춤을 조정 정점으로 수정해서 스플라인을 조정해본다. 객체를 선택한 상태에서 삼각 표시 그립을 클릭하여 [조정 정점]을 클릭한다. 그리고 조정 정점을 클릭하여 스플라인을 조정한다.

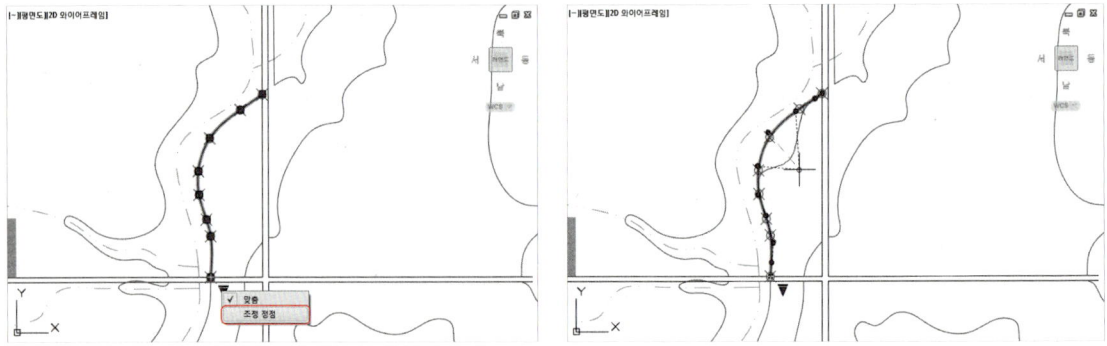

1-2. DIVIDE(등분할)

객체의 길이 또는 둘레를 따라 일정한 간격으로 점 객체 또는 블록을 작성한다. 등분할을 적용할 단일 기하학적 객체(예: 선, 폴리선, 호, 원, 타원 또는 스플라인)를 지정한 다음에 객체를 선택하면 동일한 간격으로 점이나 블록을 배치한다. 작성되는 점 객체 수는 지정한 세그먼트 수보다 한 개 적다. 도면에 있는 모든 점 객체의 스타일과 크기를 설정하려면 PTYPE(점스타일)을 사용한다.

> ▶ 실행 방법
>
> - 리본 : [홈] 탭-[그리기] 패널-등분할 아이콘( )
> - 메뉴 : [그리기(D)]-[점(O)]-[등분할(D)]
> - 명령 입력 : DIVIDE
> - 단축키 : DIV

▶ 등분할을 이용하여 원형 화단 만들기

같은 면적의 화단을 조성하기 위해서 DIVIDE(등분할) 명령으로 분할 후 구획선을 그려본다.

01 예제 파일을 불러온다.

- 예제 파일 : Chapter08₩등분할.dwg
- 등분할을 이용하여 원형 화단 만들기

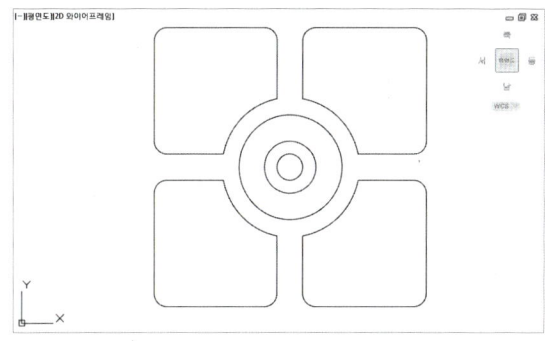

02 가운데에 원형 화단을 만들기 위해 우선 점스타일을 조정한다. [홈] 탭-[유틸리티] 패널-[점스타일]을 클릭한다. [점 스타일] 대화상자에서 점이 잘 보이도록 스타일을 선택하고 [확인] 버튼을 클릭한다.

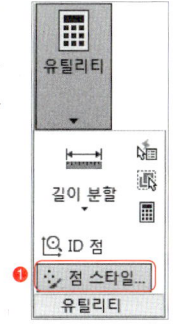 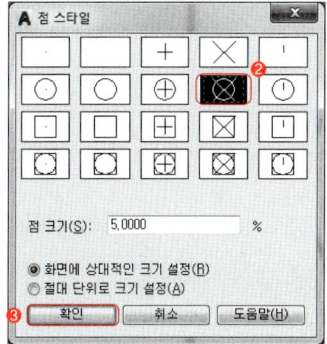

03 가운데 원형 부분을 8등분을 해본다. 명령행에 'DIV'를 입력하고 Space Bar 를 누른다. 등분할 객체로 안쪽에서 2번째 원(❶)을 선택하고 세그먼트 개수를 8로 입력하고 Space Bar 를 누른다.

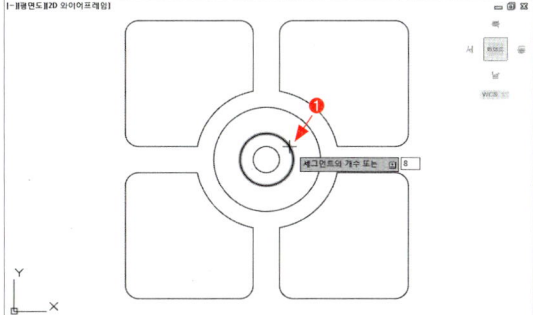

명령 : DIV Space Bar [DIVIDE 명령 단축키 입력]
등분할 객체 선택 : [원 선택]
세그먼트의 개수 또는 [블록(B)] 입력 : 8 [분할 개수 입력]

04 다시 한 번 Space Bar 를 눌러 등분할을 반복 실행하고 3번째 원(❷)을 선택해 8등분을 한다.

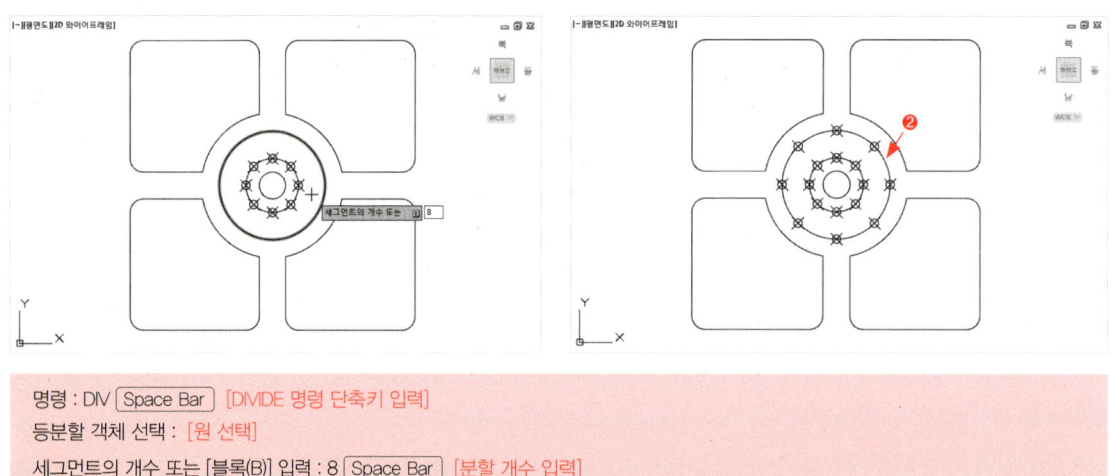

명령 : DIV Space Bar [DIVIDE 명령 단축키 입력]
등분할 객체 선택 : [원 선택]
세그먼트의 개수 또는 [블록(B)] 입력 : 8 Space Bar [분할 개수 입력]

05 객체 스냅 모드에서 [노드]를 설정한 후 명령행에 'L'을 입력하고 Space Bar 를 누른다. 그림과 같이 점과 점사이를 잇는 선을 그린다.

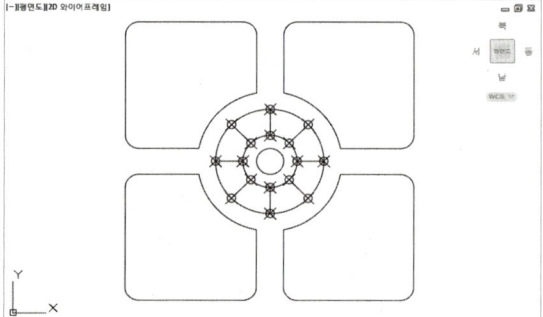

명령 : L Space Bar
첫 번째 점 지정 : [작은 원의 노드 클릭]
다음 점 지정 또는 [명령 취소(U)] : [큰 원의 노드 클릭]
다음 점 지정 또는 [명령 취소(U)] : Space Bar [명령 종료]

06 [홈] 탭-[유틸리티] 패널-[점스타일]을 클릭한 후 [점 스타일] 대화상자에서 점스타일을 변경한다.

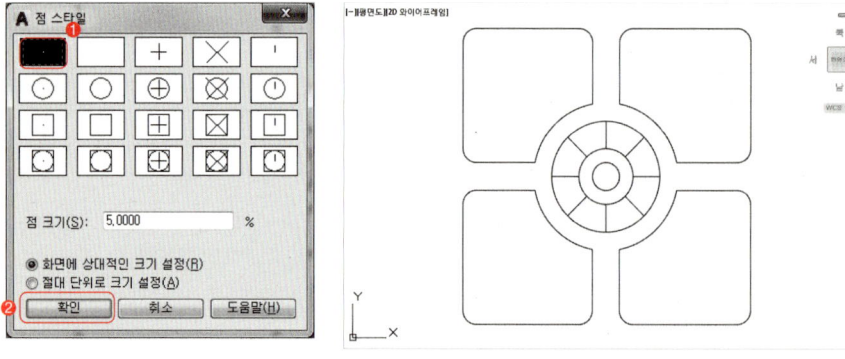

07 명령행에 'TR'을 입력하고 Space Bar 를 누른다. 자르기 경계로 2개 원과 8개 선이 선택되도록 윈도우 선택 옵션으로 선택하고 Space Bar 를 누른다.

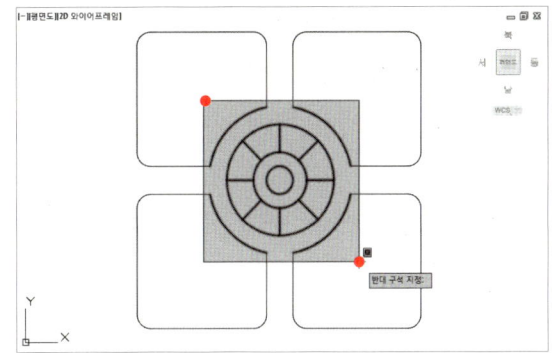

명령 : TR Space Bar
현재 설정: 투영=UCS 모서리=연장
절단 모서리 선택 …
객체 선택 또는 <모두 선택>: 반대 구석 지정 : 27개를 찾음 [윈도우 선택 옵션으로 선택]
16개는 유효한 모서리나 선택 방법이 아닙니다.
객체 선택 : [선택 종료]

08 선과 선 사이를 클릭하여 자르기를 한다.

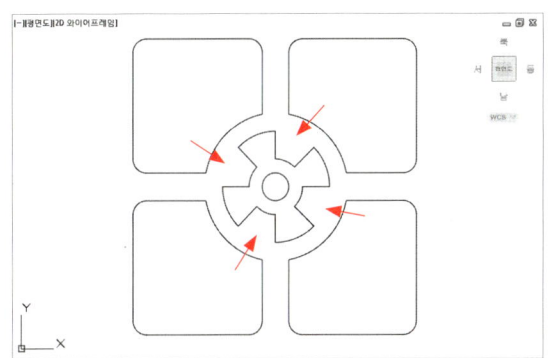

자를 객체 선택 또는 Shift 키를 누른 채 선택하여 연장 또는 [울타리(F)/걸치기(C)/프로젝트(P)/모서리(E)/지우기(R)/명령 취소(U)] : [차례로 자를 부분 클릭]
자를 객체 선택 또는 Shift 키를 누른 채 선택하여 연장 또는 [울타리(F)/걸치기(C)/프로젝트(P)/모서리(E)/지우기(R)/명령 취소(U)] : Space Bar [명령 종료]

1-3. MEASURE(길이 분할)

객체의 길이 또는 둘레를 따라 측정된 간격으로 점 객체 또는 블록을 작성한다. 결과로 생성되는 점이나 블록은 항상 선택한 객체에 위치하며, UCS의 XY 평면에 따라 방향이 결정된다. 도면에 있는 모든 점 객체의 스타일과 크기를 설정하려면 PTYPE(점스타일)을 사용한다.

▶ 실행 방법
- 리본 : [홈] 탭-[그리기] 패널-길이분할 아이콘( )
- 메뉴 : [그리기(D)]-[점(O)]-[길이 분할(M)]
- 명령 입력 : MEASURE
- 단축키 : ME

◆ 길이 분할을 이용하여 가로수 배치하기

가로수나 조명 등 같은 길이로 시설물을 배치해야 할 경우 먼저 해당 지점을 MEASURE(길이 분할) 명령으로 표식을 먼저 지정하면 편리하다. 가로수를 예로 들어 연습을 해본다.

01 예제 파일을 불러온 후 [홈] 탭-[그리기] 패널-[길이 분할]을 클릭하거나 명령행에 'ME'를 입력하고 Space Bar 를 누른다. 길이 분할할 객체로 선(❶)을 선택하고 명령 옵션 중 블록(B)를 실행한다.

- 예제 파일 : Chapter08₩길이분할.dwg
- 길이분할을 이용하여 가로수 배치하기

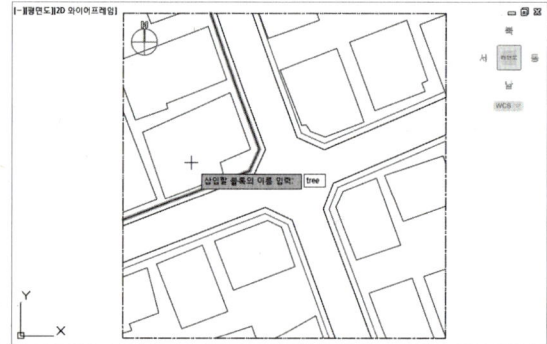

```
명령 : ME Space Bar  [MEASURE 명령 단축키 입력]
길이 분할 객체 선택 : [객체 선택]
세그먼트의 길이 지정 또는 [블록(B)] : B  [블록 옵션 선택]
```

02 삽입할 블록 이름에 "tree"라고 입력하고 반드시 Enter 를 누른다.

```
삽입할 블록의 이름 입력 : tree Enter  [블록 이름 입력]
```

03 "객체에 블록을 정렬시키겠습니까?" 물음에 예(Y)로 하고 세그먼트 길이 지정에 6000을 입력한 후 Space Bar 를 누른다.

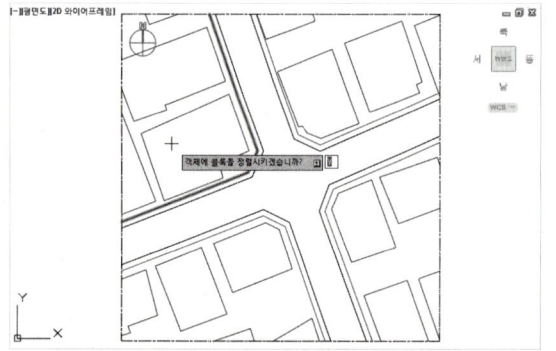 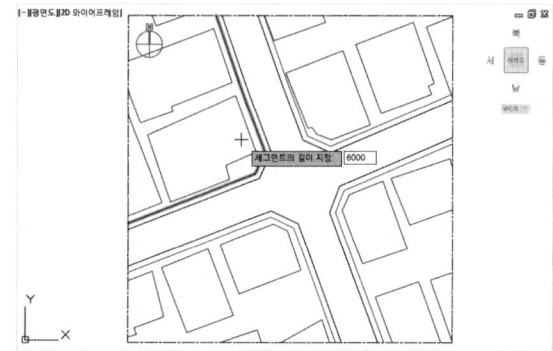

```
객체에 블록을 정렬시키겠습니까? [예(Y)/아니오(N)] ⟨Y⟩ : Y  [예 옵션 선택]
세그먼트의 길이 지정 : 6000 Space Bar  [길이 지정]
```

04 블록 tree가 6m 간격으로 배치된 결과를 확인한다. 남은 3개의 선에도 1~4번 과정을 반복해 길이 분할을 한다.

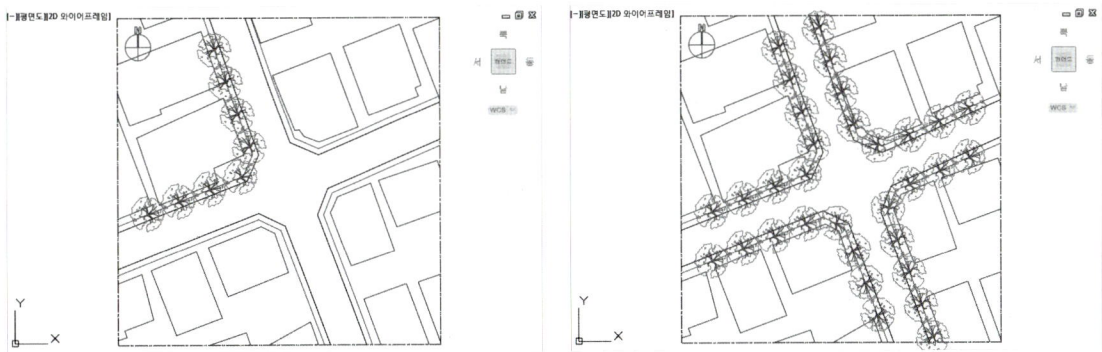

1-4. REGION(영역)

객체가 간격이 없고 둘러싸여 있다면 영역 명령으로 닫힌 폴리선 객체로 변환을 할 수 있다. 영역은 객체의 닫힌 평면 루프에서 작성하는 2D 영역이다. 유효한 객체로는 폴리선, 선, 원형 호, 원, 타원형 호, 타원, 스플라인이 포함된다. 각각의 닫힌 루프는 별도의 영역으로 변환된다. 영역은 설계 정보를 추출하거나 해칭, 음영처리에 적용되며 3차원 부울 연산에서 주로 많이 사용한다.

> ➡ **실행 방법**
> - 리본 : [홈] 탭–[그리기] 패널–영역 아이콘(◉)
> - 메뉴 : [그리기(D)]–[영역(N)]
> - 명령 입력 : REGION
> - 단축키 : REG

◘ 영역으로 닫힌 폴리선 작성하기

각각의 객체로 만들어진 선, 호를 REGION(영역) 명령으로 하나의 닫힌 폴리선 객체로 변환하고 [특성] 팔레트를 통해 면적을 확인해본다.

01 예제 파일을 불러온다.

- 예제 파일 : Chapter08₩영역.dwg
- 영역으로 닫힌 폴리선 작성하기

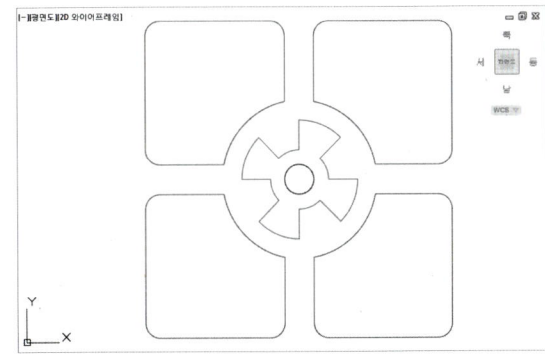

02 빠르게 객체 선택을 하기 위해서 마우스 오른쪽 버튼을 클릭한 후 바로 가기 메뉴에서 신속 선택을 클릭한다. [신속 선택] 대화상자에서 특성은 [색상], 값은 [색상 200]으로 설정하고 [확인] 버튼을 클릭한다. 영역으로 만들 객체의 색상이 200번으로 설정되어 있기 때문이다.

 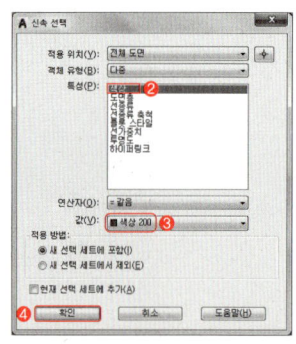 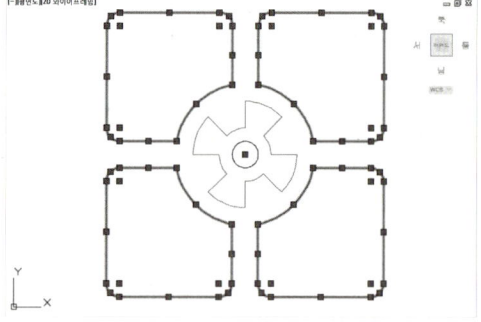

명령 : _qselect [QSELECT 입력 후 Space Bar 를 선택해도 된다.]
32개의 항목이 선택되었습니다.

03 닫힌 폴리선 객체로 만들기 위해 명령행에 'REG'를 입력하고 Space Bar 를 누른다. 객체 선택에서 선택 옵션 P를 입력하고 Space Bar 를 누른다. 다시 한 번 Space Bar 를 눌러 선택을 종료한다. 4개 영역들이 작성된 결과를 확인한다.

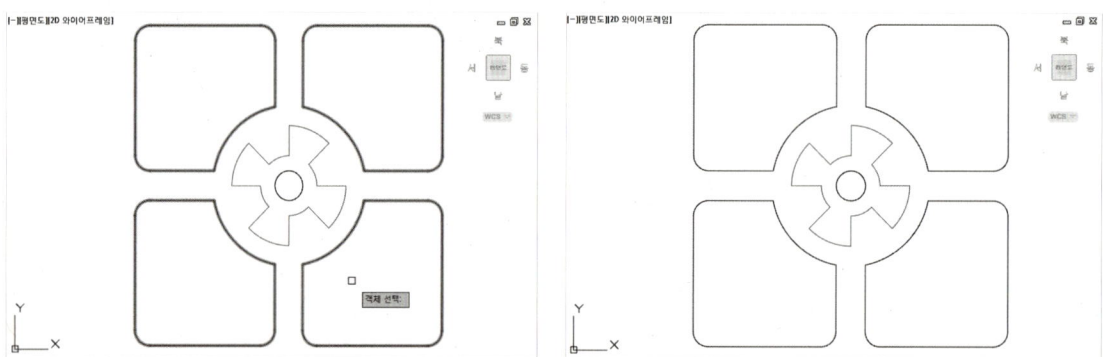

명령 : REG Space Bar [REGION 명령 단축키 입력]
객체 선택 : p Space Bar 32개를 찾음 [이전(Previous) 옵션 입력]
객체 선택 : Space Bar [선택 종료]
4 루프들이(가) 추출됨.
4 영역들이(가) 작성됨.

04 1개 영역(❶)을 선택하고 Ctrl +1번을 클릭해 특성 팔레트를 열어 확인해보면 객체 유형은 영역이며 형상 부분에서 면적과 둘레 확인도 가능하다. Esc 를 눌러 객체 선택을 해제한다.

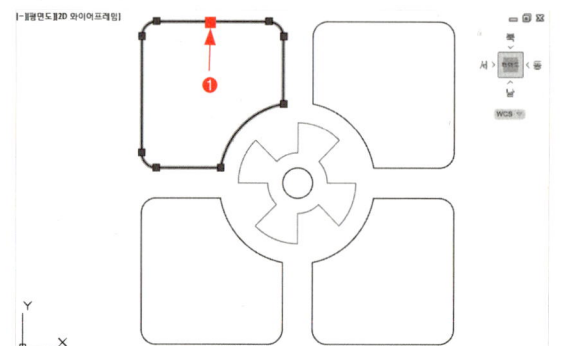 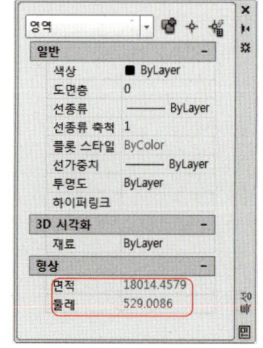

05 가운데 부분도 영역을 적용해본다. 먼저 신속 선택으로 색상 150번 객체를 먼저 선택한다.

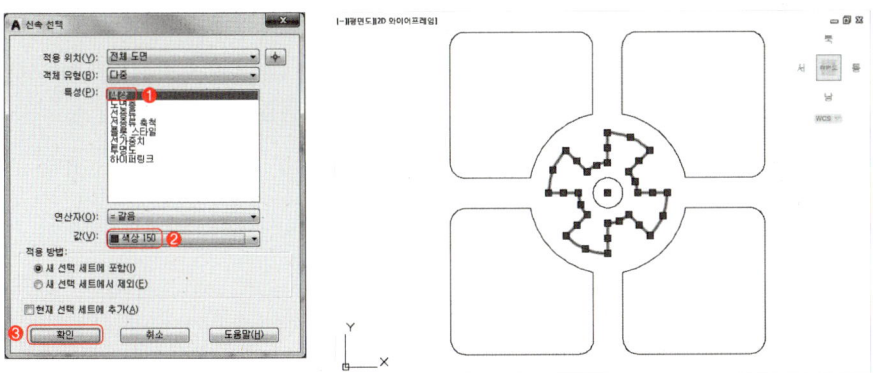

명령 : _qselect
26개의 항목이 선택되었습니다.

06 명령행에 'REG'를 입력하고 Space Bar 를 누른다. 객체 선택에서 선택 옵션 P를 입력하고 Space Bar 를 누른다. 다시 한 번 Space Bar 를 눌러 선택을 종료한다.

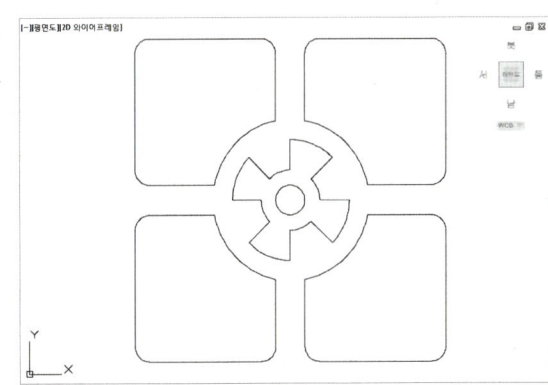

명령 : REG Space Bar
객체 선택 : p Space Bar 26개를 찾음 [이전(Previous) 옵션 입력]
객체 선택 : Space Bar [선택 종료]
1 루프이(가) 추출됨.
1 영역이(가) 작성됨.

07 영역 적용 전과 후의 그립 차이를 비교해본다.

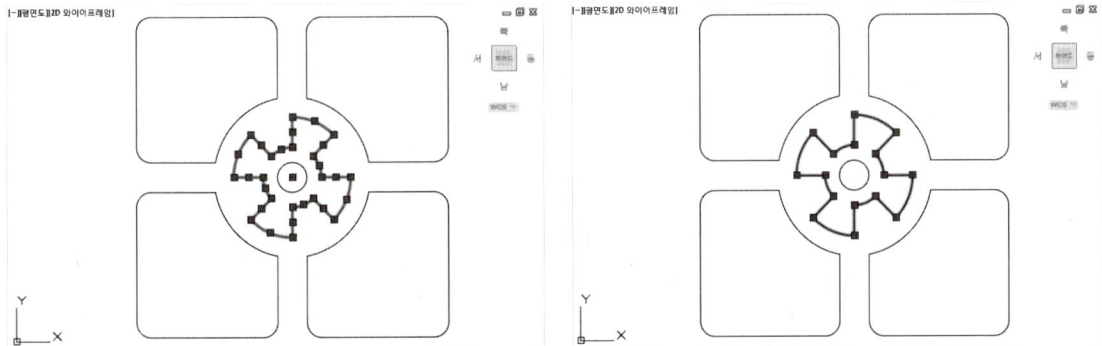

Chapter 08_도면 작업 능률을 높이는 명령   173

1-5. REVCLOUD(구름형 리비전)

구름형 수정 기호를 작성하거나 수정한다. 두 개의 구석점 또는 폴리곤 점을 선택하고 커서를 끌어 새 구름형 리비전을 작성하거나 원, 폴리선, 스플라인 또는 타원과 같은 객체를 구름형 리비전으로 변환할 수 있다. 구름형 리비전은 도면에서 검토되는 부분을 강조 표시하기 위해 사용한다.

REVCLOUD는 마지막으로 사용된 호 길이를 시스템 레지스트리에 저장한다. 프로그램이 다른 축척 비율을 가진 도면을 사용할 때 이 값을 DIMSCALE과 곱하여 일관성을 유지한다.

> ■ 실행 방법
> - 리본 : [홈] 탭-[그리기] 패널-직사각형 구름형 리비전 아이콘( ), 폴리곤 리비전 아이콘( ), 프리핸드 아이콘( )
> - 메뉴 : [그리기(D)]-[구름형 리비전(V)]
> - 명령 입력 : REVCLOUD

명령 실행 중에 명령 옵션을 지정하면 기존 객체를 선택하여 구름형 리비전으로 변경할 수도 있다. 시스템변수 REVCLOUDCREATEMODE를 사용하여 사용자만의 구름형 리비전을 작성할 수 있다.

그립을 사용하여 간단히 편집 가능한 것 외에도 새로운 [수정] 옵션을 사용하여 새로운 구름형 리비전의 세그먼트를 그리거나 기존 구름형 리비전에서 선택한 부분을 삭제할 수 있다.

◘ 구름형 리비전 작성하기

직사각형 구름형 리비전을 작성하고 필요없는 부분은 수정 옵션으로 해당 부분을 삭제하는 연습을 해본다.

01 예제 파일을 불러온 후 [홈] 탭-[그리기] 패널-[직사각형 구름형 리비전]을 클릭하고 명령 옵션에서 호 길이(A)를 선택한다. 최소 호 길이와 최대 호 길이를 500으로 입력하고 [Space Bar]를 누른다.

- 예제 파일 : Chapter08₩구름형 리비전.dwg   ▶ 구름형 리비전 작성하기

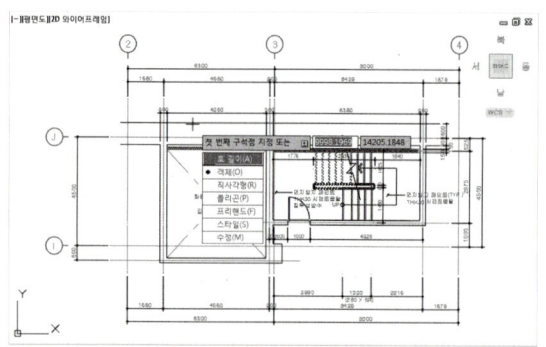 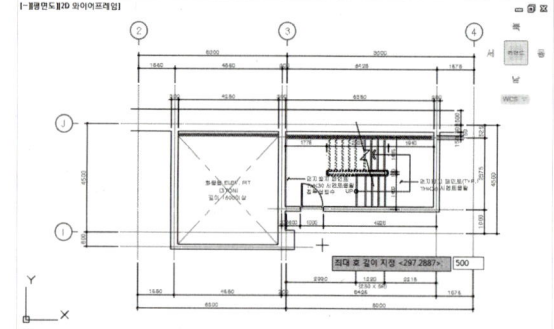

```
명령 : _revcloud  [REVCLOUD 입력 후 [Space Bar]를 선택해도 된다.]
최소 호 길이 : 0.5  최대 호 길이 : 0.5  스타일 : 일반  유형 : 직사각형
첫 번째 구석점 지정 또는 [호 길이(A)/객체(O)/직사각형(R)/폴리곤(P)/프리핸드(F)/스타일(S)/수정(M)] <객체(O)> : _R [직사각형 유형 선택]
첫 번째 구석점 지정 또는 [호 길이(A)/객체(O)/직사각형(R)/폴리곤(P)/프리핸드(F)/스타일(S)/수정(M)] <객체(O)> : A [호 길이 옵션 선택]
최소 호 길이 지정 <0.5> : 500 [Space Bar] [최소 호 길이 지정]
최대 호 길이 지정 <500> : [Space Bar] [최대 호 길이 지정]
```

02 객체 스냅 모드를 해제하고 해당하는 곳에 첫 번째 (❶), 두 번째(❷) 점을 지정한다.

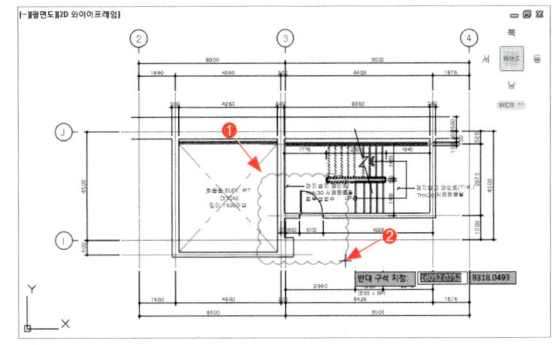

첫 번째 구석점 지정 또는 [호 길이(A)/객체(O)/직사각형(R)/폴리곤(P)/프리핸드(F)/스타일(S)/수정(M)] 〈객체(O)〉: 〈객체 스냅 끄기〉 [해당 부분 임의 지점 클릭]
반대 구석 지정 : [해당 부분 임의 지점 클릭]

03 구름형 리비전을 수정하기 위해서 다시 Space Bar 를 눌러 구름형 리비전을 반복 실행하고 명령 옵션에서 [수정] 버튼을 클릭한다. 수정할 폴리선으로 2단계에서 그린 직사각형 구름형 리비전(❶)을 클릭한다.

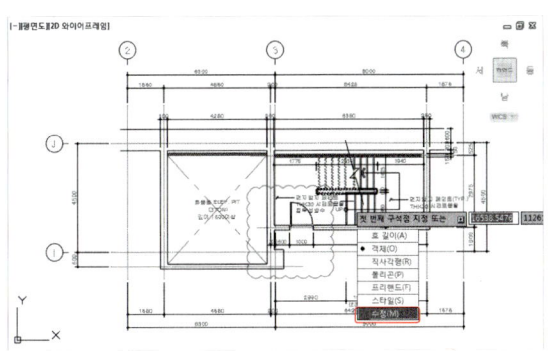 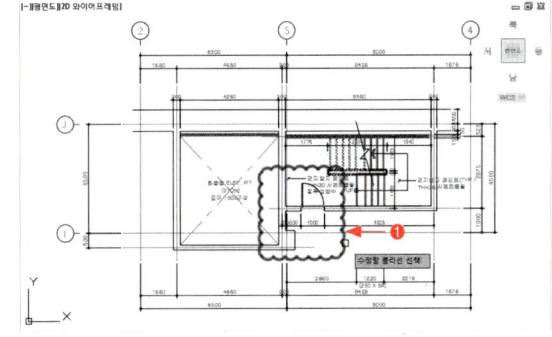

명령 : REVCLOUD Space Bar
최소 호 길이 : 500   최대 호 길이 : 500   스타일 : 일반   유형 : 직사각형
첫 번째 구석점 지정 또는 [호 길이(A)/객체(O)/직사각형(R)/폴리곤(P)/프리핸드(F)/스타일(S)/수정(M)] 〈객체(O)〉: M [수정 옵션 클릭]
수정할 폴리선 선택 : [구름형 리비전 선택]

04 직사각형 구름형 리비전을 추가로(❶~❹번 지점 클릭) 그린 다음 지울 측면 선택에서 삭제할 부분(❺번 지점)을 클릭한다.

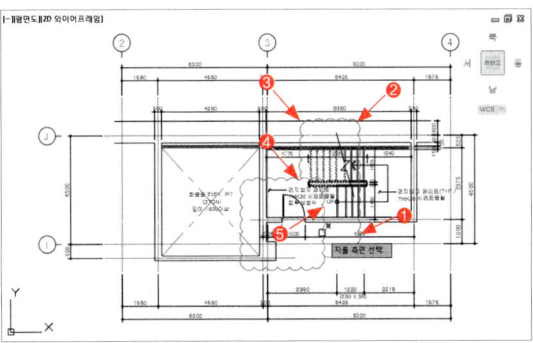

다음 점 지정 또는 [첫 번째 점(F)] : [❶번 지점 클릭]
다음 점 지정 또는 [명령 취소(U)] : [❷번 지점 클릭]
다음 점 지정 또는 [명령 취소(U)] : [❸번 지점 클릭]
다음 점 지정 또는 [명령 취소(U)] : [❹번 지점 클릭]
지울 측면 선택 : [❺번 지점 클릭]

05 방향 반전에서 아니오(N)를 선택한다. 변경된 직사각형 구름형 리비전을 확인한다.

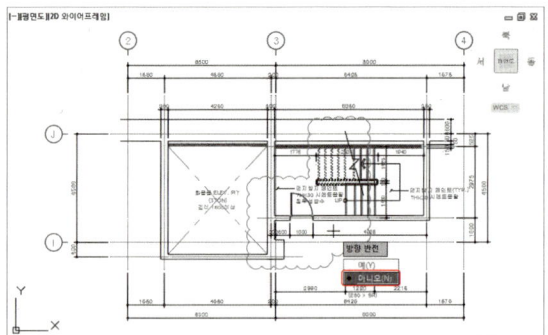

방향 반전 [예(Y)/아니오(N)] 〈아니오(N)〉 : N

02 편집 명령

2-1. EXPLODE(분해)

폴리선, 치수, 해치 또는 블록 참조 등과 같은 복합 객체를 개별 요소로 변환(분해)할 수 있다. 예를 들어, 폴리선을 분해하면 연관된 폭 정보가 모두 없어지고 폴리선의 중심선을 따라 개별 객체가 되며 치수 또는 해치 객체는 선, 문자, 점 및 2D 솔리드 등과 같은 개별 객체로 대치된다.

▶ **실행 방법**
- 리본 : [홈] 탭–[수정] 패널–분해 아이콘(🗗)
- 메뉴 : [수정(M)]–[분해(X)]
- 명령 입력 : EXPLODE
- 단축키 : X

01 명령행에서 단축키 'X'를 입력하고 Space Bar 를 누른다.

명령 : X Space Bar [EXPLODE 명령어 입력]

02 분해하고자 하는 객체를 선택하고 Space Bar 를 누른다.

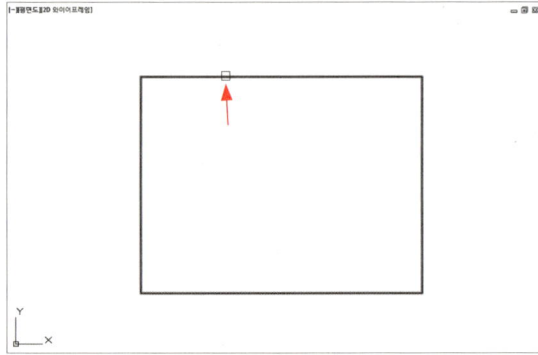

객체 선택 : [객체 선택]
객체 선택 : Space Bar [명령 종료]

> **TIP** 객체를 구성하는 선분은 크게 일반선과 폴리선으로 구분 지을 수 있다. Line(L) 명령어를 통해 사각형을 작성하였다면, 그 사각형은 4개의 선으로 구성되어 있지만, RECTANG(REC) 명령어로 사각형을 생성하였다면 그 사각형은 하나의 선으로 구성되게 된다. 즉, 선은 단일 객체를, 폴리선은 결합 객체를 의미한다고 할 수 있다. 원활하게 편집하기 위해서는 객체 분해(EXPLODE)를 통해 선으로 변경할 수 있어야 한다.

2-2. ARRAY(배열)

객체를 일정 간격의 직사각형, 원형, 극좌표로 다중 복사한다. 직사각형 배열 옵션을 사용하면 선택한 객체 사본의 행 및 열 배열을 작성하고 중심점을 기준으로 선택된 객체를 복사하여 배열을 작성하려면 원형 배열 옵션을 사용한다.

배열 객체를 선택하면 객체 특성을 직접 편집할 수 있는 그립이 표시되고 배열 특성은 특성 팔레트에서도 표시나 편집을 할 수 있다.

하나로 된 배열 객체는 블록과 유사하여 행, 열 간격, 수, 배열 객체 특성 설정 등을 변경하거나 원본 객체를 수정할 수 있다.

> **⚡ 실행 방법**
> - 리본 : [홈] 탭–[수정] 패널–직사각형 배열 아이콘(▦), 원형 배열 아이콘(✺), 경로 배열 아이콘(∞)
> - 메뉴 : [수정(M)]–[배열]   • 명령 입력 : ARRAY   • 단축키 : AR

> **TIP** 연관성을 사용하면 항목 간의 관계를 유지하여 배열 전체에서 변경 사항을 빠르게 전파할 수 있다. 배열은 연관 또는 비연관일 수 있다. 연관은 항목이 블록과 비슷한 단일 배열 객체로 구성되며 항목 간격, 수 등의 배열 객체 특성을 편집하고 항목 특성을 재지정하거나 항목의 원본 객체를 수정하여 대치할 수가 있다.

⚡ 직사각형 배열과 원본 객체 편집하기

책상과 의자를 직사각형 배열한 후 책상 배치에 지장이 되는 부분을 배열 편집에서 삭제하는 연습을 해본다.

01 예제 파일을 불러온 후 건물 왼쪽 아래 코너를 줌 확대한다. 건물 안에 책상과 의자를 배열 복사하여 교실을 구성하려고 한다.

■ 예제 파일 : Chapter08₩직사각형배열.dwg

▶ 직사각형 배열과 원본 객체 편집하기

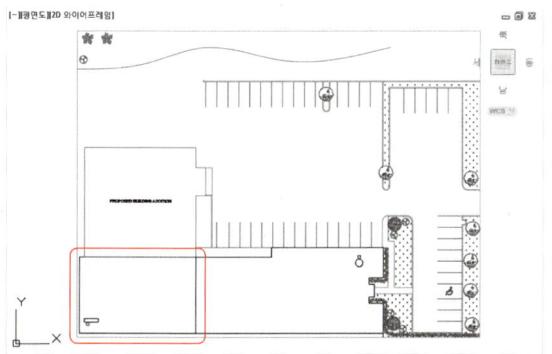
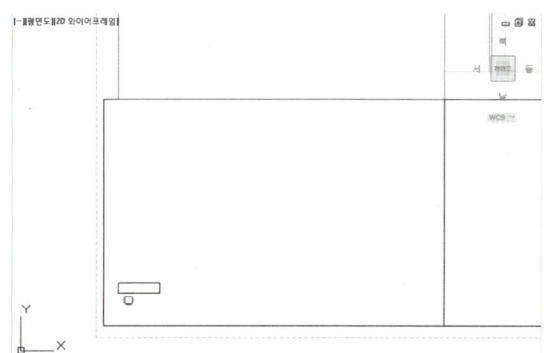

02 [홈] 탭-[수정] 패널-[직사각형 배열]을 클릭한다. 객체를 책상과 의자 모두 선택하고 Space Bar 를 누른다. 직사각형 배열의 미리보기가 진행되고 [배열 작성] 리본 탭이 생성된다.

열 수는 5, 열 사이 간격은 5500, 행수는 3, 행 사이 간격은 4200을 입력하고 연관을 클릭한 후 Space Bar 를 눌러 배열 명령을 종료한다. 연관 옵션을 적용한 배열 객체는 하나의 그룹으로 생성된다.

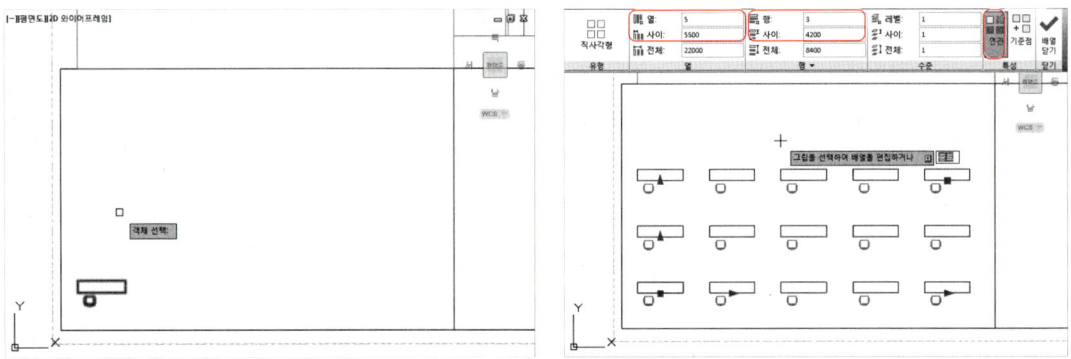

03 의자를 1개에서 2개로 추가하고 배열된 책상 형상을 변경하기 위해 배열 원본 객체를 재정의한다. 배열을 선택한 후 마우스 오른쪽 버튼을 클릭한다. 바로 가기 메뉴에서 [배열]-[원본 객체 내부 편집]을 선택하고 배열안의 항목을 가운데에서 임의로 1개를 선택한다.

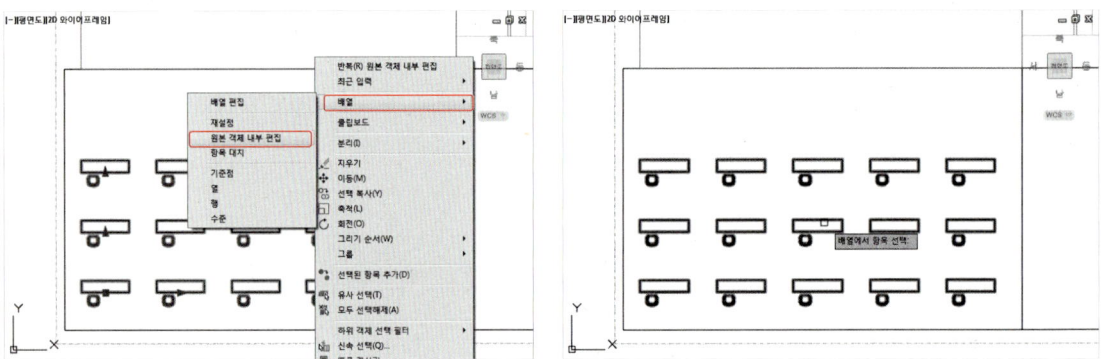

04 [배열 편집 상태] 대화상자에서 "연관 배열의 원본 객체를 편집하시겠습니까?" 물음에 [확인] 버튼을 클릭한다.

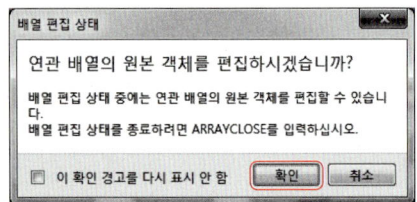

05 [홈] 탭–[수정] 패널–[대칭]을 클릭하거나 명령행에 'MI'를 입력하여 실행한다. 1개 책상에 2개 의자가 배치되도록 의자를 중간점을 기준점으로 하여 대칭 복사한다. 모든 책상에 의자가 2개 배치된다.

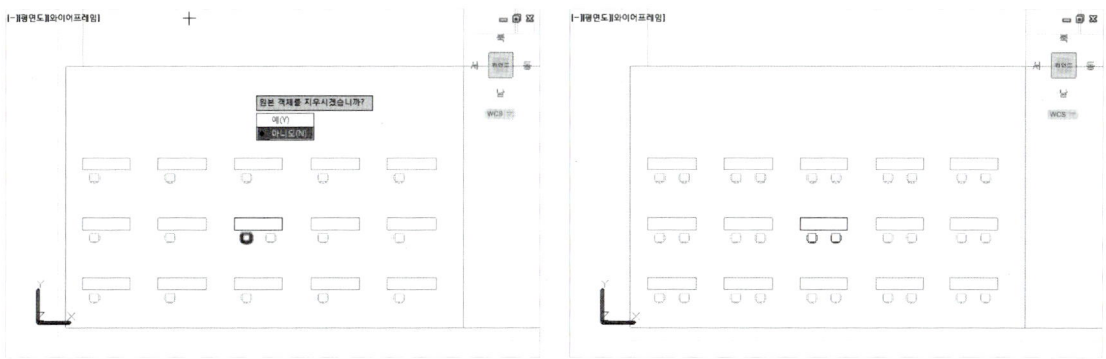

06 책상을 선택해서 폴리선 세그먼트의 중간점 그립에 커서를 대고 동적 입력 메뉴에서 [호로 변환]을 선택한다.

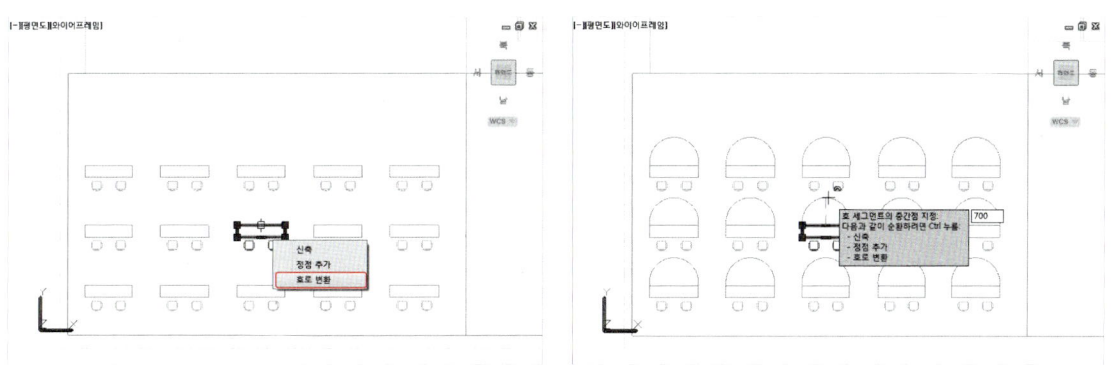

07 F8 을 눌러 직교 모드로 전환한다. 커서를 수직 위방향으로 향하고 700을 입력한 후 Space Bar 를 누른다.

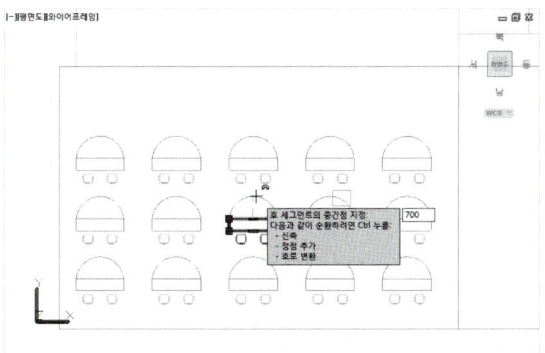

Chapter 08_도면 작업 능률을 높이는 명령   179

08 Esc 를 눌러 객체 선택을 해제한다. 마우스 오른쪽 버튼을 클릭한 후 바로 가기 메뉴에서 [ArrayEdit 세션 닫기]-[배열에 대한 편집 사항 저장(S)]을 클릭한다.

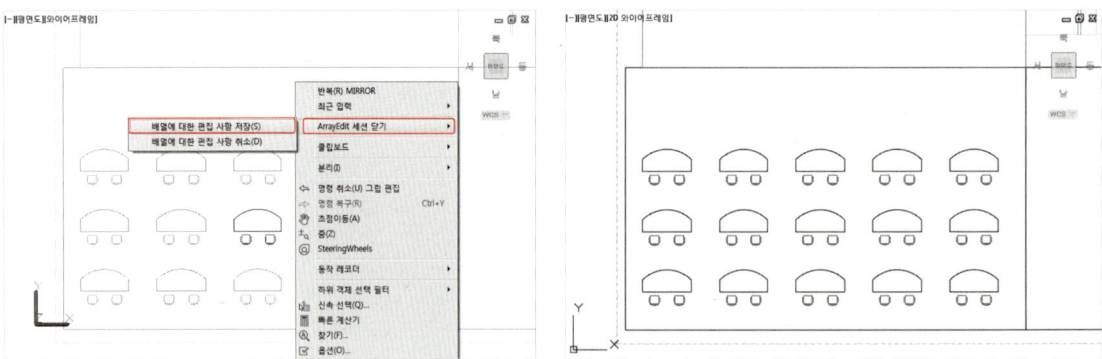

09 [홈] 탭-[도면층] 패널의 도면층 리스트를 확장하여 Arch_Struc_Columns 도면층을 동결 해제한다. 동결 버튼(❄)을 클릭하면 동결 해제가 된다.

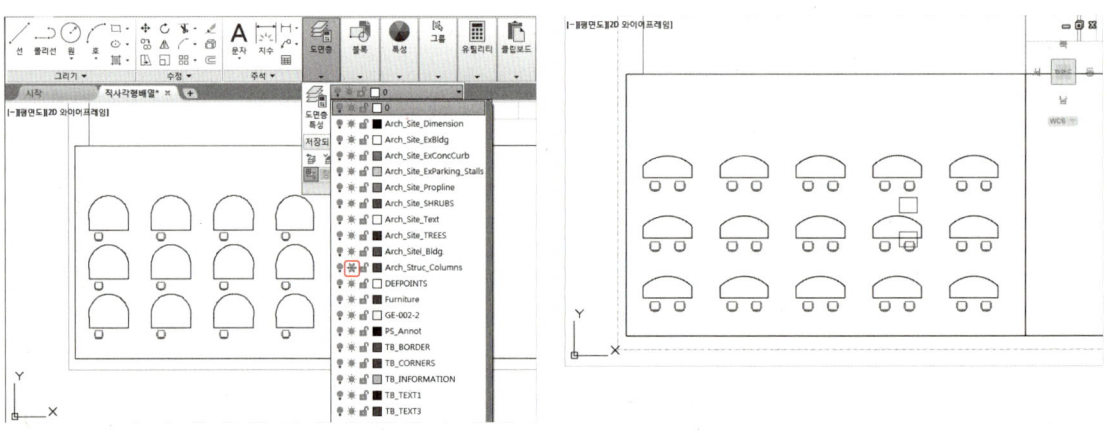

10 기둥과 간섭하고 있는 책상과 의자를 Ctrl 을 누르면서 클릭하여 선택하고 Delete 를 눌러 객체를 삭제한다.

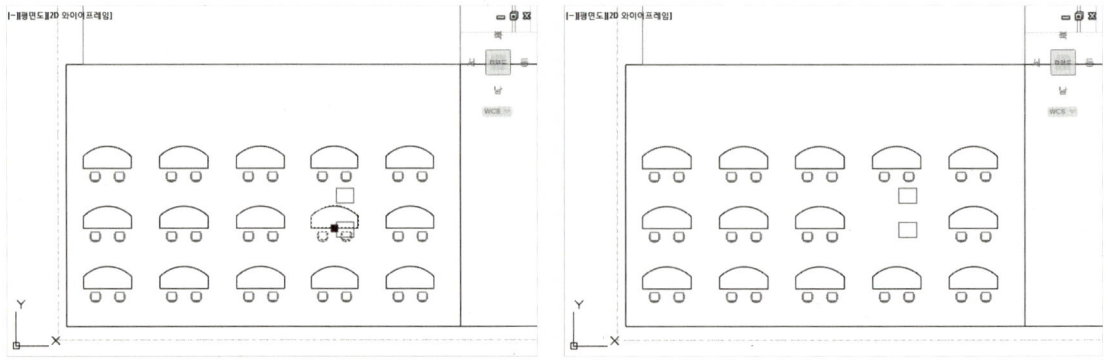

TIP 삭제된 항목을 원래대로 되돌리고 싶다면 배열을 재설정한다. ARRAYEDIT 명령의 [재설정(RES)]을 클릭하고 배열 객체를 선택하면 배열안의 항목은 수정 전으로 원래 크기와 위치를 되돌린다.

◘ **원형 배열과 경로 배열로 의자 배열과 나무심기**

원형 배열을 이용하여 원형 탁자를 따라 의자를 배열하고, 경로 배열을 이용하여 선을 따라 나무를 심는 연습을 해본다.

01 예제 파일을 불러온 후 건물 오른쪽 코너 의자와 원형 테이블을 줌 확대한다. [홈] 탭-[수정] 패널-[원형 배열]을 클릭하고 객체 선택에서 의자를 선택한 후 Space Bar 를 누른다.

- 예제 파일 : Chapter08₩원형경로배열.dwg  원형 배열과 경로 배열로 의자 배열과 나무심기

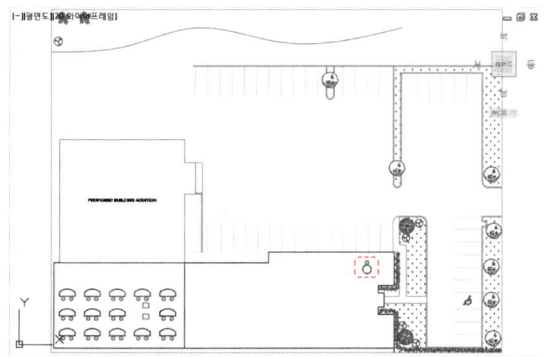
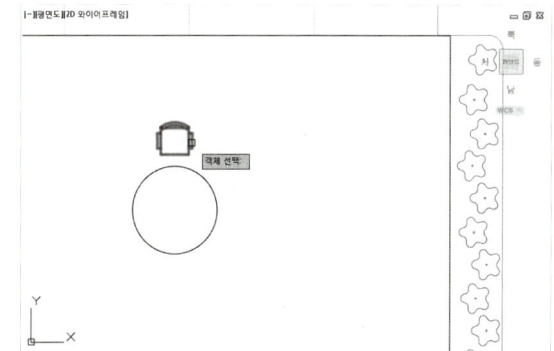

02 배열의 중심점은 테이블의 중심점(❶)을 지정하고 항목 수는 5, 채우기 각도는 360으로 입력한 후 Space Bar 를 누른다.

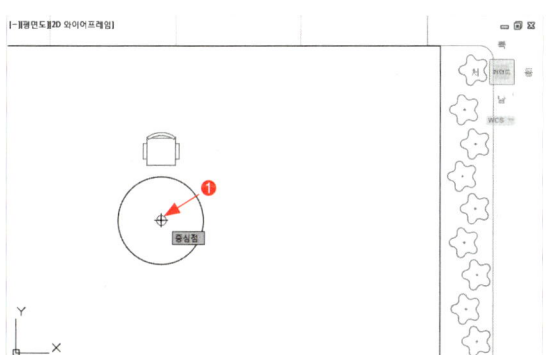
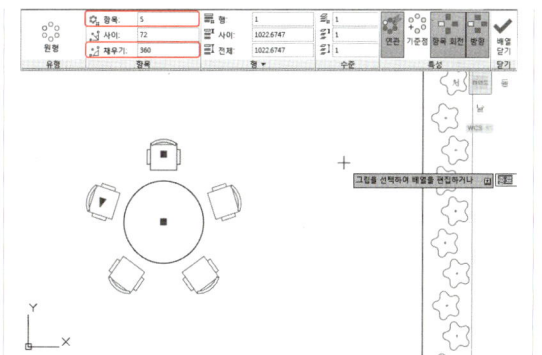

03 원형 배열을 편집하기 위해 테이블(❶)을 더블클릭한다. 빠른 특성을 사용해서 원의 반지름을 2000으로 입력하고 Enter 를 누른다. 반지름이 변경된 것을 확인하고 Esc 를 눌러 객체 선택을 해제한다.

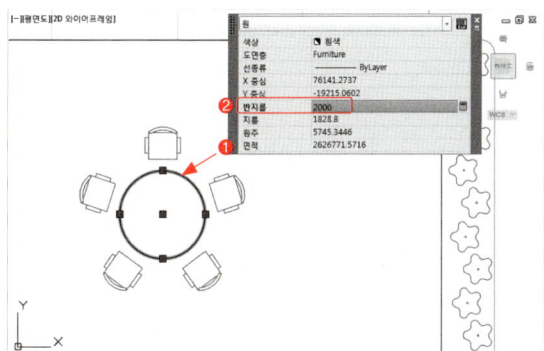
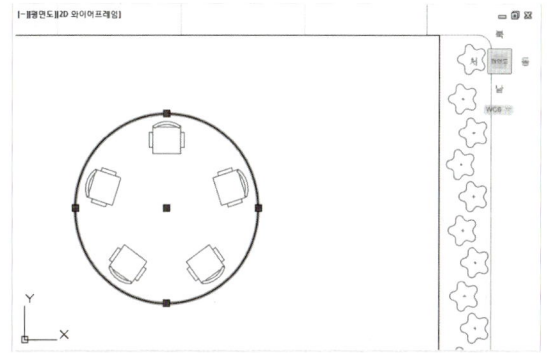

04 원형 배열한 객체를 선택하고 그립 편집으로 [신축 반지름]을 변경한다. 테이블 주위로 의자가 배치되도록 반지름을 2500으로 입력하고 Enter 를 누른다. Esc 를 눌러 객체 선택을 해제한다.

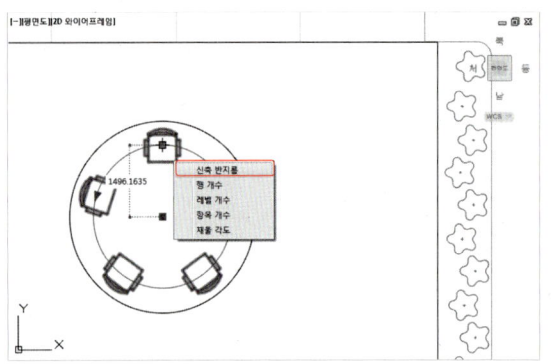 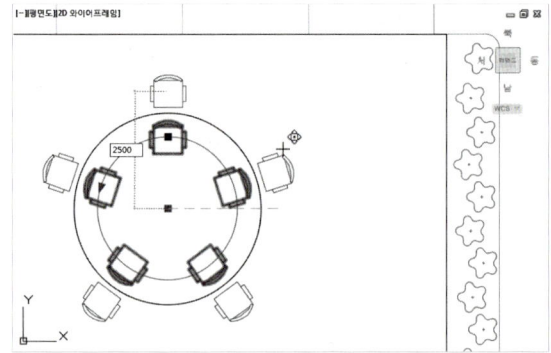

05 배열 객체를 다시 더블클릭하여 빠른 특성을 표시한다. 항목(의자 수)을 5에서 9로 변경한다. 또한, 채우기 각도를 360에서 270으로 변경한다. Esc 를 눌러 객체 선택을 해제한다. 이로써 원형 배열 연습을 마친다.

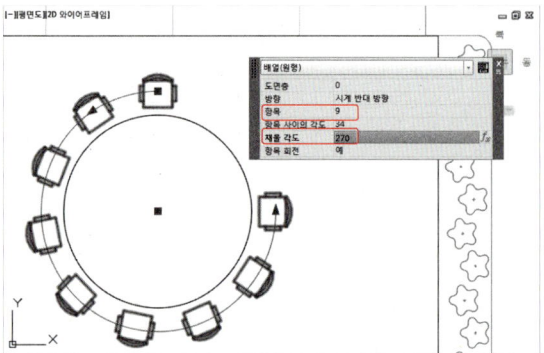

06 아래처럼 도면 상부를 줌 확대한다. [홈] 탭–[수정] 패널–[경로 배열]을 실행한다. 객체는 나무 심볼(❶)을 선택하고 Space Bar 를 누른다. 경로는 스플라인(❷)을 선택한다.

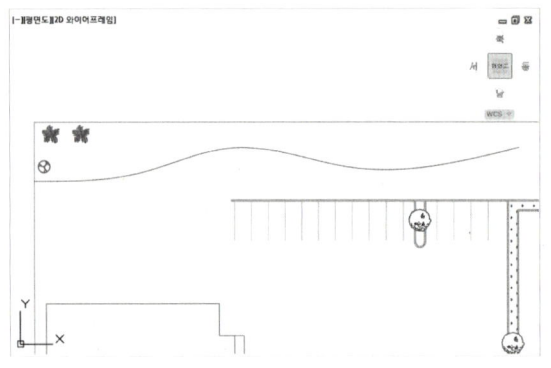 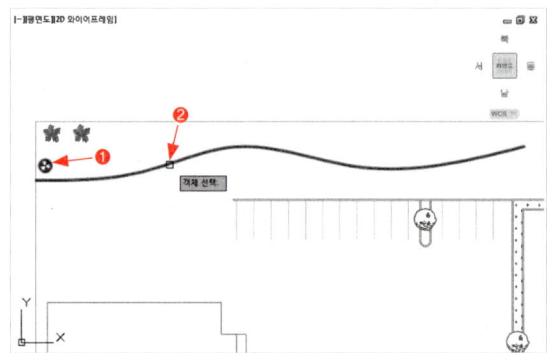

07 명령 옵션 메뉴에서 [기준점(B)]를 클릭한다. 기준점으로 나무 심볼의 중심점(❷)을 클릭한다. 나무 배열이 중심점을 기준으로 재정렬된다.

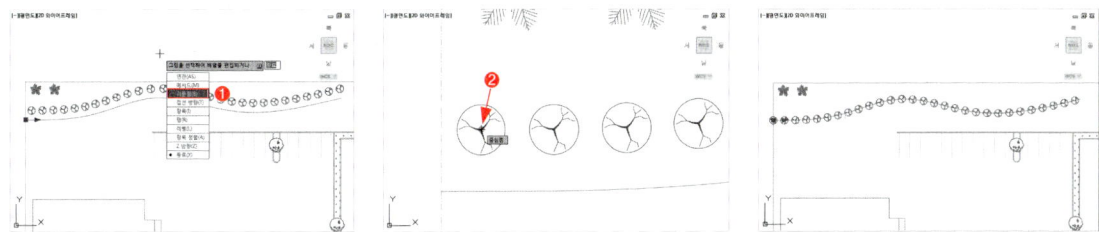

08 배열 작성에서 사이를 5000으로 입력 후 Enter 를 누른다. 간격이 5000으로 재배열된다.

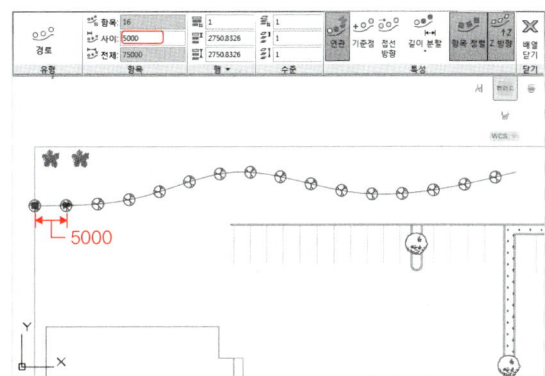

09 [배열 작성] 리본 탭에서 특성을 [길이 분할]에서 [등분할]로 전환한다. 항목 수를 15로 수정하고 Enter 를 누른다.

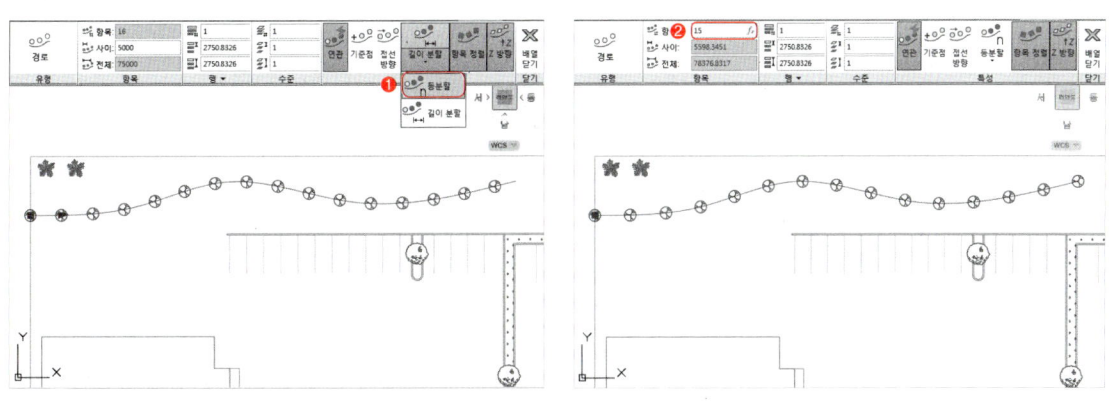

10 배열 객체의 기준점을 변경해 나무 위치를 스플라인에서 거리를 두도록 해본다. [배열 작성] 리본탭 또는 마우스 오른쪽 버튼을 클릭한 후 바로 가기 메뉴에서 [기준점]을 선택한다.

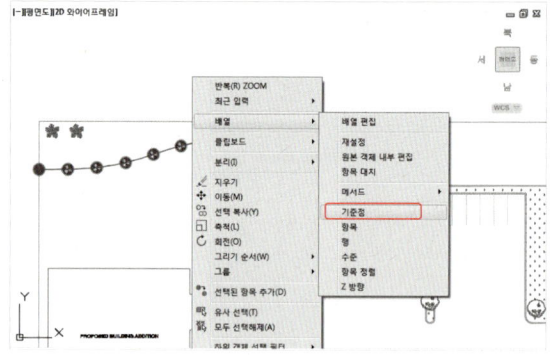

11 기준점은 나무의 중심점에서 2500 떨어진 거리를 지정해본다. 객체 스냅 추적을 켜고 스플라인의 끝점에서 커서를 아래로 내린 후 2500을 입력하고 [Space Bar]를 누른다. 나무가 다시 재배열된다. [Space Bar]를 눌러 명령을 종료한다.

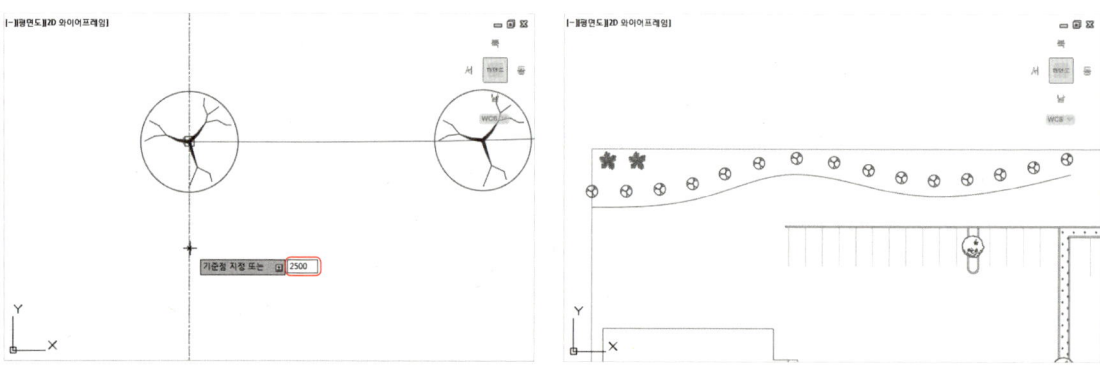

12 스플라인 경로(❶)를 클릭하고 끝점(❷)에 마우스를 위치시키고 그립 메뉴에서 [맞춤점 추가]를 선택한다. 스플라인을 맞춤점을 추가 클릭하여 연장한다. 경로를 따라 배열도 함께 실행된다. [Esc]를 눌러 객체 선택을 해제한다

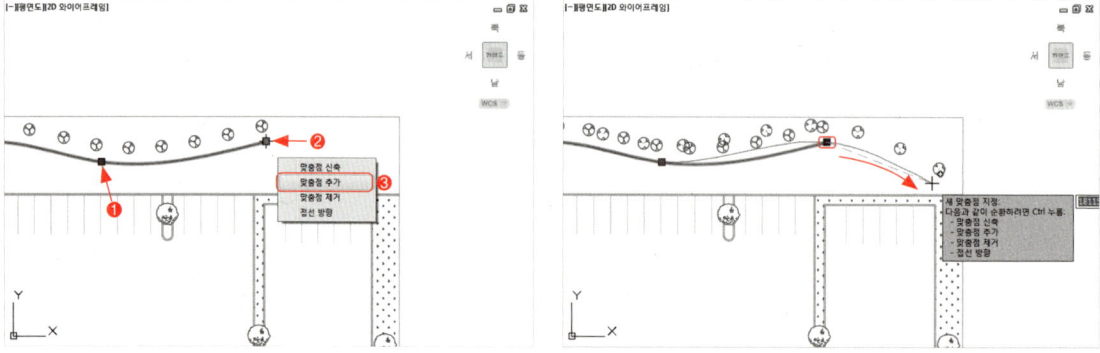

13 원본 나무 심볼을 다른 심볼로 교체할 수도 있다. 기준점을 다시 중심점으로 수정하고 재배열한다. 마우스 오른쪽 버튼을 클릭한 후 바로 가기 메뉴에서 [항목 대치]를 클릭한다. 대치 객체로 위에 있는 다른 나무 심볼을 선택하고 Space Bar 를 누른다. 대치 객체의 기준점은 가운데 끝점을 선택한다.

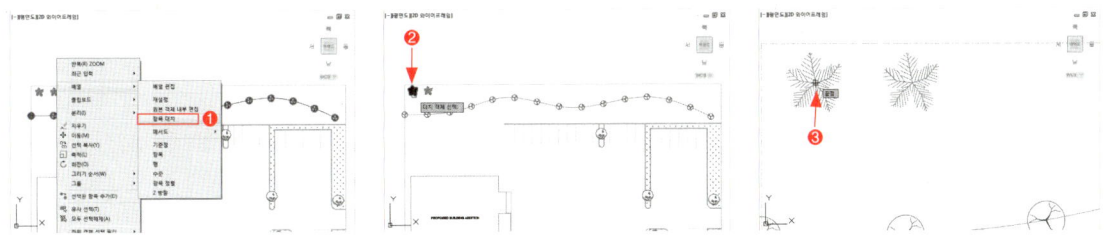

14 대치할 항목을 왼쪽부터 차례로 4번째, 8번째, 12번째 나무를 클릭하고 Space Bar 를 두 번 눌러 명령을 종료한다.

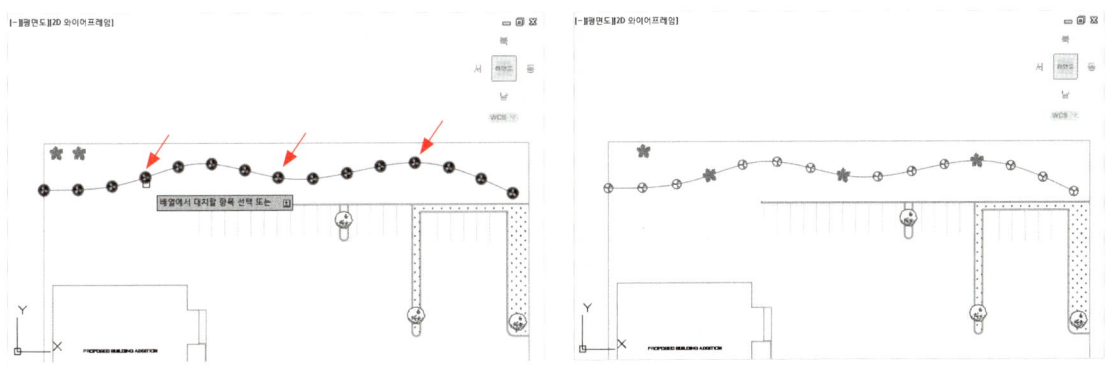

2-3. CHSPACE(공간 변경)

배치에서 모형 공간과 도면 공간 간에 선택한 객체를 전송한다. 작업 환경에는 "모형 공간"과 "도면 공간" 두 가지가 있으며, 이 두 공간에서 도면의 객체로 작업을 할 수 있다. 도면 공간에 대해서는 Chapter 11에서 자세히 다룬다.

기본적으로는 모형 공간이라는 제한 없는 도면 영역에서 작업을 시작한다. 먼저 한 단위가 나타내는 크기(1mm, 1cm 등 편리한 단위)를 결정한 후 1:1 축척으로 그리기를 진행한다.

인쇄할 도면을 준비하려면 도면 공간으로 전환한다. 이 공간에서 제목 블록이나 타이틀을 기입하고 뷰포트를 사용하여 해당 축척으로 배치를 할 수 있다.

모형 공간은 모형 탭에서 도면 공간은 배치 탭에서 실행할 수 있다.

> ▶ **실행 방법**
> - **리본** : [홈] 탭-[수정] 패널-공간 변경 아이콘(🗇)
> - **메뉴** : [수정(M)]-[공간 변경(S)]
> - **명령 입력** : CHSPACE

🔶 공간 변경하기

배치탭에 작성된 객체를 CHSPACE(공간 변경) 명령을 사용하여 모형탭의 객체로 전환해본다.

01 예제 파일을 불러온 후 [홈] 탭-[수정] 패널-[공간 변경]을 클릭한다. 선택할 객체로 오른쪽 방위 표시(❶)를 클릭하고 Space Bar 를 누른다.

- 예제 파일 : Chapter08₩공간 변경.dwg

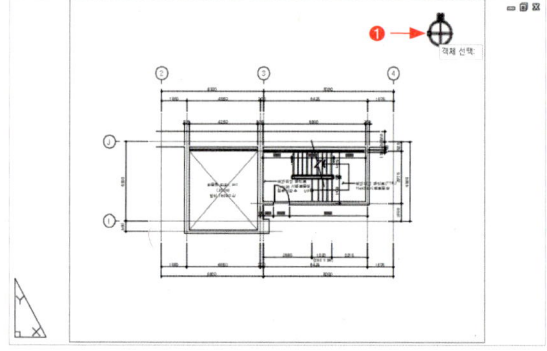

02 모형탭을 클릭해보면 방위표가 도면 공간에서 모형공간으로 전환되었음을 확인할 수 있다.

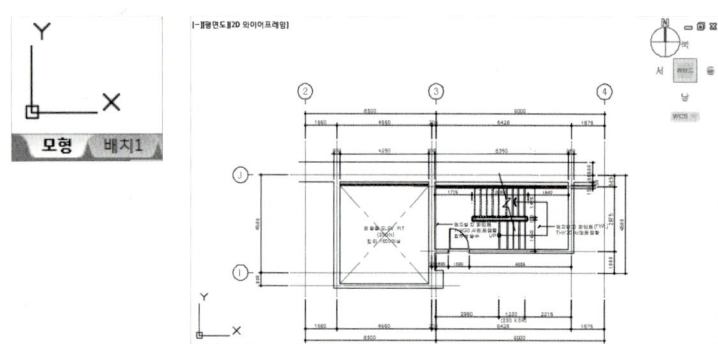

```
명령 : _chspace
객체 선택 : 1개를 찾음
객체 선택 : Space Bar [선택 종료]
1개 객체가 도면 공간에서 모형 공간(으)로 변경되었습니다.
```

2-4. LENGTHEN(길이 조정)

객체의 길이와 호의 사이각을 변경한다. 변경 내용을 퍼센트, 증분 또는 최종 길이나 각도로 지정할 수 있으며 LENGTHEN을 TRIM 또는 EXTEND 대신 사용할 수 있다.

> 🔶 **실행 방법**
>
> - 리본 : [홈] 탭-[수정] 패널-길이 조정 아이콘(/)
> - 메뉴 : [수정(M)]-[길이 조정(G)]
> - 명령 입력 : LENGTHEN
> - 단축키 : LEN

길이 조정하기

LENGTHEN(길이 조정) 명령으로 해당 길이만큼 객체를 늘리거나 지정된 거리값으로 선택한 객체의 길이를 변경해보는 연습을 해본다.

01 예제 파일을 불러온다.
- 예제 파일 : Chapter08₩길이 조정.dwg
- 길이 조정하기

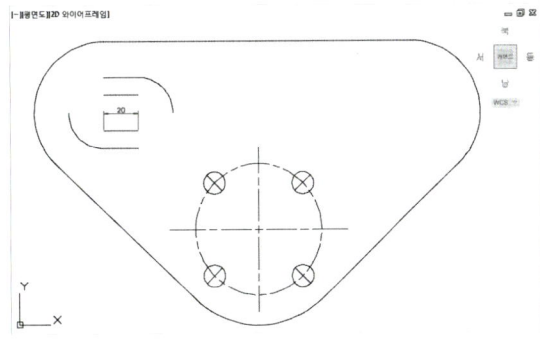

02 명령행에 'LEN'을 입력하고 Space Bar 를 누른다. 명령 옵션에서 증분을 클릭하고 증분 길이는 10으로 지정한 후 Space Bar 를 누른다.

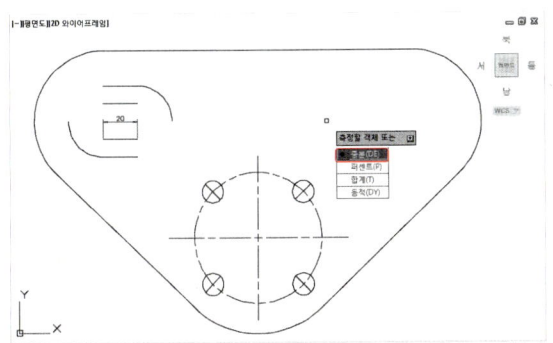 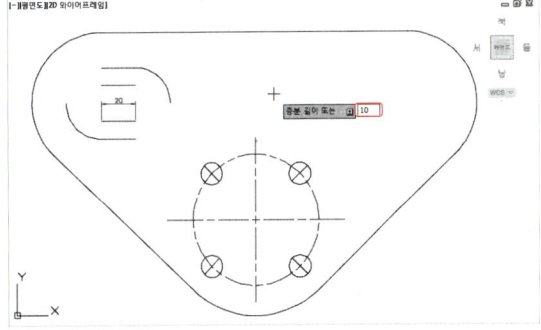

명령 : LEN Space Bar [LENGTHEN 명령 단축키 입력]
측정할 객체 또는 [증분(DE)/퍼센트(P)/합계(T)/동적(DY)] 선택 〈합계(T)〉 : DE [증분 옵션 선택]
증분 길이 또는 [각도(A)] 입력 〈0.00〉 : 10 [길이값 입력]

03 변경할 객체로 4개 작은 원의 중심축의 끝부분을 양쪽에 걸쳐 클릭하여 10만큼 길이를 늘린다. Space Bar 를 눌러 명령을 종료한다.

변경할 객체 선택 또는 [명령 취소(U)] : [4개 중심선 양쪽 끝점을 차례대로 클릭]
변경할 객체 선택 또는 [명령 취소(U)] : Space Bar [명령 종료]

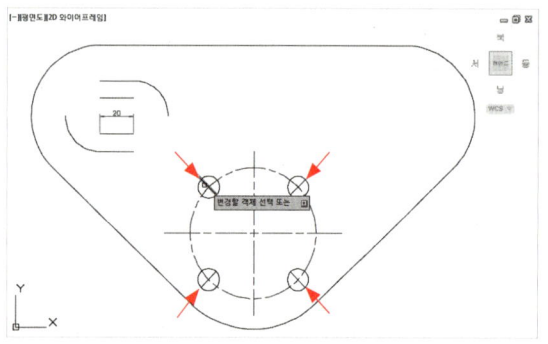 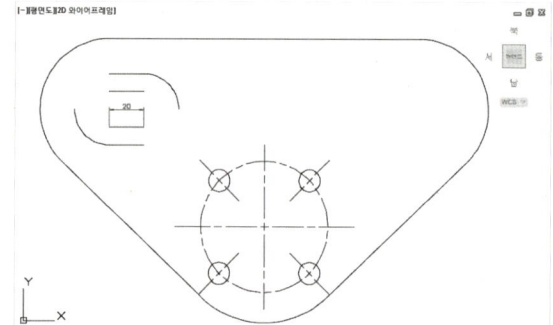

04 호의 사이각을 조정하기 위해 Space Bar 를 눌러 반복 실행 후 명령 옵션에서 증분을 클릭한다. 다시 명령 옵션에서 각도(A)를 클릭한다.

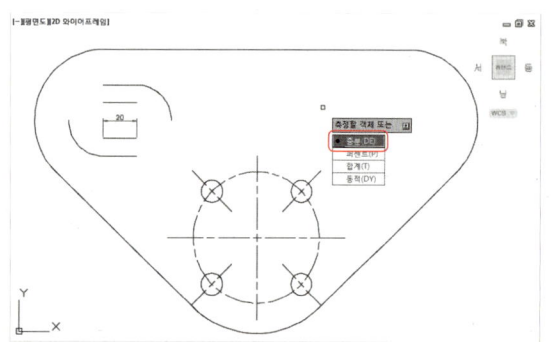 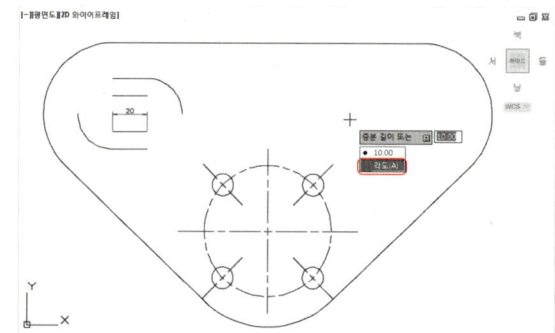

명령 : LEN Space Bar [LENGTHEN 명령 단축키 입력]
측정할 객체 또는 [증분(DE)/퍼센트(P)/합계(T)/동적(DY)] 선택 〈합계(T)〉 : DE [증분 옵션 선택]
증분 길이 또는 [각도(A)] 입력 〈10.00〉 : A [각도 옵션 선택]

05 증분 각도로 90을 입력하고 Space Bar 를 누른다. 변경할 객체로 왼쪽에 있는 호 2개소(❶, ❷)를 클릭하여 호를 연장한다. 다시 Space Bar 를 눌러 명령을 종료한다.

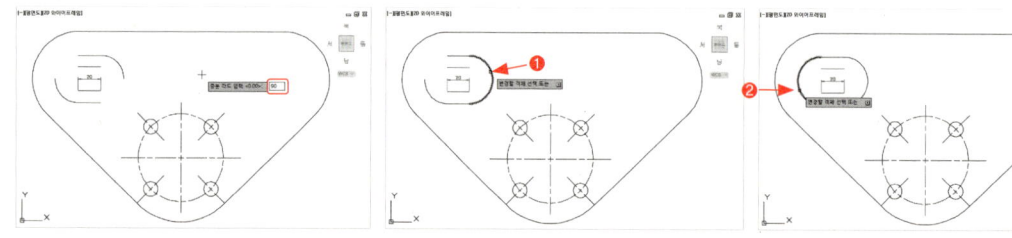

증분 각도 입력 〈0.00〉 : 90
변경할 객체 선택 또는 [명령 취소(U)] : [증분할 오른쪽 호 클릭]
변경할 객체 선택 또는 [명령 취소(U)] : [증분할 왼쪽 호 클릭]
변경할 객체 선택 또는 [명령 취소(U)] : Space Bar [명령 종료]

06 이번에는 20으로 그려진 선을 33으로 만들어 보는 연습을 한다. Space Bar 를 눌러 반복 실행 후 명령 옵션에서 합계(T)를 클릭한다. 전체 길이로 33을 입력 후 Space Bar 를 누른다.

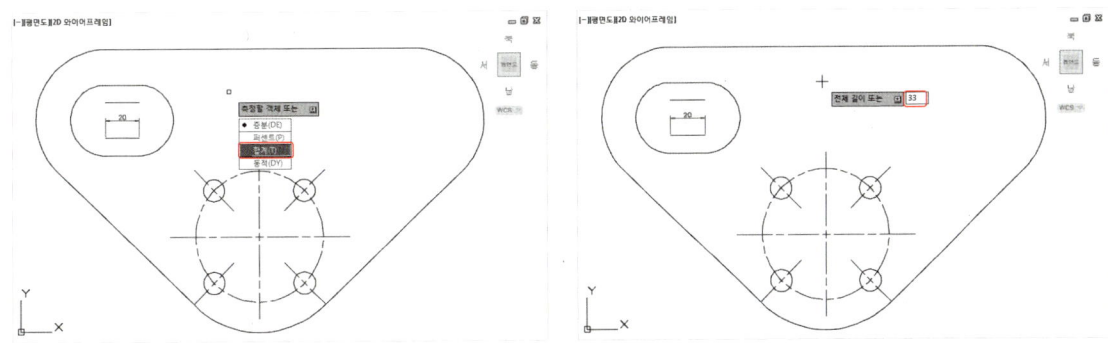

명령 : LEN Space Bar [LENGTHEN 명령 단축키 입력]
측정할 객체 또는 [증분(DE)/퍼센트(P)/합계(T)/동적(DY)] 선택 〈증분(DE)〉 : T [합계 옵션 선택]
전체 길이 또는 [각도(A)] 지정 〈1.00〉 : 33 [전체 길이값 입력]

07 변경할 객체로 20 선형 치수가 기입된 선의 오른쪽 끝부분을 클릭한다. 위 수평선은 왼쪽 끝부분을 클릭한다.

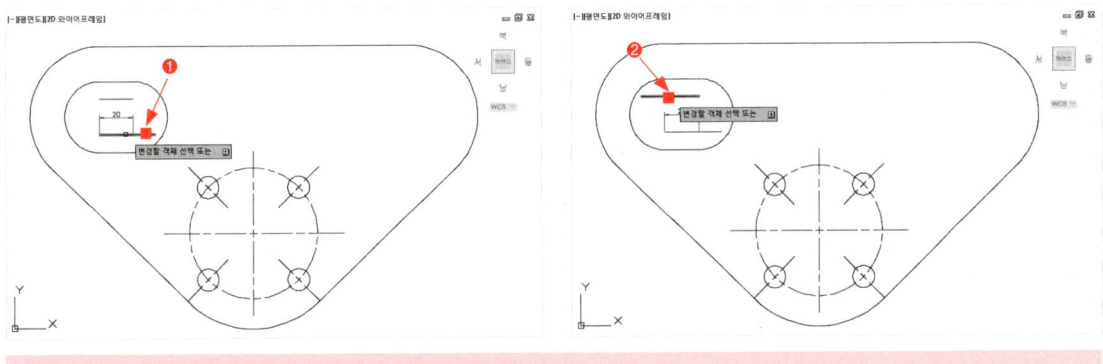

변경할 객체 선택 또는 [명령 취소(U)] : [선의 오른쪽 끝부분 클릭]
변경할 객체 선택 또는 [명령 취소(U)] : [선의 왼쪽 끝부분 클릭]

08 Space Bar 를 눌러 명령을 종료하면 선형 치수 20이 33으로 바뀌고 전체 길이가 33으로 변경되었음을 확인할 수 있다.

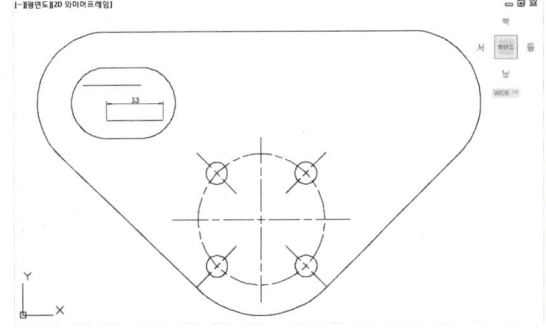

2-5. ALIGN(정렬)

객체를 2D 및 3D의 다른 객체와 정렬한다. 한 쌍, 두 쌍 또는 세 쌍의 근원점과 정의점을 지정하여 선택한 객체를 이동, 회전 또는 기울이거나 다른 객체의 점에 맞춰 정렬할 수 있다.

> **실행 방법**
> - 리본 : [홈] 탭-[수정] 패널-정렬 아이콘( )
> - 메뉴 : [수정(M)]-[3D작업(3)]-[정렬(L)]
> - 명령 입력 : ALIGN
> - 단축키 : AL

◘ 객체 정렬시키기

객체를 현재 기울기에 맞춰 회전없이 바로 정렬시켜보는 연습을 해본다.

01 예제 파일을 불러온 후 [홈] 탭-[수정] 패널-[정렬]을 클릭하고 왼쪽에 있는 객체를 윈도우 선택 옵션을 이용해 선택하고 Space Bar 를 누른다.

- 예제 파일 : Chapter08₩정렬.dwg
- 객체 정렬시키기

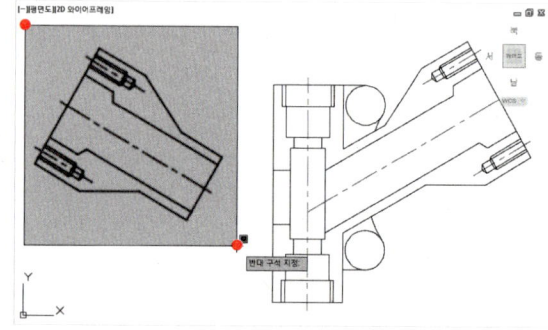

02 ALIGN 첫 번째 근원점을 ❶번 끝점으로 지정하고 첫 번째 대상점을 ❷번 끝점으로 지정한다.

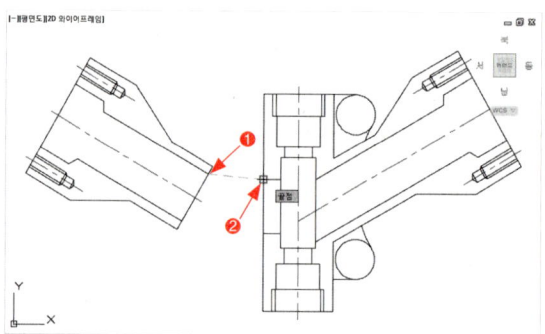

03 ALIGN 두 번째 근원점 ❸번 끝점을 지정하고 두 번째 대상점을 ❹번 끝점으로 지정한 후 세 번째 근원점은 없으므로 그대로 Space Bar 를 누른다.

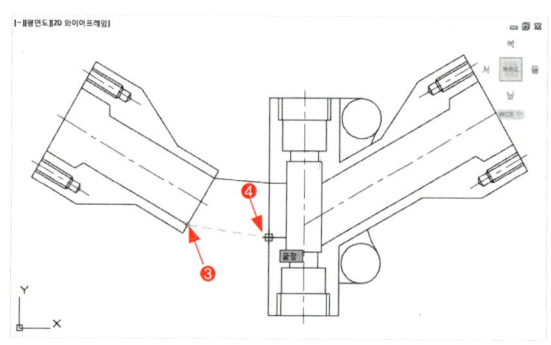

04 "정렬점을 기준으로 객체에 축척을 적용합니까?" 물음에 아니오(N)를 선택한다.

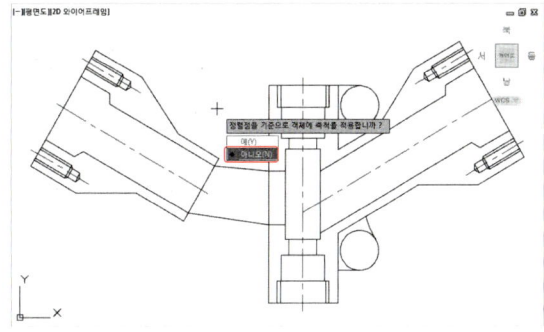

05 지정한 점에 맞춰 객체가 정렬된 것을 확인한다.

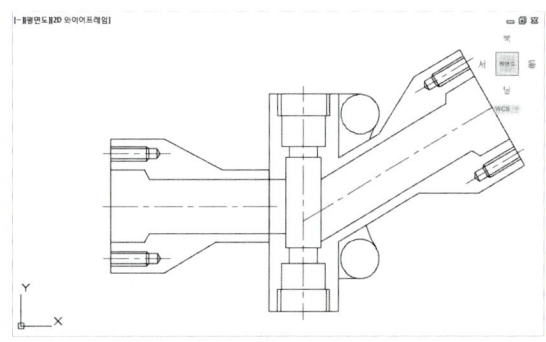

2-6. BREAK(끊기)와 점에서 끊기

간격을 두거나 간격을 두지 않고 단일 객체를 두 객체로 나눌 수 있다. 간격을 생성하지 않고 객체를 끊으려면 모든 끊기점을 동일한 위치에 지정하며 점에서 끊기 명령을 바로 수행해도 된다. BREAK는 보통 블록 또는 문자에 필요한 공간을 작성하는 데 사용된다.

> ▶ **실행 방법**
> - 리본 : [홈] 탭-[수정] 패널-끊기 아이콘(□), 점에서 끊기 아이콘(□)
> - 메뉴 : [수정(M)]-[끊기(K)]
> - 명령 입력 : BREAK
> - 단축키 : BR

▶ **객체 끊기**

BREAK(끊기)와 점에서 끊기는 차이가 있다. BREAK(끊기)는 처음 클릭한 지점이 끊기의 시작점이 되고 나중 클릭한 지점이 끊기 범위가 되어 내가 원하지 않은 부분이 BREAK가 될 수 있다. 이 경우는 BREAK(끊기) 명령을 시작할 때 [첫 번째 점(F)] 옵션을 클릭하여 끊어질 부분의 시작점을 지정하거나 BREAK(끊기) 대신에 점에서 끊기를 실행하면 된다.

01 예제 파일을 불러온 후 다음 그림처럼 줌윈도우 옵션을 이용하여 가운데 부분을 줌 확대한다.

- 예제 파일 : Chapter08₩끊기.dwg

🎬 객체 끊기

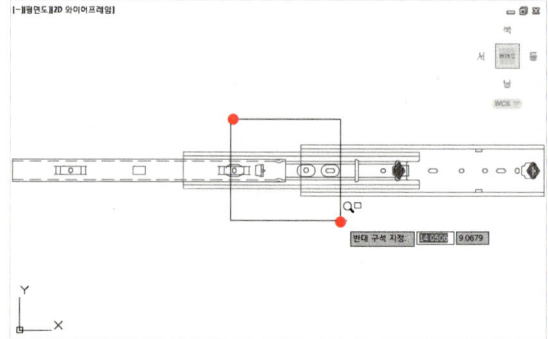

02 선의 일부를 삭제하기 위해 명령행에 'BR'을 입력하고 Space Bar 를 누른다. 끊을 객체로 외형선을 선택한다.

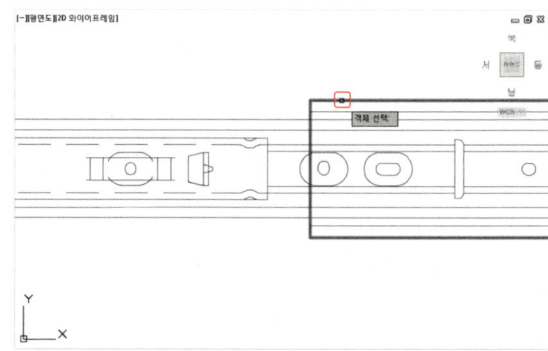

명령 : BR Space Bar [BREAK 명령 단축키 입력]
객체 선택 : [외형선 선택]

03 옵션 메뉴에서 첫 번째 점(F)를 입력한다. 첫 번째 끊기점은 교차점(❶)을 클릭하고 두 번째 끊기점은 교차점(❷)를 클릭한다.

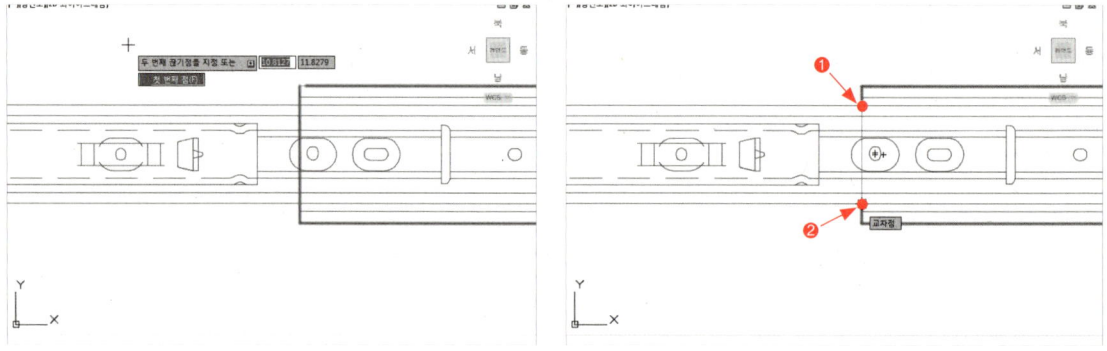

두 번째 끊기점을 지정 또는 [첫 번째 점(F)] : F [첫 번째 점 옵션 선택]
첫 번째 끊기점 지정 : 〈객체 스냅 켜기〉 [❶번 끝점 클릭]
두 번째 끊기점을 지정 : [❷번 끝점 클릭]

04 다음 그림처럼 왼쪽 일부를 줌 확대한다.

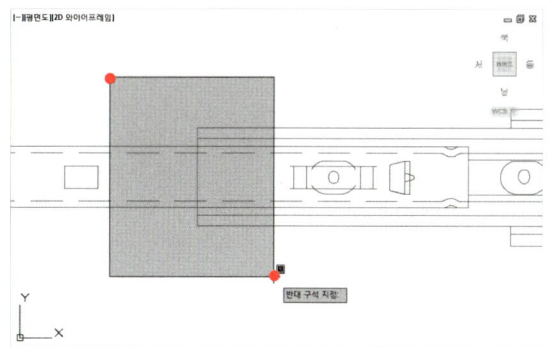

05 선을 분할하기 위해 [홈] 탭-[수정] 패널-[점에서 끊기]를 클릭한다. 외형선을 선택하고 첫 번째 끊기점을 교차점(❶)을 클릭한다.

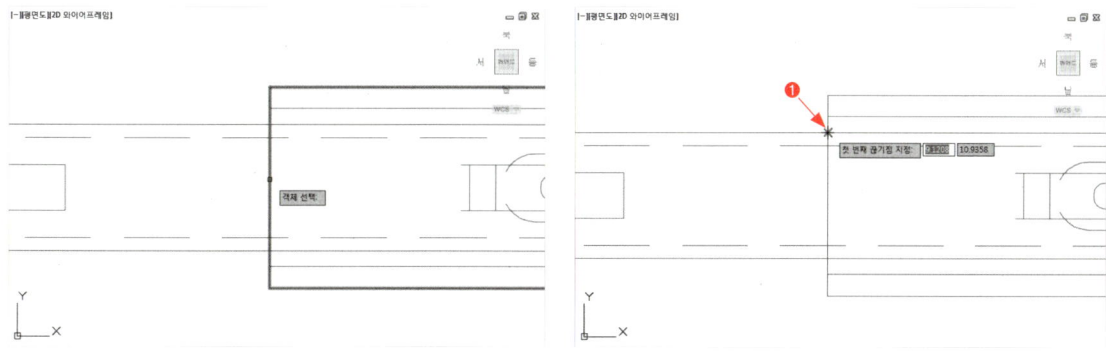

06 다시 선을 분할하기 위해 [홈] 탭-[수정] 패널-[점에서 끊기]를 클릭한다. 외형선을 선택하고 첫 번째 끊기점을 교차점(❷)를 클릭한다.

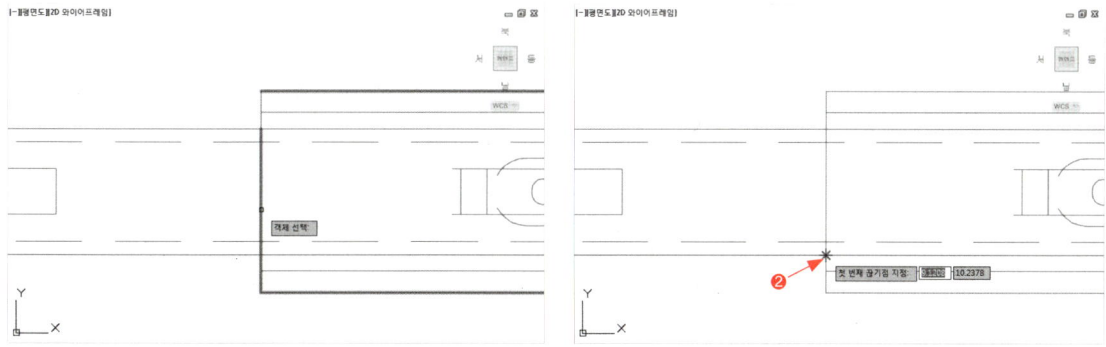

07 분할한 선의 도면층을 변경해본다. 분할된 선을 클릭하고 [홈] 탭–[도면층] 패널–[도면층] 이름 확장–[Hidden]을 클릭한다. Esc 를 눌러 객체 선택을 해제한다.

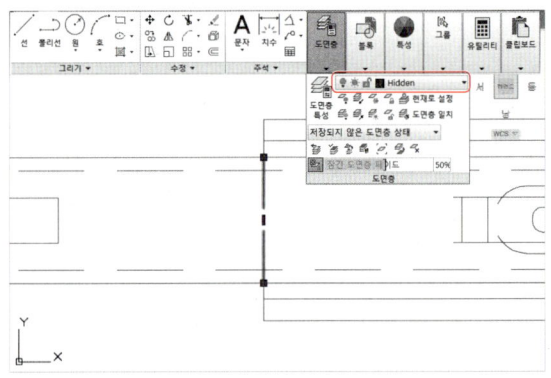

2-7. JOIN(결합)

선형 및 곡선형 객체의 끝점을 결합하여 단일 객체를 작성한다. 결합 작업의 결과는 선택한 객체에 따라 달라지며 일반적인 응용 방식은 일직선상의 두 선을 단일 선으로 대치하거나 BREAK를 통해 생성된 선의 간격 닫기, 호를 원으로 또는 타원형 호를 타원으로 완성, 지형도 맵에서 여러 개의 긴 폴리선을 결합할 때 사용된다.

> **TIP** PEDIT 명령의 결합 옵션을 사용하여 일련의 선, 호 및 폴리선을 단일 폴리선으로 결합할 수도 있다.

▶ **실행 방법**
- 리본 : [홈] 탭–[수정] 패널–결합 아이콘(✚)
- 메뉴 : [수정(M)]–[결합(J)]
- 명령 입력 : JOIN
- 단축키 : J

▶ **끊긴 벽체 결합하기**

중간에 끊긴 벽체를 JOIN(결합) 명령을 이용하여 하나의 객체로 이어보고 끊어진 호를 닫기 옵션으로 하나의 원으로 작성해본다.

01 예제 파일을 불러온 후 가장 왼쪽 방의 문을 대칭하기 위해 명령행에 'MI'를 입력하고 Space Bar 를 누른다. 윈도우 선택으로 문을 선택한 후 Space Bar 를 누른다.

- 예제 파일 : Chapter08₩결합.dwg   ▶ 끊긴 벽체 결합하기

```
명령 : MI Space Bar  [MIRROR 명령 단축키 입력]
객체 선택 : 반대 구석 지정 : 3개를 찾음  [윈도우 선택으로 객체 선택]
객체 선택 : Space Bar  [선택 종료]
```

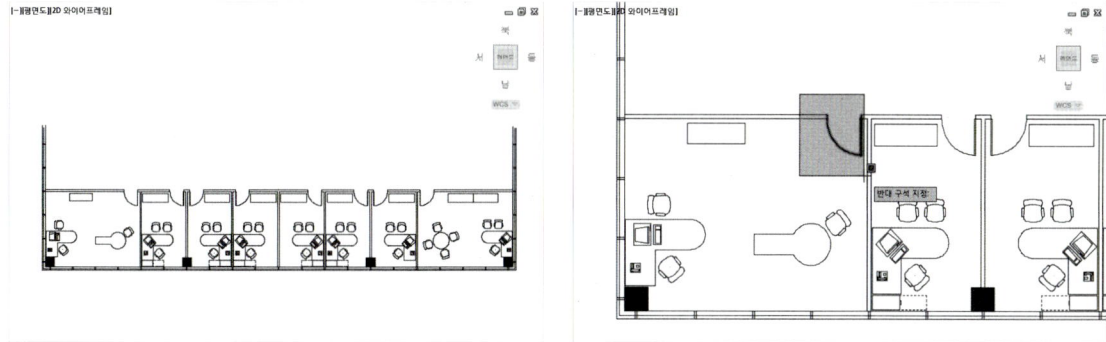

02 대칭축을 방 폭의 중간점으로 하기 위해 Shift +마우스 오른쪽 버튼 클릭한 후 바로 가기 메뉴에서 [2점 사이의 중간]을 클릭한다. 중간의 일차 점(❶)과 이차 점(❷)을 각각 방 내부 벽체의 끝점을 클릭한다.

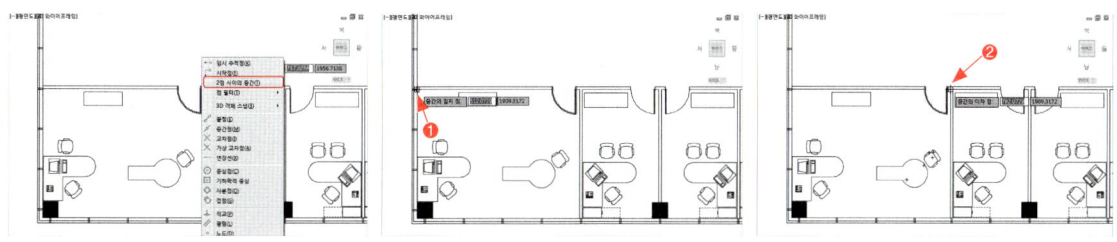

대칭선의 첫 번째 점 지정 : _m2p [Shift +마우스 오른쪽 버튼을 클릭한 후 바로 가기 메뉴에서 2점 사이의 중간]을 클릭]
중간의 일차 점 : [내부 벽체 왼쪽 끝점(❶) 클릭]
중간의 이차 점 : [내부 벽체 오른쪽 끝점(❷) 클릭]

03 대칭축의 두 번째로 직교 모드 상태에서 수직 방향으로 임의 점을 클릭한다. "원본 객체를 지우시겠습니까?" 물음에 [예(Y)]를 선택하여 원본 객체를 지운다.

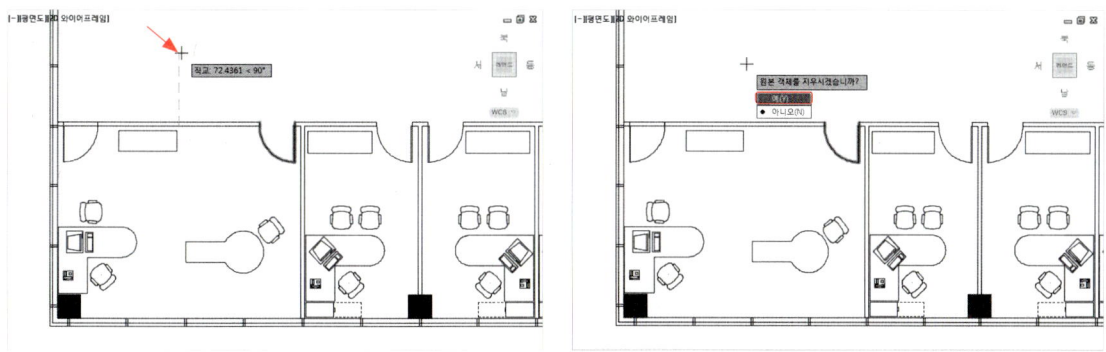

대칭선의 두 번째 점 지정 : 〈직교 켜기〉 [수직으로 임의 점 클릭]
원본 객체를 지우시겠습니까? [예(Y)/아니오(N)] 〈아니오〉 : Y ['예' 옵션 선택]

04 문을 삭제한 부분의 벽체 선을 결합하기 위해 명령행에 'J'를 입력하고 Space Bar 를 누른다. 벽체 안쪽의 선 2개 (❶, ❷)를 선택한 후 Space Bar 를 누른다.

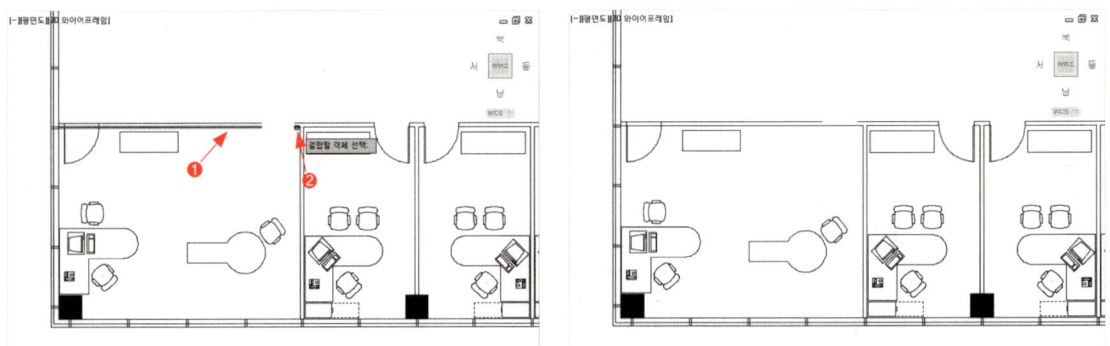

명령 : J Space Bar [JOIN 명령 단축키 입력]
한 번에 결합할 원본 객체 또는 여러 객체 선택 : 1개를 찾음 [왼쪽 객체 선택]
결합할 객체 선택 : 1개를 찾음, 총 2개 [오른쪽 객체 선택]
결합할 객체 선택 : Space Bar [선택 종료]
2개 선이 1개 선으로 결합되었습니다.

05 4번 과정과 동일하게 바깥 벽체선도 결합한다.

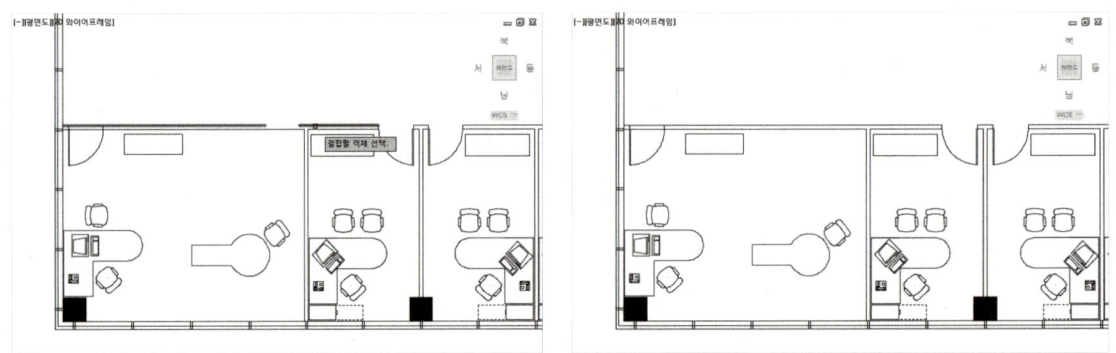

명령 : J Space Bar [JOIN 명령 단축키 입력]
한 번에 결합할 원본 객체 또는 여러 객체 선택 : 1개를 찾음 [왼쪽 객체 선택]
결합할 객체 선택 : 1개를 찾음, 총 2개 [오른쪽 객체 선택]
결합할 객체 선택 : Space Bar [선택 종료]
2개 선이 1개 선으로 결합되었습니다.

06 명령행에 'TR'을 입력하고 Space Bar 를 누른다. 새로운 문에 위치한 벽체 일부분(❶~❷)을 자르기 경계를 선택하고 ❸ 지점을 클릭하여 삭제한다.

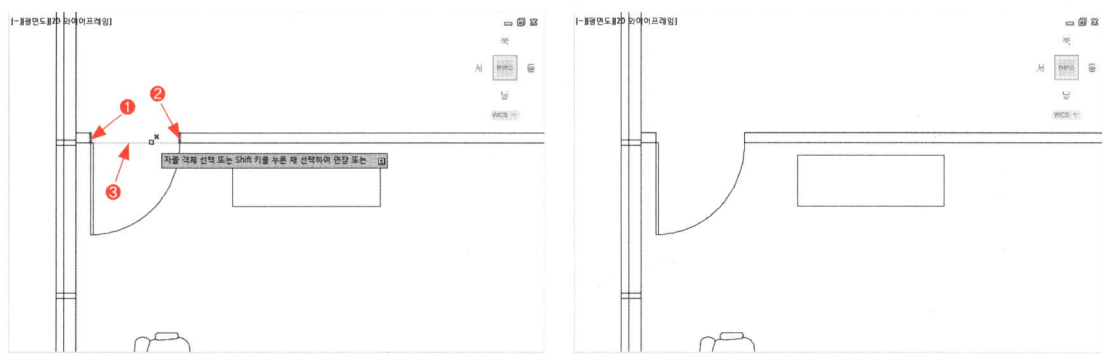

객체 선택 또는 〈모두 선택〉: 1개를 찾음
객체 선택 : 1개를 찾음, 총 2개 [양 옆 수직선 선택]
객체 선택 : Space Bar [선택 종료]
자를 객체 선택 또는 Shift 키를 누른 채 선택하여 연장 또는 [울타리(F)/걸치기(C)/프로젝트(P)/모서리(E)/지우기(R)/명령 취소(U)] :
[삭제할 부분 선택]
자를 객체 선택 또는 Shift 키를 누른 채 선택하여 연장 또는 [울타리(F)/걸치기(C)/프로젝트(P)/모서리(E)/지우기(R)/명령 취소(U)] :
[삭제할 부분 선택]
자를 객체 선택 또는 Shift 키를 누른 채 선택하여 연장 또는 [울타리(F)/걸치기(C)/프로젝트(P)/모서리(E)/지우기(R)/명령 취소(U)] :
Space Bar [명령 종료]

07 회의 테이블을 수정하기 위해 먼저 다음 그림처럼 3개 선을 선택하여 Delete 로 삭제한다.

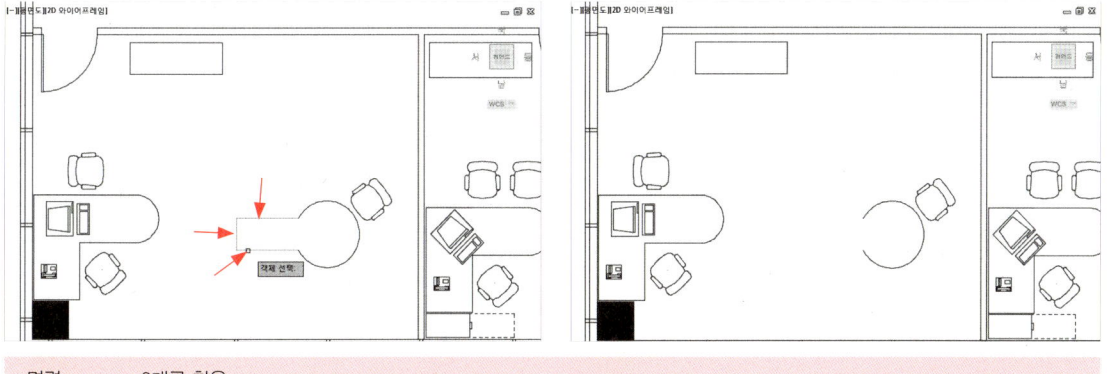

명령 : _.erase 3개를 찾음

08 명령행에 'J'를 입력하고 Space Bar 를 누른다. 한 번에 결합할 원본 객체로 호를 선택하고 Space Bar 를 누른다.

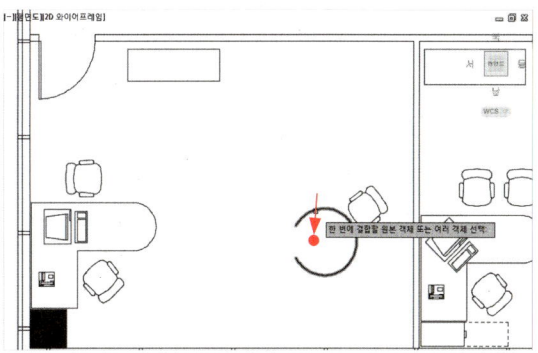

명령 : J Space Bar
한 번에 결합할 원본 객체 또는 여러 객체 선택: 1개를 찾음
[호 선택]
결합할 객체 선택 : Space Bar [선택 종료]

09 [닫기] 버튼을 선택한다. 열린 호가 닫힌 원으로 된다.

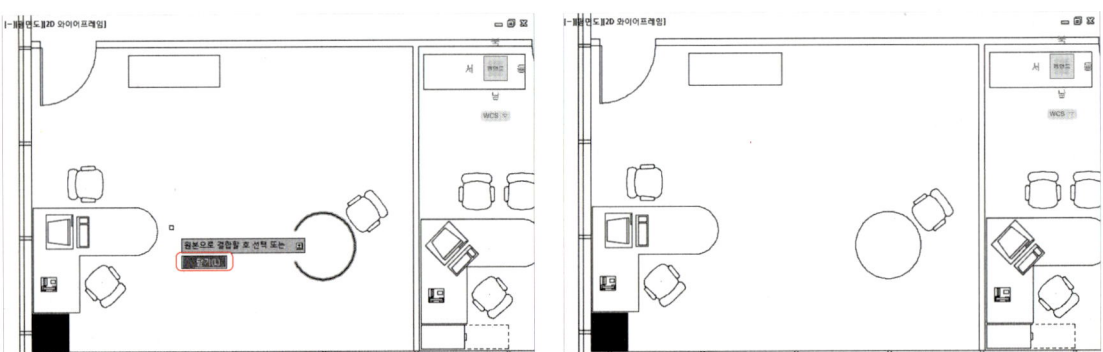

원본으로 결합할 호 선택 또는 [닫기(L)] : L [닫기 옵션 선택]
호가 원으로 변환되었습니다.

2-8. OVERKILL(중복 객체 삭제)

중복되거나 겹치는 선, 호 및 폴리선을 제거한다. 또한 부분적으로 겹치거나 연속되는 항목을 결합한다. 예를 들면, 객체의 중복 사본이 삭제되거나 원 위에 그려진 호를 삭제한다.

> ▶ **실행 방법**
> • 리본 : [홈] 탭-[수정] 패널- 중복 객체 삭제 아이콘(⚐)
> • 메뉴 : [수정(M)]-[중복 객체 삭제]
> • 명령 입력 : OVERKILL

▶ **중복 객체 삭제하기**

화면상에는 하나의 선으로 보이지만 실제로는 여러 선들이 쌓이고 쌓여 중첩된 객체를 OVERKILL(중복 객체 삭제) 명령으로 중복된 선을 지우는 연습을 해본다.

01 예제 파일을 불러온 후 명령행에 'E'를 입력하고 [Space Bar]를 눌러 오른쪽 위 부분의 32번 색상의 객체를 걸침 선택 옵션으로 선택한다. 명령행의 메시지를 보면 "객체 선택: 반대 구석 지정: 3개를 찾음"으로 보인다. 즉 객체가 3개가 있음을 알 수 있다.

■ 예제 파일 : Chapter08₩중복 객체.dwg

▶ 중복 객체 삭제하기

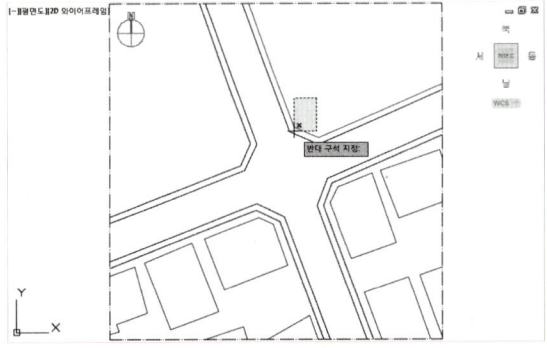

명령 : E Space Bar
객체 선택: 반대 구석 지정 : 3개를 찾음 [걸침 선택]

02 중복된 객체를 삭제하기 위해 [홈] 탭-[수정] 패널-[중복 객체 삭제]를 클릭한다. 객체 선택은 모든 객체에 해당하므로 ALL로 입력하고 Space Bar 를 눌러 객체 선택을 종료한다.

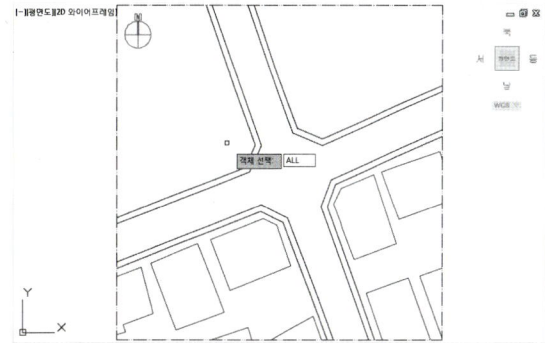

명령 : _overkill
객체 선택: ALL 32개를 찾음 [모든 객체 선택]
객체 선택 : Space Bar [선택 종료]

03 다시 한 번 Space Bar 를 누르면 [중복 객체 삭제] 대화상자가 나타난다. [확인] 버튼을 클릭하면 "8개 중복 항목이 삭제되었습니다."라는 메시지를 확인할 수 있다.

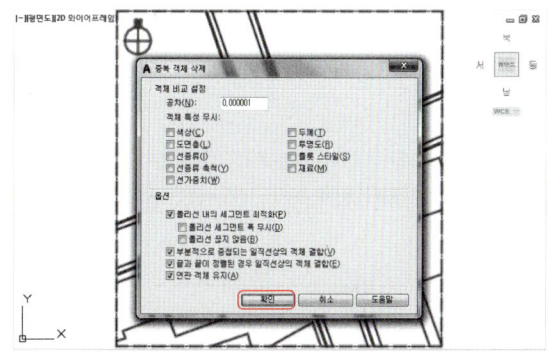

8개 중복 항목이 삭제되었습니다.
0개 중첩 객체 또는 세그먼트가 삭제되었습니다.

04 명령행에 'E'를 입력하고 Space Bar 를 누른다. 오른쪽 위 부분의 32번 색상의 객체를 걸침 선택 옵션으로 선택한다. 명령행의 메시지를 보면 "객체 선택: 반대 구석 지정: 1개를 찾음"으로 보인다. 즉, 중복 객체가 삭제되어 1개가 되었음을 알 수 있다.

명령 : E Space Bar
객체 선택 :
반대 구석 지정 : 1개를 찾음 [걸침 선택]

2-9. DRAWORDER(객체 표시 순서)

이미지 및 다른 객체의 그리기 순서를 변경한다. 일반적으로 주석 객체는 다른 객체의 앞에, 해치와 채우기는 다른 객체의 뒤에 표시 및 플롯(출력)한다.

다양한 옵션을 통해 다른 객체 앞이나 뒤에 표시하고 플롯해야 하는 객체를 선택할 수 있다. 다만, 겹치는 객체의 그리기 순서는 같은 공간(모형 공간 또는 도면 공간) 내에서만 제어할 수 있다.

> ▶ 실행 방법
> - 리본 : [홈] 탭-[수정] 패널-맨 앞으로 가져오기 아이콘( )
> - 메뉴 : [도구(T)]-[그리기순서(D)]
> - 명령 입력 : DRAWORDER

◆ 객체 표시 순서

01 예제 파일을 불러온다.
- 예제 파일 : Chapter08₩객체 그리기 순서.dwg

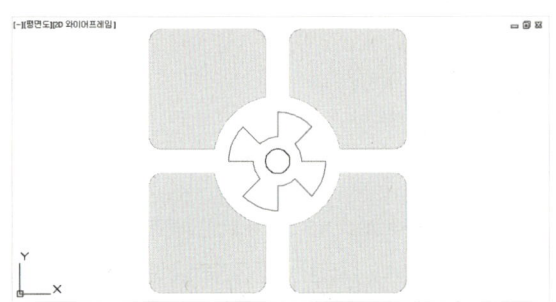

02 해치를 선택하고 마우스 오른쪽 클릭 바로가기 메뉴에서 [그리기 순서]-[맨 뒤로 보내기]를 클릭한다.

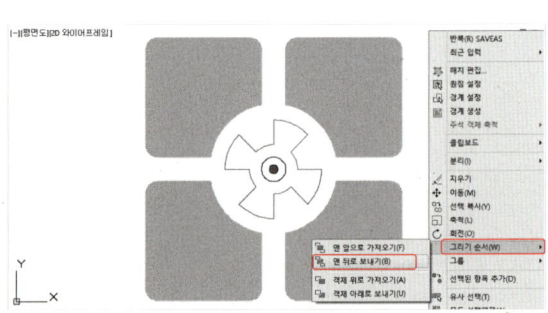

03 해치로 보이지 않았던 문자가 앞으로 오면서 보인다.

실무 도면 그리기

편집 명령으로 평의자 그리기

▶ 평의자 그려보기

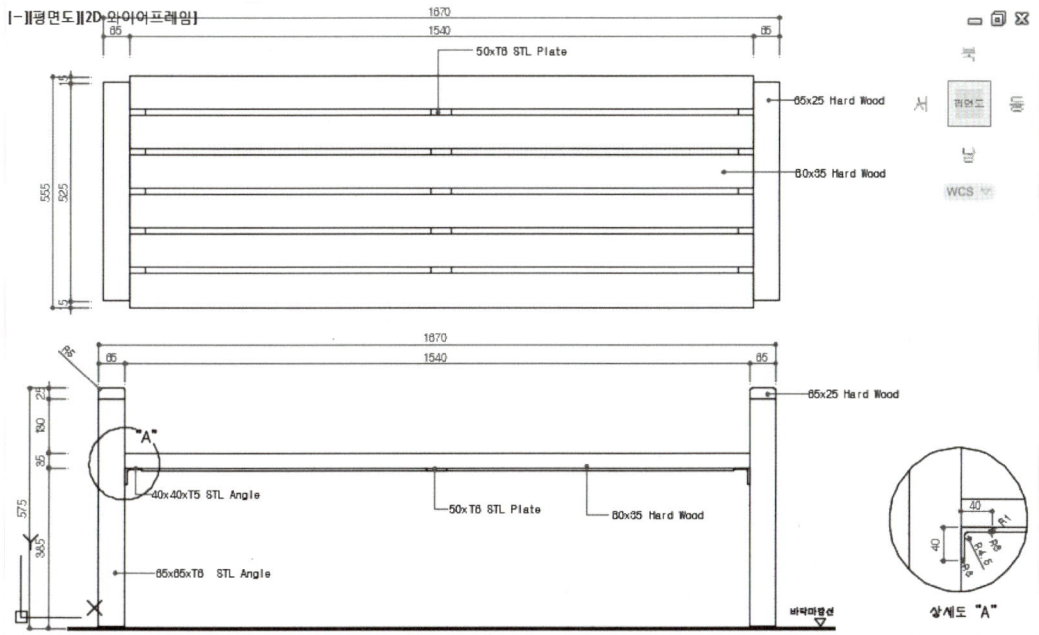

01 도면 작업을 시작하기 전 동적 입력 F12, 직교 모드 F8, 객체 스냅 F3 을 클릭하여 제도 보조 설정을 한다.

02 도면에서 위는 평면도, 아래는 정면도이다. 먼저 새 도면에 평면도를 그려본다. 명령행에 'REC'를 입력하고 Space Bar 를 누른다. 임의 지점에 첫 번째 구석점을 지정하고 다른 구석점으로 1540,80을 입력 후 다시 한 번 Space Bar 를 누른다.

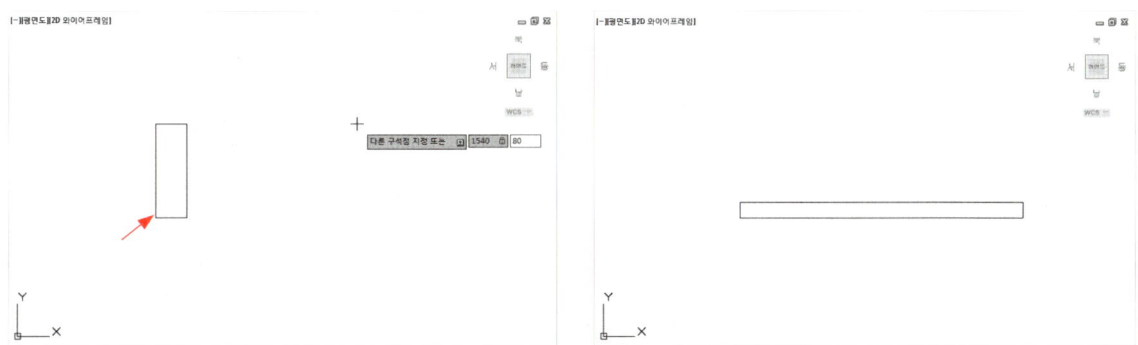

명령 : REC Space Bar
첫 번째 구석점 지정 또는 [모따기(C)/고도(E)/모깎기(F)/두께(T)/폭(W)] : [임의 점 클릭]
다른 구석점 지정 또는 [영역(A)/치수(D)/회전(R)] : @1540,80 Space Bar [거리값 입력]

03 의자 바닥면이 6개의 직사각형과 15mm 간격으로 벌어져 있으므로 직사각형 배열을 사용해본다. 배열은 단축키 대신에 리본을 활용하는 게 편리하다. [홈] 탭–[수정] 패널–[직사각형 배열]을 선택하고 객체로 2번 과정에서 그린 직사각형을 선택하고 Space Bar 를 누른다.

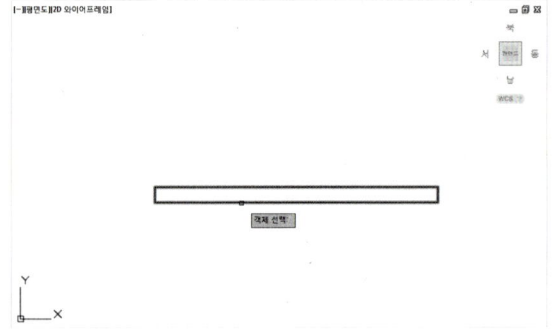

04 배열 작성 리본 탭에서 열은 1, 행은 6, 사이값은 95(80+15)를 입력하고 Enter 를 누른다. 배열 닫기 또는 Enter 를 눌러 직사각형 배열 명령을 종료한다.

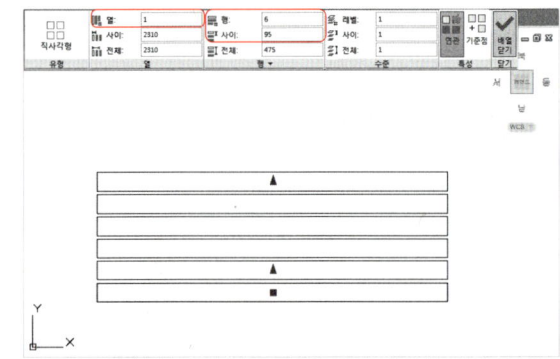

05 의자 옆의 보조대를 만들기 위해 명령행에 'REC'를 입력하고 Space Bar 를 누른다. 오른쪽 아래 직사각형 끝점을 첫 번째 구석점으로 지정하고 다른 구석점으로 65,525를 입력 후 다시 한 번 Space Bar 를 누른다.

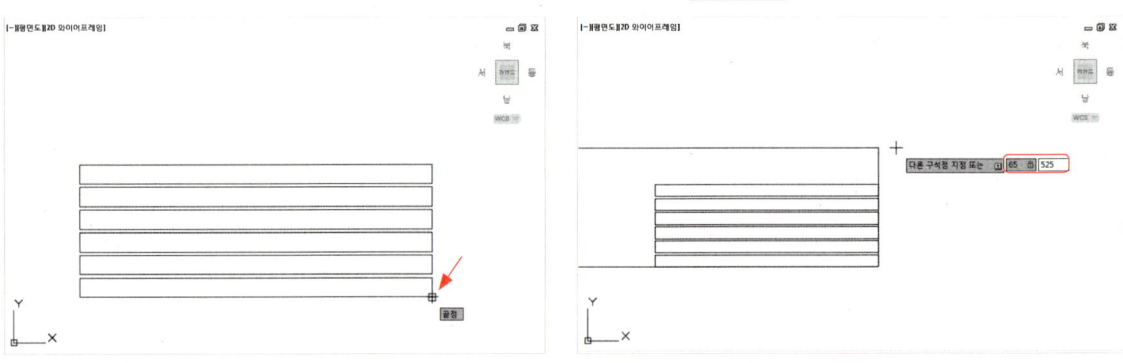

명령 : REC Space Bar
첫 번째 구석점 지정 또는 [모따기(C)/고도(E)/모깎기(F)/두께(T)/폭(W)] : [임의 점 클릭]
다른 구석점 지정 또는 [영역(A)/치수(D)/회전(R)] : @65,525 [거리값 입력]

06 보조대를 위로 15만큼 이동하기 위해 단축키 'M'을 입력하고 Space Bar 를 누른다. 객체는 보조대(❶)를 선택하고 Space Bar 를 누른다. 기준점은 아래 끝점(❷)을 클릭하고 직교 수직방향으로 커서를 이동한 후 15를 입력하고 Space Bar 를 누른다.

명령 : M Space Bar
객체 선택 : 1개를 찾음 [오른쪽 직사각형 선택]
객체 선택 : Space Bar [선택 종료]
기준점 지정 또는 [변위(D)] 〈변위〉 : [아래 끝점 클릭]
두 번째 점 지정 또는 〈첫 번째 점을 변위로 사용〉 : 〈직교 켜기〉 15 Space Bar [커서를 수직방향으로 이동 후 값 입력]

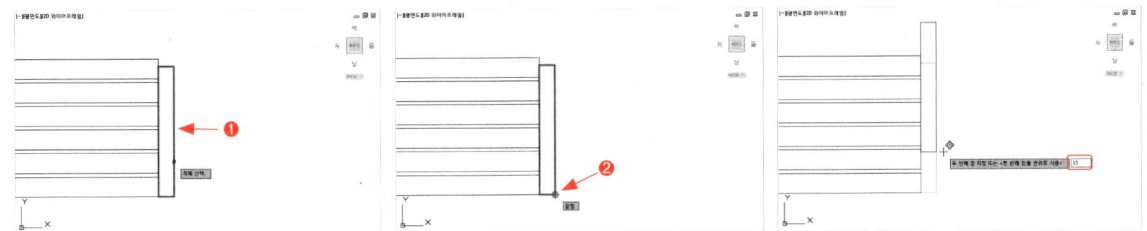

07 반대쪽에도 보조대를 작성하기 위해 대칭을 한다. 명령행에 'MI'를 입력하고 [Space Bar]를 누른다. 보조대를 선택한 후 대칭축은 긴 패널의 중간점을 기준으로 한다. "원본 객체를 지우시겠습니까?" 물음에 아니오(N)를 선택한다.

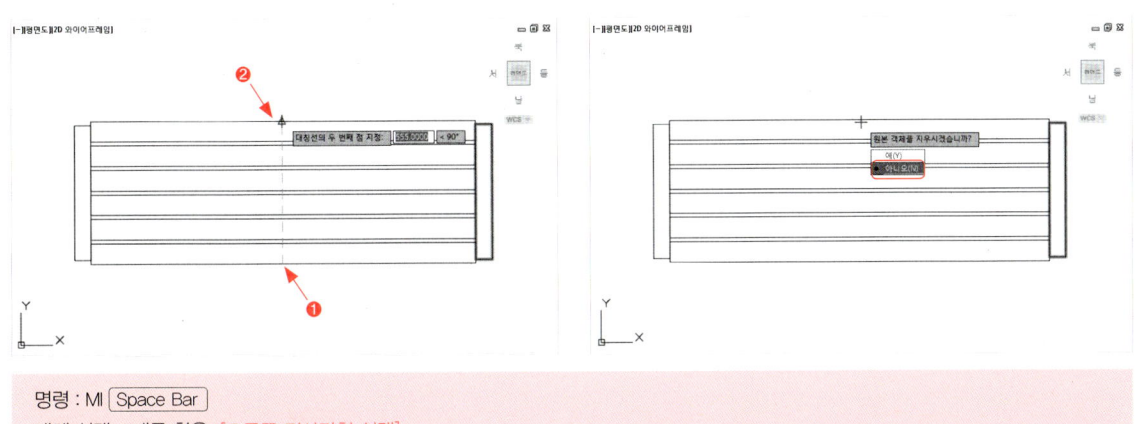

명령 : MI [Space Bar]
객체 선택 : 1개를 찾음 [오른쪽 직사각형 선택]
객체 선택 : [Space Bar] [선택 종료]
대칭선의 첫 번째 점 지정 : [❶번 중간점 클릭]
대칭선의 두 번째 점 지정 : [❷번 중간점 클릭]
원본 객체를 지우시겠습니까? [예(Y)/아니오(N)] <아니오> : N [아니오 선택]

08 목재 아래 플레이트(철판)를 그리기 위해서 보조대를 분해한다. 명령행에 'X'를 입력하고 [Space Bar]를 누른 후 왼쪽 보조대를 선택하고 [Space Bar]를 눌러 분해한다.

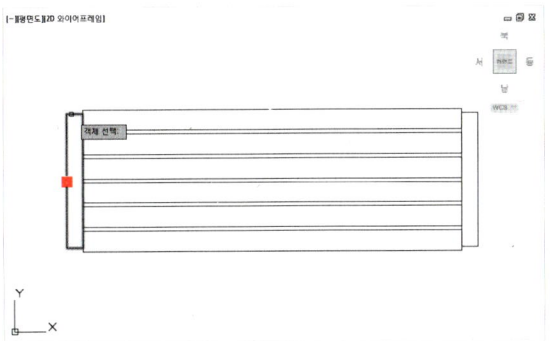

명령 : X [Space Bar] [EXPLODE 명령 단축키 입력]
객체 선택 : 1개를 찾음 [왼쪽 사각형 선택]
객체 선택 : [Space Bar] [선택 종료]

09 명령행에 'O'를 입력하고 [Space Bar]를 누른다. 간격띄우기 거리는 40을 지정한다. 오른쪽 수직선을 선택하고 커서를 오른쪽 방향으로 이동 후 클릭하고 [Space Bar]를 눌러 명령을 종료한다.

명령 : O [Space Bar]
현재 설정 : 원본 지우기=아니오 도면층=원본 OFFSETGAPTYPE=0
간격띄우기 거리 지정 또는 [통과점(T)/지우기(E)/도면층(L)] <통과점> : 40 [거리값 입력]
간격띄우기할 객체 선택 또는 [종료(E)/명령 취소(U)] <종료> : [❶번 객체 클릭]
간격띄우기할 면의 점 지정 또는 [종료(E)/다중(M)/명령 취소(U)] <종료> : [❷번 지점 클릭]
간격띄우기할 객체 선택 또는 [종료(E)/명령 취소(U)] <종료> : [Space Bar] [명령 종료]

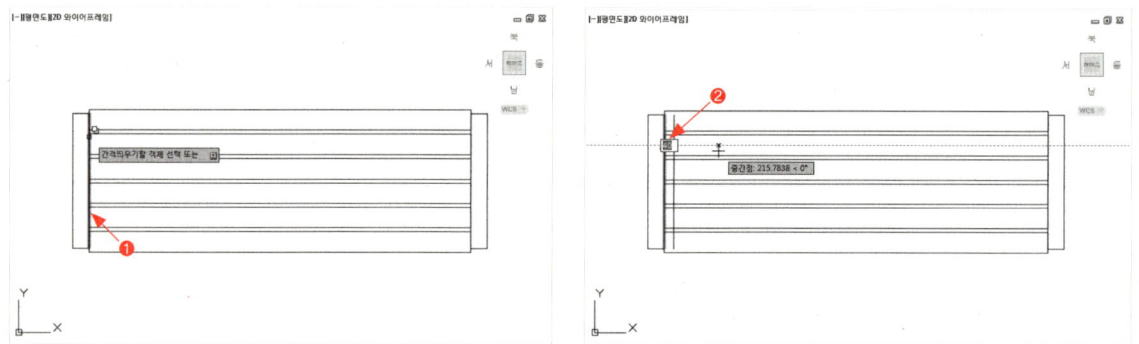

10 불필요한 선을 지우기 위해 명령행에 'TR'을 입력하고 Space Bar 를 누른다. 절단 모서리로 긴 패널(❶)을 선택한 후 Space Bar 를 누른다. 불필요한 선(❷)을 클릭해 정리한다.

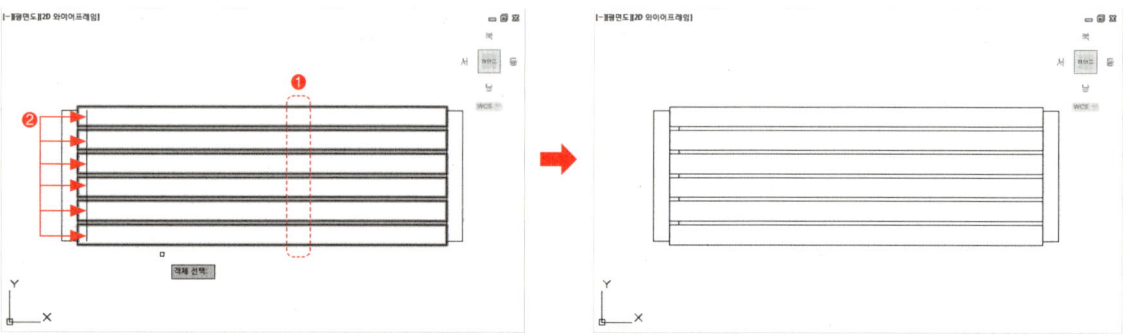

명령 : TR Space Bar
현재 설정 : 투영=UCS 모서리=연장
절단 모서리 선택 ...
객체 선택 또는 〈모두 선택〉: 반대 구석 지정: 6개를 찾음 [6개 직사각형 선택]
객체 선택 : Space Bar [선택 종료]
자를 객체 선택 또는 Shift 키를 누른 채 선택하여 연장 또는 [울타리(F)/걸치기(C)/프로젝트(P)/모서리(E)/지우기(R)/명령 취소(U)] : [불필요 부분 6개소 클릭]
자를 객체 선택 또는 Shift 키를 누른 채 선택하여 연장 또는 [울타리(F)/걸치기(C)/프로젝트(P)/모서리(E)/지우기(R)/명령 취소(U)] : Space Bar [명령 종료]

11 반대편에도 플레이트를 작성하기 위해 명령행에 'MI'를 입력하고 Space Bar 를 누른다. 윈도우 선택으로 플레이트 부분 형상을 선택한 후 대칭축은 긴 패널의 중간점을 기준으로 한다. "원본 객체를 지우시겠습니까?" 물음에 아니오(N)를 선택한다.

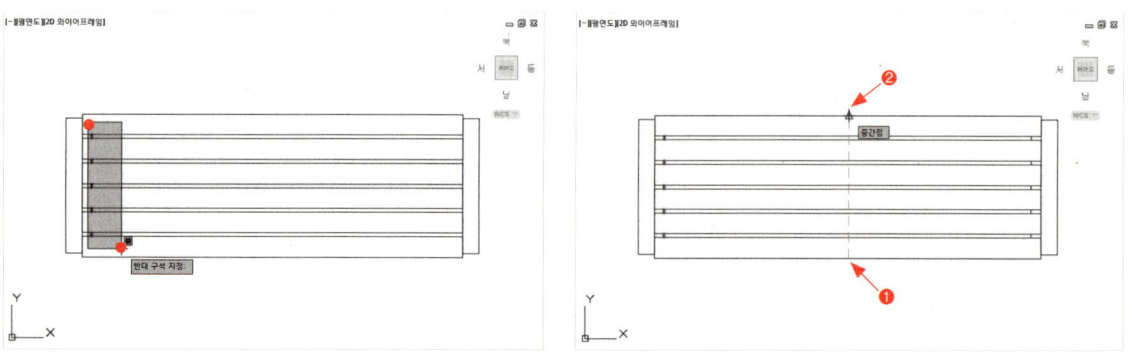

```
명령 : MI Space Bar
객체 선택: 반대 구석 지정 : 5개를 찾음
객체 선택 : Space Bar [선택 종료]
대칭선의 첫 번째 점 지정 : [❶번 중간점 클릭]
대칭선의 두 번째 점 지정 : [❷번 중간점 클릭]
원본 객체를 지우시겠습니까? [예(Y)/아니오(N)] <아니오> : [아니오 선택]
```

12 가운데 플레이트를 작성하기 위해 기준선을 그린다. 명령행에 'L'을 입력하고 Space Bar 를 누른다. 중간점 객체 스냅을 이용해 수직선을 그린다.

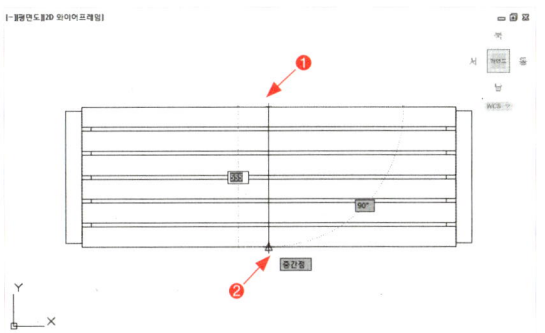

```
명령 : L Space Bar
첫 번째 점 지정 : [❶번 중간점 클릭]
다음 점 지정 또는 [명령 취소(U)] : [❷번 중간점 클릭]
다음 점 지정 또는 [명령 취소(U)] : Space Bar [명령 종료]
```

13 명령행에 'O'를 입력하고 Space Bar 를 누른다. 간격띄우기 거리는 25를 지정한다. 수직선(❶)을 선택한 후 커서를 왼쪽 방향으로 이동 후 클릭하고, 오른쪽 방향으로 이동 후 클릭한 후 Space Bar 를 눌러 명령을 종료한다.

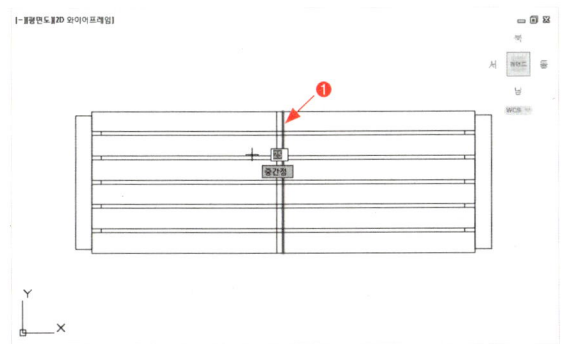 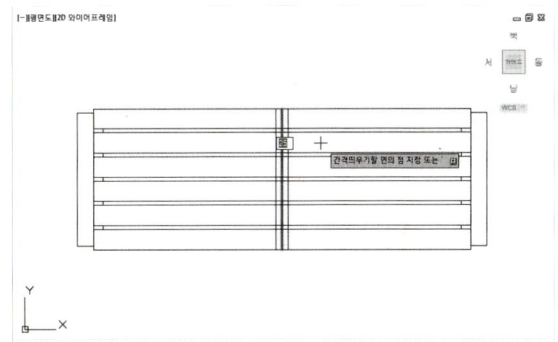

```
명령 : O Space Bar
현재 설정: 원본 지우기=아니오  도면층=원본  OFFSETGAPTYPE=0
간격띄우기 거리 지정 또는 [통과점(T)/지우기(E)/도면층(L)] <40.0000> : 25 Space Bar [거리값 입력]
간격띄우기할 객체 선택 또는 [종료(E)/명령 취소(U)] <종료> : [가운데 수직선(❶) 선택]
간격띄우기할 면의 점 지정 또는 [종료(E)/다중(M)/명령 취소(U)] <종료> : [수직선의 왼쪽 임의 지점 클릭]
간격띄우기할 객체 선택 또는 [종료(E)/명령 취소(U)] <종료> : [가운데 수직선(❶) 선택]
간격띄우기할 면의 점 지정 또는 [종료(E)/다중(M)/명령 취소(U)] <종료> : [수직선의 오른쪽 임의 지점 클릭]
간격띄우기할 객체 선택 또는 [종료(E)/명령 취소(U)] <종료> : Space Bar [명령 종료]
```

14 간격띄우기가 끝났으므로 가운데 수직선을 클릭하여 Delete 로 지운다.

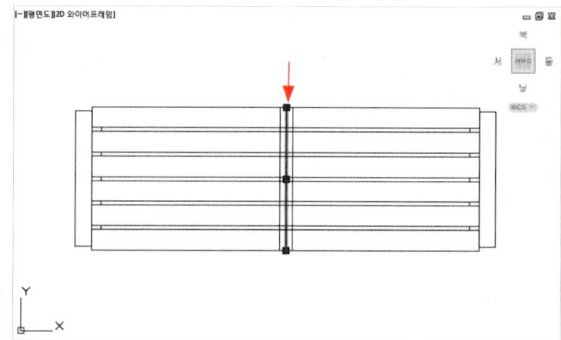

명령 : _.erase 1개를 찾음 [가운데 수직선 삭제]

15 불필요한 선을 지우기 위해 명령행에 'TR'을 입력하고 Space Bar 를 누른다. 절단 모서리로 긴 패널을 선택한 후 Space Bar 를 누른다. 불필요한 선들을 클릭해 정리한다.

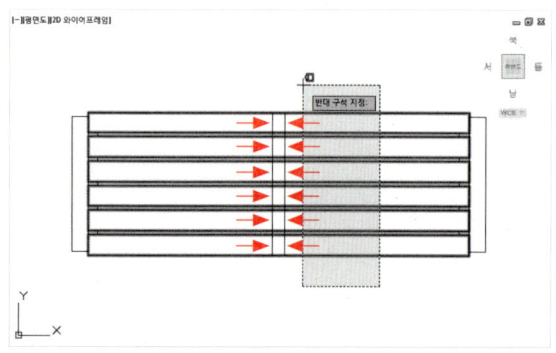 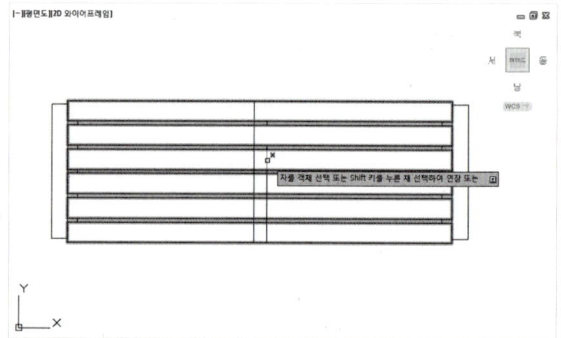

명령 : TR Space Bar
현재 설정 : 투영=UCS 모서리=연장
절단 모서리 선택 ...
객체 선택 또는 〈모두 선택〉: 반대 구석 지정: 6개를 찾음 [걸침 선택으로 선택]
객체 선택 : Space Bar [선택 종료]
자를 객체 선택 또는 Shift 키를 누른 채 선택하여 연장 또는 [울타리(F)/걸치기(C)/프로젝트(P)/모서리(E)/지우기(R)/명령 취소(U)] : 반대 구석 지정: [불필요 부분 12개소 삭제]
자를 객체 선택 또는 Shift 키를 누른 채 선택하여 연장 또는 [울타리(F)/걸치기(C)/프로젝트(P)/모서리(E)/지우기(R)/명령 취소(U)] : 반대 구석 지정: 반대 구석 지정 : Space Bar [명령 종료]

16 정면도를 그려본다. 객체 스냅에서 직교, 끝점을 설정한다. 평면도에서 보조대의 끝점을 시작으로 선을 그대로 내리고 바닥 마감선에 해당하는 수평선을 그린 후 ❹~❻번 선을 수평선에 직교로 그린다.

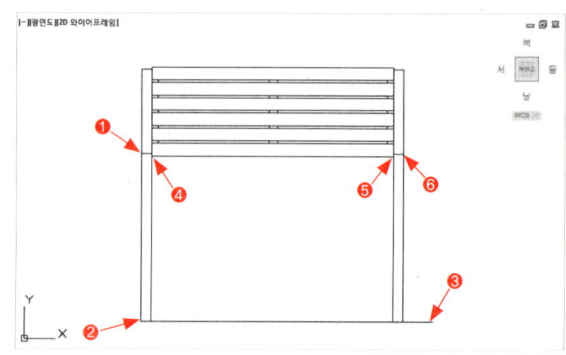

```
명령 : L Space Bar
첫 번째 점 지정 : [❶번 끝점 클릭]
다음 점 지정 또는 [명령 취소(U)] : [❷번 지점 클릭(❶~❷번 거리는 800이상 떨어지도록 함)]
다음 점 지정 또는 [명령 취소(U)] : Space Bar  Space Bar  [명령 종료 후 반복 실행]
명령 : L Space Bar
첫 번째 점 지정 : [❷번 끝점 클릭]
다음 점 지정 또는 [명령 취소(U)] : [❸번 지점 클릭(❷~❸번 거리는 1800이상 떨어지도록 함)]
다음 점 지정 또는 [명령 취소(U)] : Space Bar  Space Bar  [명령 종료 후 반복 실행]
명령 : L Space Bar
첫 번째 점 지정 : [❹번 끝점 클릭]
다음 점 지정 또는 [명령 취소(U)] : [❷~❸번 수평선에 직교점 클릭]
다음 점 지정 또는 [명령 취소(U)] : Space Bar  [명령 종료 후 반복 실행]
명령 : L Space Bar
첫 번째 점 지정 : [❺번 끝점 클릭]
다음 점 지정 또는 [명령 취소(U)] : [❷~❸번 수평선에 직교점 클릭]
다음 점 지정 또는 [명령 취소(U)] : Space Bar  Space Bar  [명령 종료 후 반복 실행]
명령 : L Space Bar
첫 번째 점 지정 : [❻번 끝점 클릭]
다음 점 지정 또는 [명령 취소(U)] : [❷~❸번 수평선에 직교점 클릭]
다음 점 지정 또는 [명령 취소(U)] : Space Bar  [명령 종료]
```

17 명령행에 'O'를 입력하고 Space Bar 를 누른다. 간격띄우기 거리는 아래부터 차례로 385, 35, 130, 25로 지정하여 간격띄우기를 한다.

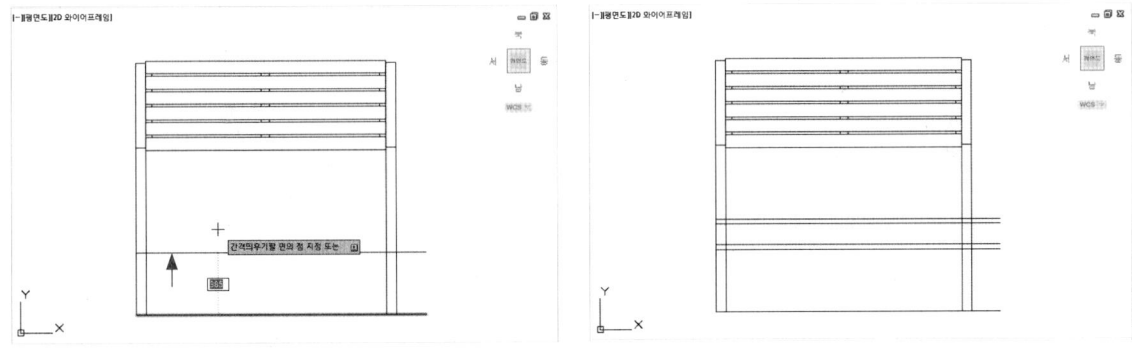

```
명령 : O Space Bar
현재 설정: 원본 지우기=아니오  도면층=원본  OFFSETGAPTYPE=0
간격띄우기 거리 지정 또는 [통과점(T)/지우기(E)/도면층(L)] <25.0000> : 385 Space Bar  [거리값 입력]
간격띄우기할 객체 선택 또는 [종료(E)/명령 취소(U)] <종료> : [아래 수평선 클릭]
간격띄우기할 면의 점 지정 또는 [종료(E)/다중(M)/명령 취소(U)] <종료> : [커서를 위로 이동 후 임의 지점 클릭]
간격띄우기할 객체 선택 또는 [종료(E)/명령 취소(U)] <종료> : [385를 간격띄우기한 객체 선택]
간격띄우기할 면의 점 지정 또는 [종료(E)/다중(M)/명령 취소(U)] <종료> : 35 Space Bar  [커서를 위로 이동 후 거리값 입력]
간격띄우기할 객체 선택 또는 [종료(E)/명령 취소(U)] <종료> : [35를 간격띄우기한 객체 선택]
간격띄우기할 면의 점 지정 또는 [종료(E)/다중(M)/명령 취소(U)] <종료> : 130 Space Bar  [커서를 위로 이동 후 거리값 입력]
간격띄우기할 객체 선택 또는 [종료(E)/명령 취소(U)] <종료> : [130을 간격띄우기한 객체 선택]
간격띄우기할 면의 점 지정 또는 [종료(E)/다중(M)/명령 취소(U)] <종료> : 25 Space Bar  [커서를 위로 이동 후 거리값 입력]
간격띄우기할 객체 선택 또는 [종료(E)/명령 취소(U)] <종료> : Space Bar  [명령 종료]
```

18 불필요한 선을 지우기 위해 명령행에 'TR'을 입력하고 Space Bar 를 누른다. 절단 모서리로 아래 선들을 모두 걸침 선택 옵션으로 선택하고 Space Bar 를 누른 후 불필요한 선들을 클릭해 정리한다.

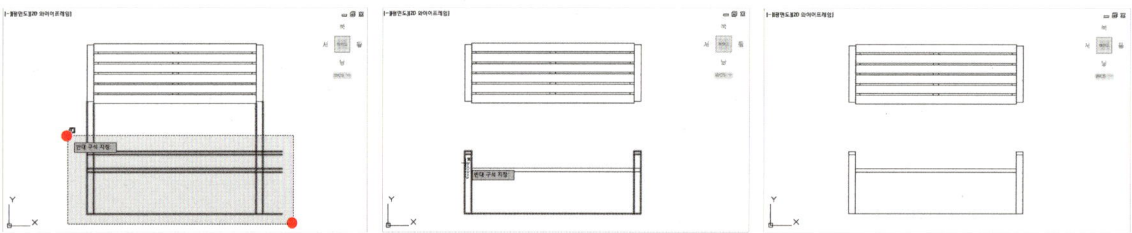

명령 : TR Space Bar
현재 설정 : 투영=UCS 모서리=연장
절단 모서리 선택 ...
객체 선택 또는 〈모두 선택〉: 반대 구석 지정 : 9개를 찾음 [걸침선택 옵션으로 선택]
객체 선택 : Space Bar [선택 종료]
자를 객체 선택 또는 Shift 키를 누른 채 선택하여 연장 또는 [울타리(F)/걸치기(C)/프로젝트(P)/모서리(E)/지우기(R)/명령 취소(U)] : 반대 구석 지정: 반대 구석 지정 : [불필요한 부분 모두 클릭하여 삭제]
자를 객체 선택 또는 Shift 키를 누른 채 선택하여 연장 또는 [울타리(F)/걸치기(C)/프로젝트(P)/모서리(E)/지우기(R)/명령 취소(U)] : 반대 구석 지정: 반대 구석 지정 : Space Bar [명령 종료]

19 목재 부분을 모깎기하기 위해 명령행에 'F'를 입력하고 Space Bar 를 누른다. 반지름 값을 5로 입력하고 다중(M) 옵션을 선택한다. 정면도 상단 목재 부분 4개소를 모두 모깎기를 한다.

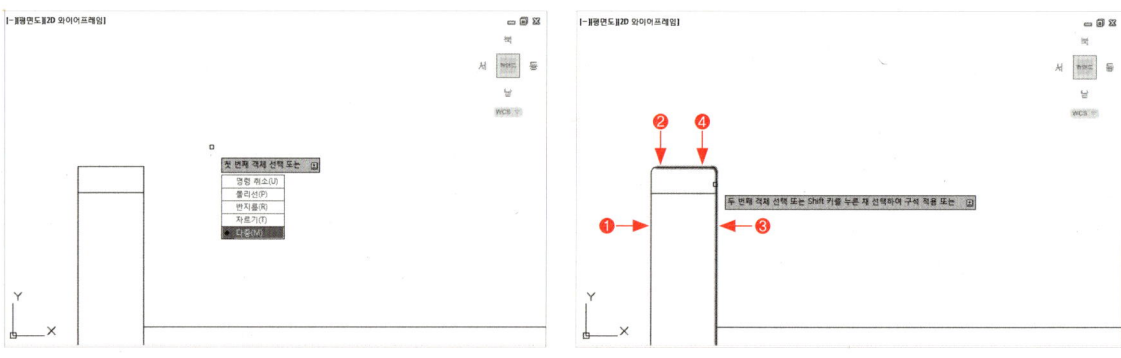

명령 : F Space Bar
현재 설정: 모드 = 자르기, 반지름 = 0.0000
첫 번째 객체 선택 또는 [명령 취소(U)/폴리선(P)/반지름(R)/자르기(T)/다중(M)] : R [반지름 옵션 선택]
모깎기 반지름 지정 〈0.0000〉 : 5 [값 입력]
첫 번째 객체 선택 또는 [명령 취소(U)/폴리선(P)/반지름(R)/자르기(T)/다중(M)] : M [다중 옵션 선택]
첫 번째 객체 선택 또는 [명령 취소(U)/폴리선(P)/반지름(R)/자르기(T)/다중(M)] : [모깎기할 부분 수직선(❶) 클릭]
두 번째 객체 선택 또는 Shift 키를 누른 채 선택하여 구석 적용 또는 [반지름(R)] : [모깎기할 부분 수평선(❷) 클릭]
첫 번째 객체 선택 또는 [명령 취소(U)/폴리선(P)/반지름(R)/자르기(T)/다중(M)] : [모깎기할 부분 수직선(❸) 클릭]
두 번째 객체 선택 또는 Shift 키를 누른 채 선택하여 구석 적용 또는 [반지름(R)] : [모깎기할 부분 수평선(❹) 클릭]
첫 번째 객체 선택 또는 [명령 취소(U)/폴리선(P)/반지름(R)/자르기(T)/다중(M)] : Space Bar [명령 종료]

20 50×T6 플레이트 작성을 위해 정면도에서 선(❶)을 클릭하고 아래 수직방향으로 6만큼 간격띄우기를 한다.

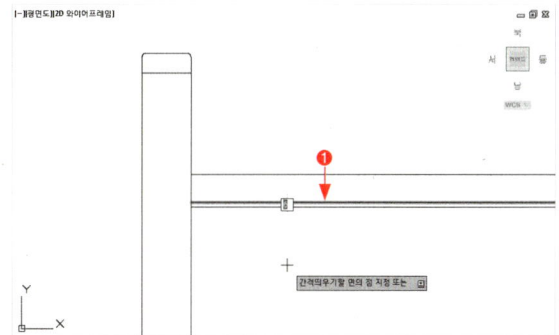

명령 : O [Space Bar]
현재 설정: 원본 지우기=아니오 도면층=원본 OFFSETGAPTYPE=0
간격띄우기 거리 지정 또는 [통과점(T)/지우기(E)/도면층(L)] <25.0000> : 6 [Space Bar] [거리값 입력]
간격띄우기할 객체 선택 또는 [종료(E)/명령 취소(U)] <종료> : [아래 수평선(❶) 클릭]
간격띄우기할 면의 점 지정 또는 [종료(E)/다중(M)/명령 취소(U)] <종료> : [커서를 아래 방향으로 임의 지점 클릭]
간격띄우기할 객체 선택 또는 [종료(E)/명령 취소(U)] <종료> : [Space Bar] [명령 종료]

21 평면도에서 플레이트 해당 부분의 끝점을 클릭하여 정면도로 선을 내린다. LINE(선) 명령을 반복하여 실행한다.

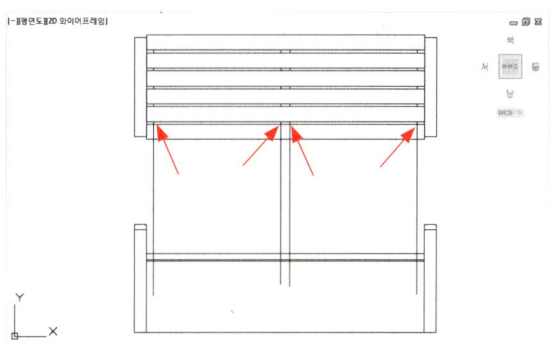

명령 : L [Space Bar]
첫 번째 점 지정 : [평면도 철판 부분 끝점 클릭]
다음 점 지정 또는 [명령 취소(U)] : [수직 방향으로 정면 임의 지점 클릭]
다음 점 지정 또는 [명령 취소(U)] : [Space Bar] [Space Bar] [명령 종료와 반복 실행]

22 불필요한 선을 지우기 위해 명령행에 'TR'을 입력하고 [Space Bar] 를 누른다. 절단 모서리로 아래 선 2개와 수직선들을 선택하고 [Space Bar] 를 누른 후 불필요한 선들을 클릭해 정리한다.

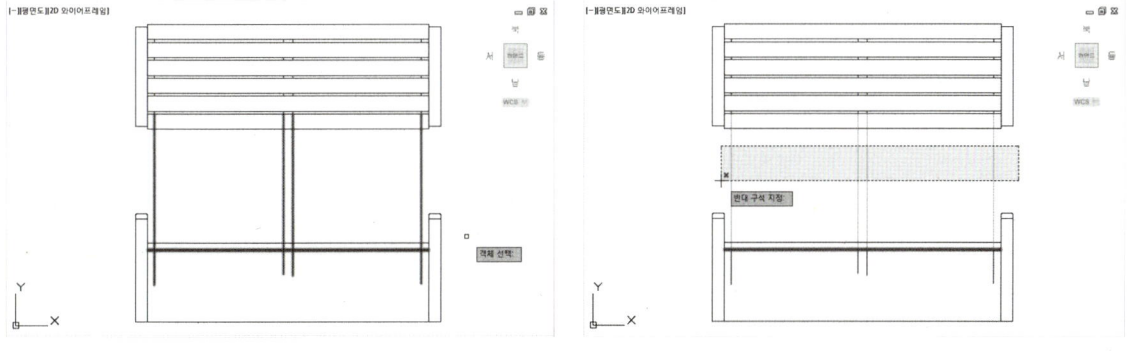

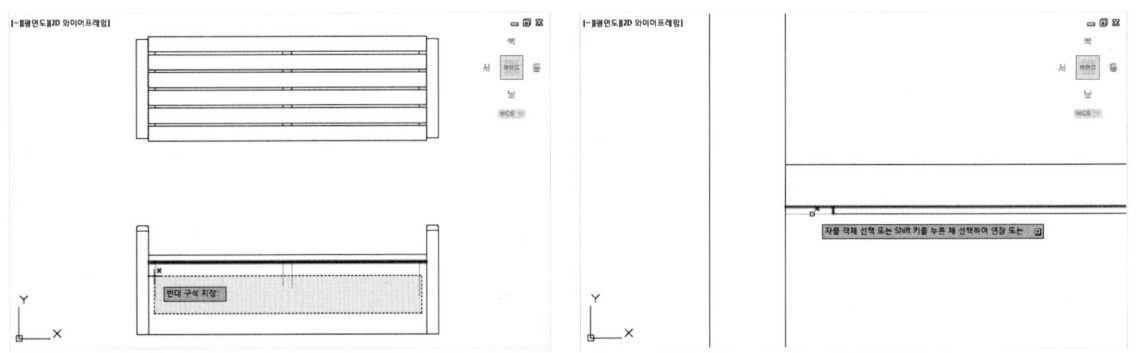

명령 : TR [Space Bar]
현재 설정: 투영=UCS 모서리=연장
절단 모서리 선택 …
객체 선택 또는 〈모두 선택〉: 반대 구석 지정 : 4개를 찾음
객체 선택: 반대 구석 지정: 2개를 찾음, 총 6개 [자르기 경계 선택]
객체 선택 : [Space Bar] [선택 종료]
자를 객체 선택 또는 [Shift] 키를 누른 채 선택하여 연장 또는 [울타리(F)/걸치기(C)/프로젝트(P)/모서리(E)/지우기(R)/명령 취소(U)] : 반대 구석 지정: 반대 구석 지정: [불필요한 부분 모두 클릭하여 삭제]
자를 객체 선택 또는 [Shift] 키를 누른 채 선택하여 연장 또는 [울타리(F)/걸치기(C)/프로젝트(P)/모서리(E)/지우기(R)/명령 취소(U)] : 반대 구석 지정: 반대 구석 지정: [Space Bar] [명령 종료]

23 상세도 "A"를 참조하여 40×40×T5 플레이트를 작성한다. 위 순서를 바탕으로 OFFSET(간격띄우기), FILLET(모깎기), TRIM(자르기) 명령을 수행하여 플레이트를 작성한다. 오른쪽은 왼쪽 객체를 선택해 MIRROR(대칭) 명령으로 작성한다.

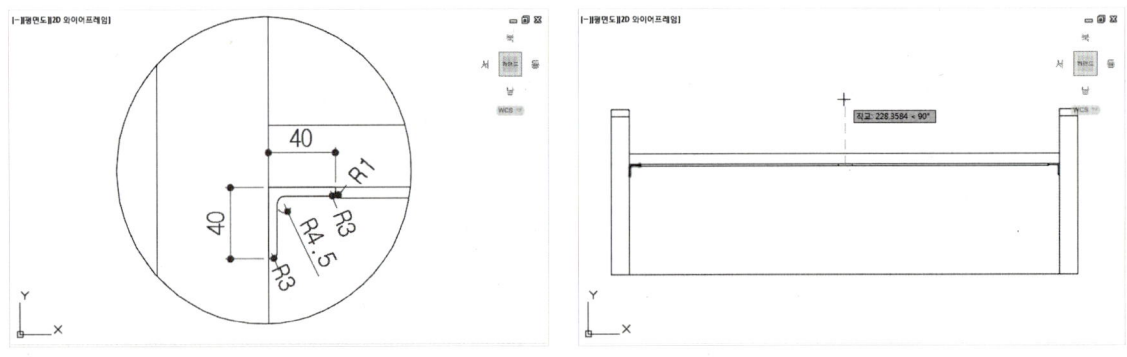

24 바닥 마감선에 두께를 주기 위해 폴리선 편집 명령을 실행한다. 명령행에 'PE'를 입력하고 아래 바닥 마감선에 해당하는 수직선을 선택하고 [Space Bar]를 누른다. "전환하기를 원하십니까?〈Y〉" 물음에 그대로 [Space Bar]를 누른다.

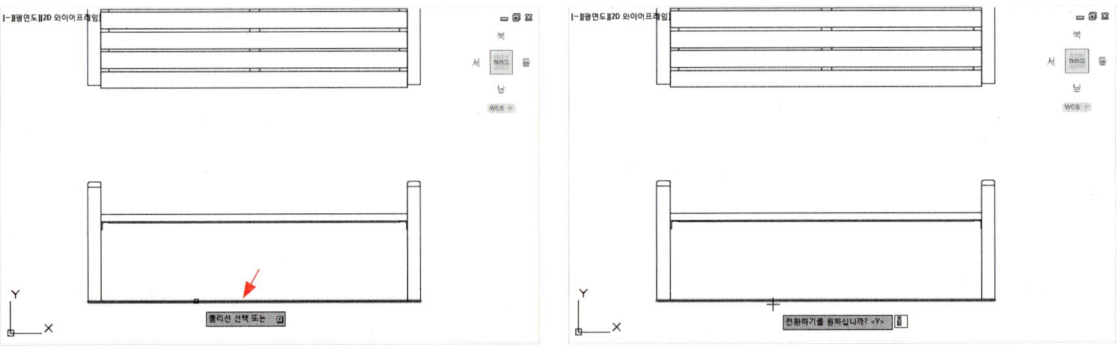

명령 : PE Space Bar
폴리선 선택 또는 [다중(M)] : [수직선 선택]
선택된 객체가 폴리선이 아님
전환하기를 원하십니까? 〈Y〉 Space Bar

25 폭 옵션을 선택하고 전체 세그먼트에 대한 새 폭 지정으로 5를 입력하고 Space Bar 를 누른다. 다시 Space Bar 를 눌러 명령을 종료한다.

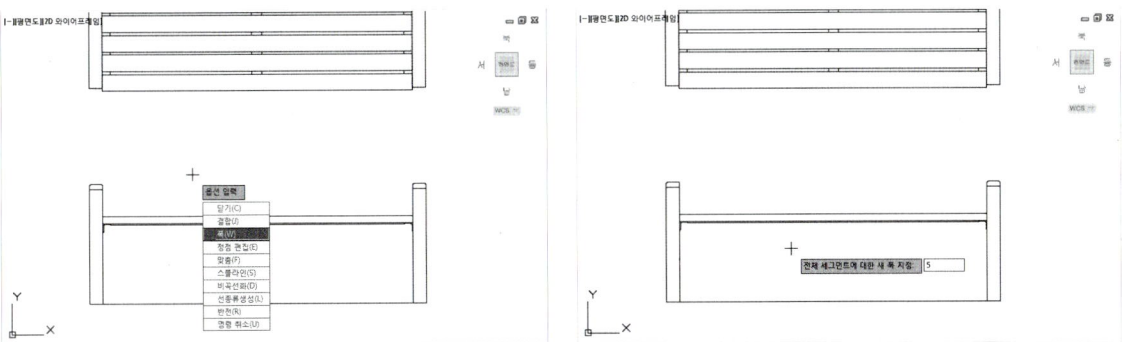

옵션 입력 [닫기(C)/결합(J)/폭(W)/정점 편집(E)/맞춤(F)/스플라인(S)/비곡선화(D)/선종류생성(L)/반전(R)/명령 취소(U)] : W [폭 옵션 선택]
전체 세그먼트에 대한 새 폭 지정 : 5 Space Bar [폭 값 입력]
옵션 입력 [닫기(C)/결합(J)/폭(W)/정점 편집(E)/맞춤(F)/스플라인(S)/비곡선화(D)/선종류생성(L)/반전(R)/명령 취소(U)] : Space Bar [명령 종료]

26 바닥 마감선이 5mm 두께로 수정이 되었다. 길이 조정을 위해 명령행에 'LEN'을 입력하고 증분 옵션을 선택해 바닥 마감선의 양 끝을 100만큼 늘린다. Space Bar 를 눌러 명령을 종료한다. 이상으로 평의자 도면 그리기 연습을 마친다.

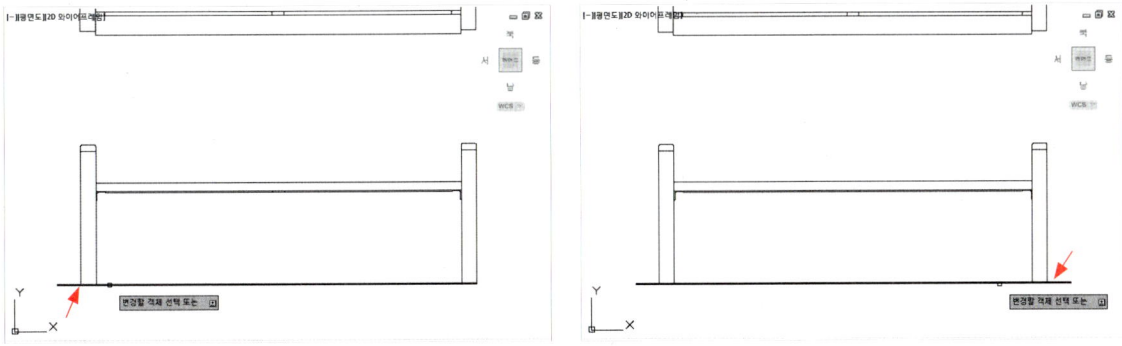

명령 : LEN Space Bar [LENGTHEN 명령 단축키 입력]
측정할 객체 또는 [증분(DE)/퍼센트(P)/합계(T)/동적(DY)] 선택 〈합계(T)〉 : DE [증분 옵션 선택]
증분 길이 또는 [각도(A)] 입력 〈0.0000〉 : 100 [길이값 입력]

Chapter 09 도면층과 객체 특성

도면 작성을 할 때 각각 요소별로 나눠서 관리하면 매우 효율 높은 도면 작성을 할 수 있게 된다. 이렇게 요소별로 나눈 것을 도면층이라고 한다. 도면층에 대한 자세한 특성 및 관리를 살펴보고 객체 특성 및 거리 및 면적을 구하는 조회 명령을 살펴본다.

01 도면층

1-1. 도면층 정의

1개의 도면은 다양한 요소로 구성되어 있다. 예를 들어, 도면 외곽선, 중심선, 숨은선, 치수선, 도형과 같은 요소를 각각 투명한 트레이싱지에 그려서 필요한 도면만을 따로 본다거나 서로 트레이싱지를 겹쳐서 전체 도면을 완성하여 볼 수도 있다. 이렇게 요소별로 나눈 트레이싱지를 하나의 투명한 도면층으로 보면 이해하기 쉽다.

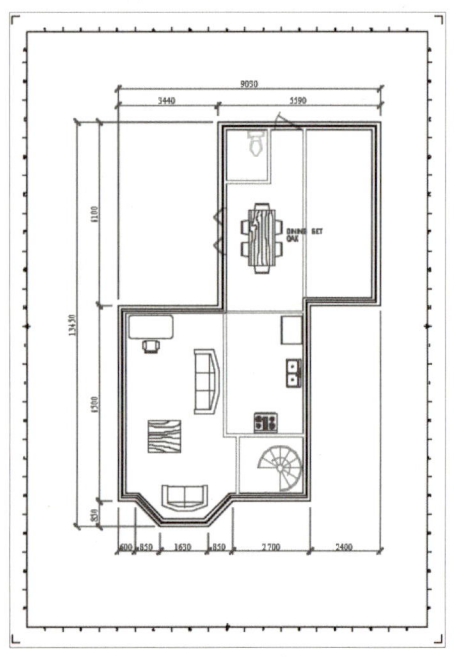

◆ 전체도면(평면도) ◆ 요소별로 나눈 도면층

도면층별로 표시/비표시 전환, 색상이나 선종류, 선의 굵기, 플롯 설정도 할 수 있다. 새로운 도면을 작성할 경우 존재한 도면층의 수는 사용하는 템플릿에 따라 다르다. 다만, 이름이 0인 도면층은 사용한 템플릿과 상관없이 모든 도면에 기본으로 포함되어 있으며 삭제하거나 이름을 바꿀 수 없다.

다음 그림은 acadiso.dwt로 작성한 도면의 [도면층 특성 관리자]이다. 존재하는 유일한 도면층은 0임을 알 수 있다.

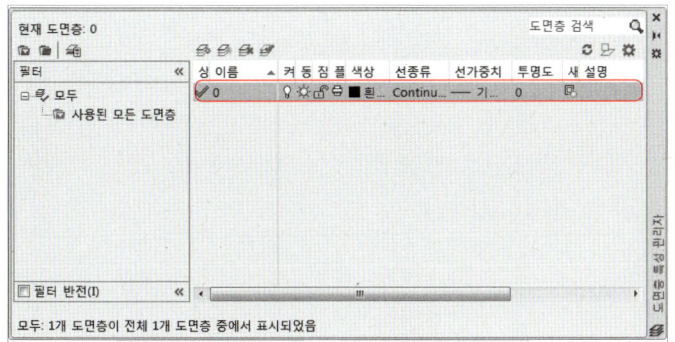

처음으로 작성한 도면층을 현재로 설정하고 그 후에 객체를 작성한다. 그러면 0 도면층이 아니라 새로 생성된 도면층에 객체가 자동으로 배치된다.

1-2. 도면층 특성 관리자

도면층을 작성하고 관리하려면 [도면층 특성 관리자] 팔레트와 [도면층] 패널이 사용되지만 도면층을 관리하기 위한 주요 도구는 [도면층 특성 관리자]이다. 이 팔레트를 사용하여 도면층을 작성하고 관리하며 다른 명령을 수행하는 중에도 열린 상태로 볼 수 있고 변경 또한 실시간으로 확인이 가능하다.

도면층 작성 시 도면층 이름은 255자(2바이트 또는 영숫자)까지 허용되며 문자, 숫자, 공백, 몇몇 특수 문자를 포함한다. 새로운 도면층을 작성하면 현재 선택된 도면층의 특성이 그대로 복제가 되므로 색상과 선종류 등 특성을 별도로 설정해야 한다. 따라서, 비슷한 특성을 지닌 도면층을 선택한 후에 [새 도면층]을 클릭한다.

▶ 실행 방법

- 리본 : [홈] 탭-[도면층] 패널-도면층 특성 관리자 아이콘( )
- 메뉴 : [형식(O)]-[도면층(L)]
- 명령 입력 : LAYER
- 단축키 : LA

◆ 명령 옵션 ◆

[도면층 특성 관리자] 대화상자에서 아래 옵션을 사용하여 관리한다.

- : 클릭하여 새 도면층을 작성한다. 필드에 도면층 이름을 입력하고 이름을 변경하려면 도면층을 더블클릭한다.
- : 선택한 도면층을 삭제한다. 현재 도면층이나 객체를 포함한 도면층은 삭제할 수 없으며, 신속 접근 도구막대의 [명령 취소] 아이콘을 선택하면 원래대로 되돌릴 수 있다.
- : 선택한 도면층을 현재 도면층으로 설정한다. 또한, 도면층의 이름을 더블클릭해도 현재 도면층으로 설정할 수 있다.

도면층의 특성으로 색상, 선종류, 선가중치, 플롯 유무 등을 조정할 수 있다.

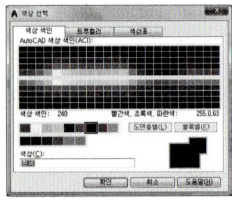

도면층의 해당 색상을 클릭하면 [색상 선택] 대화상자가 보인다. AutoCAD 색상 색인, 트루컬러, 색상표에서 색상을 선택할 수 있다.

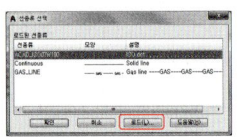

선종류 Continuous(직선)가 기본으로 되어 있으며 [로드] 버튼을 클릭하여 다른 선종류를 불러 온다.

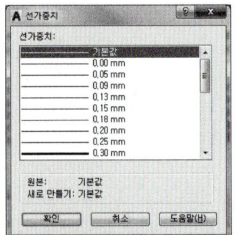

상태 막대에서 [선가중치]가 OFF 상태이면 선종류 두께는 도면 영역에 표시되지 않는다. 기본값은 0.25mm이다.

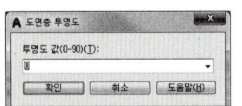

상태 막대에서 [투명도]가 OFF 상태이면 도면 영역에 반영되지 않는다. 기본값은 0이며 0~90사이에서 설정할 수 있다.

◆ 도면층 상태 ◆

[도면층 특성 관리자] 대화상자에서 아래 옵션을 사용하여 관리한다.

- 켜기/끄기 : 선택한 도면층을 켜거나 끈다. 도면층이 켜져 있으면 도면층을 볼 수 있고 플로팅할 수 있다. 도면층이 꺼져 있으면 보이지 않으며 플롯 옵션이 켜져 있어도 플로팅되지 않는다.
- 동결/동결 해제 : 모형 탭을 포함하여 모든 뷰포트의 선택된 도면을 동결한다. 복잡한 도면에서 도면층을 동결하여 성능을 향상시키고 재생성 시간을 줄일 수 있다.
- 잠금/잠금해제 : 선택한 도면층을 잠그거나 잠금 해제 한다. 잠금된 도면층의 객체는 수정할 수 없다
- 새VP동결/동결 해제 : 새 배치 뷰포트에서 선택된 도면층을 동결한다. 예를 들면, 모든 새 뷰포트에서 DIMENSIONS 도면층을 동결하면 새로 작성된 배치 뷰포트의 해당 도면층은 치수 표시가 제한된다.
- VP동결/해제 : 현재 배치 뷰포트에서 선택된 도면층을 동결한다. 다른 뷰포트의 도면층 가시성에는 영향을 주지 않는다.

TIP 도면층 끄기와 동결의 가장 큰 차이는 현재 도면층은 동결이 안되지만 끄기는 현재 도면층도 보이지 않게 끄기 설정이 가능하다는 점이다.

◆ 도면층을 사용하여 도면 그리기

도면층 동결/동결 해제, 잠금/잠금 해제, 새로운 도면층을 작성하여 현재 도면층으로 설정, 현재 도면층 위에 새로운 도면 요소 작성 연습을 한다.

01 예제 파일을 불러온 후 [홈] 탭-[도면층] 패널-[도면층] 컨트롤을 확장해 [Dimensions] 도면층의 태양 아이콘을 클릭하여 도면층을 동결한다.

- 예제 파일 : Chapter09₩도면층 사용.dwg
- 도면층을 사용하여 도면 그리기

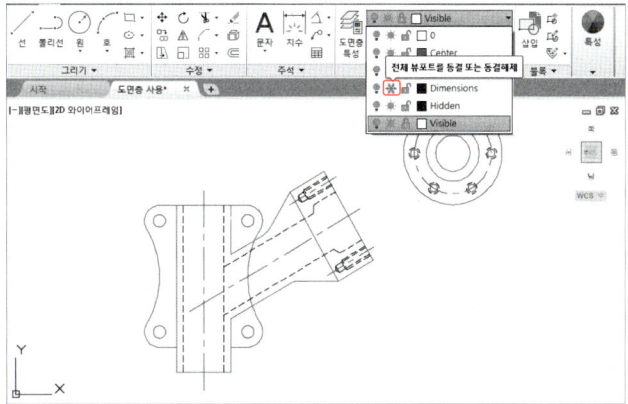

TIP 아이콘이 태양에서 눈모양으로 바뀌면 도면층이 동결되었음을 나타낸다. 도면층을 동결하면 도면 안에서 객체를 보이지 않게 할 수 있다.

02 [홈] 탭-[도면층] 패널-[도면층] 컨트롤을 확장해 [Hidden]을 선택하고 현재 도면층으로 설정한다.

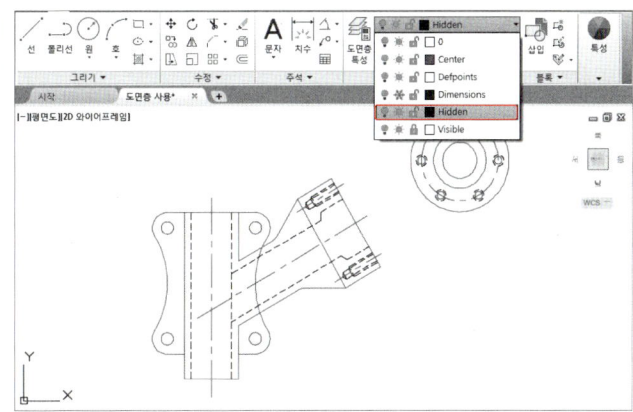

03 아래 영역을 줌 확대하고 [Hidden] 도면층에 선을 그린다. 다음 그림처럼 ❶번에서 ❷번, ❸번, ❹번으로 선을 작성한다. 작성한 선은 현재 도면층에 배치되고 현재 도면층에 설정된 색상과 선 종류가 반영된다.

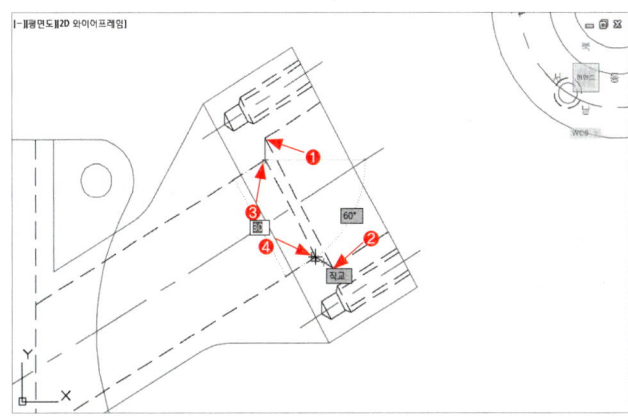

04 [홈] 탭–[도면층] 패널–[도면층] 컨트롤을 확장해 [Center]를 선택하고 현재 도면층으로 설정한다.

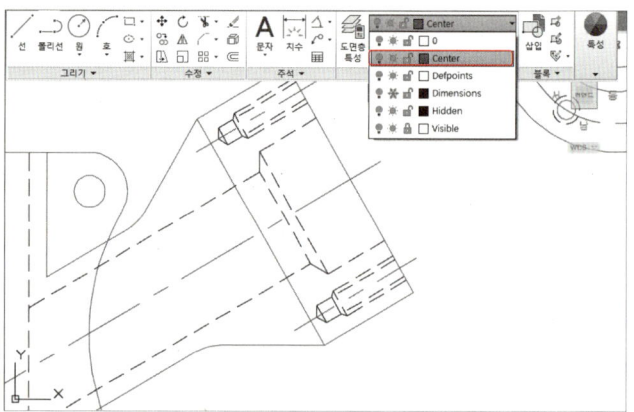

05 명령행에 'L'을 입력하고 Space Bar 를 누른다. 선 명령으로 원의 사분점(❶)에서 사분점(❷)까지 선을 그린다.

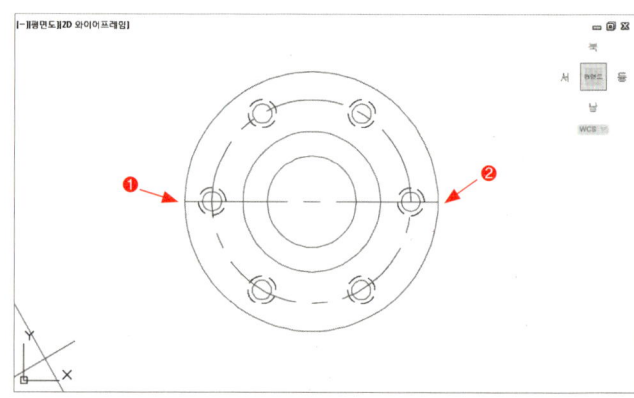

명령 : L Space Bar
첫 번째 점 지정 : [원의 사분점(❶) 클릭]
다음 점 지정 또는 [명령 취소(U)] : [두 번째 원의 사분점(❷) 클릭]
다음 점 지정 또는 [명령 취소(U)] : Space Bar [명령 종료]

06 [홈] 탭–[도면층] 패널–[도면층] 컨트롤을 확장해 [Hidden]을 선택하고 현재 도면층으로 설정한다. 앞에서 작성한 중심선을 클릭하고 마우스 오른쪽 버튼을 클릭한다. 바로 가기 메뉴에서 [선택된 항목 추가]를 선택한다. 원의 아래 사분점(❶)부터 위 사분점(❷)까지 선을 그린다.

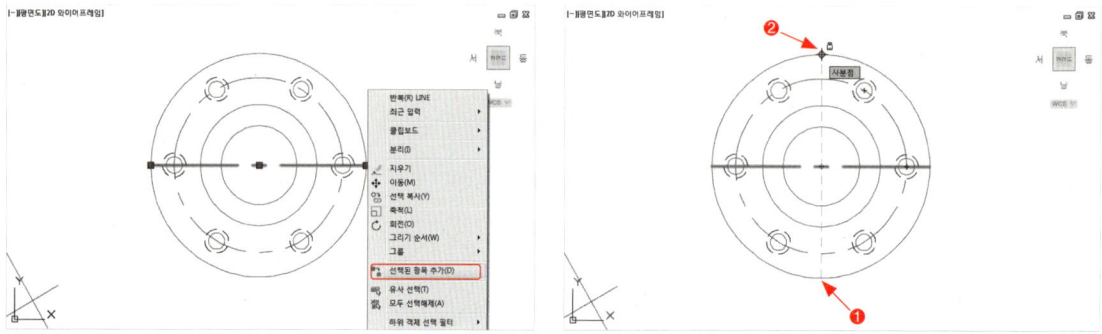

07 명령행에 'LEN'을 입력하고 Space Bar 를 누른다. 증분값을 5로 입력한 후 사분점에 그려진 선의 끝점을 클릭하여 5만큼 늘린다.

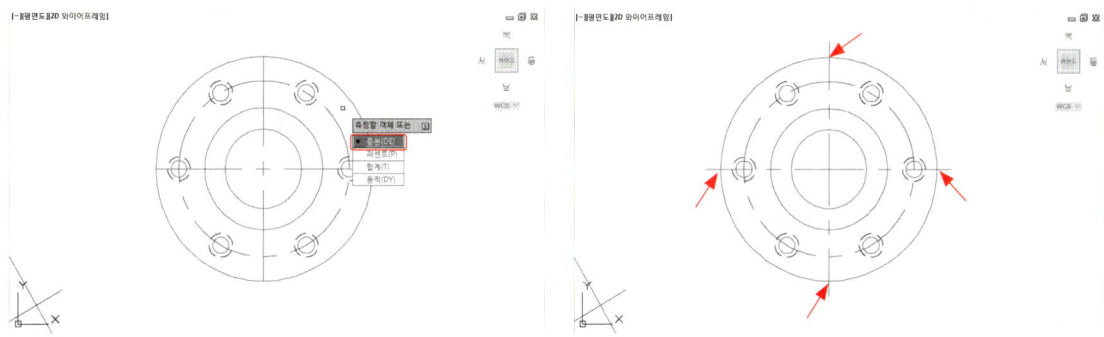

명령 : LEN Space Bar [LENGTHEN 명령 단축키 입력]
측정할 객체 또는 [증분(DE)/퍼센트(P)/합계(T)/동적(DY)] 선택 〈증분(DE)〉 : DE [증분 옵션 선택]
증분 길이 또는 [각도(A)] 입력 〈0.0000〉 : 5 [길이값 입력]
변경할 객체 선택 또는 [명령 취소(U)] : [Center선으로 그린 수직,수평선의 끝점 클릭]
변경할 객체 선택 또는 [명령 취소(U)] : Space Bar [명령 종료]

08 [홈] 탭-[도면층] 패널-[도면층] 컨트롤을 확장해 [Dimensions] 도면층의 눈모양 아이콘( )을 클릭하여 동결 해제한다.

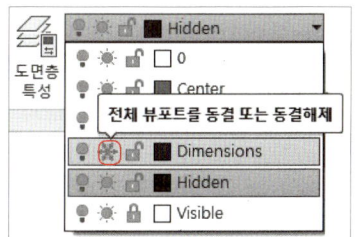

09 임의 치수를 클릭하면 [도면층] 리스트에서는 [Dimensions] 도면층이 표시된다.

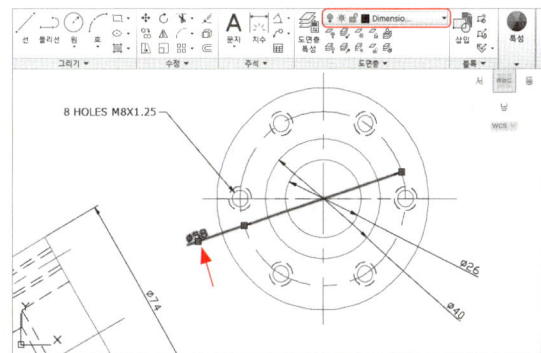

TIP 다른 도면층에 있는 객체들을 1개 이상 선택한 경우는 [도면층] 패널의 도면층 리스트는 빈 공백으로 표시된다.

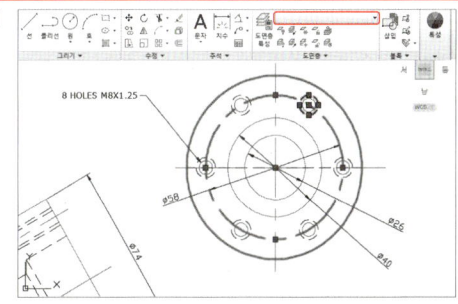

10 Esc 를 눌러 객체 선택을 해제한다. [Visible] 도면층에 있는 임의 객체를 클릭한다. 잠금 아이콘(🔒)이 보이는데, 이것은 도면층이 잠금되어 편집을 할 수 없음을 나타낸다.

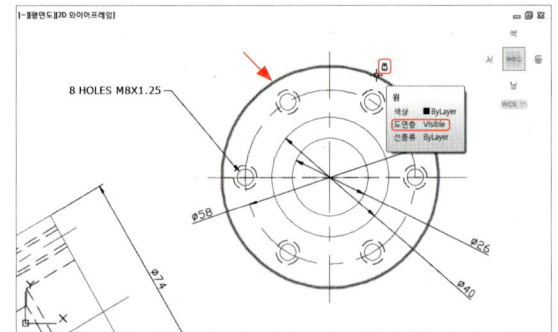

11 Esc 를 눌러 객체 선택을 해제한 후 명령행에 'M'을 입력하고 Space Bar 를 누른다. 이동할 객체로 오른쪽의 객체를 모두 선택하고 Space Bar 를 누른다.

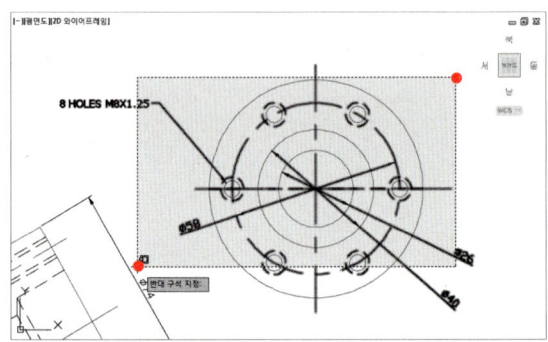

명령 : M Space Bar [MOVE 명령 단축키 입력]
객체 선택: 반대 구석 지정 : 22개를 찾음 [걸침 선택으로 객체 선택]
7개가 잠긴 도면층에 있습니다.
객체 선택 : Space Bar [선택 종료]

12 기준점을 원의 중심점으로 클릭하고 이동거리는 25, 각도는 30을 입력 후 Space Bar 를 누른다.

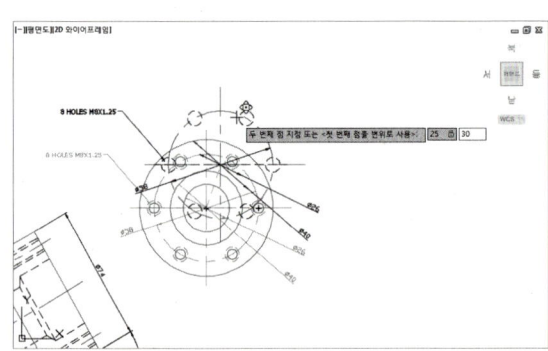

기준점 지정 또는 [변위(D)] 〈변위〉 : [원의 중심점을 클릭]
두 번째 점 지정 또는 〈첫 번째 점을 변위로 사용〉: @25〈30 Space Bar [거리값 25, 각도값 30 입력 후 Space Bar 를 눌러 명령 종료]
치수가 연관해제됨.
치수가 연관해제됨.

13 잠금 도면층의 객체는 선택은 물론 편집할 수 없기 때문에 선택 세트에서 제외되어 이동이 안됨을 알 수 있다.

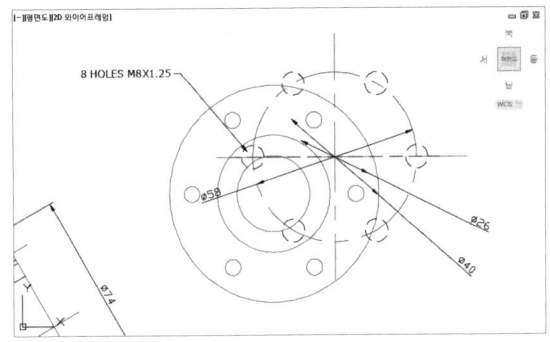

14 Ctrl +Z를 눌러 원래 상태로 복구한다. 도면층 잠금을 해제하기 위해 [홈] 탭–[도면층] 패널–[도면층] 컨트롤에서 [Visible] 도면층의 잠금 아이콘(🔒)을 클릭하여 열린 상태로 만든다.

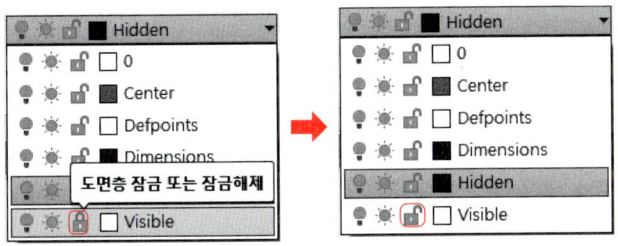

15 명령행에 'M'을 입력하고 Space Bar 를 누른다. 다시 한 번 오른쪽의 객체를 모두 선택하고 Space Bar 를 누른다. 기준점을 원의 중심점으로 클릭하고 이동거리는 25, 각도는 30을 입력 후 Space Bar 를 누른다.

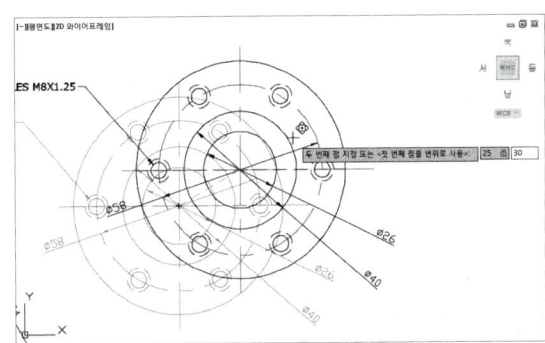

명령 : M Space Bar
객체 선택: 반대 구석 지정 : 24개를 찾음 Space Bar [객체 선택 종료]
기준점 지정 또는 [변위(D)] <변위> : <객체 스냅 켜기> [원의 중심점을 클릭]
두 번째 점 지정 또는 <첫 번째 점을 변위로 사용> : @25<30 Space Bar [거리값 25, 각도값 30 입력 후 Space Bar 를 눌러 명령 종료]

16 [Visible] 도면층에 포함된 객체도 같이 이동이 되었다. 다시 한 번 [Visible] 도면층을 잠근다. [홈] 탭–[도면층] 패널–[도면층 특성]을 클릭한다. [이름] 필드에서 [Visible]을 선택한다.

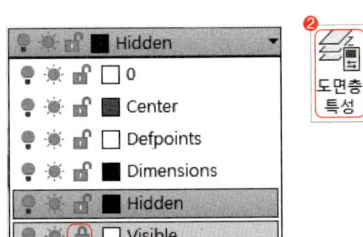
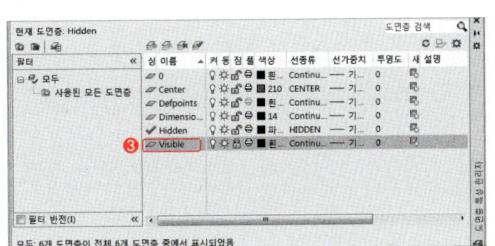

17 [도면층 특성 관리자] 팔레트에서 [새 도면층]을 클릭한다. [이름]란에 [제목 블록]으로 입력한다. 잠금 해제 아이콘( )을 클릭하여 잠금 해제한다.

> **TIP** 위 과정에서 봤듯이 새로 생성한 도면층은 현재 선택된 도면층의 특성값(색상,선종류 등) 그대로 기본값으로 적용이 된다.

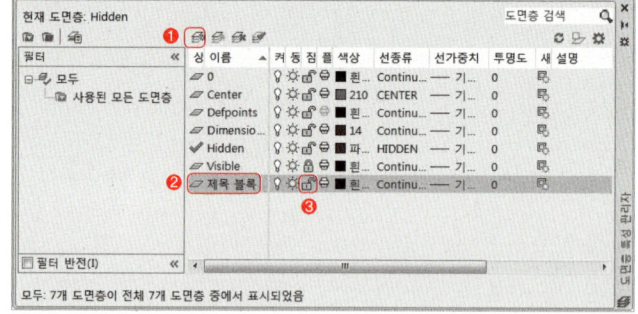

18 [도면층 특성 관리자] 팔레트에서 [새 도면층]을 클릭한다. [이름]란에 [뷰포트]로 입력한다. [색상] 필드를 클릭하고 색상을 [Cyan-하늘색]으로 선택하고 [확인] 버튼을 눌러 [색상 선택] 대화상자를 닫는다. [플롯] 필드를 클릭하여 플롯(인쇄)이 되지 않도록 설정한다.

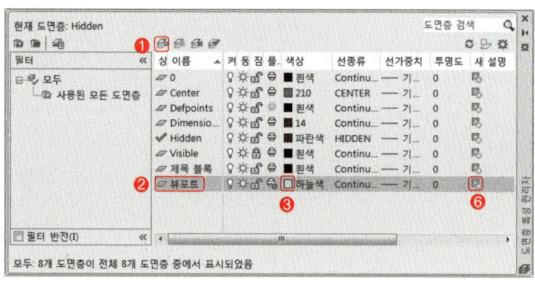
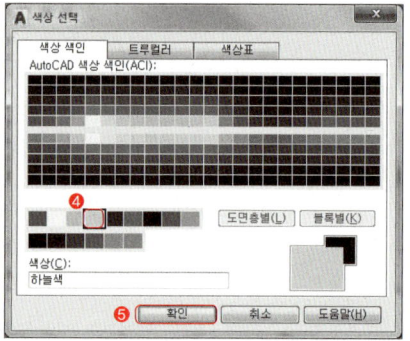

19 [제목 블록] 이름을 더블클릭하거나, [제목 블록] 이름에 마우스를 대고 마우스 오른쪽 버튼을 클릭한 후 바로 가기 메뉴에서 [현재로 설정]을 클릭하거나, 상단의 [현재로 설정] 버튼을 클릭해 [제목 블록]을 현재 도면층으로 설정한다. 닫기 버튼( )을 눌러 [도면층 특성 관리자] 팔레트를 닫는다.

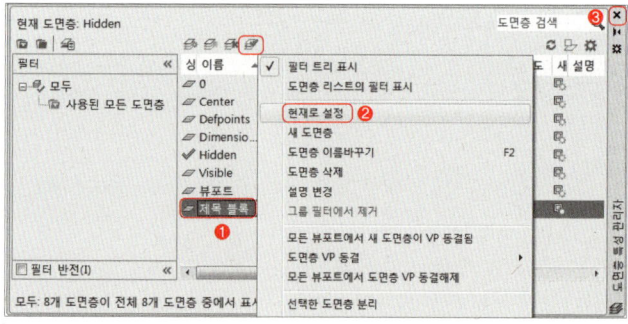

20 직사각형 경계를 작성하기 위해 명령행에 'REC'을 입력하고 Space Bar 를 누른다. 400×277 크기의 직사각형을 작성한다. Space Bar 를 다시 눌러 명령을 종료한다.

명령 : REC Space Bar [RECTANG 명령 단축키 입력]
첫 번째 구석점 지정 또는 [모따기(C)/고도(E)/모깎기(F)/두께(T)/폭(W)] : [임의 점 클릭]
다른 구석점 지정 또는 [영역(A)/치수(D)/회전(R)] : @400,277 [크기 입력 후 Space Bar 를 눌러 명령 종료]

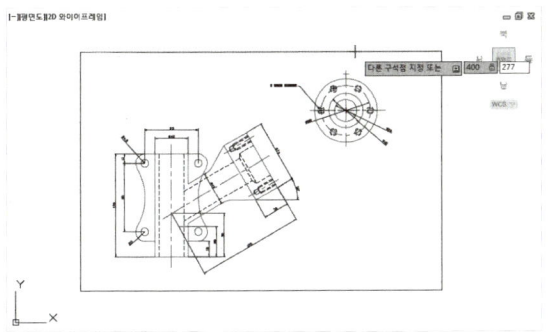 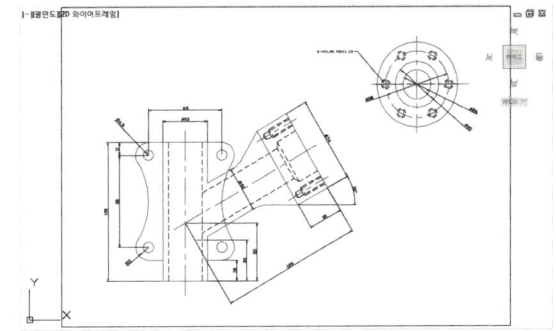

◆ 도면층을 특성별로 분류하기

도면층 특성별로 정렬을 하려면 항목을 클릭하면 된다. 여기서는 정렬하는 방법을 알아본다.

01 예제 파일을 불러온 후 명령행에 'LA'를 입력하고 Space Bar 를 누른다. [도면층 특성 관리자 팔레트]를 연다.

- 예제 파일 : Chapter09₩도면층 분류.dwg
- 도면층을 특성별로 분류하기

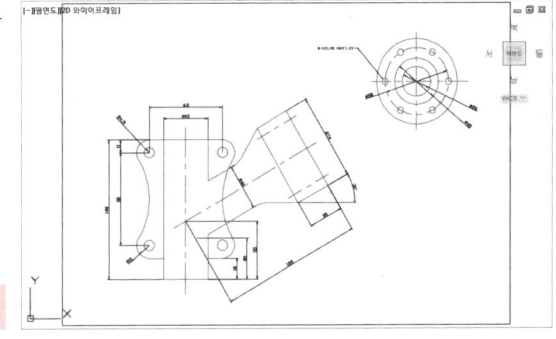

명령 : LA Space Bar [LAYER 명령 단축키 입력]

02 [켜기]를 클릭하면 켜기/끄기 상태가 나눠져 이름 순서대로 분류된다. [색상]을 클릭하면 색상별로 색상의 이름 순서대로 분류된다.

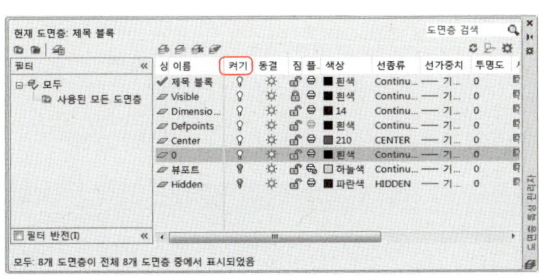 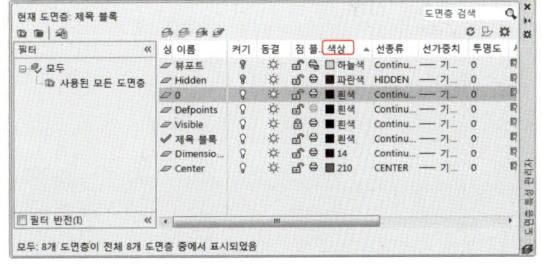

03 항목을 다시 한 번 클릭하면 각 그룹별 순서로 역순이 된다. 즉 켜기가 위였다면 끄기가 위로 순서가 된다.

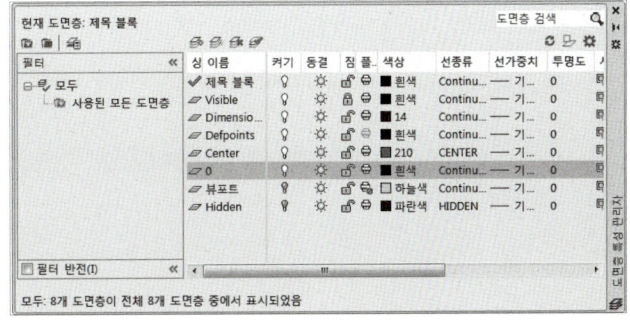

04 항목에 내용이 보이지 않으면 항목 부분에서 마우스 오른쪽 버튼을 클릭한 후 바로 가기 메뉴를 열어 내용 부분을 조정할 수 있다.

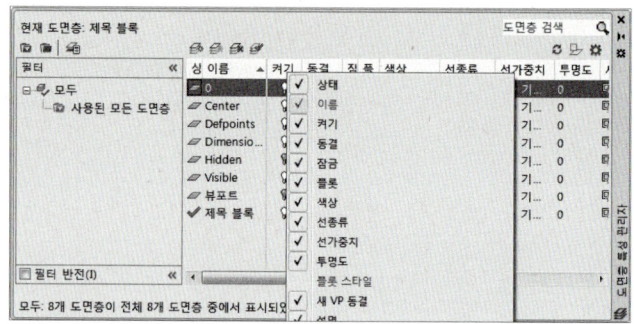

05 Shift 또는 Ctrl 을 사용하여 여러 개의 도면층을 선택할 수 있다. Shift 를 누르면서 도면층을 선택하면 연속하여 도면층이 선택되고, Ctrl 을 누르면서 도면층을 선택하면 선택된 도면층이 모두 해당된다.

◆ 도면층 선종류 사용하기

도면층 특성별로 선종류를 개별적으로 지정할 수 있다. 선은 용도별로 특성이 부여되는데 일반적인 중심선은 Center, 숨은선은 Hidden으로 구별된다.

01 예제 파일을 불러온다. 선종류를 로드하기 위해 [홈] 탭-[특성] 패널-[선종류] 컨트롤-[기타…]을 클릭하고 [선종류 관리자] 대화상자를 연다.

- 예제 파일 : Chapter09₩도면층 선종류.dwg
- 도면층 선종류 사용하기

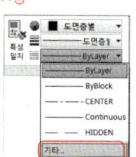
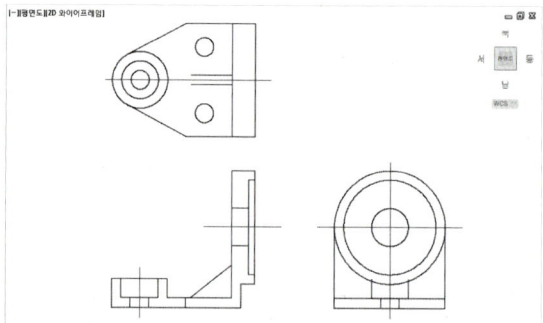

02 [선종류 관리자] 대화상자에서 [로드(L)…] 버튼을 클릭한다. [선종류 로드 또는 다시 로드] 대화상자에서 Ctrl 을 누르면서 [CENTER]와 [HIDDEN]을 클릭한다. [확인] 버튼을 클릭하고 선종류를 로드하고 모든 대화상자를 닫는다.

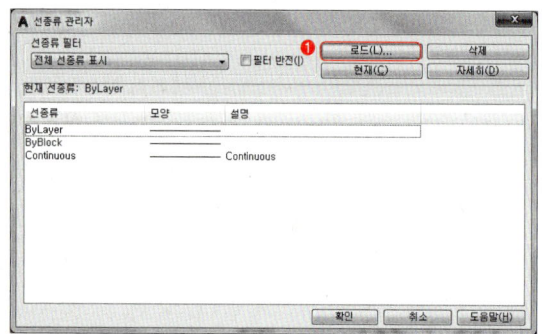
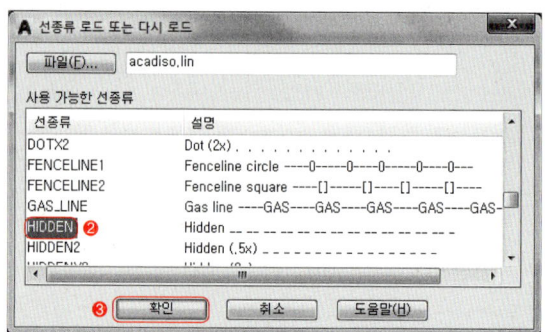

03 로드한 선종류를 도면층에 적용하기 위해 [홈] 탭–[도면층] 패널–[도면층 특성]을 클릭한다. [도면층 특성 관리자] 대화상자에서 [CENTER] 도면층의 [선종류]열에서 [Continuous]을 클릭한다.

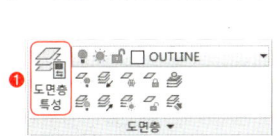
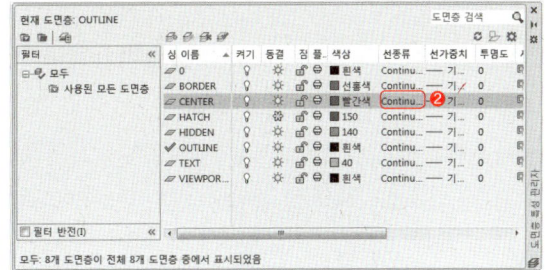

04 [선종류 선택] 대화상자에서 [CENTER]를 선택하고 [확인] 버튼을 클릭한다.

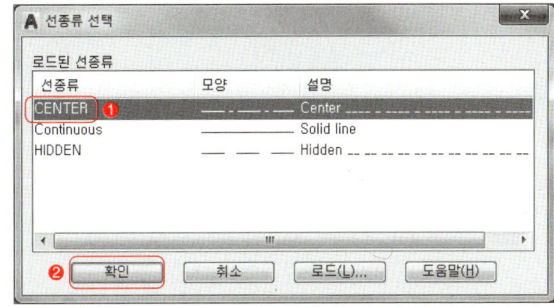

05 마찬가지로 선종류 [HIDDEN]을 [HIDDEN] 도면층에 적용한다. 선종류 로드는 [선종류 선택] 대화상자에서도 할 수 있다.

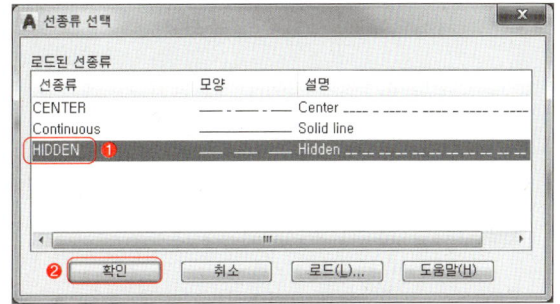

06 [도면층 특성 관리자] 대화상자를 닫는다. 선종류의 축척을 변경하기 위해 [홈] 탭–[특성] 패널–[선종류] 컨트롤–[기타...]을 클릭하고 [선종류 관리자] 대화상자를 연다. [자세히(D)] 버튼을 클릭하고 [전역 축척 비율] 필드에 0.75를 입력한 후 [확인] 버튼을 클릭하여 대화상자를 닫는다.

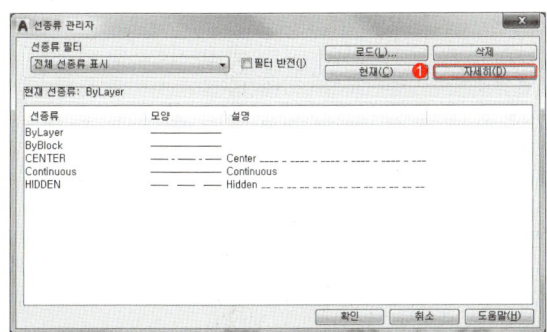
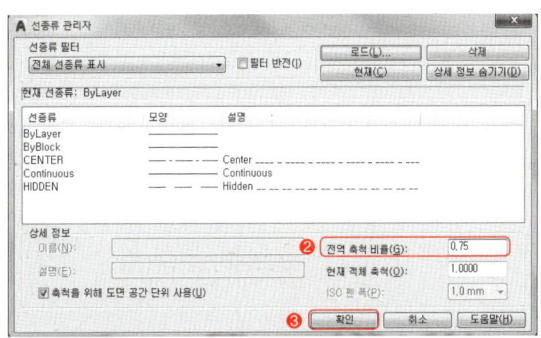

07 예제 파일은 위부터 평면도, 정면도, 우측면도로 그려진 도면이다. 평면도에서 중심선을 클릭하고 마우스 오른쪽 버튼을 클릭한다. 바로 가기 메뉴에서 [선택된 항목 추가(D)]를 사용하여 중심선을 수직으로 작성한다. 중심점 객체 스냅과 객체 스냅 추적을 적용하여 그린다.

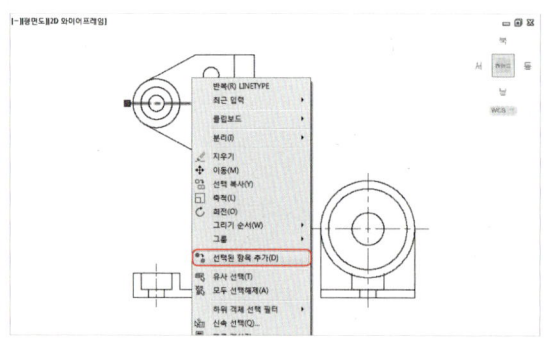 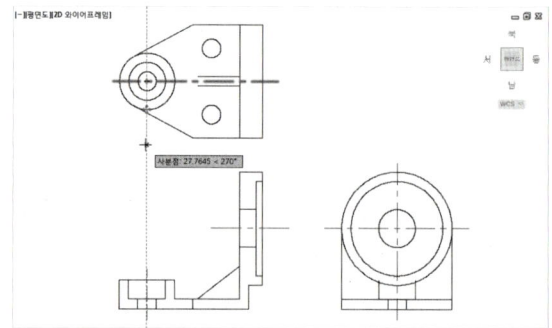

> **TIP** [선택된 항목 추가(D)]를 사용하여 작성한 객체는 현재 도면층이 아니라 처음 선택한 객체와 같은 도면층에 작성된다.

08 정면도에 숨은선 작성을 위해 [홈] 탭-[도면층] 패널-[도면층] 컨트롤-[HIDDEN]을 선택하여 현재 도면층으로 지정한다. 명령행에 'L'을 입력하고 Space Bar 를 누른다. 평면도의 작은 원의 좌우 사분점에서 정면도의 아래 수평선으로 직교 객체 스냅을 이용하여 선을 그린다.

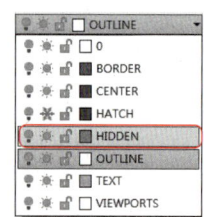 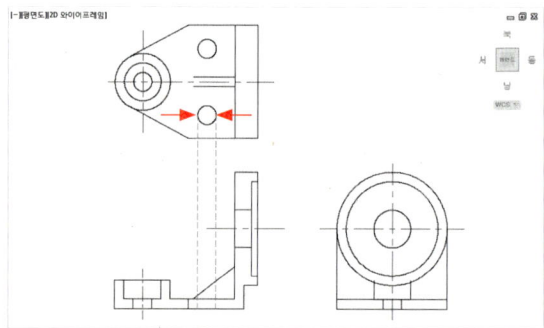

> 명령 : L Space Bar
> 첫 번째 점 지정 : [원의 오른쪽 사분점 클릭]
> 다음 점 지정 또는 [명령 취소(U)] : [정면도 수평선에 직교가 되도록 선을 내림]
> 다음 점 지정 또는 [명령 취소(U)] : Space Bar [명령 종료]

09 불필요한 숨은선을 지운다. 정면도에서 TRIM(자르기) 명령을 실행한 후 자르기 경계로 정면도 수평선을 선택한다.

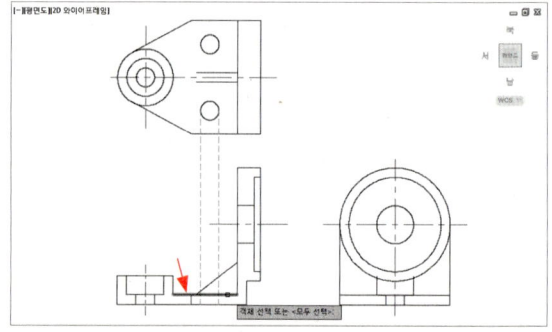

> 명령 : TR Space Bar
> 현재 설정 : 투영=UCS 모서리=없음
> 절단 모서리 선택 ...
> 객체 선택 또는 <모두 선택> : 반대 구석 지정: 1개를 찾음 Space Bar [절단 모서리로 수평선 선택]

10 정면도의 불필요한 숨은선을 클릭해 지운다.

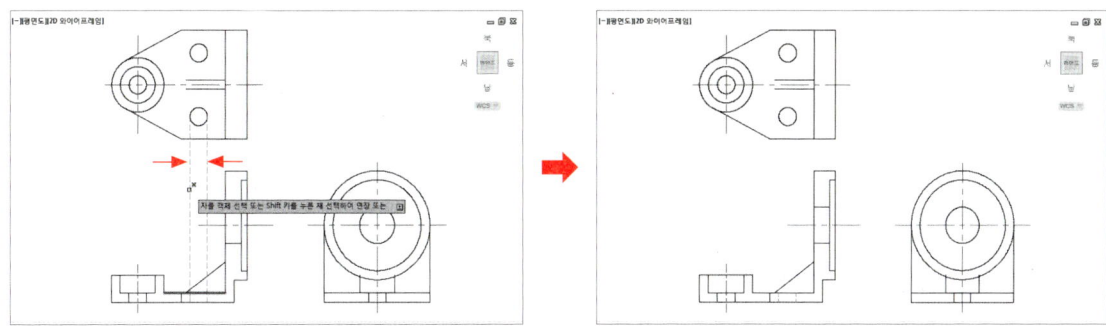

자를 객체 선택 또는 [Shift] 키를 누른 채 선택하여 연장 또는 [울타리(F)/걸치기(C)/프로젝트(P)/모서리(E)/지우기(R)/명령 취소(U)] :
[자를 객체 2개 선택]

자를 객체 선택 또는 [Shift] 키를 누른 채 선택하여 연장 또는 [울타리(F)/걸치기(C)/프로젝트(P)/모서리(E)/지우기(R)/명령 취소(U)]
[Space Bar] [명령 종료]

11 기존 객체들을 선택하여 [HIDDEN] 도면층으로 바꾸기 위해 해당 객체들을 클릭 또는 범위를 지정해서 선택한다.

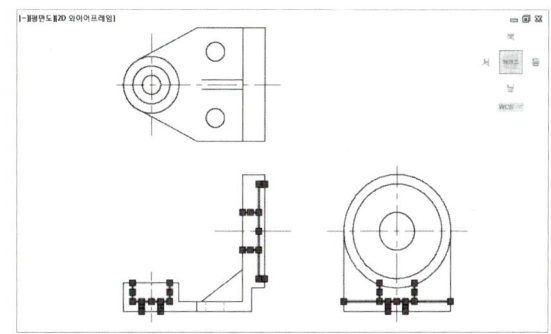

12 [홈] 탭-[도면층] 패널-[도면층] 컨트롤-[HIDDEN]을 선택하여 도면층을 [OUTLINE]에서 [HIDDEN]으로 변경한다.
[Esc]를 눌러 객체 선택을 해제한다.

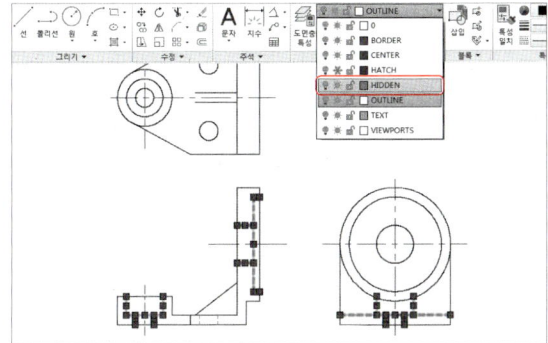 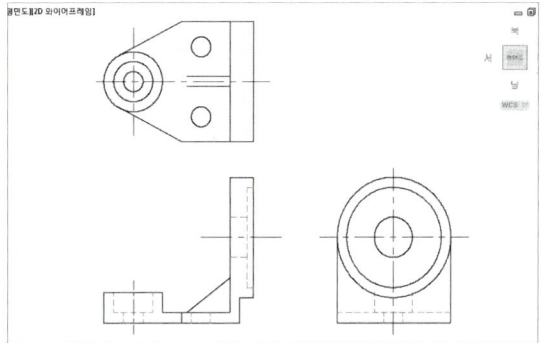

Chapter 09_도면층과 객체 특성　225

1-3. 도면층 필터

하단의 도면에 도면층이 수십~수백 개 등 매우 많이 포함되는 경우도 있다. 도면층 필터는 도면층 특성 관리자 및 리본에 있는 도면층 컨트롤에서 도면층 이름 표시를 제한한다. 이름, 색상 및 기타 특성을 기준으로 도면층 특성 필터를 작성할 수 있다. 예를 들어, 도면층 이름에 "mech"라는 문자를 포함하고 빨간색으로 설정된 모든 도면층을 나열하도록 특성 필터를 정의할 수 있다.

◆ 도면층 필터 사용하기

도면층에 필터 기능을 사용하면 지정한 조건을 만족하는 도면층만 [도면층 특성 관리자]에 표시된다.

01 예제 파일을 불러온 후 [홈] 탭–[도면층] 패널–[도면층 특성]을 클릭하여 [도면층 특성 관리자] 팔레트를 연다. [도면층 특성 관리자] 팔레트에서 [새 특성 필터] 버튼을 클릭한다.

■ 예제 파일 : Chapter09₩도면층 필터.dwg   ▶ 도면층 필터 사용하기

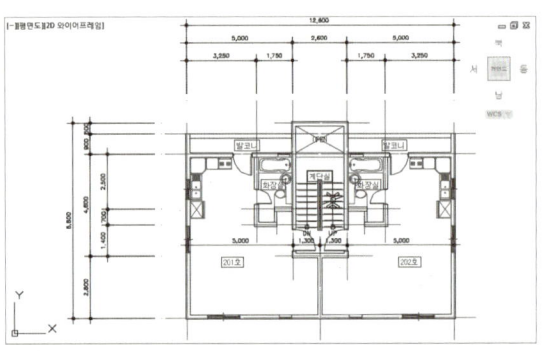 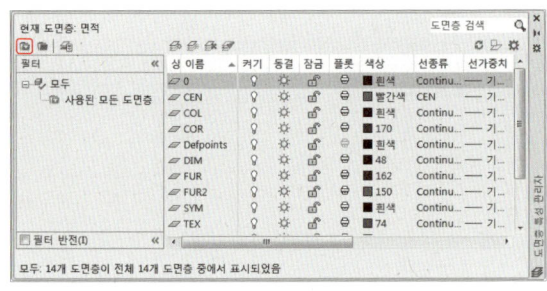

02 [도면층 필터 특성] 대화상자가 보인다. [필터 이름]에 작성할 필터명을 입력한다. 여기서는 [위생가구]라고 입력한다.

03 [필터 정의]를 클릭하여 [이름]란에 *FUR*를 입력한다. (*)표시는 와일드카드 문자로 앞뒤로 입력하는 것은 도면층 이름의 전후 위치에 상관없이 FUR가 포함된 도면층만을 표시하기 위함이다. [필터 미리보기] 영역에서 의도한 대로 도면층이 필터된 것을 확인하고 [확인] 버튼을 클릭한다.

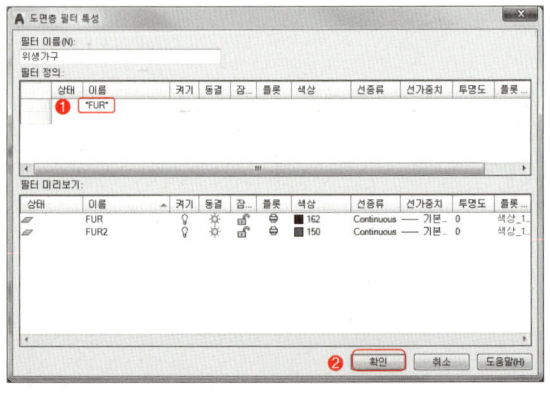

04 지정한 이름의 도면층 필터가 작성되어 필터로 지정한 도면층만 보이게 된다. 만약 사용된 모든 도면층을 클릭하면 모든 도면층이 그대로 보인다.

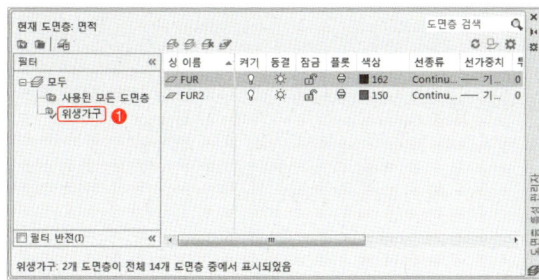 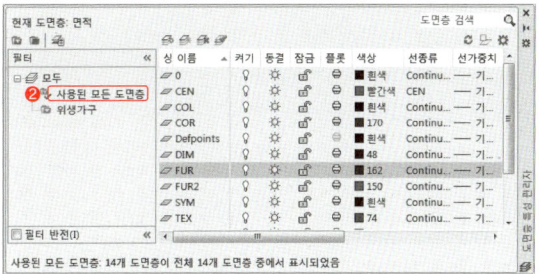

05 정의된 필터를 수정하려면 필터를 클릭하고 마우스 오른쪽 버튼을 클릭한 후 바로 가기 메뉴에서 [특성]을 선택한다. [필터 정의]란의 두 번째 열의 [이름]란에 '＊TEX＊'를 입력한다. [필터 미리보기]에 정의된 이름들이 보이면 [확인] 버튼을 클릭하여 대화상자를 닫는다.

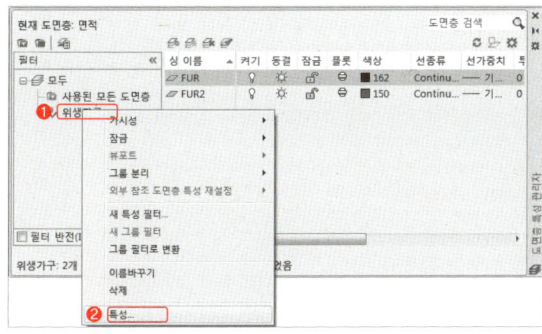 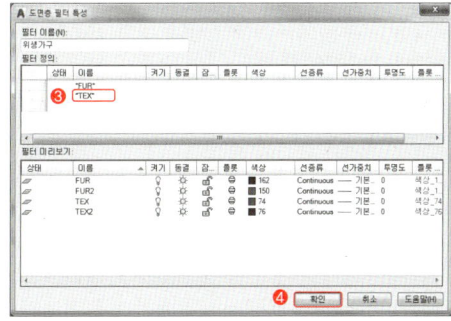

06 위생가구 필터로 정의된 도면층만을 확인하려면 사용된 모든 도면층에 마우스를 대고 마우스 오른쪽 버튼을 클릭한 후 바로 가기 메뉴에서 [가시성]-[동결]됨을 선택한다.

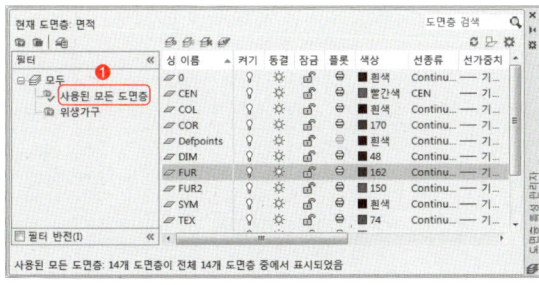 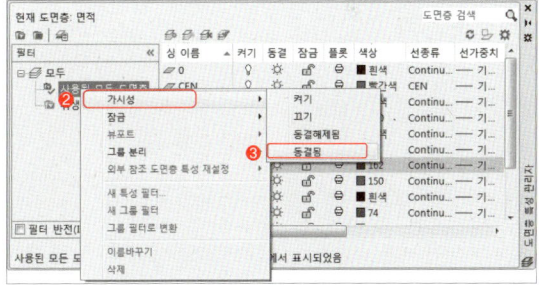

07 "이 도면층은 현재 도면층이므로 동결할 수 없습니다." 메시지 창이 보인다. 이것은 현재 도면층은 동결이 안 됨을 알리는 것으로 그대로 [닫기] 버튼을 클릭한다. 현재 도면층을 제외하고 모든 도면층의 객체들이 보이지 않는다. 도면층 필터 [위생가구]를 클릭하고 마우스 오른쪽 버튼을 클릭한 후 바로 가기 메뉴에서 [가시성]-[동결 해제됨]를 선택한다.

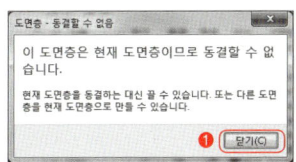 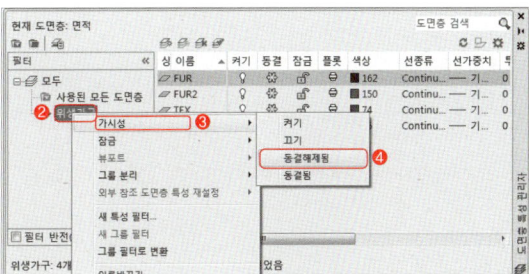

Chapter 09_도면층과 객체 특성　227

08 도면층 필터 [위생가구]로 설정된 도면층만 보이게 된다.

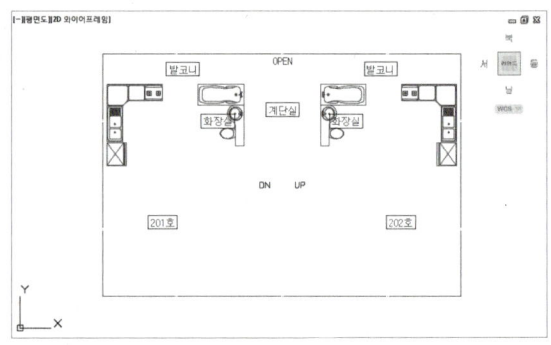

1-4. 도면층 상태 저장 및 복원

현재 도면층 설정을 도면층 상태로 저장하여 나중에 복원하거나 다른 도면으로 가져올 수 있다. 도면층 상태를 복원할 때는 모든 도면층 설정을 복원할 수도 있고 복원할 도면층 설정을 지정할 수도 있다. 예를 들어, 도면층 상태에 저장된 다른 설정은 모두 무시하고 도면에서 도면층의 동결/동결 해제 설정만 복원하도록 선택할 수 있다.

도면층 상태 관리자를 사용하여 도면층 상태 작성, 편집, 이름바꾸기, 제거 및 복원을 수행한다.

> ▶ **실행 방법**
> - 리본 : [홈] 탭-[도면층] 패널-[새 도면층 상태...]
> - 메뉴 : [형식(O)]-[도면층 상태 관리자(A)]
> - 명령 입력 : LAYERSTATE
> - 단축키 : LAS

◆ 도면층 상태 내보내기와 가져오기

설정한 도면층 상태를 저장하여 내보내기 하고 새 도면에서 도면층 상태를 그대로 가져오거나 필요한 도면층만 선택하여 가져오는 연습을 해본다.

01 예제 파일을 불러온다.
- 예제 파일 : Chapter09₩도면층 상태 저장.dwg
- 도면층 상태 내보내기와 가져오기

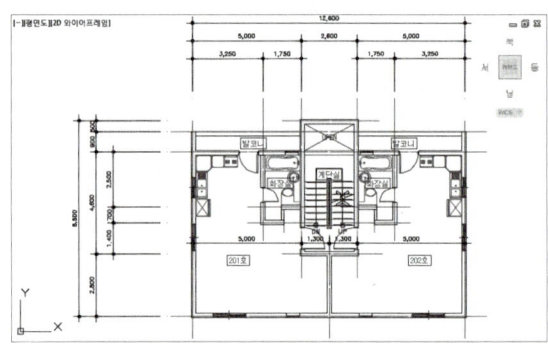

02 [도면층 특성 관리자]의 [도면층 상태 관리자] 아이콘(🔲)을 클릭하여 [새로 만들기] 버튼을 클릭하거나 [홈] 탭-[도면층] 패널-[도면층 상태] 드롭다운-[새 도면층 상태]를 선택한다.

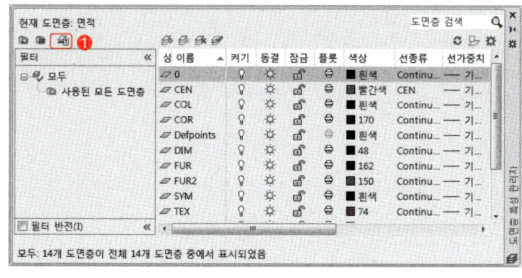
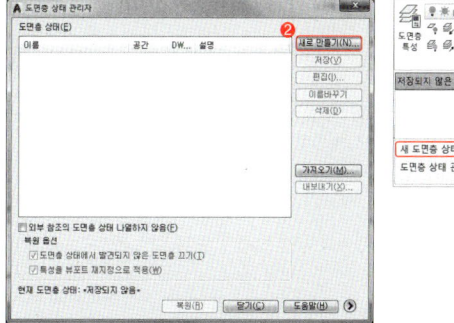
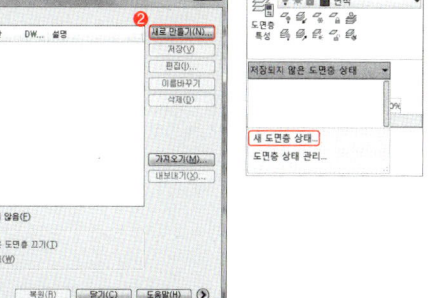

03 [저장할 새 도면층 상태] 대화상자가 표시되고 "새 도면층 상태 이름"에 임의 글자(예 "ROOM 배치")를 입력 후 [확인] 버튼을 클릭한다.

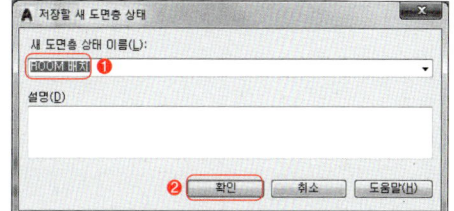

04 [도면층 상태 관리자] 대화상자의 [닫기] 버튼을 클릭하여 닫는다.

05 [홈] 탭-[도면층] 패널-[도면층 상태] 드롭다운을 해보면 도면층 상태 리스트에 저장한 "ROOM 배치" 상태 이름이 보인다.

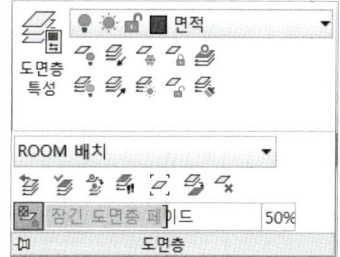

06 저장한 도면층 상태를 다른 파일에서 사용할 수 있도록 내보내기를 해본다. 단축키 'LAS'를 입력하여 [도면층 상태 관리자] 대화상자를 연 후 내보내기를 할 도면층 상태를 클릭하고 [내보내기] 버튼을 클릭한다.

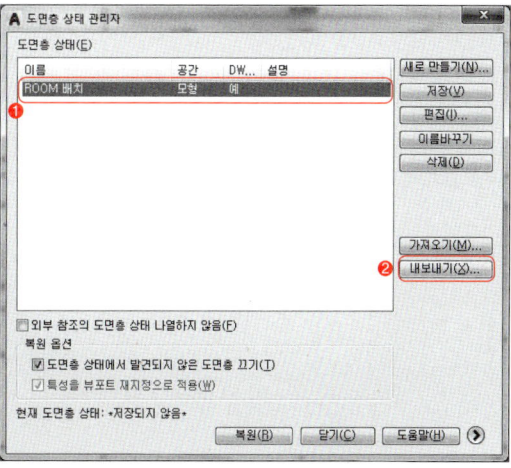

Chapter 09_도면층과 객체 특성 □ 229

07 도면층 상태를 저장할 폴더를 지정하고 [저장] 버튼을 클릭한다. [도면층 상태 관리자] 대화상자의 [닫기] 버튼을 클릭하여 닫는다.

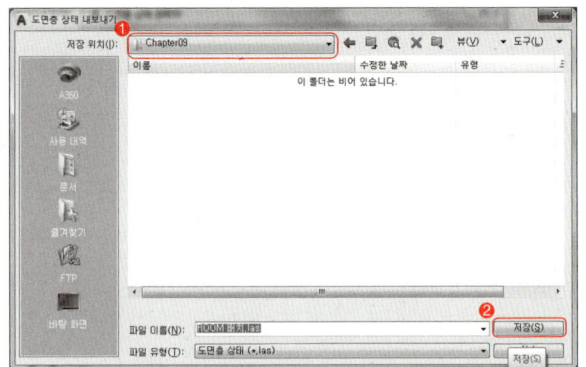

08 신속 접근 도구막대의 [새로 만들기] 아이콘을 클릭하고 새 도면을 연다. 단축키 'LAS'를 입력하여 [도면층 상태 관리자] 대화상자를 연 후 [가져오기] 버튼을 클릭하여 이전 과정에서 내보내기 했던 저장 경로를 찾는다.

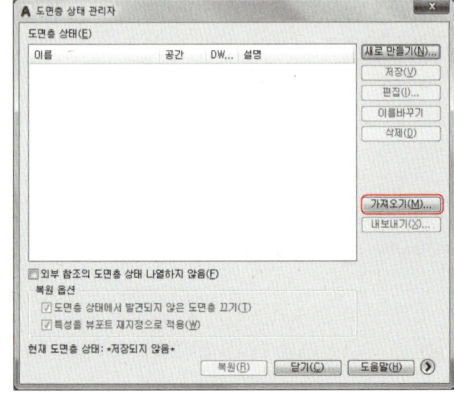

09 파일 유형을 도면층 상태(* .las)로 바꾸면 도면층 상태 파일이 보이게 된다. 해당 파일을 클릭한 후 [열기] 버튼을 클릭한다. "모든 선종류는 복원할 수 없습니다." 메시지가 나오면 [확인] 버튼을 클릭한다.

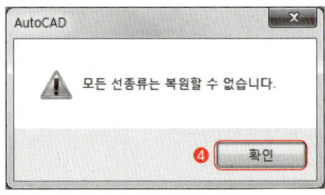

10 [도면층 상태-가져오기 성공] 대화상자에서 [상태 복원] 버튼을 클릭한다.

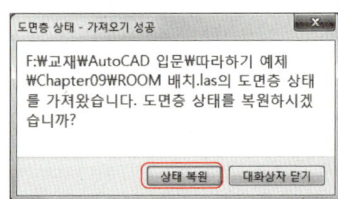

11 새로운 파일의 도면층이 가져오기한 도면층 상태로 전환이 된다.

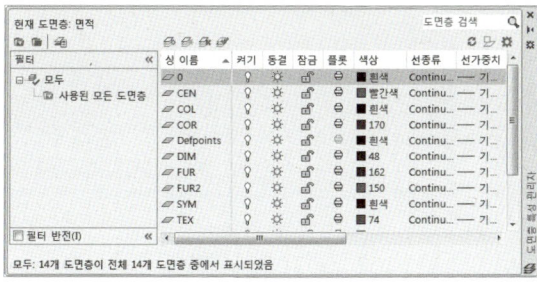 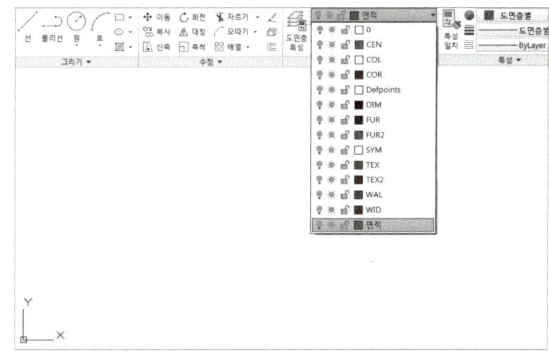

12 이번에는 도면층 상태에서 필요한 도면층만을 가져오는 연습을 해본다. 명령 취소 아이콘( )을 클릭한 후 Layerstate를 선택 취소하여 다시 원상 복구한다.

13 명령행에 'LAS'를 입력한 후 Space Bar 를 눌러 도면층 상태 관리자를 연다. 가져오기할 상태 파일을 선택하고 오른쪽의 [편집] 버튼을 클릭한다.

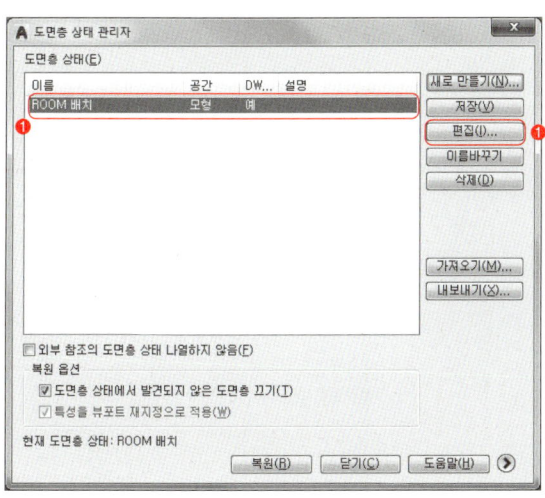 

14 필요없는 도면층은 [도면층 상태에서 도면층 제거]( ) 버튼을 클릭하여 삭제한다. Ctrl 를 누른채 FUR2, TEX2를 선택한 후 도면층 상태에서 도면층 제거 버튼을 클릭해 삭제해 본다.

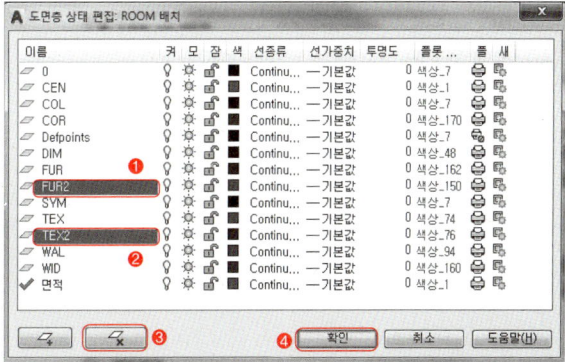

15 이번에 추가한 도면층을 다시 추가하기 위해 [도면층 상태로 도면층 추가]( ) 버튼을 클릭하여 추가할 도면층 TEX2을 선택한 후 [확인] 버튼을 누른다.

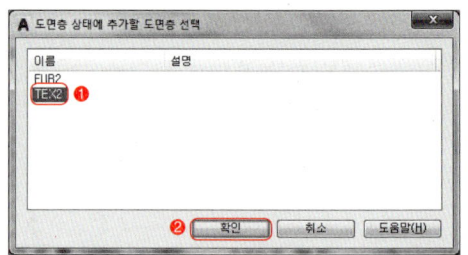

16 도면층 리스트에 TEX2가 추가됨을 볼 수 있고 [확인] 버튼을 눌러 [도면층 상태 편집] 대화상자를 닫는다.

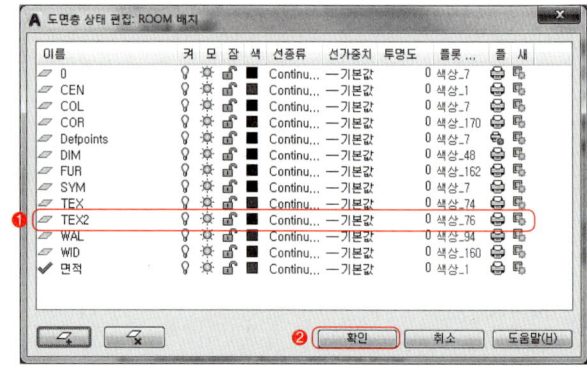

17 [도면층 상태 관리자] 대화상자에서 [복원] 버튼을 누른다. 도면층 상태에서 제거한 FUR2는 끄기로 설정되어 있음을 확인한다.

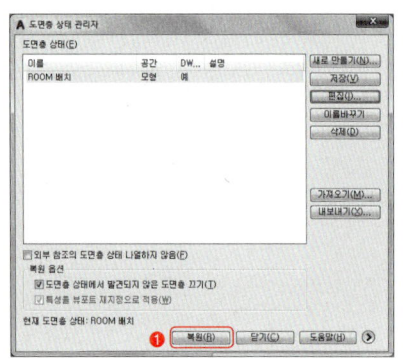
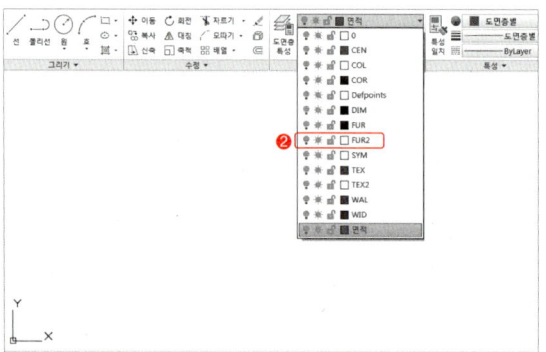

18 주의할 사항으로 [복원]대신 [닫기] 버튼을 클릭하면 도면층 특성 중 색상은 모두 7번 색상으로 바뀌게 된다.

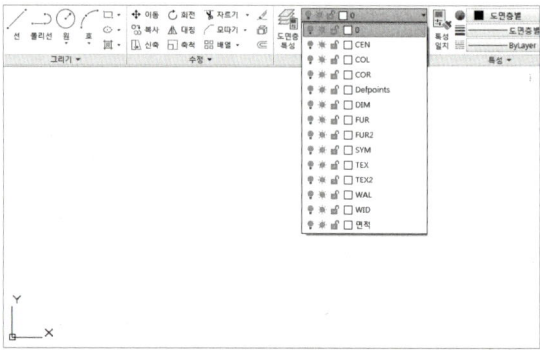

Bylayer(도면층별)과 Byblock(블록별)

Bylayer란 도면층에 지정된 설정대로 색상 또는 선종류가 표시됨을 말한다. 예를 들어, 도형의 색상이 "Bylayer"로 지정되면 그 도형은 특정 색상을 갖고 있어도 현재 도면층에 부여된 색상으로 표시가 된다. 도면층의 색상을 변경하면 그 도면층의 색상대로 수정이 된다. 일반적으로는 특정 색상 보다는 Bylayer로 도면층을 지정한다.

Byblock은 블록에 부여된 색상 또는 선종류를 반영한다. 예를 들어, 도형의 색상을 Byblock으로 하면 그 도형은 특정 색상이 아니라 도형이 포함하고 있는 블록의 색상으로 표시된다. 블록 색상을 변경하면 그 블록내의 Byblock으로 설정된 도형에도 반영이 된다.

새 도면층의 알림 받기 정보

도면층이 추가된 경우 도면에서 자동으로 알리도록 설정할 수 있다. 외부 참조를 부착하거나 블록을 삽입할 때 새 도면층이 추가될 수 있다. 또한 공유 도면으로 작업하는 경우 다른 작업 참여자가 새 도면층을 추가할 수도 있다.

도면층 알림 기능을 켜면 이후에 새 도면층이 추가된 경우 파일, 도면층 또는 플로팅과 관련된 작업 후 "비조정 새 도면층"이란 풍선글이 나타난다. 또한 상태 막대에 새 도면을 알리는 아이콘이 표시된다.

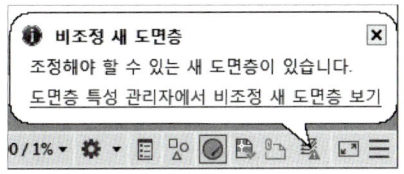

새 도면층 알림은 [도면층 특성 관리자] 팔레트에서 [도면층 설정] 아이콘( )을 클릭하여 '새 도면층 알림', '도면에 추가된 새 도면층 평가', '새 도면층이 있을 경우 알림'에 체크하면 된다.

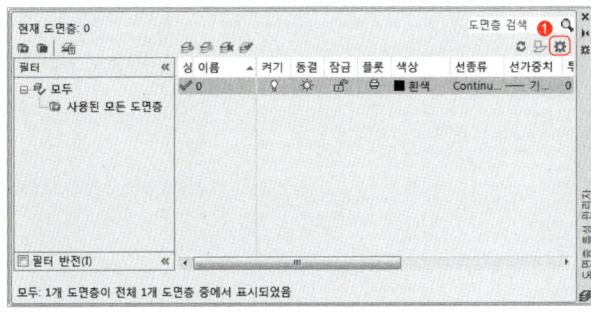
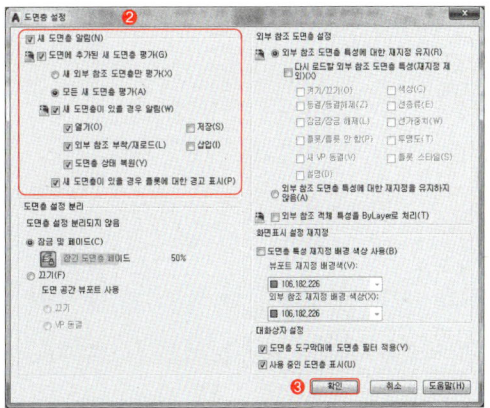

비조정 새 도면층 풍선글이 보일 때 해결 방법은,

❶ 풍선글에서 [도면층 특성 관리자에서 비조정 새 도면층 보기]를 클릭하거나 명령행에 'LA'을 입력하고 도면층 특성 관리자를 열어 비조정 새 도면층이라는 그룹 필터를 클릭한다.

❷ 도면층으로 사용하려면 해당 도면층을 선택한 후 마우스 오른쪽 버튼을 클릭하고 바로 가기 메뉴에서 [도면층 조정]을 클릭한다.

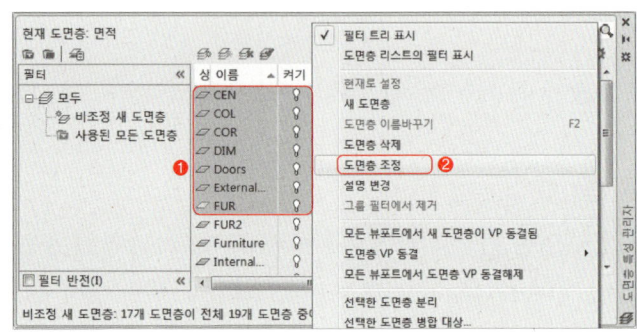

❸ [비조정 새 도면층] 그룹 필터가 사라지고 [모두]-[사용된 모든 도면층]으로 새로 사용된 리스트가 보인다.

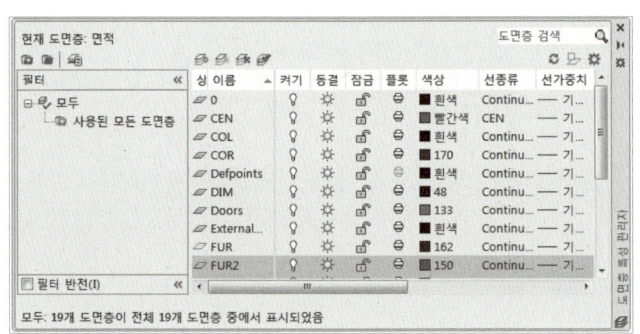

02 객체 특성

객체 특성은 객체의 모양과 동작을 조정하며 도면을 구성하는 데 사용된다. 모든 객체에는 도면층, 색상, 선종류, 선종류 축척, 선가중치, 투명도, 플롯 스타일 등의 일반 특성이 있다. 또한, 해당 객체 유형과 관련된 특성도 있다. 예를 들어, 원의 특수 특성에는 원의 반지름과 면적이 포함된다.

도면에서 현재 특성을 지정하면 새로 작성하는 모든 객체가 해당 설정으로 자동으로 부여된다. 예를 들어, 현재 도면층을 치수로 설정하면 작성하는 객체가 치수 도면층에 배치된다.

2-1. 객체 특성 사용

객체 특성을 변경하는 방법 중 하나는 [홈] 탭의 [특성] 패널에서 도면층과 선종류, 선가중치 특성 컨트롤을 사용하는 것이다. 객체를 선택하면 특성이 표시되고 리스트에서 해당 옵션을 선택하면 간단히 변경할 수 있다.

다음 그림은 선종류를 클릭하여 객체 특성 중 선종류를 수정하는 것이며 해당 선종류를 클릭할 때마다 미리보기로 객체 변화를 볼 수 있다. [특성] 패널을 사용하여 객체 색상, 선종류, 선가중치, 투명도 등을 수정할 수 있다.

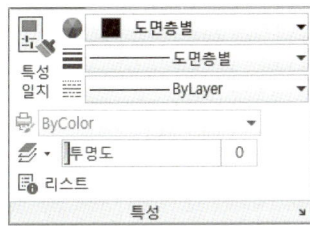 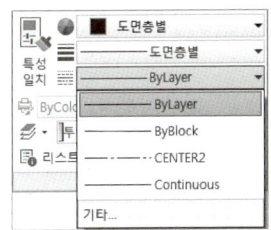

상태 막대에 선가중치( )와 투명도를 표시/숨기기( ) 아이콘이 있다. 아이콘을 각각 클릭하여 켠 상태에서만 반영된 내용이 보인다. 또한, 선가중치는 화면 표시에서만 보이며 출력할 때는 별도로 설정을 해야 한다.

2-2. 특성 팔레트

선택한 객체나 객체 세트의 특성을 표시한다. 아래 왼쪽은 특성 팔레트를, 오른쪽은 특성 팔레트 위에 마우스를 대고 오른쪽 클릭 바로 가기 메뉴를 나타낸 것이다.

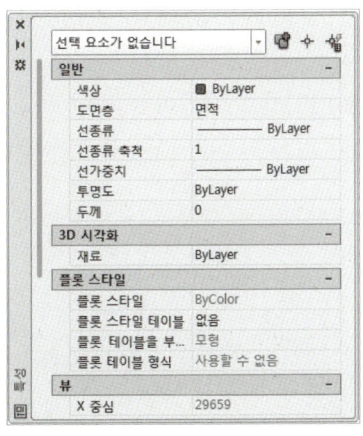 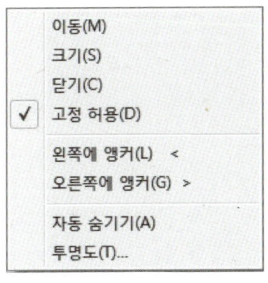

객체를 여러 개 선택한 경우, 선택한 모든 객체에 대해 공통인 특성만 표시된다. 객체를 선택하지 않으면 일반 특성의 현재 설정만 표시된다.

변경할 수 있는 특성을 새 값을 지정하여 수정할 수도 있다. 값을 클릭하고 다음 방법 중 하나를 사용하면 된다.

- 새 값을 입력한다.
- 오른쪽의 아래 화살표를 클릭하여 리스트에서 값을 선택한다.
- 선택점 버튼을 클릭한 다음 좌표 입력 장치를 사용하여 좌표값을 변경한다.
- 빠른 계산기 버튼을 클릭하여 새 값을 계산한다.
- 왼쪽 또는 오른쪽 화살표를 클릭하여 값을 증가시키거나 감소시킨다.
- […] 버튼을 클릭하여 대화상자에서 특성 값을 변경한다.

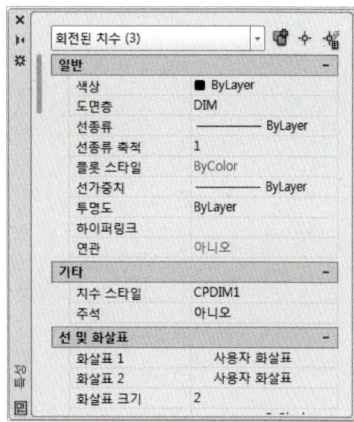
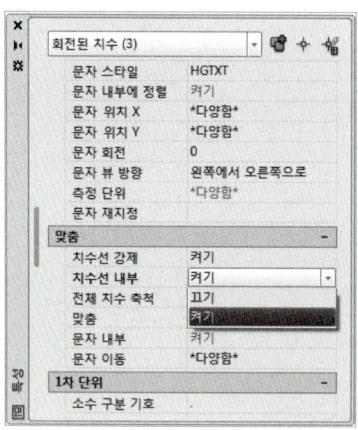

실행 방법

- 리본 : [홈] 탭–[특성] 패널–[대화상자 실행기]( )
- 메뉴 : [도구(T)]–[팔레트]–[특성(P)]
- 객체 선택 후 마우스 오른쪽 버튼을 클릭하고 바로 가기 메뉴에서 [특성(S)] 클릭
- 명령 입력 : PROPETIES
- 단축키 : PR, CH, Ctrl +1

◇ 도구 팔레트 설명 ◇

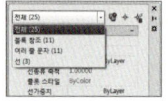 선택한 객체 유형을 표시한다. 여러 종류의 객체가 선택된 경우 전체가 보이고 다시 세부 객체별로 리스트가 보인다.

 PICKADD 시스템 변수를 켜기(1) 및 끄기(0)로 전환한다. PICKADD를 켜면 개별 선택 또는 윈도우 선택 옵션으로 선택한 객체는 모두 현재 선택 세트에 추가된다. PICKADD를 끄면 현재 선택한 객체만 선택 세트가 된다.

객체 선택 방법을 사용하여 원하는 객체를 선택한다. 선택한 객체에 공통적인 특성이 특성 팔레트에 표시된다. 특성 팔레트에서 선택한 객체의 특성을 수정하거나 편집 명령을 입력하여 선택한 객체를 변경할 수 있다.

신속 선택 대화상자를 표시한다. 신속 선택을 사용하여 필터링 기준을 기반으로 한 선택 세트를 작성한다.

 특성 팔레트를 닫는다.

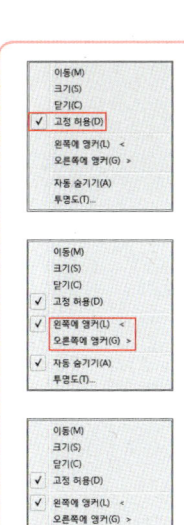 팔레트 윈도우를 고정 또는 앵커할 수 있도록 전환한다. 이 옵션을 선택할 경우 윈도우를 도면 옆의 고정 영역으로 끌 때 윈도우를 고정시킬 수 있다.

특성 팔레트를 도면 영역의 우측 또는 좌측면에 있는 앵커 탭 기준에 부착한다. 앵커 팔레트는 계속 열려 있는 상태로 설정될 수 없다.

커서가 가로질러 이동함에 따라 유동 팔레트가 열리고 닫힌다.

투명도 대화상자를 표시한다.

◘ 객체 특성 변경하기

선택한 객체의 도면층, 선종류 및 선 가중치를 변경한다.

01 예제 파일을 불러온 후 문의 선종류를 Bylayer로 변경하기 위해 다음 그림처럼 양쪽에 있는 문을 클릭한다.

- 예제 파일 : Chapter09₩객체 특성.dwg
- 객체 특성 변경하기

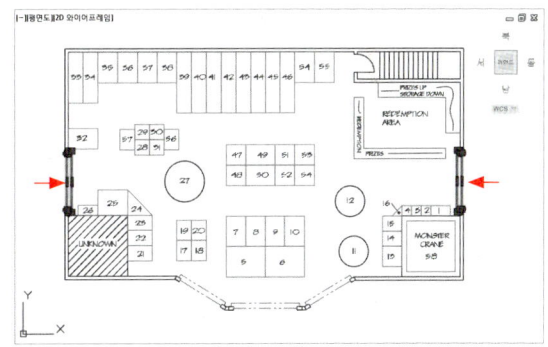

02 [홈] 탭-[특성] 패널-[선종류] 컨트롤-[Bylayer]를 클릭한 후 Esc 를 눌러 객체 선택을 해제한다.

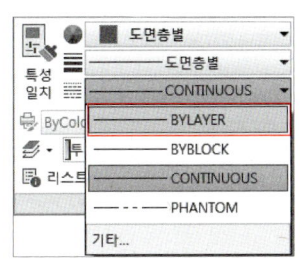
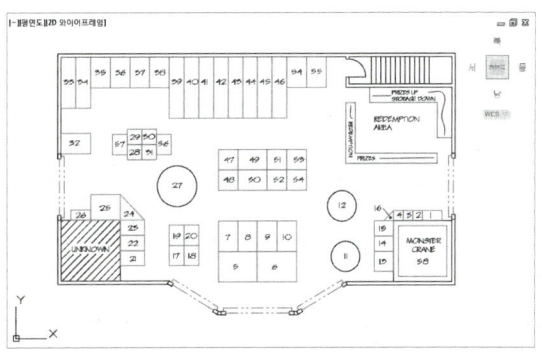

Chapter 09_도면층과 객체 특성 237

03 레이블 이름을 다른 도면층으로 바꾸기 위해 47~54번 문자를 선택한다. [홈] 탭-[도면층] 패널-[도면층] 컨트롤-[machine labels]를 선택한다. Esc 를 눌러 객체 선택을 해제한다.

04 테이블 일부 도면층을 바꾸기 위해 테이블 3개를 선택한 후 [홈] 탭-[도면층] 패널-[도면층] 컨트롤-[furniture]를 선택한다.

 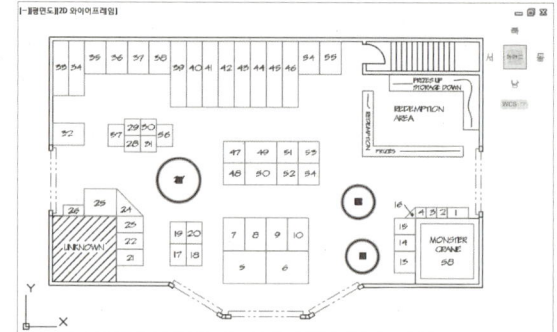

05 Esc 를 눌러 객체 선택을 해제한다. 객체 선가중치를 변경해본다. 상태 막대의 [선가중치] 아이콘( )을 클릭하여 선가중치가 보이도록 한다.

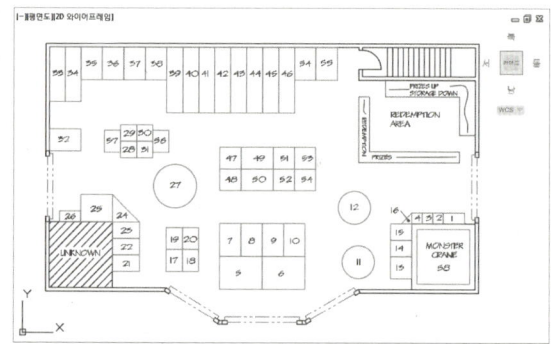

06 도면의 계단 부분을 줌 확대하여 다음 그림을 참조하여 선택한다. [홈] 탭-[특성] 패널-[선가중치] 컨트롤-[도면층별]을 클릭한다.

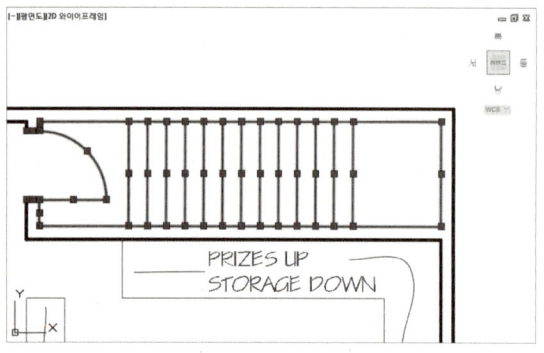 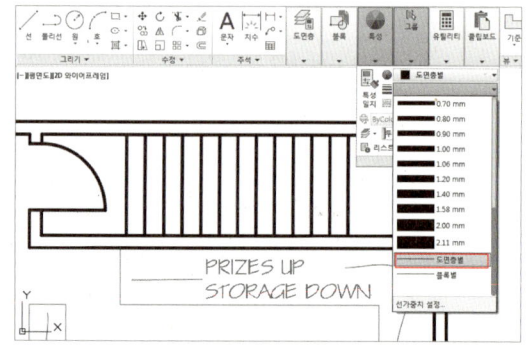

07 Esc 를 눌러 객체 선택을 해제한다. 객체 색상을 변경하기 위해 도면 오른쪽 위 부분을 줌 확대한 후 다음 그림처럼 선을 선택한다.

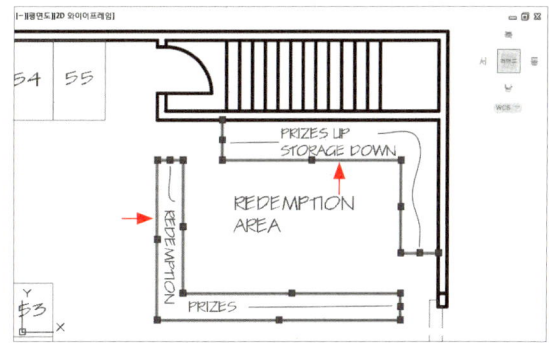

08 [홈] 탭-[특성] 패널-[색상] 컨트롤-[도면층별]을 클릭한 후 Esc 를 눌러 객체 선택을 해제한다.

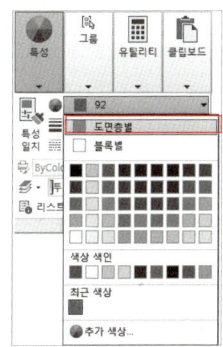 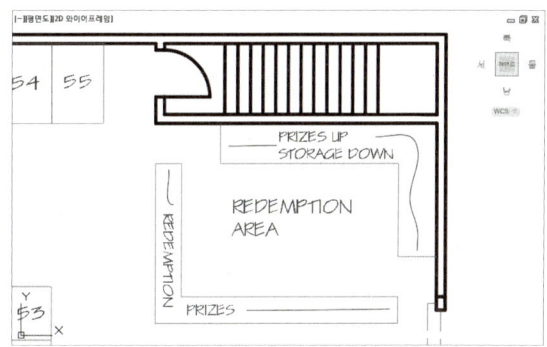

09 객체의 투명도를 변경해보기 위해 도면 왼쪽 아래 부분을 줌 확대한다. 해치를 클릭한 후 [해치 편집기]-[특성] 패널-[투명도] 드롭다운-[Bylayer 투명도]를 클릭한다.

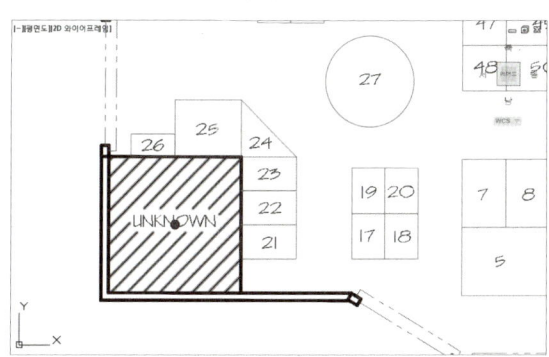 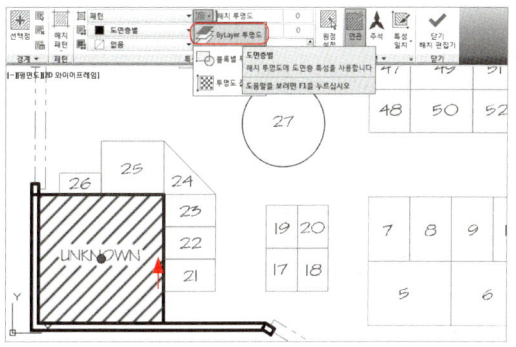

10 Esc 를 눌러 객체 선택을 해제한다. [도면층 특성 관리자]를 열어 보면 hatch 도면층의 투명도가 70으로 설정되어 있다. 따라서, 조금 희미하게 보임을 알 수 있다.

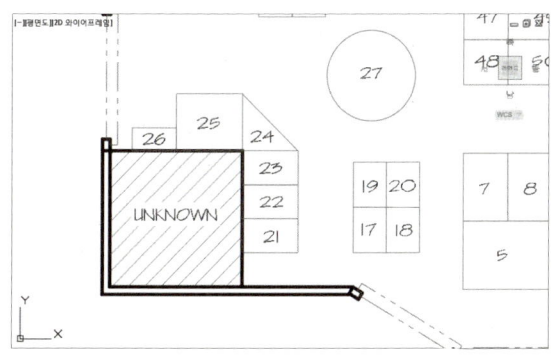 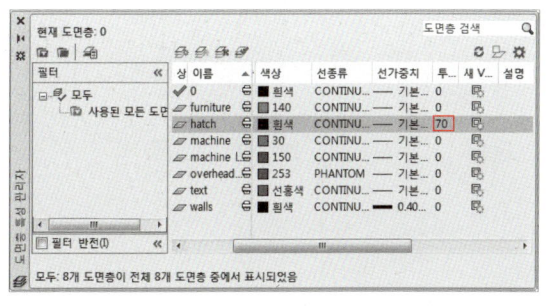

11 객체의 도면층을 변경한다. 번호 5~10번으로 명명된 machine을 선택한다. 단, 문자는 선택하지 않는다. [홈] 탭-[도면층] 패널-[도면층] 컨트롤-[machine]을 선택한다.

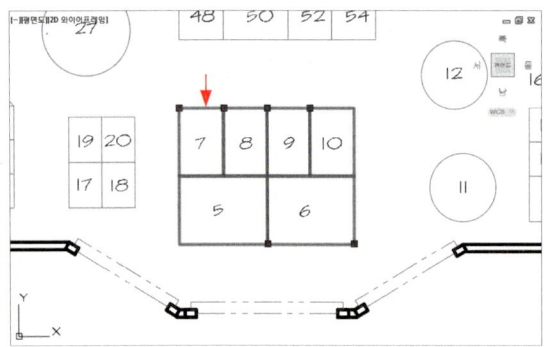 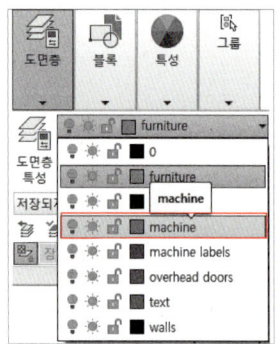

12 Esc 를 눌러 객체 선택을 해제한다.

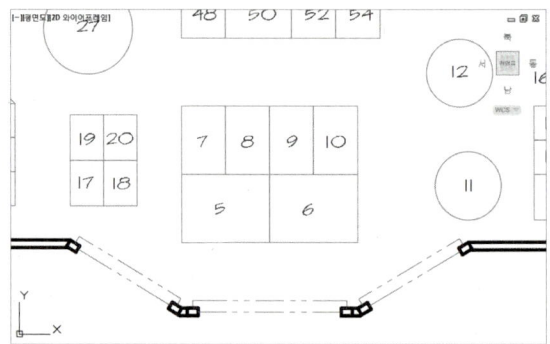

2-3. 빠른 특성

빠른 특성 팔레트는 선택된 객체의 대표적인 특성이 표시되고 간단히 값을 편집할 수 있다.

선, 원 등 객체를 선택하거나 객체를 선택하고 마우스 오른쪽 버튼을 클릭한 후 바로 가기 메뉴에서 빠른 특성을 실행한다.

상태 막대의 [빠른 특성] 아이콘(▤) 을 켜면 객체 선택할 때 바로 빠른 특성 팔레트가 표시된다.

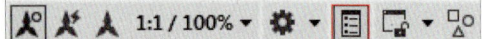

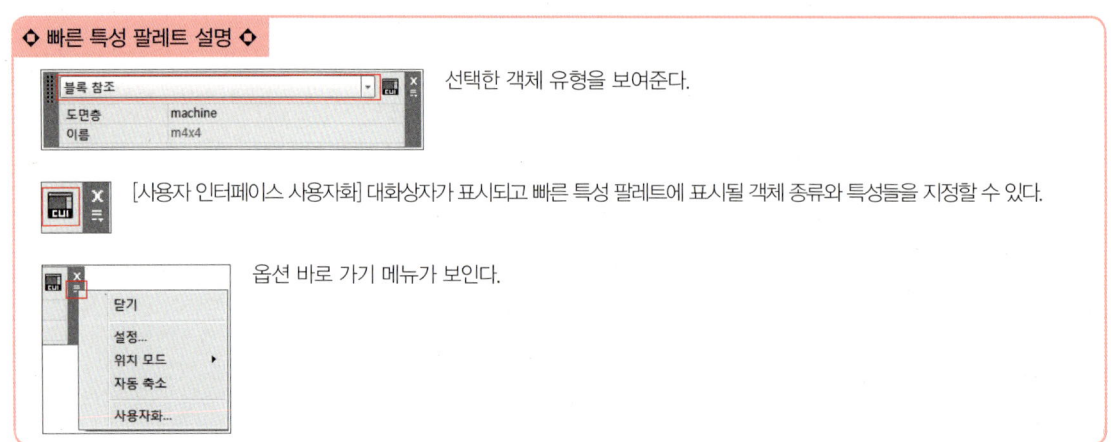

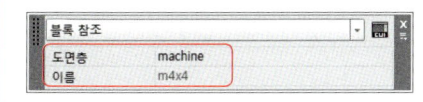

객체 특성들을 보여준다.

◇ 빠른 특성 설정 ◇

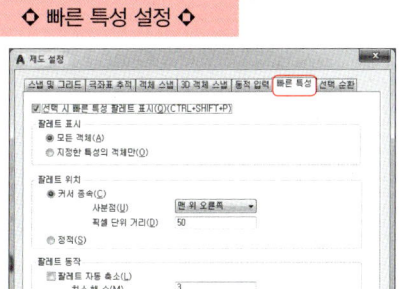

객체 선택 시 객체 유형에 따른 빠른 특성 팔레트 표시를 제어한다. 즉, 모든 객체에 팔레트를 표시하거나 CUI(사용자 인터페이스 사용자화) 편집기에서 빠른 특성을 표시하도록 지정된 객체 유형만 빠른 특성 팔레트가 보이도록 설정한다. 또한, 팔레트 위치나 팔레트 동작도 설정한다.

❑ 빠른 특성 사용하기

빠른 특성 팔레트를 사용하여 다양한 객체의 특성을 표시해보고 사용자화를 통해 팔레트 표시 조건과 표시 옵션을 조정해본다.

01 예제 파일을 불러온 후 상태 막대의 [빠른 특성]에 마우스를 대고 오른쪽 클릭하여 [빠른 특성 설정]을 선택한다.

- 예제 파일 : Chapter09₩빠른 특성.dwg
- 빠른 특성 사용하기

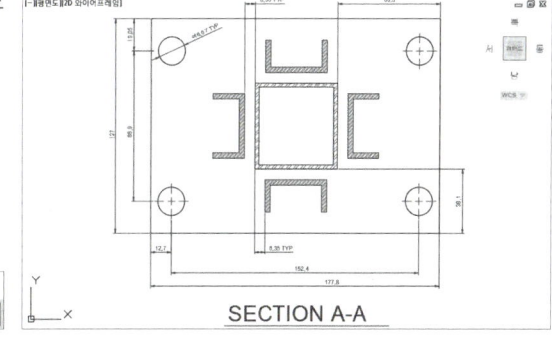

02 [제도 설정] 대화상자에서 [선택 시 빠른 특성 팔레트 표시]에 체크를 하고, 팔레트 표시에서 [모든 객체], [팔레트 위치]는 [커서 종속]-[사분점]-[맨 아래 오른쪽], [픽셀 단위 거리]는 20으로 입력한다. [팔레트 동작]에서 [팔레트 자동 축소]에 체크를 하고 [최소 행 수]는 2로 입력하고 [확인] 버튼을 클릭한다.

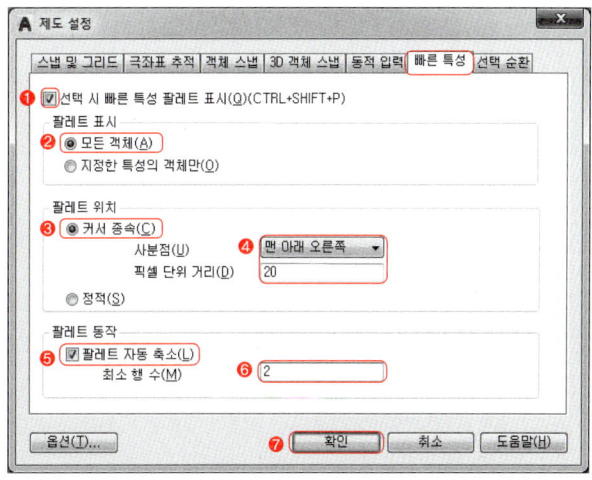

03 선 객체를 선택하여 빠른 특성 팔레트를 표시한다. 빠른 특성 팔레트 회색 띠부분에 마우스를 대면 팔레트가 확장한다. 설정에서 [최소 행 수]는 2로 입력해서 2행의 객체 특성이 보인다. 객체 특성을 확인 후 Esc 를 눌러 객체 선택을 해제한다.

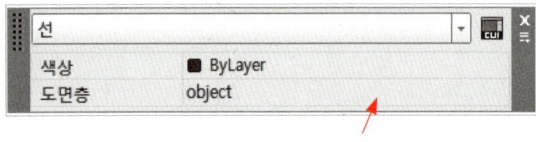 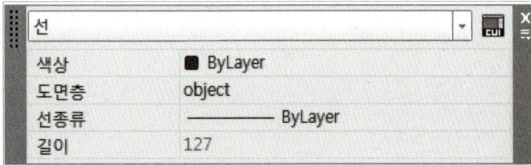

04 마찬가지로 치수 객체를 클릭하고 빠른 특성 팔레트를 표시한다. 객체 특성을 확인 후 Esc 를 눌러 객체 선택을 해제한다.

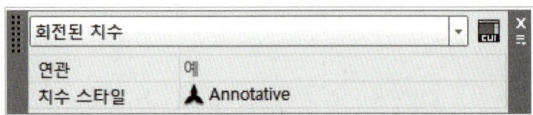

05 상태 막대의 [빠른 특성]에 마우스를 대고 오른쪽 버튼을 클릭하여 [빠른 특성 설정]을 선택한다. [팔레트 자동 축소] 체크 박스를 해제를 하고 [확인] 버튼을 클릭한다.

06 치수 객체를 다시 선택한다. 팔레트가 축소가 안되고 그대로 보여진다. Esc 를 눌러 객체 선택을 해제한다. 빠른 특성을 안보이게 하려면 다시 상태 막대에서 빠른 특성 아이콘(▣)을 끈다.

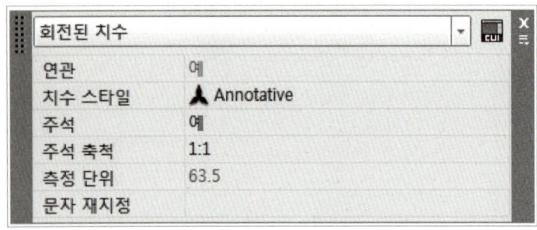 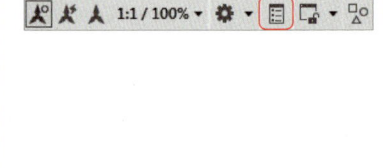

2-4. 특성 일치

MATCHPROP[특성 일치] 명령은 선택한 원본 객체의 특성이 대상인 다른 객체에 그대로 적용되게 한다. 적용할 수 있는 특성 유형에는 색상, 도면층, 선종류, 선종류 축척, 선가중치, 플롯 스타일, 투명도 및 기타 지정한 특성이 포함된다.

> 🔴 **실행 방법**
> - 리본 : [홈] 탭-[특성] 패널-[특성 일치](▣)
> - 신속 접근 도구 막대 : [특성 일치](▣)
> - 메뉴 : [수정(M)]-[특성 일치(M)]
> - 명령 입력 : MATCHPROP
> - 단축키 : MA

◆ 특성 설명 ◆

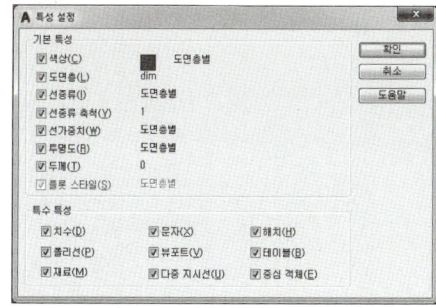

[특성 설정] 대화상자에서 선택된 원본 객체에서 대상 객체로 복사되는 특성을 지정한다. 기본 특성으로 색상, 도면층, 선종류, 선종류 축척, 선가중치, 투명도, 두께이며 특수 특성으로 치수, 문자, 폴리선, 해치 등이 있다.

◯ 객체 특성 일치시키기

특성 일치 명령을 사용하여 객체 특성을 다른 객체에 적용하는 연습을 해본다.

01 예제 파일을 불러온 후 블록으로 설정된 창의 특성을 다른 창의 블록으로 일치시켜본다. [홈] 탭-[특성] 패널-[특성 일치]를 클릭한다.

■ 예제 파일 : Chapter09₩특성 일치1.dwg   ▶ 객체 특성 일치시키기

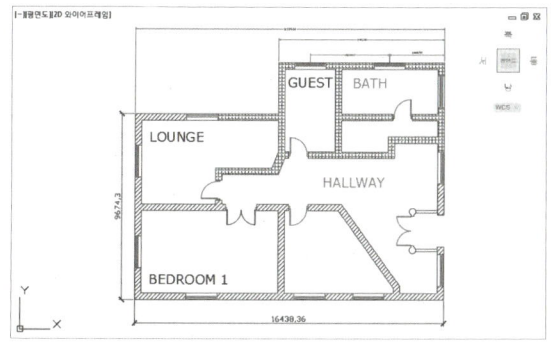

02 원본 객체로 창 ❶을 선택한다. 대상 객체로 ❷, ❸, ❹ 블록을 선택한다. [Space Bar]를 눌러 명령을 종료한다.

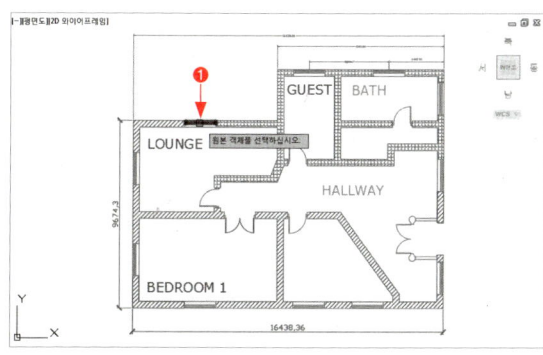
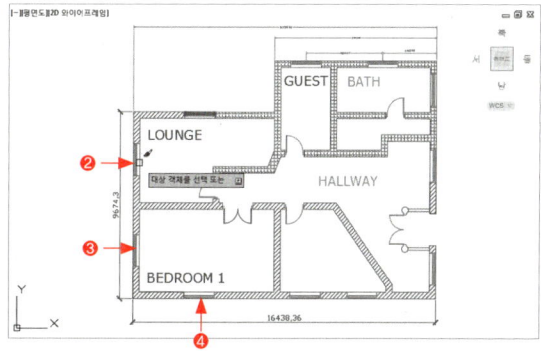

Chapter 09_도면층과 객체 특성   243

03 외여닫이문의 특성 일부를 양여닫이문에 적용한다. [홈] 탭-[특성] 패널-[특성 일치]를 클릭한 후 원본 객체로 외여닫이문의 호를 선택한다.

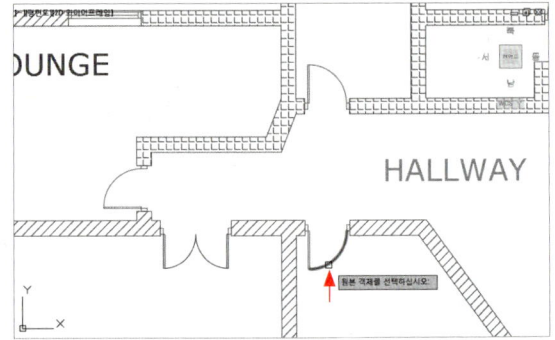

04 마우스 오른쪽 버튼을 클릭한 후 바로 가기 메뉴에서 [설정]을 선택한다. [특성 설정] 대화상자의 [기본 특성]에서 [색상]의 체크를 해제한 후 [확인] 버튼을 클릭한다.

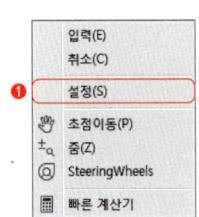
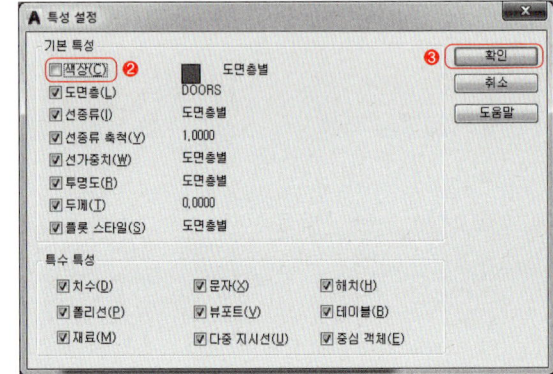

05 걸침 선택으로 양여닫이문을 선택하고 Space Bar 를 눌러 명령을 종료한다. [특성 설정] 대화상자의 [기본 특성]에서 [색상]에 체크를 해제했기 때문에 색상은 대상 객체 그대로 유지된다.

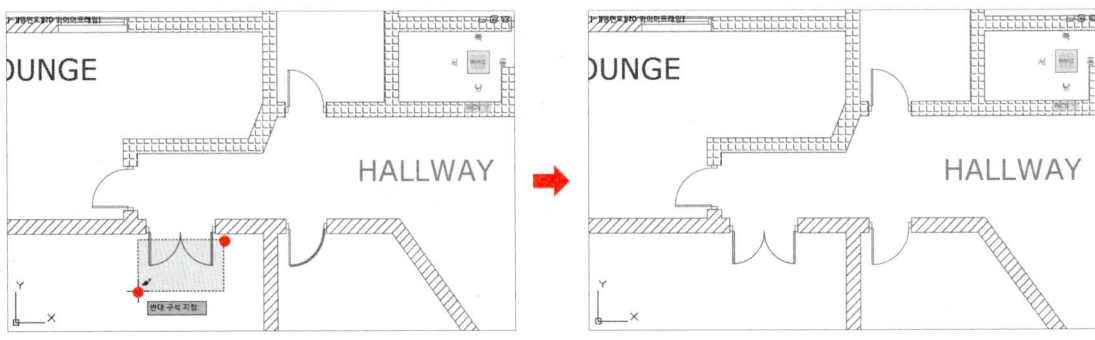

06 [특성 일치] 적용 전과 후를 보면 색상은 그대로지만 도면층이 바뀌어졌음이 확인된다.

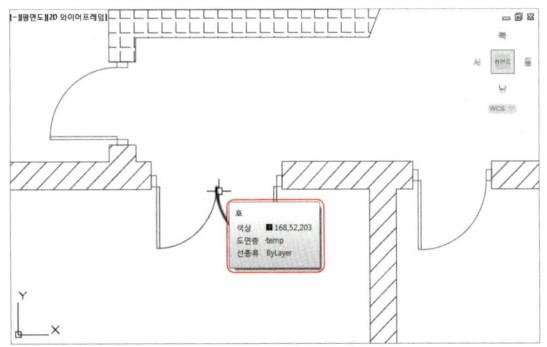
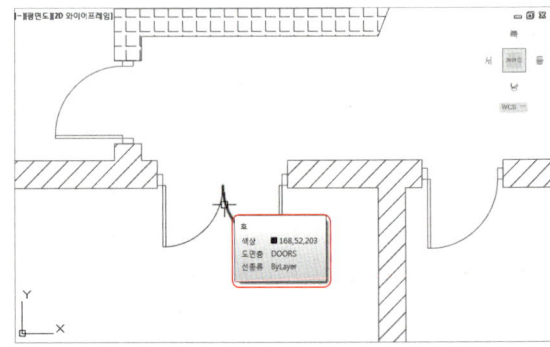

07 벽체의 해치 특성 일부를 특성 일치를 해본다. [홈] 탭-[특성] 패널-[특성 일치]를 클릭한 후 원본 객체로 2개 여닫이문 사이에 있는 벽체 해치를 선택한다.

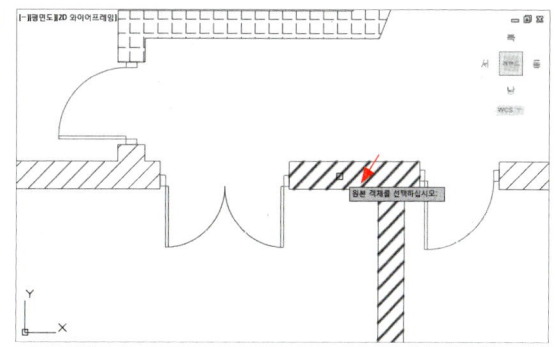

08 마우스 오른쪽 버튼을 클릭한 후 바로 가기 메뉴에서 [설정]을 선택한다. [특성 설정] 대화상자의 [기본 특성]에서 [색상] 체크 박스를 선택하고 [확인] 버튼을 클릭한다. 대상 객체로 바로 위에 있는 벽체를 선택한다. 해치 기본 특성이 바뀐 걸 확인할 수 있다.

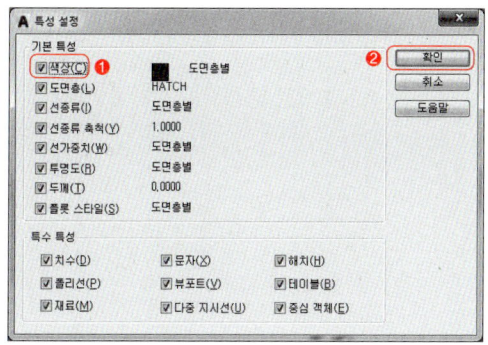 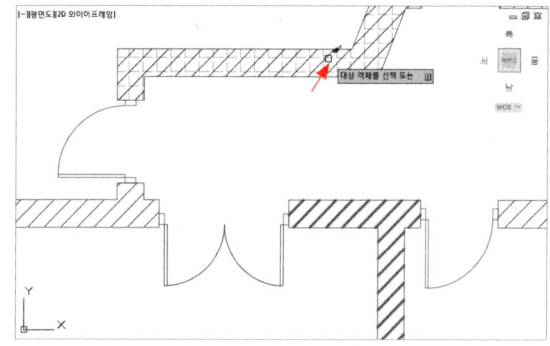

09 나머지 벽체들도 모두 특성 일치를 한다. [Space Bar]를 눌러 명령을 종료한다.

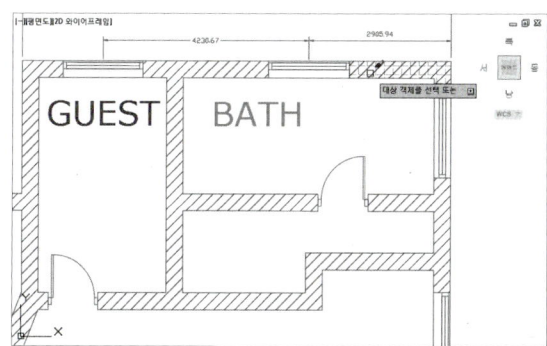 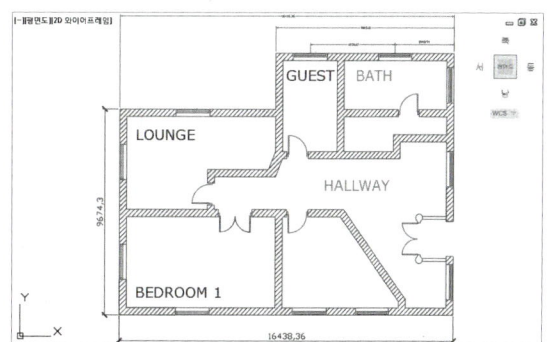

10 치수도 특성 일치를 하기 위해 명령행에 'MA'를 입력하고 [Space Bar]를 누른 후 원본 객체로 아래 선형 치수를 선택한다.

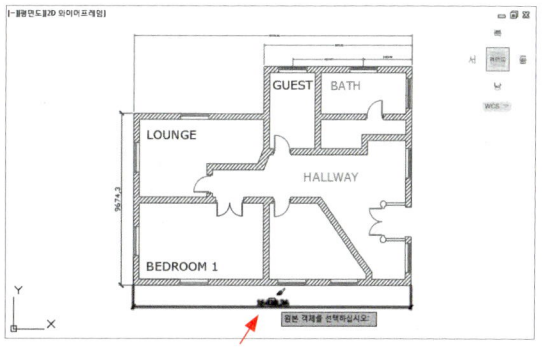

명령 : MA [Space Bar] [MATCHPROP]
원본 객체를 선택하십시오 : [아래 선형 치수 선택]

11 대상 객체로 위에 있는 모든 치수를 걸침 선택으로 선택한다. 치수 스타일이 바뀐 것이 확인된다.

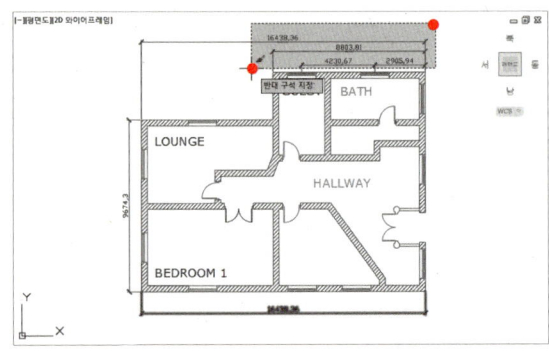

> 대상 객체를 선택 또는 [설정(S)] : 반대 구석 지정 : [바꿀 대상 치수 선택]
> 대상 객체를 선택 또는 [설정(S)] : Space Bar [명령 종료]

12 동시에 2개 도면을 열어 하나의 도면에 있는 객체에서 다른 도면의 객체로 특성일치를 해본다. 예제 파일을 불러온다.

- 예제 파일 : Chapter09₩특성 일치2.dwg

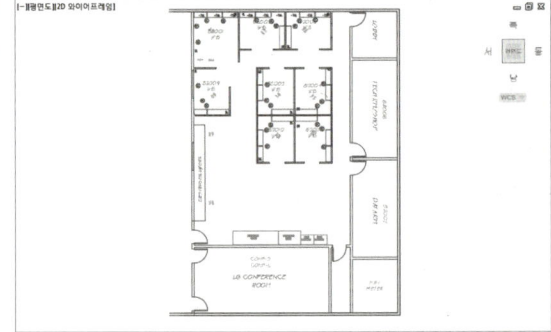

13 [뷰] 탭-[인터페이스] 패널-[수직 배열]을 클릭하고 2개 도면을 나란히 배열한다. [시작] 탭은 감추기를 한다.

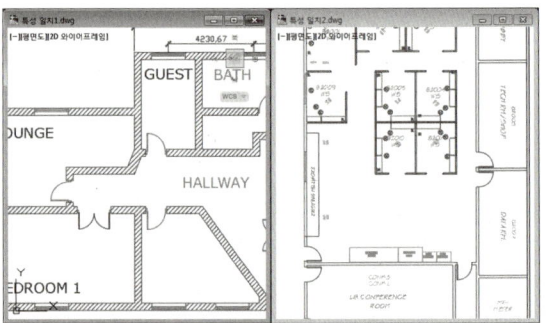

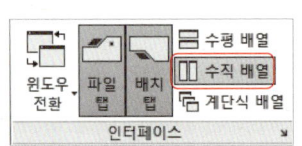

14 [특성 일치2] 도면의 아래 코너를 줌 확대하고 [홈] 탭-[특성] 패널-[특성 일치]를 클릭한 후 원본 객체로 문자를 선택한다.

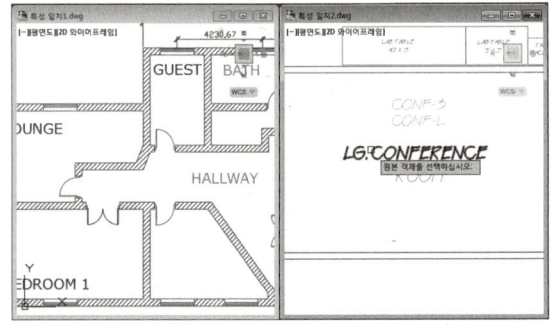

15 대상 객체로 [특성 일치1] 도면을 클릭한다. HALLWAY 등 모든 문자를 클릭하고 Space Bar 를 눌러 명령을 종료한다. 최대화 아이콘( )을 클릭하고 [특성 일치1] 도면을 최대화한다.

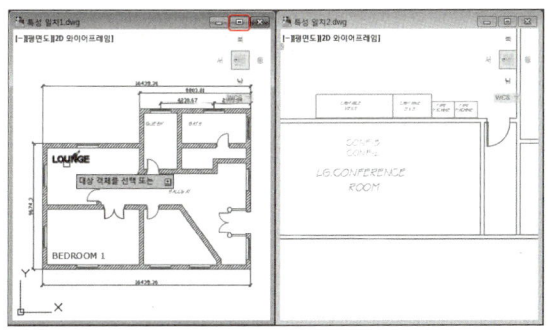
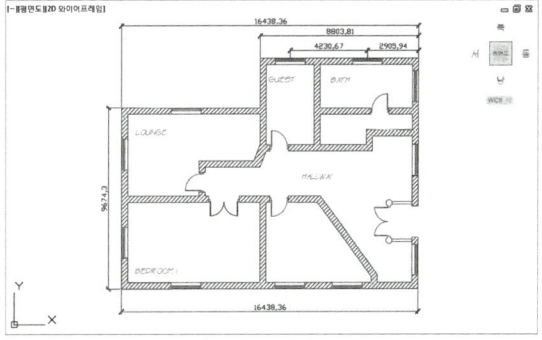

03 객체 조회

도면 데이터베이스에는 도면에 있는 객체의 데이터와 도면 환경 정보가 있다. 예를 들어, 선택한 지점의 좌표를 구하거나 선택 영역의 면적을 산출하고 거리값이나 객체 정보를 조회해 볼 수가 있다.

3-1. MEASUREGEOM(측정)
선택한 객체 또는 연속 점의 거리, 반지름, 각도, 면적 및 체적을 측정한다.

> ▶ 실행 방법
> • 리본 : [홈] 탭–[유틸리티] 패널–[길이 분할] 확장( )

> ◆ 명령 옵션 ◆
> 리본이나 명령 행에서 옵션을 선택하여 실행한다.
>
> • 거리( ) : X,Y 및 Z축 구성 요소를 따라 지정된 점 사이의 거리 및 UCS를 기준으로 한 각도를 측정한다.
>
>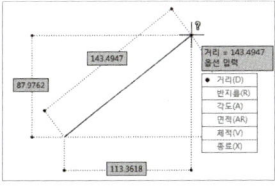
>
> • 반지름( ) : 지정한 호, 원 또는 폴리선 호의 반지름과 지름을 측정한다.
>
>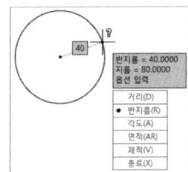

◇ 명령 옵션 ◇

- 각도(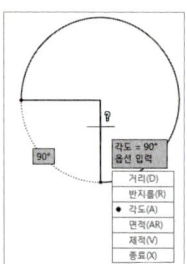) : 선택한 호, 원, 폴리선 세그먼트 및 선 객체와 연관된 각도를 측정한다.

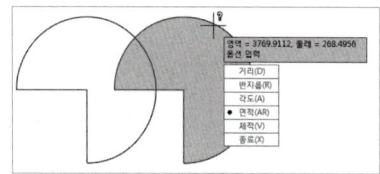

- 면적( ) : 닫힌 객체 또는 정의된 영역의 면적과 둘레를 측정한다.

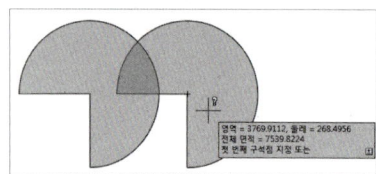

– 면적 추가 : 추가 모드를 켜고, 영역을 정의할 때마다 면적의 합계가 구해진다.

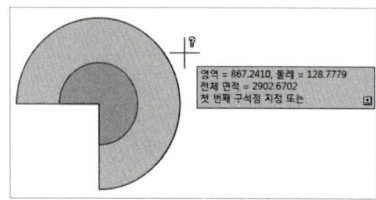

– 면적 빼기 : 총 면적에서 지정한 면적을 뺀다.

- 체적( ) : 객체 또는 정의된 영역의 체적을 측정한다.

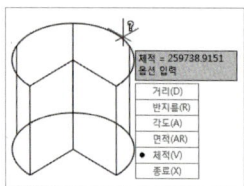

3-2. AREA(면적)

객체 또는 정의된 영역의 면적과 둘레를 계산한다.

객체를 선택하거나 점을 지정하여 측정할 항목을 정의하고 측정값을 얻을 수 있다. 지정한 객체의 면적과 둘레가 명령 프롬프트 및 툴팁에 표시된다.

> **▶ 실행 방법**
>
> - 리본 : [홈] 탭–[유틸리티] 패널–[면적](▷)
> - 메뉴 : [도구(T)]–[조회(Q)]–[면적(A)]
> - 명령 입력 : AREA
> - 단축키 : AA

◇ 명령 옵션 ◇

리본이나 명령 행에서 옵션을 선택하여 실행한다.

- **첫 번째 구석점 지정** : 지정한 점에 의해 정의된 둘레와 면적을 계산한다. 첫 번째 점을 지정하여 시작하고 모든 점은 반드시 현재 사용자 좌표계(UCS)의 XY평면에 있어야 한다.

- **다음 점 지정** : 지정한 첫 번째 점에서 커서까지 이어지는 선이 표시된다. 계속해서 폴리곤을 정의할 점을 지정한 다음 `Space Bar`를 눌러 둘레 정의를 완료한다. 계산할 면적이 초록색으로 강조 표시된다.

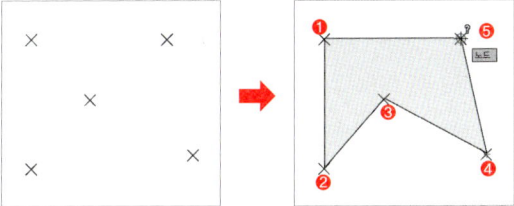

- **객체** : 선택한 객체의 둘레와 면적을 계산한다. 원, 타원, 스플라인, 폴리선, 폴리곤, 영역 및 3D 솔리드와 같은 객체를 선택한다.

- **면적 추가** : 추가 모드를 켜고 지정하는 후속 면적의 전체 누적 측정값을 표시한다. 예를 들어, 두 개의 객체를 선택(❶번 객체 선택한 후 ❷번 객체 선택)하여 전체 면적을 구할 수 있다.

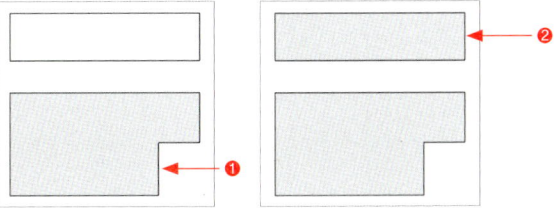

- **면적 빼기** : 전체 면적에서 선택한 객체의 면적과 둘레를 뺀다. 첫 번째 객체 선택에서 두 번째 선택한 객체(❶번 객체 선택한 후 ❷번 객체 선택)를 빼서 값을 구한다.

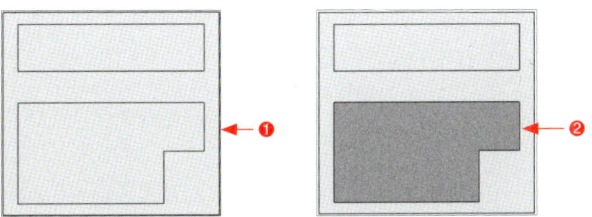

3-3. DIST(거리 측정)

두 점 사이의 거리와 각도를 측정한다. 모형공간에서는 X, Y 및 Z 구성 요소의 거리와 각도를 현재 UCS를 기준으로 3D로 측정한다. 거리가 현재 단위 형식으로 표시된다.

> ◘ 실행 방법
> - 리본 : [홈] 탭-[유틸리티] 패널-[거리](📏)
> - 메뉴 : [도구(T)]-[조회(Q)]-[거리(D)]
> - 명령 입력 : DIST
> - 단축키 : DI

3-4. ID(좌표 표시)

ID는 지정된 점의 X, Y, Z값을 나열하고 지정된 점의 좌표를 최종점으로 저장한다.

> ◘ 실행 방법
> - 리본 : [홈] 탭-[유틸리티] 패널-[ID점](🔍)
> - 메뉴 : [도구(T)]-[조회(Q)]-[ID점(I)]
> - 명령 입력 : ID

3-5. LIST(객체 정보 표시)

선택한 객체의 특성 데이터를 표시한다. LIST를 사용하여 선택한 객체의 특성을 표시한 다음 텍스트 파일로 복사할 수 있다. 문자 윈도우는 객체 유형, 객체 도면층 및 현재 사용자 좌표계(UCS)를 기준으로 한 X, Y, Z 위치를 표시하며 객체가 모형공간에 있는지 도면공간에 있는지 여부를 표시한다.

> ◘ 실행 방법
> - 리본 : [홈] 탭-[특성] 패널-[리스트](📋)
> - 메뉴 : [도구(T)]-[조회(Q)]-[리스트(L)]
> - 명령 입력 : LIST
> - 단축키 : LI

◘ 객체 조회하기 1

객체 점에 대한 정보를 확인하고 거리, 반지름, 면적 명령을 수행해 특정 데이터를 산출하는 연습을 해본다.

01 예제 파일을 불러온 후 거리와 각도를 계측하기 위해 명령행에 'DI'를 입력하고 Space Bar 를 누른다.

- 예제 파일 : Chapter09₩객체 조회1.dwg
- 객체 조회하기 1

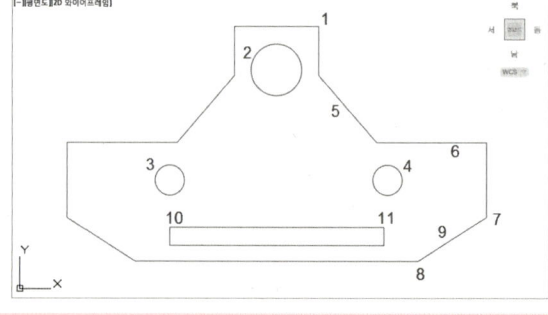

명령 : DI Space Bar [DIST 명령 단축키 입력]

02 점(7)과 점(8)을 클릭해서 거리를 확인한다.

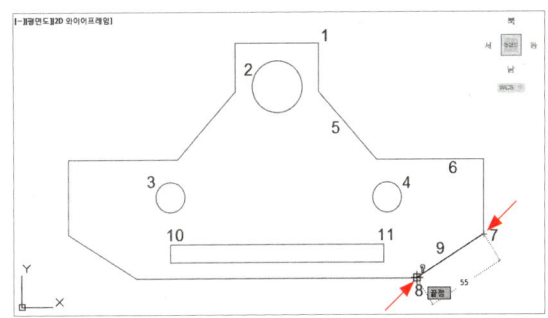

첫 번째 점 지정 : [점(7) 클릭]
두 번째 점 또는 [다중 점(M)] 지정 : [점(8) 클릭]
거리 = 55.0000, XY 평면에서의 각도 = 212, XY 평면으로부터의 각도 = 0
X증분 = -46.6426, Y증분 = -29.1456, Z증분 = 0.0000

03 반지름을 계측하기 위해 [홈] 탭-[유틸리티] 패널-[반지름]을 클릭한다. 원(2)를 클릭해서 반지름을 확인하고 Esc 를 누른다.

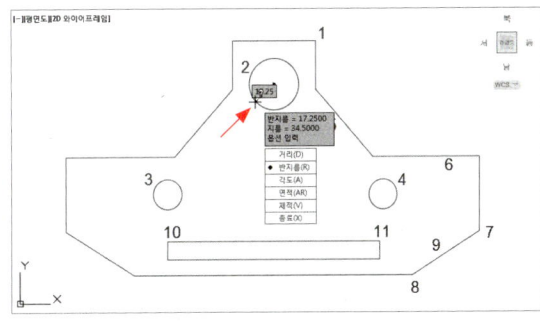

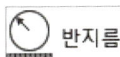

04 마우스 오른쪽 버튼을 클릭한 후 바로 가기 메뉴에서 [반복(R) MEASUREGEOM]을 선택한다. 옵션 메뉴에서 [반지름]을 선택하고 원(3)을 측정하고 Esc 를 누른다.

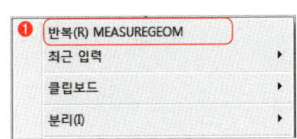
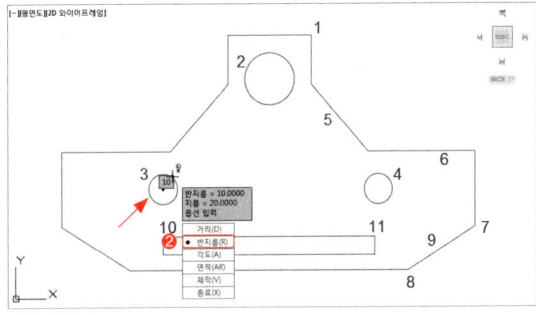

05 객체의 정보를 확인하기 위해 명령행에 'LI'를 입력하고 Space Bar 를 누른다. 점(10)과 점(11)에 있는 직사각형과 선(5)를 클릭하고 Space Bar 를 누른다.

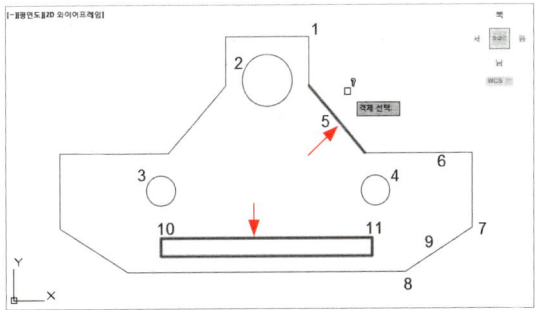

명령 : LI Space Bar [LIST 명령 단축키 입력]
객체 선택 : 1개를 찾음 [점(10)과 점(11)에 있는 직사각형 선택]
객체 선택: 1개를 찾음, 총 2개 Space Bar [선(5) 선택한 후 Space Bar]

06 직사각형과 선에 대한 정보가 보이고 확인 후 AutoCAD 문자 윈도우를 닫는다.

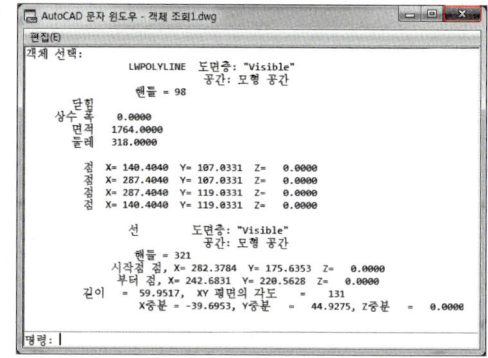

07 Esc 를 눌러 객체 선택을 해제하고, 원 중심점의 거리를 측정하기 위해 명령행에 'DI'를 입력하고 Space Bar 를 누른다. 원(2)와 원(3)의 중심점을 클릭한 후 거리값을 확인한다.

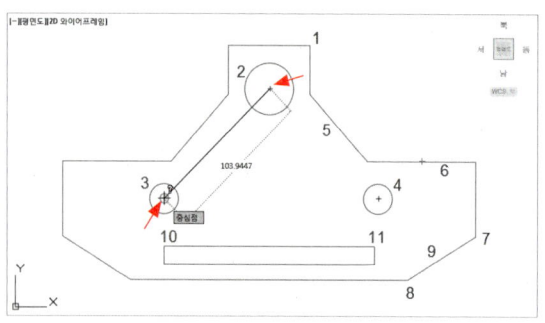
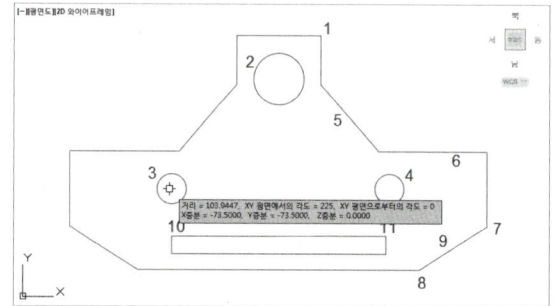

08 점 위치를 표시하기 위해 명령행에 'ID'를 입력하고 Space Bar 를 누른 후 점(1)을 클릭한다.

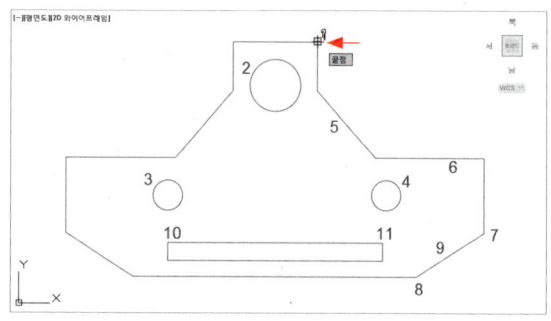

09 명령행에 점 위치 정보가 표시된다.

명령 : ID Space Bar [점(1) 클릭]
점 지정 : X = 242.6831   Y = 253.1353   Z = 0.0000

10 면적을 구하기 위해 명령행에 'AA'를 입력하고 Space Bar 를 누른다. [면적 추가(A)] 옵션을 선택하고 점(1)부터 시작해서 다시 점(1)까지 돌아오도록 객체 스냅을 이용하여 끝점을 클릭한다.

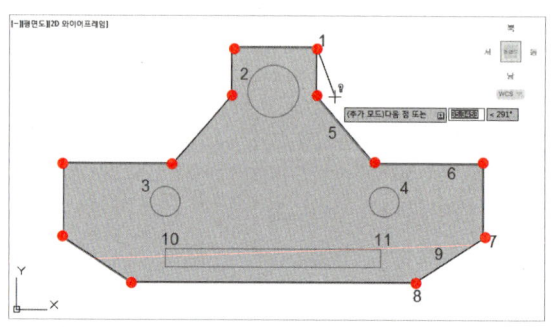

명령 : AA [Space Bar] [AREA 명령 단축키 입력]
첫 번째 구석점 지정 또는 [객체(O)/면적 추가(A)/면적 빼기(S)] <객체(O)> : A [면적 추가 옵션 선택]
첫 번째 구석점 지정 또는 [객체(O)/면적 빼기(S)] : [점(1) 클릭]
 (추가 모드)다음 점 또는 [호(A)/길이(L)/명령 취소(U)] 지정 : [차례대로 시계 또는 반시계 방향으로 객체의 끝점 클릭]
 (추가 모드)다음 점 또는 [호(A)/길이(L)/명령 취소(U)/합계(T)] 지정 <합계> : [점(1)을 다시 클릭할 수 있도록 계속 외형선 클릭 반복]

11 모든 점이 선택되면 [Space Bar]를 누르고 [면적 빼기(S)] 옵션을 입력한다.

영역 = 27582.5327, 둘레 = 795.9429
전체 면적 = 27582.5327 [전체 면적 및 둘레가 보인다.]
첫 번째 구석점 지정 또는 [객체(O)/면적 빼기(S)] : S [면적 빼기 옵션 선택]

12 계속해서 [객체(O)] 옵션을 선택하고 3개 원과 직사각형을 각각 클릭한다.

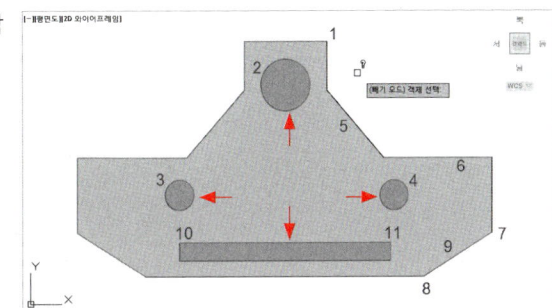

첫 번째 구석점 지정 또는 [객체(O)/면적 추가(A)] : O [객체 옵션 선택]
(빼기 모드) 객체 선택 : [원(2) 클릭]
영역 = 934.8202, 원주 = 108.3849
전체 면적 = 26647.7125
(빼기 모드) 객체 선택 : [원(3) 클릭]
영역 = 314.1593, 원주 = 62.8319
전체 면적 = 26019.3940
(빼기 모드) 객체 선택 : [원(4) 클릭]
영역 = 1764.0000, 둘레 = 318.0000
전체 면적 = 24255.3940
(빼기 모드) 객체 선택 : [직사각형 클릭]
영역 = 1764.0000, 둘레 = 318.0000
전체 면적 = 24255.3940 [전체에서 4개 객체를 뺀 결과값이 보임]

13 [Space Bar]를 누르면 동적 프롬프트나 명령행에 값이 표시된다.

첫 번째 구석점 지정 또는 [객체(O)/면적 추가(A)] :
전체 면적 = 24255.3940 [Space Bar] [명령 종료]

◘ 객체 조회하기 2

객체 점에 대한 정보를 확인하고 거리, 각도, 면적, 체적 명령을 수행해 특정 데이터를 산출하는 연습을 해본다.

01 예제 파일을 불러온 후 도면 오른쪽 아래 화장실을 줌 확대한다. 화장실 벽 전체 길이를 재기 위해 명령행에 'DI'를 입력하고 Space Bar 를 누른다.

- 예제 파일 : Chapter09₩객체 조회2.dwg
- 객체 조회하기 2

명령 : DI Space Bar [DIST 명령 단축키 입력]

02 첫 번째 지점으로 내부 오른쪽 코너의 끝점을 클릭하고 옵션에서 [다중 점]을 선택한다.

첫 번째 점 지정 : [내부 오른쪽 코너의 끝점을 클릭]
두 번째 점 또는 [다중 점(M)] 지정 : M [다중 점 옵션 선택]

03 처음 시작점으로 돌아올 때까지 안쪽의 코너를 차례대로 클릭한다. Space Bar 를 눌러 명령을 종료한다.

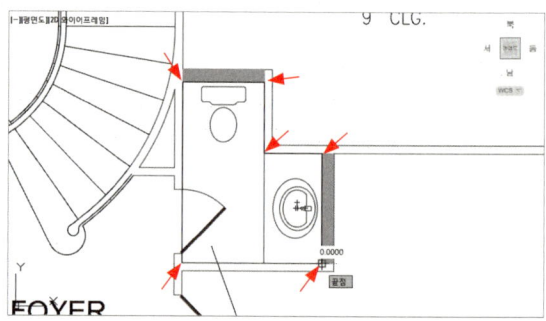

04 벽체의 각도를 확인하기 위해 [홈] 탭-[유틸리티] 패널-[각도]를 클릭한다. 화장실 내부 아래 선과 세면대 뒤의 선을 선택한다. 옵션 메뉴에서 종료(X)를 누르거나 Esc 를 눌러 명령을 종료한다.

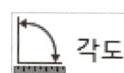

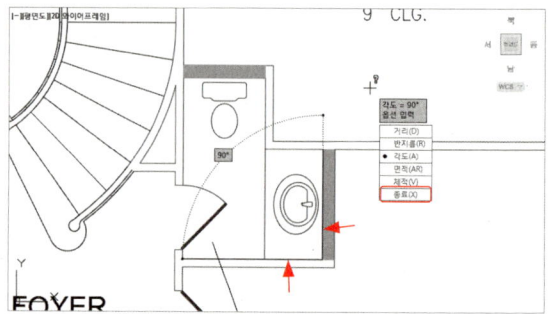

명령 : MEASUREGEOM [Space Bar]
옵션 입력 [거리(D)/반지름(R)/각도(A)/면적(AR)/체적(V)] <거리> : A [각도 옵션 선택]
옵션 입력 [거리(D)/반지름(R)/각도(A)/면적(AR)/체적(V)/종료(X)] <각도> : X [명령 종료]

05 화장실의 바닥 면적을 산출하기 위해 명령행에 'AA'를 입력하고 [Space Bar]를 누른다. 화장실의 내부 코너를 차례대로 클릭하고 시작점에서 클릭을 종료한다. 모든 점이 선택되면 [Space Bar]를 누른다. 명령행에 면적과 둘레 정보가 보인다.

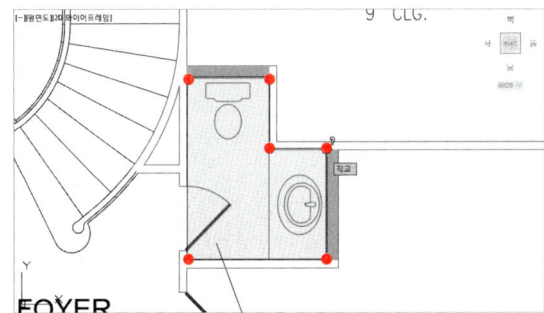

명령 : AA [Space Bar] [AREA 명령 단축키 입력]
영역 = 2691579.8574, 둘레 = 7214.9141

06 화장실의 체적을 구하기 위해 [홈] 탭-[유틸리티] 패널-[체적]을 클릭한다. 화장실 내부 코너를 차례대로 클릭하고 시작점에서 클릭을 종료한 후 [Space Bar]를 누른다. 높이에 2300으로 입력하고 [Space Bar]를 누른다. 체적이 명령행에 보인다.

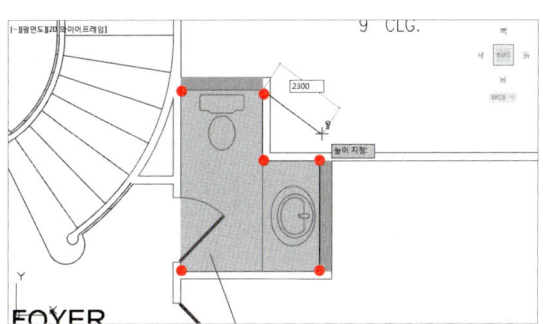

다음 점 또는 [호(A)/길이(L)/명령 취소(U)/합계(T)] 지정 <합계> : [화장실 내부 코너 클릭]
높이 지정 : 2300 [Space Bar] [높이값 입력]
체적 = 6190633671.9748

07 옵션 메뉴에서 종료(X)를 누르거나 [Esc]를 눌러 명령을 종료한다.

Chapter 10 도면 주석 작성

도면에 정보를 추가하는데 사용되는 여러 유형의 설명 기호나 객체를 '주석'이라 한다. 주석 객체로 문자, 치수, 해치, 다중 지시선을 살펴보고 주석 객체에 주석 축척을 적용하는 방법을 살펴본다.

01 문자 작성

도면에 추가한 문자는 다양한 정보를 전달한다. 이 문자는 제목 블록 정보, 레이블 또는 도면의 일부분일 수 있다.
레이블 등의 짧고 간단한 항목에는 단일 행 문자를 사용하고 내부 서식이 적용된 긴 항목의 경우에는 여러 줄 문자를 사용한다. 여러 줄 문자의 경우 단락 내의 개별 문자, 단어 또는 구에 밑줄, 글꼴, 색상 등을 적용하고 문자 높이를 변경할 수 있다.

1-1. 여러 줄 문자

긴 설명글과 내부 형식이 적용된 레이블의 경우 여러 줄 문자를 사용한다. 여러 개의 문자 단락을 하나의 여러 줄 문자(mtext) 객체로 작성할 수 있다. 내부 편집기를 사용하여 문자 모양, 열 및 경계에 대한 형식을 지정할 수도 있다.
리본이 활성 상태이면 문자를 더블클릭하면 문자 편집기 리본 상황별 탭이 표시되고 리본이 활성 상태가 아니면 문자 형식 도구막대가 표시된다.

> **실행 방법**
> - **리본** : [홈] 탭-[주석] 패널-여러 줄 문자 아이콘(A)
> - **리본** : [주석] 탭-[문자] 패널-여러 줄 문자 아이콘(A)
> - **메뉴** : [그리기(D)]-[문자(X)]-[여러 줄 문자(M)]
> - **명령 입력** : MTEXT
> - **단축키** : MT

◇ 문자 편집기 ◇

MTEXT(여러 줄 문자) 명령을 실행하여 문자 영역을 두 번 지정하면 리본에는 [문자 편집기] 탭이 표시된다. 옵션을 사용하여 문자의 외관이나 단락 서식, 기호 삽입, 필드 추가, 철자 검사 등 도면 주석에 다른 기능들을 실행할 수 있다.

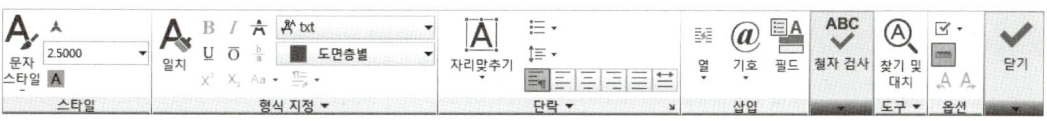

- 스타일 : 문자 스타일과 높이를 조절한다.
- 형식 지정 : 문자에 굵은 활자체, 기울임꼴, 밑줄, 윗줄, 취소선을 적용하고 현재 문자 스타일의 글씨체와 색상을 변경할 수 있다.
- 단락 : 선택한 문자의 위치 정렬, 행 간격, 번호 매기기, 글머리 기호를 사용할 수 있다.
- 삽입 : 기호, 열, 필드(작성자나 일자 등)를 삽입할 수 있다.
- 철자 검사 : 철자를 검사할 수 있다.
- 도구 : 찾기와 대치, 문자 가져오기, 자동 CAPS로 새 문자 또는 가져온 문자를 모두 대문자로 변환한다. 기존 문자의 대소문자를 변경하려면 문자를 선택하고 마우스 오른쪽 버튼을 클릭한 후 바로 가기 메뉴에서 [대소문자 변경]을 클릭한다.
- 옵션 : 눈금자 표시, 명령 취소, 명령 복구, 편집기 설정을 할 수 있다.
- 닫기 : 문자 편집기 리본 상황별 탭을 닫는다.

여러 줄 문자는 문자를 다른 프로그램에서 작성된 파일(*.txt)을 가져오거나 붙여넣기를 할 수 있으며 편집기에서 마우스 오른쪽 버튼을 클릭한 후 바로 가기 메뉴에서 옵션을 실행할 수도 있다. 또한, 여러 줄 문자를 분해하면 여러 개의 단일 행 문자가 된다.

여러 줄 문자 그립 편집은 그립을 사용하여 열의 폭과 높이를 조정할 수 있다.

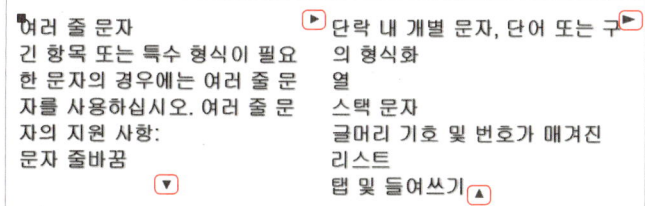

🔶 여러 줄 문자 입력하기

01 새 도면의 명령행에 'MT'를 입력하고 Space Bar 를 누른다. 여러 줄 문자를 기입할 영역으로 첫 번째와 두 번째 코너를 지정한다.

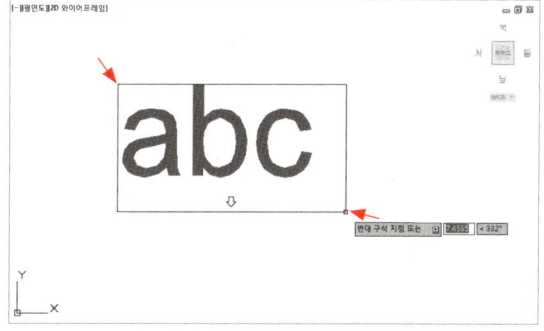

02 리본에 [문자 편집기] 탭이 표시되고 편집기 화면이 표시된다. [문자 편집기] 탭에서는 문자별로 상세한 서식 설정을 할 수 있다. 편집기 화면은 실제 문자 배치를 확인하면서 문자 입력을 할 수 있다. 문자로 [Multi Text]를 기입해 본다.

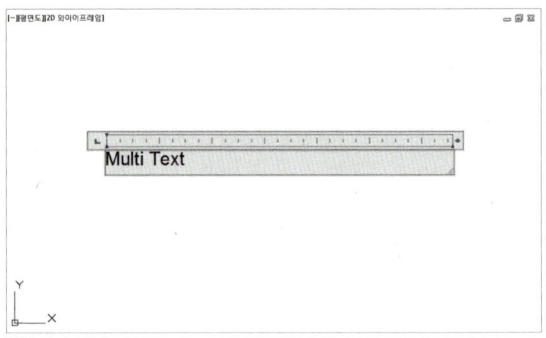

03 입력이 끝났으면 [닫기] 패널의 [문서 편집기 닫기]를 클릭하거나 도면 영역의 여백을 클릭하여 명령을 종료한다. 마우스 휠을 더블클릭하여 화면에 줌범위가 되도록 한다.

04 만약, 한 줄로 입력될 문자가 다음 그림처럼 두 줄로 입력된 경우는 처음 범위를 지정할 때 폭을 좁게 설정하여 그런 것이다. 이럴 경우는 가장 오른쪽의 그립을 잡아 폭을 늘리면 한 줄이 된다.

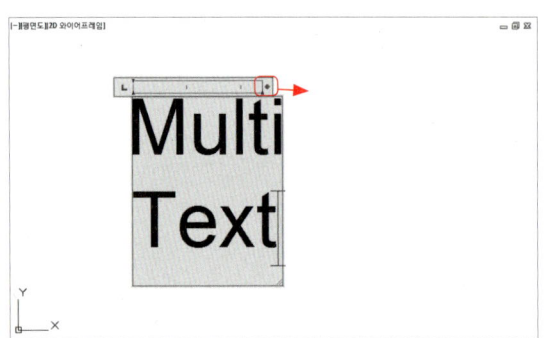 

🔶 배경 마스크 설정하기

도형과 문자가 서로 중첩이 되어 있으면 문자를 알아보기가 어렵다. 여러 줄 문자는 배경을 색상으로 지정해 다음 그림의 위에 있는 글씨처럼 보기 쉽게 할 수가 있다.

01 예제 파일을 불러온 후 가장 상단 왼쪽 부분을 줌 확대한다. 명령행에 'MT'를 입력하고 Space Bar 를 누른다.

- 예제 파일 : Chapter10₩여러 줄 문자.dwg

▶ 배경 마스크 설정하기

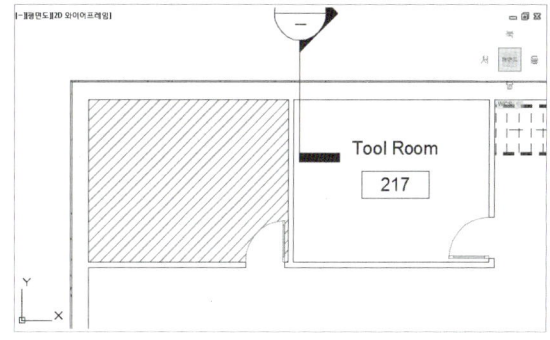

02 문자를 기입할 위치를 지정한다. 문자 높이는 300으로 설정 후 'Tool Room'이라 입력하고 [닫기] 패널의 [문서 편집기 닫기]를 클릭하여 명령을 종료한다.

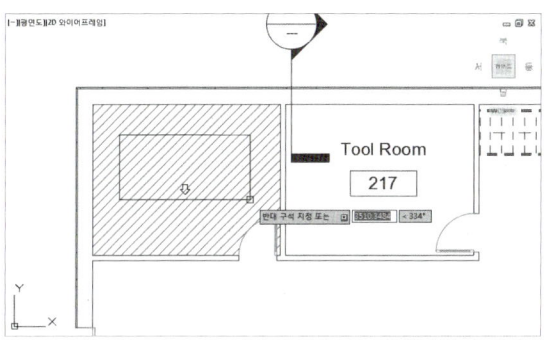 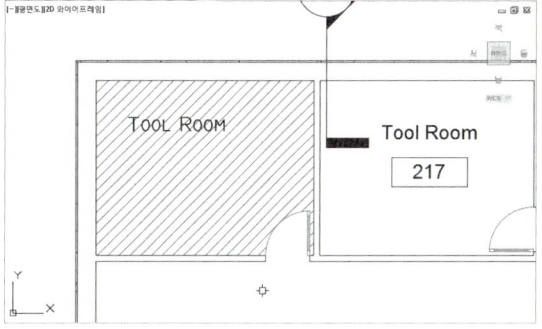

03 명령행에 'M'을 입력하고 Space Bar 를 누른 후 가운데로 문자를 이동한다.

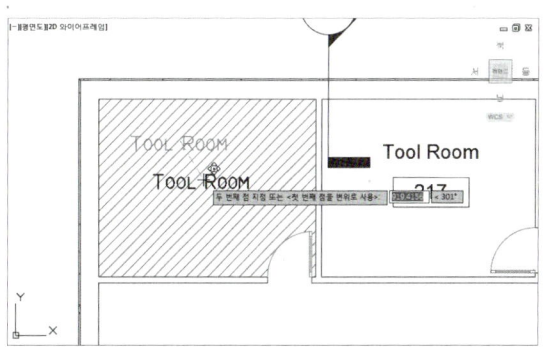

04 현재는 무늬와 글씨가 겹쳐져 있어서 문자를 알아보기가 힘들다. 'Tool Room' 문자를 더블클릭한다. 마우스 오른쪽 버튼을 클릭하고 바로 가기 메뉴에서 [배경 마스크(B)...]를 클릭한다.

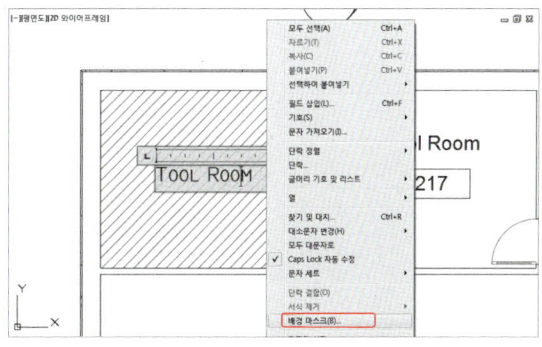

05 [배경 마스크] 대화상자에서 [배경 마스크 사용]에 체크를 한다. 경계 간격띄우기 비율은 문자에서 어느 정도 배경을 넓힐지 설정하는 것이다. [용지 배경 색상 사용]을 체크하면 용지 색상이 배경 색상으로 반영이 된다. [확인] 버튼을 클릭하고 [배경 마스크] 대화상자를 닫는다. [닫기] 패널의 [문서 편집기 닫기]를 클릭하여 명령을 종료한다.

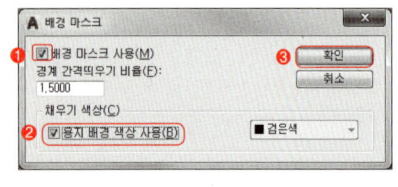
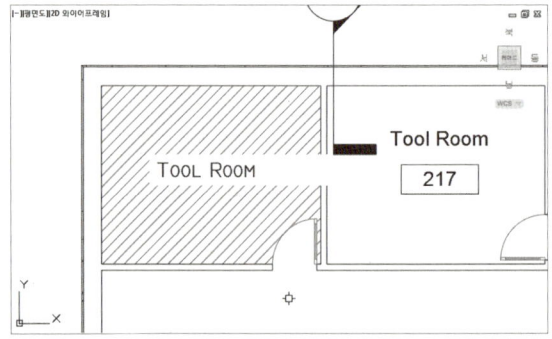

06 배경 색상이 적용됨을 알 수 있는데, 위의 경우처럼 흰색 배경이 문자보다 많이 생성되는 경우가 있다. 이것은 문자 범위를 지정할 때 열 폭을 너무 많이 지정했기 때문이다. 그립을 이동시켜 수정할 수 있다. 여러 줄 문자를 한 번 클릭하여 파란색 그립을 표시한다.

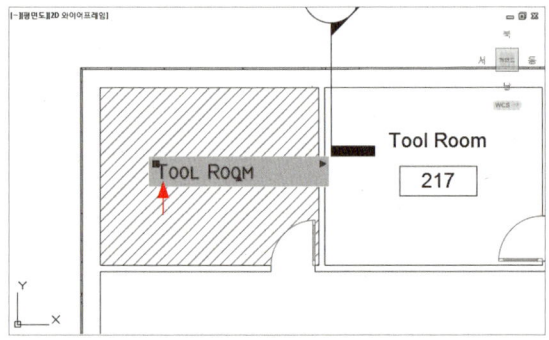

07 오른쪽 그립을 왼쪽으로 끌어 당겨 범위를 좁혀본다. 또 다른 방법은 여러 줄 문자를 더블클릭한 후 오른쪽 화살표를 왼쪽으로 드래그하여 열 폭을 좁힌 후 도면 영역의 여백을 클릭하여 명령을 종료한다.

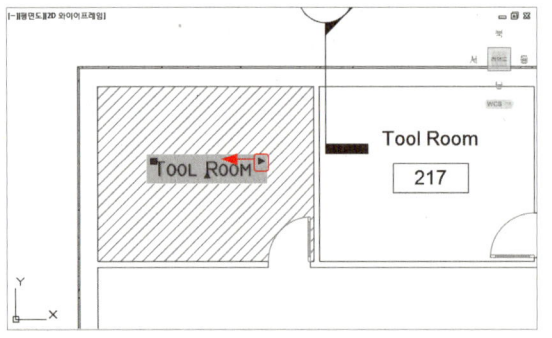
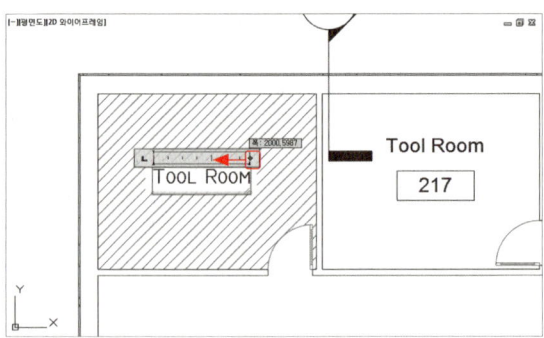

❖ 여러 줄 문자 기호 삽입하기

여러 줄 문자는 여러 가지 기호를 간단히 삽입할 수 있다. 예를 들면, 지름을 나타내는 파이(∅) 기호, 각도를 나타내는 각도(°) 기호 삽입이다.

01 예제 파일을 불러온다. 평면도에 선형 치수를 기입하면 도면상의 거리가 치수값으로 표시된다. 그렇지만, 52, 30, 20은 지름을 나타내므로 지름 기호 ∅를 기입해야 한다.

■ 예제 파일 : Chapter10₩여러 줄 문자 기호 삽입.dwg   ▶ 여러 줄 문자 기호 삽입하기

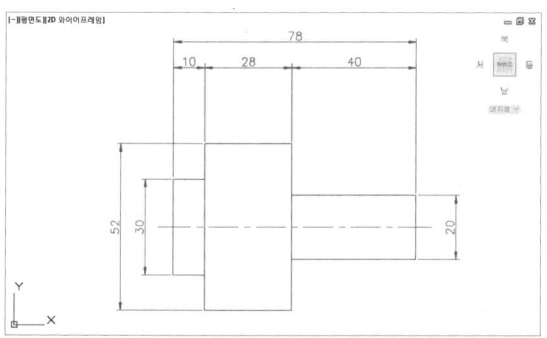
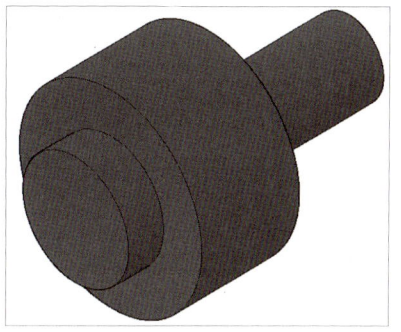

02 선형 치수 52를 더블클릭하여 [문자 편집기] 탭을 표시한다. [삽입] 패널의 [기호] 버튼을 클릭하여 확장 메뉴에서 [기호]-[지름]을 선택한다.

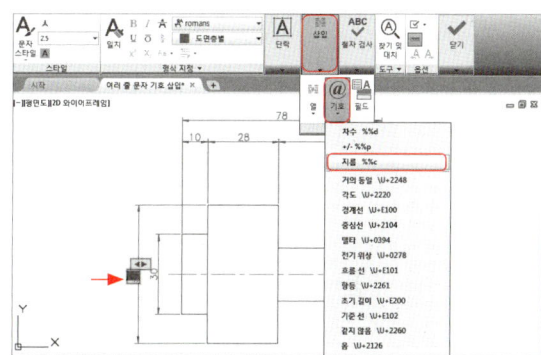

03 지름 기호 ∅가 표시된다. 도면 영역의 여백을 클릭하여 기호 삽입 과정 명령을 종료한다. 계속하여 30, 20에도 지름 기호 ∅를 삽입해본다. 기호 삽입이 모두 끝나면 Esc를 눌러 모든 명령을 종료한다.

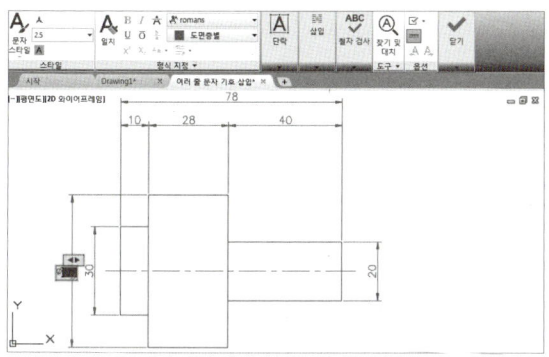
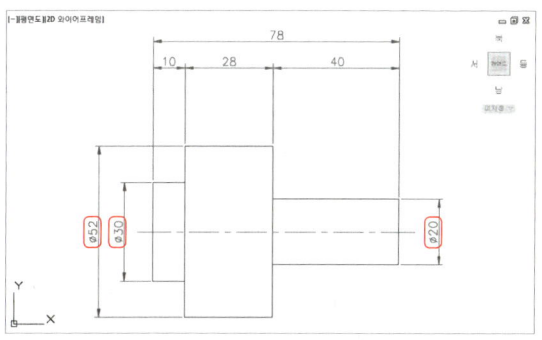

◆ 여러 줄 문자 단락기호, 열 구분하기

도면에 기입할 비고 내용에 번호를 매기거나 단락 기호를 추가하고, 열 구분을 간단히 할 수 있다.

01 예제 파일을 불러온 후 여러 줄 문자를 더블클릭하여 단락 번호를 설정할 행을 먼저 선택한다.

- 예제 파일 : Chapter10₩여러 줄 문자 열 구분.dwg    여러 줄 문자 단락기호, 열 구분하기

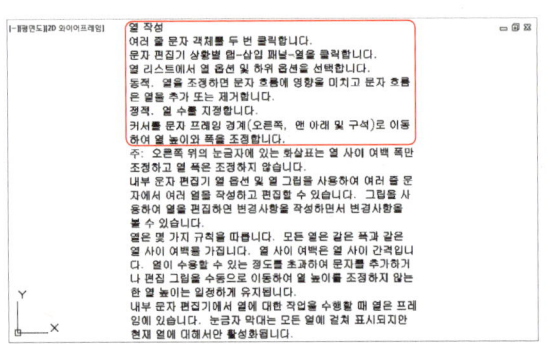   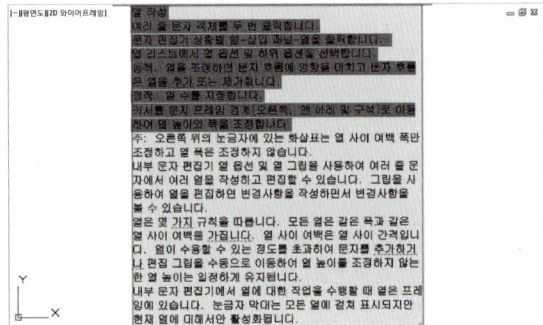

02 [문자 편집기] 탭–[단락] 패널에서 [글머리 기호 및 번호 지정]을 클릭하고 표시 메뉴에서 [번호 매겨짐]을 선택한다. 선택한 행에 자동으로 번호가 매겨진 걸 확인하고 도면 영역의 여백을 클릭하여 명령을 종료한다.

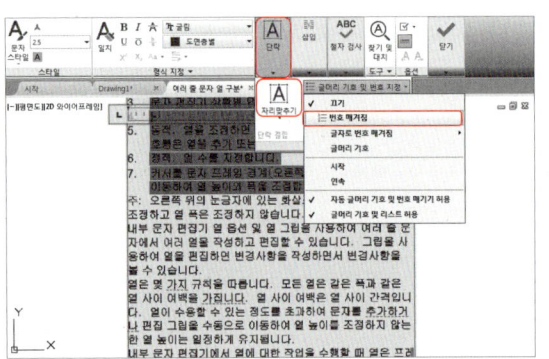   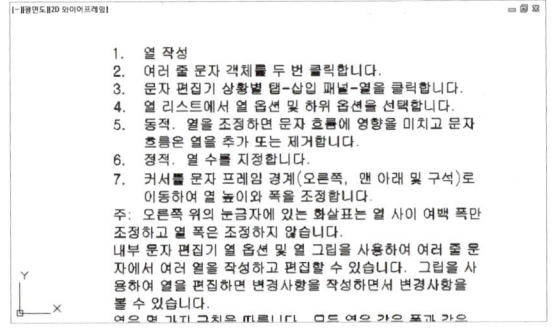

03 도면에 장문을 기입할 경우 열로 구분지어 보기 쉽게 배치를 할 수 있다. 작성된 여러 줄 문자 문장을 더블클릭하고 [문자 편집기] 탭–[삽입] 패널–[열]–[정적 열]–[3]을 선택한다. 마우스 휠을 조정하여 화면을 조정해보면 3개 열로 나눠진 걸 볼 수 있다.

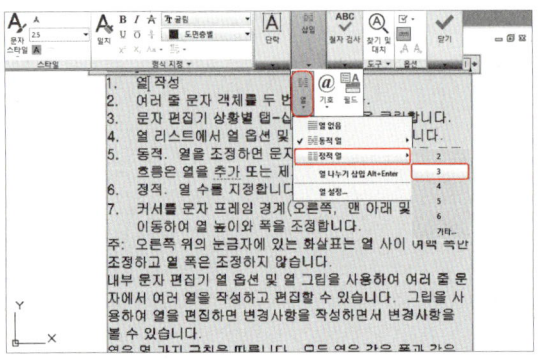   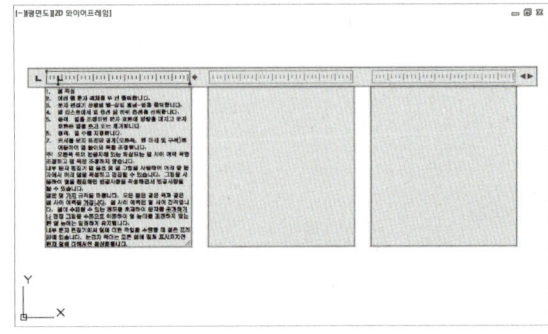

04 첫 번째 열의 오른쪽 코너를 조정하여 열 높이와 열 폭을 조정할 수 있다. 도면 영역의 여백을 클릭하여 명령을 종료한다.

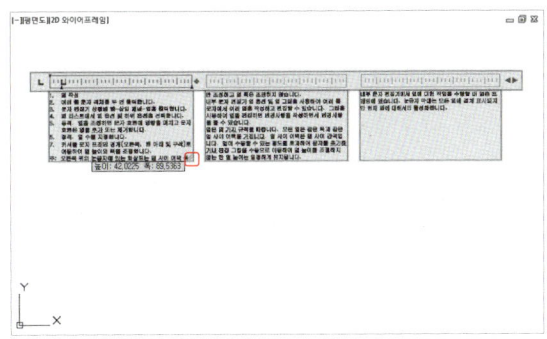

05 Ctrl+Z를 눌러 앞에 실행한 정적 열 명령을 취소한다. 이번에 동적 열을 실행하기 위해 여러 줄 문자를 더블클릭한 후 [문자 편집기] 탭–[삽입] 패널–[열]–[동적 열]–[수동 높이]를 선택한다. 도면 영역의 여백을 클릭하여 명령을 종료한다.

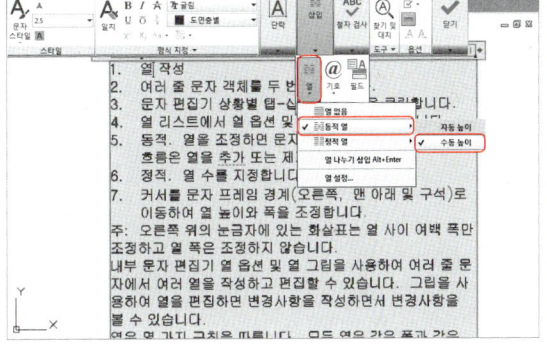

06 여러 줄 문자를 클릭하면 3개의 그립이 보인다. 왼쪽 그립은 위치를 나타내며 문자 위치를 다른 곳으로 지정할 수 있다.

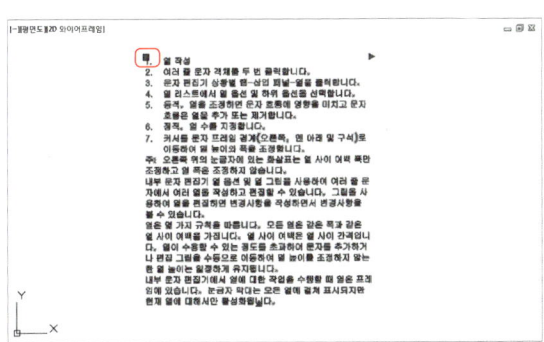
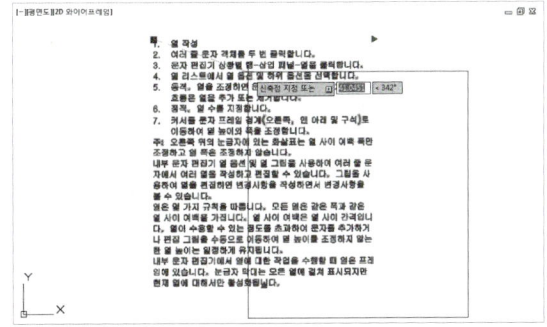

07 오른쪽 그립은 열 폭을, 아래 그립은 열 높이를 조정하는 그립이다.

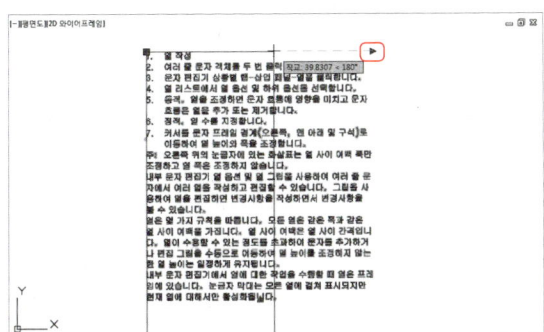
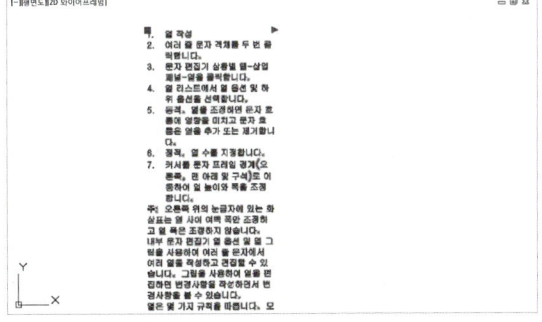

Chapter 10_도면 주석 작성   **263**

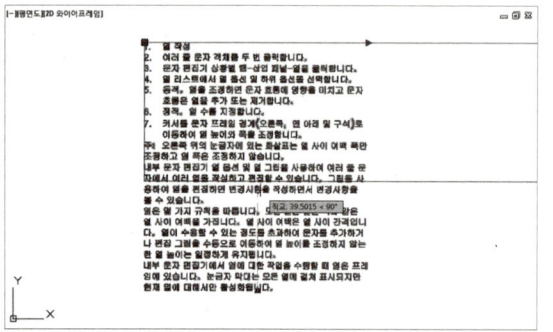 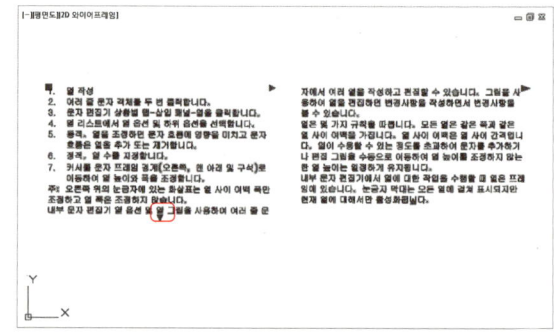

08 열 설정은 [문자 편집기] 탭–[삽입] 패널–[열]–[열 설정]을 클릭하여 [열 설정] 대화상자에서 상세 설정을 할 수 있다.

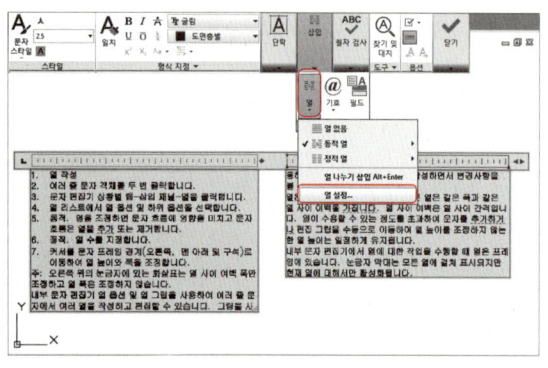 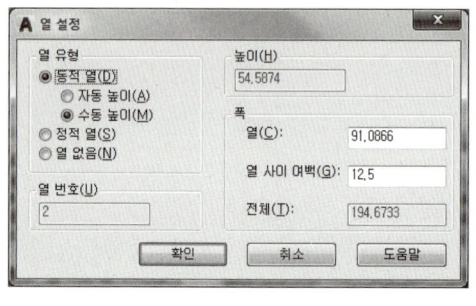

문자 자리맞추기와 정렬하기

AutoCAD에서는 문자열도 하나의 객체로 다룬다. 이 때문에 다른 도형과 마찬가지로 삽입 기준점을 갖고 있으며 도면상에 문자 배치는 문자 삽입 기준점을 기준으로 조정을 하게 된다.

문자의 자리맞추기 기본값은 [맨 위 왼쪽]이다. 문자를 작성할 때 자리맞추기를 바꾸려면 [문자 편집기] 탭–[단락] 패널–[자리맞추기]에서 해당 옵션을 선택하고 문자 작성을 시작한다.

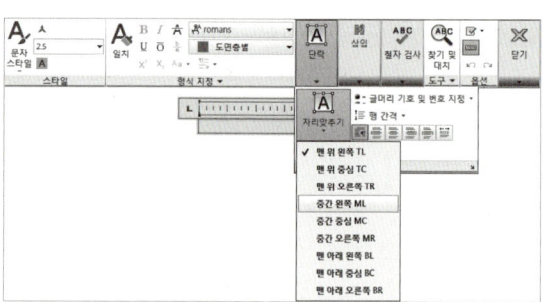

물론, 작성 후에 수정을 해도 된다. 문자를 클릭한 후 특성 팔레트를 표시하여 문자의 자리맞추기 항목에서 자리를 변경해도 된다. 자리맞추기는 문자 영역 전체를 설정한다.

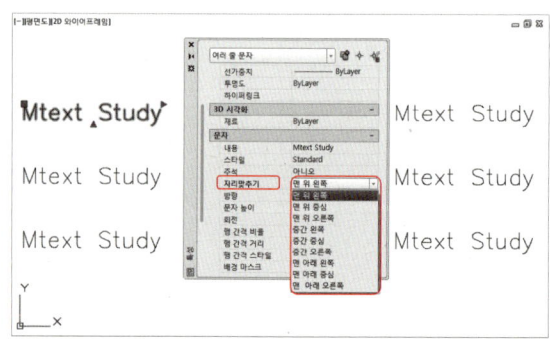

자리맞추기 예를 살펴본다. 여러 줄 문자와 단일 행 문자의 그립 수는 차이가 있지만 자리를 나타내는 그립을 기준으로 보면 된다. 다음 그림은 여러 줄 문자로 사각형 그립을 기준으로 보면 된다.

Mtext Study	Mtext Study	Mtext Study
맨 위 왼쪽	맨 위 중심	맨 위 오른쪽
Mtext Study	Mtext Study	Mtext Study
중간 왼쪽	중간 중심	중간 오른쪽
Mtext Study	Mtext Study	Mtext Study
맨 아래 왼쪽	맨 아래 중심	맨 아래 오른쪽

다음은 단일 행 문자로 2개 사각형 그립이 있지만 아래의 왼쪽 부분 위치를 나타내는 기준점을 제외한 사각형 그립을 보면 된다.

Dtext Study	Dtext Study	Dtext Study
맨 위 왼쪽	맨 위 중심	맨 위 오른쪽
Dtext Study	Dtext Study	Dtext Study
중간 왼쪽	중간 중심	중간 오른쪽
Dtext Study	Dtext Study	Dtext Study
맨 아래 왼쪽	맨 아래 중심	맨 아래 오른쪽

[문자 편집기] 탭-[단락] 패널-[정렬] 옵션으로 도면에 기입한 주기 사항을 들여쓰기나 탭을 이용해 정렬시킬 수 있다. 또한, 스택 문자로 분수 및 공차를 나타낼 수 있다.

◘ 여러 줄 문자 정렬하기

글머리 기호 및 번호 지정에 따라 글머리 기호와 번호를 문단 앞에 삽입해본다.

01 예제 파일을 불러온다.

- 예제 파일 : Chapter10₩여러 줄 문자 정렬.dwg
- 여러 줄 문자 정렬하기

02 들여쓰기 할 행을 선택하고 상단의 그립을 오른쪽으로 이동한다.

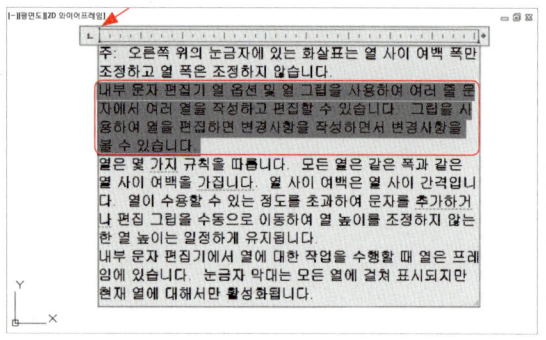 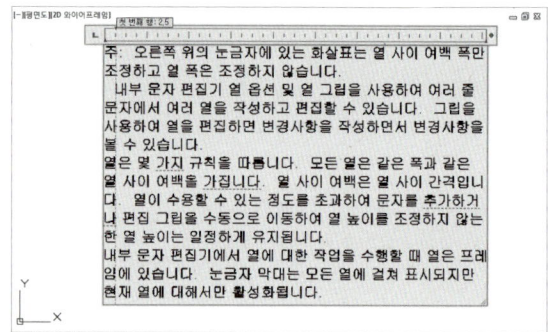

03 들여쓰기를 한 문단들을 선택하고 Tab 키를 눌러본다.

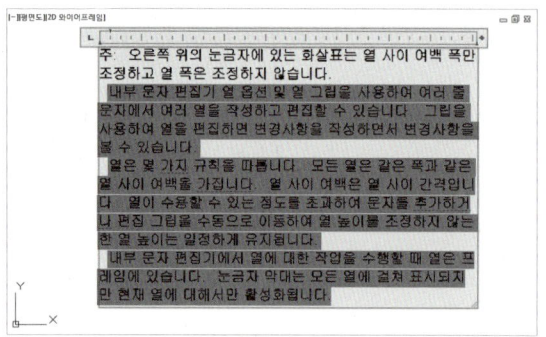 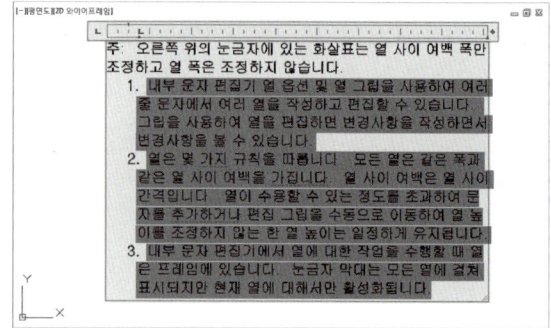

04 Tab 키를 누름에 따라 번호가 매겨진다. 이유는 글머리 기호 및 번호 지정에서 번호 매겨짐에 체크가 되었기 때문이다.

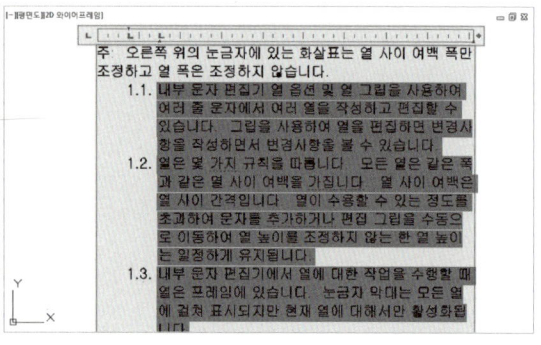 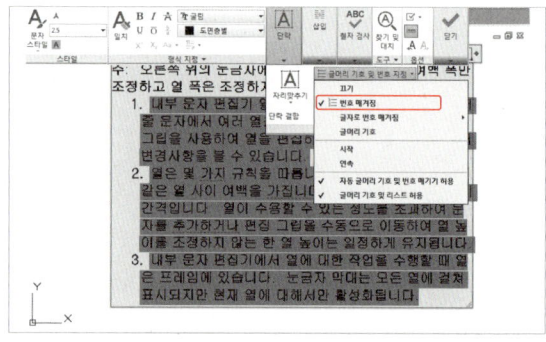

05 글머리 기호 및 번호 지정에서 글머리 기호를 클릭하면 번호 대신 기호가 생성된다.

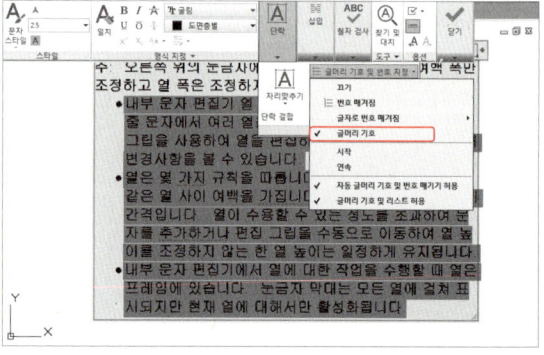

1-2. 단일 행 문자

단일 행 문자를 사용하여 하나 이상의 문자 줄을 작성한다. 한 줄을 입력한 후에는 Enter 를 2번 눌러 명령을 종료한다. 단일 행 문자는 한 단어, 한 문장 등 짧은 글에 사용한다.

단일 행 문자와 여러 줄 문자는 그립에도 차이가 있다. 다음 그림에서 왼쪽은 단일 행 문자, 오른쪽은 여러 줄 문자이다.

◨ **실행 방법**
- 리본 : [홈] 탭–[주석] 패널–단일 행 문자 아이콘(A)
- 메뉴 : [주석] 탭–[문자] 패널–단일 행 문자 아이콘
- 리본 : [주석] 탭–[문자] 패널–단일 행 문자 아이콘(A)
- 명령 입력 : DTEXT
- 단축키 : DT

◪ **단일 행 문자 작성하기**

모형탭과 배치탭에서 단일 행 문자를 작성한다.

01 예제 파일을 불러온 후 제목란에 문자를 추가한다. 배치탭에 있는 도면의 오른쪽 아래를 줌 확대한다. 명령행에 'DT'를 입력하고 Space Bar 를 누른다. 옵션 자리맞추기(J)를 클릭하거나 J를 입력한다.

■ 예제 파일 : Chapter10₩단일 행 문자.dwg

▶ 단일 행 문자 작성하기

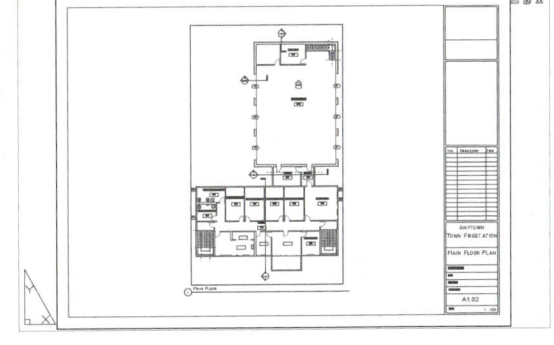

```
명령 : DT Space Bar  [DTEXT 명령 단축키 입력]
현재 문자 스타일 : "Standard"  문자 높이 : 1.0000  주석 : 아니오  자리맞추기 : 하단중앙
문자의 맨 아래 중심점 지정 또는 [자리맞추기(J)/스타일(S)] : J  [옵션 선택]
```

02 옵션에서 [맨아래오른쪽(BR)]을 선택하고 F3 을 눌러 객체 스냅을 해제한다. 다음 그림에서 지정한 점을 참조하여 문자 위치를 지정한다.

```
옵션 입력 [왼쪽(L)/중심(C)/오른쪽(R)/정렬(A)/중간(M)/맞춤(F)/
맨위왼쪽(TL)/맨위중심(TC)/맨위오른쪽(TR)/중간왼쪽(ML)/중간
중심(MC)/중간오른쪽(MR)/맨아래왼쪽(BL)/맨아래중심(BC)/맨
아래오른쪽(BR)] : BR  [옵션 선택]
문자의 맨 아래 오른쪽 점 지정 : 〈객체 스냅 끄기〉 [문자 시작
위치 지정]
```

03 TEXT 높이 지정은 6을 입력하고 문자의 회전 각도는 0이므로 그대로 Enter 를 누른다. Checker로 문자를 입력하고 Enter 를 두 번 누른다.

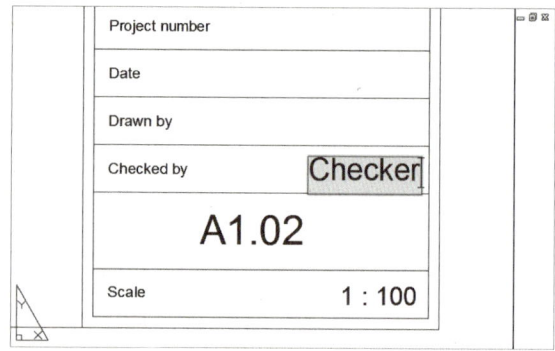

높이 지정 〈1.0000〉 : 6 Enter [문자 높이값 입력]
문자의 회전 각도 지정 〈0〉 : Enter

04 모형탭에 문자를 작성하기 위해 상태 막대 위에 있는 모형탭을 클릭한다. 아래 가운데 211번 부분을 줌 확대한다.

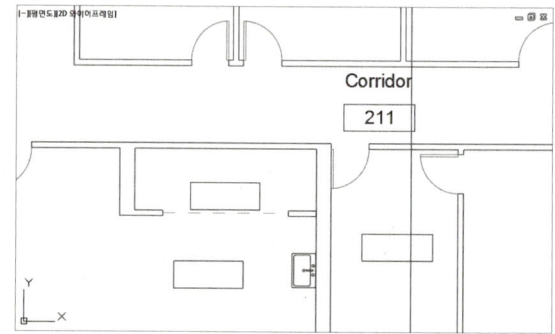

05 [홈] 탭-[도면층] 패널-[현재로 설정]을 클릭하고 Corridor 문자를 선택한다.

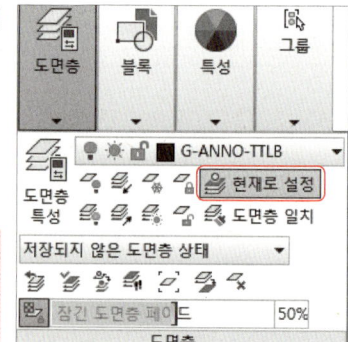

명령 : _Laymcur
현재로 설정될 도면층을 갖고 있는 객체 선택 : [Corridor 문자를 선택]
A-AREA-IDEN은(는) 이제 현재 도면층이다.

06 명령행에 'DT'를 입력하고 Space Bar 를 누른다. 옵션 [자리맞추기(J)]를 클릭하거나 'J'를 입력한다.

명령 : DT Space Bar [DTEXT 명령 단축키 입력]
현재 문자 스타일: "Standard" 문자 높이: 6.0000 주석: 아니오 자리맞추기 : 우하단
문자의 맨 아래 오른쪽 점 지정 또는 [자리맞추기(J)/스타일(S)] : J [옵션 선택]

07 옵션에서 [맨아래중심(BC)]을 입력하고 F3 을 눌러 다시 객체 스냅을 켠다. 다음 그림에서 보이듯이 직사각형 변의 중간점에 커서를 대고 위로 이동한다. 추적선상의 임의 점을 클릭한다.

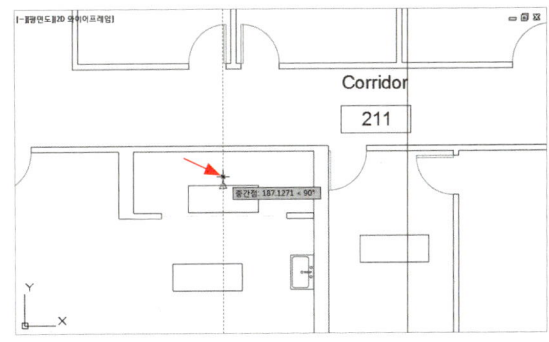

옵션 입력 [왼쪽(L)/중심(C)/오른쪽(R)/정렬(A)/중간(M)/맞춤(F)/맨위왼쪽(TL)/맨위중심(TC)/맨위오른쪽(TR)/중간왼쪽(ML)/중간중심(MC)/중간오른쪽(MR)/맨아래왼쪽(BL)/맨아래중심(BC)/맨아래오른쪽(BR)] : BC [옵션 선택]
문자의 맨 아래 중심점 지정 : [문자 시작 위치 지정]

08 TEXT 높이 지정은 300을 입력하고 문자의 회전 각도는 0이므로 그대로 Enter 를 누른다. Kitchen으로 문자를 입력하고 Enter 를 두 번 누른다.

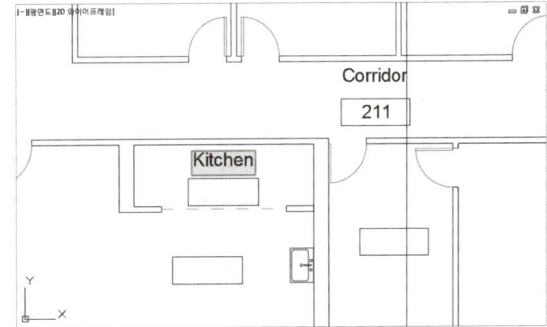

높이 지정 <6.0000> : 300 Enter [문자 높이값 입력]
문자의 회전 각도 지정 <0> : Enter

09 다시 한 번 Enter 를 눌러 명령을 반복 실행한다. 옵션 자리맞추기(J)를 클릭하거나 J를 입력한다.

명령 : DT Enter [DTEXT 명령 단축키 입력]
현재 문자 스타일 : "Standard" 문자 높이 : 300.0000 주석 : 아니오 자리맞추기 : 하단중앙
문자의 맨 아래 중심점 지정 또는 [자리맞추기(J)/스타일(S)] : J [옵션 선택]

10 옵션에서 [중간중심(MC)]을 입력하고 추적선을 이용하여 직사각형의 중앙 지점을 클릭한다.

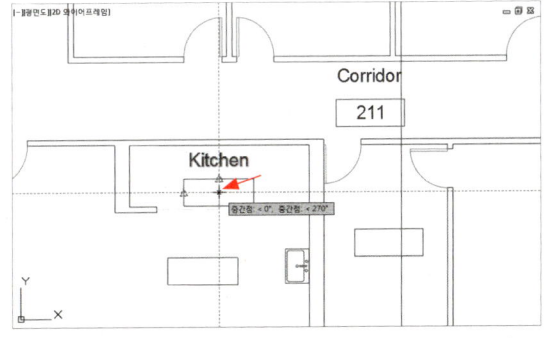

옵션 입력 [왼쪽(L)/중심(C)/오른쪽(R)/정렬(A)/중간(M)/맞춤(F)/맨위왼쪽(TL)/맨위중심(TC)/맨위오른쪽(TR)/중간왼쪽(ML)/중간중심(MC)/중간오른쪽(MR)/맨아래왼쪽(BL)/맨아래중심(BC)/맨아래오른쪽(BR)] : MC [옵션 선택]
문자의 중간점 지정 : [문자 시작 위치 지정]

11 TEXT 높이 지정은 300 그대로 적용하므로 Enter 를 누른다. 문자의 회전 각도도 0이므로 그대로 Enter 를 누른다. 210으로 문자를 입력하고 Enter 를 두 번 누른다.

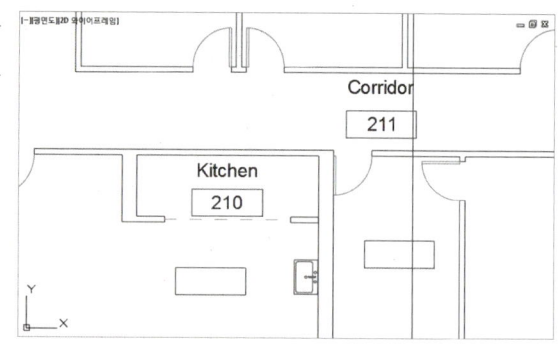

```
높이 지정 <300.0000> : Enter   [문자 높이값 동일하므로 그대로 Enter ]
문자의 회전 각도 지정 <0> : Enter
```

1-3. 문자 편집

문자는 여러 방법으로 편집할 수 있지만 가장 빠른 방법은 문자 객체를 더블클릭하는 것이다. 여러 줄 문자 편집기 리본 상황별 탭에서 실행하거나 마우스 오른쪽 버튼을 클릭한 후 바로 가기 메뉴에서 특성이나 빠른 특성을 선택하여 편집한다.

◘ 문자 편집하기

단일 행 문자나 여러 줄 문자를 편집해서 특성 변경과 번호 매기기를 해본다.

01 예제 파일을 불러온 후 오른쪽 아래 부분을 줌 확대하고 상태 막대에서 [빠른 특성]을 켠다.

- 예제 파일 : Chapter10₩문자 편집.dwg

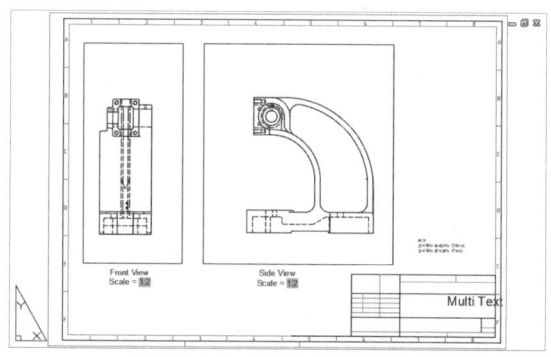

02 [Multi Text] 문자를 클릭한다. [내용] 필드에 [%%uMulti Text]로 입력한 후 [자리맞추기]를 [중간]으로 설정하고 [높이]는 10으로 지정한다. Esc 를 눌러 객체 선택을 해제하고 편집된 문자열을 확인한다.

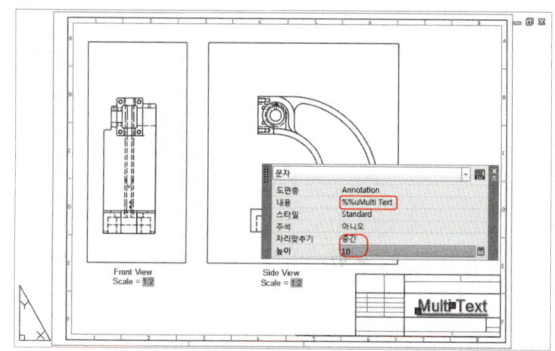

03 제목란 위의 비고 문구를 줌 확대하고 문자를 클릭한 후 명령행에 'PR'을 입력하여 특성팔레트를 연다.

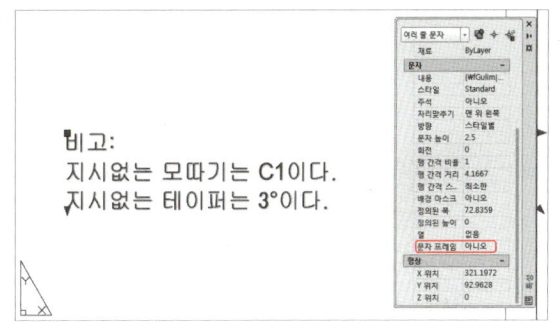

04 특성 팔레트에서 [문자]–[문자 프레임]을 [아니오]에서 [예]로 설정하고 Esc 를 눌러 객체 선택을 해제한다. 문자 프레임이 너무 넓은 범위에 있으면 문자를 클릭하고 오른쪽 신축 그립을 클릭해 줄이도록 한다.

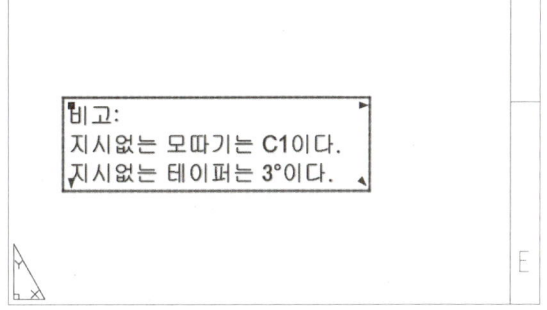

1-4. 문자 스타일

문자 스타일을 사용하면 글꼴, 높이, 폭, 경사 등 특성을 지정하여 문자 사용에 통일성을 줄 수 있게 된다. 또한, 특정 문자 스타일을 변경하면 그 문자 스타일을 사용하여 작성된 문자도 변경이 되는 이점이 있다.

이처럼 문자 스타일은 도면에 한 개 또는 여러 개의 문자 객체에 사용된 일반적인 문자 특성의 집합이다. 문자 스타일은 문자 객체에 반드시 지정해야 하며, 기본값은 Standard와 Annotative 2개가 도면에 포함되어 있다.

문자 스타일을 작성하려면 [문자 스타일] 대화상자에서 새로 생성한다.

▶ **실행 방법**

- 리본 : [홈] 탭–[주석] 패널–문자 스타일 아이콘( )
- 리본 : [주석] 탭–[문자] 패널–문자 스타일 확장 화살표( )
- 메뉴 : [형식(O)–[문자 스타일(S)]
- 명령 입력 : STYLE
- 단축키 : ST

◇ 문자 스타일 대화상자 ◇

대화상자를 사용하여 문자 스타일을 생성하고 관리한다. Standard로 설정한 상태를 설명해보면 아래와 같다.

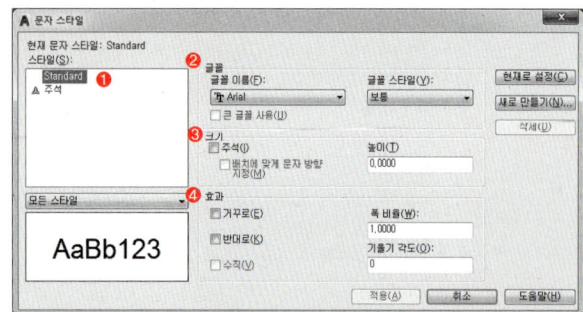

❶ 스타일 : 스타일을 선택하여 편집하거나 이름을 바꿀 수 있다.

❷ 글꼴 : [글꼴]로 사용할 수 있는 글꼴 이름들을 보며 선택한다.

❸ 크기 : 크기를 지정한다. [주석]을 선택하면 [높이]가 [도면 문자 높이]로 바뀐다.

❹ 효과 : 문자 폭 비율이나 기울기 각도 등을 지정한다. 문자 폭 비율은 1보다 작으면 좁아지고 1보다 크면 넓어진다.

다음에서 설명할 주석 객체에서도 다루겠지만 축척과는 상관없이 도면 레이아웃이나 인쇄될 때 문자 높이를 같게 하려면 문자 스타일에서 주석(❺)을 선택하거나 주석(❻)을 클릭해 적용한다. 또한, 문자의 방향을 배치에 맞게 지정(❼)할 수도 있다.

위에서 '배치에 맞게 문자 방향 지정'이란 다음 그림처럼 배치탭에서 뷰가 아이소메트릭(등각 투영)일 때 문자가 모형탭에서처럼 투영으로 뉘어서 표시된게 아니라 화면에 수평으로 표시되도록 하는 것을 말한다.

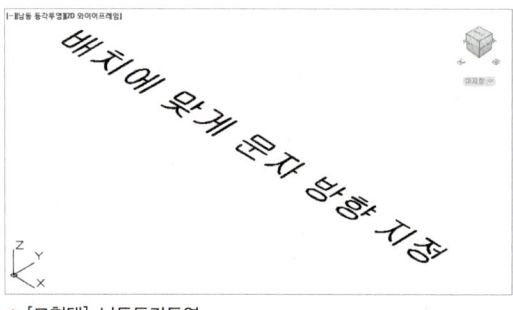

♦ [모형탭]-남동등각투영

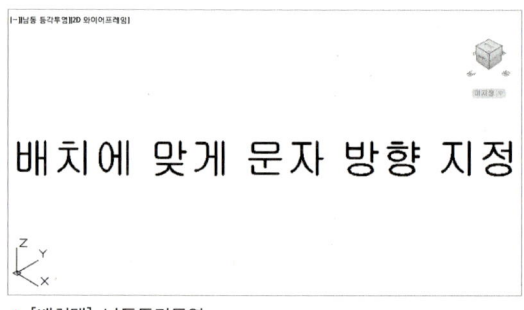

♦ [배치탭]-남동등각투영

◘ 문자 스타일 적용하기

Standard 문자 스타일을 변경하여 도면안의 모든 문자를 자동적으로 업데이트를 해본다. 또한 새로운 문자스타일을 만들어 작성된 문자에 적용해본다.

01 예제 파일을 불러온다. 현재 보이는 도면은 배치탭이다. 상태 막대 위에 [모형]을 클릭하여 모형탭으로 전환한다. 모형탭과 배치탭 상세 사항은 제11장을 참조한다.

- 예제 파일 : Chapter10₩문자 스타일 적용.dwg
- 문자스타일 적용하기

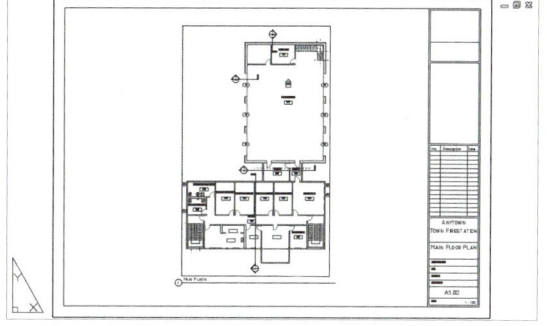

02 도면을 확대하여 문자를 확인한다. 또한 현재 사용된 글꼴을 확인한다. 명령행에 문자스타일의 단축키 'ST'를 입력하고 Space Bar 를 누른다.

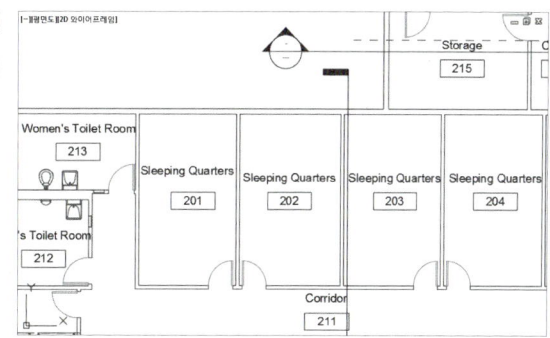

03 [문자 스타일] 대화상자의 글꼴 이름에서 현재 [Arial]를 [Verdana]로 선택한다. 이 때 문자 'V'를 입력하면 쉽게 글꼴을 찾을 수 있다. [주석] 체크 박스를 선택하여 체크하고 도면 문자 높이는 0, [적용] 버튼을 클릭한 후 [닫기] 버튼을 클릭한다.

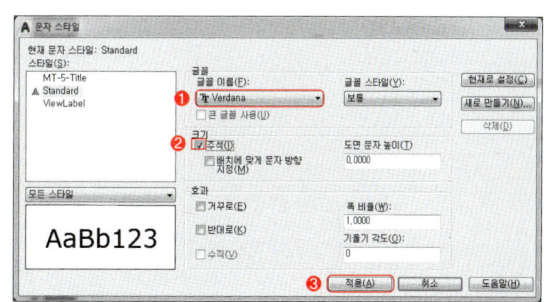

04 문자 스타일의 변경에 따라 도면상의 문자 글꼴이 변경된다. 배치에서 사용할 새로운 문자 스타일을 두 종류 작성해본다. 상태 막대 위에 [배치1]을 클릭하여 배치탭으로 전환한다.

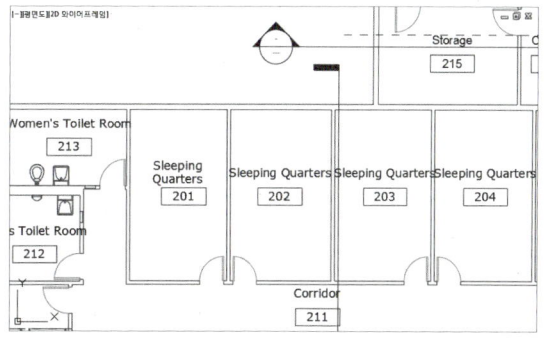

Chapter 10_도면 주석 작성 273

05 명령행에 'ST'를 입력하고 Space Bar 를 누른다. [문자 스타일] 대화상자에서 [새로 만들기] 버튼을 클릭하고 스타일 이름을 [도면명]으로 입력한 후 [확인] 버튼을 클릭한다.

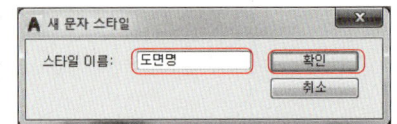

06 글꼴 이름은 리스트에서 [Arial]을 선택, 주석은 체크 해제, 도면 문자 높이는 8, [적용] 버튼을 클릭한다. 다시 한 번 [새로 만들기] 버튼을 클릭하고 스타일 이름을 [제목]으로 입력하고 [확인] 버튼을 클릭한다.

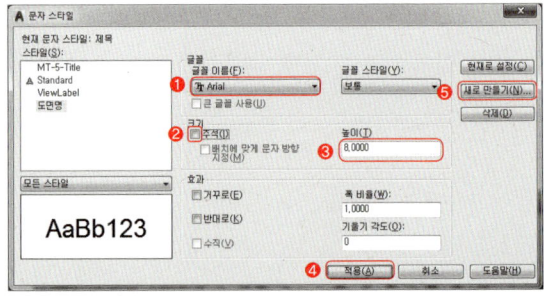

07 글꼴 이름은 리스트에서 [맑은 고딕]을 선택, 주석은 체크 해제, 도면 문자 높이는 5, [적용] 버튼을 클릭한 후 [닫기] 버튼을 클릭한다. 배치탭에서 사용할 문자 스타일에는 주석은 선택하지 않는다.

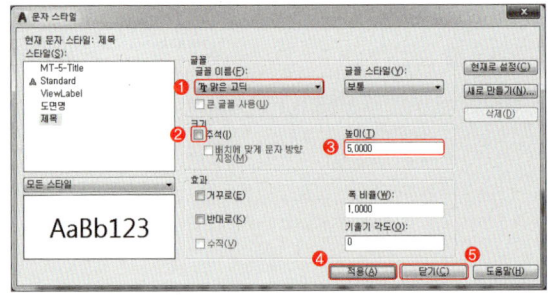

08 문자(Main Floor)와 번호(1)를 선택하고 [주석] 탭–[문자] 패널–[문자 스타일] 리스트에서 [제목]을 선택한다.

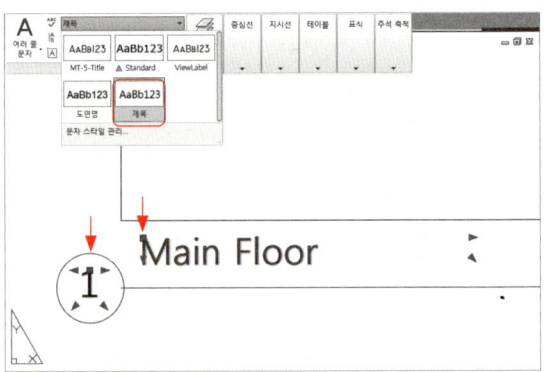

09 Esc 를 눌러 선택을 해제한 후 마찬가지로 오른쪽 하단의 타이틀란의 문자를 선택한다. [주석] 탭–[문자] 패널–[문자 스타일] 리스트에서 [도면명]을 선택한 후 Esc 를 눌러 선택을 해제한다.

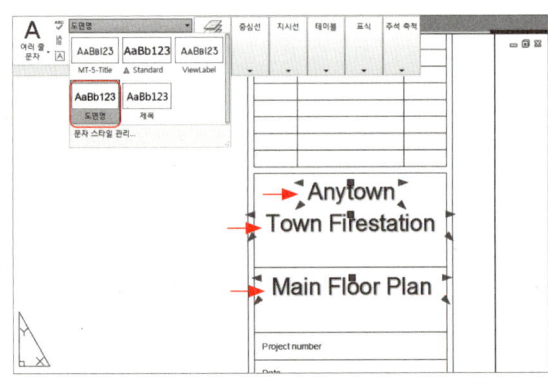

02 치수 작성

도면 내 치수 명령으로 객체 사이 거리나 각도를 측정하고 기입할 수 있다. 모형탭, 배치탭 모두 작성할 수가 있고 주석을 적용하여 뷰포트 축척에 맞춰 치수를 작성할 수도 있다. 1개의 치수 객체는 다음 그림처럼 구성되어 있다.

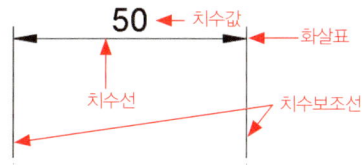

치수는 치수선을 기입할 객체 자체를 클릭하거나 객체의 양 끝점을 보조선의 첫 번째, 두 번째로 지정하고 치수선이 자리할 위치를 지정하면 작성된다.

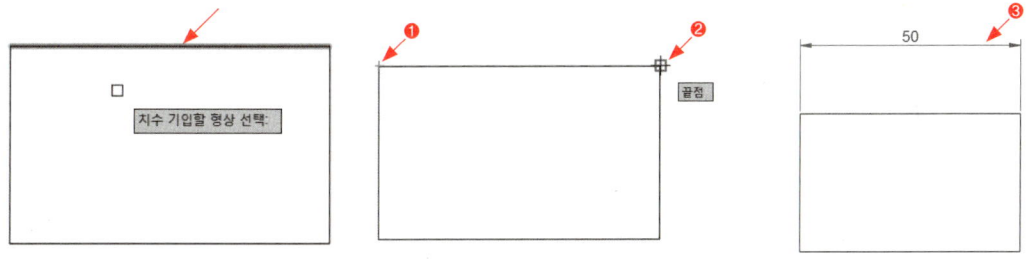

기본 치수기입 유형은 선형, 반지름(반지름, 지름 및 꺾기), 각도, 세로좌표, 호 길이가 있으며 선형 치수에는 수평, 수직, 정렬, 회전, 기준선 및 연속(체인) 치수가 있다. 몇 가지 예는 다음 그림과 같다.

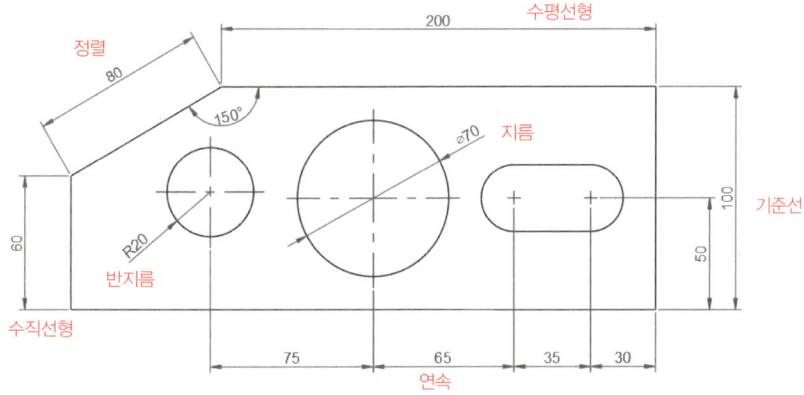

2-1. 치수 작성

❶ 스마트 치수

사용자가 선택한 객체 유형에 따라 적절한 치수를 자동으로 작성한다. 대상 객체 위에 커서를 갖다대면 치수 미리보기가 표시되고 실제 치수를 기입하기 전에 기입 결과를 확인할 수 있다.

예를 들어, DIM 명령을 실행하여 직선 객체 위에 커서를 갖다대면 수평 치수, 수직 치수, 정렬 치수의 미리보기가 된다. 치수를 작성할 객체를 하나 선택하고 선택한 객체와 평행이 아닌 다른 객체 위에 커서를 갖다대면 각도 치수를 표시 및 배치할 수 있다.

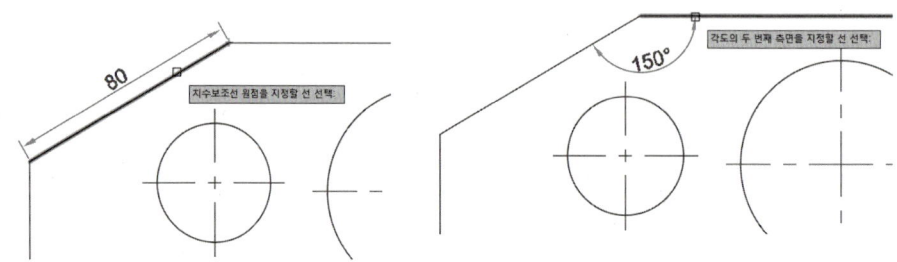

원과 호 객체 위에 커서를 갖다대면 지름 또는 반지름 치수가 미리보기 되고 명령 옵션에서 반지름과 지름을 바꿔 표시할 수 있다. 호 객체에는 각도 치수를 작성하기 위한 추가 옵션이 있다.

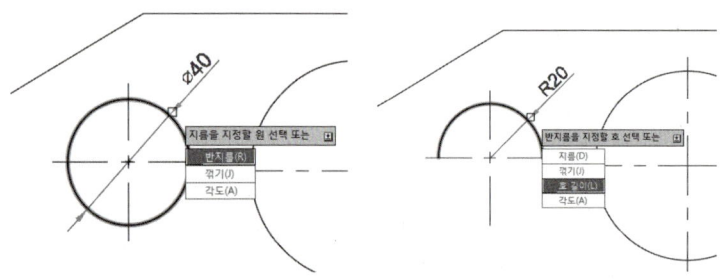

> ▶ **실행 방법**
> - **리본** : [홈] 탭-[주석] 패널-스마트치수 아이콘( )
> - **리본** : [주석] 탭-[치수] 패널-스마트치수 아이콘( )
> - **명령 입력** : DIM

DIM 명령은 치수값과 치수값 각도를 수정하는 프롬프트 표시가 없어져 치수 작성이 간단하다. 기본값이 자동으로 적용되며 변경을 희망한다면 명령행 또는 오른쪽 버튼 클릭 후 바로 가기 메뉴에서 [여러줄 문자], [문자], [문자 각도] 옵션을 사용한다.

DIM 명령은 작성할 치수 유형과 상관없이 명령을 종료할 때까지 실행상태로 유지되며 추가 치수를 간단히 배치할 수 있다.

같은 종류의 다른 치수가 겹치는 경우는 기존 치수에 영향을 미치지 않도록 기존 치수 위에 새로운 치수를 배치할 옵션이 추가되어 기존 치수를 자동으로 이동, 분해, 대치 옵션이 커서 메뉴에 표시된다.

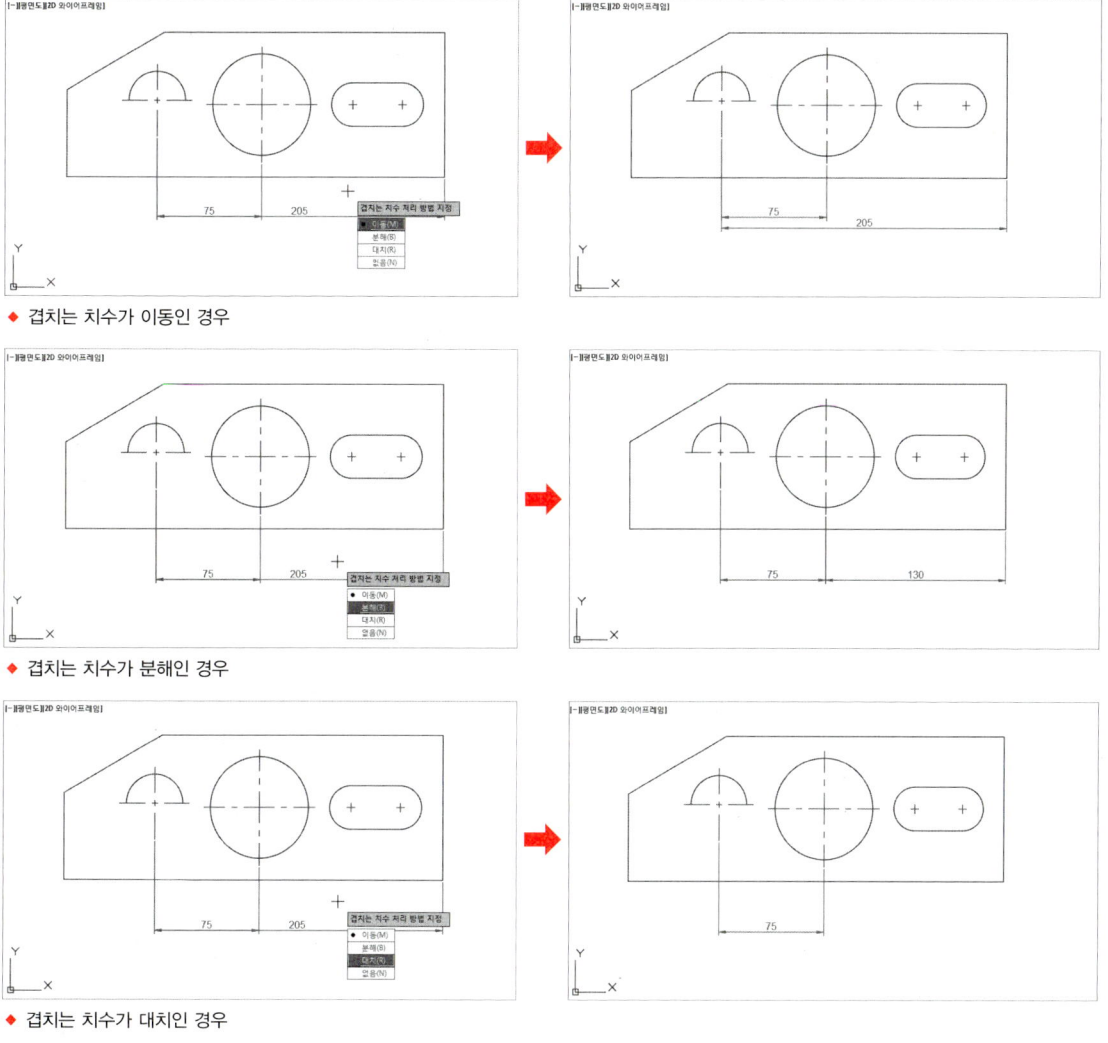

◆ 겹치는 치수가 이동인 경우

◆ 겹치는 치수가 분해인 경우

◆ 겹치는 치수가 대치인 경우

❷ 신속 치수

한 번에 선형 치수나 반지름 치수를 기입할 수 있다.

> ▶ 실행 방법
> • 리본 : [주석] 탭–[치수] 패널–빠른 작업 아이콘( )
> • 메뉴 : [치수(N)]–[신속 치수(Q)]　　　　• 명령 입력 : QDIM

◘ 신속 치수 작성하기

선택한 객체 모두를 한 번에 신속하게 치수를 작성해본다.

01 예제 파일을 불러온 후 [주석] 탭-[치수] 패널-빠른 작업(□)을 선택한다. 치수 기입할 형상을 선택하고 Space Bar 를 누른다.

- 예제 파일 : Chapter10₩신속 치수.dwg

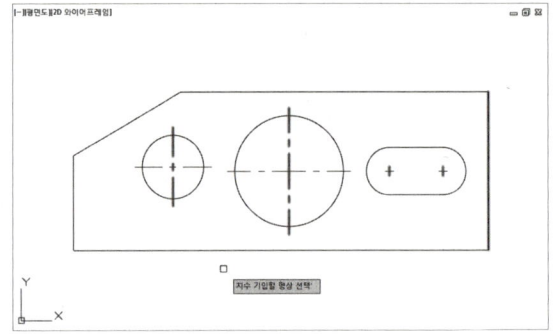

02 치수선의 위치를 지정하기 전에 치수 옵션을 변경한다면 마우스 오른쪽 버튼을 클릭한 후 바로 가기 메뉴 또는 옵션에서 선택할 수 있다. 기본값은 연속 치수로 설정되어 있다. 치수선이 자리할 부분을 클릭하여 지정한다.

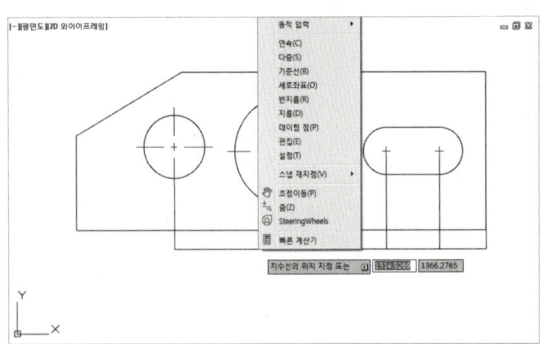
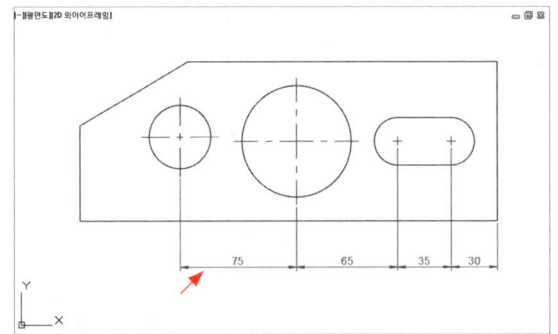

03 Ctrl +Z를 눌러 신속 치수 명령을 취소한다. 마우스 오른쪽 버튼을 클릭한 후 바로 가기 메뉴에서 [최근 입력]-[QDIM]을 클릭한다. 치수 기입할 형상을 다시 한 번 선택하고 Space Bar 를 누른다. 치수 옵션을 기준선으로 선택하고 치수선 위치를 지정하여 작성한다.

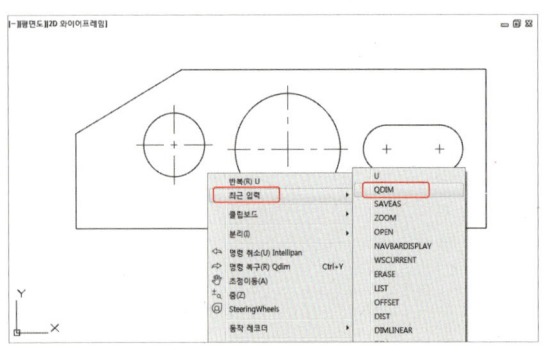
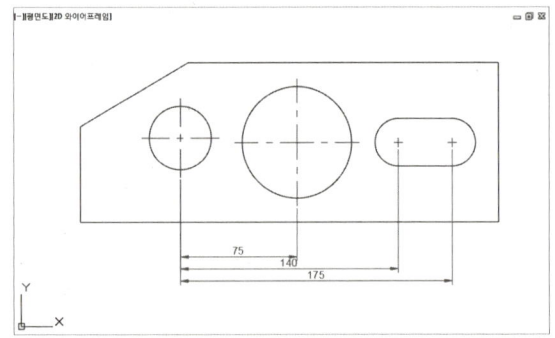

❸ 선형 치수

수평 또는 수직 길이 치수를 작성한다. 치수가 기입될 객체를 Enter 를 눌러 선택하거나 객체 스냅으로 객체의 원점을 지정하여 기입한다.

> ➡ **실행 방법**
> - **리본** : [주석] 탭-[치수] 패널-선형 치수 아이콘(┌┐)
> - **메뉴** : [치수(N)]-[선형(L)]
> - **명령 입력** : DIMLINEAR
> - **단축키** : DLI

◘ **선형 치수 작성하기**

01 예제 파일을 불러온 후 [주석] 탭–[치수] 패널–[선형 치수]를 클릭하거나 명령행에 'DLI'를 입력하고 Space Bar 를 누른다.

■ 예제 파일 : Chapter10₩선형 치수.dwg

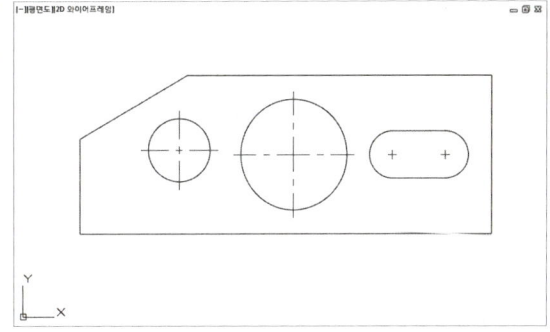

02 두 점을 지정하여 치수를 기입해본다. 치수가 기입될 해당 객체의 첫 번째 점(❶), 두 번째 점(❷), 치수선이 위치할 세 번째 점(❸)을 차례로 지정한다.

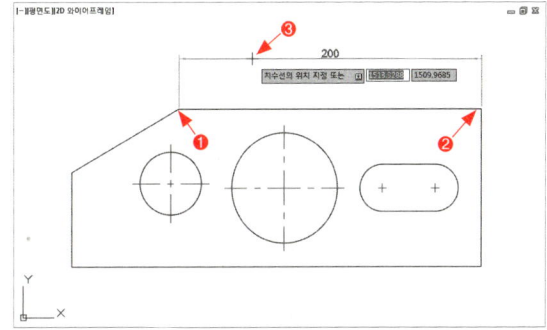

03 선형 치수가 작성된다. 다시 한 번 명령행에 'DLI'를 입력하고 Space Bar 를 누른다. "첫 번째 치수보조선 원점 지정 또는 〈객체 선택〉:" 메시지가 보이면 그 상태에서 Space Bar 를 누른다.

명령 : DLI Space Bar [DIMLINEAR 명령 단축키 입력]
첫 번째 치수보조선 원점 지정 또는 〈객체 선택〉: Space Bar [객체 선택 기본값 옵션 적용]

04 치수 기입할 객체로 오른쪽 수직선(❶)을 선택하고 치수선의 위치(❷)를 클릭한다.

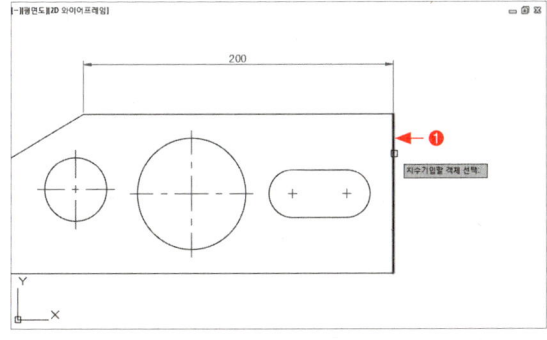 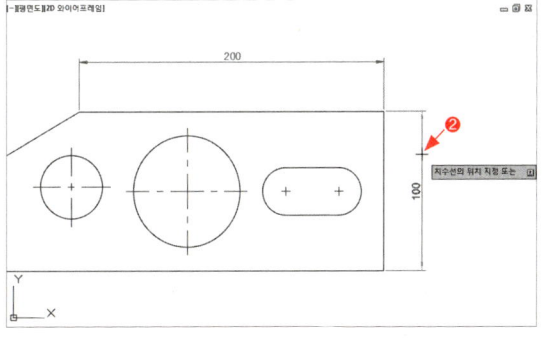

치수기입할 객체 선택 : [객체 선택]
치수선의 위치 지정 또는 [여러 줄 문자(M)/문자(T)/각도(A)/수평(H)/수직(V)/회전(R)] :
치수 문자 = 100 [치수선 위치 지정]]

❹ 정렬 치수

경사가 있는 부분의 선형 치수를 작성한다.

> **❏ 실행 방법**
> - 리본 : [주석] 탭–[치수] 패널–정렬 치수 아이콘( )
> - 메뉴 : [치수(N)]–[정렬(G)]
> - 명령 입력 : DIMALIGNED
> - 단축키 : DAL

❏ 정렬 치수 작성하기

01 예제 파일을 불러온다.

- 예제 파일 : Chapter10₩정렬 치수.dwg

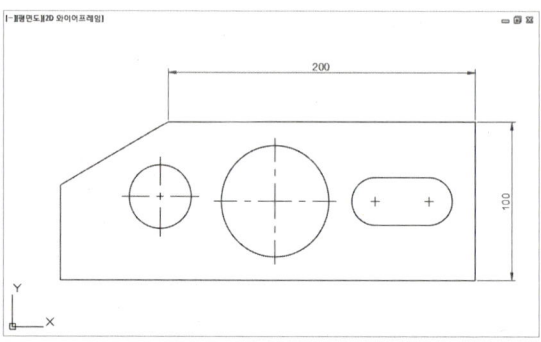

02 [주석] 탭–[치수] 패널–[정렬 치수]를 클릭하거나 명령행에 'DAL'을 입력하고 Space Bar 를 누른다. 선형 치수와 마찬가지로 치수 기입할 객체를 선택하거나 점을 지정하여 작성한다. 여기서는 객체를 선택하여 작성하는 연습으로 다시 한 번 Space Bar 를 누른다.

> 명령 : DAL Space Bar [DIMALIGNED 명령 단축키 입력]
> 첫 번째 치수보조선 원점 지정 또는 <객체 선택> : Space Bar [객체 선택 기본값 옵션 적용]

03 치수 기입할 객체(❶)를 선택하고 치수선의 위치(❷)를 클릭하여 지정한다.

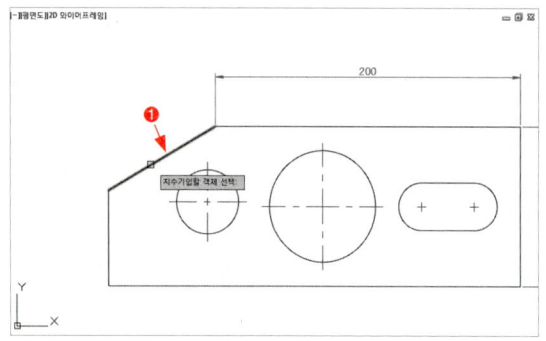 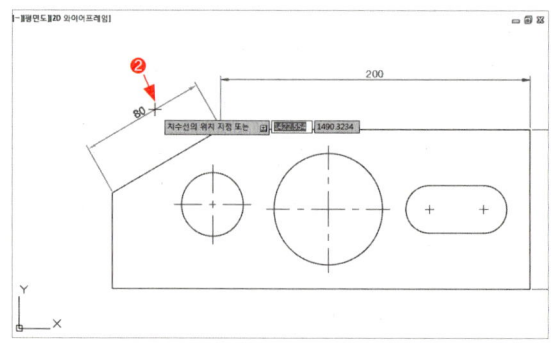

> 치수기입할 객체 선택 : [객체 선택]
> 치수선의 위치 지정 또는 [치수선 위치 클릭]
> [여러 줄 문자(M)/문자(T)/각도(A)] : 치수 문자 = 80

❺ 각도 치수

선택한 객체 또는 3개의 점 사이의 각도를 측정한다. 원, 호, 선 객체를 선택할 수 있다.

> ▶ **실행 방법**
> - **리본** : [주석] 탭–[치수] 패널–각도 치수 아이콘(△)
> - **메뉴** : [치수(N)]–[각도(A)]
> - **명령 입력** : DIMANGULAR
> - **단축키** : DAN

◘ 각도 치수 작성하기

01 예제 파일을 불러온 후 [주석] 탭–[치수] 패널–[각도 치수]를 클릭하거나 명령행에 'DAN'을 입력하고 Space Bar 를 누른다.

- 예제 파일 : Chapter10₩각도 치수.dwg

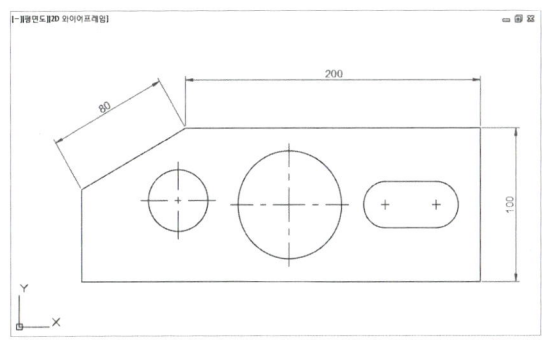

> 명령 : DAN Space Bar [DIMANGULAR 명령 단축키 입력]

02 첫 번째 선(❶)과 선택하고 두 번째 선(❷)을 선택한 후 각도 치수선이 위치할 곳(❸)을 클릭하여 지정한다.

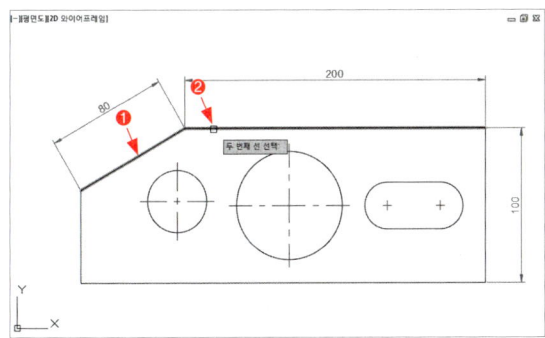 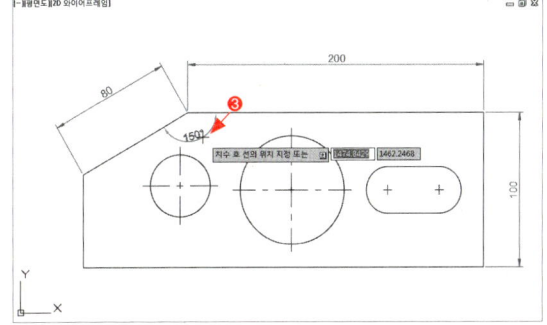

> 호, 원, 선을 선택하거나 〈정점 지정〉 : [첫 번째 객체 선택]
> 두 번째 선 선택 : [두 번째 객체 선택]
> 치수 호 선의 위치 지정 또는 [여러 줄 문자(M)/문자(T)/각도(A)/사분점(Q)] : [치수선 위치 지정]
> 치수 문자 = 150

03 각도 치수가 작성되고 각도 치수를 배치할 위치의 지정에 따라 문자는 호의 안쪽 또는 바깥쪽에 배치된다.

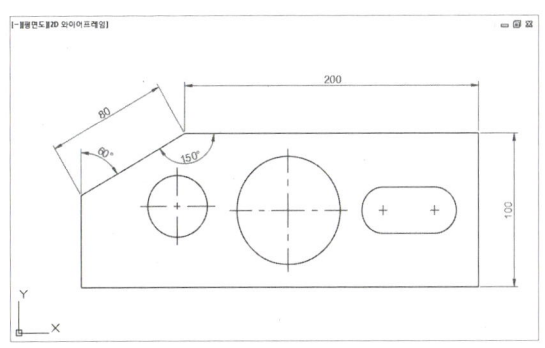

❻ 반지름/지름 치수

원 또는 호의 반지름과 지름 치수를 작성한다.

> **▶ 실행 방법**
> - **리본** : [주석] 탭–[치수] 패널–반지름 치수 아이콘(◠)/지름 치수 아이콘(◯)
> - **메뉴** : [치수(N)]–[반지름(R)]/[지름(D)]
> - **단축키** : DRA / DDI
> - **명령 입력** : DIMRADIUS / DIMDIAMETER

◆ 반지름, 지름 치수 작성하기

01 예제 파일을 불러온 후 [주석] 탭–[치수] 패널–[반지름 치수]를 클릭하거나 명령행에 'DRA'를 입력하고 Space Bar 를 누른다.

- 예제 파일 : Chapter10₩반지름과 지름 치수.dwg

> 명령 : DRA Space Bar [DIMRADIUS 명령 단축키 입력]

02 원을 선택하고 위치를 클릭하여 치수를 배치한다.

> 호 또는 원 선택 : [객체 선택]
> 치수 문자 = 20
> 치수선의 위치 지정 또는 [여러 줄 문자(M)/문자(T)/각도(A)] : [치수선 위치 지정]

03 [주석] 탭–[치수] 패널–[지름 치수]를 클릭하거나 명령행에 'DDI'를 입력하고 Space Bar 를 누른다. 가운데 원을 선택하고 치수선의 위치를 지정하여 지름 치수를 작성한다.

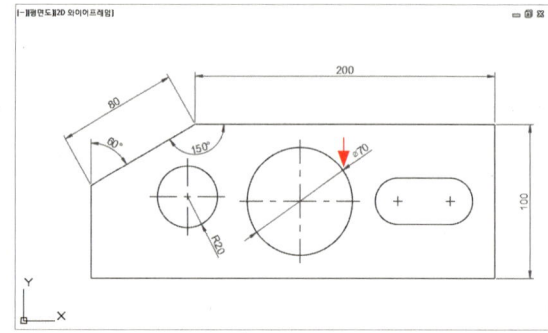

> 명령 : DDI Space Bar [DIMDIAMETER 명령 단축키 입력]
> 호 또는 원 선택 : [객체 선택]
> 치수 문자 = 70
> 치수선의 위치 지정 또는 [여러 줄 문자(M)/문자(T)/각도(A)] : [치수선 위치 지정]

04 [주석] 탭-[치수] 패널-[반지름 치수]를 클릭하거나 명령행에 'DRA'를 입력하고 Space Bar 를 누른다. 호를 선택하여 반지름 치수를 작성한다.

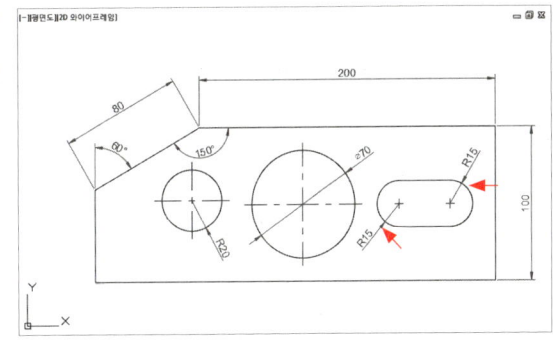

❼ 호 길이 치수

호 길이 치수를 작성한다. 호 길이 치수는 호 또는 폴리선 호 세그먼트를 따라 거리를 측정한다.

> **▶ 실행 방법**
> - **리본** : [주석] 탭-[치수] 패널-호 길이 치수 아이콘( )
> - **메뉴** : [치수(N)]-[호 길이(H)]
> - **명령 입력** : DIMARC
> - **단축키** : DAR

◪ 호 길이 치수 작성하기

01 예제 파일을 불러온다.
- 예제 파일 : Chapter10₩호 길이 치수.dwg

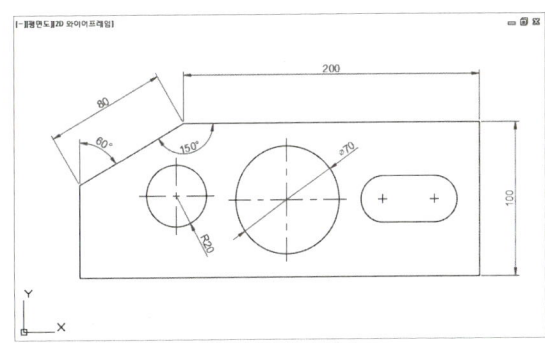

02 [주석] 탭-[치수] 패널-[호 길이 치수]를 클릭하고 오른쪽에 있는 호를 선택한다. 호 길이 치수 위치를 클릭하여 지정한다.

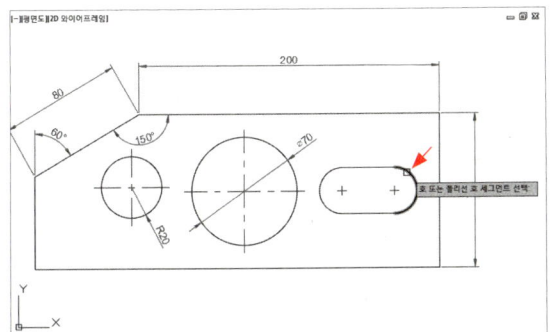
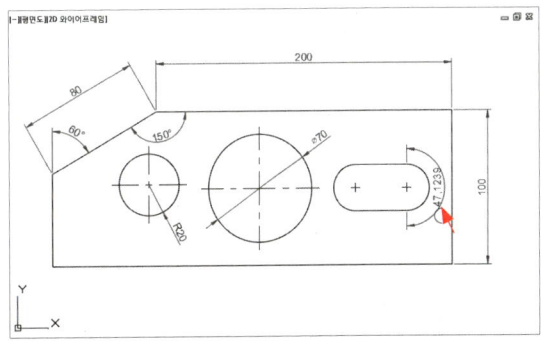

03 마우스 오른쪽 버튼을 클릭한 후 바로 가기 메뉴에서 [최근 입력]-[DIMARC]를 선택하고 왼쪽에도 호 길이 치수를 작성한다.

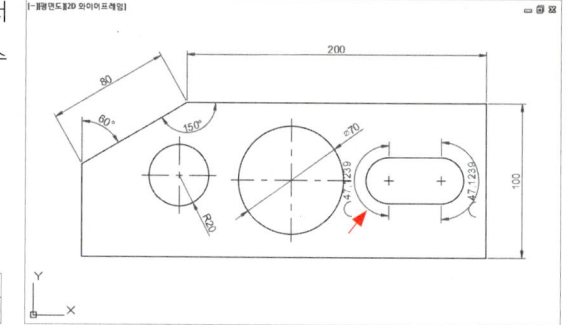

❽ 꺾기 치수

호 또는 원의 중심이 배치 밖에 있어서 실제 위치에 표시될 수 없을 경우 꺾기 반지름 치수를 작성한다. 치수의 중심 위치 재지정으로 보다 편리한 위치에 치수를 작성할 수 있다.

> ▶ **실행 방법**
> - 리본 : [주석] 탭-[치수] 패널-꺾기 아이콘( )
> - 메뉴 : [치수(N)]-[꺾어진(J)]
> - 명령 입력 : DIMJOGGED
> - 단축키 : DJO

▷ 치수 작성하기

01 예제 파일을 불러온다.
- 예제 파일 : Chapter10₩꺾기 치수.dwg

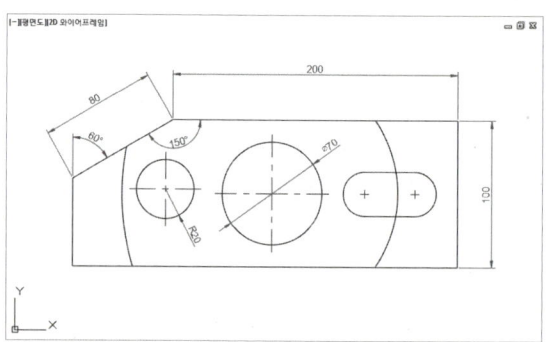

02 [주석] 탭-[치수] 패널-[꺾기]를 클릭한 후 치수를 기입할 호를 선택한다.

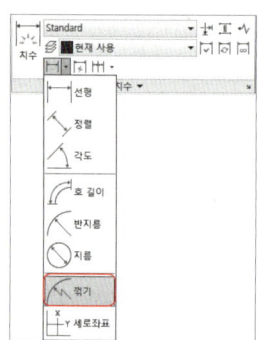
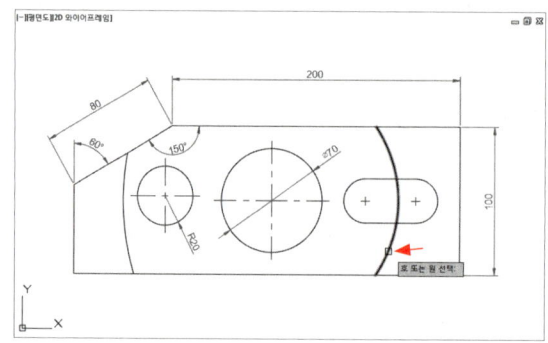

03 [중심 위치 재지정] 지정에서 치수가 시작할 지점을 클릭한 후 치수선의 위치를 알맞은 곳에 클릭하여 지정한다.

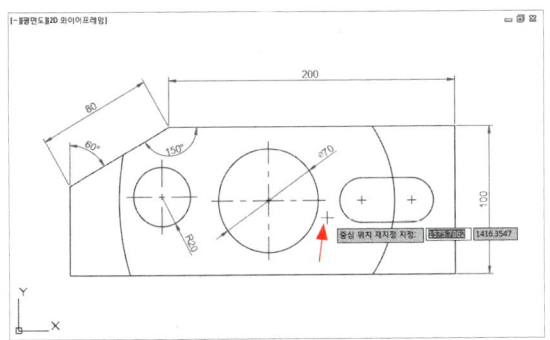 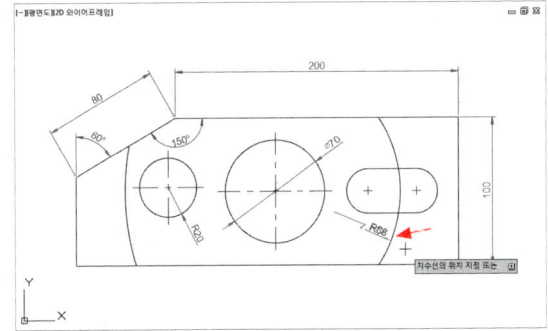

04 꺾기 위치를 지정한다. 왼쪽의 호에도 꺾기 치수를 작성한다.

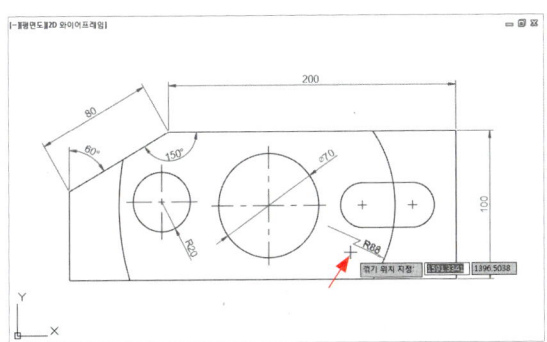 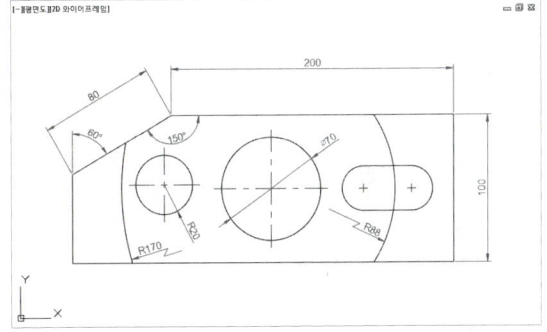

❾ 기준선 치수와 공간 조정

기준선 치수는 같은 위치에서 측정된 간격띄우기 치수선이 있는 다중 치수이다. 연속 치수선 또는 기준선 치수를 작성하려면 먼저 후속 치수를 참조하기 위한 기준 치수 역할을 할 선형, 각도 또는 세로좌표 치수를 작성해야 한다. 공간 조정은 선형 치수 또는 각도 치수 사이의 간격두기를 조정한다.

> ▶ **실행 방법**
> - 리본 : [주석] 탭–[치수] 패널–기준선 아이콘( )/ 공간 조정 아이콘( )   • 명령 입력 : DIMBASELINE / DIMSPACE
> - 메뉴 : [치수(N)]–[기준선(B)] / [치수(N)]–[치수 간격(P)]   • 단축키 : DBA / 없음

◘ 기준선 치수 작성과 공간 조정하기

01 예제 파일을 불러온 후 기준선 치수를 기입하기 위해 [주석] 탭–[치수] 패널–[기준선]을 클릭하거나 명령행에 'DBA'를 입력하고 Space Bar 를 누른다.

- 예제 파일 : Chapter10\기준선 치수.dwg
- 기준선 치수 작성과 공간조정하기

명령 : DBA Space Bar [DIMBASELINE 명령 단축키 입력]

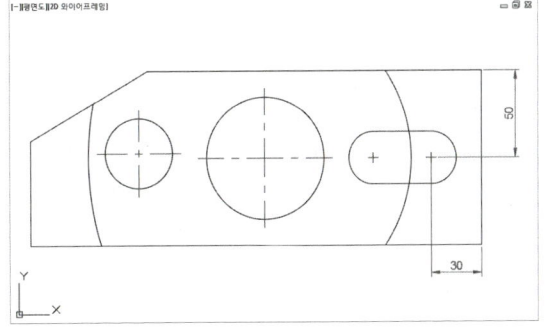

02 기준 치수를 선형 치수 50의 위에 있는 보조선(❶)을 클릭하고 치수보조선의 또 다른 원점(끝점 ❷)을 클릭해 기준선 치수를 작성한다. 기준선 치수 작성이 끝났으면 Space Bar 를 눌러 명령을 종료한다.

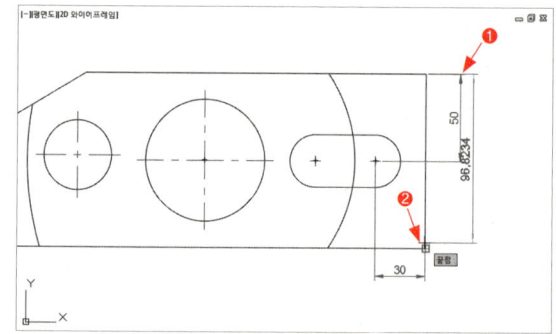

기준 치수 선택 : [선형 치수 50의 윗쪽 치수보조선 부분을 클릭]
두 번째 치수보조선 원점 지정 또는 [선택(S)/명령 취소(U)] <선택> : [끝점 클릭]
치수 문자 = 100
두 번째 치수보조선 원점 지정 또는 [선택(S)/명령 취소(U)] <선택> : *취소* [Esc]를 눌러 명령 종료

03 아래 선형 치수 30에 기준선 치수를 작성하기 위해 다시 Space Bar 를 눌러 명령을 반복 실행한다. 선형 치수 30을 선택해야 하므로 명령 옵션에서 [선택(S)]을 클릭하거나 'S'를 입력한다.

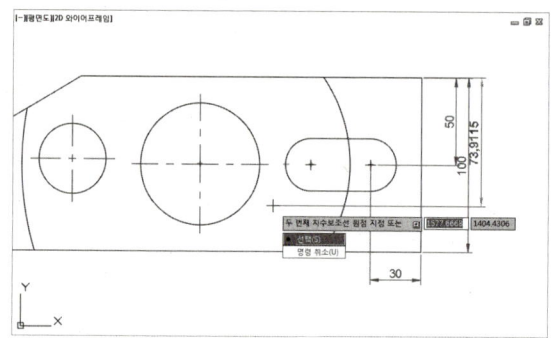

명령 : DBA Space Bar [DIMBASELINE 명령 단축키 입력]
두 번째 치수보조선 원점 지정 또는 [선택(S)/명령 취소(U)] <선택> : S Space Bar [명령 옵션 선택]

04 기준 치수로 선형 치수 30을 선택하되 치수보조선의 시작이 오른쪽이므로 선형 치수 30의 오른쪽 치수보조선 부분(❶)을 클릭한다. 중심선의 끝점을 두 번째(❷), 세 번째(❸)로 클릭해 기준선 치수를 작성한다.

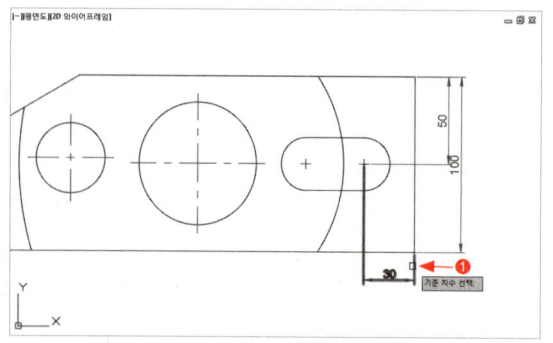 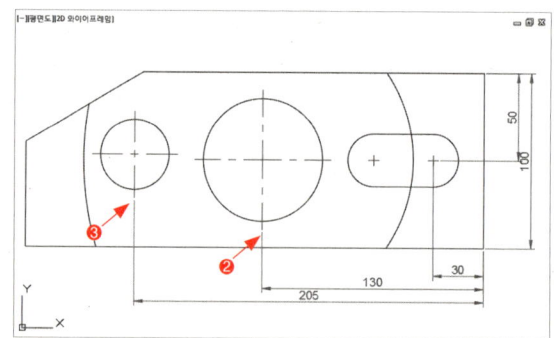

기준 치수 선택 : [선형 치수 30의 오른쪽 치수보조선 부분을 클릭]
두 번째 치수보조선 원점 지정 또는 [선택(S)/명령 취소(U)] <선택> :
치수 문자 = 130 [중심선의 끝점 클릭]
두 번째 치수보조선 원점 지정 또는 [선택(S)/명령 취소(U)] <선택> :
치수 문자 = 205 [중심선의 끝점 클릭]
두 번째 치수보조선 원점 지정 또는 [선택(S)/명령 취소(U)] <선택> : *취소* [Esc]를 눌러 명령 종료

05 기준선 치수를 작성하였으나 치수선 간의 간격이 너무 좁아 글씨가 잘 안보인다. 이럴 경우는 [치수 스타일] 대화상자 [단축키:D]에서 [기준선 간격]을 기본값[3.75]에서 [8]로 수정하면 되지만 공간 조정 명령으로 기준선 간격을 적용해본다.

06 [주석] 탭-[치수] 패널-[공간 조정]을 클릭하고 기준 치수로 선형 치수 30을 선택한다.

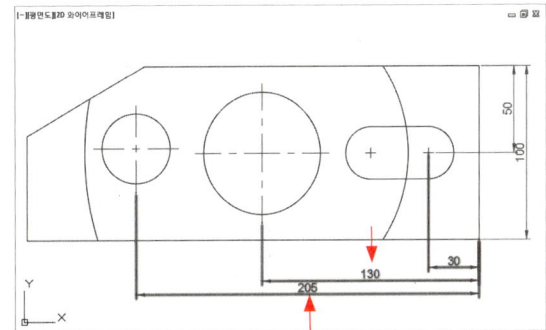

명령 : _DIMSPACE
기준 치수 선택 : [선형 치수 30을 선택]

07 간격을 둘 치수로 차례대로 선형 치수 130, 205를 선택한다. 선택이 완료되면 Space Bar 를 누른다.

간격을 둘 치수 선택 : 1개를 찾음 [선형 치수 130 선택]
간격을 둘 치수 선택 : 1개를 찾음, 총 2개 [선형 치수 205 선택]
간격을 둘 치수 선택 : Space Bar

08 DIMSPACE 값을 10으로 입력 후 Space Bar 를 누른다.

값 또는 [자동(A)] 입력 <자동(A)> : 10 [거리값을 10 입력]

09 오른쪽 세로 치수 부분도 똑같이 기준선 간격을 10으로 조정해본다. Space Bar 를 눌러 명령 반복 실행 후 기준 치수로 선형 치수 50(❶)을 선택한다.

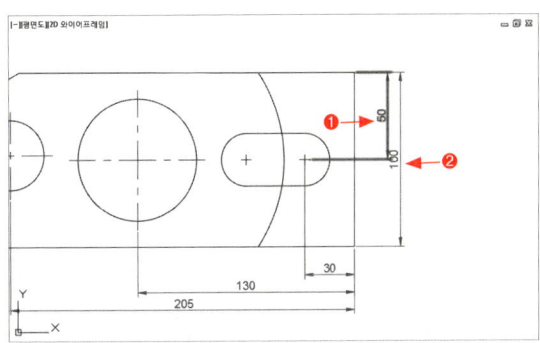

명령 : DIMSPACE Space Bar
기준 치수 선택 : [선형 치수 50을 선택]

10 간격을 둘 치수로 선형 치수 100(❷)을 선택하고 Space Bar 를 누른다.

```
간격을 둘 치수 선택 : 1개를 찾음 [선형 치수 100을 선택]
간격을 둘 치수 선택 : Space Bar
```

11 거리값을 10으로 입력 후 Space Bar 를 누른다. 기준선 간격이 모두 10으로 변경된다.

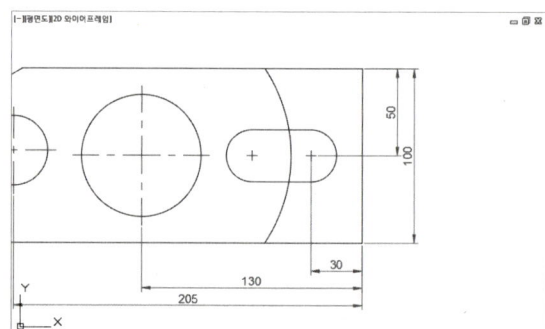

```
값 또는 [자동(A)] 입력 〈자동(A)〉 : 10 [거리값 10 입력]
```

⑩ 연속 치수

'체인치수'라고도 하며 마지막으로 작성한 선형, 각도 또는 세로좌표 치수나 선택한 치수보조선을 사용하여 추가 치수를 자동으로 계속 작성한다. 치수선이 자동으로 정렬된다.

▶ **실행 방법**
- **리본** : [주석] 탭–[치수] 패널–연속 아이콘( )
- **메뉴** : [치수(N)]–[연속(C)]
- **명령 입력** : DIMCONTINUE
- **단축키** : DCO

▶ 연속 치수 작성하기

01 예제 파일을 불러온 후 [주석] 탭–[치수] 패널–[연속]을 클릭하거나 명령행에 'DCO'를 입력하고 Space Bar 를 누른다.

- 예제 파일 : Chapter10₩연속 치수.dwg

🎬 연속 치수 작성하기

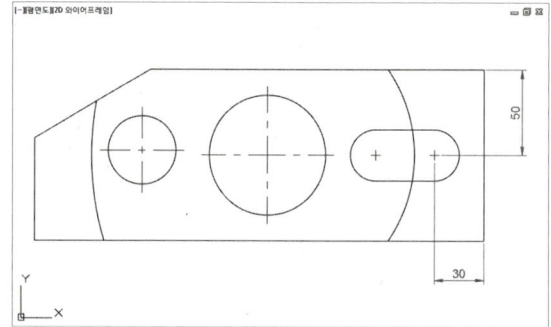

```
명령 : DCO Space Bar [DIMCONTINUE 명령 단축키 입력]
```

02 "두 번째 치수보조선 원점 지정 또는"에서 선택을 하지 않으면 가장 나중에 작성한 치수부터 연속 치수가 작성이 된다. 치수보조선의 또 다른 원점을 클릭해 연속 치수를 작성한다. 연속 치수 작성이 끝났으면 Esc 를 눌러 명령을 종료한다.

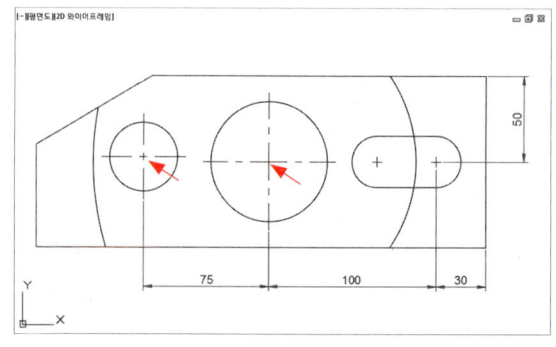

두 번째 치수보조선 원점 지정 또는 [선택(S)/명령 취소(U)] <선택> : [중심선의 끝점 클릭]
치수 문자 = 100
두 번째 치수보조선 원점 지정 또는 [선택(S)/명령 취소(U)] <선택> : [중심선의 끝점 클릭]
치수 문자 = 75
두 번째 치수보조선 원점 지정 또는 [선택(S)/명령 취소(U)] <선택> : *취소* [Esc]를 눌러 명령 종료]

03 오른쪽 선형 치수 50에 연속 치수를 작성하기 위해 다시 [Space Bar]를 눌러 명령을 반복 실행한다. 선형 치수 50을 선택해야 하므로 명령 옵션에서 [선택(S)]를 클릭하거나 'S'를 입력하고 선형 치수 50의 아래 치수보조선을 클릭한다.

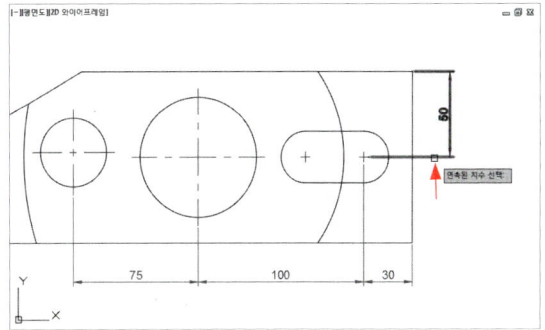

명령 : DCO [Space Bar] [DIMCONTINUE 명령 단축키 입력]
두 번째 치수보조선 원점 지정 또는 [선택(S)/명령 취소(U)] <선택> : S [명령 옵션 선택]

04 두 번째 치수보조선의 또 다른 원점을 클릭해 연속 치수를 작성한다. 연속 치수 작성이 끝났으면 [Esc]를 눌러 명령을 종료한다.

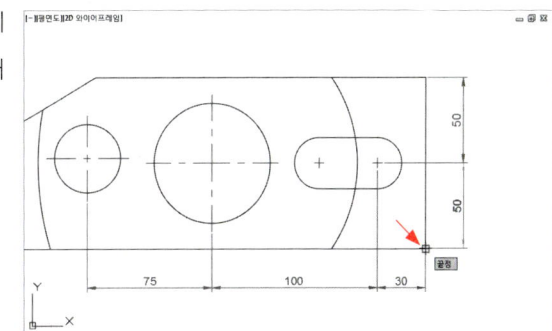

연속된 치수 선택 :
두 번째 치수보조선 원점 지정 또는 [선택(S)/명령 취소(U)] <선택> : [끝점 클릭]
치수 문자 = 50
두 번째 치수보조선 원점 지정 또는 [선택(S)/명령 취소(U)] <선택> : *취소* [Esc]를 눌러 명령 종료]

⓫ 세로좌표 치수

세로좌표 치수는 데이텀이라는 원점으로부터 부품의 구멍과 같은 피쳐까지의 직교 거리를 측정한다. 이러한 치수는 데이텀에서부터 피쳐까지 정확한 간격띄우기를 유지함으로써 오류가 단계적으로 확대되는 것을 방지한다.

세로좌표 치수는 지시선과 함께 X 또는 Y 값으로 구성된다. X-데이텀 세로좌표 치수는 데이텀으로부터 X축을 따라 피쳐의 거리를 측정하고, Y-데이텀 세로좌표 치수는 Y 축을 따라 거리를 측정한다.

▶ **실행 방법**
- **리본** : [주석] 탭-[치수] 패널-세로 좌표 아이콘( )
- **메뉴** : [치수(N)]-[세로좌표(O)]
- **명령 입력** : DIMORDINATE
- **단축키** : DOR

세로좌표 치수 작성하기

01 예제 파일을 불러온 후 UCS 아이콘(❶)을 선택하여 그립을 표시한다. 원점 그립을 선택하거나 원점에 마우스를 대면 보이는 메뉴에서 [원점만 이동]을 클릭한다.

- 예제 파일 : Chapter10₩세로좌표 치수.dwg

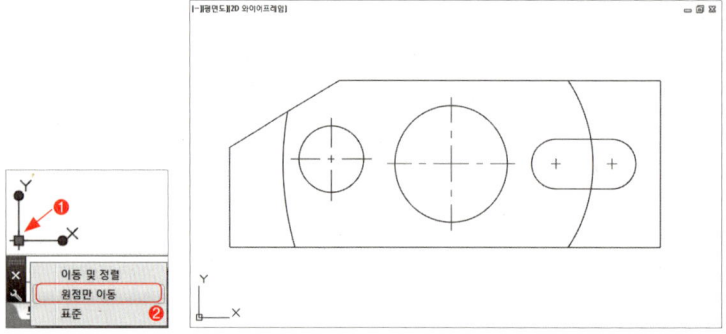

02 세로좌표 치수가 참조할 객체 위(오른쪽 선의 끝점)로 원점을 지정한다. Esc 를 눌러 그립을 해제한다.

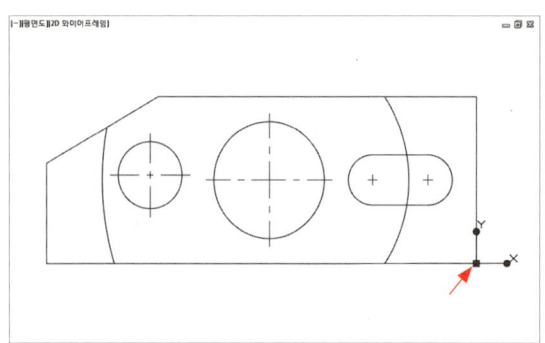 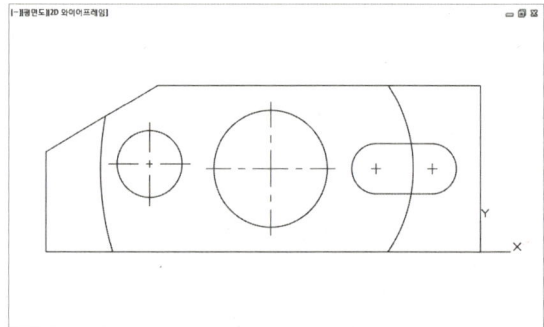

03 [주석] 탭-[치수] 패널-[세로 좌표]를 클릭하고 객체 스냅을 이용하여 치수가 필요한 피쳐 위치(❶)를 지정한다. 지시선 끝점(❷)을 지정하여 세로좌표 치수를 기입한다.

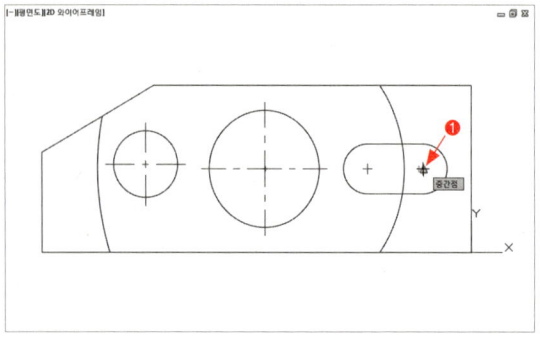 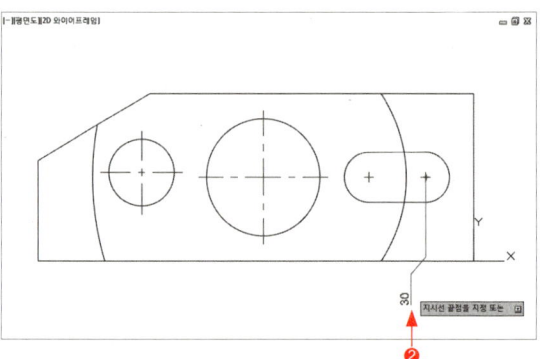

04 Space Bar 를 눌러 명령을 반복 실행 후 객체 스냅 추적을 이용하여 나머지 부분도 세로좌표 치수를 기입한다.

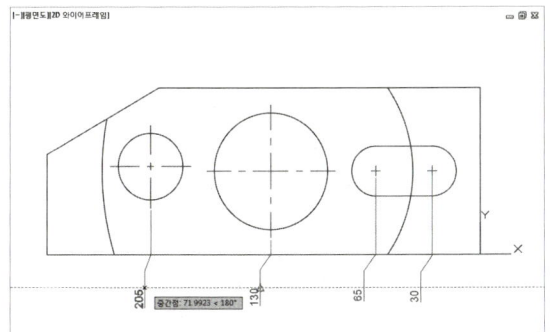 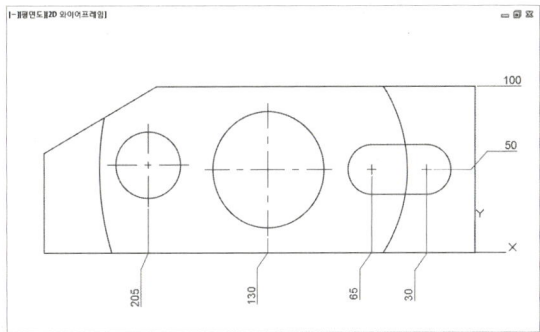

05 마지막으로 UCS를 다시 선택하여 [표준]으로 변경한다. UCS 위치가 제자리로 돌아간다.

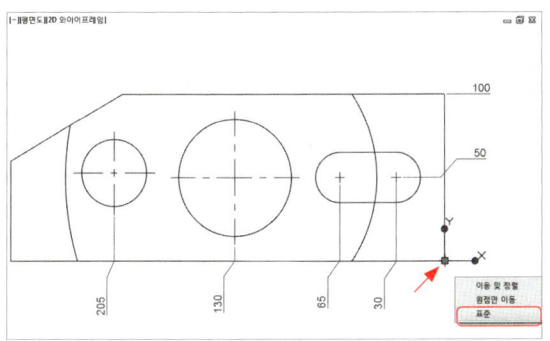 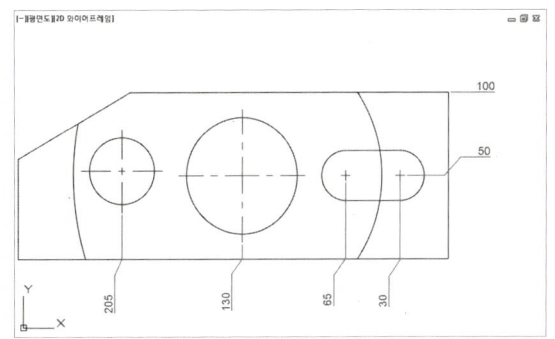

⑫ 끊기 치수

치수선 및 치수보조선이 다른 객체와 교차하는 지점에서 선을 끊거나 복원한다.

> ▶ **실행 방법**
> - **리본** : [주석] 탭-[치수] 패널-끊기 아이콘( )
> - **메뉴** : [치수(N)]-[치수 끊기(K)]
> - **명령 입력** : DIMBREAK

▶ 끊기 치수 작성하기

01 예제 파일을 불러온다.
- 예제 파일 : Chapter10₩끊기 치수.dwg

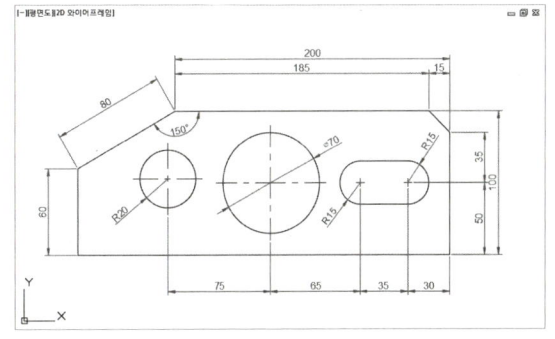

Chapter 10_도면 주석 작성 **291**

02 [주석] 탭–[치수] 패널–[끊기]를 클릭하고 끊기할 치수를 선택한다. 치수가 여러 개이므로 명령 옵션에서 [다중]을 클릭하거나 'M'을 입력하고 해당 치수를 클릭한다. 이 예에서는 선형 치수 15와 200을 선택한다. 선택이 끝났으면 Space Bar 를 누른다.

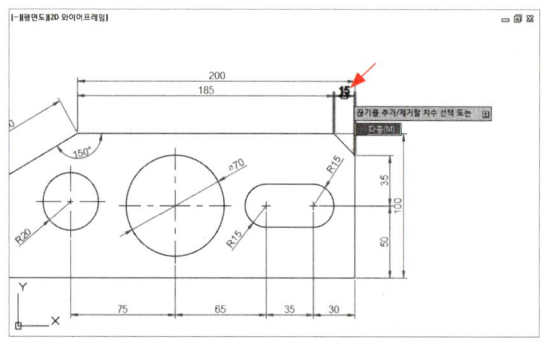 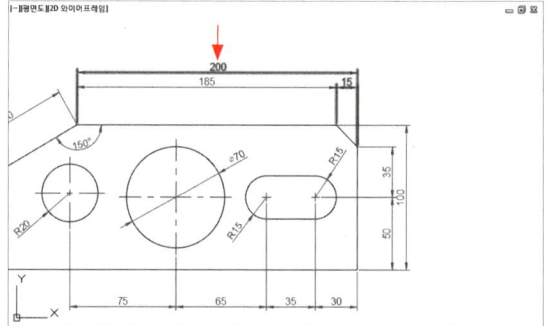

03 치수를 끊을 객체 선택으로 선형 치수 100을 클릭한다. 치수보조선이 겹치는 부분에 끊기가 되었다. Esc 를 눌러 명령을 종료한다.

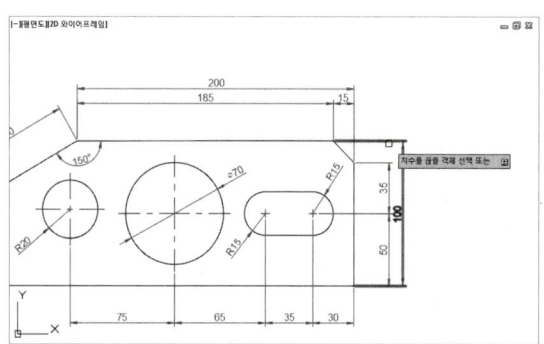 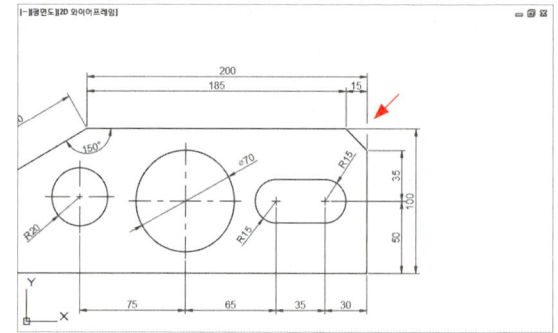

⓭ 치수 꺾기선

선형 또는 정렬 치수에 꺾기선을 추가하거나 제거한다. 치수의 꺾기선은 치수를 측정할 객체에서 끊기를 표시한다. 치수 값은 도면에서 측정된 거리가 아닌 실제 거리를 나타낸다.

> ▶ 실행 방법
> - 리본 : [주석] 탭–[치수] 패널–치수 꺾기선 아이콘(⌁)
> - 메뉴 : [치수(N)]–[꺾어진 선형(J)]
> - 명령 입력 : DIMJOGLINE
> - 단축키 : DJL

❖ 치수 꺾기선 작성하기

01 예제 파일을 불러온다. 사이 객체가 잘려 있는 형상으로 선형 치수 200은 실제 200 보다는 훨씬 긴 치수여야 한다. 선형 치수 200 문자를 더블클릭하여 250으로 수정한다.

- 예제 파일 : Chapter10₩치수 꺾기선.dwg

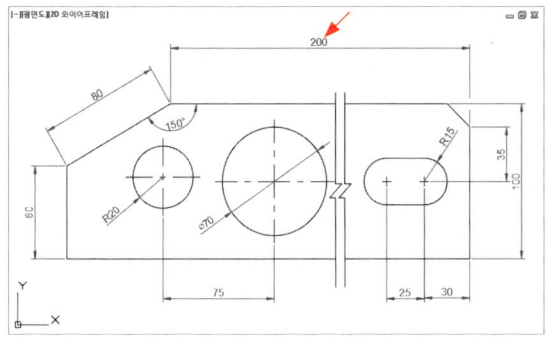 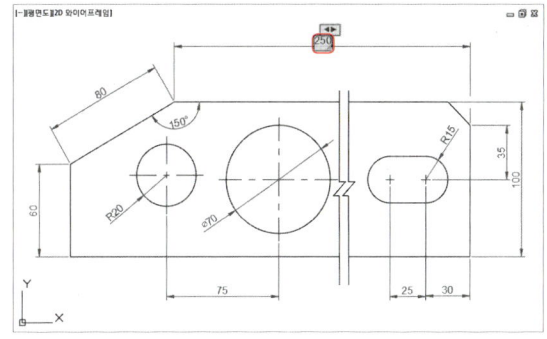

02 [주석] 탭–[치수] 패널–[치수 꺾기선]을 클릭하고 꺾기를 추가할 치수로 선형 치수 250을 클릭한다. 꺾기 위치는 객체 스냅을 해제하고 250 문자 앞(❶)을 클릭하여 지정하면 꺾기 기호(❷)가 문자 앞에 생성된다.

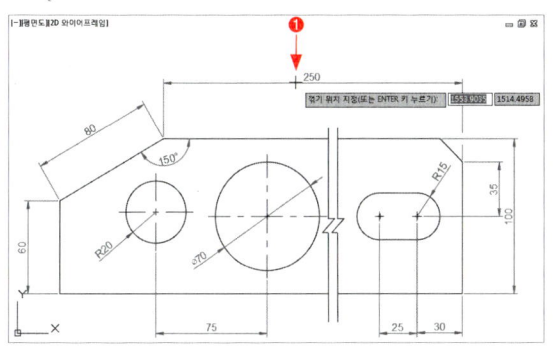 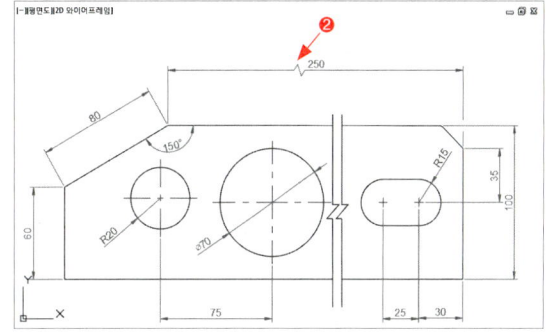

03 꺾기 기호를 제거하려면 다시 명령을 실행하고 옵션에서 [제거]를 클릭해야 한다. Space Bar 를 눌러 명령 반복 실행을 하고 명령 옵션에서 [제거]를 클릭하거나 명령행에 'R'을 입력한다.

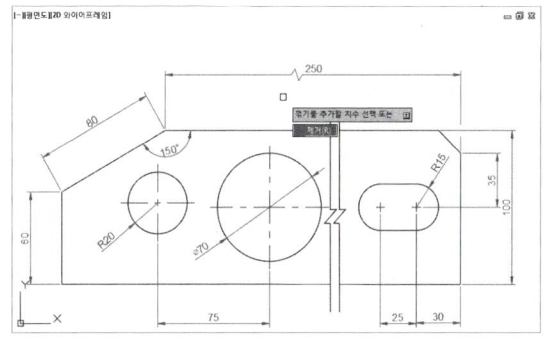

04 제거할 꺾기 선택으로 선형 치수 250을 선택한다. 치수 꺾기선에 제거된다.

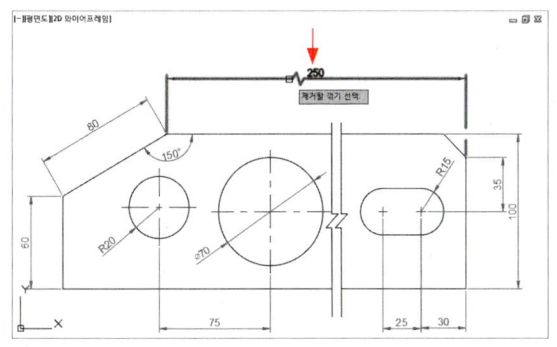 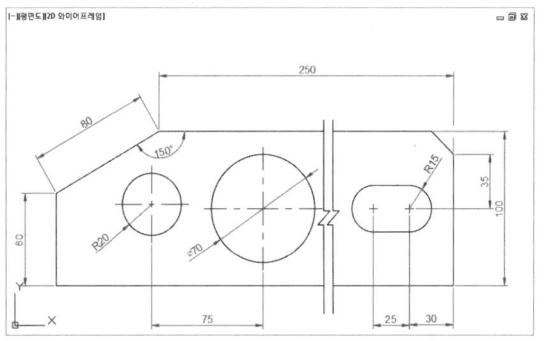

⑭ 기하공차

형상 공차에 포함된 기하학적 공차를 작성한다.

> **➡ 실행 방법**
> - 리본 : [주석] 탭-[치수] 패널-공차 아이콘(⊞)
> - 메뉴 : [치수(N)]-[공차(T)]
> - 명령 입력 : TOLERANCE
> - 단축키 : TOL

[기하학적 공차] 대화상자에서 사용할 기호, 공차, 데이텀을 선택한 후 [확인] 버튼을 클릭하고 도면에 자리할 곳을 지정하면 기하공차가 배치된다.

 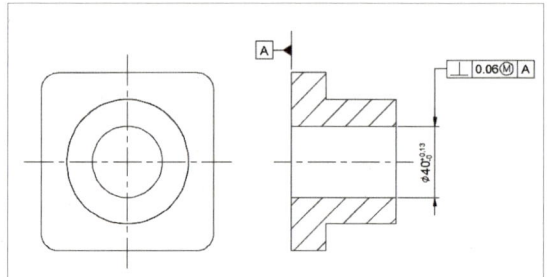

⑮ 중심 표식

중심 표식은 2가지 명령으로 원 및 호의 비연관 중심 표식 또는 중심선 작성은 DIMCENTER, 원이나 호에 대한 연관 중심 표식을 작성할 수 있는 명령은 CENTERMARK이다. 연관 객체란 객체를 이동하거나 수정하면 중심 표식 및 중심선도 그에 따라 조정되는 것을 말한다.

AutoCAD 2017 버전부터 DIMCENTER 중심 표식 명령은 치수 리본 패널에서 사라지고 CENTERMARK 명령이 중심선 리본 패널에 새롭게 추가되어 기능이 향상되었다.

중심 표식 구성요소의 기본 크기는 치수 스타일 관리자, 기호 및 화살표 탭, 중심 표식(DIMCEN 시스템 변수)에서 설정할 수 있다.

기존의 중심 표식은 명령행에 단축키 'DCE'를 입력하고 호 또는 원을 선택하면 된다.

> **➡ 실행 방법**
> - 리본 : [주석] 탭-[중심선] 패널-중심 표식 아이콘(⊕)
> - 명령 입력 : CENTERMARK / DIMCENTER
> - 단축키 : CM / DCE

❖ 중심 표식 작성하기

01 예제 파일을 불러온다.

- 예제 파일 : Chapter10₩중심 표식.dwg

▶ 중심 표식 작성하기

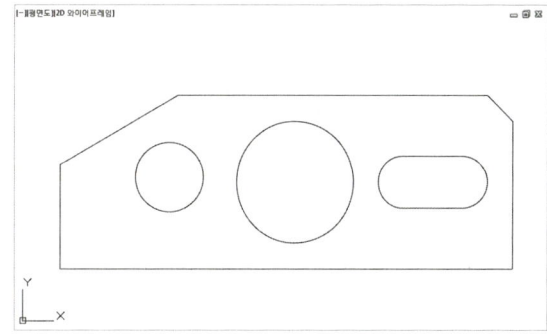

02 명령행에 'D'를 입력하고 [치수 스타일 관리자] 대화상자를 연다. [수정] 버튼을 클릭하고 [기호 및 화살표] 탭의 중심 표식을 보면 표식(M)에 체크가 되어 있고 크기는 2.5로 되어있음을 알 수 있다. 수정 사항은 없으므로 [확인]과 다음에 [닫기] 버튼을 클릭한다.

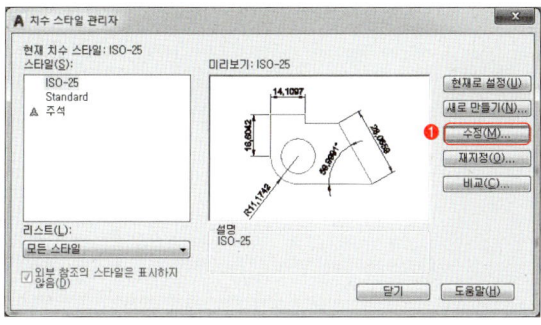
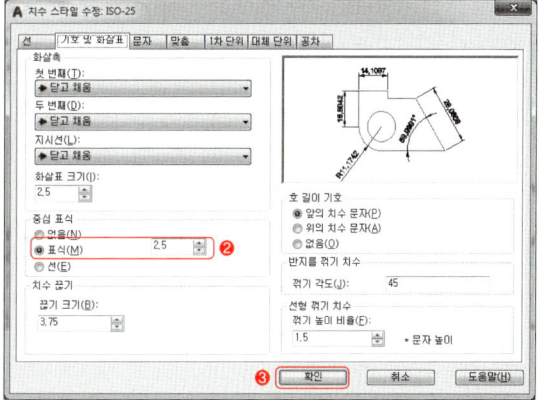

03 명령행에 'DCE'를 입력하고 Space Bar 를 누른다. 왼쪽 부분에 있는 호를 클릭하면 가운데에 중심 표식이 생성된다.

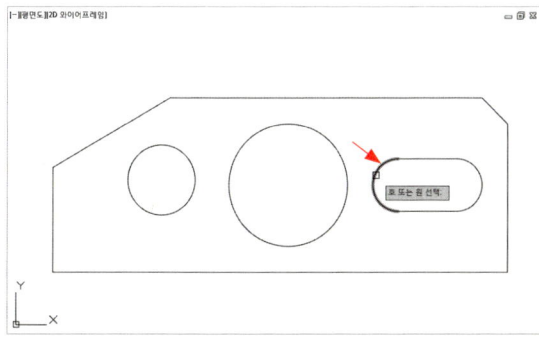
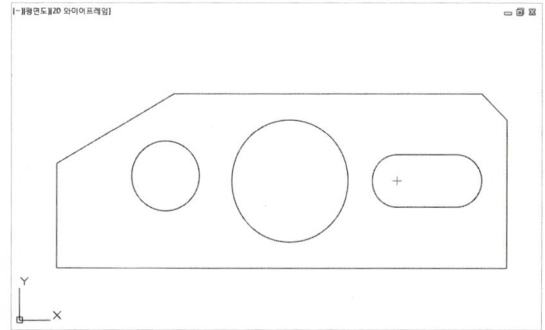

명령 : DCE Space Bar [DIMCENTER 명령 단축키 입력]
호 또는 원 선택 : [중심 표식할 원 선택]

04 Space Bar 를 눌러 명령 반복 실행 후 오른쪽의 호에도 중심 표식을 생성한다.

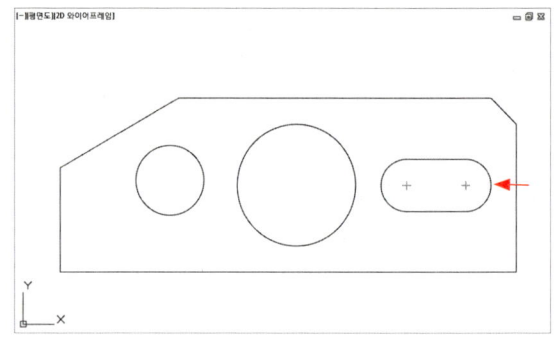

05 [주석] 탭-[중심선] 패널-[중심 표식]을 클릭하고 차례대로 2개 원을 선택한다. 중심 표식이 생성되나 이전 명령과는 좀 다르게 보일 것이다.

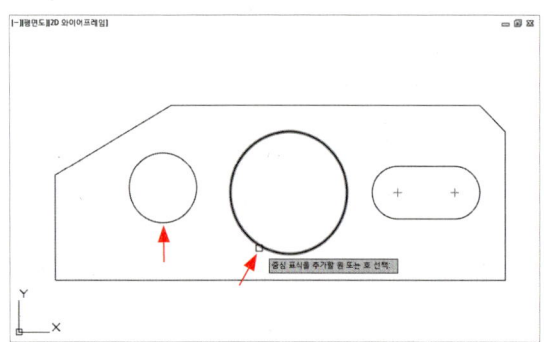 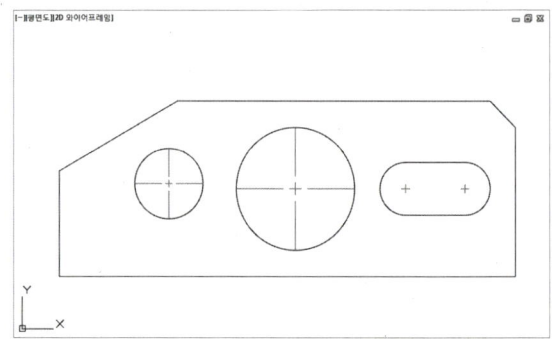

06 명령행에 'M'을 입력해 이동 명령을 실행한다. 원 2개와 호 2개를 선택하고 임의 지점으로 이동해본다.

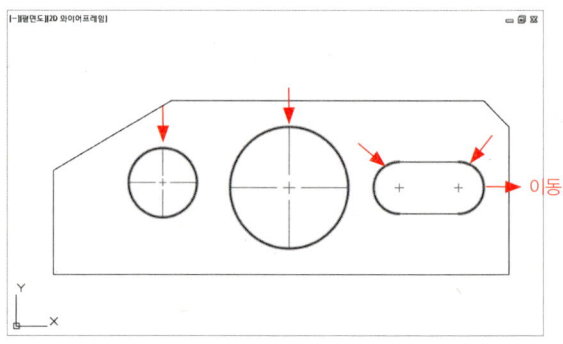

07 CENTERMARK는 연관이 되어 원이 이동하면서 중심선도 같이 이동하지만 DIMCENTER는 비연관이라 중심 표식은 이동하지 않고 그대로임을 알 수 있다.

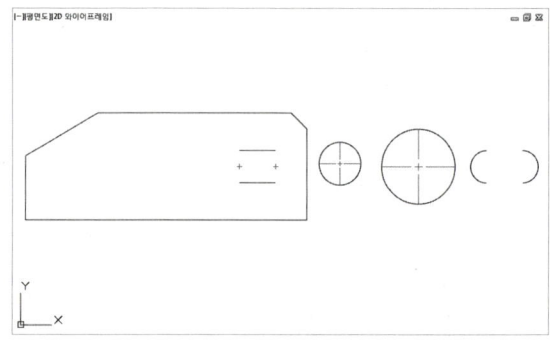

08 중심 표식의 연장선 길이를 변경하려면 중심 표식을 선택하고 그립 메뉴에서 [연장선 길이 변경] 옵션을 선택하고 값을 입력하면 된다. 여기서는 3을 입력하고 Space Bar 를 누른다.

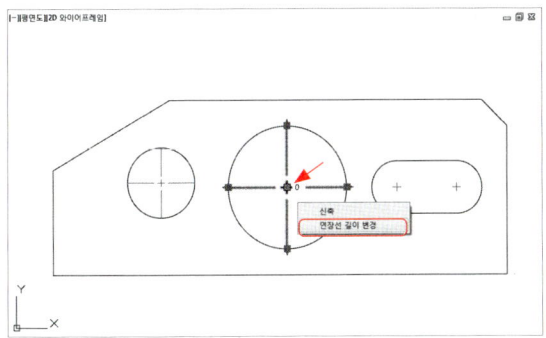 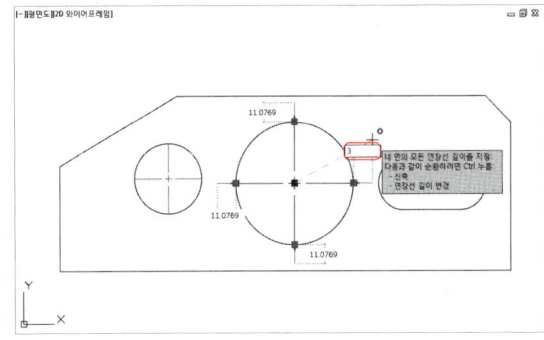

09 연장선 길이 확인 후 Space Bar 를 눌러 객체 선택을 해제한다.

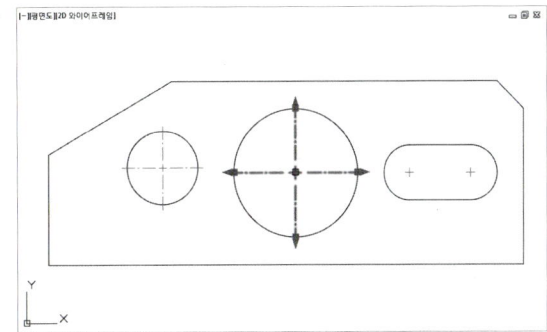

10 CENTER선의 간격 조정을 위해서 명령행에 'LTS'를 입력하고 Space Bar 를 누른다. 값을 10으로 입력하고 Space Bar 를 누른다.

```
명령 : LTS Space Bar  [LTSCALE 명령 단축키 입력]
새 선종류 축척 비율 입력 (0.7000) : 10 Space Bar
모형 재생성 중
```

11 중심 표식의 CENTER선 간격이 조정되어 보인다.

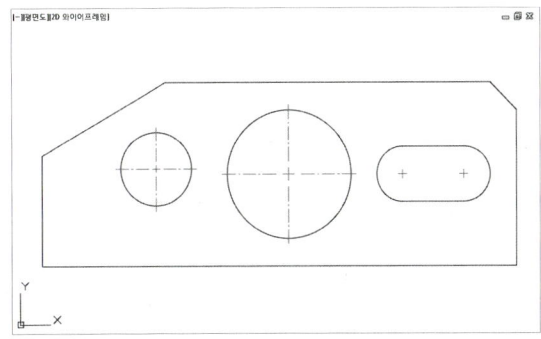

Chapter 10_도면 주석 작성 297

TIP 공간 조정으로 동일한 위치로 치수를 변경할 수 있다. 다음 그림은 선형 치수가 각각 다른 위치에 있다. 이럴 경우, [주석] 탭-[치수] 패널-[공간 조정]을 클릭하고 기준 치수로 선형 치수 75를 선택하고 간격을 지정할 치수로 65와 35를 선택한다. 값을 0으로 하면 3개 선형 치수가 나란히 동일한 위치에 있게 된다.

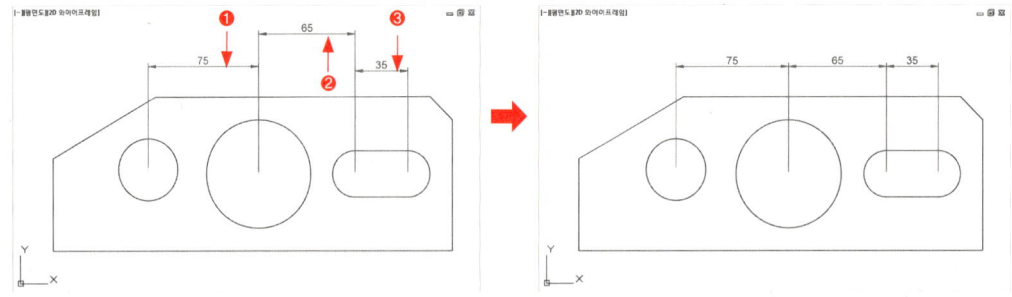

2-2. 치수 스타일

치수 스타일은 화살촉 스타일, 문자 위치 및 측면 공차와 같은 치수 모양을 조정하는 치수 모음으로 명명된 설정이다. 치수 스타일을 작성하여 신속하게 치수의 형식을 지정할 수 있으며 업체별 또는 프로젝트별로 치수 표준을 유지하도록 할 수 있다.

- 치수를 작성할 때는 현재 치수 스타일의 설정을 사용한다.
- 치수 스타일 설정을 변경하는 경우 해당 스타일을 사용하는 도면의 모든 치수가 자동으로 업데이트가 된다.
- 현재 치수 스타일과 다른 치수 설정을 사용하여 치수 스타일을 재지정할 수 있다.

미터법의 새 도면에는 [ISO-25], [Standard], [주석] 3개의 치수 스타일이 존재하며 이 중에서 [ISO-25]가 현재 치수 스타일로 설정되어 있다.

> **▶ 실행 방법**
> - **리본** : [홈] 탭-[주석] 패널-치수 스타일 아이콘(　)
> - **리본** : [주석] 탭-[치수] 패널-치수 스타일 확장 화살표(　)
> - **메뉴** : [형식(O)]-[치수 스타일(D)]
> - **명령 입력** : DIMSTYLE
> - **단축키** : D

[치수 스타일] 관리자 대화상자

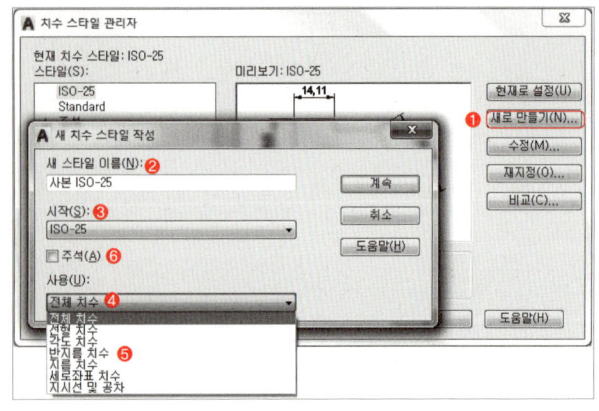

새 스타일 작성, 현재 스타일 설정, 스타일 수정, 현재 스타일에 재지정 설정 및 스타일 비교를 수행한다.

[치수 스타일 관리자] 대화상자에서 [새로 만들기] 버튼(❶)을 클릭하여 [새 치수 스타일 작성] 대화상자을 연다. 리스트(❸)에서 기준으로 할 기존 치수 스타일을 선택하고 새로운 스타일 이름(❷)을 입력한다.

새로운 치수 스타일은 보통 전체 치수(❹)로 사용한다. 또는 특성 치수 유형(❺)에 적용할 치수들을 선택할 수 있다. 주석(❻) 박스를 체크하여 도면 배치에 여러 뷰포트별로 표시되는 치수 크기를 일정하게 유지할 수도 있다.

• 새 치수 스타일 대화상자 : [선] 탭
[선] 탭을 사용하여 치수선과 치수 보조선 특성을 조정한다. 변경 결과는 미리보기 영역으로 확인할 수 있다.

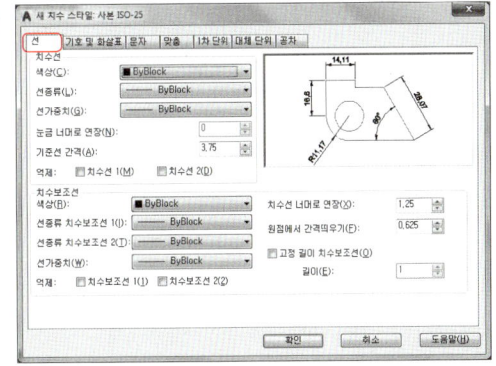

• 새 치수 스타일 대화상자 : [기호 및 화살표] 탭
화살표, 중심 표식 형상, 치수 끊기 크기, 호 길이 기호 위치, 반지름 꺾기 치수, 선형 꺾기 치수의 높이를 조정한다. 이 탭에서 자주 변경하는 것은 중심 표식 없음과 화살촉의 모양으로 [닫고 채움]에서 사용자 화살표로 지정하거나 기울기를 선택하기도 한다.

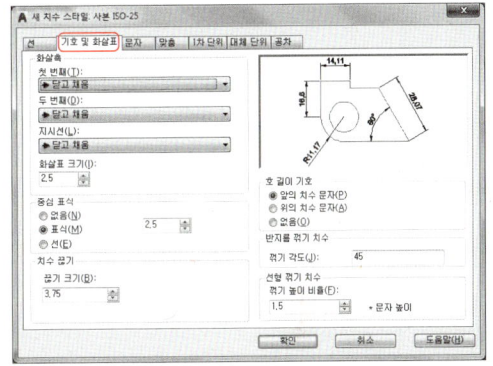

• 새 치수 스타일 대화상자 : [문자] 탭
문자 모양이나 문자 배치, 문자 높이를 조정한다. 일반적으로 많이 수정하는 것은 문자 스타일이나 문자 정렬이다. 문자 정렬을 치수선에 정렬 또는 ISO표준으로 변경해 본다.

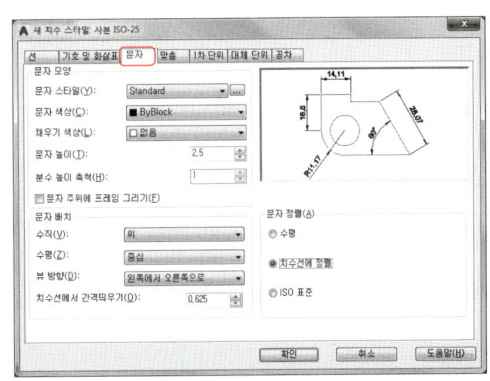

- 새 치수 스타일 대화상자 : [맞춤] 탭

치수 피쳐 축척에서 치수의 전체 축척을 지정한다. 주석 적용인 경우는 회색으로 표시되어 비활성화 된다. 변경할 수 있는 다른 옵션은 맞춤 옵션 문자 배치 및 치수 보조선 안에 치수선을 그리는 정도이다.

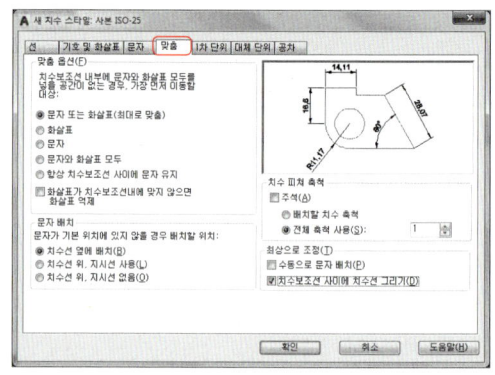

주석이 적용 안된 경우는 전체 축척 사용에 값을 입력하여 치수 객체 축척을 조정할 수 있다. 여기서 입력한 값은 시스템변수 DIMSCALE로 지정된 것과 같다. 전체 축척 사용 옵션은 도면 출력 시 축척 비율과 같도록 한다. 용지에 맞게 도면 축척을 변경한 경우 치수도 같이 축척에 맞춰 변경할 필요가 있다. 예를 들어, 출력 축척이 1:40인 경우 [전체 축척 사용] 값도 40으로 설정한다.

- 새 치수 스타일 대화상자 : [1차 단위] 탭

치수에 표시되는 기본 단위 옵션을 설정한다. 길이나 각도 치수 단위 형식 설정, 정밀도 조정, 치수 머리말 또는 꼬리말에 0을 생략하는 설정 등을 한다.

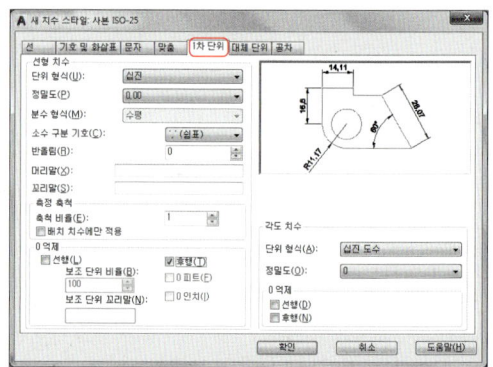

- 새 치수 스타일 대화상자 : [대체 단위] 탭

미터법과 인치법 등 두 개의 단위로 표시할 필요가 있을 때 사용한다. [대체 단위 표시] 옵션의 기본값은 비활성화되어 있다.

[대체 단위] 탭을 사용해서 치수 대체 단위와 형식을 지정한다. 대체 단위는 미터법 단위 도면에서는 밀리미터에서 인치로 바꾸고, 피트/인치 단위 도면에서는 인치에서 밀리미터로 변경된다.

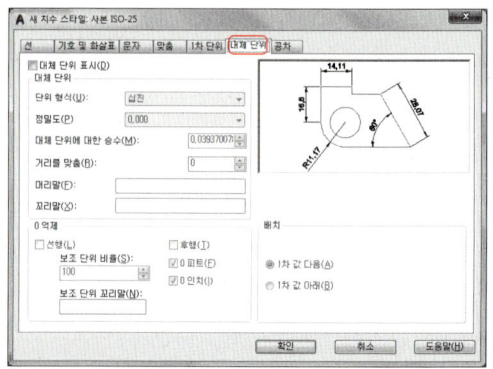

- **새 치수 스타일 대화상자 : [공차] 탭**

치수에 허용 오차를 추가한다. 제품 형상의 현재 측정에서 필요 범위만큼 유효 범위를 지정한다. 공차 형식에서 방법, 정밀도, 상한값(+)과 하한값(-)을 선택하고 수직 위치와 0 억제를 조정한다.

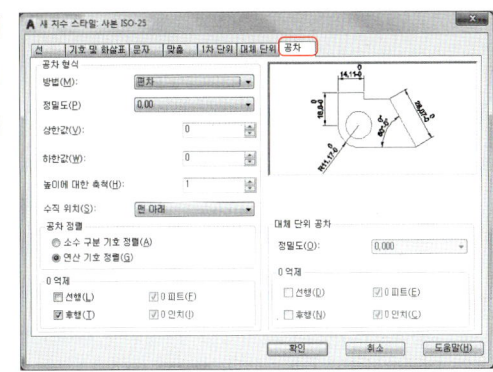

⭕ 치수 스타일 수정하기

치수 객체 크기가 작게 설정되어 있어서 치수값 및 화살표가 잘 보이지 않는다. 도면에 잘 보이도록 치수 스타일을 수정하고 치수 문자만 그립 편집으로 이동해본다.

01 예제 파일을 불러온 후 주석 축척과 뷰포트 축척을 동기화하기 위해 먼저 뷰포트(파란색 직사각형)를 클릭한다.

■ 예제 파일 : Chapter10₩치수 스타일 수정.dwg　　▶️ 치수 스타일 수정하기

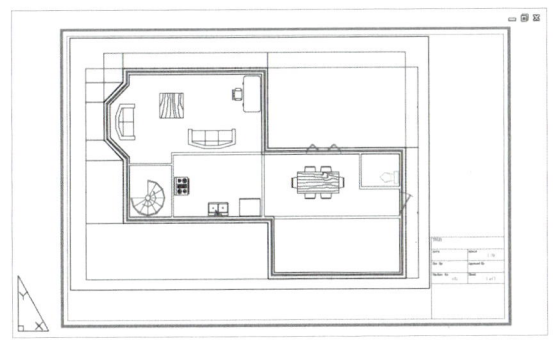
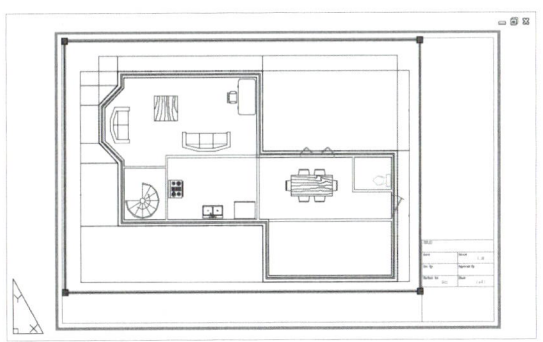

02 상태 막대의 [뷰포트 축척 : 주석 축척과 같지 않음 클릭하여 동기화(🗡)]를 클릭한다. 상태 막대의 뷰포트 축척 아이콘을 클릭하고 [1:50]으로 선택한다. 뷰포트 잠금 아이콘(🔒)을 클릭하여 잠금을 한 뒤에 Esc 를 눌러 뷰포트 선택을 해제한다.

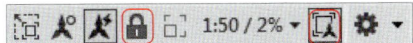
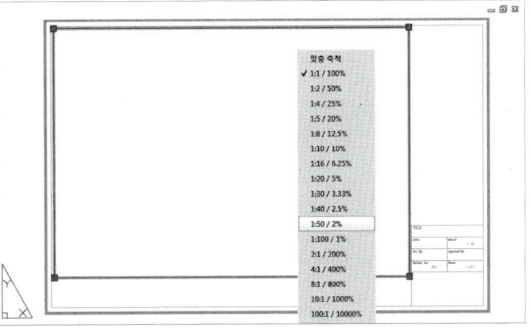

03 현재 치수 스타일의 화살표를 변경한다. 명령행에 'D'를 입력하고 Space Bar 를 누른 후 [치수 스타일 관리자] 대화상자에서 현재 치수 스타일이 [ISO-25]로 선택되어 있는지 확인하고 [수정] 버튼을 클릭한다. [기호 및 화살표] 탭에서 [화살촉] 첫 번째를 리스트에서 [기울기]를 찾아 선택한다.

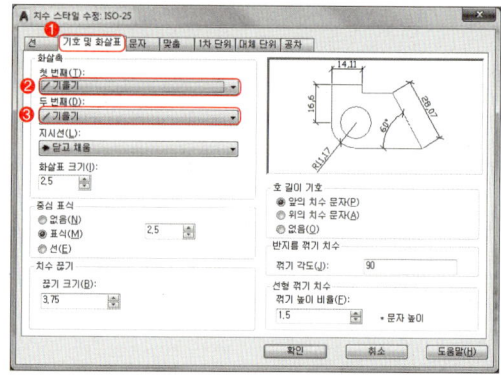

04 [문자] 탭에서 문자 스타일을 [TNR]로 선택한다.

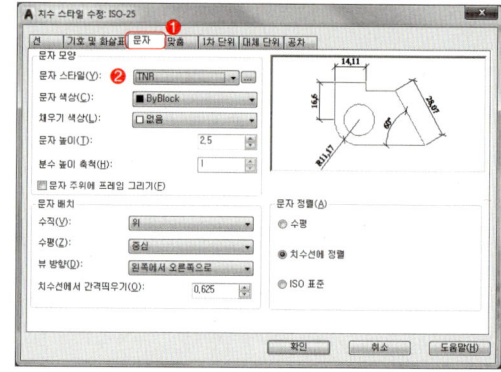

05 [맞춤] 탭에서 [주석] 체크 박스를 클릭하고 [확인] 버튼을 클릭한 후 [닫기] 버튼을 클릭한다.

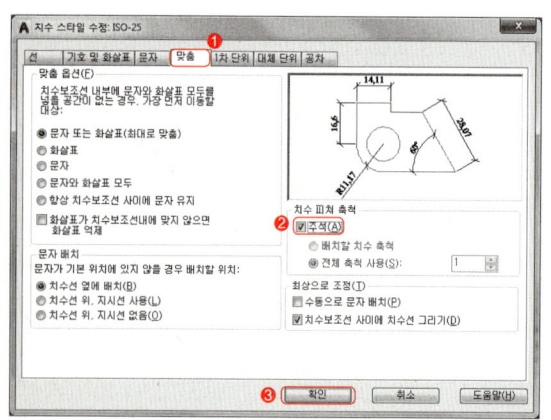 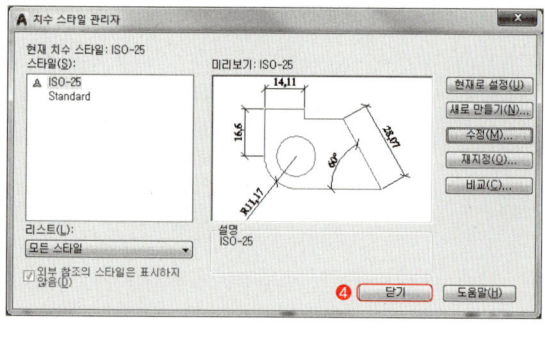

06 뷰포트 안을 더블클릭하고 모형공간을 활성화한다. [주석] 탭-[치수] 패널-[업데이트( )]를 클릭한다.

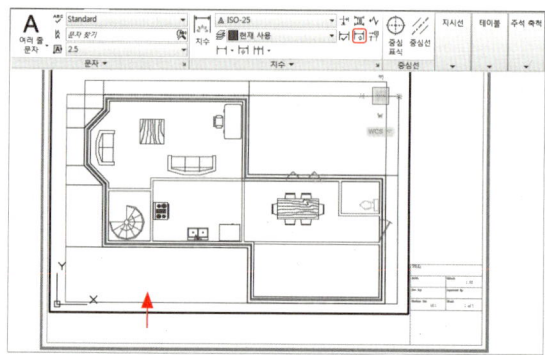

07 [-dimstyle 객체 선택:]에서 객체를 'ALL'을 입력하고 Space Bar 를 누른다. 한 번 더 Space Bar 를 눌러 명령을 종료한다. 변경된 치수 스타일로 업데이트가 된다.

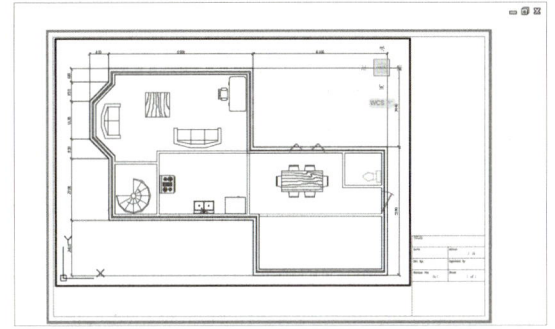

08 명령행에 'D'를 입력하고 Space Bar 를 누른다. [치수 스타일 관리자] 대화상자에서 현재 치수 스타일이 [ISO-25]로 선택되어 있는지 확인하고 [수정] 버튼을 클릭한다.

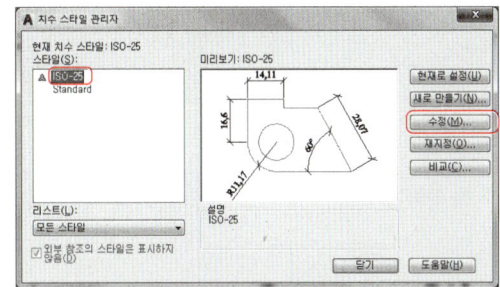

09 [대체 단위] 탭을 클릭하고 [대체 단위 표시]에 체크한다. [단위 형식] 리스트에서 [건축스택]을 선택한다. 또한, 배치에서 [1차 값 아래]를 선택한다. [확인] 버튼을 클릭하고 다음에 [닫기] 버튼을 클릭하여 [치수 스타일] 대화상자 작업을 마친다.

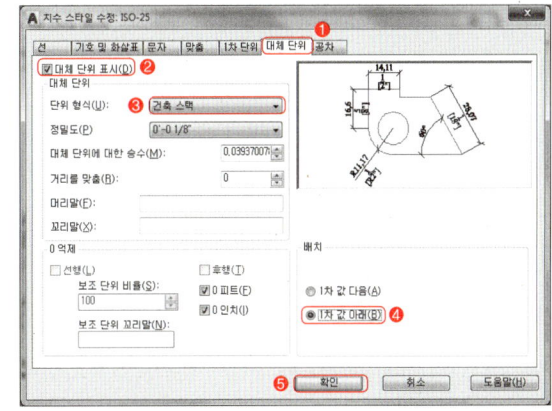

10 뷰포트가 활성화된 모형공간이므로 바깥 여백(뷰포트 범위 밖)을 더블클릭하여 도면공간으로 돌아온다. 치수가 중첩된 부분이 있어 수정을 위해 모형탭을 클릭하여 모형공간으로 전환한다.

11 중첩된 치수(❶)를 클릭하고 문자 부분의 파란색 그립(❷)에 커서를 갖다대면 그립 메뉴가 보인다. 메뉴에서 [문자만 이동]을 클릭하여 문자를 이동한 후 Esc 를 눌러 객체 선택을 해제한다.

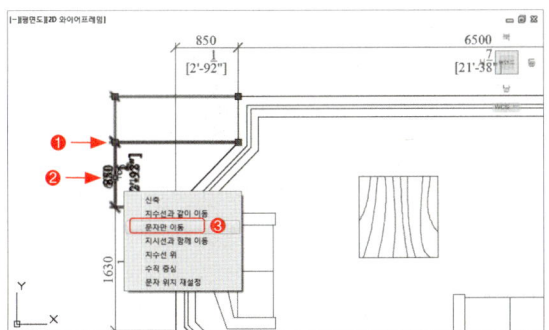
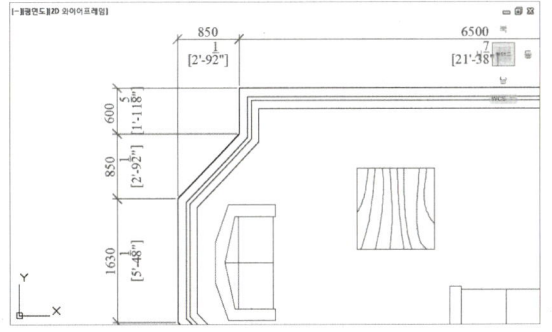

2-3. 치수 편집

치수 편집 방법은 여러가지가 있다. 그립을 사용하여 치수를 재배치하거나 치수를 선택하고 다른 치수 스타일로 변경해도 된다. 다음 그림은 치수 선택한 후 그립 메뉴를 나타낸 것이다.

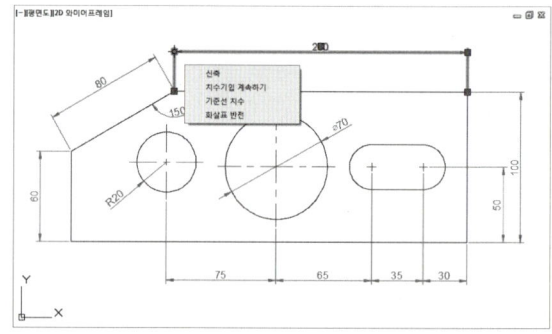

치수를 선택하고 마우스 오른쪽 버튼을 클릭한 후 바로 가기 메뉴에서 [특성]을 클릭하거나 특성 팔레트를 열어 선택한 치수의 스타일이나 형상, 치수 문자들을 수정할 수 있다.

특성 팔레트에서 문자 재지정을 〈〉mm로 하면 원래의 치수값에 mm 단위가 붙어 200에서 200mm로 바뀐다.

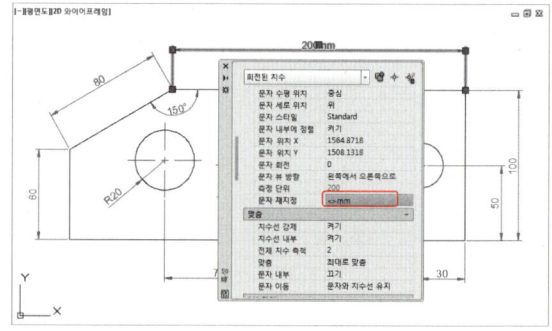

> ▶ **실행 방법**
> - **리본** : [주석] 탭-[치수] 패널 확장-[기울기], [문자 각도], [왼쪽 자리맞추기], [가운데 자리맞추기], [오른쪽 자리맞추기]

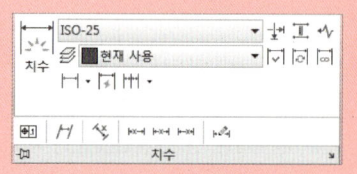

▶ **치수 편집하기**

오른쪽 자리맞추기, 지름 치수 스타일을 변경하여 적용해본다.

01 예제 파일을 불러온다.
- 예제 파일 : Chapter10₩치수 편집.dwg
- 치수 편집하기

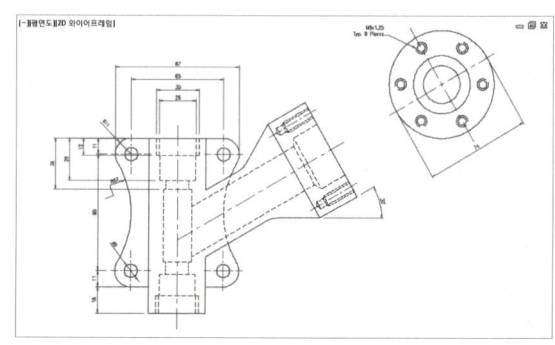

02 그립 편집을 사용해서 문자열을 이동하기 위해 왼쪽의 4개 연속 치수(❶~❹)를 선택한 후 Shift 를 누르면서 선택한 치수의 치수선 끝의 파란색 그립(❺~❾)을 다시 클릭한다.

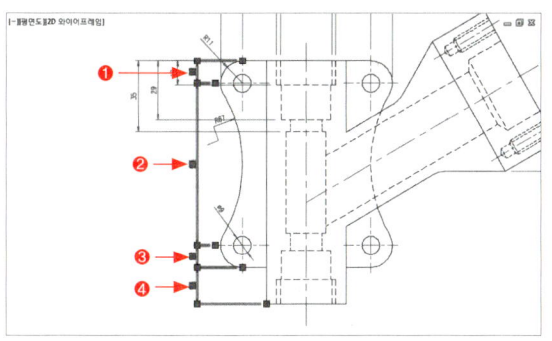 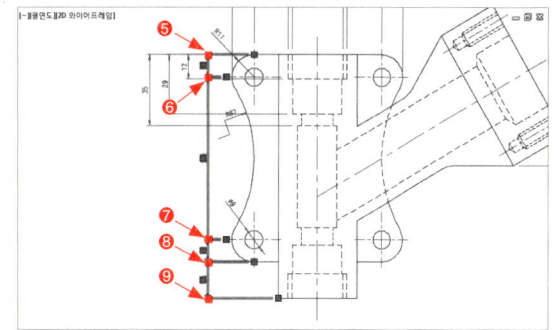

03 빨간 그립을 클릭하고 마우스를 왼쪽으로 드래그하여 치수를 왼쪽으로 이동하고 Esc 를 눌러 객체 선택을 해제한다.

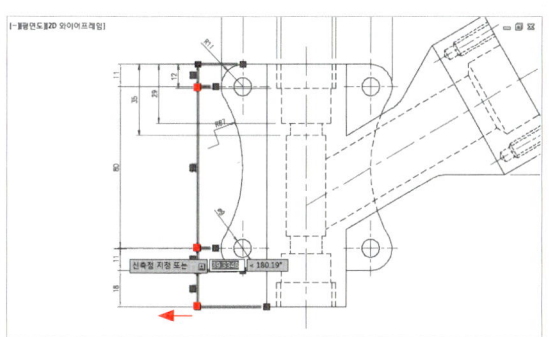 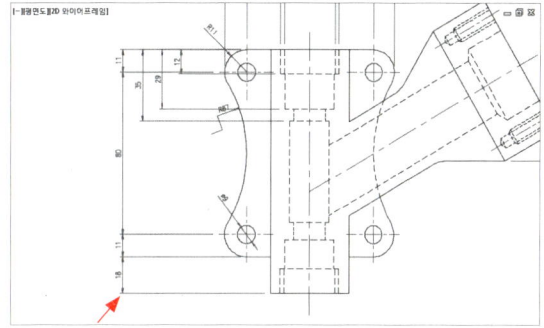

04 치수값 문자를 새로운 위치로 이동하기 위해 [주석] 탭-[치수] 패널-[오른쪽 자리맞추기(⊢⊣)]를 클릭하고 선형 치수 29를 클릭한다. 선형 치수 35도 똑같이 오른쪽 자리맞추기로 편집한다.

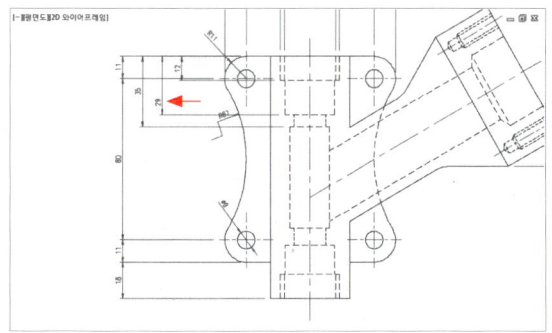 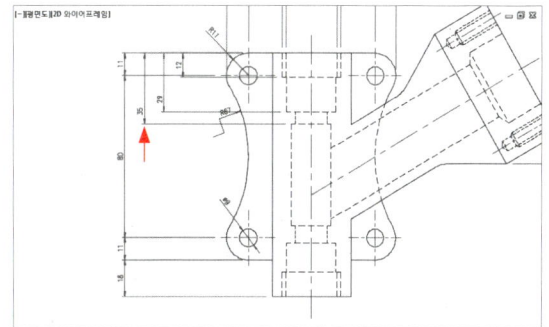

05 반지름 치수 R11을 선택하고 화살표 부분에 마우스를 갖다대면 그립 메뉴가 보인다. [화살표 반전]을 클릭하여 화살표 방향을 전환한 후 Esc 를 눌러 객체 선택을 해제한다.

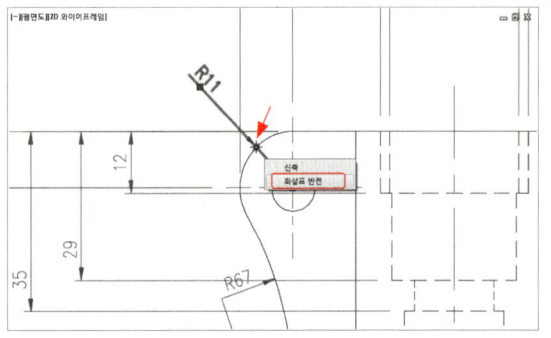
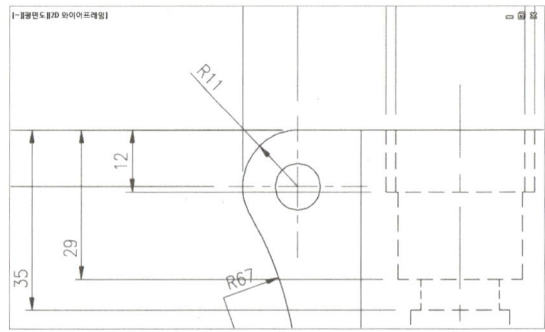

06 지름 치수 스타일을 변경하기 위해 명령행에 'D'을 입력하고 Space Bar 를 누른다. [치수 스타일 관리자] 대화상자에서 [새로 만들기] 버튼을 클릭하고 사용을 [지름 치수]로 선택한 후 [계속] 버튼을 클릭한다.

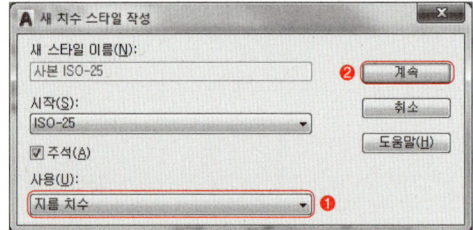

07 [문자] 탭의 문자 정렬에서 [ISO 표준]을 클릭하고 [확인] 버튼을 누른다. 스타일 창에 [지름] 치수가 추가됨이 보인다. [닫기] 버튼을 클릭한다.

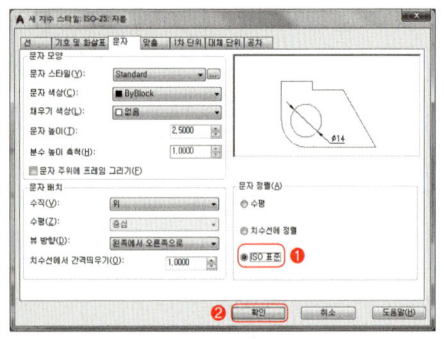
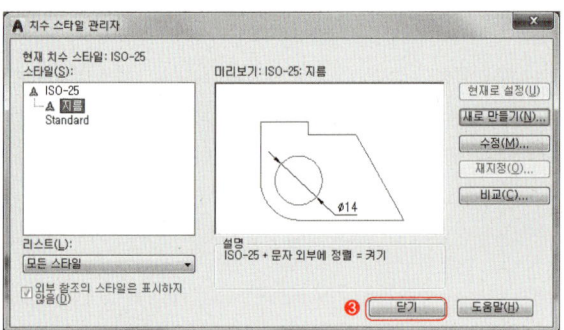

08 [주석] 탭-[치수] 패널-[업데이트]를 클릭한 후 지름 치수를 클릭하고 Space Bar 를 누른다. 지름 치수가 업데이트가 된다.

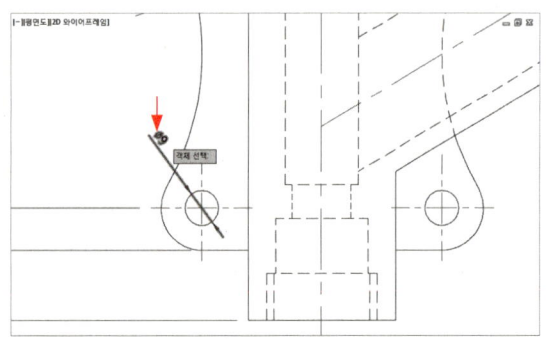
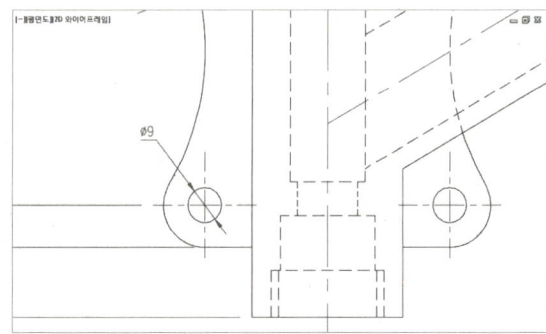

03 해치 작성

해치는 도면의 질을 높이거나 설계상 기능을 명확히 하거나 도면의 변경된 영역을 표시하는 부분에 사용된다.

3-1. 해치 작성

닫힌 영역이나 선택한 객체를 해치 패턴, 솔리드 채우기 또는 그라데이션 채우기로 채운다.

리본이 활성 상태인 경우 해치 작성 상황별 탭이 표시되고 리본이 꺼져 있을 때는 해치 및 그라데이션 대화상자가 표시된다.

다음은 해치를 작성할 때 알아둬야 할 사항이다.

- 해치 패턴의 경계는 닫힌 경계여야 한다. 경계는 선, 폴리선, 원, 호로 둘러싸인 영역이다.
- 해치를 작성할 때 경계로 지정할 부분을 줌 확대하고 [선택점] 옵션을 사용하여 영역 안에 점을 클릭하는 방법이 제일 간단하다.
- 한 가지 색으로 모두 칠한 것 같은 효과를 내려면 해치 패턴 중에서 [SOLID]를 사용한다.
- 해치를 작성할 때는 옵션 중 [연관]을 켠 상태에서 작성한다.
- 도면 레이아웃에 여러 개의 축척으로 뷰포트가 작성된 경우는 [주석] 옵션을 적용하여 해치의 축척이 모든 뷰포트에서 동일하도록 한다.
- 도면 내에 해치는 별도의 다른 도면층에서 작성하며 분해된 해치는 개별 객체가 되어 도면 크기가 증가하게 된다.

> ■ 실행 방법
> - 리본 : [홈] 탭-[그리기] 패널-해치 아이콘(▨)
> - 메뉴 : [그리기(D)]-[해치(H)]
> - 명령 입력 : HATCH
> - 단축키 : BH, H

해치 경계 이해하기

도면 내 영역을 클릭하여 해치를 작성할 경우 경계가 자동으로 인식되어 [해치 작성] 리본 탭에 기초하여 해치가 만들어진다. 그러나, 해치 대상 영역이 완전히 닫혀 있지 않은 경우 [해치-경계 정의 오류] 대화상자가 보여지며 닫힌 경계가 아님을 말해준다.

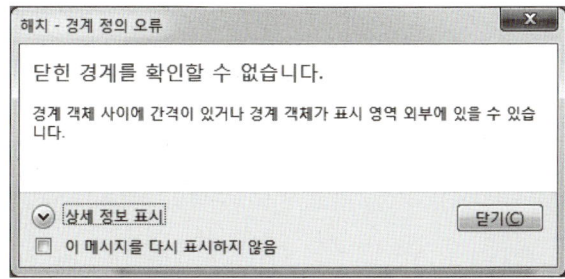

- **[해치 작성] 리본 탭–[경계] 패널**

해치나 그라데이션은 모두 경계가 정의되어야 한다. [해치 작성] 리본 탭의 [경계] 패널에서 [선택점]을 클릭하여 경계내 점(❶)을 선택하거나 [선택]을 클릭하여 경계로 객체(❷)를 선택한다.

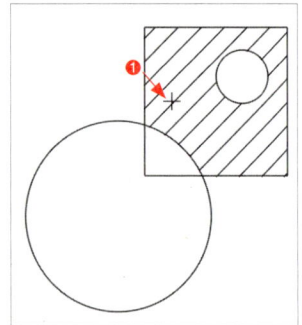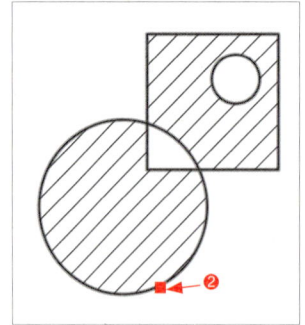

◆ 객체 내부 점 선택

또한, [경계] 패널을 확장하면 추가 옵션이 보인다. [경계 유지] 옵션을 선택한 경우 정의된 경계를 폴리선이나 영역으로 작성할 수 있다.

- **[해치 작성] 리본 탭–[패턴] 패널**

미리 정의 및 사용자 패턴 모두에 대한 미리보기 이미지를 표시한다.

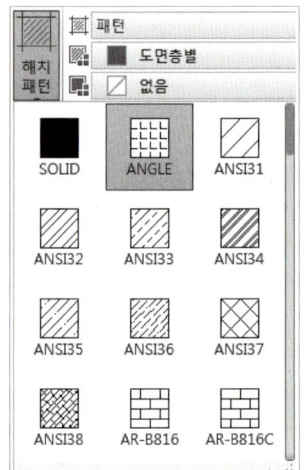

- **[해치 작성] 리본 탭–[특성] 패널**

해치 유형(솔리드, 그라데이션, 미리 정의된 해치 패턴 등), 해치 색상, 배경 색상, 투명도, 각도, 축척을 조정한다. 색상은 해치 패턴의 색상을 재지정하고 배경색은 해치 패턴 배경에 색상을 지정한다. 각도는 해치가 갖고 있는 원래 각도에 대한 상대 각도이다. 예를 들어, ANSI31 해치 패턴은 설정 각도가 45도이다. 각도 필드에 45도를 입력하면 패턴의 선은 90도로 수직 방향으로 그려진다. [특성] 패널을 확장하면 도면층을 현재 도면층 이외의 다른 도면층으로 지정도 가능하다.

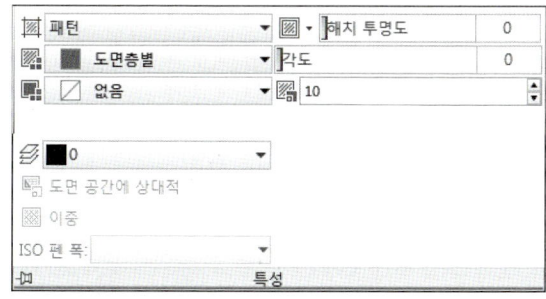
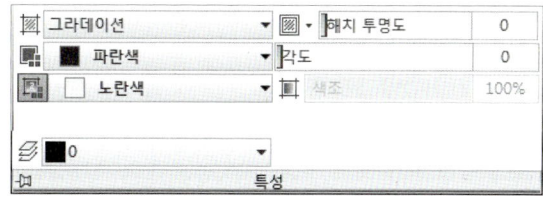

- [해치 작성] 리본 탭-[원점] 패널

해치 패턴 생성의 시작 위치를 조정한다. 벽돌 패턴과 같은 일부 해치는 해치 경계 내에 있는 한 점과 정렬시켜야 한다. 기본값은 모든 해치 원점은 현재 UCS 원점에 해당한다.

[원점 설정] 옵션을 사용하면 패턴의 시작점을 새로 지정하여 패턴을 작성할 수 있게 된다.

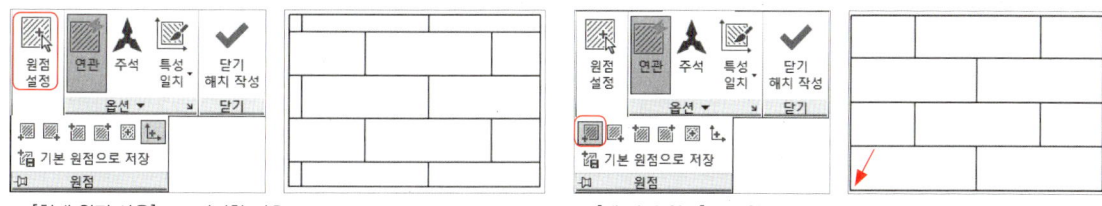

◆ [현재 원점 사용]으로 지정한 경우　　　　　◆ [맨 아래 왼쪽]으로 원점 지정한 경우

- [해치 작성] 리본 탭-[옵션] 패널

일반적으로 사용되는 해치나 채우기의 여러 옵션을 조정한다. [연관] 옵션을 지정하면 해치는 해당 경계 객체가 수정될 때 업데이트 된다.

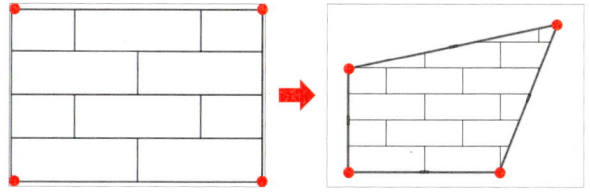

[개별 해치 작성] 옵션을 사용하면 따로 따로 해치가 작성된다.

해치 패턴이 포함된 도면을 편집할 때 [특성 일치] 옵션을 사용하면 기존 해치 패턴의 특성을 그대로 복사한다.

경계에 간격이 있는 경우 [차이 공차]를 설정하여 차이가 허용치 이하 거리인 경우 무시하도록 설정할 수 있다. 기본값 0은 객체가 차이 없이 영역을 닫아야 함을 지정한다.

해치 경계 탐지에서도 4가지가 있다. [일반 고립 영역 탐지]는 일반적으로 문자가 포함된 영역에서 해치를 작성할 때 편리하다. 문자와 겹친 부분은 해치가 되지 않는다.

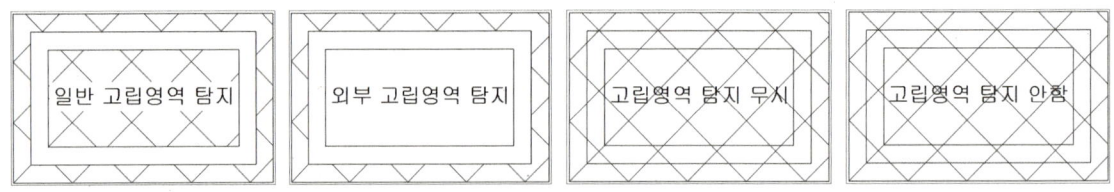

[그리기 순서]는 해치와 다른 모든 객체의 앞, 뒤 관계를 표시 순서에 따라 결정한다.

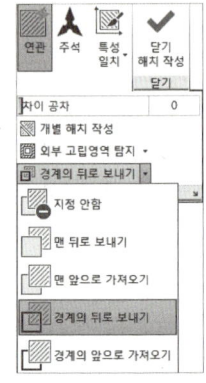

▶ 해치 작성하기

해치 영역을 지정하여 해치 패턴을 적용해본다.

01 예제 파일을 불러온다.
- 예제 파일 : Chapter10₩해치 작성.dwg
- 해치 작성하기

02 명령행에 'H'를 입력하고 Space Bar 를 누른다. [해치 작성] 탭-[패턴] 패널-[AR-B816C]를 선택한 후 커서를 벽면 부근에 갖다 대면 미리보기가 표시된다.

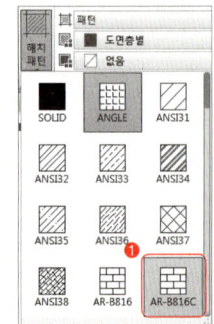

03 [해치 작성] 탭–[특성] 패널–[해치 패턴 축척] 필드에 1로 입력한다. 단 1로 지정되어 있다면 입력할 필요는 없다. [해치 작성] 탭–[옵션] 패널–[개별 해치 작성]과 [외부 고립영역 탐지]를 선택한다.

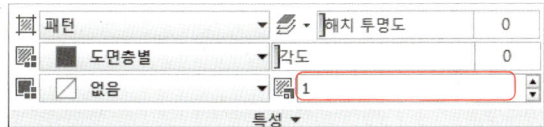
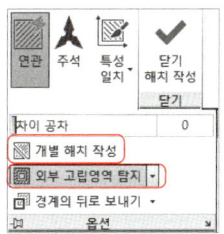

04 다음 그림처럼 ❶, ❷ 2개점을 클릭하고 Space Bar 를 누른다.

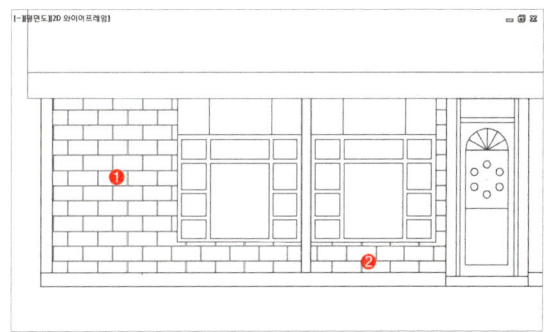

05 벽면 오른쪽 부분에도 해치하기 위해 명령행에 'H'를 입력하고 Space Bar 를 누른다. [해치 작성] 탭–[옵션] 패널–[개별 해치 작성]을 클릭하여 OFF로 한 다음, ❸영역에 커서를 대면 미리보기로 표시된다.

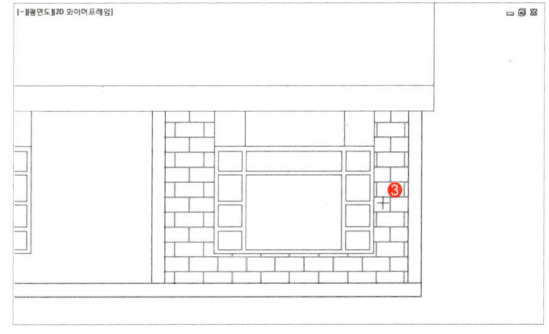

06 해치할 영역 3개소(❹~❻)의 내부 점을 클릭하고, [해치 작성] 탭–[원점] 패널–[원점 설정]을 클릭한다. 다음 그림처럼 끝점을 클릭하고 해치를 작성한 후 Esc 를 눌러 선택을 해제한다.

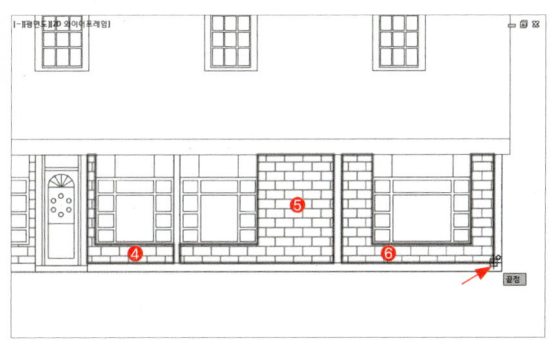

07 원점이 맨 아래 오른쪽을 기준으로 해치 패턴이 재배열된다. 해치를 작성한 후 [Space Bar]를 누른다.

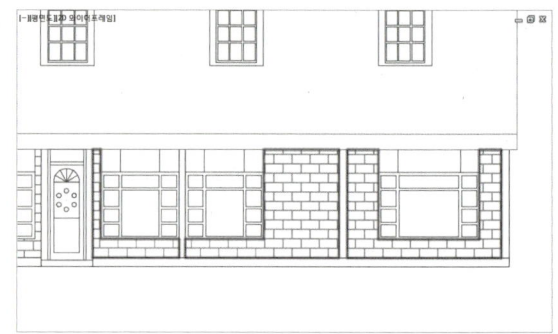

08 왼쪽 해치(❶, ❷)를 클릭해보면 개별 객체로 따로 따로 선택이 된다. [Esc]를 눌러 객체 선택을 해제한다. 오른쪽 해치(❸)는 하나로 선택된다.

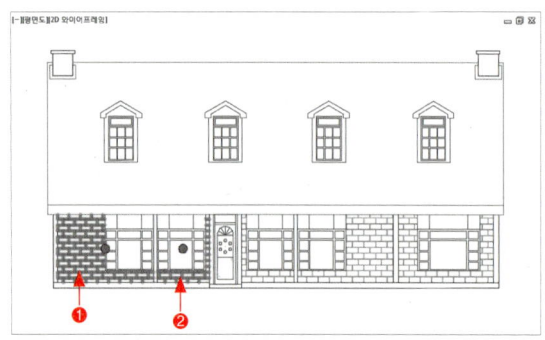 

09 지붕에 해치를 작성하기 위해 명령행에 'H'를 입력하고 [Space Bar]를 누른다. [해치 작성] 탭-[패턴] 패널-[AR-B88]을 선택한 후 지붕의 임의 점을 클릭하고 [Space Bar]를 누른다.

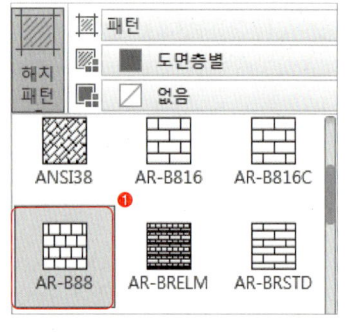 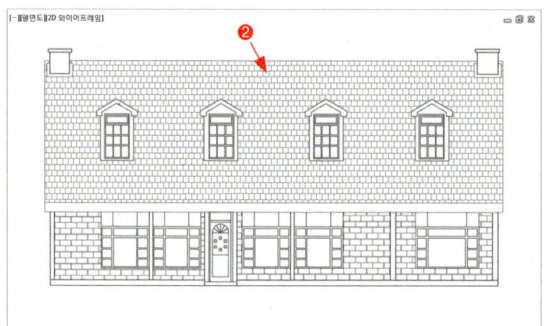

◘ 해치 그라데이션 작성하기

01 예제 파일을 불러온 후 지붕에 색상을 입히기 위해 명령행에 'H'를 입력하고 Space Bar 를 누른다. [해치 작성] 탭–[옵션] 패널–[특성 일치] 드롭다운–[현재 원점 사용]을 클릭한다.

- 예제 파일 : Chapter10₩해치 그라데이션.dwg

▶ 해치 그라데이션 작성하기

02 복사 원본 해치 객체로 오른쪽 가장 위에 있는 그라데이션 패턴을 클릭한다.

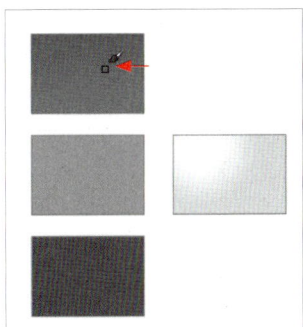

03 [해치 작성] 탭–[옵션] 패널–[그리기 순서] 드롭다운–[맨 뒤로 보내기]를 클릭한다.

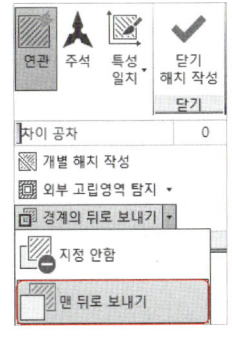

04 [해치 작성] 탭–[특성] 패널–[해치 도면층 재지정]제어–[Hatching]을 선택한다.

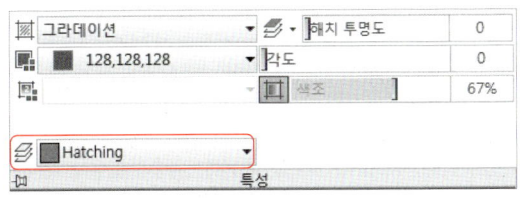

05 지붕 영역의 임의 점을 클릭한다. 해치가 완료되면 Space Bar 를 누른다. 다시 한 번 Space Bar 를 눌러 해치 명령을 반복 실행한다. [해치 작성] 탭-[옵션] 패널-[특성 일치] 드롭다운-[현재 원점 사용]을 클릭한다.

06 복사 원본 해치 객체로 오른쪽 두 번째 그라데이션 패턴을 클릭한다.

07 다음 그림을 참조하여 해치 영역을 클릭하고 해치가 완료되면 Space Bar 를 누른다.

08 해치 배경 옵션을 사용하여 기와 무늬 패턴에 그라데이션을 추가하기 위해 오른쪽 해치를 먼저 클릭한다.

09 [해치 편집기] 탭-[특성] 패널-[배경 색상] 제어-[추가 색상]을 클릭하고 [색상 선택] 대화상자의 [트루컬러] 탭의 색상에 [159,103,96]을 입력하고 [확인] 버튼을 클릭한다.

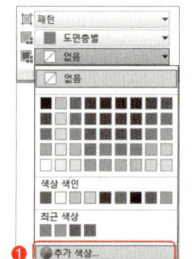 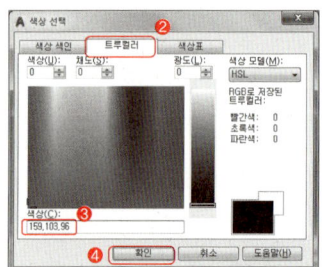

10 해치에 배경 색상이 주어지고 Esc 를 눌러 객체 선택을 해제한다. 마찬가지로 왼쪽의 2개 해치에도 배경 색상을 부여한다.

11 기초 부분에도 해치를 추가하기 위해 명령행에 'H'를 입력하고 Space Bar 를 누른다. [해치 작성] 탭-[특성] 패널-[해치 색상] 드롭다운-[추가 색상]을 클릭한다. [색상 선택] 대화상자에서 [색상 색인] 탭의 [색상] 필드에 254를 입력하고 [확인] 버튼을 클릭한다.

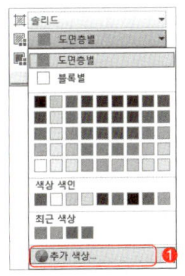 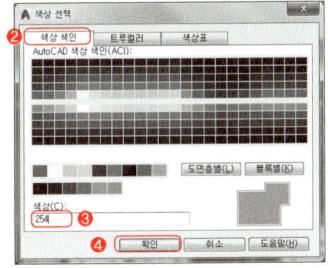

12 [해치 작성]-[특성] 패널-[해치 도면층 재지정] 제어-[Hatching]을 선택한다. 기초 내부 2개소의 임의 지점을 클릭하고 해치가 완료되면 Space Bar 를 누른다.

13 위쪽의 배경에 그라데이션을 추가하기 위해 도면층 특성 관리자에서 [Hatch_Swatch] 도면층을 동결하고 [Background-Frame] 도면층을 동결 해제한다.

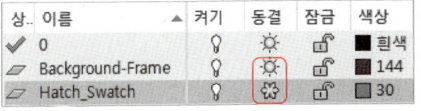

14 명령행에 'H'를 입력하고 Space Bar 를 누른다. [해치 작성] 탭-[특성] 패널-[해치 유형] 드롭다운-[그라데이션]을 클릭한다. 그라데이션 색상은 41,49,137, 그라데이션 배경 색상은 255,255,255, 그라데이션 각도는 0으로 입력한다. [원점] 패널-[중심]을 클릭하여 ON으로 설정한다.

15 위 배경을 클릭하고 해치가 완료되면 Space Bar 를 누른다. 마찬가지로 109,184,71 색상을 하부 배경에 그라데이션으로 적용한다.

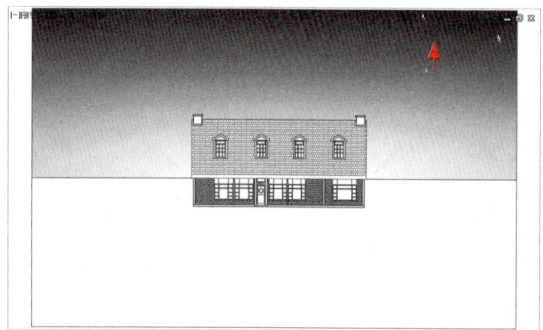 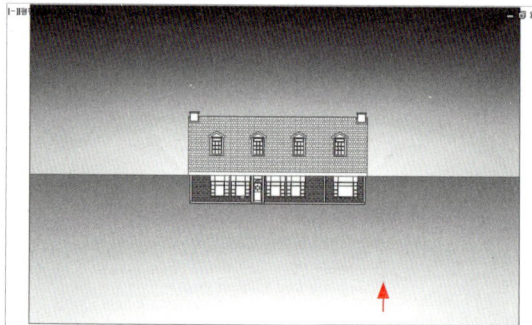

3-2. 해치 편집

해치 작성은 연관 특성을 체크한 상태에서 작성하면 이후에 변경이 되었을 때 효율적으로 편집할 수 있다. 해치 패턴을 선택하면 [해치 편집기] 리본 탭이 표시되고 선택한 해치 패턴이 보인다. 해치 작성 때와 마찬가지로 여러 옵션과 특성들을 미리보기로 보면서 수정하면 된다.

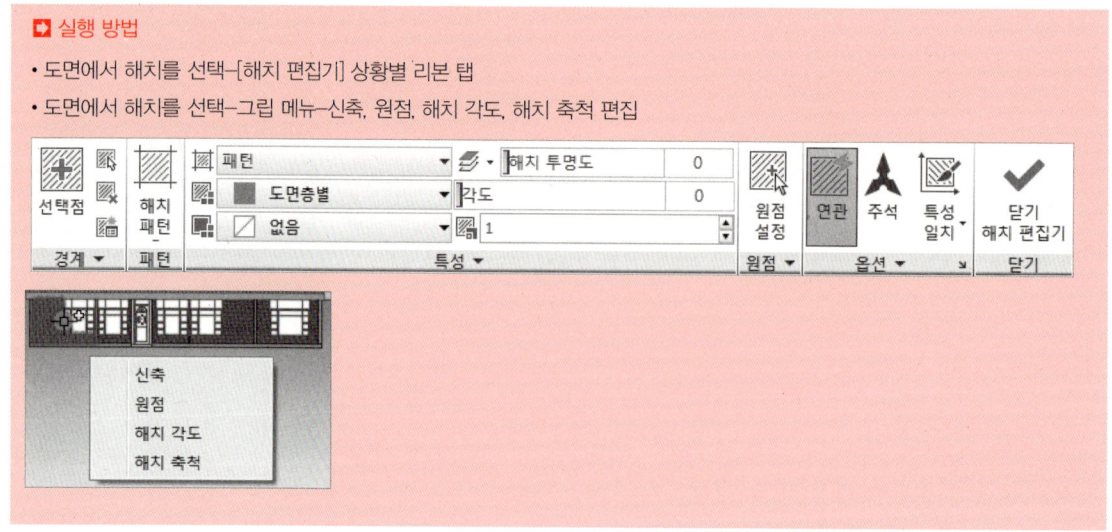

◘ 해치 편집하기

경계 객체 제거로 해치 부분을 수정하여 업데이트를 해본다.

01 예제 파일을 불러온 후 명령행에 'E'를 입력하고 Space Bar 를 누른다. 윈도우 선택 옵션으로 선택하기 위해 객체 선택 프롬프트에 'W'를 입력하고 Space Bar 를 누른다. 지붕창을 2개 선택한 후 Space Bar 를 눌러 삭제한다.

■ 예제 파일 : Chapter10₩해치 편집.dwg　　　▶ 해치 편집하기

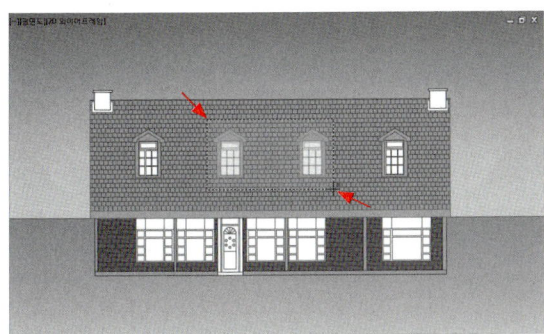
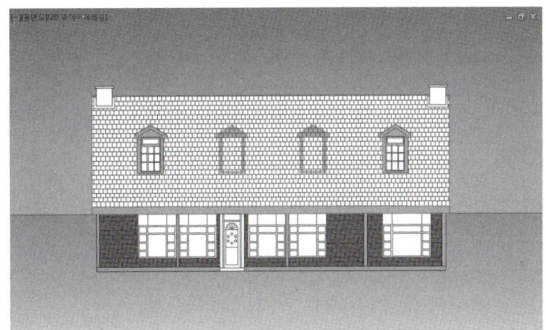

02 지붕창과 연관된 경계를 삭제하기 위해 처마 부분 해치(색상 194,188,158)를 선택한다. [해치 편집기] 리본-[경계] 패널-[경계 객체 제거]를 클릭한다.

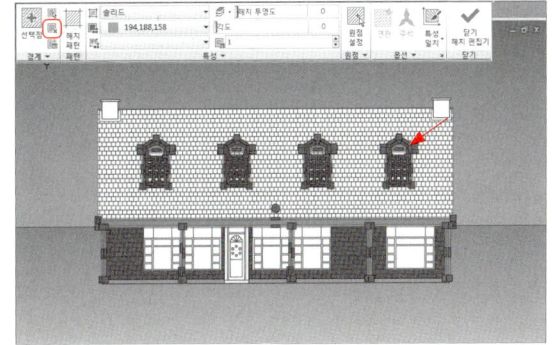

03 제거할 객체로 2번 과정에서 지운 부분에서 지붕창의 경계를 정의하는 폴리선을 하나씩 클릭해 경계를 삭제한다.

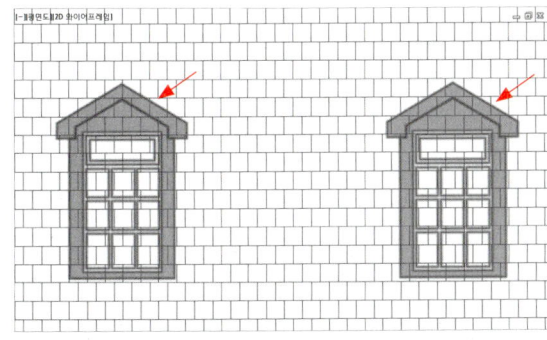
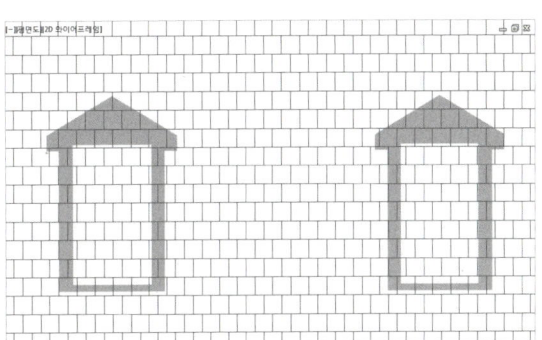

04 경계가 모두 삭제되었으면 Space Bar 를 누른다. 관련 해치가 모두 삭제된다. Esc 를 눌러 객체 선택을 해제한다.

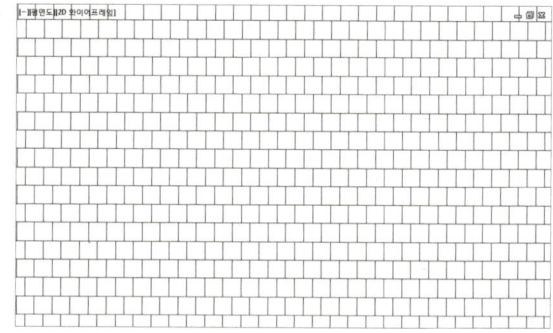

05 지붕의 해치 패턴과 축척을 변경하기 위해 지붕 해치를 클릭한다. [해치 편집기] 탭-[패턴] 패널-[해치 패턴]을 클릭하여 [AR-RSHKE]를 선택한다. 그리고 해치 패턴 축척을 1.5로 입력하고 Enter 를 누른다. Esc 를 눌러 객체 선택을 해제 한다.

06 명령행에 'M'을 입력하고 Space Bar 를 누른다. 윈도우 선택 옵션을 실행하기 위해 'W'를 입력 후 창문을 선택하고 Space Bar 를 누른다.

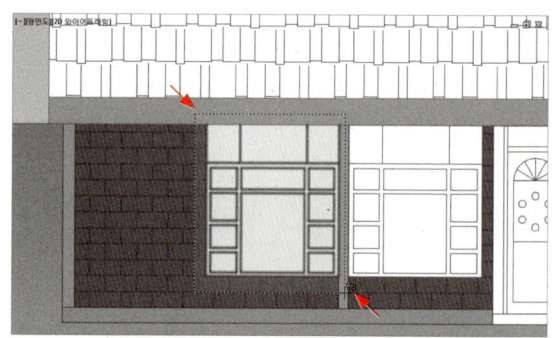

07 직접 거리 입력으로 수평 왼쪽 방향으로 커서를 이동 후 1000을 입력하고 Space Bar 를 누른다.

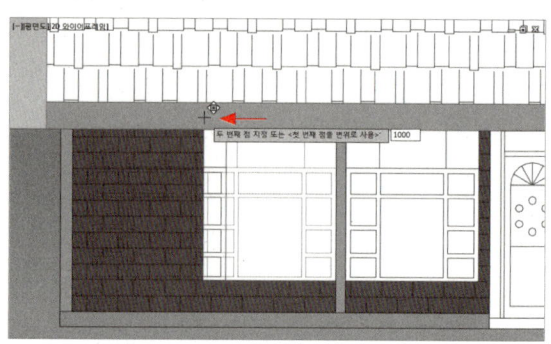

08 창을 이동하면 경계에 간격이 생겨 해치 경계의 자동조정이 삭제된다. 이것을 수정하기 위해 벽돌 무늬 해치(❶)를 선택한다. [해치 편집기] 탭–[경계] 패널–[선택점]을 클릭하여 창과 벽 사이의 영역(❷)을 클릭하고 Space Bar 를 누른다.

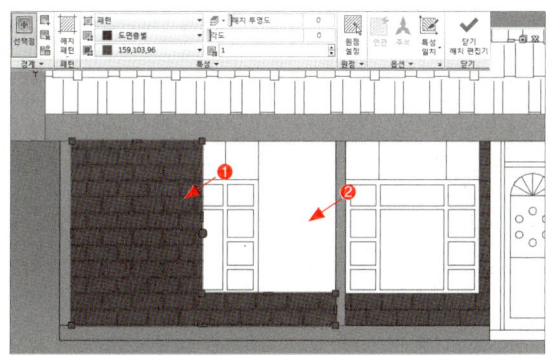

09 해치 경계를 정리하기 위해 상태 막대의 [선택 순환] 아이콘( )을 클릭해 ON으로 설정한다. [해치 편집기] 탭–[경계] 패널–[경계 객체 제거]를 클릭하고 다음 그림처럼 경계를 클릭한다.

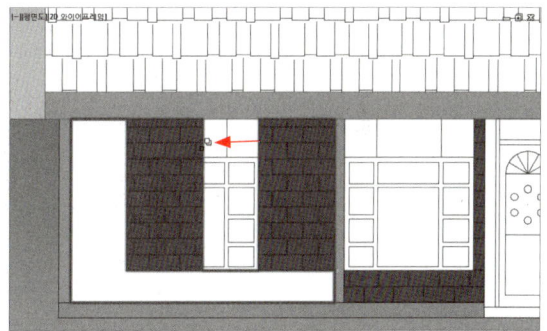

10 [선택] 대화상자에서 경계를 정의할 객체로 폴리선을 선택하고 Space Bar 를 누른다. 해치 편집이 완료되면 Esc 를 눌러 객체 선택을 해제한다.

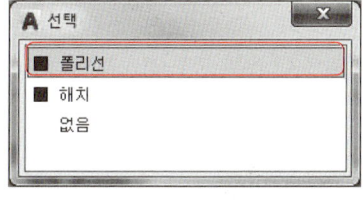

위 방법은 경계 객체 재정의로 해치를 업데이트 했지만 상황에 따라 해치를 삭제하고 새롭게 작성하는 것이 빠를 경우도 있다.

04 다중 지시선 작성

도면의 그림이나 모든 점에서 지시선을 작성할 수 있으며 사용자가 그리면서 그 모양을 조정할 수 있다. 지시선은 직선 또는 부드러운 스플라인 곡선으로 할 수 있다.

4-1. 다중 지시선 작성

다중 지시선 객체를 작성한다. 화살촉 먼저, 지시선, 연결선 먼저 또는 컨텐츠 먼저로 다중 지시선을 작성할 수 있다. 다중 지시선 스타일을 사용한 경우 지정한 해당 스타일에서 다중 지시선을 작성하게 된다.

지시선 객체는 한쪽 끝에는 화살촉이 있고 다른 쪽 끝에는 여러 줄 문자 객체 또는 블록이 선이나 스플라인으로 연결되어 있다.

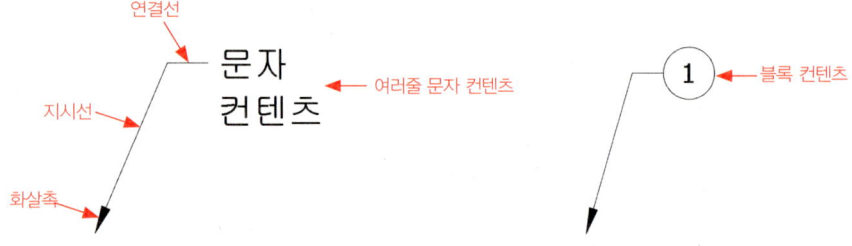

이처럼 연결선 및 지시선은 여러 줄 문자 객체 또는 블록과 연결되어 있으므로 연결선이 재배치되면 컨텐츠 및 지시선도 따라서 이동한다.

> **실행 방법**
> - 리본 : [홈] 탭–[주석] 패널–지시선 아이콘(⌁)
> - 리본 : [주석] 탭–[지시선] 패널–다중 지시선 아이콘(⌁)
> - 메뉴 : [치수(N)]–[다중 지시선(E)]
> - 명령 입력 : MLEADER
> - 단축키 : MLD

[다중 지시선 스타일 관리자]

다중 지시선 객체를 작성할 때 사용할 수 있는 스타일을 작성 및 수정한다. 다음 그림은 다중 지시선과 관련된 특성으로 지지선 형식, 지시선 구조, 내용 등 크게 3가지로 분류된다.

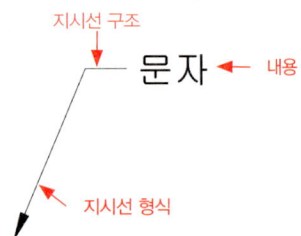

🔄 실행 방법

- **리본** : [홈] 탭-[주석] 패널-다중 지시선 스타일 아이콘(🖉)
- **리본** : [주석] 탭-[지시선] 패널-다중 지시선 스타일 확장 화살표(⭙)
- **메뉴** : [형식(O)]-[다중 지시선 스타일(I)]
- **명령 입력** : MLEADERSTYLE
- **단축키** : MLS

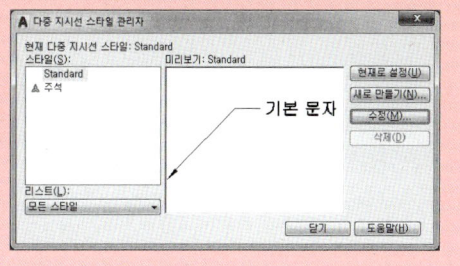

- 새 치수 스타일 대화상자 : [지시선 형식] 탭

화살촉의 설정과 크기, 지시선의 유형(직선 또는 스플라인)을 지정한다.

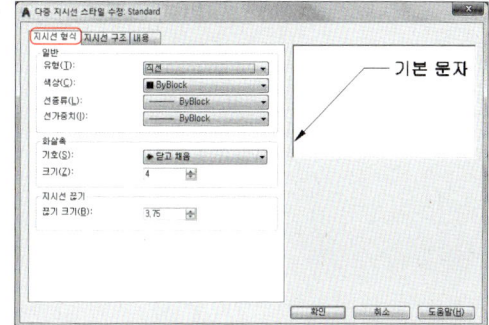

- 새 치수 스타일 대화상자 : [지시선 구조] 탭

세그먼트 각도, 연결선 설정, 전체 다중 지시선의 축척과 주석 적용을 지정한다.

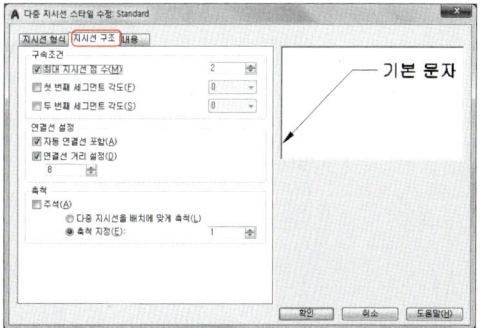

- 새 치수 스타일 대화상자 : [내용] 탭

지시선에 부착될 내용의 종류(여러 줄 문자, 블록)을 지정한다.

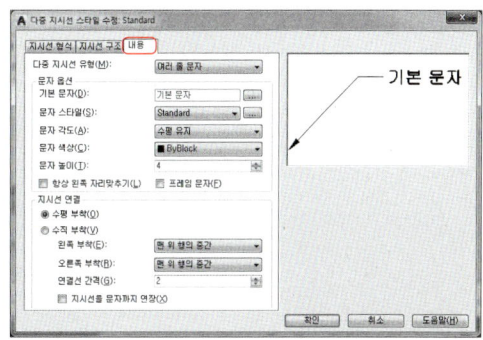

◐ 다중 지시선 작성하기

예제를 통해 다중 지시선 작성과 지시선 정렬, 지시선 수집, 지시선 추가 기능을 살펴본다.

01 예제 파일을 불러온 후 새로운 다중 지시선 스타일을 작성하기 위해 [주석] 탭–[지시선] 패널–다중 지시선 스타일 확장 화살표( )를 클릭한다. [다중 지시선 스타일 관리자] 대화상자에서 [새로 만들기] 버튼을 클릭한다.

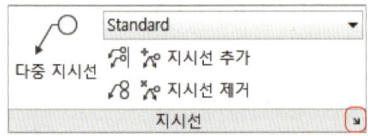

■ 예제 파일 : Chapter10₩다중 지시선 작성.dwg   ▶ 다중 지시선 작성하기

02 [새 다중 지시선 스타일 작성] 대화상자의 [새 스타일 이름]에 "품번"을 입력하고 [계속] 버튼을 클릭한다.

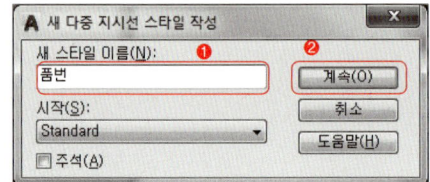

03 [다중 지시선 스타일 수정: 품번] 대화상자의 [내용] 탭을 클릭하고 다중 지시선 유형에서 [블록]을 선택하고 원본 블록으로 [원]을 선택한 후 부착에서 [삽입점]을 선택한다.

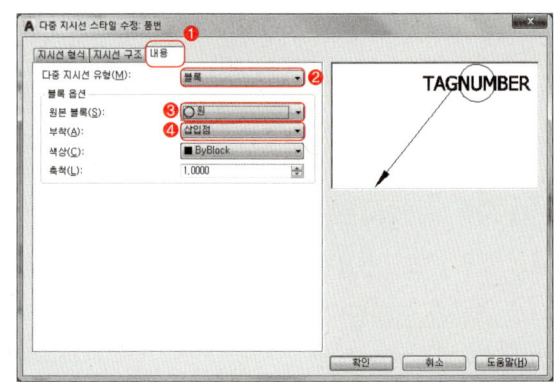

04 [지시선 구조] 탭을 클릭하고 [자동 연결선 포함]을 체크 해제하고 [확인] 버튼을 클릭한다. [다중 지시선 스타일 관리자] 대화상자에서 [닫기] 버튼을 클릭한다.

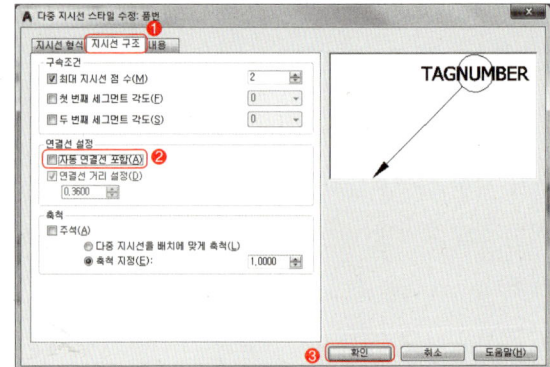

05 [주석] 탭-[지시선] 패널-[다중 지시선]을 클릭한다. 지시선 화살표 위치로 가장 앞 부품의 상부 중간점(❶)을 클릭하고 지시선 위치로 임의 점(❷)을 클릭한다.

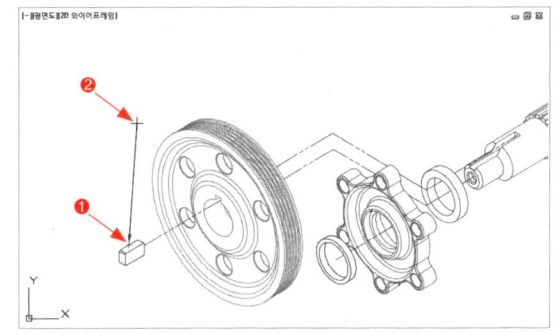

06 [속성 편집] 대화상자에서 속성값으로 1을 입력하고 [확인] 버튼을 클릭한다.

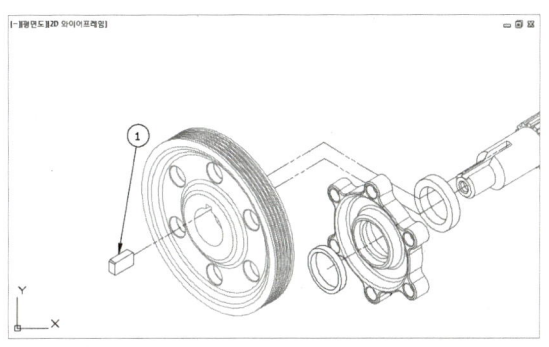

07 동일한 방법으로 2번과 3번 지시선을 작성한다.

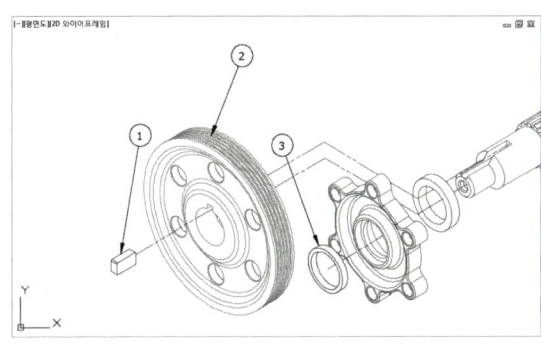

08 다중 지시선 위치를 정렬시키기 위해 [주석] 탭-[지시선] 패널-[정렬( )]을 클릭한다.

Chapter 10_도면 주석 작성 323

09 작성한 지시선을 모두 선택하고 Space Bar 를 누른다. 명령 옵션에서 [옵션(O)]을 클릭하고 [현재 간격두기 사용(U)]을 클릭한다.

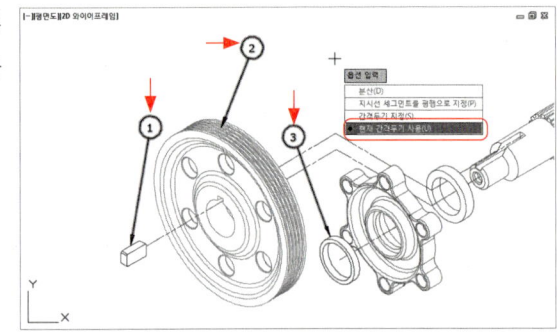

10 정렬할 다중 지시선으로 2번 지시선을 선택하고 직교 모드를 켠 후 2번 지시선과 나란한 임의 점을 클릭한다.

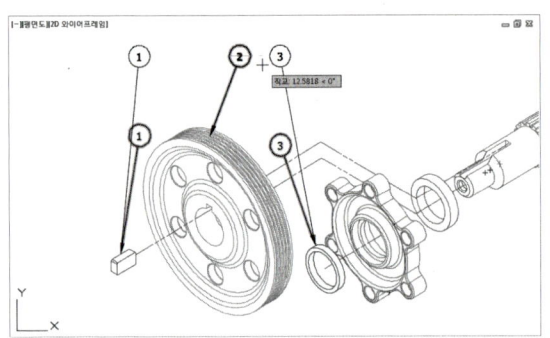
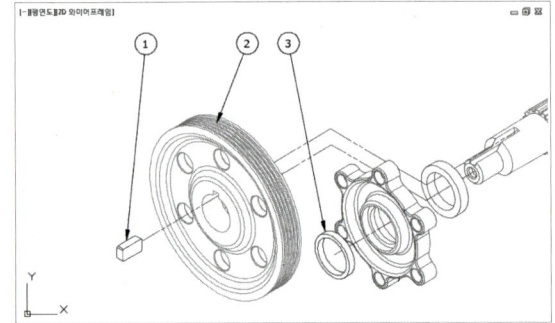

11 다음 그림처럼 [주석] 탭-[지시선] 패널-[다중 지시선]을 클릭하여 지시선 5번을 베어링 부분에 작성한다.

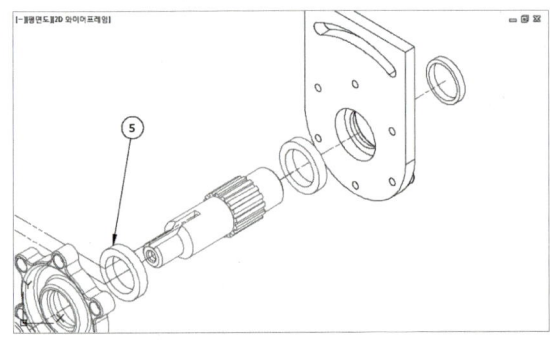

12 [주석] 탭-[지시선] 패널-[지시선 추가( )]를 클릭하고 지시선 5번을 선택한다. 2번째 지시선 화살표 위치를 반대쪽 베어링의 중간점을 클릭하고 Space Bar 를 누른다.

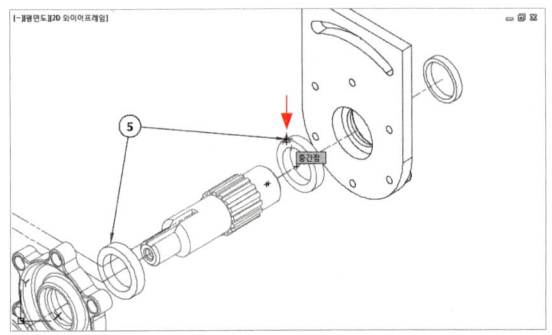

13 4번, 8번, 9번 다중 지시선을 추가한다.

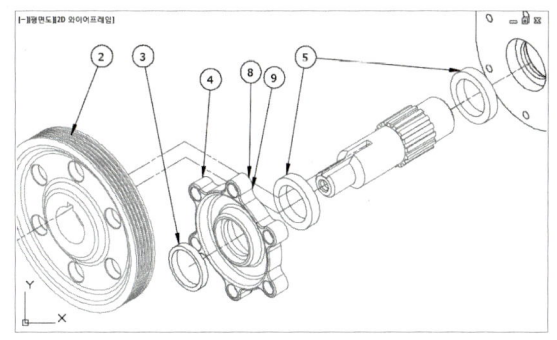

14 지시선을 그룹으로 하기 위해 [주석] 탭-[지시선] 패널-[수집(/8)]을 클릭한다. 4번, 8번, 9번 다중 지시선을 번호 순서대로 클릭하고 Space Bar 를 누른다. 미리보기를 확인하면서 임의 점을 클릭하고 다중 지시선을 배치한다.

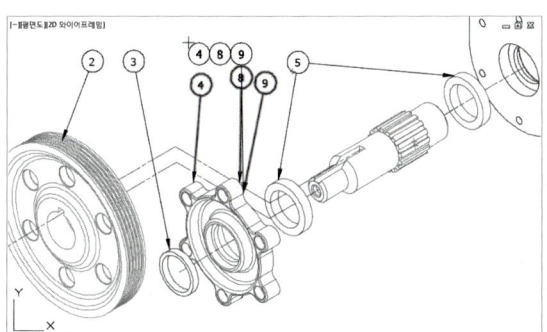 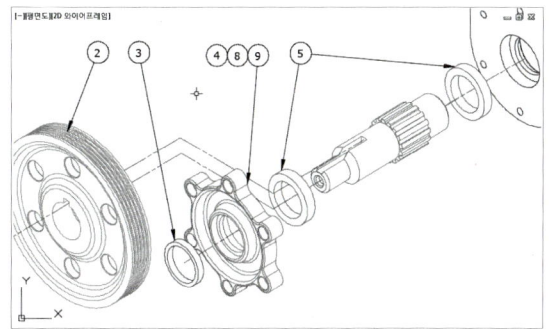

15 이번에는 화살표 대신 내용을 먼저 입력하는 연습을 해본다. [주석] 탭-[지시선] 패널-[다중 지시선]을 클릭하고 옵션에서 [컨텐츠 먼저]를 선택한다.

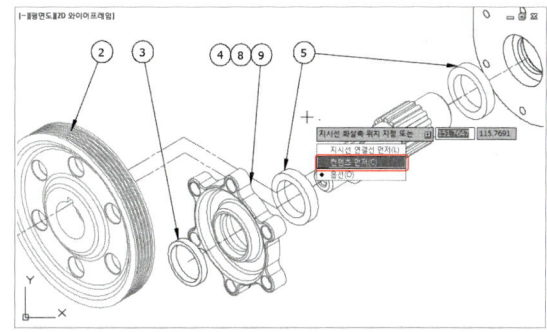

16 블록에 대한 삽입점을 지시선 5번 아래로 클릭한다.

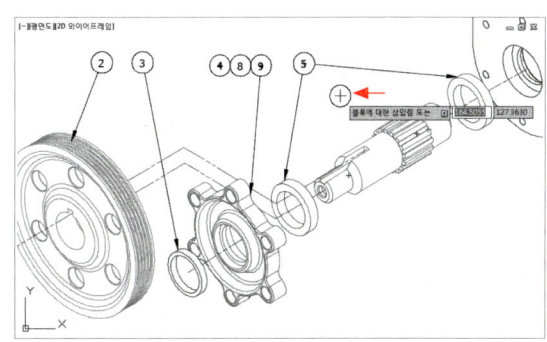

17 태그 번호는 6을 입력하고 [확인] 버튼을 클릭한다.

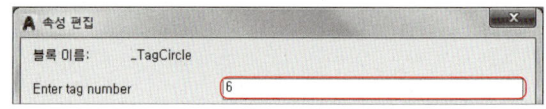

18 지시선 화살촉 위치를 클릭한다.

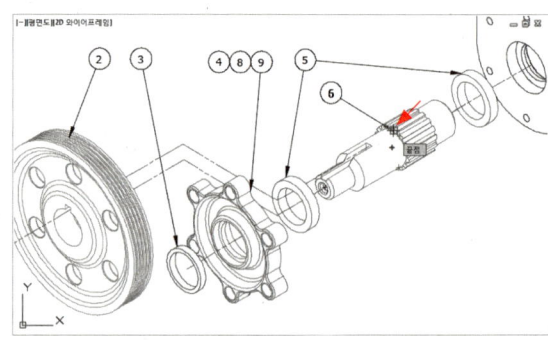

19 [주석] 탭-[지시선] 패널-[다중 지시선]을 클릭하고 옵션에서 [지시선 연결선 먼저]를 클릭한다.

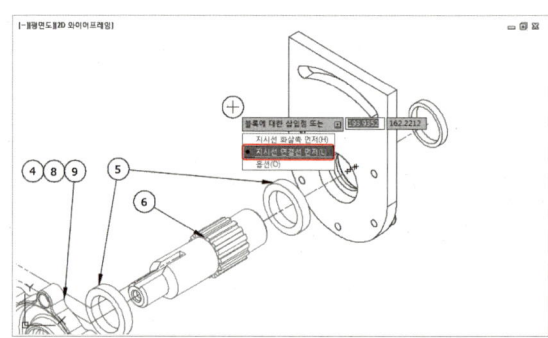

20 다음 그림처럼 지시선 7번을 작성한다. 마지막 부품에도 지시선 3번을 추가 작성한다.

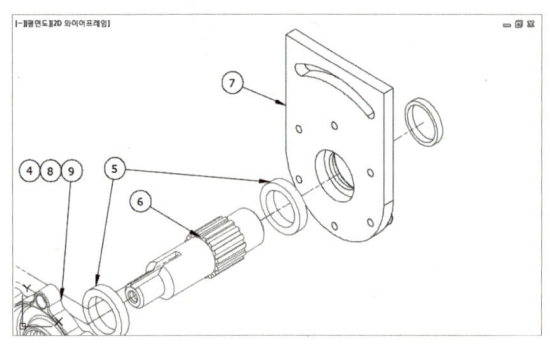
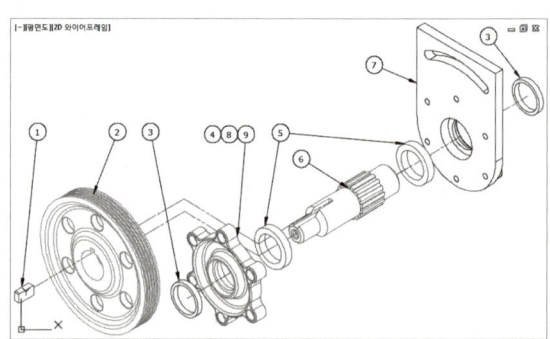

05 주석 객체 개요

주석 축척은 배치에서 주석 객체를 배치할 때 축척에 따라 크기나 스타일을 자동적으로 조정하여 같은 크기로 보이도록 설정함을 말한다. 예를 들어, 1:100, 1:50, 1:20 도면을 인쇄할 경우 3개의 축척별로 주석 객체에 주석을 적용하면 동일한 크기로 주석들이 보인다. 주석 축척 객체는 문자, 치수, 해치, 다중 지시선, 블록 등에 적용한다.

5-1. 주석 축척

주석 객체는 치수, 주 및 일반적으로 도면에 정보를 추가하는데 사용되는 다른 유형의 설명 기호 또는 객체를 포함한다.

주석 객체를 사용할 때는 용지 출력상의 높이나 축척을 지정한 다음 객체를 표시할 주석 축척을 지정하여 정의한다. 주석 객체 하나에 여러 축척을 지정할 수 있으며, 각 축척 표현은 서로 독립적으로 이동할 수 있다.

주석 축척은 주석을 적용시킬 주석 객체의 확대/축소 비율이다. 축척 1/10 도면에서 용지 상에 5mm 높이의 문자를 인쇄할 때는 문자 높이를 50mm로 모형공간에 기입해야 한다.

그러나 주석 적용은 문자 높이를 용지 상에 문자 높이(5mm)만 정의하고 도면에 축척을 부여하면 자동적으로 그 크기에 맞게 출력할 수 있게 한다. 이때의 확대/축소 비율을 '주석 축척'이라 한다. 주석 객체를 작성하려면 문자, 치수, 다중 지시선 등 스타일을 작성할 때 [주석]을 ON 상태로 지정하면 간단히 주석 객체를 작성할 수 있다.

블록, 속성 블록, 해치도 마찬가지로 주석 아이콘(✦)을 ON하면 주석 객체 적용이 된다.

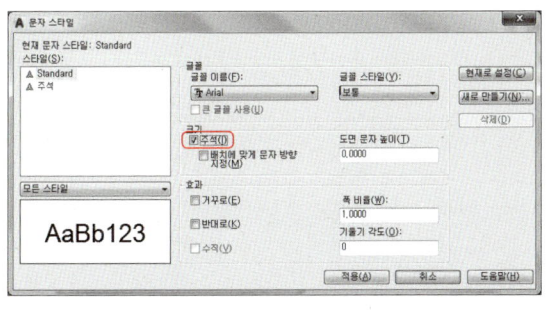

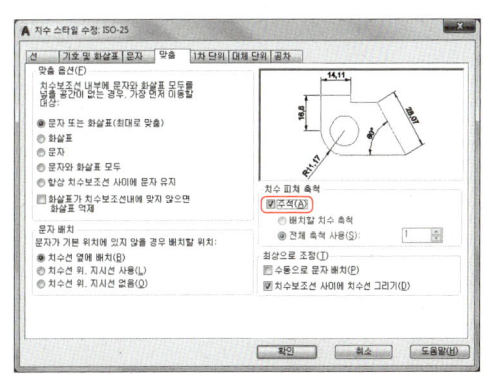

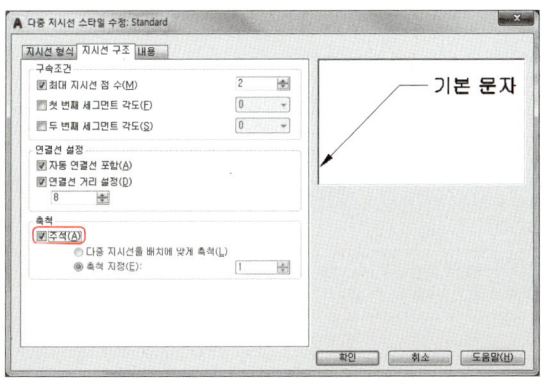

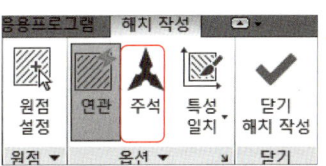

다음 이미지를 보면 축척에 따라 객체 크기는 다르지만 주석으로 사용된 치수는 같은 크기임을 알 수 있다. 도면 공간의 크기에 주석 축척을 곱한 값이 모형공간의 크기가 된다. 다음 그림은 왼쪽이 배치탭, 오른쪽이 모형탭이다. 주석이 적용된 객체를 모형공간에서 클릭하면 주석 축척별로 객체 크기가 다름을 알 수 있다.

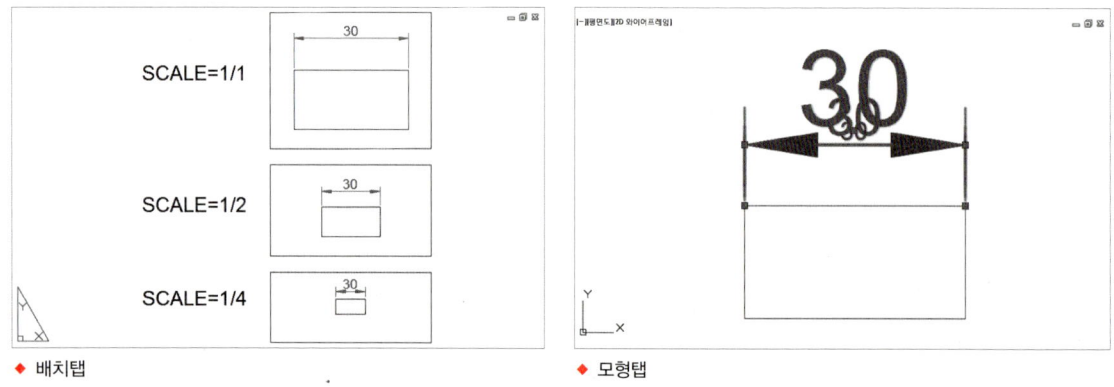

◆ 배치탭　　　　　　　　　　　　　　　　◆ 모형탭

주석 축척 설정과 연관된 아이콘은 2개가 있다. 아이콘의 켜기/끄기에 따라 주석 축척이 적용된 객체가 달라진다. 또한 [주석 축척] 리스트가 있어 언제라도 축척을 변경할 수 있다.

> ◇ 명령 옵션 ◇
>
> - (켜기) (끄기) : 주석 가시성으로 켜기 상태는 AutoCAD에서 모든 축척의 주석 객체를 보여준다. 끄기 상태는 현재 주석 축척과 일치한 축척 표현만 보여준다.
> - (켜기) (끄기) : 켜기 상태는 주석 축척이 변경되면 자동으로 새로운 축척이 주석 객체에 추가된다. 끄기 상태는 주석 축척이 변경이 되어도 자동으로 객체에 축척이 추가되지 않는다.

다음은 주석 축척 명령 및 시스템변수이다.

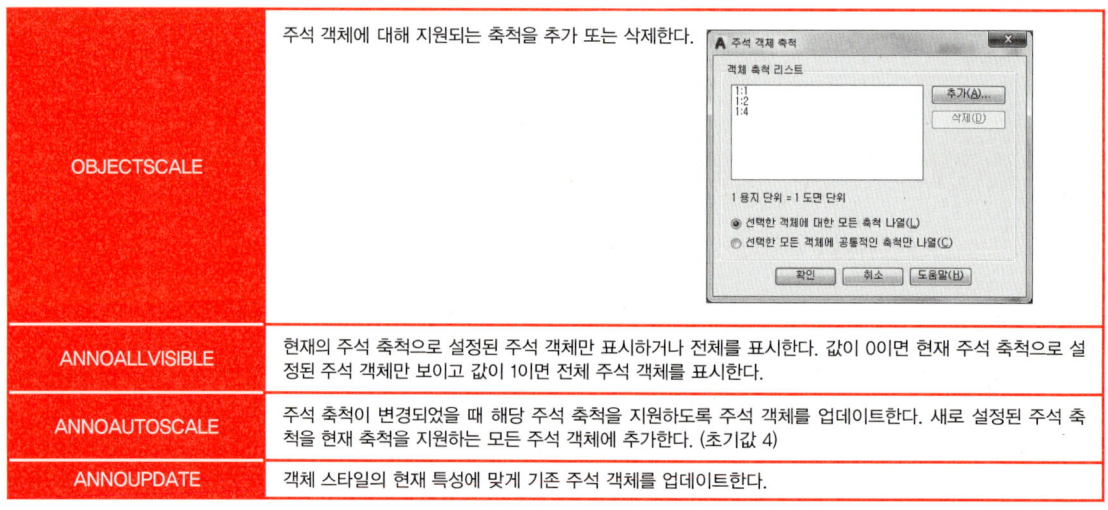

명령	설명
OBJECTSCALE	주석 객체에 대해 지원되는 축척을 추가 또는 삭제한다.
ANNOALLVISIBLE	현재의 주석 축척으로 설정된 주석 객체만 표시하거나 전체를 표시한다. 값이 0이면 현재 주석 축척으로 설정된 주석 객체만 보이고 값이 1이면 전체 주석 객체를 표시한다.
ANNOAUTOSCALE	주석 축척이 변경되었을 때 해당 주석 축척을 지원하도록 주석 객체를 업데이트한다. 새로 설정된 주석 축척을 현재 축척을 지원하는 모든 주석 객체에 추가한다. (초기값 4)
ANNOUPDATE	객체 스타일의 현재 특성에 맞게 기존 주석 객체를 업데이트한다.

◯ 주석 축척하기

뷰포트별로 축척을 달리한 경우라도 배치탭에서 보여지는 주석의 크기는 동일하다는 걸 알 수 있다.

01 예제 파일을 불러온다.
- 예제 파일 : Chapter10\주석 축척.dwg
- ▶ 주석 축척하기

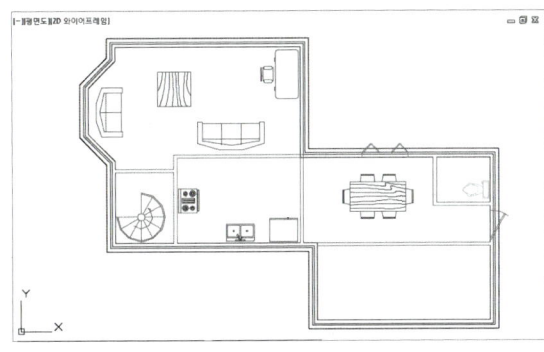

02 모형탭에서 명령행에 'D'를 입력하고 치수 스타일 관리자를 실행한 후 [수정] 버튼을 클릭한다. [맞춤] 탭을 클릭하고 주석을 체크 후 [확인] 버튼을 클릭한다. 다음으로 [닫기] 버튼을 클릭한다.

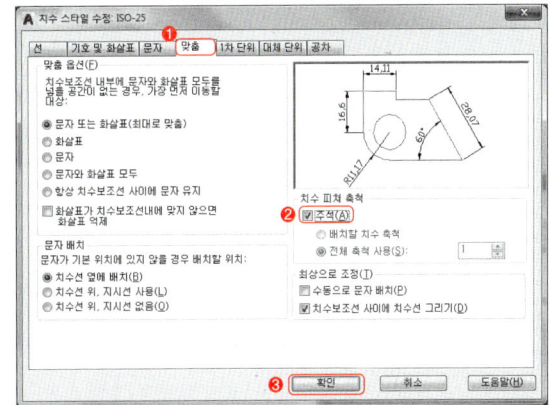

03 현재 도면층을 Viewports에서 Dimension으로 변경하기 위해 [홈] 탭-[도면층] 패널에서 Dimension을 클릭한다. 모형탭에서 상태 막대의 주석 축척 설정은 다음 그림과 같이 주석 관련 아이콘은 ON 상태로 한다. 주석 축척은 리스트에서 선택하면 된다.

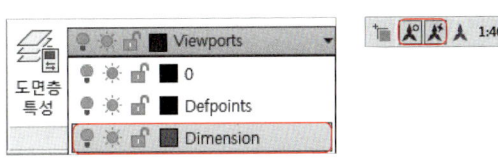

04 상단 왼쪽에 선형 치수를 기입하기 위해 명령행에 'DLI'를 입력하고 선형 치수를 3군데 기입한다. 기입한 치수에 마우스를 갖다대면 주석이 적용되었다는 표식(A)이 보인다.

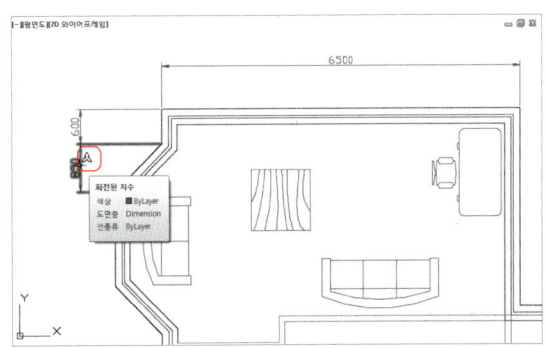

| TIP | 주석이 적용되었음을 말하는 표식(▲)은 삼각스케일의 단면 형상을 닮은 아이콘이다. |

05 [배치1] 탭을 클릭한다. 왼쪽에선 치수가 보이지만 오른쪽은 보이지 않는다.

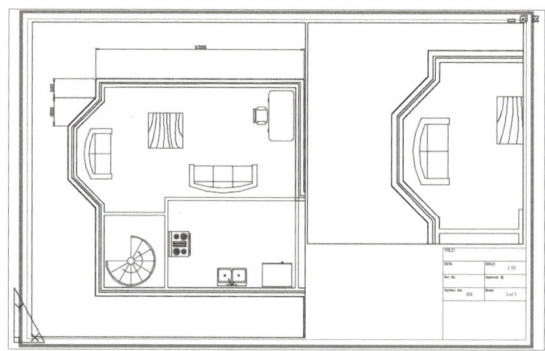

06 왼쪽 파란색 테두리(뷰포트)를 클릭해보면 상태 막대에 뷰포트 축척이 1:40임이 확인된다.

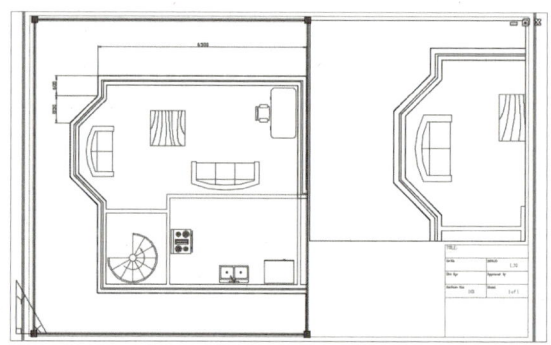

07 상태 막대에서 [주석 객체 표시–현재 축척에서]를 클릭하여 [주석 객체 표시–항상]으로 전환한다. 그러면 오른쪽에도 치수가 보인다.

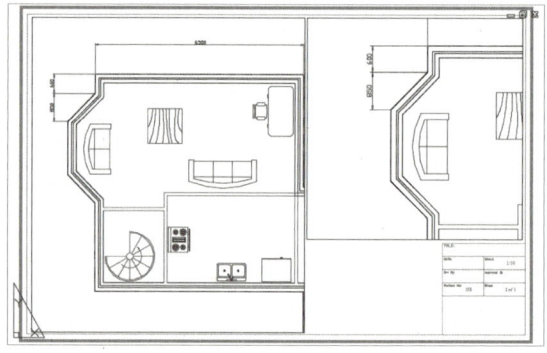

08 치수를 비교해보면 서로 크기가 동일하지 않다. 치수 크기가 동일하도록 하기 위해 모형탭을 클릭하고 주석 축척 중 1:30을 클릭해 추가한다. [주석 축척 변경 시 주석 객체에 축척 추가–켜기] 상태이므로, 1:30을 클릭하면 자동으로 주석 객체에 1:30 축척이 부여된다.

09 치수에 마우스를 갖다대면 아이콘이 2개가 생성된 걸 확인할 수 있다.

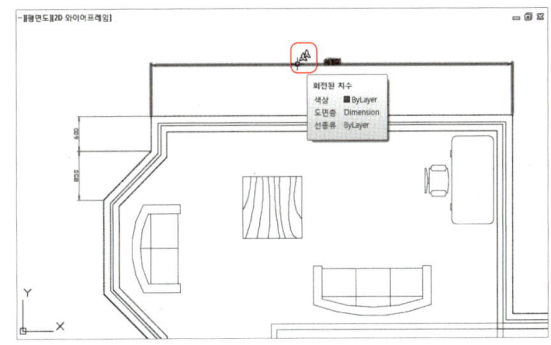

10 모형탭에서 그대로 선형 치수를 클릭해보면 크기가 다른 2개 문자가 보인다. 하나는 1:30, 또 다른 하나는 1:40에 적용되기 때문이다.

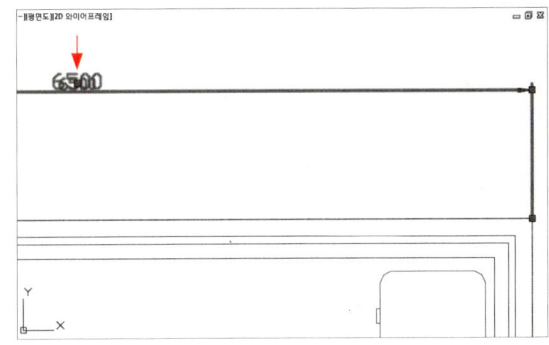

11 왼쪽에 선형 치수 2개를 추가 기입한다.

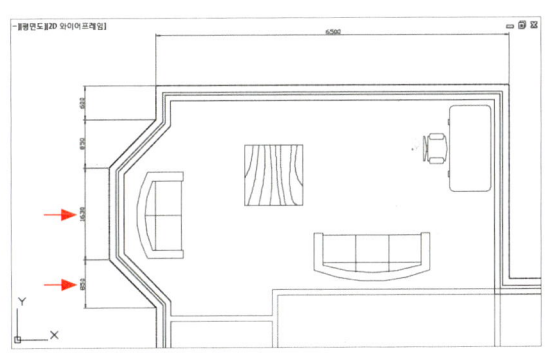

12 [배치1] 탭을 클릭해 도면공간으로 전환한다. 왼쪽, 오른쪽 모두 선형 치수가 보인다.

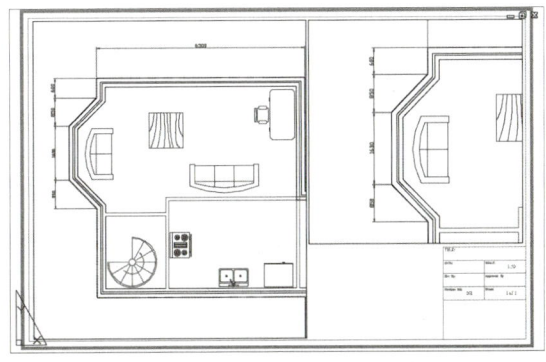

13 상태 막대에서 [주석 객체 표시-항상]을 클릭하여 OFF 상태로 한다. 선형 치수가 해당 주석 축척에서 적용된 걸로만 보인다. 12번 과정에서 작성한 2개 선형 치수는 1:30에 적용된 것이므로 1:40 뷰포트 축척에서는 보이지 않게 된다.

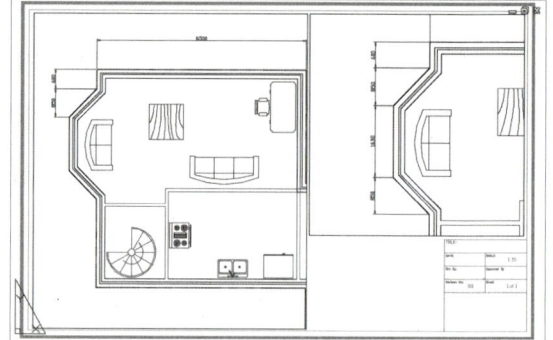

14 상태 막대에서 [주석 객체 표시-현재 축척에서]을 클릭하여 ON 상태로 한다.

15 왼쪽 파란색 테두리(뷰포트)를 클릭하려 뷰포트 축척을 1:50으로 바꿔본다. 1:50이 적용되면서 치수도 축척에 맞춰 자동 조정된다. 확대하여 비교해보면 크기가 동일함을 알 수 있다.

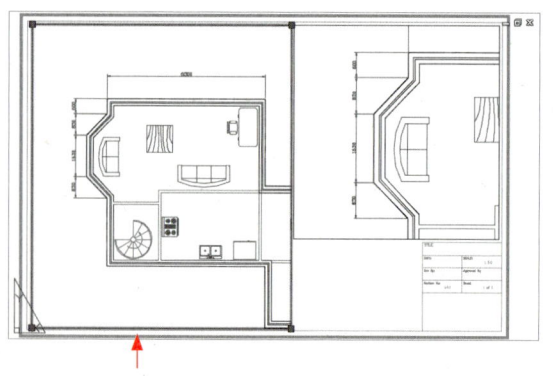

Chapter 11 | 도면 출력과 게시

인쇄는 설계를 전달하는 과정에서 중요한 과정이며 배치는 출력에서 중요한 부분이다. 도면 인쇄를 하려면 먼저 프린터 설정을 하고 페이지 설정으로 상세 설정을 한다. 색상, 선종류, 선 두께 등을 지정한 후 플롯 스타일로 지정하여 출력하면 가장 효과적이다.

01 LAYOUT(배치) 사용

1-1. LAYOUT

기본적으로 새 도면에는 [모형], [배치1], [배치2]의 3개 탭이 등록되어 있다. [모형] 탭은 모형공간이 표시되고 도면 작업을 하는 공간이며 기본값은 [모형] 탭이 활성화되어 있다.

[배치] 탭은 인쇄를 위한 공간으로 한 장의 용지 위에 뷰포트를 작성하고 배치를 한다. 작성된 도면을 열고, 처음에 [배치] 탭을 클릭하면 용지에 맞춰진 뷰포트가 가장 안쪽에 작성되고 뷰포트에는 모형공간의 도면이 투영되어 인쇄 이미지로 표시된다.

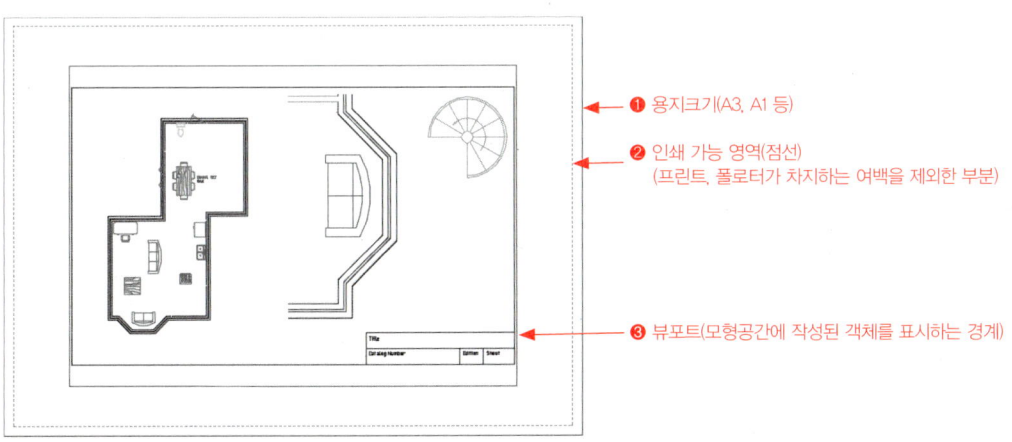

❶ 용지크기(A3, A1 등)
❷ 인쇄 가능 영역(점선)
 (프린트, 폴로터가 차지하는 여백을 제외한 부분)
❸ 뷰포트(모형공간에 작성된 객체를 표시하는 경계)

> 🔸 **실행 방법**
> - **리본** : [배치] 탭–[배치] 패널–새로 만들기 아이콘(🗔)
> - **메뉴** : [삽입(I)]–[배치(L)]–[새 배치(N)], 배치 작성 마법사(W)
> - **명령 입력** : LAYOUT

또한, 새로운 배치 추가 방법으로 [배치] 탭에 마우스 오른쪽 버튼을 클릭한 후 바로 가기 메뉴에서 [새 배치]를 클릭하여 작성하거나 배치탭 옆의 십자(+)표시를 클릭하여 작성한다.

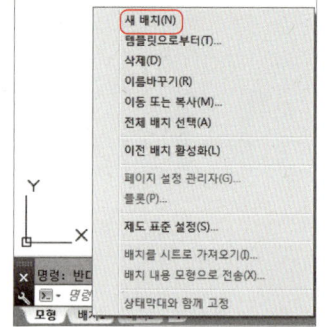

뷰포트는 전체 배치에 맞는 단일 배치 뷰포트를 작성하거나 여러 개의 배치 뷰포트를 작성할 수 있다. 뷰포트를 작성한 후에는 해당 크기와 특성을 변경할 수 있으며 필요한 경우 뷰포트를 축척하고 이동할 수도 있다. 또한 각 배치 뷰포트가 표시될 도면층을 지정할 수도 있다.

 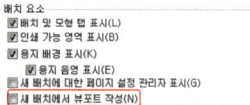 [옵션] 대화상자의 [화면표시] 탭에서 [배치 요소]에 있는 [새 배치에 뷰포트 작성]을 체크를 하지 않으면 뷰포트는 자동으로 작성되지 않는다.

▶ 배치 마법사를 이용한 Layout 작성하기

01 예제 파일을 불러온다.

- 예제 파일 : Chapter11₩Layout 작성.dwg

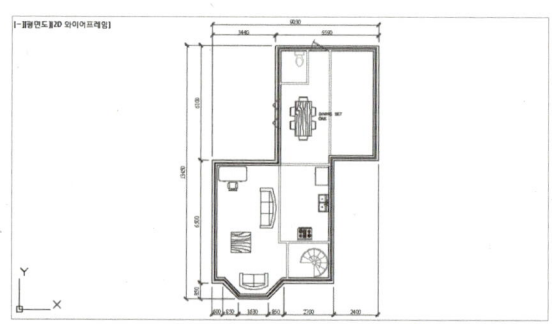

02 [배치1] 탭과 [배치2] 탭을 클릭하여 도면 상태를 확인한다. 새로운 배치를 작성하기 위해 배치탭에 마우스를 대고 마우스 오른쪽 버튼을 클릭한 후 바로 가기 메뉴에서 [새 배치]를 선택한다. 그리고 [배치3] 탭을 클릭한다.

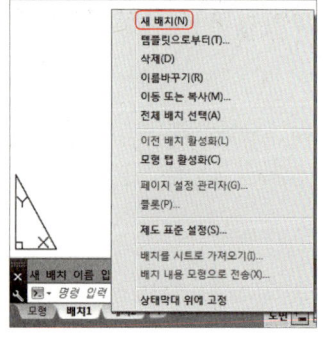 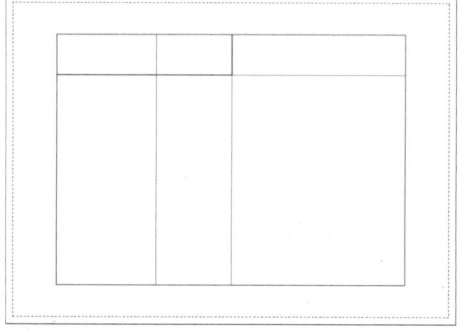

03 명령행에 'LAYOUTWIZARD'를 입력하고 Space Bar 를 누른다. 작성할 새 배치의 이름란에 '배치 마법사'로 입력하고 [다음] 버튼을 클릭한다. 프린터 리스트에서 [DWG To PDF.pc3]를 선택하고 [다음] 버튼을 클릭한다.

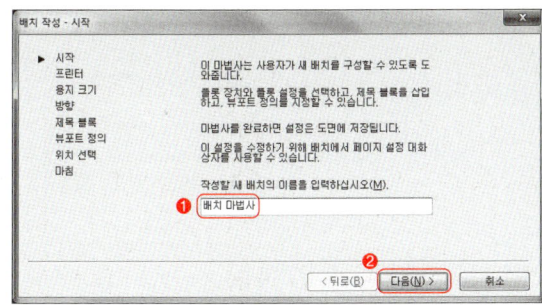 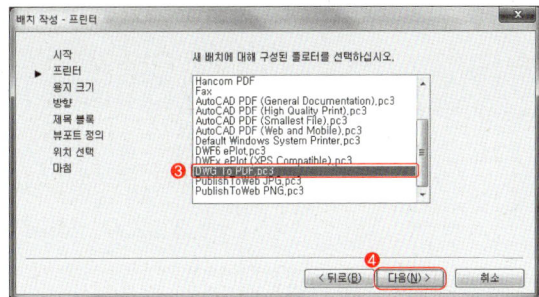

04 용지 크기 리스트에서 [ISO A1(841.00×594.00mm)]를 선택하고 [다음] 버튼을 클릭한다. 도면의 방향은 [가로]를 선택하고 [다음] 버튼을 클릭한다.

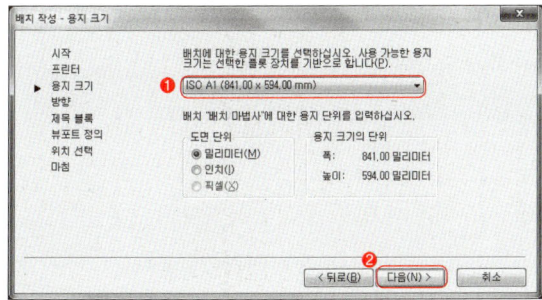 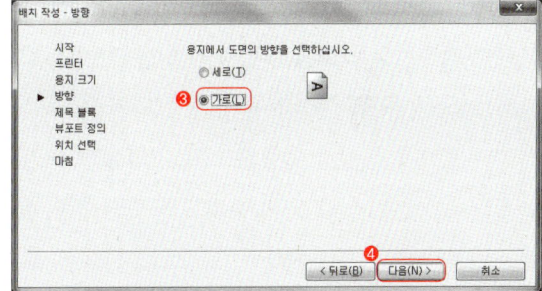

05 배치 작성 제목 블록에서 [없음]을 선택하고 [다음] 버튼을 클릭한다. 뷰포트 설정은 [단일], 뷰포트 축척은 [1:50]으로 선택하고 [다음] 버튼을 클릭한다.

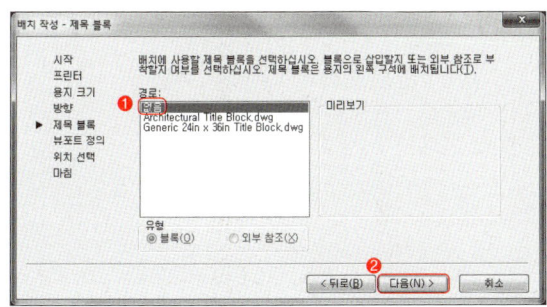 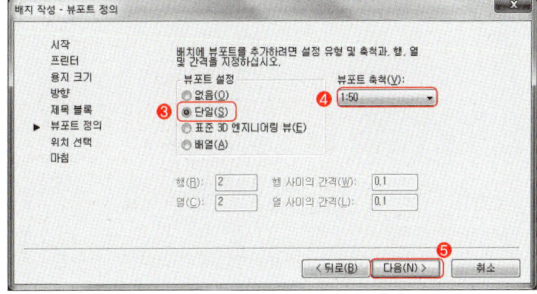

06 [위치 선택]을 클릭하고 도면의 왼쪽 위 코너를 클릭하고 페이지 아래 중간점을 지나는 점을 클릭한다.

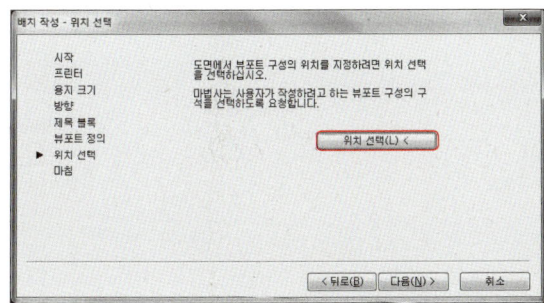 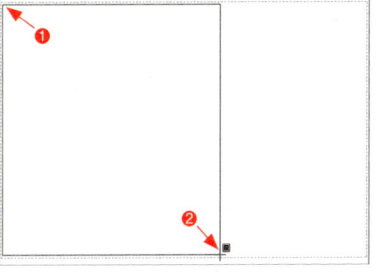

07 [마침] 버튼을 클릭한다. 배치탭에 새롭게 작성한 탭 이름과 도면이 완성되었음을 확인한다.

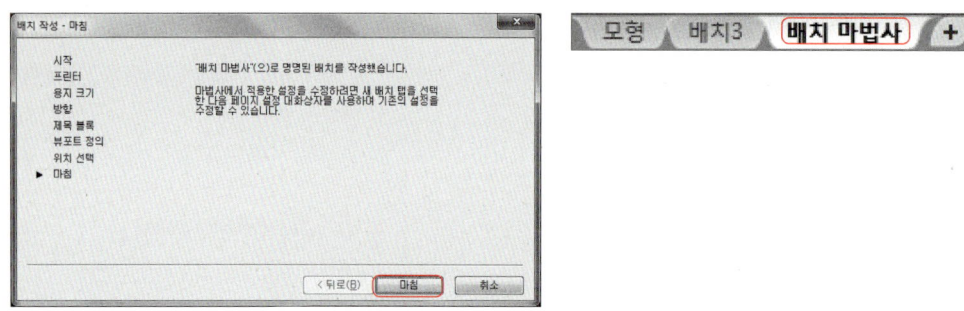

1-2. 뷰포트 작성

뷰포트는 배치에 모형공간의 도면 요소들을 표시하는 창이다. 하나의 배치에 여러 뷰포트를 작성하여 같은 페이지에 축척을 달리하여 나타낼 수 있다.

[배치] 리본 탭 [배치 뷰포트] 패널의 [직사각형], [다각형] 옵션은 객체를 그릴 때처럼 점을 지정하여 뷰포트를 작성하고 [객체] 옵션은 원이나 닫힌 다각형을 뷰포트로 변환한다.

뷰포트 작성 후 각 뷰포트에 뷰포트 축척을 설정한다. 배치 전체는 1:1로 출력된다. 1개의 배치에 여러 개의 뷰포트를 작성하고 축척도 달리 적용할 수 있다.

뷰포트 테두리는 인쇄가 되지 않도록 도면층을 뷰포트용으로 작성하고 동결로 처리한다.

뷰포트에 축척을 설정했다면 뷰포트를 선택한 후 상태 막대에서 뷰포트를 잠금하는게 좋다. 그렇지 않으면 뷰포트 안에서 수정을 했을 때 마우스 휠 작동으로 축척이 달라질 수 있기 때문이다.

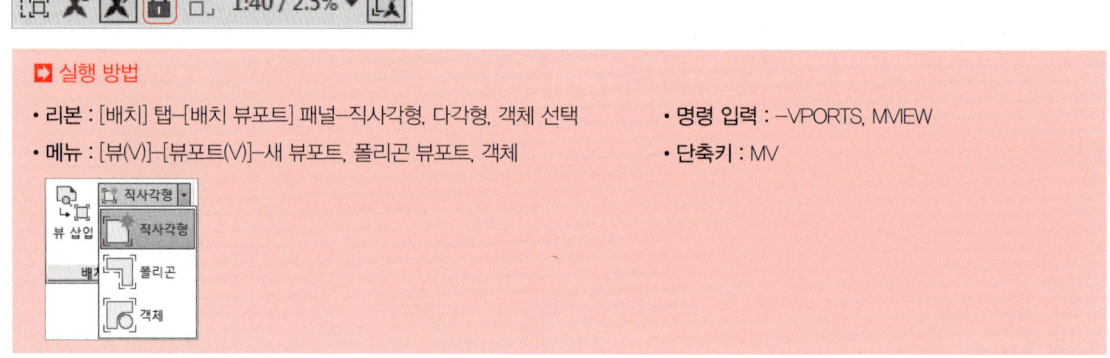

🔶 뷰포트 작성과 사용하기

직사각형 뷰포트를 작성하고 뷰포트 색상을 변경하여 모형탭과 달라진 부분을 확인하고 작성한 뷰포트를 회전하는 연습을 해본다.

01 예제 파일을 불러온 후 [배치1] 탭에서 녹색 직사각형 뷰포트를 클릭하여 선택한다.

- 예제 파일 : Chapter11₩뷰포트 작성.dwg    뷰포트 작성과 사용하기

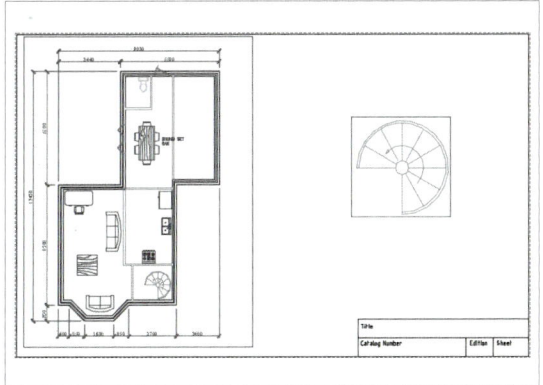

02 상태 막대에서 [뷰포트 축척]을 클릭하고 리스트에서 [1:30]을 선택한다. Esc 를 눌러 객체 선택을 해제한다.

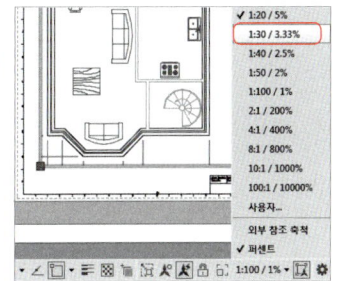
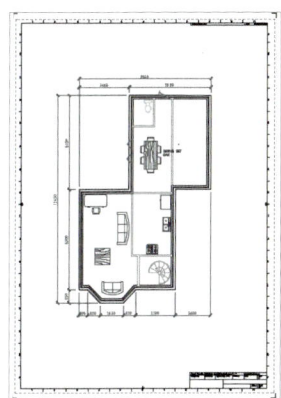

03 [배치2] 탭을 클릭하고 명령행에 'M'을 입력한 후 Space Bar 를 누른다. 오른쪽 나선형 계단이 보이는 초록색 직사각형 뷰포트(❶)를 선택하고 오른쪽 위 지점(❷)으로 이동한다.

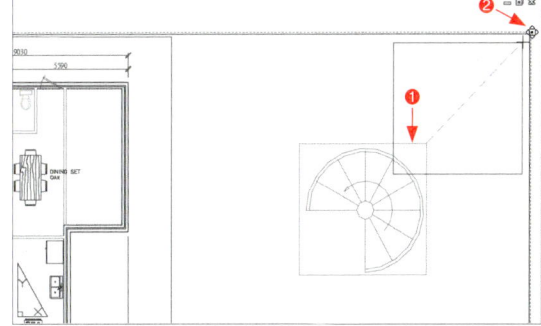

04 왼쪽 직사각형 뷰포트 안(❶)에 커서를 대고 더블클릭하여 모형을 활성화한다. 왼쪽의 UCS 아이콘이 삼각 모양(❷)에서 바뀐 걸 확인한다.

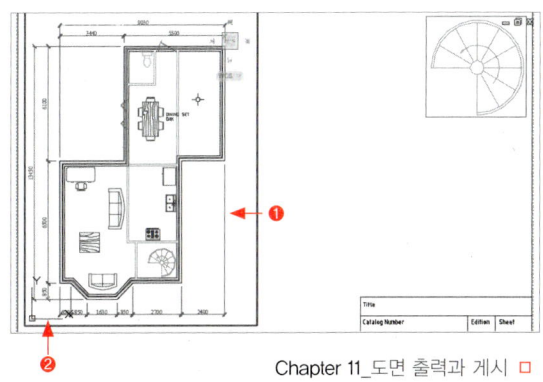

05 명령행에 'LA'를 입력하고 Space Bar 를 누른다. 도면층 특성 관리자에서 [Internal Wall] 도면층을 클릭하고 [VP 동결] 아이콘( )을 클릭하여 현재 뷰포트에서 이 도면층을 안보이게 동결 처리한다.

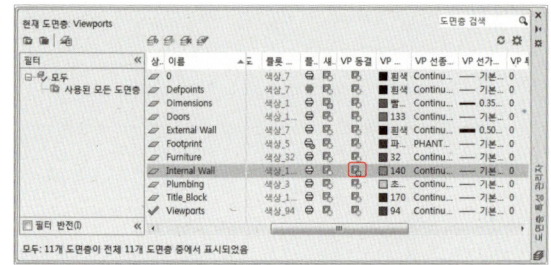

06 [Furniture] 도면층을 클릭하고 [VP 색상] 아이콘( )을 클릭하여 색상을 [선홍색]으로 설정한다.

> **TIP** 도면층 특성 관리자를 다시 확인해보면 왼쪽 필터란에 [뷰포트 재지정]이 생성되어 있으며 [Furniture] 도면층 이름과 색상에 하늘색이 칠해져 있다. 이것은 똑같은 도면에서 뷰포트에 다른 표현이 설정됨을 알려주는 것이다.

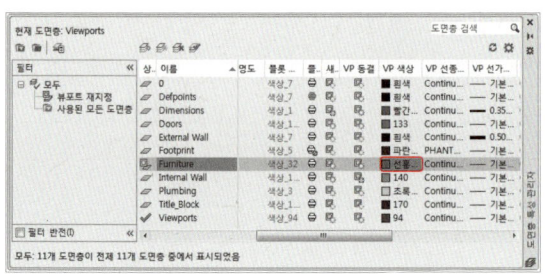

07 도면층 특성 관리자 팔레트를 닫는다. 명령행에 'PS'를 입력하고 Space Bar 를 누르거나 뷰포트 밖을 더블클릭하여 도면 공간을 활성화한다.

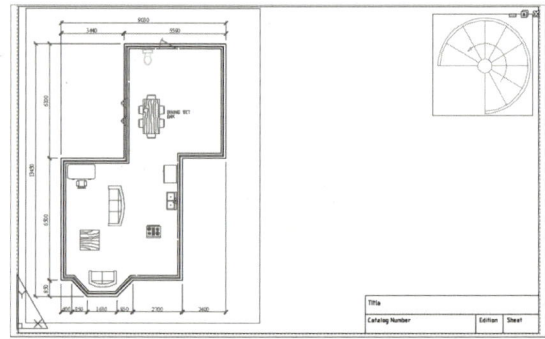

> **TIP** PS는 PaperSpace의 약자로 모형공간에서 다시 도면공간으로 전환할 때 사용하는 명령어이다. 반대로 도면공간에서 모형공간으로 전환할 때는 'MS'를 입력하며 MS는 ModelSpace의 약자이다.

08 [모형] 탭이나 [배치1] 탭을 클릭하면 가구 색상이 갈색 계열 그대로인 것을 확인한다.

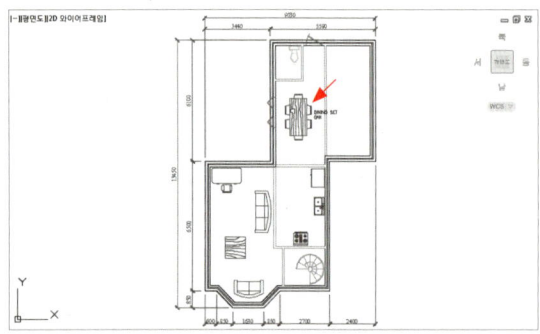 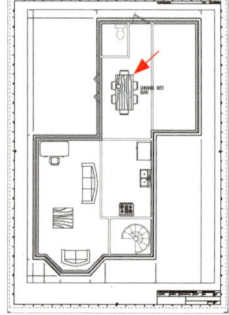

09 [배치2] 탭을 클릭한다. [배치] 탭–[배치 뷰포트] 패널–[직사각형]을 클릭하고 오른쪽 하단에 뷰포트를 작성한다. 뷰포트 위치나 크기는 그립이나 신축 명령으로 편집할 수 있다.

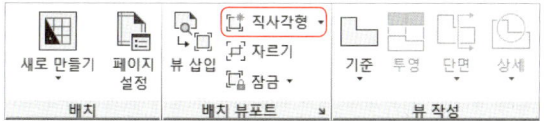

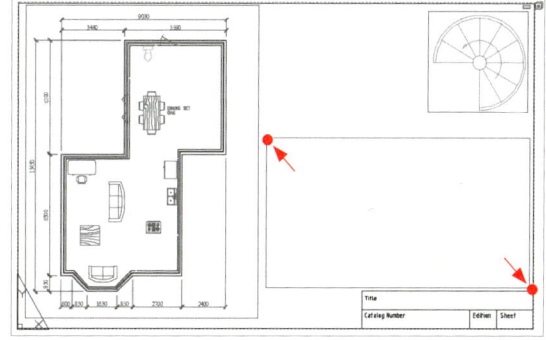

10 새로운 뷰포트 안을 더블클릭하여 모형공간을 활성화한 후 마우스 휠을 더블클릭하여 줌 범위가 되도록 전체를 표시한다.

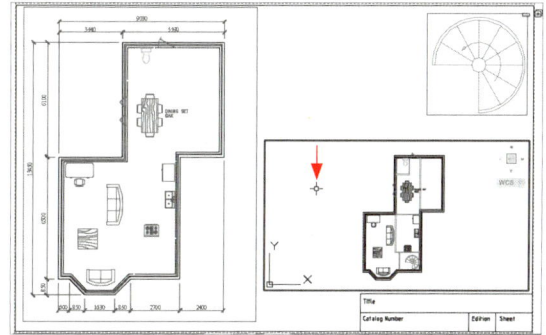

11 가장 아래에 있는 소파가 보이도록 줌확대 후, 상태 막대의 [뷰포트 축척]을 클릭하여 [1:30]으로 설정한다. 마우스 휠을 누른 채로 뷰가 잘 보이도록 화면을 이동한다.

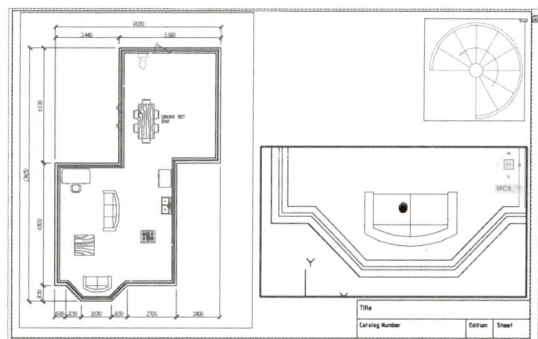

12 커서를 뷰포트 바깥에 두고 더블클릭하여 배치를 활성화한다. 명령행에 'LA'를 입력하고 Space Bar 를 누른다. 도면층 특성 관리자에서 뷰포트가 인쇄되지 않도록 [Viewports] 도면층의 플롯 안됨 아이콘(🖨)을 클릭한다.

Chapter 11_도면 출력과 게시 **339**

13 도면층 특성 관리자 팔레트를 닫는다. 작성한 뷰포트를 회전하기 위해 명령행에 'VPROTATEASSOC'를 입력하고 Space Bar 를 누른다. 값이 [1] 상태임을 확인하고 Space Bar 를 누른다.

> 명령 : VPROTATEASSOC Space Bar
> VPROTATEASSOC에 대한 새 값 입력 〈1〉 : Space Bar

TIP 뷰포트를 Rotate 명령이나 그립을 사용하여 회전할 수가 있다. 시스템변수 VPROTATEASSOC를 설정하여 배치 전체 뷰를 뷰포트 별로 회전시키거나 뷰는 그대로 두고 뷰포트만 회전시킬 수 있다. 값이 [0]이면 뷰포트만 회전하고 뷰포트 안의 뷰는 회전하지 않는다. 값이 [1]이면 뷰포트 회전과 동시에 뷰포트 안의 뷰도 뷰포트에 맞춰 회전이 된다.

14 명령행에 'RO'를 입력하고 Space Bar 를 누른다. 회전할 객체로 작성한 직사각형 뷰포트(❶)를 선택하고 회전 기준점으로 뷰포트 중간점(❷)을 클릭한다.

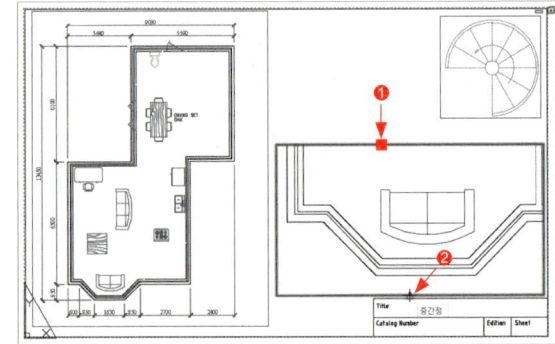

15 회전 각도로 90을 입력하고 Enter 를 누른다.

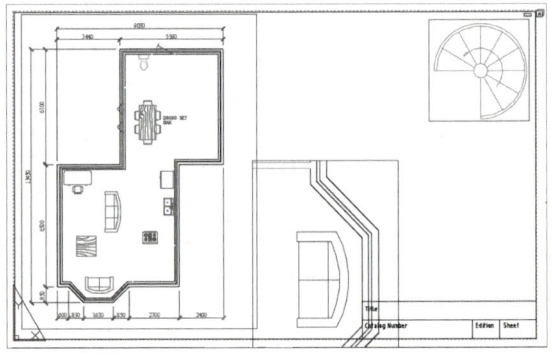

16 뷰포트 이동을 하기 위해 명령행에 'M'을 입력하고 Space Bar 를 누른다. 뷰포트를 선택(❶)하고 2개 뷰포트 사이로 이동한다.

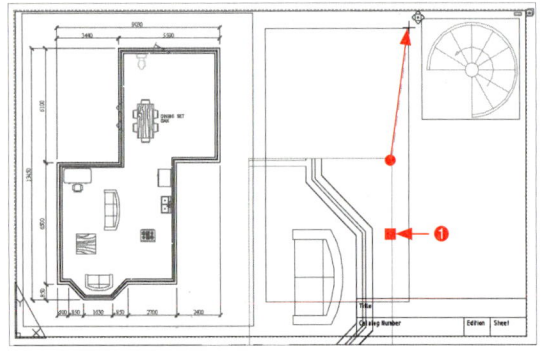
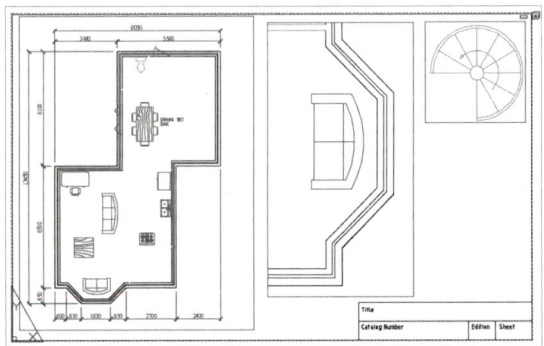

1-3. 뷰포트 컨트롤과 배치 도면 내보내기

❶ 뷰포트 컨트롤

뷰포트를 클릭하고 상태 막대를 보면 아래와 같은 아이콘이 보인다.

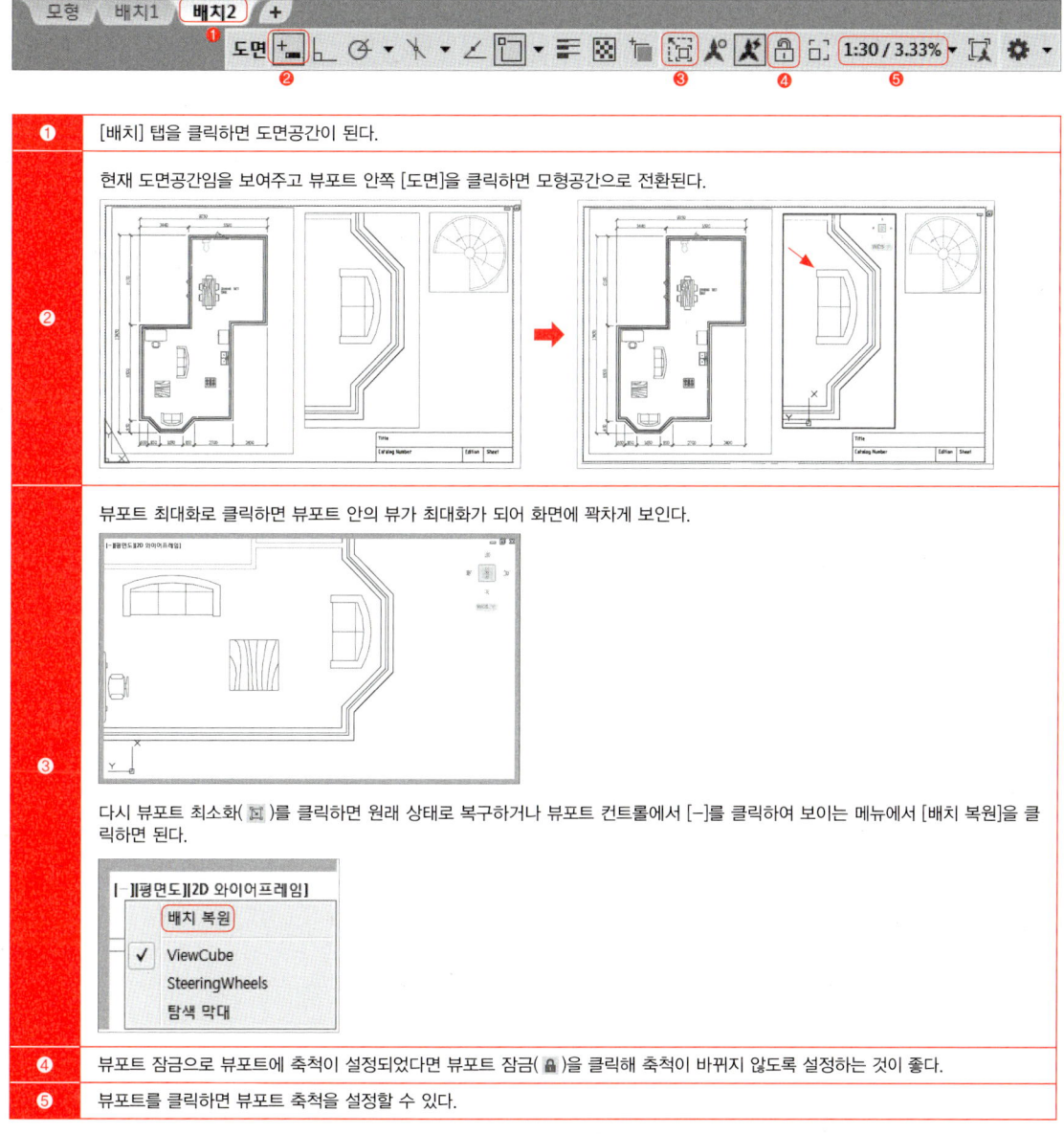

❶	[배치] 탭을 클릭하면 도면공간이 된다.
❷	현재 도면공간임을 보여주고 뷰포트 안쪽 [도면]을 클릭하면 모형공간으로 전환된다.
❸	뷰포트 최대화로 클릭하면 뷰포트 안의 뷰가 최대화가 되어 화면에 꽉차게 보인다. 다시 뷰포트 최소화( )를 클릭하면 원래 상태로 복구하거나 뷰포트 컨트롤에서 [-]를 클릭하여 보이는 메뉴에서 [배치 복원]을 클릭하면 된다.
❹	뷰포트 잠금으로 뷰포트에 축척이 설정되었다면 뷰포트 잠금( )을 클릭해 축척이 바뀌지 않도록 설정하는 것이 좋다.
❺	뷰포트를 클릭하면 뷰포트 축척을 설정할 수 있다.

❷ 배치 도면 내보내기

도면공간에 작성된 도면을 모형공간으로 내보내기하여 별도의 DWG 파일로 만들 수 있다. EXPORTLAYOUT 명령이나 [응용프로그램 메뉴]-[다른 이름으로 저장]-[배치를 도면으로 저장] 또는, [배치] 탭에서 마우스 오른쪽 버튼을 클릭한 후 바로 가기 메뉴에서 [배치 내용 모형으로 전송]을 클릭한다.

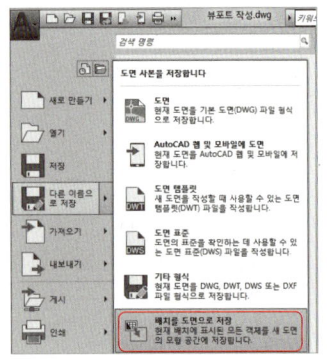
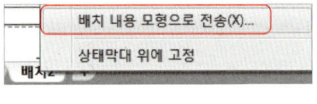

그러면, [배치를 모형공간 도면으로 내보내기] 대화상자가 보이고 저장할 폴더와 이름을 지정한 후 [저장] 버튼을 클릭하면 된다.

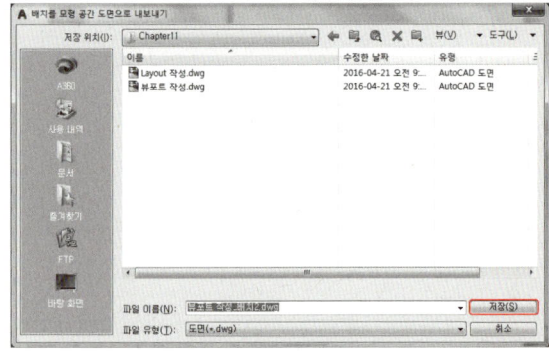

"파일이 작성되었습니다. 지금 여시겠습니까?" 메시지가 보이면 [열기] 버튼을 클릭하여 도면을 확인해 본다. [배치] 탭에 있던 상태 그대로 [모형] 탭으로 도면이 보인다.

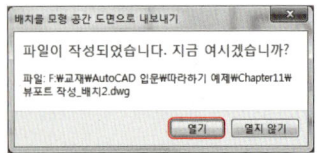
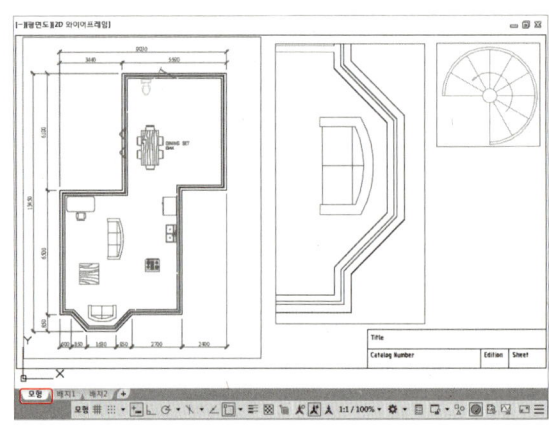

02 페이지 설정 사용

페이지 설정은 최종 출력의 모양과 형식을 좌우하는 플롯 장치 및 기타 설정의 모음이다.

2-1. 페이지 설정

페이지 배치, 플로팅 장치, 용지 크기 및 각각의 새 배치에 대한 기타 설정을 조정한다. 이 설정은 도면 파일에 저장되며 수정하여 다른 배치에 적용할 수도 있다.

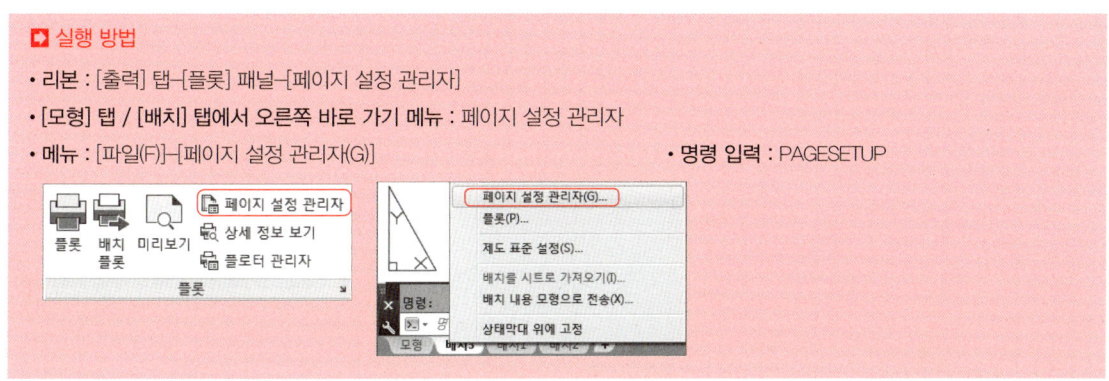

- 리본 : [출력] 탭–[플롯] 패널–[페이지 설정 관리자]
- [모형] 탭 / [배치] 탭에서 오른쪽 바로 가기 메뉴 : 페이지 설정 관리자
- 메뉴 : [파일(F)]–[페이지 설정 관리자(G)]
- 명령 입력 : PAGESETUP

[페이지 설정 관리자] 대화상자

[페이지 설정 관리자] 대화상자에서는 페이지 설정 변경, 새로운 페이지 설정 작성, 다른 도면 파일에서 페이지 설정을 가져오기를 할 수 있다. [현재로 설정]은 [플롯] 명령을 실행할 때에 적용되는 페이지 설정을 말한다.

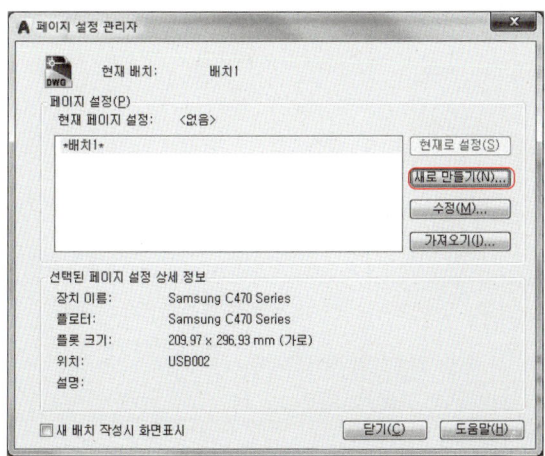

[새로 만들기] 버튼을 클릭하여 페이지 설정을 새로 만든다. 새로 만든 페이지 설정은 이름을 더블클릭하거나 [현재로 설정]을 클릭하면 된다.

[페이지 설정 관리자] 대화상자는 [플롯] 대화상자와 동일하다. [페이지 설정 관리자]에는 다음과 같은 항목이 있다.

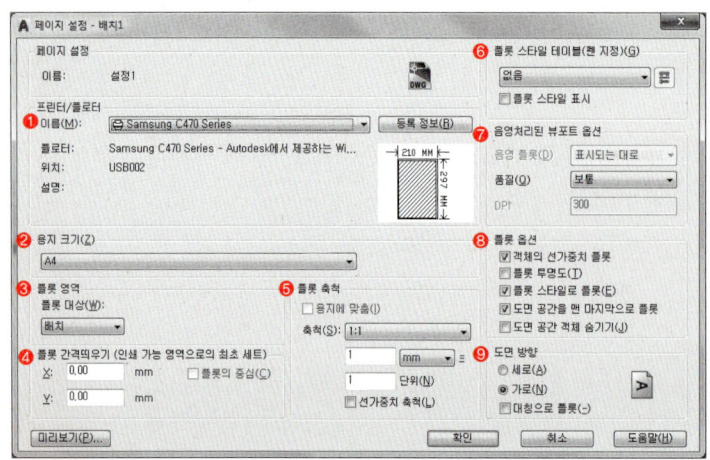

❶	출력할 장치를 [이름] 리스트에서 선택한다. 장치 상세 설정을 변경할 때는 [등록 정보]를 클릭한다. 미리보기 화면 위에 마우스를 이동하면 선택된 플롯의 용지 크기와 인쇄 가능 영역이 표시됩니다. 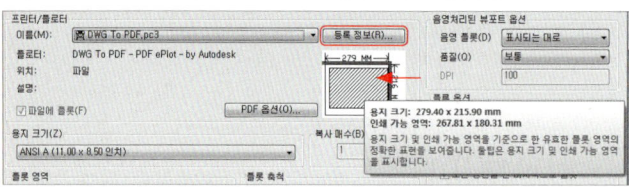
❷	출력할 용지 크기를 설정한다.
❸	도면에서 플롯할 영역을 지정한다. 필요에 따라 현재 화면 표시, 도면 범위로 인쇄하거나 윈도우로 지정할 수 있다. 모형 탭과 배치 탭의 플롯 대상의 옵션에는 조금 차이가 있다. 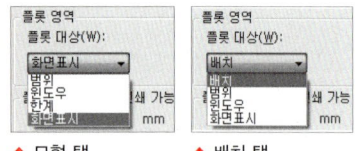 ◆ 모형 탭　　◆ 배치 탭
❹	인쇄 기준점을 지정한다. 기본값은 0,0으로 설정되어 있고 X방향, Y방향으로 간격띄우기 값을 입력해 용지의 왼쪽 아래 끝점이 기준점을 이동할 수 있다.
❺	플롯할 때 사용할 축척을 선택한다. 축척 목록 버튼을 드롭다운하여 축척을 선택하거나 임의 축척을 지정한다. 예를 들어, 출력 단위가 mm이고 1:5 축척으로 출력이라면 [1]mm=[5]단위 형식으로 설정한다.
❻	도면을 좀 더 세밀하게 표현하기 위한 플롯 스타일 테이블을 지정한다.
❼	음영처리된 뷰포트 또는 렌더링된 뷰포트가 플롯되는 방법을 지정하고 해상도 레벨 및 dpi를 결정한다.
❽	선가중치, 투명도, 플롯 스타일, 음영처리 플롯 및 객체가 플롯되는 순서에 대한 옵션을 지정한다.
❾	가로 방향 및 세로 방향을 지원하는 플로터에 용지의 도면 방향을 지정한다.

◘ 페이지 설정하기

01 예제 파일을 불러온다.

- 예제 파일 : Chapter11₩페이지 설정.dwg

▶ 페이지 설정하기

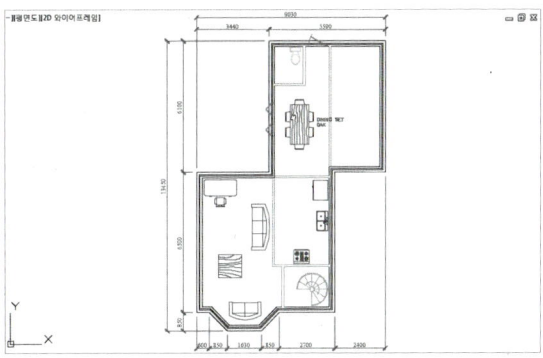

02 [배치2] 탭에 마우스 오른쪽 버튼을 클릭한 후 바로 가기 메뉴에서 [페이지 설정 관리자]를 선택한다. 플로터는 선택이 안되어 있고 용지 크기가 420×594mm인지를 확인한다.

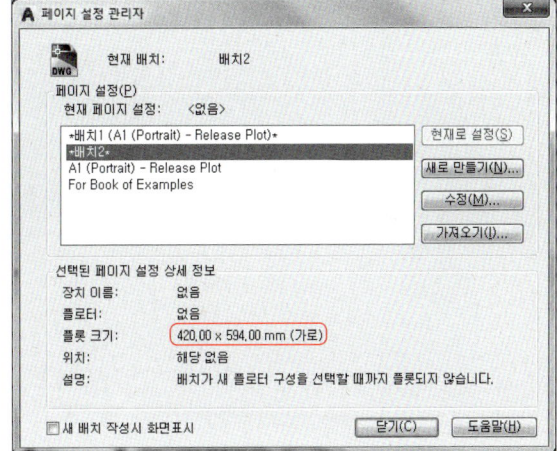

03 현재 페이지 설정을 변경하기 위해 [For Book of Example]를 더블클릭한다. 플로터와 용지 크기가 달라진 상태를 확인한 후 [닫기] 버튼을 클릭한다.

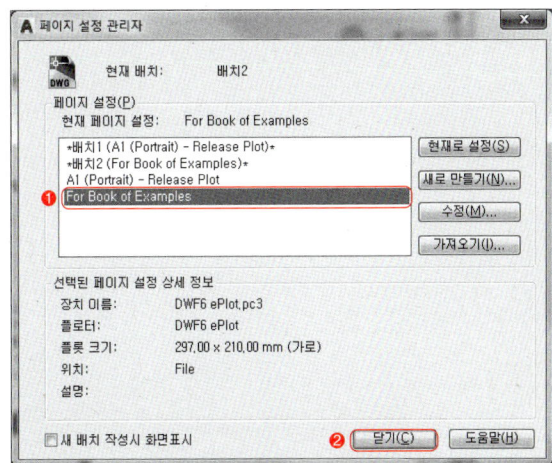

04 페이지 설정 적용 전/후를 비교해 본다.

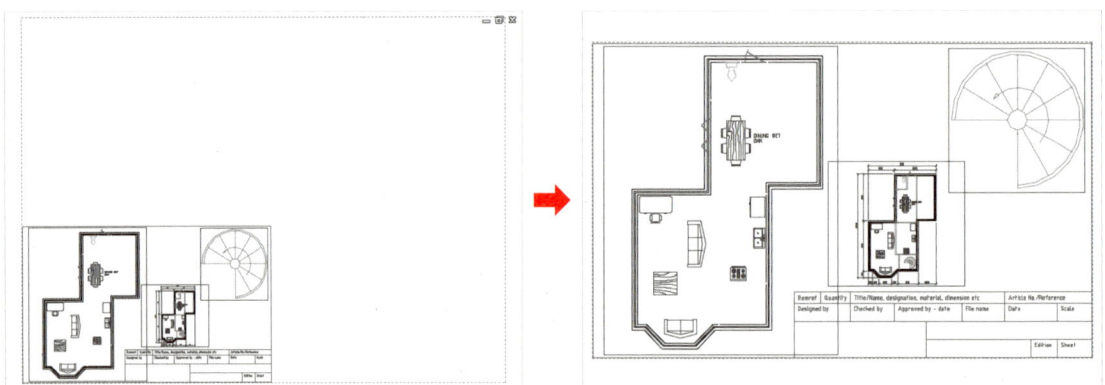

05 [배치1] 탭을 클릭하여 화면을 전환한다. [출력] 탭–[플롯] 패널–[페이지 설정 관리자]를 클릭한다. [페이지 설정 관리자] 대화상자에서 [새로 만들기] 버튼을 클릭하고 새 플롯 설정 이름에 'A4 세로'로 입력하고 [확인] 버튼을 클릭한다.

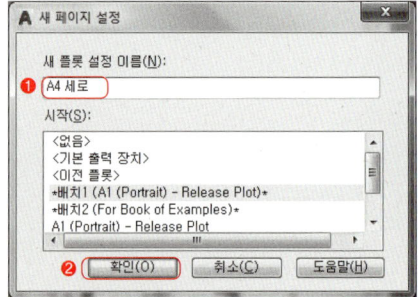

06 [페이지 설정] 대화상자에서 용지 크기는 [ISO A4 (210.00×297mm)]를 선택하고 [확인] 버튼을 클릭한다.

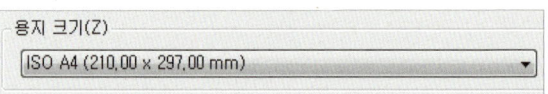

07 [페이지 설정 관리자] 대화상자에서 [A4 세로]를 더블 클릭하고 [닫기] 버튼을 클릭한다.

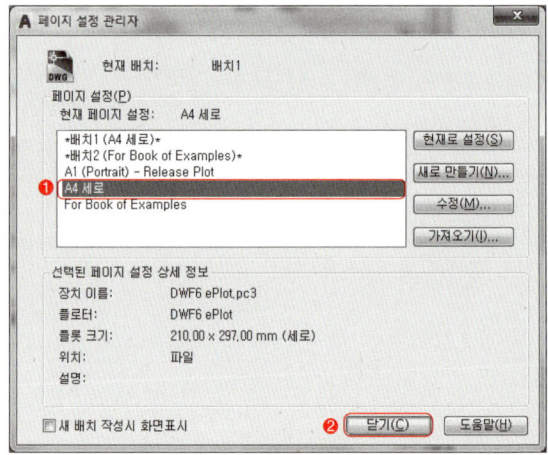

08 마우스 휠을 더블클릭하여 도면 전체를 표시한다. 왼쪽 아래 설정한 용지 크기가 보이고 용지 바깥으로 객체들이 더 많이 남아 있다.

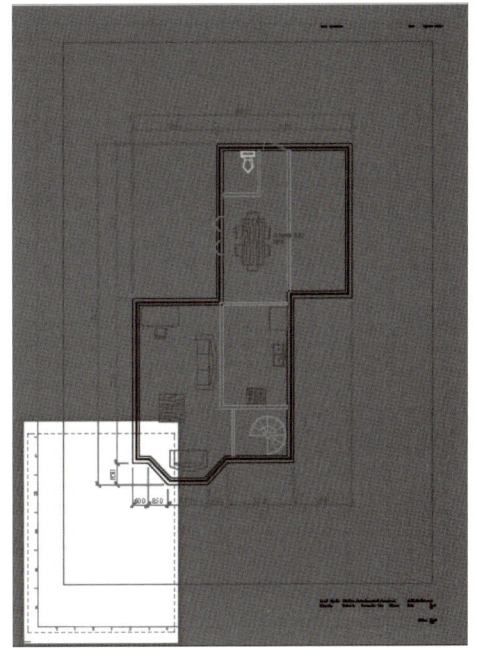

09 A4 용지에 출력이 되도록 플롯 축척을 변경해본다. 마우스 오른쪽 버튼을 클릭한 후 바로 가기 메뉴에서 [최근 입력]을 확장하여 [PAGESETUP]을 선택한다.

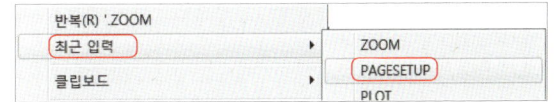

10 [페이지 설정 관리자] 대화상자에서 [수정] 버튼을 클릭한다.

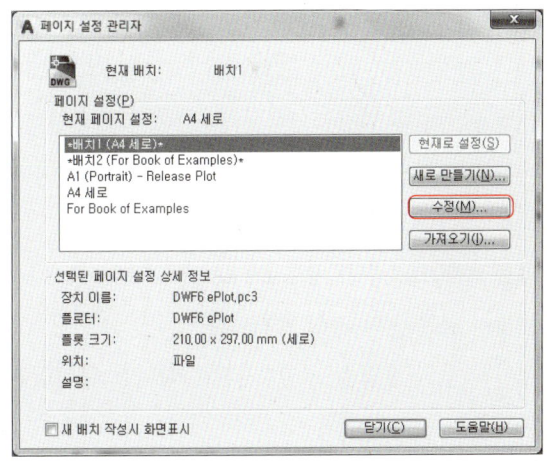

11 플롯 영역의 플롯 대상을 [범위]로 설정하고 플롯 축척도 [용지에 맞춤]에 체크를 하고 [확인] 버튼을 클릭한다.

12 [페이지 설정 관리자] 대화상자에서 [닫기] 버튼을 클릭한다. 용지에 맞춰 도면이 재배치된다.

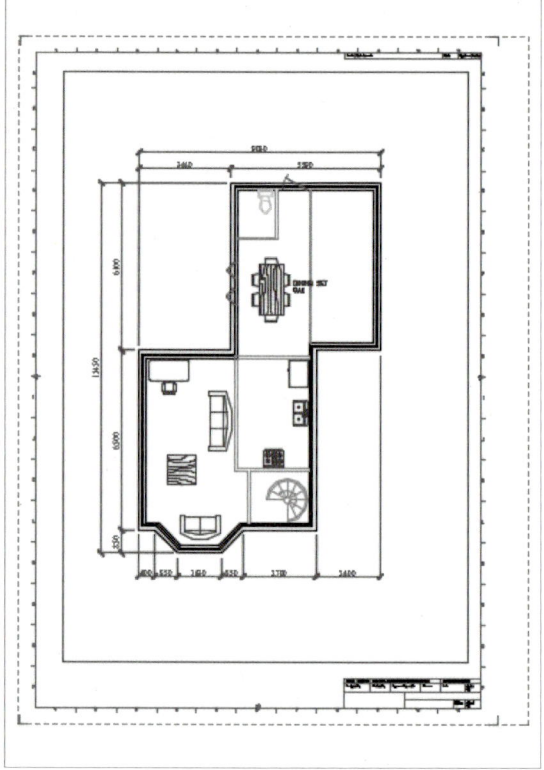

03 도면 플롯

설계 데이터를 저장하거나 다른 사람에게 의사를 전달하고자 도면을 작성한다. 이 도면을 종이나 전자 파일로 출력하면 정보 전달을 할 수 있다. 게시(PUBLISH)는 도면 파일로 저장된 데이터를 출력하는 과정을 말한다.

전자 파일로 출력할 경우 Design Web Format(DWF)는 도면의 출력과 배포에 사용되는 일반적이고 범용성이 높은 전자 파일 형식이다.

데이터 출력 방법은 크게 2가지로 하나는 모형공간에서 플롯하는 방법, 나머지는 배치에서 플롯하는 방법이다.

> ▶ **실행 방법**
> - [응용프로그램 메뉴] : [인쇄]-[플롯]
> - 리본 : [출력] 탭-[플롯] 패널-플롯 아이콘( )
> - 메뉴 : [파일(F)]-[플롯(P)]
> - [신속 접근 도구막대] : 플롯 아이콘( )
> - 명령 입력 : PLOT

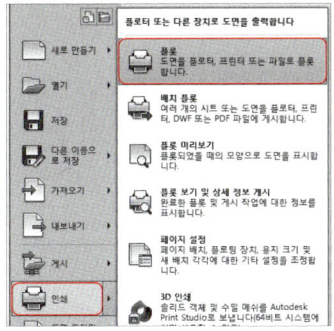
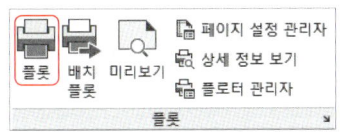

하나의 배치에서 데이터를 출력하려면 보통 PLOT(플롯) 명령을 사용한다. 한 개 도면에 여러 개 배치를 작성해 출력하려면 PUBLISH(게시) 명령을 사용한다.

플롯 명령을 실행하면 [플롯] 대화상자가 표시되고 페이지 설정이 적용되지 않은 경우는 [페이지 설정]의 [이름]에 [없음]으로 보이고, 설정되었다면 설정된 페이지 설정 이름이 보인다. 필요에 따라 각 항목의 값을 변경하면 된다.

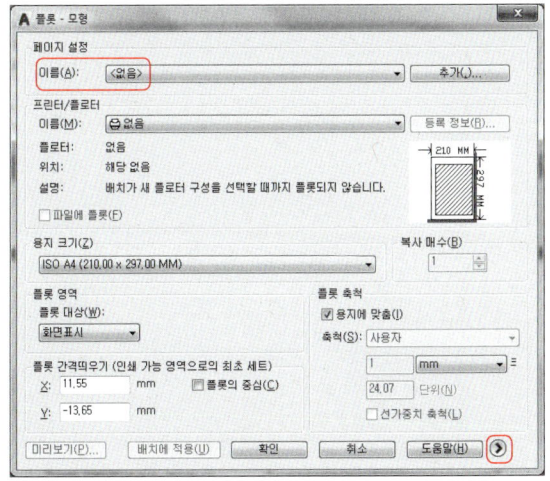

도움말 옆의 버튼(⊙)을 클릭하면 많은 옵션 항목들이 보인다.

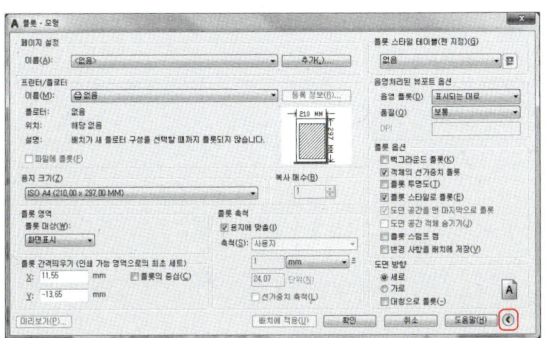

Chapter 11_도면 출력과 게시 **349**

3-1. 모형공간에서 플롯

모형공간에서 플롯하는 주된 이유는 플롯할 영역을 지정하여 용지로 출력하기 위해서이다.

도면을 지정한 축척으로 출력하려면 플롯 축척을 지정하고 모형공간에 제목 블록, 표제란을 삽입하려면 사용한 플롯 축척에 맞춰 축척을 변경해야 한다.

예를 들어, 1:20 축척으로 플롯 계획이면 도면에 작성한 제목 블록은 1:1 축척이 아니라 20배로 늘려서 작성해야 한다. 1:20 축척으로 도면을 출력하면 제목 블록, 도면은 그 축척에 맞게 줄어들기 때문이다.

- 모형공간에서 출력하면 문자 스타일과 치수 스타일에 주석을 적용하고 출력할 때 주석 축척을 선택한다. 도면의 주석은 선택한 주석 축척에 따라 자동적으로 축척이 바뀐다.
- 도형은 실제 치수대로 그린다. 플롯 축척에 따라 표제란이나 경계는 그 축척만큼 배로 변경한다.(예 용지 크기 경계가 A3, 1:100으로 출력한다면, 실제 경계 사각형은 100배 크기로 0,0에서 42000,29700로 그려야 한다.)
- 모형공간에서 주로 사용하는 플롯 영역 옵션은 윈도우와 범위이다. 물론 한계를 설정해도 된다. 미터법 단위로 A4 용지에 1:20으로 출력한다면 한계(Limits) 범위는 297×20=5940mm, 210×20=4200mm로 0,0 에서 4200,5940으로 설정하고, 이 한계 내에서 작업하면 된다.

◘ 모형공간 출력하기

01 예제 파일을 불러온다.

- 예제 파일 : Chapter11₩모형공간 출력.dwg
- 모형공간 출력하기

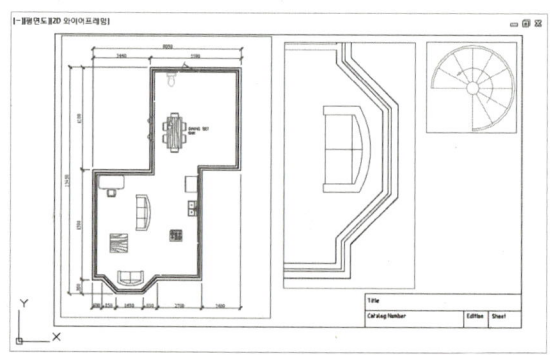

02 신속 접근 도구막대에서 PLOT(플롯) 아이콘을 클릭한다. [배치 플롯] 대화상자가 보이면 [단일 시트 플롯 계속]을 클릭한다.

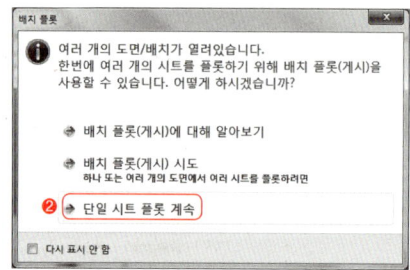

03 프린터/플로터에서 [DWG To PDF.pc3]를 선택하고 [플롯-모형] 대화상자에서 플롯 영역의 플롯 대상을 [윈도우]로 선택한다.

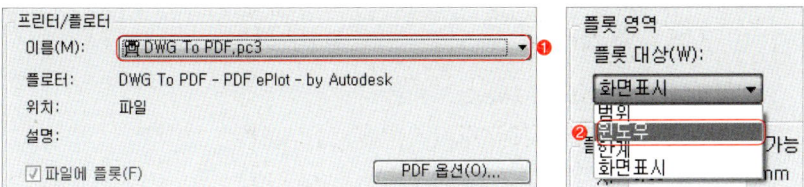

04 인쇄할 범위를 지정한다.

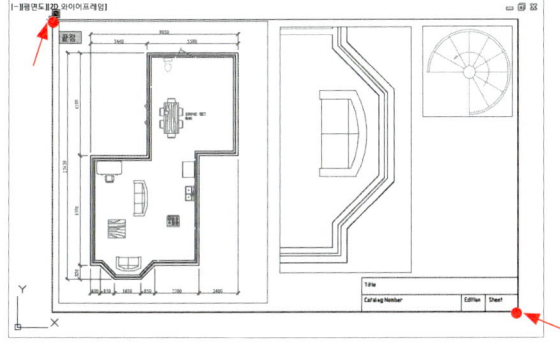

05 용지 크기는 [ISO A4 (297.00×210.00mm)], 플롯 간격띄우기에서 [플롯의 중심]에 체크, [용지에 맞춤]을 체크 해제하고 축척을 1:1로 설정 후 [미리보기]를 클릭한다.

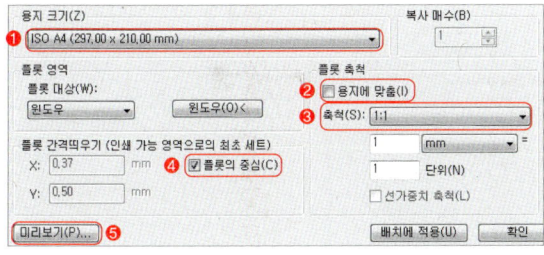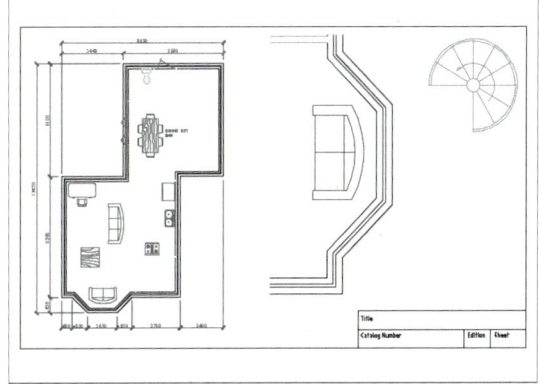

06 [Esc]를 눌러 미리보기를 빠져 나온 후 [확인] 버튼을 클릭하여 출력한다. 이 예에서는 PDF 출력이므로 저장할 폴더와 이름을 지정한 후 [저장] 버튼을 클릭하면 PDF 파일이 생성된다.

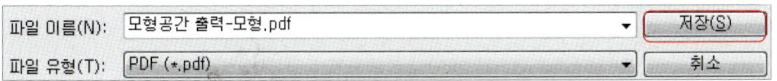

◘ 플롯 영역

- 배치/한계 : 한계는 모형탭에서 플롯할 때 그리드 한계로 정의되는 전체 도면 영역을 플롯한다. 배치는 배치탭에서 배치의 0,0에서 계산된 원점을 사용하여 지정된 용지 크기의 인쇄 가능 영역 내에 모든 객체를 플롯한다.
- 범위 : 현재 도면에 있는 모든 형상이 플롯된다.
- 화면표시 : 현재 모니터에 보이는 뷰대로 플롯한다.
- 뷰 : VIEW 명령을 사용하여 저장한 뷰를 클릭하여 플롯한다.
- 윈도우 : 사용자가 지정하는 모든 도면 부분을 플롯한다.

3-2. 도면공간에서 플롯

배치에서 알맞은 용지 크기를 선택하고 축척을 1:1로 설정한다. 배치에서 1단위는 인쇄될 용지상의 거리를 말하며 밀리미터(mm) 또는 인치(inch)로 단위가 구성된다.

배치에서 도형은 1:1로 출력되므로 제목 블록이나 주기는 실제 크기로 배치에 추가한다. 예를 들어 도면의 주기가 3.5mm 높이로 한다면 문자 높이는 3.5mm로 설정하여 작성한다.

배치에서 출력할 때 좋은 점은 같은 도면 위에 여러 뷰를 작성하여 각각 다른 축척으로 표시하거나 여러 배치를 작성하여 모형공간의 도형을 다른 뷰로 나타낼 수 있다는 것이다.

또한, 문자나 치수는 주석을 적용하면 여러 뷰에 대해 뷰포트 축척이 달라도 같은 크기로 표시된다.

◘ 도면공간 출력하기

01 예제 파일을 불러온다.

- 예제 파일 : Chapter11\도면공간 출력.dwg
- 도면공간 출력하기

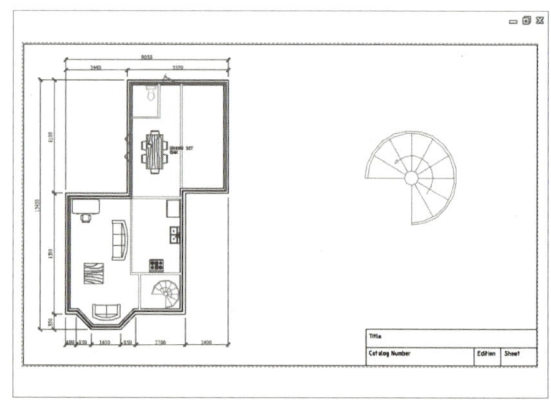

02 신속 접근 도구막대에서 PLOT(플롯) 아이콘을 클릭한 후 [배치 플롯] 대화상자가 보이면 [단일 시트 플롯 계속]을 클릭한다.

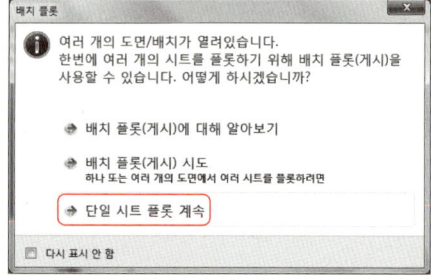

03 페이지 설정을 이전에 지정했다면 〈없음〉을 클릭해 〈이전 플롯〉을 클릭하면 플롯 환경이 이전에 출력한 환경으로 자동으로 설정된다.

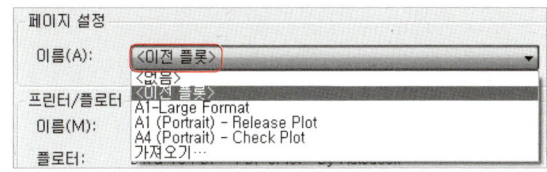

04 오른쪽 이미지를 참조하여 플롯 환경을 설정한다.

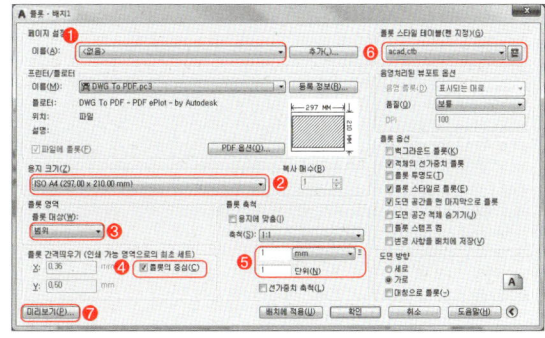

05 [미리보기]를 클릭해 최종 상태를 확인하고 이상이 없다면 마우스 오른쪽 버튼을 클릭한 후 바로 가기 메뉴에서 [플롯]을 클릭하거나 상단의 [플롯] 아이콘을 클릭하여 출력한다.

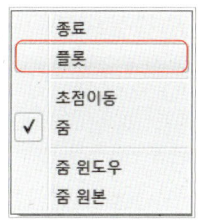

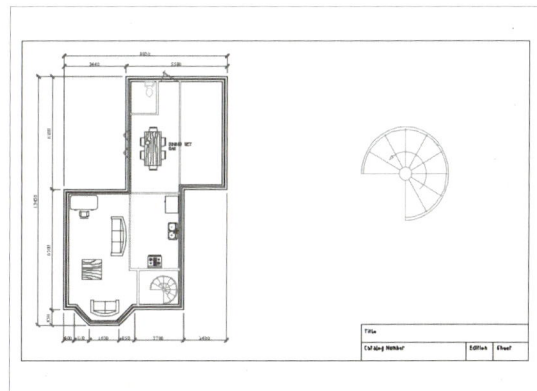

3-3. 플롯 스타일 관리자

도면을 출력하려면 플롯 스타일 테이블을 사용한다. 확장자가 CTB인 플롯 스타일은 색상을 사용하여 객체 특성을 결정하고 확장자가 STB인 플롯 스타일은 도면층이나 객체 색상과는 관계없이 도면 내 객체별로 별도의 플롯 스타일을 적용하는 것이다.

➡ **실행 방법**
- **[응용프로그램메뉴]** : [인쇄]─[플롯 스타일 관리]
- **메뉴** : [파일(F)]─[플롯 스타일 관리자(Y)]
- **명령 입력** : PLOTSTYLE

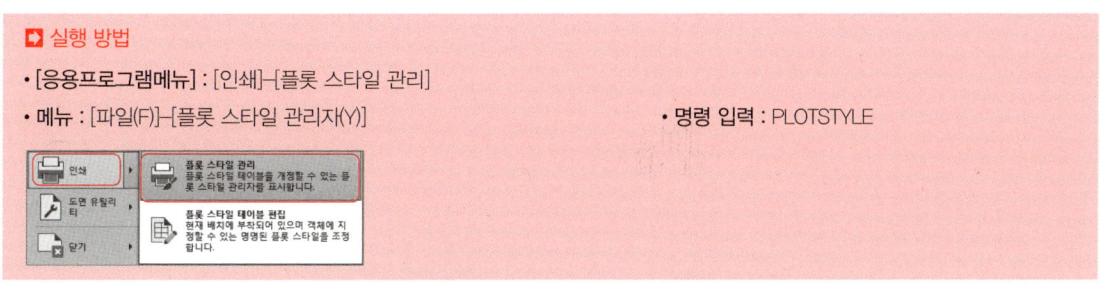

[플롯 스타일 관리자]를 실행하면 미리 설정된 플롯 스타일 폴더가 열린다. 이 폴더에서 [플롯 스타일 추가 마법사]로 플롯 스타일을 선택하여 편집하거나 새로운 플롯 스타일을 추가할 수 있다.

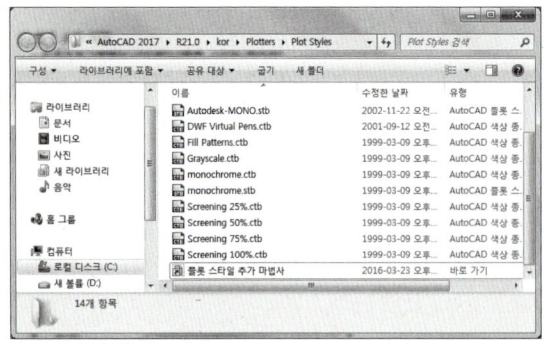

현재 플롯 스타일의 특성을 변경하려면 [플롯] 대화상자의 [플롯 스타일 테이블]의 편집 아이콘을 클릭하여 편집한다.

[플롯 스타일 테이블 편집기]에서 [테이블 뷰] 또는 [형식 보기]에서 편집할 수 있다.

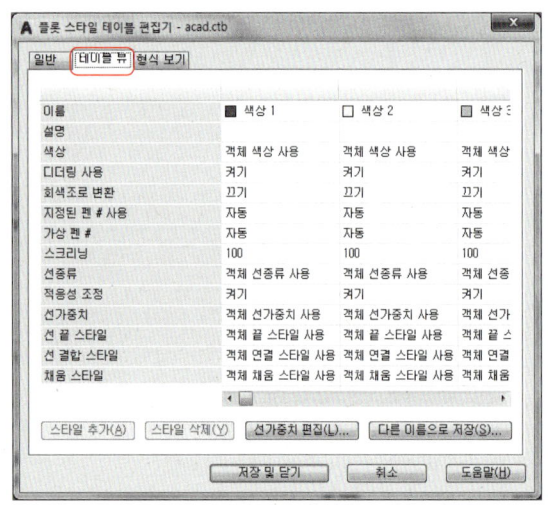 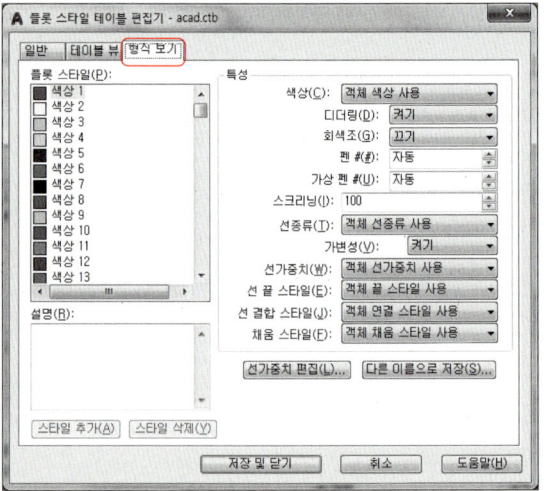

[플롯] 대화상자에서 플롯 스타일 테이블 리스트에서 [새로 만들기] 항목을 클릭하여 새로운 플롯 스타일 테이블을 작성할 수 있다.

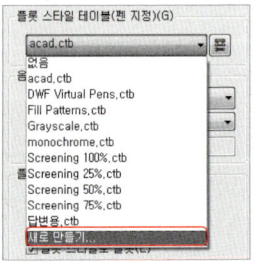

❶ **색상 종속 플롯 스타일**

AutoCAD의 색상 번호별로 플롯 스타일을 할당하는 방법으로 255개 색상에 플롯 스타일을 설정할 수 있다. 하나의 색상에 하나의 플롯 스타일을 설정하므로 도면에서 사용한 모든 색상을 먼저 파악해야 한다. 다음 그림은 사전에 정의되어 있는 monochrome.ctb의 플롯 스타일 테이블이다. 객체 색상 항목을 보면 인쇄할 때 검은색으로 출력되도록 설정되어 있다.

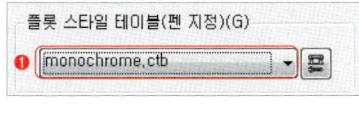

도면에 사용된 색상 파악이 끝났다면 선가중치를 고려해야 한다. 두껍게 출력될 외형선, 외형선 보다는 가늘게 출력될 중심선 등 선 두께의 경중으로 생각해서 외형선이 7번이라면 7번 색상의 선가중치를 0.5mm로 설정하고, 중심선이 3번이라면 0.2mm로 두께를 조정해서 출력 설정을 하면 된다.

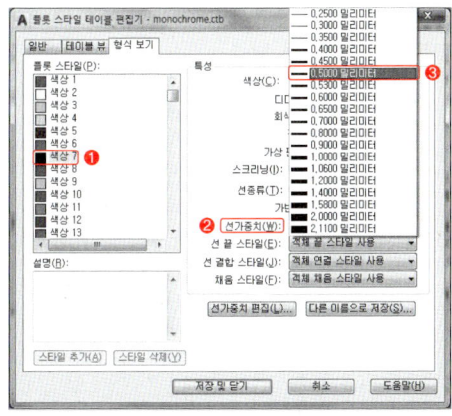

❷ 명명된 플롯 스타일

도면층이나 객체 색상과는 상관없이 객체별로 플롯 스타일을 정의한다. 같은 색상으로 작성된 객체라도 객체 유형에 따라 플롯 스타일을 지정한다.

◘ 명명된 플롯 스타일 적용하기

01 예제 파일을 불러온다.

- 예제 파일 : Chapter11₩플롯 연습.dwg
- 명명된 플롯스타일 적용하기

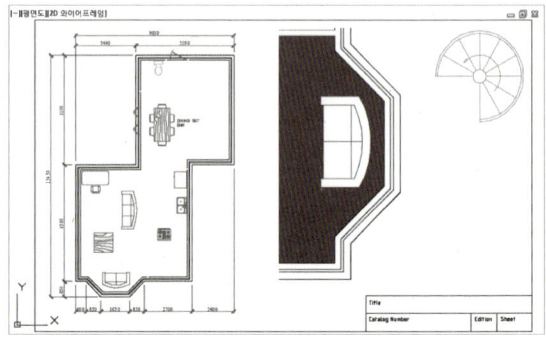

02 [응용 프로그램 메뉴]-[인쇄]-[플롯 스타일 관리]를 클릭한 후 [플롯 스타일 추가 마법사]를 더블클릭한다.

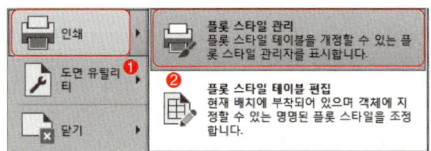

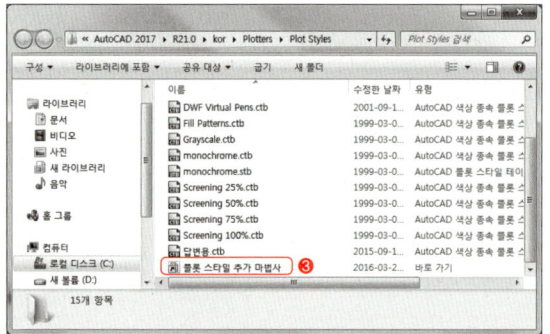

03 [플롯 스타일 테이블 추가] 대화상자에서 [다음] 버튼을 클릭한다. [플롯 스타일 테이블 추가-시작]에서 [처음부터 시작]을 선택하고 [다음] 버튼을 클릭한다.

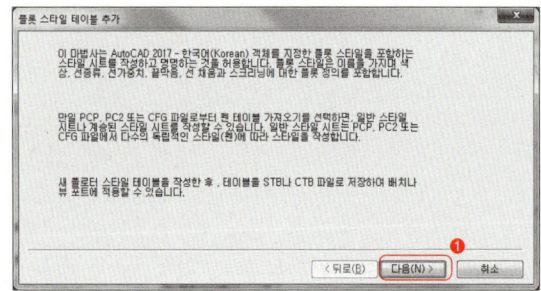
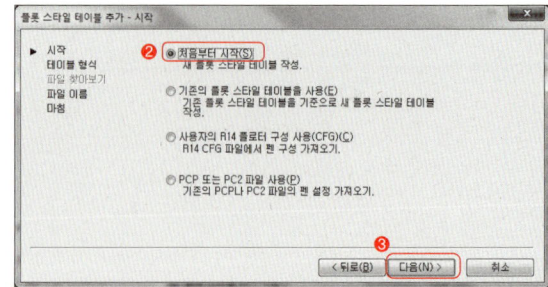

04 플롯 스타일로 [명명된 플롯 스타일 테이블]을 선택하고 [다음] 버튼을 클릭한다. 파일 이름에 '플롯 연습'이라 입력하고 [다음] 버튼을 클릭한다.

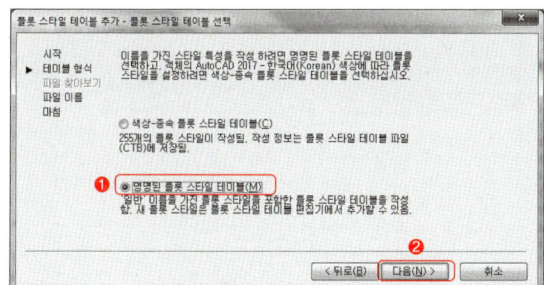 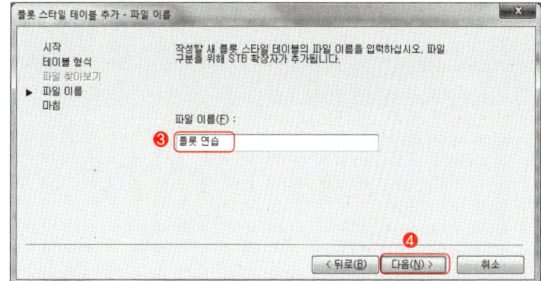

05 플롯 스타일 편집을 위해 [플롯 스타일 테이블 편집기]를 클릭한다. [테이블 뷰] 탭에서 [스타일 추가]를 클릭한다.

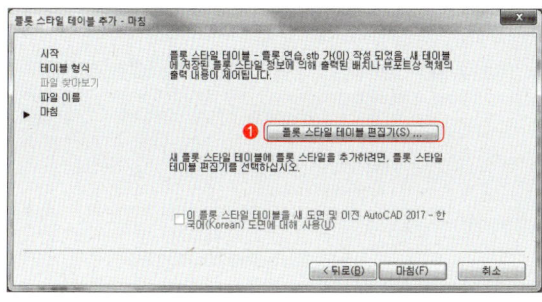 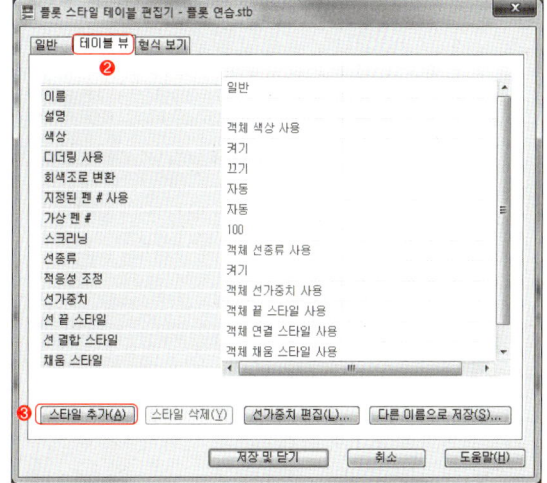

06 [테이블 뷰] 탭에서 [스타일1] 이름을 [문자]로 수정하고 색상을 [파란색], 선가중치는 [0.2500밀리미터]로 변경한다. [스타일 추가]를 다시 클릭하고 [스타일2]이름을 [외형선]으로 수정하고 색상은 [검은색], 선가중치는 [0.5000밀리미터]로 변경한다.

 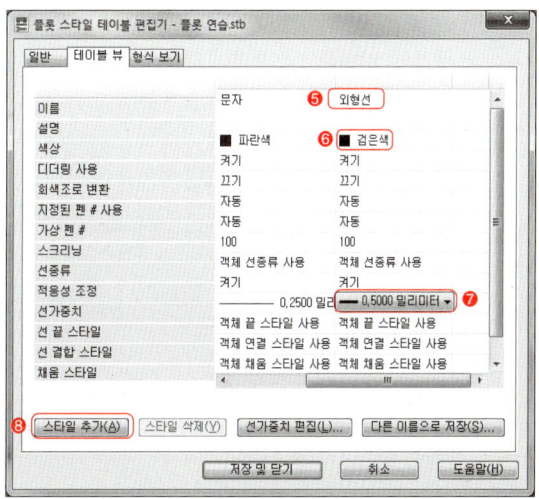

07 [스타일 추가]를 다시 클릭하고 [스타일3]이름을 [치수]로 수정하고 색상은 [검은색], 선가중치는 [0.2000밀리미터]로 변경한다. [스타일 추가]를 다시 클릭하고 [스타일4]이름을 [해치]로 수정하고 색상은 [객체 색상 사용], 솔리드 해치에 농도를 주기 위해 스크리닝을 [50]으로 변경한다.

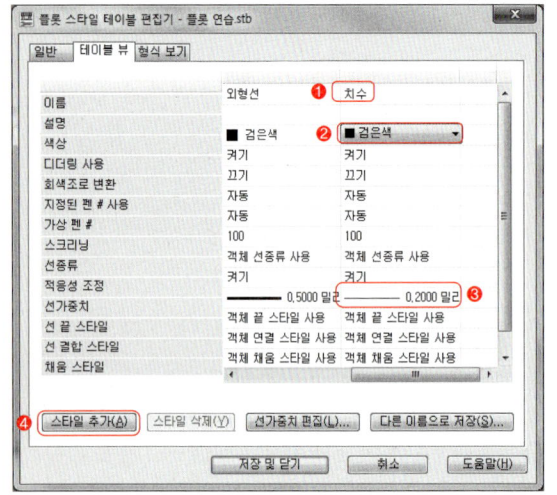 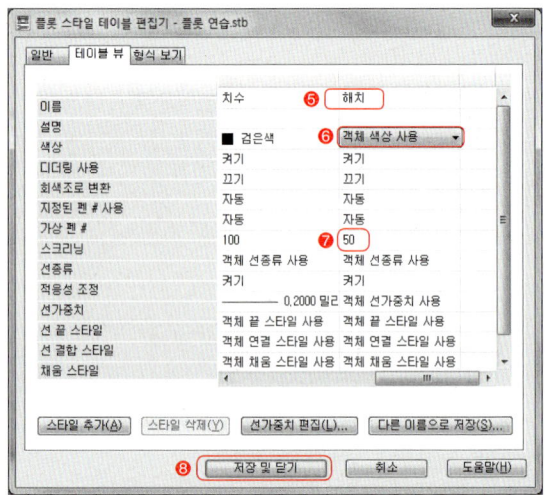

08 [저장 및 닫기]를 클릭하고 [플롯 스타일 테이블 추가 - 마침] 대화상자에서 [마침] 버튼을 클릭한다.

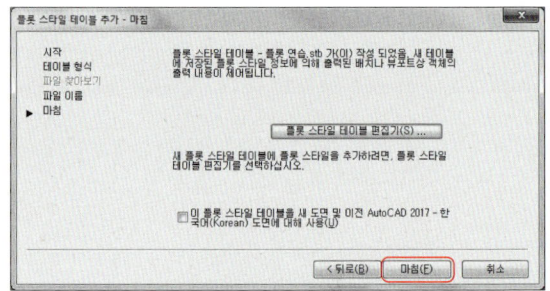

09 신속 접근 도구막대에서 새로 만들기 아이콘(□)을 클릭한다. 템플릿 선택 대화상자에서 [acadISO-Named Plot Styles.dwt]를 선택하고 [열기] 버튼을 클릭한다.

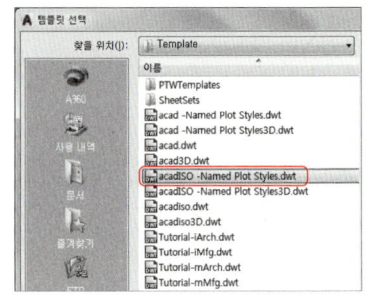

10 [플롯 연습] 탭을 클릭하고 [Ctrl]+C를 입력한다. 객체 선택을 'ALL'로 입력하고 [Space Bar]를 누른다. '플롯 연습.dwg' 도면 파일은 현재 색상 종속 플롯 스타일이 적용된 상태이다.

명령: _copyclip [[Ctrl] +C 복사하기 입력]
객체 선택: ALL [Space Bar] [모든 객체 선택]
132개를 찾음
객체 선택 : [Space Bar] [명령 종료]

11 새 도면(Drawing2)에서 Ctrl +V를 누른 후 임의 삽입점을 클릭하여 붙여넣기한다.

12 명령행에 'LA'를 입력하고 도면층 특성 관리자를 연다. [Dimensions]를 클릭하고 플롯 스타일 [Normal]을 클릭한다.

13 [플롯 스타일 선택] 대화상자의 [활성 플롯 스타일 테이블:]에서 확장 버튼(▼)을 클릭한 후 [플롯 연습.stb]를 선택한다. 플롯 스타일 영역에서 [치수]를 클릭한 후 [확인] 버튼을 누른다. 도면층 특성 관리자에서 [hatch]를 클릭하고 플롯 스타일 [Normal]을 클릭한다. [플롯 스타일 선택] 대화상자의 플롯 스타일 영역에서 [해치]를 클릭하고 [확인] 버튼을 누른다.

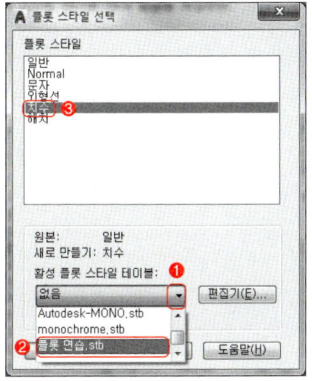 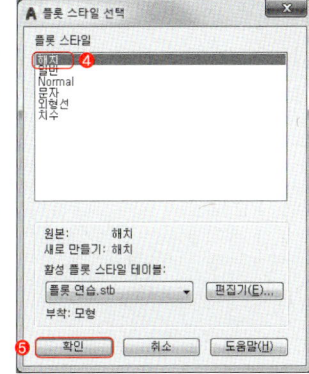

14 도면층 특성 관리자 팔레트를 닫는다. 신속 접근 도구막대에서 플롯 아이콘(🖨)을 클릭하고 [단일 시트 플롯 계속]을 클릭한다.

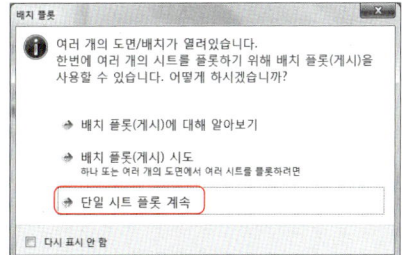

15 [플롯] 대화상자에서 아래와 같이 설정하고 윈도우로 출력 범위를 도면 외곽선으로 지정한다.

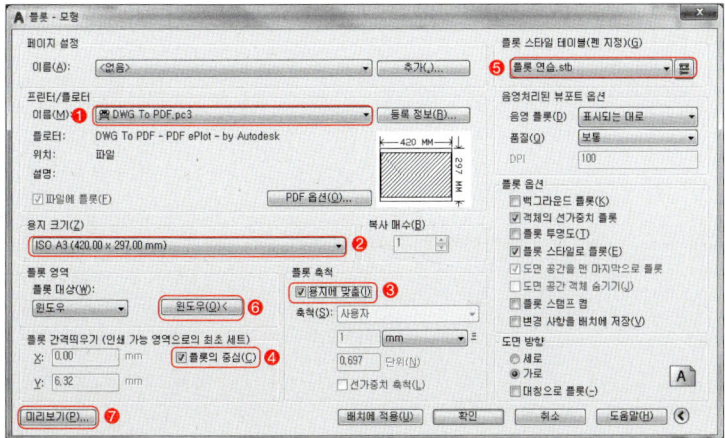

Chapter 11_도면 출력과 게시   359

16 [미리보기]를 클릭하여 도면 출력을 확인한다. 플롯 스타일이 적용되어 치수는 검은색으로, 해치는 농도가 조금은 연하게 보일 것이다.

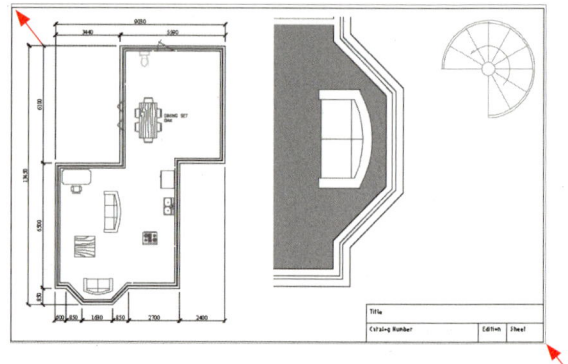

> **TIP** [옵션] 대화상자의 [플롯 및 게시] 탭에서 [플롯 스타일 테이블 설정]을 클릭한다. [플롯 스타일 테이블 설정] 대화상자에서 [명명된 플롯 스타일 사용]을 선택하고 [확인] 버튼을 클릭한 후 [옵션] 대화상자를 닫는다. 그 다음 AutoCAD를 종료하고 다시 실행하면 옵션에서 설정된 플롯 스타일이 반영되어 새 도면이 생성된다.
> 신속 접근 도구막대에서 플롯 아이콘(🖨)을 클릭하고 [플롯] 대화상자에서 플롯 스타일 테이블을 확장하여 확인하면 반영된 플롯 스타일이 어떤 것인지 쉽게 볼 수 있다.

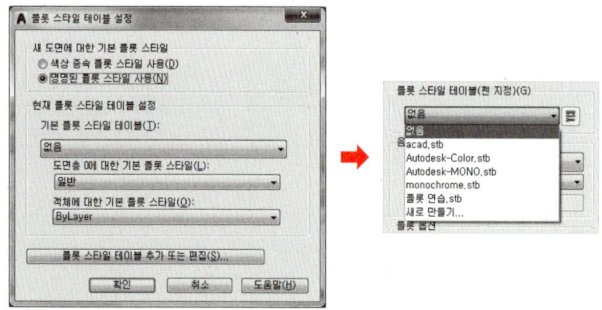

◆ 명명된 플롯 스타일 사용으로 옵션을 설정한 경우

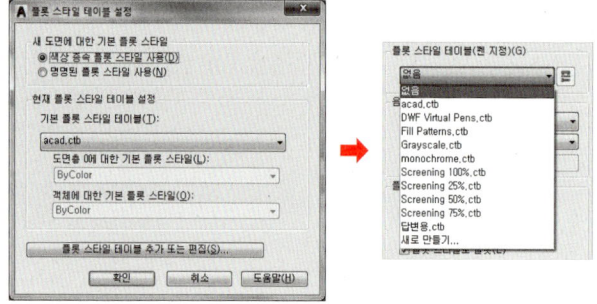

◆ 색상 종속 플롯 스타일 사용으로 옵션을 설정한 경우

❸ 플롯 스타일 변환

명명된 플롯 스타일이나 색상 종속 플롯 스타일을 한 도면에서 동시에 적용하여 사용할 수는 없다. 도면에 설정된 플롯 스타일은 시스템변수 [PSTYLEMODE]로 확인 가능하다. 명령행에 [PSTYLEMODE]를 입력한다.

- PSTYLEMODE = 0 명명된 플롯 스타일
- PSTYLEMODE = 1 색상 종속 플롯 스타일

◘ 명명된 플롯 스타일을 색상 종속 플롯 스타일로 변환하기

01 PSTYLEMODE를 입력해 값이 0인지 확인한다.

명령 : PSTYLEMODE Space Bar
PSTYLEMODE = 0 (읽기 전용)

02 명령행에 'CONVERTPSTYLES'를 입력하고 Space Bar 를 누른 후 안내 메시지가 표시되고 [확인] 버튼을 클릭한다.

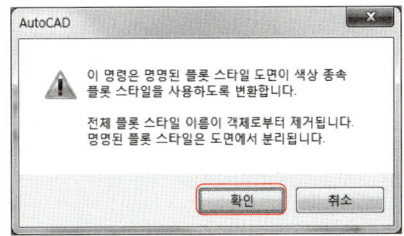

03 명명된 플롯 스타일이 색상 종속 플롯 스타일로 변환되었다. PSTYLEMODE를 입력하면 값이 1로 되어 있다.

명령 : PSTYLEMODE Space Bar
PSTYLEMODE = 1 (읽기 전용)

3-4. 플로터 관리자

도면을 인쇄하기 전에 우선 플로터 설정을 해야 한다. 사용할 플로터가 Windows의 [제어판]에서 설정이 되어 있다면 AutoCAD에서도 사용할 수 있다.

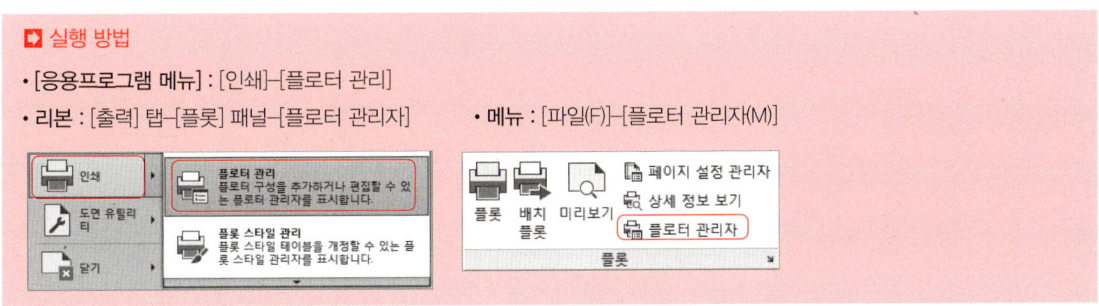

플로터 추가 마법사를 통해 플로터의 환경 설정을 추가 또는 편집할 수 있다. 저장된 인쇄 설정 파일의 확장자는 pc3파일이다.

◘ 플로터 추가 마법사를 이용한 플롯 설정하기

01 [응용프로그램 메뉴] : [인쇄]-[플로터 관리]를 클릭하여 플로터 관리자 대화상자를 열고 [플로터 추가 마법사]를 더블클릭한다.

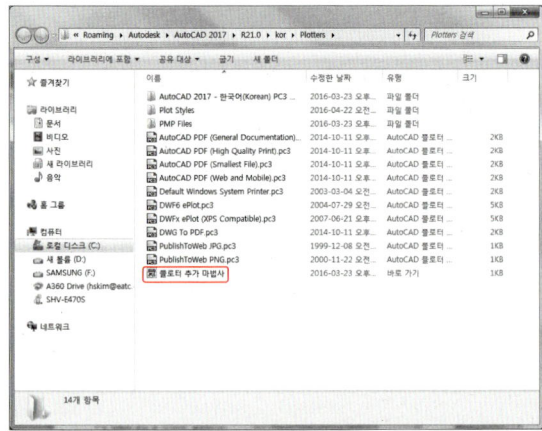

02 [플로터 추가-개요 페이지] 페이지가 표시되고 설명을 읽은 후 [다음] 버튼을 클릭한다. [플로터 추가-시작] 페이지에서 설정할 플로터 종류를 지정한다. 여기서는 [시스템 프린터]를 선택하고 [다음] 버튼을 클릭한다.

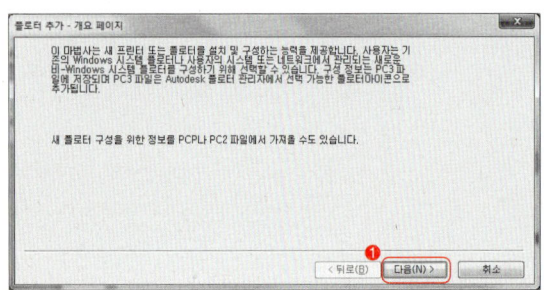
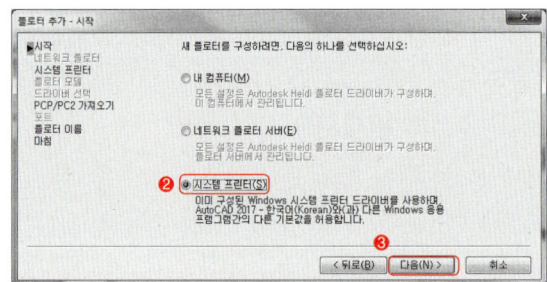

TIP [시스템 프린터]는 Windows의 시스템 프린터를 사용할 경우에 선택한다. AutoCAD는 Windows의 [제어판]에서 설정되어 있는 프린터를 그대로 사용하여 출력할 수 있지만, AutoCAD에 등록하면 CAD용 설정 내용이 고유의 PC3 파일로 저장되기 때문에 출력할 때 별도로 설정을 할 필요가 없게 된다.

03 [플로터 추가-시스템 프린터] 페이지에서 사용할 수 있는 프린터 이름들이 표시된다. 여기서 적당한 프린터를 선택하고 [다음] 버튼을 클릭한다. [플로터 추가-PCP/PC2 가져오기] 페이지에서 [다음] 버튼을 클릭한다.

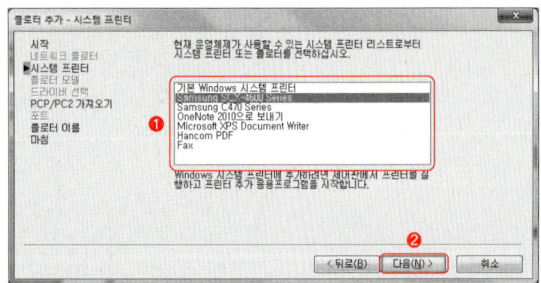
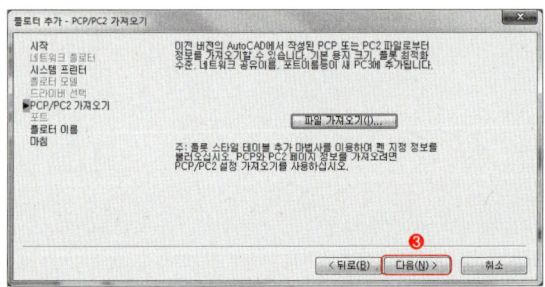

04 [플로터 추가-플로터 이름] 페이지에서 적당한 이름을 입력하거나 [다음] 버튼을 클릭한다.

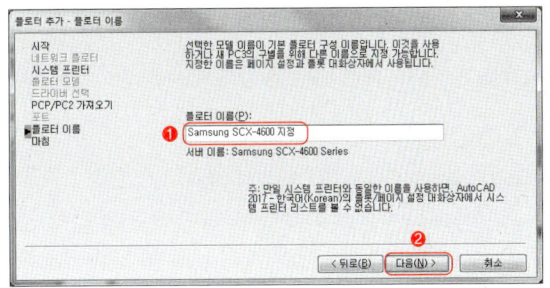

05 [플로터 추가-마침] 페이지가 표시된다. [플로터 구성 편집]을 클릭하면 등록한 플로터의 상세 설정을 할 수 있으며, 플로터 설정은 이후에도 할 수 있으므로 여기서는 [마침] 버튼을 클릭하여 등록을 완료한다.

 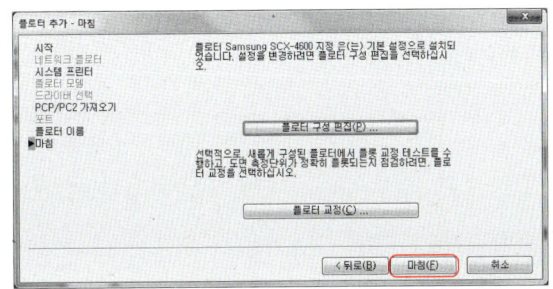

06 신속 접근 도구막대에서 플롯 아이콘(🖨)을 클릭하고 플롯 대화상자의 프린터/플로터의 이름 부분을 확장해보면 가장 아래에 지정한 플로터가 보인다.

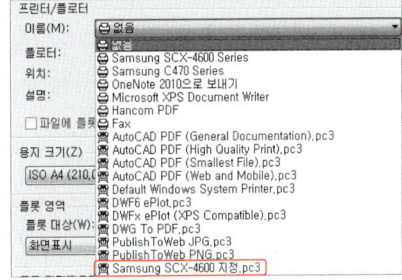

04 내보내기와 게시

AutoCAD는 도면을 다양한 용도의 여러 가지 파일로 내보내기할 수 있다. DWF, PDF, DGN 파일 외에 기타 형식을 클릭하면 3D 프린터 출력용 파일인 STL과 EPS 파일로도 내보내기할 수 있다.

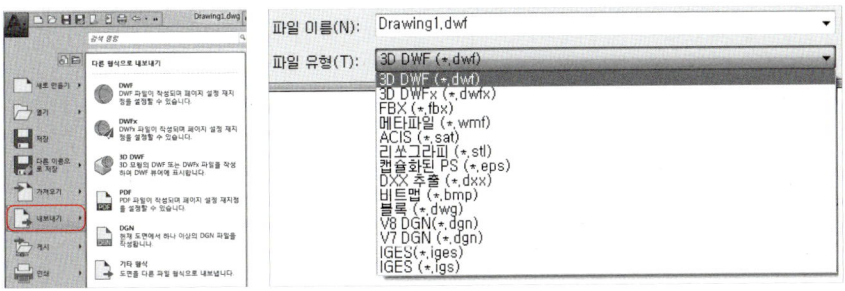

Chapter 11_도면 출력과 게시 **363**

4-1. PDF로 내보내기와 가져오기

도면을 PDF 파일로 내보내기하면 CAD를 사용할 수 없는 환경에서도 열람이 가능하다.

> ▶ **실행 방법**
>
> - **[응용프로그램 메뉴]** : [내보내기]-[PDF]
> - **리본** : [출력] 탭-[DWF/PDF로 내보내기] 패널-[PDF]
> - **리본** : [출력] 탭-[플롯] 패널-[플롯]-[플롯 대화상자-프린터/플로터]-[AutoCAD PDF]

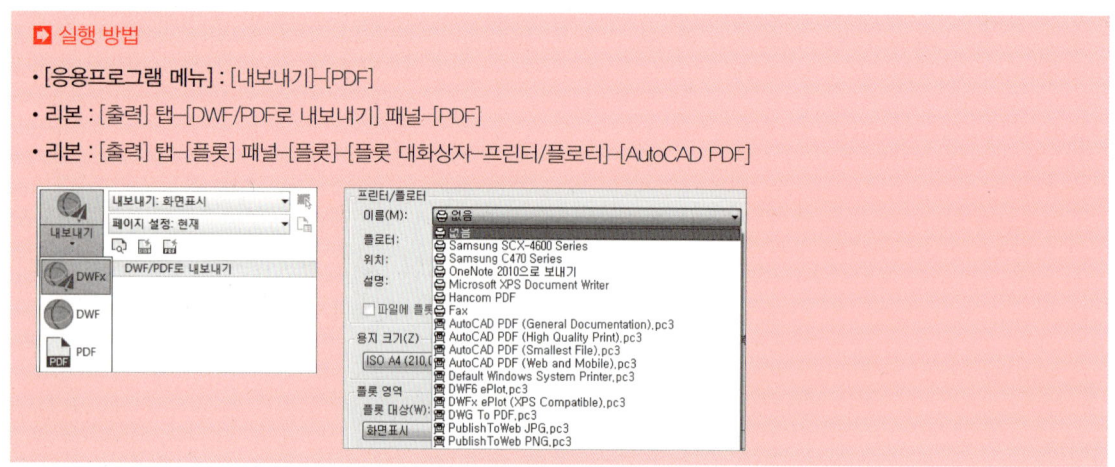

물론, AutoCAD 2017 버전부터는 PDF 파일을 가져와 AutoCAD에서도 읽을 수 있다. [응용 프로그램 메뉴]-[가져오기]-[PDF]를 클릭하고 [PDF 가져오기] 대화상자에서 기본 설정 등을 확인한 후 [확인] 버튼을 클릭하면 된다.

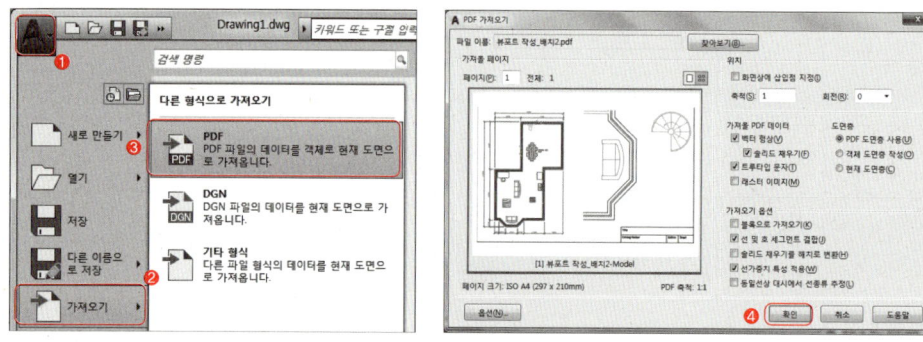

PDF 파일이 DWG로 변환되면 도면층 이름에 [PDF_] 접두사가 붙게 된다.

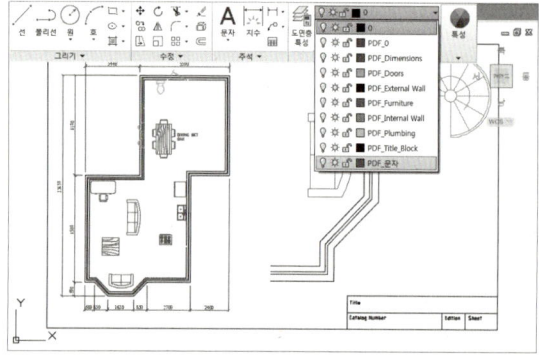

[PDF로 저장] 대화상자

[PDF(DWFx, DWF) 저장] 대화상자에서 파일 유형, 파일 저장할 위치, 출력 조정, [옵션]으로 내보내기 설정을 한다. 배치 탭에서 내보내기를 하면 내보내기 옵션에서 현재 배치를 할지, 전체 배치를 할지 선택하고 모형 탭에서 내보내기를 하면 화면 표시, 범위, 윈도우로 영역을 지정할 수 있다.

 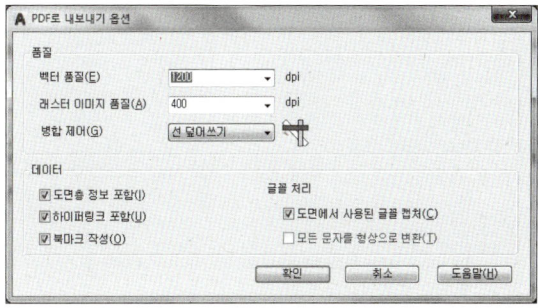

> **TIP   PDF 출력 품질**
> PDF로 출력하는 방법에는 5가지 종류가 준비되어 있어 목적에 맞는 품질로 PDF로 출력할 수 있다.
> - AutoCAD PDF(General Documentation) : 고해상도, 레이어(도면층) 정보 있음
> - AutoCAD PDF(High Quality Print) : 초고해상도, 레이어(도면층) 정보 있음
> - AutoCAD PDF(Smallest File) : 저해상도, 레이어(도면층) 정보 없음
> - AutoCAD PDF(Web and Mobile) : 저해상도, 레이어(도면층) 정보 있음
> - DWG To PDF : 중해상도, 레이어(도면층) 정보 있음

4-2. 전자 전송

ETRANSMIT 전자 전송은 인터넷 전송을 위해 파일 세트를 패키지로 묶어준다. 전송 패키지에 들어 있는 도면 파일 세트를 선택하면 외부 참조 및 글꼴 파일, 플롯 스타일 테이블 등 관련된 종속 파일도 모두 자동으로 포함된다.

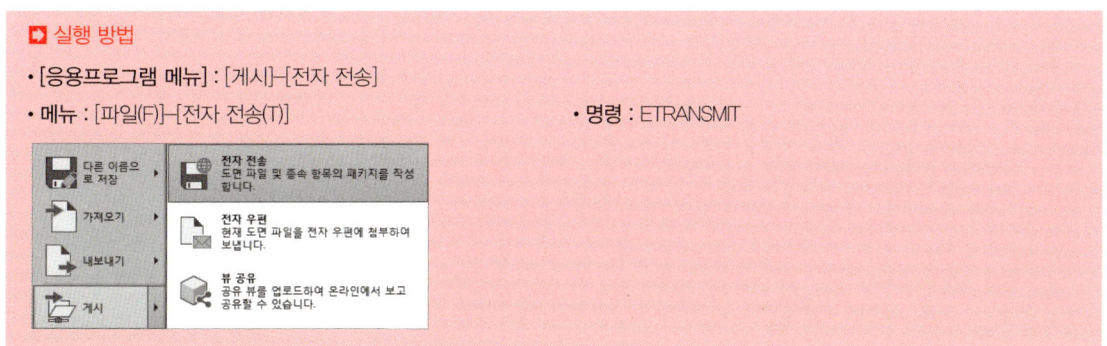

[전송 파일 작성] 대화상자

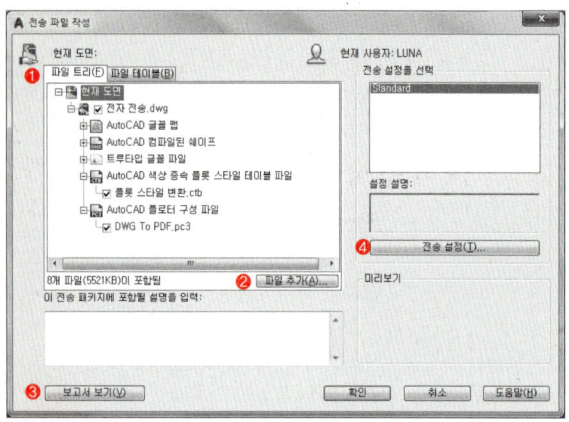

①	[파일 트리] 탭에서 파일 리스트가 계층 구조로 표시된다. 각 도면 파일을 확장하여 종속 파일을 표시하고 체크 해제하여 전송 패키지에 제외할 수도 있다.
②	전송 패키지에 추가할 파일을 선택한다.
③	전송 보고서를 보거나 저장할 수 있다.
④	[전송 설정] 대화상자에서 전송 설정의 보관 패키지 유형(*.zip)이나 보관 파일 폴더를 선택하고 옵션 포함에서 포함할 내용을 체크한다. 글꼴 포함에 체크해야만 사용된 글꼴도 추가로 저장된다.

파일 세트로 설정하여 전자 전송을 보낸 결과가 다음 그림과 같다. 도면과 함께 플롯에 관련된 내용까지 모두 압축되어 있음을 알 수 있다.

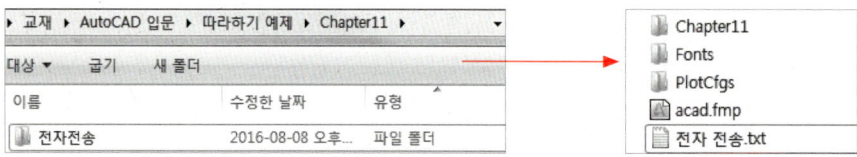

4-3. 3D 데이터 가져오기/내보내기

IMPORT(가져오기) 명령을 사용하여 외부 응용프로그램에서 작성된 3D 모델링을 가져올 수 있다. 가져온 모델은 도면층 0에 작성되며 2D, 3D 와이어프레임의 원래 색상은 그대로 유지된다.

EXPORT(내보내기) 명령을 이용하여 2D, 3D 도형을 외부 응용프로그램에 3D 모델링으로 내보낼 수 있다.

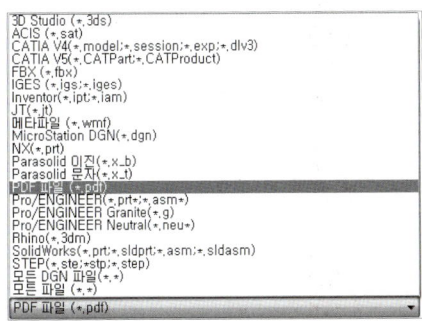

◆ 가져오기 형식

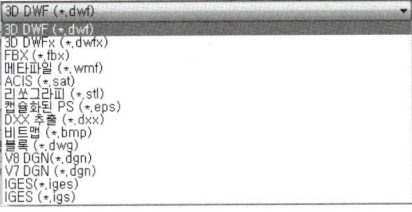

◆ 내보내기 형식

▶ 실행 방법

- [응용프로그램 메뉴] : [가져오기]/[내보내기]
- 리본 : [삽입] 탭-[가져오기] 패널-[가져오기]
- 메뉴 : [파일(F)]-[가져오기(R)]/[내보내기(E)]
- 명령 : IMPORT/EXPORT
- 단축키 : IMP/EXP

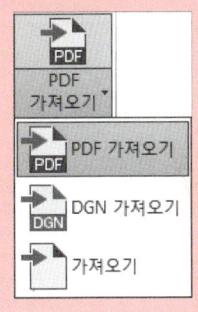

05 공유 뷰와 DWG 비교

5-1. 공유 뷰

Autodesk 계정을 사용하여 공유 뷰를 클라우드에 업로드하면 AutoCAD 프로그램이 없는 다른 사용자도 Autodesk 뷰어에서 도면을 볼 수 있고, 표식과 주석을 기입할 수 있다. 공유 뷰는 기본적으로 30일 후에 만료되지만 공유 뷰 개요 메뉴에서 [연장]을 선택하면 유효기간을 30일을 더 연장할 수 있다.

공유 뷰는 링크 주소만 안다면 누구라도 열람할 수 있기 때문에 보안을 중시하는 경우 도면 열람 후 공유 작업이 완료되면 가능한 한 공유 뷰를 빨리 삭제하는게 좋다.

🔲 실행 방법

- **리본** : [공동작업] 탭–[공유] 패널–공유 뷰 아이콘( )
- **명령 입력** : SHAREDVIEWS

🔷 공유 뷰 작성

01 예제 파일을 불러온 후 [공동 작업]탭–[공유]패널–[공유 뷰]를 클릭하여 [공유 뷰]팔레트를 연 후, [새 공유 뷰]를 클릭하여 [뷰 공유]대화상자를 표시한다.

- 예제 파일 : Chapter11₩공유 뷰 도면.dwg

02 공유할 뷰 이름을 입력하고 [공유]를 클릭한다.

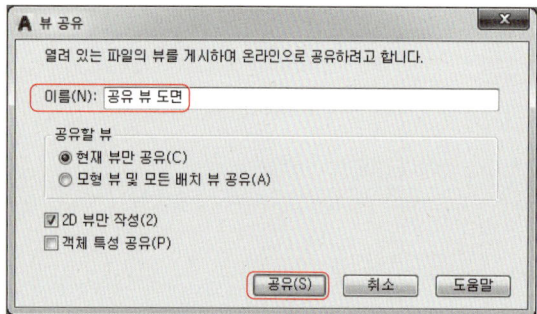

03 [공유 뷰의 백그라운드 처리를 시작할 준비가 되었습니다.]는 메시지가 표시되면 [진행]을 클릭한다.

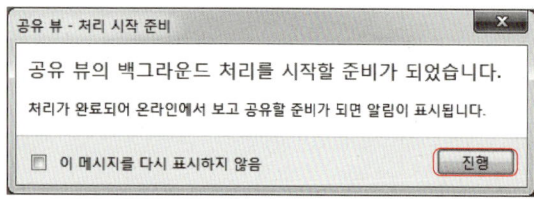

04 공유 뷰 백그라운드 처리과정을 상태막대의 공유 뷰 아이콘( )에서 확인가능하며 완료된 후 마우스를 대면 [이제 링크를 보고 공유할 수 있습니다.]라고 읽을 수 있다. 또한, Autodesk 계정 이메일로 [파일이 볼 준비가 되었습니다.]라는 메일이 온다.

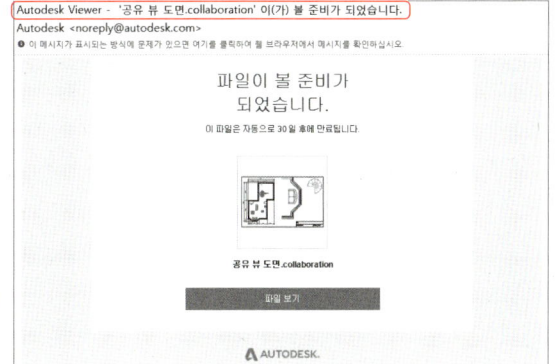

06 [공유 뷰]팔레트에서 공유 뷰 도면이 보이지 않으면 [갱신]아이콘( )을 클릭하여 업데이트를 하고 공유 뷰의 개요 중 [브라우저에서 보기]를 선택한다.

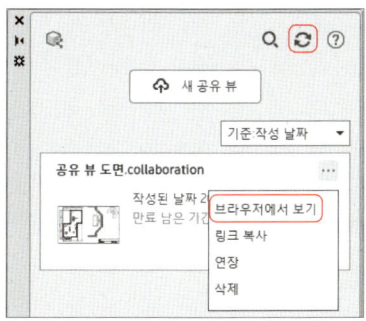

07 하단 메뉴에서 [표식]을 클릭하면 문자, 구름형 리비전, 화살표 등을 넣을 수 있다.

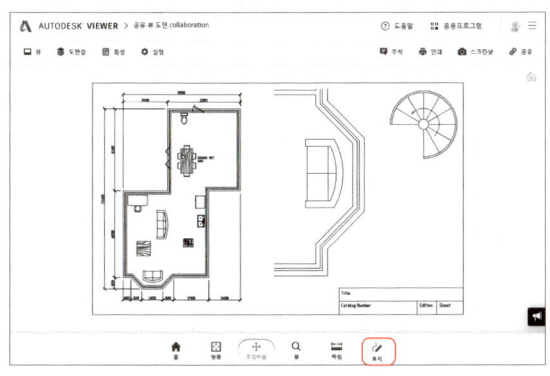 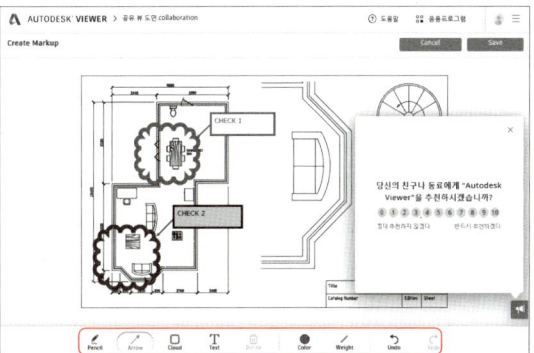

5-2. DWG 비교

두 개의 도면을 비교하여 색상 및 구름형 리비전을 사용하여 차이가 어느 부분인지 쉽게 파악할 수 있다. DWG 비교 기능은 다시 말해 두 도면을 시각적으로 비교하는 방법을 제공하며 두 도면 사이에서 수정, 추가 또는 제거된 객체를 식별한다.

비교 도면에서는 세 가지 색상으로 공통 객체와 차이점을 강조하고 구름형 리비전으로 표시한다.
- 첫 번째 도면에만 있는 객체 – 초록색
- 두 번째 도면에만 있는 객체 – 빨간색
- 변경되지 않았거나 두 도면에 공통된 객체 – 회색

이 기능은 모형 공간에서만 가능하며 DWG 파일만 지원한다. 또한, 결과 도면 파일은 비교_파일명1 vs 파일명2로 새롭게 생성이 된다.

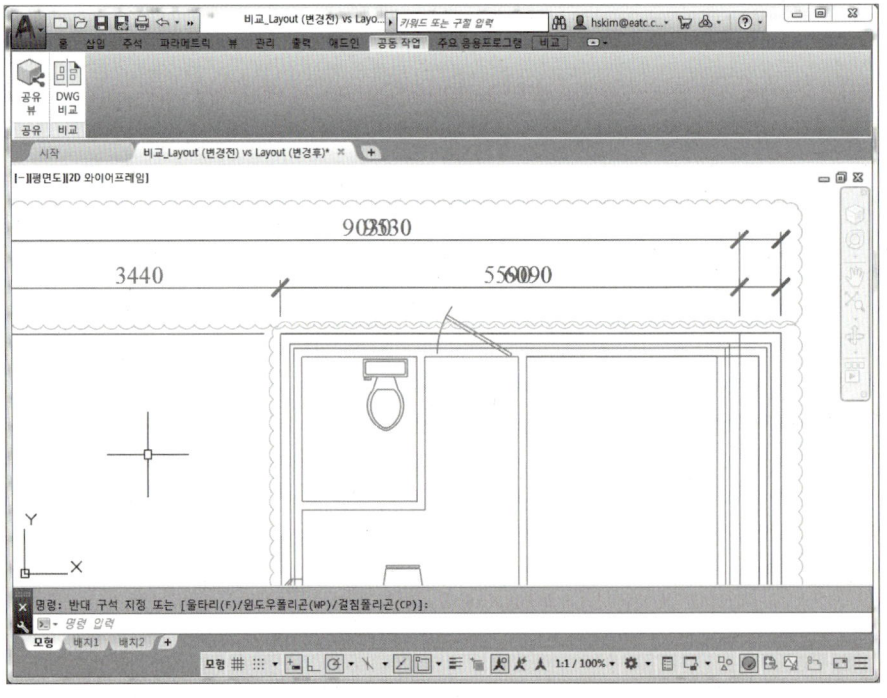

▶ 실행 방법
- 리본 : [공동작업] 탭–[공유] 패널–DWG 비교 아이콘( )
- 응용 프로그램 메뉴 : [도면 유틸리티]–[DWG 비교]
- 명령 입력 : COMPARE

◘ DWG 비교

01 예제 파일을 불러온 후 도면 비교을 위해 명령행에 'COMPARE'를 입력하고 [Space Bar]를 누른다.

- 예제 파일 : Chapter11₩Layout(변경후).dwg

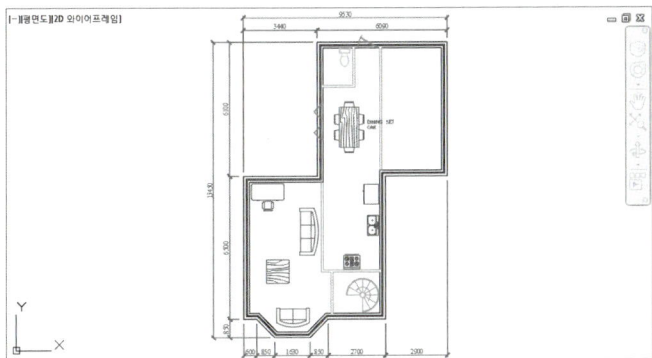

02 DWG 2에 비교할 도면으로 Chapter11₩Layout(변경전).dwg 파일을 선택하고 [비교]를 클릭한다.

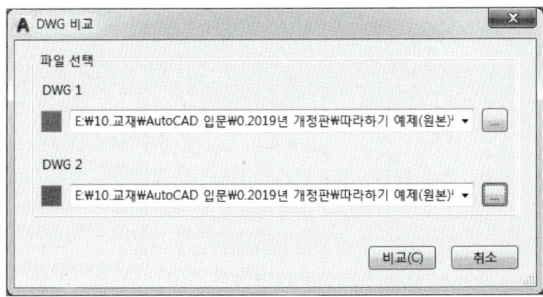

03 비교_Layout(변경후) vs Layout(변경전) 파일이 새롭게 생성되고 변경 전후 부분이 각각 초록색과 빨간색으로, 변경이 안된 부분은 회색으로 보인다. 변경 사항 세트의 화살표를 클릭하여 차례대로 변동된 부분을 확인한다.

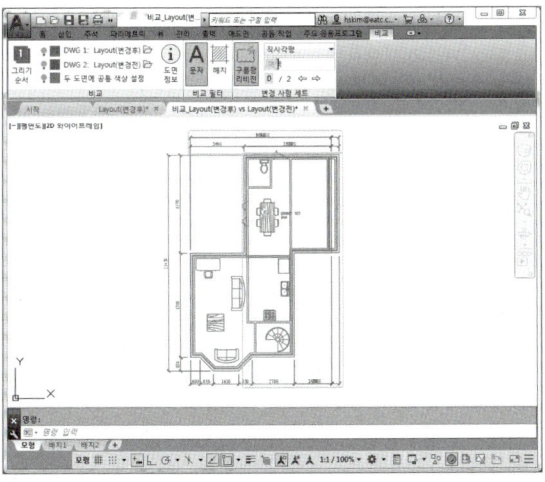

Chapter 12 도면 템플릿 작성

도면 템플릿은 단위, 제목 블록, 도면층, 문자 스타일, 치수 스타일 등 사전에 정의된 표준 설정의 집합으로 여러 도면 작성을 할 때 기본이 된다.

01 도면 템플릿 작성

모든 도면은 기본 도면 템플릿 파일 또는 사용자가 작성한 사용자 템플릿 파일에서 시작한다. 도면 템플릿은 도면층과 문자 스타일 등 사전에 정의된 도면 표준 사양을 사용하여 도면을 작성할 필요가 있을 때 특히 유용하다.

도면 템플릿을 사용하면 도면을 시작할 때마다 도면층이나 스타일을 지정하지 않아도 되므로 시간 절약이 된다. 템플릿 파일의 확장자는 DWT이다.

템플릿을 작성할 때 가장 간단한 방법은 기존 도면에 작성된 도형 객체들을 모두 지운 후 확장자를 DWT로 변경하면 된다.

도면 템플릿 파일 위치

도면 템플릿 파일을 작성하기 전에 저장 위치를 지정한다. 파일 저장 위치는 [옵션] 대화상자의 [파일] 탭에서 지정한다. 기본값으로 설정된 위치 외에 다른 곳을 지정하려면 파일 이름을 더블클릭하여 [폴더 찾아보기] 대화상자에서 해당 파일 위치를 지정하여 수정한다.

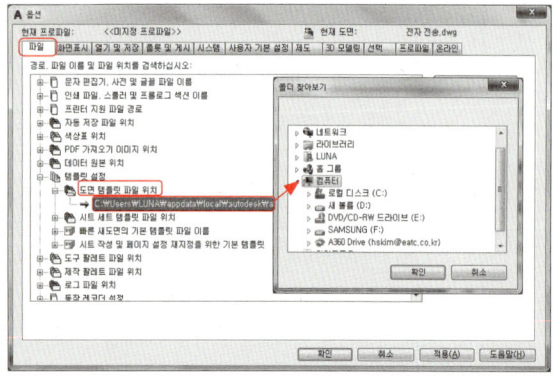

도면 템플릿 작성하기

문자 스타일, 치수 스타일, 도면층과 배치에 사용할 도면틀을 배치하여 템플릿으로 저장한다. 그래서 작성한 템플릿을 이용해 새 도면을 작성하고 템플릿 설정이 제대로 적용이 되었는지를 확인하는 연습이다.

01 신속 접근 도구막대에서 새 도면 아이콘(📄)을 클릭하고 [템플릿 선택] 대화상자에서 미터법에 해당하는 acadiso.dwt를 클릭한다.

▶ 도면 템플릿 작성하기

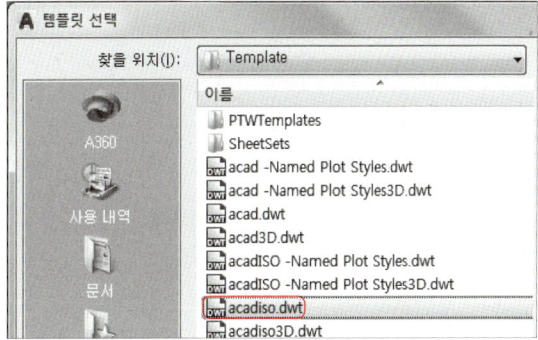

02 문자 스타일을 설정하기 위해 명령행에 'ST'를 입력하고 Space Bar 를 누른다. [문자 스타일] 대화상자에서 [새로 만들기] 버튼을 클릭한다.

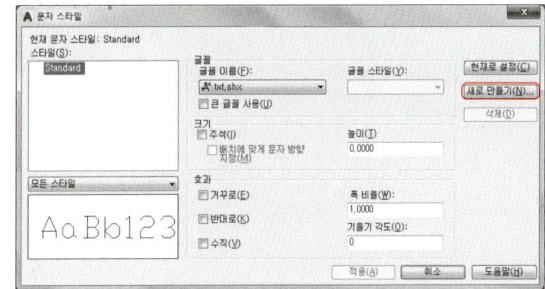

03 스타일 이름에 [문자 3.5]를 입력하고 [확인] 버튼을 클릭한다.

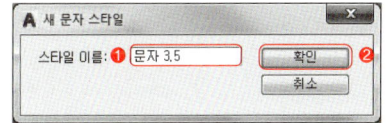

04 글꼴 이름을 확장하고 [굴림체]를 선택하고 [주석]에 체크, 도면 문자 높이를 [3.5]로 입력하고 [적용] 버튼을 클릭한다. 현재 문자 스타일이 [문자 3.5]로 되었는지 확인하고 [닫기] 버튼을 클릭한다.

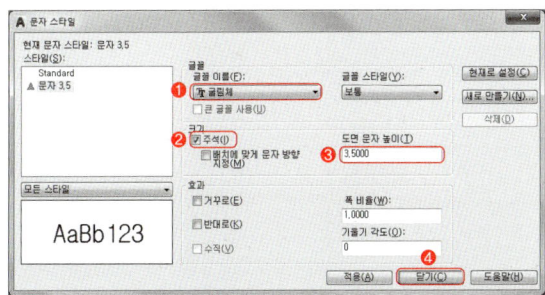

05 명령행에 'D'를 입력하고 Space Bar 를 누른다. [치수 스타일 관리자]에서 [수정] 버튼을 클릭한다.

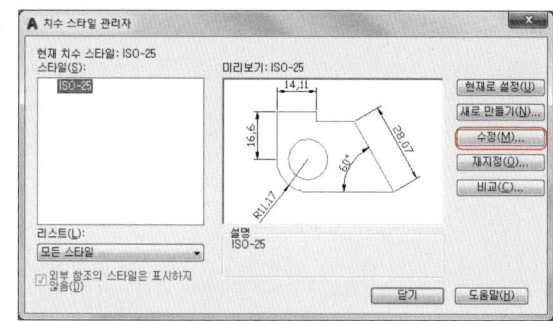

06 [1차 단위] 탭에서 소수 구분 기호를 ['.'마침표]로 설정한다. [문자] 탭에서 문자 정렬을 [ISO 표준]으로 설정한다.

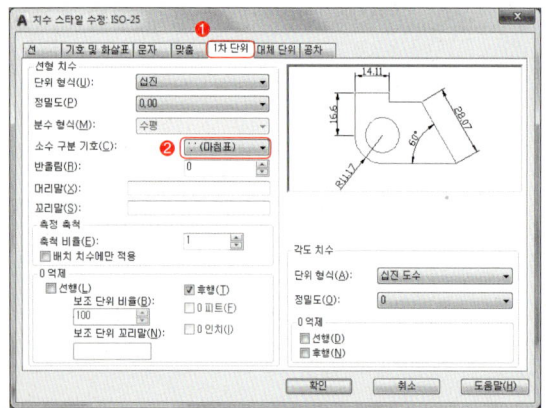
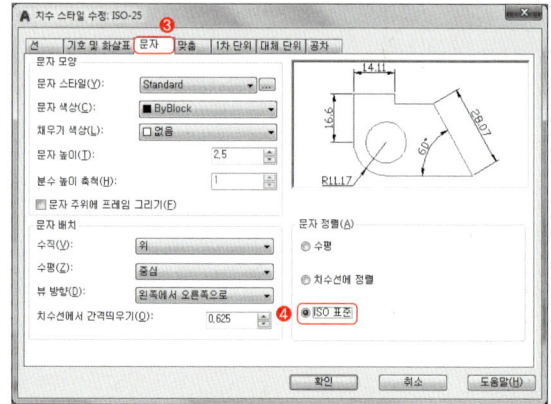

07 [맞춤] 탭을 클릭한다. [치수 피쳐 축척]-[주석]에 체크하고 [확인] 버튼을 클릭한 후 [닫기] 버튼을 클릭한다.

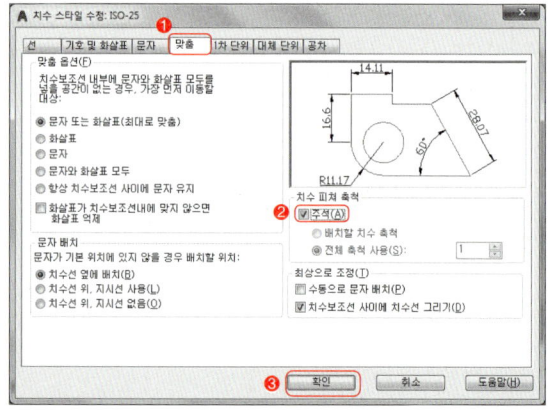

08 도면층 설정을 위해 명령행에 'LA'를 입력하고 Space Bar 를 누른다. [도면층 특성 관리자] 팔레트에서 새 도면층 아이콘( )을 클릭하여 아래 리스트처럼 도면층을 작성한다. [Outline] 도면층을 더블클릭하고 현재 도면층으로 설정 후 [도면층 특성 관리자] 팔레트를 닫는다.

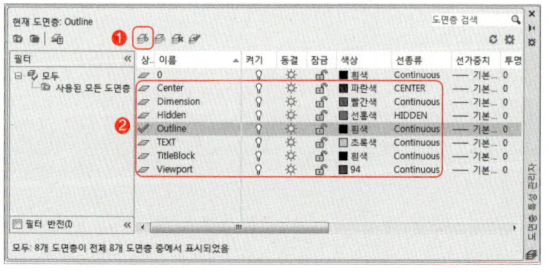

09 출력 페이지 설정을 하기 위해 [배치1] 탭을 클릭하여 활성화한다. [출력] 탭-[플롯] 패널-[페이지 설정 관리자]를 클릭한다.

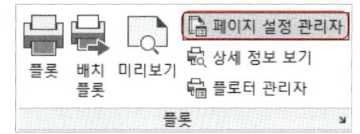

10 [페이지 설정 관리자] 대화상자에서 [새로 만들기] 버튼을 클릭하고 새 플롯 설정 이름에 [A2-Plot]이라 입력하고 [확인] 버튼을 클릭한다.

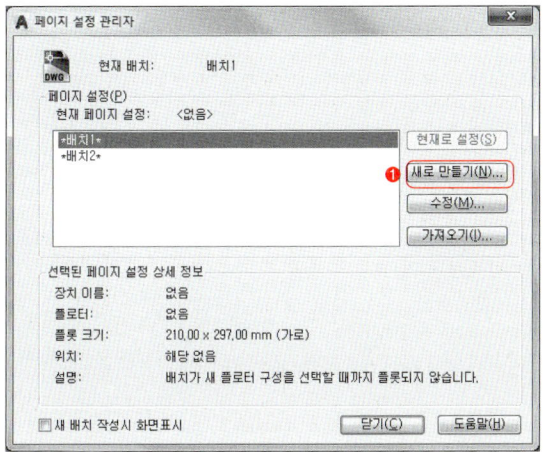
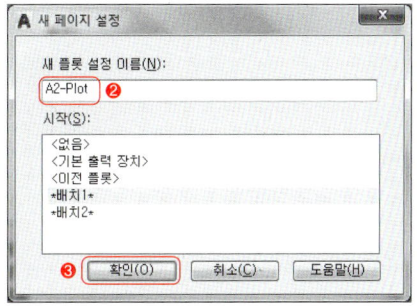

11 [페이지 설정] 대화상자에서 프린터/플로터 등 다음 그림 참조하여 설정하고 [확인] 버튼을 클릭한다.

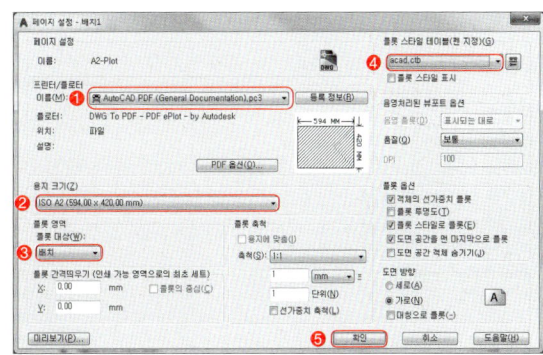

12 [페이지 설정 관리자]에서 [A2-Plot] 페이지 설정을 더블클릭하여 [배치1]에 적용하고 [닫기] 버튼을 클릭한다. 사각형 뷰포트도 클릭하여 Delete 로 삭제한다.

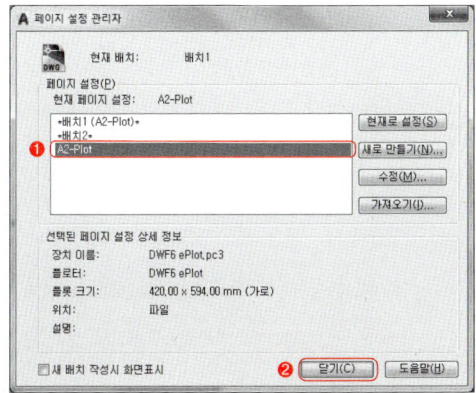
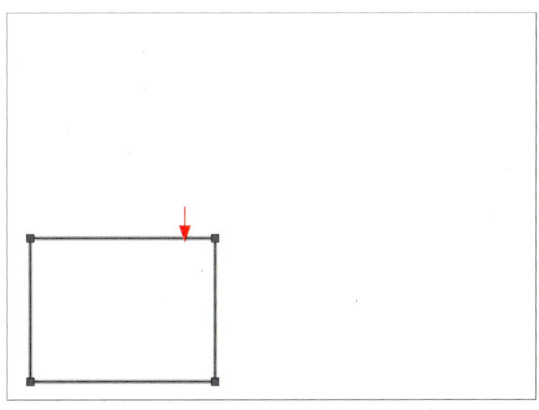

13 도면 타이틀 블록을 배치에 삽입하기 위해 [홈] 탭-[도면층] 패널-[도면층]-[TitleBlock]을 클릭하여 현재 도면층으로 설정한다.

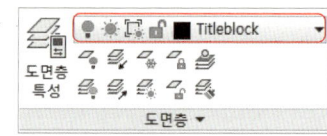

14 명령행에 삽입(Insert) 명령의 단축키 'I'를 입력하고 Space Bar 를 누른다. [찾아보기] 버튼을 클릭하여 Chapter12장에 저장된 'A2-Title.dwg' 파일을 선택하고, 나머지 사항은 이미지를 참조하여 설정하고 [확인] 버튼을 클릭한다. 타이틀 블록이 도면 용지 내 삽입이 되었다.

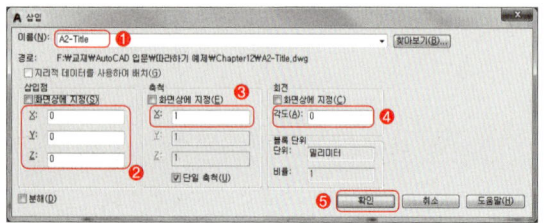
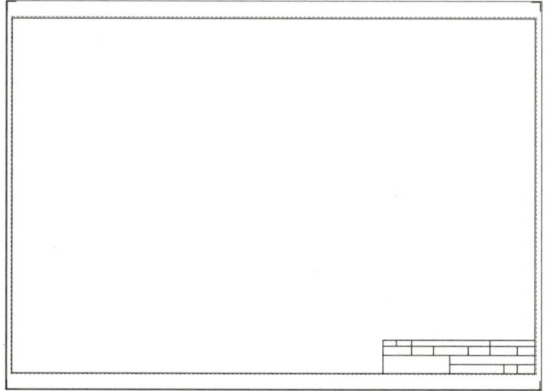

15 필요없는 배치탭을 삭제하기 위해 [배치2] 탭을 클릭하고 마우스 오른쪽 버튼을 클릭한 후 바로 가기 메뉴에서 [삭제]를 선택한다. "선택된 배치가 영구적으로 삭제될 것이다." [AutoCAD] 대화상자에서 [확인] 버튼을 클릭한다.

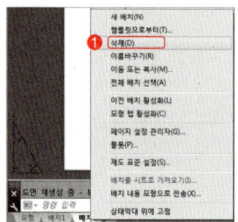
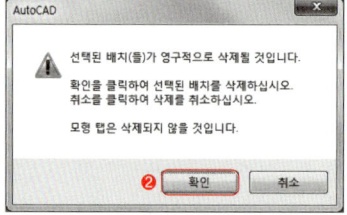

16 [모형] 탭을 클릭하고 [홈] 탭-[도면층] 패널-[도면층]을 [Outline]으로 설정한다.

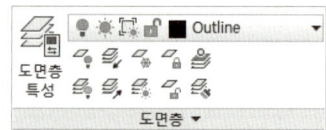

17 템플릿 폴더를 지정하기 위해 마우스 오른쪽 버튼을 클릭한다. 바로 가기 메뉴에서 [옵션]을 선택하고 [파일]의 [템플릿 설정]-[도면 템플릿 파일 위치]에서 기존 경로를 더블클릭한다. 새롭게 저장할 폴더를 지정한 후 [옵션] 대화상자를 닫는다.

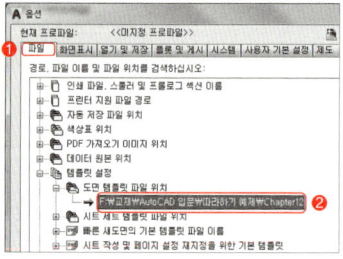

18 신속 접근 도구막대에서 [다른 이름으로 저장] 아이콘(🖫)을 클릭한다. [파일 유형]은 [AutoCAD 도면 템플릿 (*.dwt)]으로 선택, [파일 이름]은 [A2-Template]로 선택하고 [저장] 버튼을 클릭한다. [템플릿 옵션] 대화상자도 [확인] 버튼을 클릭한다.

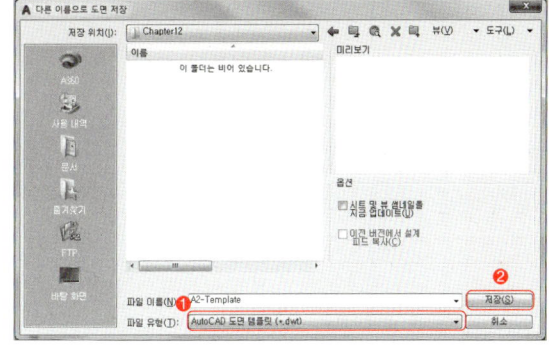

19 새로 만든 템플릿을 사용하여 새 도면을 작성해본다. 신속 접근 도구막대에서 새 도면 아이콘(🗋)을 클릭하고 [템플릿 선택] 대화상자에서 저장한 'A2-Template.dwt' 파일을 클릭하고 [열기] 버튼을 클릭한다.

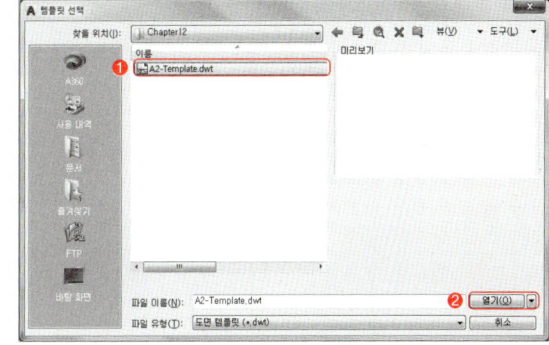

20 새 도면에 템플릿 설정이 제대로 적용이 되었는지 문자 스타일, 치수 스타일, 도면층, [배치] 탭의 페이지 설정 및 타이틀 블록을 확인한다.

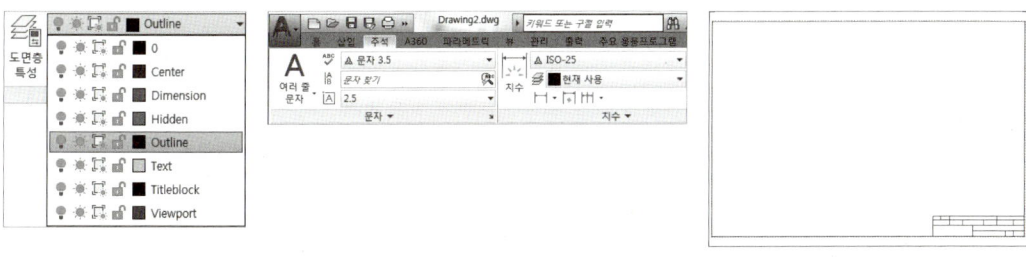

21 도면 템플릿 파일 위치를 기본값으로 다시 복원하기 위해서 마우스 오른쪽 버튼을 클릭한 후 바로 가기 메뉴에서 [옵션]을 선택한다. 가장 쉽게 복원하는 방법은 옵션을 초기화하는 것이다. [프로파일] 탭의 [재설정]을 클릭하고 [확인] 버튼을 누르면 원래 템플릿 파일 저장 위치로 복원이 된다.

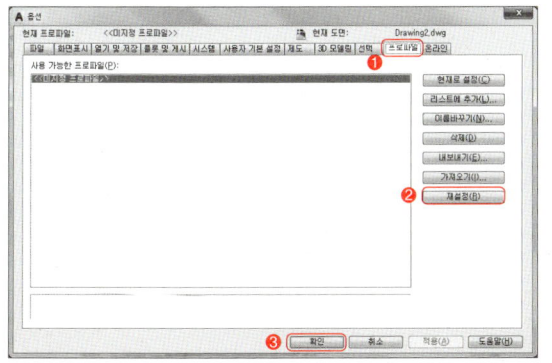
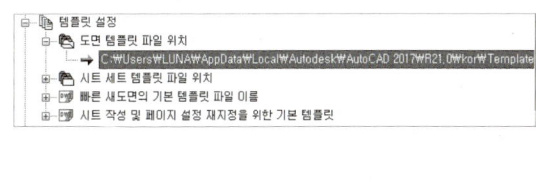

PART 02

AutoCAD 2019

AutoCAD 표율성을 높여볼까? 중급편

PART 02는 파라메트릭 도면 작성, 블록 사용, 동작 레코더, 외부 참조, 테이블 작성 등 알아두면 편리한 기능들로 훨씬 더 도면의 효율성을 높이는 명령들로 구성되어 있다. 반복 작업으로 인한 수정 작업을 최소화할 수 있는 기능들로 객체 크기가 변해도 형상이 유지되도록 구속하거나, 같은 명령이 반복될 때 녹화하여 재생을 하거나, 여러 객체로 구성된 것을 하나의 집합으로 만들어주거나, 설계가 계속 변경됨에 따라 기준 도면이 업그레이드되면 자동으로 도면이 업데이트되는 기능들로 집약되어 있다.

Chapter 13   파라메트릭 도면 작성
Chapter 14   컨텐츠 재사용
Chapter 15   동작 레코더
Chapter 16   외부 참조
Chapter 17   도면 데이터 참조

Chapter 13 파라메트릭 도면 작성

파라메트릭 도면은 2D 형상에 기하학적, 치수 구속조건을 적용하여 설계할 때 효율적인 도형을 작성하는 기술이다. 파라메트릭 제도의 의미를 간단히 이야기하면, 객체의 크기를 변경하였을 때 형상이 그대로 유지되도록 하는 것이라 할 수 있다.

01 파라메트릭 디자인 기본

파라메트릭 디자인을 사용하여 2D 도형을 효율적으로 작성할 수 있다. 기하학적 구속조건과 치수 구속조건으로 제어가 되며 기하학적 구속조건은 객체의 상대적 관계를 조정하고, 치수 구속조건은 객체의 거리, 길이, 각도 및 반지름 값을 조정한다.
다음 그림에서 왼쪽은 사각형 그립점을 클릭하여 마우스를 드래그하면 꼭짓점만 이동하기 때문에 직사각형 형상이 유지되지 않는다. 반면 오른쪽 그림은 그립점을 이동했을 때 직사각형 형상이 그대로 유지됨을 볼 수 있다.

 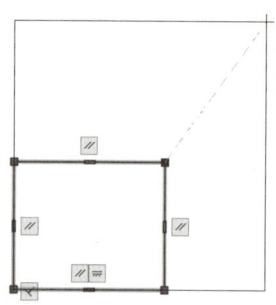

이처럼 형상은 동일한 채로 규격만 다르다면 파라메트릭을 적용할 때 큰 효과를 얻을 수 있다. 형상이 유지된다는 것은 형상을 이루고 있는 각 객체간의 연결부 상태나 각도 등의 기하학적 조건에 변경이 없다는 뜻이다.
다음 그림은 왼쪽부터 차례대로 직사각형의 형상을 유지하는데 필요한 기하학적 조건을 나타낸 것이다.

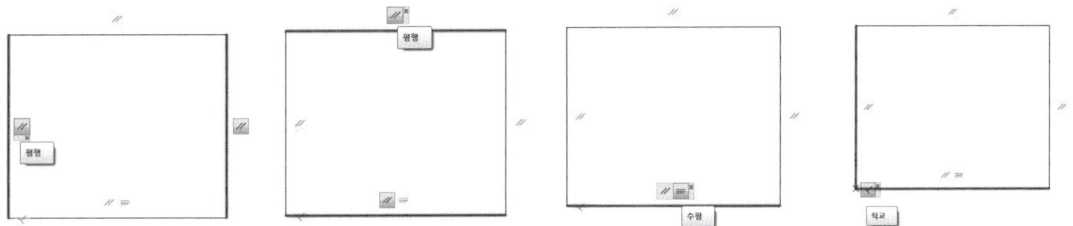

- 왼쪽/오른쪽 수직선끼리 평행
- 상하 수평선끼리 평행
- 밑변이 수평
- 어느 한 꼭짓점에서 만나는 수직선과 수평선끼리 직각

위와 같이 조건을 만족하여야 치수값이 변경되었을 때 직사각형의 형상이 유지된다.

기하학적 조건을 부여하는 것을 "형상을 구속한다."고도 말한다. AutoCAD [파라메트릭] 탭의 [기하학적] 패널에는 12개의 기하학적 구속조건 관련 명령이 있다.

앞에서 살펴본 바와 같이 기하학적 구속조건을 사용하면 형상을 구속시킬 수 있지만 형상을 구성하는 객체 중 어느 하나라도 크기가 결정되지 않으면 그것에 따라 변형이 가능하기 때문에 완전히 구속되었다고 볼 수가 없다. 따라서 필요한 것이 치수 구속이다.

다음은 직사각형을 완전 구속한 모습이다. 도면상에 고정되어 어떠한 방향으로도 움직이지 않고 모든 꼭짓점은 결합되어 있으며 직사각형의 형상이 유지된다.

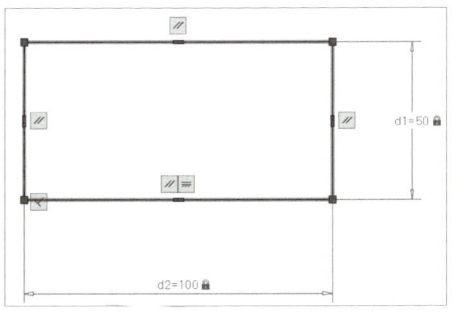

기존에는 객체 작성 시 치수를 정확하게 입력해야 하지만 파라메트릭 도구를 사용하면 구속조건을 이용하여 객체 작성 시 정확한 치수를 입력하지 않아도 된다.

02 기하학적 구속

2-1. 기하하적 구속조건 정의

기하학적 구속조건은 모든 파라메트릭 디자인의 기초이다. 기하하적 구속조건을 사용하면 설계 의도가 파악되고 구속 규칙을 따라 작성된다. 예를 들어, 선에 수직 구속조건을 적용하면 선은 수직이 되고, 호에 접점을 추가하면 구속된 도형에 호가 접한 상태로 유지된다.

구속에는 여러가지 유형이 있으며 각각 독자적인 기능과 용도가 있다. 선택한 구속은 설계 의도에 따라 달라진다.

기하학적 구속조건은 도형을 드래그하거나 치수를 기입하여 도형을 변경할 때 바뀌는 범위를 제한하는 것이다. 예를 들어, 선에 수평 구속조건을 적용하면 그 선은 항상 수평이 된다.

다음 그림에서 오른쪽 원은 크기를 변경하고 있다. 선에는 접점 구속조건이 적용되어 있어 원 크기를 변경해도 선은 항상 원에 접점인 채로 고정이 된다.

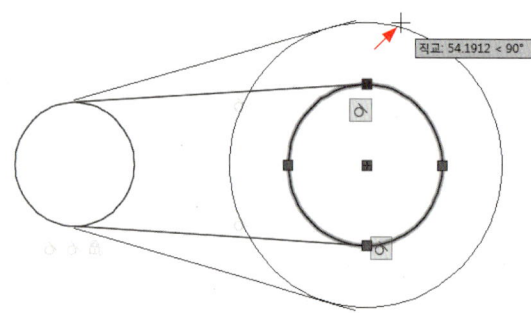

> ▶ **실행 방법**
>
> • **리본** : [파라메트릭] 탭-[기하학적] 패널
> • **메뉴** : [파라메트릭(P)]-[기하학적 구속조건(G)]

◇ 기하학적 구속조건 유형 ◇

구속		기호	구속 전	구속 후
∟	일치	2개의 점이 같은 점의 위치로 배치된다.		
╳	직교	선택한 선이 서로 90도가 되도록 한다.		
∥	평행	선택한 선이 서로 평행이 되도록 한다.		

구속	기호	구속 전	구속 후
접점		두 곡선 또는 곡선의 연장선이 서로 접점을 유지하도록 구속한다.	
수평		선 또는 점 쌍이 현재 좌표계의 X축에 대해 평행이 되도록 한다.	
수직		선 또는 점 쌍이 현재 좌표계의 Y축에 대해 평행이 되도록 한다.	
동일선상		둘 이상의 선 세그먼트가 동일한 선을 따라 놓이도록 한다.	
동심		두 개의 호, 원 또는 타원을 동일한 중심점으로 구속한다.	
부드러움		스플라인이 이어지면서 다른 스플라인, 선, 호 또는 폴리선과 곡률 연속조건을 적용한다.	
대칭		선택한 객체가 선택한 선을 기준으로 서로 대칭이 되도록 구속한다.	
같음		선택한 호와 원의 반지름이 같아지도록 하거나 선택한 선의 길이가 같아지도록 크기를 조정한다.	
고정		점과 곡선을 특정 위치에서 이동이 안되도록 잠금을 한다. 예시는 왼쪽이 고정이라 오른쪽만 이동이 되는 상태를 보여준다.	

2-2. 구속조건 추론으로 기하학적 구속조건 적용

상태 막대의 [구속조건 추론]을 켜면 도형을 작성하고 편집할 때에 자동으로 구속을 지정하고 적용할 수 있다. 예를 들어, [구속조건 추론]을 끄고 직사각형을 작성하면 각각 4개의 변을 갖는 폴리선으로 정점을 편집하면 형상이 달라진다. 하지만 [구속조건 추론]을 켠 상태에서 직사각형을 작성하면 자동적으로 평행과 직교가 유지되는 직사각형이 된다. 필요에 따라 원하지 않은 구속조건은 삭제하고 추가 구속조건을 적용할 수도 있다.

구속조건 추론으로 다음처럼 자동적으로 기하학적 구속조건을 도형에 추가할 수 있다.

- 객체 스냅 [끝점], [중간점], [중심점], [노드], [삽입점] 지정으로 2점간에 [일치] 구속을 추가할 수 있다.
- 객체 스냅 [근처점] 지정으로 점과 객체간 [일치] 구속을 추가할 수 있다.
- 객체 스냅 [직교], [평행], [접선] 지정으로 [직교], [평행], [접점] 구속을 추가할 수 있다.
- 극좌표 스냅으로 수평, 수직에 작성한 경우 [수평], [수직] 구속을 추가할 수 있다.
- 모깎기 작성으로 [접점], [일치] 구속을, 모따기 작성으로 [일치] 구속을 추가할 수 있다.

기하학적 구속조건 적용할 때 고려사항

- 어떤 도형 요소를 상호 연관시킬 것인지 결정 후에 적당한 기하학적 구속조건을 적용한다.
- [자동 구속]을 사용한 다음에는 필요에 따라 구속조건을 삭제하거나 구속조건을 수동으로 적용하여 설계 의도에 적합하도록 조정한다.
- 치수 구속조건을 적용시키기 전에 객체에 기하학적 구속조건을 완성시킨다.
- 도형을 구속할 때 설계 전개에 따라 변경할 가능성이 있는 요소는 고려해야 한다. 변경할 가능성이 있다면 구속조건을 최소한으로 한다.
- 기하학적 구속조건을 수동으로 적용할 때는 선택 순서가 중요하다.

2-3. 자동 구속으로 기하학적 구속조건 적용

기존 객체에 현재 객체의 위치 관계 등을 해석하여 설정 가능한 기하학적 구속조건을 자동적으로 추가할 수 있다.

> ▶ 실행 방법
> - 리본 : [파라메트릭] 탭-[기하학적] 패널-자동 구속 아이콘( )
> - 메뉴 : [파라메트릭(P)]-[자동 구속(C)]

자동 구속조건 설정

구속을 자동적으로 적용하도록 지정하는 설정은 [구속조건 설정] 대화상자의 [자동 구속] 탭에서 조정한다. [파라메트릭] 리본 탭-[기하학적] 패널-구속조건 설정 확장 화살표(↘)를 실행하면 [구속조건 설정] 대화상자가 보인다.

자동 구속 유형에 우선 순위를 지정하고 공차에서 거리나 각도의 허용값 설정을 할 수 있다.

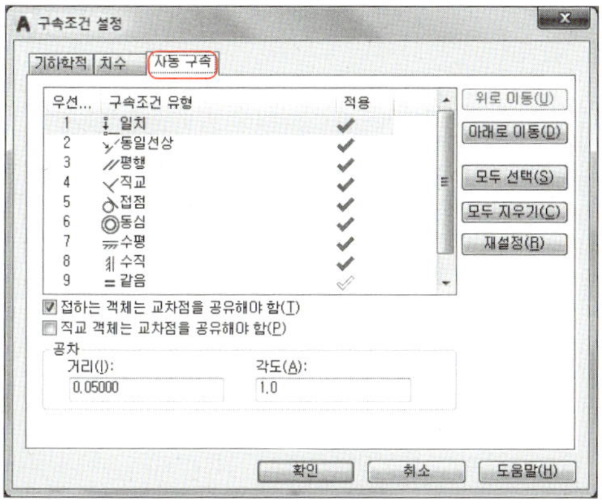

[기하학적] 탭에서는 구속조건 막대 투명도를 조정하도록 값을 입력하거나 슬라이더를 사용해 조정하기도 한다.

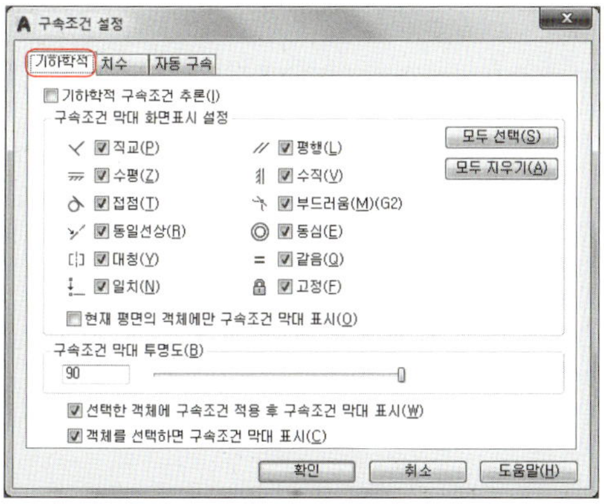

구속막대를 클릭하면 선택한 구속조건에 참조된 도형이 하이라이트 표시되며 구속조건을 삭제할 때는 구속막대에서 구속조건 기호를 선택하여 Delete 를 누르거나 선택한 구속조건을 마우스 오른쪽 버튼을 클릭한 후 바로 가기 메뉴에서 [삭제]를 클릭한다.

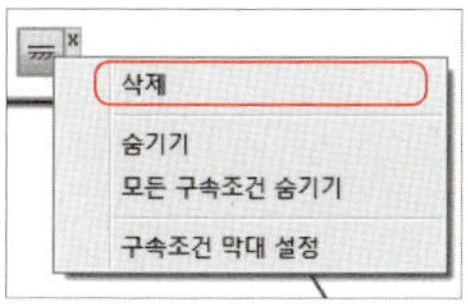

구속막대는 객체 옆에 표시되며 다른 장소로 옮길 때는 구속막대를 클릭하여 드래그한다.

🔶 자동 구속 적용하기

01 새 도면에 임의의 크기로 직사각형을 그리고 가운데에 원을 임의로 그린 후 리본의 [파라메트릭] 탭–[기하학적] 패널–[자동 구속]을 클릭한다.

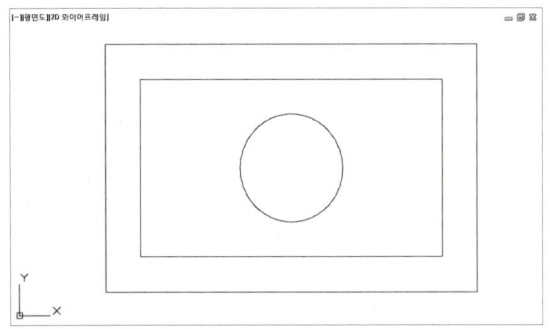

02 구속을 적용할 도형을 선택하고 Space Bar 를 누르면 구속이 적용되어 도형이 업데이트 된다.

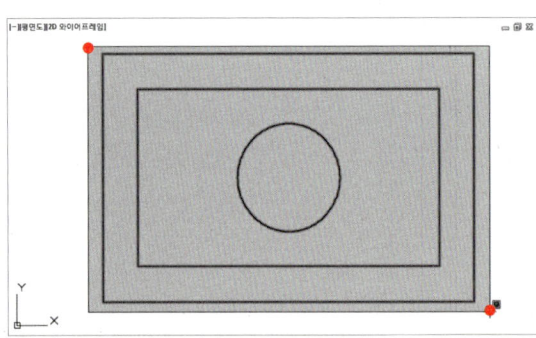
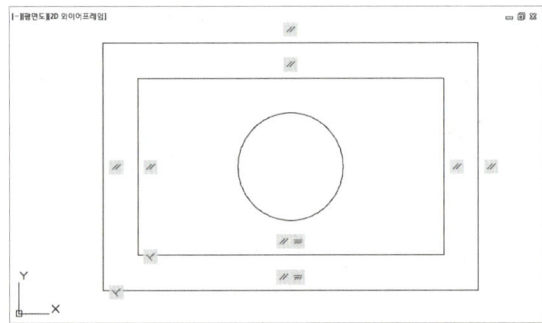

```
명령: _AutoConstrain
객체 선택 또는 [설정(S)]:반대 구석 지정 : 3개를 찾음  [윈도우 선택 옵션 적용]
객체 선택 또는 [설정(S)] : Space Bar
8개의 구속조건을 3개의 객체에 적용함
```

2-4. 기하학적 구속조건을 수동으로 추가하기

필요에 따라 도형에 기하학적 구속조건을 개별적으로 추가 적용한다.

🔶 실행 방법

- **리본** : [파라메트릭] 탭–[기하학적] 패널–[일치] 등 12개 구속조건
- **메뉴** : [파라메트릭(P)]–[기하학적 구속조건(G)]

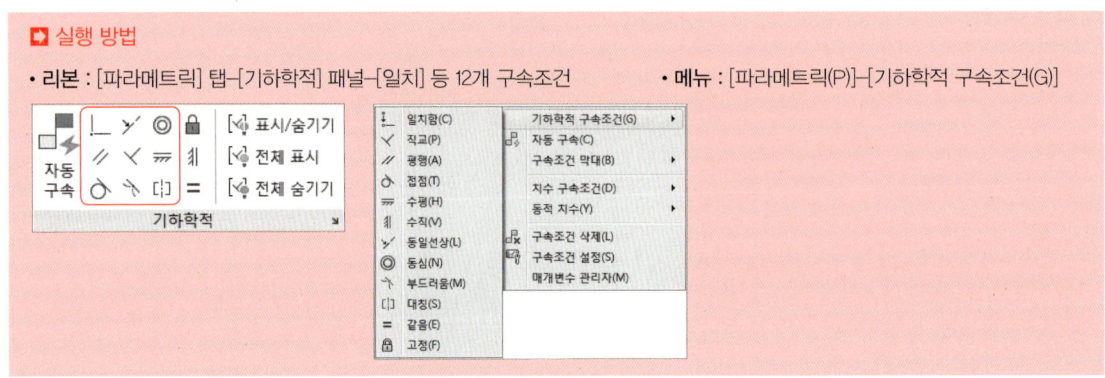

◘ 수동으로 [대칭] 구속 적용하기

01 새 도면에 대칭선과 4개 선을 임의 크기로 그린 후 리본의 [파라메트릭] 탭-[기하학적] 패널-[대칭] 아이콘( )을 클릭한다.

▶ 수동으로 [대칭] 구속 적용하기

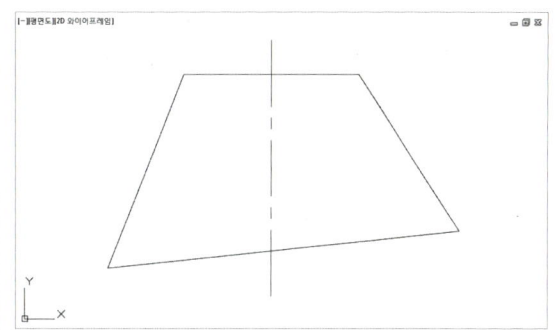

02 구속할 첫 객체와 두 번째 객체를 선택한다.

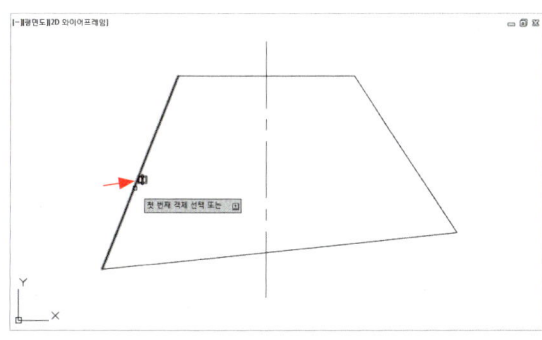
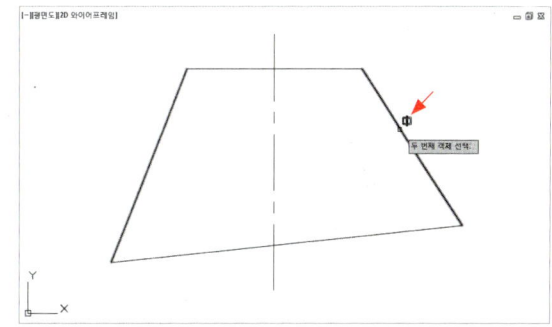

03 대칭선을 선택한 후 선택한 도형의 위치 관계가 대칭이 되도록 구속된다.

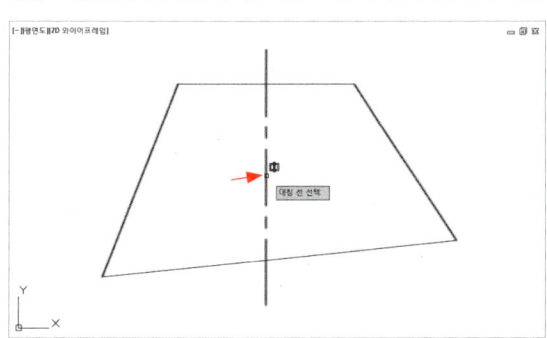
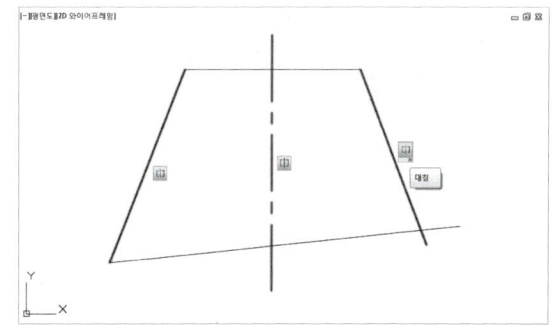

04 가운데 대칭선을 움직이지 않도록 구속하기 위해 리본의 [파라메트릭] 탭-[기하학적] 패널-[잠금] 아이콘( )을 클릭하고 가운데 대칭선을 클릭하면 고정 구속이 된다.

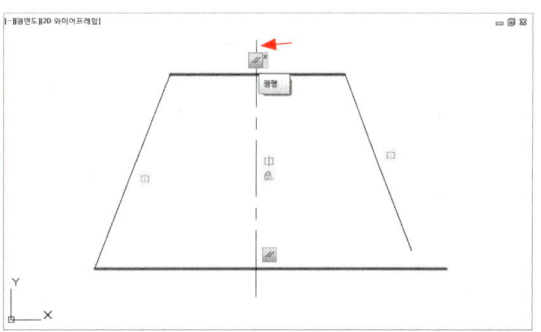

05 위/아래 선이 평행이 되도록 리본의 [파라메트릭] 탭–[기하학적] 패널–[평행] 아이콘(∥)을 클릭하고 위/아래 선을 선택하면 평행 구속이 된다.

 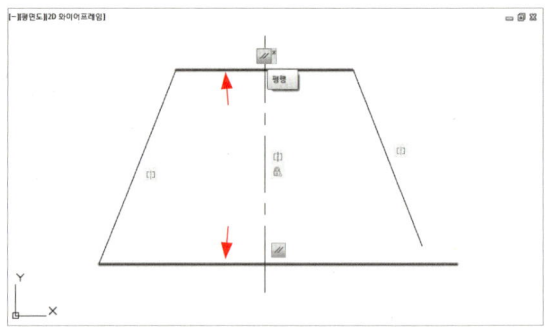

06 꼭짓점이 떨어진 객체이므로 [일치] 구속으로 하나의 평행사변형이 되게 한다. 리본의 [파라메트릭] 탭–[기하학적] 패널–[일치] 아이콘(⌊)을 클릭한 후 오른쪽 사선 객체의 아래 끝점(❶)과 수평선의 오른쪽 끝점(❷)을 클릭한다.

 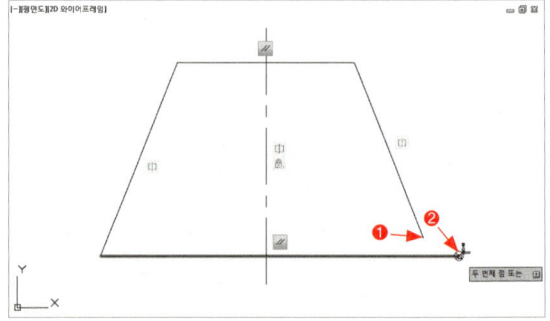

07 일치 구속조건으로 하나의 꼭짓점으로 마감이 된다. 이번에는 오른쪽 사선 객체의 위 끝점과 수평선의 오른쪽 끝점을 클릭한다.

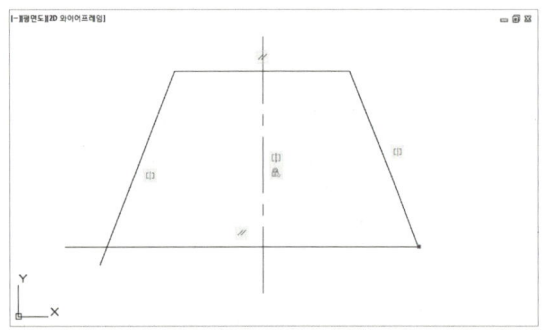 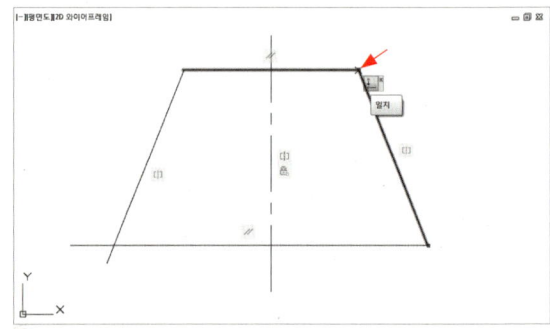

08 왼쪽 사선의 위/아래도 똑같이 [일치] 구속조건을 적용해본다.

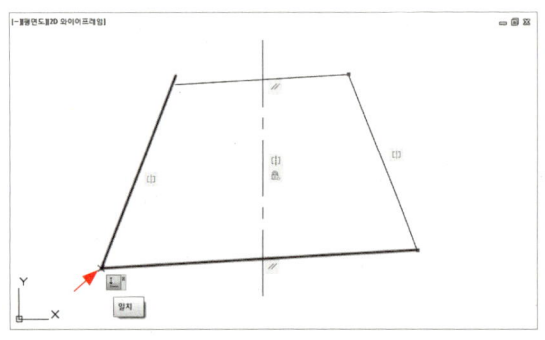 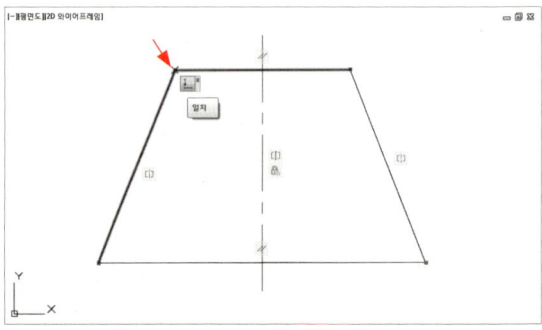

09 이로써 평행사변형이 완성이 되었다. 객체를 선택하고 그립을 클릭한 후 Ctrl 을 누르면 구속이 일시 해제가 되어 일반 그립처럼 객체를 편집할 수 있다.

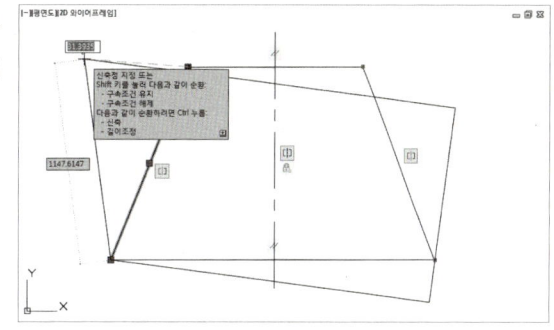

2-5. 기하학적 구속조건 표시/숨기기

도형을 작성하고 구속조건을 부여한 경우 일부 구속조건을 표시하거나 삭제할 필요가 있다. [전체 표시]를 클릭하면 도면 내 객체의 구속조건을 모두 표시하고 [표시/숨기기]로 선택한 객체의 구속조건을 표시하거나 숨기기 할 수 있다.

🔴 **실행 방법**
- 리본 : [파라메트릭] 탭-[기하학적] 패널-[표시/숨기기], [전체 표시]
- 메뉴 : [파라메트릭(P)]-[구속조건 막대(B)]-객체 선택(O), 전체 표시(S), 전체 숨기기(H)

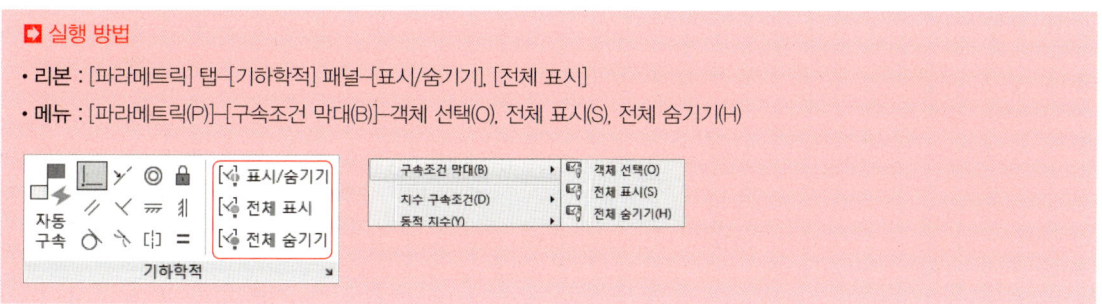

🔴 **파라메트릭 디자인 작성하기**

조명을 벽체의 중간점으로 구속시키고 구속된 객체를 변경하여 동작 확인을 해본다.

01 예제 파일을 불러온다.

- 예제 파일 : Chapter13₩파라메트릭 디자인 작성.dwg   ▶ 파라메트릭 디자인 작성하기

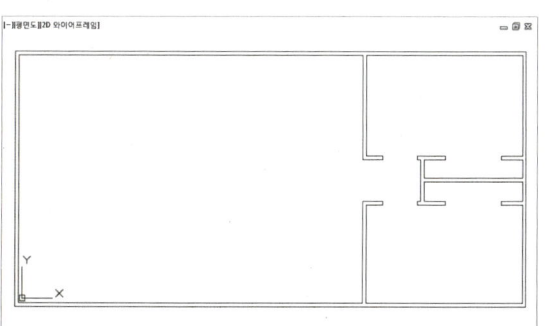

02 [파라메트릭] 탭-[기하학적] 패널-[전체 표시]를 클릭하여 기하학적 구속이 적용되어 있음을 확인한다.

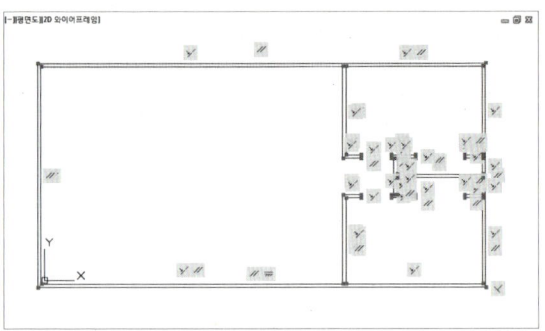

03 [파라메트릭] 탭-[기하학적] 패널-[전체 숨기기]를 클릭하여 구속조건을 모두 안보이게 한 후 오른쪽 위쪽 방을 줌 확대한다.

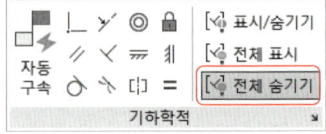

04 명령행에 'C'를 입력하고 Space Bar 를 누른다. 조명으로 사용할 원을 반지름 400으로 그린다.

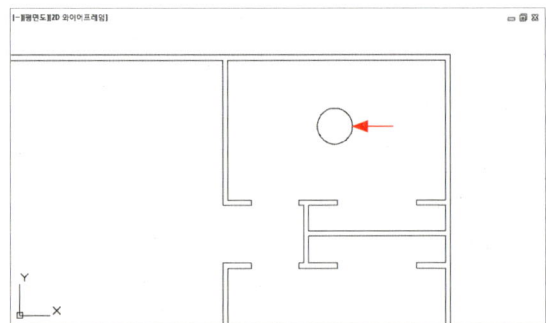

명령 : C Space Bar
원에 대한 중심점 지정 또는 [3점(3P)/2점(2P)/Ttr – 접선 접선 반지름(T)] : [원의 중심점으로 임의 지점 클릭]
원의 반지름 지정 또는 [지름(D)] : 400 Space Bar

05 조명을 방의 중앙에 수평방향으로 구속하기 위해 [파라메트릭] 탭-[기하학적] 패널-[수평]을 클릭한다.

06 마우스 오른쪽 버튼을 클릭한 후 바로 가기 메뉴에서 [2점(2P)] 옵션을 선택한다. 첫 번째 점은 왼쪽 벽체의 중간점을 클릭하고 두 번째 점은 원의 중심점을 클릭한다.

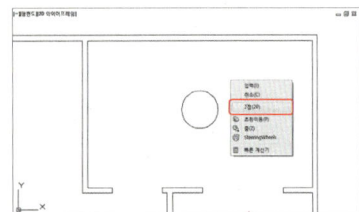
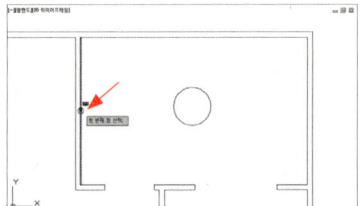
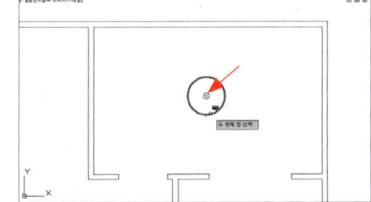

07 원이 중간점과 나란한 위치로 이동한 후 조명을 중앙으로 이동하기 위해 [파라메트릭] 탭-[기하학적] 패널-[수직] 아이콘( )을 클릭한다.

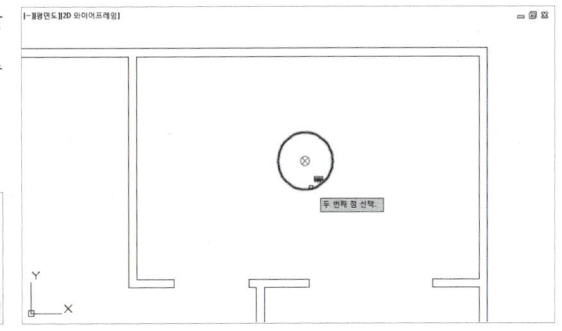

08 마우스 오른쪽 버튼을 클릭한 후 바로 가기 메뉴에서 [2점(2P)] 옵션을 선택하고 첫 번째 점은 위쪽 내벽 중간점을 클릭하고 두 번째 점은 원의 중심점을 클릭한다.

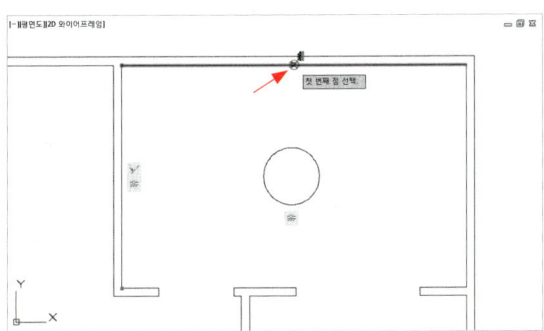
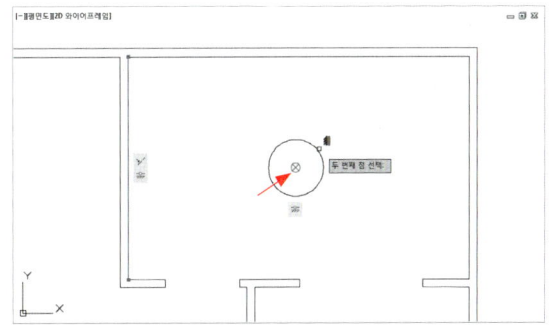

09 조명에 해당하는 원이 방의 중앙 위치로 이동한다.

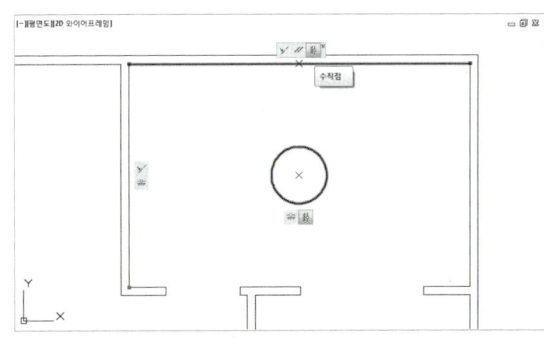

10 [파라메트릭] 탭-[기하학적] 패널-[전체 숨기기]를 클릭하여 구속조건을 보이지 않게 한다. 방 크기를 늘리기 위해 명령행에 'S'를 입력하고 [Space Bar]를 누른다. 신축할 객체로 오른쪽 벽체를 걸침 선택한다.

명령 : S [Space Bar]
걸침 윈도우 또는 걸침 폴리곤만큼 신축할 객체 선택...
　　　　　　　　　　　　[걸침 선택 옵션으로 선택]
객체 선택 : 반대 구석 지정 : 17개를 찾음
객체 선택 : [Space Bar]　[선택 종료]

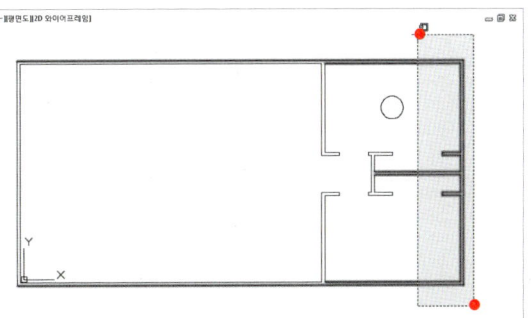

11 기준점을 임의의 지점으로 클릭한다. 직교 모드(F8)를 켠 후 오른쪽 방향으로 마우스를 드래그하고 값을 1200으로 입력 후 Space Bar 를 누른다. 벽체를 이동해도 가운데 조명(원)은 방의 중앙으로 배치가 된다.

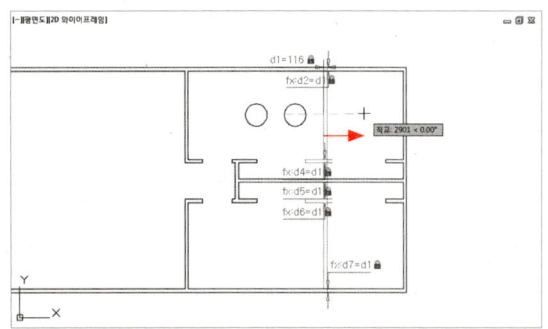
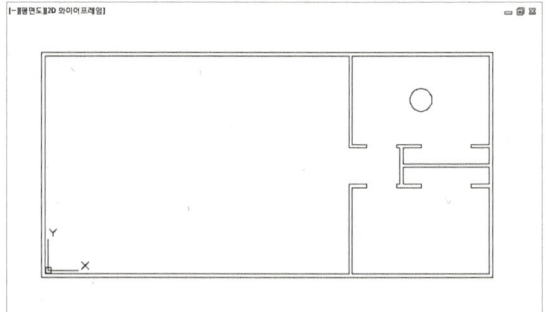

기준점 지정 또는 [변위(D)] 〈변위〉 : [임의의 지점 지정]
두 번째 점 지정 또는 〈첫 번째 점을 변위로 사용〉 : 〈직교 켜기〉 1200 Space Bar [오른쪽으로 마우스 드래그 후 1200 입력]

12 [파라메트릭] 탭–[기하학적] 패널–[전체 표시]를 클릭하고 다음 그림을 참조하여 줌 확대한다. 오른쪽 벽체의 수직선 [동일선상] 구속조건 아이콘에 마우스를 갖다댄다. 아래 벽체도 같이 하이라이트가 되어 2개 선이 동일선상으로 구속되었음을 확인한다.

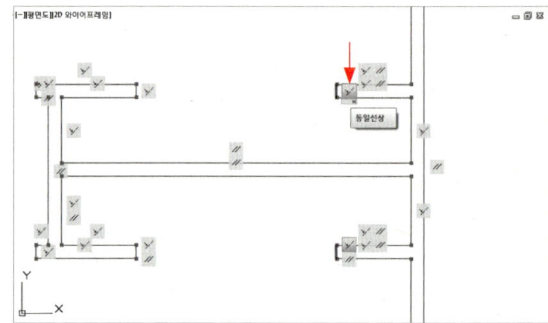

13 명령행에 'S'를 입력하고 Space Bar 를 누른 후 신축할 객체로 벽체의 위쪽 구석을 걸침 선택하고 Space Bar 를 누른다.

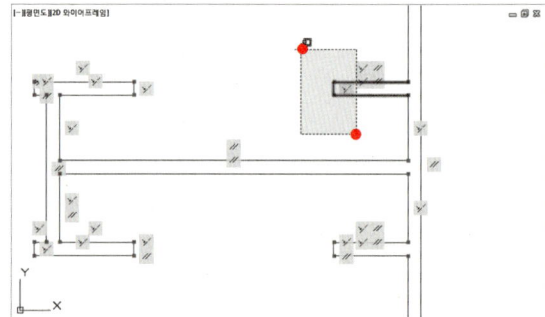

명령 : S Space Bar
걸침 윈도우 또는 걸침 폴리곤만큼 신축할 객체 선택... [걸침 선택 옵션으로 선택]
객체 선택 : 반대 구석 지정: 3개를 찾음
객체 선택 : Space Bar [선택 종료]

14 기준점을 임의의 지점으로 클릭하고 직교 모드(F8)를 확인한다. 왼쪽으로 마우스를 드래그하고 값을 300으로 입력 후 Space Bar 를 누른다. [동일선상] 구속이 되어 있어 아래 벽체도 같이 신축이 된다.

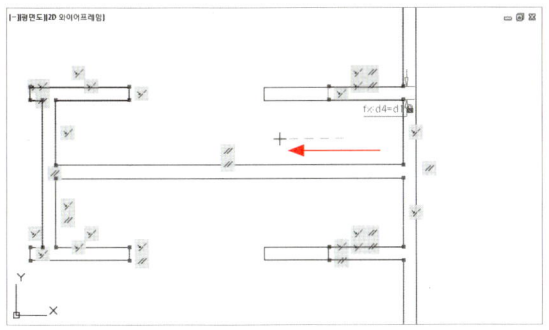 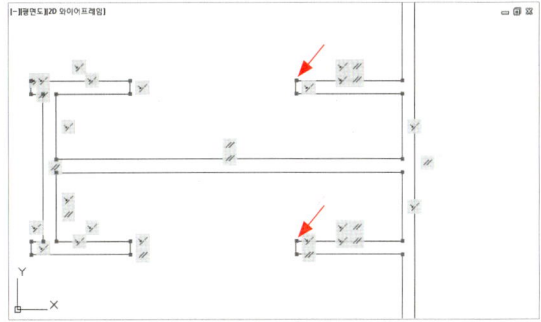

기준점 지정 또는 [변위(D)] 〈변위〉 : [임의의 지점 지정]
두 번째 점 지정 또는 〈첫 번째 점을 변위로 사용〉: 〈직교 켜기〉 300 Space Bar [왼쪽으로 마우스 드래그 후 300 입력]

15 [파라메트릭] 탭–[기하학적] 패널–[전체 숨기기]를 클릭한 후 [파라메트릭] 탭–[치수] 패널–[전체 표시]를 클릭한다.

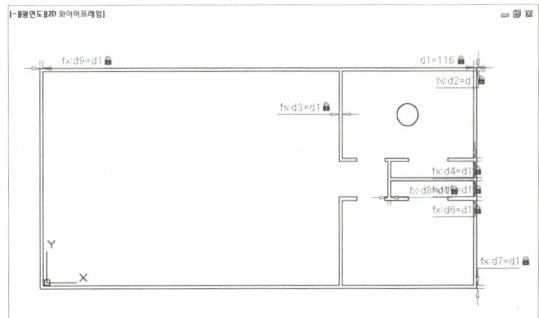

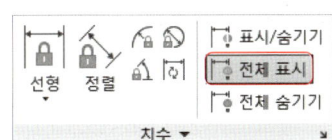

16 벽두께 [d1=116]을 더블 클릭하고 [d1=215]로 입력한 후 Enter 를 누르면 모든 벽체의 두께가 [215]로 변경된다.

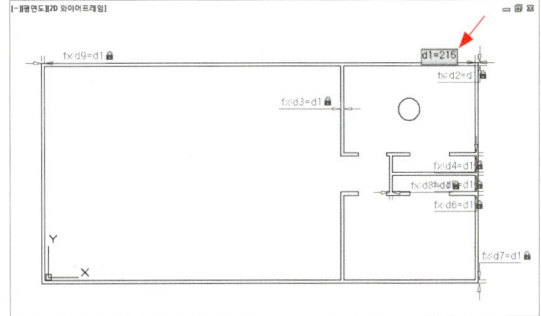

17 [파라메트릭] 탭–[치수] 패널–[전체 숨기기]를 클릭한다.

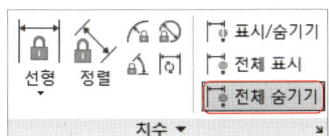

03 치수 구속

도형에서 치수 구속조건 사용은 파라메트릭 2D 설계 작성에서 중요한 기능이다. 기하학적 구속조건이 도형을 안정화시키는 작용이라면 치수 구속조건은 설계 의도에 맞춰 도형의 크기를 지정하는 것이다.

치수 구속조건은 설계의 크기와 비율을 조정한다. 객체끼리 또는 객체의 점 사이 거리와 각도를 지정하고 호 및 원의 크기를 지정할 수 있다.

파라메트릭이 아닌 연관 치수는 객체 크기, 각도, 위치 등을 나타내지만 치수 구속조건에서는 치수 값의 변경에 따라 객체 크기, 각도, 위치가 변한다. 다음 그림은 d1의 치수값을 두께 215에서 300으로 변경한 것이다.

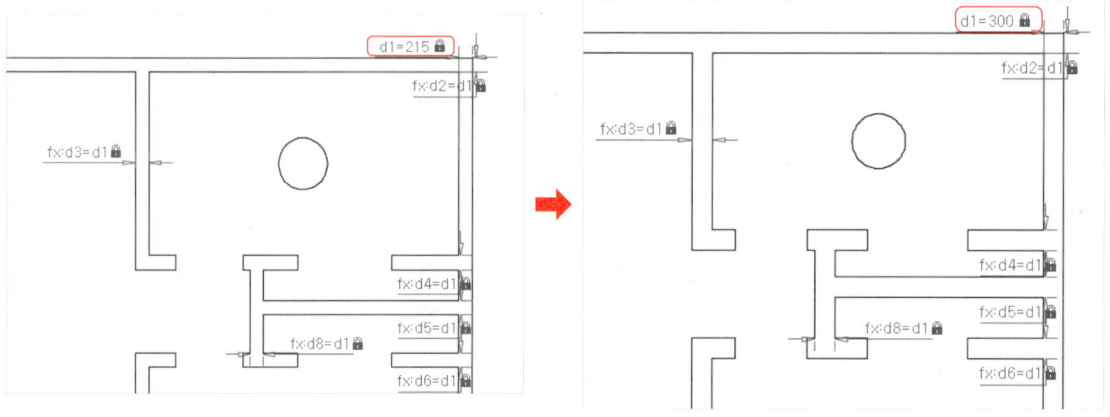

치수식 안의 d0이란 문자는 매개변수 이름이다. 치수 구속조건을 지정할 때 고유 매개변수 이름이 자동으로 부여된다. d0, d1, d2 등 기본값 그대로 사용하거나 폭과 높이 등 보다 알기 쉬운 이름을 붙여도 된다.

치수 구속조건은 다음과 같은 점에서 치수 객체와 다르다.
- 치수 구속조건은 도면의 설계 단계에 사용되지만 치수는 대개 문서화 단계에서 작성된다.
- 치수 구속조건은 객체의 크기나 각도를 유도하지만 치수는 객체에 의해 유도된다.
- 기본적으로 치수 구속조건은 객체가 아니고, 한 가지 치수 스타일로만 표시되며 줌 작업 도중 동일한 크기가 유지되고 장치로 출력되지 않는다.

3-1. 치수 구속조건 작성

치수 구속조건 작성은 선형, 정렬, 수평, 수직, 반지름, 지름 치수를 작성할 수 있으며, 기존 자동 조정 치수를 치수 구속조건으로 변환할 수도 있다. 치수 구속조건에는 동적 구속조건과 주석 구속조건이 있다.

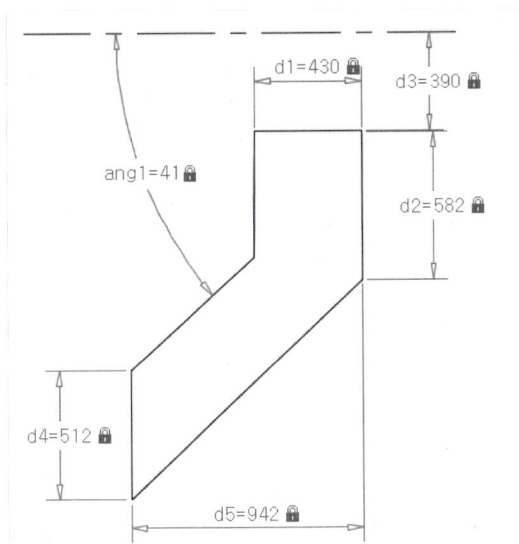
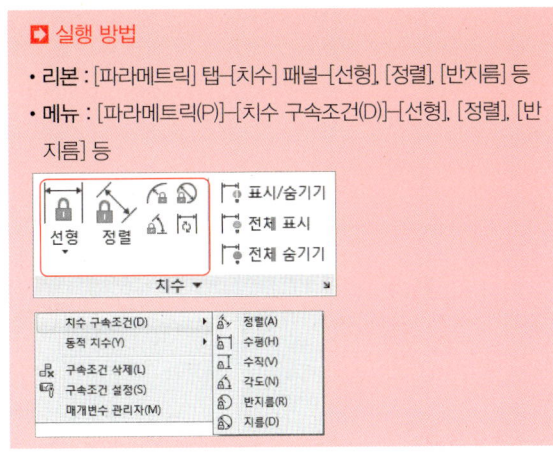

치수 구속조건 설정

치수 이름 형식이나 치수 구속조건에 대한 잠금 아이콘 표시 등 설정은 [구속조건 설정] 대화상자의 [치수] 탭에서 조정한다.

[파라메트릭] 리본 탭-[치수] 패널-구속조건 설정 확장 화살표(⬊)를 실행하면 [구속조건 설정] 대화상자가 보인다.

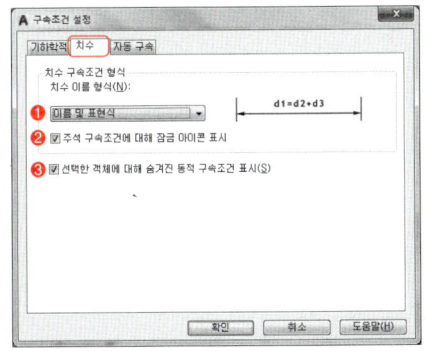
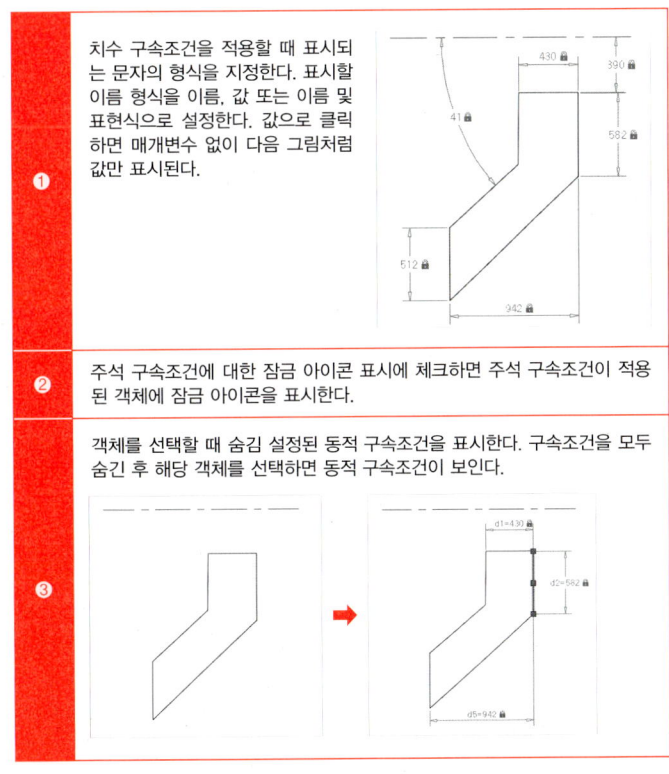

치수 구속조건에서 식을 사용하려면 치수 구속조건을 작성할 때 값을 입력하거나 치수 구속조건을 더블클릭하여 값을 수식으로 바꾼다.

Chapter 13_파라메트릭 도면 작성 395

◘ 치수를 치수 구속조건으로 변환

기존 도면을 완전히 구속된 파라메트릭 도면으로 변환할 때 매우 편리하다. 기존 치수를 치수 구속조건으로 변환할 경우는 적절한 기하학적 구속조건을 적용해야 하며 기하하적 구속조건을 사용하지 않으면 도형 형상이 흐트러지고 만다.

01 [파라메트릭] 탭–[치수] 패널–[변환]을 클릭한 후 변환할 치수를 선택하고 Enter 를 누른다.

 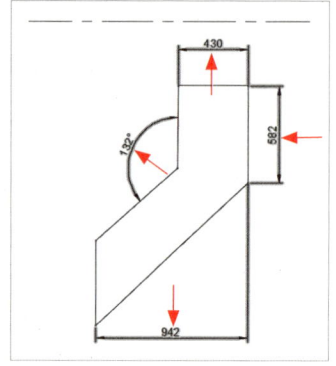

02 연관 치수가 치수 구속조건으로 변환되고 동적 구속조건이 표시된다.

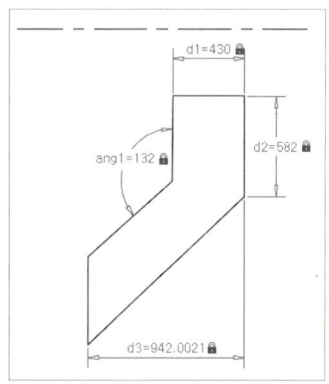

3-2. 치수 구속조건 폼

치수 구속조건은 동적 구속조건 또는 주석 구속조건 모드로 표시된다. 동적 구속조건은 화면 표시 전용으로 출력이 되지 않는다. 주석 구속조건은 치수 구속조건을 주석 치수로 사용할 수 있도록 한 것이다. 이 때문에 레이아웃에서 치수 스타일에 맞춰 정확히 표시된다.

❶ 동적 구속조건

도면 내 객체에 치수 구속조건을 적용할 경우 기본값은 동적 구속조건을 사용하여 작성 및 표시된다. 동적 구속조건은 제어하기 위한 표시 전용으로 기본 치수와는 모습이 다르며 현재 치수 스타일의 영향을 받지 않는다.

동적 구속조건이 적용된 [특성] 팔레트는 표준적인 치수 스타일과 비교하면 설정 항목이 적고 문자의 높이, 화살표 등 조정은 없다.

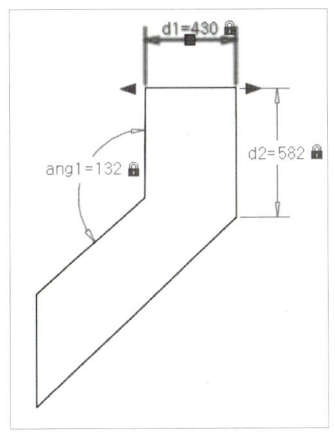
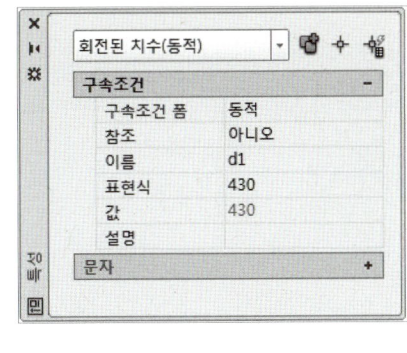

[특성] 팔레트를 사용하여 이름, 표현식, 설명, 값 등을 변경할 수 있다. [특성] 팔레트에서 [참조]를 예로 설정한 경우는 참조 치수 값이 항상 괄호로 표시되고 치수 표현식은 읽기 전용이 된다. 다만 도형의 크기만을 나타내는 치수로 구속하지는 않는다.

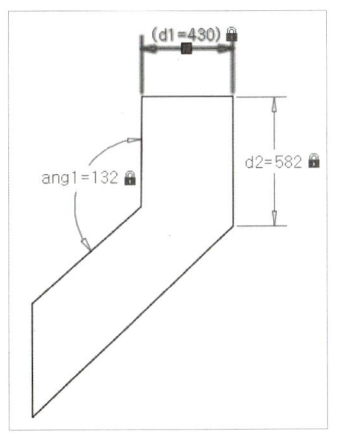
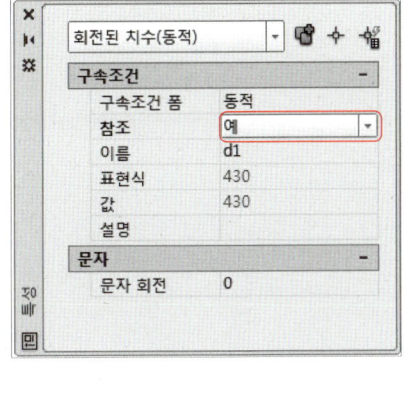

동적 치수조건의 문자 축척은 자동으로 결정되는데 치수 표시 크기는 도면에 대해 줌배율과 상관없이 항상 일정하다.

동적 구속조건의 특징은 다음과 같다.
- 줌 확대 또는 축소할 때 동일한 크기가 유지된다.
- 도면에서 손쉽게 전체를 켜거나 끌 수 있다.
- 사전 정의된 고정 치수 스타일로 표시된다.
- 문자 정보를 자동으로 배치하고 도면을 플롯할 때는 표시되지 않는다.

동적 구속조건의 치수 스타일을 조정해야 하거나 치수 구속조건을 플롯해야 하는 경우는 [특성] 팔레트를 사용하여 동적 구속조건을 주석 구속조건으로 변경한다.

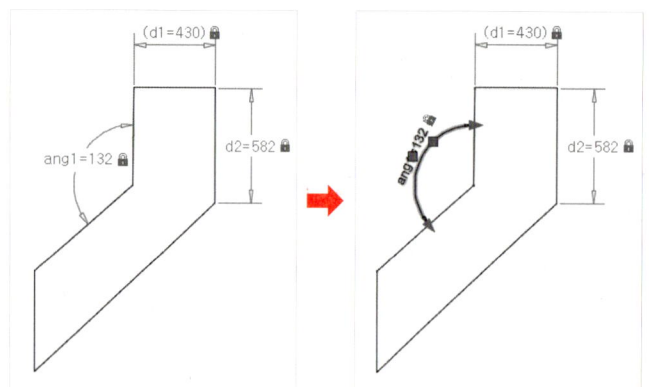 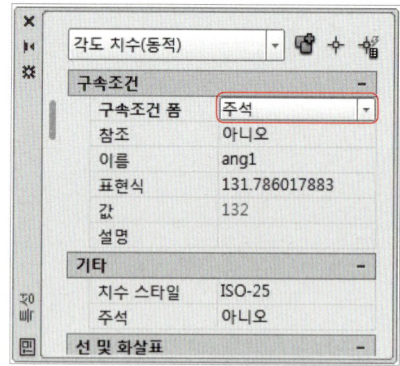

❷ 주석 구속조건

주석 구속조건은 치수 구속조건을 주석 축척으로 사용할 경우에 사용한다. 일반 치수처럼 치수 스타일을 적용 받으며 [특성] 팔레트를 이용해 구속에 관한 특성을 삭제할 수도 있다.

다음 그림은 주석을 적용한 주석 구속조건으로 주석 축척은 [1:1], [1:2]를 적용한 예이다. 구속조건 외에 [기타], [선 및 화살표], [문자] 등의 일반적인 특성 그룹이 표시된다.

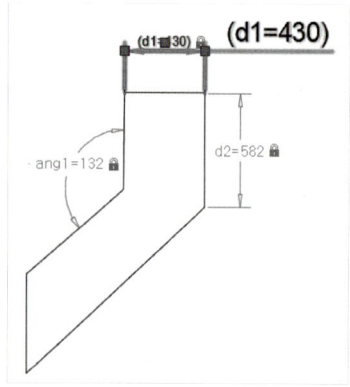 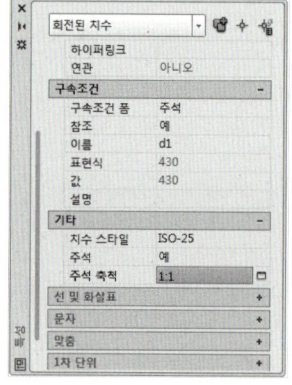 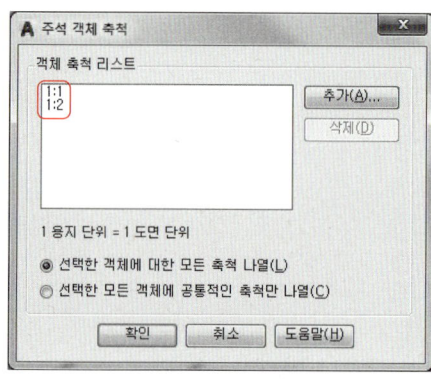

주석 구속조건은 치수 구속조건에 다음과 같은 특징을 부여하고 싶을 때 유용하다.
- 줌 확대 또는 축소할 때 크기가 변경된다.
- 도면층으로 개별 표시된다.
- 현재 치수 스타일을 사용하여 표시한다.
- 치수 구속조건과 동일한 그립 기능을 제공한다.
- 도면을 플롯할 때 표시된다.

주석 구속조건에 사용되는 문자를 치수에 사용되는 것과 동일한 형식으로 표시하려면 CONSTRAINTNAMEFORMAT 시스템 변수를 1로 설정한다.

플롯을 마친 뒤 [특성] 팔레트를 사용하여 주석 구속조건을 다시 동적 구속조건으로 변환할 수 있다. 동적 치수 구속조건이 하나 이상의 매개변수를 참조할 때는 fx: 머리말이 구속조건 이름에 추가된다. 이 머리말은 도면에서만 표시되고 치수 이름 형식이 [값] 또는 [이름]이 설정된 경우 매개변수 및 공식을 실수로 덮어쓰지 않도록 하기 위한 것이다.

3-3. 매개변수 관리자

매개변수 관리자에는 치수 구속조건 매개변수, 참조 매개변수 및 사용자 변수가 나열된다. 이러한 항목을 작성, 편집 및 구성할 수 있고 매개변수 관리자에서 매개변수를 쉽게 작성, 수정 및 삭제할 수도 있다.

매개변수 관리자에서는 다음과 같은 작업이 지원된다.

- 치수 구속조건 매개변수의 이름을 클릭하여 도면에서 해당 구속조건을 강조한다.
- 이름 또는 표현식을 더블 클릭하여 편집한다.
- 마우스 오른쪽 버튼 클릭 후 바로 가기 메뉴에서 [삭제]를 클릭하여 치수 구속조건 매개변수 또는 사용자 변수를 제거한다.
- 열 제목을 클릭하여 이름, 표현식 또는 값 기준으로 매개변수 리스트를 정렬한다.
- 매개변수 이름은 대소문자는 구별하지 않는다.

> ▶ **실행 방법**
> - **리본** : [파라메트릭] 탭-[관리] 패널-[매개변수 관리자]
> - **메뉴** : [파라메트릭(P)]-[매개변수 관리자(M)]
>
>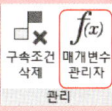

▶ **치수 구속조건 추가 및 매개변수 관리자 사용하기**

선형, 반지름, 각도 치수에 구속조건을 적용하고 매개변수 관리자를 사용하여 치수 구속 형태를 변경해본다.

01 예제 파일을 불러온 후 [파라메트릭] 탭-[치수] 패널-구속조건 설정 확장 화살표(⬊)를 실행하고 [구속조건 설정] 대화상자에서 [치수] 탭의 [치수 이름 형식]을 [값]으로 선택하고 [확인] 버튼을 클릭한다.

■ 예제 파일 : Chapter13₩치수 구속조건 추가.dwg   ▶ 치수 구속조건 추가 및 매개변수 관리자 사용하기

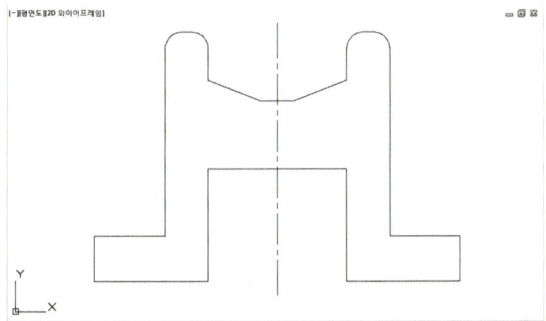
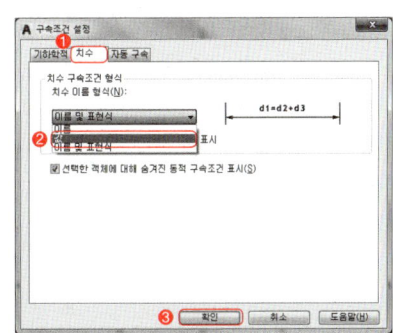

02 [파라메트릭] 탭-[치수] 패널-[선형]을 클릭한다. 첫 번째 점과 두 번째 구속점을 아래 왼쪽(❶)과 오른쪽 수직선의 끝점을 클릭(❷)하고 치수선 위치로 임의의 지점(❸)을 클릭한다. 치수값으로 120을 입력하고 Enter 를 누른다.

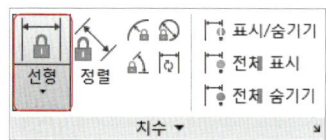
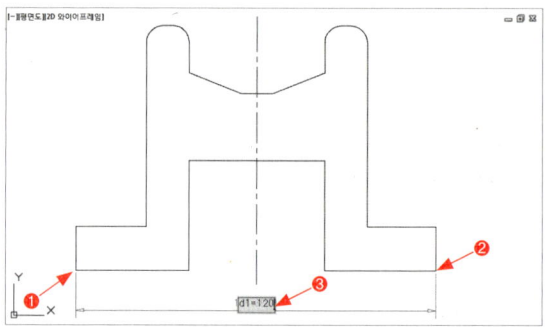

03 마찬가지로 40 선형 치수 구속을 작성한다.

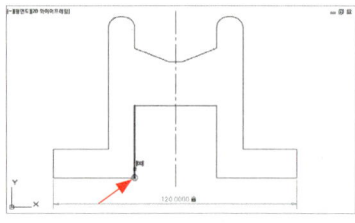
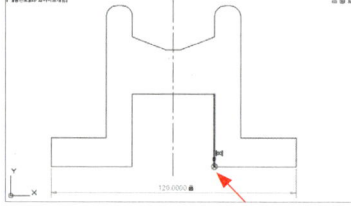
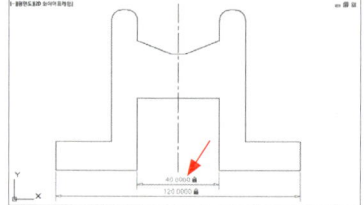

04 도면의 단위를 변경하기 위해 [응용프로그램 메뉴]-[도면 유틸리티]-[단위]를 클릭하고 [도면 단위] 대화상자에서 [길이]의 정밀도를 리스트에서 [0.00]을 선택하고 [확인] 버튼을 클릭한다.

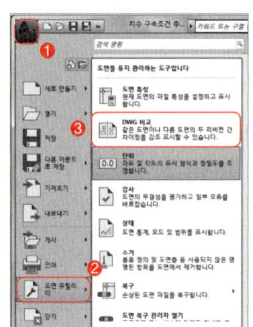
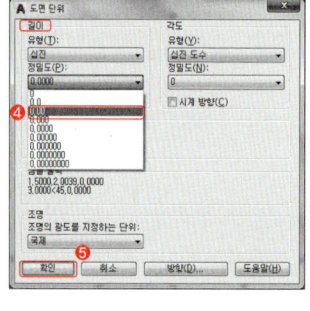
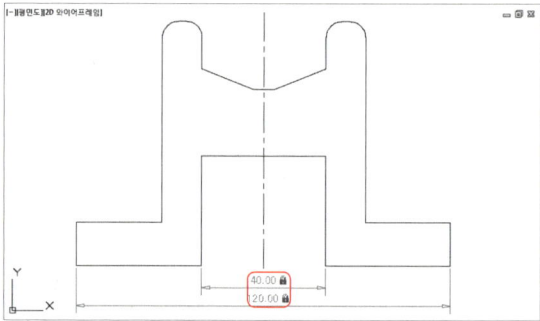

05 [파라메트릭] 탭-[치수] 패널-[반지름]을 클릭한다. 왼쪽 상단의 호(❶)를 클릭하고 임의 위치(❷)에 치수를 배치한다. 반지름 값은 5로 입력하고 Enter 를 누른다. 나머지 3개 호(❸~❺)의 반지름에는 [같음] 구속조건이 적용되어 있어 모두 새롭게 반지름 5로 변경되었다.

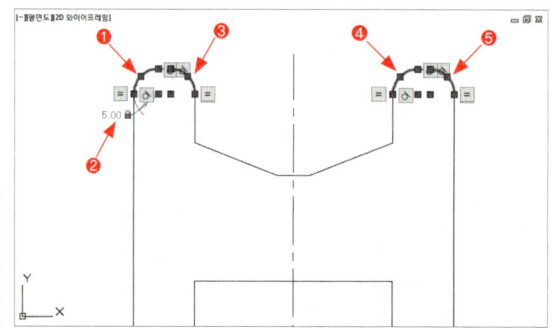
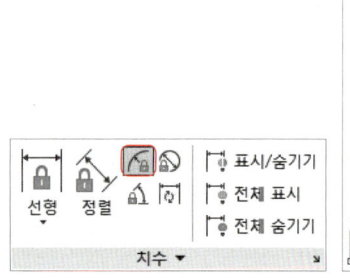

400 ☐ Part 02 효율성을 높여볼까? _ 중급편

06 [파라메트릭] 탭–[치수] 패널–[선형]을 클릭한다. 첫 번째 점은 왼쪽 아래 코너 끝점(❶)을 클릭하고, 두 번째 점은 다음 그림처럼 호 옆의 선 끝점(❷)을 클릭한다. 치수값을 80을 입력하고 Enter 를 누른다.

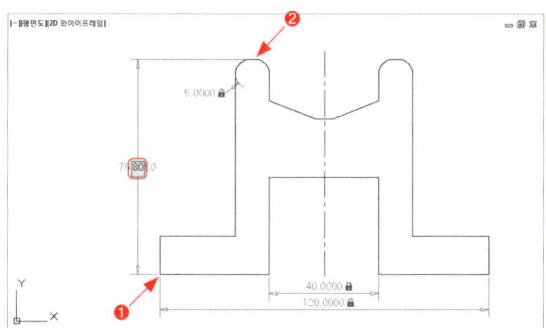 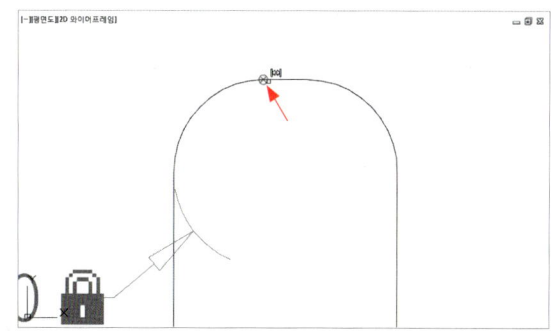

07 [파라메트릭] 탭–[치수] 패널–[선형]을 클릭한다. 수직선의 2개 점(❶, ❷)을 선택하고 치수를 배치(❸)한다. 이 때 치수값을 [폭=11]라고 입력하고 Enter 를 누른다.

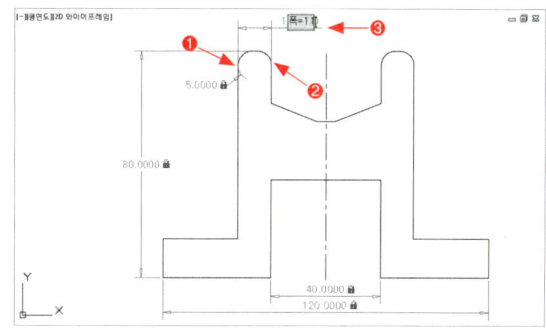

08 [파라메트릭] 탭–[치수] 패널–[각도]를 클릭한다.

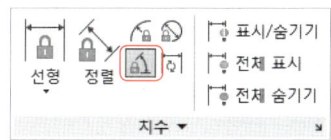

09 수평선(❶)과 사선(❷)을 클릭하고 임의 위치에 치수선을 배치(❸)한다. 치수값은 30을 입력하고 Enter 를 누른다.

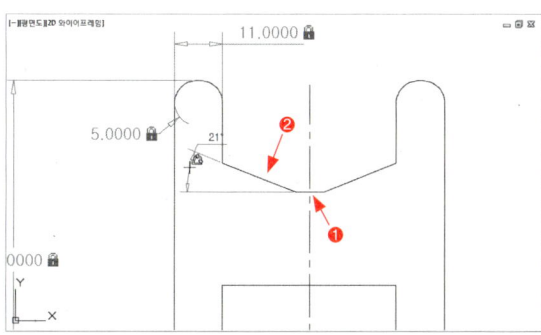 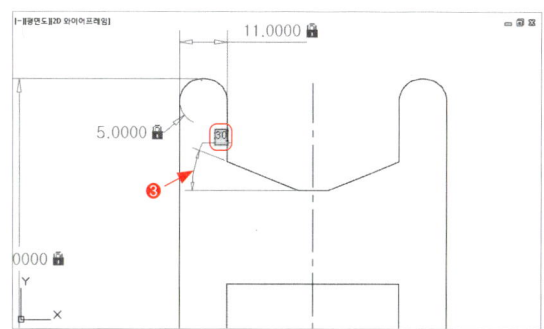

10 [파라메트릭] 탭-[치수] 패널-구속조건 설정 확장 화살표(⊾)를 실행하고 [구속조건 설정] 대화상자에서 [치수] 탭의 [치수 이름 형식]을 [이름 및 표현식]으로 선택하고 [주석 구속조건에 대해 잠금 아이콘 표시]는 체크 해제 후 [확인] 버튼을 클릭한다.

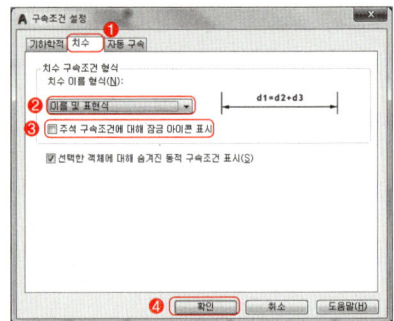

11 [파라메트릭] 탭-[치수] 패널-[선형]을 클릭한다. 수평선의 양 끝점을 클릭하고 임의 치수를 배치 후 치수값으로 [폭 * 1.25]로 입력하고 Enter 를 누른다.

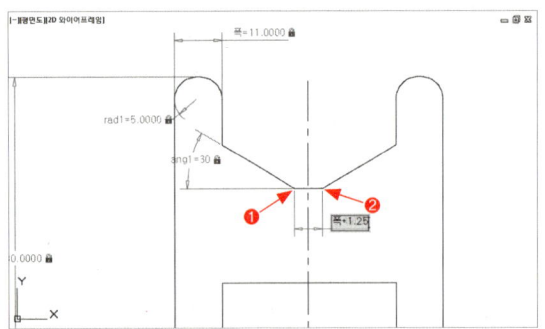 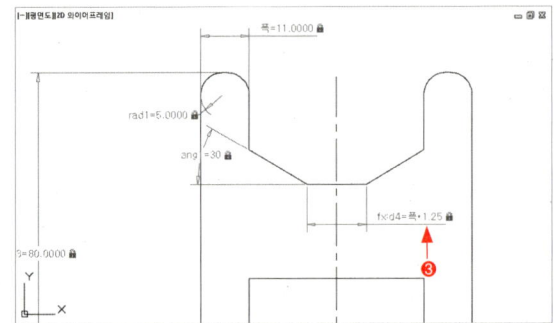

12 [파라메트릭] 탭-[치수] 패널-[선형]을 클릭한다. 왼쪽 아래 수직선의 양 끝점을 선택하고 임의 치수선을 배치 후 치수값으로 10을 입력하고 Enter 를 누른다.

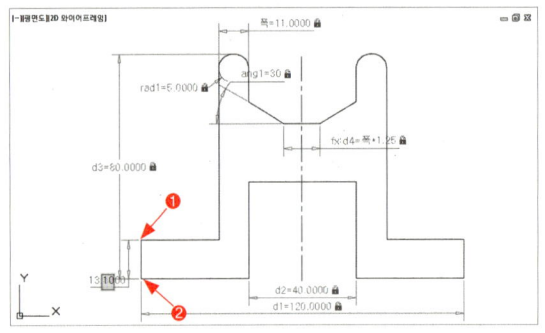 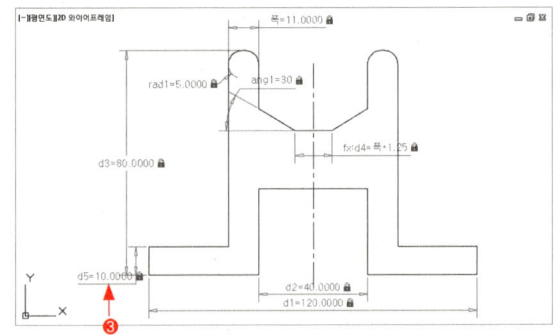

13 [파라메트릭] 탭-[치수] 패널-[매개변수 관리자]를 클릭하고 [매개변수 관리자] 팔레트에서 [d5] 매개변수의 [표현식] 셀을 더블클릭하고 값 10을 [폭]으로 입력하고 Enter 를 누른다.

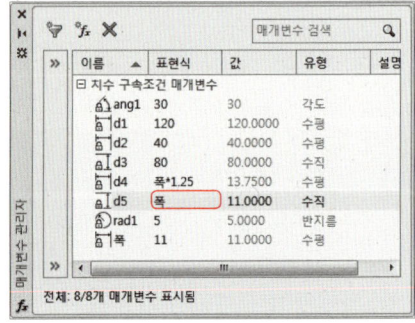

14 [새 사용자 매개변수를 작성함]을 클릭하고 이름을 [내부두께], 표현식을 [23]으로 입력하고 Enter 를 누른다. 닫기(×) 버튼을 클릭하여 팔레트를 닫는다.

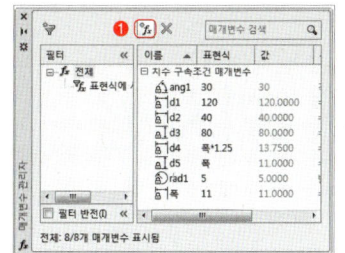 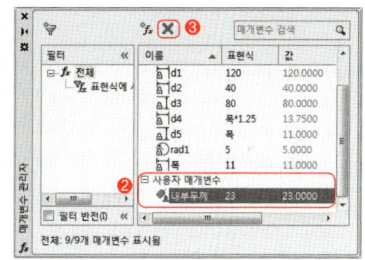

15 [파라메트릭] 탭–[치수] 패널–[선형]을 클릭한다. 다음 그림처럼 수평한 2개 점을 클릭하고 임의 위치에 치수를 배치한다. 치수값으로 [내부두께]를 입력하고 Enter 를 누른다.

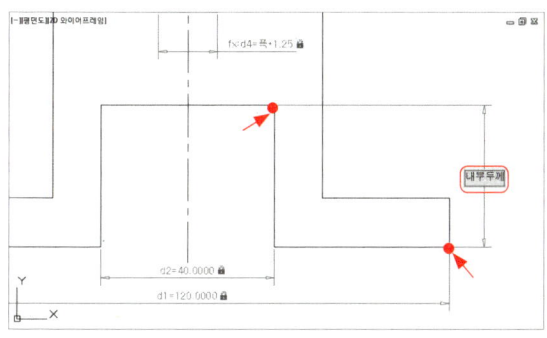 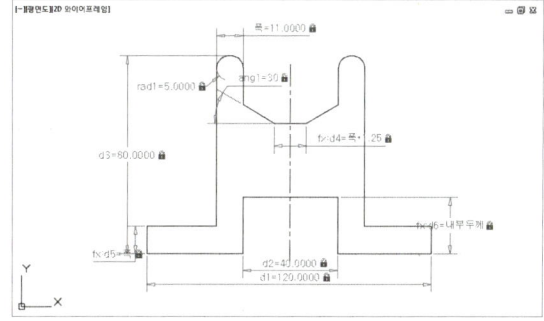

16 모든 치수 구속을 선택하고 마우스 오른쪽 버튼을 클릭한 후 바로 가기 메뉴에서 [특성]을 선택한다. [특성] 팔레트에서 구속조건 폼을 [주석]으로 선택한다.

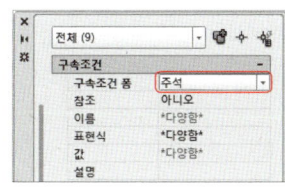 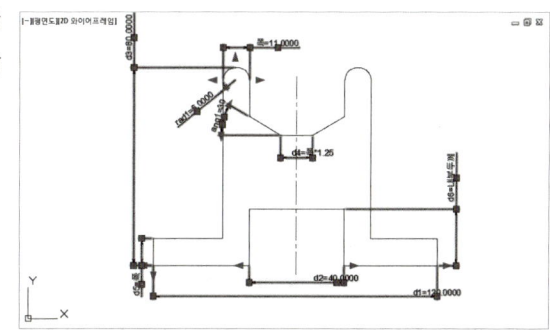

17 치수 구속조건이 선택된 상태에서 마우스 오른쪽 버튼을 클릭한 후 바로 가기 메뉴에서 [치수 이름 형식]–[값]으로 선택한다. 치수값이 모두 값으로 변경되었다.

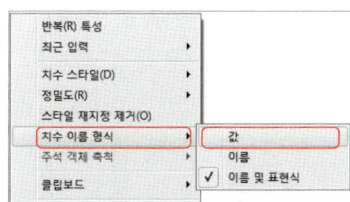 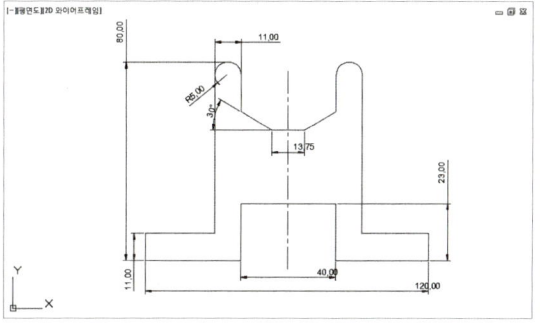

이처럼 파라메트릭 개념이 도입되면 객체를 작성할 때 보다 유연하게 작업할 수 있게 된다. 표준 부품처럼 형상은 동일하나 크기가 다른 규격을 가진다고 하면 파라메트릭을 적용할 경우 큰 효과를 얻을 수 있다.

Chapter 14 컨텐츠 재사용

블록은 관련된 객체가 여러 개이지만 하나의 도형으로 다룰 수 있도록 구성하고 이름을 붙여 등록하거나 관리할 수 있다. 예를 들어, 테이블과 의자를 그린 후 도면에 배치할 때 데이터를 [테이블 세트]라고 이름을 붙여 블록으로 등록하면 하나의 부품으로 인식되어 복사하거나 블록 삽입을 하면 작업의 효율성을 높일 수 있게 된다. 또한, 블록은 하나의 도형으로 다뤄지므로 따로따로 떨어진 데이터들과 비교하면 데이터 관리가 월등히 수월하다.

01 블록(Block)

1-1. 블록이란?

건축이나 인테리어 도면에서는 여러 형태의 문, 가구, 창, 세면대, 싱크대 등을 반복적으로 사용하게 되는데, 이때 아주 편리하게 사용하는 기능이 블록(Block)이다. 즉 자주 사용하는 도면 요소들을 파일로 저장해둔 후 필요할 때마다 도면에 사용할 수 있는 기능이다. 블록은 도면에 삽입한 후 분해할 수도 있고, 크기 등을 목적에 맞게 수정할 수도 있다.

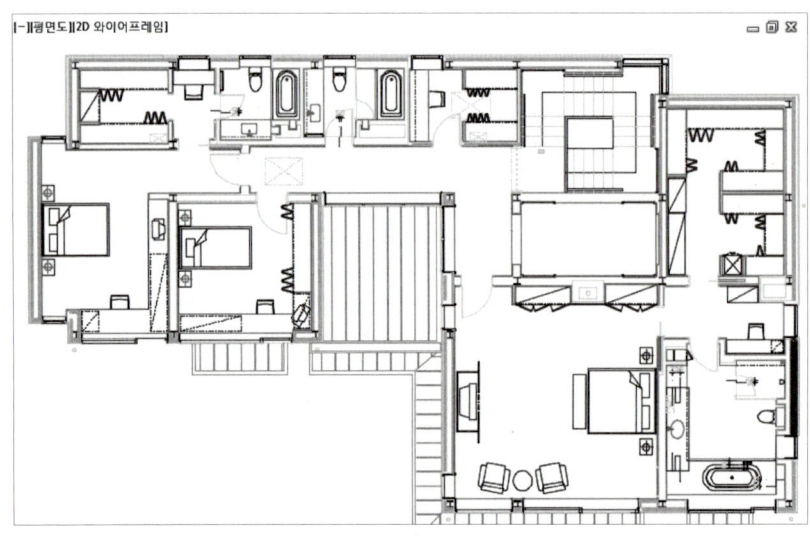

1-2. BLOCK(블록 정의)과 WBLOCK(블록 쓰기)

BLOCK[블록 정의] 명령으로 여러 객체를 하나의 객체로 블록으로 만들 수 있다. [블록 정의] 대화상자의 옵션을 사용하여 블록을 정의한다. 정의할 항목은 블록의 이름, 블록 정의에 포함될 객체, 블록 기준점, 도형을 설정할 단위, 균일하게 축척, 분해 허용 등이다.

블록 정의할 기준점은 도면에 삽입할 경우 블록 배치에 사용하는 점을 말한다. 이 점은 블록의 그립점이 된다.

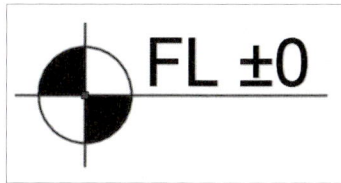

> **TIP** Block과 WBlock의 사용 범위
>
> Block 명령으로 만들어진 블록은 블록을 만든 도면에서만 사용할 수 있다. 반면 WBlock 명령으로 만들어진 블록은 dwg 파일로 변환하여 블록을 만든 도면뿐 아니라 다른 도면에서도 사용할 수 있다.

▶ 실행 방법

- 리본 : [삽입] 탭-[블록 정의] 패널-블록 작성 아이콘(🗔)
- 메뉴 : [그리기(D)]-[블록(K)]-[만들기(M)]
- 명령 입력 : BLOCK
- 단축키 : B

◇ [블록 정의] 대화상자 ◇

작성할 블록마다 이름과 삽입 기준점을 지정하여 블록 정의에 포함할 객체를 선택하고 그 외 필요한 설정을 한다.

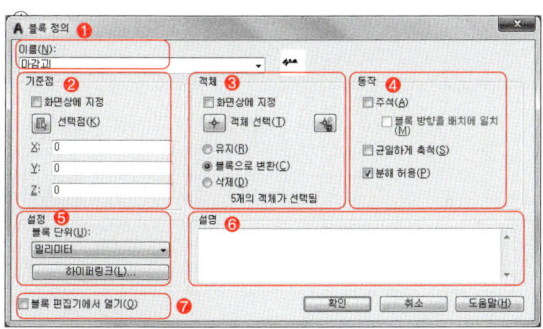

❶ 블록의 이름을 지정한다.

❷ 블록의 삽입 기준점을 지정한다. 기본값은 0,0,0이다. [선택점] 버튼을 클릭하여 객체스냅을 이용해 객체 해당점을 지정하거나 화면상에 지정으로 체크하여 블록이 삽입될 때 해당 화면에서 클릭하여 지정한다. X,Y,Z 좌표값을 입력해도 된다.

❸ [객체 선택] 버튼을 클릭하여 블록에 포함할 도형을 선택한다. 그 후 [객체]영역에서 블록 작성 후에 선택한 객체를 어떻게 처리할지 옵션을 지정한다. 개별 객체로 유지하려면 유지를, 선택된 객체를 블록 복제로 변환하려면 블록으로 변환을, 도면에서 삭제하려면 삭제를 선택한다.

❹ 필요에 따라 주석을 적용하거나 균일하게 축척될 여부와, 분해를 허용할지 지정한다.

❺ 블록 설정을 지정한다. 블록 참조에 대한 삽입 단위를 지정하고 하이퍼링크를 블록 정의에 연관시킬 수도 있다.

❻ 블록 보조 설명을 입력한다.

❼ 블록 편집기에서 열기를 체크하고 [블록 정의] 대화상자에서 [확인] 버튼을 누르면 블록 편집기에서 편집할 수 있도록 편집기가 열린다.

WBLOCK[블록 쓰기] 명령으로 도면 내 블록을 다른 도면 파일로 내보내기 할 수 있다. [삽입] 탭-[블록 정의] 패널에서 [블록 작성] 확장하여 [블록 쓰기]를 선택한다. [블록 쓰기] 대화상자에서 도면으로 내보내기 할 객체들을 선택하고 파일 저장 대상 위치를 지정한다.

실행 방법

- 리본 : [삽입] 탭-[블록 정의] 패널-블록 쓰기 아이콘(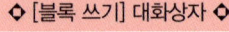)
- 명령 입력 : WBLOCK
- 단축키 : W, WB

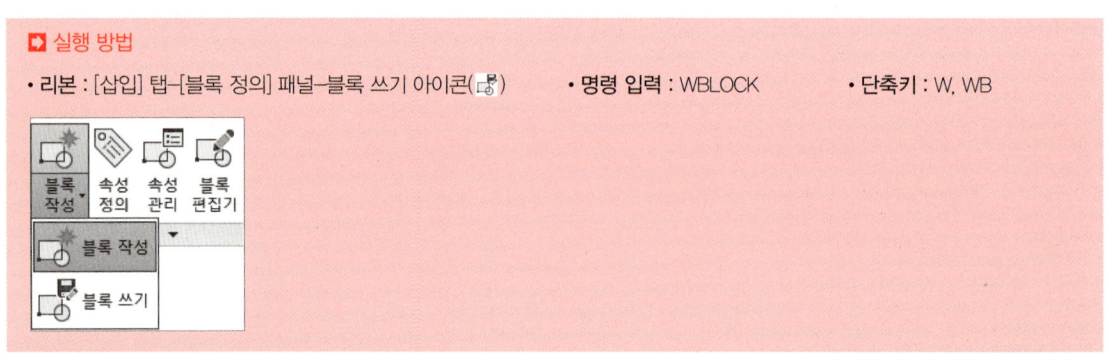

◆ [블록 쓰기] 대화상자 ◆

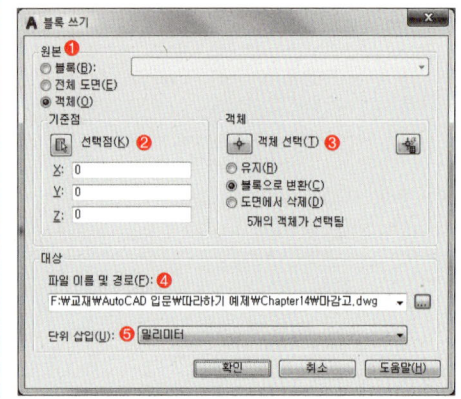

❶ 블록 쓰기로 객체를 선택할지 전체 도면으로 할지 지정한다.
❷ 블록의 삽입 기준점을 지정한다. 이하 내용은 [블록 정의] 설명과 같다.
❸ [객체 선택] 버튼을 클릭하여 블록에 포함할 도형을 선택한다. 이하 내용은 [블록 정의]설명과 같다.
❹ 블록 쓰기는 블록 정의와 다른 점은 dwg 파일로 생성되는 점이다. dwg 파일 이름과 파일 저장위치를 지정한다.
❺ 블록을 삽입할 때 단위를 밀리미와 인치 중 선택한다.

❏ 블록 작성하기

01 예제 파일을 불러온 후 명령행에 'B'를 입력하고 Space Bar 를 누른다. [블록 정의] 대화상자에서 [이름]을 [Kitchen1]로 정의한다.

- 예제 파일 : Chapter14₩블록 정의.dwg

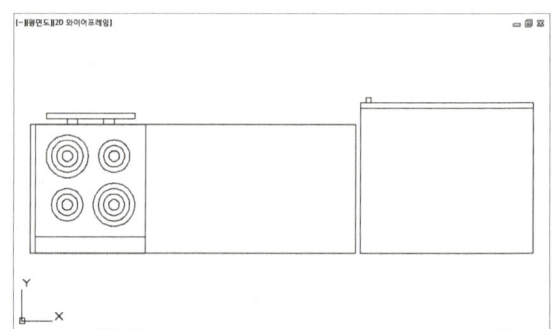

02 [객체 선택] 버튼(⊕)을 클릭하고 블록으로 정의할 객체를 모두 선택한 후 Space Bar 를 누른다. [블록 정의] 대화상자에서 [이름]옆에 선택한 객체가 미리보기로 보여진다.

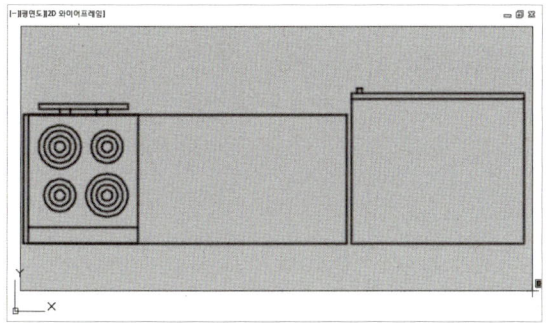
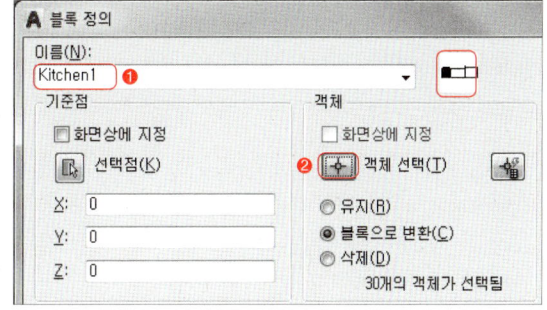

03 [기준점] 영역에서 [선택점] 아이콘을 클릭한다. 객체 스냅을 이용해 선택한 객체의 가장 왼쪽 아래 끝점을 클릭한다.

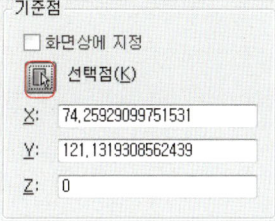
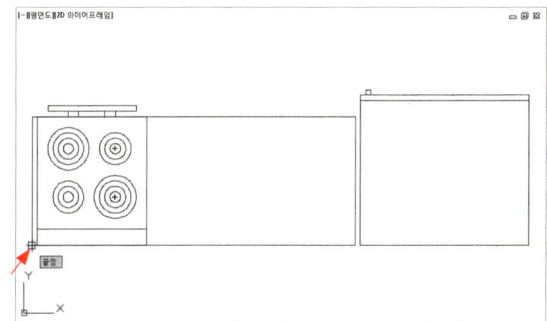

04 [객체] 영역에서 [블록으로 변환]에 체크한다. 그러면 선택된 객체는 블록의 모든 설정이 끝나고 나면 블록으로 바뀌게 된다. 그 외 설정은 다음 이미지를 참조한다. [동작] 영역에서 균일하게 축척과 분해 허용에 체크하고 [블록 편집기에서 열기]는 체크 해제한다. 모든 설정이 끝났으면 [확인] 버튼을 클릭한다.

> **TIP** [블록 설정] 대화상자의 객체 영역에서 [유지]를 체크하면 선택된 객체를 블록으로 저장하고 해당 객체를 현재 도면에 그대로 남겨놓는다.

05 개별 속성을 가지던 객체들이 블록으로 변환되어 단일 객체 속성을 갖는다.

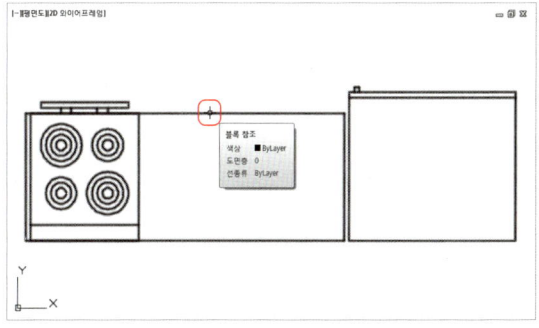

1-3. INSERT(삽입)

INSERT[삽입] 명령은 저장된 블록을 도면으로 가져오는 명령이다. [삽입] 대화상자나 도면 영역에서 블록 삽입점, 축척, 회전 각도를 지정한다. 리본에서 [삽입] 탭-[블록] 패널-삽입 아이콘을 확장하면 현재 도면에 설정된 블록들이 보여서 해당 블록을 바로 클릭하여 삽입이 가능하다.

> ▶ **실행 방법**
> - 리본 : [삽입] 탭-[블록] 패널-삽입 아이콘(□)확장-[많은 옵션]
> - 명령 입력 : INSERT
> - 메뉴 : [삽입(I)]-[블록(B)]
> - 명령 입력 : I

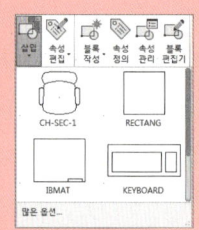

◆ **[삽입] 대화상자** ◆

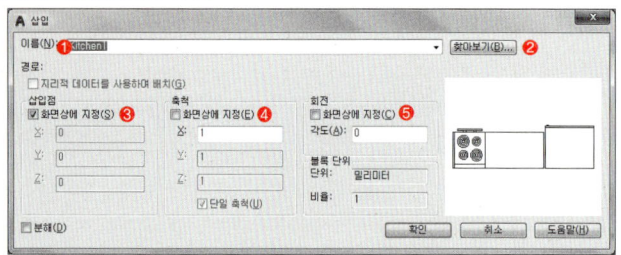

❶ 삽입할 블록의 이름 또는 블록으로 삽입할 파일의 이름을 지정한다.
❷ 삽입할 블록이나 도면 파일을 선택할 수 있는 도면 파일 선택 대화상자를 연다.
❸ 블록의 삽입점을 지정한다. 삽입점을 화면상에 지정하거나 X,Y,Z 좌표값을 수동으로 입력할 수 있다.
❹ 삽입할 블록의 축척을 지정한다. X,Y 및 Z축척 비율에 음의 값(예,-1)을 지정하면 블록의 대칭 이미지가 삽입된다.

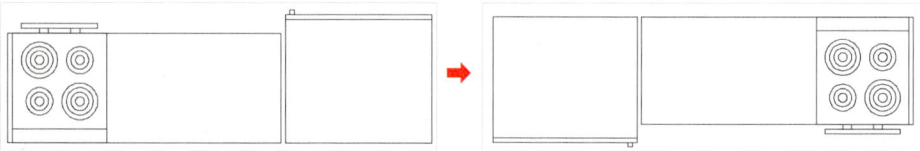

❺ 블록의 회전 각도를 지정한다. 블록의 회전 각도를 수동으로 입력하거나 화면상에 지정한 후 블록의 회전을 지정한다.

▣ 블록 작성과 삽입하기

01 예제 파일을 불러온다. 도면의 객체 중 전화기 외에는 모두 블록으로 만든 도면이다. 객체 정보를 확인하기 위해 명령행에 'LI'를 입력하고 전화기의 아래 수평선을 선택하고 Space Bar 를 누른다.

- 예제 파일 : Chapter14₩Office.dwg
- 블록 작성과 삽입하기

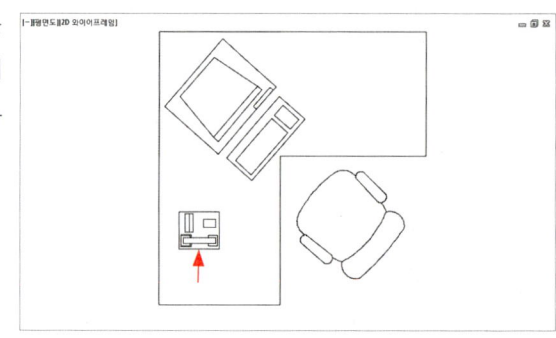

명령 : LI Space Bar
LIST
객체 선택: 1개를 찾음 Space Bar [전화기의 수평선 선택]

02 [AutoCAD 문자 윈도우]가 보이고 객체가 선임을 확인한 후 [AutoCAD 문자 윈도우]를 닫는다.

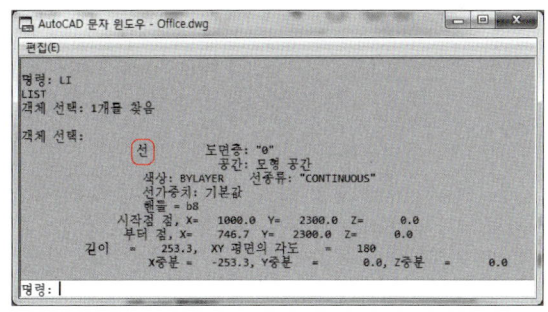

03 명령행에 'B'를 입력하고 Space Bar 를 누른다. [블록 정의] 대화상자에서 이름에 [전화기]라 입력하고 [기준점]의 [선택점]을 클릭하고 전화기의 오른쪽 아래 끝점을 클릭한다.

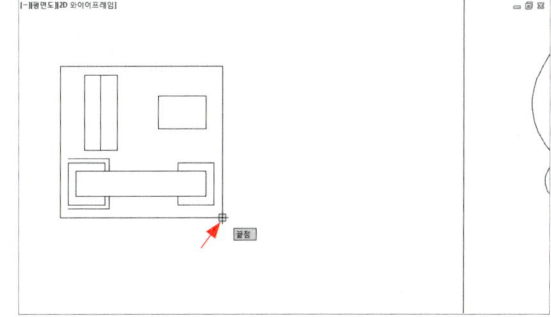

04 [객체 선택] 버튼(□)을 클릭하고 전화기를 모두 선택한다. [블록으로 변환], [블록 편집기에서 열기] 체크 해제 등 이미지를 참조하여 나머지 설정을 하고 [확인] 버튼을 클릭한다.

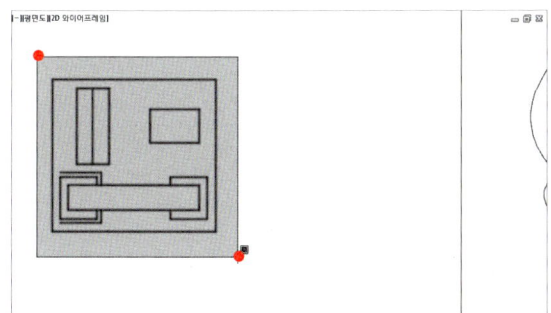 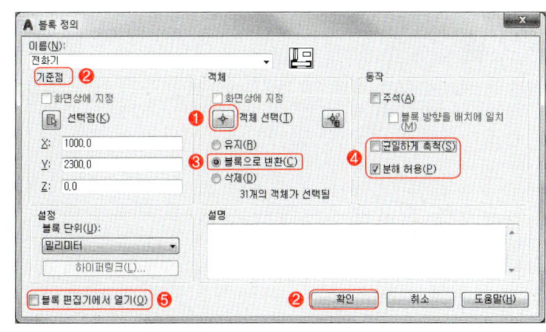

05 커서를 전화기에 갖다대면 특성 미리보기로 블록으로 변환되었음이 확인된다.

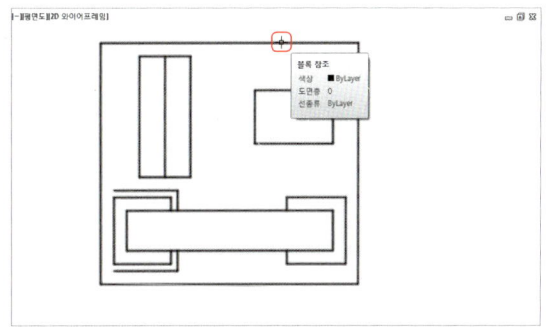

06 블록 삽입을 위해 명령행에 'I'를 입력하고 Space Bar 를 누른다. [삽입] 대화상자에서 이름은 [전화기], 삽입점은 [화면상에 지정], 축척은 기본값 그대로 1.0, 회전각도는 0 으로 하고 [확인] 버튼을 클릭한다.

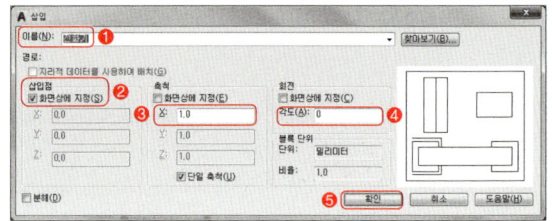

07 원래 있던 전화기 아래를 클릭하여 배치한다.

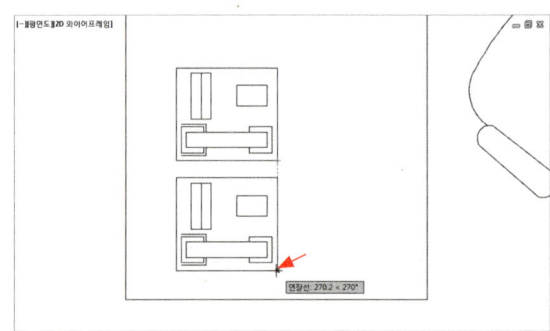

08 이번에는 리본 탭을 활용해서 삽입을 해본다. [삽입] 탭–[블록] 패널–[삽입]을 확장하면 블록 리스트가 보인다. 여기서 전화기를 찾아 클릭한다.

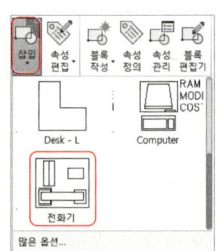

09 커서에 전화기가 보이고 각도를 조정하기 위해서 마우스 오른쪽 버튼을 클릭한다. 바로 가기 메뉴에서 [회전]을 클릭하고 각도를 [–90]으로 입력 후 Space Bar 를 누른다.

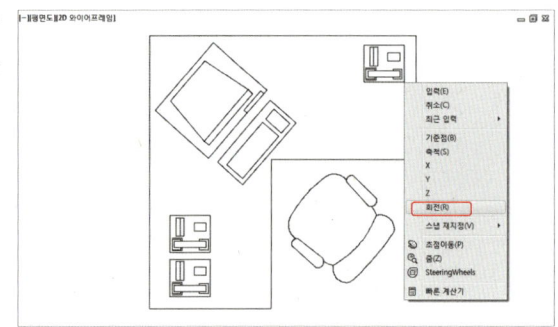

10 도면상에서 삽입점을 클릭하면 전화기 블록이 삽입된다.

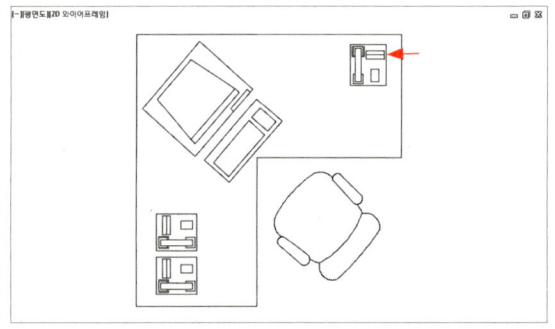

1-4. DesignCenter

디자인센터에서 다른 도면의 컨텐츠를 표시하고 그 컨텐츠를 현재 도면에 삽입할 수 있다. 도면 파일 전체를 삽입하거나 도면 파일 안에 있는 블록, 치수 스타일, 도면층, 배치, 선종류, 테이블 스타일, 문자 스타일, 외부 참조 객체를 삽입할 수 있다.

왼쪽의 트리 뷰에서 컨텐츠 원본을 찾아보고 오른쪽의 컨텐츠 영역에 컨텐츠를 표시한다. 컨텐츠 영역에서 도면이나 도구 팔레트에 항목을 추가하고, 선택한 도면, 블록, 해치 패턴 또는 외부 참조에 대한 미리보기나 설명이 표시된다.

다른 윈도우 및 팔레트와 마찬가지로 DesignCenter도 크기를 조정하고 고정 및 앵커할 수 있다.

❶ 트리 뷰로 (+)십자 표시를 클릭하면 확장되어 하위 내용이 보인다.
❷ [폴더] 탭, [열린 도면] 탭, [사용 내역] 탭으로 나뉘어 [폴더] 탭은 내 컴퓨터, 네트워크 드라이브에 있는 파일 및 폴더의 계층구조를 표시한다.
  [열린 도면] 탭은 현재 작업 세션에서 열린 모든 도면을 표시한다.
  [사용 내역] 탭은 DesignCenter에서 가장 최근에 열었던 파일 리스트를 표시한다.
❸ 컨텐츠 영역에서 보이기 위해 블록을 클릭한다. 해당 블록이 보인다.
❹ 트리 뷰 전환으로 왼쪽의 트리 뷰를 표시하거나 숨기기한다.

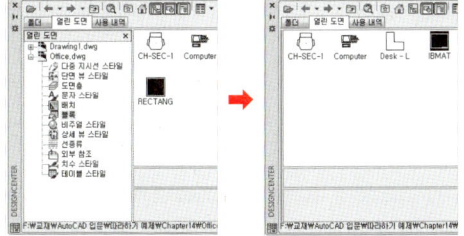

❺ 미리보기로 선택한 항목의 미리보기를 컨텐츠 영역 아래의 창에 표시하거나 숨기기한다.

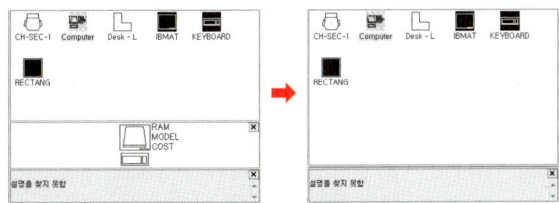

❻ 선택된 항목의 텍스트 설명을 컨텐츠 영역 아래의 창에 표시하거나 숨기기한다. 미리보기 이미지도 표시된 경우에는 설명이 그 아래 표시된다. 선택한 항목과 함께 저장된 설명이 없는 경우 설명 영역은 비어 있다.

▶ 실행 방법

- 리본 : [뷰] 탭-[팔레트] 패널-디자인센터 아이콘( )
- 메뉴 : [도구(T)]-[팔레트]-[DesignCenter(D)]]
- 명령 입력 : ADCENTER
- 명령 입력 : Ctrl +2, ADC

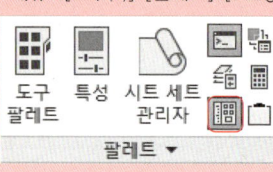

◘ 디자인센터를 이용한 컨텐츠 재사용

- [폴더], [열린 도면], [사용 내역] 탭을 클릭하여 트리뷰에서 컨텐츠를 검색할 장소를 설정한다.
- 컨텐츠는 아래 3가지 방법으로 도면에 삽입한다.

  ❶ 도면 영역에 해당 아이템(스타일, 도면층, 블록 등)을 드래그&드롭한다.

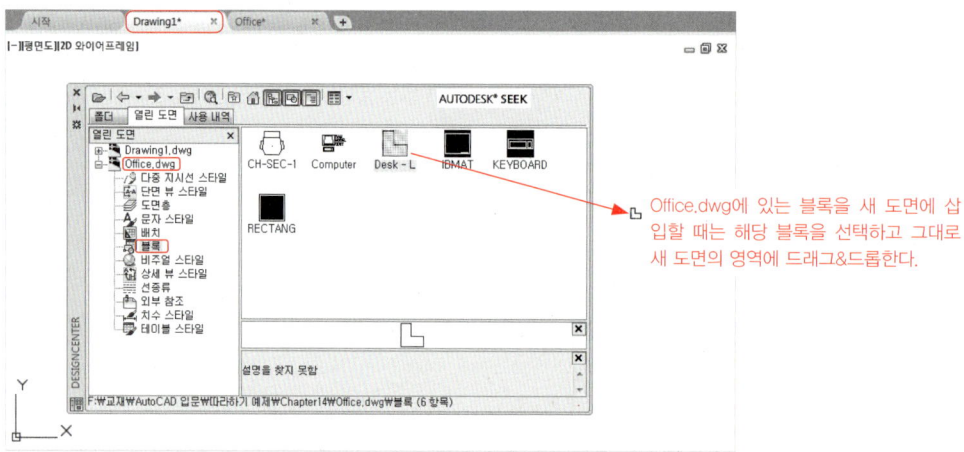

Office.dwg에 있는 블록을 새 도면에 삽입할 때는 해당 블록을 선택하고 그대로 새 도면의 영역에 드래그&드롭한다.

❷ 아이템을 더블클릭한다. 블록의 경우 더블클릭하면 [삽입] 대화상자가 보이고 삽입점, 축척, 회전 등 값 지정을 할 수 있다.

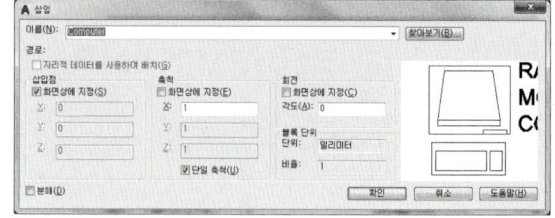

❸ 마우스 오른쪽 버튼을 클릭한 후 바로 가기 메뉴에서 적당한 옵션을 선택한다. 블록 삽입, 블록 편집기, 도구 팔레트 작성을 할 수 있다. 도구 팔레트 작성을 클릭하면 블록이 등록된 새 팔레트가 생성된다.

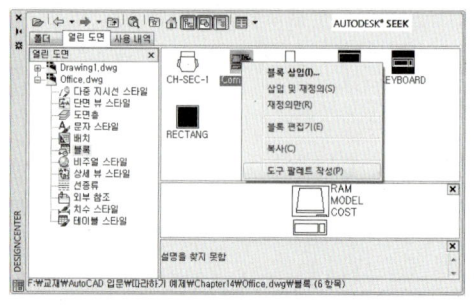
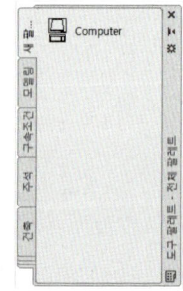

◈ 디자인센터를 활용하여 도면층 생성하기

01 예제 파일을 불러온 후 [모형] 탭 상태인지를 확인하고, [디자인센터 활용] 파일탭 옆에 있는 [새 도면] 아이콘()을 클릭한다.

- 예제 파일 : Chapter14₩디자인센터 활용.dwg

02 F7 을 눌러 그리드 모드를 해제하고 ViewCube도 보이지 않게 뷰포트 컨트롤의 [-]를 클릭하여 ViewCube를 체크 해제한다. [홈] 탭-[도면층] 패널에서 도면층을 살펴보면 기본 0 도면층만 존재한다.

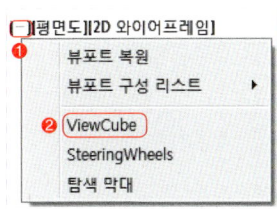 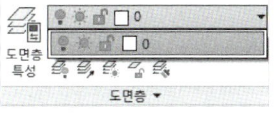

03 Ctrl +2를 클릭하여 디자인센터 팔레트를 연다. [열린 도면] 탭에 '디자인센터 활용.dwg'의 도면층을 클릭하여 도면층 항목이 보이도록 한다. 오른쪽 내용에서 Ctrl 을 사용하여 새 도면에 사용할 도면층을 선택한 후 새 도면의 영역으로 드래그&드롭을 한다.

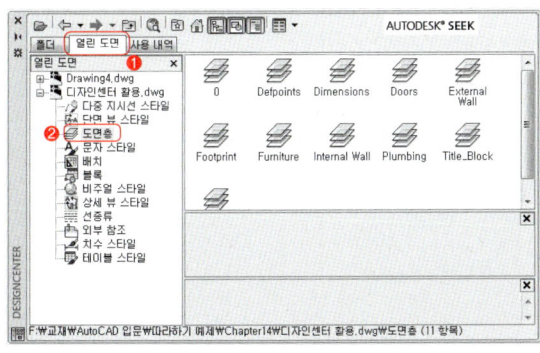 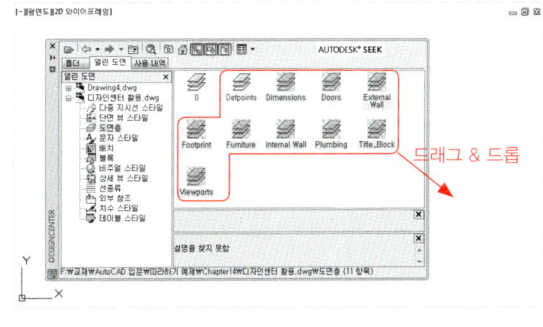

04 [홈] 탭-[도면층] 패널 또는 도면층 특성 관리자로 도면층을 살펴보면 '디자인센터 활용.dwg' 파일과 동일하게 도면층이 생성된 걸 확인할 수 있다.

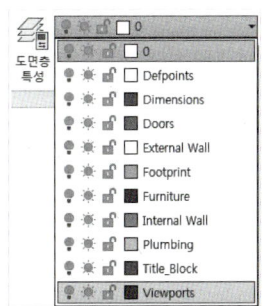 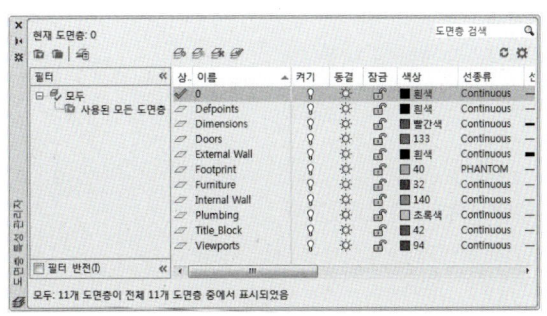

이처럼 새 도면에서 새롭게 도면층을 만들기도 하지만 템플릿 파일 없이 디자인센터를 활용하여 기존 도면과 똑같게 도면층을 생성할 수 있다.

1-5. 도구 팔레트 활용

도구 팔레트를 사용하면 블록과 해치 등 자주 사용하는 명령과 객체를 정리하여 공유하고 이들을 효율적으로 가져올 수 있으며, 마우스 오른쪽 버튼을 클릭한 후 바로 가기 메뉴로 도구 팔레트 작성, 삭제, 이름 변경, 특성을 변경할 수 있다.

> ▶ **실행 방법**
>
> • 리본 : [뷰] 탭-[팔레트] 패널-도구 팔레트 아이콘(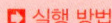)
> • 메뉴 : [도구(T)]-[팔레트]-[도구 팔레트(T)]
> • 명령 입력 : TOOLPALETTES
> • 명령 입력 : Ctrl +3

도구 팔레트 작성하기

- 첫 번째 방법은 DesignCenter 트리 뷰에 있는 항목을 클릭하고 마우스 오른쪽 버튼을 클릭한 후 바로 가기 메뉴에서 도구 팔레트 작성을 클릭한다. 새 도구 팔레트에는 선택한 항목의 도면의 이름이 팔레트 이름으로, 내용에 블록이 포함된다.

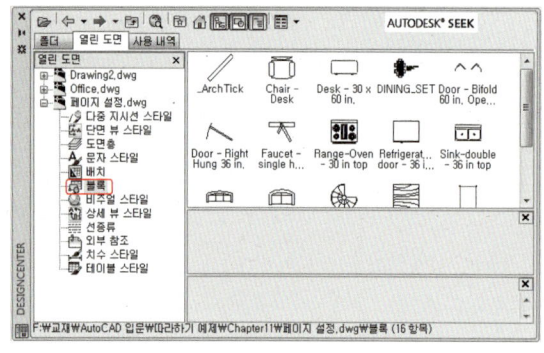 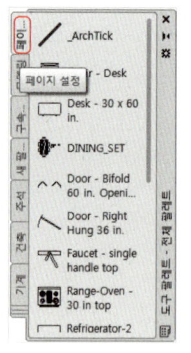

- 두 번째 방법은 도구 팔레트를 작성할 도면을 열어 도구 팔레트를 새로 만든 후 항목을 드래그&드롭으로 구성한다. 도구 팔레트에는 블록 외에 선종류, 그리기 및 편집 명령, 치수 명령도 등록이 가능하다.

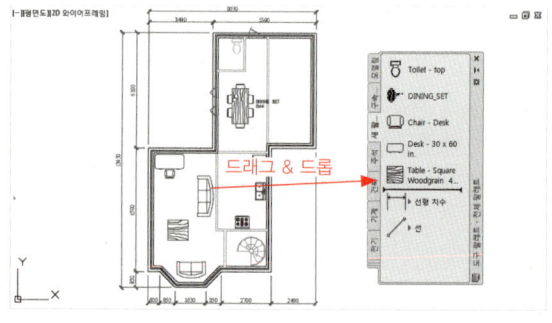

그렇지만, 도구 팔레트에 블록이나 해치 등을 드래그&드롭으로 추가할 때는 도면이 저장되어 있어야 한다. 그렇지 않으면 아래와 같은 경고 대화상자가 표시된다. 작성과 편집 작업이 진행되었다면 우선 저장 후 도구 팔레트에 등록한다.

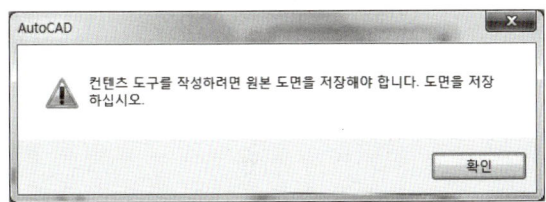

- 도구 팔레트에서 마우스 오른쪽 버튼을 클릭한 후 바로 가기 메뉴에서 문자나 구분선(가로선)을 추가한다.

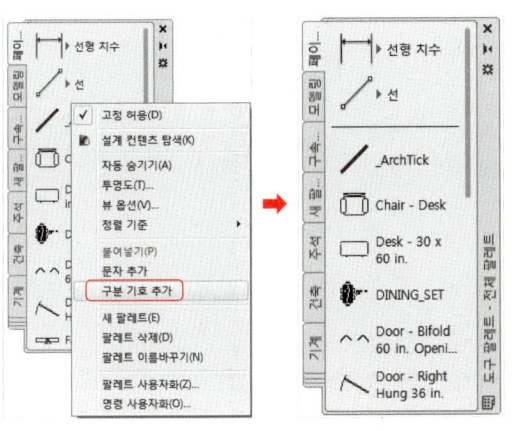 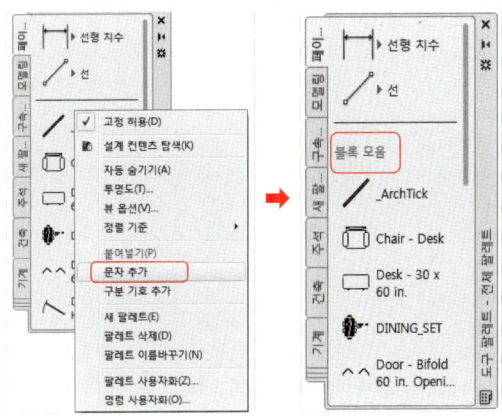

도구 팔레트 사용하기

01 예제 파일을 불러온 후 도구 팔레트에서 볼트를 추가하기 위해 Ctrl +3을 누른다. 도구 팔레트의 [기계] 탭을 클릭하고 미터법 샘플의 [6각형 소켓 볼트(측면)- 미터법]을 클릭한다.

- 예제 파일 : Chapter14\도구팔레트.dwg

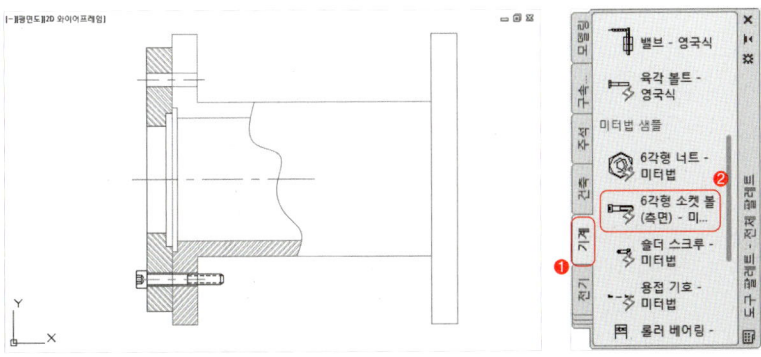

02 그림을 참조하여 교차점을 클릭한다.

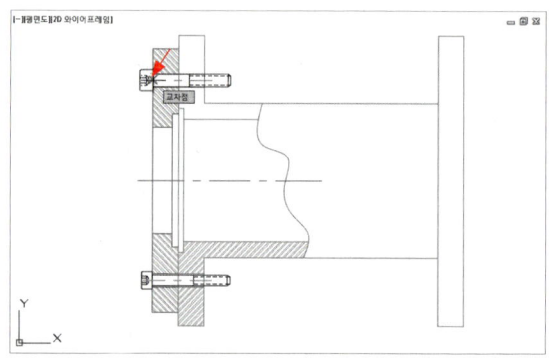

03 해치를 추가하기 위해 도구 팔레트의 아래 하부 겹친 부분을 클릭하고 리스트에서 [해치 및 채우기]를 선택한다. [홈] 탭-[도면층] 패널에서 현재 도면층을 [3]으로 설정하고 도구 팔레트의 해치 패턴에서 [ISO 해치]-[강철]을 클릭한다.

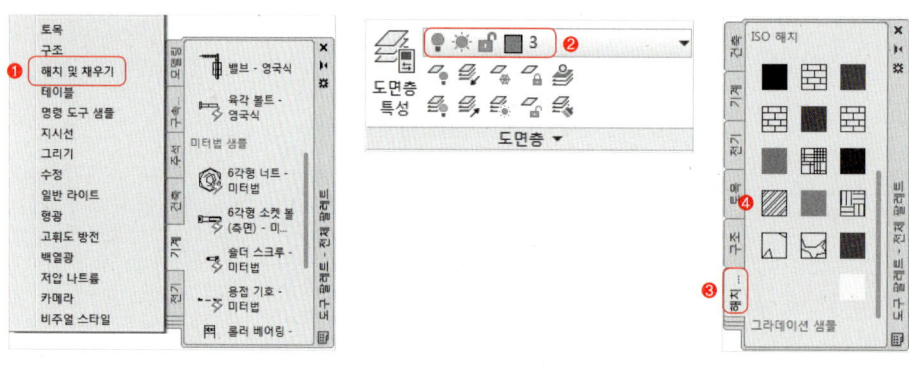

04 볼트의 상부 직사각형 영역에 마우스를 갖다대면 미리보기가 보인다. 윗부분 직사각형 영역을 클릭하고 작성한다. 다시 도구 팔레트에서 [ISO 해치]-[강철]을 클릭한 다음 아래부분의 직사각형 영역에도 작성한다.

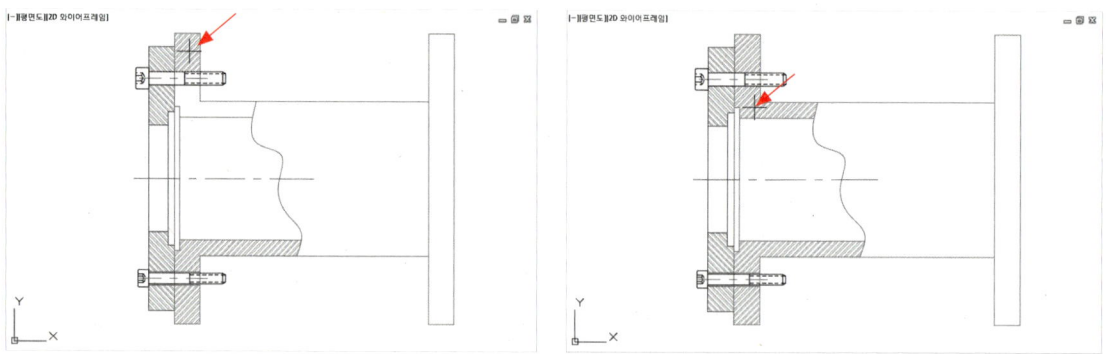

05 [홈] 탭-[도면층] 패널에서 현재 도면층을 [text]로 설정하고 도구 팔레트의 아래 하부 겹친 부분을 클릭하고 리스트에서 [그리기]를 선택한다.

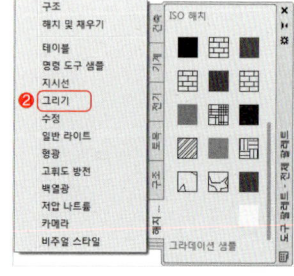

06 [여러 줄 문자]를 클릭하고 볼트의 오른쪽 2점을 클릭하여 문자 위치를 지정한다.

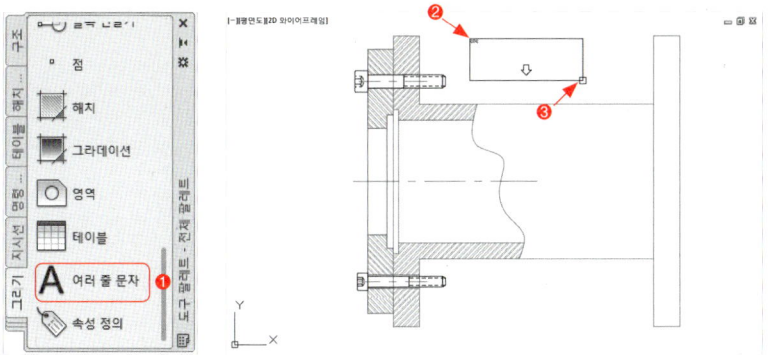

07 [문자 편집기] 탭-[스타일] 패널에서 문자 높이를 12로 입력하고 Enter 를 눌러 지정한다. 문자 입력 박스에 '연결구'라고 입력하고 도면 영역의 빈 여백을 클릭하여 문자 편집을 종료한다.

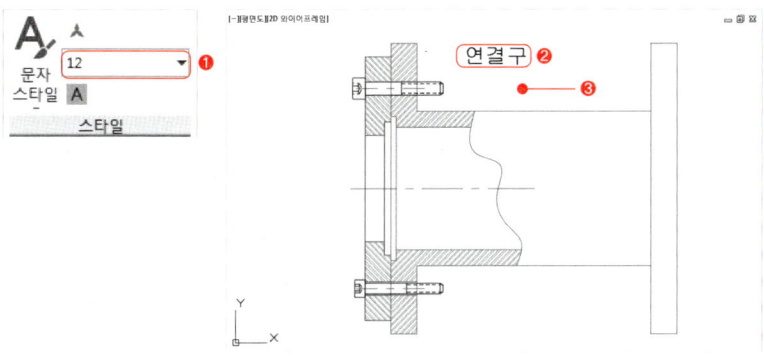

02 동적 블록 작성

2-1. 동적 블록

도면에 반복하여 도형을 사용하는 것은 블록으로 가능하지만 유연성이 부족한 단점이 있다. 이런 경우 동적 블록을 사용하면 도면에서 자주 사용되는 도형을 설계조건에 따라 편집할 수가 있다. 예를 들어, 크기가 다른 실내 문 블록을 크기별로 작성하는 대신 하나의 블록에 여러 크기별로 조정이 가능하도록 설정을 하면 된다. 또는, 두께는 고정되어 있지만 길이를 자유롭게 변경할 수 있는 볼트너트를 정의할 수 있다.

동적 블록을 만드는 간략 순서도는 아래와 같다.

블록 컨텐츠 계획 ➡ 형상 작성 ➡ 매개변수 추가 ➡ 동작 추가 ➡ 사용자 특성 정의 ➡ 블록 테스트

동적 블록은 매개변수와 동작으로 정의된 블록으로 매개변수에서 형상을 지정하고 동작으로 변형 동작의 종류를 지정한다.

블록의 일부를 변형하려면 블록을 분해하여 편집하거나 블록 편집기를 통해 편집했지만, 동적 블록을 사용하면 블록을 분해하지 않고 블록의 일부를 신축하거나 회전할 수 있고 그 외에도 복잡한 변경도 가능하다.

2-2. BEDIT(블록 편집기)

BEDIT(블록 편집기)를 실행하면 편집하기 위해 선택한 블록만 보인다. 도면으로 돌아가려면 [블록 편집기] 리본 탭에서 [블록 편집기 닫기]를 클릭한다. 블록 편집기를 열면 블록 제작 팔레트와 추가 도구가 보인다.

▶ 실행 방법

- 리본 : [삽입] 탭–[블록 정의] 패널–블록 편집기 아이콘()
- 메뉴 : [도구(T)]–[블록 편집기(B)]
- 명령 입력 : BEDIT
- 단축키 : BE

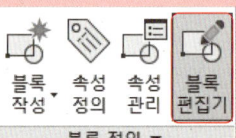

◆ [블록 정의 편집] 대화상자 ◆

현재 도면 또는 편집할 블록을 선택하거나 새로운 블록의 이름을 입력 후에 [확인] 버튼을 클릭하여 블록 편집기에서 블록 정의를 한다.

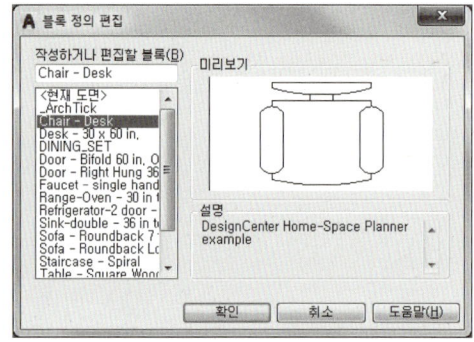

해당 블록을 선택하고 [확인] 버튼을 클릭한 후 명령을 실행하면 [블록 편집기] 리본 탭이 보인다. 동적 블록 작성과 저장에 필요한 도구들이 포함되어 있다.

또한, 한쪽에는 블록 제작 팔레트가 보인다. 블록 제작 팔레트는 매개변수, 동작, 매개변수 세트, 구속조건 4개의 탭으로 구분되어 있으며 각 팔레트별로 기능을 달리한다.

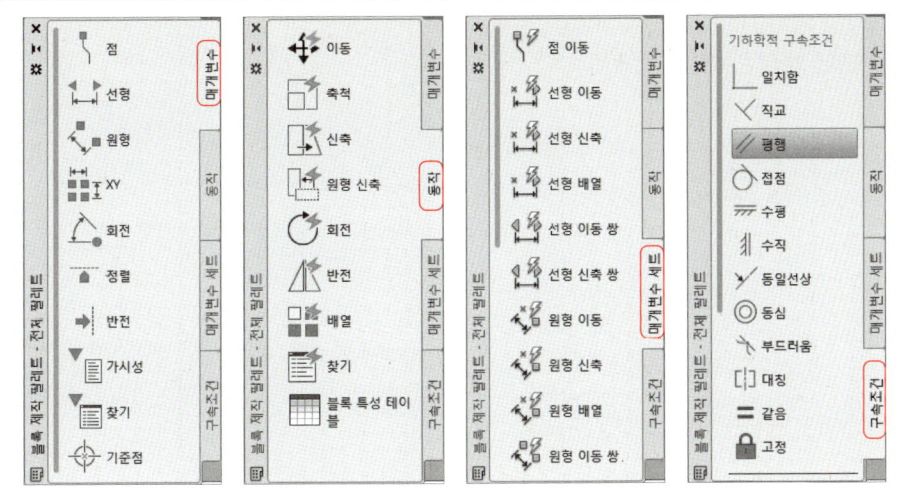

- [매개변수] 탭 : 블록내 도형에 위치, 거리, 각도를 지정하기 위해 사용한다. 매개변수는 도형에 구속을 정의하기 위해서도 사용한다. 예를 들어, 블록을 정해진 증분만큼 신축하도록 매개변수로 구속할 수 있다.
- [동작] 탭 : 지정한 매개변수에 특정한 동작을 부여한다. 예를 들어, 신축 동작을 선형 매개변수에 부여한다.
- [매개변수 세트] 탭 : 매개변수와 동작의 조합으로 정의한다.
- [구속조건] 탭 : 기하학적 구속조건 또는 구속조건 매개변수를 부여한다.

2-3. 매개변수

매개변수를 사용하여 동적 블록에 가능한 동작을 정의한다. 여러 유형의 매개변수를 사용할 수 있으며 매개변수 유형별로 고유 특성 세트가 포함되어 있다.

매개변수는 블록 참조에 그립으로 표시되며 그립 형상은 매개변수에 따라 다르다.

매개변수에는 레이블이 있다. 매개변수 특성은 사용자가 이름을 입력하여 지정할 수도 있다. 특성은 매개변수의 일부로 블록 편집기에서 문자로 표시되며 블록을 선택하면 특성 팔레트에 매개변수로 표시된다. 레이블에는 의미 있는 이름을 정의한다. 예를 들어, 거리1, 거리2를 길이와 높이로 이름바꾸기를 할 수 있다.

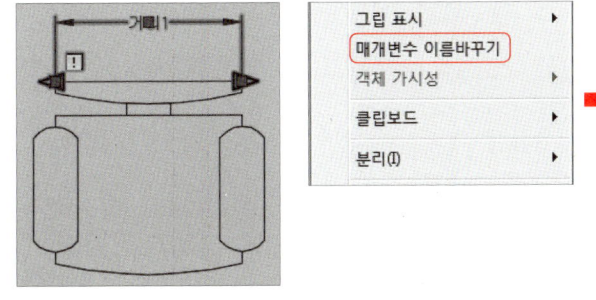
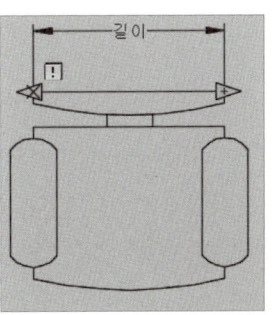

매개변수 유형

- 점 매개변수( ) : 연관 동작은 이동, 신축이다.

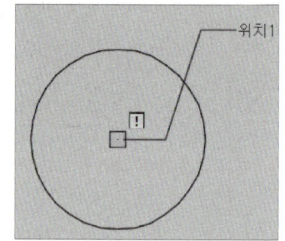 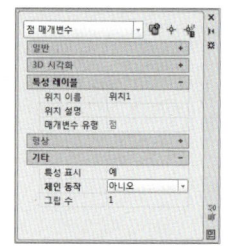

- 선형 매개변수( ) : 연관 동작은 이동, 축척, 신축, 배열이다.

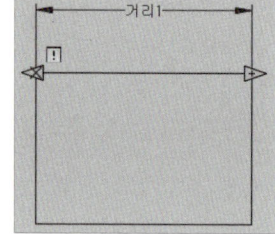 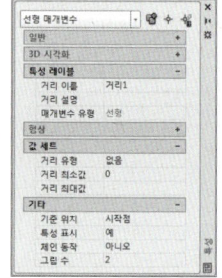

- 정렬 매개변수( ) : 연관 동작은 없다. 블록을 도면의 객체로 갖다대면 자동으로 맞춰지고 정렬 유형은 접선과 직교가 있다.

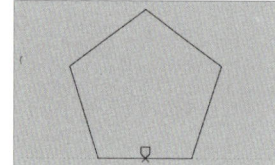 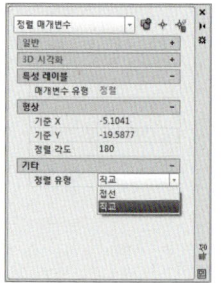

- 반전 매개변수( ) : 연관 동작은 없다. 매개변수에서 정의된 축을 따라 블록이 반전된다.

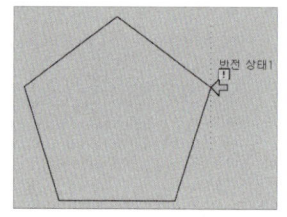 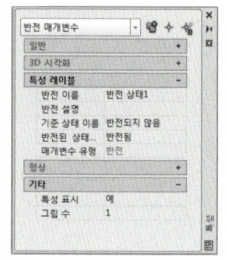

- 가시성 매개변수( ) : 도형의 가시성 상태를 제어한다. 가시성 상태에 따라 도형을 표시하거나 숨기기 할 수 있다. 다음 예에서는 원과 사각형을 그린 후 [가시성] 패널의 가시성 상태( )를 클릭하여 원과 사각형 항목을 만든 후 숨김( ) 버튼으로 가시성을 부여한 것이다. 사각형을 클릭하면 사각형만 보이고, 원을 클릭하면 원만 보이게 된다.

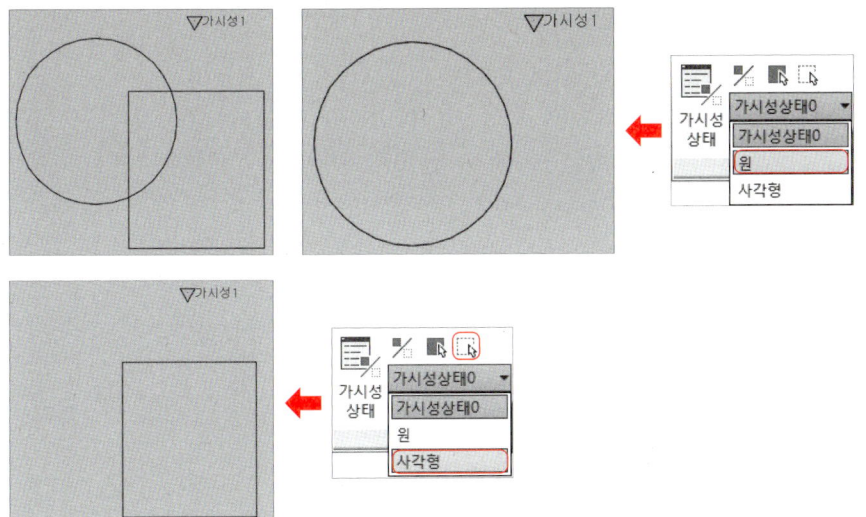

- 기준점 매개변수(⊕) : 블록 참조에서 표시되는 기준점 삽입 그립의 위치를 조절할 수 있다.

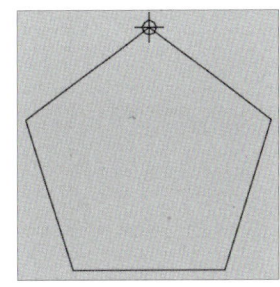
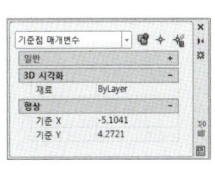

2-4. 동작

동작은 선형 매개변수에 신축 동작을 부여하여 선형 매개변수 방향으로 블록을 신축하고, 반전 매개변수에 반전 동작을 부여하여 반전 매개변수에서 정의한 방향으로 블록을 반전시킬 수도 있다.

동작 유형

- 축척 동작( ) : 연관된 매개변수 그립을 드래그하여 블록 도형의 축척을 변경한다.
    - 필수 매개변수 : 선형, 원형, XY
    - 동작 부여
    ❶ [삽입] 탭-[블록 정의]-[블록 편집기]를 클릭하여 [블록 정의 편집] 대화상자를 불러온다. 블록 이름을 [축척]으로 지정하고 [확인] 버튼을 클릭한다.

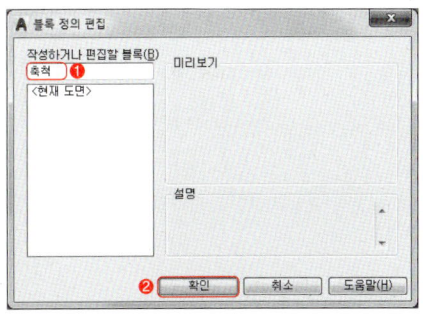

❷ [블록 편집기]에서 객체를 그리고 블록 제작 팔레트에서 적당한 매개변수를 적용한다. 예로, [선형] 매개변수를 클릭하여 적용한다.

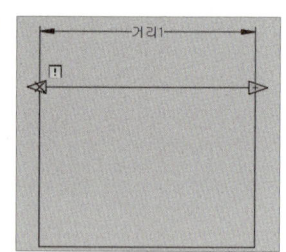

❸ 블록 제작 팔레트에서 [축척] 동작을 클릭하고, 선형 매개변수를 선택한다. 축척 동작에 포함할 객체를 선택하고 [Space Bar]를 누른다.

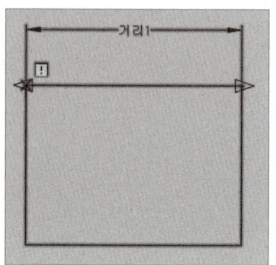

❹ 축척 동작 아이콘이 보인다.

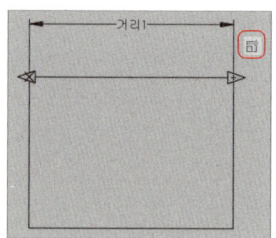

❺ [블록 편집기 닫기]를 클릭하여 블록 편집기를 종료한다. [변경 사항을 축척에 저장]을 클릭한다.

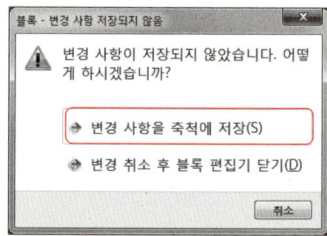

❻ 도면 영역에 [삽입] 탭-[블록] 패널-[삽입]을 확장해 블록을 삽입 후 블록을 선택하면 그립이 보인다. 화살표를 드래그하면 객체가 축척이 된다.

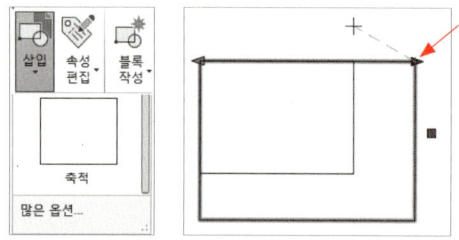

- 신축 동작( ) : 연관된 매개변수 그립을 드래그하여 블록 도형을 신축할 수 있다.
  - 필수 매개변수 : 선형, 원형, XY
  - 동작 부여

  ❶ [삽입] 탭-[블록 정의]-[블록 편집기]를 클릭하여 블록 이름을 [신축]으로 지정하고 [확인] 버튼을 클릭한다.

  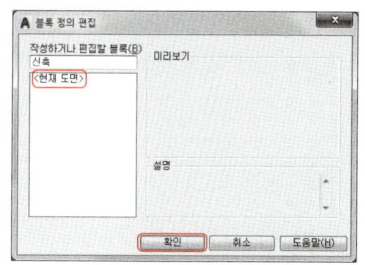

  ❷ [블록 편집기]에서 객체를 그리고 블록 제작 팔레트에서 적당한 매개변수를 적용한다. 예로, [선형] 매개변수를 클릭하여 적용한다.

  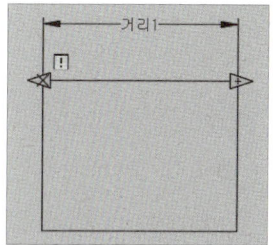

  ❸ 블록 제작 팔레트에서 [신축] 동작을 클릭하고, 선형 매개변수를 선택한다. 동작과 연관할 매개변수 점(신축할 방향)을 지정한다. 매개변수 점은 화면상에서 빨간 노드로 표시된다.

  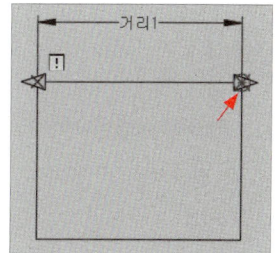

  ❹ 신축 프레임은 신축할 범위를 지정하는 것으로 2개 점을 클릭하여 신축할 범위를 걸침 선택으로 지정한다.

  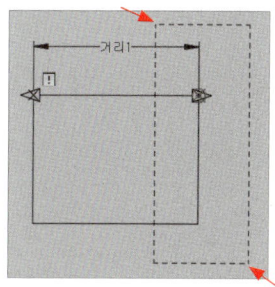

  ❺ 신축할 객체를 선택하고 [Space Bar]를 누른다.

  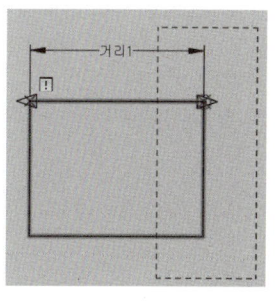

❻ 신축 동작 아이콘이 보인다.

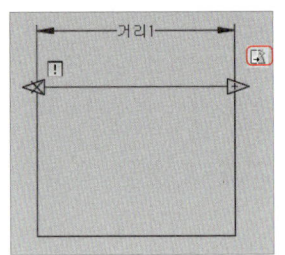

❼ [블록 편집기 닫기]를 클릭하여 블록 편집기를 종료한다. [변경 사항을 신축에 저장]을 클릭한다.

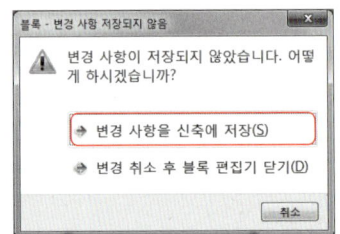

❽ 도면 영역에 [삽입] 탭-[블록] 패널-[삽입]을 확장해 블록을 삽입한 후 블록을 선택하면 그립이 보인다. 화살표를 드래그하면 객체가 신축이 된다.

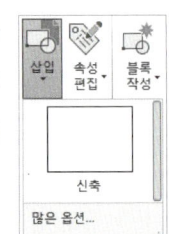 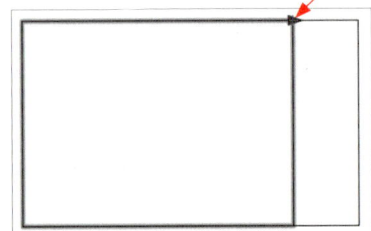

- 회전 동작( ) : 연관된 매개변수 그립을 드래그하여 블록 도형을 회전할 수 있다.
  - 필수 매개변수 : 로테이션
  - 동작 부여

❶ [삽입] 탭-[블록 정의]-[블록 편집기]를 클릭하여 블록 이름을 [회전]으로 지정하고 [확인] 버튼을 클릭한다.

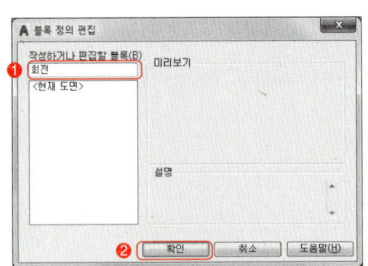

❷ [블록 편집기]에서 객체를 그리고 블록 제작 팔레트에서 [회전] 매개변수를 선택하여 기준점을 클릭하고 매개변수의 반지름과 회전 각도를 기존 객체를 바탕으로 설정한다.

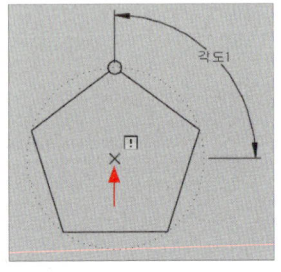

❸ 블록 제작 팔레트에서 [회전] 동작을 클릭한다. 회전 매개변수를 선택하고 회전할 객체를 선택한 후 Space Bar 를 누른다.

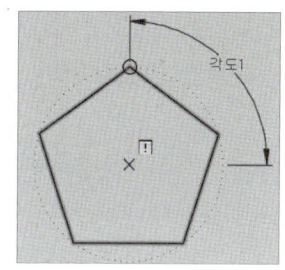

❹ 회전 동작 아이콘이 보인다.

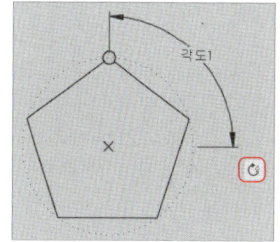

❺ 회전 매개변수를 선택한 후 특성 팔레트를 연다. 값 세트 항목에서 각도 유형을 [없음]에서 [증분]으로 변경한다. 각도 증분 값을 30으로 설정한다. 그럼 30도만큼 블록에 표시가 된다.

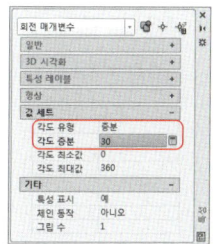
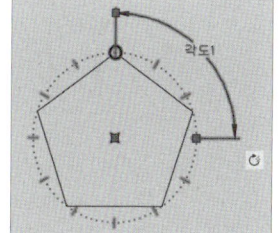

❻ [블록 편집기 닫기]를 클릭하여 블록 편집기를 종료한다. [변경 사항을 회전에 저장]을 클릭한다.

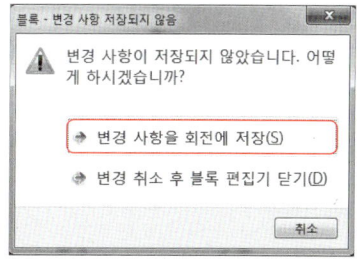

❼ 도면 영역에 [삽입] 탭-[블록] 패널-[삽입]을 확장해 해당 블록을 삽입한 후 블록을 선택하면 그립이 보인다. 화살표를 드래그하면 객체가 30도만큼 회전이 된다.

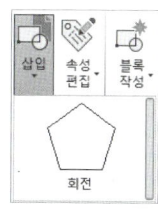
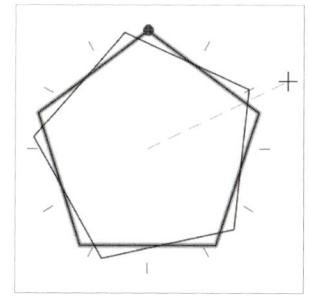

- 반전 동작( ) : 연관된 매개변수 그립을 클릭하여 블록 도형을 반전시킨다.
  - 필수 매개변수 : 반전
  - 동작 부여
  ❶ [삽입] 탭-[블록 정의]-[블록 편집기]를 클릭하여 블록 이름을 [반전]으로 지정하고 [확인] 버튼을 클릭한다.

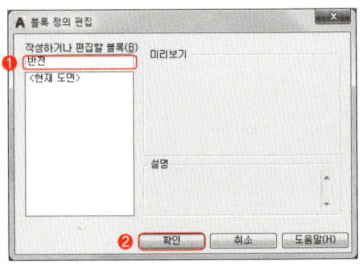

❷ [블록 편집기]에서 객체를 그린다. 블록 제작 팔레트에서 [반전] 매개변수를 선택하고 반사선의 기준점을 지정한 후 두 번째 점을 지정한다. 다음에 레이블 위치까지 클릭하면 반전 그립이 표시된다.

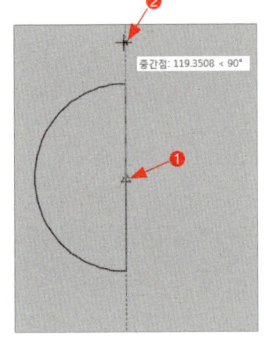 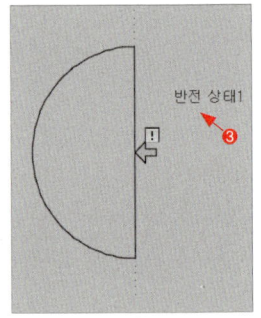

❸ 블록 제작 팔레트에서 반전 동작을 클릭하여 매개변수를 선택하고 반전시킬 객체를 선택한 후 Space Bar 를 누른다.

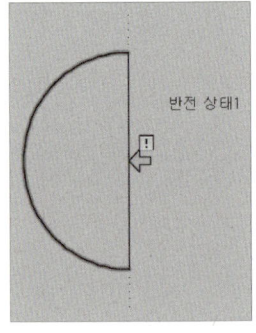

❹ 반전 동작 아이콘이 보인다.

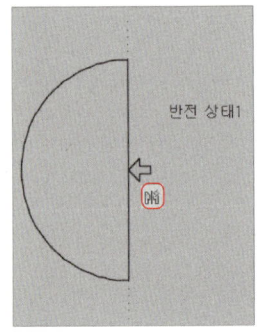

❺ [블록 편집기 닫기]를 클릭하여 블록 편집기를 종료한다. [변경 사항을 반전에 저장]을 클릭한다.

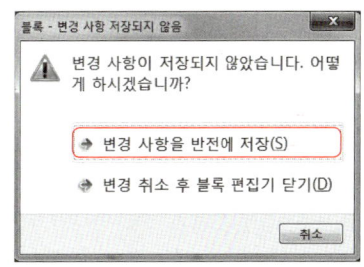

❻ 도면 영역에 [삽입] 탭-[블록] 패널-[삽입]을 확장해 해당 블록을 삽입 후 블록을 선택하면 그립이 보인다. 화살표 반전 그립을 클릭하면 방향이 좌우로 변화가 된다.

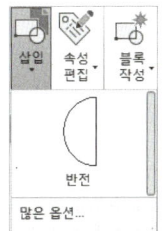 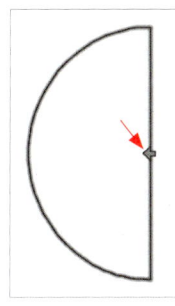 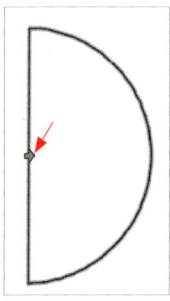

◘ 가시성을 적용한 동적 블록 작성하기

세면대 동적 블록을 작성하는데 가시성 매개변수를 사용하여 세면대 평면, 정면, 측면이 바뀌면서 보이도록 설정한다. 또한 정렬 매개변수를 설정하여 기존 도면 객체에 자동으로 방향이 정렬되도록 해본다.

01 예제 파일을 불러온다. '세면대.dwg' 파일은 세면대의 평면, 정면, 측면 블록 3개가 저장된 도면이다. [삽입] 탭-[블록] 패널-[블록 편집기]를 클릭하고 [블록 정의 편집] 대화상자에 [작성하거나 편집할 블록]으로 [세면대]를 입력하고 [확인] 버튼을 클릭한다.

- 예제 파일 : Chapter14₩세면대.dwg
- 가시성을 적용한 동적 블록 작성하기

 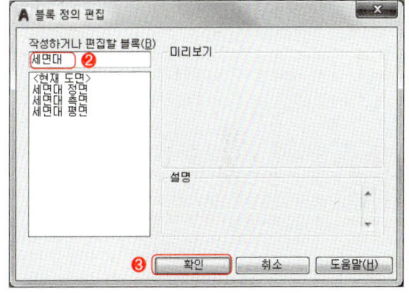

02 [삽입] 탭-[블록] 패널-[삽입] 확장-[세면대 평면]을 선택하고 임의의 지점을 클릭하여 블록 편집기 안에 배치한다.

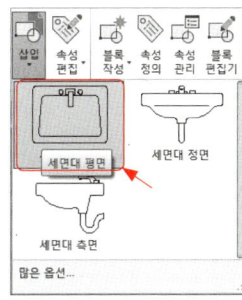 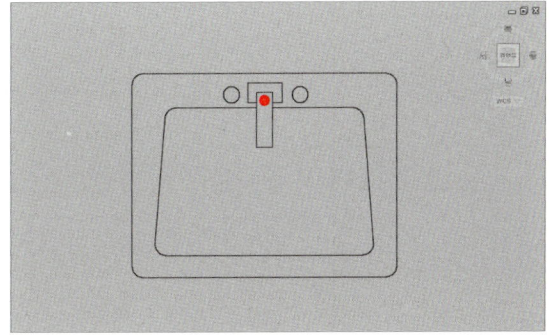

03 [삽입] 탭-[블록] 패널-[삽입] 확장-[세면대 정면]을 선택하고 세면대 평면 블록의 삽입점을 기준점으로 하여 겹치게 배치한다.

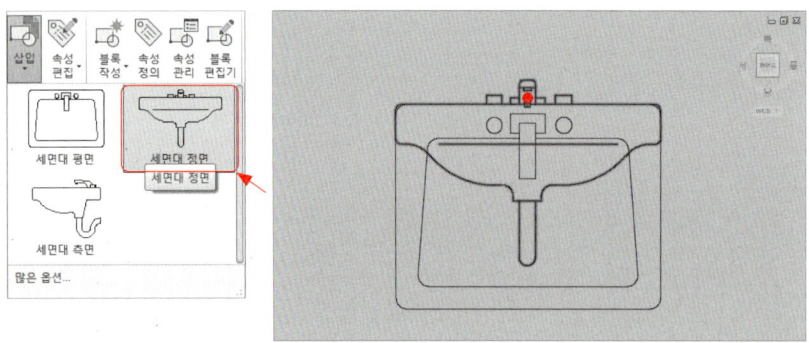

04 [삽입] 탭-[블록] 패널-[삽입] 확장-[세면대 측면]을 선택하고 세면대 평면 블록의 삽입점을 기준점으로 하여 겹치게 배치한다.

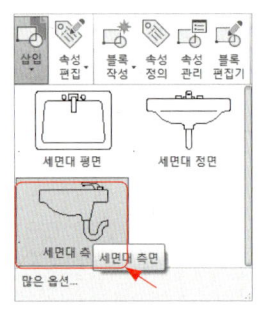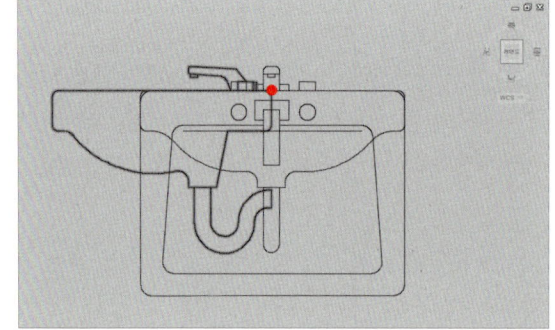

05 블록 제작 팔레트에서 [기준점] 매개변수를 클릭하고 평면도의 삽입점을 클릭한다.

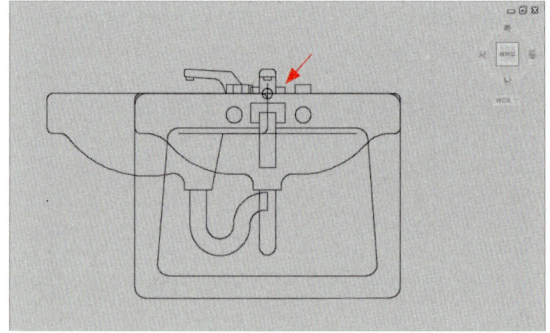

06 블록 제작 팔레트에서 [점] 매개변수를 평면도의 삽입점을 클릭한다.

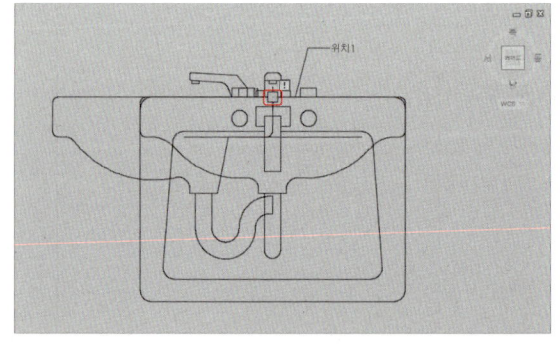

07 블록 제작 팔레트에서 [이동] 동작을 클릭하고 점 매개변수를 선택한다.

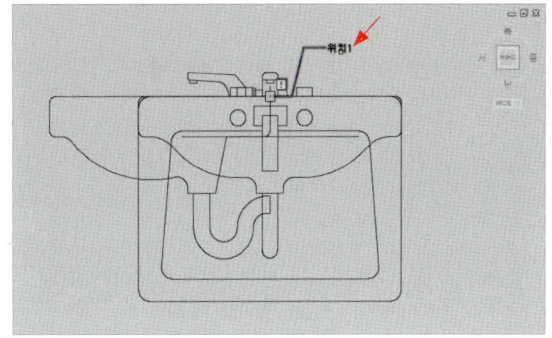

08 선택 세트로 모든 객체와 매개변수를 선택하고 Space Bar 를 누른다. 이동 동작 아이콘이 보인다.

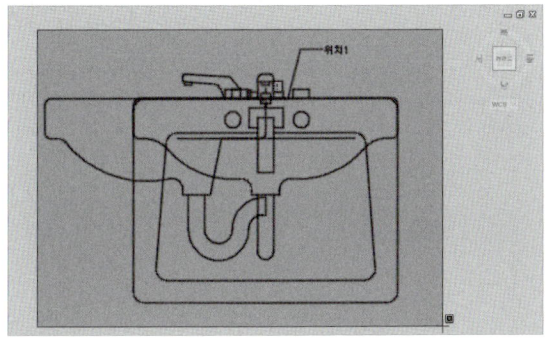 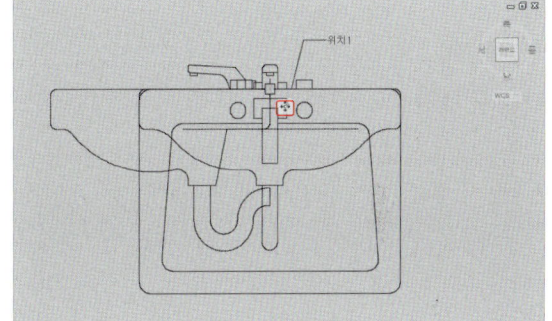

09 블록 제작 팔레트에서 [가시성] 매개변수를 클릭하고 객체 위에 임의의 지점을 클릭한다.

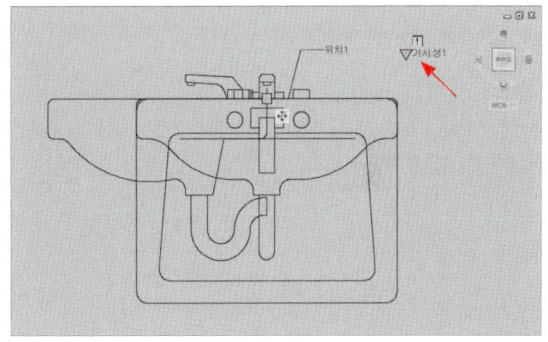

10 [가시성] 매개변수를 더블클릭한다. [가시성 상태] 대화상자의 [이름 바꾸기]를 클릭하고 평면을 입력한다.

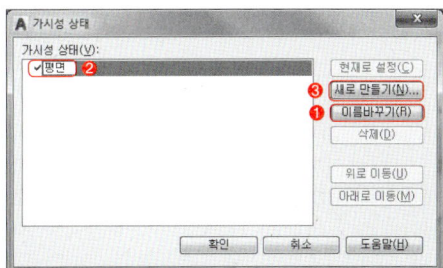

11 [새로 만들기] 버튼을 클릭하고 [새 가시성 상태] 대화상자에서 가시성 상태 이름을 [정면]으로 입력하고 [확인] 버튼을 클릭한다.

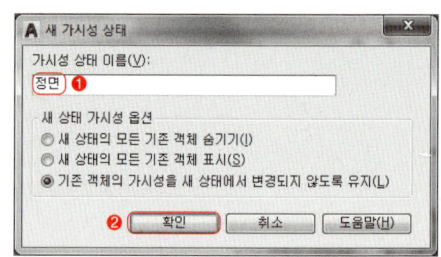

12 다시 한 번 [새로 만들기] 버튼을 클릭하고 [새 가시성 상태] 대화상자에서 가시성 상태 이름을 [측면]으로 입력하고 [확인] 버튼을 클릭한다.

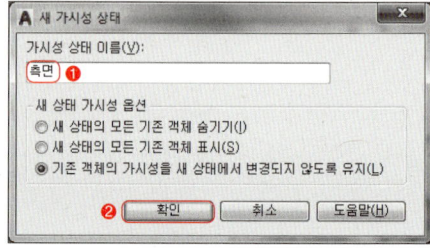

13 [가시성 상태] 대화상자에서 [평면]을 더블클릭하고 현재로 설정 후 [확인] 버튼을 클릭한다.

14 [블록 편집기] 탭-[가시성] 패널-[숨김]을 클릭하고 정면과 측면을 선택하고 Space Bar 를 누른다.

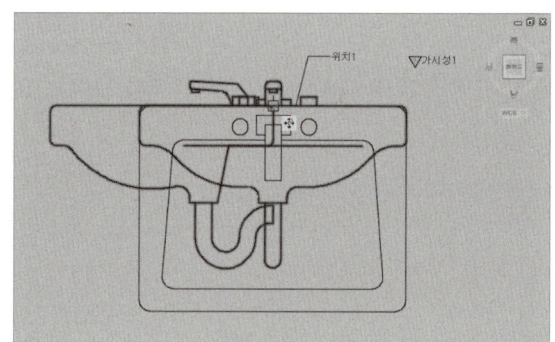

15 [블록 편집기] 탭-[가시성] 패널-[가시성 상태] 리스트에서 [정면]을 클릭한다. [블록 편집기] 탭-[가시성] 패널-[숨김]을 클릭하고 평면과 측면을 선택하고 Space Bar 를 누른다.

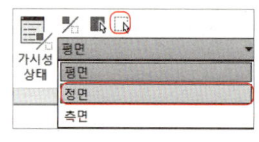

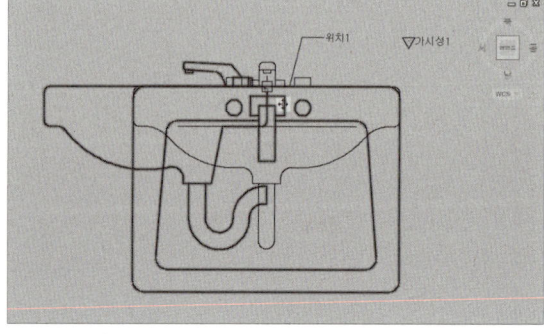

16 [블록 편집기] 탭-[가시성] 패널-[가시성 상태] 리스트에서 [측면]을 클릭한다. [블록 편집기] 탭-[가시성] 패널-[숨김]을 클릭하고 평면과 정면을 선택하고 Space Bar 를 누른다.

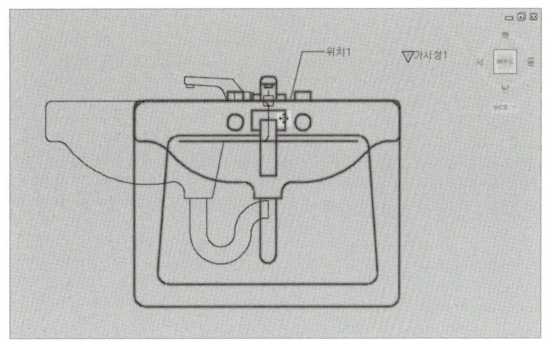

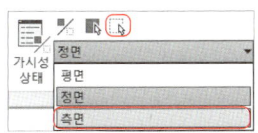

17 [이동] 동작 아이콘에 마우스를 대고 오른쪽 버튼을 클릭한 후 바로 가기 메뉴에서 [동작 선택 세트]-[선택 세트 수정]을 클릭한다.

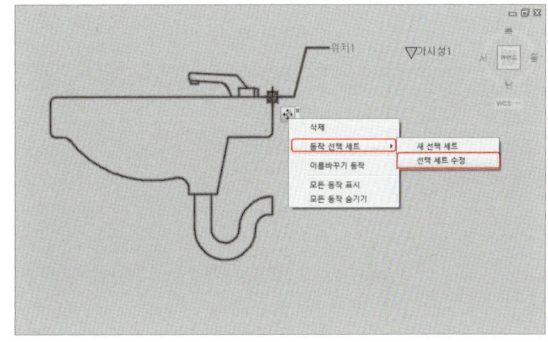

18 동작 세트에 추가할 객체로 [가시성] 매개변수를 클릭하고 Space Bar 를 누른다.

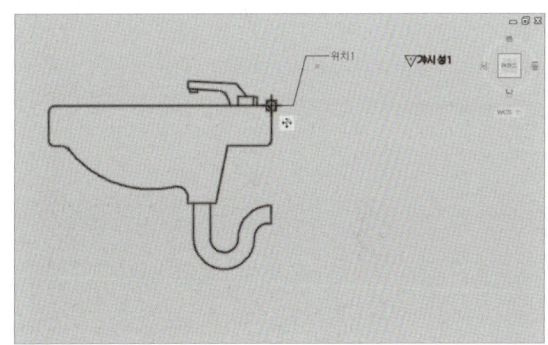

19 블록 동작을 확인하기 위해 [블록 편집기] 탭-[열기/저장] 패널-[블록 테스트]를 클릭한다. [블록 테스트 윈도우-세면대] 창이 새롭게 보인다. 객체가 작으므로 마우스 휠 버튼을 더블클릭하여 줌범위를 한다.

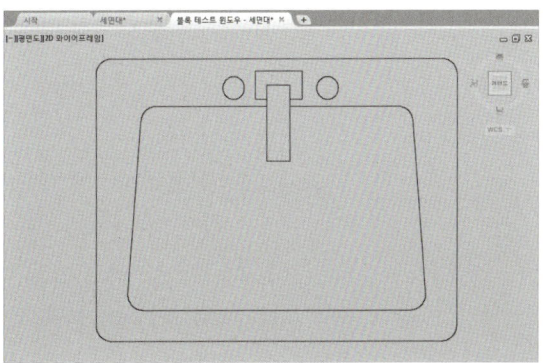

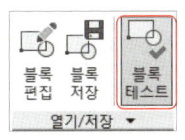

20 세면대를 클릭하면 오른쪽 상단에 가시성 그립이 보인다. 가시성 그립을 클릭하여 평면, 정면, 측면 뷰를 확인한다.

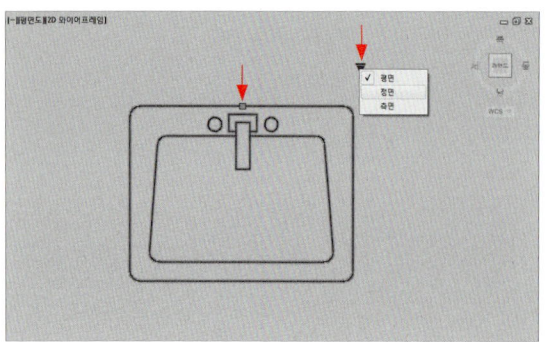 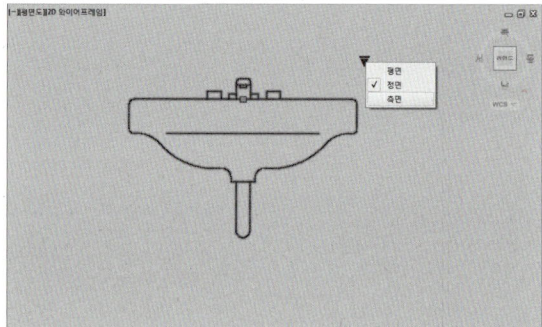

21 확인이 끝났으면 [블록 테스트 윈도우-세면대] 파일 탭 옆의 [닫기] 버튼을 클릭하고 블록 테스트 윈도우 창을 닫는다.

22 리본의 [블록 편집기 닫기]를 클릭하고 [변경 사항을 세면대에 저장]을 클릭한다.

 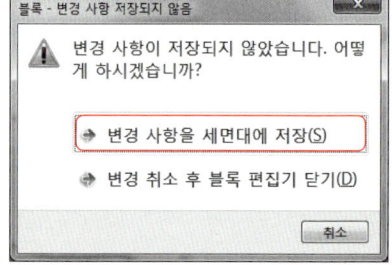

23 [삽입] 탭-[블록] 패널-[삽입] 확장-[세면대] 블록이 새로 생성되었다.

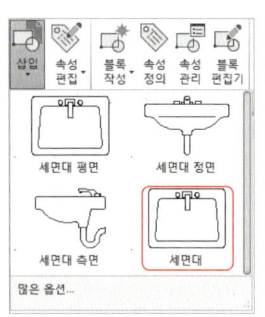 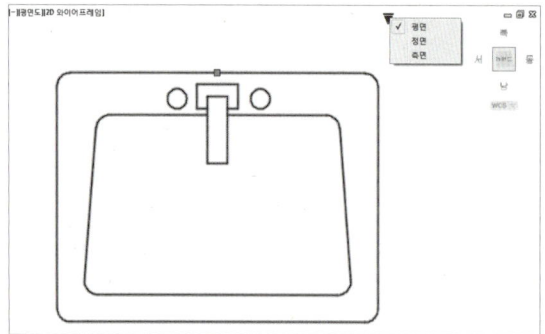

24 명령행에 삽입 명령의 단축키 'I'를 입력하고 [삽입] 대화상자를 연다. 미리보기 이미지에 보면 번개 모양 아이콘 (⚡)이 생성되어 있다. 동적 블록은 블록과 달리 번개 모양의 아이콘이 미리보기에 보여진다.

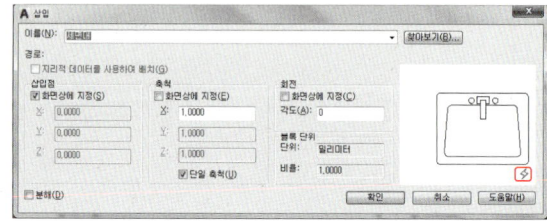

◪ 문 동적 블록 작성하기

01 예제 파일을 불러온다.

- 예제 파일 : Chapter14₩문 동적 블록.dwg

▶ 문 동적 블록 작성하기

02 명령행에 블록 정의 단축키 'B'를 입력하고 Space Bar 를 누른다. [블록 정의] 대화상자가 나타나면 이름은 [문], 객체는 오른쪽 상단의 문 객체(❸)를 선택하고, 기준점은 선택점을 클릭하고 이미지처럼 왼쪽 아래 끝점(❺)을 지정, 블록으로 변환 설정, 블록 편집기에서 열기에 체크하고 [확인] 버튼을 클릭한다.

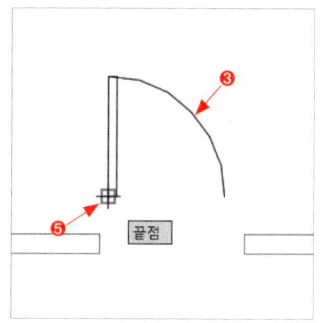 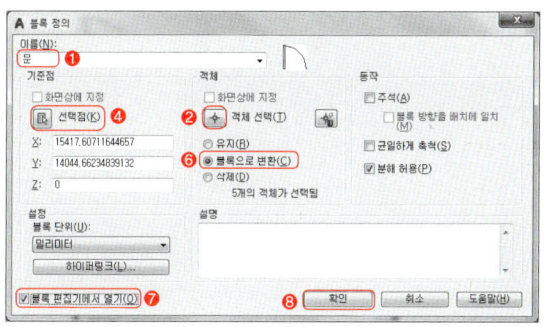

03 블록 제작 팔레트에서 [선형] 매개변수를 선택하고 시작점으로 문의 왼쪽 아래 끝점(❶), 끝점으로 문의 오른쪽 아래 끝점(❷)을 클릭하고, 임의의 지점을 클릭하여 [선형] 매개변수를 배치한다.

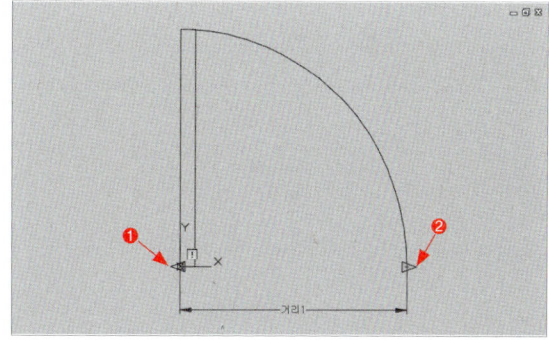

04 문이 좌우 모두 열릴 수 있도록 반전 매개변수를 설정해본다. 블록 제작 팔레트에서 [반전] 매개변수를 클릭하고 반사선의 기준점을 Shift +마우스 오른쪽 버튼 클릭 후 바로 가기 메뉴에서 [2점 사이의 중간]을 선택하여 문 양쪽 끝점을 클릭한다. 직교 모드로 위로 드래그하고 클릭하여 레이블을 그립 부근에 배치한다.

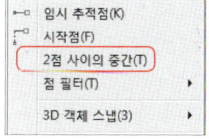 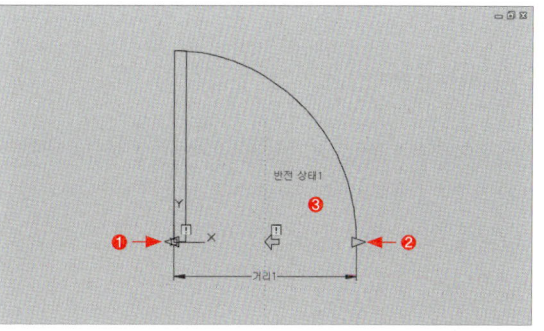

Chapter 14_컨텐츠 재사용　433

05 문을 벽체에 정렬하기 위해 블록 제작 팔레트에서 [정렬] 매개변수를 클릭한다. 정렬 기준점으로 문의 왼쪽 아래 끝점(❶)을 클릭하고 정렬 방향을 왼쪽으로 수평 방향으로 임의의 지점(❷)을 클릭한다.

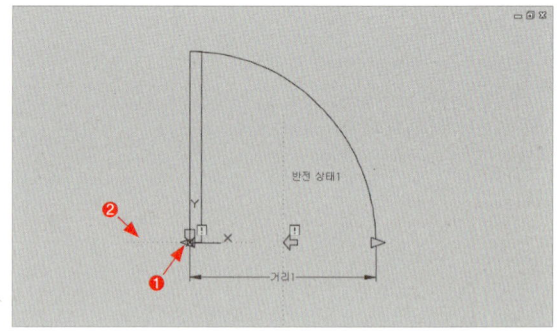

06 문 크기 설정을 위해 [거리1] 매개변수를 클릭한다. 마우스 오른쪽 버튼을 클릭한 후 바로 가기 메뉴에서 [특성]을 클릭하여 특성 팔레트를 연다. 값 세트와 기타 그립 수 지정 부분을 이미지를 참조하여 설정한다. 이 설정으로 문 폭은 50만큼 늘어나되 600에서 900까지 폭으로 제한이 된다. 특성 팔레트 설정이 끝났으면 Esc 를 눌러 선택을 해제한다.

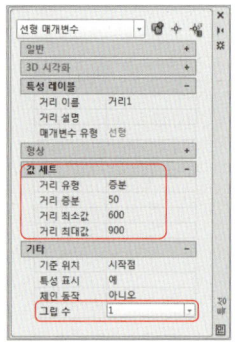 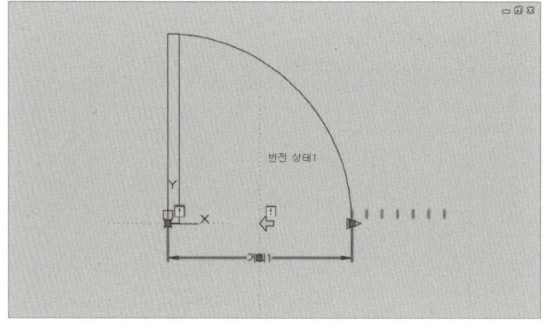

07 블록 제작 팔레트에서 [축척] 동작을 클릭하고 [거리1] 매개변수를 선택한다. 동작을 위한 선택 세트로 호와 [반전 상태1] 매개변수를 선택하고 Space Bar 를 누른다. 축척 동작 아이콘이 보인다.

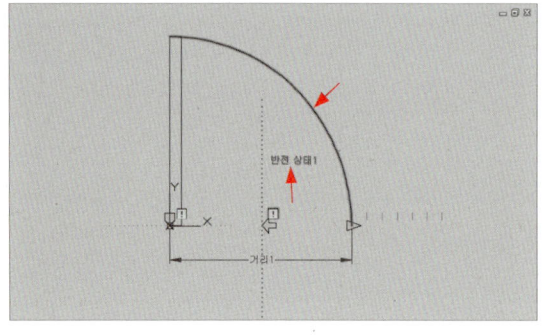 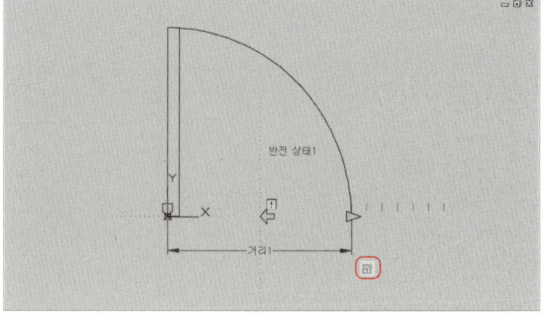

08 블록 제작 팔레트에서 [신축] 동작을 클릭하고 [거리1] 매개변수를 선택한다. 동작과 연관할 매개변수 점으로 문의 오른쪽 아래 끝점을 클릭한다. 신축 프레임으로 상단 부분을 걸침 선택 방법으로 범위를 지정한다.

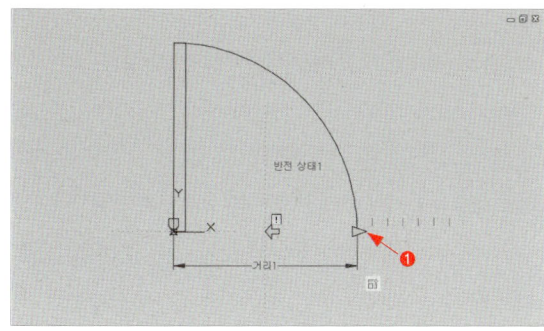 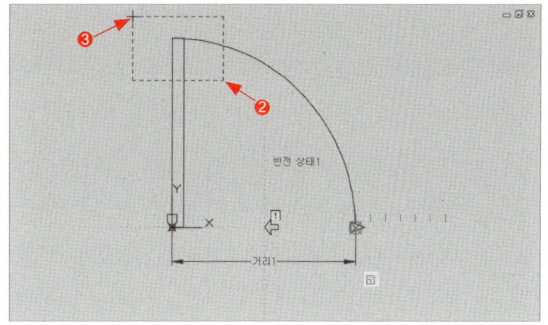

09 신축할 객체로 프레임안에 있는 수평선과 2개 수직선을 선택하고 Space Bar 를 누른다. 축척 동작 아이콘 옆에 신축 동작 아이콘이 보인다.

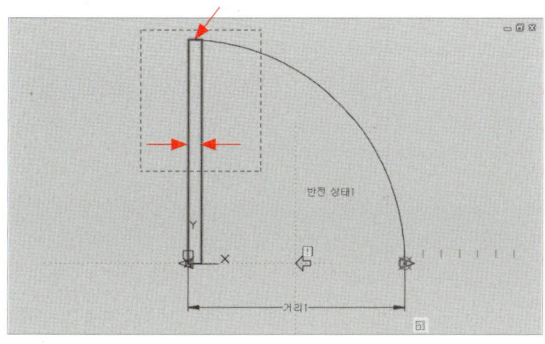 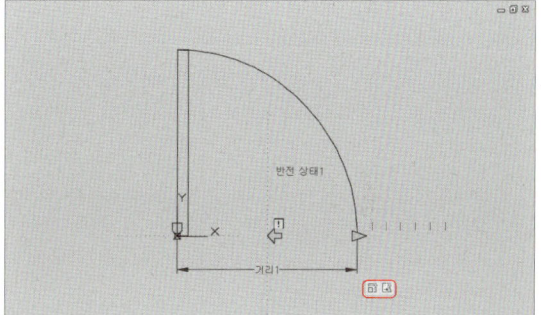

10 신축 동작 아이콘을 클릭하고 특성 팔레트에서 [재지정]-[각도 간격띄우기]에 90을 입력하고 Enter 를 누른다. 이것은 선형 매개변수를 동적으로 편집할 때에 신축은 90도 방향을 행한다는 뜻이다. 특성 팔레트 설정이 끝났으면 Esc 를 눌러 선택을 해제한다.

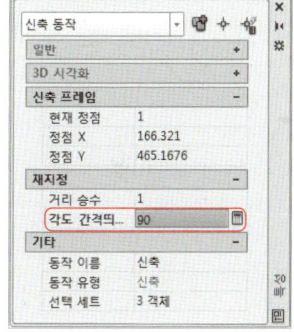

11 [블록 편집기] 탭-[관리] 패널-대화상자 확장기 화살표를 클릭한다. [블록 편집기 설정] 대화상자에서 가장 아래 [동작 막대 표시]를 체크 해제 후 [확인] 버튼을 클릭한다. 축척과 신축 동작 아이콘이 번개 모양(⚡)으로 바뀐다.

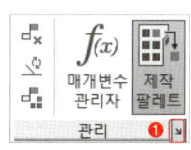 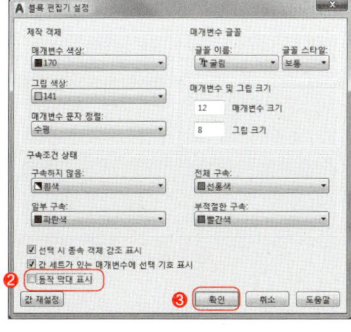 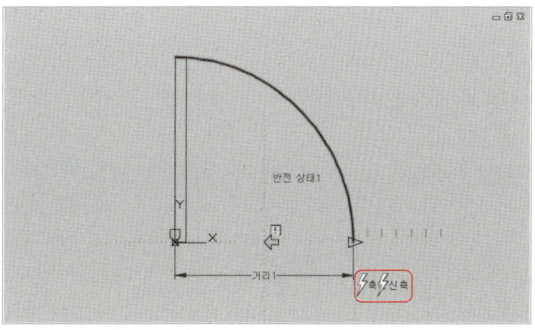

12 블록 제작 팔레트에서 [반전] 동작을 클릭하고 [반전 상태1] 매개변수를 선택한 후 Space Bar 를 누른다. 선택 세트로 모든 객체, 동작, 매개변수가 선택되도록 걸침 선택 옵션을 사용하여 선택하고 Space Bar 를 누른다.

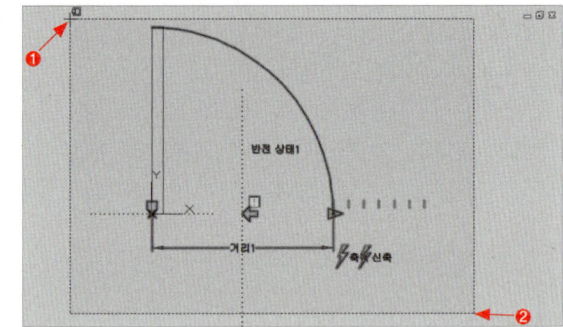

13 동작 위치로 [반전 상태1] 매개변수 위에 임의의 지점을 클릭한다.

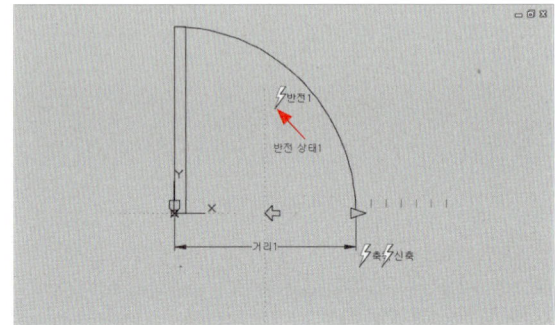

14 동작 막대를 원래대로 되돌린다. [블록 편집기] 탭–[관리] 패널–대화상자 확장기 화살표를 클릭한다. [블록 편집기 설정] 대화상자에서 가장 아래 [동작 막대 표시]를 체크 후 [확인] 버튼을 클릭한다.

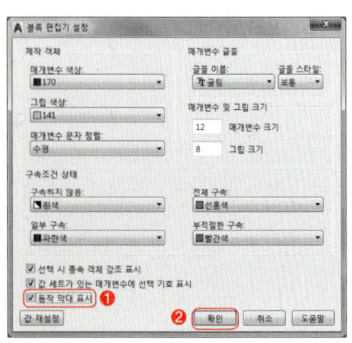 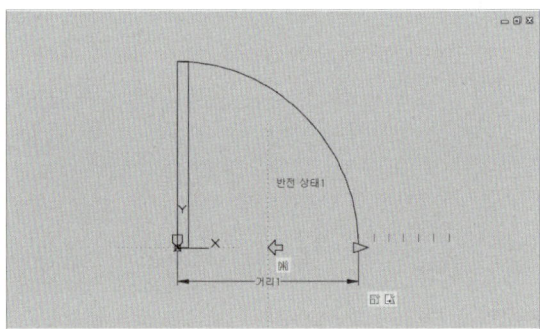

TIP 동작막대는 선택세트에 포함이 안된다. [반전] 동작 등 동작을 추가할 때에 다른 동작을 선택세트에 포함 하려면 동작막대 표시를 체크해제 해야 한다.

15 [블록 편집기] 탭–[닫기] 패널–[블록 편집기 닫기]를 클릭하고 [변경 사항 저장]을 선택한다.

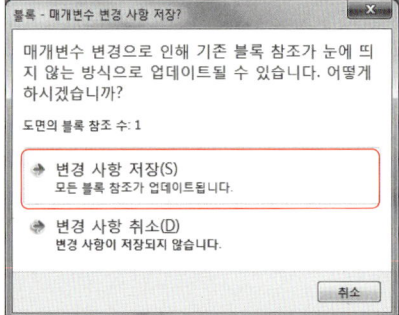

16 문을 선택하고 [정렬] 매개변수 그립을 클릭한다. 그림처럼 벽 위치에 커서를 갖다대면 문이 벽에 맞춰 정렬된다. 임의의 지점을 클릭하고 문을 배치한다.

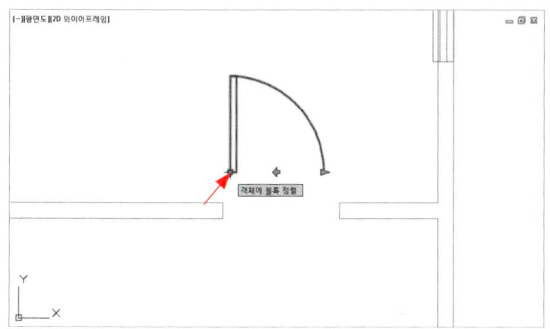 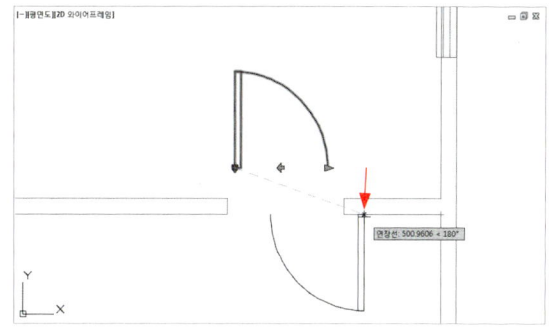

17 벽의 끝점을 클릭하면 문이 다른 방향으로 정렬이 되므로 벽의 수평선을 따라 배치를 하고 끝점으로 이동을 한다. 이동할 때는 객체 클릭한 상태에서 오른쪽 버튼 클릭 후 바로 가기 메뉴에서 [이동]을 클릭하여 실행하면 편리하다.

18 선형 매개변수 그립을 클릭하고 폭 750까지 신축을 한다.

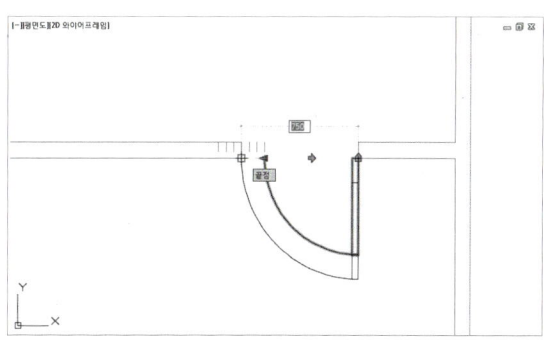

19 반전 매개변수 그립을 클릭하고 문 열린 방향을 변경한다.

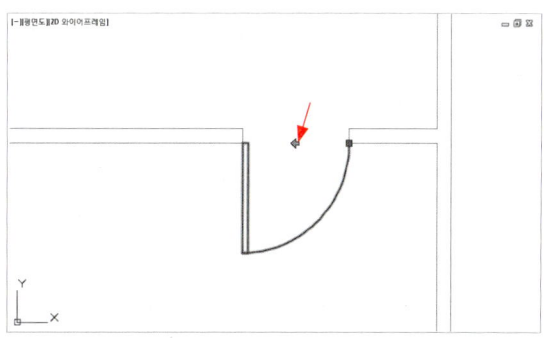

20 블록을 삽입하거나 기존 문 블록을 복사하여 개구부에 문 블록을 배치한다.

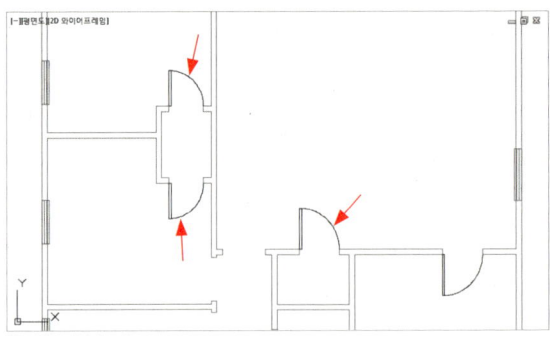

03 블록 속성

블록 속성은 블록에 포함된 문자 정보이다. 블록에 부품 번호, 형식, 가격, 소유자 등 정보를 자유롭게 입력할 수 있다. 속성은 도면에 표시하거나 숨기기도 할 수 있으며 외부 파일로 내보내기도 가능하여 부품 리스트나 가격표를 작성할 수 있다. 속성값은 블록을 삽입할 때 지정하면 된다.

> ▶ **실행 방법**
> • 리본 : [삽입] 탭-[블록 정의] 패널-속성 정의 아이콘( )
> • 메뉴 : [그리기(D)]-[블록(K)]-[속성 정의(D)]
> • 명령 입력 : ATTDEF
> • 단축키 : ATT

✿ 속성 정의하기

01 예제 파일을 불러온 후 명령행에 'ATT'를 입력하고 [속성 정의] 대화상자를 연다. 속성 이름, 삽입 시 표시될 프롬프트, 기본값을 입력하고 문자 스타일 및 높이를 이미지를 참조하여 지정한다. 도면상에 속성 표시 위치를 지정하려면 [삽입점] 영역의 [화면상에 지정]을 체크하고 [확인] 버튼을 클릭합니다.

■ 예제 파일 : Chapter14₩컴퓨터.dwg

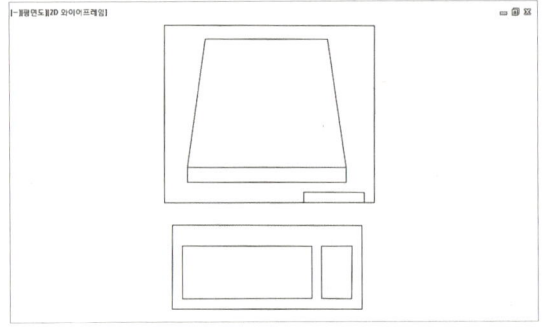

▶ 속성 정의하기

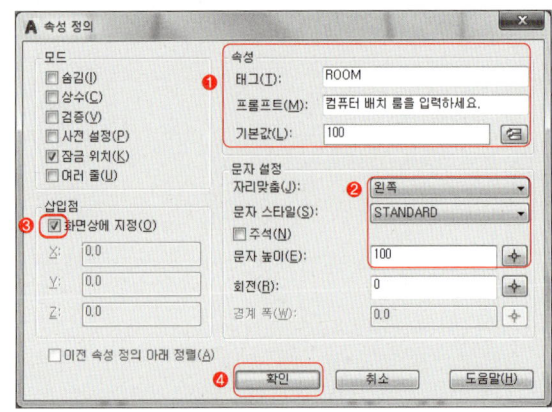

02 아래 [속성 정의] 창을 참조해서 총 3번에 걸쳐 속성을 모두 정리한다. 주의 사항은 태그명에는 공백이 있으면 안된다.

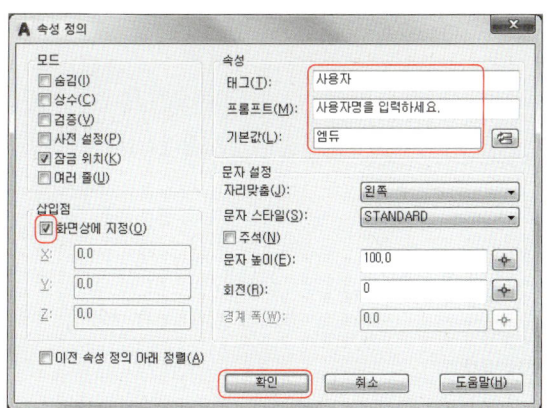 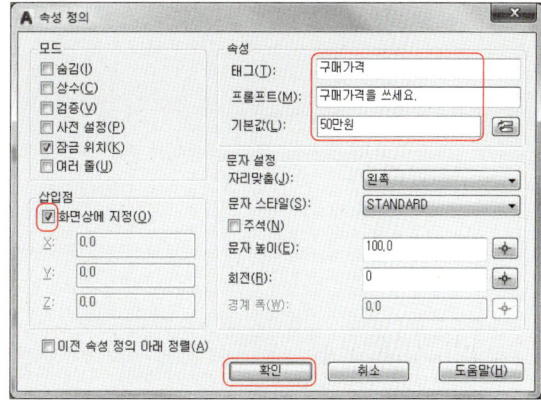

03 속성 정의한 3개 문자가 서로 간격이 다르고 위치도 다르다. 따라서 정렬을 시키기 위해 [주석] 탭-[문자 패널]-[문자 정렬]을 클릭한다.

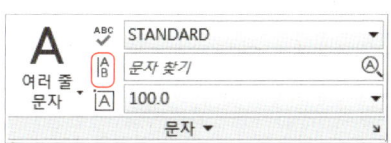

04 정렬할 3개 문자를 선택하고 Space Bar 를 누른다.

05 [점(P)]에 맞추어 정렬할 문자로 가장 왼쪽에 있는 'ROOM'을 선택하고 마우스 오른쪽 버튼 클릭 후 바로 가기 메뉴에서 [옵션(O)]을 선택한다.

Chapter 14_컨텐츠 재사용 439

06 옵션 중 [분산(D)]을 클릭하거나 'D'를 입력하여 분산 옵션을 실행한다.

07 [F8] 직교 모드를 켠 후 두 번째 점을 알맞은 곳에 클릭한다.

08 명령행에 'B'를 입력하고 [Space Bar]를 누른다. 작성한 객체와 속성을 모두 포함하여 블록을 만든다. 이 때, 속성 태그와 겹치지 않도록 블록 이름을 생성한다. 이름은 컴퓨터, 기준점은 컴퓨터 하단의 왼쪽 끝점을 지정, 블록으로 변환, 블록 편집기에서 열기는 체크 해제 후 [확인] 버튼을 클릭한다.

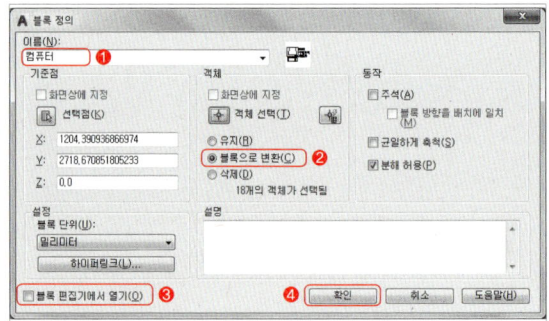

09 [속성 편집] 대화상자에서 사용자명, 구매가격, 배치룸을 입력한다.

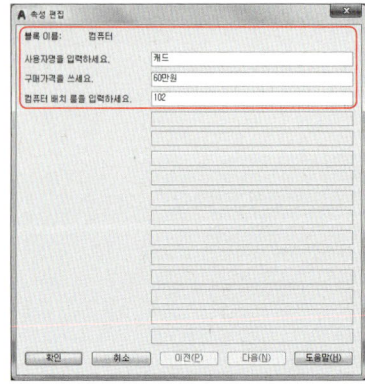

10 블록을 더블클릭하면 [고급 속성 편집기] 대화상자가 보인다. 여기서 수정할 값을 선택하고 하단의 값란에 수정할 값을 입력 후 [확인] 버튼을 클릭한다.

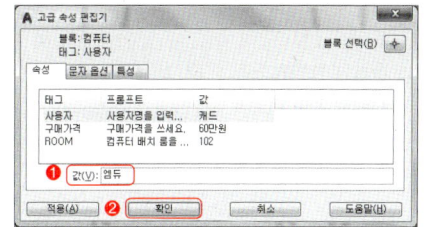

11 3개의 컴퓨터 블록을 각각 다른 값으로 삽입한다. [삽입] 탭–[블록 패널]–[삽입] 확장–[컴퓨터] 블록을 선택하고 임의 지점을 클릭하면 [속성 편집] 대화상자가 보이며 각각 다른 값을 입력한 후 [확인] 버튼을 클릭한다.

Chapter 15 동작 레코더

동작 레코더 기능을 사용하면 작성과 편집 작업들을 기록하고 재생할 수 있다. 버튼을 클릭하여 재생하면 반복된 명령 작업들을 쉽게 수행할 수 있다.

01 동작 레코더

1-1. 동작 레코더 개요

동작 레코더는 동작 매크로를 기록, 수정 및 재생하기 위한 도구를 포함한다. 기록하는 동안 동작, 명령 및 입력 값이 캡처되어 동작 트리에 값 노드로 표시되고, 값 노드는 명령 내의 모든 프롬프트에 제공된 입력을 기록한다(획득한 점, 문자열, 숫자, 키워드 또는 명령을 기록할 때 입력된 기타 값 포함).

기록이 정지되면 캡처된 명령과 입력을 동작 매크로(ACTM) 파일에 저장하고 나중에 해당 파일을 재생할 수 있다. 동작 매크로를 저장한 뒤 기준점을 지정하거나, 사용자 메시지를 삽입하거나, 기록된 입력 값의 동작을 변경하여 재생 중 일시 중지하고 입력을 요청하도록 할 수 있다. 또한 제품 내에서 동작 매크로 관리자를 사용하거나 제품 외부에서 파일 시스템을 통해 기록된 동작 파일을 관리할 수 있다.

> **▶ 실행 방법**
> - 리본 : [관리] 탭-[동작 레코더] 패널
> - 메뉴 : [도구(T)]-[동작 레코더(T)]

◆ [동작 레코더] 패널 ◆

❶ 기록 : 동작 매크로를 작성하여 수행한 명령들의 기록을 시작한다.
❷ 메시지 삽입 : 매크로 기록을 시작한 후에 문자 메시지를 삽입할 수 있다. 또한 문자 메시지는 작성이 끝난 매크로에 삽입할 수도 있다.
❸ 재생 : 선택된 동작 매크로를 재생한다.
❹ 기본 설정 : [동작 레코더 기본 설정] 대화상자를 표시한다. 동작 매크로를 재생하거나 기록할 때, 동작 레코더 패널의 확장 표시나 기록을 [정지]했을 때 매크로 이름과 설명을 입력하기 위한 [동작 매크로] 대화상자 표시를 어떻게 할지를 설정한다.
❺ 동작 매크로 관리 : [동작 매크로 관리자]가 표시되고 정의된 동작 매크로 리스트가 보인다.
❻ 사용자 입력을 위해 일시 중지 : 동작 매크로에 사용자 입력 요청을 삽입한다.

❼ 동작 트리 : 동작 레코더 패널을 확장하면 동작 트리가 표시되고 매크로 안에서 행해진 조작들을 표시한다.
❽ 동작 노드 아이콘 : 동작 트리에서는 각 동작의 항목 앞에 기록된 조작에 따라 다른 아이콘이 표시된다. 아이콘 리스트와 설명은 AutoCAD 도움말을 참조한다.

1-2. 동작 매크로 작성과 사용

동작 레코더의 [기록] 버튼을 사용하여 동작 매크로 작성을 시작한다. 동작 매크로 기록 중에 명령을 실행하여 값을 입력하거나 객체를 선택할 수 있다. 명령 외에 리본 패널, 특성 팔레트, 도면층 특성 관리자, 도구 팔레트를 이용한 동작을 기록할 수 있다.

다만, 대화상자의 설정 내용은 기록이 안되므로 대화상자 설정은 사전에 필요 내용을 입력해둔다.

▶ 실행 방법

- **리본** : [관리] 탭–[동작 레코더] 패널–기록 아이콘(○)/재생 아이콘(▷)
- **마우스 오른쪽 바로 가기 메뉴** : [동작 레코더]–[녹화]/[재생]
- **메뉴** : [도구(T)]–[동작 레코더(T)]–[녹화(R)]/[재생]
- **명령 입력** : ACTRECORD

동작 매크로 파일 저장 위치

기록된 각 동작 매크로는 확장자 '.ACTM'이 붙여지고 [동작 기록 파일 위치]에 파일로 저장된다. 파일 위치는 [옵션] 대화상자의 [파일] 탭에서 [동작 레코더 설정] 안에 있다.

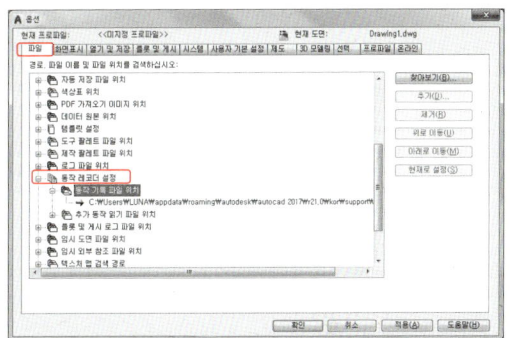

동작 매크로 공유

작성한 동작 매크로는 [동작 기록 파일 위치] 옵션 대화상자에 표시된 장소에서 파일을 선택하여 다른 사용자의 해당 파일 저장 위치에 복사하면 공유가 된다. 또한, 동작 매크로를 네트워크상의 장소로 복사하고 그 장소를 [추가 동작 읽기 파일 위치]의 하나로 지정하면 여러 사용자가 같은 동작 매크로를 이용할 수 있다.

동작 매크로를 공유할 때 ACTM 파일 또는 저장된 폴더를 잠금하여 동작 매크로가 덮어쓰기가 되지 않도록 할 수 있다. Windows Explorer를 사용하여 파일과 폴더의 속성을 읽기 전용으로 설정하면 공유하고 있는 동작 매크로 파일은 내용 변경을 할 수 없게 된다.

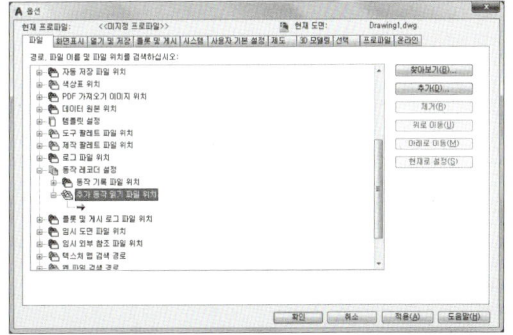

1-3. 동작 매크로 편집

동작 매크로 편집은 [동작 트리]에서 실행할 수 있다. 동작 항목을 클릭하고 마우스 오른쪽 버튼 클릭 후 바로가기 메뉴에서 선택한 동작에 따른 내용이 표시된다. 동작 항목은 개별로 선택하여 편집하며 매크로 기록 중에는 [동작 트리]내의 바로 가기 메뉴는 사용할 수 없다.

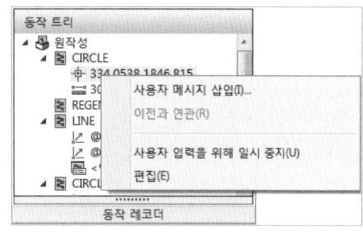 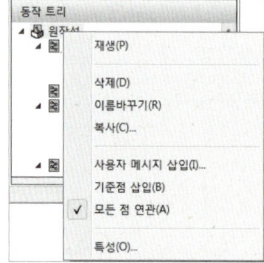 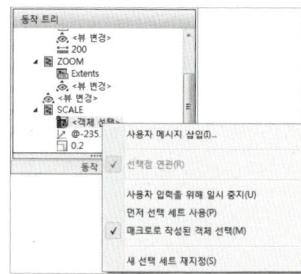

◆ **명령 옵션 설명** ◆

- **재생** : 선택된 동작 매크로를 재생한다.
- **삭제** : 동작 레코더 리스트에서 매크로 또는 항목을 제거한다.
- **이름바꾸기** : [동작 매크로] 대화상자에서 매크로 이름을 변경한다.
- **복사** : 선택한 매크로를 복사하고 [동작 매크로] 대화상자에서 새로운 매크로로 이름을 붙여 저장한다. 새로운 매크로는 동작 레코더 리스트에 추가가 된다.
- **사용자 메시지 삽입** : 동작 트리에서 선택한 명령 또는 항목에 문자 메시지를 삽입한다.
- **기준점 삽입** : 동작 매크로 재생시에 사용자 정의를 요구하는 기준점을 동작 매크로에 삽입한다.
- **모든 점 연관** : 매크로 전체를 통해 상대 좌표값 입력을 하고 싶은 경우 동작 매크로 가장 위의 노드에 이 옵션을 설정한다. 이 옵션이 해제되면 좌표는 현재의 UCS 원점(0,0)을 기준으로 참조한다.
- **이전과 연관** : 동작 매크로내 항목마다 절대, 상대 입력을 구분 지을 때 항목 각각에 대하여 옵션을 설정한다. 이전에 입력된 점이 있을 때만 이 옵션을 사용할 수 있으며 이 옵션이 해제되면 좌표 점은 현재의 UCS 원점(0,0)을 기준으로 참조한다.
- **특성** : [동작 매크로] 대화상자가 표시되고 매크로 특성을 편집한다.
- **사용자 입력을 위해 일시 중지** : 이 옵션이 설정되면 매크로 재생시에 좌표와 값 등을 입력할 수 있게 된다.
- **먼저 선택 세트 사용** : 동작 매크로를 시작하기 이전에 선택한 객체를 사용한다.
- **매크로로 작성된 객체 선택** : 동작 매크로를 시작한 이후에 작성된 모든 객체를 선택한다.
- **새 선택 세트 재지정** : 매크로 안의 동작에 따라 영향을 받는 객체를 재선택 할 수 있다.

◎ 동작 매크로 작성하기

명령을 반복해서 실행하지 않고 동작을 녹화하여 재생으로 명령을 실행해 본다.

01 예제 파일을 불러온 후 [관리] 탭-[동작 레코더] 패널-[기록]을 클릭하고 명령행에 '-style'을 입력하고 Space Bar 를 누른다. 차례대로 다음 설정을 참조하여 명령을 실행한다.

- 예제 파일 : Chapter15₩매크로 작성.dwg
- 동작 매크로 작성하기

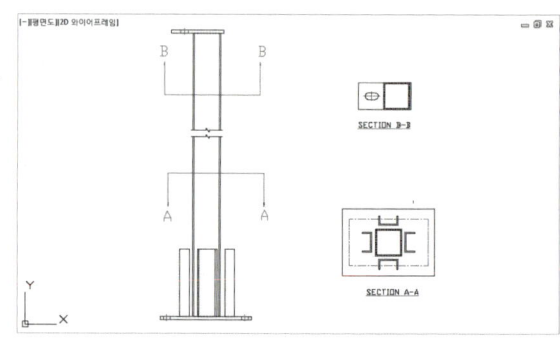

```
명령 : -STYLE Space Bar
STYLE 문자 스타일의 이름 또는 [?] 입력 〈Standard〉 : annotative Enter  [annotative 입력]
새 스타일.
글꼴 이름 또는 글꼴 파일 이름 지정(SHX) 〈txt〉 : arial Enter   [글꼴로 arial 입력]
문자 높이 지정 또는 [주석(A)] 〈0〉 : A Enter   [주석 선택]
주석 문자 스타일 작성 [예(Y)/아니오(N)] 〈예〉 : Y Enter   ['예'선택]
배치에 문자 방향 일치? [예(Y)/아니오(N)] 〈아니오〉 : N Enter   ['아니오'선택]
문자 높이 지정 또는 [주석(A)] 〈0〉 : 0 Enter   [높이는 0설정]
폭 비율 지정 〈1.0000〉 : 1 Enter   [폭 1로 설정]
기울기 각도 지정 〈0〉 : 0 Enter   [각도 0 설정]
문자를 거꾸로 표시하겠습니까? [예(Y)/아니오(N)] 〈아니오〉 : N Enter   ['아니오' 선택]
문자를 위아래로 뒤집어 표시하겠습니까? [예(Y)/아니오(N)] 〈아니오〉 : N Enter   ['아니오' 선택한 후 명령 종료]
이제 "annotative"이(가) 현재 문자 스타일임.
```

02 스타일 설정이 끝났으면 [관리] 탭–[동작 매크로] 패널–[정지]를 클릭하고 동작 매크로 이름을 "Arial"로 입력한 후 [확인] 버튼을 클릭한다.

03 다시 [관리] 탭–[동작 레코더] 패널–[기록]을 클릭하고 명령행에 'LA'을 입력하고 Space Bar 를 누른다. 도면층 특성 관리자에서 HIDDEN 도면층의 색상을 선홍색(6번)으로 수정하고 도면층 특성 관리자를 닫는다.

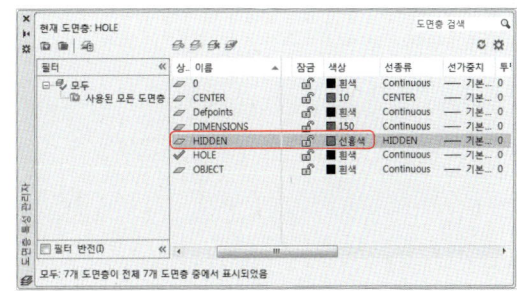

04 명령행에 "Arial"을 입력하고 Space Bar 를 누른다. [동작 매크로–재생 완료] 대화상자가 보이고 [닫기] 버튼을 클릭한다.

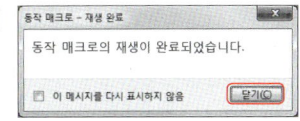

05 [관리] 탭–[동작 매크로] 패널–[정지]를 클릭하고 동작 매크로 이름을 "표준"으로 입력하고 [확인] 버튼을 클릭한다.

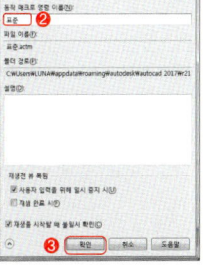

06 [관리] 탭–[동작 매크로] 패널에서 [표준]이 보이고 동작 레코더를 확장한다. [동작 트리]에서 [표준]을 클릭하고 마우스 오른쪽 버튼을 클릭한 후 바로 가기 메뉴에서 [사용자 메시지 삽입]을 클릭한다. 사용자 메시지 삽입의 빈 공란에 "이 매크로는 도면층 특성 관리자의 설정을 변경한다."로 입력하고 [확인] 버튼을 클릭한다. '매크로 작성.dwg' 파일은 도면 저장을 하지 않고 그대로 열어둔다.

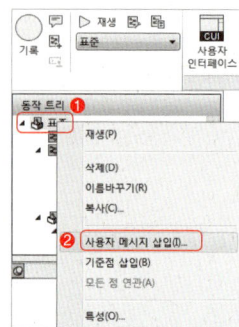
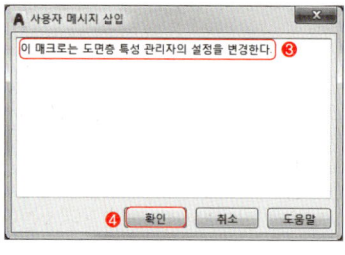

07 매크로 실행을 테스트하기 위해 '매크로 실행.dwg' 파일을 연다. [관리] 탭–[동작 매크로] 패널에서 [표준] 동작 매크로를 선택하고 [재생]을 클릭한다.

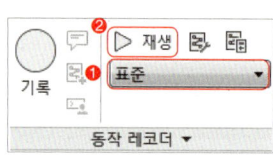
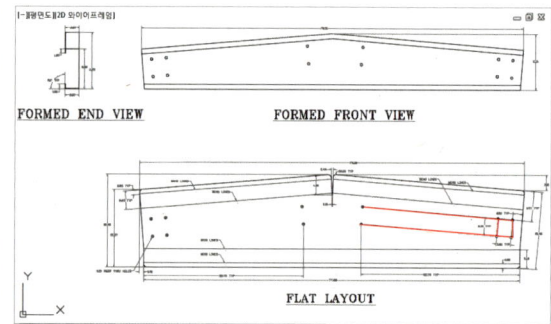

08 [동작 매크로–사용자 메시지] 대화상자가 보이면 [닫기] 버튼을 클릭하고, "동작 매크로의 재생이 완료되었습니다." 메시지 창이 보이면 [닫기] 버튼을 클릭한다.

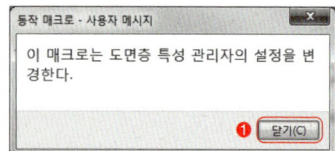
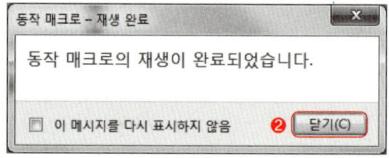

09 도면층 특성 관리자에서 HIDDEN 도면층의 색상이 선홍색으로 바뀐 걸 확인하고 닫는다. 도면층 설정이 변경되어 도면이 바뀐 걸 확인할 수 있다.

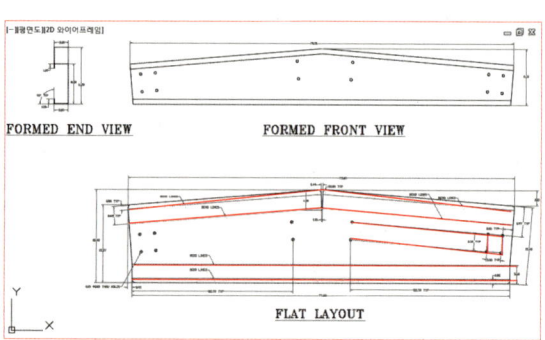

10 다시 매크로 '작성.dwg' 파일에서 [SECTION A-A]를 확대한다.

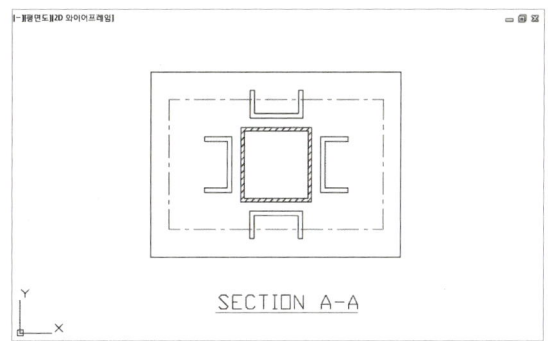

11 [관리] 탭-[동작 레코더] 패널-[기록]을 클릭하고 명령행에 'C'를 입력한 후 Space Bar 를 누른다. 원의 중심으로 바깥 직사각형의 교차점을 클릭한다. 지름 옵션을 선택하고 지름값을 0.5을 입력하고 Space Bar 를 누른다.

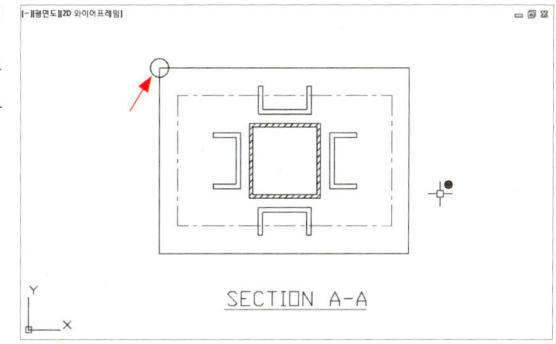

명령 : C Space Bar
원에 대한 중심점 지정 또는 [3점(3P)/2점(2P)/Ttr - 접선 접선 반지름(T)] : [교차점 클릭]
원의 반지름 지정 또는 [지름(D)] : D Space Bar [지름 옵션 선택]
원의 지름을 지정함 : 0.5 Space Bar [지름값 입력]

12 명령행에서 Space Bar 를 눌러 원 명령을 반복 실행하고 지름 0.625 원을 같은 중심점 위치에서 그린다.

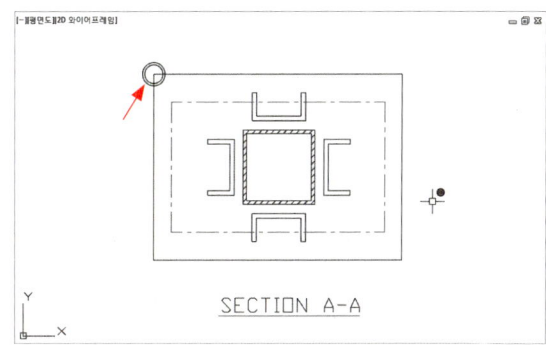

명령 : CIRCLE Space Bar [CIRCLE 명령 반복 실행]
원에 대한 중심점 지정 또는 [3점(3P)/2점(2P)/Ttr - 접선 접선 반지름(T)] : [동일한 교차점 클릭]
원의 반지름 지정 또는 [지름(D)] 〈1/4〉 : D [지름 옵션 선택]
원의 지름을 지정함 〈1/2〉 : 0.625 [지름값 입력]

13 두 번째 그린 원을 클릭하고 [홈] 탭-[도면층] 패널에서 도면층을 HIDDEN으로 선택해 변경한다. Esc 를 눌러 객체 선택을 해제한다.

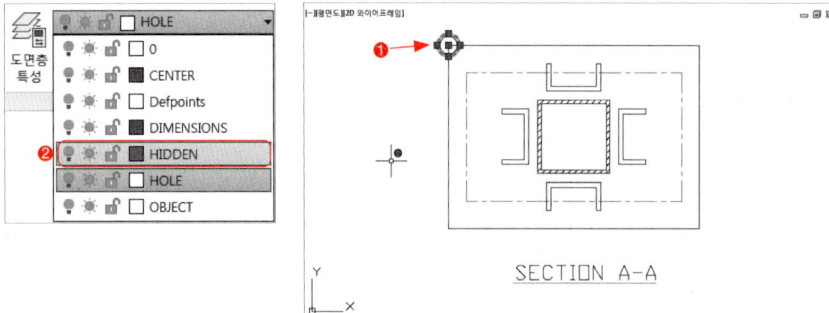

14 [관리] 탭-[동작 매크로] 패널-[정지]를 클릭하고 동작 매크로 이름 입력 상자에 '드릴'이라고 입력한 후 [확인] 버튼을 클릭한다.

15 동작 트리 [드릴]에서 처음의 절대좌표 점을 클릭하고 마우스 오른쪽 버튼을 클릭한다. 바로 가기 메뉴에서 [사용자 입력을 위해 일시 중지]를 클릭한다.

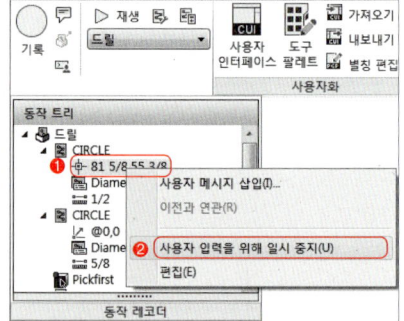

16 다음에 원의 상대좌표 점에 마우스 오른쪽 버튼을 클릭한다. 바로 가기 메뉴에서 [이전과 연관] 메뉴가 체크된 걸 확인한다.

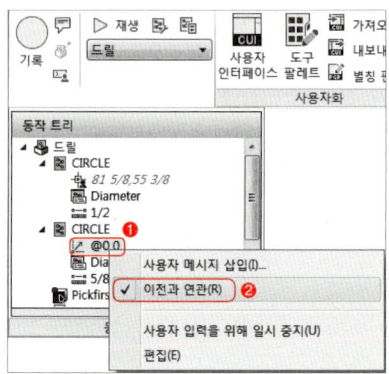

17 [관리] 탭-[동작 매크로] 패널에서 [드릴] 동작 매크로를 확인하고 [재생]을 클릭한다. 원의 중심점으로 직사각형의 오른쪽 교차점을 클릭한다. "동작 매크로의 재생이 완료되었습니다." 메시지 창이 보이면 [닫기] 버튼을 클릭한다.

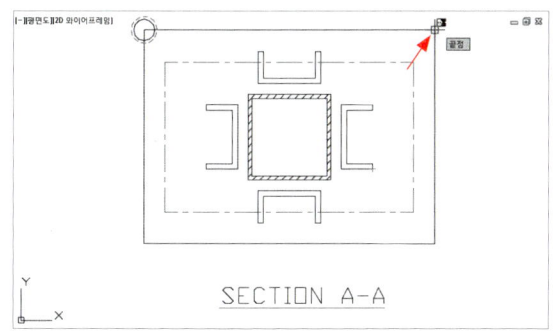
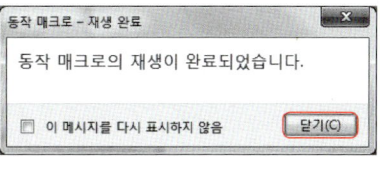

18 두 번째 드릴이 생성된 걸 확인할 수 있다. 나머지 2군데도 동작 매크로(드릴)를 재생해 원을 작성해본다.

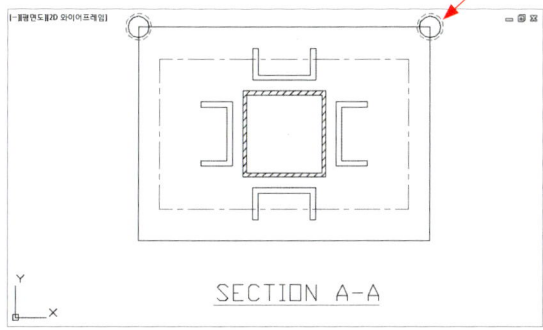
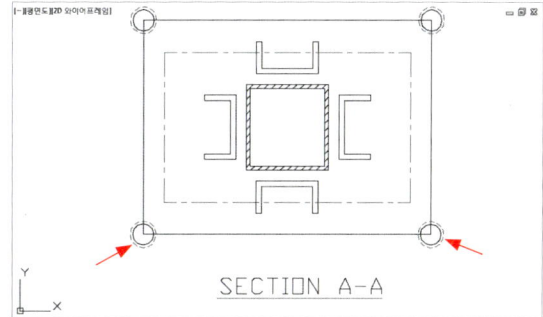

Chapter 16 외부 참조

ATTACH(부착) 명령을 사용하면 현재 도면에 다른 파일이나 이미지 파일을 부착할 수 있으며 원본 파일이 수정되면 참조한 도면 파일도 반영되어 파일간 공유가 가능하다. 외부 참조 부착으로 도면에 실제 삽입하지 않아 도면의 크기가 커지는 걸 방지할 수 있고 프로젝트 팀에서 설계를 진행할 때 팀 안에서 도면 정보를 공유할 필요가 있다면 외부 참조를 사용한다.

01 DWG 파일 참조

1-1. 외부 참조

ATTACH(부착) 명령을 사용하면 현재 도면에 다른 파일(DWG, DWF, PDF, DGN) 및 여러 이미지 파일(BMP, JPEG 등), 점 구름, 조정 모형 파일을 참조하여 부착할 수 있다. 참조에 사용된 원본 파일이 변경되면 현재 도면에도 반영되어 파일간 정보를 공유할 수 있게 된다. 참조 도면은 현재 도면에 링크되어 원본 도면이 변경되어도 업데이트를 통해 현재 도면에 반영되므로 쉽게 변경 부분을 인식할 수 있게 된다.

프로젝트가 끝나면 부착한 참조 도면은 현재 도면으로 결합시켜 하나의 도면으로 완성할 수도 있다.

> ▶ 실행 방법
> - 리본 : [삽입] 탭-[참조] 패널-부착 아이콘( )
> - 리본 : [뷰] 탭-[팔레트] 패널-외부 참조 팔레트 아이콘( )
> - 명령입력 : ATTACTH, EXTERNALREFERENCES
> - 메뉴 : [삽입(I)]-[DWG 참조(R)]
> - 단축키 : ER

◈ [외부 참조 부착] 대화상자 ◈

[삽입] 탭-[참조] 패널-[부착]을 클릭하면 [참조 파일 선택] 대화상자가 보인다. 파일 유형은 도면(*.dwg) 형식을 선택하고 해당 dwg 파일을 선택한 후 [열기] 버튼을 클릭한다.

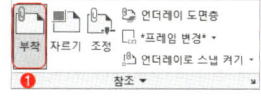
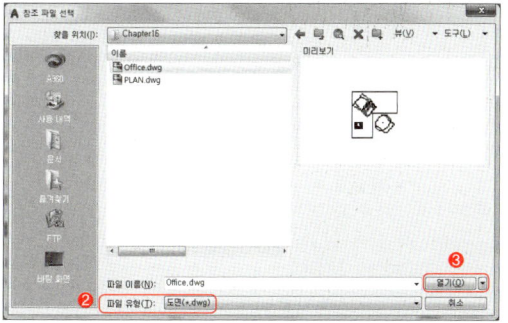

그러면, 아래처럼 [외부 참조 부착] 대화상자가 표시되고 경로 유형과 삽입할 때 동작들을 설정한다.

❶ 선택한 외부 참조 파일 이름이 표시된다. 미리보기 영역에는 참조 파일의 썸네일 뷰가 표시된다.
❷ 삽입시의 축척, 삽입점 위치, 회전 각도를 지정한다.
❸ 경로 유형을 [전체 경로], [상대 경로], [경로 없음]으로 지정한다.
❹ 참조 유형을 [부착] 또는 [중첩]으로 지정한다.

경로 유형

특정 도면 참조(외부 참조)를 찾을 때 사용되는 파일 이름과 경로를 보고 편집할 수 있다. 참조 파일을 처음 부착한 이후 다른 폴더로 이동했거나 이름이 변경된 경우 이 옵션을 사용한다. 부착된 참조를 전체 경로, 상대 경로 및 경로 없음으로 저장하는 3가지 유형에서 폴더 경로 정보를 선택할 수 있다.

• 전체(절대) 경로 : 전체 경로는 파일 참조를 찾는 완전하게 지정된 폴더 계층구조이다. 전체 경로에는 로컬 하드 드라이브 문자, 웹 사이트에 대한 URL 또는 네트워크 서버 드라이브 문자가 포함된다. DWG 파일을 부착 후 명령행에 'ER'을 입력하고 Space Bar 를 눌러 외부 참조 팔레트의 상세 정보에서 확인을 해본다.

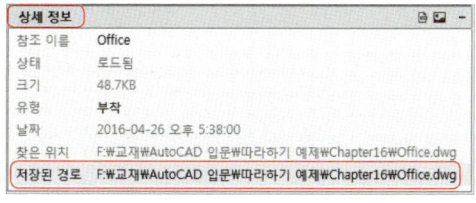

- **상대 경로** : 상대 경로는 현재 드라이브 문자 또는 호스트 도면의 폴더를 전제로 하는 부분적으로 지정된 폴더 경로이다.

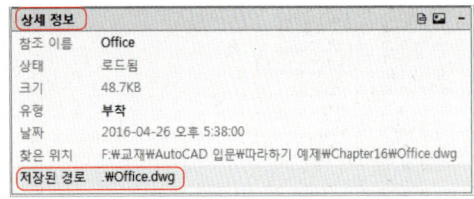

- **경로 없음** : 참조 파일의 폴더 경로는 저장되지 않고 참조 파일의 이름만 저장된다.

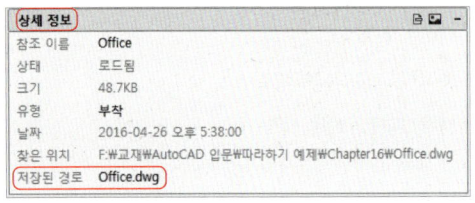

참조 유형

외부 참조는 다른 외부 참조에 내포될 수 있다. 즉, 다른 외부 참조가 포함된 외부 참조를 부착할 수 있으며, 원하는 수만큼 외부 참조를 부착할 수 있다.

외부 참조를 도면에 중첩시킬 수도 있다. 부착된 외부 참조와 다르게, 중첩된 외부 참조는 현재 도면 자체가 다른 도면에 외부 참조로 부착되거나 중첩될 때 포함되지 않는다.

❏ 외부 참조 부착과 중첩

01 예제 파일을 불러온 후 명령행에 'ER'을 입력하고 Space Bar 를 누른다. 외부 참조 팔레트에서 [DWG 부착]을 클릭한다.

- 예제 파일 : Chapter16₩PLAN.dwg
- 외부 참조 부착과 중첩

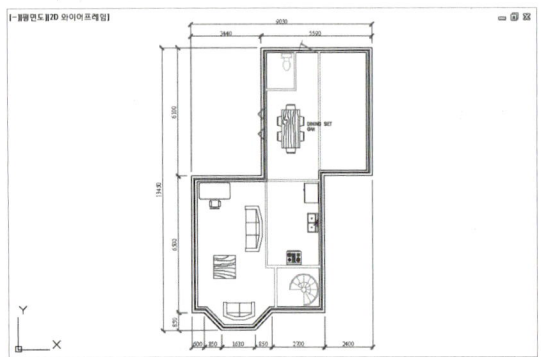
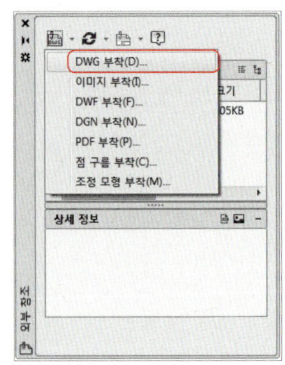

02 [참조 파일 선택] 대화상자에서 'Office.dwg' 파일을 선택하고 [열기] 버튼을 클릭한다.

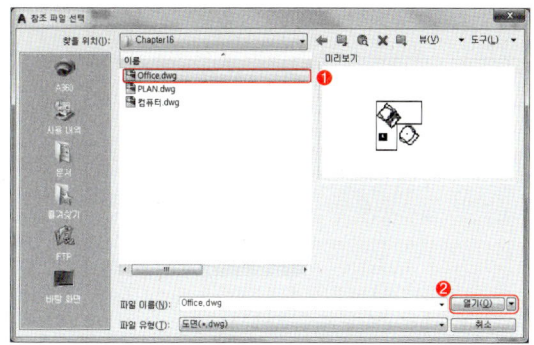

03 [외부 참조 부착] 대화상자에서 참조 유형을 [부착]으로 설정하고 삽입점은 [화면상에 지정], 경로 유형은 [전체 경로]로 선택한 후 [확인] 버튼을 클릭한다.

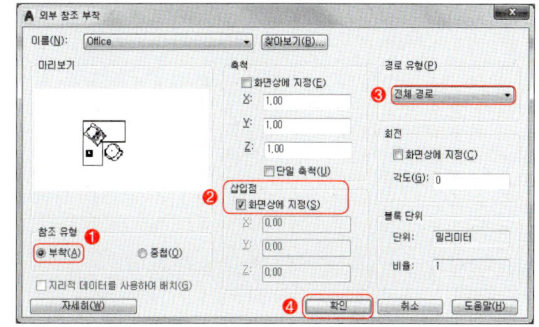

04 상단의 임의 지점을 클릭하고 도면을 부착한다.

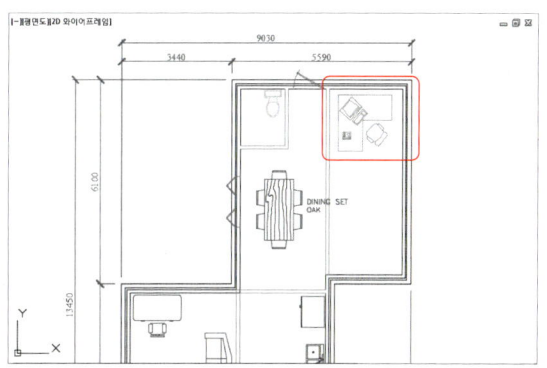

05 다시 외부 참조 팔레트에서 [DWG 부착]을 클릭한다. [참조 파일 선택] 대화상자에서 '컴퓨터.dwg' 파일을 선택하고 [열기] 버튼을 클릭한다.

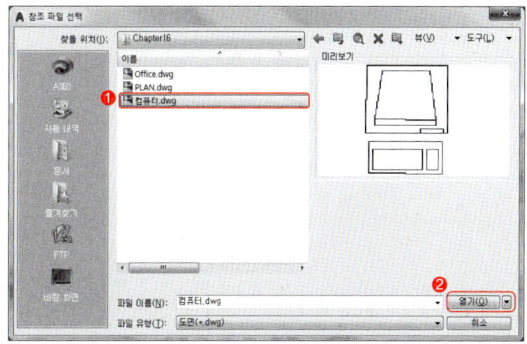

Chapter 16_외부 참조 453

06 [외부 참조 부착] 대화상자에서 참조 유형을 [중첩]으로 설정하고, 삽입점은 [화면상에 지정], 경로 유형은 [전체 경로]로 선택하고 [확인] 버튼을 클릭한다.

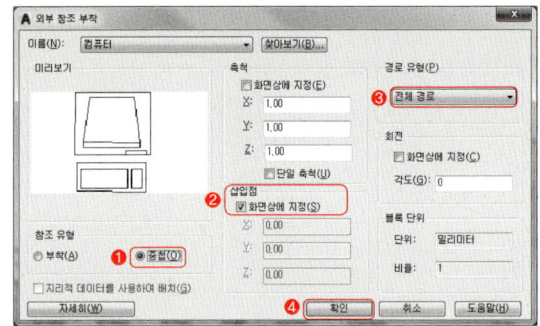

07 하부 책상 위에 컴퓨터를 배치한다.

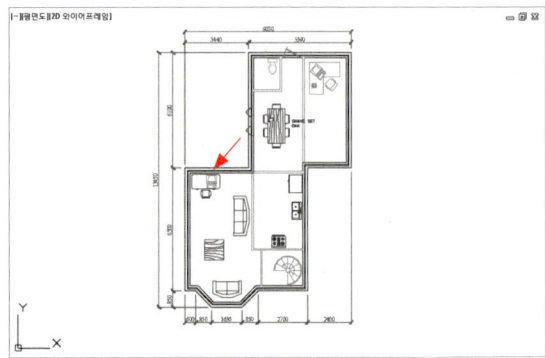

08 신속 접근 도구막대에서 [다른 이름으로 저장(🖫)]을 클릭하고 파일 이름을 [PLAN-1.dwg]로 저장한다.

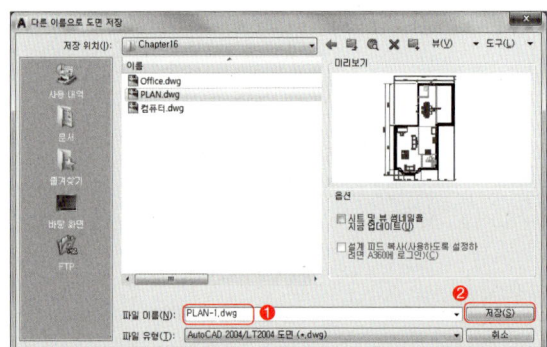

09 새 도면 'Drawing1.dwg' 파일을 연 상태에서 외부 참조 팔레트에서 [DWG 부착]을 클릭한다. [참조 파일 선택] 대화상자에서 방금 저장한 'PLAN-1.dwg' 파일을 선택하고 [열기] 버튼을 클릭한다.

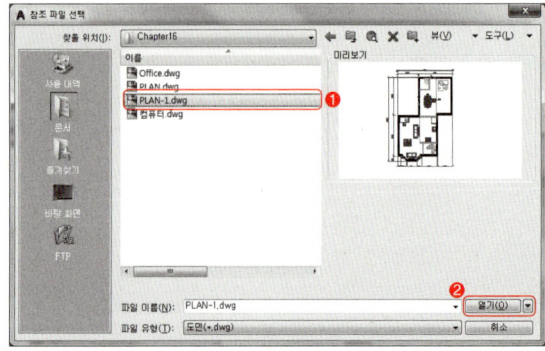

10 [외부 참조 부착] 대화상자에서 참조 유형을 [부착]으로 설정하고 삽입점은 [화면상에 지정]을 체크 해제, 경로 유형은 [전체 경로]로 선택하고 [확인] 버튼을 클릭한다.

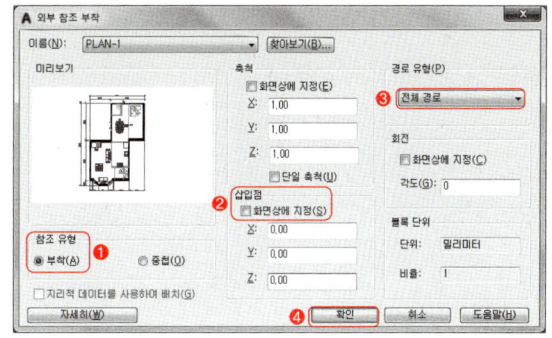

11 외부 참조 팔레트에 "로드됨" 메시지가 두 개가 보인다. 부착하기 위해 선택한 PLAN-1과 PLAN-1에 내포된 Office 외부참조가 보인다. 도면을 확인해보면 [부착]으로 설정한 외부 참조 Office 파일은 보이지만 [중첩]으로 설정한 컴퓨터 부분은 보이지 않는다. 닫기(×)를 클릭하여 외부 참조 팔레트를 닫는다.

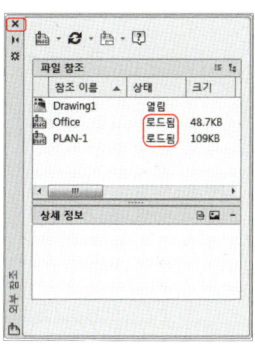 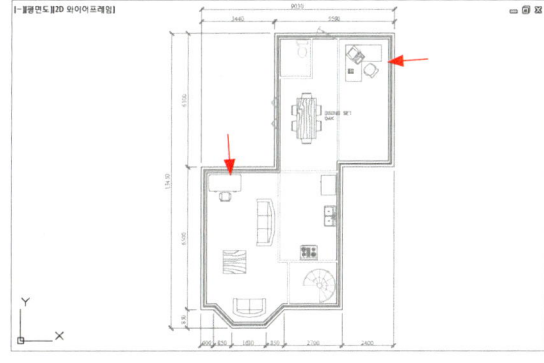

❶ 외부 참조 팔레트

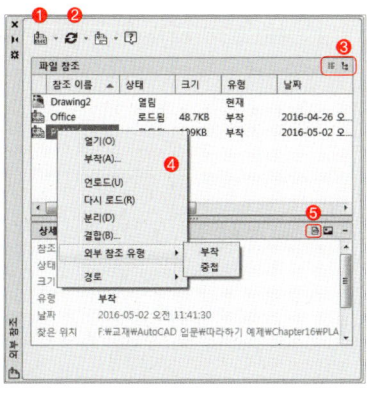 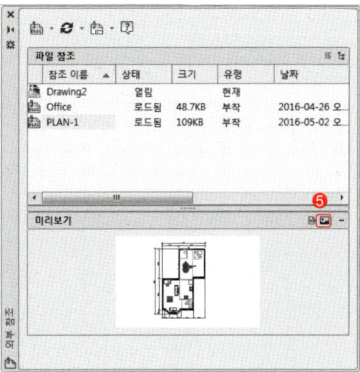

❶ [DWG 부착]으로 참조 파일을 선택하고 부착한다.
❷ [갱신]으로 최신 상태를 유지하기 위해 참조를 업데이트한다.
❸ 2개 버튼으로 트리 구조 표시나 리스트 표시로 전환 가능하다.
❹ 파일 선택하여 표시되는 바로 가기 메뉴에서 파일 조작 옵션을 선택하여 편집한다.
❺ 2개 버튼으로 선택한 파일의 특성 또는 미리보기를 표시한다.

언로드/다시 로드와 결합/삽입

현재 도면에서 외부 참조를 [언로드]하면 사용된 메모리 용량이 적어지고 퍼포먼스가 향상한다. [언로드]를 하면 외부 참조는 보이지 않는다.

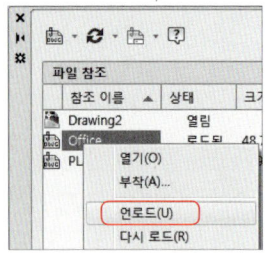 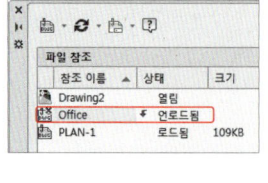 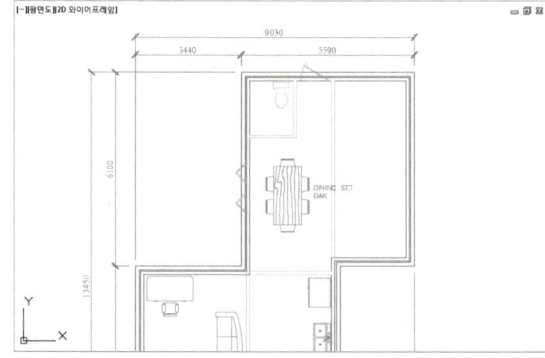

[다시 로드]를 하면 모든 정보가 복원된다.

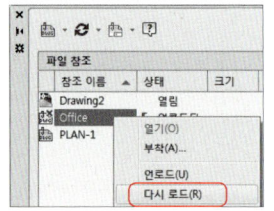 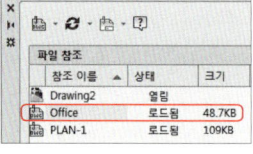 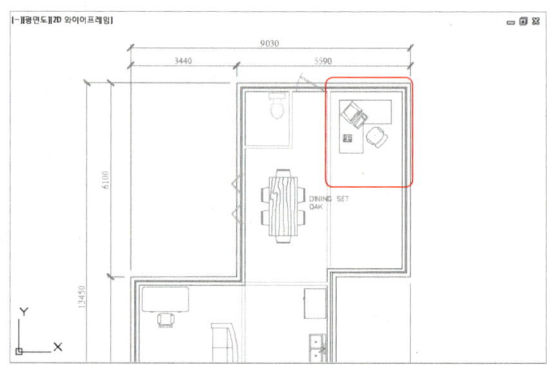

현재 도면에서 불필요한 외부 참조를 삭제하려면 [분리]를 한다. 분리로 연관된 모든 참조가 삭제된다. 부착된 도면이 있을 때 도면층 특성 관리자를 보면 부착된 참조 파일의 도면층은 [도면명|도면층명]으로 표시되어 현재 도면의 도면층과 구별이 된다. 이 도면층은 켜기/끄기, 잠금, 동결 제어가 가능하지만 편집은 되지 않으므로 현재 도면층으로 설정은 할 수 없다.

도면층 특성 관리자의 필터 영역에는 자동으로 [외부 참조] 필터가 작성되어 있다. 필터를 클릭하면 외부 참조 도면에 포함된 도면층만 필터로 표시된다.

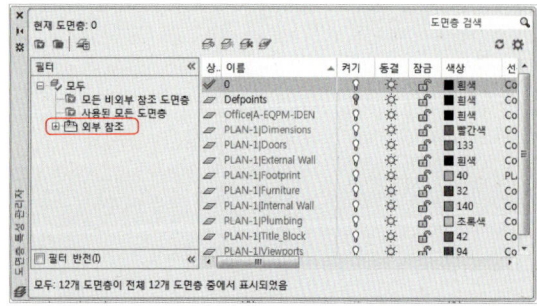

부착된 도면을 선택하고 결합 유형에서 결합을 선택한다. [외부 참조/DGN 언더레이 결합] 대화상자에서 결합 유형을 [결합]으로 선택하고 [확인] 버튼을 클릭한다.

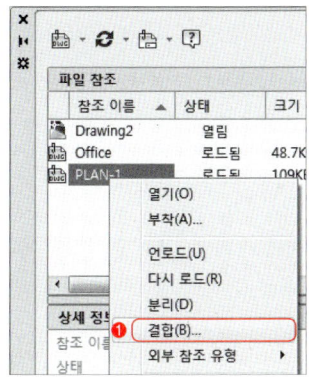
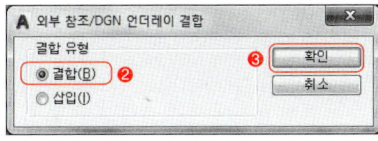

[결합]을 선택하면 외부 참조 객체는 블록 참조로 대체된다. 따라서 외부 참조에 종속하는 도면층, 선종류, 치수, 문자 등 스타일과 블록 이름은 변경되며 접두사로 [외부 참조 파일명]과 2개의 달러 기호($)와 숫자 [0]이 부가된다.

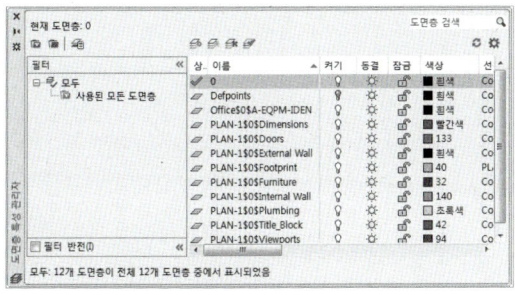

또한, [외부 참조/DGN 언더레이 결합] 대화상자에서 결합 유형을 [삽입]으로 선택한다.

[삽입]을 선택하면 외부 참조 객체는 블록 참조로 대체되지만 외부 참조에 종속하는 도면층, 선종류, 치수, 문자 등 스타일과 블록 이름은 변경되지 않고 원래 이름대로 현재 도면에 합성된다. 같은 이름이 기존에 존재하면 현재 도면의 특성이 우선되어 결합된다.

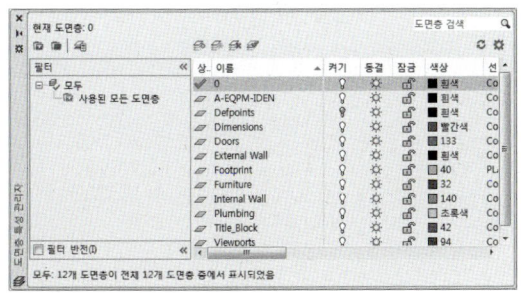

1-2. 참조 파일 편집

도면에서 부착된 외부 참조 도면을 선택하면 [외부 참조] 리본 탭이 표시된다. [외부 참조] 리본 탭에는 참조 파일을 편집할 명령이 배치되어 있다.

참조한 원본 파일을 변경하면 외부 참조를 했던 도면을 열면 자동적으로 업데이트 되어있다. 작업 중 외부 참조 도면에는 참조 파일의 변경을 알리는 풍선 알림 메시지가 표시된다.
외부 참조 팔레트에서는 다시 로드해야 함을 알리는 경고가 보인다.

 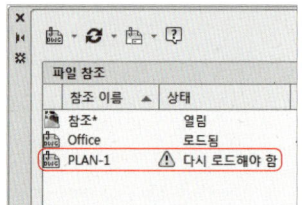

이럴 경우는 메시지 안의 밑줄 부분을 클릭하면 [다시 로드]가 실행되어 최신 상태를 보여주게 하거나 [외부 참조] 팔레트에서 [다시 로드]를 클릭해도 업데이트 할 수 있다.

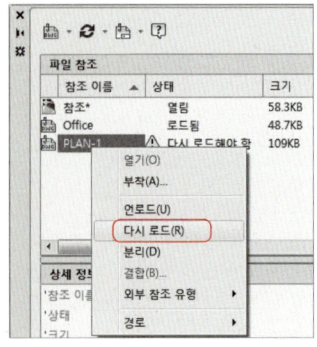

❶ 내부 참조 편집

[내부 참조 편집]은 참조 파일을 현재의 도면 안에서 편집한다. 현재 도면 내용을 보면서 편집을 할 수 있으며 내부 참조 편집 중인 객체 이외는 모두 페이드 표시가 된다. 외부 참조 파일을 클릭하고, [외부 참조] 리본 탭-[편집] 패널에서 [내부 참조 편집]을 클릭한다.

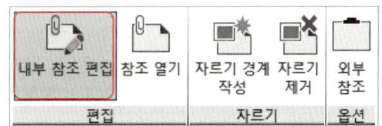

[내부 참조 편집]을 클릭하면 [참조 편집] 대화상자가 보이며 리스트에서 편집할 외부 참조 파일을 선택하고 [확인] 버튼을 클릭한다.

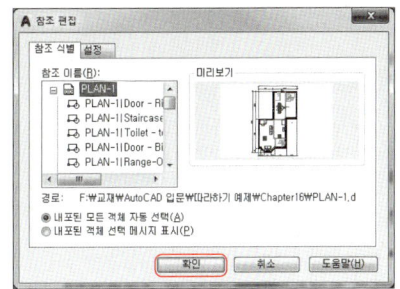

"선택된 외부 참조는 이전의 도면 파일 형식을 참조합니다." 메시지가 보이면 [확인] 버튼을 클릭한다.

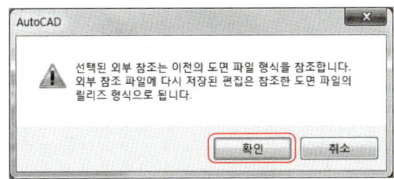

내부 참조 편집 중에는 [참조 편집] 리본 탭이 추가로 보여져 변경 사항을 저장하거나 버리기 할 수 있다.

내부 편집이 끝났다면 마우스 오른쪽 버튼 클릭 후 바로 가기 메뉴에서 [REFEDIT 세션을 닫으십시오]-[참조 변경 저장]을 클릭한다.

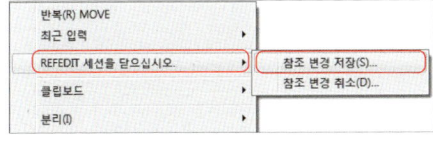

"전체 참조 편집을 저장합니다." 메시지를 확인하고 [확인] 버튼을 클릭하면 내부 편집이 완료된다.

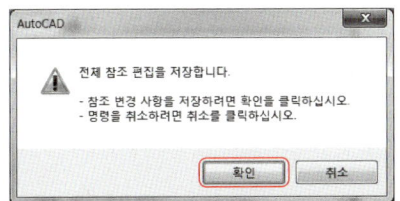

[자르기 경계 작성]으로 현재 도면에서 외부 참조 표시 범위를 조정할 수 있다. 사각형 그립으로 표시되는데 기본값은 직사각형으로 작성이며 [폴리선 선택] 옵션은 미리 폴리선을 작성한 영역을, [폴리곤] 옵션은 여러 점을 지정하여 다각형 영역을 작성하여 경계를 나타낸다.

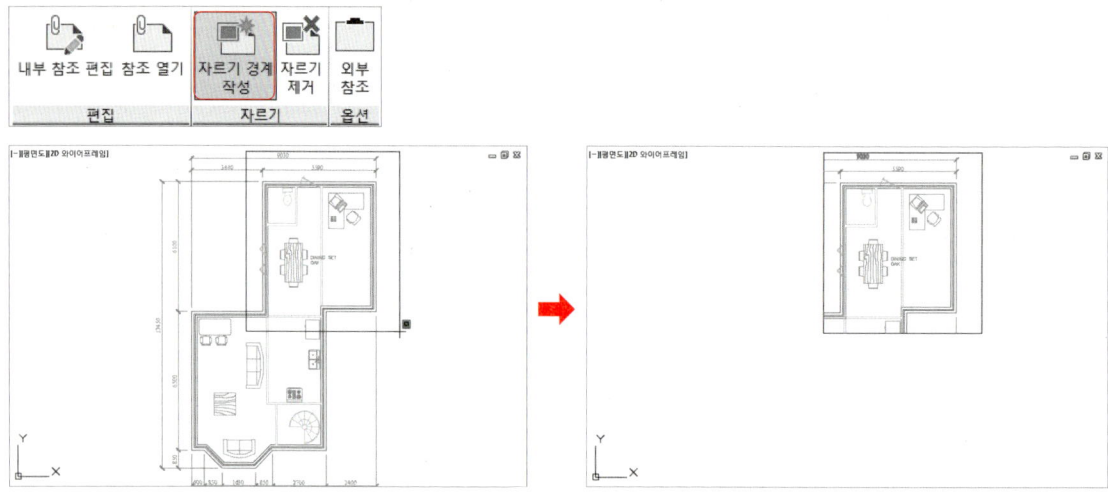

선택한 자르기 경계는 그립으로 크기를 변경하거나 보이는 범위를 한정짓거나 반전 그립을 사용하여 표시 범위를 반전시킬 수도 있다. 나타내고 싶지 않은 부분은 이 반전 그립을 이용해 조정한다.

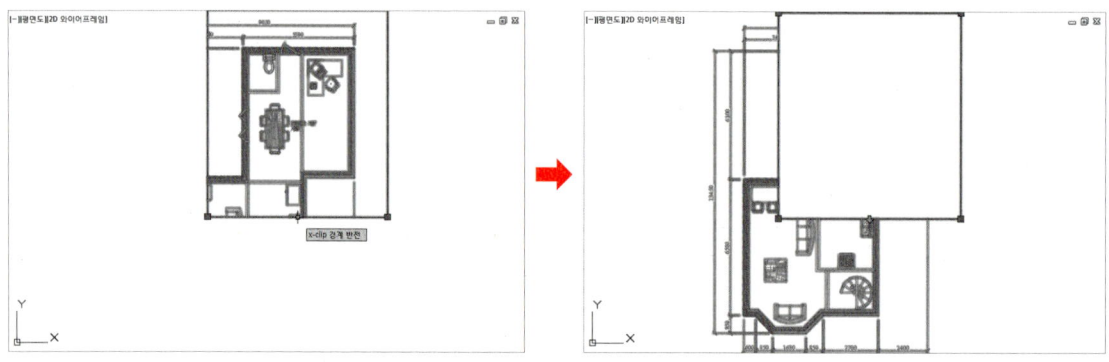

[자르기 제거]를 클릭하면 외부 참조를 원래의 표시상태로 되돌린다.

◆ DWG 파일 외부 참조하기

01 예제 파일을 불러온 후 명령행에 'ER'을 입력하고 ⎕Space Bar⎕ 를 누른다. 외부 참조 팔레트 부착 리스트에서 [DWG 부착]을 선택한다.

- 예제 파일 : Chapter16₩house plan.dwg
- DWG 파일 외부 참조하기

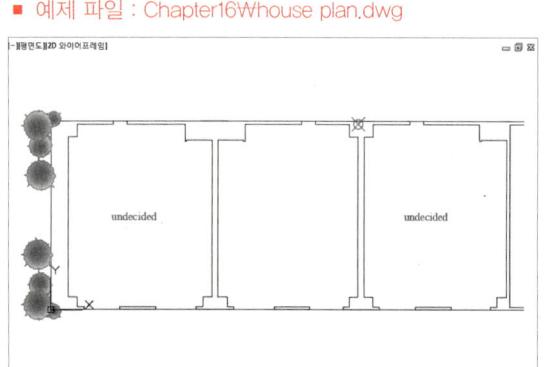
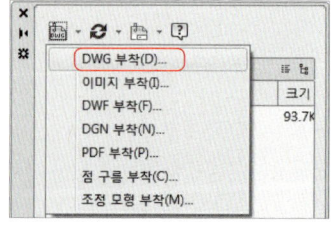

02 [참조 파일 선택] 대화상자에서 [Ground plan.dwg]를 선택하고 [열기] 버튼을 클릭한다.

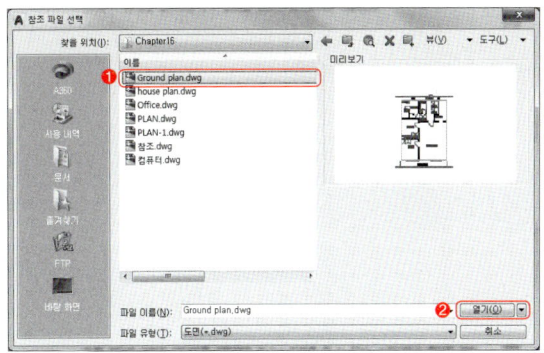

03 [외부 참조 부착] 대화상자에서 아래와 같이 설정한다. 참조 유형은 [부착], 축척은 1, 회전은 0, 경로 유형은 [상대 경로], 삽입점은 [화면상에 지정]을 클릭하고 [확인] 버튼을 누른다.

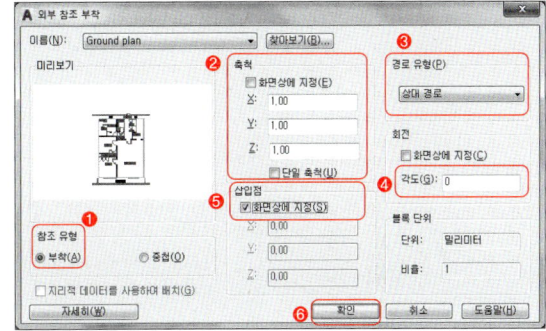

04 참조 파일을 Shift +오른쪽 버튼 클릭 후 바로 가기 메뉴에서 객체 스냅 [노드]를 클릭하여 빨간 점을 삽입점으로 지정한다. 외부 참조 팔레트에서 로드가 된 걸 확인한다.

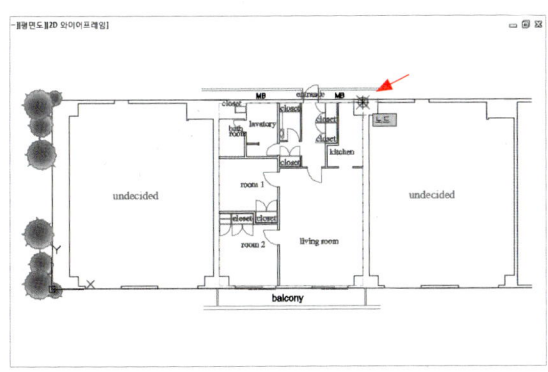
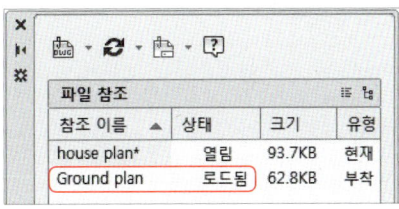

05 비조정 새 도면층을 알리는 풍선글이 표시된다. 메시지 안의 밑줄 부분을 클릭하여 도면층을 확인한다.

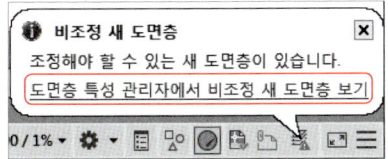

06 부착된 참조 파일 도면층은 [도면|도면층명]으로 표시되어 현재 도면층과 비교가 된다.

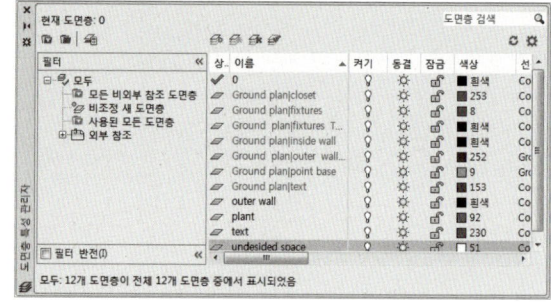

07 삽입한 Ground plan.dwg를 클릭한다. [외부 참조] 탭-[편집] 패널-[참조 열기]를 클릭한다.

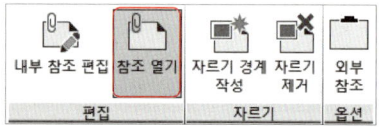

08 별도의 창에서 'ground plan.dwg' 파일이 열린다. [room1]과 [room2]사이 칸막이를 삭제해 하나의 방이 되도록 편집하고 저장 후 파일을 닫는다.

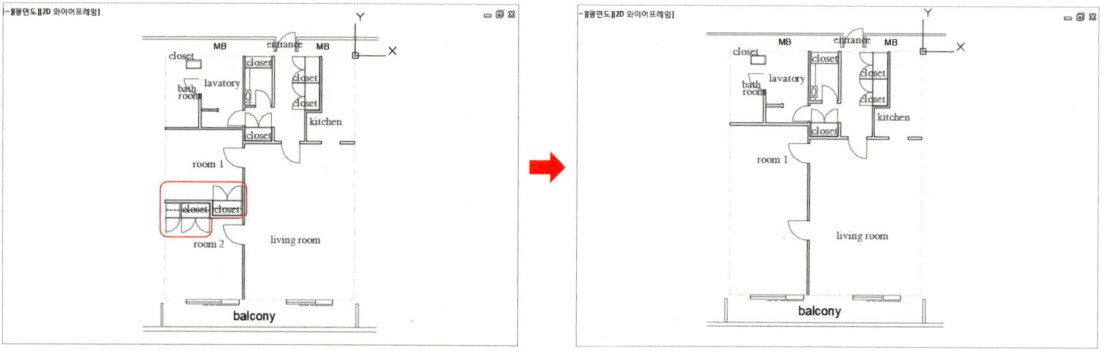

09 'house plan.dwg' 파일로 되돌아오면 외부 참조 파일이 변경되었다는 풍선 알림글이 보인다. 메시지 안의 밑줄 글씨 부분을 클릭하여 [다시 로드]를 한다.

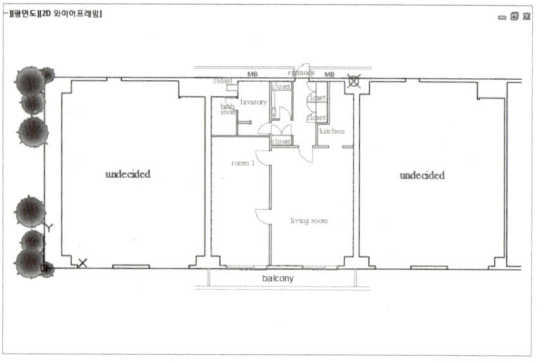
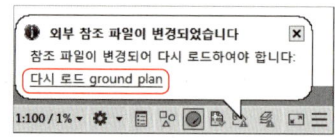

10 외부 참조 팔레트에서 [Ground plan]을 클릭하고 마우스 오른쪽 버튼 클릭 후 바로 가기 메뉴에서 [결합]을 클릭한다. 결합 유형은 [결합]을 선택하고 [확인] 버튼을 클릭한다.

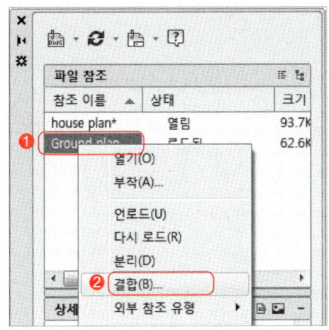
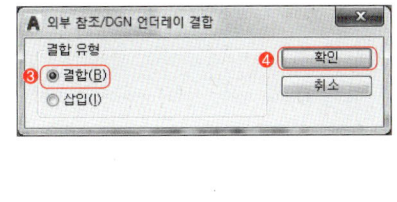

11 'Ground plan.dwg'는 블록으로 전환되고 외부 참조 팔레트에서도 사라진다. 도면층 특성 관리자를 보면 외부 참조 관련 도면층이 2개의 달러 기호와 숫자로 변환된 걸 알 수 있다.

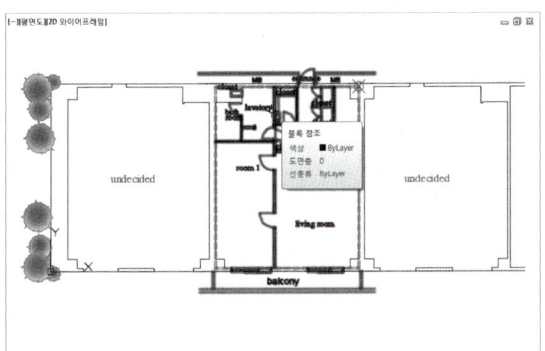
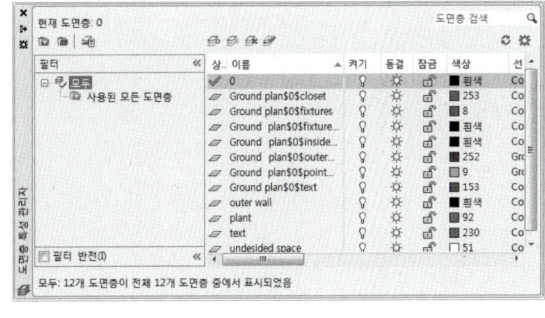

02 이미지와 그 외 파일 참조

2-1. 이미지 파일 참조

도면 파일에 이미지 데이터를 삽입하여 표시나 인쇄를 할 수 있다. 스캐너에서 불러온 이미지나 디지털 사진, CG작성 이미지, 항공위성 사진, GIS에서 사용되는 많은 이미지 파일 형식을 지원한다. DWG 참조와 마찬가지로 이미지 파일은 도면에 링크되지만 이미지 파일 자체를 삽입한 것이 아니므로 도면 파일 크기가 크게 증가하진 않으며 DWG 참조와 달리 도면에 결합은 할 수 없다.

> ▶ **실행 방법**
> - 리본 : [삽입] 탭-[참조] 패널-부착 아이콘( )
> - 리본 : [뷰] 탭-[팔레트] 패널-외부 참조 팔레트 아이콘( )
> - 명령입력 : ATTACH, EXTERNALREFERENCES
> - 메뉴 : [삽입(I)]-[래스터 이미지(I)]
> - 단축키 : ER

해당 이미지를 클릭하면 [이미지 부착] 대화상자가 보이고 삽입점 및 경로 유형, 축척 등을 지정하고 [확인] 버튼을 클릭한다.

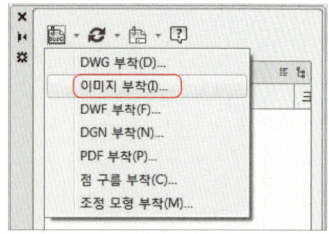
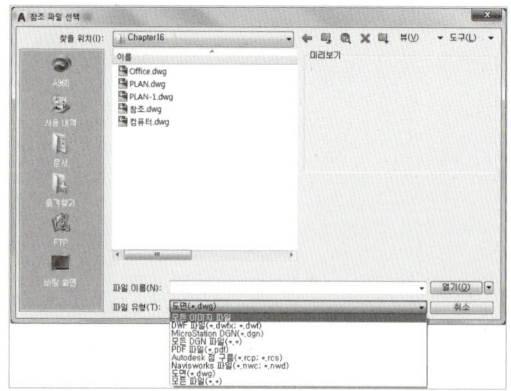
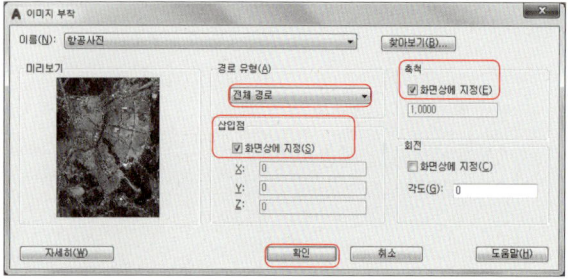

참조한 이미지 파일을 선택하면 [이미지] 리본 탭이 보이고 여기서 이미지 편집을 할 수 있다.

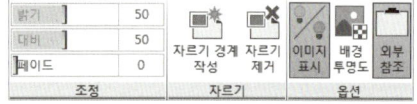

- [조정] 패널 : 밝기, 대비, 페이드

표시된 이미지의 밝기, 대비, 페이드가 조정 가능하여 인쇄에는 반영되지만 참조 원본 이미지 파일에는 영향을 주지 않는다. 참조 이미지는 페이드 값을 80으로 늘렸을 때의 변화이다.

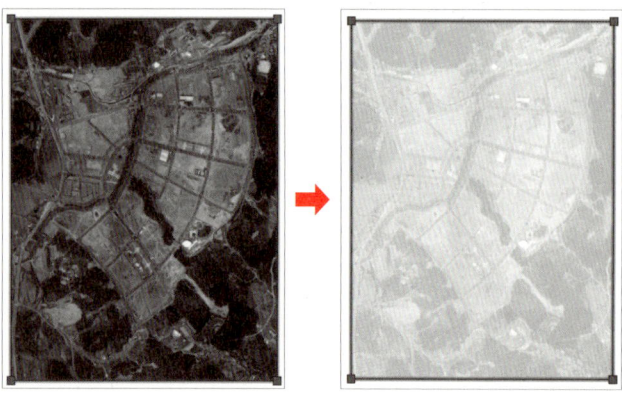

- [자르기] 패널 : 자르기 경계 작성과 자르기 제거

참조한 이미지 파일은 이미지 경계를 선택하여 이동과 복사, 크기 변경을 할 수 있다.

이미지 경계를 안보이게 하려면 시스템변수 [IMAGEFRAME] 값을 [0]으로 설정하면 경계는 보이지 않고 인쇄도 되지 않는다.

아래 이미지는 자르기 경계 작성으로 경계 상자 범위만큼 이미지가 자르기 된 것으로 [이미지] 리본 탭의 [자르기] 패널에서 자르기 경계 제거를 클릭하면 다시 원래 이미지로 복구된다.

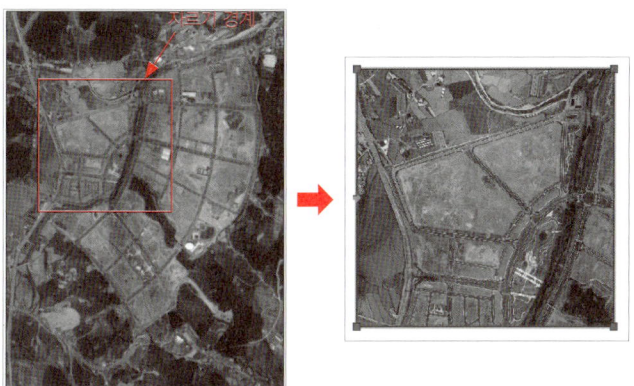

시스템변수 [IMAGEFRAME] 값을 [0]으로 설정하여 경계가 보이지 않게 되면 이미지 편집은 경계 근처를 클릭하면 선택이 된다.

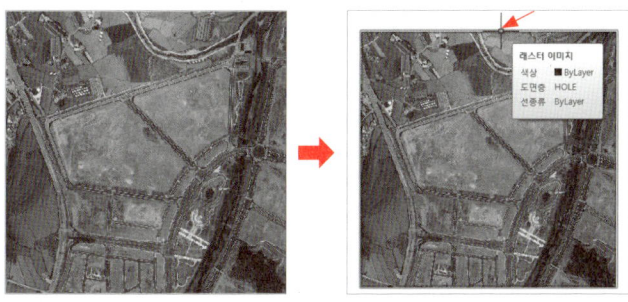

[DWG 참조]처럼 이미지 파일도 그립으로 변경하거나 반전시킬 수 있다.

2-2. DWF, DGN, PDF 파일 참조

DWF, DGN, PDF 파일은 밑바탕(Underlay)으로 참조할 수 있다. 이미지 파일과 달리 벡터 데이터 형식의 파일은 도형으로 객체 스냅을 실행할 수 있다. 게다가 도면층의 켜기/끄기나 그립 표시를 할 수도 있다. DWG 참조, 이미지 참조처럼 도면에 링크는 되지만 도면 파일의 일부로 삽입된 건 아니므로 도면 파일 크기가 아주 커지지는 않는다. 언더레이 기능은 도면에 결합할 수는 없다.

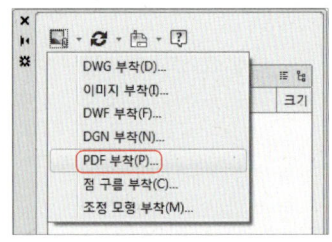
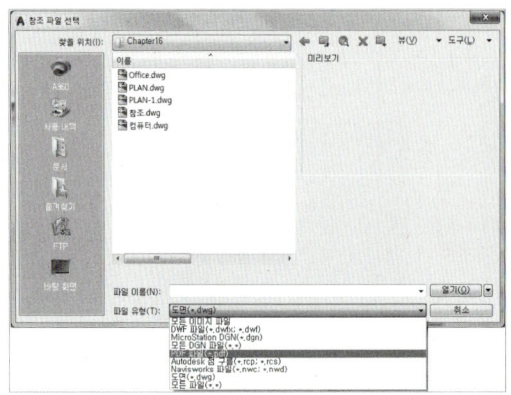

참조한 언더레이 파일을 선택하면 선택한 파일의 종류에 따라 해당 리본 탭이 표시된다.

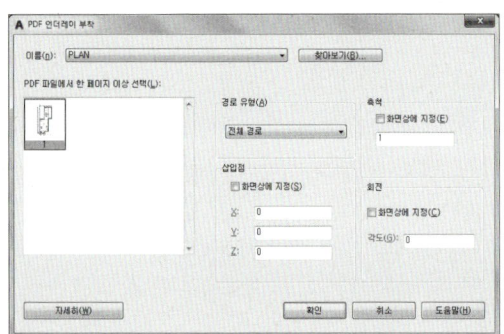
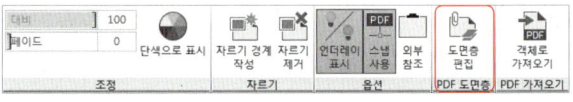

- 대비, 페이드, 단색으로 표시

[조정] 패널의 슬라이더나 값 입력으로 대비, 페이드를 조정할 수 있다. 또한 [단색으로 표시]를 켜면 언더레이 파일이 흑백으로 표시된다. 조정은 인쇄에는 반영되지만 참조한 원본 파일에는 영향을 주지 않는다.

- 스냅 사용

언더레이한 파일 도형에는 객체 스냅을 사용할 수 있다. [옵션] 패널의 [스냅 사용]을 켜면 객체 스냅을 사용할 수 있게 되어 정확한 위치에 배치할 수 있고 도형을 작성하고 편집할 수도 있다.

• 언더레이 도면층

언더레이 파일에 도면층이 포함된 경우 도면층 표시 방법을 제어할 수 있다. [도면층 편집]을 클릭하면 [언더레이 도면층] 대화상자가 표시되고 전구 아이콘으로 켜기/끄기를 할 수 있다. 참조 이미지는 0, Dimensions 도면층을 껐을 때 변화를 보여준다.

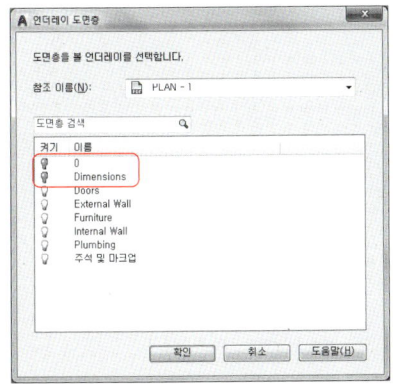

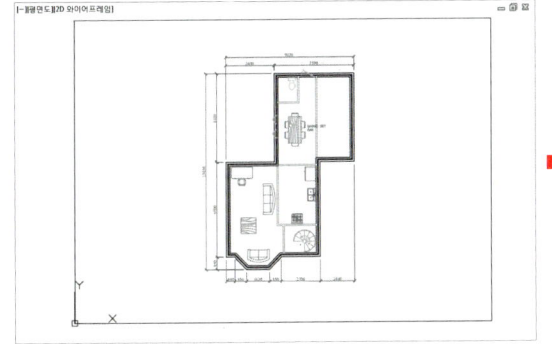 

Chapter 17 도면 데이터 참조

테이블은 단순한 표를 작성하는 게 아니라 블록 속성 데이터를 표로 만들거나 Excel 시트를 AutOCAD 테이블로 가져오거나 Excel 표와 데이터 링크시키는 등의 용도가 있다.

01 TABLE(표) 사용

1-1. 테이블

테이블 요소는 열과 행으로 구성되어 있으며 데이터는 표에 입력하거나 속성을 포함한 블록 등 객체에서 추출하여 나타낼 수도 있다. 테이블은 행과 열의 서식을 설정하거나 수식을 설정할 수도 있다.
테이블은 다음 그림처럼 행과 열로 셀이 작성되고 각각의 셀은 행 번호와 열 이름으로 표시된다.

테이블 객체는 3가지의 데이터 유형이 있다.
- 내용을 수동으로 입력한 테이블 객체
- 기존 스프레드시트(CSV, XLS, XLSX)와 링크가 된 테이블 객체
- 객체 특성과 블록 속성을 추출한 테이블 객체

테이블을 작성하는 순서는 처음에 테이블 스타일을 선택하고 다음으로 도면 안에 테이블을 배치하고 마지막으로 알맞은 셀에 데이터를 입력한다. [테이블 삽입] 대화상자에서 스타일을 선택할 때는 열과 데이터의 행 수, 크기를 설정할 수 있다.
여러 줄 문자를 편집할 때처럼 셀에 데이터를 입력하려면 셀을 더블클릭한다. 셀 사이를 이동하려면 Tab 또는 ↑, ↓를 사용한다.
테이블의 서식 설정 옵션을 선택하려면 셀을 한 번 클릭한다.

▶ 실행 방법

- 리본 : [주석] 탭–[테이블] 패널–테이블 아이콘(􀀀)
- 메뉴 : [그리기(D)]–[테이블]
- 명령 입력 : TABLE

◆ [테이블 삽입] 대화상자 ◆

테이블을 삽입하려면 처음에 새로운 테이블에 사용할 스타일을 선택한 후 삽입점 지정과 사용할 범위 지정을 선택한다. [열과 행 설정] 영역에서 열 수, 열 폭, 데이터 행 수, 행 높이 옵션을 조정한다.

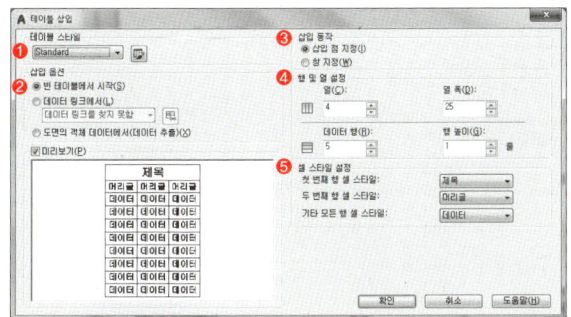

❶ 작성해 둔 테이블 스타일을 선택하거나 클릭하여 새로운 스타일을 작성한다.
❷ 삽입 옵션을 선택한다.
  - [빈 테이블에서 시작] : 수동으로 데이터를 채울 수 있는 빈 테이블을 만든다.
  - [데이터 링크에서] : 외부 스프레드시트의 데이터를 사용하여 테이블을 만든다.
  - [도면의 객체 데이터에서 추출] : 데이터 추출 마법사를 실행한다.
❸ 테이블을 삽입할 삽입점을 지정하거나 삽입할 창을 지정한다. [창 지정] 옵션은 테이블의 크기와 위치를 지정한다. 좌표 입력 장치를 사용하거나 명령 프롬프트에 좌표 값을 입력할 수 있다. 이 옵션을 선택한 경우, 열과 행 수 및 열 폭과 행 높이는 윈도우의 크기와 열 및 행 설정에 따라 달라진다.
❹ 열 수와 행 수, 열 폭과 행 높이를 지정한다.
❺ 첫 번째 셀, 두 번째 셀, 그 외 모든 셀의 셀 스타일을 선택한다.

1-2. 테이블 스타일 작성

테이블 스타일은 도면 내의 테이블 형식을 설정하는 것으로 치수 스타일과 개념이 유사하다. 새 도면에는 [Standard] 이름으로 테이블 스타일이 한 개 등록되어 있다. 테이블 스타일을 변경하면 그 스타일을 사용하는 기존 테이블은 업데이트가 된다.

▶ 실행 방법

- 리본 : [주석] 탭–[테이블] 패널–테이블 스타일 확장 화살표(􀀀)
- 메뉴 : [형식(O)]–[테이블 스타일(B)]
- 명령 입력 : TABLESTYLE

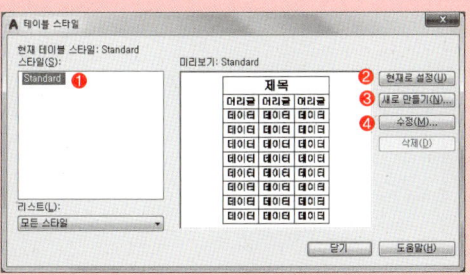

❶ 테이블 스타일 리스트를 표시한다. 현재 스타일은 강조된다.
❷ [현재로 설정] 버튼을 클릭하면 스타일 리스트에서 선택된 테이블 스타일을 현재 스타일로 설정한다. 모든 새 테이블은 이 테이블 스타일을 사용하여 작성된다.
❸ 새 테이블 스타일을 정의할 수 있는 새 테이블 스타일 작성 대화상자를 표시한다.
❹ 테이블 스타일을 수정할 수 있는 테이블 스타일 수정 대화상자를 표시한다.

◆ [새 테이블 스타일] 대화상자 ◆

테이블 스타일 대화상자에서 [새로 만들기] 버튼을 클릭하면 [새 테이블 스타일 작성] 대화상자가 보인다. 새 스타일 이름을 지정한 후 [계속] 버튼을 클릭한다.

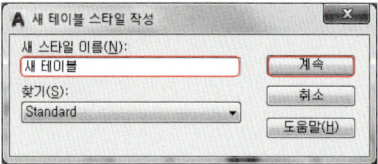 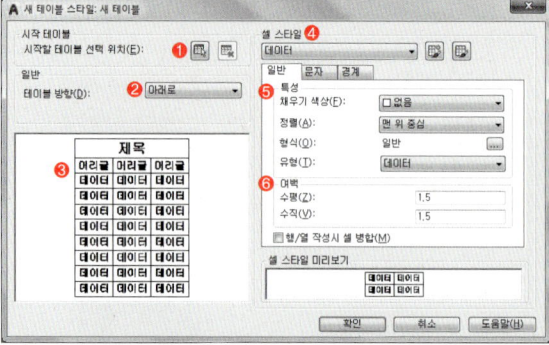

❶ 기존 테이블 스타일 또는 별도의 테이블 스타일을 새로운 테이블 스타일의 기초로 사용한다.
❷ 테이블 방향을 위에서 아래로 또는 아래에서 위로 하여 테이블을 작성한다.
❸ 스타일을 변경할 때는 미리보기를 참조한다.
❹ 데이터, 열 머리글 또는 제목의 각 셀에 스타일을 작성하여 저장한다.
❺ 데이터, 열 머리글 또는 제목 행의 형식을 지정한다.
❻ 선택한 셀 스타일의 여백을 설정한다. 데이터, 열 머리글 또는 제목의 각 셀에 다른 여백을 설정할 수 있다.

▶ 테이블 스타일 작성과 테이블 값 변경하기

01 예제 파일을 불러온다.

- 예제 파일 : Chapter17₩테이블 작성.dwg
- 테이블 스타일 작성과 테이블 값 변경하기

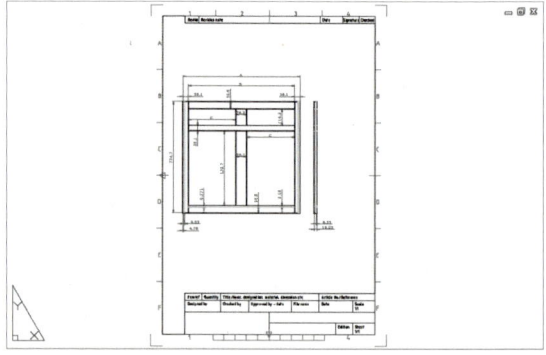

02 [홈] 탭-[주석] 패널-[테이블 스타일 관리자]를 클릭한다. 그리고 [테이블 스타일] 대화상자에서 [새로 만들기] 버튼을 클릭한다.

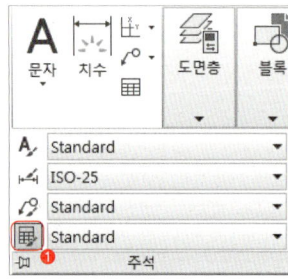 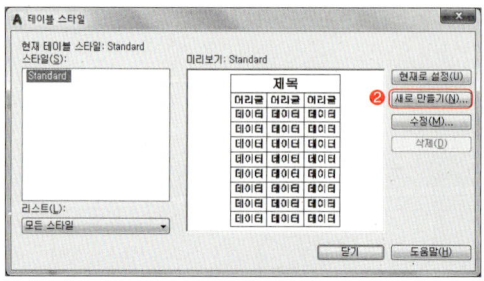

03 새 스타일의 이름에 [17-1]을 입력하고 [계속] 버튼을 클릭한다.

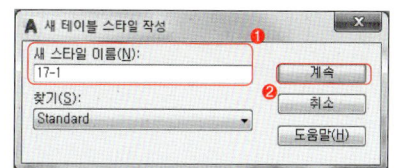

04 셀 스타일 유형을 [데이터]로 하고 [문자] 탭에서 문자 높이를 [2.5]로 입력한다.

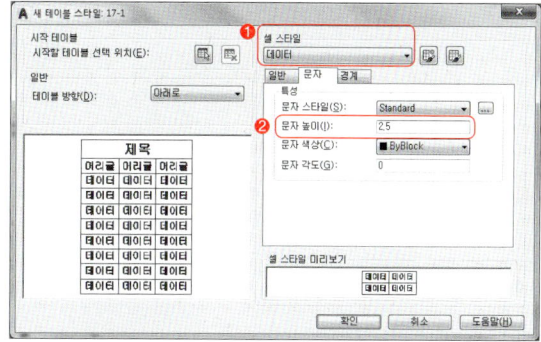

05 셀 스타일 유형을 [머리글]로 하고 [문자] 탭에서 문자 높이를 [3.5]로 입력하고 [확인] 버튼을 클릭한다.

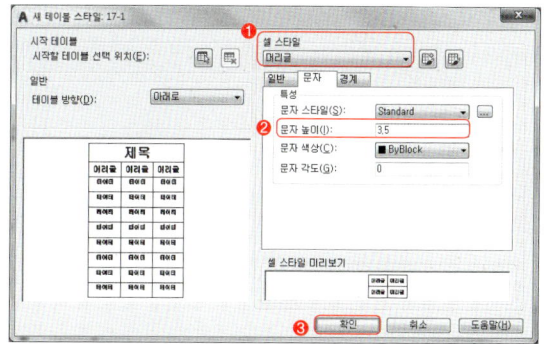

06 다음에 [닫기] 버튼을 클릭한다.

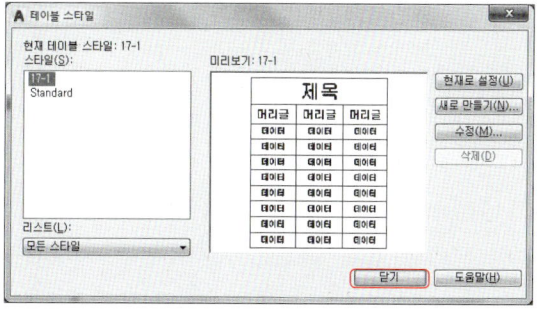

07 도면에 테이블을 삽입하기 위해 [홈] 탭-[주석] 패널-[테이블]을 클릭한다. [테이블 삽입] 대화상자에서 테이블 스타일을 확인한다. 행 및 열 설정, 셀 스타일 설정을 이미지를 참조하여 설정하고 [확인] 버튼을 클릭한다.

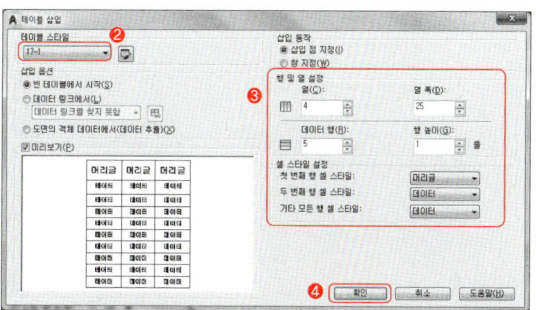

08 테이블이 삽입될 지점을 표제란 위로 배치한다.

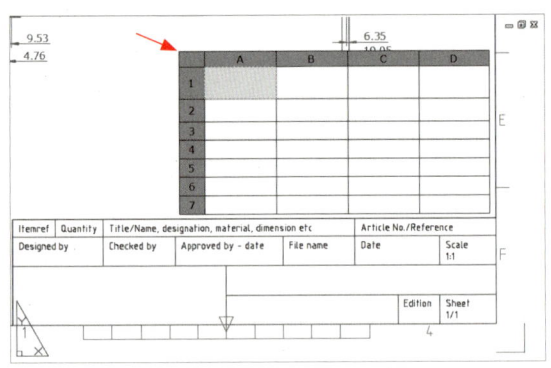

09 'PART'로 입력한 후 행을 바꾸기 위해 Alt + Enter 를 누르고 'NAME'을 입력하고 Tab 키를 누른다.

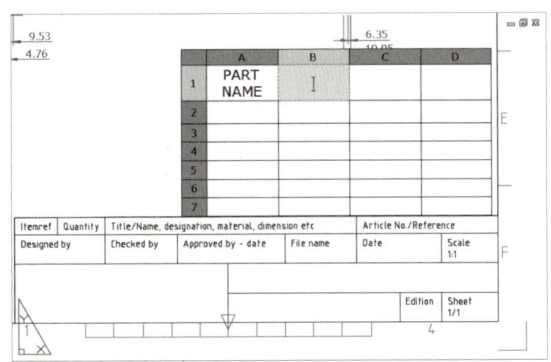

10 'A'를 입력 후 Tab 키, 'B'를 입력 후 Tab 키, 'C'를 입력 후 Tab 키를 누른다.

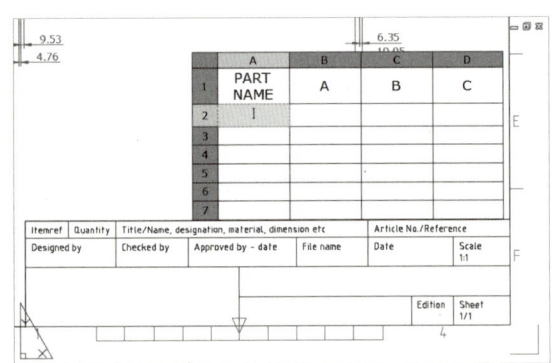

11 B762로 입력 후 ↓ 키를 누른다. 같은 방법으로 B763, B862, B921, B1062를 입력한다. 마지막 행에 데이터를 입력했다면 Tab 키를 눌러 오른쪽 열로 이동한다.

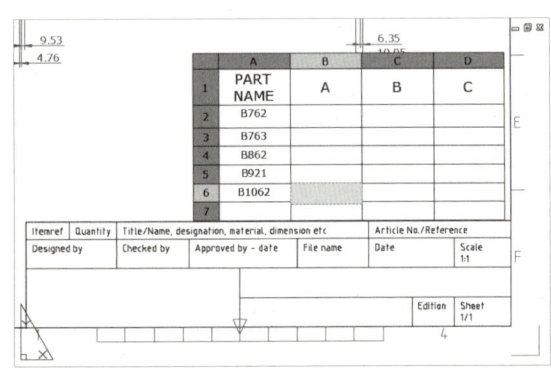

12 ↑를 눌러서 B2셀로 이동한 후 차례대로 762, 763, 862, 921, 1062를 입력한다. 마지막 행에 데이터를 입력했다면 Tab 키를 눌러 오른쪽 열로 이동한다.

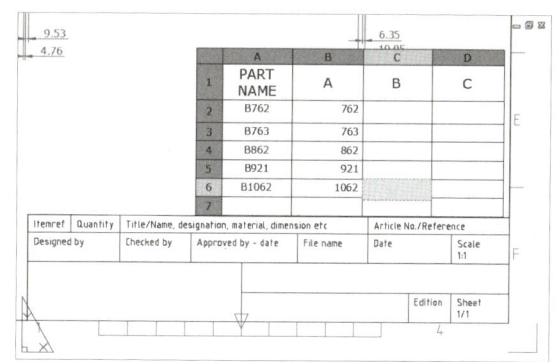

13 B6셀에 수식을 입력한다. "=B6-76"으로 입력하고 임의의 지점을 클릭하여 셀 편집을 마친다. 셀 계산식에는 사칙연산 외 합계나 평균도 낼 수 있다. 합계의 공식은 [=SUM(C2:C6)]처럼 입력하면 된다.

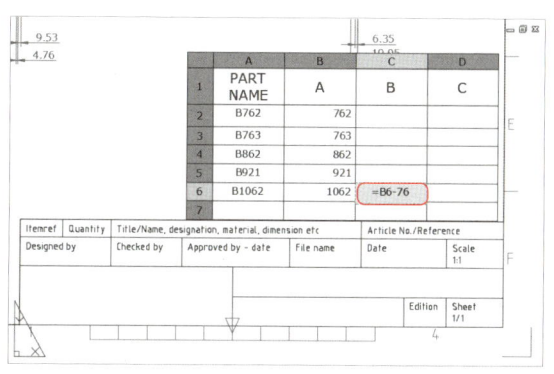
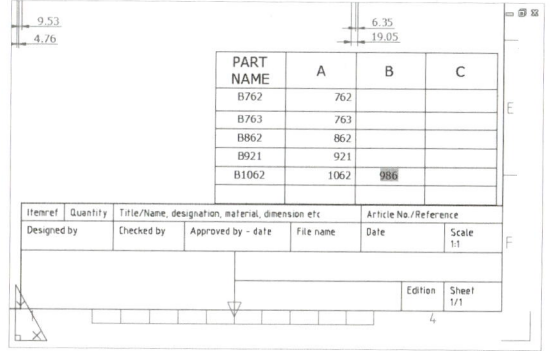

> **TIP** 테이블 명령으로 테이블 작성하지 않고 Microsoft Excel에서 복사/붙여넣기로 테이블 객체를 배치할 수 있다. [홈] 탭−[클립보드] 패널−[선택하여 붙여넣기]−[AutoCAD 도면 요소]로 선택한 후 [확인] 버튼을 클릭하면 붙여넣기가 된다.

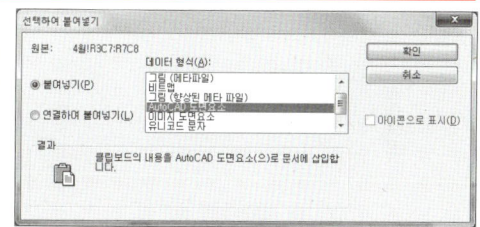

14 입력한 내용을 다른 셀에도 복사한다. C6 셀을 클릭하고 셀의 오른쪽 아래 자동 채움 그립을 클릭하고 커서를 위 방향으로 이동한다. B2셀 오른쪽 위 부근을 클릭하고 자동 채움 서식을 확인한 후 Esc 를 눌러 편집을 마친다.

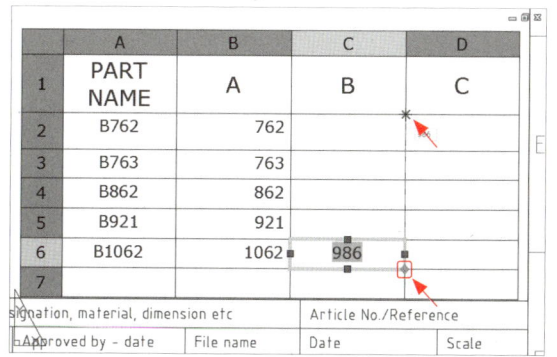

15 C2셀부터 차례대로 305, 343, 381, 419, 457을 입력하고 임의의 지점을 클릭하여 편집을 마친다.

16 셀 안의 문자 위치를 정렬하기 위해 데이터 셀을 걸침 선택으로 모두 선택한다.

17 [테이블 셀] 리본 탭-[셀 스타일]-[정렬]을 확장해 [중간 중심]으로 설정한다. 셀 내용이 중간 중심으로 정렬이 되었다.

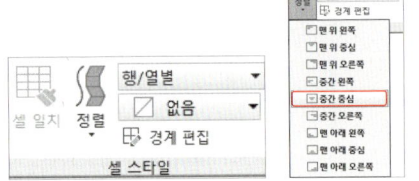

1-3. 데이터 링크 작성

데이터 링크 관리자를 사용하여 기존 스프레드시트(.XLS, .XLSX, CSV)와 쌍방향으로 링크할 테이블 객체를 작성할 수 있다. 외부 파일의 데이터 변경이 있다면 테이블도 업데이트 된다. 또한 AutoCAD에서 테이블 안의 데이터를 편집하면 외부 파일로 변경이 반영되도록 할 수도 있다.

데이터 링크로 작성한 테이블의 기본값은 셀이 잠금이 되어 불필요한 편집을 할 수 없도록 보호하며 잠금을 해제하면 편집을 할 수 있게 된다.

테이블에 커서를 갖다대면 테이블 링크 상세 내용이 툴팁으로 표시된다.

▶ 실행 방법

- **리본** : [주석] 탭–[테이블] 패널–데이터 링크 아이콘( )
- **[테이블 삽입]** 대화상자–[삽입 옵션]–[데이터 링크에서] 클릭–[데이터 링크 관리자 실행] 대화상자 클릭
- **메뉴** : [도구(T)]–[데이터 링크]–[데이터 링크 관리자]   • **명령 입력** : DATALINK

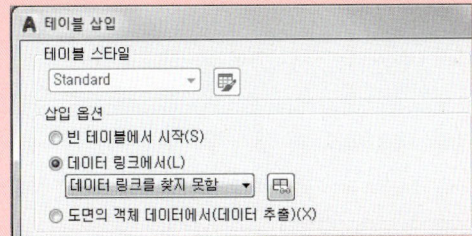

데이터 링크 관리자는 도면 안에 외부 데이터와 링크를 무제한으로 작성할 수 있다. 또한 데이터 링크 선택 대화상자에서 바로 가기 메뉴로 편집, 이름바꾸기, 삭제 등을 할 수 있다.

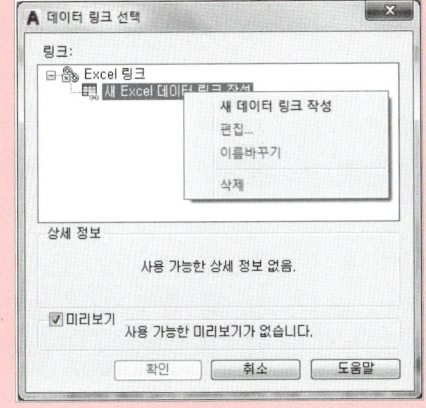

◘ 데이터 링크로 테이블 작성하기

01 [주석] 탭–[테이블] 패널–[데이터 링크]를 클릭한다. [데이터 링크 관리자] 대화상자에서 [새 Excel 데이터 링크 작성]을 클릭한다.

▶ 데이터 링크로 테이블 작성하기

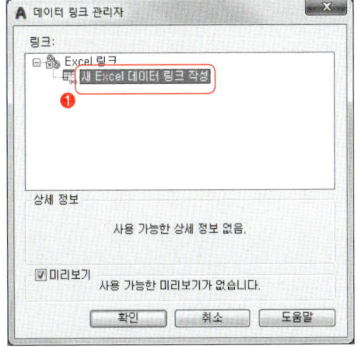

02 [데이터 링크 이름 입력] 창의 입력란에 'AutoCAD 명령어'라고 입력하고 [확인] 버튼을 클릭한다.

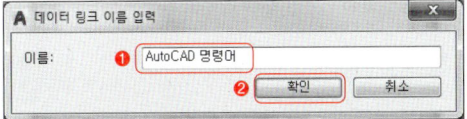

03 [새 Excel 데이터 링크] 대화상자에서 링크시킬 외부 파일을 찾기 위해 [파일 찾아보기] 버튼(...)을 클릭한 후 [다른이름으로 저장] 창에서 파일을 선택하고 [열기] 버튼을 클릭한다.

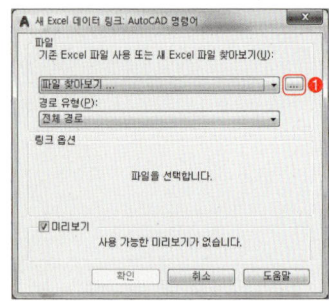 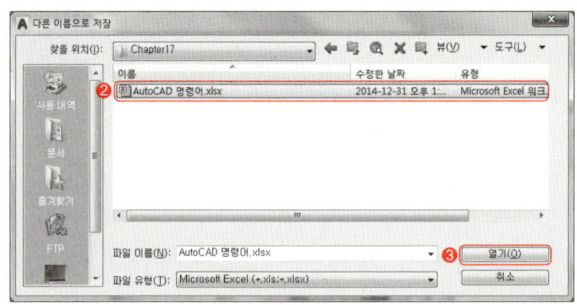

04 이 때 파일에 여러 개의 시트가 있다면 해당 시트를 선택한다. 시트 전체 또는 특정 셀 범위만큼 지정할 수도 있으며 경로 종류도 필요에 따라 지정한다. 미리보기에 엑셀 시트가 보인다. 설정이 끝나면 [확인] 버튼을 클릭한다. [데이터 링크 관리자] 대화상자에서 상세 정보를 체크하고 [확인] 버튼을 클릭한다.

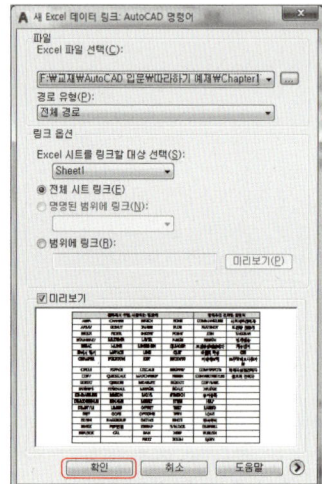 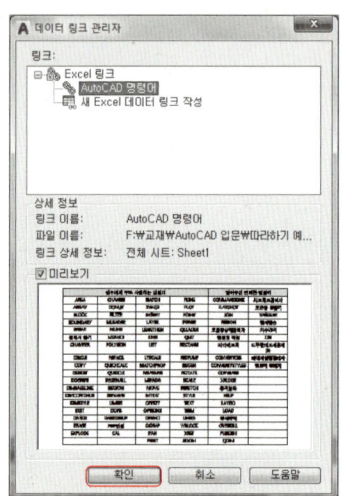

05 [주석] 탭-[테이블] 패널-[테이블]을 클릭한다. 테이블 삽입 대화상자에서 데이터 링크에서 [AutoCAD 명령어]를 선택하고 [확인] 버튼을 클릭한다.

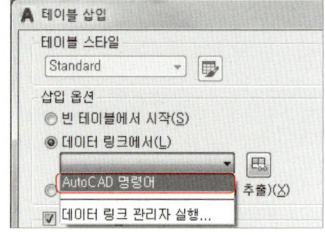

06 삽입점을 지정하면 엑셀 데이터에서 가져온 테이블이 삽입된다.

1-4. 데이터 링크 업데이트

데이터 링크로 작성된 테이블은 외부 파일과 연동성을 지닌다.

> ➡ **실행 방법**
> - 리본 : [주석] 탭–[테이블] 패널–[원본에서 다운로드( )], [원본으로 다운로드( )]
> - [테이블 삽입] 대화상자–[삽입 옵션]–[데이터 링크에서] 클릭–[데이터 링크 관리자 실행] 대화상자 클릭
>   – [원본에서 다운로드] : 외부 데이터 링크에서 변경된 내용을 테이블 객체에 업데이트 한다.
>   – [원본으로 다운로드] : 도면 내 테이블에서 변경된 데이터를 외부 파일 데이터로 업데이트 한다.

외부 스프레드시트(엑셀 파일)의 내용을 변경한 후 저장하면 AutoCAD 안의 테이블도 그 내용에 맞춰 업데이트 할 수 있다. 외부 데이터가 변경되면 상태 막대에 데이터 링크 아이콘에서 알림 메시지가 표시되어 파란색 밑줄 문장을 클릭하면 업데이트가 된다.

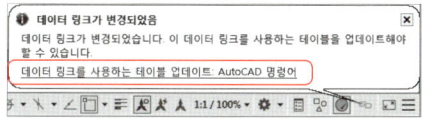

```
명령 : _DATALINKUPDATE
옵션[데이터 링크 업데이트(U)/데이터 링크 작성(W)] 선택 <데이터 링크 업데이트> : _U
객체 또는 [데이터 링크(D)/데이터 링크 모두(K)] 선택 : _D
데이터 링크 이름 또는 [?] 입력 : AutoCAD 명령어
2개의 객체를 찾았습니다.
2개의 객체가 성공적으로 업데이트되었습니다.
```

또한, AutoCAD에서 데이터 링크로 작성된 테이블을 편집하고 그 내용을 외부 파일로 반영시킬 수도 있다. 데이터 링크 테이블의 내용을 편집하려면 바로 가기 메뉴에서 먼저 셀 잠금을 해제한다.

테이블 내용을 수정 후 오른쪽 버튼 클릭 후 바로 가기 메뉴에서 [데이터 링크]–[원본 파일에 사용자 변경 사항 업로드]을 클릭하면 "데이터 링크가 변경되었음" 풍선글이 보인다. 엑셀에서 파일을 확인하면 엑셀 원본도 수정되어 있음을 알 수 있다.

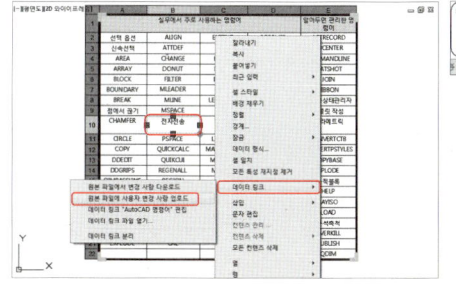

PART 03

AutoCAD 2019

AutoCAD로
3D 모델링을 해볼까?

PART 03은 3차원 모델링과 관련한 기능들로 구성되어 있다. AutoCAD는 2D 제도가 기본이지만 다양한 3D 모델 작성과 편집 기능도 갖고 있다. 3D 개요와 더불어 주요 기능으로 비주얼 스타일, 뷰 관리자, 메쉬 모델링, 솔리드 모델링, 카메라 뷰, 애니메이션 작성, 그리고 3차원 형상으로 2차원 도면으로 만들 수 있는 도면 뷰까지 3차원 명령들을 살펴본다.

Chapter 18   AutoCAD 3D 개요 및 화면 다루기
Chapter 19   3D 제도 보조 기능
Chapter 20   메쉬 모델링
Chapter 21   솔리드 모델링
Chapter 22   카메라 뷰, 애니메이션 작성
Chapter 23   도면 뷰

Chapter 18 : AutoCAD 3D 개요 및 화면 다루기

01 3D 객체의 종류

3D 모델링의 기능에 따라 작성할 수 있는 객체는 3D 솔리드, 서페이스, 메쉬 3종류가 있다. 3D 모델링은 이들을 조합하여 사용할 수 있다. 예를 들어, 솔리드 기본체를 메쉬로 변환해서 메쉬를 부드럽게 한다거나 모델을 서페이스로 변환해서 절차 표면이나 NURBS 표면으로 이용할 수 있다. 이들 객체 유형의 차이점과 특징들을 살펴보면 아래와 같다.

3D 솔리드 모델

가장 일반적으로 사용하는 모델로 질량, 체적, 중심, 관성 모멘트 등 특성을 지닌 닫힌 3D 객체를 말한다. 솔리드 기본체로 상자, 원추, 원통, 구, 토러스, 피라미드를 작성할 수 있으며 두 솔리드를 결합하거나 한 솔리드에서 다른 솔리드를 빼거나 교차(중복)한 솔리드로 형상들을 조합할 수도 있다.
또한 2D 외형선으로 돌출이나 회전, 2D 곡선이나 2D선분을 따라 스윕(SWEEP)이나 여러 단면 형상을 잇는 로프트(LOFT) 조작으로 3D 솔리드 모델을 작성할 수 있다.

서페이스 모델

질량과 체적이 없는 얇은 면이다. 서페이스 골격(와이어프레임)이 되는 점, 선분, 곡선을 3D 공간에 작성, 배치한 후 서페이스를 만든다.

표면에는 절차 표면(PROCEDURE SURFACE)과 NURBS 표면 2종류가 있으며 절차 표면은 자동 조정 모델링으로 와이어프레임 수정에 따라 형상이 업데이트 된다. NURBS 표면은 조정 정점을 사용해 변경한다.

서페이스 모델을 작성하려면 솔리드 모델링과 같은 도구(스윕, 로프트, 돌출, 회전)를 사용하며 참조 그림에서는 위 그림이 절차 표면, 다음 그림이 NURBS 표면이다.

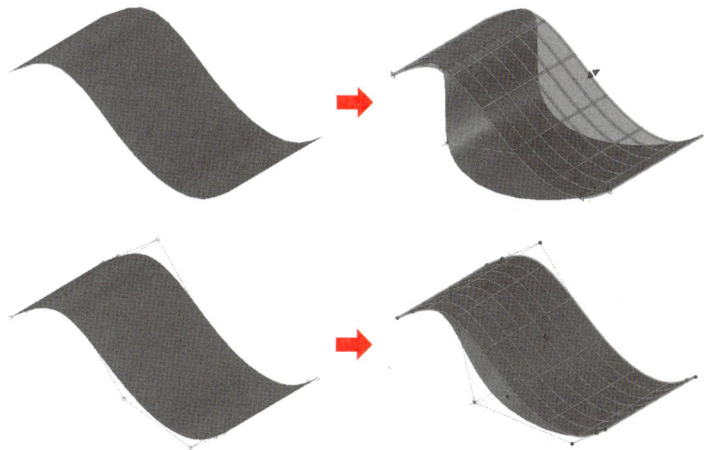

메쉬 모델

메쉬 모델은 정점, 모서리, 면으로 구성된 다각형 모양으로 3D 형상을 정의한다. 3D 솔리드와 마찬가지로 상자, 원추, 피라미드, 구 등 메쉬 기본체를 작성한다. 이것을 바탕으로 메쉬 형상을 완성한다. 메쉬 모서리를 늘리거나 면을 분할하여 부드러움을 증가할 수 있다. 3D 솔리드와 다른 점은 메쉬에는 질량 특성이 없다.

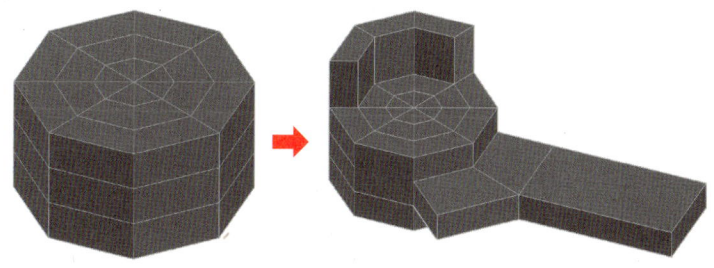

02 비주얼 스타일

3D 모델링 이해가 어렵게 느껴지는 이유는 공간 인식의 문제일 것이다. 객체 형상이나 방향을 정확히 파악하려면 3D 모델의 표시하는 방법을 자유롭게 조정할 필요가 있다. 우선 3D 모델링을 하기 전에 화면 뷰 조정부터 배워본다. 3D 모델링을 하려면 작업 공간을 제도 및 주석에서 3D 모델링으로 전환하여 작업한다. 비주얼 스타일은 모서리, 조명, 음영 표시를 제어하며 작업 영역에서 3D 모델의 표시를 제어한다. 비주얼 스타일은 2D 와이어프레임, 개념, 실제, 스케치 등 10종류이다.

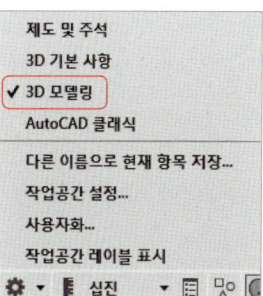

> ▶ **실행 방법**
>
> - 리본 : [홈] 탭–[뷰] 패널–비주얼 스타일 확장
> - 뷰포트 컨트롤 : 비주얼 스타일 선택
> - 메뉴 : [뷰(V)]–[비주얼 스타일(S)] 확장
> - 명령 입력 : VSCURRENT

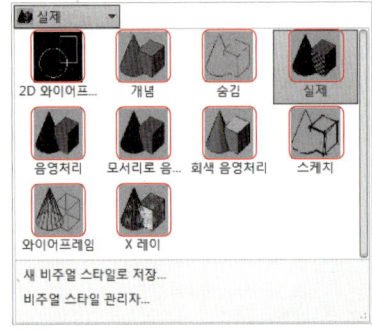
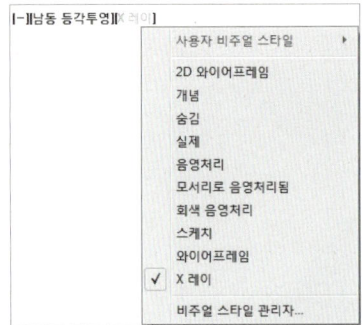

- 2D 와이어프레임 : 경계를 나타내는 선과 곡선을 사용하여 객체를 표시한다.
- 개념 : 부드러운 음영처리 및 Gooch 면 스타일을 사용하여 객체를 표시한다. Gooch 면 스타일은 어두운 색과 밝은 색이 아닌 한색과 난색 간에 전환된다. 효과는 그다지 실제적이지 않으나 모형의 상세를 쉽게 확인할 수 있도록 해준다.

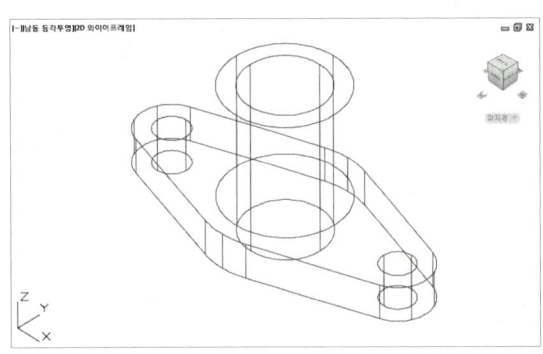

◆ 2D 와이어 프레임

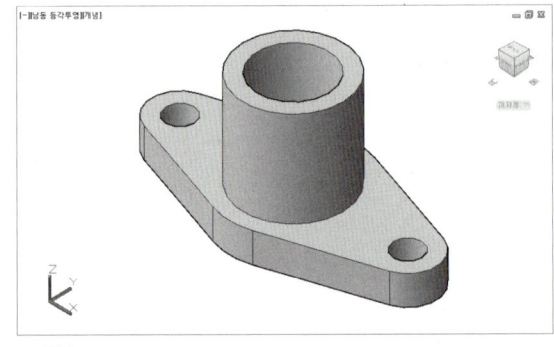

◆ 개념

- 숨김 : 객체를 와이어프레임 표현을 사용하여 표시하고 뒷면을 표현하는 선을 숨긴다.
- 실제 : 부드러운 음영처리 및 재료를 사용하여 객체를 표시한다.

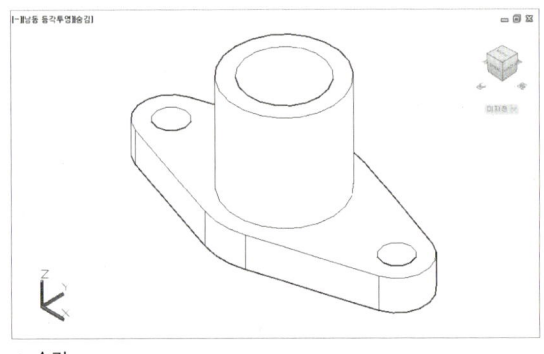

◆ 숨김

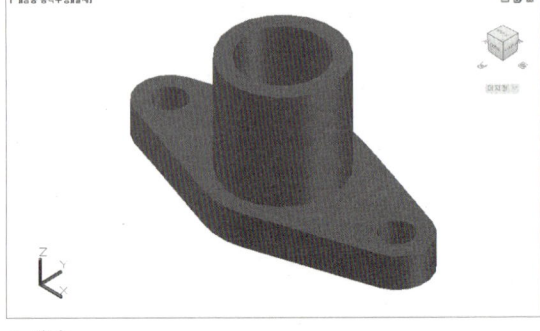

◆ 실제

- 음영처리 : 부드러운 음영처리를 사용하여 객체를 표시한다.
- 모서리로 음영처리됨 : 부드러운 음영처리 및 표시되는 모서리를 사용하여 객체를 표시한다.

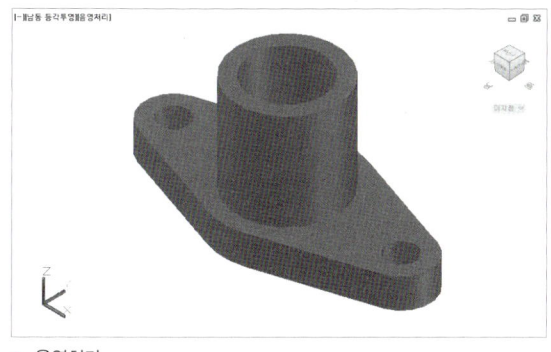
◆ 음영처리

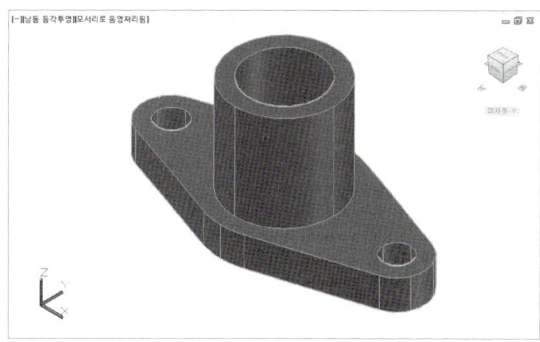
◆ 모서리로 음영처리됨

- 회색 음영처리 : 부드러운 음영처리 및 회색 단색 음영을 사용하여 객체를 표시한다.
- 스케치 : 선 연장 및 지터 모서리 수정자를 사용하여 손으로 스케치한 효과를 적용해 객체를 표시한다.

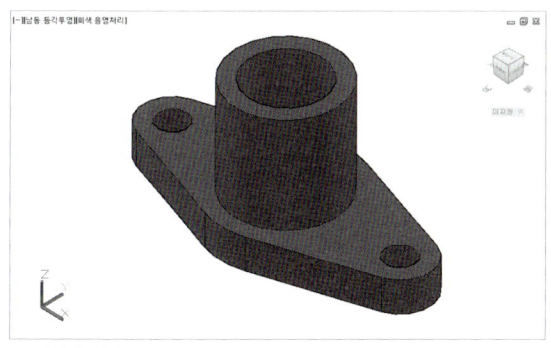
◆ 회색 음영처리

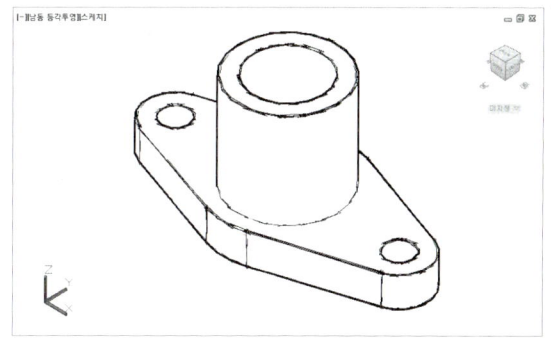
◆ 스케치

- 와이어프레임 : 경계를 나타내는 선과 곡선을 사용하여 객체를 표시한다.
- X 레이: 객체를 부분적으로 투명하게 표시한다.

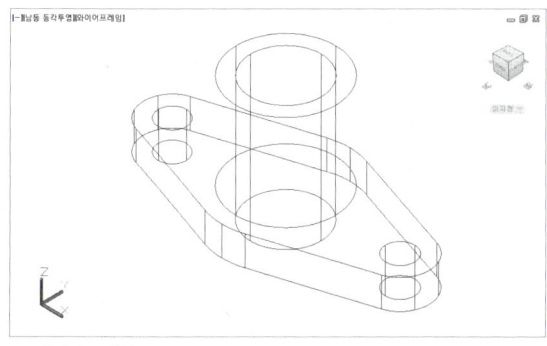
◆ 와이어프레임

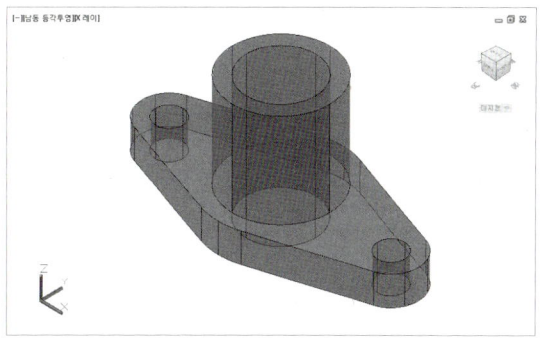
◆ X 레이

❶ 비주얼 스타일 관리자

[비주얼 스타일 관리자] 팔레트를 사용해 새로 비주얼 스타일을 만들거나 변경할 수 있다.

> **▶ 실행 방법**
> - **리본** : [시각화] 탭-[비주얼 스타일] 패널-대화상자 실행기(⤢)
> - **리본** : [뷰] 탭-[팔레트] 패널-비주얼 스타일 관리자 아이콘(🗔)
> - **메뉴** : [뷰(V)]-[비주얼 스타일(S)]-[비주얼 스타일 관리자(V)]   • **명령 입력** : VISUALSTYLE

[비주얼 스타일 관리자] 팔레트에는 도면에서 사용 가능한 비주얼 스타일의 샘플 이미지와 특성이 보인다. 비주얼 스타일을 선택하면 면, 환경 및 모서리 설정 특성 패널이 표시되고 패널 안의 샘플 이미지에 커서를 대고 마우스 오른쪽 버튼을 클릭하면 바로 가기 메뉴가 보인다.

새롭게 비주얼 스타일을 작성할 수 있으며 항목 중 [면 설정]은 뷰포트에 있는 면의 모양을 조정하고, [조명 품질]은 조명 관련 효과를, [환경 설정]은 그림자 및 배경을, [모서리 설정]은 모서리 표시 방법을 조정한다.

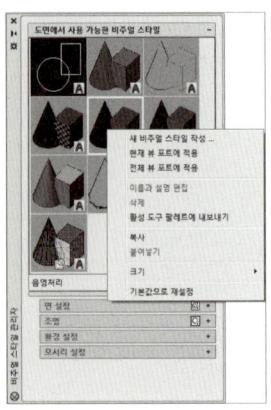

❖ 비주얼 스타일 적용하기

01 예제 파일을 불러온 후 [뷰] 탭-[팔레트] 패널-[비주얼 스타일 관리자]를 클릭하고 [비주얼 스타일 관리자] 팔레트를 연다. [새 비주얼 스타일 작성]을 클릭한다.

■ 예제 파일 : Chapter18₩비주얼 스타일.dwg   🎬 비주얼 스타일 적용하기

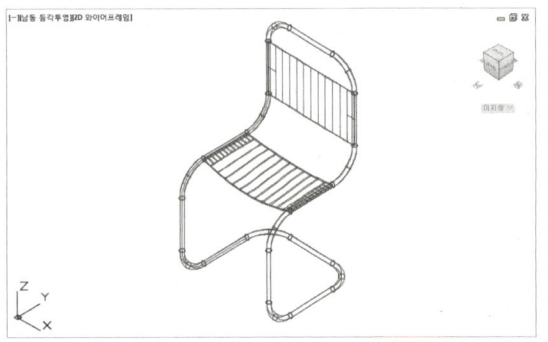
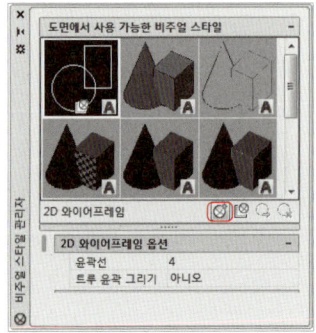

02 [새 비주얼 스타일 작성] 창에서 이름을 [드로잉]으로 입력하고 [확인] 버튼을 클릭한다. [비주얼 스타일 관리자] 팔레트에서 스크롤을 이용하여 [조명] 항목이 보이도록 한다. [조명]의 [그림자 표시]를 [끄기]에서 [매핑된 객체 그림자]로 설정한다.

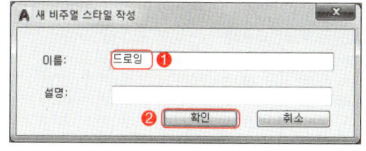 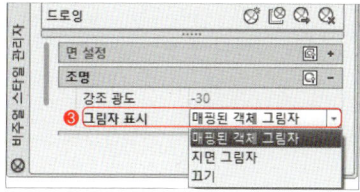

03 [모서리 설정] 항목에서 선의 수를 '7'로 하고, [폐색 모서리]의 표시를 [아니오]로 설정한다. 그 후 [선택된 비주얼 스타일을 현재 뷰포트에 적용]을 클릭한다.

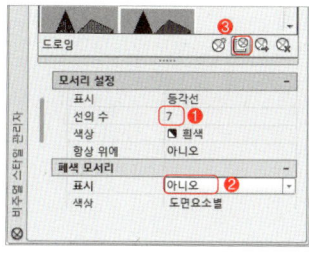 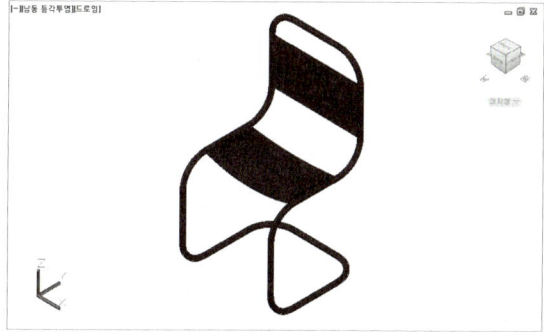

04 [비주얼 스타일 관리자] 팔레트에서 왼쪽 스크롤을 조정하여 [모서리 수정자] 항목이 보이도록 한다. [선 연장 모서리] 아이콘을 클릭한 후 선 연장을 '6'으로 입력, [지터 모서리] 아이콘을 클릭한 후 지터를 [낮음]으로 설정하고 [비주얼 스타일 관리자] 팔레트를 닫는다.

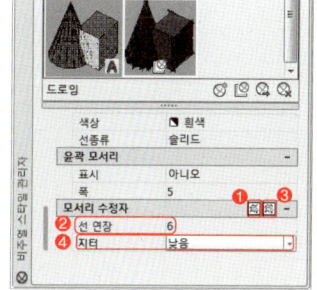

05 [시각화] 탭-[비주얼 스타일] 패널에서 [등각선]은 [깎인면 모서리]를 선택하고, 면 색상모드는 [단색]으로, 면 스타일은 [난-한색 면 스타일]로 설정한다. [시각화] 탭이 안보인다면 [리본] 탭 표시에서 [시각화]를 체크하여 보이게한다.

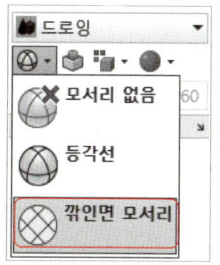 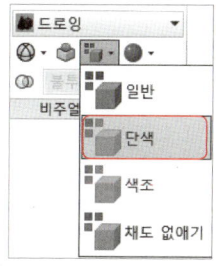 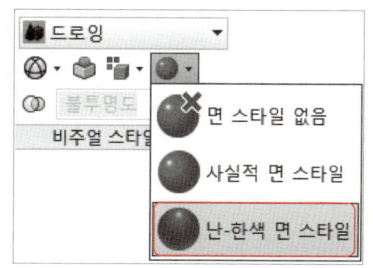

06 설정이 완료되면 뷰가 바뀌고 [드로잉]에서 [현재]로 비주얼 스타일이 변경이 되었다.

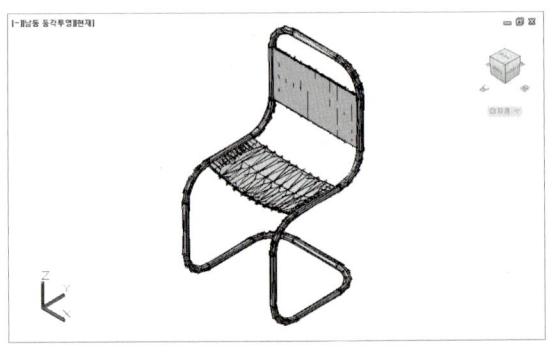

03 VIEW

작성한 객체를 다양한 뷰로 표시할 수 있다. 각각의 뷰에 이름을 붙여 등록하면 필요한 뷰를 언제라도 가져와 볼 수 있게 된다.

▶ 실행 방법
- 리본 : [뷰] 탭–[명명된 뷰] 패널–뷰 관리자 아이콘( )
- 메뉴 : [뷰(V)]–[명명된 뷰(N)]
- 명령 입력 : VIEW

◆ [뷰 관리자] 대화상자 ◆

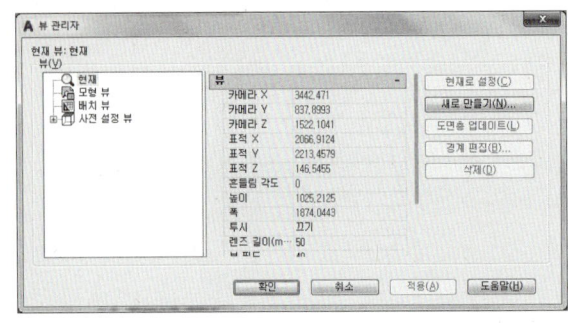

모형 뷰, 카메라 뷰, 배치 뷰 및 사전 설정 뷰를 포함한 명명된 뷰를 작성, 설정, 이름바꾸기, 수정 및 삭제를 한다. [새로 만들기] 버튼을 클릭하면 [새 뷰/샷 특성] 대화상자가 보인다. 표시할 도면 영역, 뷰 객체에 대한 시각적 모양, 명명된 뷰에 지정될 배경을 조정한다.

▶ 뷰 등록하기

[뷰 관리자] 대화상자에서 뷰를 새로 만들어서 원하는 뷰로 자유롭게 이동할 수 있도록 연습을 해본다.

01 예제 파일을 불러온다.
- 예제 파일 : Chapter18₩뷰 등록.dwg
- 뷰 등록하기

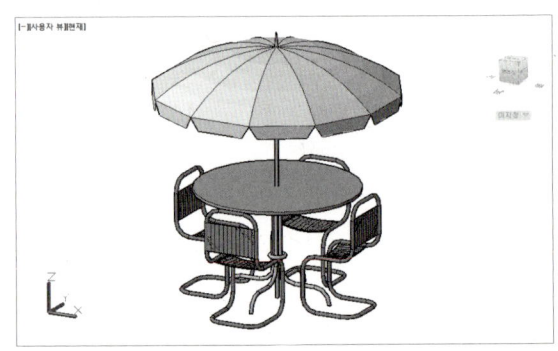

02 [뷰] 탭-[명명된 뷰] 패널-[뷰 관리자]를 클릭하고 [뷰 관리자] 대화상자에서 [새로 만들기] 버튼을 클릭한다.

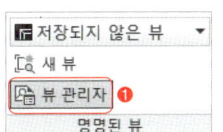
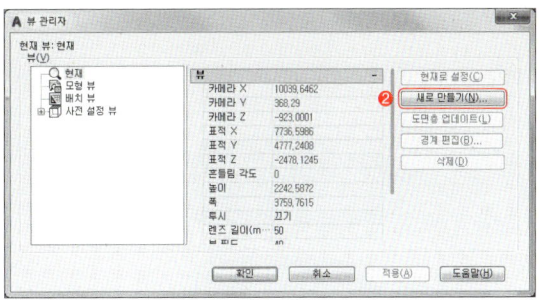

03 [새 뷰/샷 특성] 대화상자에서 [뷰 이름]을 [전체], [뷰 유형]은 [스틸], [경계]는 [현재 화면표시]로 하고 나머지 항목들은 기본값 상태에서 [확인] 버튼을 클릭한다.

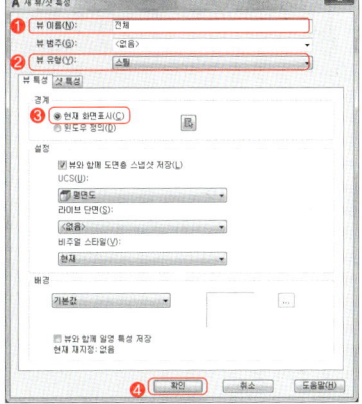

04 한 번 더 [새로 만들기] 버튼을 클릭한다. [새 뷰/샷 특성] 대화상자에서 [뷰 이름]을 [파라솔], [뷰 유형]은 [스틸], [경계]는 [윈도우 정의]로 한다.

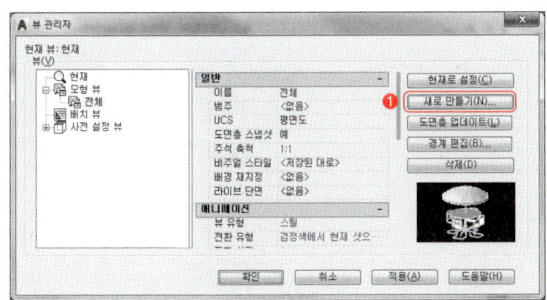
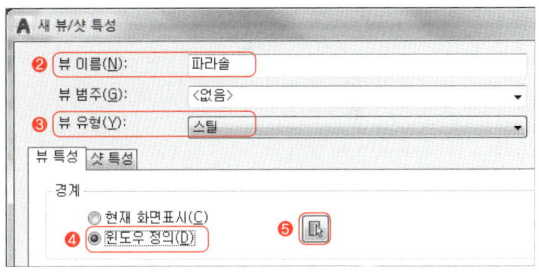

05 파라솔 부분을 직접 윈도우 방식으로 선택하고 Enter 를 눌러 범위를 확정한다. 나머지는 기본값 그대로 두고 [확인] 버튼을 클릭한다. [뷰 관리자]에 전체, 파라솔 2개의 모형 뷰가 보인다. [확인] 버튼을 클릭하고 대화상자를 닫는다.

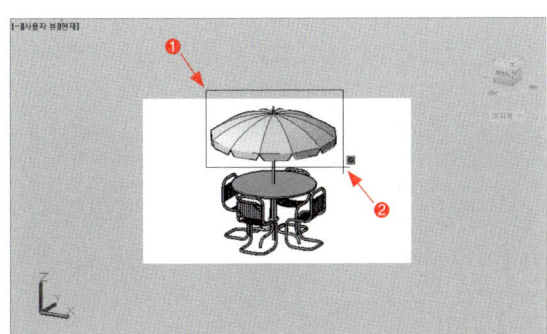

06 도면 영역의 왼쪽 위에 있는 뷰포트 컨트롤에서 [사용자 뷰]를 클릭하면 바로 가기 메뉴가 표시된다. [전체]와 [파라솔] 2개 뷰를 체크하여 뷰 전환을 확인한다.

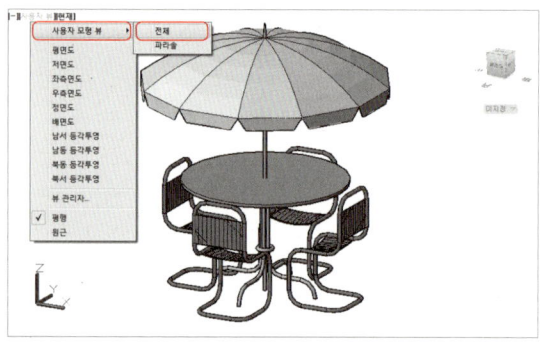 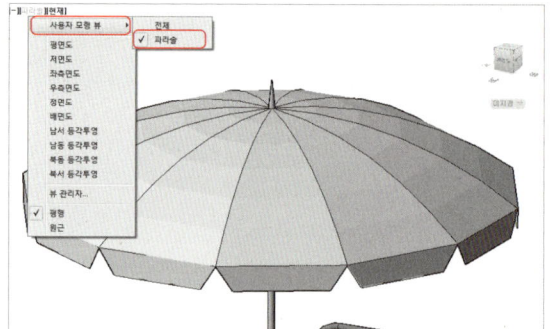

07 다시 한번 뷰관리자의 [전체] 명명된 뷰에서 배경 재지정을 [없음]에서 [그라데이션]으로 바꾸고 색상을 적용한다.

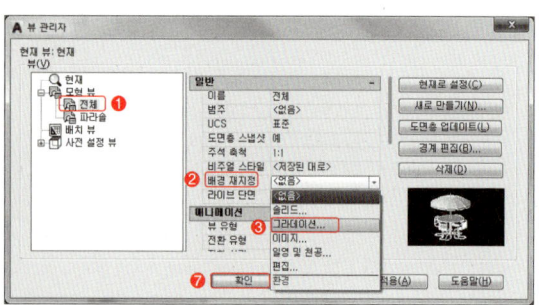 

08 [뷰 관리자]도 [확인] 버튼을 클릭하여 대화상자를 닫는다. 뷰포트 관리자에서 명명된 뷰를 다시 [전체]로 하면 변경된 뷰의 확인이 가능하다.

04 SHOWMOTION

ShowMotion을 사용하여 저장된 뷰에 대한 변환과 이동을 추가할 수 있다. 탐색 막대에서 ShowMotion을 실행하면 도면 영역 아래에 [뷰 범주] 미리보기가 보인다. 미리보기 이미지에 커서를 갖다대면 명명된 뷰의 미리보기가 표시된다. 뷰를 전환할 때 표시되는 애니메이션이 샷이다. 샷은 미리보기 이미지에서 [재생] 버튼을 클릭하면 재생이 되며 바로 가기 메뉴에서 버튼으로 샷을 새롭게 작성할 수 있다.

실행 방법

- **리본** : [뷰] 탭–[뷰포트 도구] 패널–동작 표시 아이콘(📽)
- **메뉴** : [뷰(V)]–[ShowMotion(M)]
- **명령 입력** : ShowMotion

ShowMotion은 샷 썸네일, 샷 시퀀스 썸네일 및 ShowMotion 컨트롤의 세 가지 주요 부분으로 구성된다. ShowMotion 컨트롤을 사용하여 화면 아래쪽에서 샷에 지정된 애니메이션을 재생할 수 있고, ShowMotion을 고정 해제할 수 있으며 ShowMotion을 닫을 수 있다. 샷 및 샷 시퀀스 썸네일을 사용하여 현재 모형의 샷을 탐색한다.

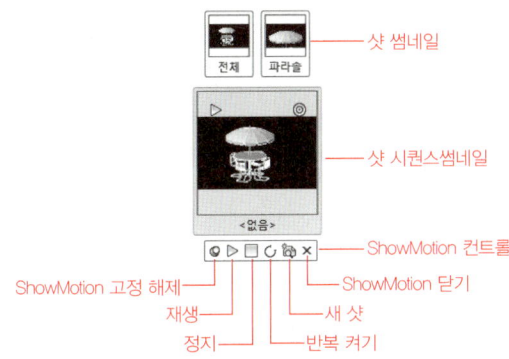

◆ ShowMotion 사용하기

01 예제 파일을 불러온 후 탐색 막대의 [ShowMotion] 아이콘(📽)을 클릭한다. 각 뷰별로 미리보기 이미지가 도면 영역 아래에 표시된다. 미리보기 이미지를 클릭하거나 [재생] 또는 [가기] 아이콘을 클릭하면 해당 이미지가 보인다.

■ 예제 파일 : Chapter18₩ShowMotion.dwg   ▶ ShowMotion 사용하기

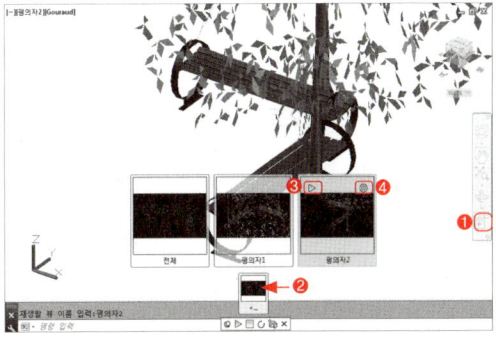

02 미리보기 이미지 아래 있는 ShowMotion 컨트롤의 6개 버튼을 차례대로 클릭하여 확인한다. [재생] 버튼(▷)을 클릭하면 뷰가 차례대로 보여진다.

03 현재 뷰를 [전체]로 지정한 후 샷을 새로 만들기 위해 ShowMotion 컨트롤의 [새 샷] 버튼(🐞)을 클릭한다.

04 [새 뷰/샷 특성] 대화상자에서 [뷰 이름]은 [줌확대], [뷰 유형]은 [영화], 전환 유형은 [검정색에서 현재 샷으로 페이드], [전환 시간]은 [1.4]초, [이동 유형]은 [줌확대], [시간]은 [3]초, [거리]는 [25000]으로 설정하고 [미리보기]를 클릭하여 설정한 내용을 확인한다. [확인] 버튼을 클릭하면 새로 추가한 샷이 마지막에 보인다. 줌확대 이미지에서 [재생]을 클릭하면 줌 확대 부분이 보인다.

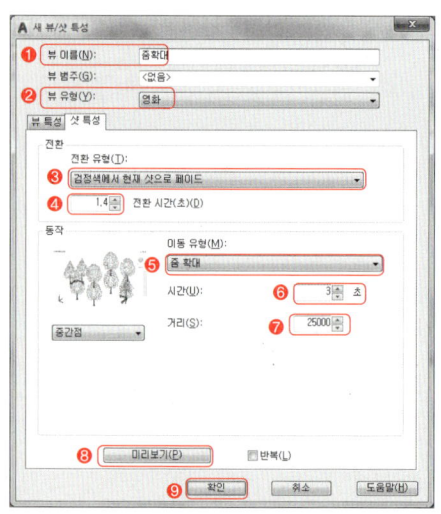
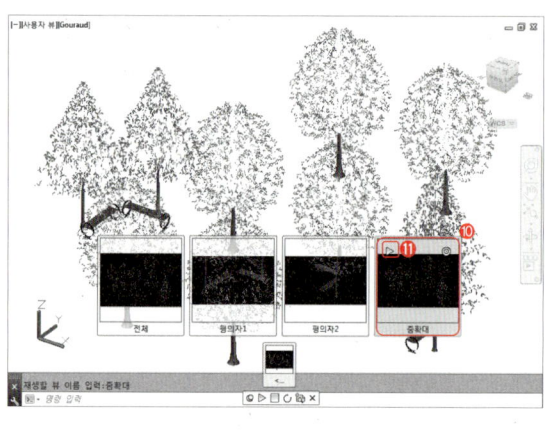

05 VPORTS(뷰포트 관리)

뷰를 화면에 표시하는 영역(표시 창)이 뷰포트이다. 즉, 뷰포트란 표시 화면을 여러 개로 분할했을 때 각각의 창을 말한다. 여러 개의 뷰포트를 표시하면 1개의 객체는 다양한 모양으로 보이게 할 수 있다. 또한, 전체 도면과 부분 상세도를 한 번에 도면에 표시하여 해당 도면 작성을 위해 여러 번에 걸쳐 확대나 축소를 반복했던 수고로움이 줄어들 수가 있다.

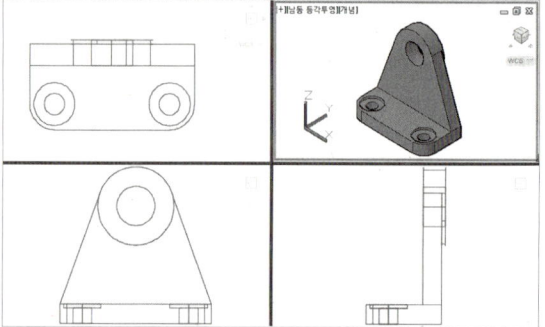

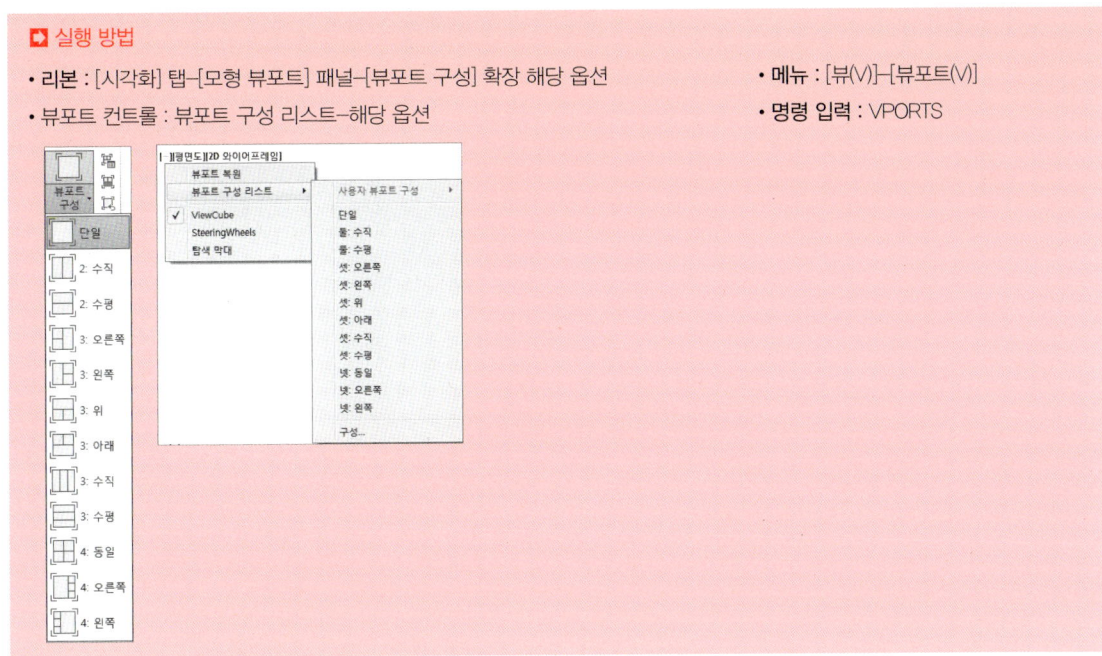

모형공간에서 여러 개의 뷰포트를 작성하면 연한 파란색 경계로 현재 활성화 상태인 뷰포트를 확인시켜 준다. 또한, 수평 또는 수직 뷰포트 경계를 드래그하면 간단히 뷰포트 크기를 변경할 수 있다.

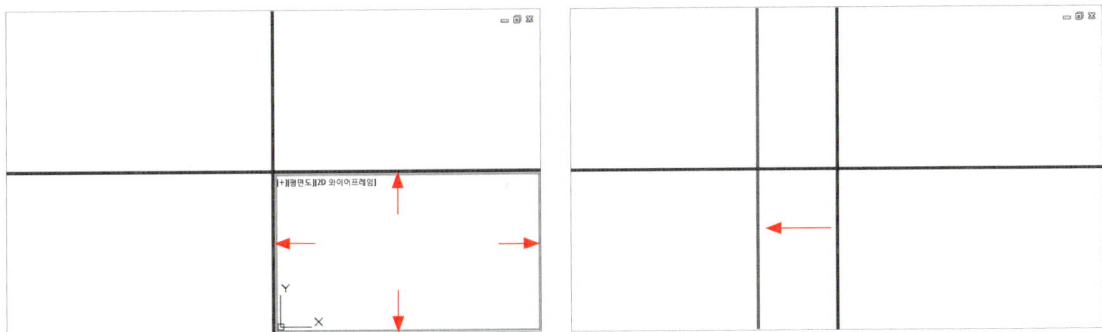

뷰포트 경계에 표시된 [+] 아이콘을 클릭하고 드래그하면 새 뷰포트 크기를 보면서 간단히 뷰포트를 추가할 수 있다.

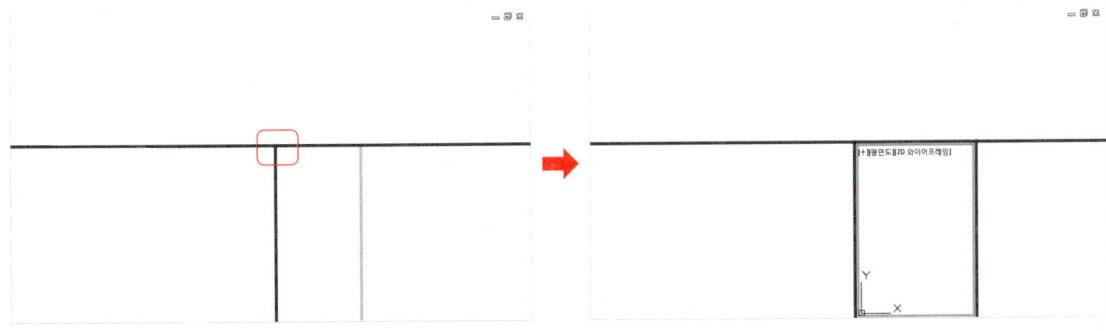

◆ [뷰포트 관리자] 대화상자 ◆

[시각화] 탭–[모형 뷰포트] 패널–[명명됨] 아이콘을 클릭하면 [뷰포트 관리자] 대화상자가 표시된다. 이 대화상자에서 임의로 뷰포트를 분할하거나 뷰포트를 저장할 수 있다.

 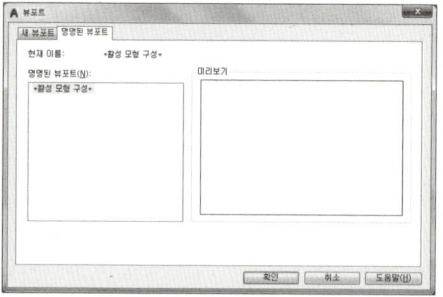

[새 뷰포트] 탭에서 뷰포트 설정을 하고 다른 이름으로 저장한다. 대화상자에 뷰포트 이미지가 미리보기로 표시되어 쉽게 뷰를 분할할 수 있으며, 각각 뷰포트에 저장된 뷰를 불러오거나 비주얼 스타일을 부여할 수 있다.

저장한 뷰포트는 [명명된 뷰포트] 탭에서 가져올 수 있다.

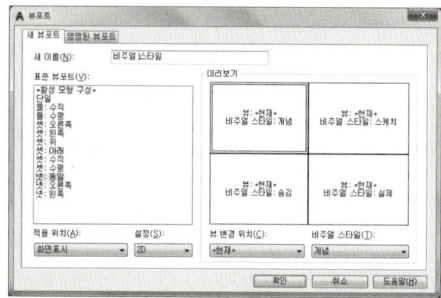 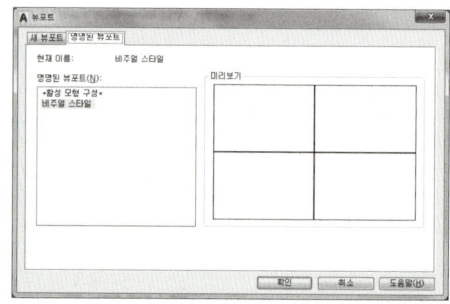

분할한 뷰포트는 뷰포트 컨트롤에서 [뷰포트 최대화]를 클릭하면 현재 뷰포트로 하나의 화면이 보이게 된다.

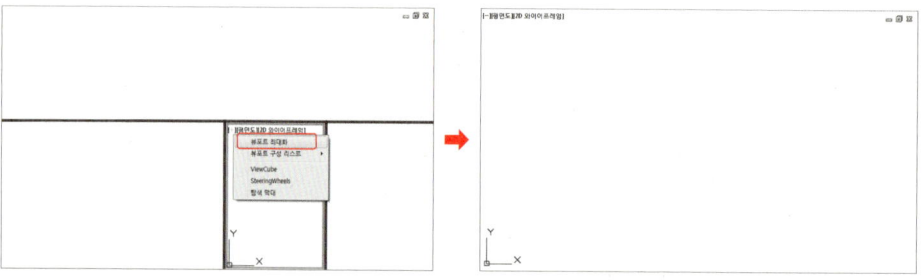

06 3DORBIT

마우스 드래그 동작으로 3D뷰를 제어할 수 있다. 3DORBIT(3D 궤도) 명령은 옵션에 따라 3가지가 있으며 명령을 실행하기 전에 한 개 또는 여러 객체를 선택하면 선택된 객체만 궤도 표시가 된다.

▶ 실행 방법

- **리본** : [뷰] 탭–[탐색] 패널–궤도 아이콘( )
- **메뉴** : [뷰(V)]–[궤도(B)]
- **명령 입력** : 3DORBIT, 3DFOBIT, 3DCOBIT

TIP [탐색] 패널은 3D 모델링 작업 공간에서는 숨겨진 패널이므로 [뷰] 탭을 클릭하고 리본에서 마우스 오른쪽 버튼 클릭으로 [패널 표시]-[탐색]에 체크를 해야 [탐색] 패널이 보인다.

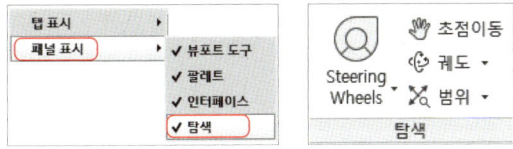

3가지 궤도 명령

❶ 궤도(3DORBIT)

3DORBIT를 실행하면 현재 뷰포트에서 3D 궤도 뷰가 활성화되고 3D 궤도 커서 아이콘(⊕)이 표시된다. 3DORBIT 명령이 활성화된 동안에는 객체를 편집할 수 없으며 커서를 수평으로 드래그하는 경우 카메라는 표준 좌표계(WCS)의 XY 평면과 평행으로 이동한다. 커서를 수직으로 드래그하는 경우 카메라는 Z축을 따라 이동한다. 뷰 회전 기준과 관련된 표적 포인트를 나타내는 작은 구가 임시로 표시된다.

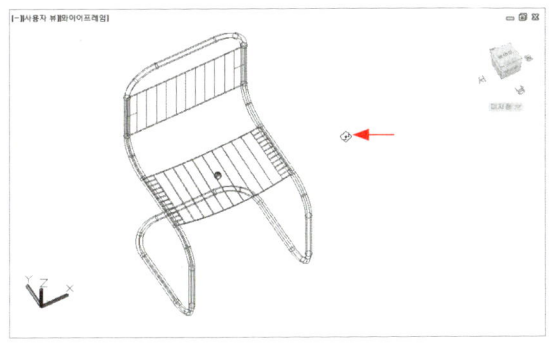

명령이 활성 상태일 때 마우스 오른쪽 버튼을 클릭하면 바로 가기 메뉴에 추가 옵션이 표시되고 기본적으로 객체를 하나 이상 선택한 후에 이 명령을 시작하면 해당 객체만 표시된다.

Shift +마우스 휠을 누르고 커서를 이동하여 3D 궤도 모드를 임시로 지정할 수 있다.

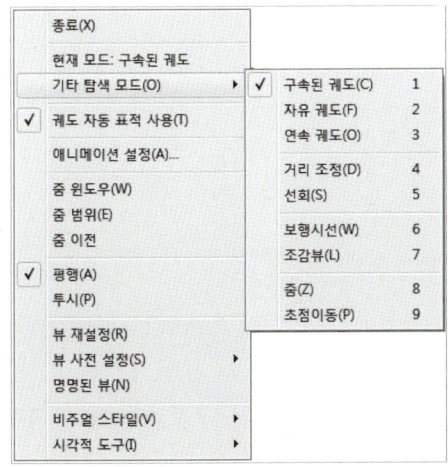

❷ 자유 궤도(3DFOBIT)

3D 자유 궤도 뷰는 4개 사분점으로 나뉘어진 하나의 원호구를 표시한다. 바로가기 메뉴에서 궤도 자동 표적 사용 옵션이 선택 해제되면 뷰의 표적이 보려는 객체의 중심이 아니라 원호구의 중심이 표적이 된다.

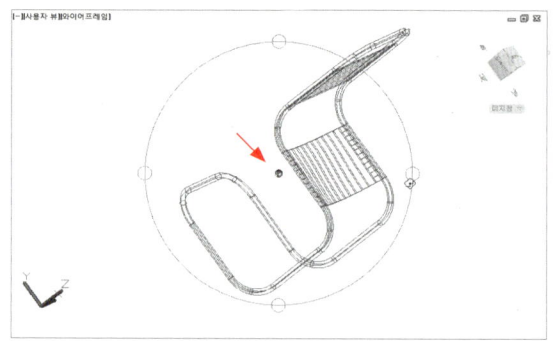

바로 가기 메뉴에서 궤도 자동 표적 사용 옵션을 다시 선택하고, 커서를 원 호구의 다른 부분으로 옮겨 드래그를 해본다. 커서 아이콘이 변경되고 뷰 회전 방향을 보면서 조정한다.

3DORBIT 명령과 달리 3DFORBIT 명령은 궤도를 수직 또는 수평 평면으로 구속하지 않는다. 객체를 하나 이상 선택하고 이 명령을 시작하면 해당 객체만 표시된다.

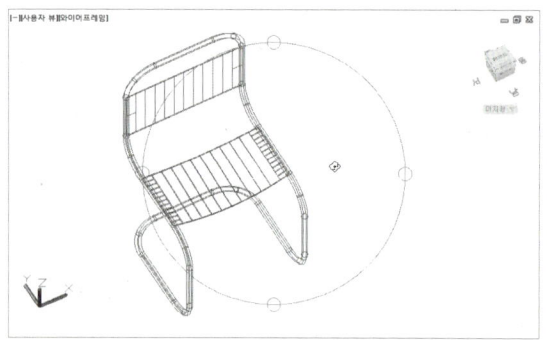 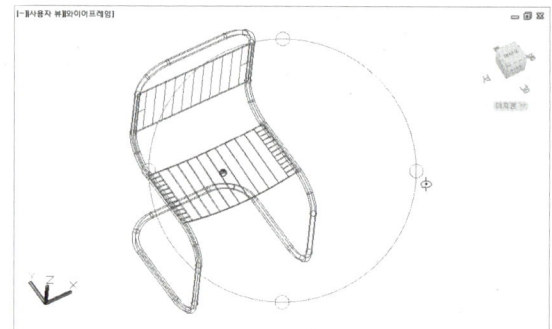

❸ 연속 궤도(3DCOBIT)

도면 영역에서 임의의 방향으로 마우스를 드래그하여 객체를 이동하면 마우스를 뗀 상태에서도 진행 방향으로 뷰 회전이 계속된다. 객체 회전 속도는 커서 이동 속도에 따라 결정된다. 다시 마우스를 임의의 지점에 클릭하고 드래그하여 연속 궤도의 방향을 변경할 수 있다.

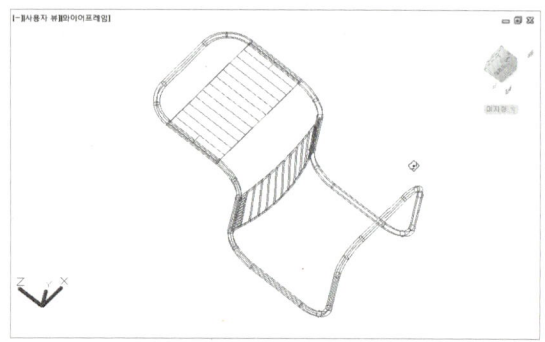

◆ 궤도 명령 실행 중 마우스 오른쪽 클릭 후 바로가기 메뉴 명령 설명 ◆

- **현재 모드** : 현재 모드가 표시된다.
- **기타 탐색 모드** : 3D 탐색 모드를 전환한다.
- **궤도 자동 표적 사용** : 표적을 뷰포트 중심이 아니라 보고 있는 객체 위로 유지한다. 이 기능은 기본값은 체크된 상태이다.
- **애니메이션 설정** : 애니메이션 대화상자가 보이고 애니메이션 저장에 관한 설정을 한다.
- **평행** : 도면의 두 평행선이 수렴하지 않도록 객체를 표시한다.
- **투시** : 모든 평행선이 한 점에 모아지도록 객체를 원근법으로 표시한다.
- **뷰 재설정** : 3DORBIT를 처음 시작할 때 뷰를 현재 뷰로 다시 재설정한다.
- **시각적 도구** : 객체를 시각화하기 위한 도구를 제공한다. 이 중 UCS 아이콘은 객체 선택 시 음영처리된 3D UCS 아이콘을 표시한다. X 축은 빨간색, Y 축은 초록색, Z 축은 파란색이다.

07 VIEWCUBE

작업 화면 오른쪽 위에 육면체 인터페이스가 표시되는데 이것이 뷰큐브(ViewCube)이다. 커서를 갖다 대면 면과 모서리 코너가 하이라이트 되는데 이 부분을 핫스팟(Hotspot)이라 부른다. 이 핫스팟을 클릭하면 지정된 방향으로 화면이 전환한다. 궤도와 달리 뷰큐브는 항상 화면에 표시되어 객체의 위치 파악을 쉽게 할 수가 있다.

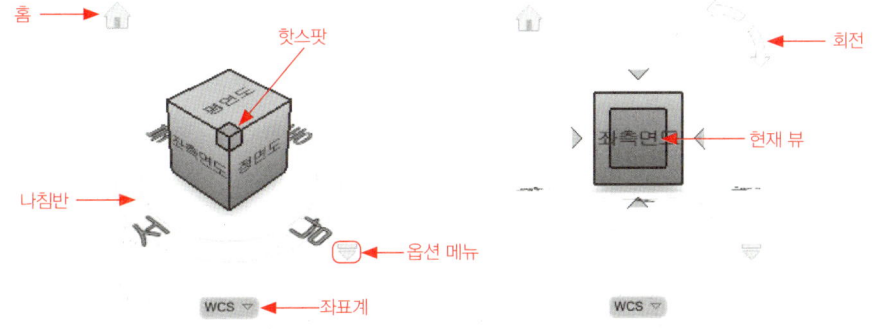

- **홈** : 홈 뷰에 설정된 뷰를 불러온다. ViewCube의 바로 가기 메뉴에서 현재 뷰를 홈으로 설정할 수 있다.
- **핫스팟** : 모서리, 코너, 측면에 커서를 이동하면 하이라이트 표시된다. 핫스팟을 클릭하면 해당 도면 뷰로 전환된다.

- **나침반** : 도면에 정의된 대로 동, 서, 남, 북 방향을 표시한다. 나침반을 클릭하고 나침반을 따라 드래그하면 뷰를 회전할 수 있다.
- **회전** : 현재 뷰를 선택한 방향(시계 방향 또는 반시계 방향)으로 90도 회전한다. 이 옵션은 등각도에서는 사용할 수 없다.
- **현재 뷰** : 도면 안에서 현재 뷰가 옅은 회색으로 표시된다.
- **좌표계** : 좌표계를 지정하거나 새로운 좌표계를 만들 수 있다.
- **옵션 메뉴** : ViewCube 옵션을 선택할 수 있다.

ViewCube를 드래그하면 궤도처럼 시점을 회전시킬 수 있으며 육면체에 표시된 동서남북 나침반 부분을 클릭해도 뷰 변경이 된다. ViewCube 아래 (▼)를 클릭하여 확장 옵션 메뉴를 살펴본다.

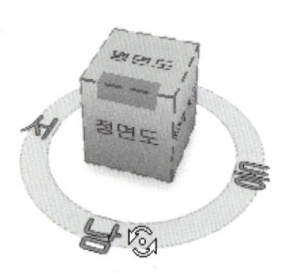 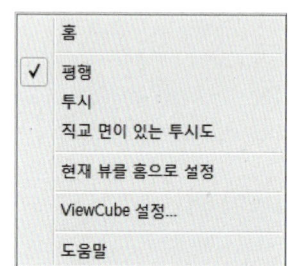

- **평행** : 평행 투영을 사용하여 현재 뷰를 표시한다. 카메라점과 표적점이 같은 위치에 있음을 가정하여 평탄하게 뷰가 표시된다.
- **투시** : 투시 투영으로 현재 뷰를 표시한다. 카메라점과 표적점이 거리가 어느 정도 있다고 가정하여 보다 실제에 가까운 뷰가 작성된다.
- **직교 면이 있는 투시도** : 뷰에 따라 자동으로 투시 또는 평행 투영 뷰를 보여준다. 현재 뷰가 등각도인 경우 뷰는 투시 투영을, 현재 뷰가 평면도, 좌측면도, 우측면도, 정면도 등 면에 해당한다면 뷰는 평행 투영으로 보여준다.
- **현재 뷰를 홈으로 설정** : 현재 뷰를 홈 뷰로 등록한다.
- **ViewCube 설정** : [ViewCube설정] 대화상자에서 가시 상태나 표시 특성을 제어한다.

◇ **[ViewCube 설정] 대화상자** ◇

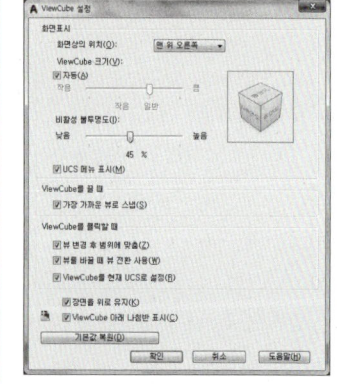

ViewCube 확장 옵션 메뉴에서 [ViewCube 설정] 대화상자를 표시할 수 있다. 이 대화상자에서 ViewCube 표시 위치와 크기 등을 설정한다.

- **[화면표시]** : 뷰포트의 어느 위치로 ViewCube를 표시할지 지정한다.
- **[ViewCube 크기]** : ViewCube 크기를 지정한다. [자동]으로 선택하면 뷰포트 또는 도면 영역의 크기와 줌 배율에 따라 조정된다.
- **[비활성 불투명도]** : ViewCube를 사용하지 않을 때 ViewCube의 불투명도를 조절한다.
- **[UCS 메뉴 표시]** : ViewCube 아래 좌표계 메뉴 표시를 켜기, 끄기 한다.
- **[ViewCube를 끌 때]** : [가장 가까운 뷰로 스냅]은 ViewCube를 끌어 뷰를 변경할 때 가장 가까운 사전 설정 뷰에 맞춰 현재 뷰를 조정할지 여부를 지정한다.
- **[ViewCube를 클릭할 때]–[뷰 변경한 후 범위에 맞춤]** : 뷰 변경한 후에 객체 범위 줌을 실행할지 아닐지를 지정한다.

- **[ViewCube를 클릭할 때]-[뷰를 바꿀 때 뷰 전환 사용]** : 뷰를 전환할 때 부드러운 뷰 전환 사용을 조정한다.
- **[ViewCube를 클릭할 때]-[ViewCube를 현재 UCS로 설정]** : ViewCube가 현재 UCS 또는 WCS를 반사하는지 여부를 조정한다. ViewCube에서는 XY평면이 평면도가 된다.
- **[장면을 위로 유지]** : 뷰를 상하(위아래)로 뒤집을 수 있는지 여부를 지정한다.
- **[ViewCube 아래 나침반 표시]** : ViewCube 도구 아래에 나침반을 표시할지 여부를 조정한다.
- **[기본값 복원]** : ViewCube 설정을 기본값으로 재설정한다.

08 NAVSWHEEL

SteeringWheels를 실행하면 커서 바로 옆에 휠이 표시된다. SteeringWheels는 여러 탐색도구를 휠 모양으로 결합한 것이다. 휠의 여러 버튼들은 특정 탐색 도구가 배치된 것으로 버튼을 드래그하여 조작한다.

실행 방법

• **리본** : [뷰] 탭-[탐색] 패널-SteeringWheels 아이콘( ) • **메뉴** : [뷰(V)]-[SteeringWheels(S)] • **명령 입력** : NAVSWHEEL

SteeringWheels에는 4개 종류가 있으며 각각 다른 탐색도구가 구성되어 있다. 아래 표에서 위 이미지는 표준 크기, 아래 이미지는 작은 크기이다.

구속	전체 탐색 휠	객체보기 휠	빌딩 둘러보기 휠	2D 탐색 휠
기본 휠		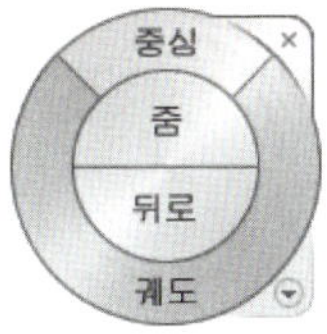	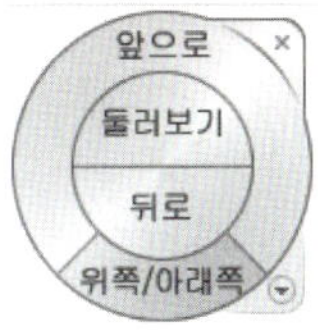	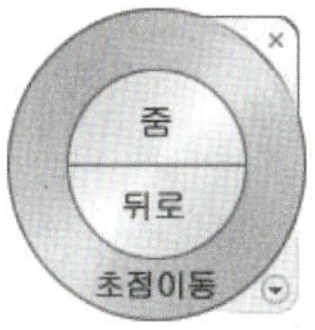
작은크기	 초점 이동	 초점 이동	 위쪽/아래쪽	

- **전체 탐색 휠** : 전체 탐색 휠은 2D 탐색 휠, 객체 보기 휠, 빌딩 둘러보기 휠에 있는 2D 및 3D 탐색 도구를 휠 하나로 결합한 것이다. 전체 탐색 휠(표준 크기 및 작은 크기)에는 객체 보기와 빌딩 둘러보기에 모두 사용되는 일반 3D 탐색 도구가 포함되어 있다. 표준 크기 및 작은 크기 전체 탐색 휠은 숙련된 3D 사용자용으로 최적화되어 있다.
- **객체보기 휠** : 객체 보기 휠은 3D 객체의 외관을 확인한다. 휠을 사용하여 모형의 개별 객체 또는 객체 그룹을 본다.
- **빌딩 둘러보기 휠** : 모형의 안쪽을 탐색한다. 빌딩 둘러보기 휠(표준 크기 및 작은 크기)을 사용하면 빌딩, 조립 라인, 선박, 유전 굴착 장치 등의 모형에서 이동할 수 있다. 또한 모형에 대해 보행시선을 수행하고 모형을 탐색할 수도 있다.
- **2D 탐색 휠** : 2D 탐색을 위한 도구이다.

3D 탐색에 사용할 수 있는 것은 전체 탐색, 객체보기, 빌딩 둘러보기 휠 3종류이다. 또한 크기도 2종류로 작은 크기와 기본 크기가 있어 목적에 따라 휠 종류를 선택한다.

SteeringWheels 기능

각 휠에는 아래와 같은 옵션이 있고, 실행하려면 버튼을 드래그한다.

- [중심] : 모형상의 임의의 지점을 현재 뷰의 중심으로 지정한다. 마우스 오른쪽 버튼을 클릭한 후 바로 가기 메뉴에서 중심을 재설정 할 수 있다.

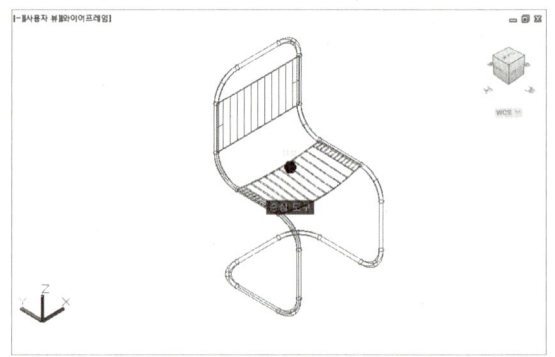

- [앞으로] : 현재 시점과 모형에 정의된 피벗점 거리를 조정한다. 모델에 피벗점을 지정하고 마우스를 위아래로 드래그하면 객체가 확대 축소된다.

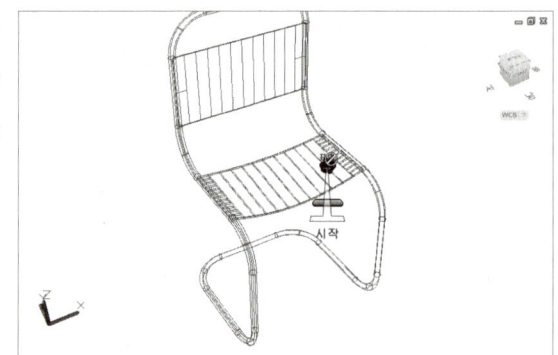

- [뒤로] : 가장 최근 뷰 방향을 복원한다. 뷰를 선택해 뒤나 앞으로 이동할 수 있다.

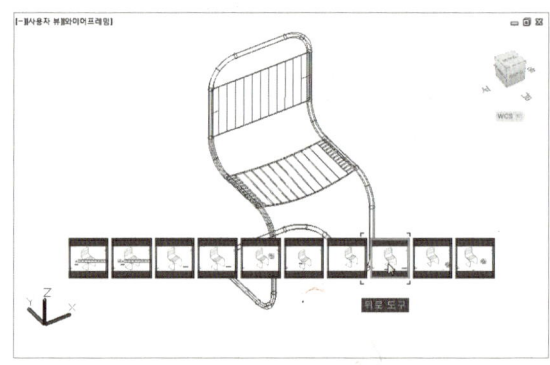

- [둘러보기] : 현재 뷰를 회전한다.

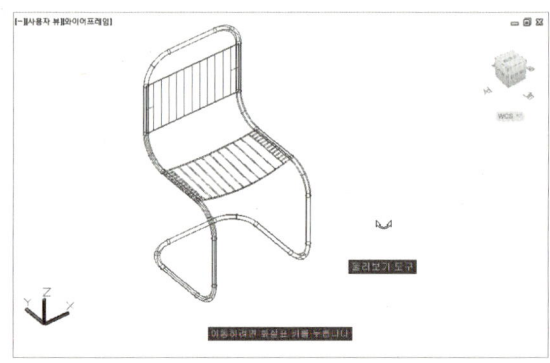

- [궤도] : 뷰 중심에서 고정 피벗점을 중심으로 현재 뷰를 회전한다.

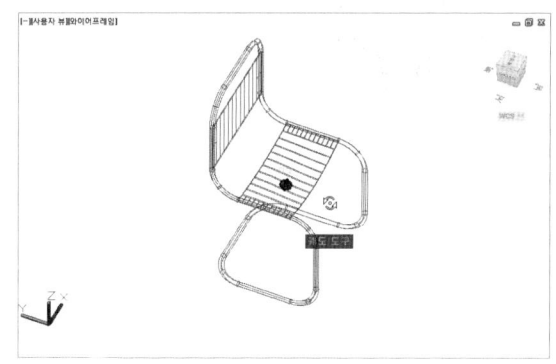

- [초점이동] : 초점이동을 통해 현재 뷰의 위치를 재설정한다.

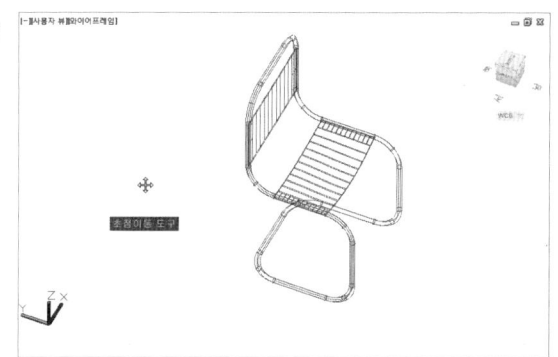

- [위쪽/아래쪽] : 모형의 현재 뷰를 모형의 Z 축을 따라 이동한다.

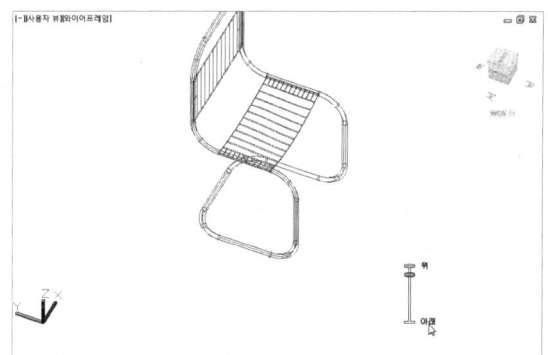

- [보행시선] : 모형을 통과하는 보행자시선을 시뮬레이션한다.

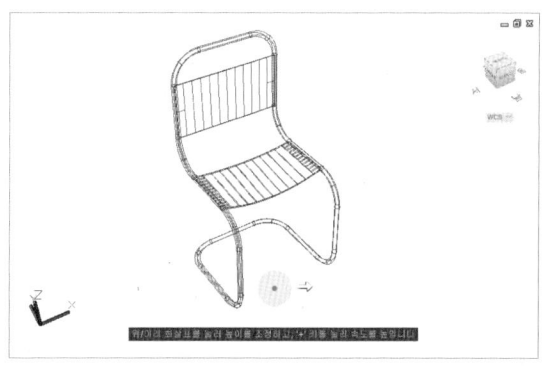

- [줌] : 현재 뷰의 배율을 조정한다.

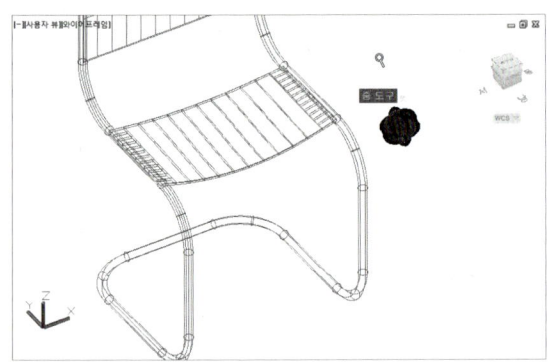

◘ SteeringWheels 바로 가기 메뉴

휠이 표시되어 있을 때 바로 가기 메뉴에서 옵션을 실행할 수 있다.

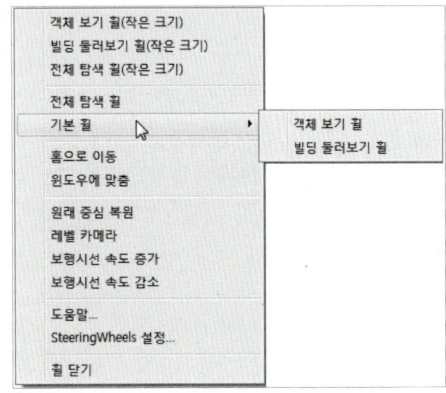

- **홈으로 이동** : 모형에 저장된 홈 뷰로 이동한다. ViewCube 홈 뷰로 동기화한다.
- **윈도우에 맞춤** : 모든 객체가 표시되도록 현재 뷰 크기를 변경하여 뷰가 중앙에 표시된다.
- **원래 중심 복원** : 뷰 중심을 모형 범위로 재설정한다.
- **레벨 카메라** : 현재 뷰가 XY평면을 기준으로 회전한다. 카메라는 XY평면과 평행이 된다.
- **보행시선 속도 증가** : 보행시선 속도를 2배 빠르게 한다.
- **보행시선 속도 감소** : 보행시선 속도를 1/2배 감소한다.
- **SteeringWheels 설정** : SteeringWheels 설정 대화상자가 보이고 휠의 기본 설정을 조정할 수 있다.

◇ [SteeringWheels 설정] 대화상자 ◇

휠의 표시 크기와 동작 등을 설정할 수 있다.

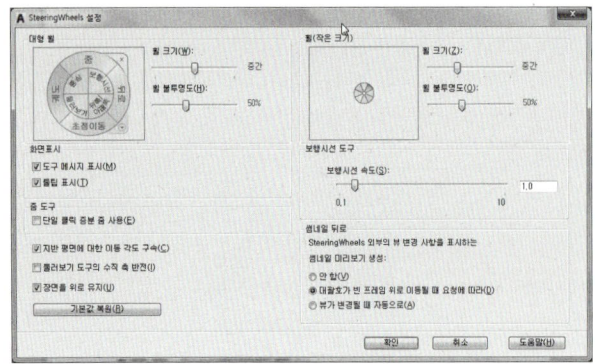

- **[대형 휠]** : 대형 휠의 크기와 휠 불투명도를 조절한다.
- **[휠(작은 크기)]** : 작은 크기의 휠 크기와 휠 불투명도를 조절한다.
- **[화면표시]** : 실행 중 도구 메시지 표시의 켜기/끄기와 휠 버튼의 툴팁 표시를 켜기/끄기 한다.
- **[보행시선 도구]** : [보행시선 속도]에서 보행시선 속도를 설정한다.
- **[줌 도구]** : [단일 클릭 증분 줌 사용]을 체크하면 마우스를 한 번 클릭할 때 증분 줌을 적용한다.
- **[썸네일 뒤로]** : 휠을 사용하지 않고 변경된 뷰에 대한 썸네일을 생성할 타이밍을 조절한다. 생성된 썸네일은 [뒤로]도구에서 사용된다.

09 3D WALK/3DFLY

3DWALK(보행시선)/3DFLY(조감뷰) 명령으로 3D공간을 키보드나 마우스 조작으로 자유롭게 움직이게 할 수 있다. 위 명령의 차이점은 카메라 Z 좌표가 고정이냐 변경이냐의 차이이다.

> ▶ **실행 방법**
> - **리본** : [시각화] 탭–[애니메이션] 패널–보행시선 아이콘( ), 조감뷰 아이콘( )
> - **메뉴** : [뷰(V)]–[보행시선 및 조감뷰(K)]–[보행시선(K), 조감뷰(F)]

보행시선의 경우 카메라 Z값은 그대로 두고 XY 평면 위를 걷는 상태가 된다. 조감뷰는 Z값도 포함하여 임의 카메라 위치를 변경하면서 공간 안을 이동할 수 있다.

위 두 명령은 반드시 투시 투영일 때 실행 가능하고 평행 투영 뷰인 경우 투시 투영으로 전환할 지를 묻는 대화상자가 표시된다.

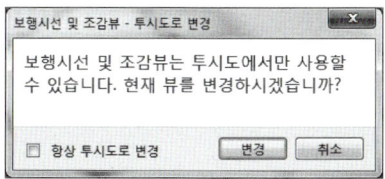

키보드의 4개 화살표(← → ↑ ↓) 또는 W(앞으로), A(왼쪽), S(뒤로), D(오른쪽) 키를 사용하여 상하좌우로 이동한다. 보행시선과 조감뷰를 전환하려면 F를 누른다. 뷰 방향을 지정하려면 보고 싶은 방향으로 마우스를 드래그한다.

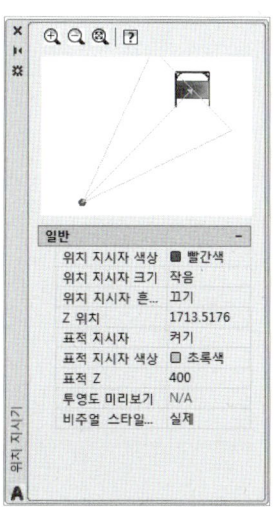

또한, 명령 실행 직후에 [위치 지시기] 팔레트가 표시되므로 XY평면상 카메라 위치를 파악하고 지정할 수 있다.

[위치 지시기] 팔레트에서는 카메라 및 표적 위치를 조절할 수 있다. 팔레트 위의 미리보기 영역에서 각각 평면상에서의 위치를 드래그하여 지정하거나 Z값을 일반 영역에서 입력할 수도 있다.

키보드 및 마우스 조작으로 보행시선과 조감뷰의 카메라 및 표적점 위치를 위치 지시기의 미리보기 이미지를 보면서 조절하거나 위치 지시자 또는 표적 지시자 포인트에 마우스를 클릭하여 드래그하면서 범위 수정을 할 수 있다.

◇ [보행시선 및 조감뷰 설정] 대화상자 ◇

스텝 크기나 1초당 스텝 수 그 외 표시 설정을 할 수 있다.

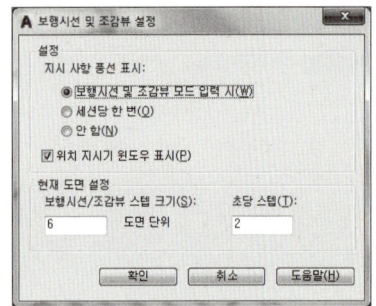

- **[설정]** : 보행시선 및 조감뷰 탐색 매핑 풍선 및 위치 지시기 윈도우와 관련된 설정을 지정한다.
- **[현재 도면 설정]** : 현재 도면 특유의 보행시선 및 조감뷰 모드 설정을 지정한다.
- **[보행시선/조감뷰 스텝 크기]** : 각 스텝의 크기를 도면 단위로 설정한다.
- **[초당 스텝]** : 초당 스텝 수를 지정한다.

▶ ViewCube, SteeringWheel 조작하기

01 예제 파일을 불러온 후 Shift 를 누른 채로 마우스 휠을 클릭하여 3D궤도 아이콘이 보이게 한다. 커서를 자유롭게 드래그하여 뷰를 회전시킨다.

■ 예제 파일 : Chapter18₩SteeringWheel.dwg   ▶ ViewCube, SteeringWheel 조작하기

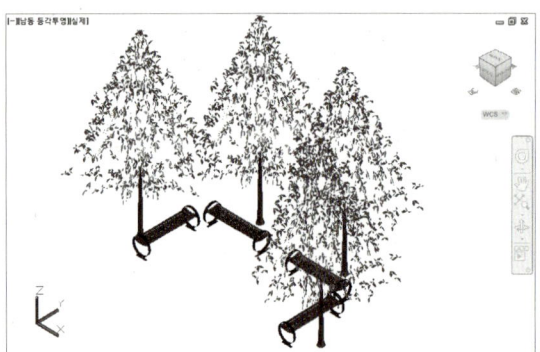 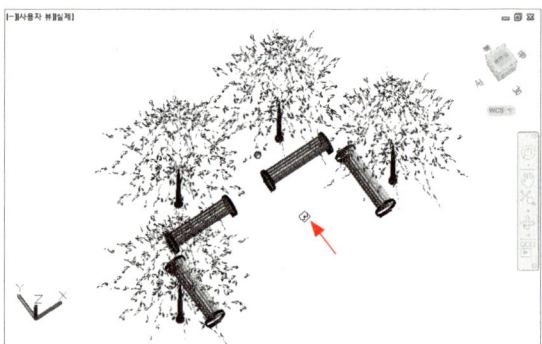

02 Shift 와 마우스 휠에서 손을 떼고 3D궤도를 종료한다. 도면 영역 오른쪽 상단에 있는 ViewCube에 커서를 갖다 대면 면이나 모서리가 하이라이트가 된다. ViewCube에서 [좌측면도]를 클릭한다.

 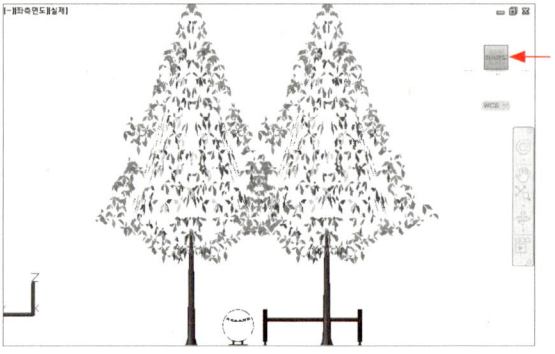

03 ViewCube 옵션 메뉴에서 [평행]을 [투시]투영으로 선택하여 뷰를 바꿔본다.

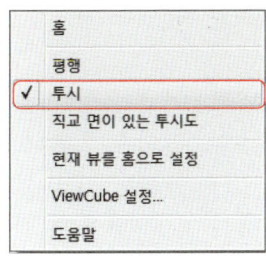 

04 ViewCube에서 [좌측면도] 왼쪽 위 꼭짓점을 클릭한다. 등각투영으로 뷰가 전환된다.

05 ViewCube에 마우스 오른쪽 버튼을 클릭한 후 바로 가기 메뉴에서 [ViewCube 설정]을 선택한다. [ViewCube 설정] 대화상자에서 화면상의 위치를 [맨 위 왼쪽]으로, 자동 모드 체크 해제, 크기는 작음, 비활성 불투명도를 높음 설정하고 [확인] 버튼을 클릭한다.

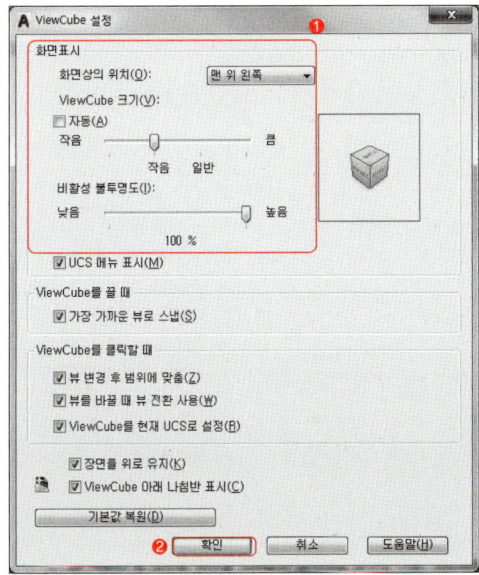

06 설정에 따라 ViewCube가 도면 영역의 맨 위 왼쪽에 보인다. 탐색 막대도 같이 왼쪽에 표시된다. 다시 한 번 [ViewCube 설정]을 선택하고 [기본값 복원]을 클릭한 후 [확인] 버튼을 클릭한다.

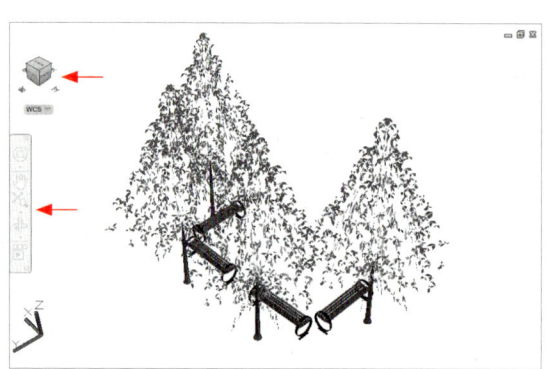
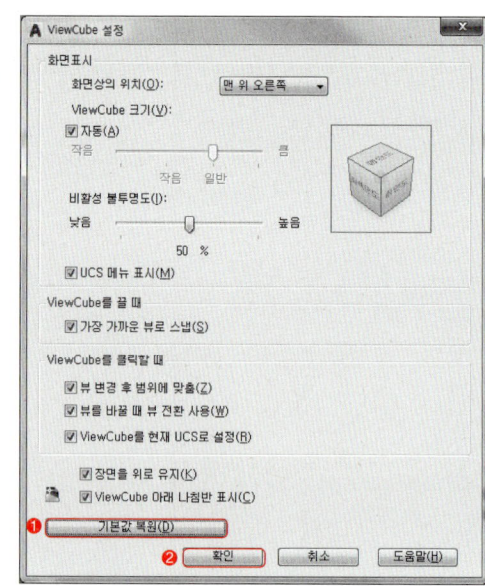

07 탐색 막대에서 SteeringWheel 아이콘을 클릭하고 도면 영역에서 마우스 오른쪽 버튼을 클릭한 후 바로 가기 메뉴에서 [객체 보기 휠(작은 크기)]을 선택한다. 그러면 SteeringWheel 표시 형태가 변경된다.

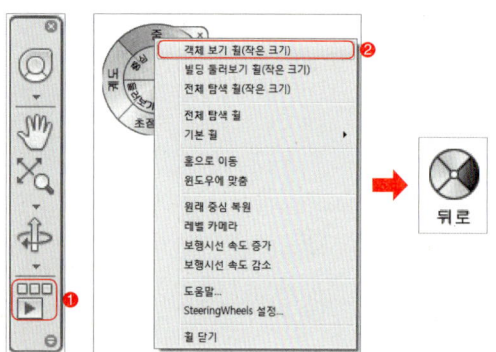

08 다시 도면 영역에서 마우스 오른쪽 버튼을 클릭한 후 바로 가기 메뉴에서 [기본 휠]-[객체 보기 휠]을 선택한다.

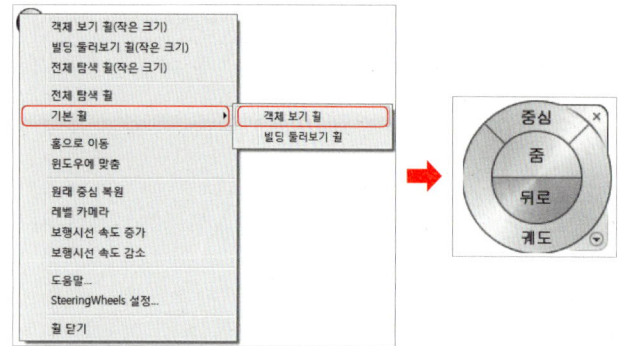

09 휠 안의 [중심]을 클릭하고 화면의 중앙에 피벗점을 마우스 왼쪽 클릭으로 지정하면 중앙으로 화면이 보이게 한다.

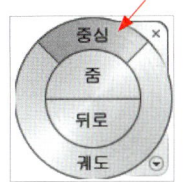 

10 휠 안의 [줌]을 클릭하고 드래그한다. [중심]으로 지정한 부분을 중심으로 줌이 실행된다.

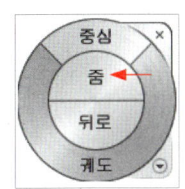 

11 휠 안의 [궤도]를 클릭하고 드래그한다. 자유롭게 회전을 해본다.

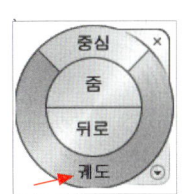 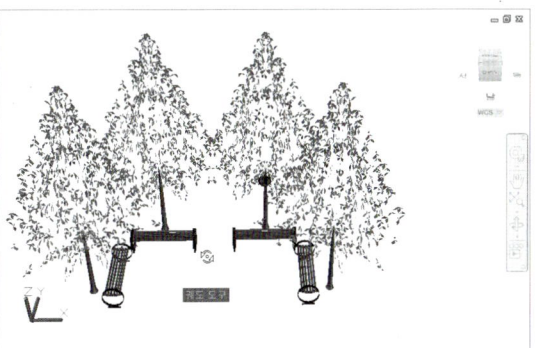

12 다시 도면 영역에서 마우스 오른쪽 버튼을 클릭한 후 바로 가기 메뉴에서 [기본 휠]-[빌딩 둘러보기 휠]을 선택한다.

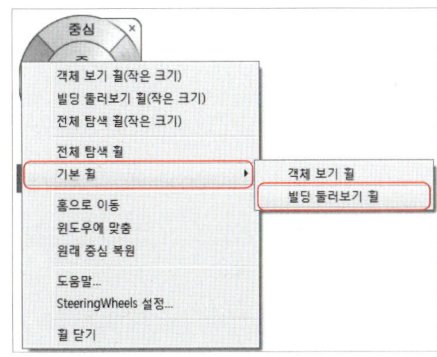

13 휠 안의 [앞으로]을 선택하고 피봇점을 대상물에 클릭하고 마우스를 드래그하여 앞으로 화면을 확대한다.

14 휠 안의 [위쪽/아래쪽]을 선택하고 마우스를 위/아래로 드래그한다.

 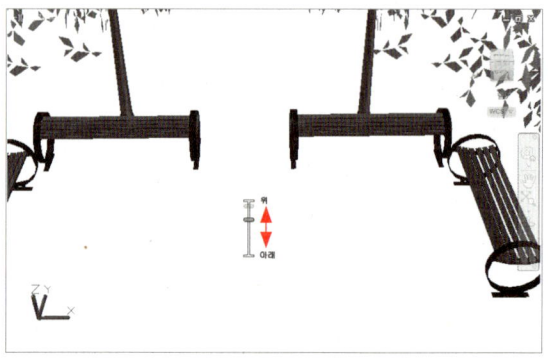

15 휠 안의 [둘러보기]를 선택하고 마우스를 왼쪽/오른쪽으로 드래그한다.

16 휠 안의 [뒤로]를 선택하고 해당 뷰를 찾아 클릭한다.

17 다시 도면 영역에서 마우스 오른쪽 버튼을 클릭한 후 바로 가기 메뉴에서 [전체 탐색 휠]을 선택하고 휠 안의 [보행시선]을 클릭한다.

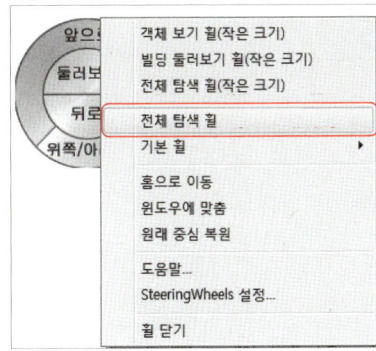 

18 임의로 걷는 느낌으로 마우스를 드래그한다. [보행시선] 상태에서 Shift 를 누르면서 드래그하여 뷰의 높이를 변경한다. 마지막으로 휠 안의 [뒤로]를 선택하고 해당 뷰를 찾아 클릭한다.

 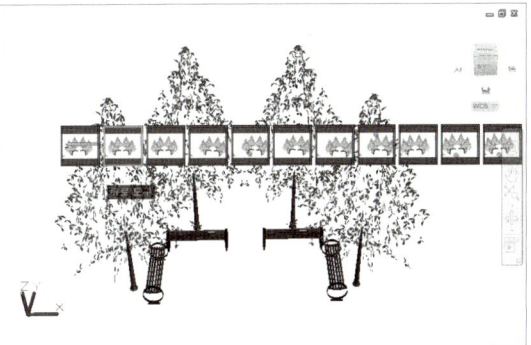

Chapter 19 | 3D 제도 보조 기능

3D 객체는 면, 모서리, 정점의 요소로 구성되어 있다. 객체 편집에서 이들 요소를 상황에 맞게 선택할 필요가 있다. 뷰 조작과 마찬가지로 객체 요소를 필요에 따라 선택하고 작업할 면을 자유롭게 설정하는 것 또한 3D 모델링을 습득하는데 매우 중요하다. 3D 객체 요소를 선택하기 쉽도록 설정하는 기능과 목적에 따라 좌표계 설정을 달리하여 제도하는 방법을 배워본다.

01 3D 객체 선택, 3D 객체 스냅

1-1. 3D 객체 선택

3D 솔리드, 표면, 메쉬 객체는 여러 개의 면, 모서리, 정점으로 구성된 복합 객체이다. 면, 모서리, 정점은 하위 객체로 선택, 편집할 수 있다. Ctrl 을 누르면서 3D 객체의 면, 모서리, 정점을 PICK 선택하면 하위 객체를 개별적으로 선택할 수 있다. 또한, Ctrl 을 누르면서 윈도우나 교차 선택을 하면 여러 하위 객체를 한 번에 선택할 수 있다.

선택한 하위 객체는 하위 객체 유형에 따라 다른 종류의 그립이 표시된다.

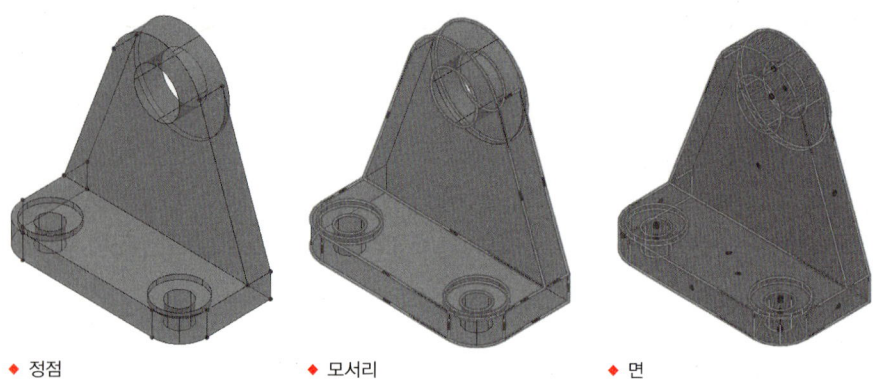

◆ 정점   ◆ 모서리   ◆ 면

선택한 하위 객체는 그립 편집이나 특성 팔레트로 편집할 수 있다.

선택 세트에서 하위 객체를 제거하려면 Shift 를 누르면서 제거할 하위 객체를 선택한다.

하위 객체 선택 필터

하위 객체 선택 필터는 3D 객체를 선택할 때 미리 지정한다. [솔리드] 탭-[선택] 패널에서 하위 객체 선택 필터를 지정하거나 도면 영역에서 바로 가기 메뉴에서 필터 종류를 지정한다. 예를 들어, 여러 개의 모서리를 한 번에 선택하려면 하위 객체 선택 필터를 [모서리]로 설정 후 윈도우나 교차 선택으로 해당 모서리를 선택한다.

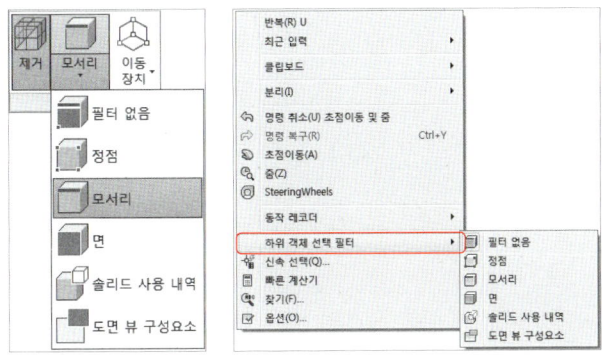

제거(CULLING)

제거 표시 기능으로 뷰에서 보이지 않는 하위 객체의 하이라이트 표시 및 선택 가부를 조절할 수 있다. 예를 들면, 배면에 숨어 있는 하위 객체를 선택하지 않게 하여 불필요하게 선택됨을 방지할 수 있다. [솔리드] 탭-[선택] 패널에서 [제거]를 ON/OFF한다.

다음 그림에서 왼쪽은 [제거]를 켠 경우, 오른쪽은 [제거]를 끈 경우이다.

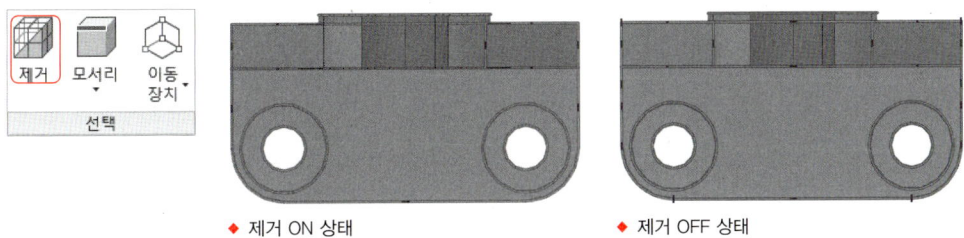

◆ 제거 ON 상태　　　　　　　　　　　◆ 제거 OFF 상태

1-2. 3D 객체 스냅

3D 객체 스냅은 2D 객체 스냅처럼 바로 가기 메뉴에서도 선택할 수 있다. 또한 [제도 설정] 대화상자에서 [3D 객체 스냅] 탭이나 상태 막대에서 객체 스냅 설정을 할 수 있다.

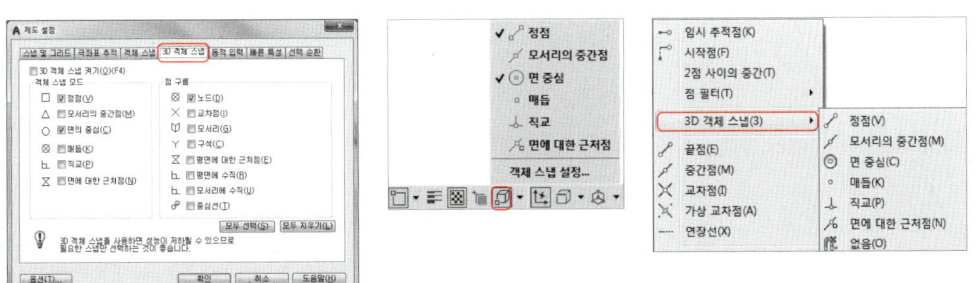

3D 객체 스냅은 다음과 같은 모드가 있다.

구속	전체 탐색 휠	객체보기 휠	구속	전체 탐색 휠	객체보기 휠
정점	3D 객체의 가장 가까운 정점에 스냅한다.		매듭	스플라인 또는 NURBS 표면 위의 노드에 스냅한다.	
모서리의 중간점	면의 모서리 중간점에 스냅한다.		직교	면과 수직인 점(직각)에 스냅한다.	
면 중심	면의 중심에 스냅한다.		면에 대한 근처점	3D 객체의 면에 가장 가까운 점에 스냅한다.	

02 UCS

ViewCube 아래에 있는 UCS 메뉴를 보면 현재 지정된 UCS 이름이 표시된다. 메뉴에 있는 WCS를 클릭하면 좌표계가 WCS로 전환이 된다. WCS(World Coordinate System)는 표준 좌표계로 0,0,0이 X,Y,Z의 원점이 되고 좌우로 X방향, 상하로 Y방향, 높이는 Z방향을 나타내는 고정된 좌표계를 말한다. 도면의 모든 객체는 표준 좌표계의 해당 좌표로 정의되며 WCS는 이동하거나 회전할 수가 없다.

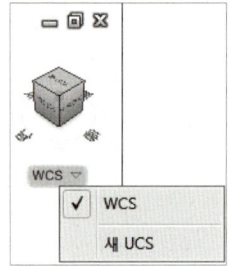

그래서 3D 공간에서는 객체를 작성하고 수정할 때 자유롭게 좌표계를 정의할 필요가 있다. 이렇게 사용자가 임의로 새롭게 작성한 좌표계를 '사용자 좌표계(UCS)'라 한다. UCS(User Coordinate System)는 임의로 원점을 지정하고 좌표 축을 회전하거나 작업 평면에 맞게 UCS를 조정할 수 있다. UCS는 좌표 입력, 2D 작업 평면에서 3D 객체 작성, 3D에서 객체 회전 등의 작업에 유용하다. UCS에서 WCS로 전환은 명령행에 UCS 입력하고 기본값 옵션으로 설정된 〈표준〉을 확인 후 Enter 를 누르면 된다.

구분	WCS(표준 좌표계)		UCS(사용자 좌표계)	
2D		네모 부분에 십자선이 채워져 있으며 도면의 어느 지점에 0,0이 존재한다는 의미이다.		네모가 없고 사용자가 임의로 회전하고 원점을 바꿔놓은 좌표를 의미한다.
3D				

UCS 아이콘을 클릭하고 해당 그립을 사용하거나 UCS 명령을 통해 UCS를 조작할 수 있다. UCS 아이콘에 대한 표시 옵션은 UCSICON 명령을 통해 사용할 수 있다.

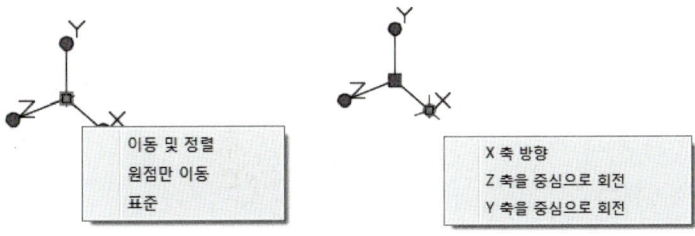

2-1. UCSICON

UCS 아이콘 표시를 제어한다. UCS 위치와 방향을 나타내기 위해 UCS 원점 또는 현재 뷰포트 왼쪽 아래 코너에 표시가 된다. 크기, 위치, 색상도 변경가능하며 여러 뷰포트가 있는 경우는 각 뷰포트별로 개별 UCS 아이콘이 표시된다. 비주얼 스타일이 2D 와이어프레임이 아닌 경우, UCS 아이콘의 이미지는 2D와 3D 환경에서 아래처럼 달라진다.

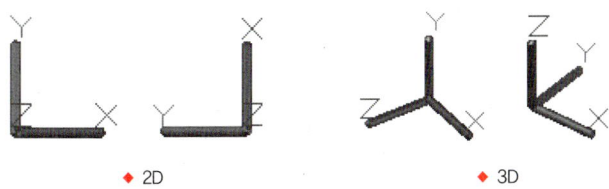

◆ 2D　　　　　　　　　◆ 3D

> **▶ 실행 방법**
> - 리본 : [홈] 탭–[좌표] 패널–[UCS 아이콘 원점에 표시], [UCS 아이콘 표시], [UCS 아이콘 숨기기], [UCS 아이콘, 특성]
> - UCS 아이콘 바로가기 메뉴 : [UCS 아이콘 설정]–[UCS 아이콘 원점에 표시],[특성]
>
>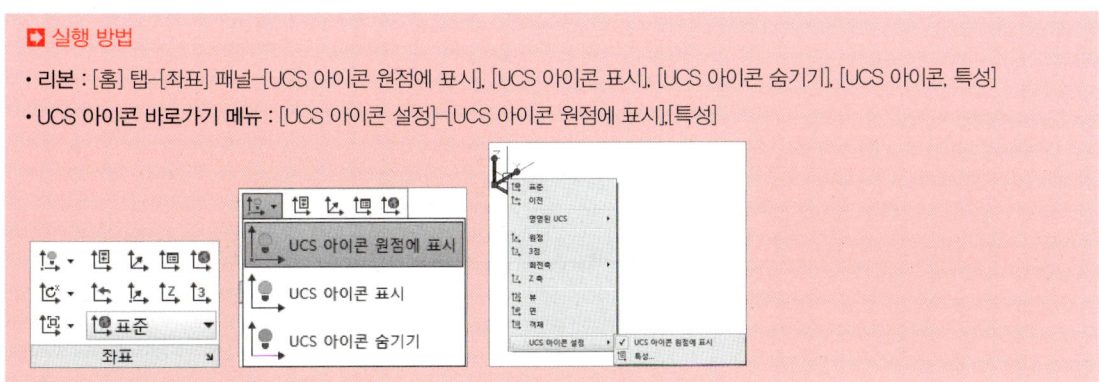

◘ UCS 아이콘 켜기/끄기 전환, 원점에 표시, 모양 변경

01 [홈] 탭-[좌표] 패널-[UCS 아이콘 숨기기]를 클릭한다. 현재 뷰포트에서 UCS 아이콘이 안보이게 된다.

▶ UCS아이콘 켜기/끄기 전환, 원점에 표시, 모양 변경

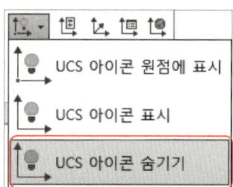

02 [홈] 탭-[좌표] 패널-[UCS 아이콘 표시]를 클릭한다. 뷰포트의 왼쪽 아래 또는 UCS 원점에 UCS 아이콘이 표시된다.

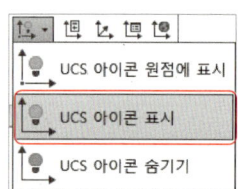

03 [홈] 탭-[좌표] 패널-[UCS 아이콘 원점에 표시]를 클릭한다. 현재의 UCS 원점에 UCS 아이콘이 표시된다.

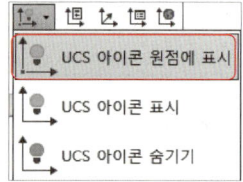

04 [홈] 탭-[좌표] 패널-[UCS 아이콘, 특성]을 클릭한다. [UCS 아이콘] 대화상자가 보인다.

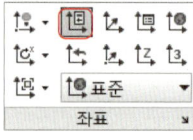
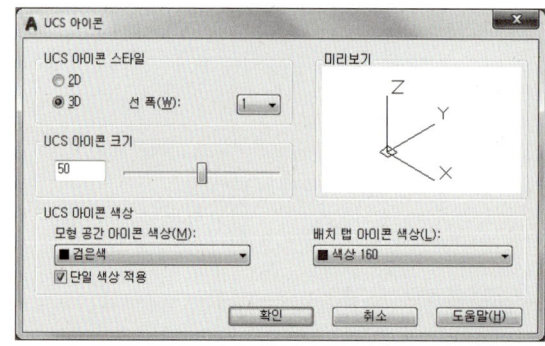

05 모형 공간 아이콘 색상을 파란색으로 설정 후 [확인] 버튼을 클릭한다. 모형공간에서 비주얼 스타일을 [2D 와이어프레임]을 적용하면 UCS 아이콘 색상이 파란색으로 바뀐 것이 확인된다.

2-2. UCS 관련 명령

UCS 아이콘 바로 가기 메뉴나 UCS 명령으로 UCS 원점과 방향을 이동할 수 있다.

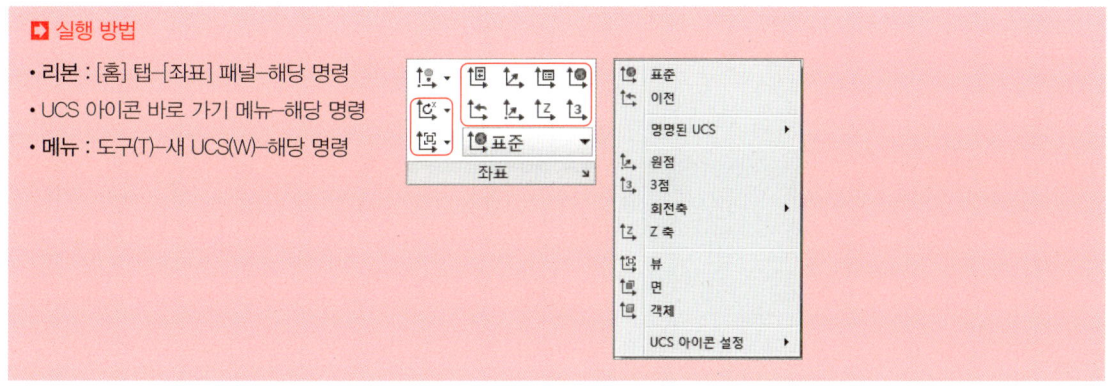

▶ **실행 방법**
- **리본** : [홈] 탭–[좌표] 패널–해당 명령
- **UCS 아이콘 바로 가기 메뉴**–해당 명령
- **메뉴** : 도구(T)–새 UCS(W)–해당 명령

◘ UCS 원점 이동과 회전하기

01 UCS 아이콘을 클릭한 후 사각 원점 그립에 커서를 갖다대고 그립 메뉴에서 [원점만 이동]을 클릭한다.

▶ UCS 원점 이동과 회전하기

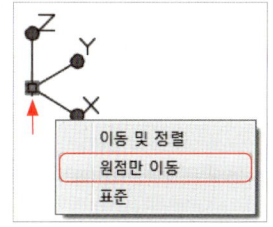

02 원점을 이동할 객체의 지점을 클릭한다.

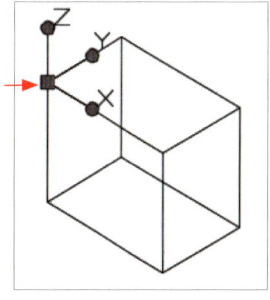

03 다시 UCS 아이콘을 클릭하고 그립 메뉴에서 [이동 및 정렬]을 클릭한 후 UCS가 이동할 지점을 클릭한다.

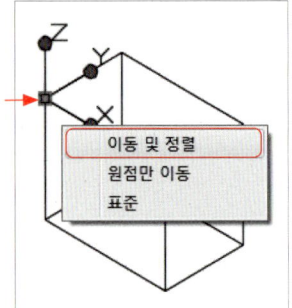 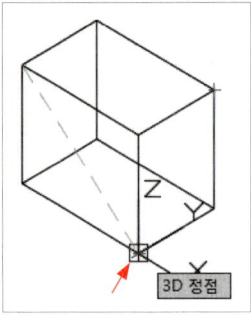

04 UCS 아이콘을 클릭한 후 Y축 그립메뉴에서 [Z축을 중심으로 회전]을 클릭한다. Z축은 고정 상태에서 UCS 방향을 달리할 수 있다.

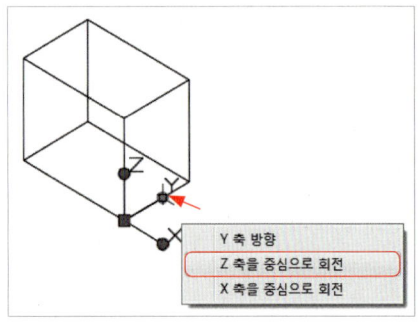 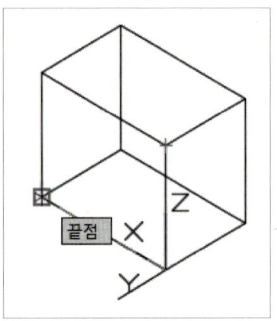

05 UCS 아이콘을 클릭하고 마우스 오른쪽 버튼을 클릭한 후 바로 가기 메뉴에서 [3점]을 선택한다.

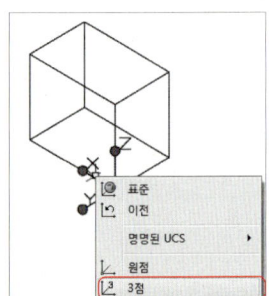

06 UCS 새 원점을 지정하고 X축 양의 구간에 있는 점을 지정하고 XY 평면의 양의 Y 부분에 있는 점을 지정한다.

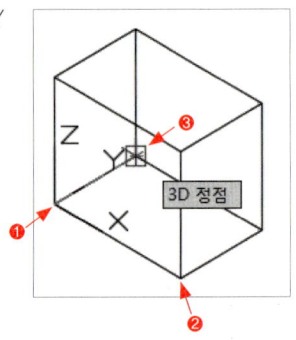

07 다시 UCS 아이콘을 클릭하고 그립 메뉴에서 [이동 및 정렬]을 클릭한 후 UCS 아이콘이 자리할 객체의 면을 지정한다.

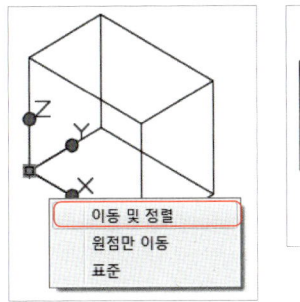 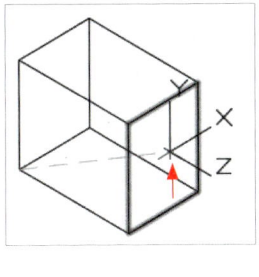

08 현재의 UCS 아이콘 위치를 저장하기 위해 마우스 오른쪽 버튼을 클릭한 후 바로 가기 메뉴에서 [명명된 UCS]-[저장] 메뉴를 선택한다. 이름을 [오른쪽]으로 입력하여 저장한다.

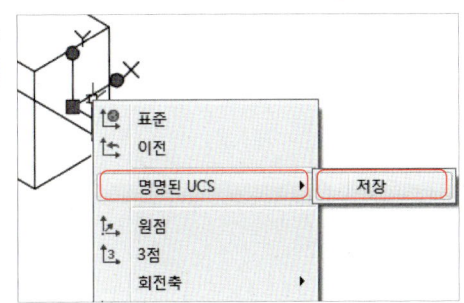

09 UCS 아이콘을 클릭하고 마우스 오른쪽 버튼을 클릭한 후 바로 가기 메뉴에서 [표준]을 선택한다. 객체에 위치한 UCS가 다시 화면의 왼쪽 아래로 이동한다.

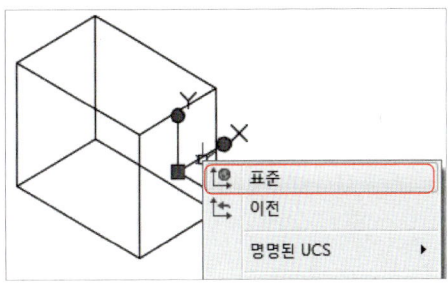

10 UCS 아이콘을 클릭하고 마우스 오른쪽 버튼을 클릭한 후 바로 가기 메뉴에서 [명명된 UCS]-[오른쪽]을 선택한다. 그러면, UCS 아이콘이 0,0,0에서 저장되었던 위치로 이동된다.

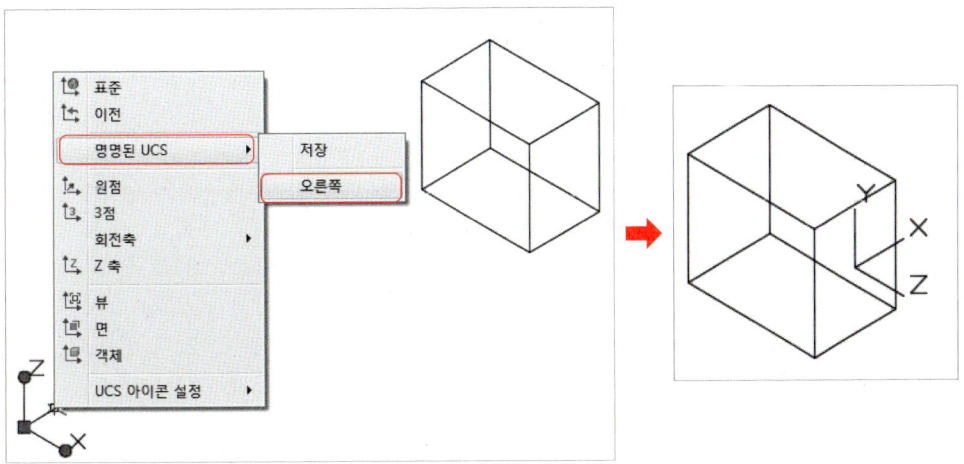

2-3. 동적 UCS

UCS 명령을 사용하지 않고 상태 막대의 [동적 UCS]를 켜면 명령 실행 중에 UCS의 XY평면과 3D 솔리드의 평면을 일시에 정렬시킬 수 있다.

동적 UCS를 이용하면 3D 솔리드 위의 임의 평면에 쉽게 객체를 추가 작성할 수 있다.

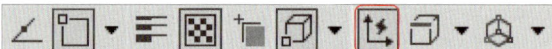

원 명령을 실행하고 3D 객체의 면을 지정하면 자동으로 솔리드면에 정렬되게 객체가 작성된다. 명령이 종료되면 UCS는 원래 위치로 되돌아간다.

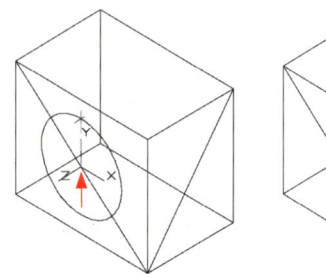 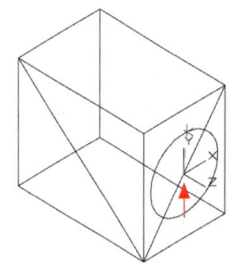

▶ 동적 UCS 사용하기

01 예제 파일을 불러온 후 뷰포트 컨트롤에서 비주얼 스타일을 [개념]으로 선택한다.

- 예제 파일 : Chapter19₩DUCS.dwg   　　▶ 동적 UCS 사용하기

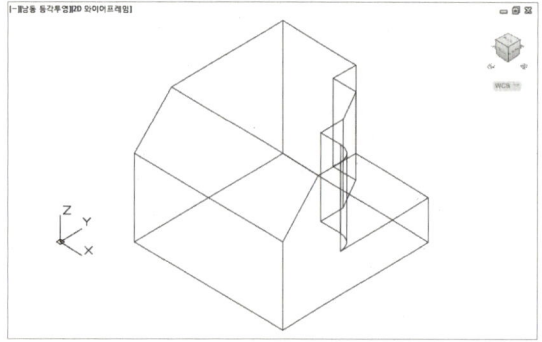 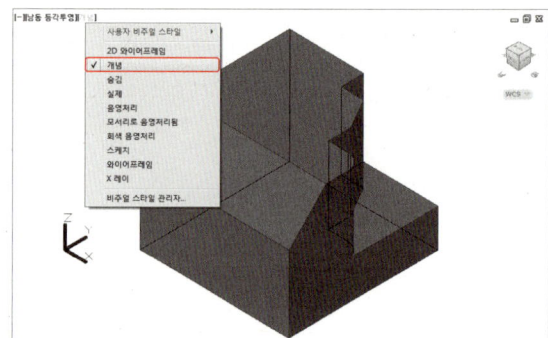

02 상태 막대에서 [동적 UCS]를 클릭하거나 F6 를 눌러 ON 상태로 한다.

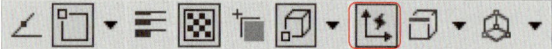

03 원을 모따기한 부분에 작성해본다. 명령행에 'C'를 입력하고 Space Bar 를 누른다. 원의 중심점을 모따기면 중앙 부근으로 클릭한다. 면이 하이라이트된다. 반지름을 [10]으로 입력하고 Space Bar 를 누른다.

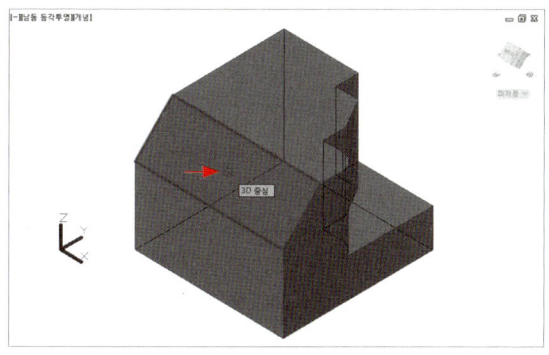 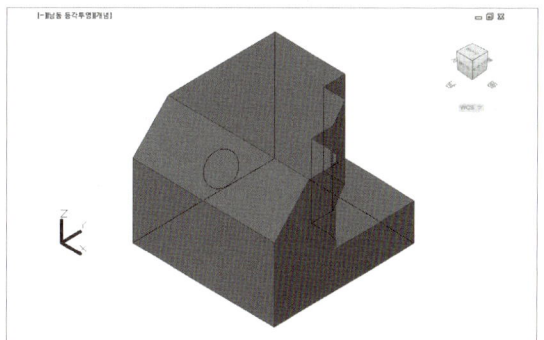

04 F6 를 눌러 동적 UCS를 OFF 상태로 한다. [홈] 탭–[좌표] 패널에서 3점을 클릭한다.

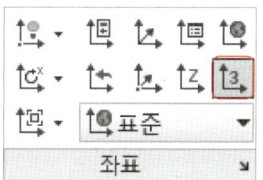

05 UCS 새 원점(❶)을 지정하고 X축 양의 구간에 있는 점(❷)을 지정하고 XY 평면의 양의 Y 부분에 있는 점(❸)을 차례대로 지정한다.

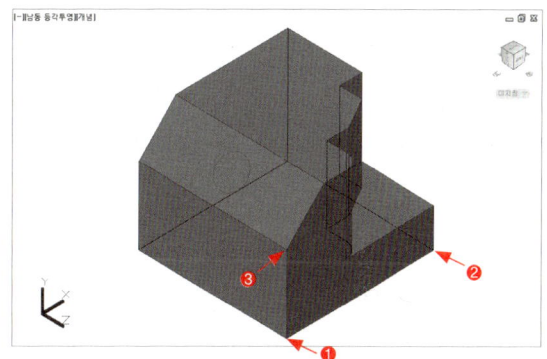

06 명령행에 'REC'를 입력하고 Space Bar 를 누른다. 우 측면에 직사각형을 임의로 그린다. Shift +마우스 휠로 궤도를 실행해 작업면이 잘 보이도록 회전한 후 작성하면 수월하다.

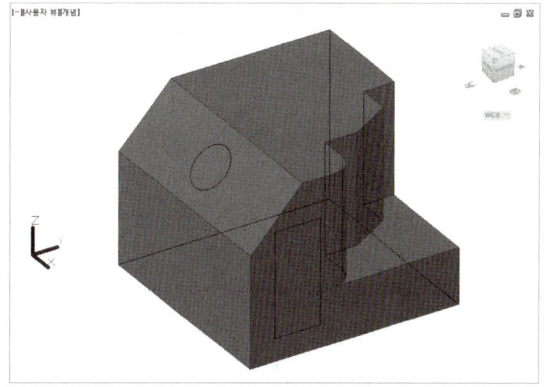

07 [홈] 탭-[좌표] 패널에서 [표준]을 클릭한다.

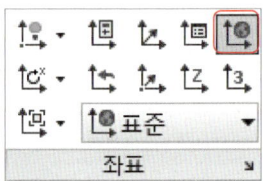

08 명령행에 'UCS'를 입력하고 Space Bar 를 누른다. 옵션 면(F)를 클릭하고 UCS가 자리할 전면을 클릭하고 Space Bar 를 누른다. 3점을 클릭하지 않아도 그 면에 맞춰 UCS가 정렬된다.

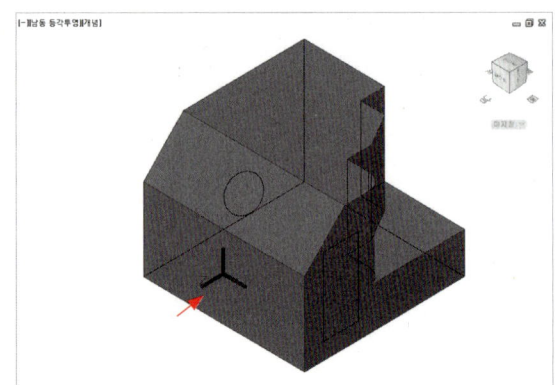

명령 : UCS Space Bar
현재 UCS 이름 : *표준*
UCS의 원점 지정 또는 [면(F)/이름(NA)/객체(OB)/이전(P)/뷰(V)/표준(W)/X(X)/Y(Y)/Z(Z)/Z축(ZA)] 〈표준〉: F Space Bar [면 옵션 선택]
솔리드, 표면 또는 메쉬의 면 선택 : [해당 면 클릭]
옵션 입력 [다음(N)/X반전(X)/Y반전(Y)] 〈승인〉: Space Bar [명령 종료]

메쉬 모델링

메쉬 모델링은 자유 곡면을 작성하는데 강력한 기능을 갖고 있다. 메쉬 객체는 타일 형상으로 분할된 평면 형상의 집합이다. 면의 부드럽기, 면 분할, 정련 등으로 메쉬 객체를 수정하고 모서리, 면, 정점을 드래그하여 전체 형상을 형성할 수가 있다. 아래 이미지는 부드럽기가 없음에서 4레벨까지 메쉬 객체가 달라진 모습이다.

메쉬 작성은 다음 방법 중 하나를 사용하려 메쉬 객체를 작성할 수 있다.
- 메쉬 기본체 작성 : 상자, 원추, 원통, 피라미드, 구, 쐐기 및 토러스(MESH) 등 표준 쉐이프를 작성한다.
- 다른 객체에서 메쉬 작성 : 보간, 방향 벡터, 회전 또는 모서리 정의된 메쉬 객체를 작성한다. 이러한 객체에서는 경계가 다른 객체 또는 점과 보간된다(RULESURF, TABSURF, REVSURF, EDGESURF).
- 다른 객체 유형에서 변환 : 복합 모형을 비롯한 기존 솔리드 또는 표면 모형을 메쉬 객체로 변환한다(MESHSMOOTH).

01 메쉬 기본체 작성

메쉬는 한 개 면이 여러 개로 면분할이 된 평면의 집합 객체이다. MESH 명령을 사용하여 기본체를 작성할 경우 [메쉬 기본체 옵션] 대화상자 설정으로 면 분할(다듬기 분할) 수를 작성 전에 미리 설정을 하는 게 좋다. 메쉬를 작성한 후는 메쉬 기본체 옵션을 바꿔도 기존 메쉬 객체의 다듬기 분할 수는 바뀌지 않기 때문이다. 메쉬 기본체 옵션은 [메쉬] 탭-[기본체] 패널-대화상자 실행기를 클릭하면 된다.

 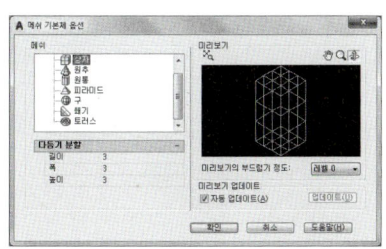

◆ 메쉬 객체 작성하기

기존 솔리드 객체에서 메쉬 객체를 작성하고 메쉬 기본체 작성도 해본다. 부드럽기 레벨에 따른 변화도 확인한다.

01 예제 파일을 불러온다. [옵션] 대화상자의 [3D 모델링] 탭–[3D 객체 작성 시 삭제 조정] 리스트에서 [솔리드의 경로 곡선 및 프로파일만 삭제]를 선택하고 [확인] 버튼을 클릭한다.

- 예제 파일 : Chapter20₩메쉬 모델링.dwg
- ▶ 메쉬 객체 작성하기

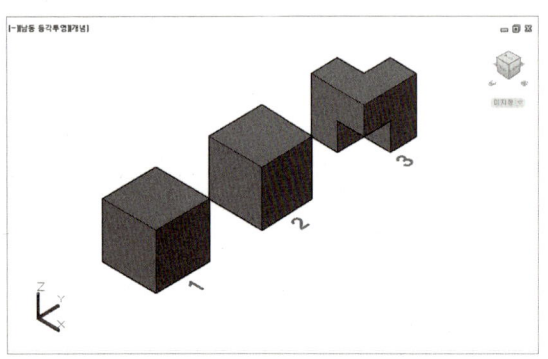
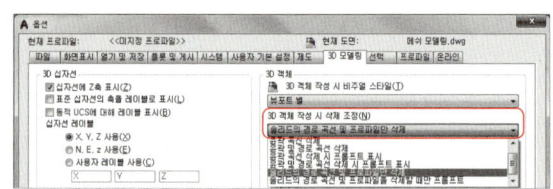

02 기존 솔리드 객체를 메쉬 객체로 변환하기 위해 [메쉬] 탭–[메쉬] 패널–[부드러운 객체]를 선택한다.

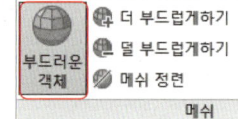

03 변환할 객체로 2번 육면체를 선택하고 Space Bar 를 누른다.

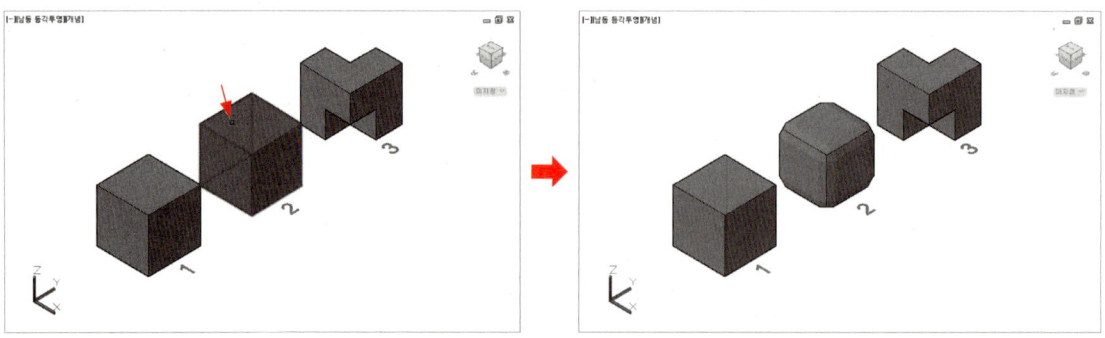

04 다시 [메쉬] 탭–[메쉬] 패널–[부드러운 객체]를 선택하고 3번 객체를 선택하고 Space Bar 를 누른다.

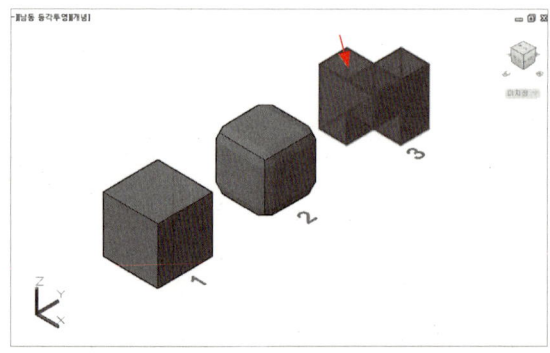

05 [부드러운 메쉬–기본체가 아닌 객체 선택] 대화상자에서 [메쉬 작성]을 클릭한다.

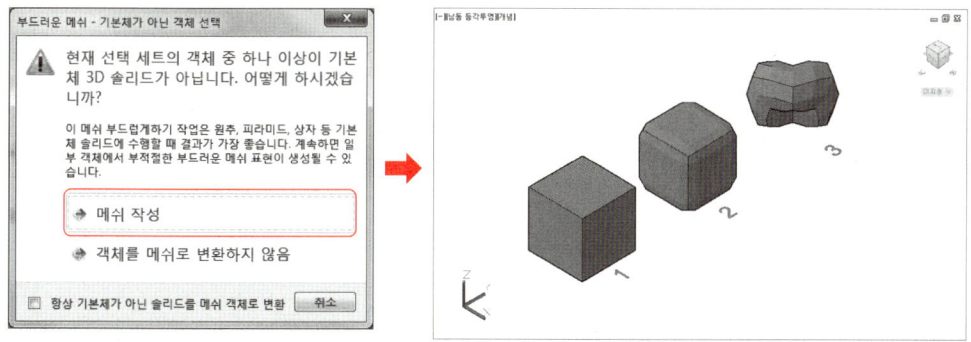

06 메쉬 기본체를 작성하기 위해 [메쉬]–[기본체] 패널–[메쉬 상자]를 클릭한다. 기존 객체 1번 근처에 20×20×20 상자를 작성한다. 동적 입력을 켠 상태에서 값을 입력하면 작성하기 편리하다.

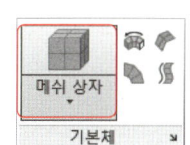
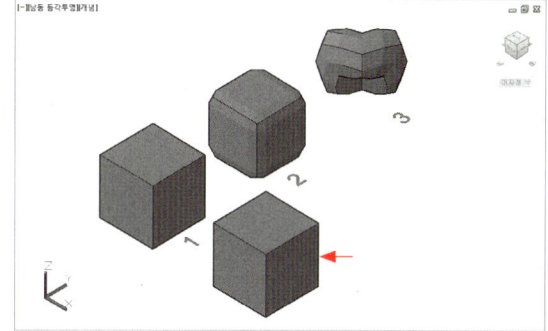

07 뷰포트 컨트롤에서 비주얼 스타일을 [개념]에서 [실제]로 전환한다. 메쉬 상태를 더 쉽게 볼 수 있다.

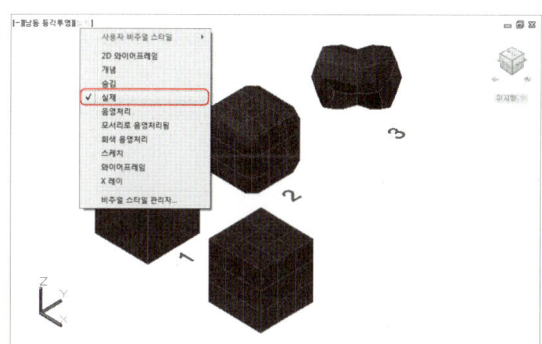

08 [메쉬] 탭–[기본체] 패널–대화상자 실행기를 클릭하여 [메쉬 기본체 옵션] 대화상자를 실행한다. [자동 업데이트]의 체크를 확인하고 다듬기 분할의 길이, 폭, 높이를 모두 5로 설정하고 [확인] 버튼을 클릭한다. 미리보기 이미지에서 변경된 형태를 볼 수 있다.

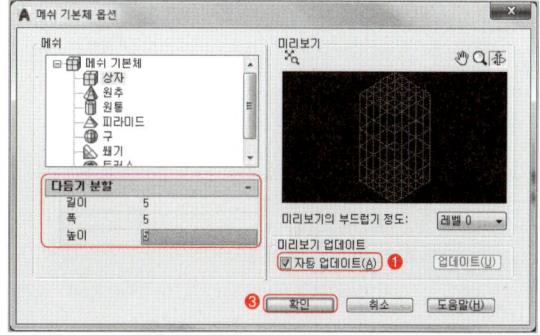

Chapter 20_메쉬 모델링　521

09 작성한 메쉬 상자 옆에 다시 20×20×20 상자를 작성한다.

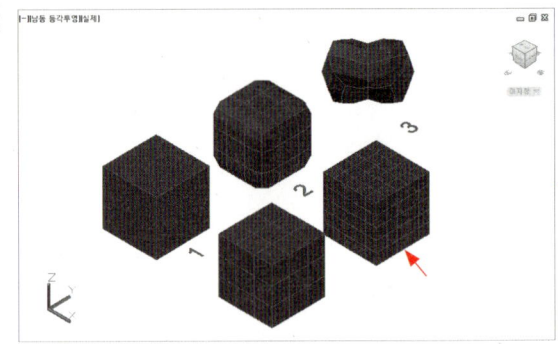

10 도면 안에 있는 모든 메쉬 객체를 선택하고 [메쉬] 탭-[메쉬] 패널-[더 부드럽게 하기]를 클릭한다. 면 분할 수 차이에 따라 객체 부드러움이 다르다.

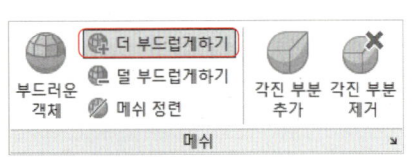

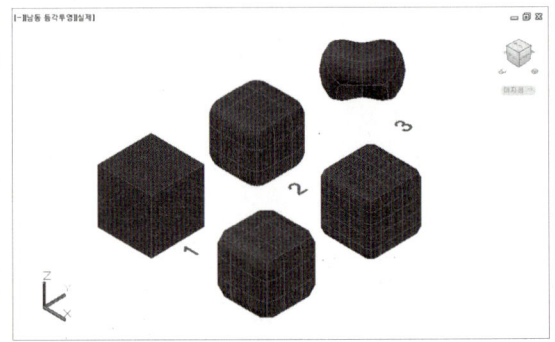

11 명령행에 'MORE'를 입력하고 더 부드럽게 할 메쉬 객체를 선택한다. 메쉬 객체가 더 부드럽게 된다.

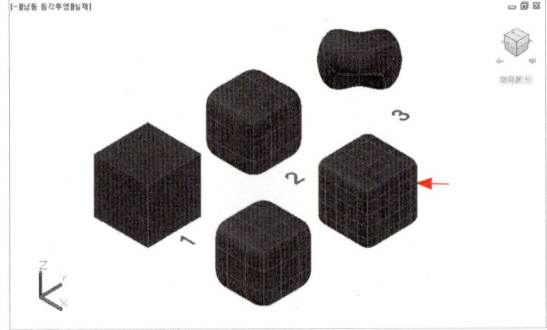

명령 : MORE [Space Bar]
MESHSMOOTHMORE
부드럽기 정도를 높일 메쉬 객체 선택 : 1개를 찾음 [더 부드럽게 할 메쉬 객체 선택]
부드럽기 정도를 높일 메쉬 객체 선택 : [Space Bar]

12 [특성] 팔레트를 열고 메쉬 객체 특성을 확인한다. [부드럽기] 레벨을 [3레벨]로 조정한다. 4레벨로 갈수록 좀더 부드러운 메쉬를 확인할 수 있다.

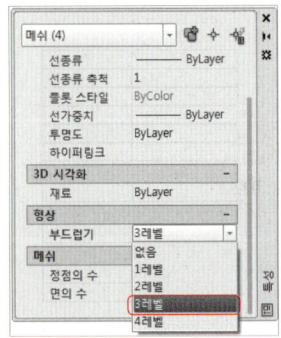
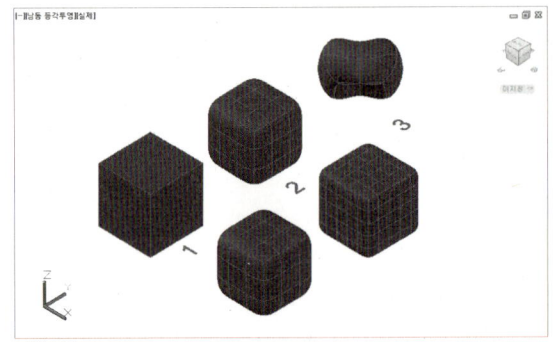

1-1. SURFTAB1, SURFTAB2

와이어프레임을 바탕으로 메쉬를 작성하는 명령에서 면 분할 설정은 SURFTAB1, SURFTAB2 두 가지 시스템변수가 작용한다.

RULESURF 명령과 TABSURF 명령은 SURFTAB1 변수로 생성되는 면의 수를 설정한다.

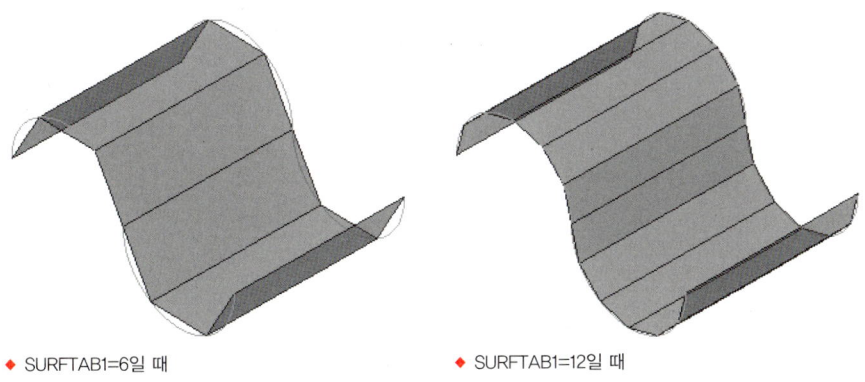

◆ SURFTAB1=6일 때　　　　　　◆ SURFTAB1=12일 때

메쉬는 XY평면의 X축과 Y축에 해당하는 M과 N 2개 방향으로 위치 정점이 형성된다. M과 N은 지정한 정점 열과 행의 위치를 말한다. 메쉬 밀도는 M정점과 N정점의 조합으로 정의한다.

REVSURF 명령과 EDGESURF 명령은 SURFTAB1 변수에 따라 M방향 메쉬 밀도를, SURFTAB2 변수에 따라 N방향 메쉬 밀도를 설정한다.

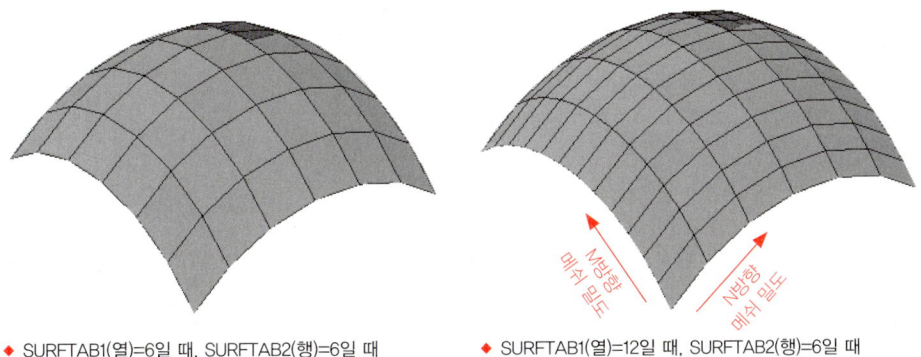

◆ SURFTAB1(열)=6일 때, SURFTAB2(행)=6일 때　　　◆ SURFTAB1(열)=12일 때, SURFTAB2(행)=6일 때

02 EDGESURF

이어지는 4개의 모서리 또는 곡선 사이에 메쉬를 작성한다. 모서리는 선, 호, 스플라인 또는 열린 폴리선으로 작성이 가능하며 모서리가 끝점에서 서로 만나 연결되어야 한다.

임의의 순서로 네 개의 모서리를 선택할 수 있으며, 첫 번째 모서리(SURFTAB1)는 생성된 메쉬의 M 방향을 결정하고 첫 번째 모서리와 만나는 두 개의 모서리가 메쉬의 N 모서리(SURFTAB2)를 형성한다.

> ▶ **실행 방법**
> • 리본 : [메쉬] 탭-[기본체] 패널-EDGESURF 아이콘(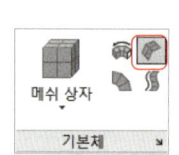)   • 명령 입력 : EDGESURF
> • 메뉴 : 그리기(D)-[모델링]-[메쉬]-[모서리 메쉬(D)]

▶ EDGESURF 작성하기

01 예제 파일을 불러온 후 [메쉬] 탭-[기본체] 패널-[EDGESURF]를 클릭한다. SURFTAB1과 SURFTAB2는 6으로 설정된 상태이다.

■ 예제 파일 : Chapter20\EDGESURF.dwg
▶ EDGESURF 작성하기

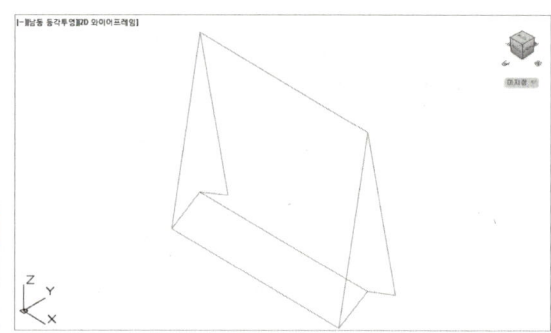

02 닫힌 경로로 형성된 4개의 선을 차례대로 선택하면 메쉬가 형성된다. 비주얼 스타일을 2D 와이어프레임에서 다른 비주얼 스타일 [예] 개념]으로 설정하면 이해가 쉽다.

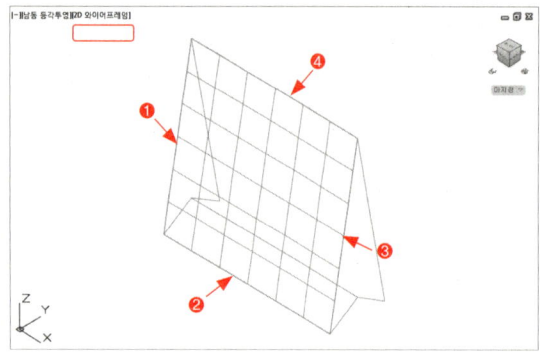 

03 REVSURF

축을 기준으로 프로파일을 회전시켜 메쉬를 작성한다. 선택한 축을 기준으로 회전할 선, 호, 원 또는 2D나 3D 폴리선을 선택한다. 회전하여 좌우 대칭이 되는 메쉬를 작성할 경우에 편리하다.

생성되는 메쉬의 밀도는 SURFTAB1과 SURFTAB2 시스템 변수에 의해 조정된다. SURFTAB1은 회전 방향으로 그려지는 방향 벡터 선의 수를 지정한다. 경로 곡선이 선, 호, 원 또는 스플라인 맞춤 폴리선인 경우에는 SURFTAB2가 동일한 크기의 간격으로 등분할되어 그려지는 방향 벡터 선의 수를 지정한다.

> **실행 방법**
> - **리본** : [메쉬] 탭–[기본체] 패널–REVSURF 아이콘(🧭)
> - **메뉴** : 그리기(D)–[모델링]–[메쉬]–[회전 메쉬(M)]
> - **명령 입력** : REVSURF

▶ REVSURF 작성하기

01 예제 파일을 불러온다.

- 예제 파일 : Chapter20₩REVSURF.dwg

▶ REVSURF 작성하기

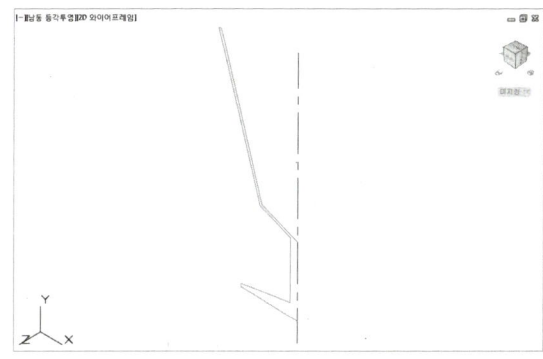

02 [메쉬] 탭–[기본체] 패널–[REVSURF]를 클릭한다. 회전할 객체로 하늘색 외형선을 선택한다.

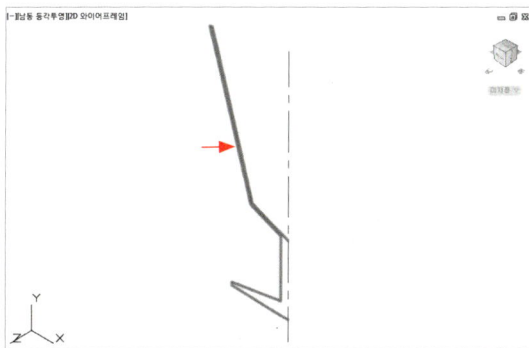

03 회전축은 가운데 중심선을 선택하고 시작 각도 지정에서 0도 상태에서 Space Bar 를 누른다. 사이각 지정도 360 상태에서 Space Bar 를 누른다.

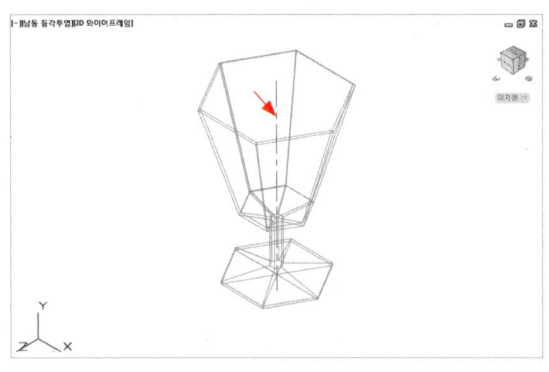
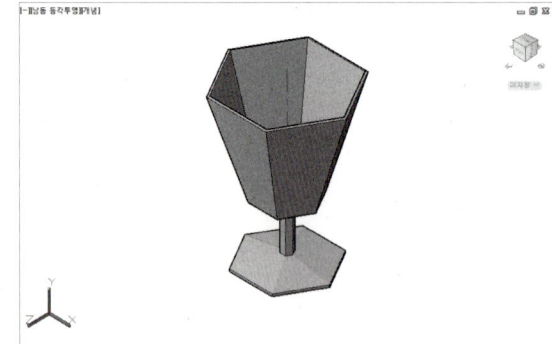

명령 : _revsurf Space Bar
현재 와이어프레임 밀도 : SURFTAB1=6 SURFTAB2=6
회전할 객체 선택 : [외형선 선택]
회전축을 정의하는 객체 선택 : [축 선택]
시작 각도 지정 ⟨0⟩ : Space Bar
사이각 지정 (+=시계반대방향, -=시계방향) ⟨360⟩ : Space Bar [360도 회전객체 생성]

04 RULESURF

두 모서리를 선택하여 메쉬를 작성한다. 모서리는 선, 호, 스플라인, 원 또는 폴리선으로 작성 가능하며 모서리 중 하나가 닫혀 있으면 다른 쪽도 닫힌 모서리여야 한다. 명령 수행에서 보면 '로프트' 명령과 유사하다.

▶ 실행 방법
- **리본** : [메쉬] 탭-[기본체] 패널-RULESURF 아이콘( )
- **메뉴** : 그리기(D)-[모델링]-[메쉬]-[직선보간 메쉬(R)]
- **명령 입력** : RULESURF

◆ RULESURF 작성하기

01 예제 파일을 불러온다.
- 예제 파일 : Chapter20₩RULESURF.dwg
- RULESURF 작성하기

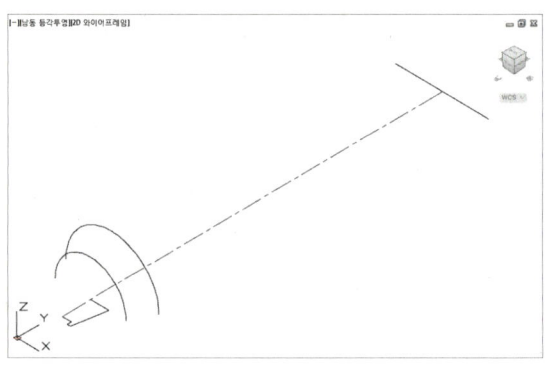

02 [메쉬] 탭–[기본체] 패널–[RULESURF]를 클릭한다. 첫 번째 정의 곡선과 두 번째 정의 곡선을 순서대로 선택한다.

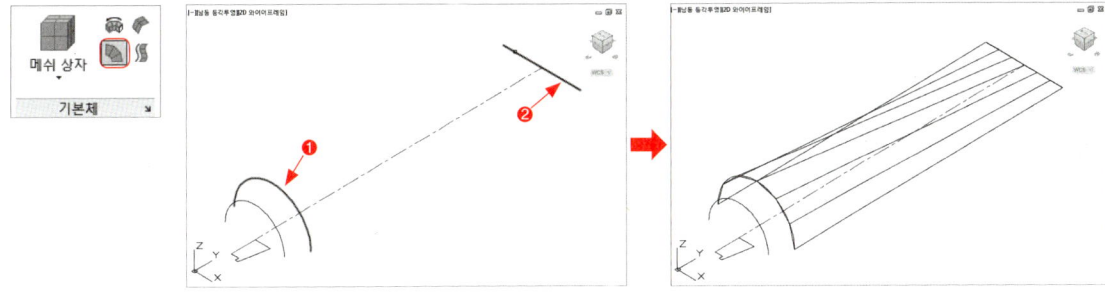

03 명령행에 'SURFTAB1'을 입력하고 값을 10으로 입력한다.

명령 : SURFTAB1 [Space Bar]
SURFTAB1에 대한 새 값 입력 〈6〉 : 10 [Space Bar]

04 다시 [메쉬] 탭–[기본체] 패널–[RULESURF]를 클릭한다. 첫 번째 정의 곡선과 두 번째 정의 곡선을 순서대로 선택한다.

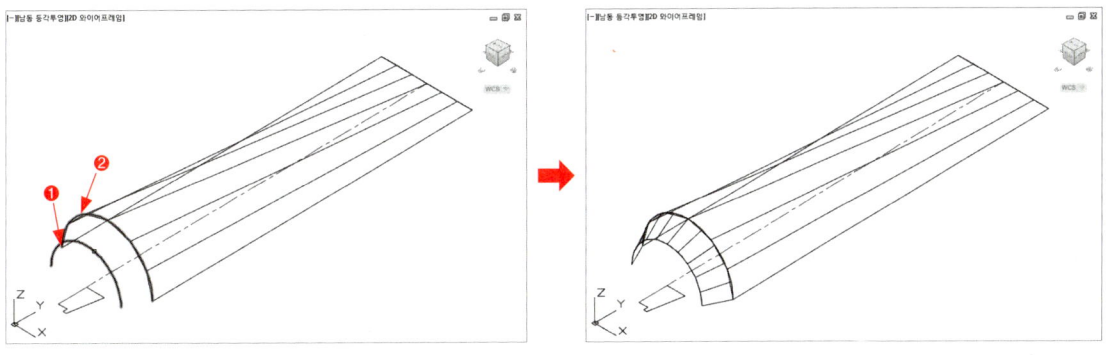

05 뷰를 [남동 등각투영]에서 [정면도]로 전환한다.

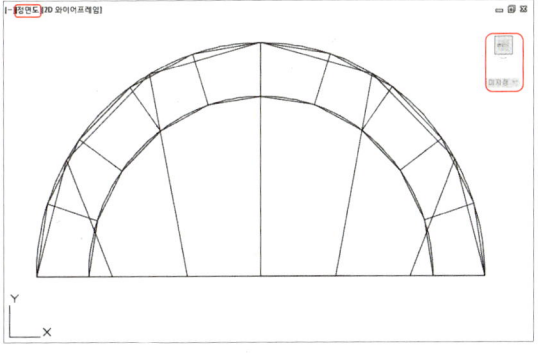

Chapter 20_메쉬 모델링   527

06 명령행에 'MI' 대칭 명령을 입력하고 Space Bar 를 누른다. 2개의 RULESURF 객체(❶, ❷)를 선택하고 중심축은 아래 가로선(❸)을 축으로 대칭 복사한다. 다시 [남동 등각투영]으로 전환한다.

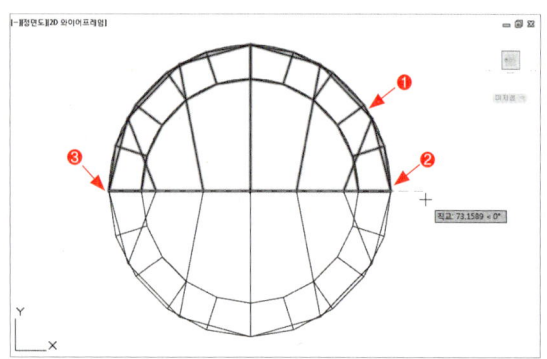 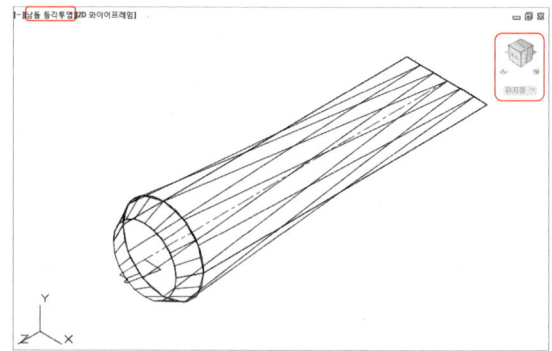

07 [메쉬] 탭-[기본체] 패널-[REVSURF]를 클릭한다. 회전할 객체로 앞부분의 객체를 선택한다.

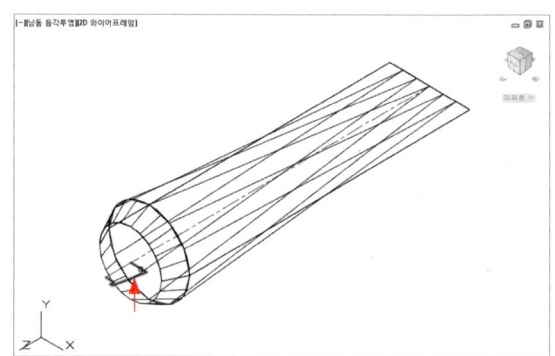

08 회전축은 가운데 중심선을 선택하고 시작 각도 지정은 기본값인 0도 상태에서 Space Bar 를 누르고, 사이각 지정은 기본값은 360도 상태에서 Space Bar 를 누른다.

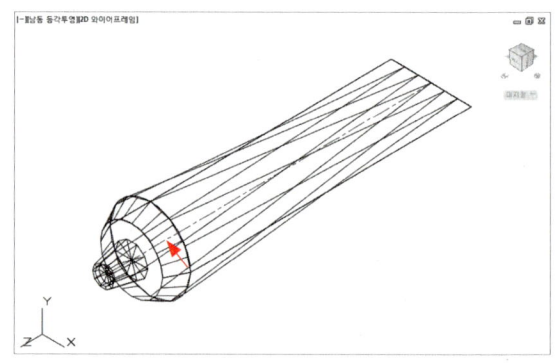

09 뚜껑의 빈 공간을 채우기 위해서 [메쉬] 탭-[메쉬 편집] 패널-[구멍 닫기]를 클릭한다. 해당 모서리를 선택하고 Space Bar 를 누른다.

 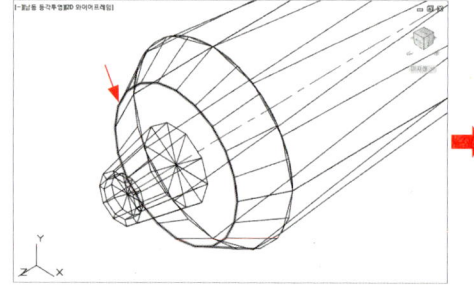 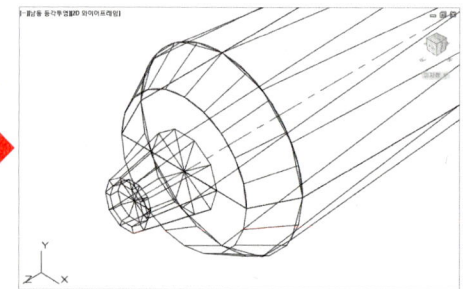

10 비주얼 스타일을 [2D 와이어프레임]에서 [개념]을 수정하고 도면층 색상도 변화를 줘서 메쉬가 닫혀진 걸 확인한다. 치약의 튜브 형태를 작성해 보았다.

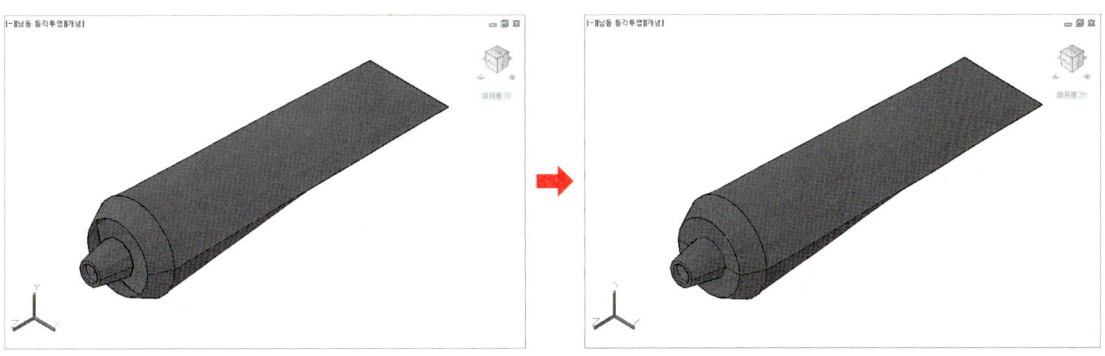

05 TABSURF

경로 곡선(직선 또는 곡선)을 따라 방향 벡터(지정한 방향과 거리)로 돌출을 해서 메쉬를 작성한다. 경로 곡선에는 선, 호, 원, 타원 ,타원호, 폴리선, 스플라인을 사용하고 방향 벡터는 선, 폴리선을 사용하고 지정한 점 근처의 끝점에서 다른 끝점으로 변위한다.

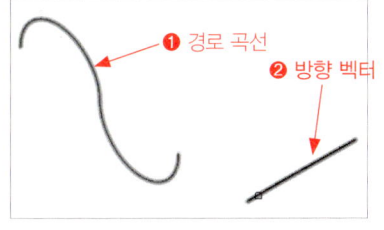
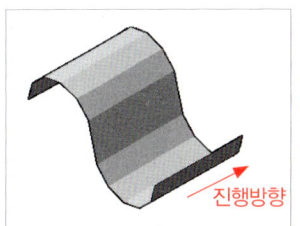

> ▶ **실행 방법**
> • 리본 : [메쉬] 탭–[기본체] 패널–TABSURF 아이콘(▓)
> • 메뉴 : 그리기(D)–[모델링]–[메쉬]–[방향 벡터 메쉬(T)]
> • 명령 입력 : TABSURF

▶ TABSURF 작성하기

01 예제 파일을 불러온 후 명령행에 'SW' 스윕 명령을 입력하고 Space Bar 를 누른다. 옵션 [모드(MO)]를 입력 또는 클릭하고 [표면(SU)]를 입력 또는 클릭한다.

- 예제 파일 : Chapter20₩TABSURF.dwg
- ▶ TABSURF 작성하기

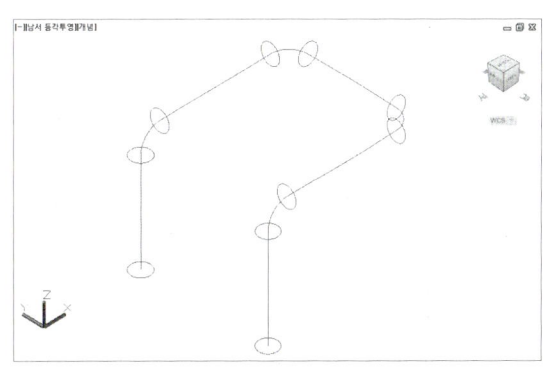

Chapter 20_메쉬 모델링 529

```
명령 : SWEEP [Space Bar]
현재 와이어프레임 밀도: ISOLINES=4, 닫힌 윤곽 작성 모드 = 표면
스윕할 객체 선택 또는 [모드(MO)] : MO  [모드 선택]
닫힌 윤곽 작성 모드 [솔리드(SO)/표면(SU)] <솔리드> : SU  [표면 선택]
```

02 스윕할 객체로 모깎기 부분의 원(❶)을 선택하고 [Space Bar]를 누른다. 스윕 경로로 호(❷)를 선택한다.

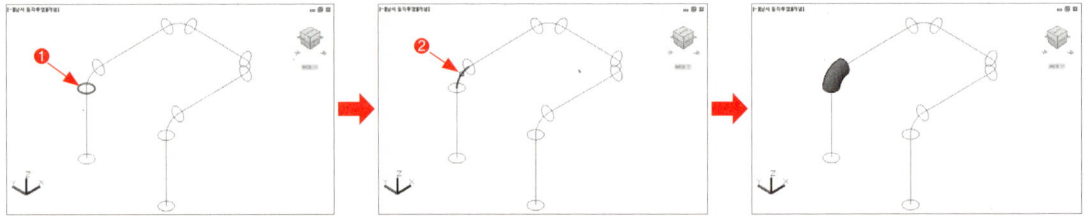

```
스윕할 객체 선택 또는 [모드(MO)] : 1개를 찾음 [Space Bar]  [스윕할 객체로 원 선택]
스윕할 객체 선택 또는 [모드(MO)] :
스윕 경로 선택 또는 [정렬(A)/기준점(B)/축척(S)/비틀기(T)] : [경로로 호 선택, 단 변위 방향에 가까운 점을 선택]
```

03 다시 [Space Bar]를 눌러 스윕 명령을 반복 실행해서 나머지 3개소도 표면 모델을 작성한다.

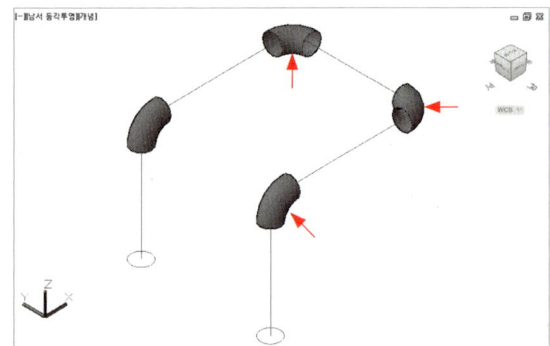

04 [메쉬] 탭-[기본체] 패널-[TABSURF]를 클릭한다.

05 경로 곡선에 대한 객체로 원(❶)을 선택하고 방향 벡터로 수직선의 아래 지점을 클릭한다.

06 명령행에 'SURFTAB1'을 입력하고 Space Bar 를 누른다. 값을 10으로 입력하고 Space Bar 를 누른다.

명령 : SURFTAB1 Space Bar
SURFTAB1에 대한 새 값 입력 〈6〉 : 10 Space Bar [값 변경]

07 마우스 오른쪽 버튼을 클릭한 후 바로 가기 메뉴에서 [최근 입력]-[TABSURF]를 선택해 명령을 실행한다.

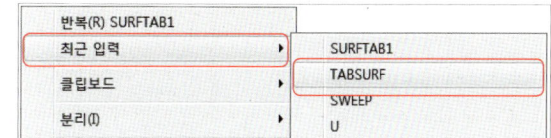

08 경로 곡선에 대한 객체로 오른쪽 원(❶)을 선택하고 방향 벡터로 수직선의 아래 지점(❷)을 클릭한다.

09 다시 Space Bar 를 눌러 TABSURF 명령을 반복 실행한다. 경로 곡선에 대한 객체로 오른쪽 사선 부분의 원(❶)을 선택하고 방향 벡터로 사선의 아래 지점(❷)을 클릭한다.

10 TABSURF 명령을 반복 실행하여 나머지 2개소도 메쉬 모델링을 마무리한다.

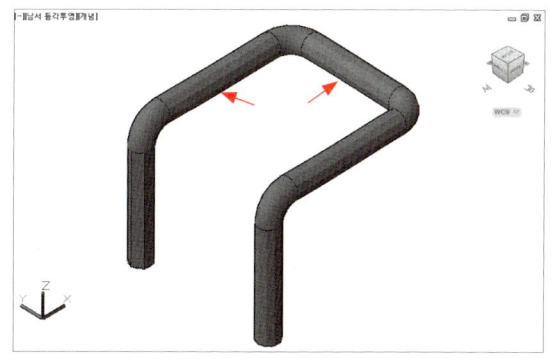

Chapter 20_메쉬 모델링 531

◘ RULESURF, EDGESURF, TABSURF를 이용한 파라솔 작성하기

01 예제 파일을 불러온다.

- 예제 파일 : Chapter20₩파라솔.dwg   ▶ 파라솔 작성하기

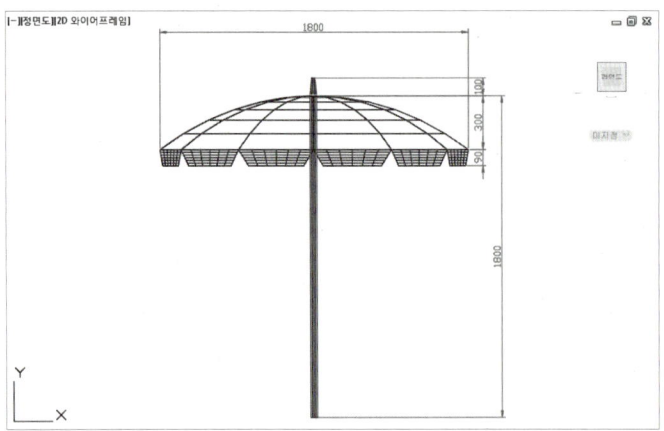

02 파라솔의 치수를 확인하고 객체를 모두 지운다. 새롭게 파라솔 작성을 위해 먼저 명령행에 'L'을 입력하고 [Space Bar]를 누른다. 거리값을 1800으로 가로선을 그린다. 호를 그리기 위해 명령행에 'O'를 입력하고 [Space Bar]를 누른다. 300만큼 가로선을 간격띄우기를 한다.

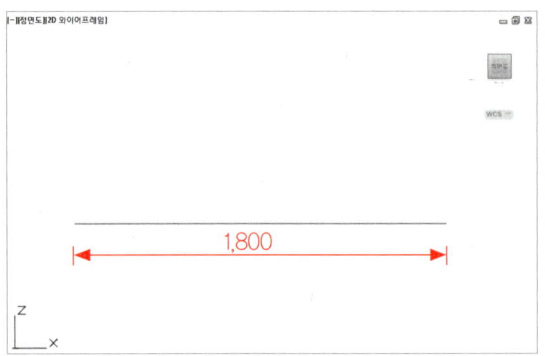 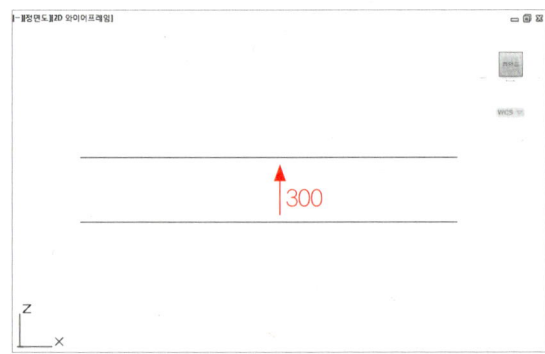

03 명령행에 'A'를 입력하고 [Space Bar]를 누른다. 시작점, 두 번째 점, 끝점을 차례대로 클릭하여 호를 작성한다.

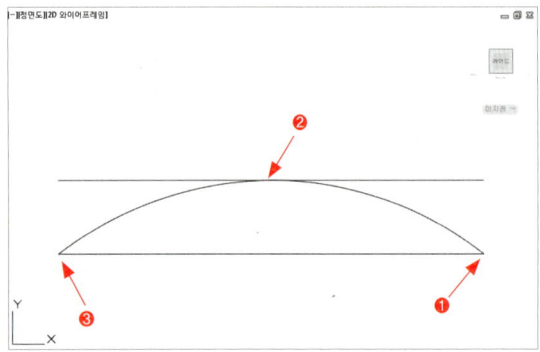

04 위의 가로선은 지우고, 중간점에 수직선(❶)을 그리고 왼쪽 호만 남겨두고 불필요한 부분(❷, ❸)은 자르기(Trim)와 지우기(Erase)로 삭제한다.

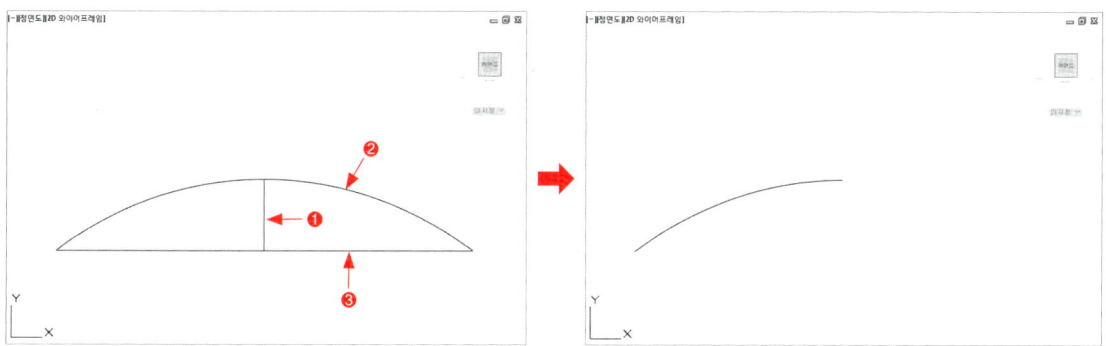

05 뷰포트 컨트롤에서 정면도를 평면도로 바꾼다. 명령 행에 'RO'를 입력하고 Space Bar 를 누른다. 회전할 객체로 4번 과정에서 작성한 호(❸)를 선택하고 기준점은 끝점(❹)을 클릭한다.

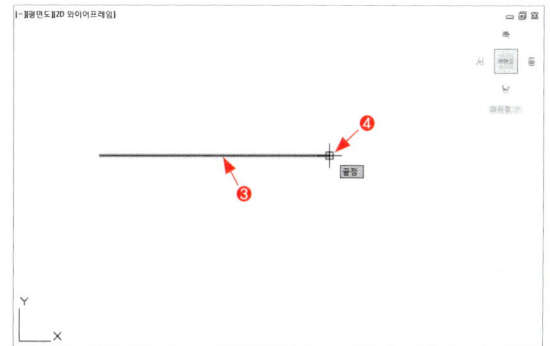

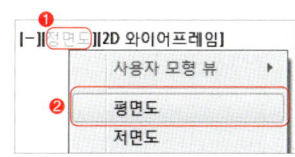

06 회전 각도를 30으로 입력 후 Space Bar 를 누른다.

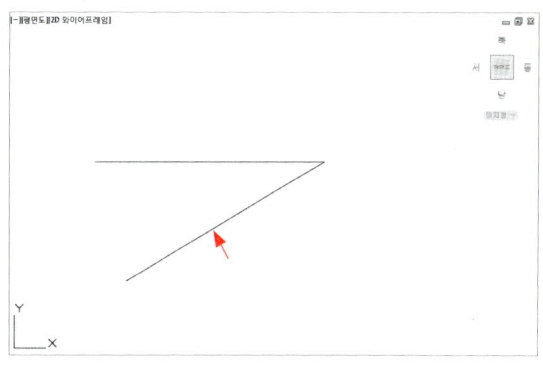

07 다시 뷰를 평면도에서 남동 등각투영으로 바꾼다. 줌 범위로 보기 위해 마우스 휠을 더블 클릭한다.

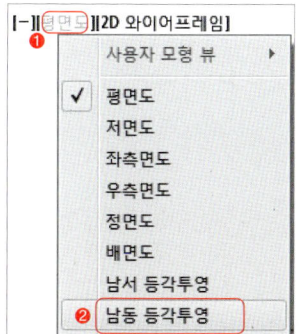 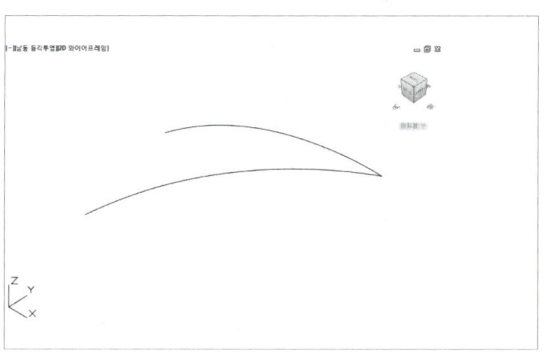

Chapter 20_메쉬 모델링 ◻ **533**

08 명령행에 'RU'를 입력하면 자동 명령 완성으로 나타나는 'RULESURF' 명령을 확인하고 [Space Bar]를 누른다.

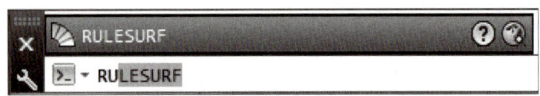

09 첫 번째 정의 곡선, 두 번째 정의 곡선으로 각각 호를 클릭한다. 메쉬가 작성된다. 정의 곡선을 클릭할 때는 방향이 서로 엇갈리지 않도록 클릭해야 한다.

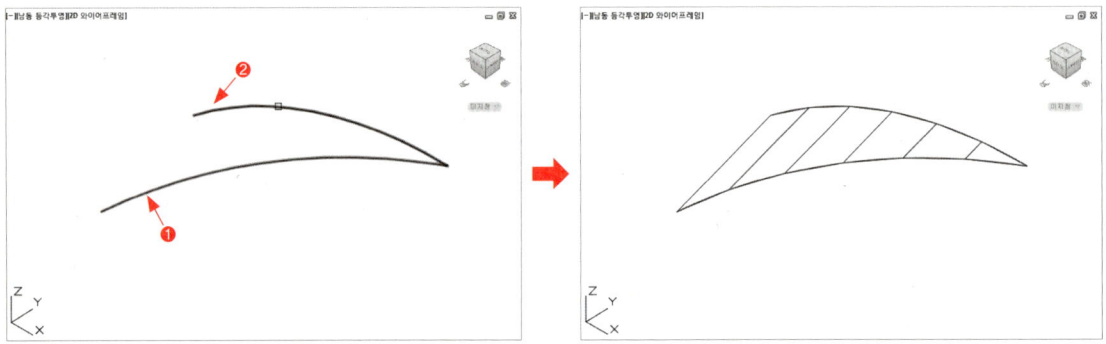

10 [Shift]+마우스 휠로 뷰를 회전시킨 후 알맞은 위치에서 수직으로 90만큼 길이의 선을 2개소(❶, ❷) 그린다. 이때, 반드시 직교 모드 상태에서 확인한다. 수직선의 끝점을 잇는 선(❸, ❹)을 2개 그린다.

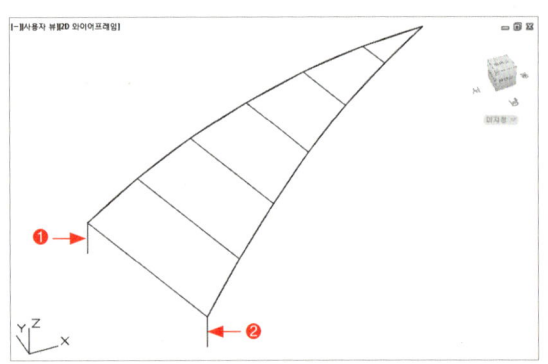
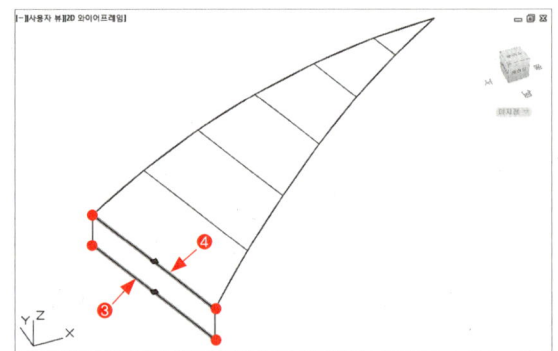

11 UCS를 사선에 맞추기 위해 명령행에 'UCS'를 입력하고 [Space Bar]를 누른다. 옵션의 [객체(OB)]를 클릭하고 사선을 선택한 후 [Space Bar]를 누른다.

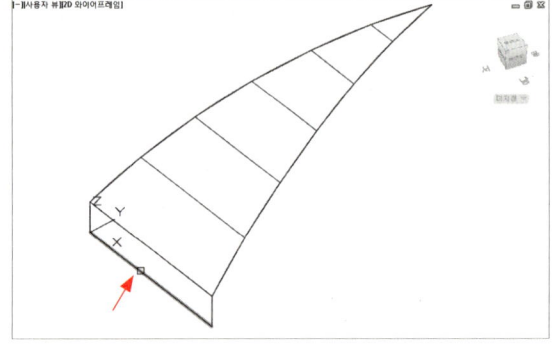

명령 : UCS [Space Bar]
현재 UCS 이름 : *평면도*
UCS의 원점 지정 또는 [면(F)/이름(NA)/객체(OB)/이전(P)/뷰(V)/표준(W)/X(X)/Y(Y)/Z(Z)/Z축(ZA)] <표준> : OB [객체 옵션 선택]

12 명령행에 'CP'를 입력하고 Space Bar 를 누른다. 60만 큼 수직선을 양쪽 모두 안쪽으로 복사한다.

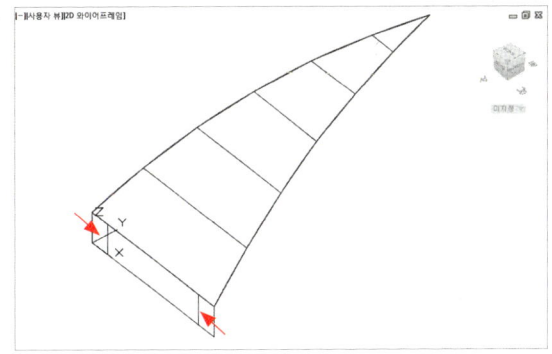

13 두 수직선의 끝점을 연결하는 사선을 그린다. 지우기(Erase)와 그립 편집으로 불필요한 부분은 제거하고 사다리꼴 형상을 만든다.

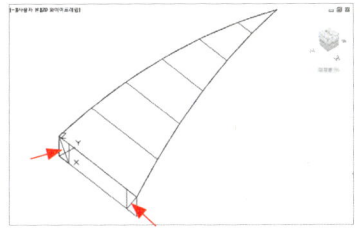 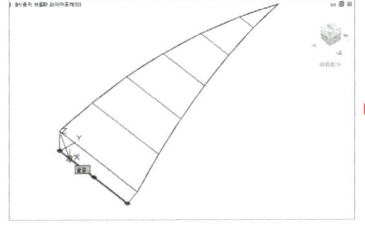 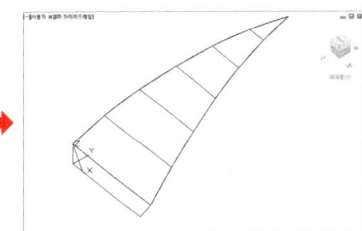

14 RULESURF 명령을 사용해도 상관없지만, 이번에는 EDGESURF 명령을 실행해 본다. 명령행에 'EDG'를 입력하면 자동 명령 완성으로 'EDGESURF' 명령을 확인하고 Space Bar 를 누른다. 차례대로 선을 클릭한다.

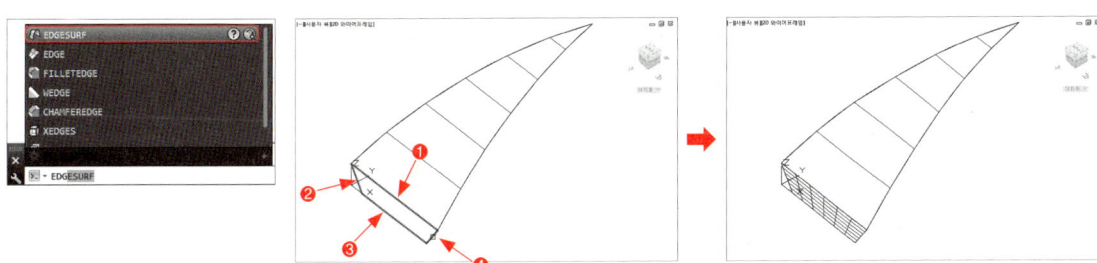

15 명령행에 'AR'을 입력하고 Space Bar 를 누른다. RULESURF(❶)와 EDGESURF(❷) 2개 메쉬 모델을 선택하고 Space Bar 를 누른다.

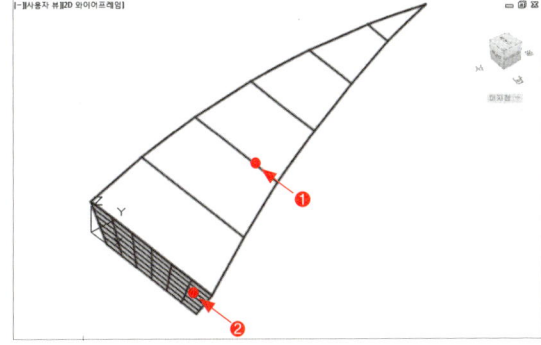

명령 : AR Space Bar [배열 명령]
객체 선택 : 1개를 찾음 [RULESURF 메쉬 모델 선택]
객체 선택 : 1개를 찾음, 총 2개 Space Bar [EDGESURF 메쉬 모델 선택]

16 배열 유형은 [원형(PO)]를 선택하고 배열의 중심점은 2개 호가 만나는 교차점을 선택한다.

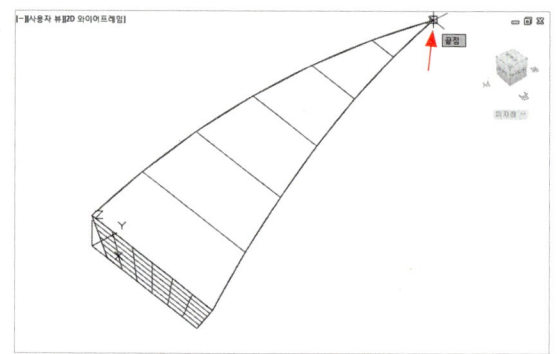

객체 선택 : 배열 유형 입력 [직사각형(R)/경로(PA)/원형(PO)] <원형> : PO
유형 = 원형 연관 = 예
배열의 중심점 지정 또는 [기준점(B)/회전축(A)] : [중심점으로 호 교차점 클릭]
기울은, 비-균일하게 축척된 객체는 무시됨.

17 옵션 [항목(I)]을 클릭하고 12로 입력 후 Space Bar 를 누른다. 다시 Space Bar 를 눌러 명령을 종료한다.

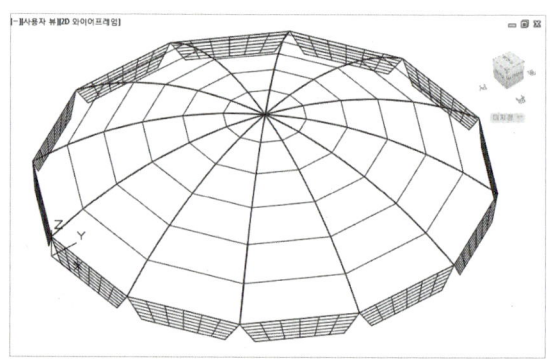

그립을 선택하여 배열을 편집하거나 [연관(AS)/기준점(B)/항목(I)/사이의 각도(A)/채울 각도(F)/행(ROW)/레벨(L)/항목 회전(ROT)/종료(X)]<종료> : I [항목 옵션 클릭]
배열의 항목 수 입력 또는 [표현식(E)] <6> : 12 Space Bar [항목 개수 입력]
그립을 선택하여 배열을 편집하거나 [연관(AS)/기준점(B)/항목(I)/사이의 각도(A)/채울 각도(F)/행(ROW)/레벨(L)/항목 회전(ROT)/종료(X)]<종료> : Space Bar [명령 종료]

18 명령행에 'C'를 입력하고 Space Bar 를 누른다. 파라솔 중앙에 반지름 10과 반지름 20인 원을 2개 그린다.

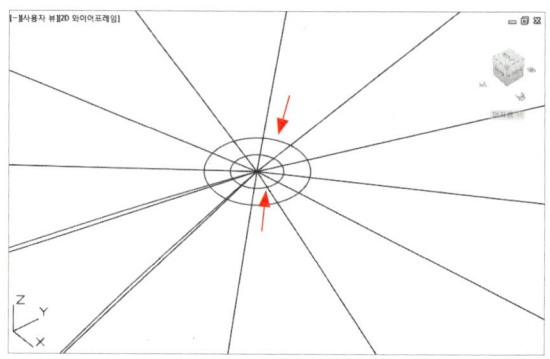

19 명령행에 'L'을 입력하고 Space Bar 를 누른다. 직교 모드를 켜고 파라솔 중앙에서 위로 100, 아래로 1800 길이의 선을 그린다.

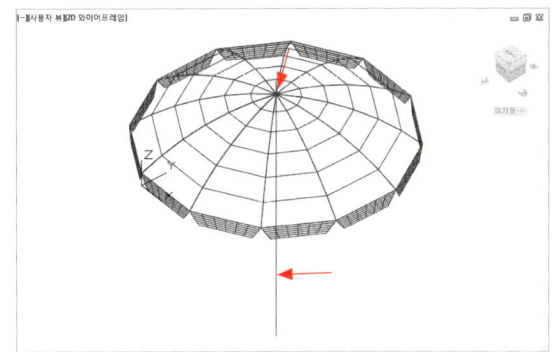

20 명령행에 'M'을 입력하고 Space Bar 를 누른다. 작은 원을 100만큼 위로 이동한다. 즉 선의 아래쪽 끝점에서 위쪽 끝점으로 이동한다.

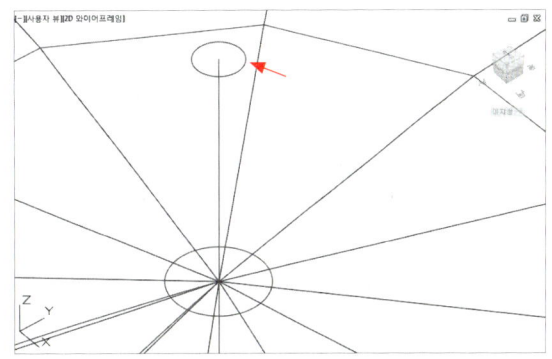

21 명령행에 'RU'를 입력하면 자동 명령 완성으로 'RULESURF' 명령을 확인하고 Space Bar 를 누른다. 두 원을 선택하여 RULESURF 메쉬를 완성한다.

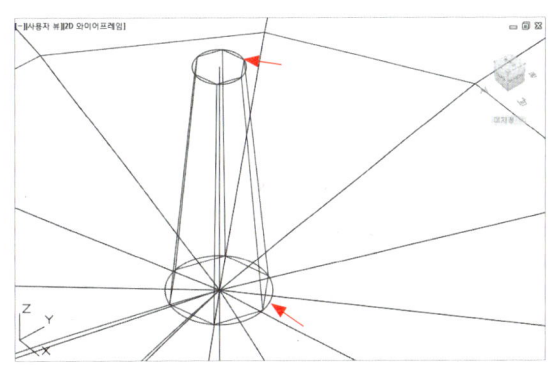

22 명령행에 'TAB'을 입력하면 자동 명령 완성으로 'TABSURF' 명령을 확인하고 Space Bar 를 누른다. 경로 곡선으로 반지름 20인 원(❶)을 선택하고 방향 벡터로 길이가 1800인 선(❷)을 클릭한다.

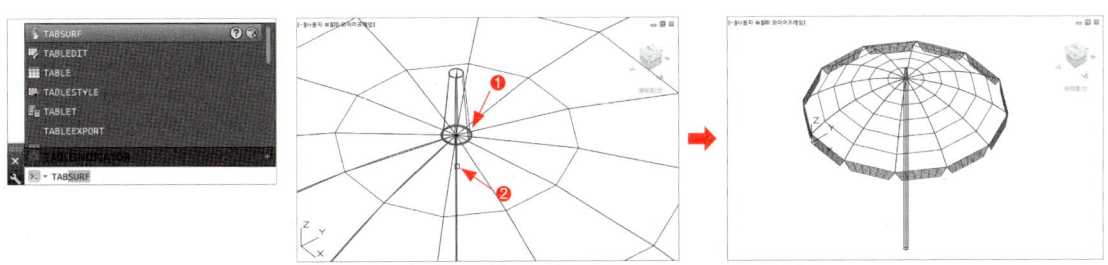

Chapter 20_메쉬 모델링 537

23 도면층을 달리해서 색상 변화를 살펴보기 위해 명령행에 'LA'을 입력하고 Space Bar 를 누른다. 새 도면층 [파라솔]을 만들고 색상을 70번으로 지정한다.

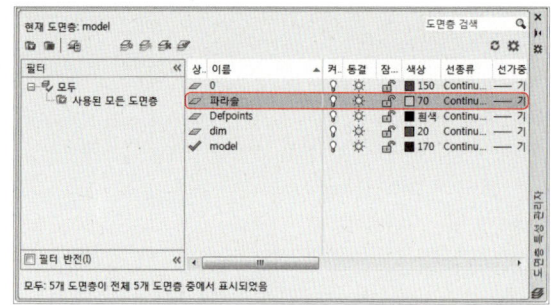

24 명령행에 'X'를 입력하고 Space Bar 를 누른다. 파라솔 상부를 먼저 분해한 후 [특성] 팔레트에서 현재 도면층을 [model]에서 [파라솔]로 수정한다. 도면층 수정이 끝나면 Esc 를 눌러 객체 선택을 해제한다.

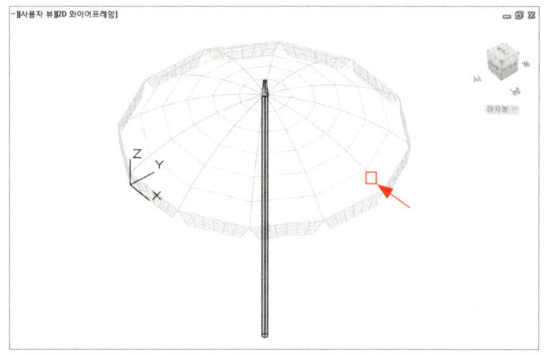 

25 뷰포트 컨트롤에서 비주얼 스타일을 [2D 와이어프레임]에서 [실제]로 바꿔본다.

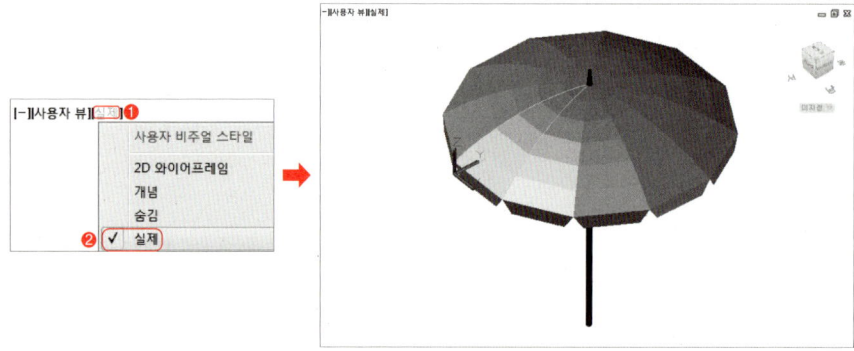

Chapter 21 솔리드 모델링

3D 솔리드 객체는 정보 내용이 무엇보다도 완전한 객체 유형이라서 3D 모델링에 가장 일반적으로 사용한다. 메쉬 모델링이나 표면 모델링은 속이 빈 캔이라고 본다면 솔리드는 내용물이 꽉 찬 포장 상태의 캔이라고 보면 이해하기 쉽다.

01 솔리드 기본체 작성

1-1. BOX(상자)

3D 솔리드 상자를 작성한다. 상자의 밑면은 일반적으로 현재 UCS의 XY 평면과 평행하다.

> ▶ 실행 방법
> - 리본 : [홈] 탭-[모델링] 패널-상자 아이콘(▯)
> - 메뉴 : 그리기(D)-[모델링]-[상자(B)]
> - 리본 : [솔리드] 탭-[기본체] 패널-상자 아이콘(▯)
> - 명령 입력 : BOX

◘ 상자 만들기

01 뷰포트 컨트롤에서 현재 뷰를 [평면도]에서 [남동 등각투영]으로 바꾼다.

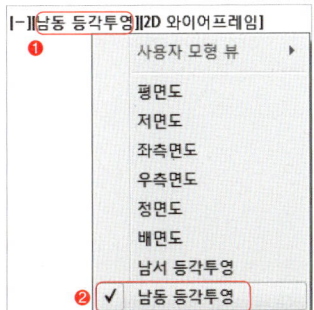

02 [홈] 탭–[모델링] 패널–[상자]를 클릭하고 밑면의 첫 번째 구석점을 지정한다. 참고로, [중심] 옵션을 선택하면 중심점을 지정하여 상자를 작성할 수 있다.

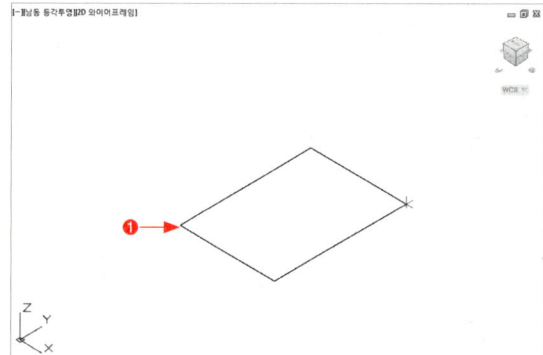

명령 : _box [Space Bar]
첫 번째 구석 지정 또는 [중심(C)] : [첫 번째 점 지정]

03 밑면의 다른 구석점을 지정해도 되지만, 여기선 [길이] 옵션을 선택하여 길이, 폭, 높이 값을 지정해 상자를 작성한다.

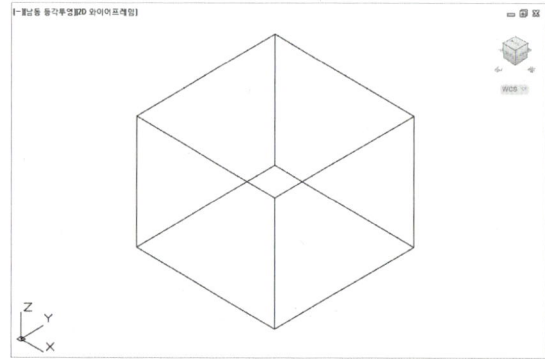

반대 구석 지정 또는 [정육면체(C)/길이(L)] : L [Space Bar] [길이 옵션 선택]
길이 지정 : 50 [Space Bar] [길이 값 지정]
폭 지정 : 50 [Space Bar] [폭 값 지정]
높이 지정 또는 [2점(2P)] : 40 [Space Bar] [높이 값 지정]

04 [정육면체] 옵션을 선택하면 모든 변의 길이가 같은 상자를 작성한다.
05 높이를 지정할 때 [2점] 옵션을 선택하면 점 클릭으로 지정한 높이가 입력된다.

1-2. SPHERE(구)

솔리드 구를 작성한다. 중심점에서 시작하는 경우, 구의 중심축은 현재 사용자 좌표계(UCS)의 축과 평행하다.

▶ 실행 방법
• 리본 : [홈] 탭–[모델링] 패널–구 아이콘(◯)   • 리본 : [솔리드] 탭–[기본체] 패널–구 아이콘(◯)
• 메뉴 : 그리기(D)–[모델링]–[구(S)]   • 명령 입력 : SPHERE

◘ 구 만들기

01 [홈] 탭-[모델링] 패널-[구]를 클릭하고 구의 중심점을 지정한다.

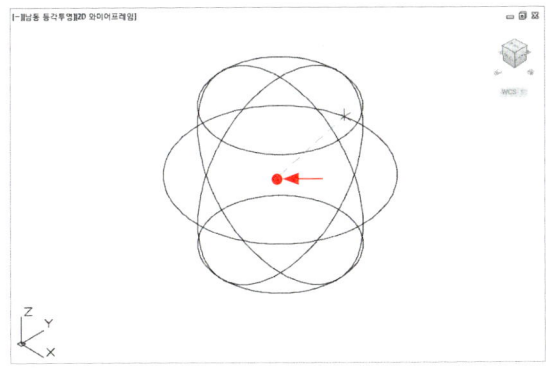

```
명령 : _sphere
중심점 지정 또는 [3점(3P)/2점(2P)/Ttr-접선 접선 반지름(T)] : [중심점 지정]
```

02 중심을 지정한 후 구의 [반지름] 또는 [지름]을 지정한다. 여기서는 반지름 값으로 50을 입력하고 Space Bar 를 누른다.

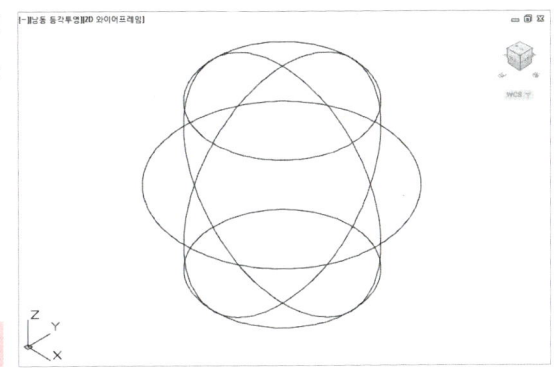

```
반지름 지정 또는 [지름(D)] : 50 Space Bar   [반지름 값 입력]
```

03 [3점] 옵션을 선택하면 3점 지정으로 구를 작성할 수 있다.

1-3. CYLINDER(원통)

밑면이 원 또는 타원인 솔리드 원통을 작성한다. 기본적으로 원통의 밑면은 현재 UCS의 XY평면에 놓인다. 원통의 높이는 Z축과 평행하다.

```
◘ 실행 방법
• 리본 : [홈] 탭-[모델링] 패널-원통 아이콘( )
• 리본 : [솔리드] 탭-[기본체] 패널-원통 아이콘( )      • 명령 입력 : CYLINDER
• 메뉴 : 그리기(D)-[모델링]-[원통(C)]                  • 단축키 : CYL
```

🔶 원통 작성하기

01 [홈] 탭-[모델링] 패널-[원통]을 클릭하고 기준 중심점을 지정한다. 밑면이 타원인 원통을 작성하려면 [타원형] 옵션을 선택한다.

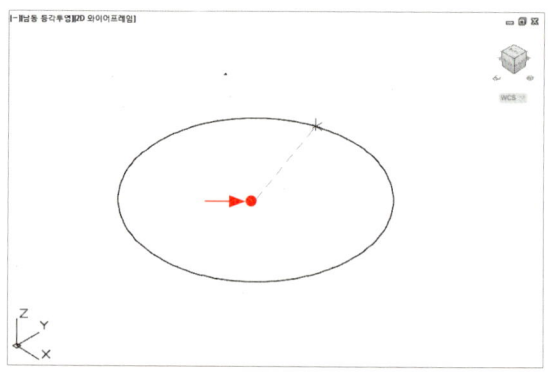

```
명령 : _cylinder
기준 중심점 지정 또는 [3P(3P)/2P(2P)/Ttr-접선 접선 반지름(T)/타원형(E)] : [중심점 지정]
```

02 밑면의 크기를 지정한다. 밑면이 원인 경우는 [원] 명령 실행처럼 반지름 값 50을 입력하고 Space Bar 를 누른다.

```
밑면 반지름 지정 또는 [지름(D)] : 50 Space Bar   [반지름 50 입력]
```

03 높이로 100을 입력하고 Space Bar 를 누른다.

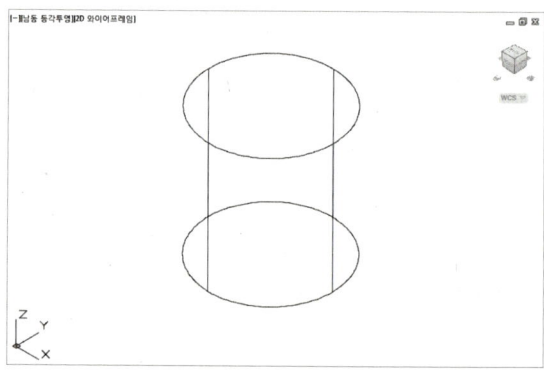

```
높이 지정 또는 [2점(2P)/축 끝점(A)] : 100 Space Bar   [높이로 100 입력]
```

04 [축 끝점(A)] 옵션을 선택하고 직교 모드를 켠 후, 원통의 축 끝점을 지정하면 원통 방향을 X,Y,Z축 방향에 맞춰 작성할 수 있다.

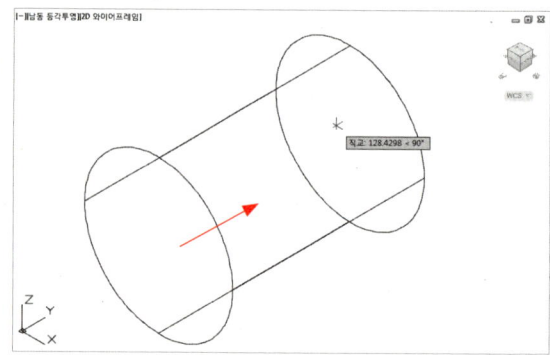

1-4. POLYSOLID(폴리솔리드)

폴리솔리드는 돌출된 굵은 폴리선과 비슷하다. 실제로 직선과 곡선을 둘 다 사용하여 폴리선을 그릴 때와 동일한 방법으로 폴리솔리드를 그릴 수 있다. 돌출 시 폭 특성을 잃게 되는 돌출된 폴리선과는 달리, 폴리솔리드는 선 세그먼트의 폭을 유지한다.

또한 선, 2D 폴리선, 호 또는 원 등의 객체를 폴리솔리드로 변환할 수도 있다. 폴리솔리드는 특성 팔레트에서 스윕 솔리드로 표시된다.

▶ 실행 방법
- **리본** : [솔리드] 탭-[기본체] 패널-폴리솔리드 아이콘( )
- **메뉴** : 그리기(D)-모델링-폴리솔리드(P)
- **명령 입력** : POLYSOLID

▶ 폴리솔리드 만들기

01 [솔리드] 탭-[기본체] 패널-[폴리솔리드]를 클릭한다. [높이] 옵션을 클릭하여 폴리솔리드 객체의 높이를 입력한다. 여기서는 높이 값을 500로 입력하고 Space Bar 를 누른다.

```
명령 : _Polysolid
높이 = 80.0000, 폭 = 5.0000, 자리맞추기 = 중심
시작점 지정 또는 [객체(O)/높이(H)/폭(W)/자리맞추기(J)] <객체> : H [높이 옵션 선택]
높이 지정 <80.0000>: 500 Space Bar  [높이로 500을 입력]
```

02 다음에 [폭] 옵션을 클릭하고 값을 20으로 입력하고 Space Bar 를 누른다.

```
높이 = 500.0000, 폭 = 5.0000, 자리맞추기 = 중심
시작점 지정 또는 [객체(O)/높이(H)/폭(W)/자리맞추기(J)] <객체> : W [폭 옵션 선택]
폭 지정 <5.0000> : 20 [폭으로 20을 입력]
```

03 벽체가 세워질 지점(❶, ❷)을 클릭하고 직선 부분 폴리솔리드를 작성한다. 호 부분을 그리기 위해서 [호] 옵션을 클릭한다. 값을 500으로 입력하고 Space Bar 를 누른다.

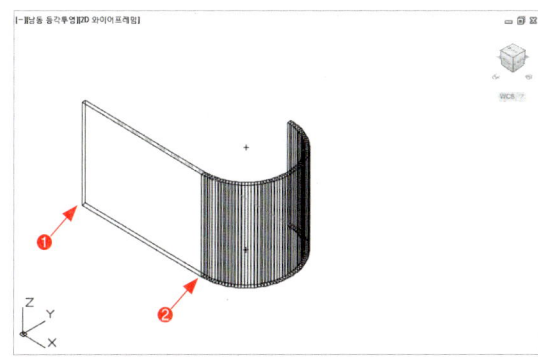

```
다음 점 지정 또는 [호(A)/명령 취소(U)] : [❶번 지점 클릭]
다음 점 지정 또는 [호(A)/명령 취소(U)] : [❷번 지점 클릭]
다음 점 지정 또는 [호(A)/명령 취소(U)] : A [호 옵션 선택]
호의 끝점 지정 또는 [닫기(C)/방향(D)/선(L)/두 번째 점(S)/명령 취소(U)] : 500 Space Bar  [길이로 500을 입력]
```

04 다시 직선 구간을 그리기 위해 [선] 옵션을 클릭하고 직선 구간 폴리솔리드를 작성한다. Space Bar 를 눌러 명령을 종료한다.

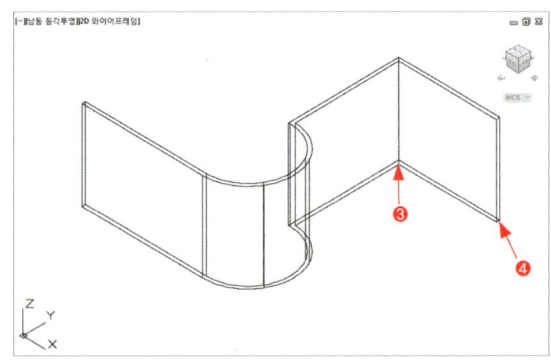

```
다음 점 지정 또는 [호(A)/닫기(C)/명령 취소(U)] : 호의 끝점 지정 또는 [닫기(C)/방향(D)/선(L)/두 번째 점(S)/명령 취소(U)] : L [선 옵션 선택]
다음 점 지정 또는 [호(A)/닫기(C)/명령 취소(U)] : [❸번 지점 클릭]
다음 점 지정 또는 [호(A)/닫기(C)/명령 취소(U)] : [❹번 지점 클릭]
다음 점 지정 또는 [호(A)/닫기(C)/명령 취소(U)] : Space Bar [명령 종료]
```

02 도구를 이용한 솔리드 작성과 편집

2-1. PRESSPULL(눌러 당기기)

2D 객체, 닫힌 경계로 형성된 영역, 3D 솔리드 면을 선택한 후 커서를 이동하면 돌출 또는 간격띄우기로 객체를 수정할 수 있다.

솔리드 면 위에 위치한 닫힌 객체, 영역을 눌러 당기기하면 부울린 연산이 실행되어 솔리드 바깥쪽으로 눌러 당기기하면 합성이 되고, 솔리드 안쪽으로 눌러 당기기하면 돌출 형상이 원래 솔리드에서 빼기가 된다.

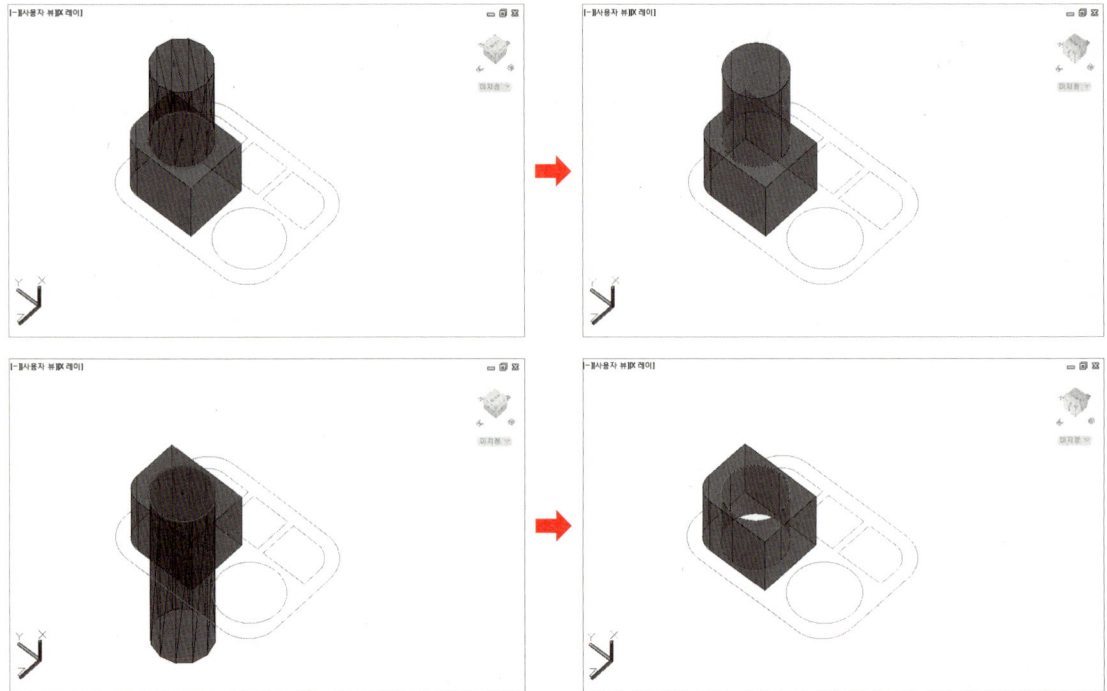

• 2D 객체, 영역을 눌러 당기기 한 경우

닫힌 2D 객체, 선과 모서리로 둘러싸인 영역을 눌러 당기기하면 돌출된 솔리드가 작성된다. 열린 2D 객체를 눌러 당기기 하면 표면이 작성된다.

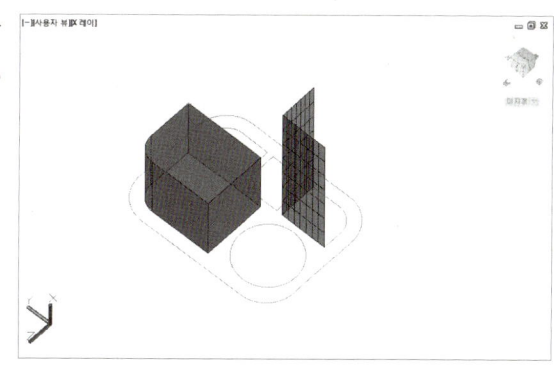

• 솔리드 면을 눌러 당기기 할 때 2가지 방법

솔리드 면을 그대로 [눌러 당기기]하거나 [간격 띄우기] 방식으로 돌출할 수 있다. [간격 띄우기]로 하려면 Ctrl 을 누르면서 면을 선택하면 됩니다.

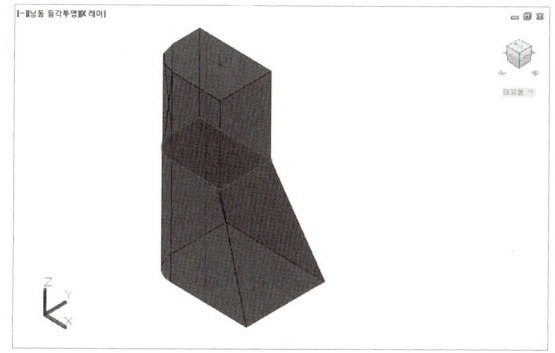

◆ 돌출인 경우　　　　　　　　　　　　　　　　◆ 간격띄우기인 경우

실행 방법

- **리본** : [홈] 탭-[모델링] 패널-눌러 당기기 아이콘(🖐)
- **리본** : [솔리드] 탭-[솔리드] 패널-눌러 당기기 아이콘(🖐)　　• **명령 입력** : PRESSPULL

닫힌 객체, 영역을 눌러 당기기

01 예제 파일을 불러온 후 [홈] 탭-[모델링] 패널-[눌러 당기기]를 클릭하고, Shift 를 누르면서 객체를 5개 선택하고 Space Bar 를 누른다.

■ 예제 파일 : Chapter21₩Presspull.dwg

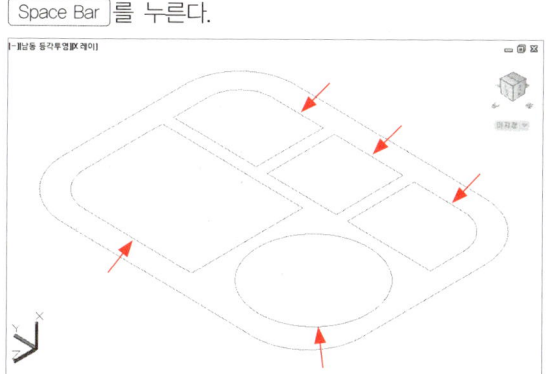
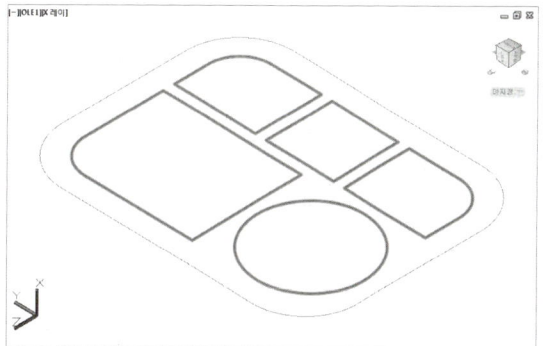

02 돌출 높이로 30을 입력하고 Space Bar 를 누른다.

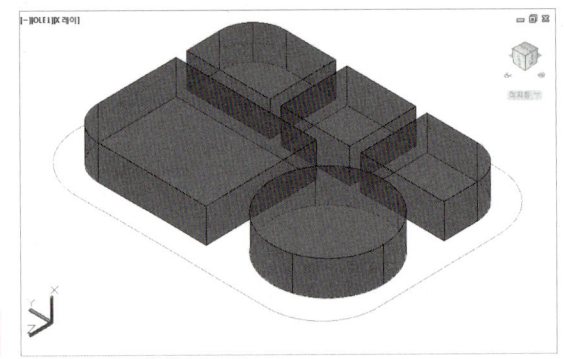

> 돌출 높이 지정 또는 [다중(M)] : 30 Space Bar [돌출 높이 입력]

03 Space Bar 를 눌러 [눌러 당기기]를 반복 실행한다. 앞의 솔리드 2개 윗면을 Shift 를 누른채 클릭하고 마우스를 아래 방향으로 잡아당긴다.

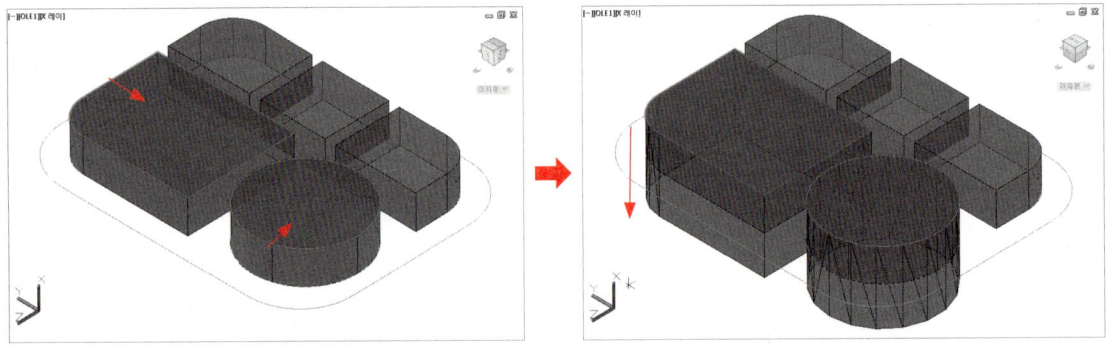

04 돌출 높이 값을 -20을 입력하고 Space Bar 를 누른다. 20만큼 차집합이 되었다.

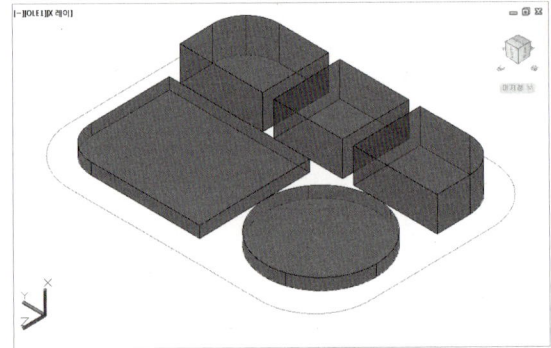

> 돌출 높이 지정 또는 [다중(M)] : -20 Space Bar [돌출 높이 입력]

2-2. EXTRUDE(돌출)

EXTRUDE 명령은 곡선의 쉐이프를 연장하는 솔리드 또는 표면을 작성한다. 열린 곡선은 표면을 작성하고 닫힌 곡선은 솔리드 또는 표면을 작성한다.

> ✚ 실행 방법
> • 리본 : [홈] 탭-[모델링] 패널-돌출 아이콘(▣)
> • 리본 : [솔리드] 탭-[솔리드] 패널-돌출 아이콘(▣)
> • 메뉴 : 그리기(D)-[모델링]-[돌출(X)]
> • 명령 입력 : EXTRUDE
> • 단축키 : EXT

옵션	설명
모드	돌출이 표면을 작성할지, 솔리드를 작성할지를 설정한다.
돌출 모드 지정	경로 옵션을 사용하여 돌출 쉐이프가 경로를 따라 솔리드 또는 표면을 작성한다.
테이퍼 각도	테이퍼란 돌출할 때 기울기 각도를 줌으로서 각도를 따라 돌출되는 것으로 주물 공장에서 사용하는 금형 등에 유용하다.
방향	방향 옵션을 사용하면 돌출의 길이와 방향을 설정할 두 점을 지정할 수 있다.
표현식	돌출 높이를 구속하는 수학 표현식을 입력한다.

돌출할 영역을 형성하는 객체는 하나로 연결되어야 한다. 선과 호로 구성된 영역은 JOIN(결합) 명령을 사용하여 폴리선으로 결합하거나, 'REG' 영역 명령으로 하나로 만들어야 한다. 하나로 연결이 안되면 돌출을 했을 때 솔리드 객체가 아니라 표면 객체가 된다.

다음 그림에서 JOIN 명령으로 하나로 결합하여 폴리선으로 된 것은 앞부분, 뒷 부분의 3개는 REGION 명령으로 하나로 결합한 것이다. 비주얼 스타일로 알 수 있듯이 JOIN과 REGION은 차이가 있다.

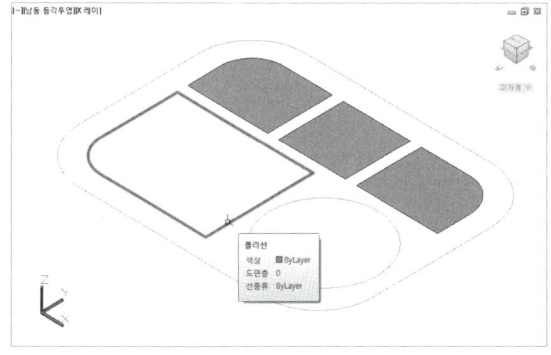

REGION은 DELOBJ 시스템변수가 0으로 설정되지 않으면 원래 객체를 영역으로 변환한 후 삭제한다. 원래 객체가 해치되었다면 해치 연관성을 잃게 되고 연관성을 복원하려면 영역을 다시 해치해야 한다. DELOBJ 시스템변수의 초기값은 3으로 설정되어 있다. 3으로 설정되면, SWEEP 및 LOFT 명령으로 솔리드 객체가 작성되는 경우 사용한 경로 및 안내 곡선을 비롯하여 모든 정의 형상을 삭제한다.

◆ 돌출과 눌러 당기기로 식판 모델링 완성하기

01 예제 파일을 불러온 후 명령행에 'EXT'를 입력하고 Space Bar 를 누른다. 돌출할 객체로 바깥의 파란색 5개 선을 선택하고 Space Bar 를 누른다.

- 예제 파일 : Chapter21₩Extrude.dwg
- 돌출과 눌러당기기로 식판 모델링 완성하기

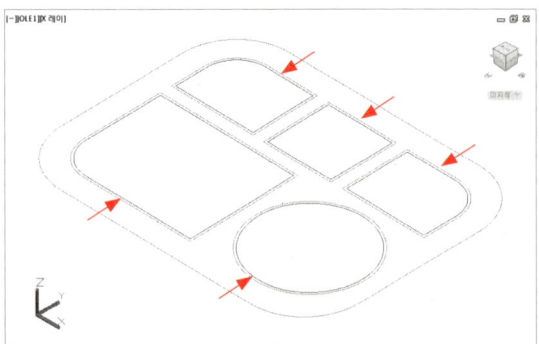
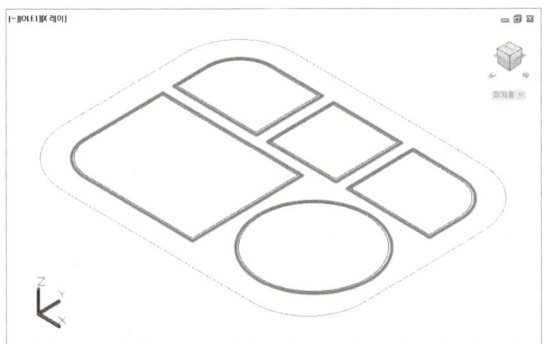

02 [테이퍼 각도(T)] 옵션을 클릭하고 각도를 15로 입력한 후 Space Bar 를 누른다. 마우스 방향을 아래로 드래그하고 돌출 높이 값을 −25로 입력하고 Space Bar 를 누른다. 동적입력(F12)이 켜진 상태이면 −는 생략한다.

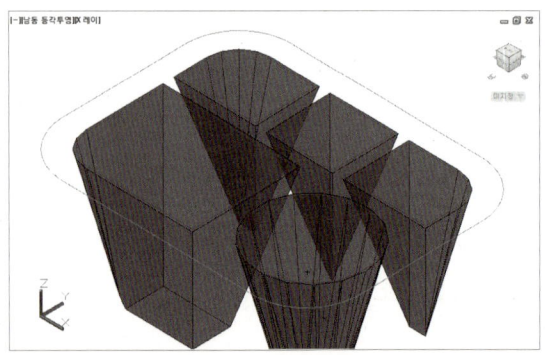
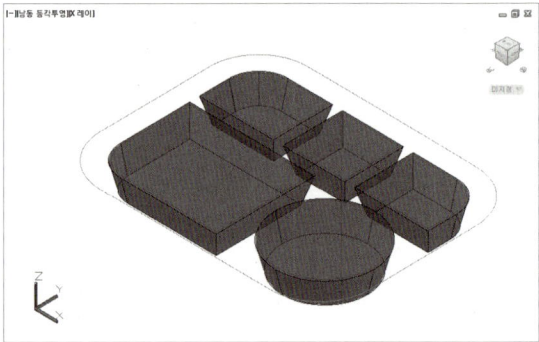

```
돌출의 높이 지정 또는 [방향(D)/경로(P)/테이퍼 각도(T)] <25.0000> : T [테이퍼 각도 옵션 선택]
돌출에 대한 테이퍼 각도 지정 <15> : 15 [테이퍼 각도 15도 입력]
돌출의 높이 지정 또는 [방향(D)/경로(P)/테이퍼 각도(T)] <25.0000> : −25 [돌출 높이 입력]
```

03 [홈] 탭−[도면층] 패널에서 현재 도면층을 [선2]로 하고 [선1] 도면층은 동결 처리한다. 명령행에 'EXT'를 입력하고 Space Bar 를 누른 후 돌출할 객체로 안쪽 보라색 5개 선을 선택하고 Space Bar 를 누른다.

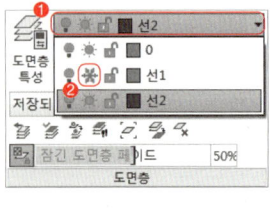
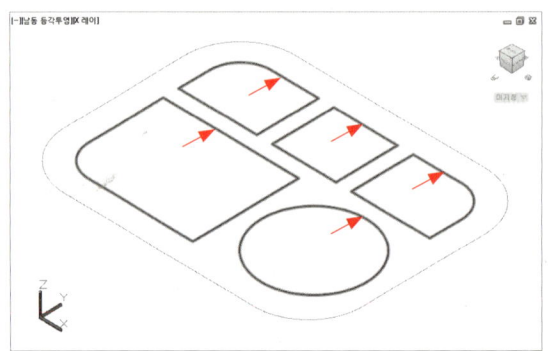

04 [테이퍼 각도(T)] 옵션을 클릭하고 각도를 15로 입력한 후 [Space Bar]를 누른다. 마우스 방향을 아래로 드래그하고 돌출 높이 값을 –23으로 입력한 후 [Space Bar]를 누른다.

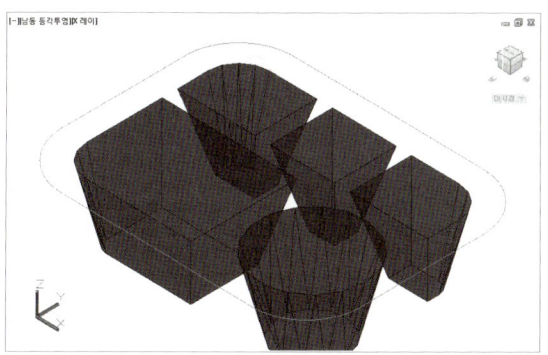 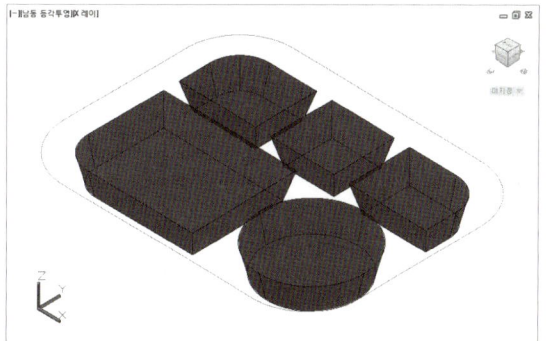

돌출의 높이 지정 또는 [방향(D)/경로(P)/테이퍼 각도(T)] 〈–25.0000〉 : T [테이퍼 각도 옵션 선택]
돌출에 대한 테이퍼 각도 지정 〈15〉 : 15 [테이퍼 각도 입력]
돌출의 높이 지정 또는 [방향(D)/경로(P)/테이퍼 각도(T)] 〈–25.0000〉 : –23 [돌출 높이 입력]

05 [홈] 탭–[도면층] 패널에서 [선1] 도면층은 동결 해제한다. 현재 도면층을 [선2]에서 [선1] 도면층으로 선택한다.

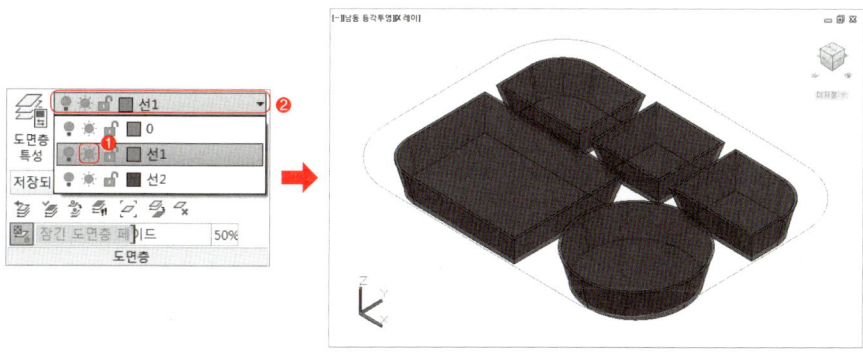

06 [홈] 탭–[솔리드 편집] 패널에서 [차집합]을 클릭하고 파란색 3D 솔리드를 클릭하고 [Space Bar]를 누른다. 솔리드를 클릭하면 선택 순환 상자가 보이는데 여기서 해당 솔리드를 선택한다.

 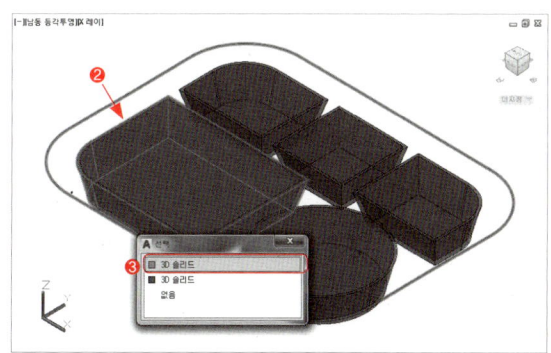

Chapter 21_솔리드 모델링 549

07 제거할 SUBRTACT 객체로 안쪽 보라색 3D 솔리드를 클릭하고 Space Bar 를 누른다. 차집합이 된 솔리드가 보인다.

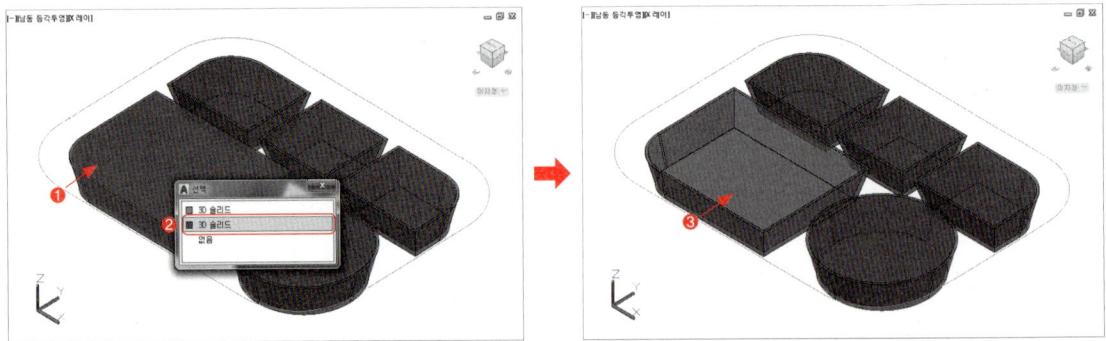

08 6~7번 과정을 반복하여 나머지 4개 솔리드에도 차집합을 실행한다.

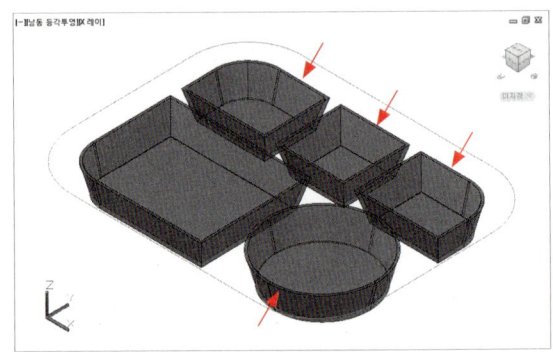

09 명령행에 'PRES'를 입력한다. 자동 완성 기능으로 PRESSPULL 명령이 보이면 Space Bar 를 누른다.

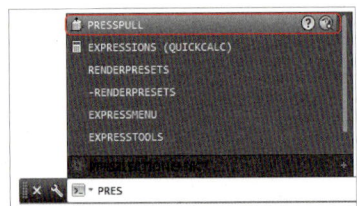

10 눌러 당기기할 영역에 마우스를 갖다대고 클릭한다.

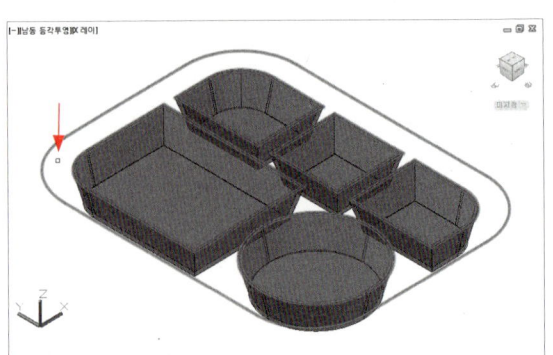

11 마우스 방향을 아래로 드래그하고 돌출 높이를 –2로 입력하고 Space Bar 를 누른다.

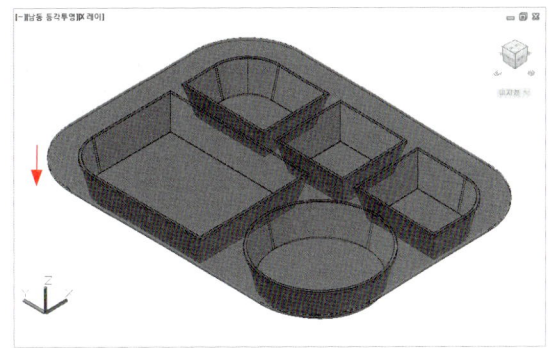

12 뷰포트 컨트롤의 비주얼 스타일을 [X레이]에서 [개념]으로 바꿔본다.

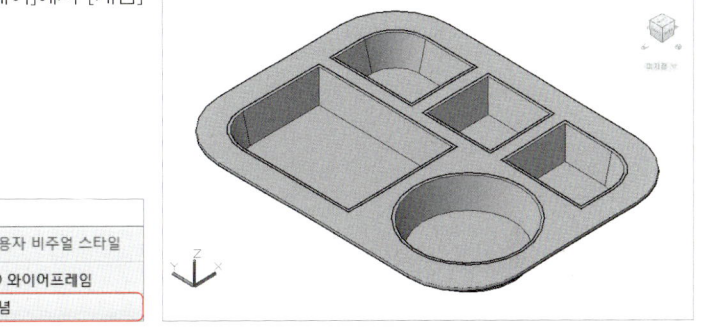

13 나뉘어진 3D 솔리드를 하나로 묶기 위해 [홈] 탭-[솔리드 편집] 패널에서 [합집합]을 클릭한다. UNION 객체 선택을 걸침 선택으로 모두 선택하고 Space Bar 를 누른다.

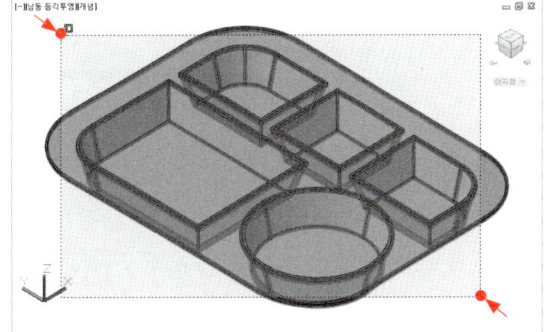

14 식판이 하나의 3D 솔리드로 합집합이 되었다.

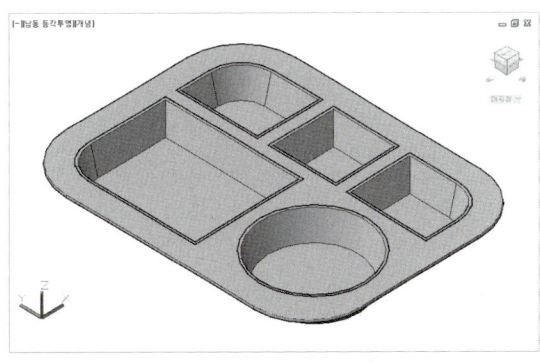

2-3. REVOLVE(회전)

축을 기준으로 곡선을 회전하여 3D 객체를 작성한다. 곡선이 열려 있든 닫혀 있든 관계없이 모드 옵션이 표면으로 설정된 경우 표면이 작성되고, 모드가 솔리드로 설정된 경우에는 솔리드가 작성된다.

▶ 실행 방법

- 리본 : [홈] 탭-[모델링] 패널-회전 아이콘(🌑)
- 리본 : [솔리드] 탭-[솔리드] 패널-회전 아이콘(🌑)
- 메뉴 : 그리기(D)-[모델링]-[회전(R)]
- 명령 입력 : REVOLVE
- 단축키 : REV

◆ 옵션 설명 ◆

- **축 시작점** : 회전축의 첫 번째 점을 지정한다. 양의 축 방향은 첫 번째 점에서 두 번째 점까지이다.
- **축 끝점** : 회전축의 끝점을 설정한다.
- **시작 각도** : 회전될 객체의 평면에서 회전의 간격띄우기를 지정한다.
- **회전 각도** : 선택한 객체가 축을 기준으로 얼마나 멀리까지 회전하는지 지정한다. 양의 각도는 객체를 시계 반대 방향으로 회전하고, 음의 각도는 객체를 시계 방향으로 회전하게 한다.
- **객체** : 축으로 사용할 기존 객체를 지정한다. 양의 축 방향은 이 객체의 가장 가까운 끝점에서 가장 먼 끝점까지의 방향이다.
- **X축** : 현재 UCS에서 양의 X축을 양의 축 방향으로 설정한다.
- **Y축** : 현재 UCS에서 양의 Y축을 양의 축 방향으로 설정한다.
- **Z축** : 현재 UCS에서 양의 Z축을 양의 축 방향으로 설정한다.
- **반전** : 회전 방향을 변경한다. -(빼기) 각도 값을 입력하는 것과 비슷하다.
- **표현식** : 공식이나 방정식을 입력하여 회전 각도를 지정한다.

▶ 축을 중심으로 회전하여 3D 솔리드 작성하기

01 예제 파일을 불러온 후 [홈] 탭-[모델링] 패널-[회전]을 클릭한다. 회전할 객체로 하늘색 스플라인과 선이 하나로 결합된 객체를 선택하고 [Space Bar]를 누른다.

■ 예제 파일 : Chapter21₩Revolve.dwg

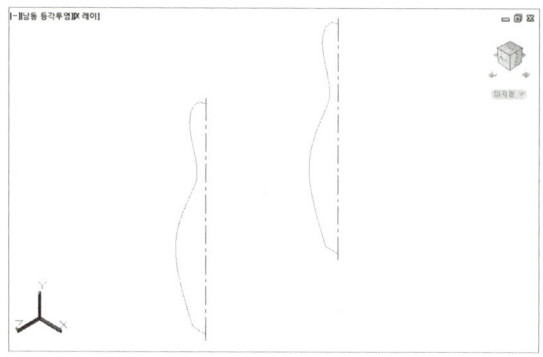 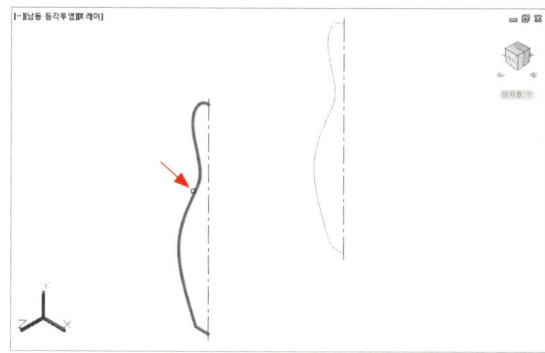

02 축 지정에서 옵션 [객체(O)]를 클릭하고 축으로 중심선을 선택한다. 절반만 회전을 할 경우는 회전 각도를 180으로 입력하고 Space Bar 를 누른다.

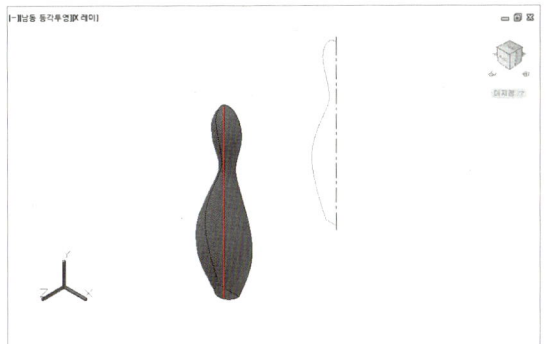

축 시작점 지정 또는 다음에 의해 축 지정 [객체(O)/X/Y/Z] 〈객체(O)〉 : O [객체 옵션 선택]
객체 선택 : [중심선 선택]
회전 각도 지정 또는 [시작 각도(ST)/반전(R)] 〈360〉 : 180 Space Bar   [회전 각도 입력]

03 Space Bar 를 눌러 회전 명령을 반복 실행한다. 회전할 객체로 오른쪽 위에 있는 하늘색 선을 선택하고 Space Bar 를 누른다.

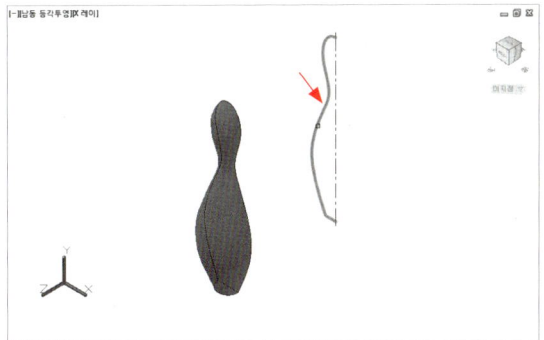

04 축 지정에서 옵션이 [객체(O)] 상태인지 확인하고 Space Bar 를 누른다. 축 지정에서 옵션 [객체(O)]를 클릭하고 축으로 중심선을 선택한다. 회전 각도는 기본값 〈360〉 상태에서 Space Bar 를 누른다.

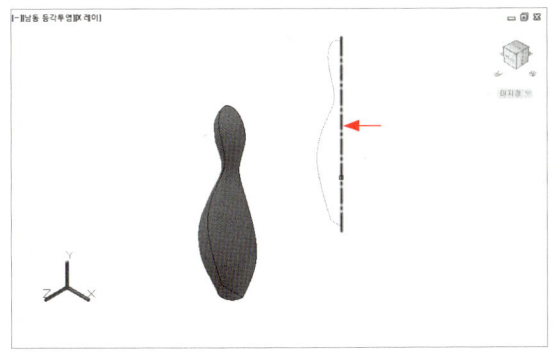 

축 시작점 지정 또는 다음에 의해 축 지정 [객체(O)/X/Y/Z] 〈객체(O)〉 : Space Bar   [객체 옵션 그대로 실행]
회전 각도 지정 또는 [시작 각도(ST)/반전(R)] 〈360〉 : Space Bar   [360도 회전]

2-4. LOFT(로프트)

몇 가지 단면 사이의 공간에 3D 솔리드 또는 표면을 작성한다. 횡단은 완성된 솔리드 또는 곡면의 쉐이프를 정의하며 두 개 이상의 횡단을 지정해야 한다.

> **실행 방법**
> - 리본 : [홈] 탭-[모델링] 패널-로프트 아이콘( )
> - 메뉴 : 그리기(D)-[모델링]-[로프트(L)]
> - 리본 : [솔리드] 탭-[솔리드] 패널-로프트 아이콘( )
> - 명령 입력 : LOFT

◘ 로프트로 3D 솔리드 작성하기

01 예제 파일을 불러온 후 [홈] 탭-[모델링] 패널-[로프트]를 클릭한다. 올림 순서로 횡단을 아래부터 차례로 선택하고 [Space Bar]를 누른다.

- 예제 파일 : Chapter21₩Loft.dwg

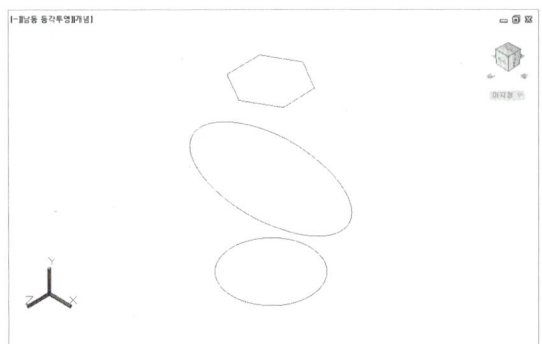 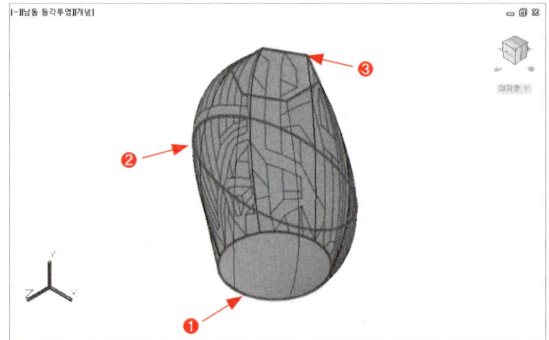

02 로프트 그립을 클릭하면 로프트 옵션 메뉴가 보인다. 현재는 [부드럽게 맞춤]으로 체크가 되어 있다. [부드럽게 맞춤]은 단면 사이가 부드럽게 연결되어 시작 면 위치와 마지막 면 위치에 모서리가 뾰족하게 된다.

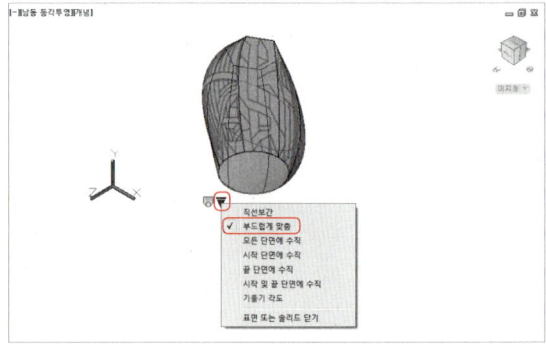

03 로프트 옵션 메뉴에서 [직선 보간]을 클릭해본다. [직선 보간]은 횡단면이 직선상으로 연결되어 단면 위치에서는 모서리가 뾰족하게 된다.

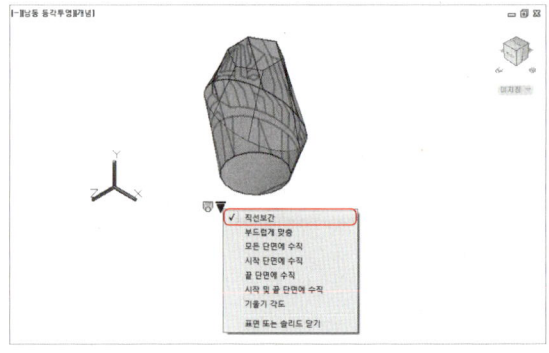

04 다시 [부드럽게 맞춤]으로 체크하고 옵션 메뉴에서 [설정]을 클릭한다. [로프트 설정] 대화상자가 보인다. 기울기 각도 라디오 버튼을 클릭하고 시작 각도를 60, 끝 각도를 120으로 입력하고 [확인] 버튼을 클릭한다. 기울기 각도는 로프트 면의 시작 방향이다.

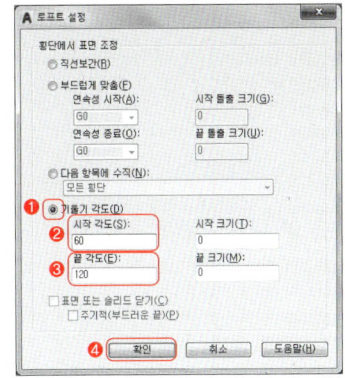

05 로프트 형상이 완료되었다.

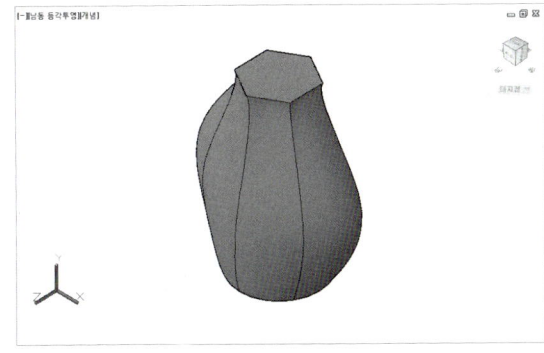

2-5. SWEEP(스윕)

열리거나 닫힌 경로를 따라 열린/닫힌 평면형/비평면형 곡선(프로파일)을 스윕하여 솔리드 또는 표면을 작성한다. 열린 곡선은 표면을 작성하고 닫힌 곡선은 지정한 모드에 따라 솔리드나 표면을 작성한다.

🔴 실행 방법

- **리본** : [홈] 탭-[모델링] 패널-스윕 아이콘(🔲)
- **메뉴** : 그리기(D)-[모델링]-[스윕(P)]
- **리본** : [솔리드] 탭-[솔리드] 패널-스윕 아이콘(🔲)
- **명령 입력** : SWEEP
- **단축키** : SW

🔴 스윕으로 3D 솔리드 작성하기

01 예제 파일을 불러온 후 [홈] 탭-[모델링] 패널-[스윕] 을 클릭한다. 스윕할 객체로 앞쪽 분홍색 객체를 선택한 후 Space Bar 를 누른다.

- 예제 파일 : Chapter21₩Sweep.dwg
- 스윕으로 3D 솔리드 작성하기

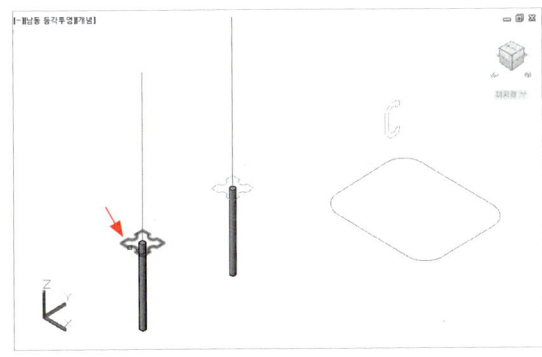

```
명령 : SWEEP Space Bar
현재 와이어프레임 밀도: ISOLINES=4, 닫힌 윤곽 작성 모드 = 솔리드
스윕할 객체 선택 또는 [모드(MO)] : 1개를 찾음  [스윕할 객체 선택]
스윕할 객체 선택 또는 [모드(MO)] : Space Bar
```

02 스윕 옵션 메뉴에서 [비틀기(T)]를 클릭하고 비틀기 각도를 90을 입력한 후 Space Bar 를 누른다. 스윕 경로로 수직선 아래 부분을 클릭한다.

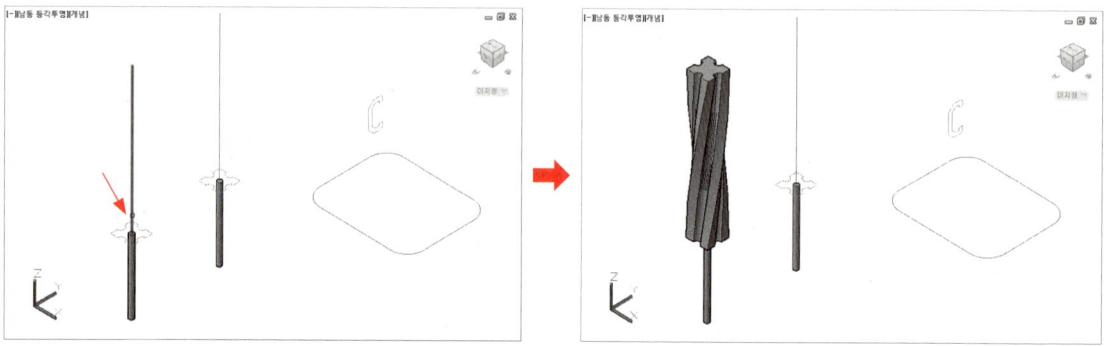

```
스윕 경로 선택 또는 [정렬(A)/기준점(B)/축척(S)/비틀기(T)] : T  [비틀기 옵션 선택]
비틀기 각도 입력 또는 비평면형 스윕 경로에 뱅킹 허용 [뱅크(B)]<0.0000> : 90 Space Bar   [비틀기 각도 입력]
스윕 경로 선택 또는 [정렬(A)/기준점(B)/축척(S)/비틀기(T)] :  [스윕 경로로 수직선 선택]
```

03 다시 Space Bar 를 눌러 SWEEP 명령을 반복 실행한다. 두 번째 스윕할 객체를 선택하고 Space Bar 를 누른다. 스윕 옵션 메뉴에서 [비틀기(T)]를 클릭하고 비틀기 각도는 135를 입력하고 Space Bar 를 누른다.

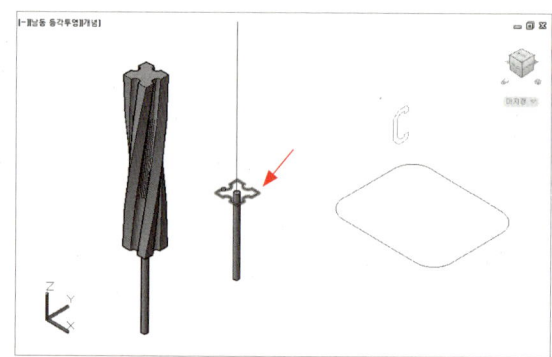

```
명령 : SWEEP Space Bar
현재 와이어프레임 밀도: ISOLINES=4, 닫힌 윤곽 작성 모드 = 솔리드
스윕할 객체 선택 또는 [모드(MO)] : 1개를 찾음  [스윕할 객체 선택]
스윕할 객체 선택 또는 [모드(MO)] : Space Bar
스윕 경로 선택 또는 [정렬(A)/기준점(B)/축척(S)/비틀기(T)] : T  [비틀기 옵션 선택]
비틀기 각도 입력 또는 비평면형 스윕 경로에 뱅킹 허용 [뱅크(B)]<0.0000> : 135 Space Bar   [비틀기 각도 입력]
```

04 스윕 경로로 수직선 아래 부분을 클릭한다. 비틀기 각도에 따른 차이를 확인할 수 있다.

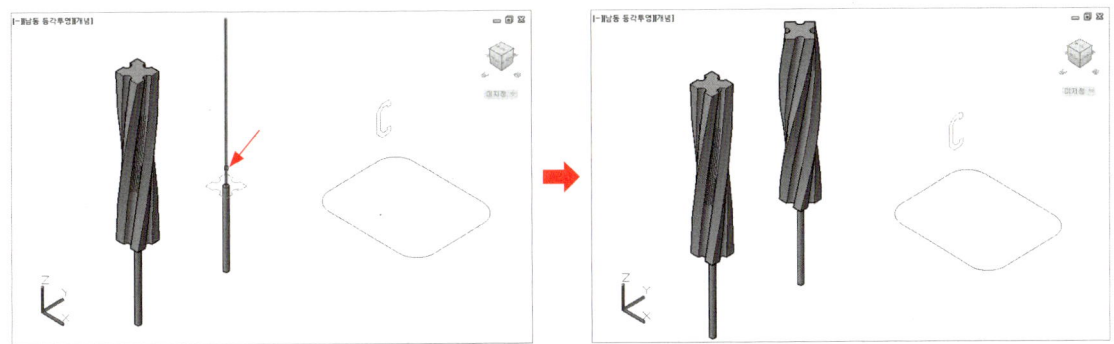

05 다시 [Space Bar]를 눌러 SWEEP 명령을 반복 실행한다. 세 번째 스윕할 객체를 선택하고 [Space Bar]를 누른다.

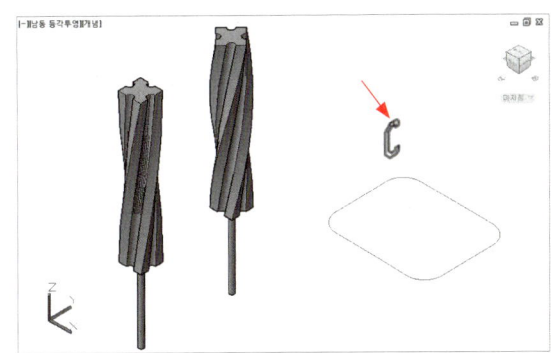

```
명령 : SWEEP [Space Bar]
현재 와이어프레임 밀도: ISOLINES=4, 닫힌 윤곽 작성 모드 = 솔리드
스윕할 객체 선택 또는 [모드(MO)] : 1개를 찾음  [스윕할 객체 선택]
스윕할 객체 선택 또는 [모드(MO)] : [Space Bar]
```

06 스윕 경로로 파란 선을 클릭한다.

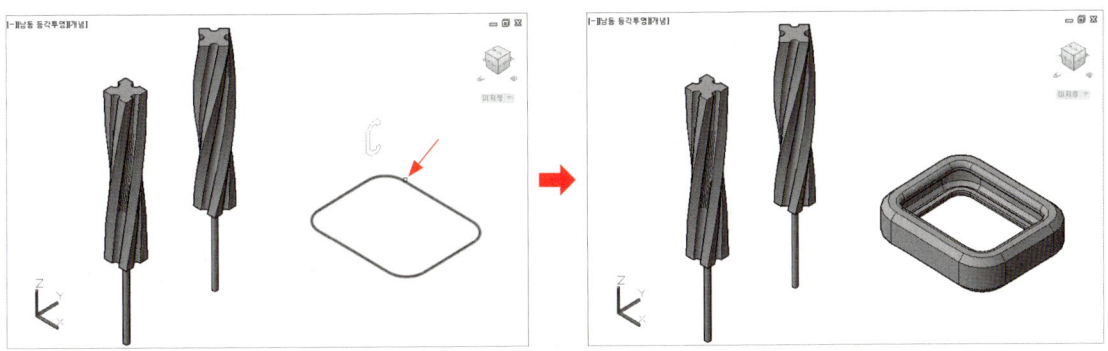

```
스윕 경로 선택 또는 [정렬(A)/기준점(B)/축척(S)/비틀기(T)] : [스윕 경로 선택]
```

2-6. 부울 연산

솔리드 모델링에서 중요한 개념 중의 하나가 부울 연산이다. 부울 연산을 간단히 말하면 솔리드 객체끼리 더하기, 빼기, 교차를 말한다. 원하는 형상을 만들기 위해 솔리드 객체들을 3차원 공간상에서 조합하여 부울 연산을 반복하는 것이 솔리드 모델링의 기본적인 방법이다. 예를 들면, 다음 그림처럼 기초가 되는 형상에서 원통 솔리드를 빼면 구멍을 작성할 수 있다.

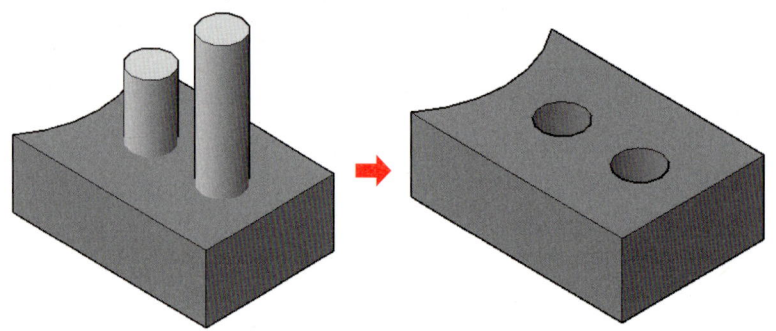

복합 솔리드는 UNION(합집합), SUBTRACT(차집합), INTERSECT(교집합) 명령을 사용하여 2개 이상의 솔리드, 표면 또는 영역으로 작성한다. 복합 솔리드를 선택하고 [특성] 팔레트에서 [솔리드 사용 내역]을 [레코드]로, [사용 내역 표시]를 [예]로 표시하면 복합 솔리드의 원래 형상을 확인할 수 있다. 아래 예는, 구와 상자의 교집합으로 복합 솔리드를 만들고, 다시 솔리드를 선택하여 [특성] 팔레트에서 [사용 내역 표시]를 [예]로 했을 때 원래 형상을 확인할 수 있다. 마우스를 복합 솔리드에 놓았을 때 더 자세히 확인이 가능하다.

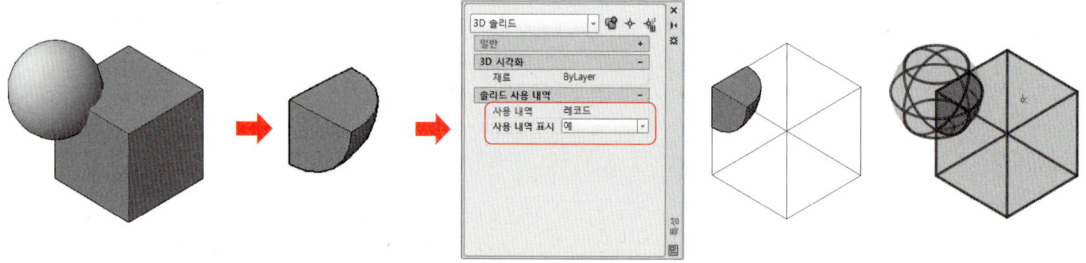

> **▶ 실행 방법**
> - **리본** : [홈] 탭-[솔리드 편집] 패널-합집합 아이콘( ), 차집합 아이콘( ), 교집합 아이콘( )
> - **리본** : [솔리드] 탭-[부울] 패널-합집합 아이콘( ), 차집합 아이콘( ), 교집합 아이콘( )
> - **메뉴** : 수정(M)-[솔리드 편집(N)]-[합집합(U)], [차집합(S)], [교집합(I)]
> - **명령 입력** : UNION, SUBTRACT, INTERSECT
> - **단축키** : UNI, SU, IN

◘ 평면도를 활용한 솔리드 작성하기

01 예제 파일을 불러온다.

- 예제 파일 : Chapter21₩부품 솔리드.dwg
- 평면도를 활용한 솔리드 작성하기

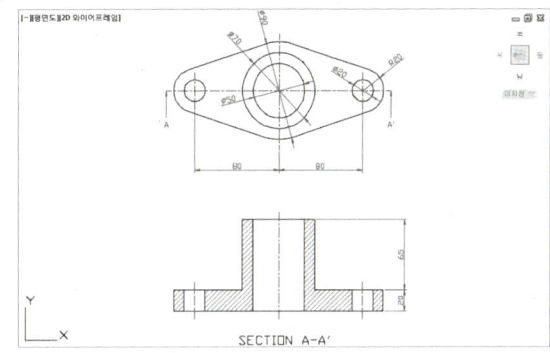

02 평면도 형상으로 정면도의 치수를 보면서 돌출하는 방식으로 솔리드를 구성할 것이다. 먼저 평면도를 오른쪽에 복사하고 치수와 중심선 객체는 지운다.

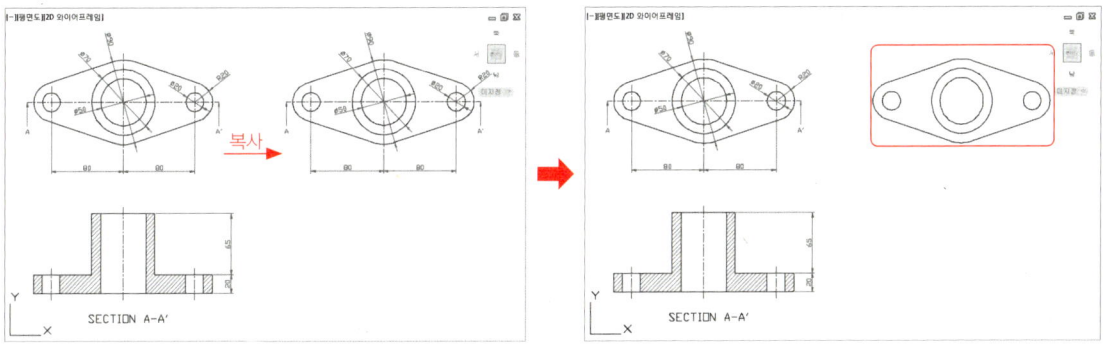

03 뷰포트 컨트롤에서 뷰를 [평면도]에서 [남동 등각투영]으로 바꾼다.

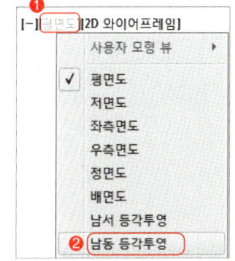

04 바깥 테두리가 모두 떨어져 있는 선이므로 하나로 결합하기 위해서 명령행에 'J'를 입력하고 바깥의 선들을 모두 선택한 후 Space Bar 를 누른다.

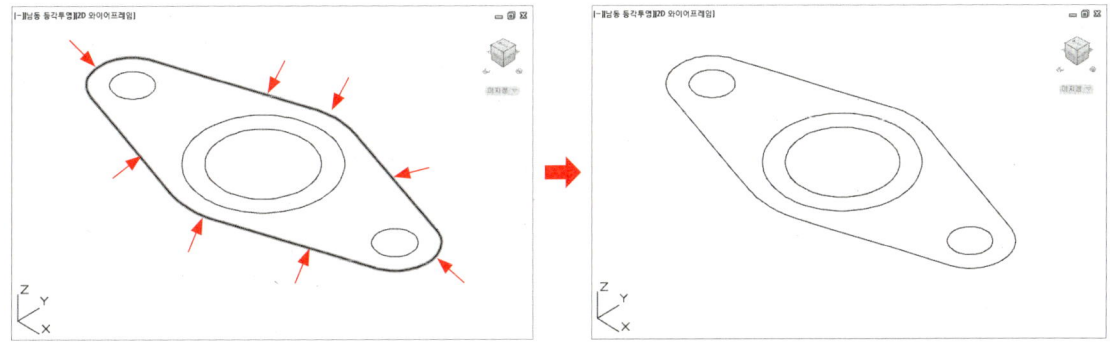

Chapter 21_솔리드 모델링 559

```
명령 : J Space Bar
한 번에 결합할 원본 객체 또는 여러 객체 선택 : 1개를 찾음
~
결합할 객체 선택: 1개를 찾음. 총 8개
결합할 객체 선택 : Space Bar [모두 선택한 후 Space Bar ]
8개 객체가 1개 폴리선으로 변환되었습니다.
```

05 [홈] 탭-[모델링] 패널-[눌러 당기기]를 클릭하고 눌러 당기기할 면을 선택한다.

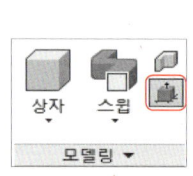
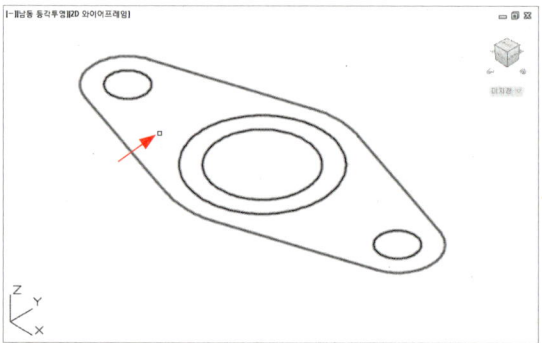

```
명령 : _presspull
객체 또는 경계 영역 선택:제거 대상인 솔리드, 표면 및 영역을 선택 .. [해당 면 클릭]
내부 영역을 빼는 중...
```

06 마우스를 위로 드래그한 후 돌출 값으로 20을 입력하고 Space Bar 를 누른다.

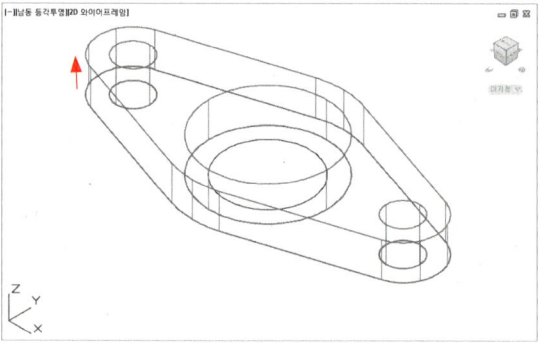

```
돌출 높이 지정 또는 [다중(M)]:20 Space Bar [돌출 높이로 20 입력]
1개의 돌출이 작성됨
객체 또는 경계 영역 선택 : Space Bar [명령 종료]
```

07 다시 Space Bar 를 눌러 [눌러 당기기] 명령을 반복 실행하고, 눌러 당기기할 면을 클릭한다.

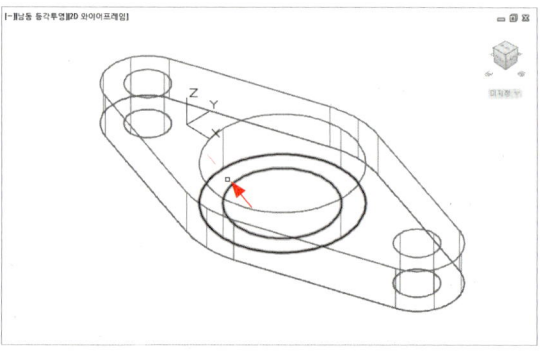

```
명령 : _presspull
객체 또는 경계 영역 선택:제거 대상인 솔리드, 표면 및 영역을 선택 .. [해당 면 클릭]
내부 영역을 빼는 중...
```

08 마우스를 위로 드래그한 후 돌출 값으로 85를 입력하고 `Space Bar`를 누른다.

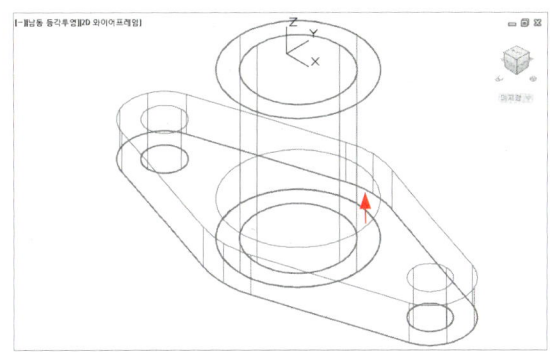

돌출 높이 지정 또는 [다중(M)] : 85 `Space Bar` [돌출 높이로 85 입력]
1개의 돌출이 작성됨
객체 또는 경계 영역 선택 : `Space Bar` [명령 종료]

09 비주얼 스타일을 [2D 와이어프레임]에서 [개념]으로 바꾼다.

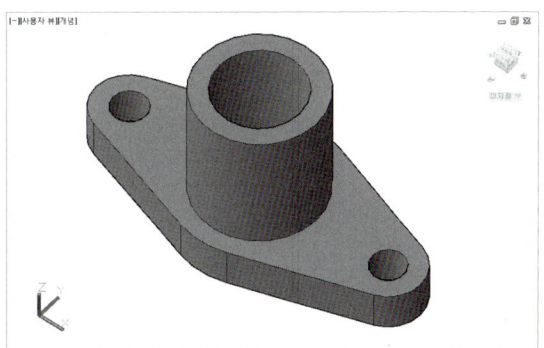

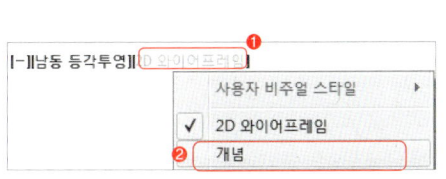

10 2개로 되어 있는 솔리드를 복합 솔리드로 만들기 위해서 [홈]탭-[솔리드 편집] 패널-[합집합]을 클릭하거나 'UNI'를 입력하고 `Space Bar`를 누른다. ❶번, ❷번 솔리드 객체를 선택하여 하나의 솔리드로 만든다.

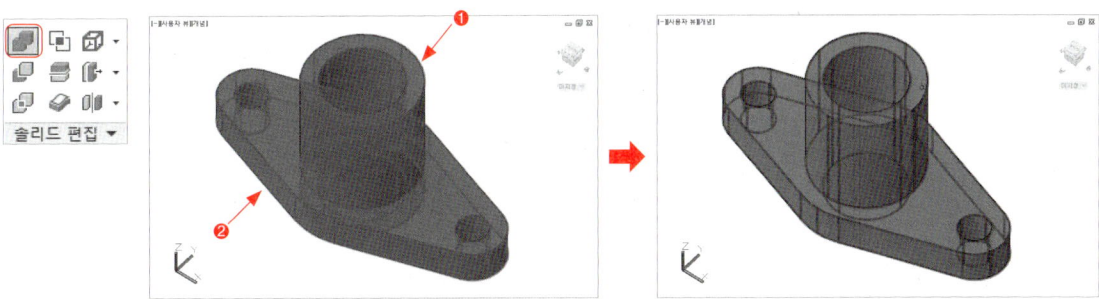

명령 : _union
객체 선택 : 1개를 찾음 [합집합으로 할 솔리드 선택]
객체 선택 : 1개를 찾음, 총 2개 [합집합으로 할 솔리드 선택]
객체 선택 : `Space Bar` [명령 종료]

2-7. 3D 이동, 3D 회전, 3D 축척

3D 비주얼 스타일이 설정된 뷰에서 객체나 하위 객체를 선택하면 자동으로 장치(기즈모)가 표시된다. 장치를 사용하면 특정 평면과 축에 구속하여 수정할 수 있어 아주 유용하다.

장치는 3종류가 있다.

- [3D 이동] : 선택한 객체 위치를 축 또는 평면으로만 제한하여 변경한다.
- [3D 회전] : 선택한 객체를 지정한 축을 중심으로 회전한다.
- [3D 축척] : 선택한 객체를 지정한 평면 또는 축을 따라 균등하게 축척을 변경한다.

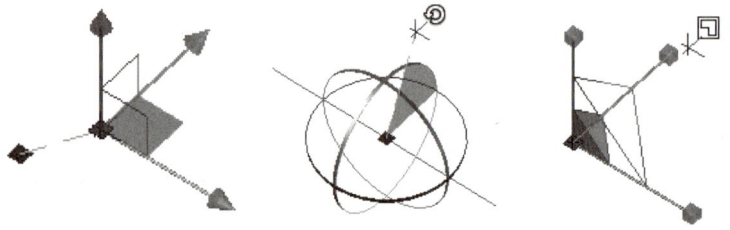

> **실행 방법**
> - 리본 : [홈] 탭-[수정] 패널-3D 이동 아이콘( ), 3D 회전 아이콘( ), 3D 축척 아이콘( )
> - 메뉴 : 수정(M)-[3D 작업(3)]-[3D 이동(M)], [3D 회전(R)]
> - 명령 입력 : 3DMOVE, 3DROTATE, 3DSCALE

3DMOVE, 3DROTATE, 3DSCALE 사용하기

01 예제 파일을 불러온다.

- 예제 파일 : Chapter21₩3DMOVE.dwg
- 3DMOVE, 3DROTATE, 3DSCALE 사용하기

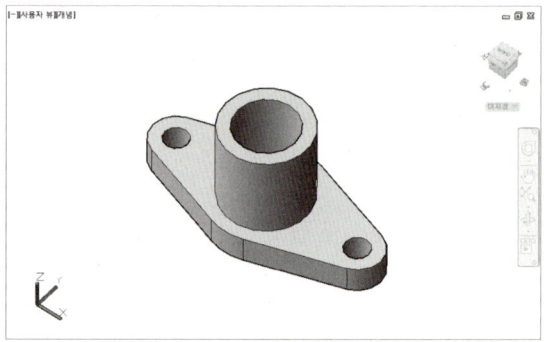

02 [홈] 탭-[수정] 패널-[3D 이동] 명령을 실행하고 솔리드 객체를 선택한 후 Space Bar 를 누른다. 선택한 객체의 중심에 3D 이동 장치가 표시된다.

03 평면을 따라 선택한 객체를 이동하려면 2개의 축 핸들과 교차하는 평면 핸들에 커서를 갖다댄다. 평면 핸들이 노란색으로 표시되면 그 부분을 클릭한다.

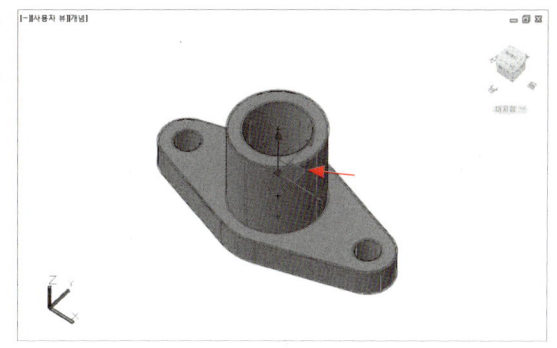

04 여기서는 축을 따라 선택한 객체를 이동해본다. 기즈모의 축 핸들에 커서를 갖다대고 X축 핸들이 노랗게 표시되면 클릭한다.

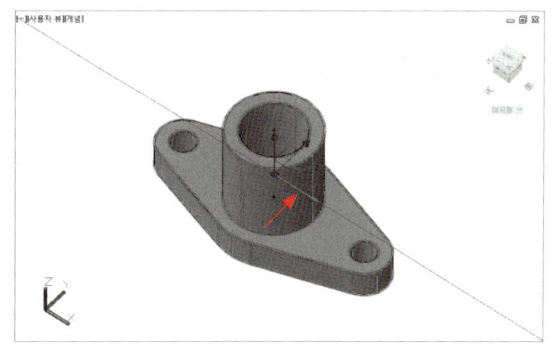

05 마우스를 X축 방향으로 드래그하고 이동 거리 30을 입력한다. 30만큼 X축으로 이동이 되었다. [Esc]를 눌러 객체 선택을 해제한다.

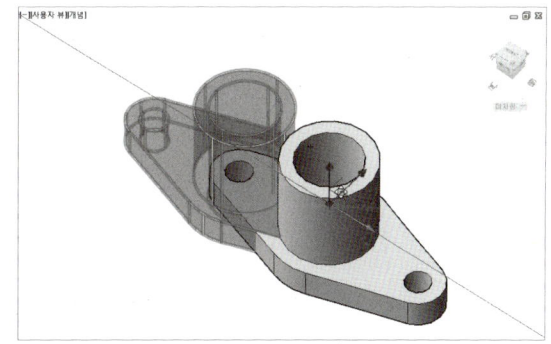

06 기준점을 이용해 이동하려면 [기준점] 옵션을 클릭하여 기준점을 지정한 후 해당 거리만큼 이동한다.

07 [홈] 탭〉[수정] 패널〉[3D 회전] 명령을 실행하고 솔리드 객체를 선택하고 [Space Bar]를 누른다. 회전할 기준점으로 원통의 아래 중심점을 클릭한다.

Chapter 21_솔리드 모델링 563

08 커서를 기즈모의 축 경로에 갖다댄다. 축 경로가 노란색이 되어 회전축을 나타내면 경로를 클릭한다. 여기서는 Z축이 회전축이 된다.

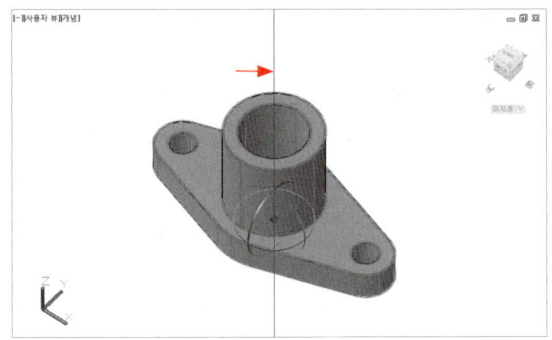

09 회전 각도를 90을 입력하고 [Space Bar]를 누른다.

10 [홈] 탭-[수정] 패널-[3D 축척] 명령을 실행하고 솔리드 객체를 선택한 후 [Space Bar]를 누른다.

11 기준점을 원통의 아래 중심점을 지정하고 XYZ방향의 축척을 균일하게 변경하려면 커서를 기즈모의 중심점에 가장 가까운 삼각형 부분에 갖다댄다. 삼각형 부분이 노란색으로 표시되면 클릭한다.

12 선택한 객체 크기를 변경하려면 드래그를 하거나 축척 값을 입력한다. 여기서는 축척 비율로 0.5을 입력하여 절반 크기로 줄여본다. 솔리드는 단일 축척만 허용되며 메쉬객체나 3D곡선에 대해서만 축을 따라 축척 변경이 가능하다.

2-8. SOLIDEDIT(면 편집)

3D솔리드 객체의 면과 모서리 및 본체를 편집한다. 면을 돌출, 이동, 회전, 간격띄우기, 테이퍼, 복사, 삭제하거나 면에 색상과 재료를 지정할 수 있다. 또한 모서리도 복사하거나 색상을 지정할 수 있다. 전체 3D 솔리드 객체(본체)에 대해 각인, 분리, 비우기, 쉘 작성, 유효성 검사를 수행할 수 있다.

메쉬 객체에는 SOLIDEDIT를 사용할 수 없다. 만일 닫힌 메쉬 객체를 선택하면 3D 솔리드로 변환하라는 프롬프트가 표시된다.

❑ 실행 방법

- **리본** : [홈] 탭-[솔리드 편집] 패널-모서리 추출 아이콘( ) 확장, 면 돌출 아이콘( ) 확장, 분리 아이콘( ) 확장
- **리본** : [솔리드] 탭-[솔리드 편집] 패널
- **메뉴** : 수정(M)-[솔리드 편집(N)]

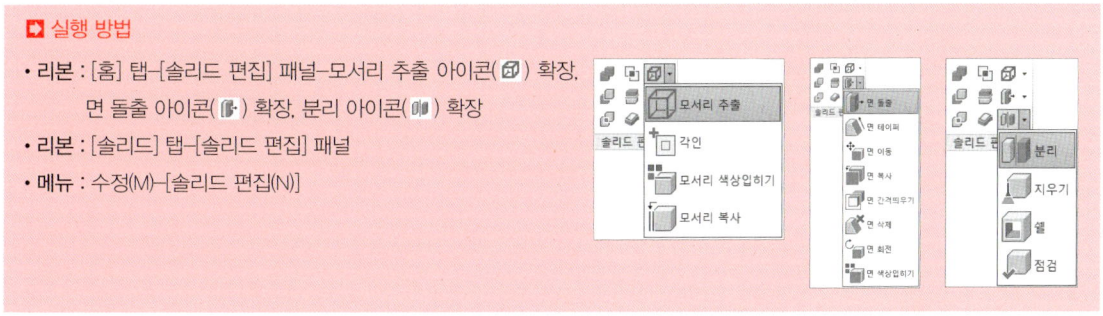

❑ 면 편집

- **[면 돌출]** : 3D 솔리드 면을 X, Y 또는 Z 방향으로 확장한다. 면을 이동하여 객체의 형태를 변경할 수 있다.

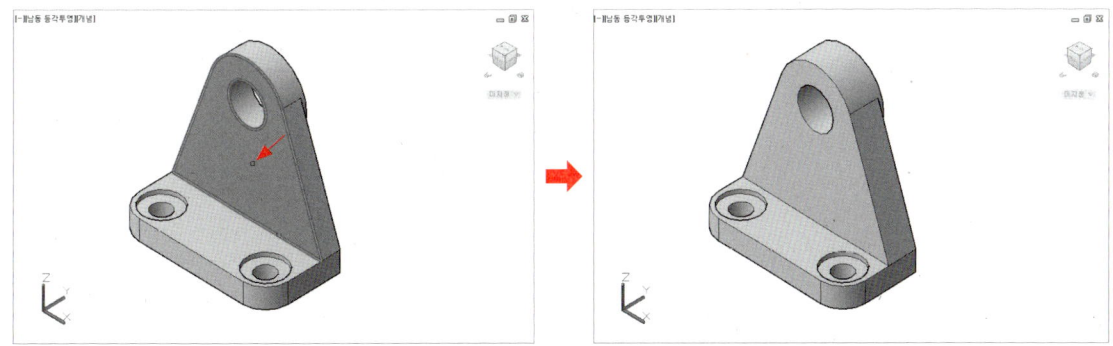

- [면 테이퍼] : 3D 솔리드의 면을 지정한 각도로 경사면을 조성할 수 있다. 테이퍼 각도의 회전은 선택한 벡터를 따라 기준점과 두 번째 점을 선택한 순서에 의해 결정된다. 각도가 양수이면 면이 안쪽으로 테이퍼 되고, 각도가 음수이면 면이 바깥쪽으로 테이퍼 된다.

- [면 이동] : 3D 솔리드 객체의 선택한 면을 지정한 높이 또는 거리까지 이동한다. 한 번에 여러 개의 면을 선택할 수 있다.

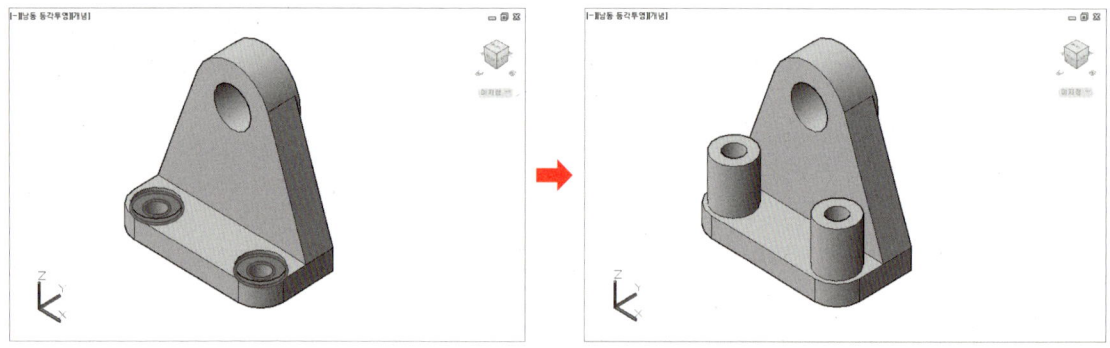

- [면 복사] : 영역이나 본체의 면을 복사한다. 두 점을 지정하면 SOLIDEDIT는 첫 번째 점을 기준점으로 사용하고 그 기준점을 기준으로 하나의 사본을 배치한다.

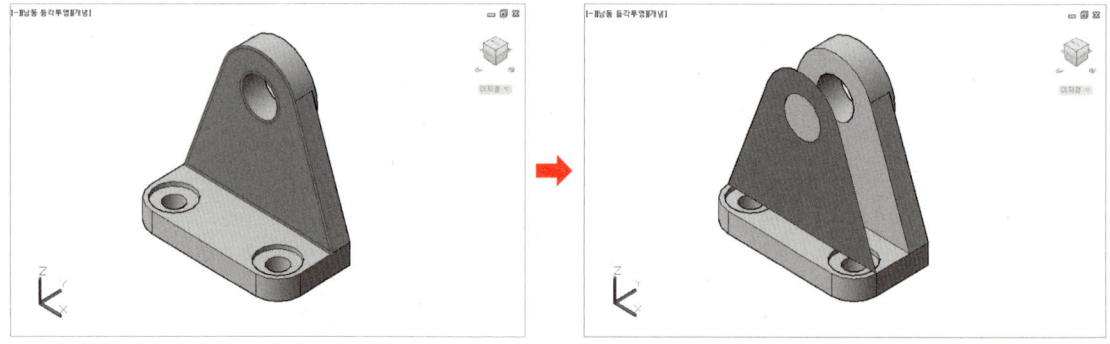

- [면 간격띄우기] : 면을 지정한 거리만큼 또는 지정한 점을 통해 동일하게 간격띄우기한다. 양수 값은 솔리드의 크기나 체적을 증가시키고, 음수 값은 솔리드의 크기나 체적을 감소시킨다.

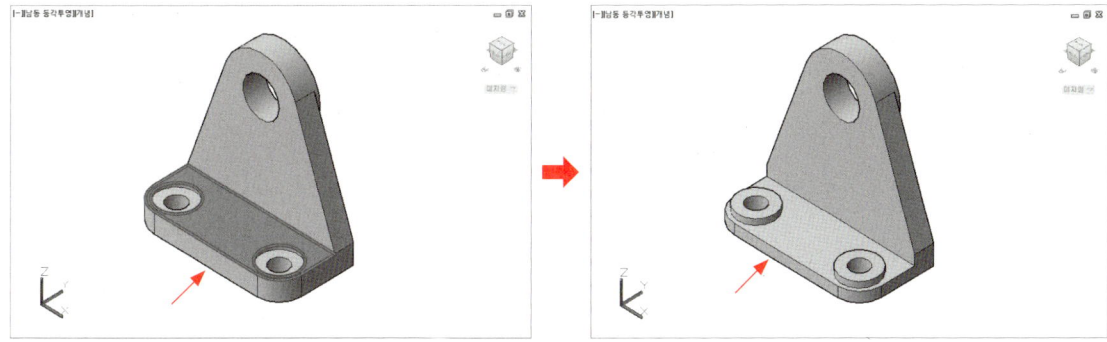

- [면 삭제] : 3D 솔리드의 면을 삭제한다.

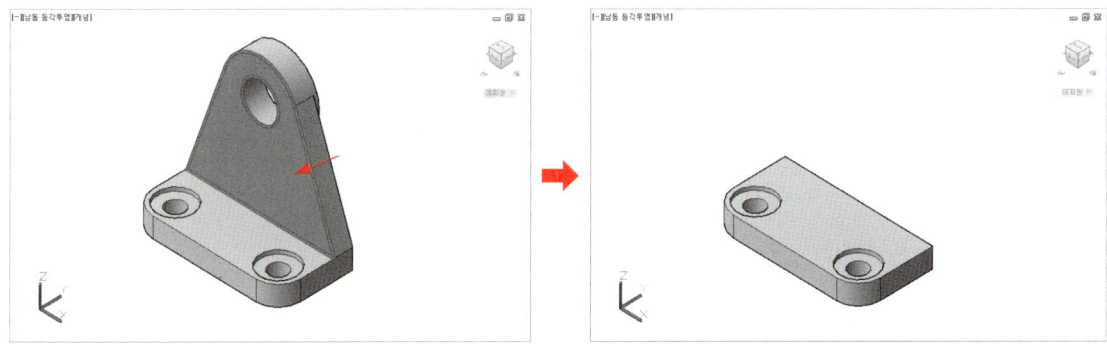

- [면 회전] : 솔리드의 하나 이상의 면 또는 피쳐 집합을 지정된 축을 중심으로 회전한다. 면을 회전하여 객체의 형태를 변경할 수 있다.

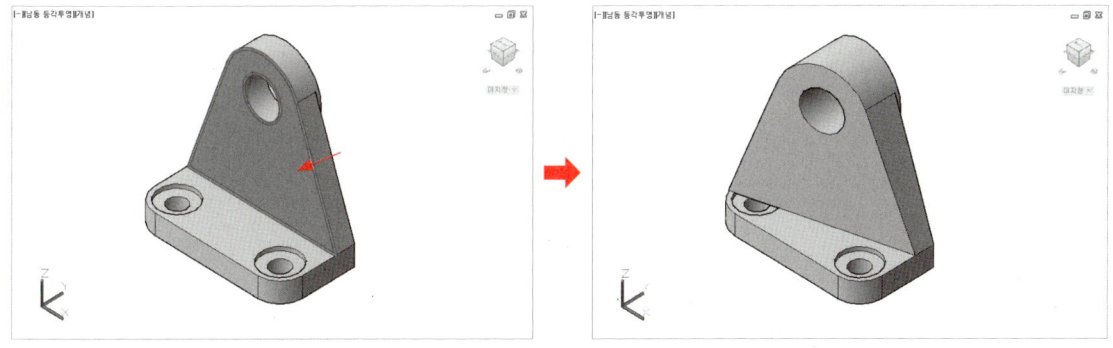

- [면 색상입히기] : 면의 색상을 변경한다. 색상 있는 면을 사용하여 복잡한 3D 솔리드 모형 내부의 상세 정보를 강조 표시할 수 있다.

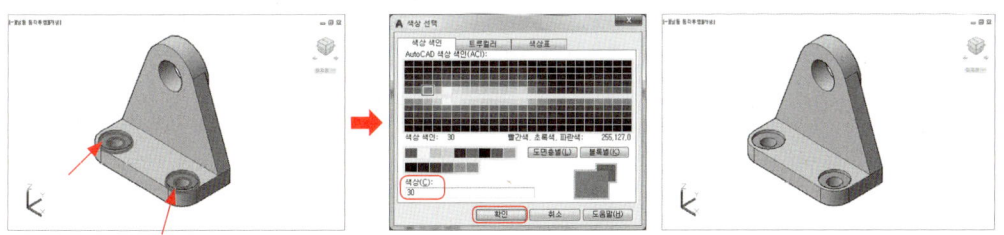

3D 솔리드 면에 테이퍼 각도 적용하기

01 예제 파일을 불러온다.
- 예제 파일 : Chapter21₩Solidedit.dwg
- 3D 솔리드 면에 테이퍼 각도 적용하기

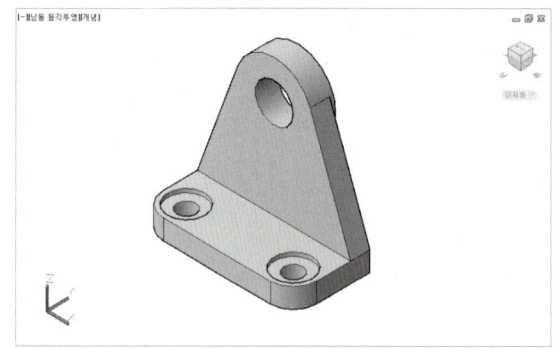

02 [홈] 탭-[솔리드 편집] 패널-[면 테이퍼]를 클릭하고 테이퍼 각도를 지정할 면을 선택한 후 Space Bar 를 누른다.

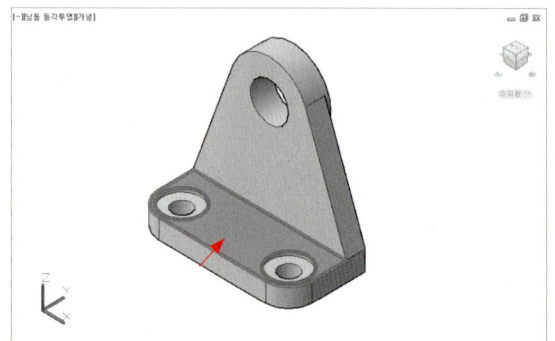

03 경사의 기준이 되는 평면을 결정할 기준점(중간점)을 지정한 후 기준점에서 두 번째 점을 지정하고 테이퍼 방향을 결정할 축 방향을 설정한다.

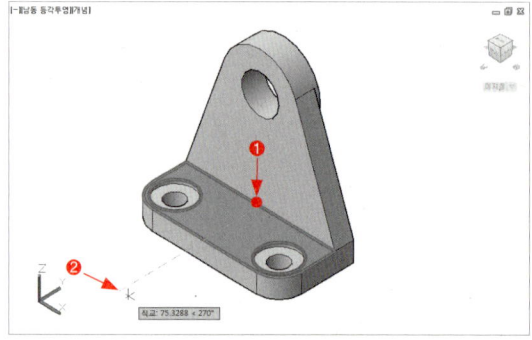

04 −90~90도 범위에서 축에서 테이터 각도를 설정할 수 있다. 각도가 양수이면 면이 안쪽으로 테이퍼되어 좁아지는 형상이고 음수이면 면이 바깥쪽으로 테이퍼되어 넓어지는 형상이 된다. 이 예에서는 테이퍼 각도로 −15를 입력하고 Space Bar 를 누른다. Esc 를 눌러 명령을 종료한다.

🔶 모서리 편집

- [모서리 복사] : 3D 솔리드 객체의 개별 모서리를 복사할 수 있다. 모서리는 선, 호, 원, 타원 또는 스플라인으로 복사된다.

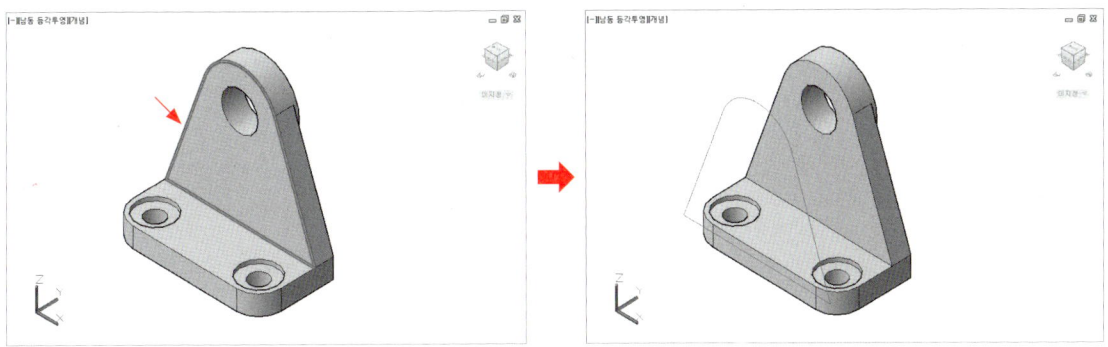

- [모서리 색상 입히기] : 모서리를 선택하고 특성 팔레트의 색상 특성을 변경하여 3D 객체의 모서리 색상을 수정할 수 있다.

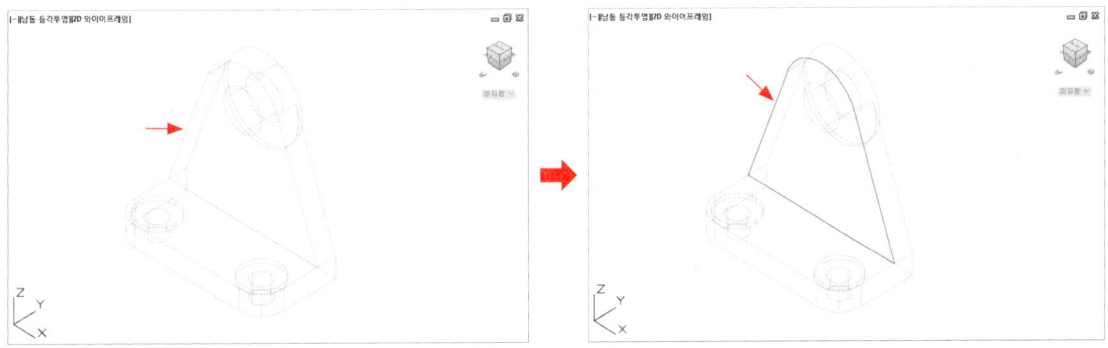

🔶 본체 편집

- [쉘] : 쉘은 지정한 두께를 가진 속이 비고 얇은 벽을 작성한다. 모든 면에 대해 일정한 벽두께를 지정할 수 있다. 3D 솔리드를 쉘로 변환하기 전에 사본을 작성해 두는 것이 좋다. 수정이 필요할 때 원본 버전을 사용한 다음 다시 쉘로 변환할 수 있다. 솔리드를 선택하고 제거할 면을 선택한 후 쉘 간격 띄우기 거리를 입력하면 된다.

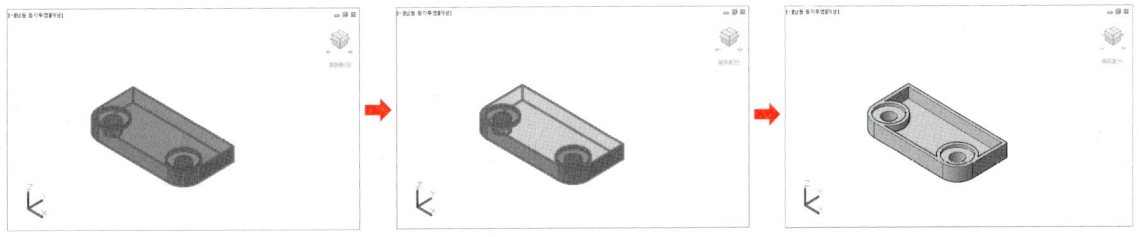

2-9. FILLETEDGE(모서리 모깎기), CHAMFEREDGE(모서리 모따기)

모서리 모깎기는 2D 명령의 Fillet처럼 솔리드 객체의 모서리를 둥글게 처리하거나 모깎기한다. 여러 개의 모서리를 선택할 수 있으며 면의 모서리 전부를 선택하려면 루프 옵션을 사용한다.

모서리 모따기는 2D 명령의 Chamfer처럼 3D 솔리드 및 표면의 모서리를 비스듬히 깎는다. 동일한 면에 속하는 모서리를 두 개 이상 동시에 선택할 수 있으며 면의 모서리 전부를 선택하려면 루프 옵션을 사용한다.

> **실행 방법**
> - 리본 : [솔리드] 탭-[솔리드 편집] 패널-모서리 모깎기 아이콘( )
> - 메뉴 : 수정(M)-[솔리드 편집(N)]-[모서리 모깎기(F)]
> - 명령 입력 : FILLETEDGE

> **실행 방법**
> - 리본 : [솔리드] 탭-[솔리드 편집] 패널-모서리 모따기 아이콘( )
> - 메뉴 : 수정(M)-[솔리드 편집(N)]-[모서리 모따기(C)]
> - 명령 입력 : CHAMFEREDGE

모서리 모깎기와 모서리 모따기하기

01 예제 파일을 불러온 후 [솔리드] 탭-[솔리드 편집] 패널-[모서리 모깎기]를 클릭한다. 모서리가 서로 접하는 경우 둘 이상의 모서리를 선택하기 위해 [체인(C)] 옵션을 클릭한다.

- 예제 파일 : Chapter21₩Filletedge.dwg
- 모서리 모깎기와 모서리 모따기하기

```
명령 : _FILLETEDGE  Space Bar
반지름 = 1.0000
모서리 선택 또는 [체인(C)/루프(L)/반지름(R)] :
모서리 선택 또는 [체인(C)/루프(L)/반지름(R)] : C [체인 옵션 선택]
```

02 모깎기를 할 솔리드의 모서리를 선택하고 Space Bar 를 누른다. [반지름(R)] 옵션을 클릭하고 값을 3으로 입력한 후 Space Bar 를 누른다. 모서리 모깎기가 실행된 형상이 보인다.

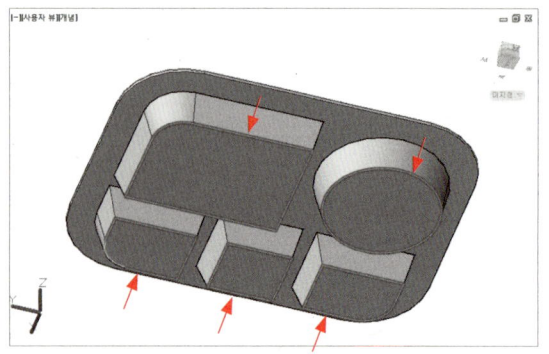 

모서리 체인 선택 또는 [모서리(E)/반지름(R)] : [모서리를 모두 선택]
20개의 모서리(들)이(가) 모깎기를 위해 선택됨.
모깎기를 수락하려면 Enter 누름 또는 [반지름(R)] : R [반지름 옵션 선택]
반지름 지정 〈1.0000〉 : 3 Space Bar [반지름 값을 3으로 입력, 모서리 모깎기 명령 종료]

03 Shift +마우스 휠로 식판의 윗면이 보이도록 화면을 조정한다. [솔리드] 탭-[솔리드 편집] 패널-[모서리 모따기]를 클릭하고 안쪽 선을 선택한다. 모든 모서리를 선택한 후 거리 옵션을 클릭하고 기준 표면과 다른 표면의 모따기 거리값을 1.5로 입력한 후 Space Bar 를 누른다. 이 때 모서리 선택 시 [루프(L)] 옵션을 사용해 선택하면 더욱 편리하다.

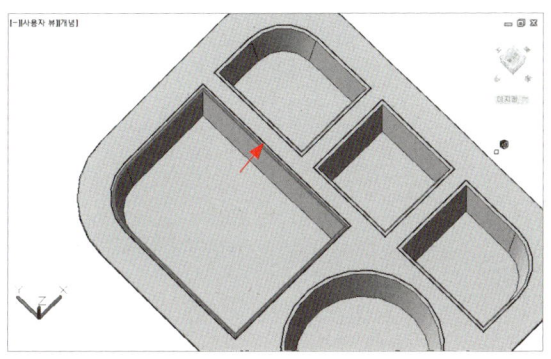 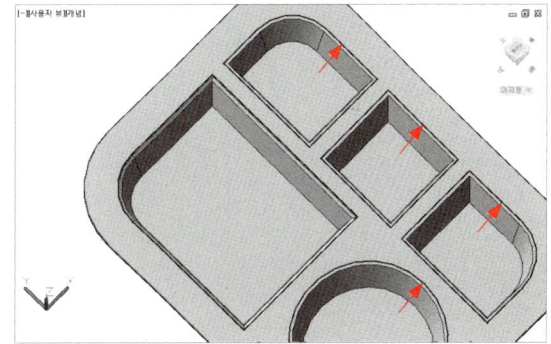

명령 : _CHAMFEREDGE 거리1 = 1.0000, 거리2 = 1.0000
모서리 선택 또는 [루프(L)/거리(D)] :
동일한 면에 있는 다른 모서리 선택 또는 [루프(L)/거리(D)] : [모서리 선택]
모따기를 수락하려면 Enter 누름 또는 [거리(D)] : D [거리 옵션 선택]
기준 표면 모따기 거리 지정 〈1.0000〉 : 1.5 [거리값 입력]
다른 표면 모따기 거리 지정 〈1.0000〉 : 1.5 [거리값 입력]
모따기를 수락하려면 Enter 누름 또는 [거리(D)] : Space Bar [모서리 모따기 명령 종료]

2-10. THICKEN(굵게하기)

표면을 지정된 두께의 3D 솔리드로 변환한다. 복잡한 3D 곡선 솔리드를 모델링할 때, 먼저 표면을 작성한 다음 이 표면을 굵게하여 3D 솔리드로 변환하면 편리하다.
초기의 기본 두께 값은 0이다. 도면 작업 중 두께에 대한 기본값은 이전에 입력한 두께 값이 된다.

➡ **실행 방법**
- 리본 : [홈] 탭-[솔리드 편집] 패널-굵게 하기 아이콘(●)
- 리본 : [솔리드] 탭-[솔리드 편집] 패널-굵게 하기 아이콘(●)
- 메뉴 : 수정(M)-[3D 작업(3)]-[굵게 하기(T)]
- 명령 입력 : THICKEN

메쉬에 굵기 지정하기

01 예제 파일을 불러온 후 [홈] 탭-[솔리드 편집] 패널-[굵게 하기]를 클릭한다. 두껍게 할 표면을 선택한다. 순환 선택 대화상자에서 첫 번째 메쉬를 선택하고 Space Bar 를 누른다.

- 예제 파일 : Chapter21₩Thicken.dwg

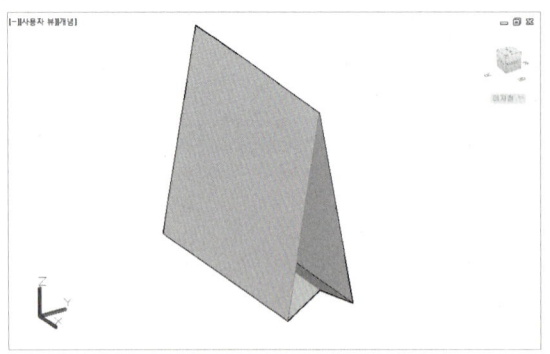 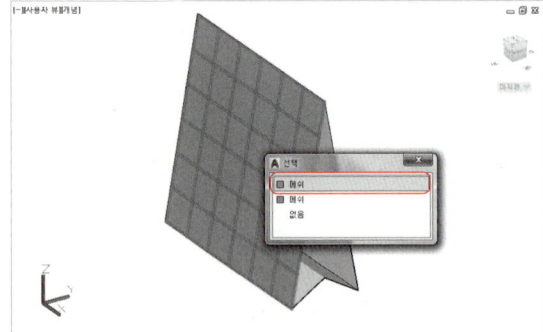

명령 : THICKEN Space Bar
두껍게할 표면 선택 : 1개를 찾음 Space Bar [앞 표면 선택]

02 [메쉬-3D 솔리드 또는 표면으로 변환하시겠습니까?] 대화상자에서 두 번째 "선택한 객체를 부드러운 3D 솔리드 또는 표면으로 변환"을 클릭한다.

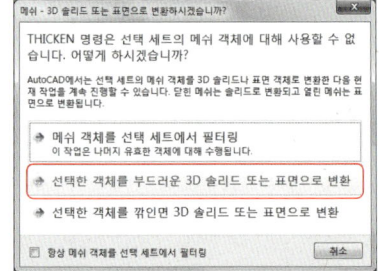

03 두께로 [3]을 입력하고 Space Bar 를 누른다. 3mm만큼 두께가 주어졌다.

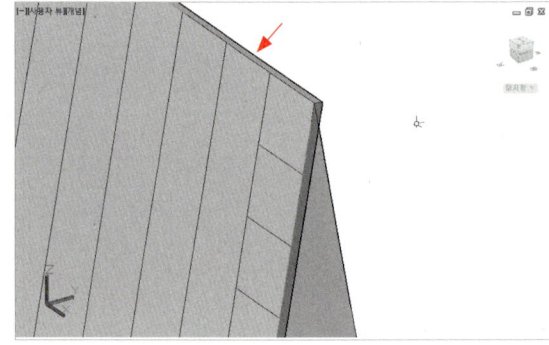

04 반대쪽 메쉬에서 3mm만큼 두께를 준다.

두껍게할 표면 선택 : 두께 지정 〈0.0000〉: 3 Space Bar [두께 값 입력]

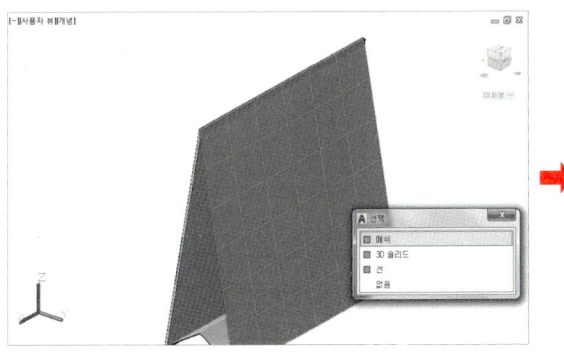 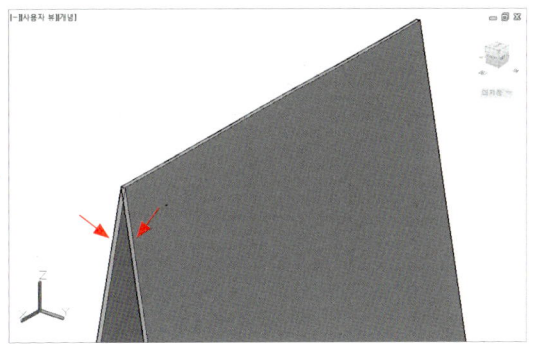

05 뷰포트 컨트롤에서 현재 뷰를 [우측면도]로 설정하면 두께가 주어진 부분을 확연히 볼 수 있다.

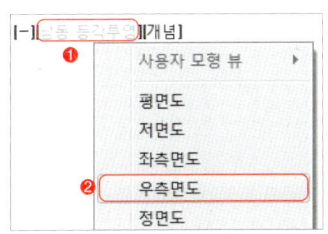

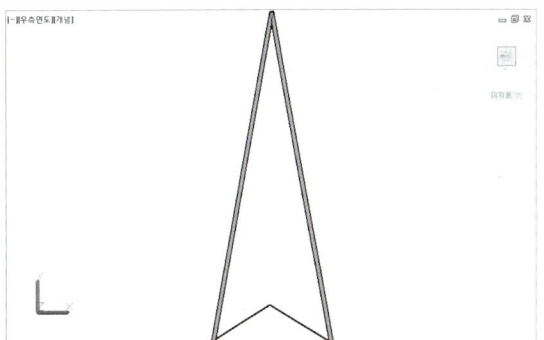

06 Shift +마우스 휠로 아래 부분이 보이도록 뷰를 전환한다. [홈] 탭-[솔리드 편집] 패널-[굵게 하기]를 클릭한 후 아래 2개 면을 선택한다.

> 명령 : THICKEN
> 두껍게할 표면 선택 : 1개를 찾음
> 두껍게할 표면 선택 : 1개를 찾음, 총 2개 Space Bar [아래 표면 선택]

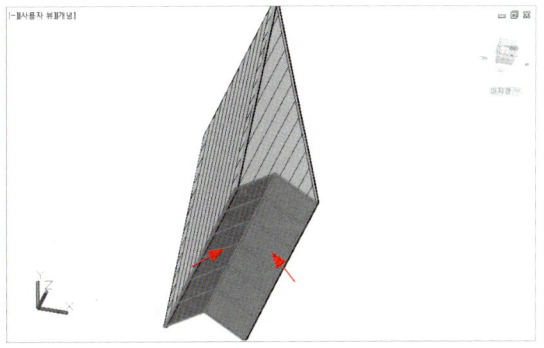

07 [메쉬-3D 솔리드 또는 표면으로 변환하시겠습니까?] 대화상자에서 두 번째 "선택한 객체를 부드러운 3D 솔리드 또는 표면으로 변환"을 클릭한 후 두께 값 [-3]을 입력하고 Space Bar 를 누른다. 3mm만큼 두께가 아래 방향으로 두껍게 된다.

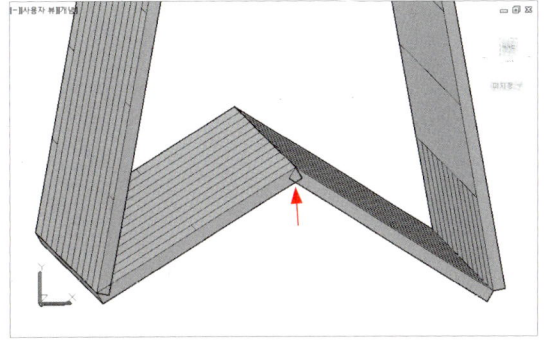

> 두껍게할 표면 선택 : 두께 지정 〈3.0000〉: -3 [두께 값 입력]

> 실무 도면 그리기

전화기 모델링

전화기 도면의 형상을 참조하여 전화기 모델링을 작성해본다.

01 예제 파일을 불러온 후 측면도를 이용해 전화기 본체를 작성해본다. Ctrl+C를 눌러 전화기 측면을 치수 객체를 제외하고 윈도우 선택 옵션으로 선택한 후 Space Bar 를 누른다.

- 예제 파일 : Chapter21₩전화기.dwg   ▶ 전화기 모델링

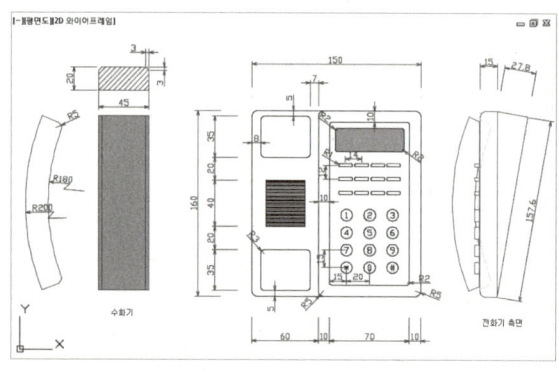 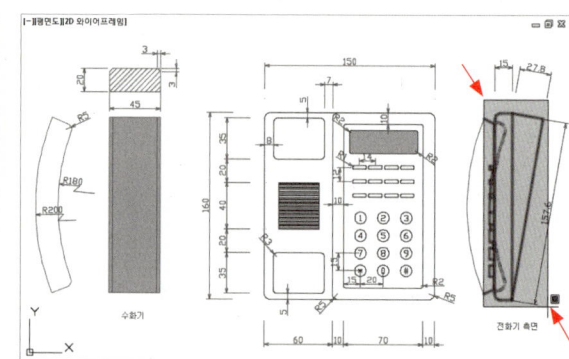

```
명령 : _copyclip
객체 선택 : 반대 구석 지정 : 47개를 찾음
객체 선택 : Space Bar  [명령 종료]
```

02 왼쪽 상단 뷰포트 컨트롤에서 현재 뷰를 [평면도]에서 [우측면도]로 전환하고 Ctrl+V를 누른다. 여백에 삽입점을 클릭하고 전화기 본체 측면을 붙여넣기 한다.

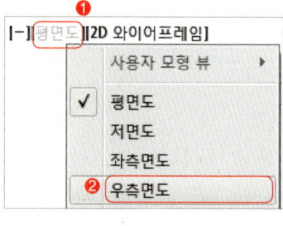 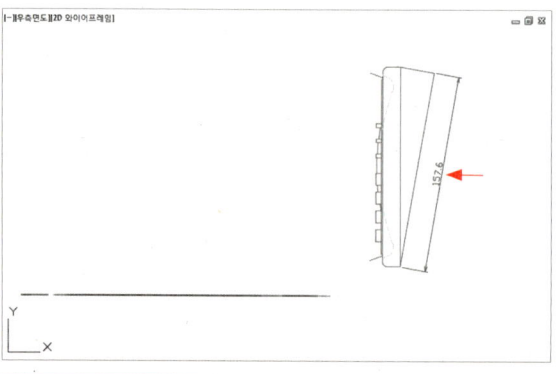

```
명령 : _pasteclip
중복 정의된 블록 _Open30 은(는) 무시됨.
삽입점 지정 : [임의의 지점을 지정하여 삽입]
```

03 본체 외형선만 남겨두고 나머지 객체(버튼 형상, 수화기 등)들은 지운다. 명령행에 'E'를 입력하고 지우기 명령을 실행하거나 Delete 로 객체를 지운다.

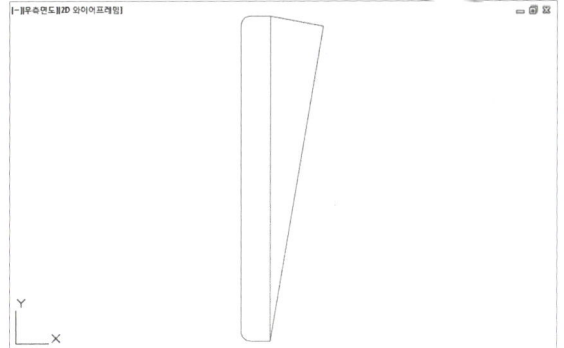

```
명령: E Space Bar
객체 선택: 반대 구석 지정 : Space Bar  [해당 객체 삭제]
```

04 현재 뷰를 [우측면도]에서 [남동 등각투영]으로 전환하고 [홈] 탭–[도면층] 패널에서 현재 도면층을 [수화기]로 바꾼다. 그리고 [홈] 탭–[모델링] 탭–[눌러당기기]를 클릭한다. Shift 를 누르면서 영역을 한 번에 2개 선택하고 150만큼 돌출한다.

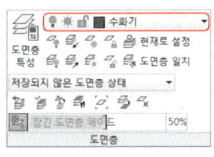  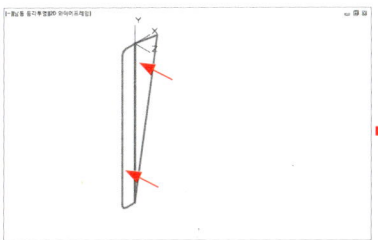 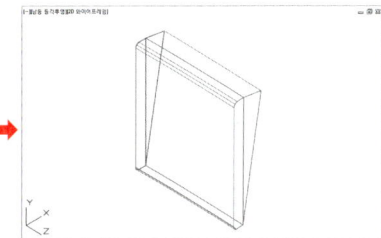

```
명령: _presspull
객체 또는 경계 영역 선택: 선택 후 Space Bar  [ Shift 를 누르면서 영역 2개소 지정한 후 확정]
돌출 높이 지정 또는 [다중(M)] : 150 Space Bar  [돌출 높이값 입력]
2개의 돌출이 작성됨
```

05 다시 현재 뷰를 [남동 등각투영]에서 [평면도]로 전환한다. 수화기 부분을 Ctrl +C를 눌러 윈도우 선택 옵션으로 선택(치수 제외) 후 Space Bar 를 누른다.

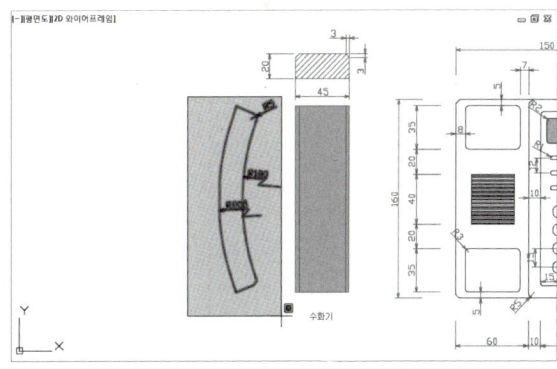

```
명령: _copyclip
객체 선택: 반대 구석 지정 : 7개를 찾음 Space Bar  [윈도우 선택 옵션 사용]
```

06 왼쪽 상단 뷰포트 컨트롤에서 현재 뷰를 [평면도]에서 [우측면도]로 전환하고 Ctrl +V를 누른다. 여백에 삽입점을 클릭하고 수화기 측면을 붙여넣기 한다.

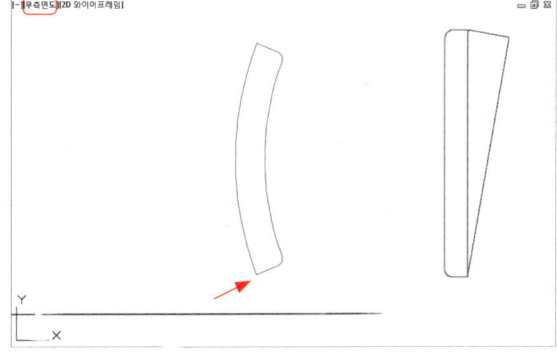

07 현재 뷰를 [우측면도]에서 [남동 등각투영]으로 전환하고 [홈] 탭-[모델링] 탭-[눌러당기기]를 클릭하고 영역을 지정한다. 마우스를 오른쪽 앞쪽으로 당기고 45만큼 돌출한다.

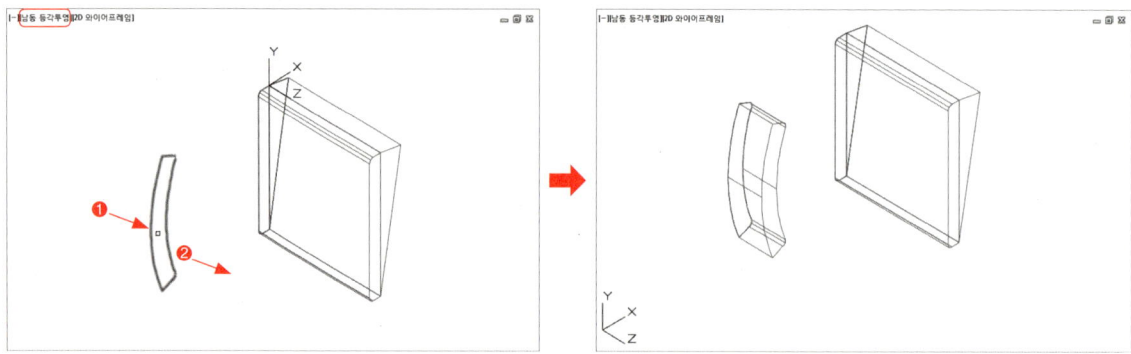

명령 : _presspull
객체 또는 경계 영역 선택 : 선택 후 [Space Bar] [영역 지정]
돌출 높이 지정 또는 [다중(M)] : 45 [돌출 높이값 입력]
돌출 높이 지정 또는 [다중(M)] : [Space Bar]
1개의 돌출이 작성됨

08 전화기를 회전하기 위해 직교 모드 상태에서 명령행에 'L'을 입력하여 선 명령을 실행한다. 전화기 본체의 끝점을 시작으로 전화기 길이만큼 기준선을 길게 그린다.

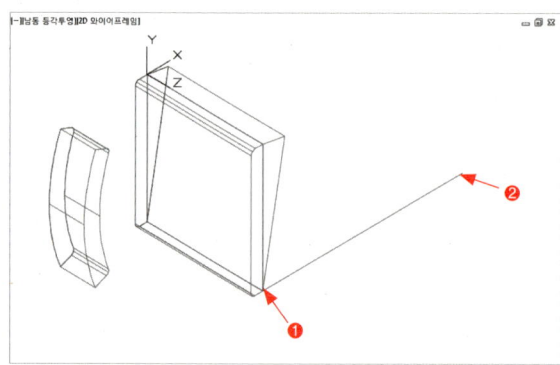

명령 : L [Space Bar]
첫 번째 점 지정 : [❶번 지점 클릭]
다음 점 지정 또는 [명령 취소(U)] : [❷번 지점 클릭]
다음 점 지정 또는 [명령 취소(U)] : [Space Bar] [명령 종료]

09 명령행에 'RO'를 입력하고 [Space Bar]를 누른다. 회전할 객체로 눌러당기기한 솔리드 모델을 윈도우 선택 옵션으로 선택하고 [Space Bar]를 누른다.

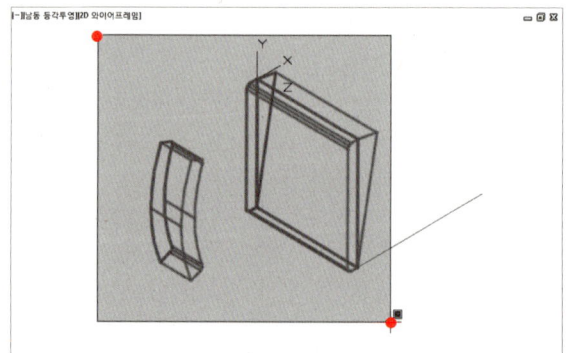

명령 : RO [Space Bar]
현재 UCS에서 양의 각도: 측정 방향=시계 반대 방향 기준 방향=0
객체 선택: 반대 구석 지정 : 17개를 찾음 [Space Bar] [객체 선택]

10 회전 기준점을 전화기 본체 아래 끝점(❶)을 클릭하고 [참조(R)] 옵션을 클릭하고 참조 각도를 설정한다. 여기서 참조 각도는 본체 오른쪽 사선의 아래 끝점(❷)과 위 끝점(❸)을 클릭한다.

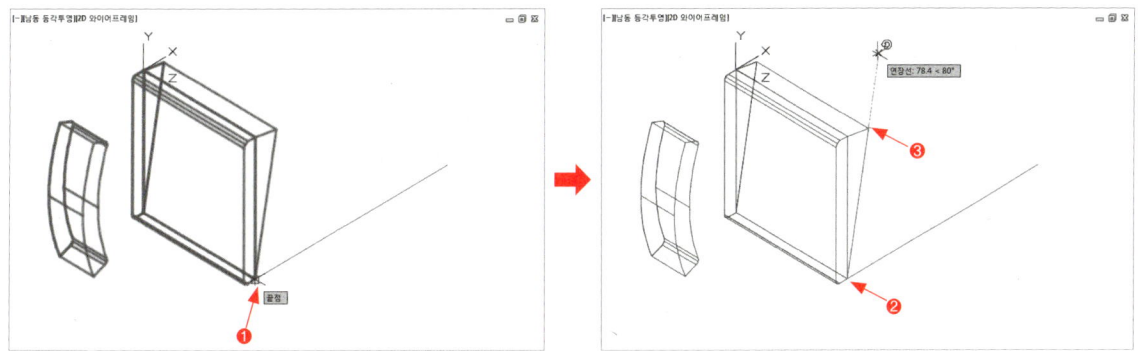

기준점 지정 : [회전 기준점을 본체 아래 끝점 지정]
회전 각도 지정 또는 [복사(C)/참조(R)] ⟨0⟩ : R [참조 옵션 선택]
참조 각도를 지정 ⟨0⟩: 두 번째 점을 지정 : [두 점 지정으로 참조 각도 지정]

11 새 각도는 기준선의 끝점을 클릭하여 회전한다.

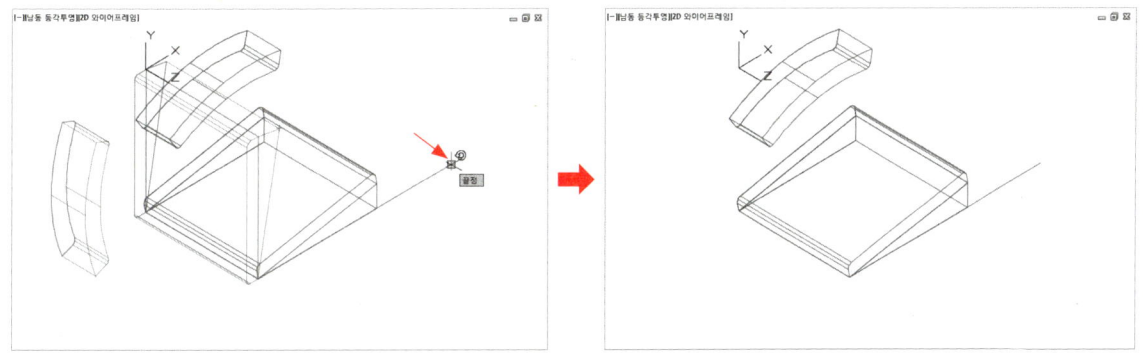

새 각도 지정 또는 [점(P)] ⟨0⟩ : [새 각도로 참조선 끝점 지정]

12 명령행에 'UCS'를 입력하고 [Space Bar]를 누른다. [면(F)] 옵션을 선택하고 본체 상단 솔리드 면을 선택한 후 [Space Bar]를 누른다.

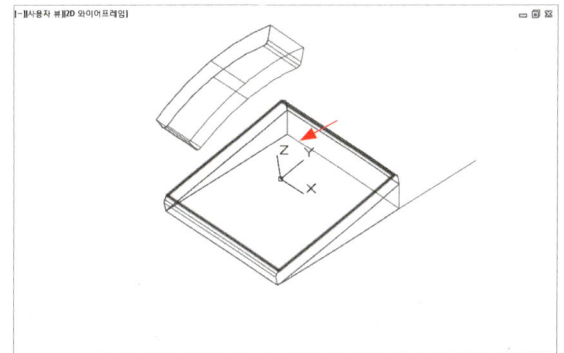

명령 : UCS [Space Bar]
현재 UCS 이름 : *이름 없음*
UCS의 원점 지정 또는 [면(F)/이름(NA)/객체(OB)/이전(P)/뷰(V)/표준(W)/X(X)/Y(Y)/Z(Z)/Z축(ZA)] ⟨표준⟩ : F [면 옵션 선택]
솔리드, 표면 또는 메쉬의 면 선택 : [전화기 본체 윗면 선택]
옵션 입력 [다음(N)/X반전(X)/Y반전(Y)] ⟨승인⟩ : [Space Bar] [변동 없으면 [Space Bar]로 명령 종료]

13 솔리드 모델을 제외한 나머지 선들(기준선, 보라색 본체 외형선)을 지우기 위해 명령행에 'E'를 입력하고 Space Bar 를 누른다. 객체를 윈도우 선택으로 선택하고, 선택 세트에서 제외할 때는 Shift 를 누른 채 클릭한다.

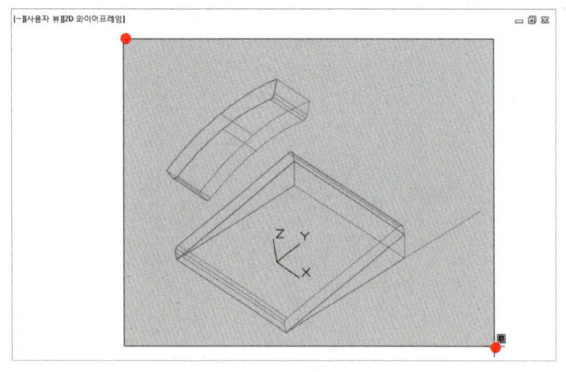
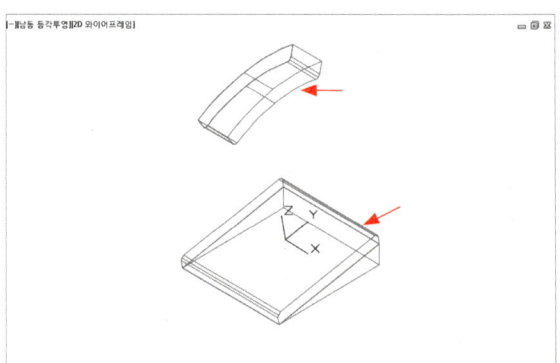

명령 : E Space Bar
객체 선택 : 반대 구석 지정: 15개를 찾음
객체 선택 : Space Bar

14 명령행에 'M'을 입력하고 Space Bar 를 누른다. 직교 모드 상태에서 수화기를 선택하고 기준점을 임의의 지점❶을 지정한 후 임의 지점❷를 지정하여 한쪽으로 조금 이동한다.

명령 : M Space Bar
MOVE
객체 선택 : 1개를 찾음
객체 선택 : Space Bar
기준점 지정 또는 [변위(D)] 〈변위〉 : [여백에 임의 지점 클릭]

15 [홈] 탭–[솔리드 편집] 패널–[모서리 추출]을 클릭하고 전화기 본체의 위 솔리드 모델을 선택한 후 Space Bar 를 누른다.

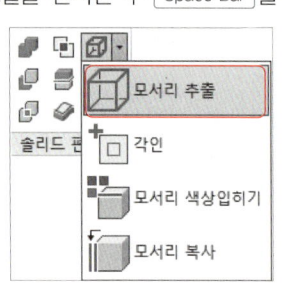
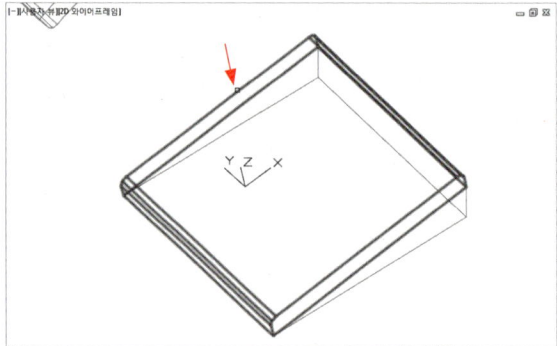

명령 : _xedges
객체 선택 : 1개를 찾음 [상단 솔리드 선택]
객체 선택 : Space Bar [선택된 모서리가 추출됨]

16 전화기 본체 평면의 치수를 보면서 간격띄우기로 본체 윗면을 작성한다. 명령행에 'O'를 입력하고 Space Bar 를 누른다. 간격 띄우기 60,10,70을 실행한다.

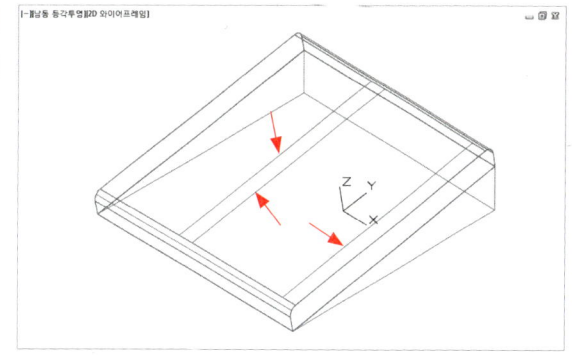

17 이번에는 직접 그리는 것이 아니라 기존 도면에서 그대로 복사를 해본다. 먼저 치수가 보이지 않게 치수 도면층을 동결 처리하고, 뷰를 [남동 등각투영]에서 [평면도]로 전환한다. 명령행에 'CP'를 입력하고 Space Bar 를 누른다.

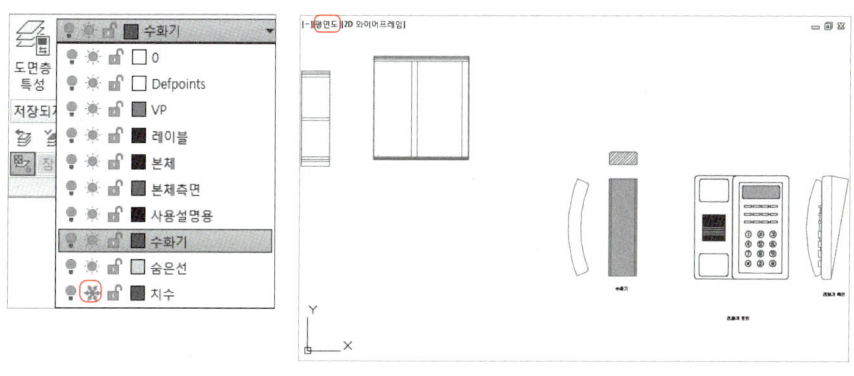

명령 : CP Space Bar

18 복사할 객체를 윈도우 선택 옵션으로 선택하고 Space Bar 를 누른다. 기본점은 가운데 선의 중간점을 클릭한다.

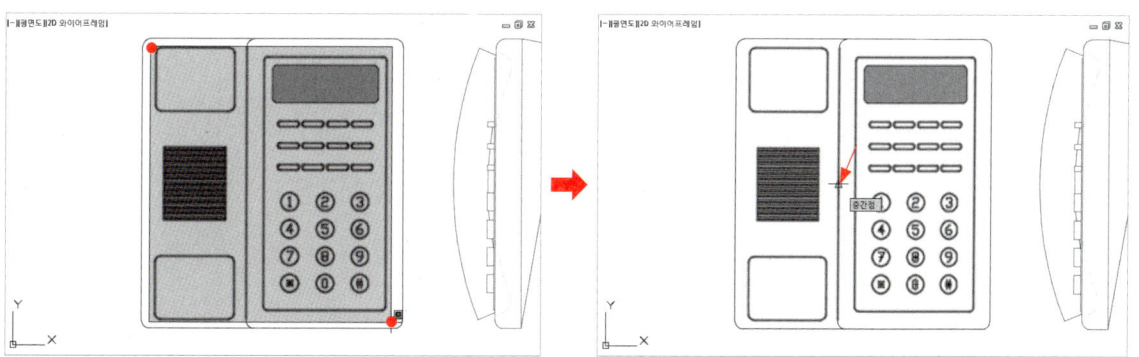

객체 선택 : w Space Bar
첫 번째 구석을 지정: 반대 구석 지정: 63개를 찾음
객체 선택 : Space Bar
현재 설정: 복사 모드 = 다중(M)
기본점 지정 또는 [변위(D)/모드(O)] <변위> : [기본점으로 가운데 선의 중간점 클릭]

19 두 번째 지점은 솔리드 모델링한 본체의 두 번째 세로선의 중간점을 클릭한다.

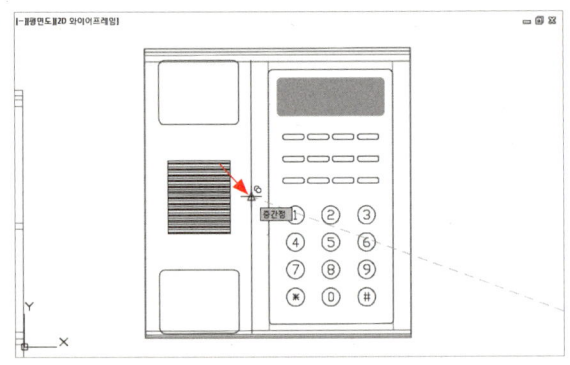

두 번째 점 지정 또는 [배열(A)] 〈첫 번째 점을 변위로 사용〉: [두 번째 세로선의 중간점을 클릭]
두 번째 점 지정 또는 [배열(A)/종료(E)/명령 취소(U)] 〈종료〉: Space Bar [명령 종료]

20 뷰포트를 2개로 나눠서 보면 기존 객체에서 복사한 것은 솔리드 모델링과 기울기가 일치하지 않는다.

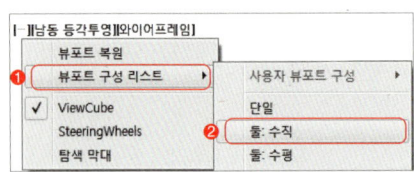
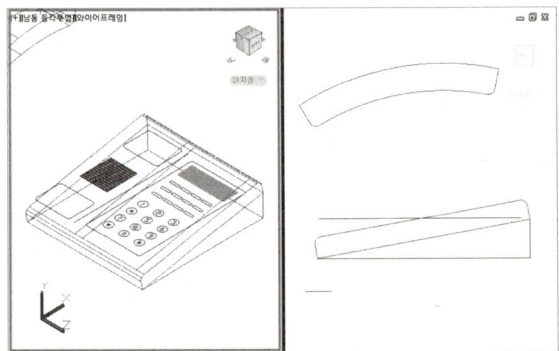

21 솔리드 모델링의 경사대로 객체를 바꾸기 위해 [홈] 탭-[수정] 패널-[3D회전]을 클릭하고 파란색 평면 객체를 선택한 후 Space Bar 를 누른다.

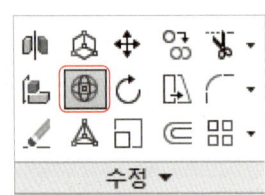
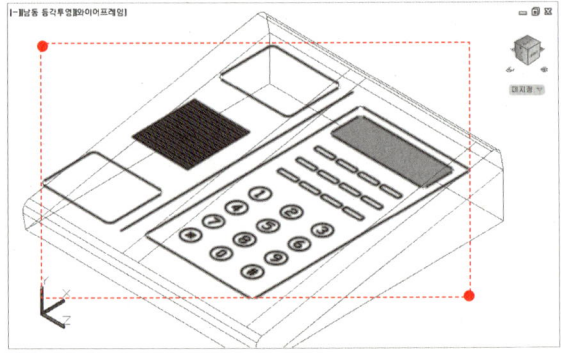

명령: _3drotate
현재 UCS에서 양의 각도: 측정 방향=시계 반대 방향 기준 방향=0
객체 선택: 반대 구석 지정: [객체 선택].

22 3D회전 기준점은 첫 번째 간격띄우기 한 선의 중간점(❶)을 클릭하고 회전축은 X축 빨간 핸들(❷)에 마우스를 클릭한다.

기준점 지정: [기준점으로 선의 중간점(❶) 클릭]
회전축 선택: [X축(❷) 선택]

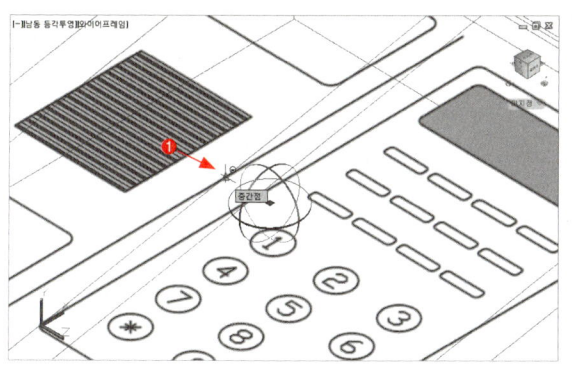 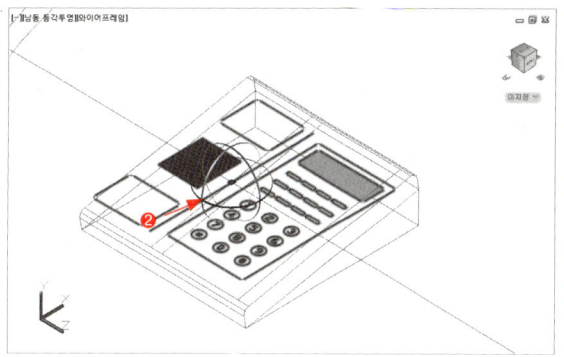

23 회전 각도 시작점으로 다시 기준점(❶)인 중간점을 클릭하고 회전할 각도로 첫 번째 간격띄우기 한 선의 끝점(❷)을 클릭한다.

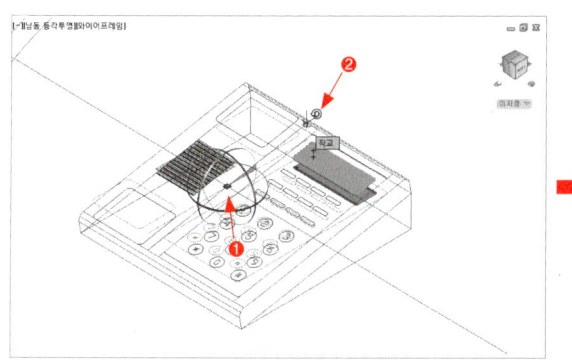 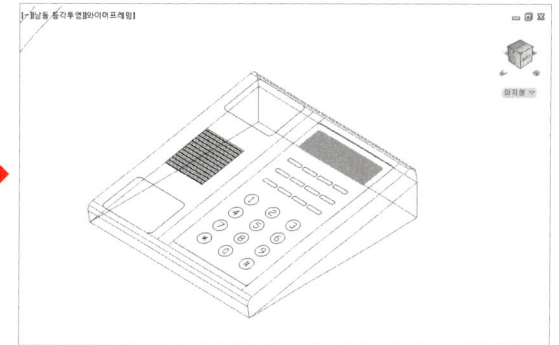

각도 시작점 지정 또는 각도 입력 : [선의 중간점(❶)을 먼저 클릭하고 선의 끝점(❷) 클릭]

24 3D회전이 마무리되고 해치 부분은 선택한 후 Delete 로 삭제한다.

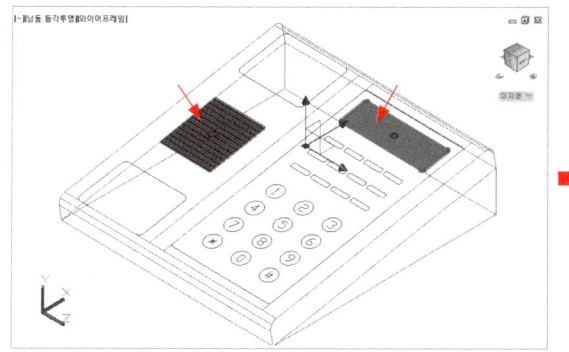 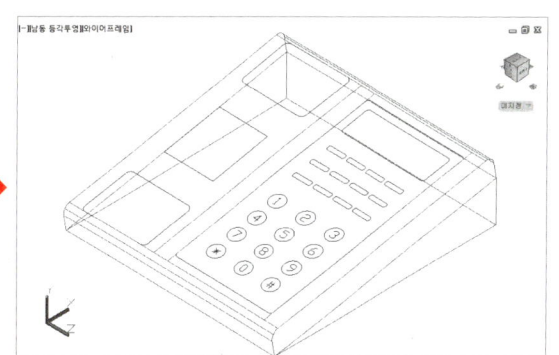

25 수화기를 본체의 적절한 위치로 이동한다. 이동하기 위해 뷰포트를 4개로 분할하여 뷰를 보면서 이동을 한다. 평면도, 정면도, 우측면도, 남동 등각투영 뷰로 뷰포트를 분할한다.

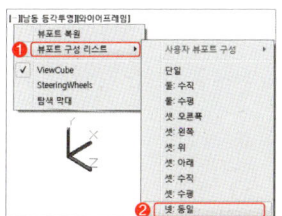 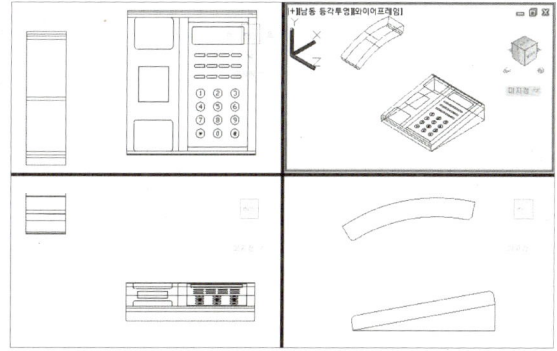

26 명령행에 'M'을 입력하고 [Space Bar]를 누른다. 수화기를 선택하고 적절한 위치로 반복하여 이동한다.

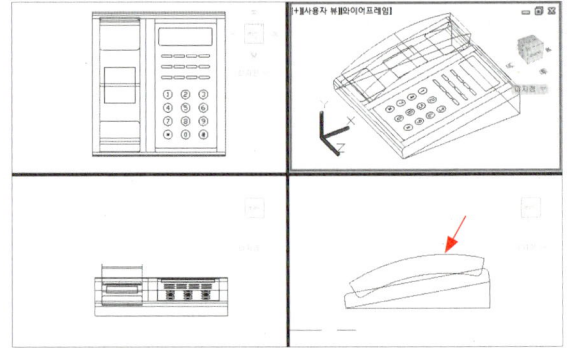

27 뷰를 하나로 하기 위해 남동 등각투영 뷰에서 [뷰포트 최대화]를 클릭한다. 수화기를 똑같이 복사하기 위해 명령행에 'CP'를 입력하고 [Space Bar]를 누른다. 수화기를 선택하고 기본점을 수화기의 끝점으로 지정한다.

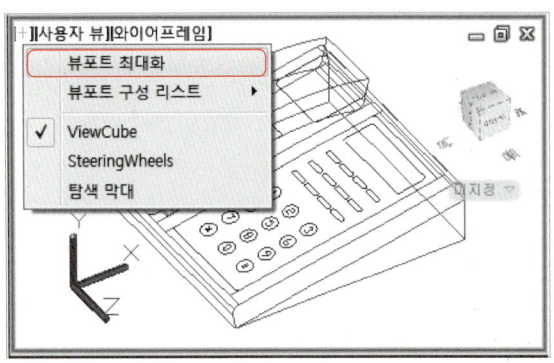 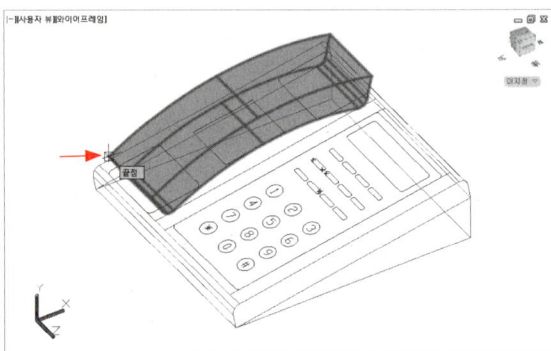

명령 : CP [Space Bar]
객체 선택: 1개를 찾음
객체 선택 : [Space Bar]
현재 설정 : 복사 모드 = 다중(M)
기본점 지정 또는 [변위(D)/모드(O)] 〈변위〉 : [수화기 끝점 클릭]

28 두 번째 지점도 같은 지점을 클릭하고 [Space Bar]를 누른다. 수화기가 2개 객체가 되었다.

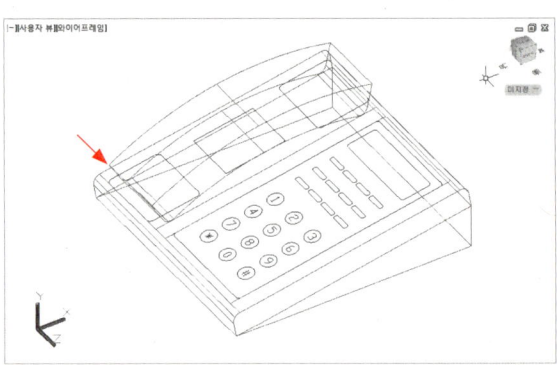

두 번째 점 지정 또는 [배열(A)] 〈첫 번째 점을 변위로 사용〉 : [기본점과 같은 지점 클릭]
두 번째 점 지정 또는 [배열(A)/종료(E)/명령 취소(U)] 〈종료〉 : [Space Bar] [명령 종료]

29 [홈] 탭-[솔리드 편집] 패널-[차집합]을 클릭한다. 제거 대상 솔리드에 상부 솔리드(❶), 제거할 솔리드로 수화기(❷)를 선택한다.

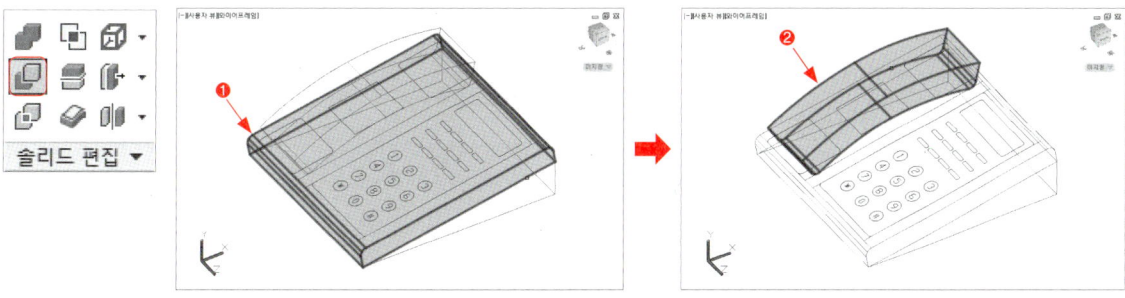

명령 : _subtract
제거 대상인 솔리드, 표면 및 영역을 선택 ..
객체 선택 : 1개를 찾음 [상부 솔리드 선택]
객체 선택 : 제거할 솔리드, 표면 및 영역을 선택 .. [Space Bar]
객체 선택 : 1개를 찾음 [수화기 선택]
객체 선택 : [Space Bar]

30 [홈] 탭-[솔리드 편집] 패널-[합집합]을 클릭한다. 본체 2개 솔리드 모델링을 선택하여 하나로 합한다.

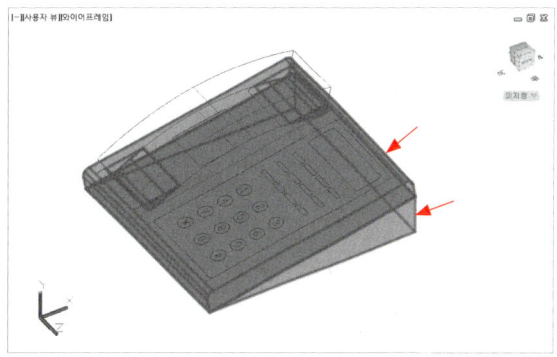

명령 : _union
객체 선택 : 1개를 찾음 [상부 본체 솔리드 선택]
객체 선택 : 1개를 찾음, 총 2개 [하부 본체 솔리드 선택]
객체 선택 : [Space Bar]

31 직교 모드를 켠 상태에서 수화기를 이동하기 위해 명령 행에 'M'을 입력하고 [Space Bar]를 누른다. 100만큼 위쪽으로 이동한다.

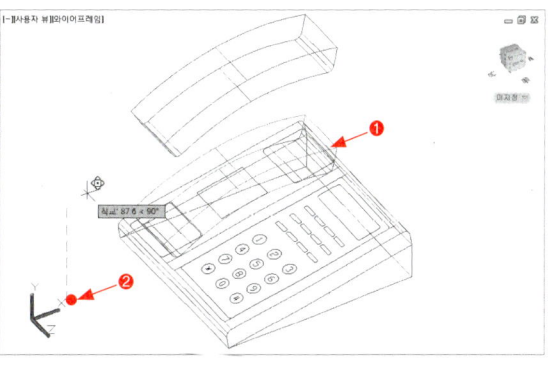

명령 : M [Space Bar]
객체 선택 : 1개를 찾음 [수화기(❶) 클릭]
객체 선택 : [Space Bar]
기준점 지정 또는 [변위(D)] 〈변위〉 : [임의 지점(❷) 클릭]
두 번째 점 지정 또는 〈첫 번째 점을 변위로 사용〉 : 100 [100만큼 위로 이동]

32 [홈] 탭-[모델링] 탭-[눌러당기기]를 클릭한다. Shift 를 누르면서 영역을 한 번에 2개 선택하고 2만큼 돌출한다.

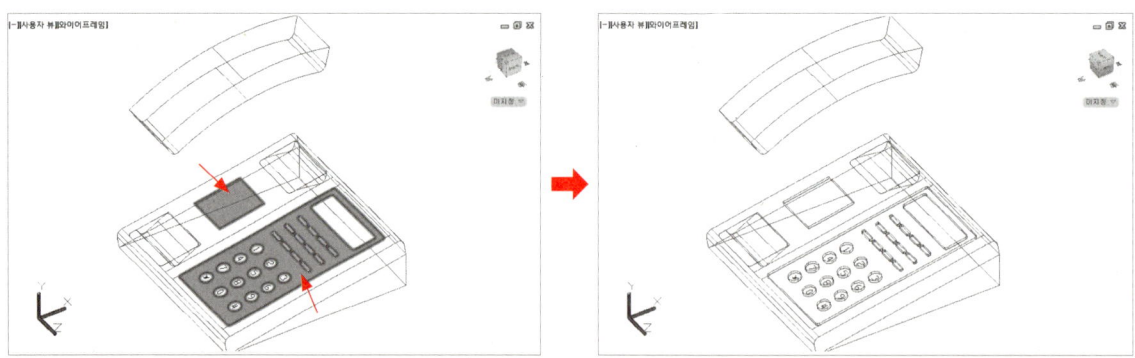

명령 : _presspull
객체 또는 경계 영역 선택:제거 대상인 솔리드, 표면 및 영역을 선택 .. [Space Bar 클릭한 후 객체 선택]
1개가 선택됨, 총 2개
경계 영역 선택 : Space Bar [객체 선택 완료]
돌출 높이 지정 또는 [다중(M)] : 2 Space Bar [높이값 입력]
2개의 돌출이 작성됨

33 [홈] 탭-[모델링] 탭-[눌러당기기]를 클릭한다. Shift 를 누르면서 다이얼 버튼 영역을 한 번에 선택하고 6만큼 돌출한다.

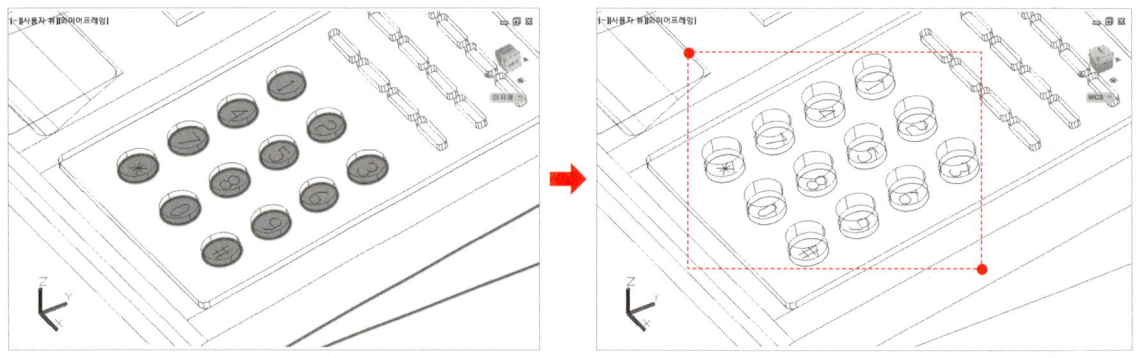

34 다시 Space Bar 를 눌러 눌러당기기 명령을 반복 실행 후 단축 다이얼 버튼도 선택해 6만큼 돌출한다.

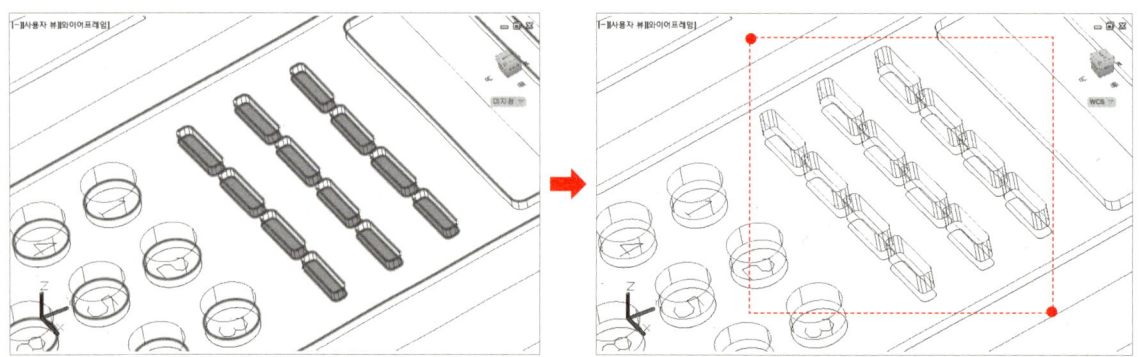

35 다시 Space Bar 를 눌러 눌러당기기 명령을 반복 실행 후 액정 패널 부분도 선택해 3만큼 돌출한다.

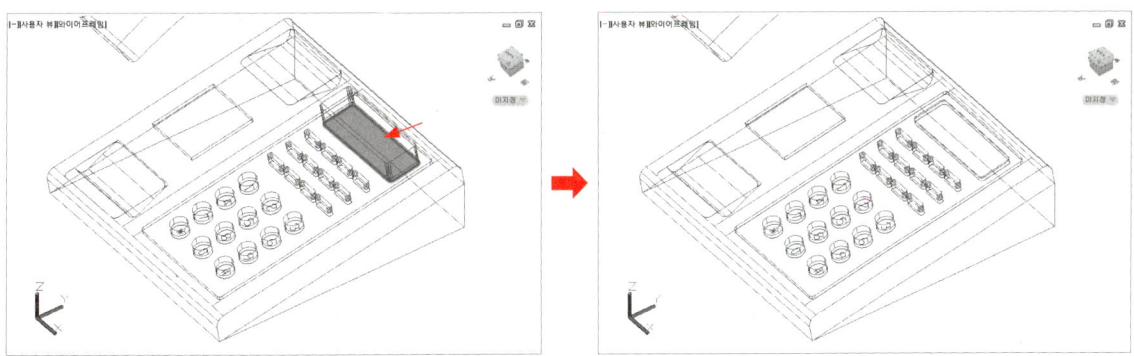

36 다이얼 숫자는 아래 파묻혀 있으므로 위로 이동하기 위해 명령행에 'M'을 입력하고 Space Bar 를 누른다. 이동할 객체로 문자를 모두 선택한다.

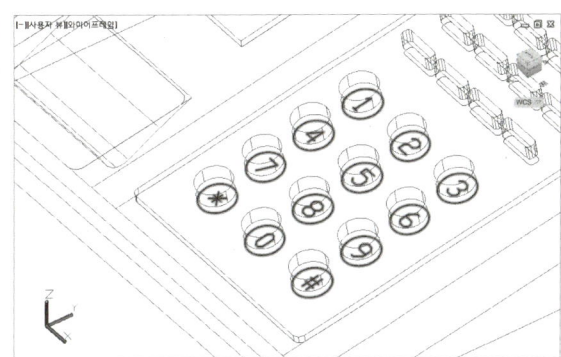

37 기준점은 원의 중심점(❶)을 선택하고 두 번째 지점은 돌출한 원의 중심점(❷)을 클릭하여 이동한다.

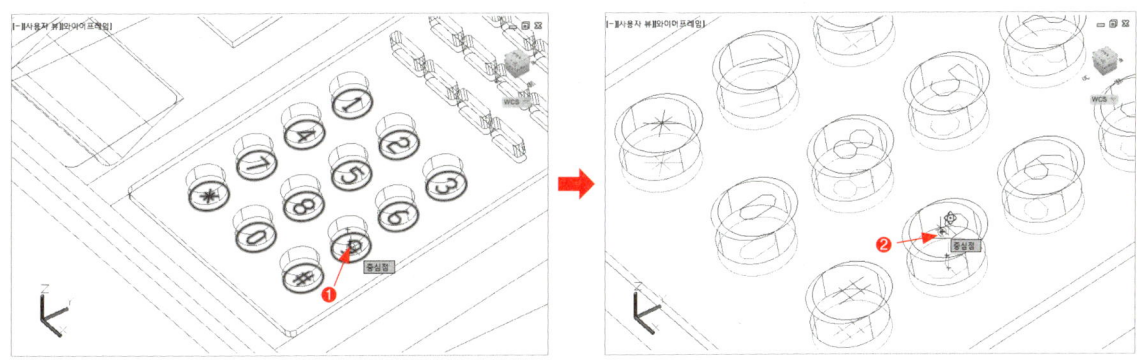

38 솔리드 모델링과 잔여 선들이 같이 있으므로 MOVE 명령으로 솔리드 모델링과 문자 블록만 선택하여 한쪽으로 이동하고 잔여 선 객체들은 지운다.

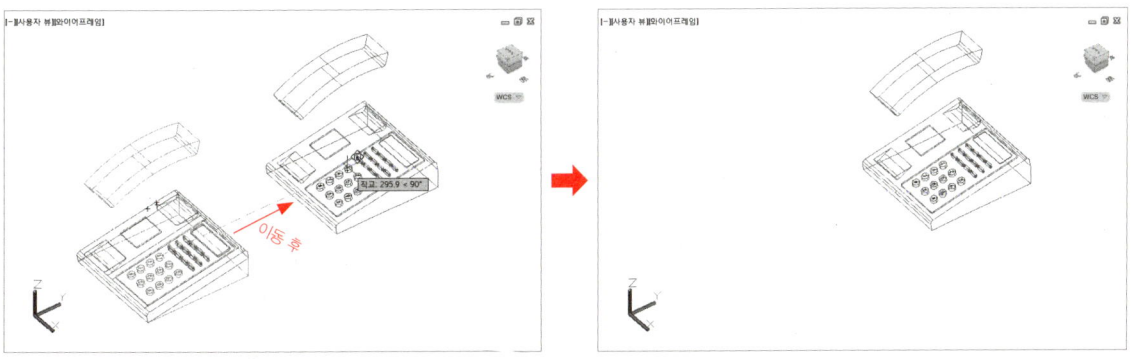

39 수화기를 다시 아래로 100만큼 이동한다. [솔리드] 탭-[솔리드 편집] 패널-[모서리 모따기]를 클릭하고 [거리(D)] 옵션을 클릭한다. 거리1과 거리2 값을 2로 지정하고 수화기의 양쪽 모서리를 선택하고 Space Bar 를 누른다.

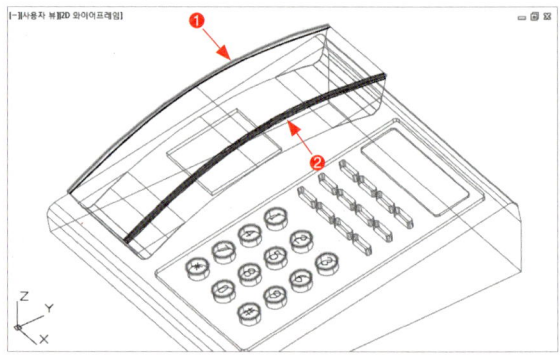

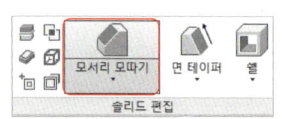

```
명령 : _CHAMFEREDGE 거리1 = 3.0, 거리2 = 3.0
모서리 선택 또는 [루프(L)/거리(D)] : D  [거리 옵션 선택]
거리1 지정 〈3.0〉 : 2  [값 지정]
거리2 지정 〈3.0〉 : 2  [값 지정]
모서리 선택 또는 [루프(L)/거리(D)] :  [모서리(❶) 선택]
동일한 면에 있는 다른 모서리 선택 또는 [루프(L)/거리(D)] :  [모서리(❷) 선택]
동일한 면에 있는 다른 모서리 선택 또는 [루프(L)/거리(D)] : Space Bar   [모서리 선택 종료]
모따기를 수락하려면 Enter 누름 또는 [거리(D)] : Space Bar   [명령 종료]
```

40 비주얼 스타일을 [2D 와이어프레임]에서 [개념]으로 전환하고 [특성] 팔레트와 [홈] 탭-[솔리드 편집] 패널-[면 색상 입히기] 명령으로 색상을 변경한다. 모서리 부분에 모서리 모깎기도 하면 좋다.

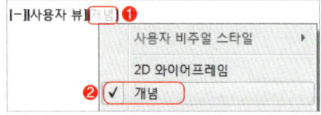
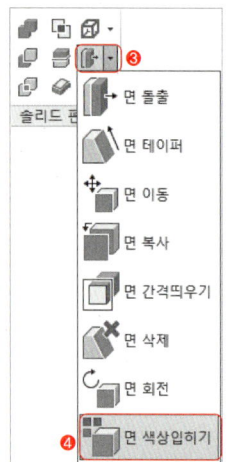
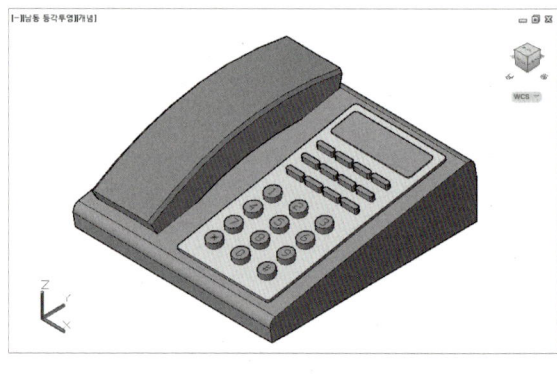

03 솔리드 결과물 산출

3-1. INTERFERE(간섭)

선택한 두 3D 솔리드 사이의 간섭을 사용하여 임시 3D 솔리드를 작성한다. 교차 체적에 임시 3D 솔리드로 간섭이 강조 표시되거나 체적을 유지할 수도 있다.

> ▶ **실행 방법**
> - **리본** : [홈] 탭-[솔리드 편집] 패널-간섭 아이콘(▣)
> - **메뉴** : 수정(M)-[3D 작업(3)]-[간섭 검사(I)]
> - **리본** : [홈] 탭-[솔리드 편집] 패널-간섭 아이콘(▣)
> - **명령 입력** : INTERFERE

◘ 간섭 검사하기

01 예제 파일을 불러온 후 [홈] 탭-[솔리드 편집] 패널-[간섭]을 클릭한다. 첫 번째 객체로 앞면을 선택하고 Space Bar 를 누른다.

■ 예제 파일 : Chapter21₩Interfere.dwg

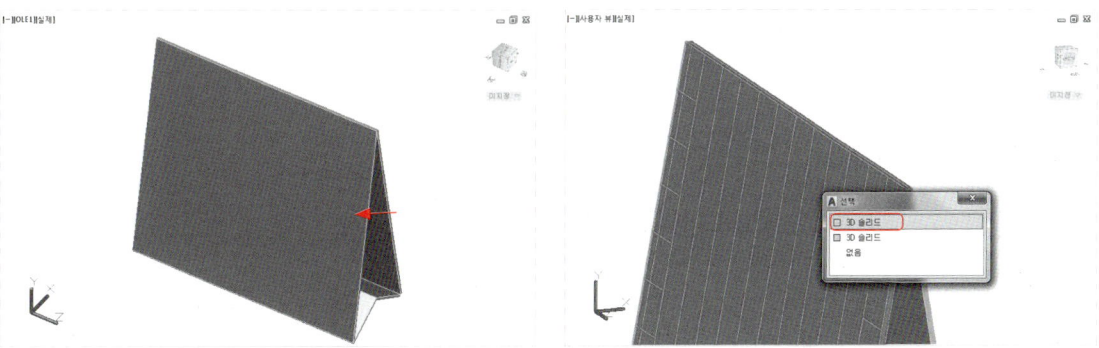

02 두 번째 객체로 반대쪽 면을 선택하고 Space Bar 를 누른다.

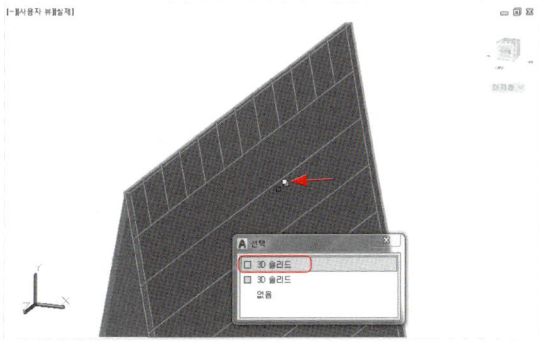

03 [간섭 검사] 대화상자가 표시되고 간섭 부분이 새로운 솔리드 객체로 강조 표시된다. 초점 이동과 강조 표시 기능을 사용하여 간섭 상황을 확인한다.

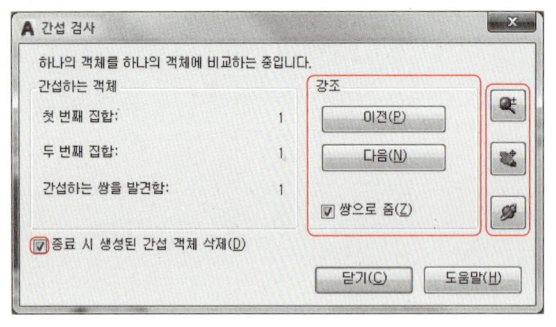 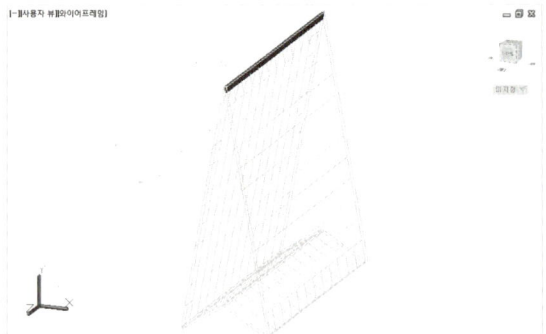

04 [종료 시 생성된 간섭 객체 삭제]를 체크 해제하고 [닫기] 버튼을 클릭하면 간섭 부분의 3D솔리드가 남게 된다.

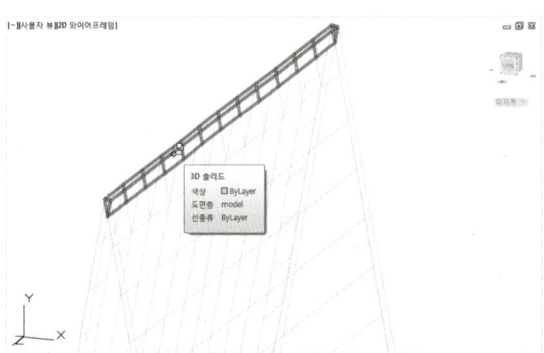

3-2. SLICE(슬라이스)

기존 객체를 슬라이스, 즉 분할하여 3D 솔리드와 표면을 수정한다. SLICE 명령을 사용하여 3D 솔리드 또는 표면을 슬라이스 할 경우 몇 가지 방법으로 절단 평면을 정의할 수 있다. 예를 들어, 절단 평면 역할을 할 세 점, 축, 표면 또는 2D 평면형 객체를 지정할 수 있다.

▶ 실행 방법
- 리본 : [홈] 탭–[솔리드 편집] 패널–슬라이스 아이콘( )
- 리본 : [솔리드] 탭–[솔리드 편집] 패널–슬라이스 아이콘( )
- 메뉴 : 수정(M)–[3D 작업(3)]–[슬라이스(S)]
- 명령 입력 : SLICE
- 단축키 : SL

◆ 슬라이스

01 예제 파일을 불러온 후 [홈] 탭–[솔리드 편집] 패널–[슬라이스]를 클릭하고 객체를 선택한 후 Space Bar 를 누른다.

■ 예제 파일 : Chapter21\Slice.dwg   ▶ 슬라이스

명령 : SL Space Bar
슬라이스할 객체 선택 : 1개를 찾음 [슬라이스 할 객체 선택]
슬라이스할 객체 선택 : Space Bar

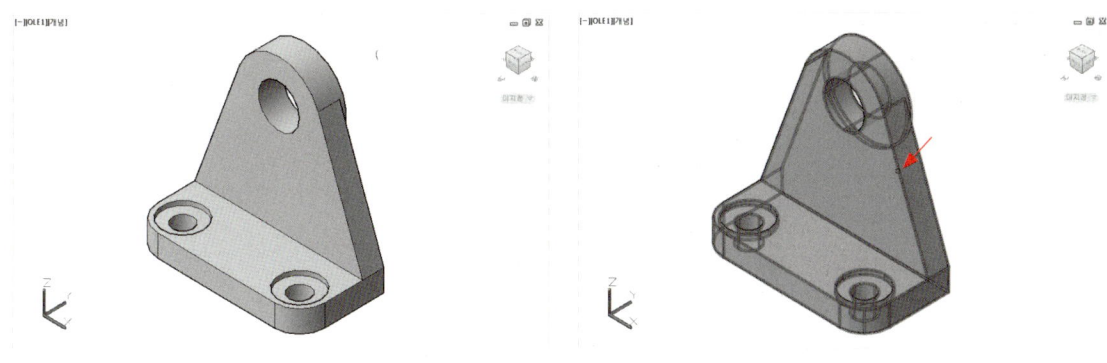

02 XY 옵션을 클릭하고 평면 위의 점을 지정한다. 양쪽 면 유지로 기본값이 설정되어 있으므로 양쪽 모두를 유지하려면 그대로 Space Bar 를 누른다.

슬라이싱 평면의 시작점 지정 또는 [평면형 객체(O)/표면(S)/Z축(Z)/뷰(V)/XY(XY)/YZ(YZ)/ZX(ZX)/3점(3)] 〈3점〉 : XY [XY 옵션 선택]
XY 평면 위의 점 지정 〈0,0,0〉 : [XY 평면 지점 클릭]
원하는 면 위의 점 지정 또는 [양쪽 면 유지(B)] 〈양쪽(B)〉 : Space Bar [양쪽 모두 남김]

03 XY 평면으로 솔리드가 분할되었다. 다시 Space Bar 를 눌러 슬라이스 명령을 반복 실행한다. 슬라이스할 객체로 앞의 솔리드를 선택하고 Space Bar 를 누른다.

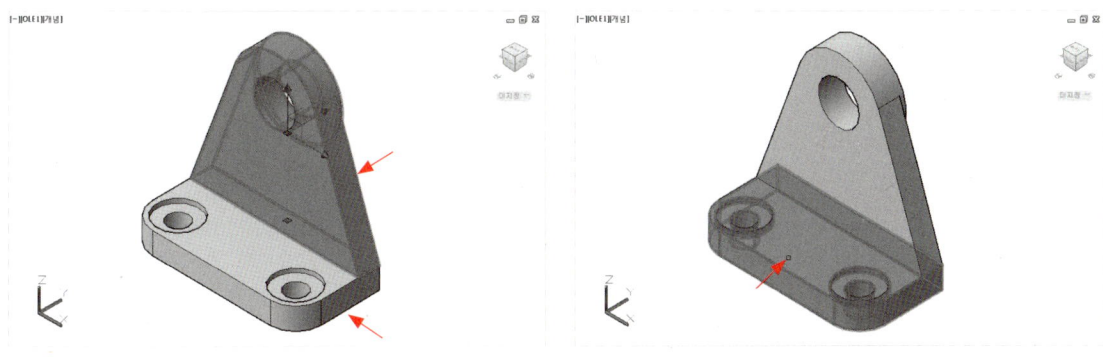

명령 : SL Space Bar
SLICE
슬라이스할 객체 선택 : 1개를 찾음 [슬라이스 할 객체 선택]
슬라이스할 객체 선택 : Space Bar

04 3점 옵션을 클릭하고 두 원의 중심점(❶, ❷)과 Z축의 임의의 지점(❸)을 클릭한다.

슬라이싱 평면의 시작점 지정 또는 [평면형 객체(O)/표면(S)/Z축(Z)/뷰(V)/XY(XY)/YZ(YZ)/ZX(ZX)/3점(3)] <3점> : 3 [3점 옵션 실행]
평면 위의 첫 번째 점 지정 : <객체 스냅 켜기> [원의 중심점(❶) 클릭]
평면 위의 두 번째 점 지정 : [원의 중심점(❷) 클릭]
평면 위의 세 번째 점 지정 : [수직 Z방향 임의 지점(❸) 클릭]

05 양쪽 면 유지로 기본값이 설정되어 있으므로 양쪽 모두를 유지하려면 그대로 [Space Bar]를 누른다. 앞부분을 선택해 삭제해본다.

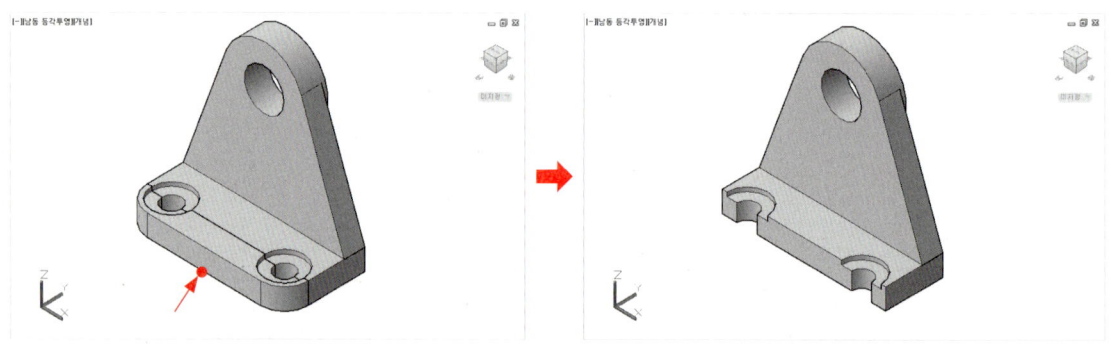

원하는 면 위의 점 지정 또는 [양쪽 면 유지(B)] <양쪽(B)> : [Space Bar] [양쪽 모두 남김]

3-3. SECTIONPLANE(단면 평면)

3D 객체에서 절단 평면 기능을 하는 단면 객체를 작성한다. 단면 평면 객체는 3D 솔리드, 표면 및 메쉬의 단면을 작성하며 단면 평면 객체와 라이브 단면 기능을 사용하여 모형을 분석하고 단면을 블록으로 저장한 다음 배치에 사용할 수 있다.

▶ 실행 방법
- 리본 : [홈] 탭–[단면] 패널–단면 평면 아이콘(🗐)
- 메뉴 : 그리기(D)–[모델링]–[단면 평면(E)]
- 리본 : [솔리드] 탭–[단면] 패널–단면 평면 아이콘(🗐)
- 명령 입력 : SECTIONPLANE

단면 평면 옵션

- [단면 선을 배치할 면 또는 점 선택] : 단면 객체의 평면이 될 면을 지정한다. 또는 화면에서 면 위에 있지 않은 점을 선택하여 해당 솔리드 또는 표면과 무관한 단면 객체를 작성한다. 첫 번째 점은 단면 객체가 회전하는 점을 설정한다.

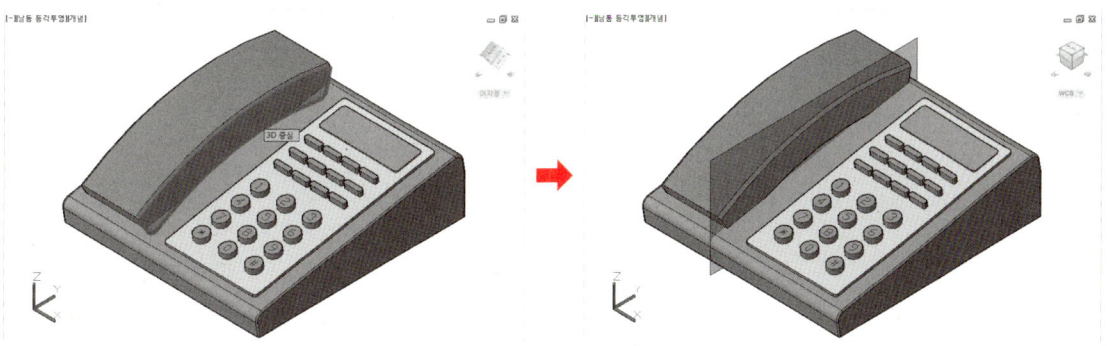

- [단면 그리기] : 여러 점을 가진 단면 객체를 정의하여 꺾기가 있는 단면 선을 작성한다.

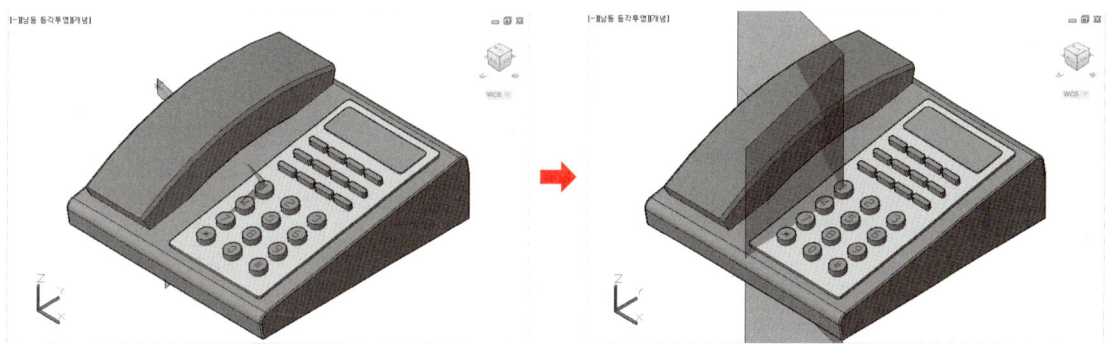

- [직교] : 단면 객체를 UCS에 상대적인 직교 방향으로 정렬한다. 모든 3D 객체를 포함하며 UCS에 대해 지정한 방향(현재 뷰는 아님)으로 배치된 단면 객체가 작성된다.

◆ 평면도인 경우   ◆ 정면도인 경우   ◆ 우측면도인 경우

단면 객체 그립

- **[메뉴 그립]** : 절단 평면에 대해 표시되는 시각적 정보를 조정할 수 있는 단면 객체 상태의 메뉴가 나타난다.

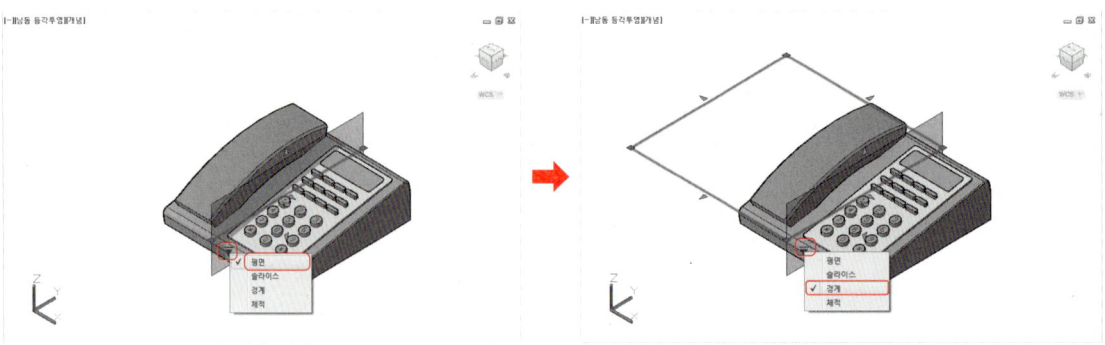

- **[화살표 그립]** : 2D 단면의 범위를 반전시킨다.

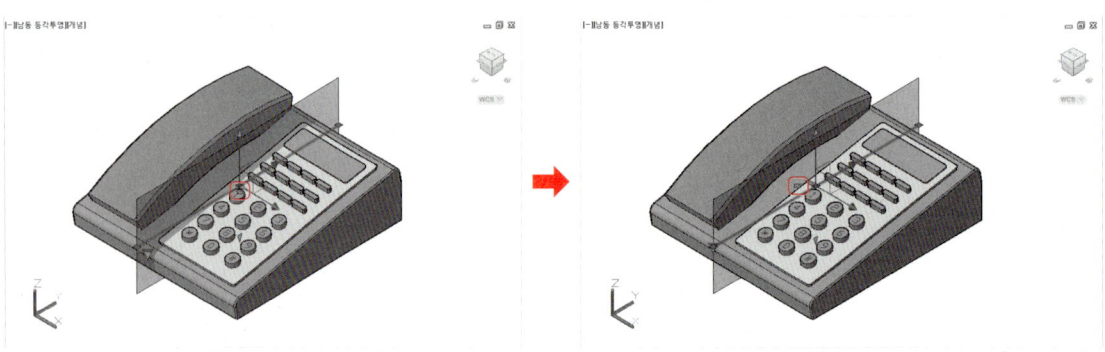

- **[삼각형 그립]** : 단면 평면의 위치를 드래그하여 이동한다.

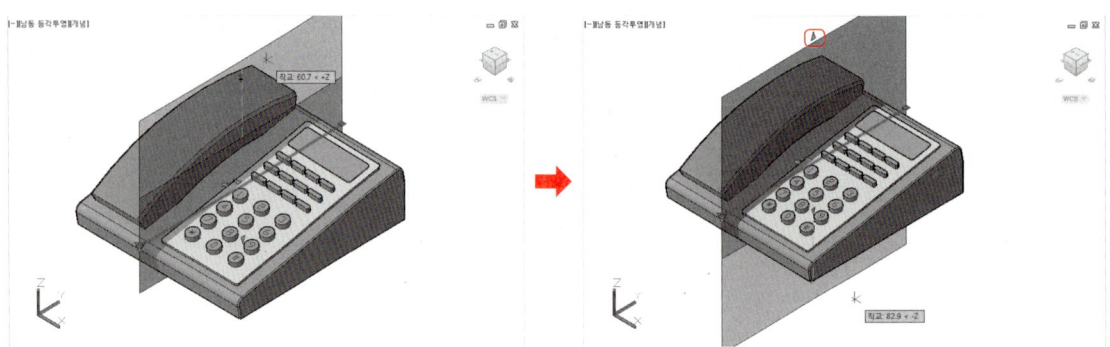

- [사각형 그립] : 절단면 위치와 길이를 드래그하여 변경한다.

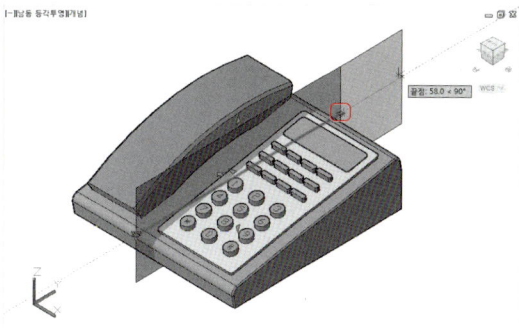

◇ **[단면 설정] 대화상자** ◇

단면을 선택하고 오른쪽 라이브 단면과 별도로 작성되는 2D/3D 단면 블록 작성 설정을 한다. 교차 채 우기에서 면 해치를 ANSI31등 패턴과 색상을 8번에서 다른 색상으로 바꿀 수 있다.

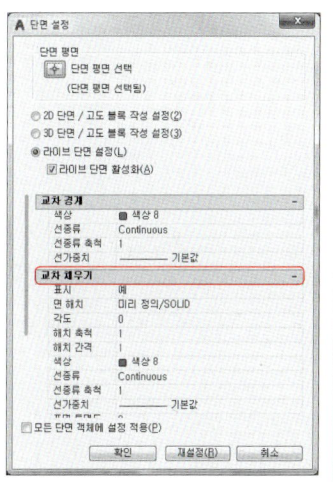

◆ 단면 평면 만들기

01 예제 파일을 불러온다. [홈] 탭–[단면] 패널–[단면 평면]을 클릭하고 [직교(O)] 옵션을 선택한다. 단면 정렬 대상은 [정면도(F)]를 선택한다.

- 예제 파일 : Chapter21₩Sectionplane.dwg   ▶ 단면 평면 만들기

 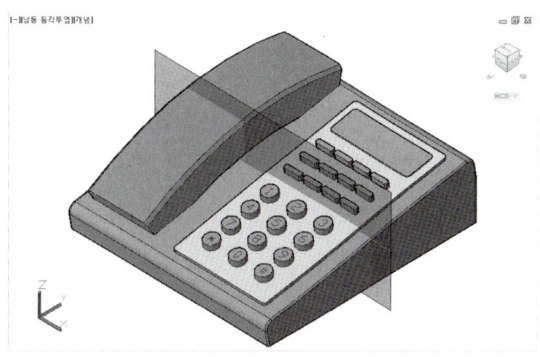

명령 : _sectionplane
유형 = 평면
단면 선을 배치할 면 또는 점 선택 또는 [단면 그리기(D)/직교(O)/유형(T)] : O [직교 옵션 선택]
단면 정렬 대상: [정면도(F)/배면도(A)/평면도(T)/저면도(B)/좌측면도(L)/우측면도(R)] 〈우측면도〉 : F [정면도 선택]

02 정면도 단면 객체를 선택하고 바로 가기 메뉴에서 [단면 생성]-[2D/3D 블록]을 선택한다.

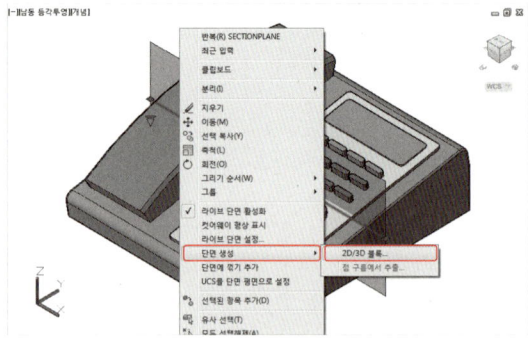

03 [단면/고도 생성] 대화상자에서 [2D 단면/고도]를 선택한다. 확장 화살표를 클릭한다.

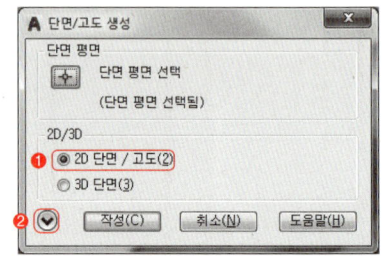

04 [모든 객체 포함]과 대상에서 [새 블록으로 삽입] 선택을 확인하고 [작성]을 클릭한다.

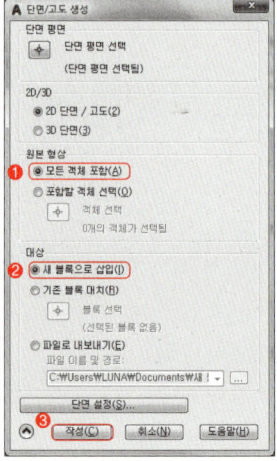

05 삽입점을 지정하고 X축척 비율은 기본값 1 상태에서 Space Bar 를 누르고, Y축척 비율도 X축 비율을 사용하므로 Space Bar 를 누른다. 회전 각도는 기본값 0도 상태에서 Space Bar 를 누른다.

06 [홈] 탭-[단면] 패널-[단면 평면]을 클릭하고 [직교(O)] 옵션을 선택한다. 단면 정렬 대상은 우측면도를 선택한다.

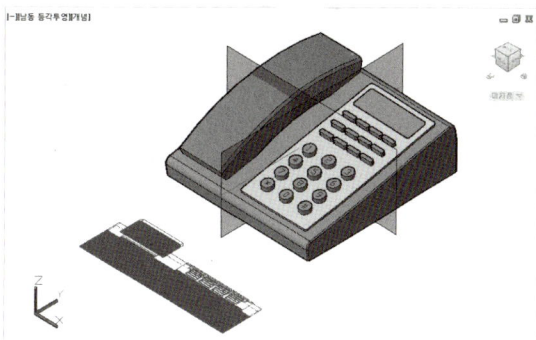

명령 : _sectionplane
유형 = 평면
단면 선을 배치할 면 또는 점 선택 또는 [단면 그리기(D)/직교(O)/유형(T)] : O [직교 옵션 선택]
단면 정렬 대상: [정면도(F)/배면도(A)/평면도(T)/저면도(B)/좌측면도(L)/우측면도(R)]〈정면도〉: R [우측면도 선택]

07 우측면도 단면 객체를 선택하고 바로 가기 메뉴에서 [단면 생성]-[2D/3D 블록]을 선택한다.

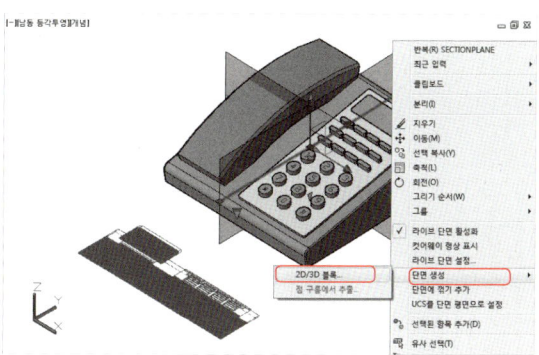

08 [단면/고도 생성] 대화상자에서 옵션을 확장해 [단면 설정] 버튼을 클릭한다. 교차 채우기 영역에서 면 해치를 SOLID에서 ANSI31로 선택하고, 색상은 하늘색으로 설정하고 [확인] 버튼을 클릭한다.

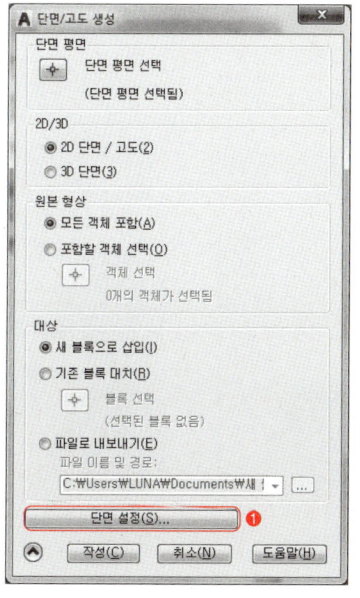 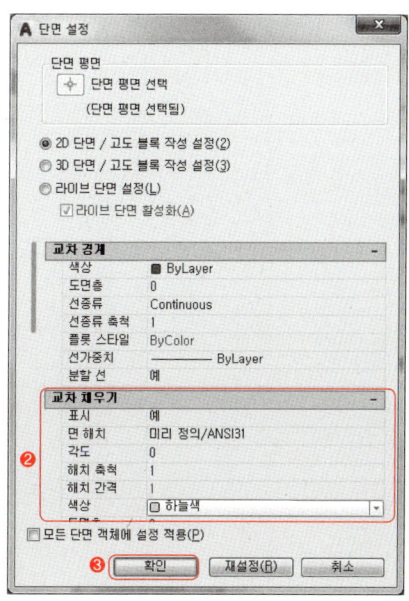

Chapter 21_솔리드 모델링 595

09 [단면/고도 생성] 대화상자에서 [작성]을 클릭하고 삽입점을 지정한다. X축척 비율은 기본값 1 상태에서 Space Bar 를 누르고, Y축척 비율도 X축 비율을 사용하므로 회전 각도는 기본값 0도 상태에서 Space Bar 를 누른다.

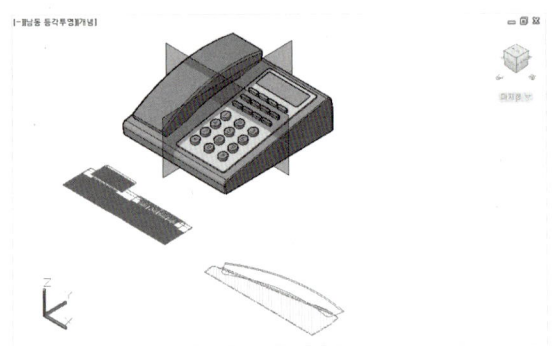

10 뷰포트 컨트롤에서 뷰를 [남동 등각투영]에서 [평면도]로 변환한다. 정면도와 우측면도 단면을 확인한다.

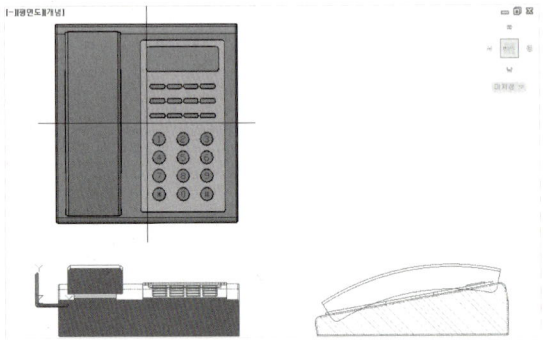

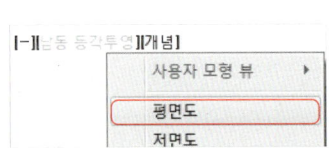

3-4. FLATSHOT(플랫샷)

현재 뷰를 기준으로 모든 3D 객체의 2D 표현을 작성한다. 모든 3D 솔리드, 표면 및 메쉬의 모서리는 뷰 평면과 평행한 평면에 일직선으로 투영된다. 이러한 모서리의 2D 표현이 UCS의 XY 평면에 블록으로 삽입된다. 이 블록을 분해하여 추가로 변경할 수 있다.

실행 방법
- 리본 : [홈] 탭-[단면] 패널-플랫샷 아이콘( )
- 리본 : [솔리드] 탭-[단면] 패널-플랫샷 아이콘( )
- 명령 입력 : FLATSHOT

플랫샷

01 예제 파일을 불러온 후 뷰포트 컨트롤에서 뷰포트를 [셋:왼쪽]으로 클릭하여 뷰를 3분할한다.
- 예제 파일 : Chapter21₩Flatshot.dwg   플랫샷

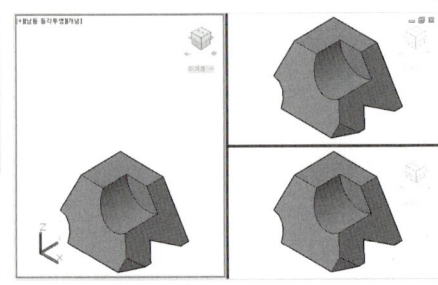

02 가장 왼쪽은 평면도, 오른쪽은 정면도, 우측면도로 뷰포트 컨트롤에서 뷰를 조정한다.

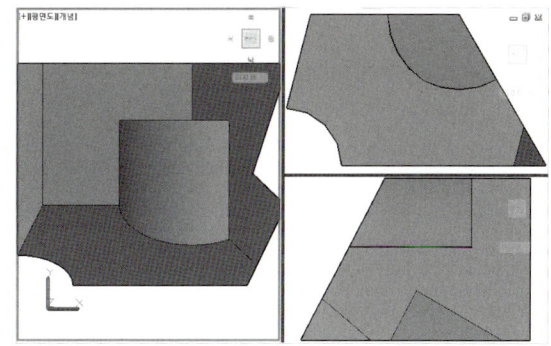

03 [평면도]를 클릭하고 [홈] 탭–[단면] 패널–[플랫샷]을 클릭한다. 전경 선의 색상과 선종류를 확인한다. 그리고 안보이는 숨은선 설정을 위해 가려진 선의 색상은 빨간색으로, 선종류는 Hidden선으로 설정하기 위해 Continuous를 확장하여 [기타]를 클릭한다. [로드] 버튼을 클릭하여 HIDDEN 선종류를 로드하고 HIDDEN을 선택한 후 [확인] 버튼을 클릭한다.

04 [플랫샷] 대화상자에서 [작성]을 클릭한다. 평면이 보이도록 삽입점을 지정한다. X축척 비율은 1 상태에서 Space Bar 를 누르고, Y축척 비율도 X축 비율을 사용하므로 회전 각도는 0도 상태에서 Space Bar 를 누른다.

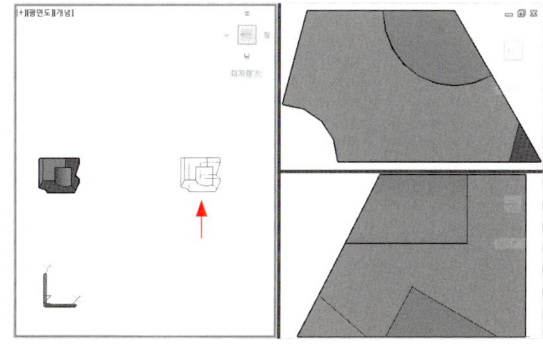

명령 : _flatshot
단위: 밀리미터   변환: 1.0000
삽입점 지정 또는 [기준점(B)/축척(S)/X/Y/Z/회전(R)] : [임의 지점 클릭]
X축척 비율 입력, 반대구석 지정, 또는 [구석(C)/XYZ(XYZ)] 〈1〉 : Space Bar [축척 비율 1로 실행]
Y 축척 비율 입력 〈X 축척 비율 사용〉 : Space Bar [축척 비율 X축과 동일]
회전 각도 지정 〈0〉 : Space Bar [회전 각도는 0으로 설정]

05 [정면도] 뷰를 클릭해 뷰를 활성화한 뒤 Space Bar 를 눌러 [플랫샷]을 반복 실행한다. [플랫샷] 대화상자의 설정은 기본값 상태로 두고 [작성]을 클릭한다.

06 임의 지점에 삽입점을 지정하고 축척 비율은 기본값 1 상태에서 Space Bar 를 누른다. Y축척 비율도 X축 비율을 사용하므로 회전 각도는 0도 상태에서 Space Bar 를 누른다.

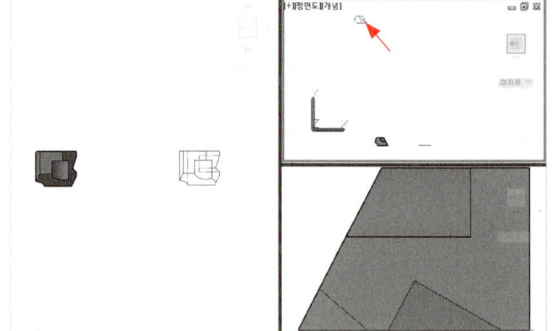

07 [우측면도] 뷰를 클릭해 뷰를 활성화한다. 마우스 오른쪽 버튼을 클릭한 후 바로 가기 메뉴에서 [최근 입력]–[FLATSHOT]을 클릭한다. [플랫샷] 대화상자의 설정은 그대로 두고 [작성]을 클릭한다.

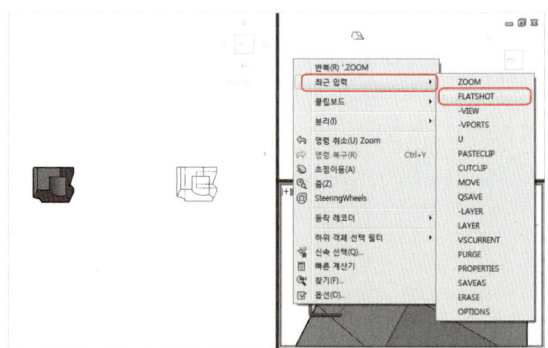

08 임의 지점에 삽입점을 지정한다. 축척 비율은 기본값 1 상태에서 Space Bar 를 누르고, 다음 Y축척 비율도 X축 비율을 사용하므로 회전 각도는 기본값 0도 상태에서 Space Bar 를 누른다.

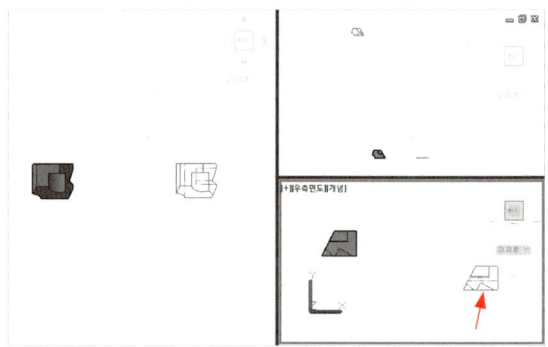

09 각 뷰마다 플랫샷이 있으므로 평면도 뷰 하나로 모으는 작업을 해본다. 우측면도에서 플랫샷 블록을 Ctrl +C를 눌러 선택 복사한다.

```
명령 : _copyclip
객체 선택 : 1개를 찾음
객체 선택 : Space Bar
```

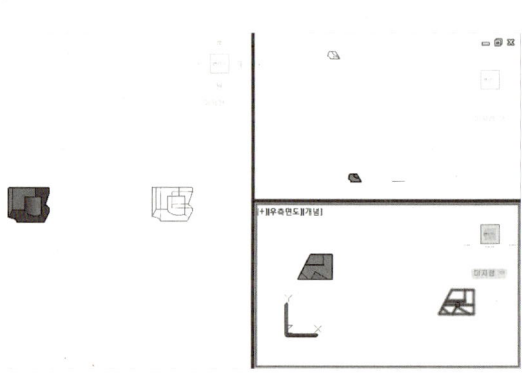

10 [평면도] 뷰를 클릭하여 활성화시킨 후 Ctrl +V로 임의 지점에 붙여넣기 한다.

명령 : _pasteclip
중복 정의된 블록 A$C273F72E1 은(는) 무시됨.
삽입점 지정 : [임의 지점 클릭]

11 [정면도] 뷰를 클릭하여 활성화 한 다음 플랫샷 블록을 Ctrl +C를 실행해 선택 복사한다.

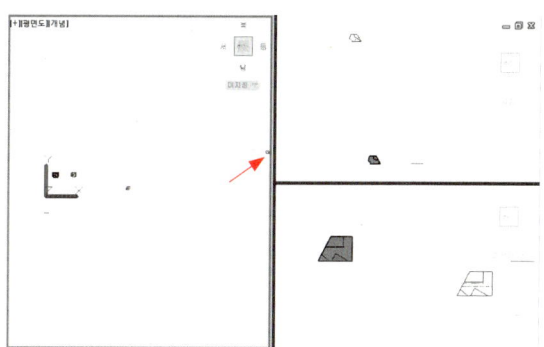

명령 : _copyclip
객체 선택: 1개를 찾음
객체 선택 : Space Bar

12 [평면도] 뷰를 클릭하여 활성화시킨 후 Ctrl +V로 임의 지점에 붙여넣기 한다. 마우스 휠을 더블 클릭하여 줌 범위를 지정하여 정면 객체를 확인한다.

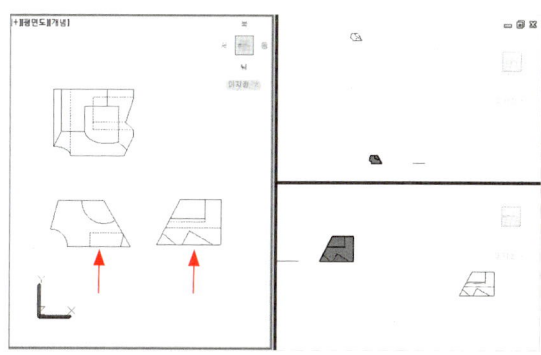

13 명령행에 'M'을 입력하고 Space Bar 를 누른다. 정면 블록을 선택하여 평면 블록 아래로 이동하고, 우측면도 블록을 선택하여 정면 블록 옆으로 이동한다.

14 평면도의 뷰포트 컨트롤에서 [뷰포트 최대화]을 클릭하여 평면도를 전체 화면으로 만든다. 평면/정면/우측면도가 나란히 일직선에 있도록 정면도에서 기준선을 그린다.

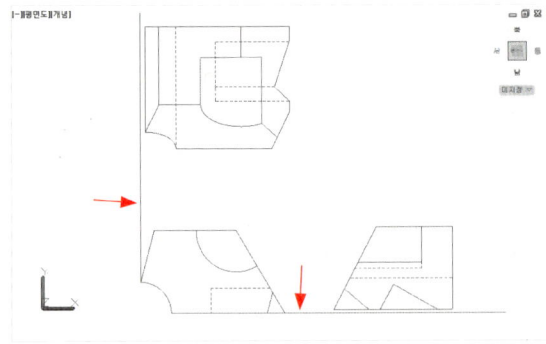

15 기준선에 맞춰 평면 블록과 우측면 블록을 MOVE 명령을 실행해 이동한다.

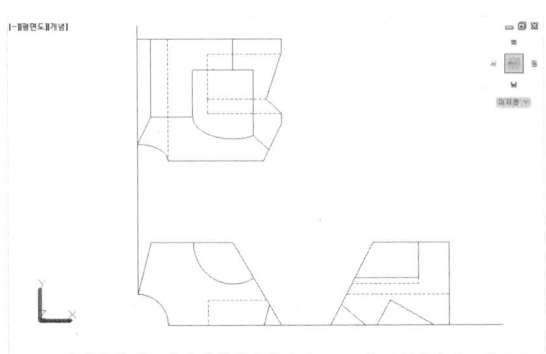

16 기준선을 선택해 Delete 로 삭제하고 명령행에 'X'를 입력하고 Space Bar 를 누른다. 3개 블록을 선택해 분해한다. 분해하면 객체들의 색상은 다양하지만 모두 0 도면층에 해당한다. 따라서 객체별로 별도의 도면층을 부여해 주는 게 좋다. 끊어진 객체는 결합(Join) 명령을 사용하여 단일 객체로 만들어준다.

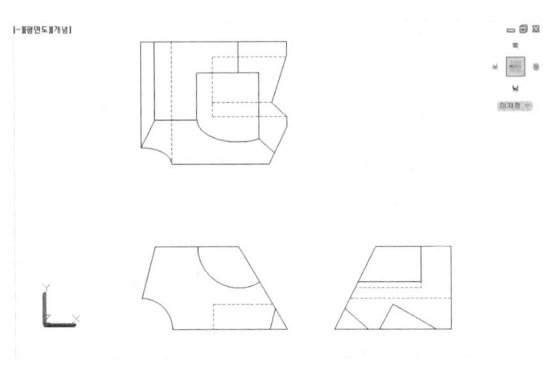 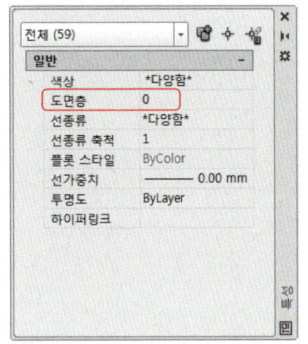

Chapter 22 카메라 뷰, 애니메이션 작성

3D 모델링 화면에서 다양한 이미지 영상과 애니메이션을 작성할 수 있다. 도면에 카메라를 배치하여 3D 뷰를 정의하고 장면을 외부에서 내부로 순회하는 듯한 애니메이션도 작성할 수 있다.

01 카메라 뷰 설정

1-1. 카메라 작성과 수정

도면에서 카메라를 켜거나 끌 수 있고 그립을 사용하여 카메라의 위치, 표적 또는 렌즈 길이를 편집할 수 있다. 카메라는 위치 XYZ 좌표, 표적 XYZ 좌표 및 뷰 필드/렌즈 길이에 의해 정의되며, 이것은 배율 또는 줌 비율을 결정한다. 자르기 평면을 정의할 수 있으며, 자르기 평면은 연관된 뷰의 앞면 및 뒷면 경계를 설정한다.

카메라 패널은 기본적으로 숨겨져 있다. 카메라 패널을 표시하려면 시각화 탭에서 아무 곳이나 마우스 오른쪽 버튼으로 클릭하고 카메라 패널을 선택한다.

> ▶ **실행 방법**
> • 리본 : [시각화] 탭-[카메라] 패널-카메라 작성 아이콘( )
> • 리본 : [뷰(V)]-[카메라 작성(T)]　　　　　　　　• 명령 입력 : CAMERA

기본적으로 저장된 카메라의 이름은 카메라1, 카메라2 등과 같이 순차적으로 지정되지만, 카메라 뷰를 자세히 설명하는 이름으로 바꿀 수 있다. 뷰 관리자에는 다른 명명된 뷰와 도면에 있는 기존 카메라가 나열된다.

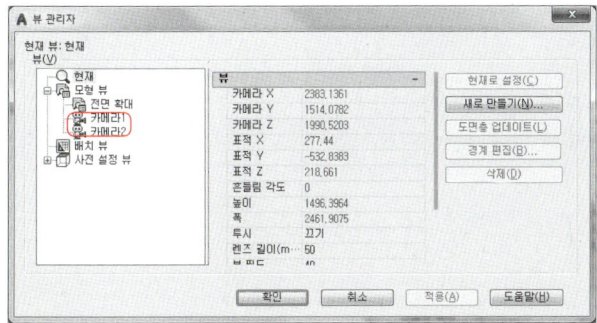

작성된 카메라는 아래와 같은 특성이 있다. 이들 특성은 그립과 [특성] 팔레트를 통해 수정할 수 있다.

- 카메라 위치 : 어느 위치에서 3D 모델을 관찰할 지 정의한다.
- 대상 위치 : 뷰의 중심 좌표를 지정하여 관찰할 대상 위치를 지정한다.
- 렌즈 길이 : 카메라 렌즈의 배율 특성을 정의한다. 렌즈 길이가 클수록 뷰 필드가 좁아진다.

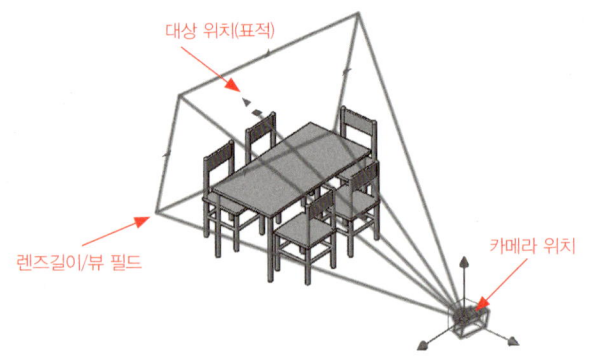

카메라를 선택하면 [카메라 미리보기] 대화상자가 열린다. 카메라에 비치는 뷰가 표시되고 그립으로 카메라 위치나 대상, 렌즈 길이/시야 등을 변경하면 실시간으로 미리보기가 업데이트 된다.

마우스 오른쪽 버튼을 클릭한 후 바로 가기 메뉴에서 [카메라 뷰 설정]을 클릭하면 카메라 뷰로 화면이 전환되어 쉽게 렌즈 길이를 조정할 수 있다.

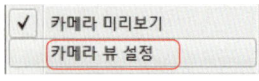 

카메라의 그림 문자를 수정하려면 [옵션]-[제도] 탭-[카메라 그림 문자 설정]을 클릭한다. [그림 문자 색상 편집]을 클릭하여 카메라 색상을 재지정하거나 카메라 크기를 크게 조정할 수 있다.

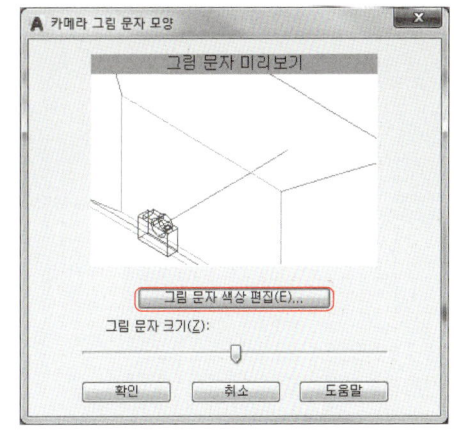

◘ 카메라 작성하기

01 예제 파일을 불러온 후 Shift +마우스 휠로 궤도를 실행해서 그림처럼 뷰를 변경한다.

■ 예제 파일 : Chapter22\Camera.dwg    카메라 작성하기

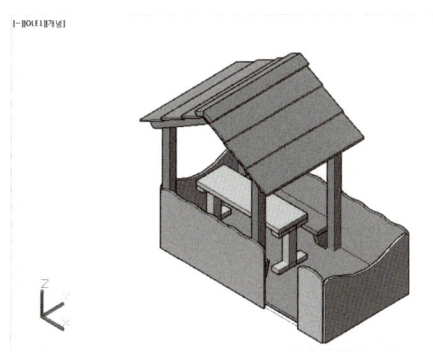
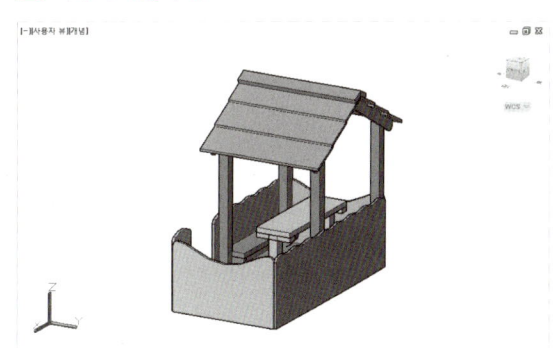

02 ViewCube의 홈에 마우스 오른쪽 버튼을 클릭한 후 바로 가기 메뉴에서 [현재 뷰를 홈으로 설정]을 클릭한다.

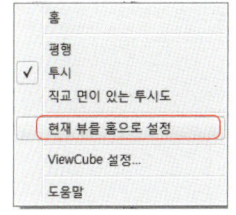

03 [시각화] 탭-[카메라] 패널-[카메라 작성]을 클릭한다. [카메라 위치 지정] 프롬프트에 카메라 위치는 임의의 지점(❶)을 클릭하고 [대상 위치 지정] 프롬프트에 표적 위치(❷)를 클릭한다. 명령 종료를 위해서 한 번 더 Space Bar 를 누른다.

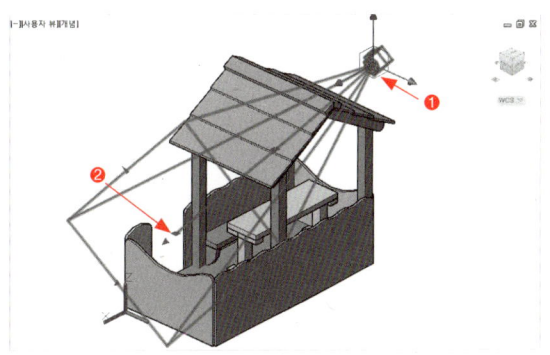

04 카메라 아이콘을 클릭한다. [카메라 미리보기] 대화상자가 표시되고 비주얼 스타일을 현재 [와이어프레임]에서 [실제]로 선택한다.

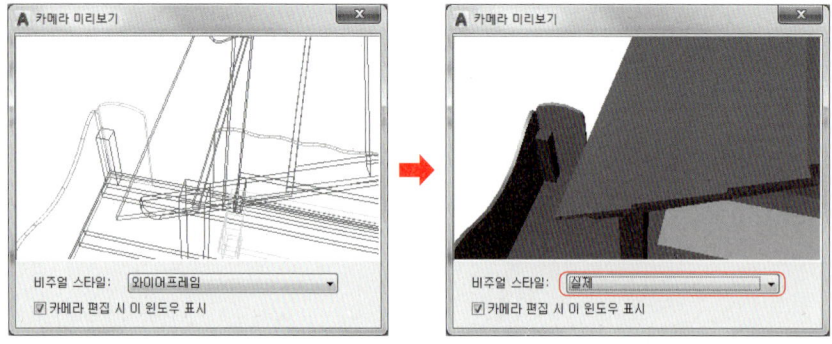

05 카메라에 표시된 그립을 드래그하면 바로 미리보기에 반영이 된다. 카메라 범위와 뷰 범위를 조정해본다.

06 [시각화] 탭-[뷰] 패널-[뷰 관리자]를 클릭한다. 작성한 카메라 뷰가 [카메라1] 이름으로 등록되어 있는지 확인한 후 대화상자를 닫는다.

07 화면 왼쪽 상단의 뷰포트 컨트롤에서 [사용자 뷰]-[사용자 모형 뷰]-[카메라1]을 클릭한다. 등록된 카메라 뷰로 화면이 바뀐다.

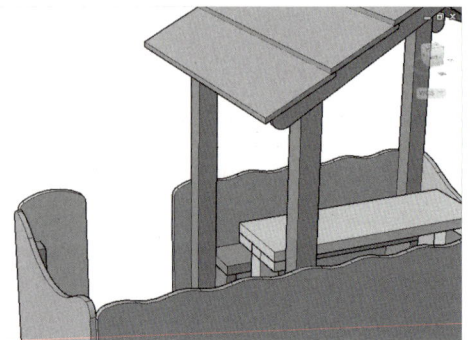

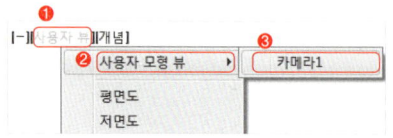

08 카메라 위치와 범위를 그립을 이용해 마우스 드래그로 달리 지정한다.

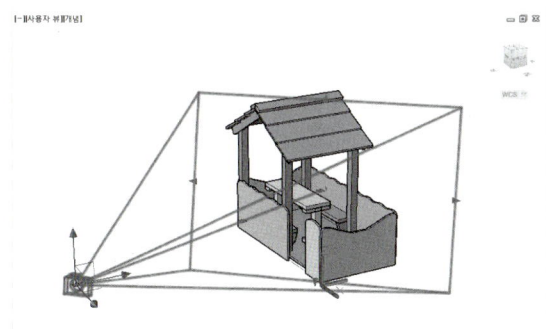 

09 다시 한 번 화면 왼쪽 상단의 뷰포트 컨트롤에서 [사용자 뷰]-[사용자 모형 뷰]-[카메라1]을 클릭한다. 카메라 뷰가 업데이트 된 걸 확인한다.

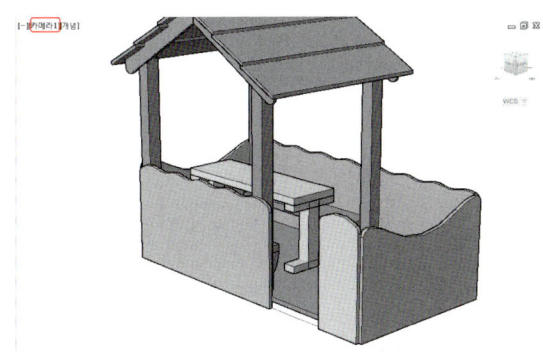

02 애니메이션 작성

2-1. 애니메이션 설정

미리보기 애니메이션은 3DPAN(초점이동), 3DZOOM(줌), 3DFLY(조감뷰), 3DWALK(보행시선) 등 3D 탐색 도구를 사용하여 애니메이션을 작성할 수 있다.

[옵션]의 [3D 모델링] 탭의 [3D 탐색] 영역에서 [애니메이션]을 클릭하면 [애니메이션 설정] 대화상자가 표시된다. 이 대화상자에서는 3D 탐색의 애니메이션 기록을 위한 설정을 지정한다.

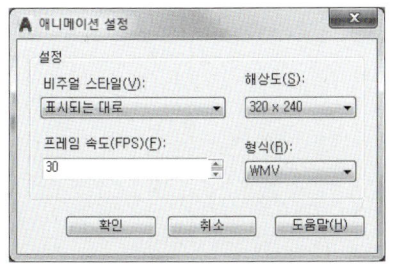

- **비주얼 스타일** : 비주얼 스타일의 리스트 및 애니메이션 파일에 적용할 수 있는 렌더 사전 설정을 표시한다.
- **해상도** : 해상도 리스트를 표시한다. 기본값은 320×240이다.
- **프레임 속도** : 프레임 속도(초)를 지정한다. 값은 1~60 사이이며, 기본값은 30이다.
- **형식** : 애니메이션 출력 형식 리스트를 지정한다. 사용 가능한 파일 형식은 AVI, MPG, WMV 및 MOV이다.

2-2. 동작 경로 애니메이션

3D 모형에서 카메라의 이동 또는 초점 이동을 애니메이션 파일로 저장한다. 카메라나 표적을 경로에 링크하려면 동작 경로 애니메이션을 작성하기 전에 경로 객체를 작성해야 한다. 경로는 선, 호, 타원형 호, 원, 폴리선, 3D 폴리선, 또는 스플라인으로 작성한다.

> ▶ **실행 방법**
> - 리본 : [시각화] 탭-[애니메이션] 패널- 애니메이션 동작 경로 아이콘(🎞)
> - 리본 : [뷰(V)]-[동작 경로 애니메이션(M)]
> - 명령 입력 : ANIPATH

▶ **애니메이션 작성하기**

01 예제 파일을 불러온 후 [시각화] 탭-[애니메이션] 패널-[보행시선 및 조감뷰 설정]을 클릭한다.

- 예제 파일 : Chapter22₩Animation.dwg

▶ 애니메이션 작성하기

02 [보행시선 및 조감뷰 설정] 대화상자에서 스텝 크기는 30, 초당 스텝은 10으로 설정하고 [확인] 버튼을 클릭한다.

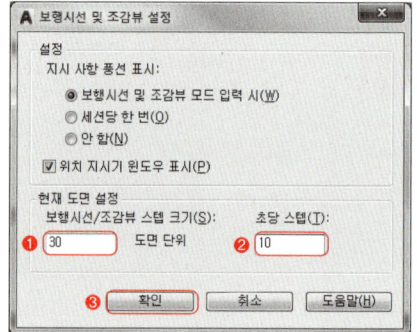

03 [시각화] 탭-[애니메이션] 패널-[조감뷰]를 클릭한다. "보행시선 및 조감뷰는 투시도에서만 사용할 수 있습니다. 현재 뷰를 변경하시겠습니까?" 물음에 [변경]을 클릭한다.

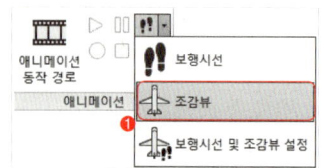
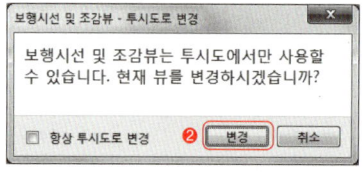

04 평행 투영에서 투시 투영으로 화면이 바뀌고 한쪽에 [위치지시기] 팔레트가 보인다. [위치지시기] 팔레트 상단에 뷰 위치가 표시된다.

 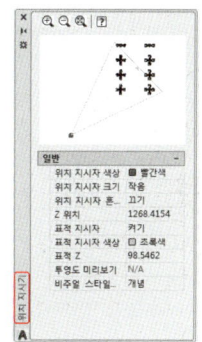

05 [시각화] 탭-[애니메이션] 패널-[애니메이션 기록]을 클릭한다. 마우스 휠을 이용해 뷰를 확대하거나 축소해보고, ←, →, ↑, ↓ 화살표를 이용해 화면을 이동시켜 본다.

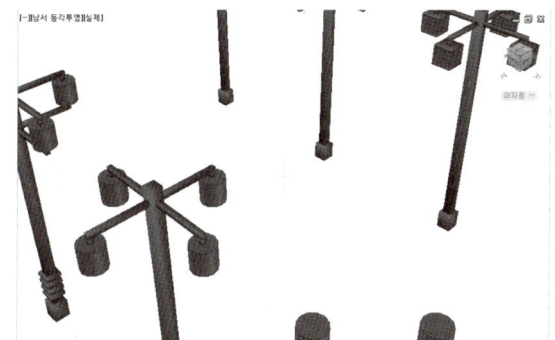

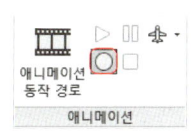

06 [시각화] 탭-[애니메이션] 패널-[일시 정지]를 클릭한 후 [애니메이션 재생]을 클릭한다.

07 애니메이션 미리보기가 진행된다. 애니메이션을 저장하려면 [저장(□)] 버튼을 눌러 동영상 파일로 저장한다. Esc 를 눌러 조감뷰를 종료한다.

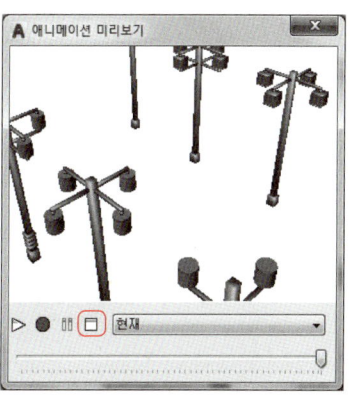

08 도면층 리스트에서 path 도면층을 동결 해제한다. [시각화] 탭–[애니메이션] 패널–[애니메이션 동작 경로]를 클릭한다.

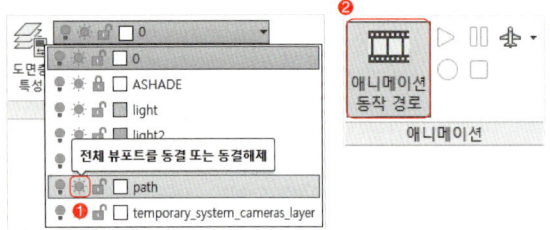

09 [동작 경로 애니메이션] 대화상자의 카메라 영역에서 경로를 체크하고 선택 버튼(⊕)을 클릭하여 스플라인 경로를 선택한다. [경로 이름] 대화상자에서 경로 이름 그대로 [확인] 버튼을 클릭한다.

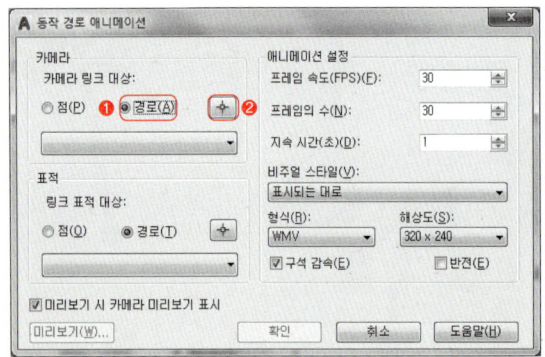
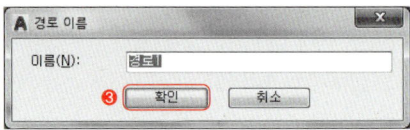

10 [동작 경로 애니메이션] 대화상자에서 [미리보기]를 클릭한다. 애니메이션 미리보기가 된다. 스플라인 경로에 카메라가 보인다.

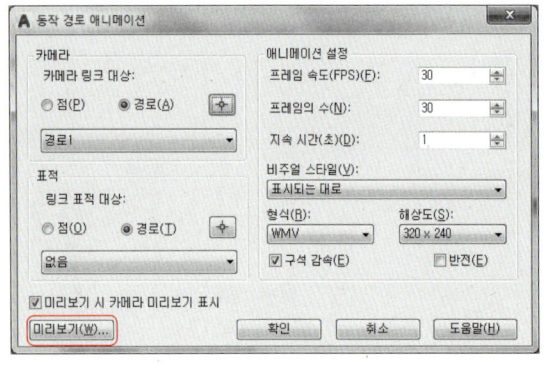
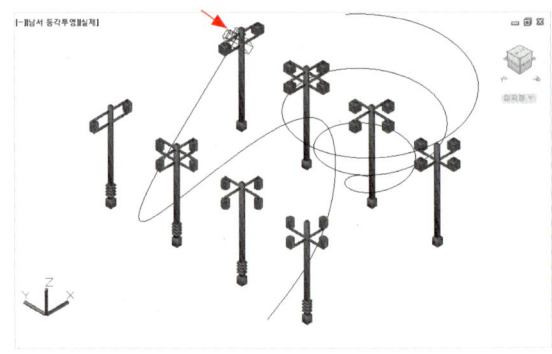

11 애니메이션 미리보기 창을 닫은 후 나선 경로를 선택한다. [경로 이름] 대화상자에서 설정된 경로 이름 상태에서 [확인] 버튼을 클릭한다.

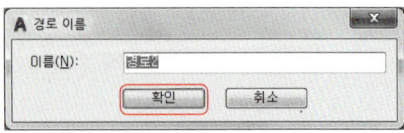

12 표적 영역에서 링크 표적 대상에 점을 선택하고 가로등 상단을 클릭한다. [점 이름] 대화상자에서 설정된 점 이름 상태에서 [확인] 버튼을 클릭한다.

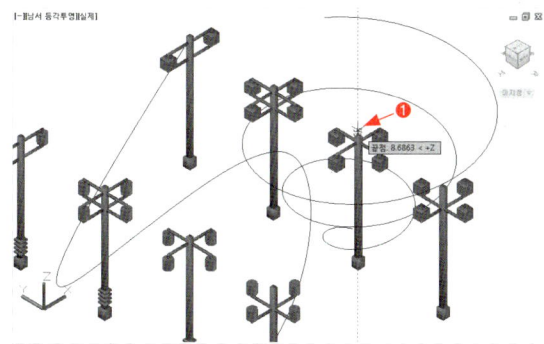
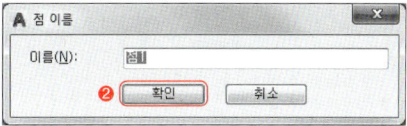

13 [동작 경로 애니메이션] 대화상자에서 [미리보기]를 클릭한다. 애니메이션 미리보기가 된다. 나선 경로에 카메라가 보인다.

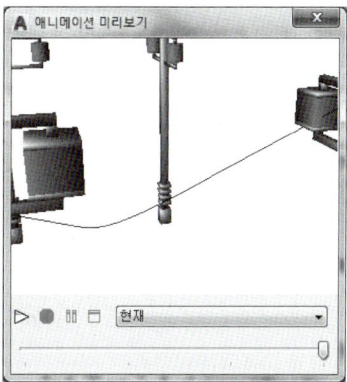

14 [동작 경로 애니메이션] 대화상자에서 [확인] 버튼을 클릭한다. [다른 이름으로 저장] 대화상자에서 파일 이름을 지정하여 WMV 애니메이션으로 저장한다.

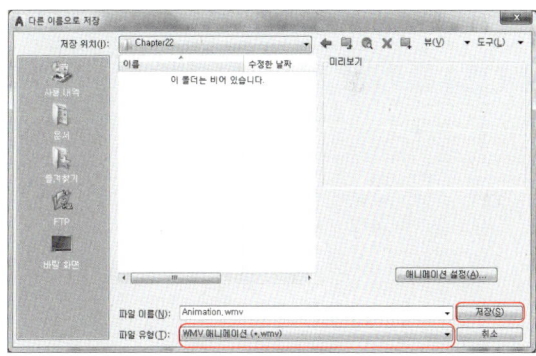

Chapter 23 도면 뷰

AutoCAD에서 작성한 솔리드나 표면 모델과 Autodesk Inventor에서 작성한 부품/어셈블리를 배치탭에 도면 뷰(정투영뷰, 등각뷰, 단면뷰, 상세뷰)로 작성하고 편집할 수 있다. 처음에 작성된 뷰를 '기준 뷰'라 부르며, 기준 뷰를 바탕으로 관련된 다른 투영뷰를 작성할 수 있다. 또한, 작성된 도면 뷰는 3차원 모델과 연관성을 지녀 모델이 편집되면 연관된 모든 도면 뷰는 자동으로 업데이트된다.
도면 뷰에 치수, 주석을 기입해 도면 시트로 작성할 수도 있다.

01 도면 뷰 작성

1-1. VIEWSTD(제도 표준 설정)

도면 뷰 작성에 사용되는 투영법은 [제도 표준] 대화상자에서 설정할 수 있다. 이 설정은 새롭게 기준 뷰를 작성할 때에만 사용된다. 나중에 설정을 변경하면 기존에 작성된 도면 뷰에는 영향을 주지 않는다.
배치탭을 클릭하여 리본 탭에 [배치] 탭이 보이도록 한다.

> **실행 방법**
> - **리본** : [배치] 탭–[스타일 및 표준] 패널–대화상자 실행기(⬓)
> - **메뉴** : [배치] 탭에서 마우스 오른쪽 클릭 – [제도 표준 설정]
> - **명령 입력** : VIEWSTD

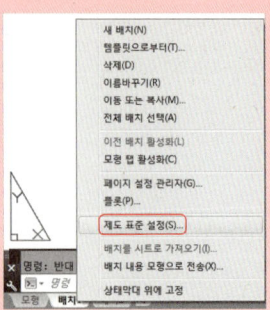

◆ **[제도 표준] 대화상자** ◆

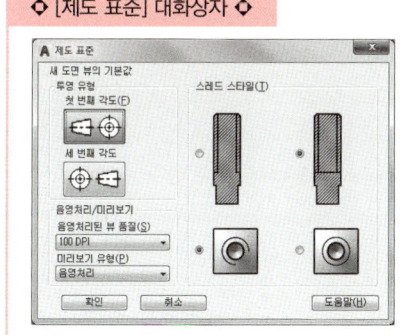

- **[투영 유형]** : 도면 뷰의 투영 각도를 설정한다. 예를 들어, 투영 유형이 첫 번째 각도(제1각법)인 경우 평면도는 정면도 아래 배치되고 투영 유형이 세 번째 각도(제3각법)인 경우 평면도는 정면도 위에 배치된다.
- **[음영처리/미리보기]** :
  - **[음영처리 된 뷰 품질]** : 음영처리된 도면 뷰의 기본 해상도를 설정한다. 설정을 하면 새로운 도면뷰에만 적용되며 기존 도면 뷰에는 영향이 없다.
  - **[미리보기 유형]** : 뷰 작성 중에 표시되는 미리보기를 음영처리 또는 경계 상자로 표시할지 지정한다. 음영처리는 생성에 시간이 걸리므로 큰 모델은 경계 상자로 표시함이 좋다.
- **[스레드 스타일]** : 단면 뷰에 스레드(나사) 끝단 모양이나 투영 뷰에서 스레드 모서리 외관을 설정한다. 이 설정은 Inventor 모형의 도면 뷰에만 적용된다.

도면 뷰를 작성하면 접두사[MD_]가 붙여지고 관련 도면층이 자동으로 도면에 추가된다. 도면 뷰에 포함된 외형선과 숨은선 등 객체는 구분되도록 MD_Visible, MD_Hidden으로 나뉜다.

관련 도면층에서 이름을 변경하거나 특성을 변경해도 연관성은 유지되며 기존 뷰 또는 새로 작성된 도면 뷰에 자동으로 적용된다.

특정 도면층 이름을 사용해야 하는 경우에는 도면층을 작성한 후에 이름을 바꾼다.

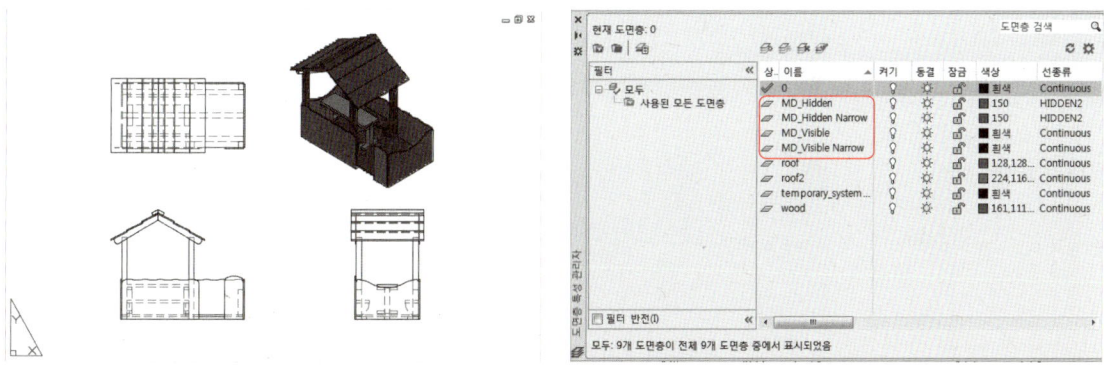

다음은 형상으로 표현되는 도면 요소와 대상인 모형에 따라 작성되는 도면층이다.

도면 뷰 안의 도형 요소	도면층	대상 모델	
		모형공간상 모델	Inventor 모델
외형선	MD_Visible	O	O
숨은선	MD_Hidden	O	O
접선 모서리(외형선)	MD_Visible Narrow	O	O
접선 모서리(숨은선)	MD_Hidden Narrow	O	O
단면 선	MD_Annotation	O	O
단면 뷰 레이블(여러 줄 문자)	MD_Annotation	O	O
단면 뷰 해치	MD_Annotation	O	O

도면 뷰 안의 도형 요소	도면층	대상 모델	
		모형공간상 모델	Inventor 모델
상세도 경계	MD_Annotation	O	O
상세 뷰 레이블(여러 줄 문자)	MD_Annotation	O	O
간섭 모서리(외형선)	MD_Visible Narrow	O	O
간섭 모서리(숨은선)	MD_Hidden Narrow	O	O
판금 절곡부 범위	MD_Bend Extent	×	O
판금 중심선 롤	MD_Centerline	×	O
스레드 끝단(외형선)	MD_Visible	×	O
스레드 끝단(숨은선)	MD_Hidden	×	O
스레드 선(외형선)	MD_Visible Narrow	×	O
스레드 선(숨은선)	MD_Hidden Narrow	×	O

1-2. VIEWBASE(기준 뷰)

기준 뷰는 3D 모형에서 직접 파생되는 도면 뷰이다. 도면에 첫 번째로 배치하는 도면 뷰가 기준 뷰이다. 기준 뷰에는 모형 공간에 표시된 모든 솔리드와 표면이 포함되며 모형공간에 이들 모델이 없는 경우는 [파일 선택] 대화상자가 보이며 Autodesk Inventor 모델 파일도 선택할 수 있다.

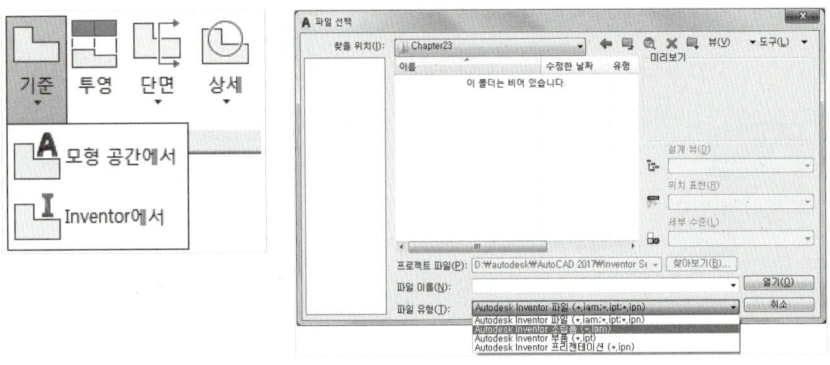

작성 중에 축척, 표시 설정, 방향 및 정렬 설정을 지정할 수 있다.

> ▶ 실행 방법
> • 리본 : [배치] 탭-[뷰 작성] 패널-[기준]-[모형 공간에서], [Inventor에서]
> • 명령 입력 : VIEWBASE

1-3. VIEWPROJ(투영 뷰)

기준 뷰를 배치에 배치하면 그 기준 뷰에서 투영 뷰를 생성할 수 있다. 투영된 뷰는 작성된 상위 뷰의 축척, 표시 설정 및 정렬을 그대로 유지한다.

➡ 실행 방법

- **리본** : [배치] 탭–[뷰 작성] 패널–투영 아이콘(🖼)
- **명령 입력** : VIEWPROJ
- **바로 가기 메뉴** : 작성된 상위 뷰 선택한 후 마우스 오른쪽 클릭–[뷰 작성]–[투영된 뷰]

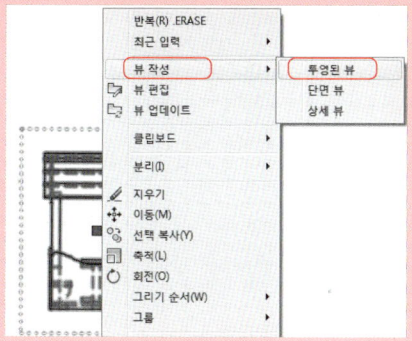

◘ 기준 뷰, 투영 뷰 작성하기

01 예제 파일을 불러온다.

- 예제 파일 : Chapter23₩기준뷰.투영뷰.dwg
- 🎬 기준 뷰.투영 뷰 작성하기

02 [배치1] 탭을 클릭한다. 삼각투영으로 설정하기 위해서 [배치1] 탭에서 마우스 오른쪽 버튼을 클릭한 후 바로 가기 메뉴에서 [제도 표준 설정]을 클릭한다. [제도 표준] 대화상자에서 투영 유형은 세 번째 각도, 미리보기 유형은 경계 상자로 선택한다.

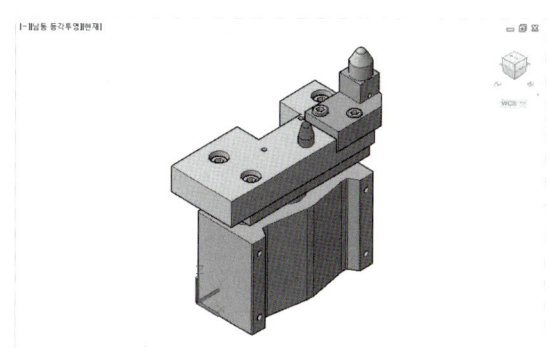

03 명령행에 Limits를 입력하고 [Space Bar]를 누른다. A4 용지 크기로 범위를 지정하기 위해 0,0, 297,210을 입력하고 [Space Bar]를 누른다.

```
명령 : LIMITS [Space Bar]
도면 공간 한계 재설정:
왼쪽 아래 구석 지정 또는 [켜기(ON)/끄기(OFF)] <-5.7937,-10.7937> : 0,0 [Space Bar]  [원점 지정]
오른쪽 위 구석 지정 <414.2063,286.2063> : 297,210 [Space Bar]  [A4용지 크기로 범위 지정]
```

04 'REC' 명령으로 직사각형을 A4 용지 크기 0,0, 297,210로 그린다.

명령 : REC Space Bar
첫 번째 구석점 지정 또는 [모따기(C)/고도(E)/모깎기(F)/두께(T)/폭(W)] : 0,0 Space Bar
다른 구석점 지정 또는 [영역(A)/치수(D)/회전(R)] : 297,210 Space Bar [A4 용지 작성]

05 [배치] 탭-[뷰 작성] 패널-[기준]-[모형 공간에서]를 클릭한 후 기준 뷰를 용지 왼쪽 아래에 클릭하여 배치한다. 옵션 선택 프롬프트에서 Space Bar 를 누른다.

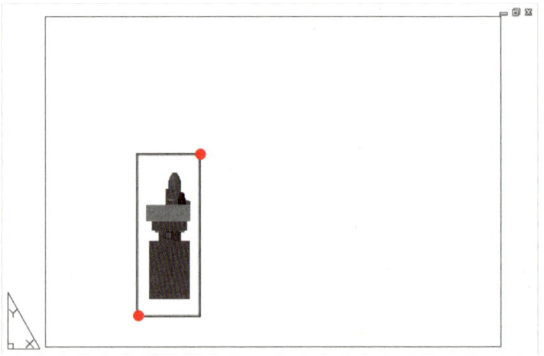

06 계속해서 평면도, 우측면도, 등각 투영뷰를 각각의 위치에 클릭하여 배치하고 모든 뷰를 배치하면 Space Bar 를 눌러 명령을 종료한다.

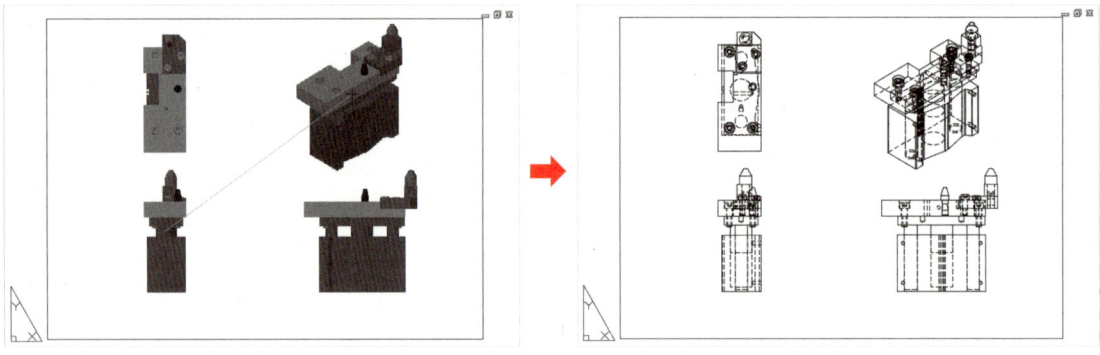

07 기준 뷰를 선택하고 [도면뷰] 상황별 리본 탭-[편집] 패널-[뷰 편집]을 클릭한다. [도면 뷰 편집기] 상황별 리본 탭-[선택] 패널-[모형 공간 선택]을 클릭한다.

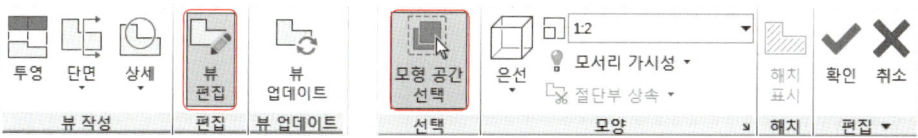

08 [제거] 옵션을 선택하고 선택 세트에서 2개의 노란색 부품을 제거하고 Space Bar 를 누른다.

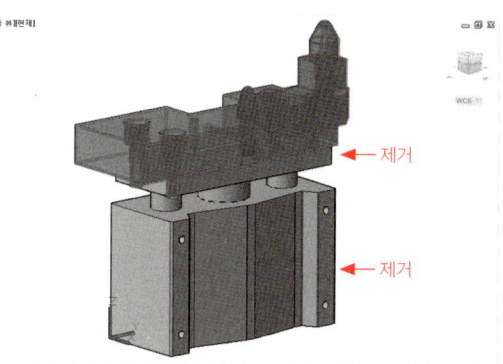

09 다시 한 번 Space Bar 를 눌러 명령을 종료한다. 기준 뷰와 투영 뷰가 자동으로 업데이트 된다. 기준 뷰, 평면 뷰, 투영 뷰를 선택해 파란 그립을 이용해 적당한 곳으로 이동하고 Esc 를 눌러 객체 선택을 해제한다.

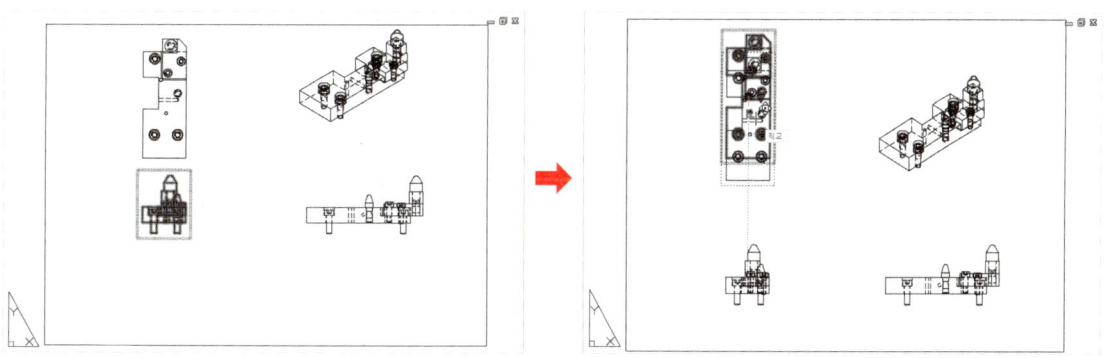

10 평면뷰의 모양을 변경해본다. 평면뷰를 선택하고 [도면뷰] 상황별 리본 탭-[편집] 패널-[뷰 편집]을 클릭한다. [도면 뷰 편집기] 상황별 리본 탭-[모양] 패널-[은선]을 확장해 [보이는 선]을 선택한다. Space Bar 를 눌러 명령을 종료한다.

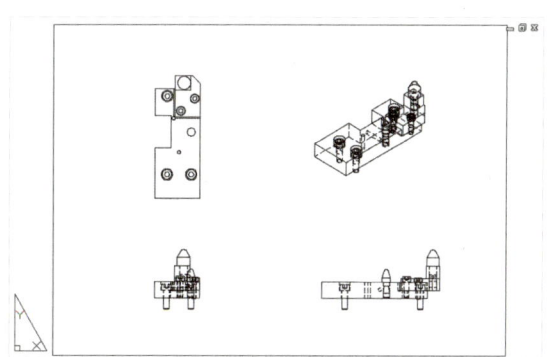

11 등각투영 뷰도 모양을 수정해본다. 등각투영 뷰를 선택하고 [도면뷰] 상황별 리본 탭-[편집] 패널-[뷰 편집]을 클릭한다. [도면 뷰 편집기] 상황별 리본 탭-[모양] 패널-[은선]을 확장해 [보이는 선이 있는 상태로 음영처리됨]을 선택한다. Space Bar 를 눌러 명령을 종료한다.

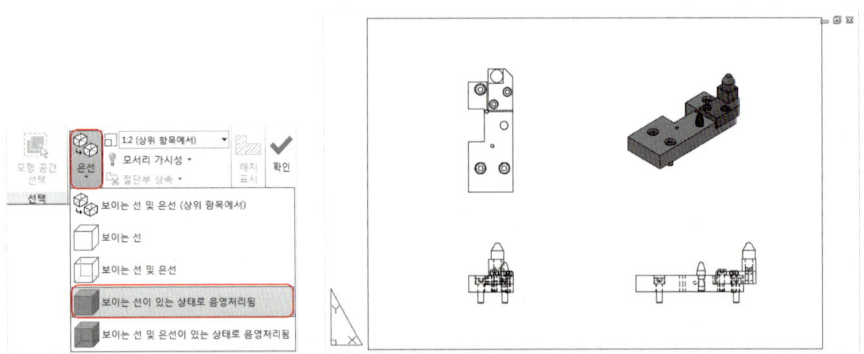

12 평면 뷰에 2개 치수를 작성해본다. 부품의 길이와 지름 치수를 작성하기 위해 [주석] 탭-[치수] 패널-[선형(❶)], [지름(❷)] 치수를 클릭해 작성한다.

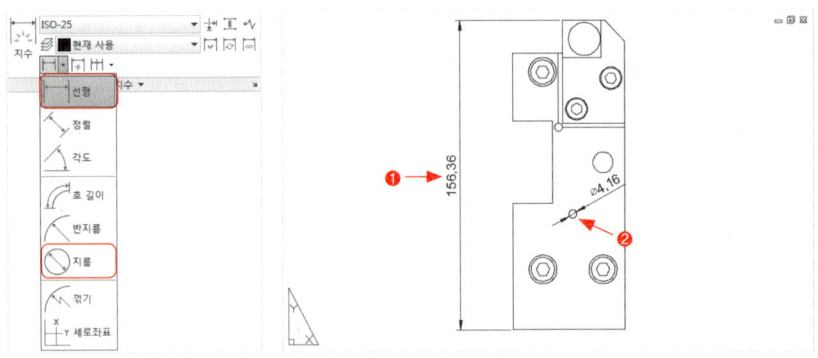

13 [모형] 탭을 클릭하여 모형공간에서 초록색 부품의 위에 있는 구멍을 삭제해본다. Ctrl 을 누르면서 구멍 안쪽을 선택하고 3D 솔리드를 Delete 로 지운다.

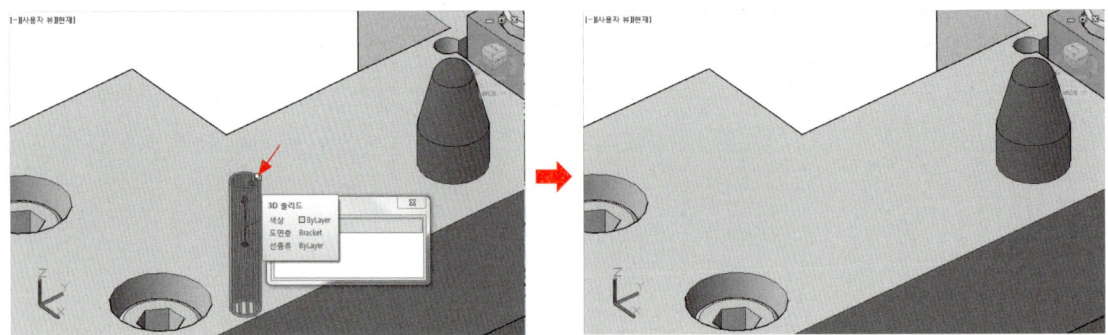

14 초록색 부품의 길이를 변경하기 위해 측면을 Ctrl 을 누르면서 선택한다. 기즈모 녹색 축을 클릭하고 –Y방향으로 마우스를 이동한 후 10을 입력해 Space Bar 를 누른다.

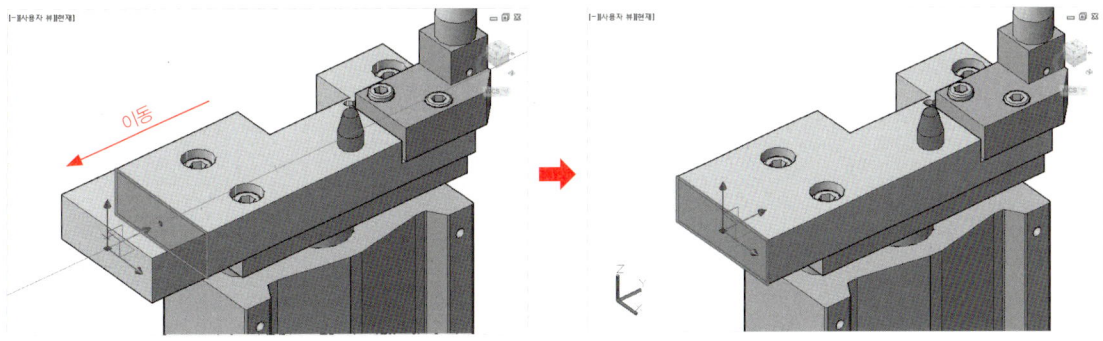

15 [배치1] 탭을 클릭한다. 선형 치수가 업데이트되었고 지름 치수는 구멍이 삭제되었으므로 자동 업데이트가 없어 풍선글로 경고 내용을 알려준다.

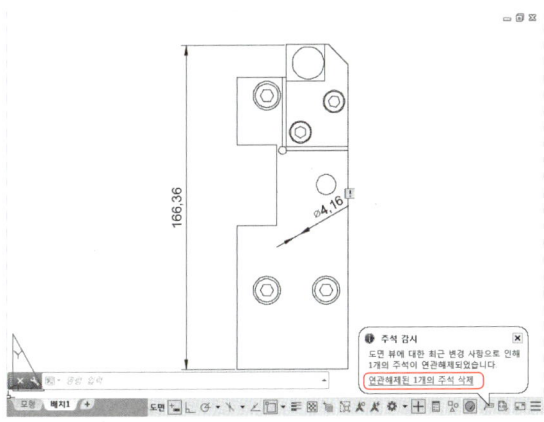

16 지름 치수에 있는 노란색 표식을 클릭하고 바로 가기 메뉴에서 [재연관]을 클릭한다.

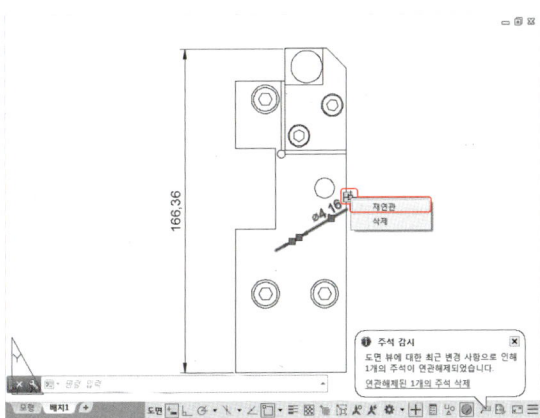

17 위에 있는 작은 원을 선택한다. 지름 치수를 선택한 후 그립을 이용해 적당한 위치로 재배치한다.

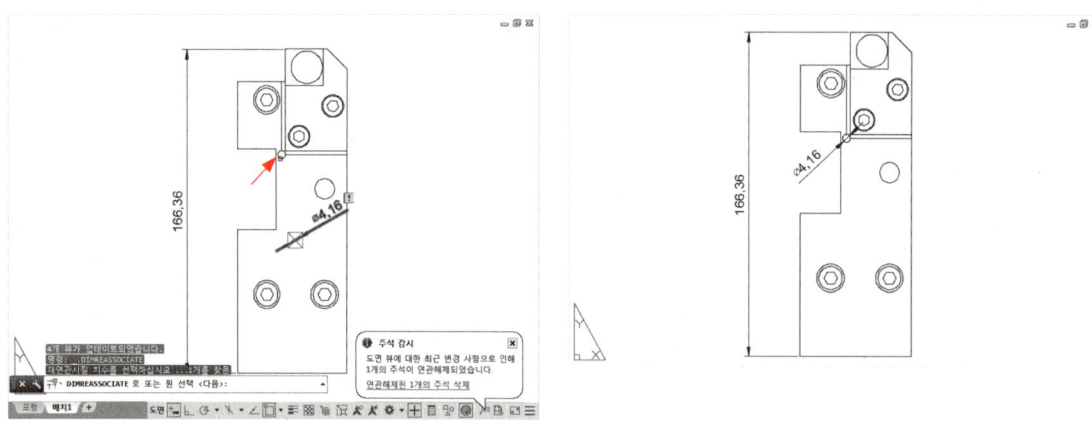

18 명령행에 'LA'를 입력하고 Space Bar 를 눌러 도면층 특성 관리자를 연다. 뷰에 따라 4개의 새로운 도면층이 자동으로 생성되어 있으며 도면층 이름 앞에는 MD_접두사가 붙여있다. MD_Hidden 도면층의 색상을 9번으로 변경하고 PinAdapter 도면층을 끄기로 설정하면 치수 부분에 경고 표식이 다시 보인다. 도면층 특성 관리자는 닫는다.

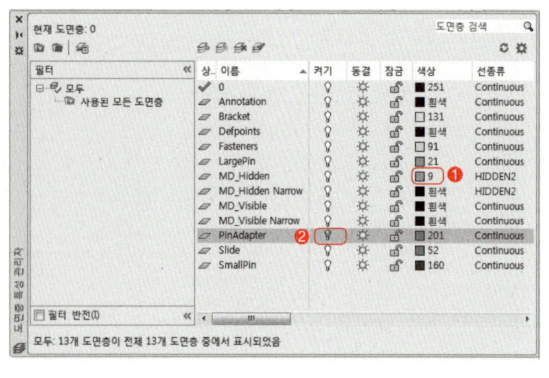 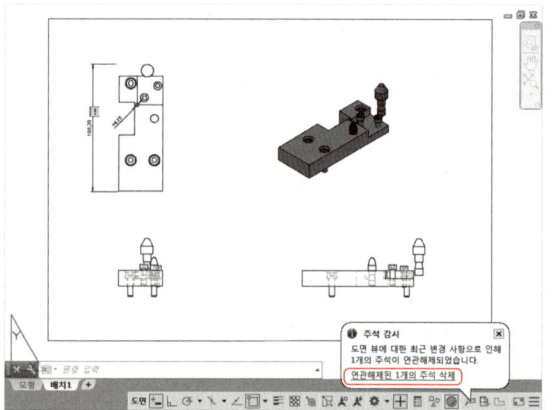

19 풍선글의 [연관해제된 1개의 주석 삭제]를 클릭하면 느낌표 표식이 있는 치수 주석은 사라진다.

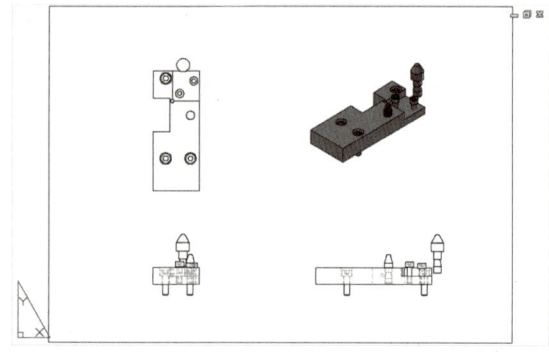

1-4. VIEWSECTION(단면 뷰)

기존 도면 뷰에서 단면 뷰를 생성할 수 있다. 단면 뷰는 모델 내부의 상세를 표시하는 투영 뷰이다. [단면 뷰 작성] 상황별 리본 탭이 표시되고 구속조건 추론이 켜져 있으면 뷰 안의 도형 요소와 단면 선 사이에 기하 구속이 적용된다.

🔴 실행 방법

- **리본** : [배치] 탭–[뷰 작성] 패널–단면 아이콘( )   • **명령어** : VIEWSECTION
- **바로 가기 메뉴** : 작성된 상위 뷰 선택한 후 마우스 오른쪽 클릭–[뷰 작성]–[단면 뷰]

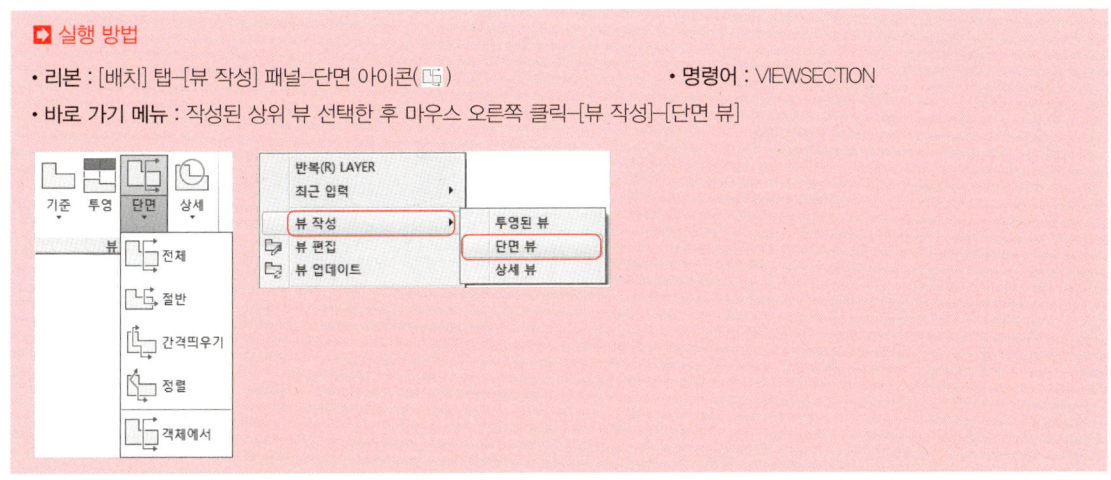

단면 뷰 종류

- **[전체]** : 단면에 대해 전체 뷰를 사용한다.
- **[절반]** : 뷰의 절반이 단면에 사용되도록 지정한다.
- **[간격띄우기]** : 단면에서 지정한 간격띄우기로 모형을 자르는 데 사용되도록 지정한다.
- **[정렬]** : 단면 뷰가 항상 첫 번째 또는 마지막 단면 선에 수직되게 정렬되도록 지정한다.
- **[객체에서]** : 뷰 내의 기존 형상이 단면 선으로 사용되도록 지정한다. 기존 형상을 선택하고 단면 뷰를 작성한 후 나면 선택한 형상이 삭제된다.

[단면 뷰 작성] 상황별 리본 탭

[배치] 탭–[뷰 작성] 패널–[단면]–[전체] 옵션을 클릭하고 단면을 작성할 상위 뷰를 선택하면 [단면 뷰 작성] 상황별 리본 탭이 보인다.

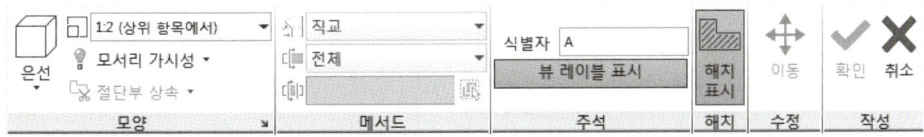

[모양] 패널-[은선]처리

선택한 단면 뷰에 사용할 표시 스타일을 지정한다. 아래 이미지는 은선 처리를 순서별로 나열한 것이다.

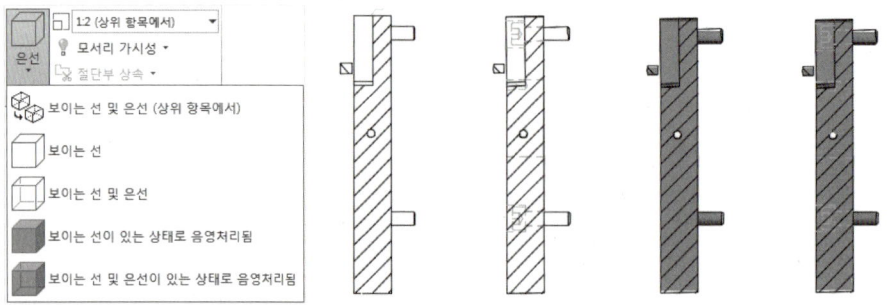

- [보이는 선] : 단면 뷰는 와이어프레임으로 표시되고 외형선만 표시된다.
- [보이는 선 및 은선] : 단면 뷰는 와이어프레임으로 표시되고 외형선과 숨은선 모두 표시된다.
- [보이는 선이 있는 상태로 음영처리됨] : 단면 뷰는 음영으로 표시되고 외형선만 표시된다.
- [보이는 선 및 은선이 있는 상태로 음영처리됨] : 단면 뷰는 음영으로 표시되고 외형선과 숨은선 모두 표시된다.

[모양] 패널-[축척]

단면 뷰 축척을 지정한다. 기본값은 상위 뷰의 축척을 유지하며 드롭다운 리스트에서 표준 축척을 선택하거나 비표준 축척을 직접 입력할 수 있다.

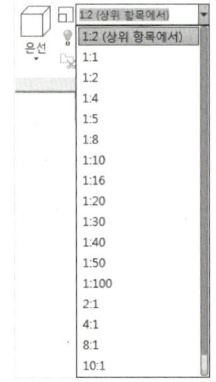

[메서드] 패널

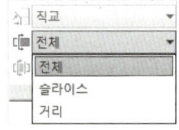

- [직교], [법선] : 단면 뷰의 뷰 유형을 지정한다.
- [깊이] : 단면 뷰의 깊이를 지정한다.

- [전체] : 단면 선의 절단 평면을 넘는 모든 요소가 단면 뷰에 포함된다.
- [슬라이스] : 단면 뷰는 얇은 슬라이스로 표현된다.
- [거리] : 단면 선의 절단선과 지정된 거리 사이에 있는 형상이 단면 뷰에 포함된다.
- [깊이 거리] : 깊이 거리를 지정하여 단면 선의 절단 평면을 넘는 요소를 단면 뷰에 포함하거나 단면 뷰에서 제외한다.

[주석] 패널

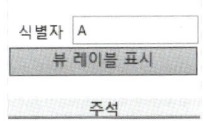

- **[식별자]** : 단면 선과 생성되는 단면 뷰의 레이블을 지정한다. 레이블 I, O, Q, S, X 및 Z는 기본적으로 제외된다. 그러나 이러한 레이블은 수동으로 덮어쓸 수 있으며 단면 뷰 스타일 수정 대화상자에서 제외할 영문자를 지정할 수 있다.
- **[뷰 레이블 표시]** : 현재 단면 뷰에 단면 뷰 레이블 문자를 표시할지 여부를 지정한다.

[해치] 패널

- **[해치 표시]** : 현재 단면 뷰에서 해치를 표시할지 여부를 지정한다.

❶ VIEWSECTIONSTYLE(단면 뷰 스타일)

단면 뷰 스타일을 작성 및 수정한다. 단면 뷰 스타일은 단면 뷰 및 단면 선의 모양을 조정하는 명명된 설정 집합으로 단면 뷰 및 단면 선을 형성하는 모든 객체의 형식을 신속하게 지정하고 표준을 준수할 수 있다.

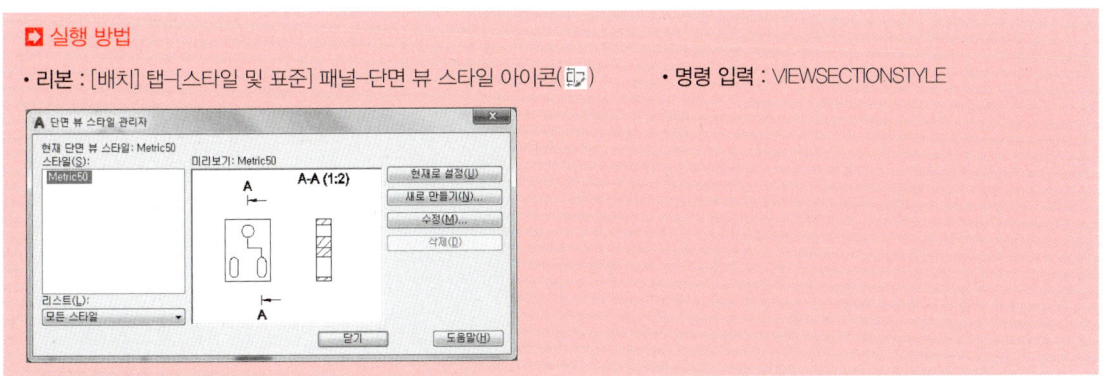

[단면 뷰 스타일] 대화상자

[단면 뷰 스타일 관리자] 대화상자에서 [새로 만들기]나 [수정] 버튼을 클릭하면 [새 단면 뷰 스타일]과 [단면 뷰 스타일 수정] 대화상자가 보이며 관련 내용을 수정할 수 있다.

- [식별자 및 화살표] 탭

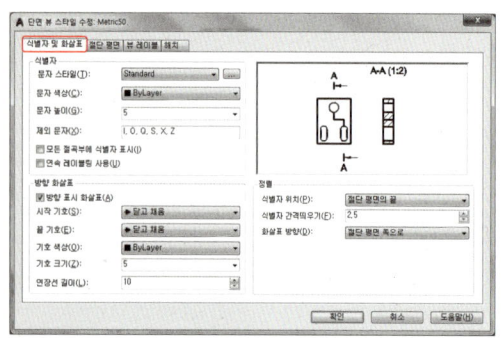

- [식별자] : 단면 선에 있는 식별자의 형식을 조정한다.

    - [문자 스타일] : 식별자에 사용할 문자 스타일을 설정한다.
    - [문자 색상] : 식별자에 사용할 색상을 설정한다.
    - [문자 높이] : 식별자의 높이를 설정한다.
    - [제외 문자] : 식별자로 사용되면 안 되는 문자를 설정한다.
    - [모든 절곡부에 식별자 표시] : 선택하는 경우 모든 절곡부에서 단면 선 식별자를 표시한다.
    - [연속 레이블링 사용] : 선택하는 경우 연속적인 알파벳 문자로 끝과 절곡부의 이름을 지정한다.

- [방향 화살표] : 단면 선의 방향 화살표 형식을 조정한다.

    - [방향 표시 화살표] : 선택하는 경우 단면 선의 끝점에서 방향 화살표를 표시한다.
    - [시작 기호] : 단면 선의 시작에서 사용할 화살촉 유형을 설정한다.
    - [끝 기호] : 단면 선의 끝에서 사용할 화살촉 유형을 설정한다.
    - [기호 색상] : 방향 화살표에 사용할 색상을 설정한다.
    - [기호 크기] : 화살촉의 크기를 설정한다.
    - [연장선 길이] : 방향 화살표에서 사용되는 치수보조선의 길이를 설정한다.

- [정렬] : 단면 선의 시작점 및 끝점을 기준으로 단면 선 식별자 및 방향 화살표의 배치를 조정한다.

    - [식별자 위치] : 단면 선 식별자의 위치와 정렬을 설정한다.
    - [식별자 간격띄우기] : 식별자 위치 설정에서 지정된 위치로부터 단면 선 식별자를 간격띄우기할 거리를 설정한다.
    - [화살표 방향] : 방향 화살표가 절단 평면 쪽을 가리켜야 하는지 아니면 절단 평면에서 먼 쪽을 가리켜야 하는지 지정한다.

• [절단 평면] 탭

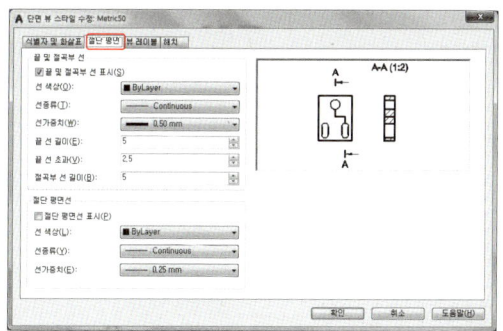

• [끝 및 절곡부 선] : 단면 선의 끝 및 절곡부 선 세그먼트의 특성을 조정한다.

　-[끝 및 절곡부 선 표시] : 선택하는 경우 단면 선의 끝 및 절곡부 선 세그먼트를 표시한다.
　-[선 색상] : 끝 및 절곡부 세그먼트의 색상을 설정한다.
　-[선종류] : 끝 및 절곡부 세그먼트의 선종류를 설정한다.
　-[선가중치] : 끝 및 절곡부 세그먼트의 선가중치를 설정한다.
　-[끝 선 길이] : 끝 세그먼트의 길이를 설정한다.
　-[끝 선 초과] : 방향 화살표를 지나는 연장선의 길이를 설정한다.
　-[절곡부 선 길이] : 절곡부 정점의 한쪽에 있는 절곡부 선 세그먼트의 길이를 설정한다.

• [절단 평면선] : 단면 선의 평면 선 세그먼트 특성을 조정한다.

　-[절단 평면선 표시] : 선택하는 경우 선 세그먼트를 표시하여 전체 절단 평면을 나타낸다.
　-[선 색상] : 절단 평면 선 세그먼트의 색상을 설정한다.
　-[선종류] : 절단 평면 선 세그먼트의 선종류를 설정한다.
　-[선가중치] : 절단 평면 선의 선가중치를 설정한다.

• [뷰 레이블] 탭

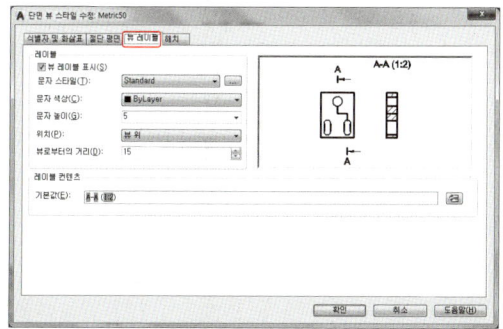

• [레이블]

　-[뷰 레이블 표시] : 선택하는 경우 단면 뷰에서 뷰 레이블을 표시한다.
　-[문자 스타일] : 단면 뷰 레이블에 사용할 문자 스타일을 설정한다.

-[문자 색상] : 단면 뷰 레이블에 사용할 색상을 설정한다.
-[문자 높이] : 단면 뷰 레이블의 높이를 설정한다.
-[위치] : 단면 뷰를 기준으로 단면 뷰 레이블의 배치를 설정한다.
-[뷰로부터의 거리] : 단면 뷰의 모서리와 단면 뷰 레이블의 간격을 설정한다.

• [레이블 컨텐츠] : 단면 뷰 레이블의 기본 문자 컨텐츠를 설정한다.
일반적으로 단면 뷰 레이블 내 다음과 같은 필드를 사용한다.

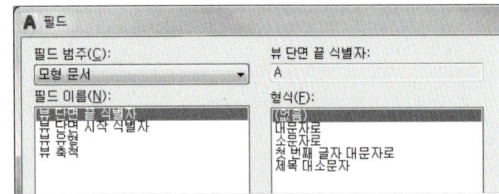

-[ViewScale] : 단면 뷰의 축척 배율 설정
-[ViewSectionEndId] : 뷰 단면 끝 식별자
-[ViewSectionStartId] : 뷰 단면 시작 식별자
-[ViewType] : 단면 뷰 레이블에서 사용될 때 항상 "단면"

• [해치] 탭

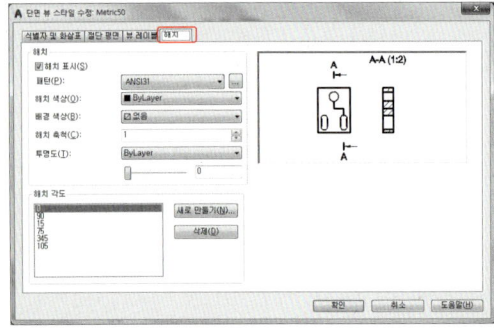

• [해치]
-[해치 표시] : 선택하는 경우 절단 평면에 의해 잘리는 구성요소를 나타낼 해치를 표시한다.
-[패턴] : 단면 뷰 내의 모든 해치에 사용할 해치 패턴을 설정한다.
-[해치 색상] : 단면 뷰 내의 모든 해치에 사용할 색상을 설정한다.
-[배경 색상] : 단면 뷰 내의 해치에 대한 배경 색상을 설정한다.
-[해치 축척] : 해치 패턴을 확장하거나 축소한다.
-[투명도] : 해치의 투명도 레벨을 설정한다.
-[해치 각도] : 단면 뷰 내의 해치에서 사용할 각도의 리스트를 설정한다.

◘ 단면 뷰 작성하기

01 예제 파일을 불러온다. [배치 1탭]을 클릭한다. Limits 설정은 A4 크기로 되어 있으므로 생략하고, 직사각형을 A4 용지 크기 0,0, 297,210 로 그린다.

- 예제 파일 : Chapter23₩단면뷰.dwg
- 단면 뷰 작성하기

명령 : REC [Space Bar]
첫 번째 구석점 지정 또는 [모따기(C)/고도(E)/모깎기(F)/두께(T)/폭(W)] : 0,0 [Space Bar] [원점 지정]
다른 구석점 지정 또는 [영역(A)/치수(D)/회전(R)]: 297,210 [Space Bar] [A4 용지 작성]

02 [배치] 탭–[뷰 작성] 패널–[기준]–[모형 공간에서]를 클릭한다.

03 명령행에서 [선택] 옵션을 클릭한 후, 다시 [제거] 옵션을 클릭한다. 노란색 부품을 선택해서 객체 선택에서 제거하고 [Space Bar]를 누른다.

Chapter 23_도면 뷰 625

04 다시 [방향] 옵션을 클릭하고 평면도를 선택한다. 기준 뷰의 위치 지정에서 왼쪽 상단의 임의 지점을 클릭한 후 Space Bar 를 누른다. 다시 Space Bar 를 눌러 명령을 종료한다.

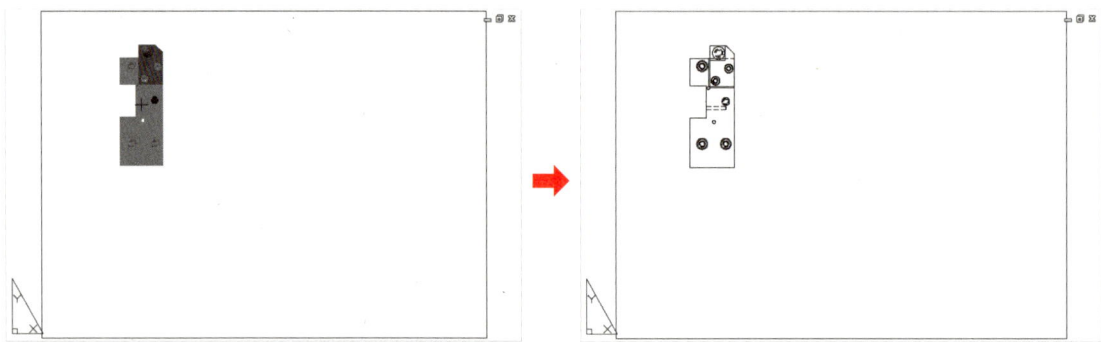

05 [배치] 탭–[뷰 작성] 패널–[단면]–[전체]를 클릭하고 기준 뷰를 선택한다. 시작점을 다음 그림처럼 단면 선의 양끝이 뷰 경계를 벗어나도록 클릭하고 끝점도 나란히 클릭한다.

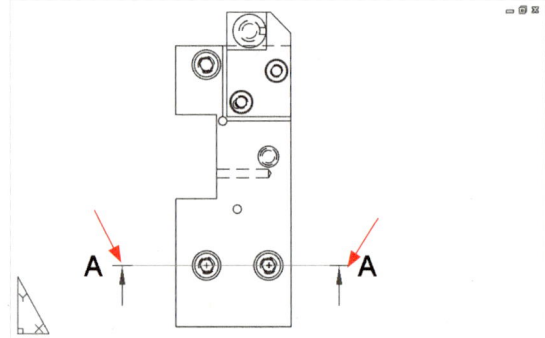

06 단면이 기준 뷰 아래에 배치하도록 클릭하고 Space Bar 를 눌러 명령을 종료한다.

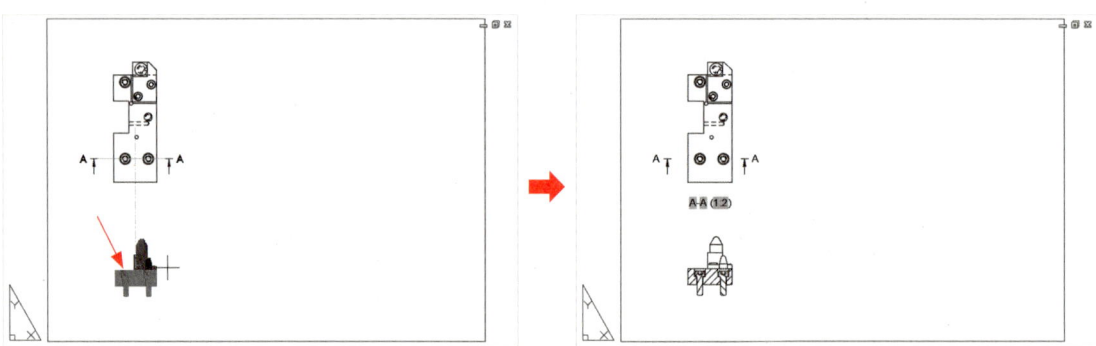

07 [배치] 탭–[뷰 작성] 패널–[단면]–[간격띄우기]를 클릭하고 기준 뷰를 선택한다.

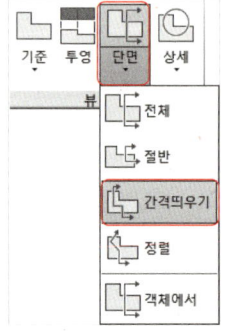

08 시작점을 다음 그림처럼 핀을 수직으로 통과하도록 간격띄우기 단면 선을 지정하고 Space Bar 를 누른다.

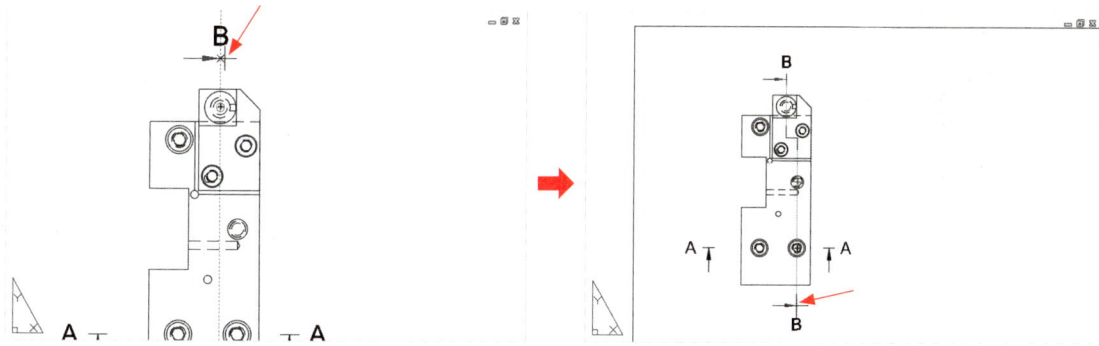

09 단면이 기준 뷰 오른쪽에 배치하도록 클릭하고 Space Bar 를 눌러 명령을 종료한다.

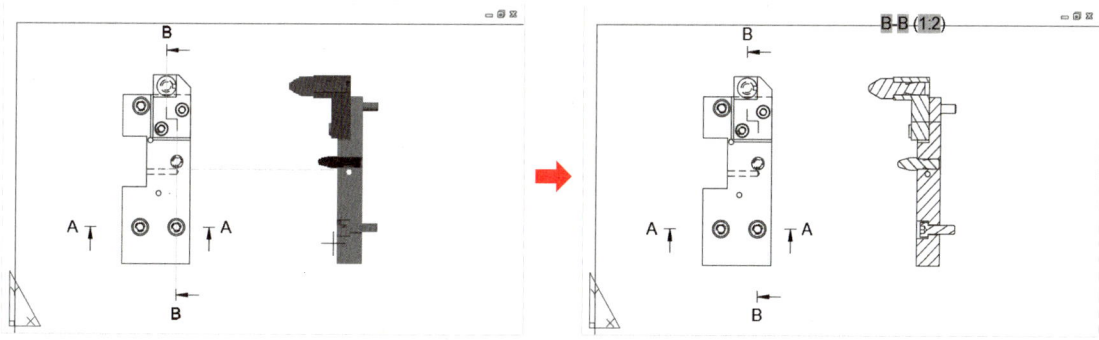

10 [배치] 탭–[뷰 수정] 패널–[구성요소 편집]을 클릭한다. B–B 단면뷰에서 표현하지 않는 볼트와 핀을 선택하고 Space Bar 를 누른다. 단면 참여 선택에서 옵션을 [없음(N)]으로 선택한다.

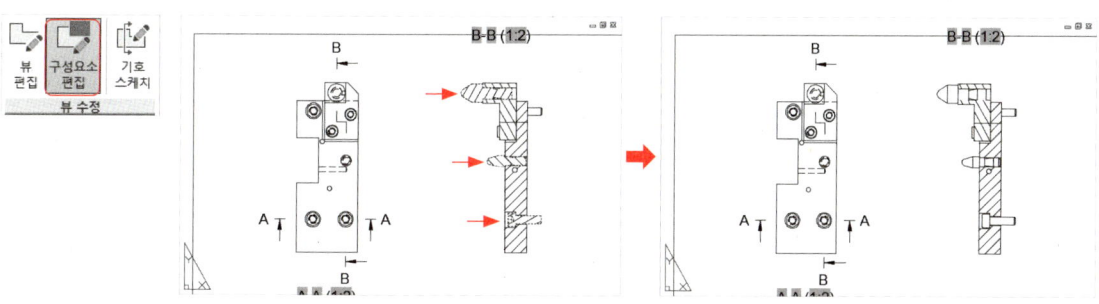

명령 : _viewcomponent [구성요소 편집 클릭]
구성요소 선택 : 1개를 찾음
구성요소 선택 : 1개를 찾음, 총 2개
구성요소 선택 : 1개를 찾음, 총 3개 [볼트, 핀 선택]
구성요소 선택 : Space Bar
단면 참여 선택 [없음(N)/단면(S)/슬라이스(L)] <단면> : N [없음 옵션 선택]
3개의 구성요소에 대한 단면 참여가 변경되었습니다.

11 B-B 단면 뷰의 등각 투영 뷰를 작성하기 위해 [배치] 탭-[뷰 작성] 패널-[투영]을 클릭한다. 상위 뷰를 B-B 단면 뷰를 선택한다. 투영 뷰 위치를 경사가 지도록 오른쪽 위 방향의 임의 지점을 지정하고 Space Bar 를 누른다.

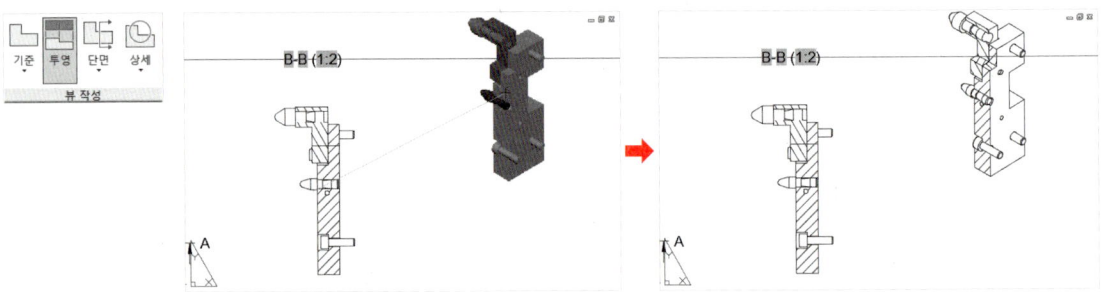

12 투영 뷰가 용지 범위를 벗어났으므로 이동하기 위해 투영 뷰를 클릭하고 그립을 클릭하여 아래쪽으로 이동하고 Esc 를 눌러 투영 뷰 선택을 해제한다.

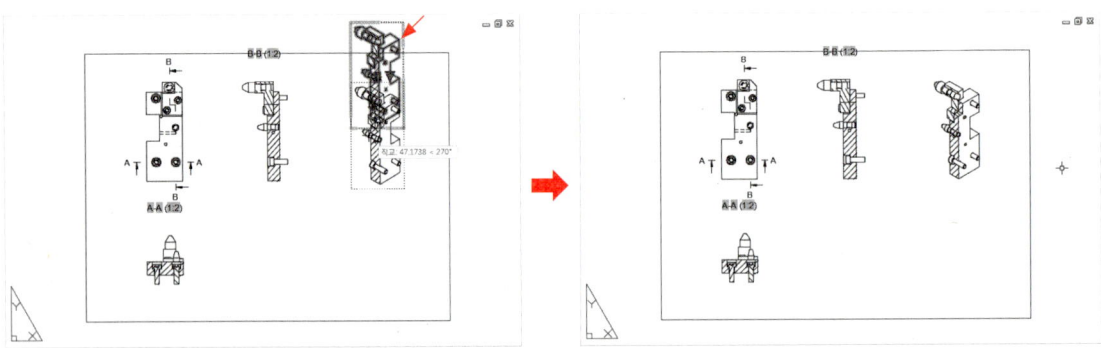

13 다시 투영 뷰를 선택하고 [도면 뷰] 탭-[편집] 패널-[뷰 편집]을 클릭한다.

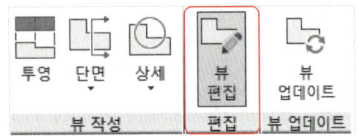

14 [도면 뷰 편집기] 탭-[모양] 패널-[모서리 가시성]-[모서리 간섭]에 체크를 한다. [모서리 간섭] 체크로 간섭 조건으로 인해 제외된 숨겨진 모서리도 같이 표시하게 된다.

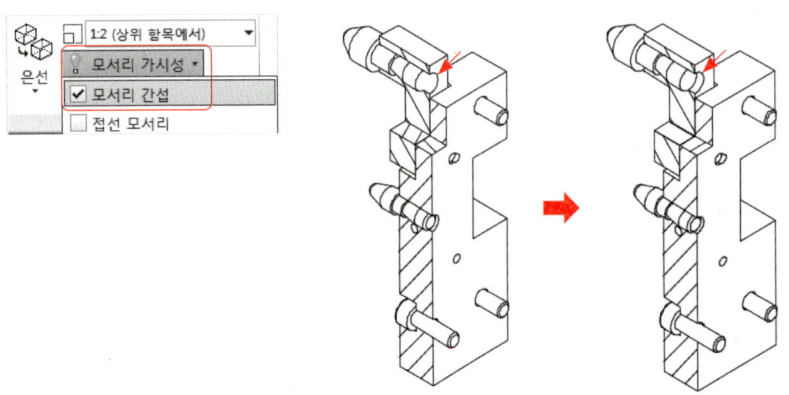

15 [배치] 탭-[스타일 및 표준] 패널-[단면 뷰 스타일]을 클릭한다. [단면 뷰 스타일 관리자] 대화상자에서 스타일 Metric50을 수정하기 위해 [수정] 버튼을 클릭한다.

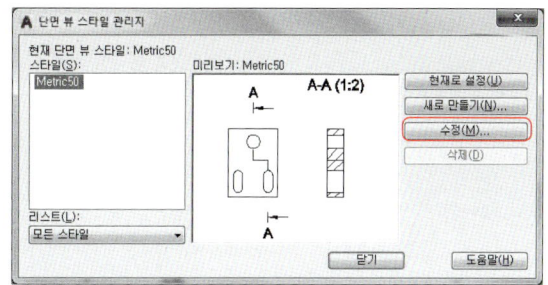

16 [식별자 및 화살표] 탭에서 [방향 화살표]의 시작 기호와 끝 기호를 [닫고 비움]으로 선택한다.

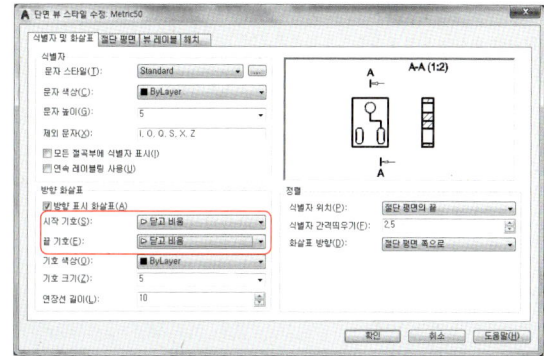

17 [뷰 레이블] 탭에서 문자 색상을 파란색, [뷰로부터의 거리]를 5로 설정한다.

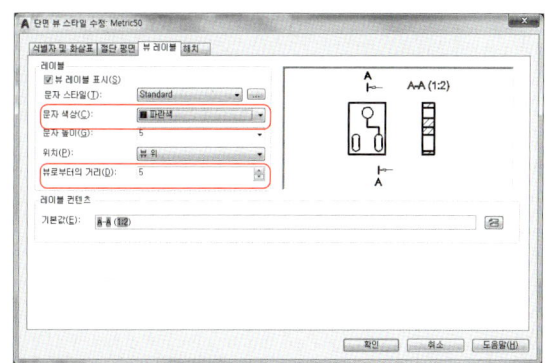

18 [해치] 탭에서 해치 색상을 빨간색으로 설정하고 [확인] 버튼을 클릭한 후 [단면 뷰 스타일 관리자] 대화상자의 [닫기] 버튼을 클릭한다.

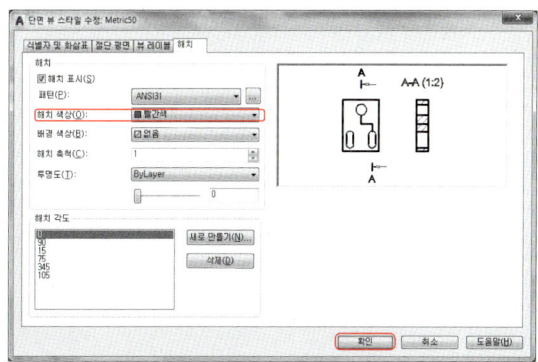

19 변경된 스타일이 반영된 것을 확인하고 A-A 단면 뷰 위치를 옮기기 위해 A-A 단면 뷰를 선택(해치 포함)하고 그립을 클릭한다.

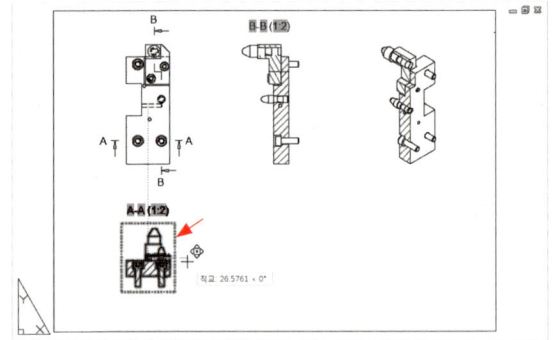

20 [Shift]를 한 번 더 클릭하여 기준 뷰와 정렬 관계를 해제한다. 정렬 해제 후 뷰를 시트 오른쪽 위로 이동한다. [Esc]로 단면 뷰 선택을 해제한다.

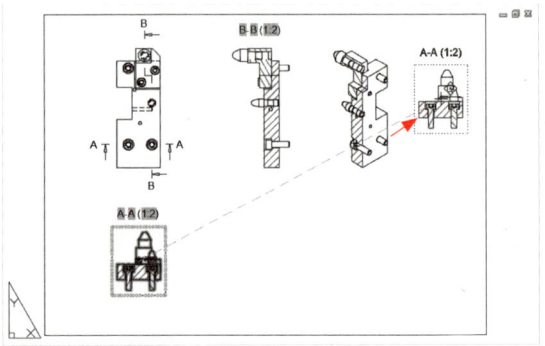

21 [간격띄우기] 단면 선 편집을 위해 B-B 단면 선을 선택하고 [Ctrl]+1을 클릭하여 [특성] 팔레트를 연다.

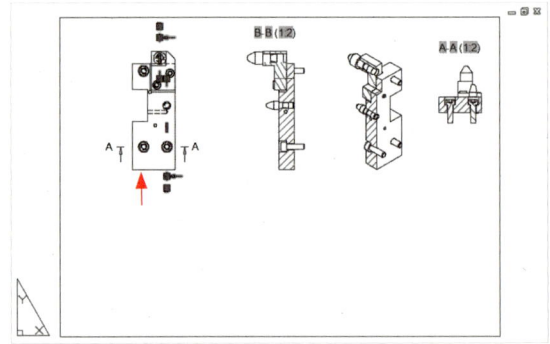

22 [식별자]의 이름을 B에서 Z로 수정한다. 뷰레이블이 바뀌면 [Esc]를 눌러 단면 뷰 선택을 해제한다.

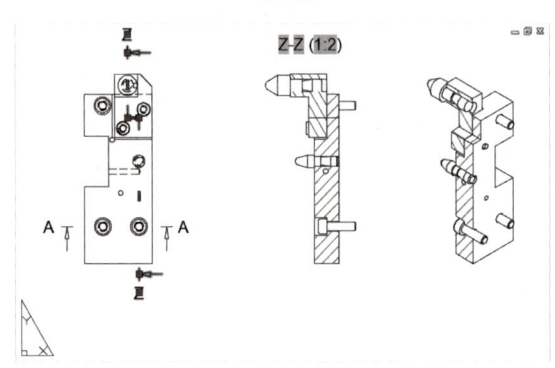

23 A-A 단면 뷰를 선택하고 [도면 뷰] 탭-[편집] 패널-[뷰 편집]을 클릭한다.

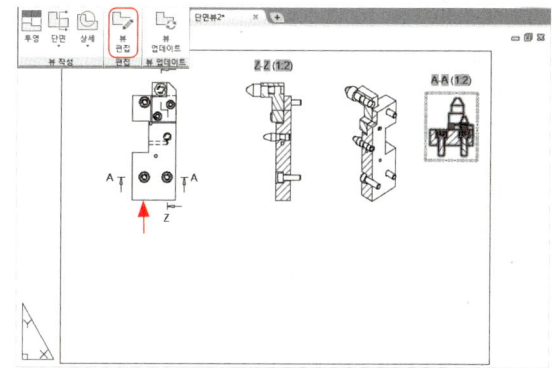

24 [단면 뷰 편집기] 탭-[메서드] 패널에서 [전체]를 [거리]로 클릭하고 30을 입력한 후 [확인] 버튼을 클릭한다. 단면 선의 절단선과 지정된 거리 사이에 있는 형상이 단면 뷰가 된다.

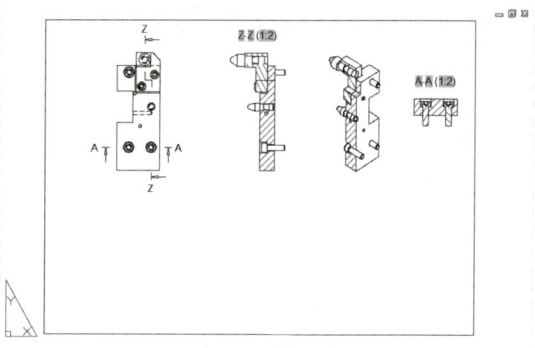

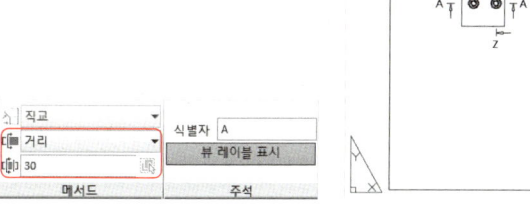

25 간격띄우기 단면 선의 형상을 변경하기 위해 Z 단면 선을 선택한다. 그립 위에 커서를 대고 그립 메뉴에서 [세그먼트 추가]를 선택한 후 단면 선을 추가한다.

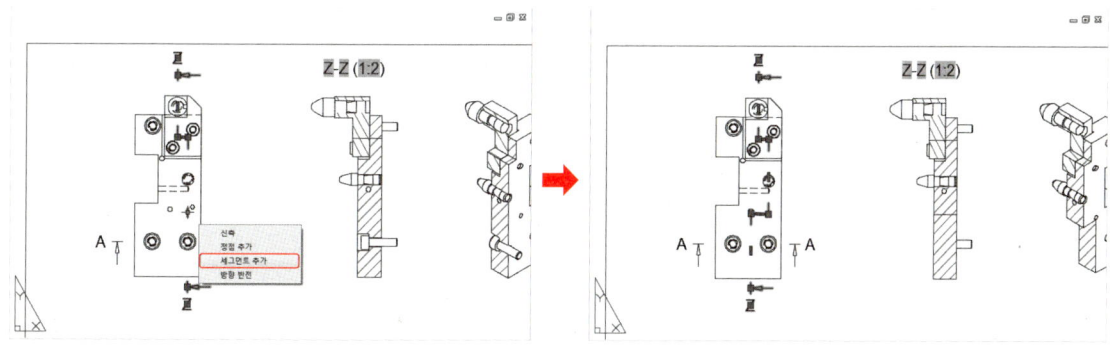

26 단면 선이 수정되면서 단면 뷰가 변경 업데이트 된다.

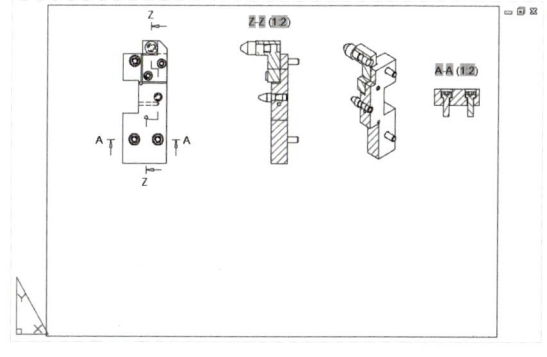

1-5. VIEWDETAIL(상세 뷰)

기존 도면 뷰에서 상세 뷰를 작성할 수 있다. 상세 뷰는 모델의 선택 부분을 확대 표시하는 투영 뷰로, 원형 또는 직사각형으로 작성할 수 있다.

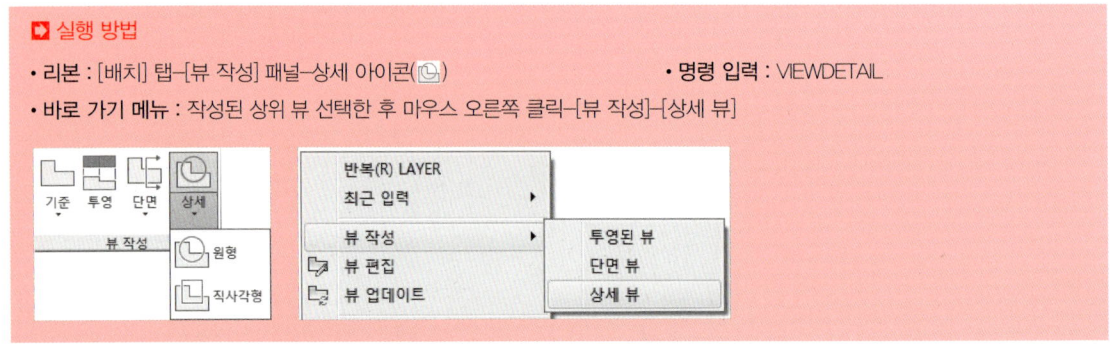

- 리본 : [배치] 탭–[뷰 작성] 패널–상세 아이콘( )
- 바로 가기 메뉴 : 작성된 상위 뷰 선택한 후 마우스 오른쪽 클릭–[뷰 작성]–[상세 뷰]
- 명령 입력 : VIEWDETAIL

[상세 뷰 작성] 상황별 리본 탭

[배치] 탭–[뷰 작성] 패널–[상세]–[원형] 옵션을 클릭하고 상세를 작성할 상위 뷰를 선택하면 [상세 뷰 작성] 상황별 리본 탭이 보인다.

[경계] 패널

- [원형] : 기본 경계 유형으로 상세 뷰를 작성하는 데 원형 경계를 사용하도록 지정한다.
- [직사각형] : 상세 뷰를 작성하는 데 직사각형 경계를 사용하도록 지정한다.

[모형 모서리] 패널

- [부드러움] : 상세 뷰 내의 모형에 있는 절단선이 부드럽게 표시되도록 지정한다.
- [경계를 사용하여 부드럽게하기] : 상세 뷰 내의 모형에 있는 절단선이 부드럽게 표시되며 상세 뷰 주위로 경계가 그려지도록 지정한다.
- [연결선을 사용하여 부드럽게하기] : 상세 뷰 내의 모형에 있는 절단선이 부드럽게 표시되고, 상세 뷰 주위로 경계가 그려지며, 지시선이 상세 뷰를 상위 뷰의 상세 경계에 연결하도록 지정한다.
- [톱니모양] : 상세 뷰 내의 모형에 있는 절단선이 울퉁불퉁하게 표시되도록 지정한다. 상위 뷰의 상세 경계와 상세 뷰 사이에 지시선이 없으며 상세 뷰의 경계도 없다.

❶ VIEWDETAILSTYLE(상세 뷰 스타일)

단면 뷰 스타일과 마찬가지로 상세 뷰, 상세 경계 및 지시선의 모양을 조절하는 스타일이다. 상세 뷰 스타일을 사용하면 상세 뷰 및 상세 뷰 정의에 속하는 모든 도면요소의 형식을 빠르게 지정하고 도면요소가 표준을 따르도록 할 수 있다.

> ▶ 실행 방법
>
> • 리본 : [배치] 탭–[스타일 및 표준] 패널–상세 뷰 스타일 아이콘(　)   • 명령 입력 : VIEWSECTIONSTYLE

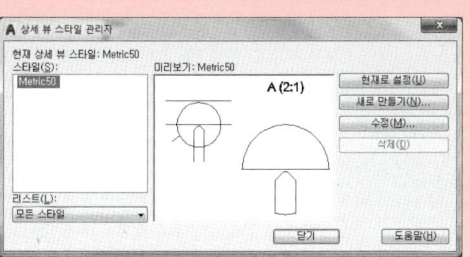

[상세 뷰 스타일] 대화상자

[상세 뷰 스타일 관리자] 대화상자에서 [새로 만들기]나 [수정] 버튼을 클릭하면 [새 상세 뷰 스타일]과 [상세 뷰 스타일 수정] 대화상자가 보이며 관련 내용을 수정할 수 있다.

• [식별자] 탭

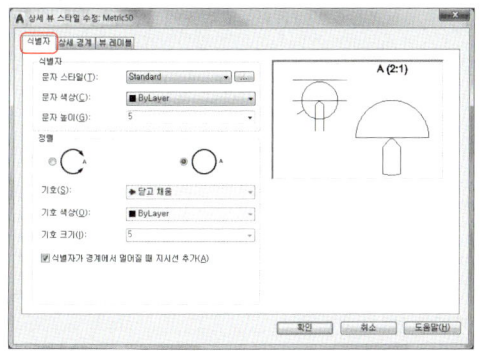

- [식별자] : 상세 경계에 사용되는 식별자의 특성을 설정한다.

    –[문자 스타일] : 상세 경계 식별자에 사용할 문자 스타일을 지정한다.
    –[문자 색상] : 상세 뷰 식별자에 사용할 색상을 지정한다.
    –[문자 높이] : 상세 경계 식별자의 높이를 지정한다.

- [정렬] : 아이콘에 표시된 대로 상세 뷰 경계에서 또는 경계 외부에 식별자를 배치한다.

    – [기호] : 상세 뷰 경계에서 간격 한쪽에 사용할 화살촉을 지정한다.
    – [기호 색상] : 화살촉에 사용할 색상을 지정한다.
    – [기호 크기] : 화살촉의 크기를 지정한다.
    – [식별자가 경계에서 멀어질 때 지시선 추가] : 선택하는 경우 식별자가 기본 배치로부터 이동될 때 상세 경계를 지시선으로 식별자에 연결한다.

- [상세 경계] 탭

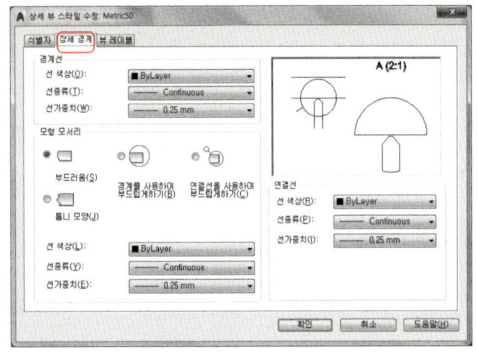

- [경계선]
  - [선 색상] : 상세 경계선의 색상을 설정한다.
  - [선종류] : 상세 경계선의 선종류를 설정한다.
  - [선가중치] : 상세 경계의 선가중치를 설정한다.

- [모형 모서리]
  - [부드러움], [경계를 사용하여 부드럽게 하기], [연결선을 사용하여 부드럽게 하기], [톱니 모양] : 모형 모서리 유형을 설정한다.
  - [선 색상] : 상세 뷰 경계의 색상을 설정한다.
  - [선종류] : 상세 뷰 경계의 선종류를 설정한다.
  - [선가중치] : 상세 뷰 경계의 선가중치를 설정한다.

- [연결선]
  - [선 색상] : 연결선의 색상을 설정한다.
  - [선종류] : 연결선의 선종류를 설정한다.
  - [선가중치] : 연결선의 선가중치를 설정한다.

- [뷰 레이블] 탭

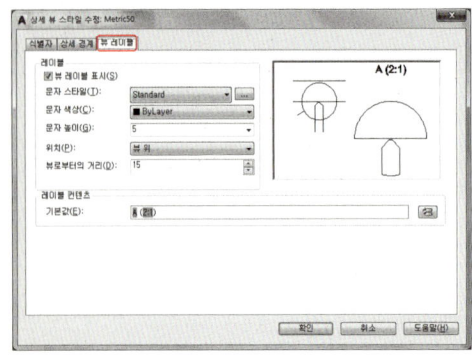

- [레이블]
  - [뷰 레이블 표시] : 선택하는 경우 상세 뷰에 뷰 레이블을 표시한다.
  - [문자 스타일] : 상세 뷰 레이블에 사용할 문자 스타일을 지정한다.
  - [문자 색상] : 상세 뷰 레이블에 사용할 색상을 지정한다.
  - [문자 높이] : 상세 뷰 레이블의 높이를 지정한다.
  - [위치] : 상세 뷰를 기준으로 상세 뷰 레이블의 배치를 지정한다.
  - [뷰로부터의 거리] : 상세 뷰의 모서리와 상세 뷰 레이블의 간격을 지정한다.

- [레이블 컨텐츠]

상세 뷰 레이블의 기본 문자 컨텐츠를 지정한다. 일반적으로 상세 뷰 레이블 내 다음과 같은 필드를 사용한다.

- [ViewDetailID] : 상세 뷰 식별자
- [ViewScale] : 상세 뷰 확대 비율
- [ViewType] : 상세 뷰 레이블에서 사용될 때 항상 [상세]

◘ 상세 뷰 작성하기

01 예제 파일을 불러온 후 [배치] 탭–[뷰 작성] 패널–[상세]–[원형]을 클릭한다. 상위 뷰로 우측면도를 선택하고 상세 뷰 중심점을 지정한 후 경계 크기를 정한다.

■ 예제 파일 : Chapter23₩상세뷰.dwg

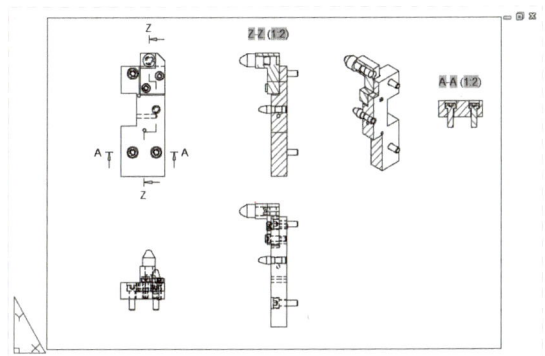
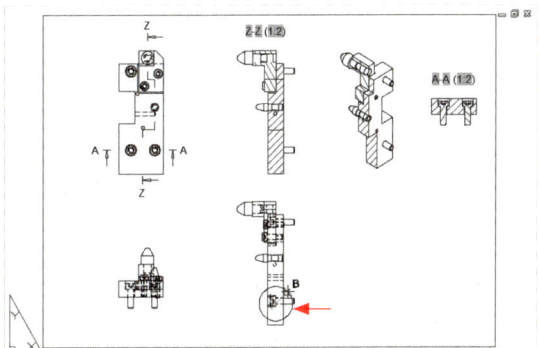

02 상세 뷰가 자리할 위치를 클릭하고 Space Bar 를 누른다.

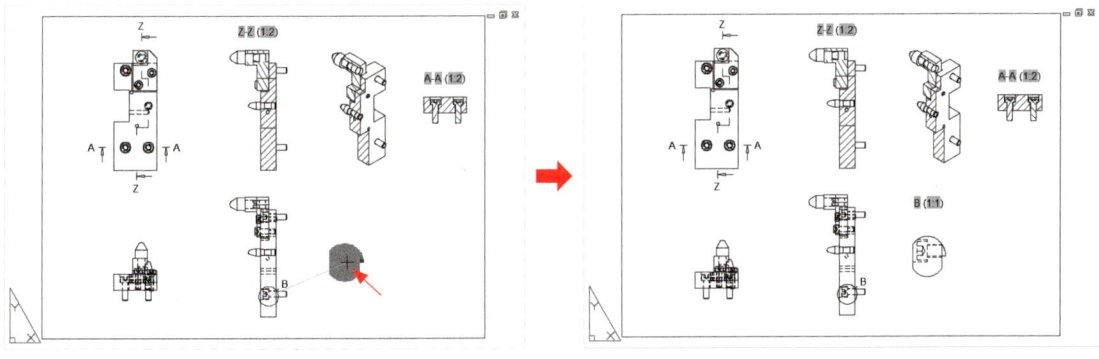

03 상세 뷰를 클릭하고 [도면 뷰] 탭–[편집] 패널–[뷰 편집]을 클릭한다.

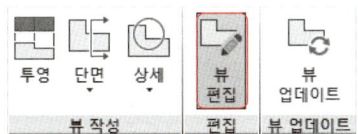

04 [상세 뷰 편집기] 탭-[경계] 패널에서 [직사각형]을 클릭하여 경계를 변경하고, [모형 모서리] 패널에서 [톱니 모양]을 클릭한 후 [확인] 버튼을 클릭한다.

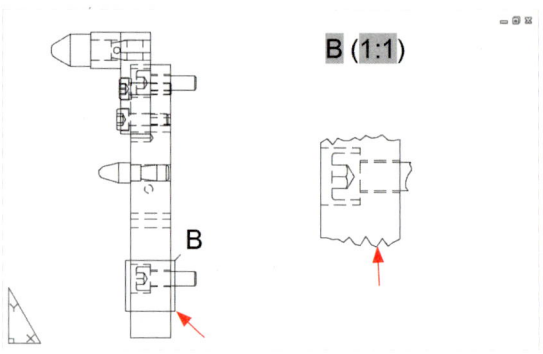

05 [배치] 탭-[스타일 및 표준] 패널-[상세 뷰 스타일]을 클릭한다. [상세 뷰 스타일 관리자] 대화상자에서 [수정] 버튼을 클릭한다.

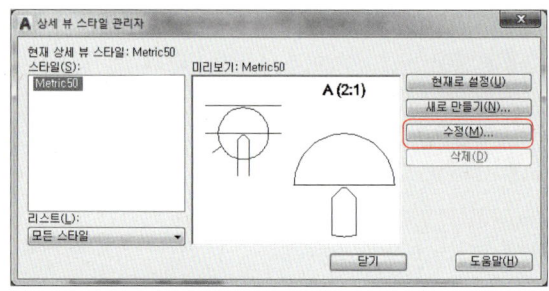

06 [식별자] 탭의 식별자 영역에서 문자 색상을 [빨간색] 으로 변경하고, 정렬 영역에서 [식별자가 경계에서 멀어질 때 지시선 추가]를 체크 해제한다.

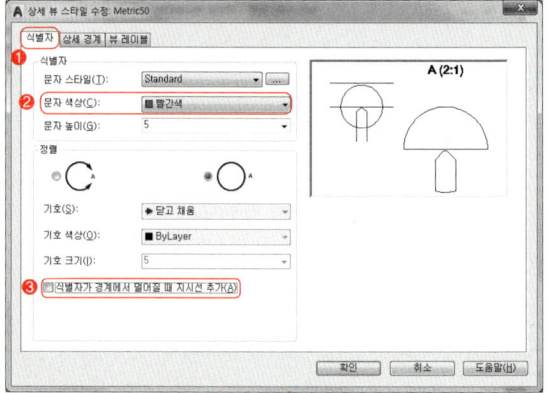

07 [상세 경계] 탭의 경계선 영역에서 선 색상을 [빨간색] 으로 변경한다.

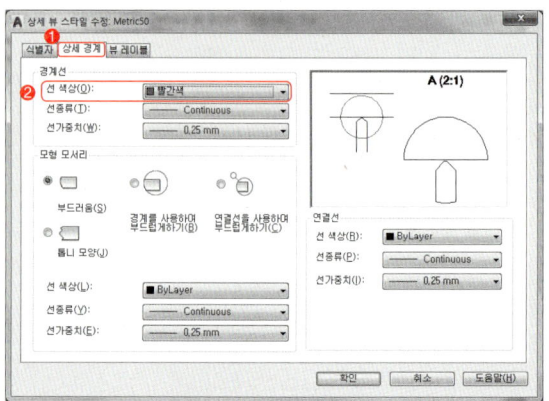

08 [뷰 레이블] 탭의 위치를 뷰 위에서 [뷰 아래]로 변경하고, 뷰로부터 거리를 7.5로 변경하고 [확인] 버튼을 클릭한다.

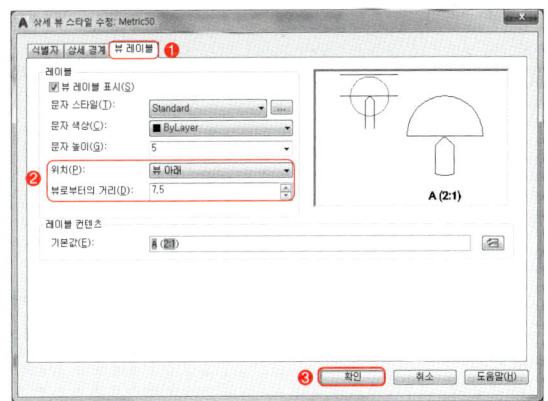

09 [상세 뷰 스타일 관리자] 대화상자에서 [닫기] 버튼을 클릭하여 스타일이 바뀐 걸 확인한다.

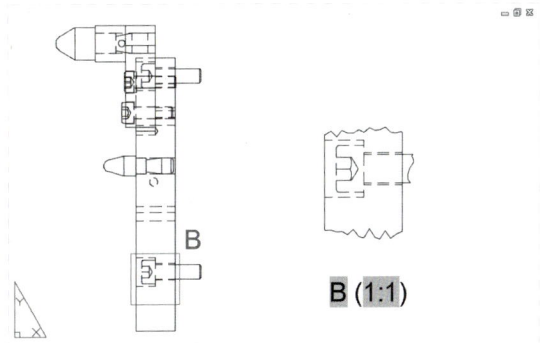

10 직사각형 상세 경계를 직접 편집하기 위해 상세 뷰를 클릭하고 그립 조작으로 크기를 변경하고 Esc 를 눌러 상세 경계 선택을 해제한다.

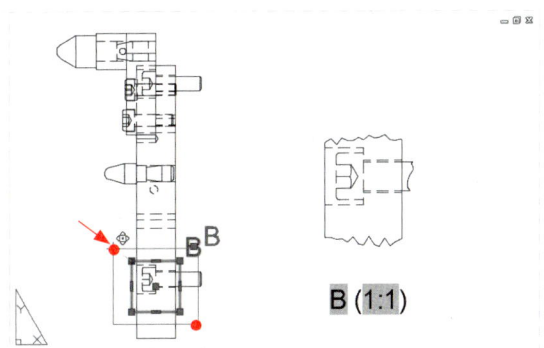

11 상세 뷰를 선택하고 마우스 오른쪽 버튼을 클릭한 후 바로 가기 메뉴에서 [뷰 편집]을 클릭한다.

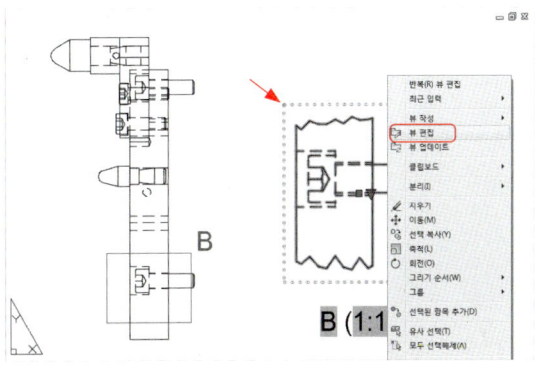

12 [상세 뷰 편집] 탭–[모양] 패널에서 축척을 1:1에서 2:1로 수정하고 [편집] 패널에서 [확인] 버튼을 클릭한다. 상세 뷰 축척이 2:1로 변경되어 있음을 확인한다.

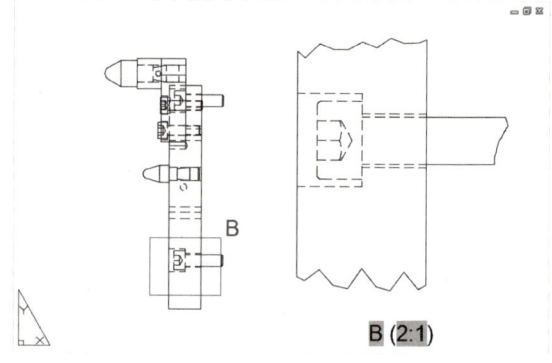

13 다시 상세 뷰를 클릭하여 이번에 찾기 그립을 클릭해 축척을 다시 1:1로 수정해본다.

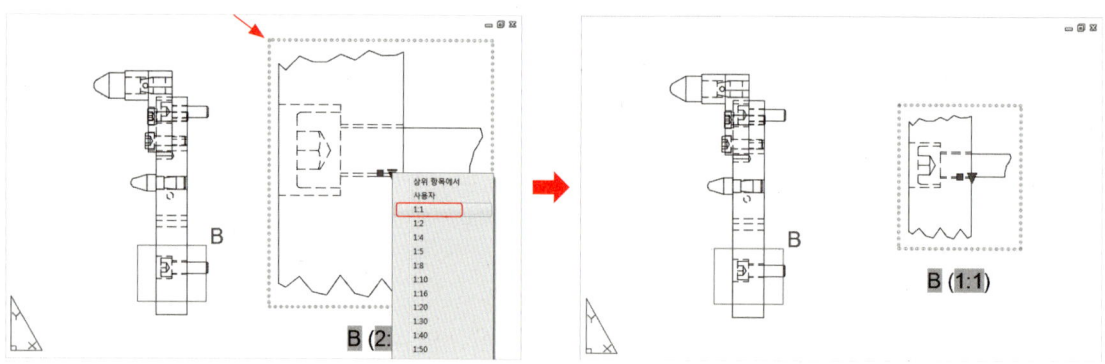

02 도면 뷰 편집

2-1. 도면 뷰 구성 요소

도면 뷰 객체는 특별한 그립과 특성을 지니며 하나의 객체로 인식된다. 도면 뷰 객체는 복사는 할 수 없지만 다른 객체처럼 이동, 회전, 축척, 삭제는 할 수 있다.

도면 뷰 객체는 다음 요소로 구성되어 있다.

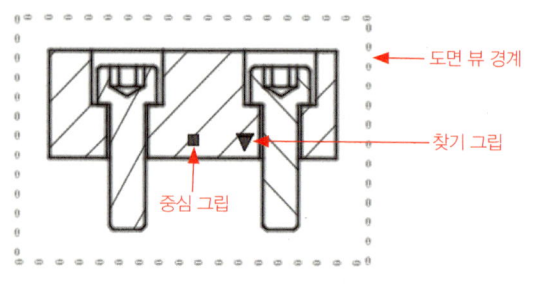

- **도면 뷰 경계** : 도면 뷰 범위를 정의한다. 도면 뷰 경계는 뷰를 선택하거나 커서를 움직여 뷰 위에 갖다댈 때만 표시된다. 도면 뷰를 선택할 때 도면 경계 안의 흰색 부분을 클릭한다. 클릭한 점이 도면 뷰의 경계 바깥이면 도면 뷰는 선택되지 않는다.

- **중심 그립** : 드래그하여 선택한 도면 뷰를 이동할 때 핸들로 사용된다. 기본값은 직교 투영으로 도면 뷰는 상위 뷰와 위치가 정렬되도록 구속되어 있다. 상위 뷰를 이동하면 하위 뷰도 같이 이동한다. 하

위 뷰를 이동할 때 이동 방향은 위치 정렬이 유지되도록 제한되어 있다. 하위 뷰를 이동할 때 Shift 를 눌러서 위치 정렬 구속을 켜기/끄기로 전환할 수 있다.

- 찾기 그립 : 축척 리스트가 표시된다. 그립 위치를 기준점으로 축척을 변경할 수 있다.

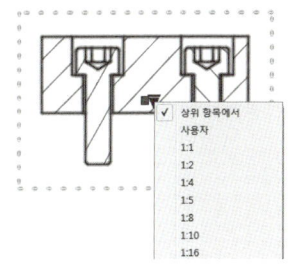

2-2. VIEWEDIT(뷰 편집)

기존 도면 뷰를 편집한다. [도면 뷰 편집기] 상황별 리본 탭의 패널은 편집할 도면 뷰의 종류에 따라 다르다. 도면 뷰 작성과 같은 조작으로 도면 뷰 특성을 편집할 수 있으며, 단면 뷰와 상세 뷰를 편집할 때 [단면 뷰 편집기]와 [상세 뷰 편집기] 상황별 리본 탭이 보인다.

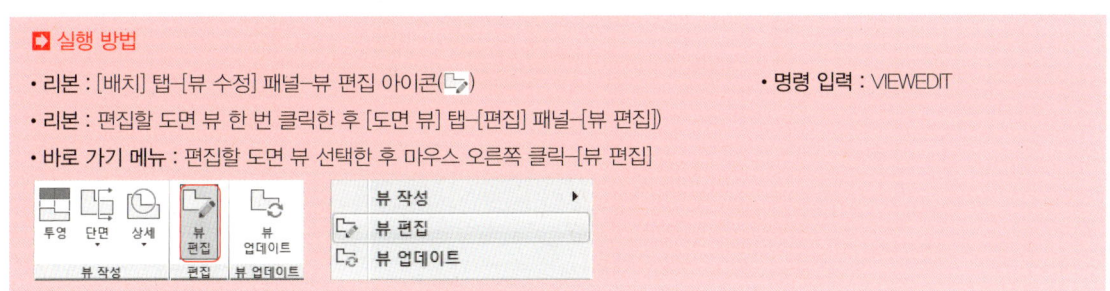

2-3. 뷰 업데이트

도면 뷰는 원본 3D 모델과 연관성이 있다. 원본 모델이 편집되면 모든 도면 뷰는 자동으로 업데이트 된다. [배치] 탭의 [업데이트] 패널에 전환 버튼이 있다. 자동 업데이트가 꺼진 경우 3D 형상에 수정이 생기면 예전 도면 뷰는 경계 코너에 빨간색 표식이 보이고 알림글로 모형이 변경됨도 알려 준다. 이 경우 [뷰 업데이트]로 뷰를 업데이트 하거나 알림글의 "이 배치의 모든 도면 뷰를 업데이트한다."를 클릭하여 뷰 업데이트를 진행해도 된다.

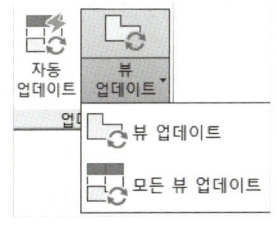
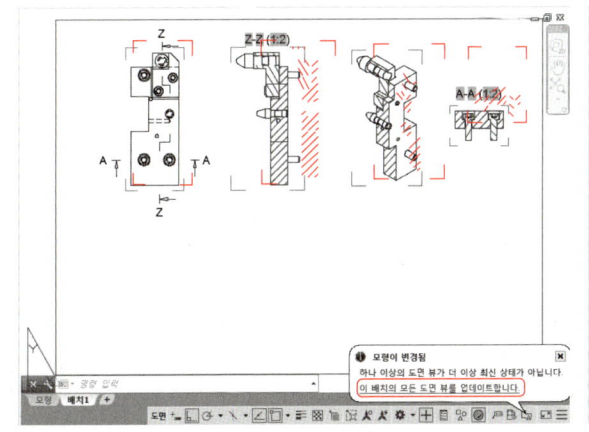

APPENDIX
01

AutoCAD 2019

AutoCAD로 사용상 문제점 해결하기

APPENDIX 01은 AutoCAD를 사용하면서 겪게 되는 여러 문제점이나 궁금한 사항들을 바로 해결할 수 있도록 Chapter별로 나눠 팁과 기술자료들을 수록하였다. 문제가 발생했을 때 당황하지 말고 각 물음에 대한 해답을 참조하면 간단히 문제를 해결할 수 있게 될 것이다.

APPENDIX 01의 질문(Q)에 대한 답변(A)은 사용자의 접근성을 고려하여 간략하게 설명하였다. 답변(A)에 대한 자세한 내용은 별도로 PDF 파일로 제공된다. 답변용 PDF 파일은 한국ATC센터 카페에서 다운로드 받을 수 있다.

- 한국ATC센터 공식 카페 http://cafe.naver.com/atccenter

APPENDIX

APPENDIX 01의 질문(Q)에 대한 답변(A)은 사용자의 접근성을 고려하여 간략하게 설명하였다. 답변(A)에 대한 자세한 내용은 별도로 PDF 파일로 제공된다. 답변용 PDF 파일은 한국ATC센터 카페에서 다운로드 받을 수 있다.

- 한국ATC센터 공식 카페 http://cafe.naver.com/atccenter

CHAPTER 01 | 제도의 이해와 AutoCAD

Q1 삼각법이 무엇인가요?

A 제3상한 안에 물체를 두고 투상하는 방법으로 물체 앞면의 투상면에 반사되도록 하여 처음 본 것을 정면도, 위쪽이 평면도, 오른쪽에 우측면도를 배열한다.

CHAPTER 02 | AutoCAD 설치의 모든 것

Q2 AutoCAD를 처음 설치했을 때처럼 초기 상태로 복구할 수 있나요?

A [시작] 메뉴에서 기본값으로 재설정을 클릭하면 된다.

Q3 하드디스크를 다시 포맷해야 하는데 AutoCAD는 그대로 사용할 수 있나요?

A 라이센스를 내보내기하고 다시 포맷 후에 가져오기를 하면 계속 사용할 수 있다.

Q4 AutoCAD 2017 프로그램 시작할 때 [시작] 탭 표시 없이 바로 새 도면을 시작할 수는 없나요?

A 시스템변수 STARTMODE, STARTUP 값을 0으로 설정 후 재실행하면 된다.

Q5 AutoCAD 2015 프로그램 시작할 때 [새 탭]표시 없이 바로 새 도면을 시작할 수는 없나요?

A 시스템변수 NEWTABMODE, STARTUP 값을 0으로 설정 후 재실행하면 된다.

Q6 Autodesk 제품을 안전하게 설치 제거하려면 어떻게 하나요?

A Uninstall Tool을 사용한다.

Q7	AutoCAD 2015 버전부터 AutoCAD 클래식 작업 공간이 없는데 사용하려면 어떻게 하나요?
A	사용자 인터페이스 사용자화를 통해 작업 공간을 생성하면 된다.

Q8	AutoCAD 단축키 설정은 어디서 하나요?
A	[관리] 탭의 [사용자화] 패널의 [별칭 편집]을 클릭하여 수정하면 된다.

Q9	파일을 선택하여 열 때 매번 폴더를 클릭하여 해당 파일을 찾는데 이 방법 외에 신속히 찾는 방법은 없나요?
A	도구의 [환경에 현재 폴더 추가]로 지정하면 찾을 폴더가 환경에 생성된다.

Q10	마우스 오른쪽 클릭을 Enter 로 할 수는 없나요?
A	옵션의 사용자 기본 설정에서 오른쪽 클릭 사용자화의 용도를 바꾸면 된다.

CHAPTER 03 | AutoCAD 화면 구성

Q11	리본이 없어졌는데 어떻게 하면 다시 표시되나요?
A	명령행에서 RIBBON을 입력한다.

Q12	리본 패널의 옆이나 버튼의 옆의 작은 역삼각형 표시는 무엇입니까?
A	패널을 확장하거나 드롭다운 메뉴가 표시되도록 하는 기호이다.

Q13	패널 이름 영역 오른쪽 끝에 있는 화살표는 무엇인가요?
A	대화상자를 표시하는 바로 가기 버튼이다.

Q14	패널을 확장상태로 두려면 어떻게 하나요?
A	패널을 핀으로 고정한다.

Q15	제도 영역을 넓게 하기 위해 리본을 조그맣게 표시할 수 있나요?
A	탭 영역의 화살표 버튼 옆의 드롭다운 메뉴에서 선택한다.

Q16 필요한 탭과 리본만을 표시하려면 어떻게 하나요?

A 오른쪽 클릭 메뉴의 [탭 표시] 또는 [패널 표시]에서 체크/체크 해제를 한다.

Q17 명령행 윈도우가 사라졌는데 되살리려면 어떻게 하나요?

A `Ctrl`+9를 누른다.

Q18 명령행 윈도우를 고정시키려면 어떻게 하나요?

A 명령행 왼쪽 끝에 있는 그립에 마우스를 대고 상태 막대 위로 드래그한다.

Q19 상태 막대에 아이콘이 너무 많아서 필요한 버튼만 표시하려면 어떻게 하나요?

A 상태 막대 오른쪽 끝에 있는 [사용자화] 버튼을 클릭하여 표시할 내용을 리스트에서 선택한다.

Q20 명령 실행 중 도움말을 불러오려면 어떻게 하나요?

A `F1`을 누른다.

Q21 메뉴 막대를 표시하려면 어떻게 하나요?

A 신속 접근 도구막대의 제어 메뉴에서 [메뉴 막대 표시]를 선택한다.

CHAPTER 04 AutoCAD 사용상의 기본 동작

Q22 여러 파일이 열린 상태에서 한 번에 모든 파일을 닫으려면 어떻게 합니까?

A 파일탭의 마우스 오른쪽 클릭 메뉴에서 [전체 닫기]를 선택한다.

Q23 파일을 열 때 대화상자가 표시되지 않고 명령행 윈도우에 [열기할 도면의 이름 입력]이라고 뜨는데 어떻게 하나요?

A 시스템변수 FILEDIA값을 [1]로 설정한다.

Q24 작업 중 [시스템 변수가 변경됨]이라고 경고 메시지가 뜨는데 어떻게 해결하나요?

A 변경된 시스템변수 값을 재설정하면 된다.

APPENDIX

Q25 도면을 부분적으로 필요한 도면층만 보이도록 열려면 어떻게 하나요?
A 해당 도면층만 클릭하여 부분적 열기로 하면 된다.

Q26 제도 영역의 배경 색상을 바꾸고 싶은데 어떻게 하나요?
A [옵션] 대화상자의 [화면표시] 탭에서 색상을 바꾸면 된다.

Q27 리본과 팔레트의 배경 색상을 바꾸려면 어떻게 하나요?
A [옵션] 대화상자의 [화면표시] 탭에서 색상 구성표를 바꾸면 된다.

Q28 도면을 저장과 동시에 백업이 자동으로 만들어지게 하려면 어떻게 하나요?
A [옵션] 대화상자의 [열기 및 저장] 탭에서 설정하면 된다.

Q29 도면 파일이 손상되어 복구하고 싶은데 어떻게 하나요?
A RECOVER[복구] 명령을 실행한다.

Q30 자동 저장 파일은 어디에 있는지 알 수 있나요?
A [옵션]의 [파일] 탭에서 자동 저장 파일 위치를 찾아가면 된다.

Q31 AutoComplete(자동 명령 완성) 옵션을 설정하려면 어떻게 하나요?
A [검색 입력 옵션]에서 설정하면 된다.

Q32 방금 전에 사용한 명령을 다시 한 번 실행하려면 어떻게 하나요?
A Enter 를 누르거나 ↑ 또는 마우스 오른쪽 클릭 바로 가기 메뉴에서 [최근 입력]을 선택한다.

Q33 하위 버전으로 도면을 저장하려면 어떻게 하나요?
A 저장 버전을 옵션에서 바꾸거나 다른 이름으로 저장할 때 해당 버전을 선택하면 된다.

Q34 마우스 휠 버튼은 어떻게 사용하나요?
A 휠을 돌리면 도면 확대/축소가 되고 휠을 누른 채로 드래그하면 화면이동이 된다.

A P P E N D I X

Q35 윈도우 탐색기에서 선택한 파일을 AutoCAD로 마우스를 드래그하여 열 수 있나요?

A 마우스 왼쪽 버튼과 오른쪽 버튼에 따라 열기와 블록처럼 삽입도 가능하다.

CHAPTER 05 좌표계와 값 입력 방법

Q36 명령을 잘못 실행하여 취소하고 싶은데 어떻게 하나요?

A 신속 접근 도구막대의 [명령 취소] 아이콘 또는, U 또는, Ctrl +Z를 클릭한다.

Q37 취소한 명령을 복구하려면 어떻게 하나요?

A 신속 접근 도구막대의 [명령 복구] 아이콘 또는, Ctrl +Y를 클릭한다.

Q38 명령에 해당하는 옵션을 선택하려면 어떻게 하나요?

A 명령행에 표시된 옵션을 클릭하거나 괄호 안의 문자(키워드)를 입력한다.

CHAPTER 06 제도보조설정과 객체 선택 방법

Q39 제도 단위와 표시 정밀도를 설정하려면 어떻게 하나요?

A UNITS 명령으로 미터법, 십진 표기를 선택한다.

Q40 선택한 객체 중 잘못 선택된 객체가 있어 선택 해제를 하고 싶은데 어떻게 하나요?

A Shift 를 누르면서 선택에서 제외할 객체를 클릭한다.

Q41 두 번째 도형을 선택하면 첫 번째 선택한 도형이 선택 해제되고 마는데 왜 그런가요?

A [옵션] 대화상자의 [선택] 탭-[선택 모드]-[Shift 키를 사용하여 선택에 추가(F)] 항목이 체크되었기 때문이다.

Q42 처음에 도면층 변경을 하지 않고 그려진 도형처럼 도면층, 색상, 선종류가 같도록 한 번에 그리는 방법이 없나요?

A [선택된 항목 추가]도구를 사용하면 된다.

APPENDIX

CHAPTER 07   도면 작성에 꼭 필요한 명령

Q43 해치를 대칭할 때 해치 방향도 대칭시키려면 어떻게 하나요?
A 시스템변수 MIRRHATCH 값을 1로 설정하면 된다.

Q44 아래 도형이 잘 보이도록 반투명하게 표시하려면 어떻게 하나요?
A [투명도] 특성을 사용하여 도형에 투명도를 지정하면 된다.

Q45 투명도 값을 설정했는데도 불투명으로 보이는데 왜 그런가요?
A 상태 막대의 [투명도] 버튼을 켜기로 한다.

Q46 원이 다각형처럼 보이는데 왜 그런가요?
A 작은 원을 크게 확대하면 다각형처럼 표시되기도 하며 REGEN을 실행하면 된다.

CHAPTER 08   도면 작업 능률을 높이는 명령

Q47 구름형 리비전 선가중치(폭)는 어떻게 설정하나요?
A 현재 선가중치가 구름형 리비전 기본값이 되므로 선가중치 특성값을 변경하면 된다.

CHAPTER 09   도면층과 객체 특성

Q48 여러 개의 도면층을 한 번에 선택하려면 어떻게 하나요?
A `Ctrl` 또는 `Shift`를 사용하여 선택한다.

Q49 도면층 이름에 특정 문자가 포함된 도면층만 보이게 하려면 어떻게 하나요?
A 도면층 필터 기능을 사용하면 특정 조건에 맞는 도면층만 표시할 수 있다.

Q50 전체 도면에서 도면층별로 작성된 객체를 확인할 수 있나요?

A [도면층별 보기]를 클릭하여 해당 도면층별로 작성된 도면을 확인하면 된다.

Q51 새 도면에서 다른 도면에서 사용한 도면층 설정을 그대로 복사해 사용할 수 있나요?

A 디자인센터를 활용해 기존 도면에서 사용할 도면층을 선택한 후 새 도면으로 드래그하면 된다.

CHAPTER 10 도면 주석 작성

Q52 TrueType 글꼴(Font), SHX 글꼴(Font)의 차이가 무엇인가요?

A TrueType 글꼴은 Windows를 위해 디자인된 글꼴, SHX는 AutoCAD를 위해 디자인된 글꼴이다.

Q53 파일을 열 때 "SHX 파일이 하나 이상 누락되었습니다. 어떻게 하시겠습니까?"하고 대화상자가 보이는데 어떻게 하면 되나요?

A 특수한 SHX글꼴을 사용해서 작성한 것으로 다른 글꼴로 대체하면 된다.

Q54 글꼴 아이콘에 표시되는 노란색 삼각 표식은 무엇입니까?

A 글꼴 파일이 없음을 나타낸다.

Q55 지름, 각도, 더하기 빼기 기호를 입력하려면 어떻게 하나요?

A 문자 편집기에서 [삽입] 패널의 [기호]에서 입력할 기호를 찾아 클릭한다.

Q56 문자열 주위로 박스(프레임)를 표시할 수 있나요?

A [문자 프레임] 특성을 [예]로 설정하면 된다.

Q57 단일행 문자를 여러 줄 문자로 변경할 수 있나요?

A [txt2mtxt] 명령으로 여러 줄 문자로 변경이 가능하다.

Q58 여러 원의 지름이나 반지름을 한 번에 기입할 수 있나요?

A QDIM[빠른 작업] 명령을 사용한다.

| Q59 | 치수값을 이동하려면 어떻게 하나요? |
| A | 그립 편집을 사용하면 간단히 할 수 있다. |

| Q60 | 치수값을 다른 문자열로 변경하려면 어떻게 하나요? |
| A | [특성] 팔레트를 사용하여 문자 재지정을 한다. |

| Q61 | 이미 기입한 치수를 다른 치수 스타일로 변경하려면 어떻게 하나요? |
| A | [치수 스타일]갤러리를 사용하거나 [특성] 팔레트를 사용하여 변경한다. |

| Q62 | 치수를 기입해도 치수선만 보이고 문자 입력값이 안보이는데 왜 그런건가요? |
| A | 치수 전체 크기가 너무 작아 안보이므로 [맞춤] 탭의 전체 축척값을 늘리면 된다. |

| Q63 | 치수 화살표 형상을 바꾸려면 어디서 하나요? |
| A | [기호 및 화살표] 탭의 [화살촉]영역에서 화살표 모양을 선택한다. |

| Q64 | 치수보조선이 없는 치수를 작성하려면 어떻게 하나요? |
| A | [선] 탭-[치수보조선]영역에서 치수보조선1, 2의 억제에 체크를 한다. |

| Q65 | 치수값이 0.5인데 0.50000으로 보이거나 .5로 표기된다. 어떻게 하면 되나요? |
| A | [치수 스타일] 대화상자의 [1차 단위]-[0 억제] 선행 또는 후행에 체크한다. |

| Q66 | 다중 지시선 입력 후 블록에 포함된 문자 스타일을 변경할 수는 없습니까? |
| A | 태그 안에 문자 스타일을 찾아 희망하는 문자 스타일로 바꾸면 된다. |

| Q67 | 기존 객체를 주석 객체로 변경하려면 어떻게 하나요? |
| A | [주석]특성을 [켜기]로 변경한다. |

APPENDIX

CHAPTER 11 도면 출력과 게시

Q68 도면공간에서 모든 뷰포트의 선종류 축척을 같게 하려면 어떻게 하나요?

A [선종류 관리자]에서 [축척을 위해 도면 공간 단위 사용(U)] 체크와 PSLTSCALE 시스템변수 값을 0으로 설정하고 REGENALL을 하면 된다.

Q69 도면과 관련한 모든 파일을 한꺼번에 압축할 수 있나요?

A [전자 전송]을 사용하면 작성 도면과 더불어 도면과 관련한 모든 파일을 하나로 압축할 수 있다.

CHAPTER 12 도면 템플릿 작성

Q70 템플릿을 사용하여 새 도면을 시작하려면 어떻게 하나요?

A [시작] 탭의 [템플릿] 리스트에서 해당 템플릿을 선택한다.

CHAPTER 13 파라메트릭 작성

Q71 모든 기하구속을 보이지 않게 하려면 어떻게 하나요?

A [파라메트릭] 탭-[기하학적] 패널-[전체 숨기기] 아이콘을 클릭한다.

CHAPTER 14 컨텐츠 재사용

Q72 블록 삽입시에 블록 삽입 기준점을 바꿀 수 있나요?

A 기준점(B) 옵션을 사용하면 삽입시에 블록 삽입 기준점을 자유롭게 지정 가능하다.

Q73 이미 지정된 블록의 이름을 바꿀 수 있나요?

A RENAME(이름바꾸기) 명령으로 블록이나 도면층, 스타일 이름을 바꿀 수 있다.

Q74	WBLOCK이 아니라 BLOCK 명령으로 작성된 블록을 다른 도면에도 사용할 수 있나요?
A	DesignCenter를 사용하여 원하는 도면으로 드래그하여 삽입하면 된다.

CHAPTER 15 동작 레코더

Q75	기록한 동작매크로가 저장된 폴더를 찾으려면 어떻게 하나요?
A	[옵션]-[파일] 탭-[동작 레코더 설정]을 확장해 해당 폴더를 찾는다.

CHAPTER 16 외부 참조

Q76	외부참조에 사용한 파일 경로가 달라서 경고메시지가 보이는데 어떻게 하나요?
A	저장된 경로 위치를 재지정하면 된다.

CHAPTER 17 도면 데이터 참조

Q77	Excel 표를 AutoCAD 테이블로 사용하려면 어떻게 하나요?
A	AutoCAD 도면요소로 붙여넣기를 한다.

APPENDIX 02

AutoCAD 2019

실습 도면

APPENDIX 02는 기본적인 제도 연습을 할 수 있도록 예제 도면을 간추려 모아놓았다. 그리기, 편집 명령을 사용하여 간단히 그릴 수 있는 도면들로 구성하였으므로 기본 기능 익히기에 충실해보자.

명령어 설명과 동영상을 통해 숙지한 기능들을 독자 스스로 도면들을 완성해 가면서 성취감을 느껴보자.

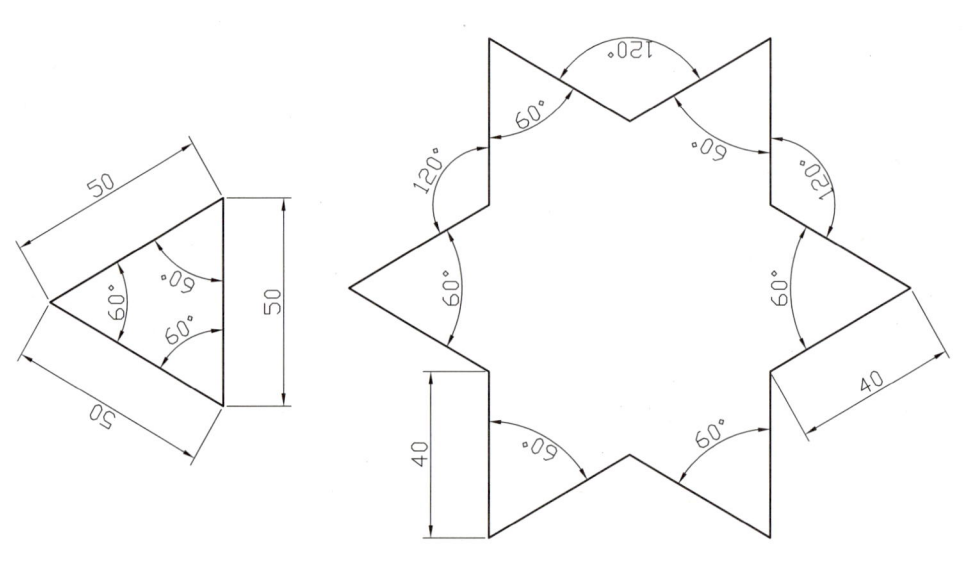
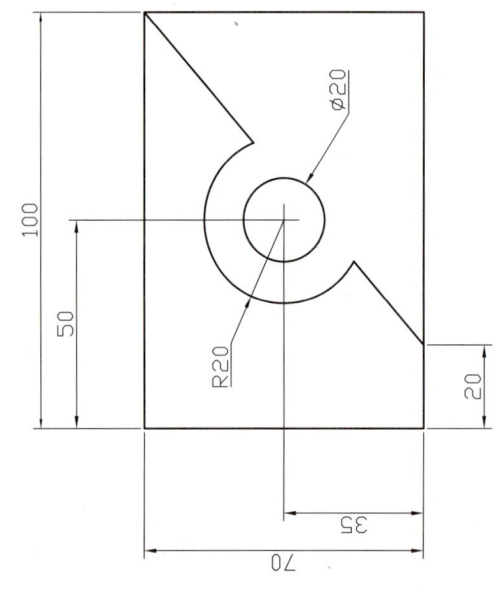
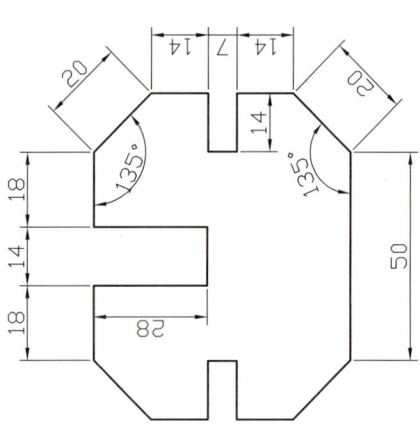

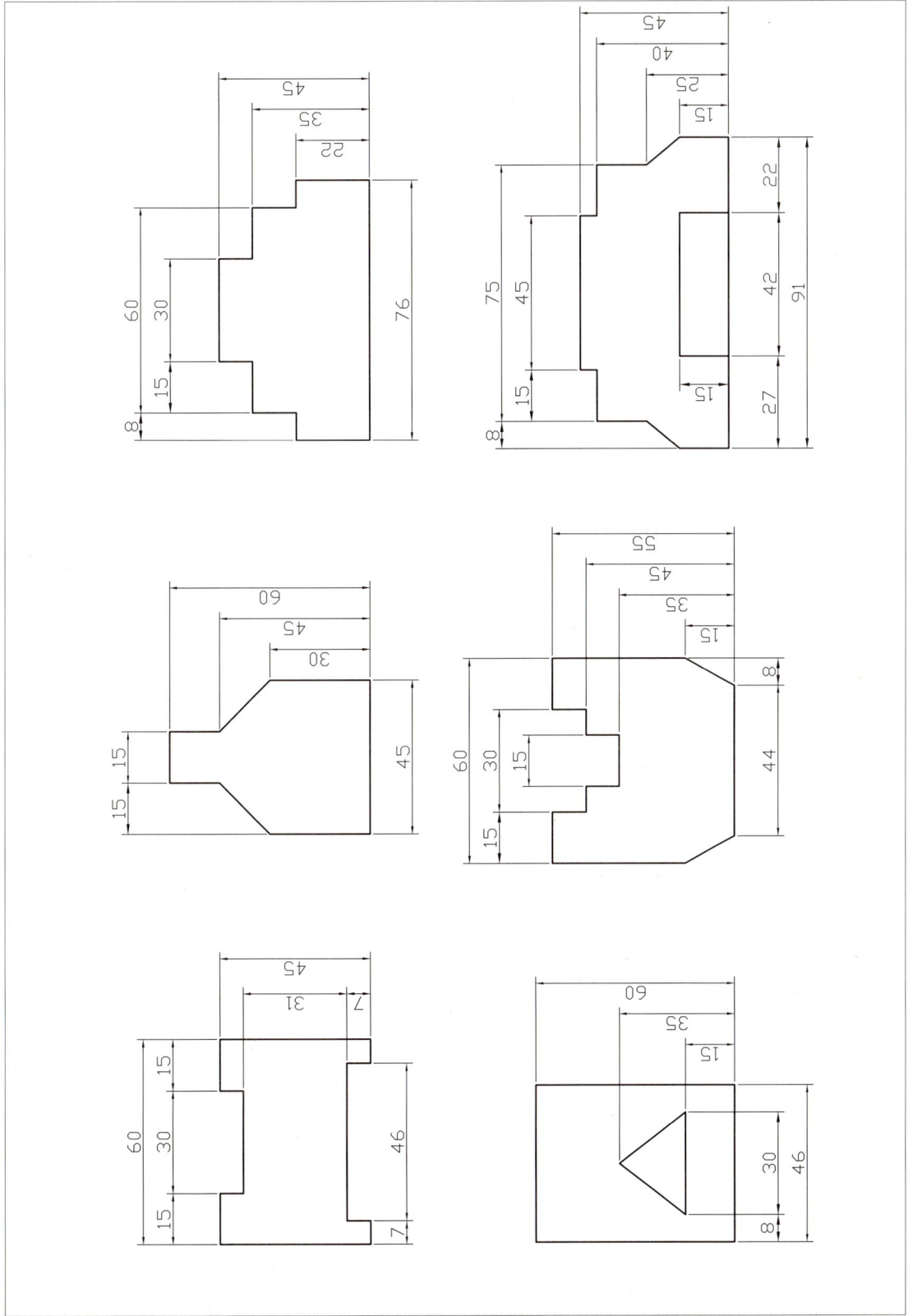

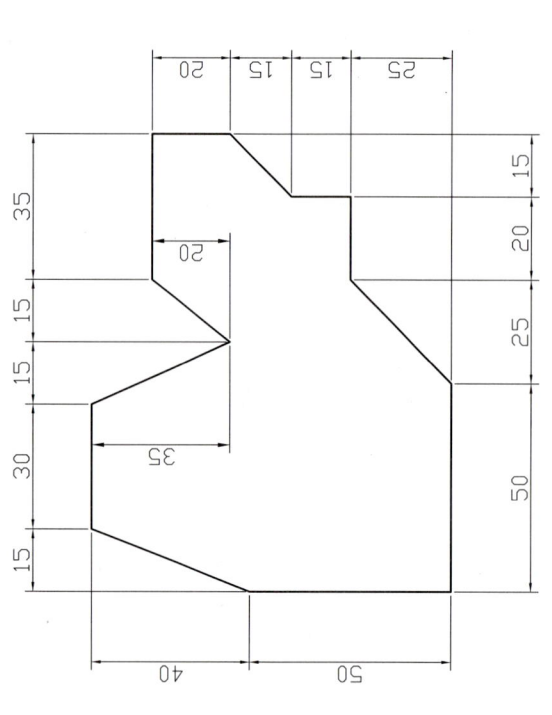
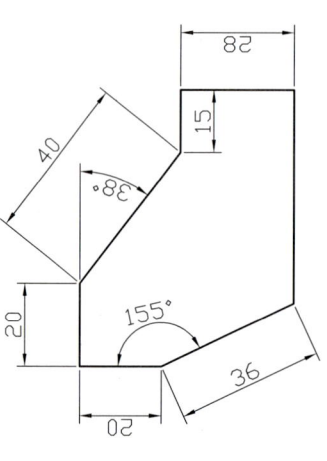
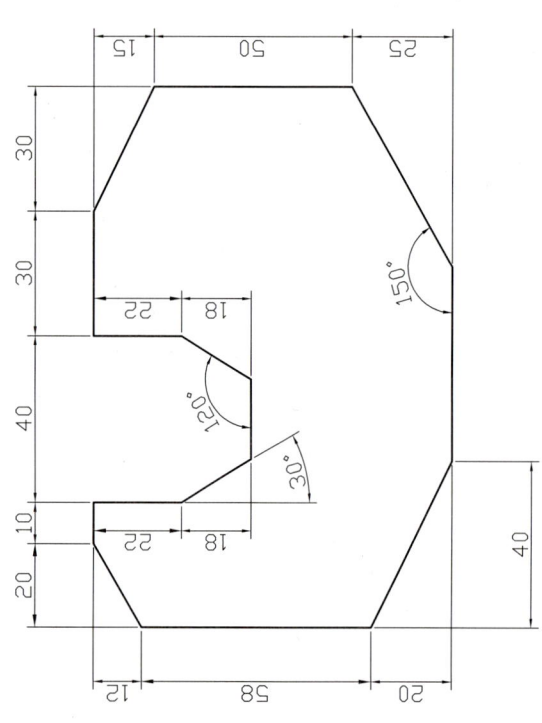
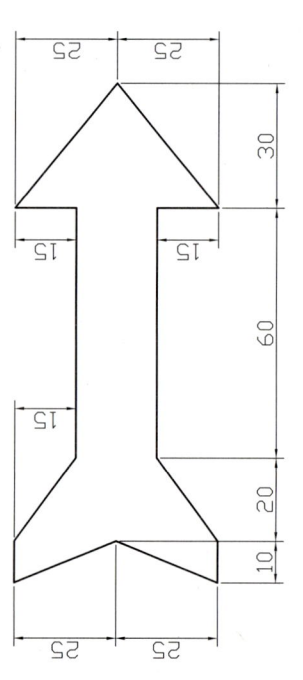

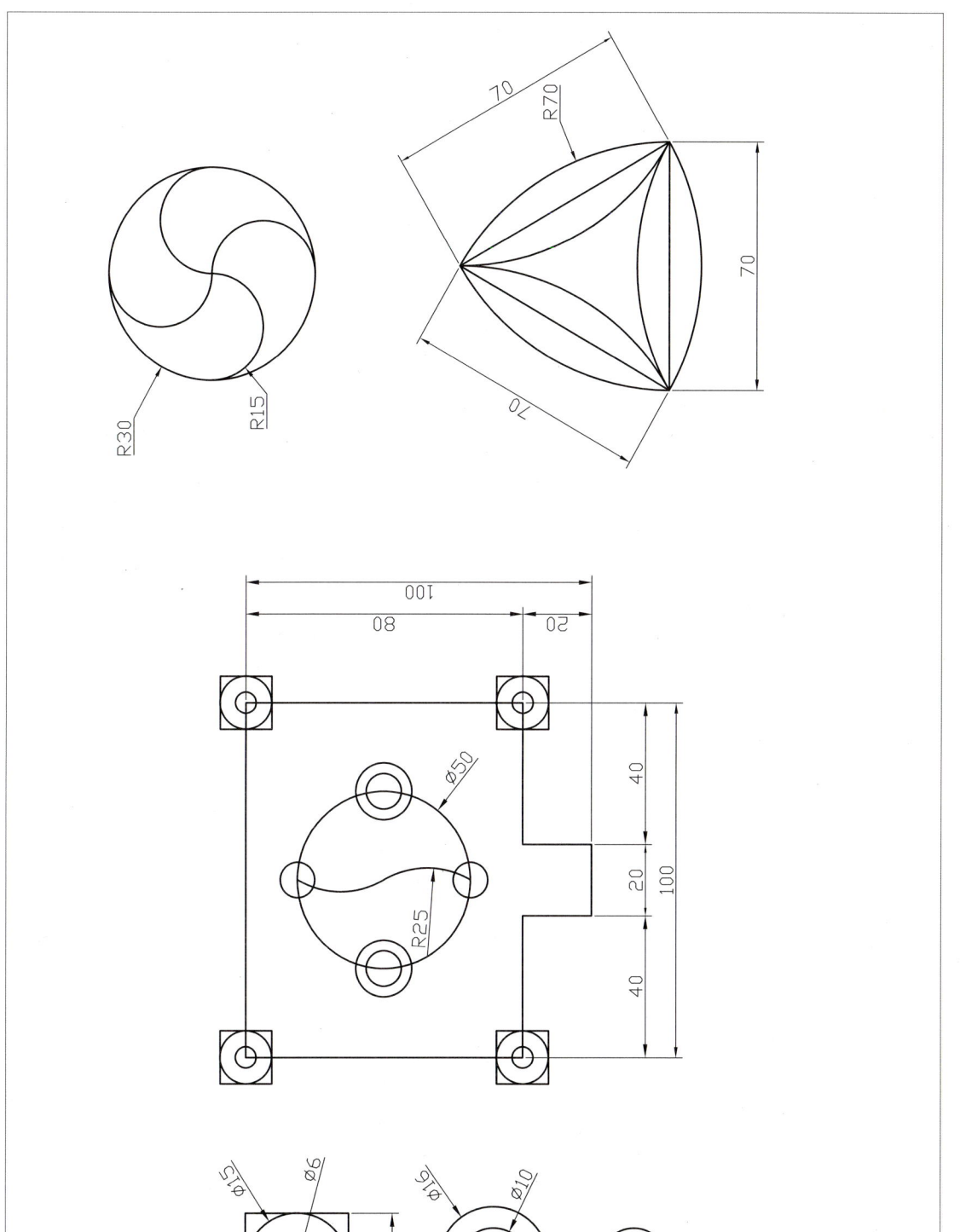

실습도면 05

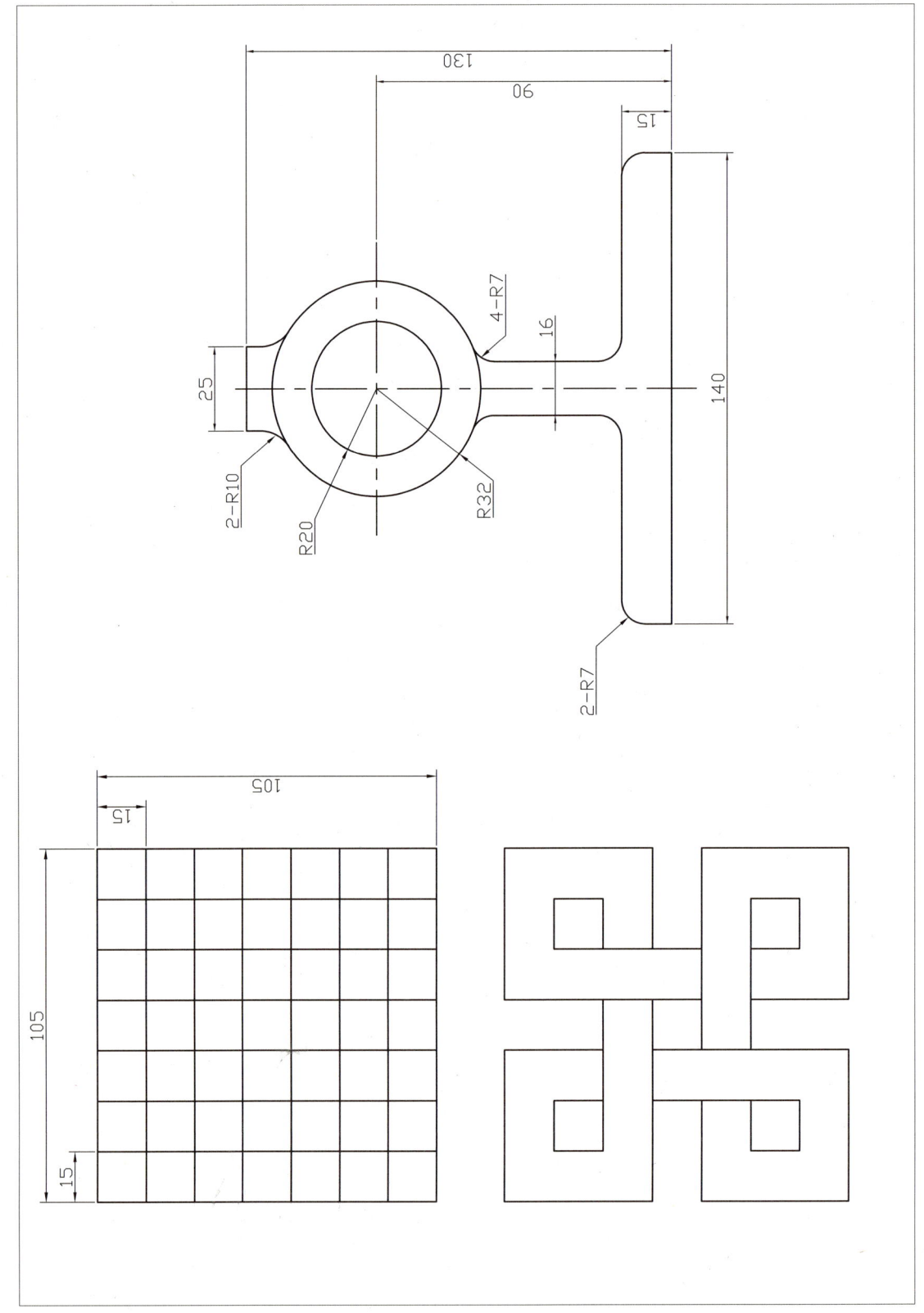

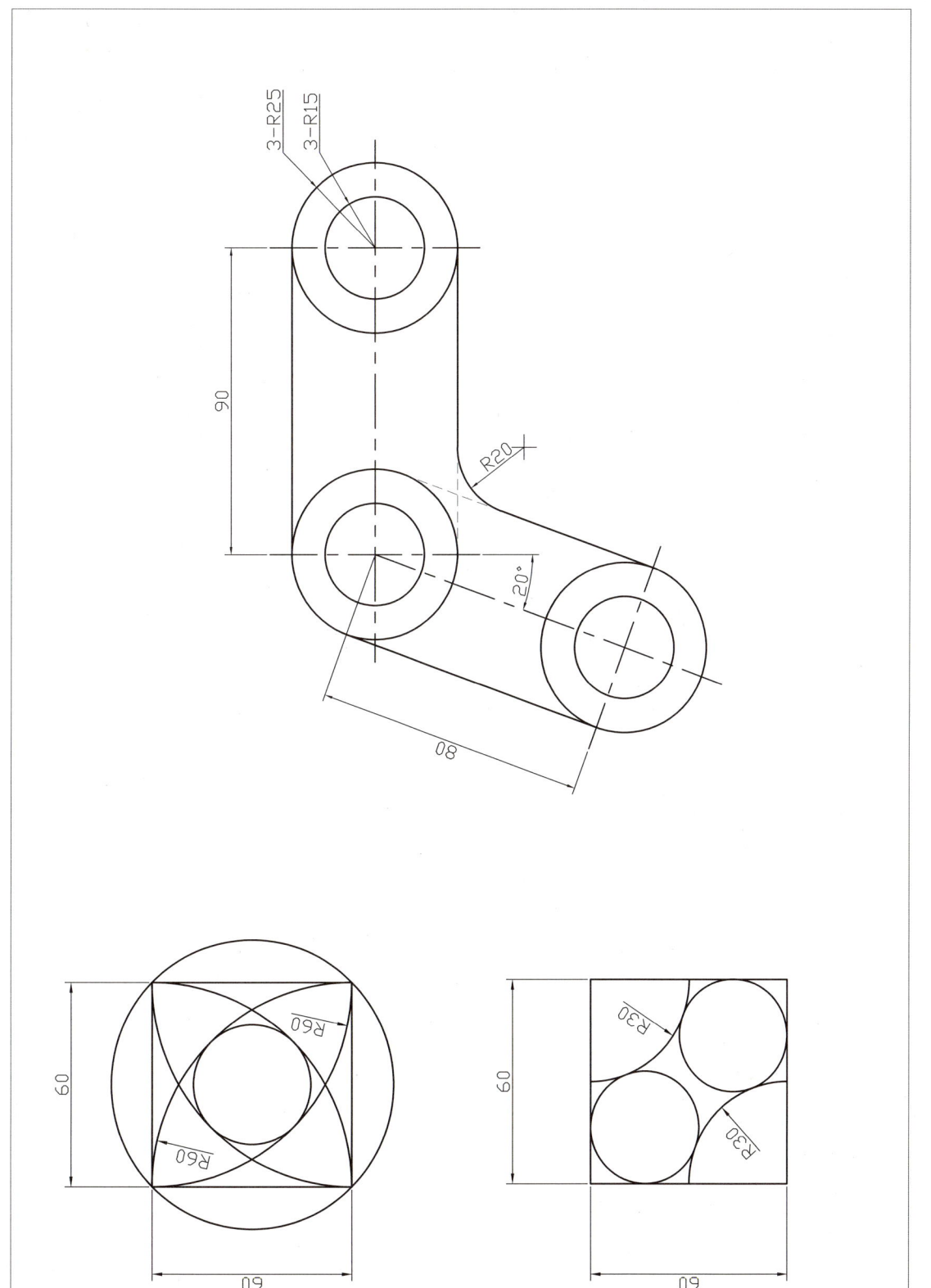

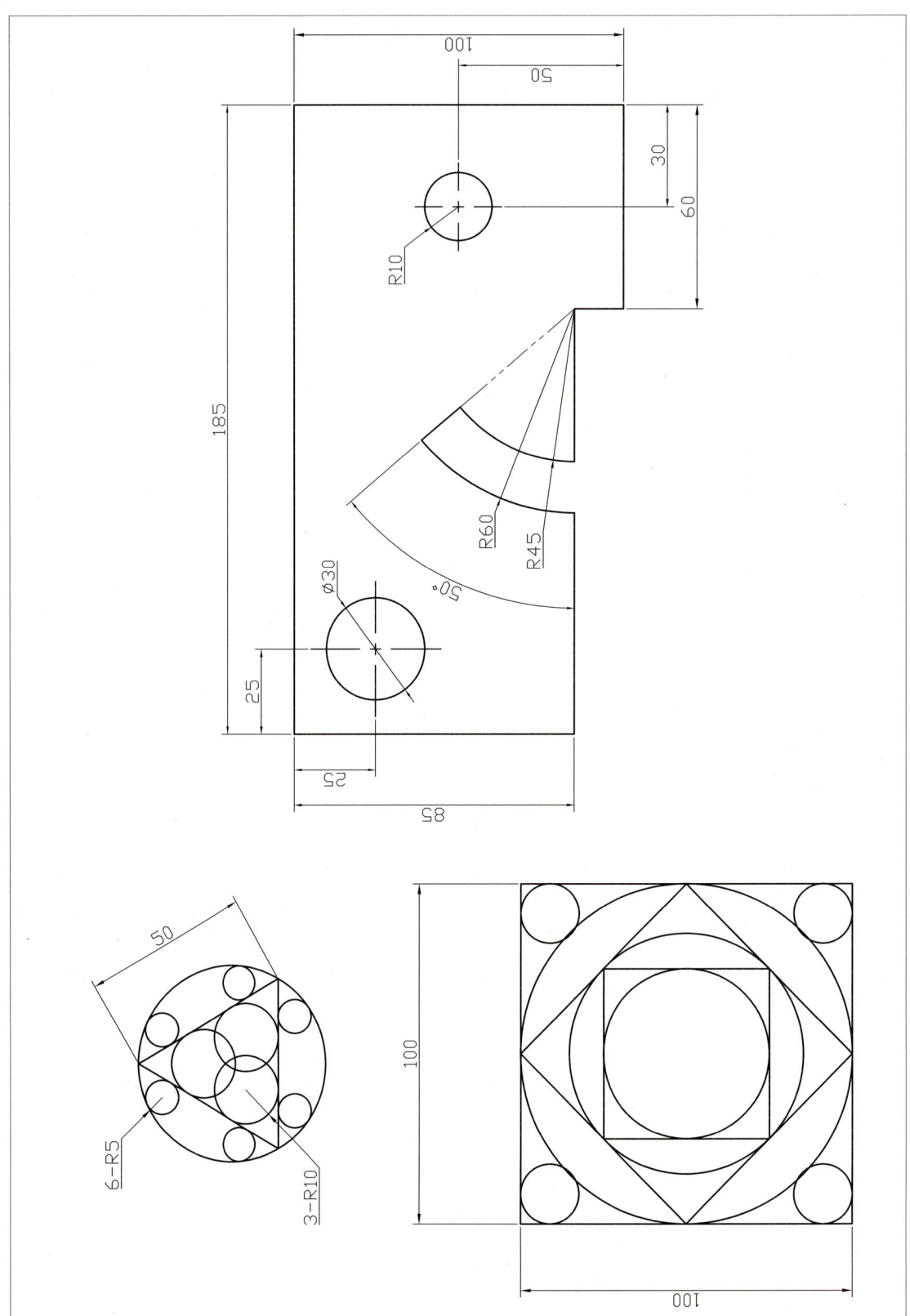

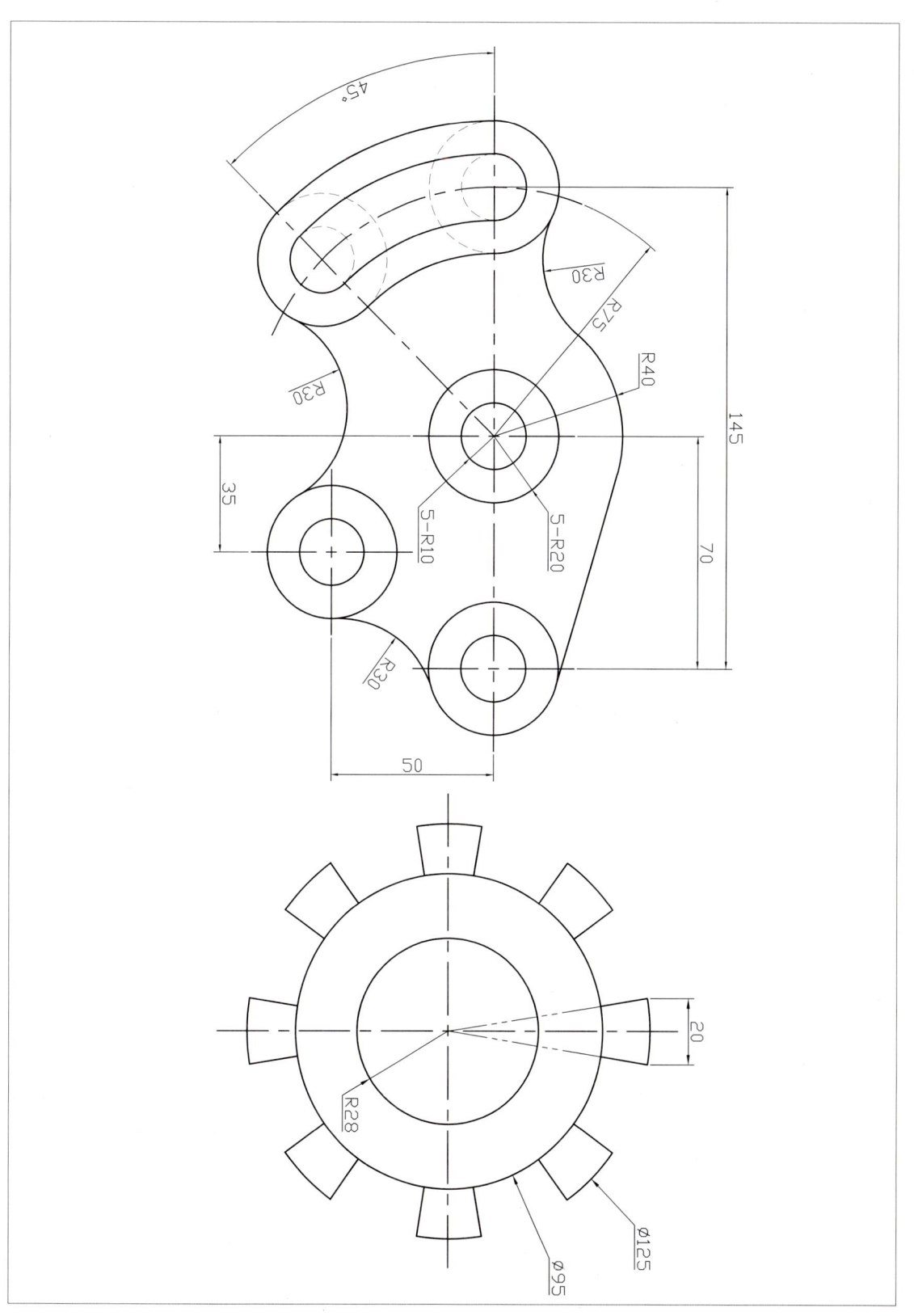

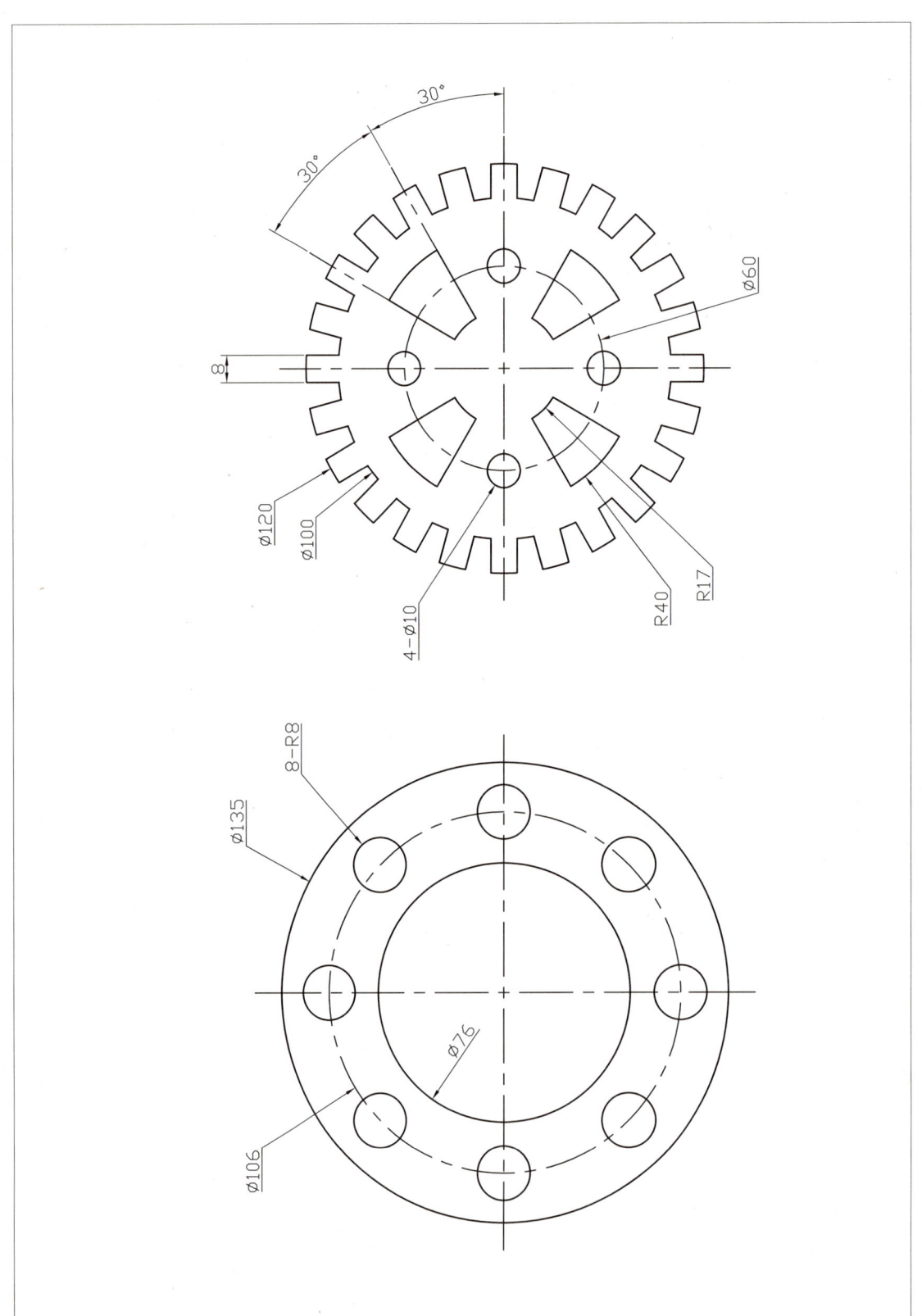

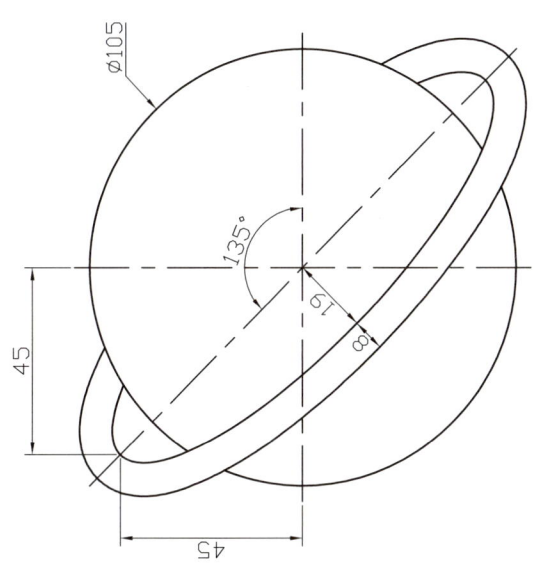

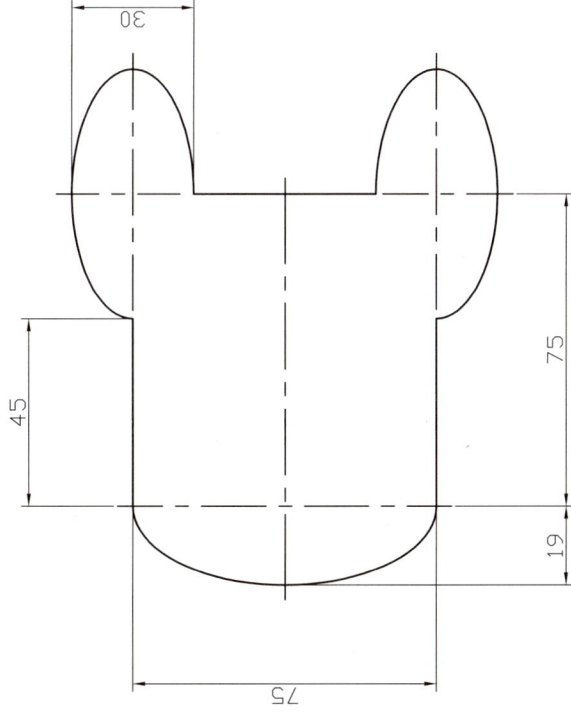

실습도면 11

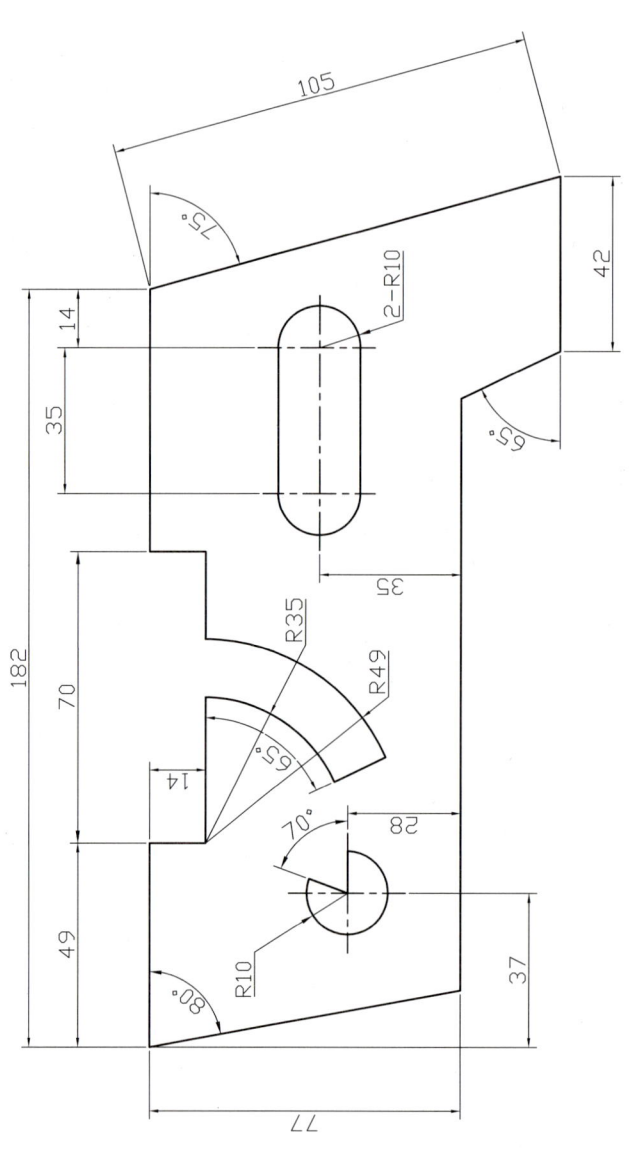

실 습 도 면 12

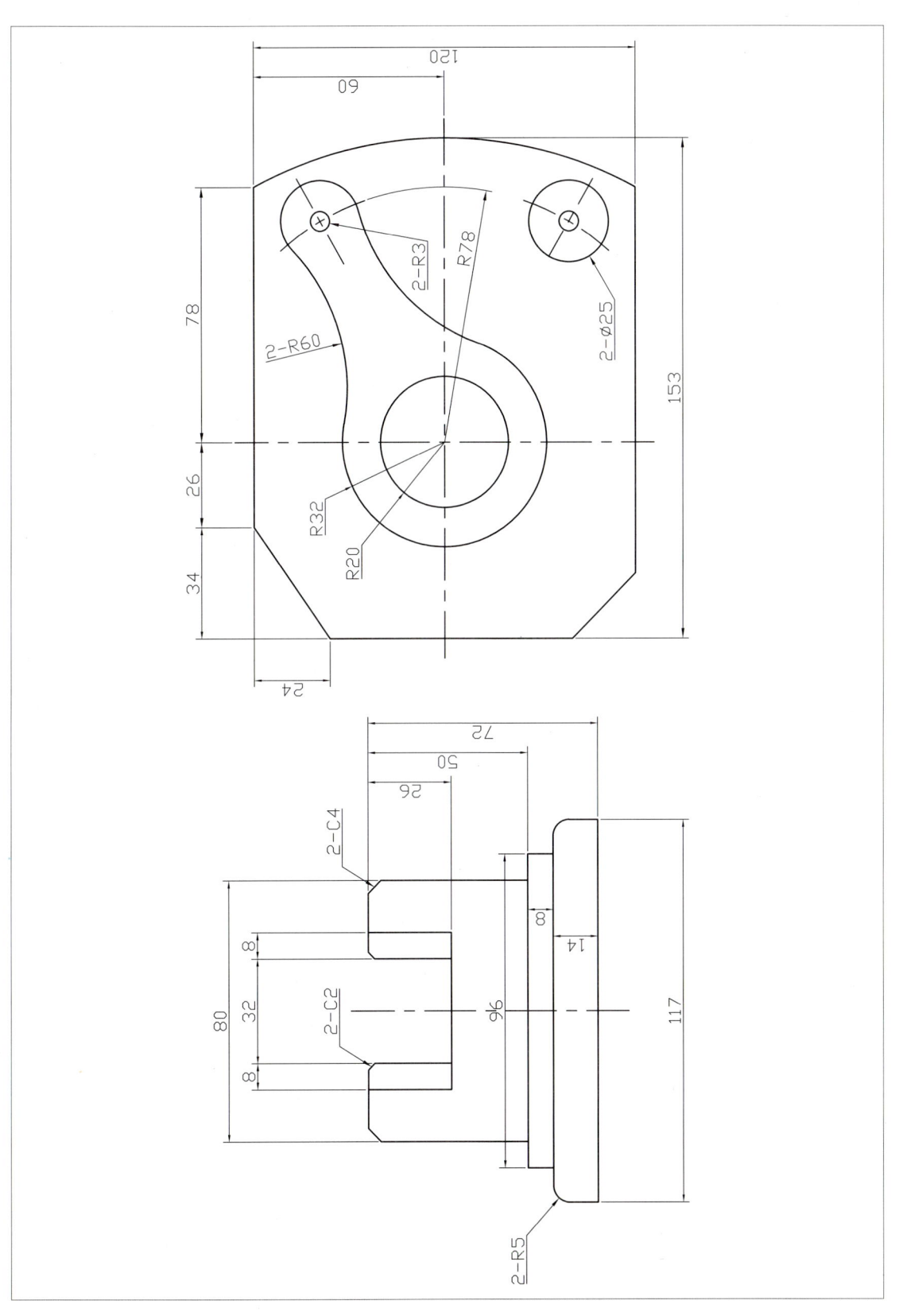

실 습 도 면 13

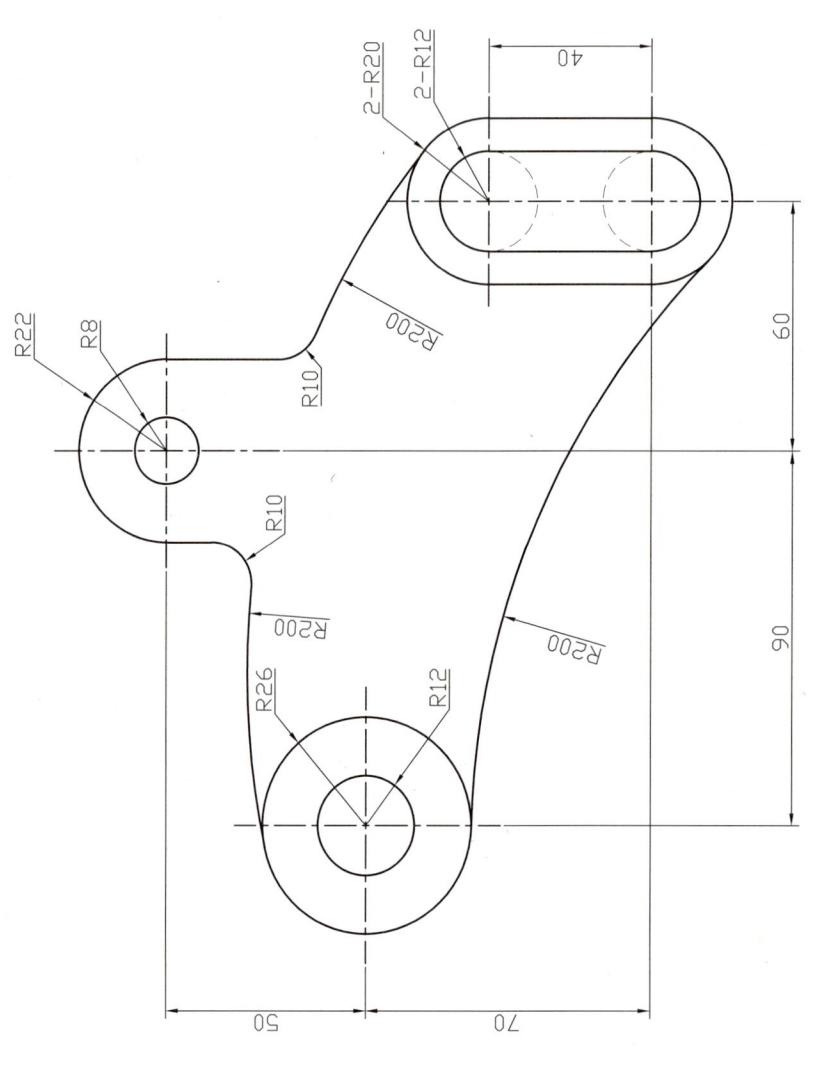

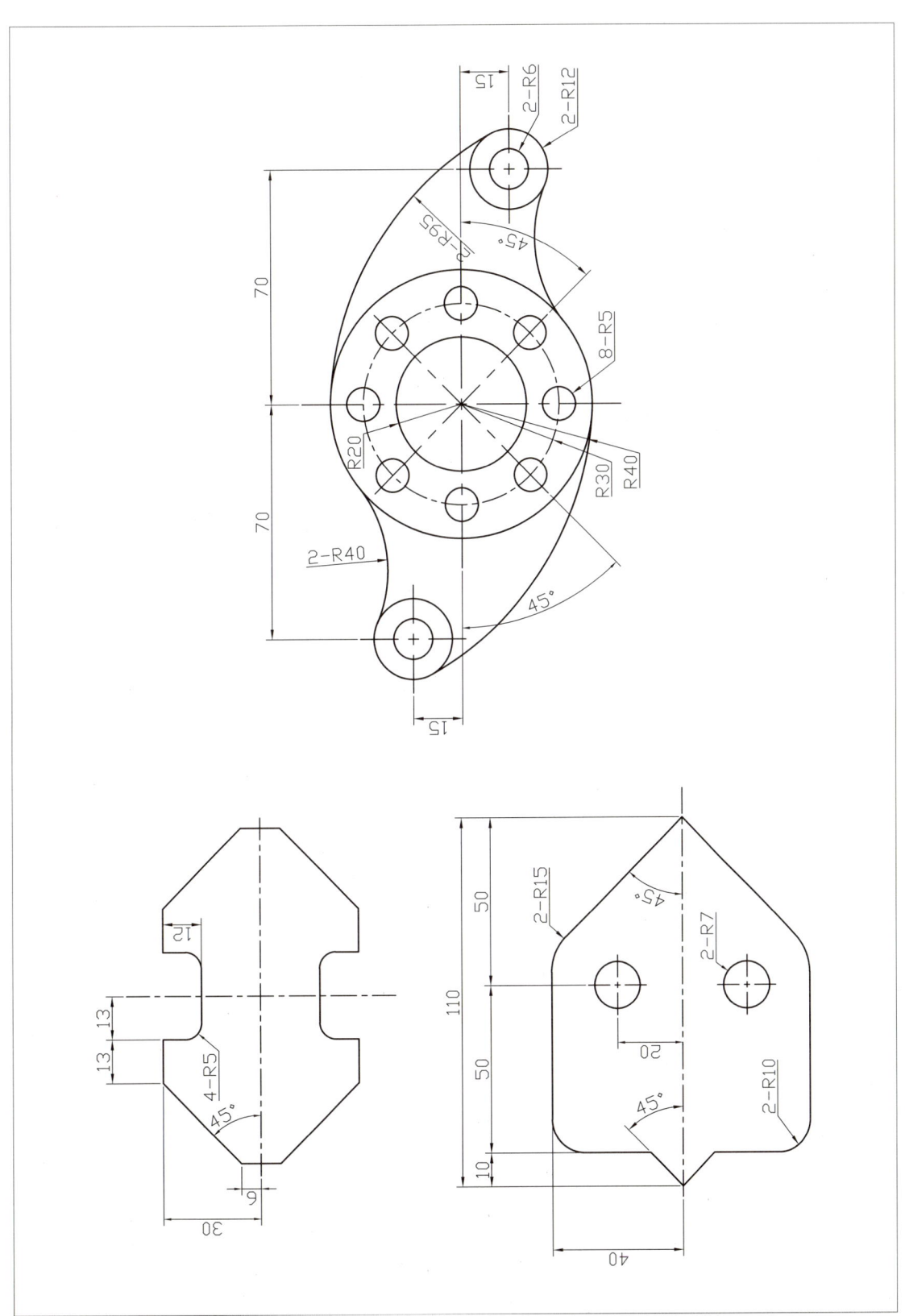

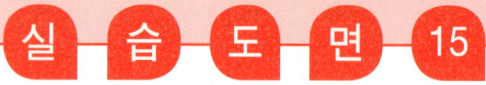

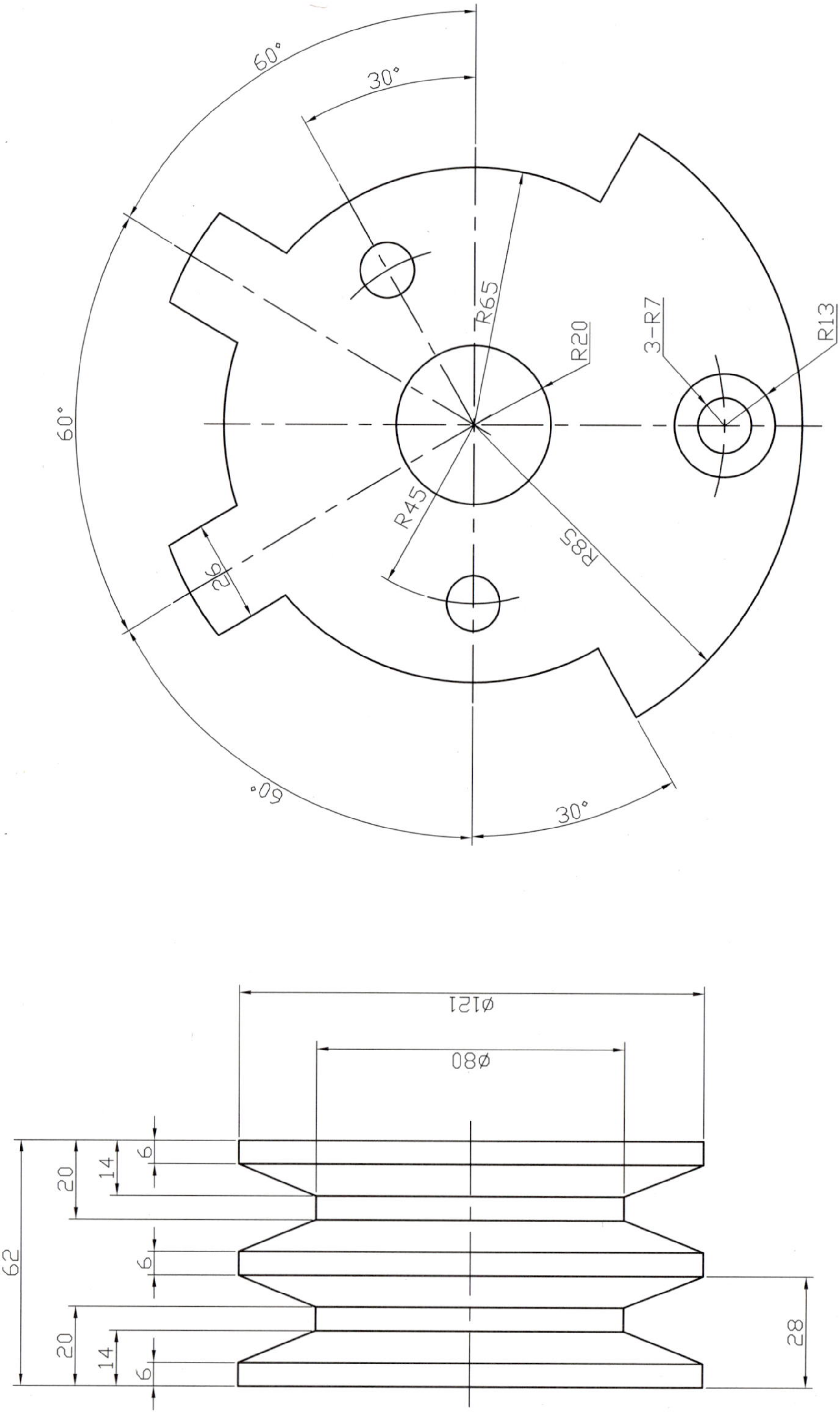
60°
30°
R65
R20
3-R7
R13
60°
R45
R85
26
60°
30°
Ø121
Ø80
6
14
20
62
6
20
14
6
28

실습도면 16

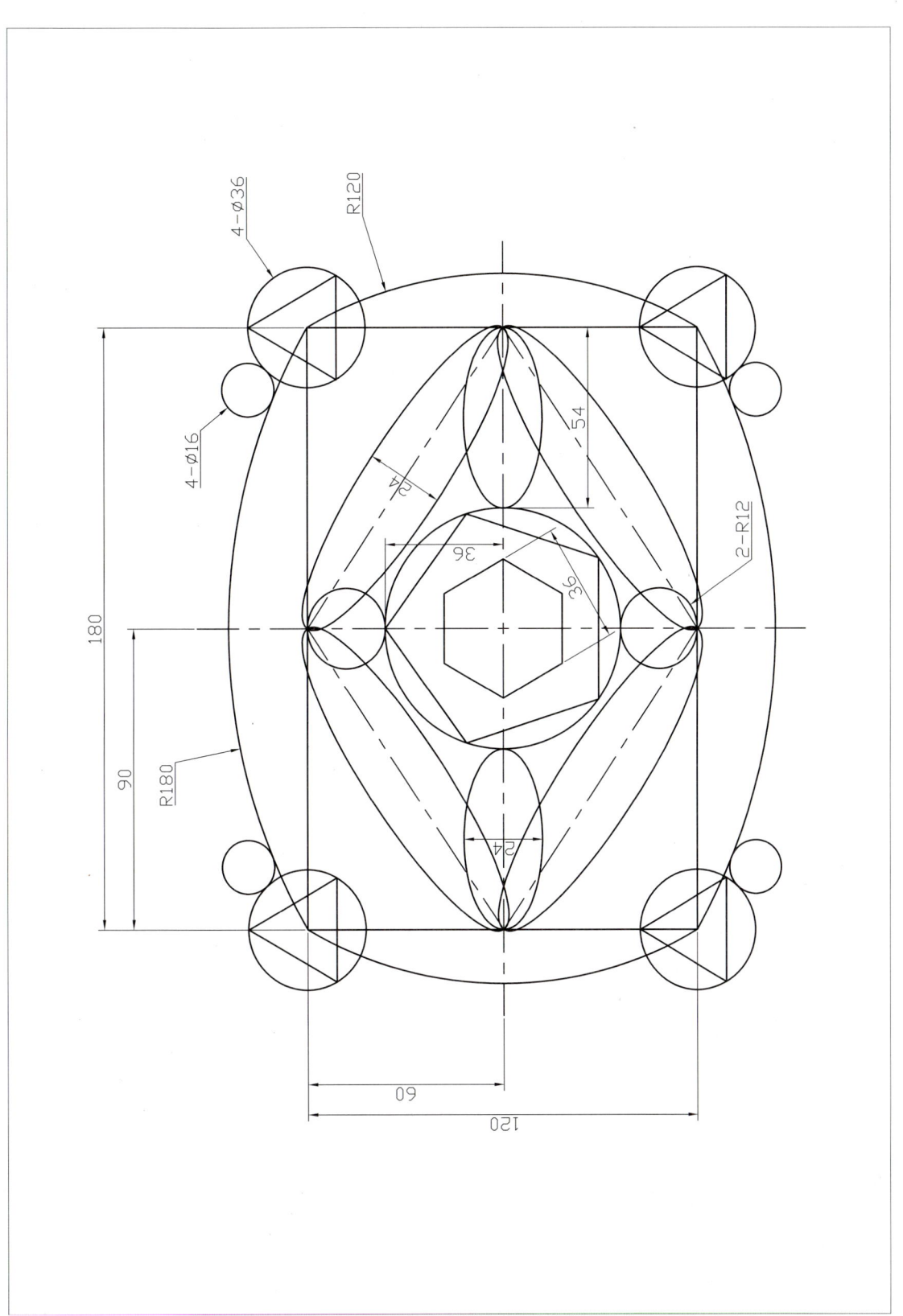

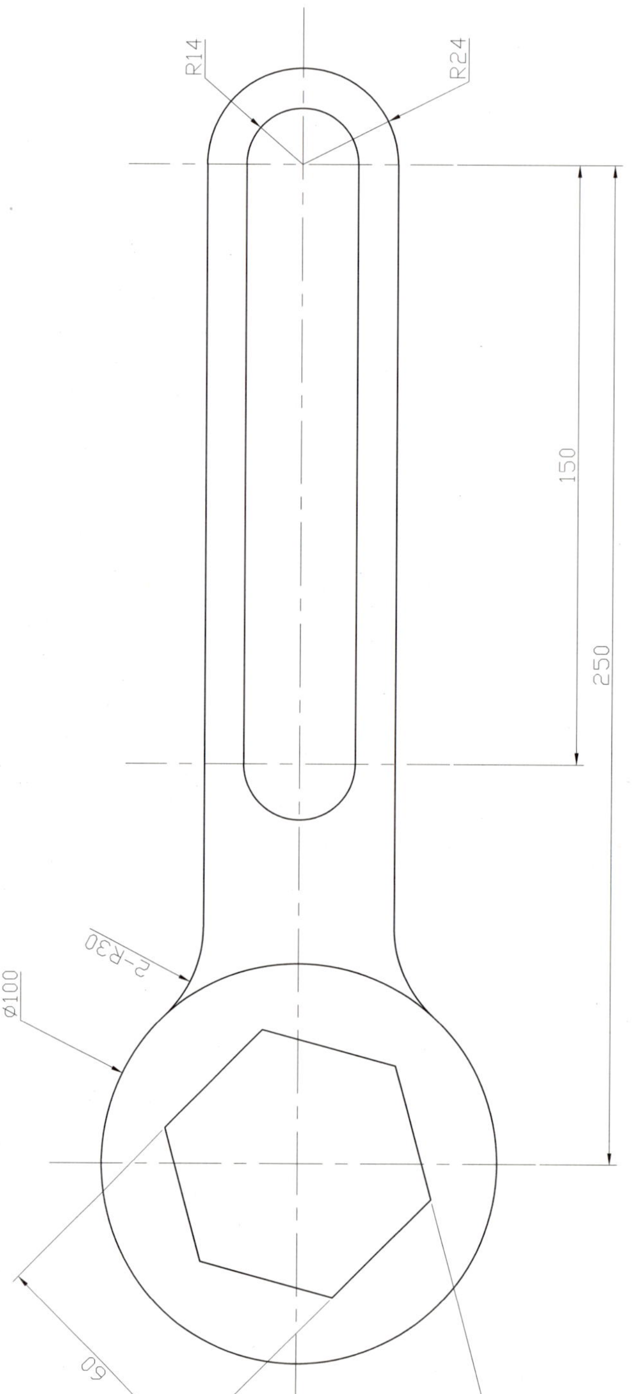

실습도면 18

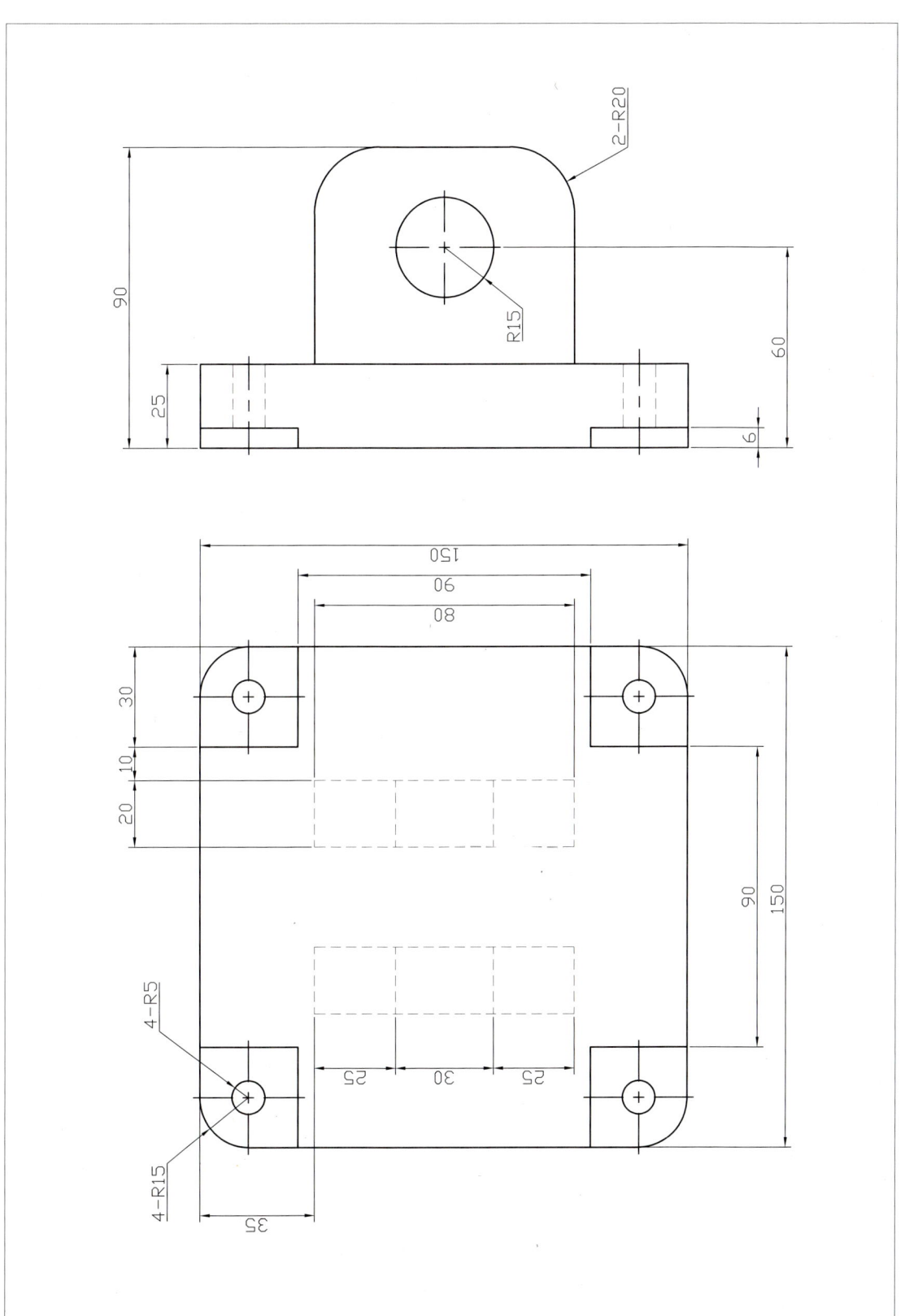

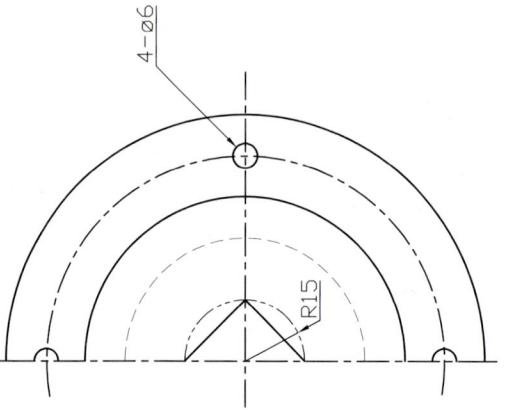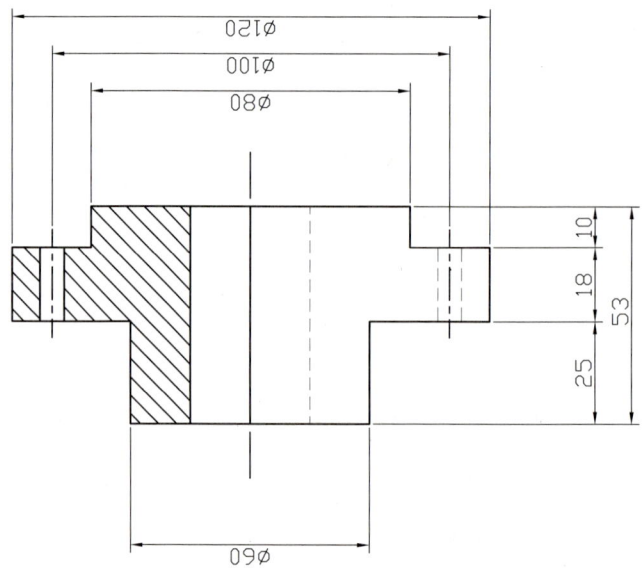